2013

中国区域经济统计年鉴

国家统计局 国民经济综合统计司
农村社会经济调查司 编

Compiled by
Department of Comprehensive Statisitics and
Department of Rural Survey of
National Bureau of Statistics

CHINA STATISTICAL YEARBOOK FOR REGIONAL ECONOMY 2013

图书在版编目（CIP）数据

中国区域经济统计年鉴 = China statistical yearbook for regional economy. 2013 : 汉英对照 / 国家统计局国民经济综合统计司, 国家统计局农村社会经济调查司编. -- 北京 : 中国统计出版社, 2013.12
ISBN 978-7-5037-7039-5

Ⅰ. ①中… Ⅱ. ①国… ②国… Ⅲ. ①区域经济－统计资料－中国－2013－年鉴－汉、英 Ⅳ. ①F127-66

中国版本图书馆 CIP 数据核字(2013)第 302726 号

中国区域经济统计年鉴—2013

作　　者/国家统计局国民经济综合统计司　国家统计局农村社会经济调查司
责任编辑/郭　栋
封面设计/李雪燕
出版发行/中国统计出版社
通信地址/北京市丰台区西三环南路甲 6 号　邮政编码/100073
电　　话/邮购（010）63376909　书店（010）68783171
网　　址/http://csp.stats.gov.cn
印　　刷/河北天普润印刷厂
经　　销/新华书店
开　　本/880mm×1230mm　1/16
字　　数/1160 千字
印　　张/33
版　　别/2013 年 12 月第 1 版
版　　次/2013 年 12 月第 1 次印刷
定　　价/500.00 元

如有印装差错，由本社发行部调换。

《中国区域经济统计年鉴—2013》

编辑委员会和编辑人员名单

China Statistical Yearbook for Regional Economy-2013

Editorial Board and Staff

编 者 说 明

一、《中国区域经济统计年鉴—2013》是一部全面、系统反映中国区域经济与社会发展状况的大型统计资料书。本书资料来源于各级政府统计年报或相关的抽样调查资料，系统收集了2012年全国及其10个经济区域、31个省级行政单位、330多个地级行政单位及省（区、直辖市）直管市、县、区和2000多个县级行政单位的主要社会经济统计指标。主要内容涵盖自然资源、人口与就业、国民核算、固定资产投资、财政、物价、人民生活、农业、工业、建筑业、运输邮电业、国内贸易、对外经济贸易、旅游、金融保险、教育、科技、文化、卫生、社会福利、环境保护和市政建设等社会经济发展的各个方面。本书中未做特殊说明的数据均不包括香港、澳门特别行政区和台湾省在内。

二、本书所涉及东部、中部、西部和东北地区的具体划分为：

东部10省（市）包括北京、天津、河北、上海、江苏、浙江、福建、山东、广东和海南；

中部6省包括山西、安徽、江西、河南、湖北和湖南；

西部12省（区、市）包括内蒙古、广西、重庆、四川、贵州、云南、西藏、陕西、甘肃、青海、宁夏和新疆；

东北3省包括辽宁、吉林和黑龙江。

三、本书中部分指标因全国或全省数据有调整，存在分地区数据相加不等于总计的情况。

四、本书资料表使用符号说明："#"表示其中主要项；"空格"表示数据不详、无数据或数据不足最小计量单位。

五、本书有关加工数据因小数取舍产生的误差均未做人为调整。

编者

2013年12月

Preface

Ⅰ. *China Statistical Yearbook for Regional Economy-2013* is a massive statistical publication, which comprehensively describes China's regional economy and social development status. This yearbook has collected major social and economic indicators of China in 2012. There are indicators at national and provincial level (including 31 provinces, autonomous regions and municipalities), indicators of 10 economic zones, indicators of prefecture (over 330 prefectures including city at prefecture level, and city, county and district directly under the jurisdiction of the provincial government) and indicators of county (over 2000 counties including city at county level). It contains the following aspects: natural resources, population and employment, national accounts, investment in fixed assets, government finance, price indices, people's livelihood, agriculture, industry, construction, transportation, postal and telecommunications, domestic trade, foreign trade, tourism, banking and insurance, education, science, culture, public health, social welfare, environment protection and city construction. Statistical data in this yearbook exclude those of Hong Kong SAR, Macao SAR and Taiwan Province, if not noted specially.

Ⅱ. Eastern region, central region, western region and northeastern region in the Yearbook are divided as following:

Eastern 10 provinces (municipalities) include: Beijing, Tianjin, Hebei, Shanghai, Jiangsu, Zhejiang, Fujian, Shandong, Guangdong and Hainan;

Central 6 provinces include: Shanxi, Anhui, Jiangxi, Henan, Hubei and Hunan;

Western 12 provinces (autonomous regions and municipalities) include: Inner Mongolia, Guangxi, Chongqing, Sichuan, Guizhou, Yunnan, Tibet, Shaanxi, Gansu, Qinghai, Ningxia and Xinjiang;

Northeastern 3 provinces include: Liaoning, Jilin and Heilongjiang.

Ⅲ. For some indicators in this yearbook, the sum of each regional data is not equal to the total of the national one since some adjustments on national and provincial data have been made.

Ⅳ. Notions used in this yearbook: "#" indicates the major items of the total; "(blank)" indicates that data are not available or the figure is not large enough to be measured with the smallest unit in the table.

Ⅴ. Data in this yearbook are not adjusted manually for the errors occurring from summing or rounding off.

Editors

December 2013

目　录

Contents

第一章　经济区域统计资料

Chapter 1. Statistics of Economic Zone

第二章　省、自治区、直辖市统计资料

Chapter 2. Statistics of Province

第三章 地级统计资料

Chapter 3. Statistics of Prefecture

第四章 县级统计资料
Chapter 4. Statistics of County

Chapter 1

第一章

经济区域统计资料

Statistics of Economic Zone

1-1 东部10省(市)国民经济和社会发展主要指标（2012年）
Main Indicators of National Economic and Social Development of 10 Eastern Provinces (2012)

指　　标		Item		东部10省(市)合　计 Total of 10 Eastern Provinces	东部10省(市)占全国比重(%) Percentage of 10 Eastern Provinces to National Total (%)
自然资源		**Natural Resources**			
土地面积	(万平方公里)	Area of Land	(10 000 sq.km)	91.6	9.5
人口		**Population**			
年底总人口	(万人)	Population at Year-end	(10 000 persons)	51460.9	38.2
劳动就业		**Employment**			
城镇单位就业人员	(万人)	Number of Employed Persons in Urban Units	(10 000 persons)	7225.3	47.4
城镇登记失业率	(%)	Registered Unemployment Rate in Urban Area	(%)	3.0	
国民经济核算		**National Accounting**			
国内(地区)生产总值	(亿元)	Gross Domestic Product	(100 million yuan)	295892.0	51.3
第一产业		Primary Industry		18339.6	35.0
第二产业		Secondary Industry		141448.8	49.5
#工业		Industry		125944.7	50.4
第三产业		Tertiary Industry		136103.6	57.1
人均国内(地区)生产总值	(元)	Per Capita Gross Domestic Product	(yuan)	57722	
固定资产投资		**Investment in Fixed Assets**			
全社会固定资产投资总额	(亿元)	Total Investment in Fixed Assets	(100 million yuan)	151922.4	41.2
#房地产开发		Real Estate Development		35085.5	48.9
国内商业		**Domestic Trade**			
社会消费品零售总额	(亿元)	Total Retail Sales of Consumer Goods	(100 million yuan)	110666.7	52.6
对外贸易		**Foreign Trade**			
货物进出口总额	(亿美元)	Total Value of Imports and Exports	(100 million USD)	32710.8	84.6
出口额		Exports		17010.4	83.0
进口额		Imports		15700.4	86.3
财政		**Government Finance**			
地方财政收入	(亿元)	Local Governments Revenue	(100 million yuan)	32679.1	53.5
地方财政支出	(亿元)	Local Governments Expenditure	(100 million yuan)	42093.1	39.3
物价		**Price Indices**			
居民消费价格指数	(上年=100)	Consumer Price Index	(preceding year=100)	102.7	
农业		**Agriculture**			
主要农产品产量	(万吨)	Output of Major Farm Products	(10 000 tons)		
粮食		Grain		14553.3	24.7
棉花		Cotton		157.5	23.0
油料		Oil-bearing Crops		817.7	23.8

1-1 续表 continued

指标	Item	东部10省(市)合计 Total of 10 Eastern Provinces	东部10省(市)占全国比重(%) Percentage of 10 Eastern Provinces to National Total (%)
工业	**Industry**		
主要工业产品产量	Output of Major Industrial Products		
原油 (万吨)	Crude Oil (10 000 tons)	7885.1	38.0
水泥 (万吨)	Cement (10 000 tons)	80010.1	36.2
粗钢 (万吨)	Crude Steel (10 000 tons)	39958.6	55.2
发电量 (亿千瓦小时)	Electricity (100 million kwh)	19784.1	39.7
交通运输业	**Transportation**		
铁路营业里程 (公里)	Length of Railways in Operation (km)	22457	23.0
公路里程 (公里)	Length of Highways (km)	1038592	24.5
#高速公路	Expressways	30518	31.7
旅客周转量 (亿人公里)	Total Passenger-kilometer (100 million person-km)	11040.5	38.9
货物周转量 (亿吨公里)	Total Freight Ton-kilometer (100 million ton-km)	82974.5	52.3
邮电通信业	**Postal and Telecommunication Services**		
邮电业务总量 (亿元)	Total Business Revenue (100 million yuan)	7948.8	52.9
教育	**Education**		
普通高等学校	Regular Institutions of Higher Education		
学校数 (个)	Number of Institutions (unit)	955	39.1
本专科招生数 (万人)	New Enrollment of Undergraduates and College Students (10 000 persons)	267.8	38.9
本专科在校学生数 (万人)	Total Enrollment of Undergraduates and College Students(10 000 persons)	948.8	39.7
本专科毕业生数 (万人)	Graduates of Undergraduates and College Students (10 000 persons)	253.6	40.6
卫生	**Health Care**		
卫生机构数 (个)	Number of Health Care Institutions (unit)	307272	32.3
#医院	Hospitals	8105	35.0
卫生技术人员 (万人)	Medical Technical Personnel (10 000 persons)	273.1	41.0
#执业(助理)医师	Licensed (Assistant) Doctors	107.3	41.0
医疗机构床位数 (万张)	Number of Hospital Beds (10 000 beds)	209.3	36.6
#医院	Hospitals	158.7	38.1
人民生活	**People's Living Conditions**		
城镇居民人均可支配收入(元)	Per Capita Disposable Income of Urban Households (yuan)	29622	
农村居民人均纯收入 (元)	Per Capita Net Income of Rural Households (yuan)	10817	

注：本表中涉及分地区数据相加不等于全国总计的指标，在计算比重时，分母为31个省(区、市)相加的合计数。

a) As the sum of some indicators by region is different to the national total, while calculating the percentage, the denominator is the sum of 31 provinces.

1-2 中部6省国民经济和社会发展主要指标（2012年）
Main Indicators of National Economic and Social Development of 6 Middle Provinces (2012)

指　　标	Item	中部6省合　计 Total of 6 Middle Provinces	中部6省占全国比重(%) Percentage of 6 Middle Provinces to National Total (%)
自然资源	**Natural Resources**		
土地面积　(万平方公里)	Area of Land　(10 000 sq.km)	102.8	10.7
人口	**Population**		
年底总人口　(万人)	Population at Year-end　(10 000 persons)	35926.7	26.7
劳动就业	**Employment**		
城镇单位就业人员　(万人)	Number of Employed Persons in Urban Units (10 000 persons)	3305.3	21.7
城镇登记失业率　(%)	Registered Unemployment Rate in Urban Area　(%)	3.5	
国民经济核算	**National Accounting**		
国内(地区)生产总值　(亿元)	Gross Domestic Product　(100 million yuan)	116277.7	20.2
第一产业	Primary Industry	14019.8	26.8
第二产业	Secondary Industry	61450.7	21.5
#工业	Industry	53768.8	21.5
第三产业	Tertiary Industry	40807.2	17.1
人均国内(地区)生产总值　(元)	Per Capita Gross Domestic Product　(yuan)	32427	
固定资产投资	**Investment in Fixed Assets**		
全社会固定资产投资总额 (亿元)	Total Investment in Fixed Assets　(100 million yuan)	86614.8	23.5
#房地产开发	Real Estate Development	12917.0	18.0
国内商业	**Domestic Trade**		
社会消费品零售总额　(亿元)	Total Retail Sales of Consumer Goods (100 million yuan)	42670.6	20.3
对外贸易	**Foreign Trade**		
货物进出口总额　(亿美元)	Total Value of Imports and Exports(100 million USD)	1933.9	5.0
出口额	Exports	1205.5	5.9
进口额	Imports	728.4	4.0
财政	**Government Finance**		
地方财政收入　(亿元)	Local Governments Revenue　(100 million yuan)	10326.6	16.9
地方财政支出　(亿元)	Local Governments Expenditure　(100 million yuan)	22624.9	21.1
物价	**Price Indices**		
居民消费价格指数 (上年=100)	Consumer Price Index　(preceding year=100)	102.5	
农业	**Agriculture**		
主要农产品产量　(万吨)	Output of Major Farm Products　(10 000 tons)		
粮食	Grain	17734.9	30.1
棉花	Cotton	154.6	22.6
油料	Oil-bearing Crops	1461.3	42.5

1-2 续表 continued

指 标	Item	中部6省合 计 Total of 6 Middle Provinces	中部6省占全国比重(%) Percentage of 6 Middle Provinces to National Total (%)
工业	**Industry**		
主要工业产品产量	Output of Major Industrial Products		
原油 (万吨)	Crude Oil (10 000 tons)	555.5	2.7
水泥 (万吨)	Cement (10 000 tons)	59490.8	26.9
粗钢 (万吨)	Crude Steel (10 000 tons)	15085.6	20.8
发电量 (亿千瓦小时)	Electricity (100 million kwh)	11324.4	22.7
交通运输业	**Transportation**		
铁路营业里程 (公里)	Length of Railways in Operation (km)	22402	22.9
公路里程 (公里)	Length of Highways (km)	1155363	27.3
#高速公路	Expressways	26243	27.3
旅客周转量 (亿人公里)	Total Passenger-kilometer (100 million person-km)	8286.2	29.2
货物周转量 (亿吨公里)	Total Freight Ton-kilometer (100 million ton-km)	34499.5	21.8
邮电通信业	**Postal and Telecommunication Services**		
邮电业务总量 (亿元)	Total Business Revenue (100 million yuan)	2730.0	18.2
教育	**Education**		
普通高等学校	Regular Institutions of Higher Education		
学校数 (个)	Number of Institutions (unit)	644	26.4
本专科招生数 (万人)	New Enrollment of Undergraduates and College Students (10 000 persons)	189.0	27.4
本专科在校学生数 (万人)	Total Enrollment of Undergraduates and College Students(10 000 persons)	653.9	27.3
本专科毕业生数 (万人)	Graduates of Undergraduates and College Students (10 000 persons)	175.5	28.1
卫生	**Health Care**		
卫生机构数 (个)	Number of Health Care Institutions (unit)	266086	28.0
#医院	Hospitals	5426	23.4
卫生技术人员 (万人)	Medical Technical Personnel (10 000 persons)	163.0	24.4
#执业(助理)医师	Licensed (Assistant) Doctors	64.0	24.5
医疗机构床位数 (万张)	Number of Hospital Beds (10 000 beds)	148.5	25.9
#医院	Hospitals	101.7	24.4
人民生活	**People's Living Conditions**		
城镇居民人均可支配收入(元)	Per Capita Disposable Income of Urban Households (yuan)	20697	
农村居民人均纯收入 (元)	Per Capita Net Income of Rural Households (yuan)	7435	

注：本表中涉及分地区数据相加不等于全国总计的指标，在计算比重时，分母为31个省(区、市)相加的合计数。

a) As the sum of some indicators by region is different to the national total, while calculating the percentage, the denominator is the sum of 31 provinces.

1-3 西部12省(区、市)国民经济和社会发展主要指标(2012年)
Main Indicators of National Economic and Social Development of 12 Western Provinces (2012)

指　　标	Item	西部12省(区、市)合　计 Total of 12 Eastern Provinces	西部12省(区、市)占全国比重(%) Percentage of 12 Eastern Provinces to National Total (%)
自然资源	**Natural Resources**		
土地面积　(万平方公里)	Area of Land　(10 000 sq.km)	686.7	71.5
人口	**Population**		
年底总人口　(万人)	Population at Year-end　(10 000 persons)	36427.5	27.0
劳动就业	**Employment**		
城镇单位就业人员　(万人)	Number of Employed Persons in Urban Units (10 000 persons)	3350.6	22.0
城镇登记失业率　(%)	Registered Unemployment Rate in Urban Area　(%)	3.5	
国民经济核算	**National Accounting**		
国内(地区)生产总值　(亿元)	Gross Domestic Product　(100 million yuan)	113904.8	19.8
第一产业	Primary Industry	14332.6	27.4
第二产业	Secondary Industry	57104.2	20.0
#工业	Industry	47811.9	19.1
第三产业	Tertiary Industry	42468.0	17.8
人均国内(地区)生产总值　(元)	Per Capita Gross Domestic Product　(yuan)	31357	
固定资产投资	**Investment in Fixed Assets**		
全社会固定资产投资总额 (亿元)	Total Investment in Fixed Assets　(100 million yuan)	89008.6	24.1
#房地产开发	Real Estate Development	15499.6	21.6
国内商业	**Domestic Trade**		
社会消费品零售总额　(亿元)	Total Retail Sales of Consumer Goods (100 million yuan)	37359.1	17.8
对外贸易	**Foreign Trade**		
货物进出口总额　(亿美元)	Total Value of Imports and Exports(100 million USD)	2364.0	6.1
出口额	Exports	1487.4	7.3
进口额	Imports	876.6	4.8
财政	**Government Finance**		
地方财政收入　(亿元)	Local Governments Revenue　(100 million yuan)	12762.8	20.9
地方财政支出　(亿元)	Local Governments Expenditure　(100 million yuan)	32269.1	30.1
物价	**Price Indices**		
居民消费价格指数　(上年=100)	Consumer Price Index　(preceding year=100)	102.9	
农业	**Agriculture**		
主要农产品产量　(万吨)	Output of Major Farm Products　(10 000 tons)		
粮食	Grain	15494.7	26.3
棉花	Cotton	370.7	54.2
油料	Oil-bearing Crops	933.6	27.2

1-3 续表 continued

指 标	Item	西部12省(区、市)合 计 Total of 12 Eastern Provinces	西部12省(区、市)占全国比重(%) Percentage of 12 Eastern Provinces to National Total (%)
工业	**Industry**		
主要工业产品产量	Output of Major Industrial Products		
原油 (万吨)	Crude Oil (10 000 tons)	6495.3	31.3
水泥 (万吨)	Cement (10 000 tons)	68751.5	31.1
粗钢 (万吨)	Crude Steel (10 000 tons)	10294.7	14.2
发电量 (亿千瓦小时)	Electricity (100 million kwh)	15785.2	31.6
交通运输业	**Transportation**		
铁路营业里程 (公里)	Length of Railways in Operation (km)	37340	38.2
公路里程 (公里)	Length of Highways (km)	1685719	39.8
#高速公路	Expressways	29190	30.3
旅客周转量 (亿人公里)	Total Passenger-kilometer (100 million person-km)	6957.8	24.5
货物周转量 (亿吨公里)	Total Freight Ton-kilometer (100 million ton-km)	25968.5	16.4
邮电通信业	**Postal and Telecommunication Services**		
邮电业务总量 (亿元)	Total Business Revenue (100 million yuan)	3231.7	21.5
教育	**Education**		
普通高等学校	Regular Institutions of Higher Education		
学校数 (个)	Number of Institutions (unit)	595	24.4
招生数 (万人)	New Student Enrollment (10 000 persons)	169.7	24.6
在校学生数 (万人)	Student Enrollment (10 000 persons)	566.9	23.7
毕业生数 (万人)	Number of Graduates (10 000 persons)	137.0	21.9
卫生	**Health Care**		
卫生机构数 (个)	Number of Health Care Institutions (unit)	300255	31.6
#医院	Hospitals	7207	31.1
卫生技术人员 (万人)	Medical Technical Personnel (10 000 persons)	171.6	25.7
#执业(助理)医师	Licensed (Assistant) Doctors	66.2	25.3
医疗机构床位数 (万张)	Number of Hospital Beds (10 000 beds)	161.0	28.1
#医院	Hospitals	113.0	27.2
人民生活	**People's Living Conditions**		
城镇居民人均可支配收入(元)	Per Capita Disposable Income of Urban Households(yuan)	20600	
农村居民人均纯收入 (元)	Per Capita Net Income of Rural Households (yuan)	6027	

注：本表中涉及分地区数据相加不等于全国总计的指标，在计算比重时，分母为31个省(区、市)相加的合计数。

a) As the sum of some indicators by region is different to the national total, while calculating the percentage, the denominator is the sum of 31 provinces.

1-4 东北3省国民经济和社会发展主要指标（2012年）
Main Indicators of National Economic and Social Development of 3 Northeastern Provinces (2012)

指　　标	Item	东北3省合　计 Total of 3 Northeastern Provinces	东北3省占全国比重(%) Percentage of 3 Northeastern Provinces to National Total (%)
自然资源	**Natural Resources**		
土地面积　（万平方公里）	Area of Land　(10 000 sq.km)	78.8	8.2
人口	**Population**		
年底总人口　（万人）	Population at Year-end　(10 000 persons)	10973.4	8.1
劳动就业	**Employment**		
城镇单位就业人员　（万人）	Number of Employed Persons in Urban Units (10 000 persons)	1355.2	8.9
城镇登记失业率　(%)	Registered Unemployment Rate in Urban Area　(%)	3.8	
国民经济核算	**National Accounting**		
国内(地区)生产总值　（亿元）	Gross Domestic Product　(100 million yuan)	50477.3	8.8
第一产业	Primary Industry	5681.6	10.8
第二产业	Secondary Industry	25644.9	9.0
#工业	Industry	22428.2	9.0
第三产业	Tertiary Industry	19150.8	8.0
人均国内(地区)生产总值　（元）	Per Capita Gross Domestic Product　(yuan)	46014	
固定资产投资	**Investment in Fixed Assets**		
全社会固定资产投资总额（亿元）	Total Investment in Fixed Assets　(100 million yuan)	41042.6	11.1
#房地产开发	Real Estate Development	8301.7	11.6
国内商业	**Domestic Trade**		
社会消费品零售总额　（亿元）	Total Retail Sales of Consumer Goods (100 million yuan)	19610.5	9.3
对外贸易	**Foreign Trade**		
货物进出口总额　（亿美元）	Total Value of Imports and Exports(100 million USD)	1662.4	4.3
出口额	Exports	783.8	3.8
进口额	Imports	878.7	4.8
财政	**Government Finance**		
地方财政收入　（亿元）	Local Governments Revenue　(100 million yuan)	5309.8	8.7
地方财政支出　（亿元）	Local Governments Expenditure　(100 million yuan)	10201.3	9.5
物价	**Price Indices**		
居民消费价格指数　（上年=100）	Consumer Price Index　(preceding year=100)	102.8	
农业	**Agriculture**		
主要农产品产量　（万吨）	Output of Major Farm Products　(10 000 tons)		
粮食	Grain	11175.0	19.0
棉花	Cotton	0.9	0.1
油料	Oil-bearing Crops	224.1	6.5

1-4 续表 continued

指 标	Item	东北3省合 计 Total of 3 Northeastern Provinces	东北3省占全国比重(%) Percentage of 3 Northeastern Provinces to National Total (%)
工业	**Industry**		
主要工业产品产量	Output of Major Industrial Products		
原油 (万吨)	Crude Oil (10 000 tons)	5811.9	28.0
水泥 (万吨)	Cement (10 000 tons)	12731.7	5.8
粗钢 (万吨)	Crude Steel (10 000 tons)	7049.3	9.7
发电量 (亿千瓦小时)	Electricity (100 million kwh)	2981.8	6.0
交通运输业	**Transportation**		
铁路营业里程 (公里)	Length of Railways in Operation (km)	15427	15.8
公路里程 (公里)	Length of Highways (km)	357833	8.4
#高速公路	Expressways	10248	10.7
旅客周转量 (亿人公里)	Total Passenger-kilometer (100 million person-km)	2072.8	7.3
货物周转量 (亿吨公里)	Total Freight Ton-kilometer (100 million ton-km)	15162.1	9.6
邮电通信业	**Postal and Telecommunication Services**		
邮电业务总量 (亿元)	Total Business Revenue (100 million yuan)	1108.8	7.4
教育	**Education**		
普通高等学校	Regular Institutions of Higher Education		
学校数 (个)	Number of Institutions (unit)	248	10.2
本专科招生数 (万人)	New Enrollment of Undergraduates and College Students (10 000 persons)	62.4	9.1
本专科在校学生数 (万人)	Total Enrollment of Undergraduates and College Students(10 000 persons)	221.8	9.3
本专科毕业生数 (万人)	Graduates of Undergraduates and College Students (10 000 persons)	58.6	9.4
卫生	**Health Care**		
卫生机构数 (个)	Number of Health Care Institutions (unit)	76684	8.1
#医院	Hospitals	2432	10.5
卫生技术人员 (万人)	Medical Technical Personnel (10 000 persons)	59.2	8.9
#执业(助理)医师	Licensed (Assistant) Doctors	24.1	9.2
医疗机构床位数 (万张)	Number of Hospital Beds (10 000 beds)	53.7	9.4
#医院	Hospitals	42.7	10.3
人民生活	**People's Living Conditions**		
城镇居民人均可支配收入(元)	Per Capita Disposable Income of Urban Households (yuan)	20759	
农村居民人均纯收入 (元)	Per Capita Net Income of Rural Households (yuan)	8846	

注：本表中涉及分地区数据相加不等于全国总计的指标，在计算比重时，分母为31个省(区、市)相加的合计数。

a) As the sum of some indicators by region is different to the national total, while calculating the percentage, the denominator is the sum of 31 provinces.

1-5 民族自治地方国民经济和社会发展主要指标（2012年）

Principal Aggregate Indicators on National Economic and Social Development of Minority Nationality Autonomous Areas (2012)

指　　标	Item	合　计 Total	比上年增长(%) Growth Rate as Last Year (%)
人口与就业	**Population and Employment**		
人口　（万人）	**Population　(10 000 persons)**		
年底总人口	Population at Year-end	18762	0.6
#少数民族人口	Ethnic Minority Population	9003	1.0
就业	**Employment**		
单位从业人员数　（万人）	Persons Employed in Various Units　(10 000 persons)	1449	4.8
宏观经济	**Macro Economy**		
地区生产总值　（亿元）	**Gross Regional Product　(100 million yuan)**	**54080**	**12.0**
第一产业	Primary Industry	8146	6.1
第二产业	Secondary Industry	26550	14.5
第三产业	Tertiary Industry	19384	11.0
人均地区生产总值　（元）	**Per Capita Gross Regional Product　(yuan)**	**30862**	**12.6**
固定资产投资　（亿元）	**Fixed Assets　(100 million yuan)**		
全社会固定资产投资总额	Total Investment in Fixed Assets	43549	13.6
#国有单位	State-owned Units	14664	17.9
财政　（亿元）	**Government Finance　(100 million yuan)**		
公共财政预算收入	Revenue of Local Governments	5220	22.1
公共财政预算支出	Expenditure of Local Governments	16049	18.1
产　　业	**Industry**		
农业	**Agriculture**		
耕地面积　（万公顷）	Cultivated Area　(10 000 hectares)	2363	-0.5
灌溉面积　（万公顷）	Irrigated Areas　(10 000 hectares)	1242	4.7
农林牧渔总产值　（亿元）	Gross Output Value of Agriculture, Forestry, Animal Husbandry and Fishery　(100 million yuan)	13613	6.6
主要农产品产量	Output of Major Farm Products		
粮食产量　（万吨）	Grain Output　(10 000 tons)	9036	4.0
棉花产量　（万吨）	Cotton Output　(10 000 tons)	355	22.1
油料产量　（万吨）	Oil-bearing Crops Output　(10 000 tons)	455	9.1
大牲畜年底头数(万头)	Number of Large Domestic Animals (year-end)(10 000 heads)	5493	-8.8
羊年底头数　（万只）	Goats and Sheep　(10 000 heads)	15163	3.4
猪年底头数　（万头）	Hogs (year-end)　(10 000 heads)	8500	5.0
工业	**Industry**		
主要工业产品产量	Output of Major Industrial Products		
布　（亿米）	Cloth　(100 million m)	2.2	-41.7
机制纸及纸板　（万吨）	Machine-made Paper and Paperboard　(10 000 tons)	486	11.2
成品糖　（万吨）	Refined Sugar　(10 000 tons)	1102	17.8
原煤　（亿吨）	Coal　(100 million tons)	13.6	26.3
原油　（万吨）	Crude Oil　(10 000 tons)	3230	1.4
发电量　（亿千瓦小时）	Amount of Electric Power Generation　(100 million kwh)	8989	26.1
粗钢　（万吨）	Crude Steel　(10 000 tons)	4019	24.0
生铁　（万吨）	Pig Iron　(10 000 tons)	5140	7.1
水泥　（万吨）	Cement　(10 000 tons)	31595	36.0

注：民族自治地方是指5个民族自治区、30个民族自治州和120个民族自治县(旗)的全部民族自治范围，且不重复计算。

a) Ethnic minority autonomous areas refer to the areas of 5 ethnic minority autonomous regions, 30 ethnic minority autonomous prefectures, and 120 ethnic minority autonomous counties(Qi), and without repetitive computation.

1-5 续表 continued

指 标	Item	合 计 Total	比上年增长(%) Growth Rate as Last Year (%)
建筑业	**Construction**		
建筑业企业人数 (万人)	Number of Employed Persons (10 000 persons)	197	3.4
建筑业总产值 (亿元)	Gross Output Value of Construction (100 million yuan)	6800	6.4
施工房屋面积 (万平方米)	Floor Space of Buildings under Construction (10 000 sq.m)	49835	16.6
竣工房屋面积 (万平方米)	Floor Space of Buildings Completed (10 000 sq.m)	19446	11.2
运输邮电	**Transportation, Postal and Telecommunication Services**		
铁路营业里程 (万公里)	Length of Railways in Operation (10 000 km)	2.37	2.9
公路通车里程 (万公里)	Highways (10 000 km)	102	6.5
邮电业务总量 (亿元)	Business Volume of Postal and Telecommunication Services (100 million yuan)	1332	11.8
邮路及农村投递线路总长度 (万公里)	Total Length of Postal Routes and Rural Delivery Routes (10 000 km)	161	15.8
国内商业	**Domestic Trade**		
社会消费品零售总额(亿元)	Total Retail Sales of Consumer Goods (100 million yuan)	15914	15.5
对外经济贸易	**Foreign Trade**		
进出口总额 (亿美元)	Total Value of Imports and Exports (100 million USD)	832	19.2
出口额	Exports	514	20.8
进口额	Imports	318	16.7
国际旅游	**International Tourism**		
国际旅游人数 (万人次)	Number of International Tourists (10 000 person-times)	959	10.6
旅游外汇收入 (亿美元)	Foreign Exchange Earnings from International Tourism (100 million USD)	46	25.6
金融	**Finance**		
金融机构各项存款 (亿元)	Deposits of National Banking System (100 million yuan)	64052	17.2
金融机构各项贷款 (亿元)	Loans of National Banking System (100 million yuan)	44431	19.1
教育、文化、卫生	**Education, Culture and Public Health**		
教育	**Education**		
在校学生数 (万人)	Number of Students (10 000 persons)	167.6	1.0
普通高等学校	Regular Institutions of Higher Education	1021	-1.8
普通中学	Regular Secondary Schools	1479	-0.4
普通小学	Regular Primary Schools		
专任教师数 (万人)	Full-time Teachers (10 000 persons)		
普通高等学校	Regular Institutions of Higher Education	10.1	3.8
普通中学	Regular Secondary Schools	69.5	-0.6
普通小学	Regular Primary Schools	88.9	-0.5
文化	**Culture**		
出版数量	Publications		
图书 (万册)	Books Published (10 000 copies)	54793	11.1
杂志 (万册)	Number of Magazines Issued (10 000 copies)	12119	9.3
报纸 (万份)	Number of Newspapers (10 000 copies)	187018	8.8
卫生	**Public Health**		
医院、卫生院数 (万个)	Number of Hospitals and Health Centers (10 000 ports)	1.23	1.7
医院、卫生院床位 (万张)	Number of Beds of Hospitals and Health Centers(10 000 beds)	65.9	9.5
社会服务	**Social Services**		
福利类收养单位床位数(万张)	Beds on Social Welfare Institutions (10 000 beds)	33.9	13.8
城镇社区服务设施数 (个)	Number of Urban Community Services Facilities (unit)	8829.0	-9.9
城乡最低生活保障人数(万人)	Number of Persons Receiving Minimum Living Allowance in Urban and Rural Areas (10 000 persons)	2012.3	2.6

1-6 长江三角洲经济区主要经济指标
Main Economic Indicators of Yangtze River Delta Economic Zone

指　　标	Item	2011	2012	2012年比上年增长(%) Growth Rate in 2012 over 2011 (%)
土地面积　(万平方公里)	Area of Land (10 000 sq.km)	21.1	21.1	
年末总人口　(万人)	Population at Year-end (10 000 persons)	15709.3	15777.4	0.4
年底就业人员　(万人)	Number of Employed Persons At the Year-end (10 000 persons)	9536.7	9566.3	0.3
地区生产总值　(亿元)	Gross Domestic Product (100 million yuan)	100624.8	108905.3	8.9
第一产业	Primary Industry	4772.8	5214.0	3.7
第二产业	Secondary Industry	49686.8	52293.0	8.6
#工业	Industry	44172.2	46344.3	8.5
第三产业	Tertiary Industry	46165.3	51398.3	9.8
人均地区生产总值　(元)	Per Capita Gross Domestic Product (yuan)	64240	69175	8.4
全社会固定资产投资总额(亿元)	Total Investment in Fixed Assets (100 million yuan)	45840.0	53621.2	17.0
#固定资产投资(不含农户)	Investment in Fixed Assets (Excluding Farm Households)	44925.0	52684.3	17.3
#房地产开发	Real Estate Development	11959.0	13813.7	15.5
公共财政预算收入　(亿元)	Public Budgetary Revenue (100 million yuan)	11729.5	13045.6	11.2
公共财政预算支出　(亿元)	Public Budgetary Expenditure (100 million yuan)	13979.2	15373.6	10.0
金融机构本外币存款余额(亿元)	Deposits of National Banking System (100 million yuan)	186718.4	208343.3	11.6
#居民储蓄存款	Household Savings Deposits	68015.3	77435.1	13.8
金融机构本外币贷款余额(亿元)	Loans of National Banking System (100 million yuan)	140719.6	158144.5	12.4
客运量　(亿人)	Passenger Traffic (100 million persons)	48.8	51.7	5.9
货运量　(亿吨)	Freight Traffic (100 million tons)	49.2	51.2	4.2
社会消费品零售总额　(亿元)	Total Amount of Rtail Sales of Consumer Goods (100 million yuan)	34831.2	39332.0	12.9
进出口总额　(亿美元)	Total Imports and Exports (100 million USD)	12864.7	12968.7	0.8
出口额	Exports	7386.7	7598.5	2.9
进口额	Imports	5477.9	5370.2	-2.0
实际外商直接投资　(亿美元)	Actually Used Amount of Foreign Direct Investment (100 million USD)	564.0	640.2	13.5
国际旅游外汇收入　(亿美元)	Foreign Exchange Earnings from Tourism (100 million USD)	159.5	169.4	6.3
在读研究生　(万人)	Students Enrollment of Higher Education (10 000 persons)	30.5	32.0	4.7
普通高等学校在校学生数(万人)	Postgraduate Students of Higher Education (10 000 persons)	307.8	311.0	1.0
专利申请受理数　(万件)	Number of Patents Application Accepted (10 000 pieces)	60.6	80.5	32.9
专利申请授权数　(万件)	Number of Patents Application Granted (10 000 pieces)	37.8	51.0	34.9
图书出版量　(亿册)	Printed Copies of Books (100 million copies)	11.5	11.9	4.1
执业(助理)医师　(万人)	Number of Licensed (Assistant) Doctors (10 000 persons)	31.1	33.1	6.4
医院床位数　(万张)	Number of Beds of Hospitals (10 000 units)	47.2	52.7	11.6

注：1.本表资料由江苏省统计局提供。长江三角洲经济区包括上海市、江苏省和浙江省。

2.本表地区生产总值按当年价格计算，指数按不变价格计算。

a) Data in this table are from Jiangsu Statistics Bureau.The Yangzi River Delta Economic Zone covers the Shanghai, Jiangsu and Zhejiang provinces.

b) The figures in value terms on GDP are calculated at current prices, whereas indices are calculated at comparable prices.

1-7 珠江三角洲经济区主要经济指标

Main Economic Indicators of The Pearl River Delta Economic Zone

指　　标	Item	2011	2012	2012年比上年增长(%) Growth Rate in 2012 over 2011 (%)
土地面积　(平方公里)	Land Area　(sq.km)	54733	54754	
年末常住人口　(万人)	Permanent Population at the Year-end　(10 000 persons)	5647	5690	0.8
#城镇人口　(万人)	Urban Population　(10 000 persons)	4687	4770	1.8
年末从业人员　(万人)	Employed Persons at the Year-end　(10 000 persons)	3630	3639	0.2
地区生产总值　(亿元)	Gross Domestic Product　(100 million yuan)	43720.86	47779.56	8.1
第一产业	Primary Industry	924.09	983.24	3.3
第二产业	Secondary Industry	20952.91	22084.62	6.7
第三产业	Tertiary Industry	21843.86	24711.70	9.7
人均生产总值　(元)	Per Capita GDP　(yuan)	77637	84355	7.5
地区生产总值指数(上年=100)	Index of Gross Domestic Product (preceding year=100)	109.9	108.1	
第一产业	Primary Industry	103.5	103.3	
第二产业	Secondary Industry	110.4	106.7	
第三产业	Tertiary Industry	109.7	109.7	
人均生产总值指数(上年=100)	Index of Per Capita Gross Domestic Product (preceding year=100)	107.1	107.5	
规模以上工业增加值　(亿元)	Value-added of Industry above Designated Size(100 million yuan)	17976.18	18639.71	8.1
固定资产投资总额　(亿元)	Total Investment in Fixed Assets　(100 million yuan)	12366.76	13974.24	13.0
社会消费品零售总额(亿元)	Total Retail Sales of Consumer Goods　(100 million yuan)	14575.57	16552.69	13.6
出口总额　(亿美元)	Total Exports　(USD 100 million)	5064.89	5477.09	8.1
进口总额　(亿美元)	Total Imports　(USD 100 million)	3678.00	3956.56	7.6
实际外商直接投资(亿美元)	Foreign Direct Investment Actually Utilized (USD 100 million)	195.29	215.23	10.2
公共财政预算收入　(亿元)	Public Budgetary Revenue　(100 million yuan)	3674.70	4129.09	12.4
公共财政预算支出　(亿元)	Pulic Budgetary Expenditure　(100 million yuan)	4444.97	4798.40	8.0
中外资金融机构本外币储蓄存款　(亿元)	Savings Deposits in Renminbi and Foreign Currencies inAll Financial Institutions(100 million yuan)	33015.57	37059.20	12.2

注：1.本表资料来源于2013年版《广东统计年鉴》。

2.珠江三角洲包括：广州、深圳、珠海、佛山、江门、东莞、中山、惠州和肇庆市。

3.本表地区生产总值、工业增加值按当年价格计算，指数按不变价格计算。

4.2011年固定资产投资项目统计起点由50万元提高至500万元，且不包含农村农户投资。

a) Data in this table are from Guangdong Statistical Yearbook-2013.

b) The nine cities in pearl river delta include Guangzhou, Shenzhen, Zhuhai, Foshan, Jiangmen, Dongguan, Zhongshan, Huizhou and Zhaoqing.

c) The figures in value terms on GDP and value-added of industry are calculated at current prices, whereas indices are calculated at comparable prices.

d) Since 2011, the cut-off point of investment statistics is changed from a minimum of 500,000 yuan to a minimum of 5,000,000 yuan, and the data do not include the investment made by rural households.

1-8 海峡西岸经济区主要经济指标

Main Economic Indicators of the Economic Zone on the West Coast of Taiwan Straits

指标	Item	2011 绝对数 Value	2011 增长(%) Growth Rate(%)	2012 绝对数 Value	2012 增长(%) Growth Rate(%)
地区生产总值 (亿元)	Gross Regional Product (100 million yuan)	30252	13.0	33594	11.2
规模以上工业增加值 (亿元)	Value-added of Industry (100 million yuan)	11395	19.4	12372	15.1
固定资产投资额 (亿元)	Total Investment in Fixed Assets (100 million yuan)	16467	31.1	20313	23.4
社会消费品零售总额 (亿元)	Total Retail Sales of Consumer Goods (100 million yuan)	12173	18.3	13731	12.8
货物进出口总额 (亿美元)	Total Value of Imports and Exports (100 million USD)	1994	31.4	2118	6.2
进口总额	Total Imports	648	35.7	712	10.0
出口总额	Total Exports	1346	31.3	1406	4.4
实际利用外商直接投资(亿美元)	Actually Utilization of Foreign Investment(100 million USD)	89	9.0	92	3.5
公共财政预算收入 (亿元)	Public Budgetary Revenue (100 million yuan)	2283	28.2	2706	18.5

注：1.海峡西岸经济区是指台湾海峡西岸以福建为主体及周边地区，包括福建福州、厦门、泉州、漳州、龙岩、莆田、三明、南平、宁德以及福建周边的浙江温州、丽水、衢州，江西上饶、鹰潭、抚州、赣州，广东梅州、潮州、汕头、揭阳等20个城市。

2.从2011年其固定资产投资统计起点由50万元提高至500万元，且不包含农村农户投资。

a) The economic zone on the west coast of Taiwan Straits refers to Fujian province and its adjacent region, which includes 20 cities, Fuzhou, Xiamen, Quanzhou, Zhangzhou, Longyan, Putian, Sanming, Nanping, Ningde in Fujian province, and Wenzhou, Lishui, Quzhou in Zhejiang province, and Shangrao, Yingtan, Fuzhou, Ganzhou in Jiangxi province, and Meizhou, Chaozhou, Shantou, Jieyang in Guangdong province.

b) Since 2011, starting point of fixed asset investment increased from 0.5 million to 5 million yuan, and does not contain rural farmers investment.

1-9 北部湾经济区主要经济指标

Main Economic Indicators of Beibu Gulf Economic Zone

指标	Item	2011 北部湾经济区(4市) Beibu Gulf Economic Zone(4 cities)	2011 北部湾经济区(6市) Beibu Gulf Economic Zone (6 cities)	2012 北部湾经济区(4市) Beibu Gulf Economic Zone(4 cities)	2012 北部湾经济区(6市) Beibu Gulf Economic Zone (6 cities)
土地面积 (平方公里)	Area of Land (sq.km)	42550	72739	42566	72755
年末常住人口 (万人)	Population at Year-end (10 000 persons)	1228	1983	1238	1998
地区生产总值 (亿元)	Gross Regional Product (100 million yuan)	3770	5282	4269	5901
第一产业	Primary Industry	635	994	678	1050
第二产业	Secondary Industry	1545	2201	1787	2486
#工业	Industry	1229	1794	1409	1997
第三产业	Tertiary Industry	1590	2087	1803	2364
全社会固定资产投资额(亿元)	Total Investment in Fixed Assets(100 million yuan)	3672	4879	4514	6050
公共财政预算收入 (亿元)	Public Budgetary Revenue (100 million yuan)	277	356	340	445
公共财政预算支出 (亿元)	Public Budgetary Expenditure(100 million yuan)	544	807	673	996
粮食产量 (万吨)	Grain Output (10 000 tons)	365	591	380	618
肉类产量 (万吨)	Output of Meat (10 000 tons)	108	193	112	202
社会消费品零售总额 (亿元)	Total Retail Sales of Consumer Goods (100 million yuan)	1466	1901	1711	2218
个人存款余额 (亿元)	Savings Deposits (100 million yuan)	2393	3264	2861	3891

注：1.本表资料来源于2013年版《广西统计年鉴》。

2.北部湾经济区城市(4市)：南宁、北海、钦州、防城港。

3.北部湾经济区城市(6市)：南宁、北海、钦州、防城港、玉林、崇左。

a) Data in this table come from *Guangxi Statistical Yearbook-2013*.

b) City of Beibu Gulf Economic Zone(4 cities): Nanning, Beihai, Qinzhou, Fangchenggang.

c) City of Beibu Gulf Economic Zone(6 cities): Nanning, Beihai, Qinzhou, Fangchenggang, Yulin, Chongzuo.

1-10 关中-天水经济区国民经济和社会发展主要指标
Main Economic Indicators of Guanzhong & Tianshui Economic Zone

指　标	Item	2011	2012	2012年比上年增长(%) Growth Rate in 2012 over 2011 (%)
土地面积　(万平方公里)	Area of Land (10 000 sq.km)	8.00	8.00	
总人口(年末常住)　(万人)	Population at Year-end (10 000 persons)	2819.11	2828.62	0.3
城镇单位在岗职工人数(万人)	Number of Staff and Workers (10 000 persons)	286.81	313.86	9.4
地区生产总值　(亿元)	Gross Domestic Product (100 million yuan)	8304.98	9494.72	
第一产业	Primary Industry	844.75	950.62	
第二产业	Secondary Industry	4133.10	4770.66	
#工业	Industry	3220.74	3716.97	
第三产业	Tertiary Industry	3327.13	3773.44	
人均地区生产总值　(元)	Per Capita Gross Domestic Product (yuan)	29504	33623	
固定资产投资(不含农户)(亿元)	Investment in Fixed Assets (100 million yuan)		8692.22	
公共财政预算收入　(亿元)	Public Budgetary Revenue (100 million yuan)	522.36	646.28	23.7
公共财政预算支出　(亿元)	Public Budgetary Expenditure (100 million yuan)	1308.36	1595.15	21.9
粮食产量　(万吨)	Grain Output (10 000 tons)	891.94	952.56	6.8
水果产量　(万吨)	Fruits Output (10 000 tons)	1174.48	1215.77	3.5
#苹果	Apples	827.60	858.00	3.7
社会消费品零售总额 (亿元)	Total Retail Sales of Consumer Goods (100 million yuan)	3219.53	3723.33	15.6
进出口总额　(亿美元)	Total Imports and Exports (100 million USD)	146.85	149.18	1.6
进口额	Imports	76.50	62.27	-18.6
出口额	Exports	70.34	86.91	23.5
实际外商直接投资额(亿美元)	Actually Used Amount of Foreign Direct Investment (100 million USD)	22.89	28.27	23.5
卫生机构床位数　(万张)	Number of Hospital Beds (10 000 beds)	11.38	12.56	10.3
卫生技术人员　(万人)	Medical Technical Personnel (10 000 persons)	15.41	16.33	6.0
#执业(助理)医师	Certified (Assistant) Doctors	5.22	5.30	1.5
注册护师、护士	Registration Nurses	5.14	6.07	18.0

注：1.关中—天水经济区包括陕西省西安市、铜川市、宝鸡市、咸阳市、渭南市、杨凌示范区、商洛市(部分区县：商州、洛南、丹凤、柞水一区四县)和甘肃省天水市。

a) The Guanzhong & Tianshui Economic Zone covers Xi'an, Tongchuan, Baoji, Xianyang, Weinan, Shangluo (including Shangzhou, Luonan and Zashui counties) cities, the Yangling agricultural hi-tech industries demonstration zone of Shaanxi province and Tianhui city of Gansu Province.

Chapter 2

第二章

省、自治区、直辖市统计资料

Statistics of Province

2-1 全国行政区划（2012年底）
Divisions of Administrative Areas in China (End of 2012)

单位：个 (unit)

省级区划名称 Provinces, Autonomous Regions and Municipalities	地级区划数 Number of Regions at Prefecture Level	#地级市 Cities at Prefecture Level	县级区划数 Number of Regions at County Level	#市辖区 Districts under the Jurisdiction of Cities	#县级市 Cities at County Level	#县 Counties	#自治县 Autonomous Counties	乡镇级区划数 Number of Regions at Townships Level	#镇 Towns	#乡级 Towns	#街道办事处 Street Communities
全　国 National Total	**333**	**285**	**2852**	**860**	**368**	**1453**	**117**	**40446**	**19881**	**13281**	**7282**
北京市 Beijing			16	14		2		325	144	38	143
天津市 Tianjin			16	13		3		245	123	11	111
河北省 Hebei	11	11	172	37	22	107	6	2234	1019	940	274
山西省 Shanxi	11	11	119	23	11	85		1397	564	632	201
内蒙古自治区 Inner Mongolia	12	9	101	21	11	17		1010	490	277	243
辽宁省 Liaoning	14	14	100	56	17	19	8	1515	615	270	630
吉林省 Jilin	9	8	60	20	20	17	3	895	429	189	277
黑龙江省 Heilongjiang	13	12	128	64	18	45	1	1278	485	409	384
上海市 Shanghai			17	16		1		208	108	2	98
江苏省 Jiangsu	13	13	102	55	23	24		1281	836	96	349
浙江省 Zhejiang	11	11	90	32	22	35	1	1341	650	279	412
安徽省 Anhui	16	16	105	43	6	56		1509	923	334	252
福建省 Fujian	9	9	85	26	14	45		1104	609	320	175
江西省 Jiangxi	11	11	100	19	11	70		1540	802	596	142
山东省 Shandong	17	17	138	48	30	60		1824	1094	113	617
河南省 Henan	17	17	159	50	21	88		2399	1014	827	558
湖北省 Hubei	13	12	103	38	24	38	2	1232	746	188	298
湖南省 Hunan	14	13	122	35	16	64	7	2388	1131	952	305
广东省 Guangdong	21	21	121	56	23	39	3	1586	1131	11	444
广西壮族自治区 Guangxi	14	14	109	34	7	56	12	1243	715	411	117
海南省 Hainan	3	3	20	4	6	4	6	222	183	21	18
重庆市 Chongqing			38	19		15	4	1012	604	220	188
四川省 Sichuan	21	18	181	45	14	118	4	4660	1831	2549	280
贵州省 Guizhou	9	6	88	13	7	56	11	1518	729	710	79
云南省 Yunnan	16	8	129	13	11	76	29	1365	659	584	122
西藏自治区 Tibet	7	1	74	1	1	72		693	140	543	10
陕西省 Shaanxi	10	10	107	24	3	80		1418	1136	80	202
甘肃省 Gansu	14	12	86	17	4	58	7	1345	470	758	117
青海省 Qinghai	8	1	43	4	2	30	7	396	138	228	30
宁夏回族自治区 Ningxia	5	5	22	9	2	11		237	101	92	44
新疆维吾尔自治区 Xinjiang	14	2	101	11	22	62	6	1026	262	601	162
香港特别行政区 Hong Kong Special Administrative Region											
澳门特别行政区 Macao Special Administrative Region											
台湾省 Taiwan											

2-2 国内生产总值和地区生产总值（2012年）

Gross Regional Product and Gross Regional Product (2012)

单位：亿元 (100 million yuan)

地区	Region	地区生产总值 Gross Regional Product	第一产业 Primary Industry	第二产业 Secondary Industry	第三产业 Tertiary Industry	构成（地区生产总值=100）Composition (GRP=100) 第一产业 Primary Industry	第二产业 Secondary Industry	第三产业 Tertiary Industry	人均地区生产总值（元）Per Capita GRP (yuan)
全　国	**National Total**	**518942.11**	**52373.63**	**235161.99**	**231406.49**	**10.1**	**45.3**	**44.6**	**38420**
北　京	Beijing	17879.40	150.20	4059.27	13669.93	0.8	22.7	76.5	87475
天　津	Tianjin	12893.88	171.60	6663.82	6058.46	1.3	51.7	47.0	93173
河　北	Hebei	26575.01	3186.66	14003.57	9384.78	12.0	52.7	35.3	36584
山　西	Shanxi	12112.83	698.32	6731.56	4682.95	5.8	55.6	38.7	33628
内蒙古	Inner Mongolia	15880.58	1448.58	8801.50	5630.50	9.1	55.4	35.5	63886
辽　宁	Liaoning	24846.43	2155.82	13230.49	9460.12	8.7	53.2	38.1	56649
吉　林	Jilin	11939.24	1412.11	6376.77	4150.36	11.8	53.4	34.8	43415
黑龙江	Heilongjiang	13691.58	2113.66	6037.61	5540.31	15.4	44.1	40.5	35711
上　海	Shanghai	20181.72	127.80	7854.77	12199.15	0.6	38.9	60.4	85373
江　苏	Jiangsu	54058.22	3418.29	27121.95	23517.98	6.3	50.2	43.5	68347
浙　江	Zhejiang	34665.33	1667.88	17316.32	15681.13	4.8	50.0	45.2	63374
安　徽	Anhui	17212.05	2178.73	9404.84	5628.48	12.7	54.6	32.7	28792
福　建	Fujian	19701.78	1776.71	10187.94	7737.13	9.0	51.7	39.3	52763
江　西	Jiangxi	12948.88	1520.23	6942.59	4486.06	11.7	53.6	34.6	28800
山　东	Shandong	50013.24	4281.70	25735.73	19995.81	8.6	51.5	40.0	51768
河　南	Henan	29599.31	3769.54	16672.20	9157.57	12.7	56.3	30.9	31499
湖　北	Hubei	22250.45	2848.77	11193.10	8208.58	12.8	50.3	36.9	38572
湖　南	Hunan	22154.23	3004.21	10506.42	8643.60	13.6	47.4	39.0	33480
广　东	Guangdong	57067.92	2847.26	27700.97	26519.69	5.0	48.5	46.5	54095
广　西	Guangxi	13035.10	2172.37	6247.43	4615.30	16.7	47.9	35.4	27952
海　南	Hainan	2855.54	711.54	804.47	1339.53	24.9	28.2	46.9	32377
重　庆	Chongqing	11409.60	940.01	5975.18	4494.41	8.2	52.4	39.4	38914
四　川	Sichuan	23872.80	3297.21	12333.28	8242.31	13.8	51.7	34.5	29608
贵　州	Guizhou	6852.20	891.91	2677.54	3282.75	13.0	39.1	47.9	19710
云　南	Yunnan	10309.47	1654.55	4419.20	4235.72	16.0	42.9	41.1	22195
西　藏	Tibet	701.03	80.38	242.85	377.80	11.5	34.6	53.9	22936
陕　西	Shaanxi	14453.68	1370.16	8073.87	5009.65	9.5	55.9	34.7	38564
甘　肃	Gansu	5650.20	780.50	2600.09	2269.61	13.8	46.0	40.2	21978
青　海	Qinghai	1893.54	176.91	1092.34	624.29	9.3	57.7	33.0	33181
宁　夏	Ningxia	2341.29	199.40	1159.37	982.52	8.5	49.5	42.0	36394
新　疆	Xinjiang	7505.31	1320.57	3481.56	2703.18	17.6	46.4	36.0	33796

注：本表绝对数按当年价格计算。

a) Level data in this table are calculated at current prices.

2-3 地区生产总值收入法构成项目（2012年）

Income Approach Components of Gross Regional Product (2012)

单位：亿元 (100 million yuan)

地区	Region	地区生产总值 Gross Regional Product	劳动者报酬 Compensation of Employees	生产税净额 Net Taxes on Production	固定资产折旧 Depreciation of Fixed Assets	营业盈余 Operating Surplus
北京	Beijing	17879.40	9102.64	2894.58	2269.61	3612.57
天津	Tianjin	12893.88	5040.37	2138.15	1506.75	4208.61
河北	Hebei	26575.01	13656.68	3408.74	3346.67	6162.92
山西	Shanxi	12112.83	5319.18	1989.99	1866.68	2936.98
内蒙古	Inner Mongolia	15880.58	6960.77	2152.04	1718.26	5049.51
辽宁	Liaoning	24846.43	11559.60	5192.66	3680.90	4413.27
吉林	Jilin	11939.24	4589.20	1859.57	1992.09	3498.38
黑龙江	Heilongjiang	13691.58	5417.92	2107.32	1549.06	4617.28
上海	Shanghai	20181.72	8389.14	4022.74	2460.38	5309.46
江苏	Jiangsu	54058.22	22867.66	7862.22	7209.94	16118.40
浙江	Zhejiang	34665.33	14583.69	5495.64	4463.09	10122.91
安徽	Anhui	17212.05	8445.19	2350.44	2083.07	4333.35
福建	Fujian	19701.78	9979.11	2809.74	2114.83	4798.10
江西	Jiangxi	12948.88	5529.01	2114.79	1986.72	3318.36
山东	Shandong	50013.24	19235.34	8307.74	7143.36	15326.81
河南	Henan	29599.31	14834.53	4633.77	3348.38	6782.62
湖北	Hubei	22250.45	10814.15	3161.57	2765.11	5509.62
湖南	Hunan	22154.23	10988.08	3596.68	2369.19	5200.28
广东	Guangdong	57067.92	27239.83	8988.68	7535.69	13303.72
广西	Guangxi	13035.10	7183.36	1719.70	1474.92	2657.12
海南	Hainan	2855.54	1447.36	546.25	424.91	437.02
重庆	Chongqing	11409.60	5679.13	1664.96	1240.30	2825.21
四川	Sichuan	23872.80	10537.71	3676.83	3007.03	6651.23
贵州	Guizhou	6852.20	3650.80	1241.50	900.51	1059.39
云南	Yunnan	10309.47	5214.01	2316.81	1069.53	1709.12
西藏	Tibet	701.03	450.54	62.14	104.33	84.02
陕西	Shaanxi	14453.68	5566.50	2585.50	1747.26	4554.42
甘肃	Gansu	5650.20	2628.86	987.21	923.16	1110.98
青海	Qinghai	1893.54	823.58	278.38	335.98	455.60
宁夏	Ningxia	2341.29	1150.85	328.05	399.08	463.31
新疆	Xinjiang	7505.31	3979.27	1140.66	1096.08	1289.30

注：本表按当年价格计算。

a) Data in this table are calculated at current prices.

2-4 支出法国内生产总值和地区生产总值（2012年）

GDP & Gross Regional Product by Expenditure Approach (2012)

地 区	Region	支出法地区生产总值 (亿元) Gross Regional Product by Expenditure Approach (100 million yuan)	最终消费支出 Final Consumption Expenditures	资本形成总额 Gross Capital Formation	货物和服务净流出 Net Outflow of Goods and Services	最终消费率 (消费率)(%) Final Consumption Rate (%)	资本形成率 (投资率)(%) Capital Formation Rate (%)
全 国	**National Total**	**529238.4**	**261832.8**	**252773.2**	**14632.4**	**49.5**	**47.8**
北 京	Beijing	17879.4	10655.1	7409.6	-185.3	59.6	41.4
天 津	Tianjin	12893.9	4879.4	9848.4	-1834.0	37.8	76.4
河 北	Hebei	26575.0	11081.1	15244.6	249.3	41.7	57.4
山 西	Shanxi	12112.8	5506.1	8223.9	-1617.1	45.5	67.9
内蒙古	Inner Mongolia	15880.6	6244.2	13442.1	-3805.7	39.3	84.6
辽 宁	Liaoning	24846.4	10073.2	15492.1	-718.9	40.5	62.4
吉 林	Jilin	12688.4	4942.0	9136.2	-1389.9	38.9	72.0
黑龙江	Heilongjiang	13691.6	7260.5	8143.7	-1712.6	53.0	59.5
上 海	Shanghai	20181.7	11528.6	7674.8	978.3	57.1	38.0
江 苏	Jiangsu	54058.2	22714.6	27258.1	4085.6	42.0	50.4
浙 江	Zhejiang	34665.3	16509.4	15460.7	2695.2	47.6	44.6
安 徽	Anhui	17212.1	8439.0	8855.8	-82.7	49.0	51.5
福 建	Fujian	19701.8	7882.9	11304.8	514.1	40.0	57.4
江 西	Jiangxi	12948.9	6314.3	6513.7	120.9	48.8	50.3
山 东	Shandong	50013.2	20543.7	27551.5	1918.0	41.1	55.1
河 南	Henan	29599.3	13338.4	22060.0	-5799.1	45.1	74.5
湖 北	Hubei	22659.4	9982.8	12554.7	121.9	44.1	55.4
湖 南	Hunan	22154.2	10166.1	12488.8	-500.7	45.9	56.4
广 东	Guangdong	57067.9	29264.3	22871.9	4931.8	51.3	40.1
广 西	Guangxi	13035.1	6518.0	11068.5	-4551.3	50.0	84.9
海 南	Hainan	2855.5	1386.3	2009.9	-540.6	48.5	70.4
重 庆	Chongqing	11409.6	5393.1	6341.4	-324.8	47.3	55.6
四 川	Sichuan	23872.8	11926.7	12496.0	-549.9	50.0	52.3
贵 州	Guizhou	6852.2	3950.6	4164.4	-1262.8	57.7	60.8
云 南	Yunnan	10309.5	6306.8	8576.4	-4573.6	61.2	83.2
西 藏	Tibet	701.0	452.7	708.7	-460.3	64.6	101.1
陕 西	Shaanxi	14453.7	6387.1	9915.2	-1848.6	44.2	68.6
甘 肃	Gansu	5650.2	3328.0	3298.1	-975.8	58.9	58.4
青 海	Qinghai	1893.5	997.4	1719.3	-823.1	52.7	90.8
宁 夏	Ningxia	2341.3	1184.0	2086.9	-929.6	50.6	89.1
新 疆	Xinjiang	7505.3	4262.5	5792.2	-2549.4	56.8	77.2

注：本表按当年价格计算。

a) Data in value terms in this table are calculated at current prices.

2-5 最终消费支出及构成（2012年）
Final Consumption Expenditure and Its Composition (2012)

地 区	Region	最终消费支出（亿元）Final Consumption Expenditures (100 million yuan)	居民消费支出 Household Consumption			政府消费支出 Government Consumption	最终消费支出=100 Final Consumption Expenditures=100		居民消费支出=100 Household Consumption Expenditures=100	
				农村居民 Rural Household	城镇居民 Urban Household		居民消费支出 Household Consumption	政府消费支出 Government Consumption	农村居民 Rural Household	城镇居民 Urban Household
全 国	**National Total**	**261832.8**	**190423.8**	**42310.4**	**148113.4**	**71409.0**	**72.7**	**27.3**	**22.2**	**77.8**
北 京	Beijing	10655.1	6203.3	413.2	5790.1	4451.8	58.2	41.8	6.7	93.3
天 津	Tianjin	4879.4	3180.7	313.2	2867.5	1698.7	65.2	34.8	9.8	90.2
河 北	Hebei	11081.1	7808.4	2253.6	5554.8	3272.7	70.5	29.5	28.9	71.1
山 西	Shanxi	5506.1	3900.7	1156.9	2743.8	1605.4	70.8	29.2	29.7	70.3
内蒙古	Inner Mongolia	6244.2	3777.3	748.5	3028.8	2466.9	60.5	39.5	19.8	80.2
辽 宁	Liaoning	10073.2	7894.4	1333.8	6560.6	2178.8	78.4	21.6	16.9	83.1
吉 林	Jilin	4942.0	3375.9	891.2	2484.7	1566.2	68.3	31.7	26.4	73.6
黑龙江	Heilongjiang	7260.5	4447.7	1070.0	3377.7	2812.7	61.3	38.7	24.1	75.9
上 海	Shanghai	11528.6	8721.3	468.3	8253.0	2807.3	75.6	24.4	5.4	94.6
江 苏	Jiangsu	22714.6	15385.6	3481.1	11904.4	7329.0	67.7	32.3	22.6	77.4
浙 江	Zhejiang	16509.4	12496.1	2796.3	9699.9	4013.3	75.7	24.3	22.4	77.6
安 徽	Anhui	8439.0	6562.7	1659.8	4902.9	1876.3	77.8	22.2	25.3	74.7
福 建	Fujian	7882.9	6028.1	1474.4	4553.7	1854.8	76.5	23.5	24.5	75.5
江 西	Jiangxi	6314.3	4753.8	1541.9	3211.9	1560.5	75.3	24.7	32.4	67.6
山 东	Shandong	20543.7	14583.4	3832.9	10750.5	5960.3	71.0	29.0	26.3	73.7
河 南	Henan	13338.4	9754.4	3081.8	6672.6	3584.0	73.1	26.9	31.6	68.4
湖 北	Hubei	9982.8	7085.5	1830.8	5254.6	2897.3	71.0	29.0	25.8	74.2
湖 南	Hunan	10166.1	7768.4	2285.6	5482.8	2397.7	76.4	23.6	29.4	70.6
广 东	Guangdong	29264.3	23022.5	3123.5	19899.0	6241.8	78.7	21.3	13.6	86.4
广 西	Guangxi	6518.0	4905.8	1431.8	3474.0	1612.2	75.3	24.7	29.2	70.8
海 南	Hainan	1386.3	937.9	260.2	677.8	448.3	67.7	32.3	27.7	72.3
重 庆	Chongqing	5393.1	4003.8	740.5	3263.3	1389.3	74.2	25.8	18.5	81.5
四 川	Sichuan	11926.7	9095.3	3255.7	5839.6	2831.4	76.3	23.7	35.8	64.2
贵 州	Guizhou	3950.6	2910.9	994.7	1916.3	1039.7	73.7	26.3	34.2	65.8
云 南	Yunnan	6306.8	4543.5	1624.2	2919.4	1763.2	72.0	28.0	35.7	64.3
西 藏	Tibet	452.7	163.1	73.1	90.0	289.6	36.0	64.0	44.8	55.2
陕 西	Shaanxi	6387.1	4442.2	1112.6	3329.6	1944.9	69.5	30.5	25.0	75.0
甘 肃	Gansu	3328.0	2196.0	727.8	1468.2	1131.9	66.0	34.0	33.1	66.9
青 海	Qinghai	997.4	587.2	185.6	401.6	410.2	58.9	41.1	31.6	68.4
宁 夏	Ningxia	1184.0	779.8	190.7	589.1	404.2	65.9	34.1	24.5	75.5
新 疆	Xinjiang	4262.5	2370.7	675.6	1695.0	1891.8	55.6	44.4	28.5	71.5

注：本表按当年价格计算。
a) Data in value terms in this table are calculated at current prices.

2-6 资本形成总额及构成（2012年）
Gross Capital Formation and Its Composition (2012)

地 区	Region	资本形成总额（亿元） Gross Capital Formation (100 million yuan)	固定资本形成总额 Gross Fixed Capital Formation	存货增加 Change in Inventories	构成（资本形成总额=100） Composition (Total=100) 固定资本形成总额 Gross Fixed Capital Formation	存货增加 Change in Inventories
全 国	**National Total**	**252773.2**	**241756.8**	**11016.4**	**95.6**	**4.4**
北 京	Beijing	7409.6	7032.8	376.8	94.9	5.1
天 津	Tianjin	9848.4	9314.8	533.7	94.6	5.4
河 北	Hebei	15244.6	15087.9	156.7	99.0	1.0
山 西	Shanxi	8223.9	7663.4	560.5	93.2	6.8
内蒙古	Inner Mongolia	13442.1	12954.3	487.7	96.4	3.6
辽 宁	Liaoning	15492.1	15049.6	442.5	97.1	2.9
吉 林	Jilin	9136.2	9235.0	-98.8	101.1	-1.1
黑龙江	Heilongjiang	8143.7	7824.1	319.6	96.1	3.9
上 海	Shanghai	7674.8	7012.5	662.3	91.4	8.6
江 苏	Jiangsu	27258.1	26415.5	842.6	96.9	3.1
浙 江	Zhejiang	15460.7	14607.6	853.2	94.5	5.5
安 徽	Anhui	8855.8	8680.9	174.9	98.0	2.0
福 建	Fujian	11304.8	10270.2	1034.6	90.8	9.2
江 西	Jiangxi	6513.7	6301.1	212.5	96.7	3.3
山 东	Shandong	27551.5	26808.9	742.7	97.3	2.7
河 南	Henan	22060.0	21667.8	392.3	98.2	1.8
湖 北	Hubei	12554.7	12064.8	489.9	96.1	3.9
湖 南	Hunan	12488.8	11990.7	498.2	96.0	4.0
广 东	Guangdong	22871.9	22033.8	838.0	96.3	3.7
广 西	Guangxi	11068.5	10547.4	521.1	95.3	4.7
海 南	Hainan	2009.9	1947.9	62.0	96.9	3.1
重 庆	Chongqing	6341.4	6041.2	300.2	95.3	4.7
四 川	Sichuan	12496.0	12096.2	399.8	96.8	3.2
贵 州	Guizhou	4164.4	4067.3	97.1	97.7	2.3
云 南	Yunnan	8576.4	7949.5	626.9	92.7	7.3
西 藏	Tibet	708.7	709.1	-0.5	100.1	-0.1
陕 西	Shaanxi	9915.2	9700.1	215.1	97.8	2.2
甘 肃	Gansu	3298.1	3128.7	169.4	94.9	5.1
青 海	Qinghai	1719.3	1895.7	-176.5	110.3	-10.3
宁 夏	Ningxia	2086.9	1967.2	119.7	94.3	5.7
新 疆	Xinjiang	5792.2	5477.6	314.6	94.6	5.4

注：本表按当年价格计算。

a) Data in value terms in this table are calculated at current prices.

2-7 居民消费水平（2012年）
Household Consumption Expenditure (2012)

地区	Region	绝对数(元) Level (yuan) 全体居民 All Households	农村居民 Rural Household	城镇居民 Urban Household	城乡消费水平对比(农村居民=1) Urban/Rural Consumption Ratio (Rural Household=1)	指数（上年=100） Index (Preceding Year=100) 全体居民 All Households	农村居民 Rural Household	城镇居民 Urban Household
全国	**National Total**	**14098.2**	**6515.4**	**21119.7**	**3.2**	**109.4**	**107.9**	**107.8**
北京	Beijing	30349.5	14664.1	32857.4	2.2	106.6	106.7	106.5
天津	Tianjin	22984.0	11936.0	25568.9	2.1	109.1	117.6	107.5
河北	Hebei	10749.4	5766.0	16553.9	2.9	108.1	112.1	104.1
山西	Shanxi	10829.0	6485.2	15090.9	2.3	112.6	116.6	108.8
内蒙古	Inner Mongolia	15195.5	7032.4	21307.8	3.0	111.7	113.9	109.6
辽宁	Liaoning	17998.7	8651.7	23064.9	2.7	110.4	114.3	107.7
吉林	Jilin	12276.3	6976.7	16873.1	2.4	110.7	109.1	111.0
黑龙江	Heilongjiang	11600.8	6445.3	15538.0	2.4	105.8	106.6	104.8
上海	Shanghai	36892.9	18512.3	39095.2	2.1	106.0	106.2	106.0
江苏	Jiangsu	19452.3	11721.3	24100.6	2.1	114.2	115.9	112.6
浙江	Zhejiang	22844.7	13723.6	28259.2	2.1	106.0	108.8	104.5
安徽	Anhui	10977.7	5647.8	16131.3	2.9	106.6	103.8	105.3
福建	Fujian	16143.9	9595.8	20722.3	2.2	107.0	110.4	104.6
江西	Jiangxi	10572.9	6422.8	15327.4	2.4	110.5	113.4	106.7
山东	Shandong	15095.0	8212.2	21527.8	2.6	110.4	115.6	106.9
河南	Henan	10380.3	5607.6	17103.7	3.1	110.4	111.1	106.8
湖北	Hubei	12283.0	6705.2	17296.1	2.6	109.7	114.5	105.6
湖南	Hunan	11739.5	6381.8	18060.1	2.8	109.2	111.4	105.7
广东	Guangdong	21823.3	8898.2	28268.6	3.2	108.3	107.7	107.9
广西	Guangxi	10519.5	5355.5	17457.2	3.3	110.3	109.5	107.5
海南	Hainan	10634.5	6019.6	15068.5	2.5	109.3	111.8	107.0
重庆	Chongqing	13655.4	5740.5	19873.3	3.5	111.9	117.7	107.8
四川	Sichuan	11280.2	7146.5	16649.1	2.3	112.2	116.9	105.9
贵州	Guizhou	8372.0	4448.4	15441.3	3.5	109.2	110.9	105.5
云南	Yunnan	9781.6	5645.0	16513.7	2.9	113.7	114.4	108.9
西藏	Tibet	5339.5	3098.2	12958.4	4.2	108.6	107.2	109.5
陕西	Shaanxi	11852.2	5782.7	18254.4	3.2	114.1	117.9	109.4
甘肃	Gansu	8542.0	4562.7	15047.7	3.3	111.8	112.8	108.6
青海	Qinghai	10289.1	6116.0	15026.4	2.5	115.2	121.2	110.6
宁夏	Ningxia	12120.4	5958.1	18222.8	3.1	109.2	114.7	105.5
新疆	Xinjiang	10675.1	5409.8	17441.6	3.2	115.9	116.2	114.8

注：本表绝对数按当年价格计算，指数按不变价格计算。

a) Level in this table are calculated at current prices, while indices are calculated at constant prices.

2-8 人口的城乡构成和出生率、死亡率、自然增长率（2012年）
Total Population by Urban and Rural Residence and Birth Rate, Death Rate, Natural Growth Rate (2012)

地区	Region	总人口(年末)(万人) Total Population (year-end) (10 000 persons)	城镇人口 Urban Population 人口数 Population	城镇人口 Urban Population 比重(%) Proportion	乡村人口 Rural Population 人口数 Population	乡村人口 Rural Population 比重(%) Proportion	出生率(‰) Birth Rate (‰)	死亡率(‰) Death Rate (‰)	自然增长率(‰) Natural Growth Rate (‰)
全 国	**National Total**	**135404**	**71182**	**52.57**	**64222**	**47.43**	**12.10**	**7.15**	**4.95**
北 京	Beijing	2069	1784	86.20	286	13.80	9.05	4.31	4.74
天 津	Tianjin	1413	1152	81.55	261	18.45	8.75	6.12	2.63
河 北	Hebei	7288	3411	46.80	3877	53.20	12.88	6.41	6.47
山 西	Shanxi	3611	1851	51.26	1760	48.74	10.70	5.83	4.87
内蒙古	Inner Mongolia	2490	1438	57.74	1052	42.26	9.17	5.52	3.65
辽 宁	Liaoning	4389	2881	65.65	1508	34.35	6.15	6.54	-0.39
吉 林	Jilin	2750	1477	53.70	1273	46.30	5.73	5.37	0.36
黑龙江	Heilongjiang	3834	2182	56.90	1652	43.10	7.30	6.03	1.27
上 海	Shanghai	2380	2126	89.30	255	10.70	9.56	5.36	4.20
江 苏	Jiangsu	7920	4990	63.00	2930	37.00	9.44	6.99	2.45
浙 江	Zhejiang	5477	3461	63.20	2016	36.80	10.12	5.52	4.60
安 徽	Anhui	5988	2784	46.50	3204	53.50	13.00	6.14	6.86
福 建	Fujian	3748	2234	59.60	1514	40.40	12.74	5.73	7.01
江 西	Jiangxi	4504	2140	47.51	2364	52.49	13.46	6.14	7.32
山 东	Shandong	9685	5078	52.43	4607	47.57	11.90	6.95	4.95
河 南	Henan	9406	3991	42.43	5415	57.57	11.87	6.71	5.16
湖 北	Hubei	5779	3092	53.50	2687	46.50	11.00	6.12	4.88
湖 南	Hunan	6639	3097	46.65	3542	53.35	13.58	7.01	6.57
广 东	Guangdong	10594	7140	67.40	3454	32.60	11.60	4.65	6.95
广 西	Guangxi	4682	2038	43.53	2644	56.47	14.20	6.31	7.89
海 南	Hainan	887	457	51.60	429	48.40	14.66	5.81	8.85
重 庆	Chongqing	2945	1678	56.98	1267	43.02	10.86	6.86	4.00
四 川	Sichuan	8076	3516	43.53	4561	56.47	9.89	6.92	2.97
贵 州	Guizhou	3484	1269	36.41	2216	63.59	13.27	6.96	6.31
云 南	Yunnan	4659	1831	39.31	2828	60.69	12.63	6.41	6.22
西 藏	Tibet	308	70	22.75	238	77.25	15.48	5.21	10.27
陕 西	Shaanxi	3753	1877	50.02	1876	49.98	10.12	6.24	3.88
甘 肃	Gansu	2578	999	38.75	1579	61.25	12.11	6.05	6.06
青 海	Qinghai	573	272	47.44	301	52.56	14.30	6.06	8.24
宁 夏	Ningxia	647	328	50.67	319	49.33	13.26	4.33	8.93
新 疆	Xinjiang	2233	982	43.98	1251	56.02	15.32	4.48	10.84

注：1.本表数据根据2012年人口变动情况抽样调查数据推算。全国总人口根据抽样误差和调查误差进行了修正，分地区人口未作修正。
2.全国总人口包括现役军人数，分地区数字中未包括。

a) Data in the table are estimates from the 2012 National Sample Survey on Population Changes. The national total population was adjusted on the basis of sampling errors and survey errors. Similar adjustments were not made to regional figures.

b) The military personnel were included in the national total population, but were not included in the population by region.

2-9 户数、人口数和性别比（2012年）
Household, Population and Sex Ratio (2012)

地区	Region	户数（户）Number of Households (household)	家庭户 Family Household	集体户 Collective Household	人口数（人）Population (person)	男 Male	女 Female	性别比（女=100）Sex Ratio (Female=100)
全国	**National Total**	**367304**	**356954**	**10350**	**1124661**	**576354**	**548307**	**105.12**
北京	Beijing	6368	5878	490	17266	8851	8415	105.18
天津	Tianjin	4227	4089	137	11791	5854	5937	98.61
河北	Hebei	18597	18532	65	60806	31087	29719	104.60
山西	Shanxi	9759	9664	95	30128	15393	14736	104.46
内蒙古	Inner Mongolia	7389	7176	213	20775	10613	10162	104.44
辽宁	Liaoning	13129	12605	523	36621	18359	18263	100.53
吉林	Jilin	7955	7794	161	22949	11670	11279	103.47
黑龙江	Heilongjiang	11558	11541	17	31990	16283	15707	103.66
上海	Shanghai	8220	7692	528	19862	10349	9513	108.78
江苏	Jiangsu	21659	20970	690	66083	32859	33225	98.90
浙江	Zhejiang	16706	15417	1290	45700	23361	22338	104.58
安徽	Anhui	16335	15862	473	49963	26032	23931	108.78
福建	Fujian	10887	10330	557	31273	15783	15490	101.89
江西	Jiangxi	10858	10699	159	37580	19481	18099	107.64
山东	Shandong	27700	27473	227	80810	40832	39978	102.14
河南	Henan	23092	22869	224	78483	39680	38803	102.26
湖北	Hubei	15422	15167	255	48219	24562	23657	103.83
湖南	Hunan	17996	17832	163	55394	28577	26817	106.57
广东	Guangdong	26421	24068	2353	88395	46688	41707	111.94
广西	Guangxi	11746	11571	175	39066	20259	18807	107.72
海南	Hainan	2003	1910	93	7397	3934	3463	113.60
重庆	Chongqing	9081	8892	188	24573	12370	12203	101.37
四川	Sichuan	22925	22423	502	67386	35292	32094	109.96
贵州	Guizhou	9288	9185	103	29071	14935	14135	105.66
云南	Yunnan	11746	11450	296	38874	19993	18882	105.88
西藏	Tibet	630	627	3	2567	1275	1292	98.72
陕西	Shaanxi	10107	9962	145	31315	16193	15123	107.08
甘肃	Gansu	6593	6533	61	21507	11067	10440	106.01
青海	Qinghai	1408	1374	34	4782	2465	2318	106.35
宁夏	Ningxia	1600	1545	55	5400	2760	2640	104.52
新疆	Xinjiang	5900	5825	75	18630	9496	9134	103.97

注：本表是2012年全国人口变动情况抽样调查样本数据，抽样比为0.831‰。

a) Data in this table are obtained from the 2012 National Sample Survey on Population Changes. The sampling fraction is 0.831‰.

2-10 按行业分城镇单位就业人员数(年底数)(2012年)
Number of Employed Persons in Urban Units at Year-end by Sector (2012)

单位：万人

地 区	Region	合 计 Total	农、林、牧、渔业 Agriculture, Forestry, Animal Husbandry and Fishery	采矿业 Mining	制造业 Manufacturing	电力、热力、燃气及水生产和供应业 Production and Supply of Electricity, Heat, Gas and Water	建筑业 Construction	批发和零售业 Wholesale and Retail Trades
全 国	**National Total**	**15236.4**	**338.9**	**631.0**	**4262.2**	**344.6**	**2010.3**	**711.8**
北 京	Beijing	717.4	2.5	6.9	108.0	8.9	42.7	68.6
天 津	Tianjin	289.1	0.5	6.9	120.2	4.4	31.1	17.5
河 北	Hebei	619.9	5.5	28.8	145.4	21.2	81.4	26.3
山 西	Shanxi	436.0	2.8	90.3	70.3	11.1	38.8	19.2
内蒙古	Inner Mongolia	270.8	25.0	21.5	42.7	12.0	18.2	8.0
辽 宁	Liaoning	598.7	25.2	32.6	168.3	16.4	60.9	21.1
吉 林	Jilin	285.5	15.7	16.6	64.8	8.9	17.6	9.5
黑龙江	Heilongjiang	471.0	93.3	41.3	63.3	15.7	35.6	15.9
上 海	Shanghai	555.7	1.2	0.1	218.7	5.8	48.9	59.8
江 苏	Jiangsu	830.9	8.6	12.8	359.7	12.9	69.5	33.5
浙 江	Zhejiang	1070.1	0.8	1.4	372.5	13.3	294.1	39.3
安 徽	Anhui	436.8	5.4	34.6	90.9	9.9	69.9	15.9
福 建	Fujian	637.9	4.8	5.3	292.4	9.5	121.7	24.3
江 西	Jiangxi	385.8	11.6	10.1	102.0	10.5	66.6	16.7
山 东	Shandong	1110.2	2.8	78.8	395.0	21.0	136.8	48.9
河 南	Henan	881.2	5.8	63.0	218.3	22.5	125.6	42.6
湖 北	Hubei	598.0	9.7	12.0	160.6	18.2	97.1	30.1
湖 南	Hunan	567.5	2.4	15.2	128.2	15.7	94.6	18.7
广 东	Guangdong	1304.0	7.2	3.4	540.9	20.1	107.6	65.0
广 西	Guangxi	358.0	9.9	5.3	71.9	9.8	42.5	12.8
海 南	Hainan	90.1	11.9	1.0	9.5	2.1	6.0	5.4
重 庆	Chongqing	353.2	1.3	10.4	82.3	7.5	85.2	19.8
四 川	Sichuan	640.9	4.0	24.5	144.5	17.6	116.1	18.5
贵 州	Guizhou	269.5	1.6	18.2	47.6	8.4	34.9	13.2
云 南	Yunnan	392.7	9.2	22.3	70.5	9.7	66.4	23.5
西 藏	Tibet	25.2	0.6	0.2	0.7	0.8	0.5	0.5
陕 西	Shaanxi	411.2	3.6	30.0	86.2	9.6	42.8	17.8
甘 肃	Gansu	211.3	5.5	9.7	33.8	7.2	23.0	6.0
青 海	Qinghai	61.7	1.6	2.6	11.7	2.0	7.4	2.4
宁 夏	Ningxia	67.4	2.4	6.6	10.8	4.1	4.4	2.8
新 疆	Xinjiang	288.8	56.2	18.9	30.6	7.6	22.4	8.2

注：本表城镇单位数据不含私营单位(以下相关表同)。

a) Data of employed persons in urban units do not include those of private enterprises. The same applies to the tables following.

2-10 续表 1 continued

单位: 万人 (10 000 persons)

地 区	Region	交通运输、仓储和邮政业 Transport, Storage and Post	住宿和餐饮业 Hotels and Catering Services	信息传输、软件和信息技术服务业 Information Transmission, Software and Information Technology	金融业 Financial Intermediation	房地产业 Real Estate	租赁和商务服务业 Leasing and Business Services
全 国	**National Total**	**667.5**	**265.1**	**222.8**	**527.8**	**273.7**	**292.3**
北 京	Beijing	57.8	32.0	52.6	37.6	37.1	61.4
天 津	Tianjin	14.1	6.9	3.3	7.8	5.5	5.4
河 北	Hebei	24.3	6.8	6.5	24.7	6.8	5.2
山 西	Shanxi	22.3	6.9	5.3	15.8	2.6	5.3
内蒙古	Inner Mongolia	16.9	2.9	4.4	10.8	1.8	3.2
辽 宁	Liaoning	32.8	7.2	9.0	22.5	12.4	10.2
吉 林	Jilin	15.9	3.0	4.7	10.9	5.1	4.9
黑龙江	Heilongjiang	25.6	4.6	6.1	16.0	5.9	4.9
上 海	Shanghai	38.0	20.1	8.6	29.5	15.2	17.2
江 苏	Jiangsu	30.6	11.9	10.8	29.4	8.2	12.3
浙 江	Zhejiang	29.4	16.3	14.1	36.4	17.5	29.2
安 徽	Anhui	16.3	4.3	4.5	16.8	6.9	3.7
福 建	Fujian	18.6	9.4	5.3	14.8	10.2	6.0
江 西	Jiangxi	12.9	4.3	4.3	10.6	4.5	2.9
山 东	Shandong	37.4	15.2	9.1	32.7	15.8	11.5
河 南	Henan	30.9	10.1	6.3	23.3	13.1	11.3
湖 北	Hubei	24.4	9.2	5.6	16.3	10.0	6.2
湖 南	Hunan	23.6	9.5	7.1	20.7	9.9	8.8
广 东	Guangdong	61.8	32.3	18.6	47.6	34.9	37.0
广 西	Guangxi	18.5	4.8	4.4	11.7	5.4	8.9
海 南	Hainan	4.5	6.2	1.0	2.8	4.2	2.0
重 庆	Chongqing	15.8	7.1	3.9	13.0	7.8	6.1
四 川	Sichuan	23.6	7.6	6.0	23.0	6.6	5.2
贵 州	Guizhou	9.1	3.9	2.5	7.4	5.4	3.0
云 南	Yunnan	13.6	8.5	4.3	9.8	7.3	6.2
西 藏	Tibet	0.6	0.3	0.3	0.8	0.0	0.2
陕 西	Shaanxi	18.3	7.5	7.8	14.6	6.6	4.5
甘 肃	Gansu	10.4	1.9	2.0	7.2	1.9	1.7
青 海	Qinghai	3.4	0.7	0.9	2.2	0.8	0.8
宁 夏	Ningxia	3.6	0.6	0.6	3.0	1.1	1.8
新 疆	Xinjiang	12.6	2.8	2.6	8.1	3.2	5.4

2-10 续表 2 continued

单位：万人 (10 000 persons)

地区	Region	科学研究和技术服务业 Scientific Research and Technical Services	水利、环境和公共设施管理业 Management of Water Conservancy, Environment and Public Facilities	居民服务、修理和其他服务业 Services to Households, Repair and Other Services	教育 Education	卫生和社会工作 Health and Social Service	文化、体育和娱乐业 Culture, Sports and Entertainment	公共管理、社会保障和社会组织 Public Management, Social Security and Social Organization
全国	**National Total**	**330.7**	**243.8**	**62.1**	**1653.4**	**719.3**	**137.7**	**1541.5**
北京	Beijing	54.0	9.4	8.6	44.4	23.0	17.1	44.7
天津	Tianjin	8.3	3.7	10.9	16.3	8.8	1.9	15.5
河北	Hebei	12.5	11.3	2.2	89.9	32.2	5.2	83.8
山西	Shanxi	5.9	7.6	0.6	49.9	17.1	4.5	59.6
内蒙古	Inner Mongolia	4.9	7.8	0.7	34.8	12.9	3.3	39.0
辽宁	Liaoning	15.8	15.6	2.7	57.8	30.4	5.1	52.8
吉林	Jilin	7.6	8.2	0.9	37.2	16.3	3.6	33.9
黑龙江	Heilongjiang	11.9	10.2	4.4	47.0	21.0	4.2	44.1
上海	Shanghai	12.2	6.2	3.3	28.0	17.4	5.1	20.5
江苏	Jiangsu	12.8	13.3	1.3	88.8	41.1	6.1	67.4
浙江	Zhejiang	17.5	12.9	2.0	66.2	37.4	6.7	63.3
安徽	Anhui	8.2	8.1	0.6	63.3	25.3	3.6	48.5
福建	Fujian	6.5	5.0	1.4	46.7	18.1	3.6	34.3
江西	Jiangxi	5.4	5.9	0.6	44.2	21.1	3.9	47.6
山东	Shandong	12.4	12.5	3.9	109.8	49.6	6.9	109.8
河南	Henan	13.1	13.1	1.6	118.9	46.1	7.1	108.4
湖北	Hubei	13.5	9.8	1.5	71.8	34.2	6.3	61.5
湖南	Hunan	9.5	9.7	1.5	72.0	34.8	5.0	80.7
广东	Guangdong	21.3	14.3	5.8	117.7	56.1	9.5	102.9
广西	Guangxi	9.3	8.8	0.7	60.8	26.0	3.3	43.0
海南	Hainan	1.7	2.6	0.2	12.3	4.8	1.1	10.8
重庆	Chongqing	5.7	4.6	0.9	37.1	13.5	2.6	28.5
四川	Sichuan	16.2	10.6	1.1	89.4	39.3	4.5	82.6
贵州	Guizhou	5.4	4.2	1.0	44.2	14.6	1.6	43.3
云南	Yunnan	7.8	5.7	0.8	54.9	19.4	3.4	49.3
西藏	Tibet	1.1	0.2		4.4	1.6	0.6	11.7
陕西	Shaanxi	14.4	8.9	1.5	56.9	21.9	5.0	53.2
甘肃	Gansu	5.6	5.2	0.4	36.8	11.7	2.6	38.7
青海	Qinghai	2.8	1.0	0.3	7.6	3.7	0.8	9.2
宁夏	Ningxia	1.2	2.0		8.4	4.0	0.7	9.3
新疆	Xinjiang	6.1	5.4	0.6	36.0	15.8	2.9	43.4

2-11 城镇单位就业人员工资总额和指数(2012年)

Total Wage Bill of Employed Persons in Urban Units and Related Indices (2012)

地 区	Region	工资总额 (亿元) Total Wage Bill (100 million yuan)				指数 (上年=100) Indices (preceding year=100)			
		合 计 Total	国有单位 State-owned Units	城镇集体单位 Urban Collective-owned Units	其他单位 Units of Other Types of Ownership	合 计 Total	国有单位 State-owned Units	城镇集体单位 Urban Collective-owned Units	其他单位 Units of Other Types of Ownership
全 国	**National Total**	**70914.2**	**32950.0**	**1990.4**	**35973.8**	**118.3**	**113.8**	**114.6**	**122.9**
北 京	Beijing	6012.4	1624.8	76.3	4311.3	117.9	111.3	114.2	120.7
天 津	Tianjin	1778.1	606.5	34.2	1137.5	119.9	110.0	106.0	126.4
河 北	Hebei	2398.3	1295.5	61.4	1041.5	121.4	112.4	109.4	135.9
山 西	Shanxi	1922.7	973.0	81.0	868.7	120.3	109.9	121.9	134.3
内蒙古	Inner Mongolia	1304.7	871.2	38.7	394.8	116.3	114.3	116.9	120.9
辽 宁	Liaoning	2550.5	1346.8	103.1	1100.6	113.7	111.6	118.8	115.9
吉 林	Jilin	1107.3	668.6	27.3	411.4	117.8	114.9	111.5	123.2
黑龙江	Heilongjiang	1732.6	1226.7	49.9	456.0	116.6	116.3	113.4	117.8
上 海	Shanghai	4404.5	1275.7	64.1	3064.7	117.9	105.1	118.9	124.2
江 苏	Jiangsu	4205.9	1801.4	126.4	2278.1	114.5	112.2	113.7	116.5
浙 江	Zhejiang	5313.1	1638.6	119.6	3555.0	119.7	109.3	103.2	125.8
安 徽	Anhui	1926.0	1008.1	58.0	859.9	121.1	118.7	112.1	124.8
福 建	Fujian	2792.6	888.1	61.1	1843.4	123.0	118.5	118.4	125.5
江 西	Jiangxi	1335.0	817.2	50.7	467.1	123.5	124.5	116.2	122.7
山 东	Shandong	4628.2	2125.1	216.3	2286.7	117.0	112.7	118.8	121.1
河 南	Henan	3210.0	1597.7	137.3	1475.0	115.7	113.5	111.5	118.6
湖 北	Hubei	2358.5	1245.7	63.4	1049.5	113.2	110.0	132.9	116.1
湖 南	Hunan	2187.1	1133.4	79.7	974.0	117.0	116.6	111.9	117.9
广 东	Guangdong	6561.1	2545.6	171.8	3843.8	117.7	112.0	111.2	122.1
广 西	Guangxi	1280.5	800.0	45.1	435.4	115.0	110.2	104.5	126.5
海 南	Hainan	353.7	218.1	11.0	124.6	115.6	109.3	125.9	127.5
重 庆	Chongqing	1533.6	641.8	29.2	862.6	118.1	113.5	96.2	122.7
四 川	Sichuan	2699.8	1706.0	110.7	883.0	119.0	117.8	116.4	121.7
贵 州	Guizhou	1093.1	755.3	25.6	312.1	127.6	120.3	110.8	151.6
云 南	Yunnan	1454.0	840.5	44.9	568.6	123.6	113.6	130.2	141.4
西 藏	Tibet	128.5	124.7	1.1	2.7	112.2	113.1	185.2	73.5
陕 西	Shaanxi	1805.6	1262.0	49.2	494.4	117.5	115.9	119.6	121.4
甘 肃	Gansu	810.8	620.6	26.4	163.7	126.0	126.9	125.8	122.8
青 海	Qinghai	288.0	220.7	4.5	62.7	114.9	114.7	101.2	117.1
宁 夏	Ningxia	349.8	205.9	4.7	139.2	131.3	131.6	109.9	131.7
新 疆	Xinjiang	1388.1	864.5	17.7	505.9	123.4	121.8	122.8	126.4

2-12 城镇单位就业人员平均工资和指数(2012年)

Average Wage of Employed Persons in Urban Units and Related Indices (2012)

地区	Region	平均工资（元） Average Wage (yuan)					平均实际工资指数(上年=100) Indices of Average Real Wage(preceding year=100)				
		合计 Total	#在岗职工 Staff and Workers	国有单位 State-owned Units	城镇集体单位 Urban Collective-owned Units	其他单位 Units of Other Types of Ownership	合计 Total	#在岗职工 Staff and Workers	国有单位 State-owned Units	城镇集体单位 Urban Collective-owned Units	其他单位 Units of Other Types of Ownership
全国	**National Total**	**46769**	**47593**	**48357**	**33784**	**46360**	**109.0**	**109.2**	**108.3**	**114.2**	**109.3**
北京	Beijing	84742	85307	87299	38552	85613	108.8	109.0	108.0	114.7	108.8
天津	Tianjin	61514	62225	68231	40494	59326	107.6	107.3	103.6	111.9	110.0
河北	Hebei	38658	39542	39177	28597	38822	106.7	107.0	106.4	112.4	106.3
山西	Shanxi	44236	44943	40881	32780	50526	110.1	109.9	109.2	118.3	107.3
内蒙古	Inner Mongolia	46557	47053	49278	45344	41598	109.6	109.8	108.9	117.4	110.9
辽宁	Liaoning	41858	42503	43177	28183	42200	106.6	106.7	105.1	114.8	107.5
吉林	Jilin	38407	39092	39335	29506	37717	111.5	111.5	112.1	113.9	110.2
黑龙江	Heilongjiang	36406	38598	36814	28762	36378	112.6	111.5	112.5	112.7	112.9
上海	Shanghai	78673	80191	89739	52786	75568	101.2	101.2	104.4	99.9	100.7
江苏	Jiangsu	50639	51279	61221	42368	44978	108.5	108.7	107.5	114.5	109.3
浙江	Zhejiang	50197	50813	73494	46789	43891	108.8	108.7	106.1	111.6	111.6
安徽	Anhui	44601	46091	44818	34741	45209	110.9	111.0	111.7	115.1	109.4
福建	Fujian	44525	44979	54211	38576	41189	112.7	112.7	113.0	111.6	113.1
江西	Jiangxi	38512	39651	39422	29429	38247	112.9	113.3	107.8	117.5	120.2
山东	Shandong	41904	42572	47894	34001	38295	109.1	109.7	107.9	112.1	110.5
河南	Henan	37338	37958	39344	27682	36508	108.2	108.2	108.4	111.4	107.7
湖北	Hubei	39846	40884	41979	32683	38054	107.2	107.1	104.4	119.8	110.3
湖南	Hunan	38971	40028	40397	29663	38380	110.3	110.3	111.0	111.4	109.3
广东	Guangdong	50278	50577	59423	30947	46814	108.6	109.0	107.1	117.7	109.3
广西	Guangxi	36386	37614	37706	28819	35081	106.8	107.0	104.7	126.3	108.0
海南	Hainan	39485	40051	40225	31715	39072	105.5	105.7	103.8	123.6	107.6
重庆	Chongqing	44498	45392	50523	30087	41488	110.1	110.5	112.9	104.5	108.7
四川	Sichuan	42339	43110	47721	33409	35749	110.3	110.6	110.4	114.7	110.1
贵州	Guizhou	41156	42733	43702	38882	36223	111.0	111.5	114.0	122.6	105.9
云南	Yunnan	37629	38908	43415	37211	31460	107.5	107.9	108.9	112.5	109.3
西藏	Tibet	51705	58347	52219	25966	49730	100.9	100.9	99.3	165.2	135.6
陕西	Shaanxi	43073	44330	45526	32399	38989	110.0	110.6	109.9	118.4	109.8
甘肃	Gansu	37679	38440	38401	32580	36074	114.6	114.7	115.7	114.3	110.5
青海	Qinghai	46483	46827	50729	29341	37114	109.1	107.0	104.9	120.0	118.8
宁夏	Ningxia	47436	48961	46880	44330	48400	108.8	107.5	111.3	116.8	104.3
新疆	Xinjiang	44576	45243	42479	46452	48609	112.8	112.7	113.2	115.4	111.4

2-13 城镇登记失业人员及失业率
Registered Unemployed Persons and Unemployment Rate in Urban Area

地 区	Region	失业人员（万人） Unemployed Persons (10 000 persons)					失业率（%） Unemployment Rate (%)				
		1990	2005	2010	2011	2012	1990	2005	2010	2011	2012
北 京	Beijing	1.7	10.6	7.7	8.1	8.1	0.4	2.1	1.4	1.4	1.3
天 津	Tianjin	8.1	11.7	16.1	20.1	20.4	2.7	3.7	3.6	3.6	3.6
河 北	Hebei	7.7	27.8	35.1	36.0	36.8	1.1	3.9	3.9	3.8	3.7
山 西	Shanxi	5.5	14.3	20.4	21.1	21.0	1.2	3.0	3.6	3.5	3.3
内蒙古	Inner Mongolia	15.2	17.7	20.8	21.8	23.1	3.8	4.3	3.9	3.8	3.7
辽 宁	Liaoning	23.7	60.4	38.9	39.4	38.1	2.2	5.6	3.6	3.7	3.6
吉 林	Jilin	10.5	27.6	22.7	22.2	22.3	1.9	4.2	3.8	3.7	3.7
黑龙江	Heilongjiang	20.4	31.3	36.2	35.0	41.3	2.2	4.4	4.3	4.1	4.2
上 海	Shanghai	7.7	27.5	27.6	27.0	26.7	1.5		4.4	3.5	3.1
江 苏	Jiangsu	22.5	41.6	40.6	41.4	40.5	2.4	3.6	3.2	3.2	3.1
浙 江	Zhejiang	11.2	29.0	31.1	31.7	33.4	2.2	3.7	3.2	3.1	3.0
安 徽	Anhui	15.2	27.8	26.9	33.1	31.3	2.8	4.4	3.7	3.7	3.7
福 建	Fujian	9.0	14.9	14.5	14.6	14.5	2.6	4.0	3.8	3.7	3.6
江 西	Jiangxi	10.3	22.8	26.3	24.6	25.7	2.4	3.5	3.3	3.0	3.0
山 东	Shandong	26.2	42.9	44.5	45.1	43.4	3.2	3.3	3.4	3.4	3.3
河 南	Henan	25.1	33.0	38.2	38.4	38.3	3.3	3.5	3.4	3.4	3.1
湖 北	Hubei	12.7	52.6	55.7	55.1	42.3	1.7	4.3	4.2	4.1	3.8
湖 南	Hunan	15.9	41.9	43.2	43.1	44.1	2.7	4.3	4.2	4.2	4.2
广 东	Guangdong	19.2	34.5	39.3	38.8	39.6	2.2	2.6	2.5	2.5	2.5
广 西	Guangxi	13.9	18.5	19.1	18.8	18.9	3.9	4.2	3.7	3.5	3.4
海 南	Hainan	3.5	5.1	4.8	2.9	3.6	3.0	3.6	3.0	1.7	2.0
重 庆	Chongqing		16.9	13.0	13.0	12.4		4.1	3.9	3.5	3.3
四 川	Sichuan	38.0	34.3	34.6	36.9	40.7	3.7	4.6	4.1	4.2	4.0
贵 州	Guizhou	10.7	12.1	12.2	12.5	12.6	4.1	4.2	3.6	3.6	3.3
云 南	Yunnan	7.8	13.0	15.7	16.0	17.4	2.5	4.2	4.2	4.1	4.0
西 藏	Tibet			2.1	1.0	1.6			4.0	3.2	2.6
陕 西	Shaanxi	11.2	21.5	21.4	20.9	19.5	2.8	4.2	3.9	3.6	3.2
甘 肃	Gansu	12.5	9.3	10.7	10.8	9.8	4.9	3.3	3.2	3.1	2.7
青 海	Qinghai	4.2	3.6	4.2	4.4	4.1	5.6	3.9	3.8	3.8	3.4
宁 夏	Ningxia	4.0	4.4	4.8	5.2	4.6	5.4	4.5	4.4	4.2	4.2
新 疆	Xinjiang	9.6	11.1	11.0	11.1	11.8	3.0	3.9	3.2	3.2	3.4

2-14 全社会固定资产投资和住宅投资(2012年)

Total Investment in Fixed Assets in the Whole Country and Investment in Residential Buildings (2012)

单位：亿元 (100 million yuan)

地 区	Region	全社会投资 Total Investment	固定资产投资(不含农户) Investment in Fixed Assets (excluding rural households)	#房地产开发 Real Estate Development	全社会住宅投资 Total Investment in Residential Buildings	固定资产投资(不含农户) Investment in Fixed Assets (excluding rural households)	#房地产 Real Estate Development
全 国	**National Total**	**374694.7**	**364854.1**	**71803.8**	**64412.8**	**57844.3**	**49374.2**
北 京	Beijing	6112.4	6064.9	3153.4	1873.0	1833.6	1628.0
天 津	Tianjin	7934.8	7913.3	1260.0	1082.4	1072.4	843.1
河 北	Hebei	19661.3	19104.6	3086.5	3073.6	2708.4	2317.1
山 西	Shanxi	8863.3	8584.9	1010.5	1467.0	1281.0	735.6
内蒙古	Inner Mongolia	11875.7	11749.8	1291.4	1148.6	1123.3	845.6
辽 宁	Liaoning	21836.3	21535.4	5455.8	4201.1	4022.8	3961.9
吉 林	Jilin	9511.5	9262.2	1310.0	1109.7	1063.0	987.7
黑龙江	Heilongjiang	9694.7	9375.4	1535.8	1480.7	1402.7	1122.5
上 海	Shanghai	5117.6	5114.6	2381.4	1457.6	1455.1	1451.9
江 苏	Jiangsu	30854.2	30473.7	6206.1	5051.2	4837.5	4354.6
浙 江	Zhejiang	17649.4	17096.0	5226.3	4318.5	3860.1	3436.7
安 徽	Anhui	15425.8	14943.8	3151.6	2738.0	2385.2	2059.3
福 建	Fujian	12439.9	12182.5	2824.1	2135.4	1931.3	1752.0
江 西	Jiangxi	10774.2	10378.4	969.6	1233.0	933.3	684.2
山 东	Shandong	31256.0	30319.8	4708.3	4815.3	4279.0	3473.2
河 南	Henan	21450.0	20558.6	3035.3	3332.3	2579.0	2203.1
湖 北	Hubei	15578.3	15148.7	2539.5	2213.3	1904.1	1698.4
湖 南	Hunan	14523.2	13966.3	2210.5	2194.2	1732.4	1572.7
广 东	Guangdong	18751.5	18250.1	5352.8	4344.5	3972.4	3705.0
广 西	Guangxi	9808.6	9345.2	1554.9	1503.8	1178.8	1069.6
海 南	Hainan	2145.4	2064.4	886.6	860.0	791.2	725.3
重 庆	Chongqing	8736.2	8610.4	2508.4	1946.9	1878.0	1706.8
四 川	Sichuan	17040.0	16530.3	3266.4	3046.3	2714.6	2197.7
贵 州	Guizhou	5717.8	5504.9	1467.6	1164.9	1006.3	930.3
云 南	Yunnan	7831.1	7553.5	1782.1	1606.7	1432.0	1152.5
西 藏	Tibet	670.5	670.5	6.9	39.0	39.0	4.3
陕 西	Shaanxi	12044.5	11705.8	1835.9	2362.3	2131.0	1477.6
甘 肃	Gansu	5145.0	5040.0	561.0	751.3	679.2	412.5
青 海	Qinghai	1883.4	1808.7	189.7	316.3	254.9	141.1
宁 夏	Ningxia	2096.9	2033.0	429.2	360.8	322.6	279.5
新 疆	Xinjiang	6158.8	5858.0	606.1	1130.9	985.9	444.3
不分地区	Not Classified by Region	6106.4	6106.4		54.1	54.1	

注：2011年起，除房地产投资、农村个人投资外，固定资产投资的统计起点由50万元提高至500万元；城镇固定资产投资数据发布口径改为固定资产投资(不含农户)，固定资产投资(不含农户)等于原口径的城镇固定资产投资加上农村企事业组织的项目投资。

a) Since 2011, the cut-off point has changed from 500 000 to 5 million yuan, published coverage of investment in fixed assets in urban area changed into investment in fixed assets (excluding rural households) which included investment in urban area and investment in rural enterprises(units).

2-15 按登记注册类型分全社会固定资产投资(2012年)

Total Investment in Fixed Assets in the Whole Country by Status of Registration (2012)

单位：亿元 (100 million yuan)

地区	Region	总计 Total	内资 Domestic	国有 State-owned	集体 Collective-owned	股份合作 Cooperative	联营 Joint
全国总计	**National Total**	**374694.7**	**353871.7**	**96220.2**	**11973.7**	**1745.5**	**1266.0**
北　京	Beijing	6112.4	5625.3	1444.5	83.6	8.5	1.2
天　津	Tianjin	7934.8	7460.5	2330.2	491.8	72.0	26.7
河　北	Hebei	19661.3	19137.0	3024.7	1099.9	124.5	53.8
山　西	Shanxi	8863.3	8697.3	3403.2	391.2	73.6	58.7
内蒙古	Inner Mongolia	11875.7	11732.1	3867.1	207.0	37.2	11.0
辽　宁	Liaoning	21836.3	19920.0	4190.1	428.3	75.3	27.1
吉　林	Jilin	9511.5	9224.8	2044.2	61.1	17.9	15.8
黑龙江	Heilongjiang	9694.7	9532.2	3126.4	77.9	26.4	40.0
上　海	Shanghai	5117.6	4340.1	1600.2	97.0	2.0	61.2
江　苏	Jiangsu	30854.2	27150.7	5445.3	1213.2	54.0	127.9
浙　江	Zhejiang	17649.4	16226.3	4032.5	556.6	48.2	22.0
安　徽	Anhui	15425.8	14823.7	3585.1	259.2	105.0	71.4
福　建	Fujian	12439.9	11199.4	3612.4	310.1	8.8	39.0
江　西	Jiangxi	10774.2	10357.0	2213.9	124.8	64.2	59.2
山　东	Shandong	31256.0	29868.9	3728.3	2893.8	210.2	84.9
河　南	Henan	21450.0	21012.5	2984.1	990.9	137.9	63.8
湖　北	Hubei	15578.3	14943.8	3708.4	561.4	66.6	64.6
湖　南	Hunan	14523.2	14103.8	4051.2	279.3	211.4	26.5
广　东	Guangdong	18751.5	15908.5	3704.5	743.9	111.4	46.0
广　西	Guangxi	9808.6	9423.7	2356.6	124.9	47.8	105.6
海　南	Hainan	2145.4	1887.6	540.6	1.5	14.2	3.6
重　庆	Chongqing	8736.2	8130.9	3050.1	68.1	37.2	59.9
四　川	Sichuan	17040.0	16262.4	5361.9	127.5	60.2	81.4
贵　州	Guizhou	5717.8	5559.5	2224.9	5.0	27.3	8.9
云　南	Yunnan	7831.1	7691.3	2871.0	161.7	17.1	10.1
西　藏	Tibet	670.5	665.7	436.4	14.2	14.9	2.1
陕　西	Shaanxi	12044.5	11756.9	4991.3	428.7	36.0	52.2
甘　肃	Gansu	5145.0	5107.4	2260.7	145.1	26.5	30.1
青　海	Qinghai	1883.4	1846.5	870.8	13.1	1.9	0.4
宁　夏	Ningxia	2096.9	2057.9	549.2	4.9		0.3
新　疆	Xinjiang	6158.8	6111.5	2503.9	7.9	7.2	10.5
不分地区	Not Classified by Region	6106.4	6106.4	6106.4			

2-15 续表 continued

单位：亿元 (100 million yuan)

地 区 Region	有限责任公司 Limited Liability	股份有限公司 Share-holding	私营 Private	个体 Self-employed Individual	其他 Others	港、澳、台商投资 Funds from Hong Kong, Macao and Taiwan	外商投资 Foreign Funded
全国总计 National Total	**102511.8**	**21484.9**	**91422.3**	**11588.7**	**15658.6**	**10275.9**	**10547.1**
北 京 Beijing	3406.7	401.0	197.5	47.5	34.8	198.1	288.9
天 津 Tianjin	2514.3	462.4	1233.6	87.9	241.6	155.6	318.7
河 北 Hebei	5447.8	1250.8	6695.8	589.8	849.9	193.0	331.3
山 西 Shanxi	2349.1	483.8	1465.4	305.0	167.3	89.7	76.2
内蒙古 Inner Mongolia	4799.3	707.3	1721.6	154.1	227.5	90.3	53.3
辽 宁 Liaoning	5090.1	1017.5	7971.0	405.6	715.0	1042.4	873.9
吉 林 Jilin	3591.5	579.1	2045.2	367.0	503.1	121.4	165.3
黑龙江 Heilongjiang	2941.9	632.9	1834.8	373.1	478.9	53.0	109.5
上 海 Shanghai	1351.3	156.4	1058.1	3.0	10.9	237.6	539.9
江 苏 Jiangsu	6054.5	1631.7	11259.5	404.9	959.7	1575.5	2128.1
浙 江 Zhejiang	5523.0	598.6	4601.3	608.3	235.7	817.7	605.3
安 徽 Anhui	4448.8	782.6	4517.7	517.7	536.2	256.1	346.0
福 建 Fujian	3347.0	437.2	2773.6	278.5	392.8	758.1	482.4
江 西 Jiangxi	2864.3	555.6	3640.2	516.4	318.4	214.7	202.4
山 东 Shandong	8342.4	2118.6	8889.1	990.7	2611.0	589.5	797.6
河 南 Henan	5471.8	2075.9	5963.8	1021.8	2302.4	228.5	209.0
湖 北 Hubei	3935.2	1287.2	3977.7	476.9	865.9	318.3	316.2
湖 南 Hunan	3486.7	873.4	3776.4	675.5	723.5	246.3	173.1
广 东 Guangdong	5876.6	1039.1	3200.4	703.4	483.1	1655.7	1187.3
广 西 Guangxi	2223.6	618.5	2864.0	583.0	499.5	204.3	180.6
海 南 Hainan	824.4	140.7	216.8	85.5	60.3	159.2	98.7
重 庆 Chongqing	2172.0	283.4	2109.0	182.7	168.4	366.0	239.3
四 川 Sichuan	5300.2	977.6	2812.9	574.2	966.5	354.0	423.6
贵 州 Guizhou	2014.2	252.3	749.5	213.6	63.8	126.2	32.1
云 南 Yunnan	2164.8	423.8	1478.4	359.1	205.4	63.6	76.1
西 藏 Tibet	25.3	42.7	38.3	31.7	60.1	3.5	1.3
陕 西 Shaanxi	3225.0	547.9	1575.0	436.1	464.6	97.2	190.4
甘 肃 Gansu	1072.0	299.3	779.7	134.9	359.0	10.8	26.8
青 海 Qinghai	542.7	84.4	206.4	75.5	51.4	15.7	21.2
宁 夏 Ningxia	486.8	128.9	808.5	65.4	13.9	17.0	22.0
新 疆 Xinjiang	1618.9	594.2	961.2	319.8	88.0	16.7	30.5
不分地区 Not Classified by Region							

2-16 全社会固定资产投资实际到位资金(2012年)

Actual Funds for Investment in Fixed Assets in the Whole Country (2012)

单位：亿元 (100 million yuan)

地 区	Region	本年实际到位资金小计 Subtotal of Sources of Funds This Year	国家预算资金 State Budget	国内贷款 Domestic Loans	利用外资 Foreign Investment	自筹资金 Self-raising Funds	其他资金 Others
全 国	**National Total**	**409675.6**	**18958.7**	**51593.5**	**4468.8**	**277792.4**	**56862.4**
北 京	Beijing	8870.8	121.6	2136.4	22.2	3300.5	3290.1
天 津	Tianjin	8853.6	103.7	1753.7	84.2	5870.0	1041.9
河 北	Hebei	20106.0	472.9	1207.4	98.7	16658.1	1668.9
山 西	Shanxi	8311.7	455.8	868.7	22.9	6285.1	679.2
内蒙古	Inner Mongolia	12174.6	486.5	1410.9	22.2	9647.2	607.8
辽 宁	Liaoning	24225.6	1006.0	3422.3	358.7	17080.9	2357.7
吉 林	Jilin	9696.4	256.5	436.9	55.4	8202.6	745.1
黑龙江	Heilongjiang	10400.5	480.7	470.8	28.5	8509.9	910.5
上 海	Shanghai	6961.2	371.9	1530.4	164.5	3255.9	1638.4
江 苏	Jiangsu	36552.9	424.8	4646.9	1182.4	25033.4	5265.3
浙 江	Zhejiang	19243.6	928.2	2784.6	211.7	11529.9	3789.2
安 徽	Anhui	16587.8	863.2	1534.9	111.4	11750.9	2327.4
福 建	Fujian	13850.7	1139.8	1732.0	351.9	8035.6	2591.4
江 西	Jiangxi	12103.1	517.6	843.6	92.4	9255.9	1393.6
山 东	Shandong	33538.2	649.0	3238.3	405.7	25804.6	3440.5
河 南	Henan	21710.1	412.0	2494.9	78.1	16789.8	1935.3
湖 北	Hubei	16884.5	636.3	2004.2	137.7	12238.9	1867.3
湖 南	Hunan	15989.5	903.2	1560.0	180.2	11200.9	2145.3
广 东	Guangdong	22005.9	930.8	3234.2	572.2	12604.6	4664.1
广 西	Guangxi	10506.8	432.1	1308.2	35.7	7252.6	1478.3
海 南	Hainan	2755.8	104.4	704.3	29.9	1353.3	563.9
重 庆	Chongqing	10312.0	411.6	1790.1	59.9	5608.9	2441.5
四 川	Sichuan	18204.0	1684.5	2073.0	41.3	11639.2	2765.9
贵 州	Guizhou	5949.1	466.5	1168.5	9.6	3394.1	910.4
云 南	Yunnan	8047.5	675.4	1248.0	17.8	4676.1	1430.1
西 藏	Tibet	696.7	388.4	25.5	6.5	199.9	76.3
陕 西	Shaanxi	13222.3	966.7	938.0	34.3	9830.4	1452.8
甘 肃	Gansu	5365.8	670.1	733.6	15.6	3412.6	533.9
青 海	Qinghai	1982.7	369.0	426.2	2.5	972.1	212.9
宁 夏	Ningxia	1998.3	177.0	459.9	5.1	1074.4	282.0
新 疆	Xinjiang	6572.9	816.5	888.7	9.1	3974.5	884.2
不分地区	Not Classified by Region	5995.5	635.9	2518.6	20.7	1349.0	1471.1

2-17 按主要行业分的全社会固定资产投资(2012年)

Total Investment in Fixed Assets in the Whole Country by Sector (2012)

单位：亿元 (100 million yuan)

地区	Region	合计 Total	农、林、牧、渔业 Agriculture, Forestry, Animal Husbandry and Fishery	采矿业 Mining	制造业 Manufacturing	电力、热力、燃气及水生产和供应业 Production and Supply of Electricity, Heat, Gas and Water	建筑业 Construction	批发和零售业 Wholesale and Retail Trades
全　国	**National Total**	**374694.7**	**10996.4**	**13300.8**	**124550.0**	**16672.7**	**3739.0**	**9810.7**
北　京	Beijing	6112.4	127.3	4.3	414.5	215.8	8.7	27.8
天　津	Tianjin	7934.8	198.7	199.0	2319.9	283.9	48.6	243.9
河　北	Hebei	19661.3	804.4	620.5	8008.9	713.4	44.2	658.3
山　西	Shanxi	8863.3	381.4	1581.7	1941.6	606.5	16.9	195.9
内蒙古	Inner Mongolia	11875.7	591.7	1116.4	3829.4	1036.5	86.4	284.4
辽　宁	Liaoning	21836.3	601.4	683.7	7493.1	776.2	469.4	763.1
吉　林	Jilin	9511.5	379.8	547.8	4150.3	413.9	49.1	410.9
黑龙江	Heilongjiang	9694.7	757.3	596.0	3026.9	519.6	176.0	329.6
上　海	Shanghai	5117.6	11.0	0.4	1080.6	163.0	1.5	62.1
江　苏	Jiangsu	30854.2	251.9	85.6	14792.5	839.9	79.4	713.2
浙　江	Zhejiang	17649.4	200.1	33.0	5333.7	727.9	27.9	322.9
安　徽	Anhui	15425.8	379.4	389.8	6072.5	436.6	56.6	358.1
福　建	Fujian	12439.9	241.9	163.0	3765.5	621.9	50.4	206.9
江　西	Jiangxi	10774.2	346.5	265.5	5363.1	294.3	103.3	411.4
山　东	Shandong	31256.0	900.4	570.3	12713.7	705.7	490.1	1276.2
河　南	Henan	21450.0	825.9	690.8	9782.3	555.9	12.8	526.7
湖　北	Hubei	15578.3	531.4	283.7	6250.1	402.9	40.4	409.8
湖　南	Hunan	14523.2	499.2	524.6	4948.1	465.5	154.4	417.8
广　东	Guangdong	18751.5	340.6	82.6	4923.9	1019.0	37.4	479.6
广　西	Guangxi	9808.6	370.5	322.0	3238.8	462.8	27.7	269.4
海　南	Hainan	2145.4	40.8	30.2	191.6	114.7	57.8	47.9
重　庆	Chongqing	8736.2	375.4	167.7	2268.6	372.9	48.6	112.3
四　川	Sichuan	17040.0	443.0	465.7	4327.5	1281.0	33.7	324.9
贵　州	Guizhou	5717.8	79.0	279.8	1020.3	253.3	10.9	76.3
云　南	Yunnan	7831.1	204.3	363.0	1223.4	952.0	6.0	234.9
西　藏	Tibet	670.5	24.2	43.0	44.8	90.7	38.8	14.8
陕　西	Shaanxi	12044.5	496.1	1041.8	2338.6	371.2	581.2	337.5
甘　肃	Gansu	5145.0	171.1	339.5	970.9	634.2	793.2	138.7
青　海	Qinghai	1883.4	74.5	84.4	505.2	235.6	62.0	18.1
宁　夏	Ningxia	2096.9	71.8	151.5	628.1	226.3	31.3	53.6
新　疆	Xinjiang	6158.8	275.6	747.9	1581.5	773.7	94.1	83.7
不分地区	Not Classified by Region	6106.4		825.6		105.5		

2-17 续表 1 continued

单位：亿元 (100 million yuan)

地区	Region	交通运输、仓储和邮政业 Transport, Storage and Post	住宿和餐饮业 Hotels and Catering Services	信息传输、软件和信息技术服务业 Information Transmission, Software and Information Technology	金融业 Financial Intermediation	房地产业 Real Estate	租赁和商务服务业 Leasing and Business Services	科学研究和技术服务业 Scientific Research and Technical Services
全国	**National Total**	**31444.9**	**5153.5**	**2692.0**	**923.9**	**99159.3**	**4700.4**	**2475.8**
北京	Beijing	696.4	55.3	162.0	26.6	3491.1	36.6	128.7
天津	Tianjin	729.9	70.5	75.3	21.4	1824.6	588.4	48.9
河北	Hebei	1543.3	214.7	88.8	24.4	4656.5	210.8	110.4
山西	Shanxi	1013.4	60.7	35.6	2.0	1856.7	25.9	34.9
内蒙古	Inner Mongolia	1148.0	104.7	83.1	25.2	1866.4	79.6	53.1
辽宁	Liaoning	1070.1	428.5	133.1	63.9	6006.7	369.8	161.2
吉林	Jilin	547.3	104.7	69.7	14.5	1545.3	48.1	59.7
黑龙江	Heilongjiang	519.3	91.5	124.6	31.6	2004.9	84.2	83.5
上海	Shanghai	460.8	33.3	121.3	49.2	2402.3	136.1	39.5
江苏	Jiangsu	1397.1	475.7	266.0	93.3	7746.8	678.2	324.8
浙江	Zhejiang	1349.7	212.9	111.0	92.9	6788.9	222.0	58.9
安徽	Anhui	585.8	215.4	72.8	62.6	4459.1	151.8	141.3
福建	Fujian	1441.9	204.2	143.3	30.1	3643.4	149.6	22.5
江西	Jiangxi	474.1	254.1	50.6	24.7	1679.6	121.9	38.5
山东	Shandong	1657.2	444.8	91.2	51.6	7552.1	363.8	399.8
河南	Henan	927.9	217.2	46.8	14.8	5363.6	84.7	75.5
湖北	Hubei	1266.6	193.8	86.4	45.0	3510.6	227.7	81.4
湖南	Hunan	1122.3	183.9	59.6	44.1	3319.2	296.6	116.8
广东	Guangdong	1729.7	390.5	341.5	81.6	6789.3	175.0	118.2
广西	Guangxi	925.8	161.3	92.8	23.0	2209.6	135.3	34.0
海南	Hainan	143.2	187.0	34.9	0.6	1030.8	15.7	5.0
重庆	Chongqing	835.0	59.5	80.4	2.5	2991.4	92.0	15.9
四川	Sichuan	2086.6	253.6	66.5	46.4	5017.5	110.9	60.2
贵州	Guizhou	756.2	47.0	6.4		1859.3	30.6	8.8
云南	Yunnan	780.5	168.2	59.7	4.9	2447.4	53.2	30.4
西藏	Tibet	136.6	24.7	12.7	2.4	58.0	10.5	3.2
陕西	Shaanxi	805.4	171.4	86.3	29.0	3733.8	113.9	119.4
甘肃	Gansu	306.6	61.9	32.2	11.0	915.2	28.6	32.6
青海	Qinghai	232.0	11.4	2.0	0.9	378.1	31.4	3.1
宁夏	Ningxia	113.3	13.2	11.5	0.7	597.2	8.0	1.0
新疆	Xinjiang	437.2	38.0	43.9	3.0	1413.8	19.4	17.9
不分地区	Not Classified by Region	4205.5						46.8

2-17 续表 2 continued

单位：亿元 (100 million yuan)

地区	Region	水利、环境和公共设施管理业 Management of Water Conservancy, Environment and Public Facilities	居民服务、修理和其他服务业 Services to Households, Repair and Other Services	教育 Education	卫生和社会工作 Health and Social Service	文化、体育和娱乐业 Culture, Sports and Entertainment	公共管理、社会保障和社会组织 Public Management, Social Security and Social Organizations	国际组织 International Organizations
全国	**National Total**	**29621.6**	**1905.0**	**4613.0**	**2617.1**	**4271.3**	**6047.4**	
北京	Beijing	402.9	18.1	95.0	44.2	78.9	78.0	
天津	Tianjin	917.9	52.9	73.8	63.0	90.7	83.5	
河北	Hebei	1200.2	71.3	208.9	111.8	213.8	156.7	
山西	Shanxi	742.0	15.3	168.5	54.3	83.1	46.8	
内蒙古	Inner Mongolia	996.0	36.0	111.0	67.5	125.7	234.5	
辽宁	Liaoning	1677.4	210.1	196.2	161.9	282.6	287.9	
吉林	Jilin	760.5	59.6	66.1	69.6	83.4	131.2	
黑龙江	Heilongjiang	787.8	54.8	103.4	78.6	135.7	189.7	
上海	Shanghai	338.3	4.9	50.9	56.9	90.6	14.9	
江苏	Jiangsu	1897.5	154.6	301.7	156.6	329.1	270.3	
浙江	Zhejiang	1383.6	33.9	199.8	125.2	207.7	217.3	
安徽	Anhui	1273.6	46.4	204.0	107.7	158.0	254.4	
福建	Fujian	1072.6	30.8	194.9	73.0	186.5	197.5	
江西	Jiangxi	827.2	69.8	137.8	74.6	97.8	139.3	
山东	Shandong	1467.5	391.7	333.0	190.9	700.0	956.0	
河南	Henan	1497.2	123.1	278.1	160.0	182.3	84.2	
湖北	Hubei	1231.4	52.5	148.8	131.2	163.4	521.2	
湖南	Hunan	1413.2	84.5	212.7	111.9	113.5	435.2	
广东	Guangdong	1526.4	29.4	299.0	140.8	153.9	93.0	
广西	Guangxi	995.7	58.5	175.6	80.9	113.0	111.7	
海南	Hainan	154.6	4.8	31.1	21.7	20.2	12.9	
重庆	Chongqing	858.5	68.1	109.3	52.7	115.3	110.0	
四川	Sichuan	1801.8	60.3	202.2	149.9	162.8	145.4	
贵州	Guizhou	1069.8	10.5	117.2	19.6	50.7	22.1	
云南	Yunnan	787.7	27.0	184.9	70.5	114.3	118.8	
西藏	Tibet	46.9	4.7	18.4	7.9	14.1	74.0	
陕西	Shaanxi	959.2	66.9	166.1	133.9	91.0	401.8	
甘肃	Gansu	367.5	43.7	64.8	38.2	52.6	142.7	
青海	Qinghai	76.0	1.2	46.2	14.9	19.3	86.9	
宁夏	Ningxia	108.3	10.0	29.1	11.1	8.0	23.0	
新疆	Xinjiang	329.7	9.5	84.2	36.3	33.0	136.4	
不分地区	Not Classified by Region	652.9					270.1	

2-18 全社会房屋施工、竣工面积和价值(2012年)

Value and Floor Space of Buildings under Construction and Completed in the Whole Country (2012)

地区	Region	房屋施工面积(万平方米) Floor Space of Buildings under Construction (10 000 sq.m)	#住宅 Residential Buildings	#商品住宅 Commercialized Buildings	房屋竣工面积(万平方米) Floor Space of Buildings Completed (10 000 sq.m)	#住宅 Residential Buildings	#商品住宅 Commercialized Buildings	房屋竣工价值(亿元) Value of Buildings Completed (100 million yuan)	#住宅 Residential Buildings	#商品住宅 Commercialized Buildings
全国	**National Total**	**1167238.4**	**614990.6**	**428964.1**	**335503.6**	**195102.9**	**79043.2**	**55196.0**	**29493.7**	**19147.4**
北京	Beijing	19306.8	9180.6	7510.4	3552.2	1983.2	1522.7	1106.3	493.4	420.3
天津	Tianjin	18949.1	8199.5	6923.5	4553.0	2455.6	1914.0	1174.7	648.9	475.1
河北	Hebei	67400.1	31394.2	21896.0	17687.5	9609.0	3978.1	2949.4	1457.1	885.1
山西	Shanxi	25555.6	16860.4	9299.6	7038.0	4812.8	1435.7	1193.4	784.5	330.2
内蒙古	Inner Mongolia	25866.7	13835.5	11181.7	6175.7	3056.0	1816.1	1129.7	549.4	380.6
辽宁	Liaoning	68320.2	34069.3	29284.9	16867.5	9103.8	5132.3	3048.2	1409.4	1201.0
吉林	Jilin	17562.5	9607.9	8512.6	5155.1	2363.3	1613.6	1111.1	406.0	313.8
黑龙江	Heilongjiang	25215.2	14239.5	10472.0	8200.5	4984.9	2646.2	1570.5	791.3	514.0
上海	Shanghai	16890.0	8350.8	8315.7	2836.3	1626.7	1609.1	1204.6	695.1	692.6
江苏	Jiangsu	93684.9	39261.4	33412.2	33219.2	11399.8	7687.1	6526.0	2606.0	2132.0
浙江	Zhejiang	80400.6	32359.8	21656.4	20975.6	9039.8	2917.3	3393.0	1451.1	824.0
安徽	Anhui	54531.7	27001.8	18182.6	13578.4	8395.2	3123.1	1992.5	1203.6	744.9
福建	Fujian	47196.1	18946.0	14731.2	10206.2	3630.1	1564.6	1421.1	517.1	346.2
江西	Jiangxi	30351.6	16300.6	7319.8	11062.6	7030.8	1440.5	1265.5	644.8	294.0
山东	Shandong	94312.6	50107.8	33715.2	30102.8	18927.8	6086.7	3952.6	2190.7	1266.5
河南	Henan	81027.6	42959.7	23467.0	27641.0	18074.4	4888.2	2782.9	1773.6	846.1
湖北	Hubei	39262.7	19515.8	13013.0	15383.5	7832.6	2795.2	2605.8	1193.4	725.9
湖南	Hunan	36304.4	25740.3	16773.7	12912.4	10765.7	3688.5	1741.6	1320.8	834.5
广东	Guangdong	64678.5	35222.3	29253.2	16553.3	8822.6	4918.2	3660.0	2005.8	1580.1
广西	Guangxi	28166.6	18400.9	11846.9	8974.5	7210.6	1956.6	1055.7	749.9	407.7
海南	Hainan	7807.2	5574.5	4411.4	1592.8	1349.1	735.0	515.4	401.4	315.5
重庆	Chongqing	29475.8	20455.0	16997.9	6379.2	5011.2	3386.4	1420.2	1096.0	937.2
四川	Sichuan	58913.8	34114.1	22590.2	18314.3	10114.6	4713.6	3230.5	1627.3	1032.9
贵州	Guizhou	21535.1	12930.8	9654.0	4815.5	3601.3	1120.2	612.6	403.3	217.2
云南	Yunnan	29249.9	18093.0	10432.1	8600.4	6432.1	1492.3	944.2	593.7	326.6
西藏	Tibet	1374.7	561.7	31.0	411.9	339.2	6.5	45.8	22.7	2.1
陕西	Shaanxi	35490.8	21200.9	13030.2	7868.2	5883.8	1413.8	1322.4	882.8	360.6
甘肃	Gansu	12623.5	7986.6	4431.2	3453.6	2457.8	710.0	587.9	366.0	144.8
青海	Qinghai	5772.8	3613.8	1513.5	1555.3	1205.1	371.1	259.9	172.3	94.7
宁夏	Ningxia	7544.0	4439.7	3622.6	1779.6	1317.2	922.3	354.3	258.4	204.8
新疆	Xinjiang	21343.2	14084.1	5482.6	7665.3	6098.4	1438.4	1018.3	777.6	296.0
不分地区	Not Classified by Region	1124.0	382.5		392.0	168.5				

2-19 房地产开发企业房屋建筑面积和造价(2012年)
Floor Space and Cost of Buildings Developed by Enterprises for Real Estate Development (2012)

地 区	Region	房屋施工面积(万平方米) Floor Space of Buildings under Construction (10 000 sq.m)	房屋竣工面积(万平方米) Floor Space of Buildings Completed (10 000 sq.m)	房屋建筑面积竣工率(%) Rate of Floor Space of Buildings Completed (%)	房屋竣工价值(亿元) Value of Buildings Completed (100 million yuan)	房屋竣工造价(元/平方米) Cost of Buildings Completed (yuan/sq.m)
全 国	**National Total**	**573417.52**	**99424.96**	**17.3**	**24836.62**	**2498**
北 京	Beijing	13122.49	2390.86	18.2	736.77	3082
天 津	Tianjin	9864.22	2542.75	25.8	644.09	2533
河 北	Hebei	27577.83	4894.56	17.7	1132.49	2314
山 西	Shanxi	11714.28	1732.99	14.8	399.24	2304
内蒙古	Inner Mongolia	16507.40	2449.13	14.8	525.13	2144
辽 宁	Liaoning	38502.02	6438.15	16.7	1547.48	2404
吉 林	Jilin	10935.80	1927.87	17.6	385.95	2002
黑龙江	Heilongjiang	13484.97	3245.73	24.1	641.54	1977
上 海	Shanghai	13249.97	2305.06	17.4	1060.07	4599
江 苏	Jiangsu	45097.54	9848.40	21.8	2746.91	2789
浙 江	Zhejiang	33422.97	4292.94	12.8	1242.87	2895
安 徽	Anhui	24836.06	3965.39	16.0	955.32	2409
福 建	Fujian	21121.50	2232.78	10.6	506.62	2269
江 西	Jiangxi	9465.63	1747.48	18.5	369.78	2116
山 东	Shandong	42958.91	7324.97	17.1	1568.11	2141
河 南	Henan	29559.36	5870.54	19.9	1059.08	1804
湖 北	Hubei	16819.71	3273.71	19.5	876.31	2677
湖 南	Hunan	21356.89	4457.97	20.9	1024.85	2299
广 东	Guangdong	39296.27	6356.12	16.2	2079.84	3272
广 西	Guangxi	15018.46	2333.58	15.5	490.35	2101
海 南	Hainan	5109.49	856.41	16.8	362.02	4227
重 庆	Chongqing	22009.03	3990.63	18.1	1121.76	2811
四 川	Sichuan	29865.50	5866.58	19.6	1318.27	2247
贵 州	Guizhou	13245.31	1416.77	10.7	278.44	1965
云 南	Yunnan	14362.00	1851.57	12.9	417.40	2254
西 藏	Tibet	47.33	9.23	19.5	3.76	4073
陕 西	Shaanxi	15410.57	1653.94	10.7	429.56	2597
甘 肃	Gansu	5634.95	844.50	15.0	177.91	2107
青 海	Qinghai	1891.23	416.20	22.0	107.89	2592
宁 夏	Ningxia	5033.26	1151.97	22.9	259.64	2254
新 疆	Xinjiang	6896.55	1736.17	25.2	367.19	2115

2-20 按用途分商品房销售面积(2012年)

Floor Space of Commercialized Buildings Sold by Use (2012)

单位: 万平方米 (10 000 sq.m)

地 区	Region	商品房销售面积 Floor Space of Commercialized Buildings Sold	住宅 Residential Buildings	#别墅、高档公寓 Villas, High-grade Apartments	办公楼 Office Buildings	商业营业用房 Houses for Business Use	其他 Others
全 国	**National Total**	**111303.65**	**98467.51**	**3476.00**	**2253.65**	**7759.28**	**2823.21**
北 京	Beijing	1943.74	1483.37	116.94	253.50	113.97	92.90
天 津	Tianjin	1661.69	1511.40	66.32	28.17	72.17	49.95
河 北	Hebei	5144.92	4622.46	114.08	74.78	316.70	130.97
山 西	Shanxi	1497.88	1390.44	5.38	9.54	79.50	18.41
内蒙古	Inner Mongolia	2523.52	2104.22	54.66	36.56	270.17	112.58
辽 宁	Liaoning	8827.95	7655.40	243.79	79.15	775.93	317.48
吉 林	Jilin	2452.42	2159.43	79.56	14.75	219.49	58.75
黑龙江	Heilongjiang	3806.82	3226.22	22.95	24.26	410.87	145.48
上 海	Shanghai	1898.46	1592.63	234.56	111.73	120.01	74.10
江 苏	Jiangsu	9019.18	7923.37	411.74	200.83	763.95	131.04
浙 江	Zhejiang	4005.29	3316.23	168.40	188.75	332.64	167.68
安 徽	Anhui	4828.81	4275.43	71.77	62.00	428.42	62.97
福 建	Fujian	3258.94	2741.96	84.58	150.83	209.88	156.27
江 西	Jiangxi	2397.10	2125.90	32.06	47.56	189.46	34.19
山 东	Shandong	8632.76	7745.87	165.96	135.38	553.75	197.76
河 南	Henan	5968.49	5455.50	33.69	126.49	297.96	88.54
湖 北	Hubei	4037.85	3620.10	59.06	69.75	256.87	91.13
湖 南	Hunan	5150.48	4664.08	143.58	64.25	329.97	92.18
广 东	Guangdong	7898.99	7157.63	540.21	141.47	360.57	239.32
广 西	Guangxi	2759.26	2546.96	24.81	9.60	149.83	52.87
海 南	Hainan	931.84	898.35	113.94	4.04	20.23	9.22
重 庆	Chongqing	4522.40	4105.11	143.78	62.30	221.89	133.10
四 川	Sichuan	6455.93	5679.33	134.64	157.37	438.53	180.70
贵 州	Guizhou	2186.95	2002.40	15.87	14.88	144.56	25.11
云 南	Yunnan	3237.75	2789.68	265.28	90.87	277.54	79.67
西 藏	Tibet	22.50	20.65	2.94	0.43	1.42	
陕 西	Shaanxi	2755.59	2530.84	52.98	65.97	124.34	34.45
甘 肃	Gansu	978.44	893.36	0.38	2.97	63.99	18.13
青 海	Qinghai	262.96	246.85	0.41	0.21	15.48	0.41
宁 夏	Ningxia	804.43	707.57	14.33	6.82	82.92	7.12
新 疆	Xinjiang	1430.31	1274.80	57.35	18.47	116.31	20.72

2-21 按用途分商品房平均销售价格(2012年)
Average Selling Price of Commercialized Buildings by Use (2012)

单位：元/平方米 (yuan/sq.m)

地 区	Region	商品房平均销售价格 Average Selling Price of Commercialized Buildings	住 宅 Residential Buildings	#别 墅、高档公寓 Villas, High-grade Apartments	办公楼 Office Buildings	商业营业用 房 Houses for Business Use	其 他 Others
全 国	**National Total**	**5791**	**5430**	**11460**	**12306**	**9021**	**4306**
北 京	Beijing	17022	16553	27317	22114	20476	6363
天 津	Tianjin	8218	8010	10877	13349	13008	4699
河 北	Hebei	4478	4142	5388	6732	9393	3167
山 西	Shanxi	3871	3691	5457	7835	6865	2524
内蒙古	Inner Mongolia	4053	3656	6296	6038	6944	3885
辽 宁	Liaoning	4942	4717	8665	9647	7042	4057
吉 林	Jilin	4147	3875	8346	7990	6438	4605
黑龙江	Heilongjiang	4067	3726	9337	5698	6438	4675
上 海	Shanghai	14061	13870	28196	21000	16218	4223
江 苏	Jiangsu	6727	6423	11604	9049	9774	3779
浙 江	Zhejiang	10643	10680	14081	12743	12186	4482
安 徽	Anhui	4825	4495	7407	7420	7854	4056
福 建	Fujian	8646	8366	14468	12117	12484	5057
江 西	Jiangxi	4745	4381	7712	10644	7402	4417
山 东	Shandong	4763	4557	10039	8696	7083	3659
河 南	Henan	3831	3511	6584	8820	7657	3544
湖 北	Hubei	5043	4668	9866	12282	8744	3957
湖 南	Hunan	4049	3670	7130	9697	8579	3071
广 东	Guangdong	8112	7668	10256	20498	12994	6724
广 西	Guangxi	4203	3910	6709	15658	8614	3767
海 南	Hainan	7894	7811	19590	4971	12721	6624
重 庆	Chongqing	5080	4805	8273	11495	9576	3069
四 川	Sichuan	5449	4959	10038	8955	11137	3980
贵 州	Guizhou	4116	3695	11980	8158	9630	3493
云 南	Yunnan	4209	3861	4185	7876	6567	4005
西 藏	Tibet	3269	2982	3685	5328	6810	
陕 西	Shaanxi	5156	4803	9603	8093	10647	5636
甘 肃	Gansu	3570	3376	7368	6957	6496	2252
青 海	Qinghai	4049	3692	7151	6519	9705	3801
宁 夏	Ningxia	3948	3621	4849	5065	6686	3503
新 疆	Xinjiang	3918	3594	5339	9383	6532	4343

2-22 货物进出口总额(2012年)

Import and Export Value of Commodities (2012)

单位：万美元 (USD 10 000)

地 区	Region	按经营单位所在地分 By Location of Importers/Exporters			按境内目的地和货源地分 By Place of Destination or Origin in China		
		进出口 Total	出 口 Exports	进 口 Imports	进出口 Total	出 口 Exports	进 口 Imports
全 国	**National Total**	**386711942**	**204871442**	**181840500**	**386711942**	**204871442**	**181840500**
北 京	Beijing	40810732	5963209	34847523	12866591	3124774	9741817
天 津	Tianjin	11563427	4831256	6732171	12284792	4906048	7378744
河 北	Hebei	5056306	2959820	2096485	8228900	3727328	4501572
山 西	Shanxi	1504311	701604	802707	1659174	844689	814485
内蒙古	Inner Mongolia	1125898	397016	728882	1396918	539399	857519
辽 宁	Liaoning	10409000	5795905	4613094	11833784	5251715	6582069
吉 林	Jilin	2456301	598268	1858033	2447836	602771	1845065
黑龙江	Heilongjiang	3759029	1443517	2315512	2821302	990761	1830541
上 海	Shanghai	43658695	20673017	22985679	43415712	19354245	24061467
江 苏	Jiangsu	54796149	32852352	21943797	58866594	33424029	25442565
浙 江	Zhejiang	31240136	22451714	8788421	34818733	24466543	10352191
安 徽	Anhui	3928454	2674850	1253604	3295935	2064675	1231260
福 建	Fujian	15593796	9783259	5810536	14619103	8882715	5736389
江 西	Jiangxi	3341383	2511279	830104	3023567	2002105	1021462
山 东	Shandong	24554432	12870921	11683512	29664642	13593588	16071053
河 南	Henan	5173881	2967645	2206236	5433308	3193072	2240236
湖 北	Hubei	3196375	1939850	1256525	3243783	1875374	1368409
湖 南	Hunan	2194873	1260220	934653	2145234	1234202	911032
广 东	Guangdong	98402046	57405077	40996969	111532842	63622169	47910672
广 西	Guangxi	2948446	1546775	1401671	4087472	921500	3165972
海 南	Hainan	1432210	313610	1118600	1456054	280703	1175351
重 庆	Chongqing	5320358	3856758	1463600	4524093	3104672	1419421
四 川	Sichuan	5914360	3846907	2067453	5170202	3115567	2054635
贵 州	Guizhou	663156	495223	167933	505244	314607	190636
云 南	Yunnan	2101373	1001737	1099636	1211937	542364	669573
西 藏	Tibet	342414	335518	6896	211540	202370	9170
陕 西	Shaanxi	1479903	865226	614677	1518973	850077	668896
甘 肃	Gansu	890075	357355	532721	716339	183042	533297
青 海	Qinghai	115747	72876	42871	81295	42797	38499
宁 夏	Ningxia	221671	164112	57559	267310	187459	79850
新 疆	Xinjiang	2517006	1934565	582441	3362737	1426084	1936653

2-23 外商投资企业货物进出口总额

Value of Imports and Exports of Foreign-funded Enterprises

单位：万美元 (USD 10 000)

地 区	Region	2011			2012		
		进出口 Total	出 口 Exports	进 口 Imports	进出口 Total	出 口 Exports	进 口 Imports
全 国	**National Total**	**185989874**	**99522704**	**86467170**	**189412020**	**102262008**	**87150012**
北 京	Beijing	7679756	2164526	5515230	7447913	2134714	5313199
天 津	Tianjin	7113264	3085243	4028020	7743452	3281385	4462067
河 北	Hebei	2022204	1017219	1004985	1775182	942078	833103
山 西	Shanxi	264502	90781	173721	443295	221498	221798
内蒙古	Inner Mongolia	246266	143589	102676	175005	87697	87309
辽 宁	Liaoning	4598764	2322010	2276754	4703771	2350651	2353120
吉 林	Jilin	919356	144656	774700	1103266	149685	953582
黑龙江	Heilongjiang	113682	69932	43750	104585	55994	48590
上 海	Shanghai	29232879	14237994	14994885	28991183	13867677	15123507
江 苏	Jiangsu	38531121	21519202	17011920	35777574	20466975	15310599
浙 江	Zhejiang	10792591	6528698	4263893	10318702	6298108	4020594
安 徽	Anhui	1028561	435117	593444	997466	459109	538356
福 建	Fujian	6868116	3912418	2955698	7391259	3912712	3478547
江 西	Jiangxi	1352999	597155	755844	1329891	646261	683630
山 东	Shandong	10743801	6372487	4371314	10197143	6048932	4148210
河 南	Henan	1497885	836757	661127	3378057	1874349	1503708
湖 北	Hubei	1409993	760056	649937	1383267	762005	621262
湖 南	Hunan	455239	190455	264784	628079	293674	334405
广 东	Guangdong	54988586	32479001	22509584	57123712	34051040	23072672
广 西	Guangxi	694528	264683	429845	962586	354223	608363
海 南	Hainan	1006193	117261	888932	1148420	161005	987415
重 庆	Chongqing	1342670	685554	657117	2494705	1616612	878092
四 川	Sichuan	2335441	1207356	1128085	3020240	1826060	1194180
贵 州	Guizhou	22401	13793	8608	19009	11753	7256
云 南	Yunnan	74904	36048	38857	62375	34126	28249
西 藏	Tibet	40	2	37	41	15	26
陕 西	Shaanxi	562954	236559	326395	614911	303991	310920
甘 肃	Gansu	13870	10782	3088	11796	9806	1990
青 海	Qinghai	3928	1727	2201	4899	2406	2493
宁 夏	Ningxia	40091	22413	17678	32800	21816	10984
新 疆	Xinjiang	33290	19230	14061	27438	15651	11788

2-24 外商投资企业年底注册登记情况
Registration Status of Foreign Funded Enterprises at Year-end

地 区	Region	企业数（户）Number of Enterprises (unit)		投资总额（亿美元）Total Investment (100 million USD)		注册资本（亿美元）Registered Capital (100 million USD)		#外 方 Foreign Investor	
		2011	2012	2011	2012	2011	2012	2011	2012
全 国	**National Total**	**446487**	**440609**	**29931**	**32610**	**17294**	**18814**	**13810**	**14903**
地区合计	**Region Total**	**446265**	**440383**	**28796**	**31406**	**16485**	**17952**	**13303**	**14381**
北 京	Beijing	25672	26535	1344	1494	803	907	646	739
天 津	Tianjin	11850	11491	1148	1189	648	649	544	543
河 北	Hebei	8817	7426	457	490	242	257	177	189
山 西	Shanxi	3849	3623	319	320	140	187	84	83
内蒙古	Inner Mongolia	3601	3114	255	258	136	135	105	104
辽 宁	Liaoning	18164	17960	1660	1856	1058	1171	865	963
吉 林	Jilin	4327	4298	233	239	130	130	87	87
黑龙江	Heilongjiang	5426	5039	209	222	122	128	92	95
上 海	Shanghai	58993	61461	3774	4138	2262	2511	1841	2034
江 苏	Jiangsu	52959	50461	5729	6250	3050	3301	2612	2803
浙 江	Zhejiang	29288	29595	2019	2178	1170	1275	912	971
安 徽	Anhui	5427	4466	329	400	184	207	137	154
福 建	Fujian	23727	23381	1369	1457	754	804	641	680
江 西	Jiangxi	6926	7334	491	539	313	349	270	301
山 东	Shandong	28915	25885	1434	1581	817	897	616	684
河 南	Henan	10404	10168	424	463	225	237	163	171
湖 北	Hubei	7473	8023	519	583	293	321	215	240
湖 南	Hunan	5257	4882	350	384	183	196	135	147
广 东	Guangdong	97084	98564	4525	4786	2685	2833	2207	2302
广 西	Guangxi	4650	3773	299	311	161	167	130	136
海 南	Hainan	2960	3105	221	271	131	143	86	96
重 庆	Chongqing	3985	4461	452	537	257	312	202	236
四 川	Sichuan	10026	9107	574	640	344	374	259	283
贵 州	Guizhou	2029	1688	57	77	32	42	25	33
云 南	Yunnan	3919	3956	206	226	121	134	92	101
西 藏	Tibet	298	208	7	11	5	7	3	3
陕 西	Shaanxi	5765	5983	199	311	121	177	91	133
甘 肃	Gansu	2177	2262	64	70	29	31	19	21
青 海	Qinghai	471	347	31	28	15	14	9	8
宁 夏	Ningxia	579	476	44	31	21	17	12	12
新 疆	Xinjiang	1247	1311	56	67	33	37	24	28
部门合计	**Department Total**	**222**	**226**	**1135**	**1205**	**809**	**862**	**507**	**523**

2-25 电力消费量
Electricity Consumption

单位：亿千瓦小时 (100 million kwh)

地 区	Region	1995	2000	2005	2010	2011	2012
北 京	Beijing	261.74	384.43	570.54	809.90	821.71	874.28
天 津	Tianjin	178.99	234.05	384.84	645.74	695.15	722.48
河 北	Hebei	602.68	809.34	1501.92	2691.52	2984.90	3077.73
山 西	Shanxi	399.16	501.99	946.33	1460.00	1650.41	1765.79
内蒙古	Inner Mongolia	186.83	254.21	667.72	1536.83	1864.07	2016.76
辽 宁	Liaoning	622.81	748.89	1110.56	1715.26	1861.53	1899.88
吉 林	Jilin	267.60	291.37	378.23	576.98	630.15	637.00
黑龙江	Heilongjiang	409.38	442.28	555.85	747.84	801.87	827.91
上 海	Shanghai	403.27	559.45	921.97	1295.87	1339.62	1353.45
江 苏	Jiangsu	684.80	971.34	2193.45	3864.37	4281.62	4580.90
浙 江	Zhejiang	439.59	738.05	1642.31	2820.93	3116.91	3210.55
安 徽	Anhui	288.97	338.93	582.16	1077.91	1221.19	1361.10
福 建	Fujian	261.28	401.51	756.59	1315.09	1515.86	1579.50
江 西	Jiangxi	181.21	208.15	391.98	700.51	835.10	867.67
山 东	Shandong	741.07	1000.71	1911.61	3298.46	3635.26	3794.55
河 南	Henan	571.48	718.52	1352.74	2353.96	2659.14	2747.75
湖 北	Hubei	414.99	503.02	788.91	1330.44	1450.76	1507.85
湖 南	Hunan	374.76	406.12	674.43	1171.91	1293.44	1345.22
广 东	Guangdong	787.66	1334.58	2673.56	4060.13	4399.02	4619.41
广 西	Guangxi	220.77	314.44	510.15	993.24	1112.21	1153.42
海 南	Hainan	32.00	38.37	81.61	159.02	185.28	208.08
重 庆	Chongqing		307.61	347.68	626.44	717.03	723.03
四 川	Sichuan	582.85	521.23	942.59	1549.03	1751.44	1830.70
贵 州	Guizhou	203.70	287.78	486.97	835.38	944.13	1046.72
云 南	Yunnan	223.71	273.58	557.25	1004.07	1204.07	1315.86
西 藏	Tibet				20.41	23.77	27.76
陕 西	Shaanxi	239.68	292.76	516.43	859.22	982.47	1066.75
甘 肃	Gansu	241.06	295.33	489.48	804.43	923.45	994.56
青 海	Qinghai	69.02	109.10	206.56	465.18	560.68	602.22
宁 夏	Ningxia	92.38	136.17	302.88	546.77	724.54	741.79
新 疆	Xinjiang	119.67	182.98	310.14	661.96	839.10	1090.80

注：2000年及以后为电力企业联合会数据。

a) Data since 2000 are provided by the Association of Power Generation Enterprises.

2-26 能源消耗指标(2011年)
Indicators of Energy Consumption (2011)

地 区	Region	万元地区生产总值能耗(等价值) Energy Consumption per 10 000 yuan of GRP (equivalent value)		万元工业增加值能耗上升或下降(规模以上，当量值) Energy Consumption per 10 000 yuan of Industrial Value-added Change (above Designated Size, equivalent weight) (±%)	万元地区生产总值电耗上升或下降 Electricity Consumption per 10 000 yuan of GRP Change (±%)
		指标值(吨标准煤/万元) Index (ton of SCE/ 10 000 yuan)	上升或下降(±%) Change (±%)		
北 京	Beijing	0.459	-6.94	-18.50	-6.10
天 津	Tianjin	0.708	-4.28	-7.48	-7.48
河 北	Hebei	1.300	-3.69	-6.68	-0.36
山 西	Shanxi	1.762	-3.55	-5.82	0.03
内蒙古	Inner Mongolia	1.405	-2.51	-4.39	4.38
辽 宁	Liaoning	1.096	-3.40	-5.02	-3.15
吉 林	Jilin	0.923	-3.59	-4.19	-3.90
黑龙江	Heilongjiang	1.042	-3.50	-5.17	-4.43
上 海	Shanghai	0.618	-5.32	-7.33	-4.42
江 苏	Jiangsu	0.600	-3.52	-5.41	-0.14
浙 江	Zhejiang	0.590	-3.07	-2.40	1.41
安 徽	Anhui	0.754	-4.06	-9.54	-0.15
福 建	Fujian	0.644	-3.29	-1.16	2.73
江 西	Jiangxi	0.651	-3.08	-6.87	2.30
山 东	Shandong	0.855	-3.77	-7.67	-0.58
河 南	Henan	0.895	-3.57	-8.60	1.27
湖 北	Hubei	0.912	-3.79	-6.88	-4.20
湖 南	Hunan	0.894	-3.68	-8.61	-2.10
广 东	Guangdong	0.563	-3.78	-5.13	-1.46
广 西	Guangxi	0.800	-3.36	-6.13	-0.28
海 南	Hainan	0.692	5.23	12.53	3.94
重 庆	Chongqing	0.953	-3.81	-5.31	-1.63
四 川	Sichuan	0.997	-4.23	-7.78	-1.87
贵 州	Guizhou	1.714	-3.51	-8.02	-1.70
云 南	Yunnan	1.162	-3.22	-9.92	5.47
西 藏	Tibet				
陕 西	Shaanxi	0.846	-3.56	-5.60	0.38
甘 肃	Gansu	1.402	-2.51	-1.96	2.07
青 海	Qinghai	2.081	9.44	9.62	6.24
宁 夏	Ningxia	2.279	4.60	14.72	18.36
新 疆	Xinjiang	1.631	6.96	9.28	14.69

注：计算消耗指标所使用的地区生产总值和工业增加值按2010年价格计算。

a) Gross regional product and industrial value-added are at 2010 constant prices.

2-27 财政收入（2012年）
Government Revenue (2012)

单位：亿元 (100 million yuan)

地 区	Region	公共财政预算收入 Public Budgetary Revenue	税收收入 Tax Revenue	国内增值税 Domestic Value-added Tax	营业税 Business Revenue	企业所得税 Corporate Income Tax	个人所得税 Individual Income Tax	资源税 Resource Tax
地方合计	**Region Total**	**61078.29**	**47319.08**	**6737.16**	**15542.91**	**7571.60**	**2327.63**	**855.76**
北 京	Beijing	3314.93	3124.75	314.00	1152.74	752.47	281.49	0.80
天 津	Tianjin	1760.02	1105.56	149.87	400.90	187.70	49.56	2.67
河 北	Hebei	2084.28	1560.59	250.30	533.45	226.20	50.19	54.26
山 西	Shanxi	1516.38	1045.22	242.88	314.06	214.39	43.10	43.78
内蒙古	Inner Mongolia	1552.75	1119.87	182.68	319.76	179.85	47.61	68.10
辽 宁	Liaoning	3105.38	2317.19	216.70	606.49	242.39	60.92	109.30
吉 林	Jilin	1041.25	760.57	102.68	218.12	111.21	26.85	15.32
黑龙江	Heilongjiang	1163.17	837.80	144.87	244.05	97.89	28.39	68.47
上 海	Shanghai	3743.71	3426.79	667.13	897.92	806.77	318.10	
江 苏	Jiangsu	5860.69	4782.59	708.75	1659.67	745.88	224.22	21.93
浙 江	Zhejiang	3441.23	3227.77	507.57	1063.49	536.97	178.93	8.41
安 徽	Anhui	1792.72	1305.09	175.33	451.42	184.50	35.91	17.92
福 建	Fujian	1776.17	1440.34	190.43	490.09	251.76	68.24	9.33
江 西	Jiangxi	1371.99	978.08	107.41	363.46	124.12	26.52	29.72
山 东	Shandong	4059.43	3050.20	438.12	896.64	441.64	95.11	91.11
河 南	Henan	2040.33	1469.57	187.78	482.40	209.13	41.41	34.13
湖 北	Hubei	1823.05	1324.44	162.39	472.36	196.87	48.55	12.43
湖 南	Hunan	1782.16	1110.74	152.22	387.52	120.07	46.74	8.45
广 东	Guangdong	6229.18	5073.88	793.84	1556.80	891.03	322.71	12.05
广 西	Guangxi	1166.06	762.46	84.81	262.32	85.95	24.19	10.19
海 南	Hainan	409.44	350.80	20.75	132.41	46.39	7.58	2.85
重 庆	Chongqing	1703.49	970.17	86.33	368.05	119.80	32.98	8.69
四 川	Sichuan	2421.27	1827.04	205.68	725.41	246.45	73.40	24.95
贵 州	Guizhou	1014.05	681.66	85.74	241.53	86.53	32.29	12.72
云 南	Yunnan	1338.15	1063.90	148.00	340.54	135.82	37.10	17.70
西 藏	Tibet	86.58	70.07	7.69	20.75	10.91	23.80	1.00
陕 西	Shaanxi	1600.69	1131.55	189.46	392.90	160.92	42.05	61.59
甘 肃	Gansu	520.40	347.78	60.52	136.72	36.53	13.54	16.62
青 海	Qinghai	186.42	146.69	26.42	59.17	16.08	3.56	17.78
宁 夏	Ningxia	263.96	207.02	26.23	92.48	25.39	6.68	4.10
新 疆	Xinjiang	908.97	698.93	100.57	259.31	79.99	35.89	69.35

2-27 续表 1 continued

单位: 亿元 (100 million yuan)

地 区	Region	城市维护建设税 City Maintenance and Construction Tax	房产税 House Property Tax	印花税 Stamp Tax	城镇土地使用税 Urban Land Use Tax	土地增值税 Land Appreciation Tax	车船税 Tax on Vehicles and Boat Operation	耕地占用税 Farm Land Occupation Tax
地方合计	**Region Total**	**2934.76**	**1372.49**	**691.25**	**1541.71**	**2719.06**	**393.02**	**1620.71**
北 京	Beijing	160.34	110.72	44.71	16.26	132.07	22.29	10.27
天 津	Tianjin	71.17	40.02	23.84	17.21	58.79	8.74	15.55
河 北	Hebei	97.59	35.67	27.87	58.12	69.72	20.78	48.25
山 西	Shanxi	67.79	19.98	17.77	27.47	15.33	10.95	8.95
内蒙古	Inner Mongolia	64.94	26.61	15.76	67.47	35.00	10.99	65.83
辽 宁	Liaoning	108.41	64.17	28.15	221.92	190.38	19.90	225.20
吉 林	Jilin	57.24	19.97	10.08	31.61	35.88	8.08	59.63
黑龙江	Heilongjiang	58.96	21.50	10.89	47.42	41.53	10.81	17.91
上 海	Shanghai	149.39	92.56	57.36	31.81	233.10	14.64	12.04
江 苏	Jiangsu	309.93	160.88	66.77	149.25	317.17	27.34	57.96
浙 江	Zhejiang	218.09	126.94	46.24	105.40	149.73	28.49	64.73
安 徽	Anhui	79.71	29.85	15.78	66.75	70.06	9.14	50.61
福 建	Fujian	85.94	38.83	23.45	21.69	136.00	10.50	30.90
江 西	Jiangxi	47.99	15.86	9.92	25.17	52.28	6.90	71.76
山 东	Shandong	198.88	100.83	46.59	211.69	145.21	35.86	153.59
河 南	Henan	89.77	33.96	21.30	75.61	70.35	16.17	78.15
湖 北	Hubei	92.50	29.28	18.04	30.65	92.66	9.62	69.29
湖 南	Hunan	92.36	29.85	15.38	26.39	58.71	9.21	64.72
广 东	Guangdong	338.31	175.42	81.16	110.07	408.01	41.35	69.67
广 西	Guangxi	42.05	17.35	10.01	12.89	59.30	7.50	90.68
海 南	Hainan	14.91	8.90	4.24	12.94	41.84	1.98	14.55
重 庆	Chongqing	55.55	27.43	14.66	30.77	79.06	5.17	52.86
四 川	Sichuan	110.46	45.28	23.53	50.75	96.78	16.20	80.84
贵 州	Guizhou	45.79	11.60	6.87	14.38	19.07	4.94	71.38
云 南	Yunnan	93.80	24.66	11.86	19.28	43.80	9.02	67.01
西 藏	Tibet	3.61		0.73	0.58	0.34	0.50	0.15
陕 西	Shaanxi	82.47	27.00	16.06	22.66	37.03	10.34	44.25
甘 肃	Gansu	28.91	11.17	6.04	13.68	6.76	4.99	2.33
青 海	Qinghai	9.82	3.20	1.72	2.41	1.43	1.08	0.93
宁 夏	Ningxia	13.08	4.19	3.56	7.70	5.91	2.04	3.13
新 疆	Xinjiang	44.99	18.82	10.92	11.73	15.77	7.51	17.58

2-27 续表 2 continued

单位：亿元 (100 million yuan)

地区 Region	契税 Deed Tax	烟叶税 Tobacco Leaf Tax	其他税收收入 Other Tax Revenue	非税收入 Non-Tax Revenue	专项收入 Special Program Receipts	行政事业性收费收入 Charge of Administrative and Institutional Units	罚没收入 Penalty Receipts	国有资本经营收入 Operation Income of State-owned Assets	国有资源(资产)有偿使用收入 Income from Use of State-owned Resources (Assets)	其他收入 Other Non-tax Receipts
地方合计 Region Total	**2874.01**	**131.78**	**5.22**	**13759.21**	**2819.96**	**4202.34**	**1519.46**	**1335.91**	**2740.31**	**1141.23**
北京 Beijing	126.58		0.01	190.18	88.00	45.90	43.06	-30.50	36.05	7.69
天津 Tianjin	79.54			654.46	59.96	186.28	15.50	40.91	260.70	91.12
河北 Hebei	88.11	0.09		523.69	96.88	162.05	97.54	60.02	82.95	24.25
山西 Shanxi	18.58	0.16		471.16	268.18	88.72	60.78	16.02	20.52	16.94
内蒙古 Inner Mongolia	34.98	0.28		432.88	138.64	113.51	49.10	46.02	67.56	18.05
辽宁 Liaoning	217.47	1.07	4.73	788.19	110.53	194.59	88.06	157.43	206.29	31.31
吉林 Jilin	62.59	1.29		280.68	49.42	86.27	43.27	20.55	65.21	15.96
黑龙江 Heilongjiang	42.42	2.71		325.37	49.91	94.11	42.70	49.10	72.42	17.14
上海 Shanghai	145.96			316.92	104.70	139.74	24.56	-9.49	43.33	14.07
江苏 Jiangsu	332.84			1078.10	179.34	375.31	98.51	234.91	147.64	42.40
浙江 Zhejiang	192.72	0.09		213.46	116.10	33.60	83.32	-52.74	28.27	4.90
安徽 Anhui	117.09	1.02		487.63	87.48	158.62	43.57	45.58	125.44	26.93
福建 Fujian	77.58	5.60		335.84	69.51	89.36	46.96	34.45	77.43	18.12
江西 Jiangxi	95.07	1.89		393.91	52.03	150.78	54.76	35.67	65.90	34.77
山东 Shandong	191.37	3.36	0.19	1009.23	138.90	305.29	123.85	103.57	286.91	50.71
河南 Henan	120.21	9.19		570.77	87.89	199.92	75.32	88.48	78.01	41.14
湖北 Hubei	85.00	4.80		498.62	55.27	244.11	58.34	36.59	76.84	27.47
湖南 Hunan	89.34	9.76		671.42	57.94	205.85	60.43	18.69	200.68	127.83
广东 Guangdong	271.83	1.63		1155.30	202.56	391.62	139.99	120.08	142.24	158.80
广西 Guangxi	54.07	1.14		403.60	31.49	121.45	38.17	99.14	83.40	29.96
海南 Hainan	41.45	0.01		58.63	8.82	14.90	8.31	10.95	12.72	2.94
重庆 Chongqing	84.95	3.85		733.32	113.66	301.14	29.25	125.20	113.23	50.85
四川 Sichuan	118.04	9.27		594.23	104.41	164.59	53.66	27.06	162.73	81.78
贵州 Guizhou	33.00	15.82		332.39	84.85	65.71	25.14	7.21	76.70	72.78
云南 Yunnan	59.19	56.11		274.25	88.58	66.27	45.02	-1.32	43.53	32.18
西藏 Tibet				16.52	1.91	2.26	1.86	-0.49	4.40	6.57
陕西 Shaanxi	42.43	2.38	0.01	469.13	174.77	87.23	29.07	26.41	93.80	57.85
甘肃 Gansu	9.76	0.21		172.62	75.46	43.28	12.46	9.73	20.74	10.95
青海 Qinghai	3.10			39.73	20.96	8.60	3.28	0.51	4.38	2.00
宁夏 Ningxia	12.51	0.02		56.94	12.42	18.70	5.47	6.36	9.25	4.74
新疆 Xinjiang	26.22	0.02	0.27	210.04	89.40	42.58	18.16	9.82	31.04	19.03

2-28 财政支出（2012年）

Government Expenditure (2012)

单位：亿元 (100 million yuan)

地 区	Region	公共财政预算支出 Public Budgetary Expenditure	一般公共服务 Expenditure for General Public Services	外交 Expenditure for Foreign Affairs	国防 Expenditure for National Defense	公共安全 Expenditure for Public Security	教育 Expenditure for Education	科学技术 Expenditure for Science and Technology	文化体育与传媒 Expenditure for Culture, Sport and Media
地方合计	**Region Total**	**107188.34**	**11702.14**	**1.44**	**210.54**	**5928.13**	**20140.64**	**2242.20**	**2074.79**
北 京	Beijing	3685.31	286.57		7.87	236.87	628.65	199.94	141.37
天 津	Tianjin	2143.21	136.55		1.60	111.92	378.75	76.45	35.85
河 北	Hebei	4079.44	481.97		10.48	227.17	865.54	44.74	59.29
山 西	Shanxi	2759.46	274.47		4.64	143.79	558.03	33.32	60.20
内蒙古	Inner Mongolia	3425.99	341.83	0.10	6.19	173.36	439.97	27.61	87.21
辽 宁	Liaoning	4558.59	485.71		13.75	228.80	728.79	101.24	79.25
吉 林	Jilin	2471.20	249.38		5.38	135.67	451.05	24.96	47.48
黑龙江	Heilongjiang	3171.52	271.26	0.04	5.00	168.40	544.79	37.64	47.27
上 海	Shanghai	4184.02	251.47		6.88	221.08	648.95	245.43	72.51
江 苏	Jiangsu	7027.67	820.43		17.58	407.78	1350.61	257.24	150.90
浙 江	Zhejiang	4161.88	503.61		7.67	319.03	877.86	165.98	94.18
安 徽	Anhui	3961.01	425.96		6.01	149.15	717.94	96.00	71.43
福 建	Fujian	2607.50	293.15		5.51	162.39	562.30	48.47	46.07
江 西	Jiangxi	3019.22	308.16		5.40	141.71	622.06	27.50	44.77
山 东	Shandong	5904.52	705.51		12.68	317.38	1311.80	124.98	114.27
河 南	Henan	5006.40	663.07		7.13	244.42	1106.51	69.64	69.63
湖 北	Hubei	3759.79	466.51		2.99	204.53	732.37	54.39	62.47
湖 南	Hunan	4119.00	550.26		9.34	200.38	807.58	48.19	54.50
广 东	Guangdong	7387.86	892.62		14.70	621.39	1501.22	246.71	137.64
广 西	Guangxi	2985.23	386.37		7.66	152.39	589.24	42.81	45.52
海 南	Hainan	911.67	98.53	0.63	3.89	57.11	158.79	12.06	19.85
重 庆	Chongqing	3046.36	251.31	0.19	7.16	134.03	471.49	29.84	33.08
四 川	Sichuan	5450.99	554.38		12.23	272.63	993.20	59.40	120.70
贵 州	Guizhou	2755.68	430.16		4.58	146.21	500.51	28.98	49.85
云 南	Yunnan	3572.66	338.16	0.02	7.17	185.88	674.82	32.67	62.06
西 藏	Tibet	905.34	150.36	0.19	3.43	61.77	94.48	5.09	24.18
陕 西	Shaanxi	3323.80	407.11		3.84	149.04	703.34	34.94	91.81
甘 肃	Gansu	2059.56	229.50		1.85	95.22	367.92	16.19	49.87
青 海	Qinghai	1159.05	82.66		0.99	40.31	171.81	7.18	18.92
宁 夏	Ningxia	864.36	61.44		1.41	40.97	106.45	9.61	14.44
新 疆	Xinjiang	2720.07	303.67	0.28	5.53	177.37	473.86	33.01	68.23

2-28 续表 1 continued

单位：亿元 (100 million yuan)

地区	Region	社会保障和就业 Expenditure for Social Safety Net and Employment Effort	医疗卫生 Expenditure for Medical and Health Care	节能环保 Expenditure for Environment Protection	城乡社区事务 Expenditure for Urban and Rural Community Affairs	农林水事务 Expenditure for Agriculture, Forestry and Water Conservancy	交通运输 Expenditure for Transportation	资源勘探电力信息等事务 Expenditure for Affairs of Exploration, Power and Information	商业服务业等事务 Expenditure for Affairs of Commerce and Services
地方合计	**Region Total**	**11999.85**	**7170.82**	**2899.81**	**9060.93**	**11471.39**	**7332.57**	**3934.53**	**1351.71**
北京	Beijing	424.31	256.06	113.54	430.76	222.69	243.76	165.32	38.29
天津	Tianjin	201.17	105.91	38.49	590.26	100.98	87.21	106.68	29.21
河北	Hebei	470.21	323.17	127.93	283.51	443.62	287.04	89.71	49.48
山西	Shanxi	354.61	180.34	88.17	160.45	309.63	194.82	47.78	23.67
内蒙古	Inner Mongolia	435.47	177.91	131.59	363.24	450.83	301.24	88.86	29.95
辽宁	Liaoning	727.71	200.19	93.27	595.19	405.02	256.10	263.33	44.99
吉林	Jilin	304.00	160.36	113.85	166.29	291.30	128.16	74.31	23.38
黑龙江	Heilongjiang	458.20	173.33	104.86	205.60	430.39	226.51	94.68	28.43
上海	Shanghai	443.01	197.34	55.18	627.44	217.97	115.41	401.92	60.51
江苏	Jiangsu	557.77	418.14	193.83	858.13	754.09	436.58	283.18	124.87
浙江	Zhejiang	345.44	305.91	77.70	307.82	408.20	287.64	161.65	84.63
安徽	Anhui	459.19	319.39	95.52	348.03	430.47	237.17	131.46	71.53
福建	Fujian	205.28	185.99	48.60	178.86	244.16	272.08	106.58	55.38
江西	Jiangxi	323.06	219.15	66.91	176.70	384.77	192.78	196.03	38.22
山东	Shandong	596.48	422.91	154.42	468.09	673.82	322.93	207.82	96.00
河南	Henan	631.61	425.99	109.45	237.97	551.73	300.43	119.32	53.99
湖北	Hubei	501.13	267.99	95.63	201.73	419.02	212.68	150.43	58.63
湖南	Hunan	525.71	294.17	109.43	302.21	447.74	273.82	120.74	55.95
广东	Guangdong	611.04	505.14	235.44	623.28	539.56	503.57	184.75	68.75
广西	Guangxi	282.33	253.17	60.01	162.07	369.07	242.74	99.40	30.72
海南	Hainan	106.15	59.86	21.23	52.22	123.62	67.51	22.83	12.19
重庆	Chongqing	403.05	167.43	128.69	500.39	256.35	207.47	152.35	45.38
四川	Sichuan	680.21	424.26	135.94	325.98	654.95	435.49	191.51	61.76
贵州	Guizhou	235.40	201.05	65.73	100.65	361.87	288.56	69.72	18.76
云南	Yunnan	439.06	266.94	101.12	148.84	518.60	309.57	66.32	39.03
西藏	Tibet	65.54	36.12	23.67	31.55	142.62	94.26	70.54	6.98
陕西	Shaanxi	421.16	222.30	94.14	182.05	376.45	248.24	93.47	34.87
甘肃	Gansu	294.64	148.21	72.00	80.52	302.37	126.43	38.37	19.13
青海	Qinghai	179.51	60.11	43.99	57.98	134.31	154.85	48.05	10.21
宁夏	Ningxia	89.60	46.09	35.37	109.63	139.80	51.02	26.99	14.57
新疆	Xinjiang	227.79	145.88	64.12	183.49	365.39	226.47	60.45	22.24

2-28 续表 2 continued

单位：亿元 (100 million yuan)

地区	Region	金融监管等事务支出 Expenditure for Affairs of Financial Supervision	地震灾后恢复重建支出 Expenditure for Post-earthquake Recovery and Reconstruction	援助其他地区支出 Expenditure for Other Regional Assistance	国土资源气象等事务 Expenditure for Affairs of Land and Weather	住房保障支出 Expenditure for Affairs of Housing Security	粮油物资储备事务 Expenditure for Affairs of Management of Grain & Oil Reserves	国债还本付息支出 Interest Payment for Domestic and Foreign Debts	其他支出 Other Expenditure
地方合计	**Region Total**	**249.69**	**103.81**	**126.56**	**1367.59**	**4068.71**	**731.09**	**575.33**	**2444.07**
北 京	Beijing	3.00	0.31	14.99	16.01	44.79	5.73	4.24	200.23
天 津	Tianjin	2.81		4.83	20.07	9.58	5.11		99.77
河 北	Hebei	4.89		3.41	63.91	135.81	26.81	10.12	70.64
山 西	Shanxi	5.15		2.16	183.43	85.65	20.67	4.10	24.38
内蒙古	Inner Mongolia	3.25		3.11	73.25	164.83	75.72	13.92	36.55
辽 宁	Liaoning	7.62	0.01	2.21	60.33	120.90	36.80	24.03	83.34
吉 林	Jilin	4.62		1.71	23.78	145.19	55.16	55.22	9.95
黑龙江	Heilongjiang	2.61			32.19	218.78	65.81	5.36	50.36
上 海	Shanghai	17.05		25.62	13.58	112.71	14.02	8.97	426.95
江 苏	Jiangsu	22.98		14.66	50.57	133.94	27.65	6.85	139.90
浙 江	Zhejiang	9.87		10.89	28.32	65.25	12.26	4.01	83.98
安 徽	Anhui	4.04		2.74	45.40	248.58	32.98	15.97	52.06
福 建	Fujian	2.98		0.09	25.73	52.85	14.01	5.14	91.86
江 西	Jiangxi	6.92			30.36	134.43	18.95	11.85	69.48
山 东	Shandong	17.35		5.74	84.85	123.53	35.80	25.93	82.24
河 南	Henan	25.06			55.96	185.65	41.43	43.34	64.09
湖 北	Hubei	9.05		4.37	51.40	140.57	35.54	11.77	76.60
湖 南	Hunan	3.22		0.15	55.83	185.91	29.71	11.51	32.67
广 东	Guangdong	27.67	0.12	22.98	62.89	180.37	26.78	98.31	282.93
广 西	Guangxi	5.12		0.05	45.72	134.39	15.22	16.09	45.15
海 南	Hainan	0.75			10.89	44.76	2.87	4.69	31.25
重 庆	Chongqing	3.51		4.67	40.18	177.14	17.47	4.60	10.56
四 川	Sichuan	10.72	82.91	1.59	61.80	227.41	38.13	42.05	63.75
贵 州	Guizhou	0.97			30.00	129.20	9.17	14.65	69.65
云 南	Yunnan	4.43	0.01	0.05	53.17	231.42	9.84	40.49	43.01
西 藏	Tibet	0.34			7.39	41.14	2.00	0.01	43.71
陕 西	Shaanxi	7.51	3.31	0.55	33.76	151.51	19.36	10.73	34.30
甘 肃	Gansu	8.10	17.02		43.91	102.17	9.56	11.64	24.96
青 海	Qinghai	6.26	0.06		18.01	84.59	5.93	29.62	3.70
宁 夏	Ningxia	4.95			8.80	56.23	2.96	27.45	16.58
新 疆	Xinjiang	16.89	0.06		36.10	199.45	17.66	12.66	79.47

2-29 居民消费价格指数和商品零售价格指数(2012年)
Consumer Price Indices and Retail Price Indices (2012)

(上年=100) (preceding year=100)

地 区	Region	居民消费价格 Consumer Price Index			商品零售价格 Retail Price Index		
		总指数 General	城 市 Urban Household	农 村 Rural Household	总指数 General	城 市 Urban Household	农 村 Rural Household
全 国	**National Total**	**102.6**	**102.7**	**102.5**	**102.0**	**101.9**	**102.2**
北 京	Beijing	103.3	103.3		100.6	100.6	
天 津	Tianjin	102.7	102.7		103.0	103.0	
河 北	Hebei	102.6	102.7	102.5	102.2	102.1	102.3
山 西	Shanxi	102.5	102.4	102.6	101.8	101.7	102.1
内蒙古	Inner Mongolia	103.1	103.3	102.5	102.5	102.5	102.4
辽 宁	Liaoning	102.8	102.9	102.5	102.2	102.3	101.6
吉 林	Jilin	102.5	102.5	102.4	101.7	101.6	101.9
黑龙江	Heilongjiang	103.2	103.3	102.9	102.2	102.2	102.3
上 海	Shanghai	102.8	102.8		101.2	101.2	
江 苏	Jiangsu	102.6	102.6	102.6	102.1	102.0	102.3
浙 江	Zhejiang	102.2	102.2	102.3	101.9	101.9	101.8
安 徽	Anhui	102.3	102.2	102.4	102.1	102.0	102.3
福 建	Fujian	102.4	102.4	102.4	101.8	101.6	102.4
江 西	Jiangxi	102.7	102.6	103.0	102.1	101.9	102.5
山 东	Shandong	102.1	102.1	102.0	101.6	101.5	101.9
河 南	Henan	102.5	102.6	102.4	102.3	102.4	102.1
湖 北	Hubei	102.9	102.8	103.0	102.6	102.4	102.7
湖 南	Hunan	102.0	102.2	101.6	101.7	101.7	101.8
广 东	Guangdong	102.8	102.8	102.9	102.2	102.1	102.4
广 西	Guangxi	103.2	103.2	103.3	102.3	102.2	102.4
海 南	Hainan	103.2	103.2	103.2	102.7	102.7	102.8
重 庆	Chongqing	102.6	102.6		101.6	101.6	
四 川	Sichuan	102.5	102.8	102.0	101.6	101.7	101.4
贵 州	Guizhou	102.7	102.7	102.8	102.0	101.8	102.6
云 南	Yunnan	102.7	103.0	102.3	102.4	102.3	102.5
西 藏	Tibet	103.5	103.6	103.4	102.9	103.1	102.5
陕 西	Shaanxi	102.8	102.6	103.1	102.3	102.3	102.3
甘 肃	Gansu	102.7	102.5	103.1	102.6	102.3	103.3
青 海	Qinghai	103.1	103.0	103.1	102.1	102.1	102.1
宁 夏	Ningxia	102.0	102.2	101.7	101.0	100.9	101.7
新 疆	Xinjiang	103.8	103.4	104.7	103.3	103.0	104.0

2-30 居民消费价格分类指数(2012年)
Consumer Price Indices by Category (2012)

(上年=100) (preceding year=100)

地区	Region	总指数 General Index	食品 Food	烟酒及用品 Tobacco, Liquor and Articles	衣着 Clothing	家庭设备用品及维修服务 Household Facilities, Articles and Services	医疗保健和个人用品 Health Care and Personal Articles	交通和通信 Transportation and Communication	娱乐教育文化用品及服务 Recreation, Education and Culture	居住 Residence
全　国	**National Total**	**102.6**	**104.8**	**102.9**	**103.1**	**101.9**	**102.0**	**99.9**	**100.5**	**102.1**
北　京	Beijing	103.3	106.6	102.2	100.9	102.8	101.5	99.1	102.3	103.9
天　津	Tianjin	102.7	106.4	104.9	107.0	101.6	102.2	97.6	99.3	100.9
河　北	Hebei	102.6	103.8	104.7	104.7	102.8	102.4	100.3	100.6	101.7
山　西	Shanxi	102.5	104.2	103.1	102.1	101.7	101.9	99.7	101.0	102.7
内蒙古	Inner Mongolia	103.1	105.8	102.8	103.8	101.4	102.1	99.7	100.8	102.4
辽　宁	Liaoning	102.8	104.9	102.3	102.3	102.9	101.9	100.1	101.1	102.8
吉　林	Jilin	102.5	104.9	102.1	101.2	100.7	102.2	100.2	101.0	101.8
黑龙江	Heilongjiang	103.2	105.5	103.0	102.8	101.7	102.5	99.5	99.9	103.9
上　海	Shanghai	102.8	105.8	101.4	103.0	103.5	100.6	100.8	99.3	102.8
江　苏	Jiangsu	102.6	104.7	103.9	103.6	103.6	101.3	99.8	99.9	102.4
浙　江	Zhejiang	102.2	105.3	101.5	101.3	102.5	101.3	99.7	99.4	101.6
安　徽	Anhui	102.3	103.8	103.3	102.5	101.6	101.5	100.7	101.7	101.0
福　建	Fujian	102.4	104.6	102.4	105.0	101.7	102.3	100.1	98.8	101.6
江　西	Jiangxi	102.7	105.2	102.2	100.2	101.7	102.2	100.1	100.9	102.7
山　东	Shandong	102.1	103.5	102.8	103.3	101.2	102.1	100.2	100.3	101.8
河　南	Henan	102.5	103.6	103.4	103.2	102.8	101.9	100.7	101.2	102.5
湖　北	Hubei	102.9	105.4	103.0	102.5	102.2	102.8	99.8	100.6	102.3
湖　南	Hunan	102.0	103.3	102.0	101.1	101.4	102.7	99.9	101.2	101.7
广　东	Guangdong	102.8	105.6	102.6	104.0	101.9	101.9	99.2	100.7	101.8
广　西	Guangxi	103.2	105.2	103.1	103.6	101.1	102.0	100.2	101.5	103.7
海　南	Hainan	103.2	105.2	101.2	102.8	103.5	102.0	101.6	102.1	101.7
重　庆	Chongqing	102.6	104.7	107.1	102.2	100.9	101.9	98.3	100.9	102.5
四　川	Sichuan	102.5	104.2	102.7	109.7	99.6	101.7	100.3	99.5	100.8
贵　州	Guizhou	102.7	104.7	102.8	103.8	101.1	102.5	99.6	101.2	101.4
云　南	Yunnan	102.7	106.2	100.6	98.7	101.4	101.6	100.2	101.2	102.2
西　藏	Tibet	103.5	106.9	101.5	104.3	101.5	100.9	101.2	100.3	101.4
陕　西	Shaanxi	102.8	104.8	103.0	102.7	102.4	103.9	99.1	100.6	102.2
甘　肃	Gansu	102.7	104.1	103.0	102.6	101.1	103.8	100.4	101.0	101.8
青　海	Qinghai	103.1	106.6	102.8	98.4	99.3	100.9	99.4	100.8	105.0
宁　夏	Ningxia	102.0	104.5	101.5	103.0	100.2	101.6	99.5	98.6	100.8
新　疆	Xinjiang	103.8	107.6	105.6	101.9	101.9	102.9	99.5	100.1	102.8

2-31 农业生产资料价格分类指数(2012年)
Price Indices for Means of Agricultural Production by Category (2012)

(上年=100) (preceding year=100)

地 区	Region	总指数 General Index	农用手工工具 Farm Handtools	饲 料 Forage	产品畜 Commodity Animals	半机械化农具 Semi-mechanized Farm Tools	机械化农具 Mechanized Farm Machinery
全 国	**National Total**	**105.6**	**104.4**	**105.7**	**104.6**	**102.1**	**102.1**
北 京	Beijing						
天 津	Tianjin						
河 北	Hebei	108.2	105.4	106.5	110.9	107.3	106.7
山 西	Shanxi	105.4	108.9	102.9	111.4	100.0	101.4
内蒙古	Inner Mongolia	104.9	100.3	103.7	114.1	102.8	102.7
辽 宁	Liaoning	106.9	106.8	106.4	104.2	101.3	102.0
吉 林	Jilin	106.8	104.7	107.8	106.9	99.8	102.4
黑龙江	Heilongjiang	107.8	102.5	104.8	113.6	100.9	101.9
上 海	Shanghai						
江 苏	Jiangsu	104.6	104.7	104.9	100.3	100.6	100.9
浙 江	Zhejiang	104.2	103.1	107.6	89.5	104.1	101.3
安 徽	Anhui	105.3	107.3	108.9	104.8	100.8	103.1
福 建	Fujian	103.3	108.4	106.7	92.8	103.4	101.0
江 西	Jiangxi	106.6	106.9	105.3	106.6	105.8	106.6
山 东	Shandong	105.9	100.8	105.4	105.0	100.7	101.7
河 南	Henan	105.4	102.9	106.5	103.1	104.6	100.5
湖 北	Hubei	107.2	105.2	105.1	112.8	103.5	101.9
湖 南	Hunan	104.7	100.8	101.1	111.2	103.2	101.6
广 东	Guangdong	104.0	102.0	104.3	103.3	101.4	101.6
广 西	Guangxi	103.9	103.7	111.3	91.5	101.2	101.4
海 南	Hainan	104.3	101.4	103.8	103.0	102.8	101.1
重 庆	Chongqing						
四 川	Sichuan	104.7	105.6	103.1	106.0	100.3	100.5
贵 州	Guizhou	100.7	114.1	97.8	93.7	97.0	99.5
云 南	Yunnan	104.6	101.7	105.1	106.3	101.3	101.1
西 藏	Tibet	101.6	101.8	98.7	103.1	101.5	103.5
陕 西	Shaanxi	105.4	104.9	105.4	106.6	105.2	104.7
甘 肃	Gansu	105.2	103.2	103.8	136.5	100.8	100.4
青 海	Qinghai	108.7	97.6	105.4	128.4	103.4	99.9
宁 夏	Ningxia	107.6	106.1	108.9	114.7	102.4	105.6
新 疆	Xinjiang	106.2	101.5	107.7	109.6	101.2	101.6

2-31 续表 continued

(上年=100) (preceding year=100)

地 区	Region	化学肥料 Chemical Fertilizer	农药及农药械 Pesticide and Its Appliances	农用机油 Oil for Farm Machinery	其他农业生产资料 Other Means of Agricultural Production	农业生产服务 Service for Agricultural Production
全 国	**National Total**	**106.6**	**102.4**	**104.2**	**105.9**	**108.3**
北 京	Beijing					
天 津	Tianjin					
河 北	Hebei	108.5	107.3	106.2	111.1	110.0
山 西	Shanxi	106.4	101.9	103.9	103.5	109.4
内蒙古	Inner Mongolia	105.8	111.5	101.7	104.2	102.2
辽 宁	Liaoning	108.5	102.9	104.4	111.6	106.6
吉 林	Jilin	107.6	107.9	103.3	101.7	117.0
黑龙江	Heilongjiang	108.3	100.9	103.0	113.6	111.5
上 海	Shanghai					
江 苏	Jiangsu	105.4	101.2	104.6	104.2	107.7
浙 江	Zhejiang	103.5	100.4	103.2	101.5	111.0
安 徽	Anhui	103.5	101.1	103.7	107.5	109.0
福 建	Fujian	105.5	101.8	102.4	102.8	109.1
江 西	Jiangxi	105.8	102.0	103.9	106.9	120.5
山 东	Shandong	108.3	102.7	106.9	103.8	105.8
河 南	Henan	106.0	101.4	104.2	107.9	107.1
湖 北	Hubei	109.6	101.6	106.1	105.9	107.0
湖 南	Hunan	106.7	101.1	106.1	106.6	104.4
广 东	Guangdong	105.5	100.7	101.5	105.0	107.0
广 西	Guangxi	104.8	103.6	106.3	105.8	106.7
海 南	Hainan	105.4	103.0	102.6	105.0	109.9
重 庆	Chongqing					
四 川	Sichuan	104.8	102.1	105.1	103.1	112.2
贵 州	Guizhou	105.6	106.4	100.8	97.9	103.1
云 南	Yunnan	106.5	101.8	103.8	102.7	106.1
西 藏	Tibet	100.5	100.0	105.8	99.3	100.9
陕 西	Shaanxi	105.7	102.7	102.9	106.9	105.8
甘 肃	Gansu	103.1	106.5	101.7	102.8	100.9
青 海	Qinghai	108.1	99.5	106.0	100.4	115.7
宁 夏	Ningxia	106.6	104.2	105.0	105.7	107.5
新 疆	Xinjiang	107.6	100.7	103.2	108.0	105.4

2-32 固定资产投资价格指数

Price Indices for Investment in Fixed Assets

(上年=100) (preceding year=100)

地区	Region	2011				2012			
		固定资产投资 Investment in Fixed Assets	建筑安装工程 Construction and Installation	设备工器具购置 Purchase of Equipment and Instruments	其他费用 Others	固定资产投资 Investment in Fixed Assets	建筑安装工程 Construction and Installation	设备工器具购置 Purchase of Equipment and Instruments	其他费用 Others
全国	**National Total**	**106.6**	**109.2**	**101.1**	**104.0**	**101.1**	**101.6**	**98.9**	**102.2**
北京	Beijing	105.7	109.7	98.9	104.0	101.3	99.0	97.4	104.0
天津	Tianjin	105.7	109.0	99.8	102.1	100.0	100.1	98.3	101.1
河北	Hebei	105.5	107.9	101.6	101.9	100.3	100.6	99.2	100.7
山西	Shanxi	105.5	107.8	101.1	101.7	101.2	102.0	98.9	100.7
内蒙古	Inner Mongolia	106.3	108.1	101.9	103.7	101.6	101.0	103.1	102.2
辽宁	Liaoning	106.6	109.1	101.6	104.0	101.0	101.2	99.3	103.2
吉林	Jilin	105.6	108.4	100.9	104.2	100.4	100.8	99.0	102.4
黑龙江	Heilongjiang	107.5	109.9	101.1	107.2	100.8	101.0	99.3	102.8
上海	Shanghai	106.5	110.6	99.7	102.7	99.4	98.7	98.6	101.6
江苏	Jiangsu	106.8	110.4	101.2	105.2	98.6	97.9	98.2	102.2
浙江	Zhejiang	107.5	111.4	101.6	103.1	99.2	98.6	98.5	101.5
安徽	Anhui	108.1	111.0	101.9	104.0	101.0	101.3	99.2	102.3
福建	Fujian	106.2	109.4	100.8	102.5	100.3	100.6	98.9	100.7
江西	Jiangxi	108.4	112.1	101.6	106.4	101.0	101.2	98.8	104.4
山东	Shandong	106.8	109.7	101.8	104.9	100.8	101.2	99.2	103.0
河南	Henan	107.4	110.1	102.3	103.0	101.0	101.4	99.7	101.9
湖北	Hubei	107.3	109.3	100.4	106.6	101.8	102.1	99.7	103.3
湖南	Hunan	107.2	108.9	102.7	106.0	101.7	102.2	99.6	102.0
广东	Guangdong	105.5	108.0	100.5	101.8	101.5	101.9	98.7	103.3
广西	Guangxi	106.2	108.7	101.0	103.9	100.6	100.8	99.3	101.5
海南	Hainan	106.4	108.2	101.1	103.3	102.0	102.5	98.9	102.9
重庆	Chongqing	105.9	107.8	101.1	102.5	101.8	102.1	99.1	101.9
四川	Sichuan	105.2	107.1	101.9	102.5	101.0	101.6	99.2	100.9
贵州	Guizhou	105.4	107.5	100.9	102.6	101.5	102.0	99.1	101.5
云南	Yunnan	104.6	106.0	101.2	102.8	101.4	101.7	99.3	101.9
西藏	Tibet								
陕西	Shaanxi	105.9	107.9	100.8	102.8	102.6	103.4	99.1	102.7
甘肃	Gansu	104.7	106.7	99.0	103.3	102.1	102.5	100.3	102.3
青海	Qinghai	106.5	107.9	101.5	102.6	102.2	102.7	99.2	103.0
宁夏	Ningxia	107.5	109.1	101.5	102.5	101.5	101.9	99.8	100.0
新疆	Xinjiang	107.1	110.3	98.4	103.7	100.6	101.5	97.3	101.0

2-33 城镇居民平均每人全年家庭收入来源（2012年）
Per Capita Annual Income of Urban Households by Sources (2012)

单位：元 (yuan)

地 区	Region	可支配收入 Disposable Income	总收入 Total Income	工资性收入 Income from Wages and Salaries	经营净收入 Net Business Income	财产性收入 Income from Properties	转移性收入 Income from Transfers
全 国	**National Average**	**24564.72**	**26958.99**	**17335.62**	**2548.29**	**706.96**	**6368.12**
北 京	Beijing	36468.75	41103.11	27961.78	1430.22	717.56	10993.54
天 津	Tianjin	29626.41	32944.01	21523.81	1200.10	515.49	9704.61
河 北	Hebei	20543.44	21899.42	13154.52	2257.48	338.47	6148.95
山 西	Shanxi	20411.71	22100.31	14973.64	1041.43	301.84	5783.41
内蒙古	Inner Mongolia	23150.26	24790.79	16872.58	2698.67	564.02	4655.51
辽 宁	Liaoning	23222.67	25915.72	14846.05	2710.30	493.01	7866.35
吉 林	Jilin	20208.04	21659.64	13535.33	2168.82	324.03	5631.45
黑龙江	Heilongjiang	17759.75	19367.84	11700.50	1729.29	186.10	5751.95
上 海	Shanghai	40188.34	44754.50	31109.30	2267.15	575.82	10802.23
江 苏	Jiangsu	29676.97	32519.10	20102.05	3421.90	689.96	8305.20
浙 江	Zhejiang	34550.30	37994.83	22385.09	4694.40	1465.32	9450.02
安 徽	Anhui	21024.21	23524.56	14812.54	2155.33	549.62	6007.07
福 建	Fujian	28055.24	30877.92	19976.01	3336.96	1795.21	5769.73
江 西	Jiangxi	19860.36	21150.24	13348.06	1946.82	527.63	5327.72
山 东	Shandong	25755.19	28005.61	19856.05	2621.41	704.90	4823.24
河 南	Henan	20442.62	21897.23	13666.49	2545.14	333.81	5351.78
湖 北	Hubei	20839.59	22903.85	14191.04	2158.33	476.23	6078.25
湖 南	Hunan	21318.76	22804.55	13237.06	3008.33	867.76	5691.40
广 东	Guangdong	30226.71	34044.38	23632.20	3603.89	1468.73	5339.56
广 西	Guangxi	21242.80	23209.41	14693.47	2131.79	883.71	5500.43
海 南	Hainan	20917.71	22809.87	14672.28	2397.44	717.61	5022.54
重 庆	Chongqing	22968.14	24810.98	15415.44	2183.51	538.43	6673.59
四 川	Sichuan	20306.99	22328.33	14249.32	2017.84	633.82	5427.34
贵 州	Guizhou	18700.51	20042.88	12309.17	1982.45	355.70	5395.56
云 南	Yunnan	21074.50	23000.43	14408.29	2425.03	999.98	5167.14
西 藏	Tibet	18028.32	20224.17	17672.12	570.88	417.86	1563.31
陕 西	Shaanxi	20733.88	22606.01	15547.32	881.96	269.58	5907.14
甘 肃	Gansu	17156.89	18498.46	12514.92	1125.68	259.63	4598.23
青 海	Qinghai	17566.28	19746.63	12614.39	1191.42	92.98	5847.84
宁 夏	Ningxia	19831.41	21902.24	13965.62	2522.84	160.88	5252.90
新 疆	Xinjiang	17920.68	20194.55	14432.12	1633.22	145.50	3983.71

2-34 各地区城镇居民家庭平均每人全年现金消费支出（2012年）

Per Capita Annual Cash Consumption Expenditure of Urban Households by Region (2012)

单位：元 (yuan)

地区	Region	现金消费支出 Cash Consumption Expenditure	食品 Food	衣着 Clothing	居住 Residence	家庭设备及用品 Household Facilities and Articles	交通通信 Transport and Communi-cations	文教娱乐 Education, Culture and Recreation	医疗保健 Health Care and Medical Services	其他 Others
全国	**National Average**	**16674.32**	**6040.85**	**1823.39**	**1484.26**	**1116.06**	**2455.47**	**2033.50**	**1063.68**	**657.10**
北京	Beijing	24045.86	7535.29	2638.90	1970.94	1610.70	3781.51	3695.98	1658.37	1154.18
天津	Tianjin	20024.24	7343.64	1881.43	1854.22	1151.16	3083.37	2254.22	1556.35	899.87
河北	Hebei	12531.12	4211.16	1541.99	1502.41	876.10	1723.75	1203.80	1047.28	424.63
山西	Shanxi	12211.53	3855.56	1529.47	1438.88	832.52	1672.29	1506.20	905.88	470.72
内蒙古	Inner Mongolia	17717.10	5463.18	2730.23	1583.56	1242.64	2572.93	1971.78	1354.09	798.68
辽宁	Liaoning	16593.60	5809.39	2042.40	1433.28	1069.65	2323.29	1843.89	1309.62	762.07
吉林	Jilin	14613.53	4635.27	2044.80	1594.14	871.46	1780.67	1642.70	1447.50	597.00
黑龙江	Heilongjiang	12983.55	4687.23	1806.92	1336.85	742.22	1462.61	1216.56	1180.67	550.51
上海	Shanghai	26253.47	9655.60	2111.17	1790.48	1906.49	4563.80	3723.74	1016.65	1485.53
江苏	Jiangsu	18825.28	6658.37	1915.97	1437.08	1288.42	2689.51	3077.76	1058.11	700.06
浙江	Zhejiang	21545.18	7552.02	2109.58	1551.69	1161.39	4133.50	2996.59	1228.02	812.39
安徽	Anhui	15011.66	5814.92	1540.66	1396.97	811.23	1809.72	1932.74	1142.96	562.44
福建	Fujian	18593.21	7317.42	1634.21	1753.86	1254.71	2961.78	2104.83	773.22	793.17
江西	Jiangxi	12775.65	5071.61	1476.63	1173.91	966.23	1501.34	1487.30	670.71	427.93
山东	Shandong	15778.24	5201.32	2196.98	1572.35	1125.99	2370.23	1655.91	1005.25	650.21
河南	Henan	13732.96	4607.47	1885.99	1190.81	1145.42	1730.35	1525.33	1085.47	562.13
湖北	Hubei	14495.97	5837.93	1783.41	1371.15	978.26	1476.98	1651.92	1029.55	366.78
湖南	Hunan	14608.95	5441.63	1624.57	1301.60	1034.30	2084.15	1737.64	918.41	466.65
广东	Guangdong	22396.35	8258.44	1520.59	2099.75	1467.20	4176.66	2954.13	1048.28	871.30
广西	Guangxi	14243.98	5552.56	1146.46	1377.26	1125.39	2088.64	1626.05	883.56	444.06
海南	Hainan	14456.55	6556.10	864.96	1521.04	777.20	2004.34	1319.54	993.24	420.13
重庆	Chongqing	16573.14	6870.23	2228.76	1177.02	1196.03	1903.24	1470.64	1101.56	625.66
四川	Sichuan	15049.54	6073.86	1651.14	1284.09	1097.93	1946.72	1587.43	772.75	635.62
贵州	Guizhou	12585.70	4992.85	1399.00	1013.53	849.94	1891.03	1396.00	654.53	388.82
云南	Yunnan	13883.93	5468.17	1759.89	973.76	634.09	2264.23	1434.30	939.13	410.35
西藏	Tibet	11184.33	5517.69	1361.57	845.18	474.69	1387.45	550.48	467.23	580.05
陕西	Shaanxi	15332.84	5550.71	1789.06	1322.22	986.82	1788.38	2078.52	1212.44	604.69
甘肃	Gansu	12847.05	4602.33	1631.40	1287.93	833.15	1575.67	1388.21	1049.65	478.72
青海	Qinghai	12346.29	4667.34	1512.24	1232.39	923.70	1549.76	1097.21	906.14	457.51
宁夏	Ningxia	14067.15	4768.91	1875.70	1193.37	929.01	2110.41	1515.91	1063.09	610.74
新疆	Xinjiang	13891.72	5238.89	2031.14	1166.59	950.17	1660.27	1280.81	1027.60	536.24

2-35 城镇居民家庭平均每百户耐用消费品拥有量（2012年底）

Ownership of Major Durable Consumer Goods Per 100 Urban Households at Year-end (2012)

地区	Region	摩托车（辆） Motorcycle (unit)	助力车（辆） Hand Car (unit)	家用汽车（辆） Automobile (unit)	洗衣机（台） Washing Machine (set)	电冰箱（台） Refrigerator (set)	彩色电视机（台） Color TV Set (set)	计算机（台） Computer (set)
全国	**National Average**	**20.27**	**34.47**	**21.54**	**98.02**	**98.48**	**136.07**	**87.03**
北京	Beijing	3.90	15.07	42.32	101.15	103.40	141.20	112.13
天津	Tianjin	0.37	27.66	29.97	101.00	107.41	121.62	98.69
河北	Hebei	19.22	49.95	25.58	96.83	97.59	115.96	75.53
山西	Shanxi	21.08	37.34	20.81	103.44	91.81	111.17	74.07
内蒙古	Inner Mongolia	21.81	28.70	23.58	97.35	99.63	105.27	62.60
辽宁	Liaoning	5.29	9.41	15.51	94.30	98.55	114.67	77.67
吉林	Jilin	10.57	5.21	13.03	97.00	94.39	114.58	74.71
黑龙江	Heilongjiang	8.76	3.57	6.96	93.71	88.92	108.10	60.52
上海	Shanghai	2.59	35.69	20.14	100.50	106.08	192.32	144.37
江苏	Jiangsu	20.09	80.52	26.18	101.90	101.92	173.47	100.30
浙江	Zhejiang	21.80	52.36	36.51	95.43	100.86	186.41	106.34
安徽	Anhui	20.14	45.61	11.37	95.62	98.31	144.96	79.57
福建	Fujian	44.82	43.94	19.22	101.83	107.08	174.25	109.09
江西	Jiangxi	19.80	45.03	10.76	95.10	95.19	156.68	78.17
山东	Shandong	26.64	66.46	31.19	99.08	105.09	121.20	88.91
河南	Henan	18.66	63.59	15.60	99.73	93.37	126.31	74.41
湖北	Hubei	21.90	20.05	12.48	98.55	100.36	132.52	81.91
湖南	Hunan	22.98	12.07	15.60	95.30	96.36	122.62	74.77
广东	Guangdong	42.58	15.18	36.63	98.55	99.15	141.07	113.89
广西	Guangxi	47.16	63.51	22.24	98.33	100.34	136.68	98.44
海南	Hainan	34.01	37.52	15.94	71.87	81.35	113.30	65.56
重庆	Chongqing	12.25	2.55	11.37	97.38	98.96	134.50	78.96
四川	Sichuan	9.56	13.91	14.33	98.44	98.20	137.93	74.25
贵州	Guizhou	5.42	1.49	13.17	99.87	97.63	115.67	71.22
云南	Yunnan	31.67	23.58	29.03	98.07	87.32	121.06	69.85
西藏	Tibet	15.98	9.87	27.06	88.15	85.63	128.80	63.11
陕西	Shaanxi	15.23	21.74	12.36	99.08	94.74	119.19	84.82
甘肃	Gansu	11.17	13.35	9.75	98.88	90.25	108.22	63.19
青海	Qinghai	4.25	1.95	7.88	97.59	95.54	105.67	55.71
宁夏	Ningxia	21.86	28.08	16.67	95.42	92.06	102.11	64.43
新疆	Xinjiang	14.22	15.77	15.58	97.63	96.99	106.72	65.75

2-35 续表 1 continued

地区	Region	组合音响（套）Hi-Fi Stereo Component System (set)	摄像机（架）Video Camera (set)	照相机（台）Camera (set)	钢琴（架）Piano (set)	其他中高档乐器（件）Other Medium and High Grade Musical Instrument (unit)	微波炉（台）Microwave Oven (unit)	空调（台）Air Conditioner (unit)
全国	**National Average**	**23.63**	**10.00**	**46.42**	**2.81**	**4.64**	**62.24**	**126.81**
北京	Beijing	25.45	24.64	90.16	5.00	7.83	88.13	178.71
天津	Tianjin	17.07	16.20	58.94	1.56	2.87	89.03	147.23
河北	Hebei	17.08	8.75	36.96	1.54	1.89	53.40	104.16
山西	Shanxi	13.24	6.14	32.64	1.81	3.66	38.82	48.17
内蒙古	Inner Mongolia	13.07	8.98	33.39	1.79	3.35	41.85	15.64
辽宁	Liaoning	17.97	12.62	40.32	2.95	3.47	60.18	29.10
吉林	Jilin	12.60	9.17	36.23	2.08	4.88	54.99	14.68
黑龙江	Heilongjiang	7.44	7.13	26.58	1.22	2.68	38.27	9.99
上海	Shanghai	49.25	18.94	97.61	7.58	8.57	98.80	207.08
江苏	Jiangsu	22.43	10.76	50.77	3.46	4.51	91.67	198.21
浙江	Zhejiang	28.40	10.25	53.91	4.17	4.80	73.00	203.78
安徽	Anhui	16.22	7.89	34.88	1.56	3.81	65.55	136.05
福建	Fujian	29.08	9.02	52.48	4.01	5.15	80.24	199.76
江西	Jiangxi	20.76	5.66	35.80	1.46	4.18	55.79	128.61
山东	Shandong	20.75	13.94	60.76	4.43	8.40	56.26	112.28
河南	Henan	15.68	6.36	37.09	1.75	4.42	43.15	137.67
湖北	Hubei	27.15	8.51	40.50	2.99	3.66	65.56	144.04
湖南	Hunan	18.26	6.29	30.68	1.13	1.92	45.98	134.89
广东	Guangdong	48.15	13.89	67.11	4.53	5.80	71.90	226.89
广西	Guangxi	36.20	7.48	50.86	1.23	6.55	72.54	138.96
海南	Hainan	19.58	4.13	19.50	0.55	1.55	31.67	84.26
重庆	Chongqing	23.32	7.41	33.18	1.29	2.66	69.45	169.87
四川	Sichuan	21.58	6.64	35.77	1.56	2.75	56.12	120.93
贵州	Guizhou	28.02	6.39	29.87	2.66	3.62	47.59	21.71
云南	Yunnan	36.32	8.53	41.26	2.58	8.19	57.77	3.70
西藏	Tibet	29.84	10.76	47.71	0.97	1.55	39.14	14.75
陕西	Shaanxi	18.59	8.29	50.89	2.32	5.82	52.12	114.09
甘肃	Gansu	20.72	5.70	27.44	2.19	6.20	38.84	6.71
青海	Qinghai	10.73	4.14	22.83	1.29	3.10	49.31	2.34
宁夏	Ningxia	12.52	5.49	22.58	1.11	3.57	42.73	10.87
新疆	Xinjiang	15.99	8.52	33.79	2.63	6.21	41.58	13.73

2-35 续表 2 continued

地 区	Region	淋浴热水器 (台) Water Heater for Shower (unit)	消毒碗柜 (台) Disinfection Cupboard (unit)	洗碗机 (台) Dishwasher (unit)	健身器材 (套) Health Equipment (set)	固定电话 (部) Telephone (unit)	移动电话 (部) Mobile Telephone (unit)
全 国	**National Average**	**91.02**	**19.51**	**0.88**	**4.27**	**68.41**	**212.64**
北 京	Beijing	98.70	7.63	1.26	7.71	92.46	225.92
天 津	Tianjin	94.58	2.24	0.37	2.93	67.85	225.05
河 北	Hebei	88.24	3.15	0.77	2.85	60.07	195.91
山 西	Shanxi	67.99	2.46	0.21	3.66	70.54	188.39
内蒙古	Inner Mongolia	63.04	3.78	0.28	2.77	44.85	206.11
辽 宁	Liaoning	75.81	6.98	0.87	3.23	69.24	190.63
吉 林	Jilin	64.12	8.07	0.50	2.54	58.61	223.13
黑龙江	Heilongjiang	45.60	3.98	0.32	1.73	56.08	192.30
上 海	Shanghai	100.10	16.95	0.40	9.07	96.71	239.58
江 苏	Jiangsu	101.26	9.39	0.65	6.31	82.81	215.68
浙 江	Zhejiang	106.30	25.57	1.31	6.17	79.80	209.98
安 徽	Anhui	94.02	7.41	0.77	3.27	74.57	202.61
福 建	Fujian	112.27	50.20	0.99	6.05	79.72	243.79
江 西	Jiangxi	95.42	13.93	0.88	2.35	60.34	206.71
山 东	Shandong	92.85	7.01	1.16	6.70	60.95	219.85
河 南	Henan	79.67	8.06	0.65	2.77	51.98	200.20
湖 北	Hubei	96.27	16.19	0.73	4.53	59.32	204.35
湖 南	Hunan	90.19	26.82	1.14	2.58	57.48	198.22
广 东	Guangdong	113.45	84.02	2.15	5.90	85.12	242.74
广 西	Guangxi	110.81	71.86	0.69	4.61	58.23	237.15
海 南	Hainan	87.66	52.57	0.84	1.95	80.69	200.66
重 庆	Chongqing	99.02	11.16	1.48	2.37	65.53	213.66
四 川	Sichuan	95.66	13.06	0.33	2.39	67.75	210.23
贵 州	Guizhou	78.51	29.41	0.51	4.06	62.15	214.73
云 南	Yunnan	92.12	14.15	1.10	3.94	50.77	221.04
西 藏	Tibet	32.62	6.29	1.39	3.13	67.24	186.65
陕 西	Shaanxi	88.38	6.17	0.29	2.95	61.18	224.22
甘 肃	Gansu	66.38	1.70	0.54	3.27	53.29	197.30
青 海	Qinghai	53.55	1.69	0.08	2.19	79.31	184.33
宁 夏	Ningxia	84.15	3.28	0.31	1.25	54.86	203.23
新 疆	Xinjiang	79.50	5.41	0.33	1.36	78.33	192.21

2-36 按来源分农村居民家庭人均纯收入（2012年）
Per Capita Annual Net Income of Rural Households by Sources (2012)

单位：元 (yuan)

地 区	Region	纯收入 Net Income	工资性收入 Income from Wages and Salaries	家庭经营纯收入 Income from Household Operations	财产性收入 Income from Properties	转移性收入 Income from Transfers
全 国	**National Average**	**7916.58**	**3447.46**	**3533.37**	**249.05**	**686.70**
北 京	Beijing	16475.74	10843.48	1318.10	1716.36	2597.79
天 津	Tianjin	14025.54	7922.26	4126.29	921.00	1055.99
河 北	Hebei	8081.39	4005.28	3254.57	218.30	603.23
山 西	Shanxi	6356.63	3175.50	2334.41	140.80	705.91
内蒙古	Inner Mongolia	7611.31	1459.05	4689.11	322.98	1140.17
辽 宁	Liaoning	9383.72	3630.24	4783.35	246.17	723.96
吉 林	Jilin	8598.17	1792.02	5617.63	392.96	795.56
黑龙江	Heilongjiang	8603.85	1816.84	5433.69	580.34	772.98
上 海	Shanghai	17803.68	11477.71	902.61	1381.83	4041.53
江 苏	Jiangsu	12201.95	6775.89	3873.90	458.46	1093.71
浙 江	Zhejiang	14551.92	7678.22	5291.36	588.53	993.81
安 徽	Anhui	7160.46	3243.47	3265.64	111.81	539.54
福 建	Fujian	9967.17	4474.49	4570.44	319.80	602.44
江 西	Jiangxi	7829.43	3532.72	3742.43	120.92	433.36
山 东	Shandong	9446.54	4383.22	4234.55	257.20	571.57
河 南	Henan	7524.94	2989.36	3973.43	135.49	426.66
湖 北	Hubei	7851.71	3189.84	4123.49	65.87	472.51
湖 南	Hunan	7440.17	3847.59	2903.21	112.77	576.59
广 东	Guangdong	10542.84	6804.43	2566.10	556.47	615.84
广 西	Guangxi	6007.55	2245.95	3234.55	53.87	473.17
海 南	Hainan	7408.00	2475.57	4182.73	173.30	576.40
重 庆	Chongqing	7383.27	3400.77	2975.31	175.56	831.63
四 川	Sichuan	7001.43	3088.86	3004.92	166.55	741.09
贵 州	Guizhou	4753.00	1977.73	2249.21	71.54	454.53
云 南	Yunnan	5416.54	1435.87	3328.10	234.19	418.38
西 藏	Tibet	5719.38	1201.93	3678.66	127.71	711.08
陕 西	Shaanxi	5762.52	2727.85	2294.43	200.05	540.18
甘 肃	Gansu	4506.66	1787.72	2114.75	112.08	492.12
青 海	Qinghai	5364.38	1989.69	2221.92	95.26	1057.51
宁 夏	Ningxia	6180.32	2510.53	3071.52	101.55	496.73
新 疆	Xinjiang	6393.68	1008.02	4238.98	170.73	975.95

2-37 农村居民家庭平均每人消费支出（2012年）

Per Capita Consumption Expenditure of Rural Households (2012)

单位：元 (yuan)

地区	Region	消费支出合计 Consumption Expenditure	食品 Food	衣着 Clothing	居住 Residence	家庭设备及用品 Household Facilities and Articles	交通通信 Transport and Communi-cations	文教娱乐 Education, Culture and Recreation	医疗保健 Health Care and Medical Services	其他 Others
全国	**National Average**	**5908.02**	**2323.89**	**396.39**	**1086.35**	**341.71**	**652.79**	**445.49**	**513.81**	**147.58**
北京	Beijing	11878.92	3944.76	947.97	2199.75	773.55	1398.80	1152.67	1125.25	336.17
天津	Tianjin	8336.55	3019.86	780.72	1263.51	451.30	1066.27	766.08	760.41	228.40
河北	Hebei	5364.14	1817.00	396.58	1137.31	349.90	604.33	358.49	543.75	156.77
山西	Shanxi	5566.19	1859.98	501.77	1142.14	298.29	625.99	498.02	490.25	149.75
内蒙古	Inner Mongolia	6381.97	2379.76	481.75	1078.97	268.98	912.25	513.97	588.87	157.42
辽宁	Liaoning	5998.39	2299.99	517.86	979.77	250.52	668.71	556.56	548.77	176.23
吉林	Jilin	6186.17	2268.76	478.74	836.77	251.93	699.03	606.26	840.52	204.15
黑龙江	Heilongjiang	5718.05	2164.94	544.64	754.72	229.66	611.34	518.04	727.02	167.67
上海	Shanghai	11971.50	4847.59	704.43	1834.07	646.13	1704.83	952.10	1028.96	253.39
江苏	Jiangsu	9138.18	3049.11	610.70	1493.21	532.95	1311.05	1184.18	724.23	232.74
浙江	Zhejiang	10652.73	3947.31	751.58	1950.08	604.41	1499.95	902.23	746.05	251.11
安徽	Anhui	5555.99	2180.80	331.94	1139.78	346.90	516.60	385.92	510.06	144.00
福建	Fujian	7401.92	3403.46	471.44	1165.78	426.70	794.98	565.83	380.60	193.13
江西	Jiangxi	5129.47	2232.83	264.96	1030.18	278.31	494.46	342.70	380.45	105.59
山东	Shandong	6775.95	2321.46	454.75	1399.90	405.75	937.55	500.98	635.34	120.21
河南	Henan	5032.14	1701.75	424.12	1060.70	361.63	525.11	343.83	468.81	146.21
湖北	Hubei	5726.73	2154.01	316.41	1206.16	397.86	496.10	394.63	591.87	169.68
湖南	Hunan	5870.12	2574.81	317.99	1088.23	373.50	481.58	400.22	497.24	136.56
广东	Guangdong	7458.56	3658.66	319.46	1196.10	378.53	760.07	466.63	446.46	232.66
广西	Guangxi	4933.58	2085.63	156.47	1200.80	274.63	453.01	270.24	383.95	108.84
海南	Hainan	4776.30	2410.07	178.86	828.62	207.47	435.58	253.97	306.54	155.20
重庆	Chongqing	5018.64	2216.15	380.18	557.02	413.54	489.31	394.23	482.24	85.98
四川	Sichuan	5366.71	2514.16	338.52	787.41	333.20	463.94	329.29	498.29	101.90
贵州	Guizhou	3901.71	1740.58	226.81	758.37	211.36	371.35	226.44	282.51	84.30
云南	Yunnan	4561.33	2080.61	241.07	804.39	247.00	470.19	289.22	362.63	66.22
西藏	Tibet	2967.56	1592.00	372.62	251.62	173.31	363.95	40.86	82.67	90.52
陕西	Shaanxi	5114.68	1520.10	332.72	1258.06	298.69	503.34	445.47	619.94	136.37
甘肃	Gansu	4146.24	1648.60	303.14	682.30	250.43	436.03	327.30	398.01	100.42
青海	Qinghai	5338.91	1858.62	404.47	1209.74	257.40	683.73	283.28	520.06	121.62
宁夏	Ningxia	5351.36	1891.37	463.35	1033.17	304.95	620.79	373.36	492.14	172.21
新疆	Xinjiang	5301.25	1891.10	429.95	1298.54	219.11	646.42	261.74	444.18	110.21

2-38 农村居民家庭平均每人现金消费支出（2012年）
Per Capita Cash Consumption Expenditure of Rural Households (2012)

单位：元 (yuan)

地区	Region	现金消费支出合计 Cash Consumption Expenditure	食品 Food	衣着 Clothing	居住 Residence	家庭设备及用品 Household Facilities and Articles	交通通信 Transport and Communications	文教娱乐 Education, Culture and Recreation	医疗保健 Health Care and Medical Services	其他 Others
全国	**National Average**	**5414.47**	**1863.11**	**396.14**	**1054.17**	**341.42**	**652.79**	**445.49**	**513.81**	**147.54**
北京	Beijing	11828.03	3898.95	947.97	2196.37	773.54	1398.80	1152.67	1125.25	334.49
天津	Tianjin	8305.51	2988.83	780.72	1263.51	451.30	1066.27	766.08	760.41	228.40
河北	Hebei	5172.48	1647.68	396.48	1115.19	349.84	604.33	358.49	543.75	156.73
山西	Shanxi	5359.05	1657.57	501.74	1137.44	298.29	625.99	498.02	490.25	149.75
内蒙古	Inner Mongolia	5731.21	1808.01	481.71	1000.88	268.10	912.25	513.97	588.87	157.42
辽宁	Liaoning	5666.43	2019.41	517.86	928.39	250.52	668.71	556.56	548.77	176.23
吉林	Jilin	5712.46	1887.33	478.16	745.07	251.93	699.03	606.26	840.52	204.15
黑龙江	Heilongjiang	5451.80	1990.33	544.64	664.23	228.51	611.34	518.04	727.02	167.67
上海	Shanghai	11746.63	4629.16	704.43	1827.63	646.13	1704.83	952.10	1028.96	253.39
江苏	Jiangsu	8796.48	2723.01	610.70	1477.81	532.76	1311.05	1184.18	724.23	232.74
浙江	Zhejiang	10486.03	3796.89	750.69	1936.64	602.54	1499.95	902.23	746.05	251.04
安徽	Anhui	5153.76	1836.79	331.77	1081.74	346.90	516.60	385.92	510.06	144.00
福建	Fujian	6998.78	3030.19	471.44	1136.31	426.37	794.98	565.83	380.60	193.07
江西	Jiangxi	4456.07	1580.03	264.88	1009.66	278.31	494.46	342.70	380.45	105.59
山东	Shandong	6513.82	2059.81	454.40	1399.90	405.63	937.55	500.98	635.34	120.20
河南	Henan	4779.64	1474.20	424.10	1035.81	361.58	525.11	343.83	468.81	146.21
湖北	Hubei	5070.68	1532.06	315.21	1173.49	397.63	496.10	394.63	591.87	169.68
湖南	Hunan	5023.85	1748.29	317.87	1069.13	372.96	481.58	400.22	497.24	136.56
广东	Guangdong	6867.19	3155.91	319.41	1107.61	378.45	760.07	466.63	446.46	232.66
广西	Guangxi	4165.20	1373.88	156.47	1144.20	274.63	453.01	270.24	383.95	108.82
海南	Hainan	4435.61	2122.36	178.86	775.63	207.47	435.58	253.97	306.54	155.20
重庆	Chongqing	4359.49	1564.04	380.13	550.18	413.52	489.31	394.23	482.24	85.85
四川	Sichuan	4487.93	1653.61	338.52	769.18	333.20	463.94	329.29	498.29	101.90
贵州	Guizhou	3157.39	1045.87	226.79	708.78	211.36	371.35	226.44	282.51	84.30
云南	Yunnan	3735.25	1331.01	241.07	728.32	247.00	470.19	289.22	362.63	65.82
西藏	Tibet	2303.58	930.39	372.54	249.35	173.30	363.95	40.86	82.67	90.52
陕西	Shaanxi	4883.88	1293.38	332.72	1253.98	298.69	503.34	445.47	619.94	136.37
甘肃	Gansu	3689.03	1210.04	303.10	663.71	250.43	436.03	327.30	398.01	100.41
青海	Qinghai	4773.30	1300.42	403.52	1204.04	256.63	683.73	283.28	520.06	121.62
宁夏	Ningxia	4913.60	1453.62	463.35	1033.17	304.95	620.79	373.36	492.14	172.21
新疆	Xinjiang	4784.71	1391.16	426.60	1289.31	215.09	646.42	261.74	444.18	110.21

2-39 农村居民家庭平均每百户主要耐用消费品拥有量（2012年底）
Ownership of Durable Consumer Goods Per 100 Rural Households at Year-end (2012)

地 区	Region	洗衣机 (台) Washing Machine (set)	电冰箱 (台) Refrigerator (set)	空 调 (台) Air Conditioner (set)	抽油烟机 (台) Exhaust Fan (set)	自行车 (辆) Bicycle (unit)	摩托车 (辆) Motorcycle (unit)
全 国	**National Average**	**67.22**	**67.32**	**25.36**	**14.69**	**78.97**	**62.20**
北 京	Beijing	99.03	102.70	112.60	70.87	146.83	13.87
天 津	Tianjin	99.57	97.43	74.86	49.14	162.86	26.71
河 北	Hebei	93.60	82.93	41.62	14.67	167.71	61.19
山 西	Shanxi	86.62	52.90	7.57	6.10	85.57	56.71
内蒙古	Inner Mongolia	79.81	84.32	0.78	7.62	46.02	75.44
辽 宁	Liaoning	80.74	81.99	2.22	11.25	81.81	64.03
吉 林	Jilin	88.88	78.69	0.88	5.06	43.19	67.38
黑龙江	Heilongjiang	83.17	76.16	0.40	9.78	44.15	56.38
上 海	Shanghai	89.67	101.42	135.92	66.50	177.75	24.92
江 苏	Jiangsu	91.26	86.68	90.59	36.71	149.82	49.47
浙 江	Zhejiang	73.07	95.52	102.22	61.81	109.22	38.93
安 徽	Anhui	60.06	79.77	38.26	9.61	85.58	52.74
福 建	Fujian	69.63	92.08	52.74	34.42	52.53	87.61
江 西	Jiangxi	27.84	73.63	21.22	8.69	62.65	69.27
山 东	Shandong	86.33	84.12	26.93	19.95	155.21	60.76
河 南	Henan	92.57	66.86	37.24	4.05	127.71	51.31
湖 北	Hubei	62.42	80.18	33.15	15.82	46.52	74.76
湖 南	Hunan	62.27	77.46	24.32	6.81	27.89	64.49
广 东	Guangdong	55.16	66.39	55.29	29.06	86.77	108.16
广 西	Guangxi	35.97	61.08	10.35	4.03	51.21	89.44
海 南	Hainan	17.58	34.42	12.83	2.17	36.17	106.83
重 庆	Chongqing	63.17	78.28	28.94	5.17	12.50	38.44
四 川	Sichuan	73.25	71.38	13.83	4.95	29.40	45.23
贵 州	Guizhou	69.82	45.18	0.76	1.03	5.40	39.02
云 南	Yunnan	58.04	34.88	0.50	5.21	23.54	64.71
西 藏	Tibet	27.77	32.71	0.20		8.72	79.86
陕 西	Shaanxi	88.63	54.44	11.94	5.59	83.47	57.14
甘 肃	Gansu	79.67	32.89	0.28	4.89	73.94	71.94
青 海	Qinghai	88.06	78.61	1.67	8.06	26.25	80.83
宁 夏	Ningxia	91.63	61.13	0.88	8.88	109.75	85.25
新 疆	Xinjiang	77.35	68.77	1.35	5.74	66.19	79.87

2-39 续表 continued

地 区	Region	固定电话（部）Telephone (unit)	移动电话（部）Mobile Telephone (unit)	黑白电视机（台）Black and White TV Set (set)	彩色电视机（台）Color TV Set (set)	照相机（台）Camera (set)	计算机（台）Computer (set)
全 国	**National Average**	**42.24**	**197.80**	**1.44**	**116.90**	**5.18**	**21.36**
北 京	Beijing	85.63	234.87	0.20	136.03	36.57	66.70
天 津	Tianjin	56.29	195.57	0.14	125.29	22.71	43.71
河 北	Hebei	45.05	201.07	0.69	121.76	4.05	30.40
山 西	Shanxi	46.86	186.76	1.24	109.24	2.62	27.67
内蒙古	Inner Mongolia	16.36	201.65	1.21	105.58	3.01	11.21
辽 宁	Liaoning	80.69	158.06	0.28	112.18	5.97	20.23
吉 林	Jilin	36.69	212.94	0.25	117.00	2.13	20.75
黑龙江	Heilongjiang	35.76	186.25	0.58	108.75	3.35	19.24
上 海	Shanghai	89.17	200.25	2.83	189.50	20.17	49.17
江 苏	Jiangsu	74.47	203.21	2.50	144.21	13.21	44.97
浙 江	Zhejiang	77.41	209.07	2.48	172.22	15.04	47.89
安 徽	Anhui	53.61	174.77	3.26	116.16	2.16	13.87
福 建	Fujian	65.20	241.15	0.40	137.59	8.43	36.16
江 西	Jiangxi	22.90	200.16	3.06	120.49	2.61	13.31
山 东	Shandong	41.90	198.21	1.38	113.52	5.45	31.50
河 南	Henan	26.33	194.10	0.98	111.21	2.67	20.21
湖 北	Hubei	40.06	215.06	1.48	116.24	3.64	19.73
湖 南	Hunan	28.41	192.84	1.70	111.24	3.14	11.95
广 东	Guangdong	69.29	244.48	0.61	118.32	8.03	31.68
广 西	Guangxi	30.04	215.45	1.21	109.91	2.16	11.73
海 南	Hainan	24.50	210.00	0.92	98.67	1.83	8.42
重 庆	Chongqing	42.44	187.17	0.78	107.78	4.28	14.50
四 川	Sichuan	32.35	177.95	2.20	106.68	2.58	9.95
贵 州	Guizhou	15.45	173.26	0.31	95.94	1.56	4.87
云 南	Yunnan	11.92	205.13	0.46	101.83	3.42	6.17
西 藏	Tibet	51.08	132.09	1.62	106.49	1.55	0.54
陕 西	Shaanxi	34.75	229.84	1.17	113.51	3.60	17.91
甘 肃	Gansu	29.00	192.72	1.50	106.28	2.67	11.39
青 海	Qinghai	48.19	220.69	0.69	107.08	6.39	8.75
宁 夏	Ningxia	28.38	242.75	1.88	123.25	2.63	14.88
新 疆	Xinjiang	29.87	147.29	4.19	96.90	3.42	12.45

2-40 城市建设情况（2012年）
Statistics on City Construction (2012)

地 区	Region	城区面积 (平方公里) Urban Area (sq.km)	建成区面积 (平方公里) Area of Built Districts (sq.km)	城市建设用地面积 (平方公里) Area of Land Used for Urban Construction (sq.km)	本年征用土地面积 (平方公里) Land Put in Requisition for State Construction Projects (sq.km)	城市人口密度 (人/平方公里) Population Density of Urban Area (persons/sq.km)
全 国	**National Total**	**183039.4**	**45565.8**	**45750.7**	**2161.5**	**2307**
北 京	Beijing	12187.0	1261.1	1445.0	42.2	1464
天 津	Tianjin	2334.5	722.1	722.1	55.7	2782
河 北	Hebei	6611.2	1738.9	1609.3	19.7	2411
山 西	Shanxi	3427.2	1013.8	944.1	26.8	3028
内蒙古	Inner Mongolia	8501.0	1132.8	1198.8	17.9	1032
辽 宁	Liaoning	13966.5	2329.1	2261.3	194.8	1624
吉 林	Jilin	3956.6	1293.8	1209.8	56.0	2878
黑龙江	Heilongjiang	2718.3	1725.5	1747.7	39.7	5054
上 海	Shanghai	6340.5	998.8	2904.3	42.0	3754
江 苏	Jiangsu	13957.0	3655.1	3701.9	245.9	2002
浙 江	Zhejiang	10515.2	2296.3	2246.7	115.2	1786
安 徽	Anhui	5569.1	1696.0	1682.0	128.6	2401
福 建	Fujian	4500.9	1203.1	1126.1	72.5	2388
江 西	Jiangxi	1949.6	1077.6	1034.3	65.9	4663
山 东	Shandong	21421.5	3927.0	3854.4	150.7	1349
河 南	Henan	4628.0	2219.1	2083.4	44.7	4964
湖 北	Hubei	9052.3	1889.6	2126.7	34.3	2004
湖 南	Hunan	4623.5	1465.1	1430.2	69.1	3030
广 东	Guangdong	15984.1	5026.4	4083.4	286.3	2927
广 西	Guangxi	6067.4	1083.6	1029.8	88.9	1528
海 南	Hainan	1149.1	265.6	253.4	11.2	2079
重 庆	Chongqing	6105.7	1051.7	859.5	75.3	1832
四 川	Sichuan	6205.0	1901.7	1855.6	71.1	2866
贵 州	Guizhou	1816.6	586.1	555.5	17.1	3324
云 南	Yunnan	2143.8	859.9	846.6	62.5	4029
西 藏	Tibet	337.0	119.7	111.0		1655
陕 西	Shaanxi	1504.4	863.5	776.2	28.7	5483
甘 肃	Gansu	1292.4	681.6	642.7	52.9	4369
青 海	Qinghai	512.3	122.1	122.0	2.9	2674
宁 夏	Ningxia	2103.2	399.6	332.9	10.7	1251
新 疆	Xinjiang	1558.5	959.6	954.1	32.4	4312

2-41 城市供水情况（2012年）

Basic Statistics on Tap Water Supply in Cities (2012)

地 区	Region	年末供水综合生产能力（万立方米/日）Production Capacity of Tap Water Supply (year-end) (10 000 cu.m/day)	年末供水管道长度（公里）Length of Water Supply Pipelines (year-end) (km)	全年供水总量（万立方米）Total Annual Volume of Water Supply (10 000 cu.m)	#生活用水 For Residential Use	#生产用水 For Productive Use	用水人口（万人）Number of Residents with Access to Tap Water (10 000 persons)	人均日生活用水量（升）Per Capita Daily Consumption of Tap Water for Residential Use (liter)
全 国	**National Total**	**27177.3**	**591872**	**5230326**	**2572473**	**1592723**	**41026.5**	**171.8**
北 京	Beijing	1644.2	23674	159646	111844	22317	1783.7	171.8
天 津	Tianjin	439.5	12926	77218	32456	30549	649.4	134.1
河 北	Hebei	974.2	15344	172396	73414	64757	1593.4	126.2
山 西	Shanxi	442.5	8550	82438	41030	30996	1013.4	110.9
内蒙古	Inner Mongolia	378.7	9967	64870	27556	23028	828.6	91.1
辽 宁	Liaoning	1339.1	32062	274953	104389	97403	2233.4	128.1
吉 林	Jilin	747.5	9600	106530	42852	33603	1052.0	111.6
黑龙江	Heilongjiang	891.0	12847	152154	59236	60562	1293.4	125.5
上 海	Shanghai	1145.0	34904	309704	162080	53826	2380.4	186.5
江 苏	Jiangsu	2749.8	71413	492791	219008	200532	2785.1	215.4
浙 江	Zhejiang	1537.8	44841	281165	134079	100338	1876.0	195.8
安 徽	Anhui	1029.4	18869	156888	79139	47010	1310.5	165.5
福 建	Fujian	721.0	16743	146328	69361	42843	1065.4	178.4
江 西	Jiangxi	435.9	11831	94595	56940	15907	887.9	175.7
山 东	Shandong	1644.5	41934	327449	138650	143546	2886.5	131.6
河 南	Henan	1042.3	19288	188538	80097	73651	2108.2	104.1
湖 北	Hubei	1328.0	26146	259049	140334	61772	1782.3	215.7
湖 南	Hunan	999.5	16747	186471	104915	35229	1350.9	212.8
广 东	Guangdong	3531.4	75935	817348	411275	216227	4567.7	246.7
广 西	Guangxi	665.0	14424	156785	79992	58547	883.3	248.1
海 南	Hainan	151.7	3451	39045	20217	3071	233.6	237.2
重 庆	Chongqing	447.8	9534	95903	56976	22842	1049.4	148.8
四 川	Sichuan	822.8	22880	190304	116837	42246	1636.7	195.6
贵 州	Guizhou	250.4	7466	48886	29399	8106	555.9	144.9
云 南	Yunnan	353.1	8011	59717	35173	15600	814.7	118.3
西 藏	Tibet	59.8	835	13043	1959	4966	42.0	127.7
陕 西	Shaanxi	380.5	5948	84703	50575	20146	793.1	174.7
甘 肃	Gansu	370.4	4719	54243	27534	18995	523.8	144.0
青 海	Qinghai	84.6	1534	22946	9698	9289	136.8	194.2
宁 夏	Ningxia	144.3	1996	28369	13871	10125	242.8	156.5
新 疆	Xinjiang	425.8	7450	85851	41586	24695	666.2	171.0

2-42 城市燃气情况（2012年）
Basic Statistics on Supply of Gas in Cities (2012)

地区	Region	人工煤气生产能力（万立方米/日）Production Capacity of Gaswork Gas (10 000 cu.m/day)	管道长度（公里）Length of Gas Pipelines (km)			全年供气总量 Volume of Gas Supply			用气人口（万人）Population with Access to Gas (10 000 persons)		
			人工煤气 Coal Gas	天然气 Natural Gas	液化石油气 Liquefied Petroleum Gas	人工煤气（万立方米）Coal Gas (10 000 cu.m)	天然气（万立方米）Natural Gas (10 000 cu.m)	液化石油气（吨）Liquefied Petroleum Gas (ton)	人工煤气 Coal Gas	天然气 Natural Gas	液化石油气 Liquefied Petroleum Gas
全国	**National Total**	**2656.2**	**33538**	**342752**	**12651**	**769686**	**7950377**	**11148032**	**2442.3**	**21207.5**	**15682.9**
北京	Beijing			18656	414		924763	418156		1366.9	416.9
天津	Tianjin			13627	184		256241	49105		637.2	12.2
河北	Hebei	88.1	3224	10250	346	89595	214451	205388	187.6	981.6	421.5
山西	Shanxi	92.2	4713	5107	412	87787	213502	90534	236.6	584.1	167.2
内蒙古	Inner Mongolia	164.0	507	5437	176	2786	113040	98496	46.2	347.1	347.2
辽宁	Liaoning	254.6	5465	10160	690	59736	85701	516426	556.7	956.6	665.0
吉林	Jilin	80.0	1814	5170	108	17086	69697	220874	188.5	387.2	443.1
黑龙江	Heilongjiang	121.9	709	6651	26	8185	88191	206057	80.9	637.6	427.2
上海	Shanghai	567.4	3596	21283	516	90438	631126	392514	197.7	1320.9	861.8
江苏	Jiangsu	43.0	768	43799	821	4889	691763	735757	27.5	1743.6	1006.5
浙江	Zhejiang	1.8	112	18151	2668	463	191322	776396	4.3	703.8	1160.6
安徽	Anhui			13192	254		171251	537160		911.8	353.1
福建	Fujian	8.0	305	6328	437	3080	95325	288978	19.4	294.6	745.7
江西	Jiangxi	157.3	1755	6479	465	48497	41910	204258	80.3	322.0	455.9
山东	Shandong	58.1	1429	31146	817	21316	518344	511489	88.3	1865.6	921.8
河南	Henan	226.1	1394	15442	19	85359	241272	234450	120.5	1095.1	575.0
湖北	Hubei		275	15244	643	5100	240807	386152	12.4	945.0	768.0
湖南	Hunan		425	9111	20	2707	161274	201279	30.7	562.2	686.6
广东	Guangdong	14.6	8	17421	2809	2509	1174509	3872441		1154.7	3287.4
广西	Guangxi	10.6	425	5094	76	4423	16904	326110	45.6	186.8	632.0
海南	Hainan			1725	18		17664	55344		104.9	115.3
重庆	Chongqing			12674			324965	93315		934.0	109.6
四川	Sichuan	511.0	550	25896	201	159925	568317	180447	48.7	1382.7	132.8
贵州	Guizhou	187.0	2903	486	135	34167	9853	66101	176.1	54.8	200.0
云南	Yunnan	13.6	2656	672	214	37653	1207	174936	265.2	33.0	275.9
西藏	Tibet				103			25918			16.6
陕西	Shaanxi			7842			221162	31516		644.3	131.9
甘肃	Gansu	10.8	393	1701		1658	112098	151392	18.6	252.0	168.8
青海	Qinghai			949			111917	6834		108.4	18.5
宁夏	Ningxia		42	3089		137	179132	17086	3.6	141.3	64.7
新疆	Xinjiang	46.0	71	9972	81	2190	262670	73123	7.0	547.7	94.6

2-43 城市集中供热情况（2012年）
Basic Statistics on Heating in Cities (2012)

地区	Region	供热能力 Heating Capacity		供热总量 Quantity of Heat Supplied		管道长度 Length of Heating Pipelines		供热面积（万平方米）
		蒸 汽（吨/小时）Steam (ton/hour)	热 水（兆瓦）Hot Water (Mega Watts)	蒸 汽（万吉焦）Steam (10 000 gigajoules)	热 水（万吉焦）Hot Water (10 000 gigajoules)	蒸 汽（公里）Steam (km)	热 水（公里）Hot Water (km)	Area of Centralized Heating (10 000 sq.m)
全 国	**National Total**	**86452**	**365278**	**51609**	**243818**	**12690**	**147390**	**518368**
北 京	Beijing	450	38298	289	35222	44	11031	52555
天 津	Tianjin	3463	21063	1757	10244	564	16190	30000
河 北	Hebei	9244	26129	6490	16197	1199	9092	44670
山 西	Shanxi	2639	20706	1767	12295	342	6879	36056
内蒙古	Inner Mongolia	1135	29489	778	19145	158	6673	32921
辽 宁	Liaoning	13038	62826	6320	42748	2259	24787	87108
吉 林	Jilin	1537	36536	420	20189	208	15019	38296
黑龙江	Heilongjiang	4789	38743	2454	27815	370	15553	48336
上 海	Shanghai							
江 苏	Jiangsu							
浙 江	Zhejiang	5442	75	5713		832		8575
安 徽	Anhui	3846	182	2868	43	511	15	2966
福 建	Fujian							
江 西	Jiangxi							
山 东	Shandong	24678	33450	14759	24018	3982	24070	67423
河 南	Henan	5856	6204	3053	3139	1187	3149	13006
湖 北	Hubei	1816	278	891	43	183	10	1682
湖 南	Hunan							
广 东	Guangdong							
广 西	Guangxi							
海 南	Hainan							
重 庆	Chongqing							
四 川	Sichuan							
贵 州	Guizhou							
云 南	Yunnan							
西 藏	Tibet							
陕 西	Shaanxi	5795	6682	2293	3465	546	918	12308
甘 肃	Gansu	384	12758	305	7569	125	3825	12943
青 海	Qinghai		258		199		114	304
宁 夏	Ningxia	381	7927	151	4794	25	2690	7373
新 疆	Xinjiang	1959	23675	1302	16691	155	7376	21844

2-44 城市市政设施（2012年）

Basic Statistics on Municipal Infrastructure in Cities (2012)

地 区	Region	年末实有道路长度（公里）Length of Paved Roads (year-end) (km)	年末实有道路面积（万平方米）Area of Paved Roads (year-end) (10 000 sq.m)	城市桥梁（座）Number of City Bridges (unit)	城市排水管道长度（公里）Length of City Sewage Pipes (km)	城市污水日处理能力（万立方米）Daily Disposal Capacity of City Sewage (10 000 cu.m)	城市道路照明灯（千盏）Number of Street Lights (1 000 units)
全 国	**National Total**	**327081**	**607449**	**57601**	**439080**	**13692.9**	**20622.2**
北 京	Beijing	7894	13509	2885	12665	400.5	237.0
天 津	Tianjin	6462	11611	736	17756	257.2	282.1
河 北	Hebei	12419	28433	1286	15787	522.8	646.1
山 西	Shanxi	6382	12233	520	6530	190.1	459.6
内蒙古	Inner Mongolia	7299	15502	354	10012	167.4	753.5
辽 宁	Liaoning	15513	26200	1612	15945	670.9	1487.2
吉 林	Jilin	8056	14362	696	8910	247.8	604.0
黑龙江	Heilongjiang	11128	16252	876	9376	323.2	559.6
上 海	Shanghai	4775	9717	2151	18191	701.3	497.6
江 苏	Jiangsu	34966	62438	12922	56887	1564.5	2727.1
浙 江	Zhejiang	17672	33575	8984	29786	691.1	1255.9
安 徽	Anhui	11571	24693	1311	19885	511.4	722.0
福 建	Fujian	8210	15183	1689	11483	392.1	618.8
江 西	Jiangxi	6477	13630	550	9484	226.0	467.2
山 东	Shandong	36566	71390	4660	43357	954.0	1629.1
河 南	Henan	10798	25458	1215	17292	527.8	769.4
湖 北	Hubei	17461	28755	1822	18634	557.0	383.1
湖 南	Hunan	10367	18902	718	11402	575.3	574.8
广 东	Guangdong	41388	62787	6044	41056	1705.3	1858.4
广 西	Guangxi	7021	13662	668	7726	720.2	564.1
海 南	Hainan	2104	4504	143	3015	73.9	162.8
重 庆	Chongqing	5956	11936	1201	8851	238.4	305.8
四 川	Sichuan	11287	22628	1798	18753	403.1	836.5
贵 州	Guizhou	2521	4103	436	3648	124.8	271.0
云 南	Yunnan	4855	10297	639	5276	229.7	352.7
西 藏	Tibet	396	793	13	355	5.0	20.4
陕 西	Shaanxi	5422	12137	618	6383	227.2	585.8
甘 肃	Gansu	3580	7093	385	3282	159.1	225.8
青 海	Qinghai	773	1529	85	1155	32.1	103.4
宁 夏	Ningxia	1948	4619	148	1242	79.5	249.3
新 疆	Xinjiang	5813	9517	436	4956	214.2	412.3

2-45 城市公共交通情况（2012年）

Basic Statistics on Public Transportation in Cities (2012)

地 区	Region	年末公共交通车辆运营数(辆) Number of Public Vehicles under Operation at Year-end (unit)	公共汽、电车 Bus and Trolley Bus	轨道交通 Subways, Light Rail, Streetcar	运营线路总长度(公里) Length under Operation (km)	公共汽、电车 Bus and Trolley Bus	轨道交通 Subways, Light Rail, Streetcar	公共交通客运总量(万人次) Passengers Transported by Public Vehicles (10 000 person-times)	公共汽、电车 Bus and Trolley Bus	轨道交通 Subways, Light Rail, Streetcar	出租汽车(辆) Number of Taxi (unit)
全 国	**National Total**	**432021**	**419410**	**12611**	**551794**	**549736**	**2058**	**7887914**	**7014989**	**872925**	**1026678**
北 京	Beijing	25831	22146	3685	19989	19547	442	761578	515416	246162	66646
天 津	Tianjin	9031	8405	626	12871	12732	139	129951	118721	11230	31940
河 北	Hebei	16493	16493		18812	18812		203954	203954		49130
山 西	Shanxi	7851	7851		13369	13369		124838	124838		29700
内蒙古	Inner Mongolia	5586	5586		10650	10650		96349	96349		37778
辽 宁	Liaoning	20968	20500	468	21521	21384	137	428367	401457	26910	79868
吉 林	Jilin	10912	10532	380	11255	11200	55	170561	165336	5225	55457
黑龙江	Heilongjiang	14364	14364		15087	15087		223956	223956		62651
上 海	Shanghai	19825	16695	3130	23658	23190	468	507933	280360	227573	50683
江 苏	Jiangsu	30956	30380	576	49903	49793	110	470233	427578	42655	47269
浙 江	Zhejiang	23060	22892	168	40606	40558	48	311024	310463	561	34165
安 徽	Anhui	11992	11992		10535	10535		212719	212719		37142
福 建	Fujian	11823	11823		15627	15627		224703	224703		18325
江 西	Jiangxi	7852	7852		11648	11648		127961	127961		11998
山 东	Shandong	32869	32869		44682	44682		398268	398268		58758
河 南	Henan	18137	18137		18337	18337		263718	263718		45518
湖 北	Hubei	16982	16670	312	17354	17298	56	338901	330613	8288	33520
湖 南	Hunan	13148	13148		14132	14132		272165	272165		24031
广 东	Guangdong	53089	50729	2360	87797	87384	413	1003098	739359	263739	62243
广 西	Guangxi	7430	7430		9323	9323		142505	142505		15015
海 南	Hainan	2614	2614		5600	5600		43306	43306		4998
重 庆	Chongqing	8540	7982	558	8959	8828	131	201331	176968	24363	15520
四 川	Sichuan	19628	19388	240	19180	19140	40	357333	347025	10308	31818
贵 州	Guizhou	5031	5031		5305	5305		132200	132200		13266
云 南	Yunnan	8187	8187		16329	16329		148409	148409		17302
西 藏	Tibet	396	396		834	834		7139	7139		1379
陕 西	Shaanxi	10948	10840	108	9207	9187	20	254599	248687	5912	22657
甘 肃	Gansu	5214	5214		4907	4907		102846	102846		19324
青 海	Qinghai	2067	2067		1937	1937		39135	39135		7119
宁 夏	Ningxia	3042	3042		4813	4813		37441	37441		13107
新 疆	Xinjiang	8155	8155		7568	7568		151397	151397		28351

2-46 城市绿地和园林(2012年)

Basic Statistics on Parks and Green Areas in Cities (2012)

地 区	Region	城市绿地面积(公顷) Area of Green Land (hectare)	#公园绿地 Park Green Areas	公园(个) Number of Parks (unit)	公园面积(公顷) Area of Parks (hectare)	建成区绿化覆盖率(%) Green Covered Area as % of Completed Area (%)
全 国	**National Total**	**2367842**	**517815**	**11604**	**306245**	**39.6**
北 京	Beijing	65540	21178	236	11356	46.2
天 津	Tianjin	22319	6846	84	1801	34.9
河 北	Hebei	73517	22320	446	14966	41.0
山 西	Shanxi	35653	11224	258	7831	38.6
内蒙古	Inner Mongolia	46727	13618	200	10440	36.2
辽 宁	Liaoning	118297	24710	338	12222	40.2
吉 林	Jilin	38781	12486	161	5093	33.9
黑龙江	Heilongjiang	73820	16142	304	9372	36.0
上 海	Shanghai	124204	16848	157	2217	38.3
江 苏	Jiangsu	247001	38069	783	16465	42.2
浙 江	Zhejiang	122723	23420	1015	14803	39.9
安 徽	Anhui	79592	15941	287	9881	38.8
福 建	Fujian	54544	13004	495	10256	42.0
江 西	Jiangxi	46874	12817	285	8104	46.0
山 东	Shandong	176342	47318	686	25023	42.1
河 南	Henan	77038	21202	280	11083	36.9
湖 北	Hubei	68803	19042	295	10356	38.9
湖 南	Hunan	51822	12366	190	9251	37.0
广 东	Guangdong	401669	74029	3032	61787	41.2
广 西	Guangxi	66964	10585	179	7481	37.5
海 南	Hainan	50668	2871	48	1824	41.2
重 庆	Chongqing	47156	20275	276	9973	42.9
四 川	Sichuan	83179	19188	408	10630	38.7
贵 州	Guizhou	32948	5666	59	4112	32.8
云 南	Yunnan	35313	9007	564	6434	39.3
西 藏	Tibet	3432	524	64	681	32.4
陕 西	Shaanxi	30990	9552	152	3488	40.4
甘 肃	Gansu	18548	5373	97	2629	30.0
青 海	Qinghai	4033	1344	26	895	32.5
宁 夏	Ningxia	19833	4132	60	2110	38.4
新 疆	Xinjiang	49512	6718	139	3681	35.9

注：公园绿地面积包括综合公园、社区公园、专类公园、带状公园和街旁绿地。

a) Area of park green areas includes comprehensive park, community park, topic park, belt-shaped park and green area nearby street.

2-47 城市市容环境卫生情况（2012年）
Basic Statistics on Urban Sanitation in Cities (2012)

地 区	Region	清扫保洁面积（万平方米）Area under Cleaning Program (10 000 sq.m)	生活垃圾清运量（万吨）Volume of Garbage Disposal (10 000 tons)	粪便清运量（万吨）Volume of Excrement and Urine Disposal (10 000 tons)	市容环卫专用车辆设备总数（台）Number of Special Vehicles for Environmental Sanitation (unit)	公共厕所（座）Number of Public Lavatories (unit)	#三类以上 Third Grade and Above
全 国	**National Total**	**573507**	**17080.9**	**1811.8**	**112157**	**121941**	**85314**
北 京	Beijing	14346	648.3	207.2	9384	5773	5773
天 津	Tianjin	8723	185.8	32.1	2453	1192	754
河 北	Hebei	23128	577.4	85.7	3889	6661	3846
山 西	Shanxi	12637	392.4	79.5	3986	3206	1141
内蒙古	Inner Mongolia	12755	385.9	106.0	2093	4459	1510
辽 宁	Liaoning	33403	929.9	113.4	5323	5582	1713
吉 林	Jilin	13287	508.6	88.8	4759	4184	1074
黑龙江	Heilongjiang	18320	710.0	151.1	5749	7058	1695
上 海	Shanghai	17294	716.0	200.0	5102	6340	4404
江 苏	Jiangsu	48098	1210.1	72.9	8709	10035	8031
浙 江	Zhejiang	30973	1055.0	84.2	5607	7852	6172
安 徽	Anhui	22229	442.1	27.2	2320	3096	2603
福 建	Fujian	12696	493.8	4.1	2222	2890	2850
江 西	Jiangxi	11964	327.2	44.6	1184	2041	1532
山 东	Shandong	56109	1062.4	120.6	8598	5745	4717
河 南	Henan	23569	795.8	66.4	3614	7162	6188
湖 北	Hubei	21086	716.6	37.2	4091	4702	3417
湖 南	Hunan	16216	565.4	4.9	2810	3280	2729
广 东	Guangdong	71791	2136.9	99.4	9066	9648	9137
广 西	Guangxi	11601	266.2	13.4	2022	2159	1522
海 南	Hainan	6384	110.2	22.2	1824	459	336
重 庆	Chongqing	10311	335.3	63.9	1807	1992	1586
四 川	Sichuan	19318	702.8	19.7	3797	5147	3928
贵 州	Guizhou	4910	235.7	4.9	1681	1262	1064
云 南	Yunnan	15643	306.7	17.7	2102	2409	2002
西 藏	Tibet	678	25.6		38	43	
陕 西	Shaanxi	12267	433.1	22.9	2072	2872	2620
甘 肃	Gansu	6235	270.5	17.1	1499	1334	949
青 海	Qinghai	2070	66.3	1.3	319	592	257
宁 夏	Ningxia	5021	116.2	3.1	672	604	502
新 疆	Xinjiang	10445	352.7	0.4	3365	2162	1262

2-48 城市设施水平（2012年）

Level of Public Facilities in Cities (2012)

地区	Region	城市用水普及率(%) Coverage Rate of Urban Population with Access to Tap Water (%)	城市燃气普及率(%) Coverage Rate of Urban Population with Access to Gas (%)	每万人拥有公共交通车辆(标台) Number of Public Transportation Vehicles Per 10 000 Population (unit)	人均城市道路面积(平方米) Per Capita Area of Paved Roads (sq.m)	人均公园绿地面积(平方米) Per Capita Public Green Areas (sq.m)	每万人拥有公共厕所(座) Number of Public Lavatories Per 10 000 Population (unit)
全　国	**National Average**	**97.16**	**93.15**	**12.15**	**14.39**	**12.26**	**2.89**
北　京	Beijing	100.00	100.00	23.43	7.57	11.87	3.24
天　津	Tianjin	100.00	100.00	17.34	17.88	10.54	1.84
河　北	Hebei	99.96	99.79	11.29	17.84	14.00	4.18
山　西	Shanxi	97.64	95.18	8.47	11.79	10.82	3.09
内蒙古	Inner Mongolia	94.43	84.39	7.05	17.67	15.52	5.08
辽　宁	Liaoning	98.45	96.02	11.11	11.55	10.89	2.46
吉　林	Jilin	92.38	89.46	9.75	12.61	10.96	3.67
黑龙江	Heilongjiang	94.14	83.39	11.26	11.83	11.75	5.14
上　海	Shanghai	100.00	100.00	11.91	4.08	7.08	2.66
江　苏	Jiangsu	99.70	99.43	13.36	22.35	13.63	3.59
浙　江	Zhejiang	99.88	99.49	13.96	17.88	12.47	4.18
安　徽	Anhui	98.02	94.61	10.14	18.47	11.92	2.32
福　建	Fujian	99.13	98.60	12.16	14.13	12.10	2.69
江　西	Jiangxi	97.67	94.40	10.01	14.99	14.10	2.25
山　东	Shandong	99.85	99.48	12.76	24.70	16.37	1.99
河　南	Henan	91.76	77.94	8.60	11.08	9.23	3.12
湖　北	Hubei	98.24	95.09	11.25	15.85	10.50	2.59
湖　南	Hunan	96.42	91.33	10.38	13.49	8.83	2.34
广　东	Guangdong	97.62	94.93	13.42	13.42	15.82	2.06
广　西	Guangxi	95.30	93.26	9.18	14.74	11.42	2.33
海　南	Hainan	97.74	92.15	11.60	18.85	12.01	1.92
重　庆	Chongqing	93.84	93.32	9.00	10.67	18.13	1.78
四　川	Sichuan	92.04	87.96	13.34	12.72	10.79	2.89
贵　州	Guizhou	92.07	71.35	8.80	6.80	9.38	2.09
云　南	Yunnan	94.32	66.46	10.25	11.92	10.43	2.79
西　藏	Tibet	75.39	29.79	8.59	14.22	9.40	0.77
陕　西	Shaanxi	96.15	94.11	15.58	14.71	11.58	3.48
甘　肃	Gansu	92.77	77.81	10.04	12.56	9.52	2.36
青　海	Qinghai	99.90	92.65	16.60	11.17	9.81	4.32
宁　夏	Ningxia	92.30	79.67	12.46	17.56	15.71	2.30
新　疆	Xinjiang	99.13	96.60	13.91	14.16	10.00	3.22

注：人均和普及率指标按城区人口与暂住人口之和计算，以公安部门的户籍统计和暂住人口统计为准。

a) Per capita data and coverage rate are calculated on the basis of the sum of districts area population and temporarily residing population, which are provided by the Ministry of Public Security.

2-49 废水中主要污染物排放情况(2012年)
Main Pullutant Emission in Waste Water (2012)

地 区	Region	废 水 排放总量 (万吨) Total Waste Water Discharged (10 000 tons)	废水中主要污染物排放量 Main Pullutant Emission in Waste Water					
			化学需氧量 (万吨) COD (10 000 tons)	氨氮 (万吨) Ammonia Nitrogen (10 000 tons)	总氮 (万吨) Total Nitrogen (10 000 tons)	总磷 (万吨) Total Phosphorus (10 000 tons)	石油类 (吨) Petroleum (ton)	挥发酚 (吨) Volatile Phenol (ton)
全 国	**National Total**	**6847612**	**2423.73**	**253.59**	**451.37**	**48.88**	**17493.9**	**1501.3**
北 京	Beijing	140274	18.65	2.05	3.26	0.44	51.5	0.5
天 津	Tianjin	82813	22.94	2.54	3.29	0.36	138.2	1.2
河 北	Hebei	305773	134.91	11.07	36.04	3.86	986.0	120.3
山 西	Shanxi	134298	47.68	5.69	8.45	0.81	1202.0	727.2
内蒙古	Inner Mongolia	102424	88.39	5.27	26.70	2.07	798.3	216.8
辽 宁	Liaoning	238769	130.59	10.75	20.53	2.76	714.6	30.1
吉 林	Jilin	119509	78.75	5.63	12.90	1.58	301.5	5.0
黑龙江	Heilongjiang	162589	149.88	9.28	24.75	2.37	293.4	6.5
上 海	Shanghai	219244	24.26	4.74	1.55	0.18	649.7	4.0
江 苏	Jiangsu	598211	119.70	15.31	17.47	1.86	1205.3	52.1
浙 江	Zhejiang	420961	78.62	11.23	9.23	1.06	684.2	23.9
安 徽	Anhui	254329	92.43	10.61	18.12	2.01	739.3	5.6
福 建	Fujian	256263	66.00	9.32	9.57	1.21	434.5	9.4
江 西	Jiangxi	201190	74.83	9.11	11.38	1.36	579.0	10.9
山 东	Shandong	479100	192.12	16.86	56.27	6.10	1086.8	38.6
河 南	Henan	403668	139.36	14.98	41.86	4.81	1147.2	136.4
湖 北	Hubei	290200	108.66	12.89	19.46	2.34	972.4	17.0
湖 南	Hunan	304214	126.34	16.13	22.05	2.37	784.5	19.9
广 东	Guangdong	838551	180.29	22.41	19.46	2.50	691.0	11.3
广 西	Guangxi	245578	78.03	8.26	11.59	1.34	285.9	15.0
海 南	Hainan	37103	19.74	2.25	4.12	0.50	4.2	0.3
重 庆	Chongqing	132430	40.28	5.34	5.41	0.64	354.5	9.5
四 川	Sichuan	283657	126.87	14.07	22.14	2.52	423.9	1.7
贵 州	Guizhou	91455	33.30	3.87	4.68	0.45	461.8	1.1
云 南	Yunnan	154010	54.86	5.86	7.61	0.74	410.0	3.9
西 藏	Tibet	4683	2.58	0.32	0.57	0.04	0.6	
陕 西	Shaanxi	128749	53.62	6.19	8.58	0.75	741.3	2.7
甘 肃	Gansu	62813	38.93	4.10	4.75	0.38	264.4	2.5
青 海	Qinghai	21994	10.38	0.98	0.67	0.05	316.0	1.4
宁 夏	Ningxia	38948	22.80	1.74	2.73	0.21	179.0	10.6
新 疆	Xinjiang	93810	67.92	4.72	16.21	1.19	593.1	15.8

注：2011年环境保护部对统计制度中的指标体系、调查方法及相关技术规定等进行了修订，统计范围扩展为工业源、农业源、城镇生活源、机动车、集中式污染治理设施5个部分。

a) In 2011, indicators of statistical system, method of survey, and related technologies were revised by Ministry of Environmental Protection, statistical scope expands to 5 parts: industry source, agricultural source, urban living source, automotive vehicle, centralized pollution abatement.

2-49 续表 continued

地 区	Region	废水中主要污染物排放量 Main Pullutant Emission in Waste Water					
		铅 (千克) Plumbum (kg)	汞 (千克) Mercury (kg)	镉 (千克) Cadmium (kg)	六价铬 (千克) Hexavalent Chromium (kg)	总铬 (千克) Total Chromium (kg)	砷 (千克) Arsenic (kg)
全 国	**National Total**	**99358.8**	**1223.4**	**27249.9**	**70533.6**	**190079.1**	**128493.8**
北 京	Beijing	215.9	0.5	17.9	325.8	460.1	21.3
天 津	Tianjin	1004.6	3.7	9.6	169.3	453.8	19.4
河 北	Hebei	377.8	5.0	26.6	2870.8	5963.6	66.3
山 西	Shanxi	453.6	5.8	799.0	466.2	501.2	574.0
内蒙古	Inner Mongolia	3050.0	77.0	415.7	4.1	35.2	5081.8
辽 宁	Liaoning	557.2	10.8	56.9	513.4	742.0	350.3
吉 林	Jilin	198.9	5.4	26.6	109.7	162.2	1015.4
黑龙江	Heilongjiang	31.0	1.6	4.1	369.7	376.3	4.1
上 海	Shanghai	321.3	4.0	15.3	1011.0	2815.4	99.9
江 苏	Jiangsu	2322.9	113.9	38.7	4542.1	11340.0	584.1
浙 江	Zhejiang	498.1	10.4	212.9	9364.8	19520.0	199.4
安 徽	Anhui	1737.5	9.0	132.2	2297.2	3547.5	5062.4
福 建	Fujian	3093.0	27.5	347.4	2774.3	11769.3	1230.5
江 西	Jiangxi	6750.4	95.6	2219.5	17155.7	17438.7	8712.1
山 东	Shandong	735.7	15.4	1012.4	533.3	7104.2	2192.3
河 南	Henan	4670.4	20.2	1318.3	1007.5	32604.5	1374.0
湖 北	Hubei	3292.3	219.1	656.4	11567.2	12484.8	9595.1
湖 南	Hunan	38607.3	236.9	13516.8	2098.9	18168.9	53524.9
广 东	Guangdong	4855.1	33.7	794.9	8972.9	28454.0	758.3
广 西	Guangxi	5418.4	46.7	1405.5	727.3	1769.7	6639.2
海 南	Hainan	15.8	1.0	4.6	0.3	136.1	18.6
重 庆	Chongqing	88.4	0.7	2.6	204.8	513.1	1362.4
四 川	Sichuan	1645.7	72.8	147.2	843.9	3604.6	2642.2
贵 州	Guizhou	289.0	26.2	123.6	80.6	172.3	560.6
云 南	Yunnan	8916.2	12.6	1655.2	27.2	94.3	10495.3
西 藏	Tibet	3.2	0.1	0.6		1.3	8943.2
陕 西	Shaanxi	1692.9	31.2	631.2	306.8	1727.2	655.7
甘 肃	Gansu	6792.7	89.8	1303.7	381.1	5026.3	3751.1
青 海	Qinghai	724.8	9.9	120.1	7.4	14.7	1452.7
宁 夏	Ningxia	92.1	4.3	24.2	110.1	340.3	168.7
新 疆	Xinjiang	906.7	32.6	210.1	1690.3	2737.5	1338.6

2-50 废气中主要污染物排放情况(2012年)
Main Pullutant Emission in Waste Gas (2012)

单位：万吨 (10 000 tons)

地 区	Region	二氧化硫 Sulphur Dioxide	氮氧化物 Nitrogen Oxides	烟(粉)尘 Smoke and Dust
全 国	**National Total**	**2117.63**	**2337.76**	**1235.77**
北 京	Beijing	9.38	17.75	6.68
天 津	Tianjin	22.45	33.42	8.41
河 北	Hebei	134.12	176.11	123.59
山 西	Shanxi	130.18	124.40	107.09
内蒙古	Inner Mongolia	138.49	141.89	83.30
辽 宁	Liaoning	105.87	103.63	72.63
吉 林	Jilin	40.35	57.59	26.48
黑龙江	Heilongjiang	51.43	78.06	69.93
上 海	Shanghai	22.82	40.16	8.71
江 苏	Jiangsu	99.20	147.96	44.32
浙 江	Zhejiang	62.58	80.88	25.40
安 徽	Anhui	51.96	92.13	46.21
福 建	Fujian	37.13	46.72	25.26
江 西	Jiangxi	56.77	57.71	35.74
山 东	Shandong	174.88	173.90	69.53
河 南	Henan	127.59	162.59	59.98
湖 北	Hubei	62.24	64.00	34.97
湖 南	Hunan	64.50	60.72	34.07
广 东	Guangdong	79.92	130.34	32.83
广 西	Guangxi	50.41	49.83	29.97
海 南	Hainan	3.41	10.34	1.66
重 庆	Chongqing	56.48	38.27	18.23
四 川	Sichuan	86.44	65.90	29.58
贵 州	Guizhou	104.11	56.35	29.45
云 南	Yunnan	67.22	54.43	39.06
西 藏	Tibet	0.42	4.43	0.66
陕 西	Shaanxi	84.38	80.81	46.21
甘 肃	Gansu	57.25	47.34	20.76
青 海	Qinghai	15.39	12.61	15.64
宁 夏	Ningxia	40.66	45.54	19.83
新 疆	Xinjiang	79.61	81.95	69.61

2-51 固体废物处理利用情况(2012年)
Disposal and Utilization of Industrial Solid Wastes (2012)

单位：万吨 (10 000 tons)

地 区	Region	一般工业固体废物产生量 Common Industrial Solid Wastes Produced	一般工业固体废物综合利用量 Common Industrial Solid Wastes Comprehensively Utilized	一般工业固体废物处置量 Common Industrial Solid Wastes Disposed	一般工业固体废物贮存量 Stock of Common Industrial Solid Wastes	一般工业固体废物倾倒丢弃量 Common Industrial Solid Wastes Discharged	危险废物产生量 Hazardous Wastes Produced	危险废物综合利用量 Hazardous Wastes Utilized	危险废物处置量 Hazardous Wastes Disposed	危险废物贮存量 Stock of Hazardous Wastes
全 国	**National Total**	**329044.26**	**202461.92**	**70744.82**	**59786.32**	**144.21**	**3465.24**	**2004.64**	**698.21**	**846.91**
北 京	Beijing	1104.05	871.73	219.49	12.83		13.41	4.50	8.91	
天 津	Tianjin	1820.00	1816.50	6.80			11.47	3.96	7.51	
河 北	Hebei	45575.83	17360.83	7439.07	21210.42		49.18	27.03	21.91	0.32
山 西	Shanxi	29031.50	20235.33	7132.32	1758.69	16.12	18.53	13.33	5.09	0.16
内蒙古	Inner Mongolia	24225.63	10924.83	10943.21	2425.55	5.46	69.99	41.65	39.84	7.81
辽 宁	Liaoning	27279.74	11861.83	11654.99	3948.11	10.40	73.21	49.46	30.54	0.35
吉 林	Jilin	4730.89	3197.50	540.66	992.73		71.21	67.01	4.20	0.02
黑龙江	Heilongjiang	6312.55	4646.01	808.40	918.13		21.33	4.20	16.99	0.14
上 海	Shanghai	2198.81	2140.36	55.86	9.59	0.25	54.96	30.34	24.60	0.14
江 苏	Jiangsu	10224.44	9341.57	630.40	302.87	0.01	208.59	109.98	97.64	2.79
浙 江	Zhejiang	4461.42	4082.76	314.34	67.35	0.40	80.58	27.94	51.56	1.97
安 徽	Anhui	12022.34	10265.97	1704.90	895.47		24.74	18.32	6.21	0.29
福 建	Fujian	7719.54	6887.40	764.27	83.83	0.16	10.36	4.62	5.73	0.17
江 西	Jiangxi	11133.60	6071.25	387.80	4692.32	2.46	30.56	25.22	5.10	0.33
山 东	Shandong	18342.59	17072.86	1061.33	487.40		820.31	761.13	66.14	6.29
河 南	Henan	15250.47	11597.47	3204.26	559.62	2.11	50.10	42.29	7.81	0.42
湖 北	Hubei	7610.94	5736.89	1561.22	376.95	1.06	63.50	39.86	23.70	0.41
湖 南	Hunan	8115.92	5188.28	2143.95	954.67	0.66	267.48	207.65	41.66	21.37
广 东	Guangdong	5965.49	5198.30	814.48	252.54	3.12	130.17	67.01	62.82	0.40
广 西	Guangxi	7963.96	5369.24	2217.85	1063.08	0.41	78.79	55.45	22.89	7.61
海 南	Hainan	385.72	238.15	58.98	116.04	0.05	1.53	0.10	1.56	0.03
重 庆	Chongqing	3114.89	2569.02	475.38	97.45	4.69	49.03	37.18	11.80	0.05
四 川	Sichuan	13187.30	6052.28	5099.01	2278.51	2.14	110.44	63.14	46.63	0.90
贵 州	Guizhou	7835.25	4838.75	2067.44	938.46	14.05	33.87	13.91	0.36	19.61
云 南	Yunnan	16037.59	7938.01	4766.65	3512.74	43.14	208.04	97.44	53.13	76.47
西 藏	Tibet	365.98	5.90	26.52	348.56					
陕 西	Shaanxi	7215.11	4421.94	1457.34	1359.54	2.24	30.65	11.54	12.11	7.63
甘 肃	Gansu	6671.17	3593.44	2109.73	991.53	0.37	29.09	13.04	11.44	10.07
青 海	Qinghai	12301.16	6831.06	5.63	5482.81	0.05	404.34	61.30	0.12	347.51
宁 夏	Ningxia	2960.67	2043.78	539.92	397.98		5.62	3.66	0.80	1.17
新 疆	Xinjiang	7879.72	4062.72	532.63	3250.56	34.86	444.17	102.39	9.40	332.49

2-52 主要城市空气质量指标（2012年）
Ambient Air Quality in Major Cities (2012)

单位：毫克/立方米 (milligram/cu.m)

城 市 City	可吸入颗粒物 (PM10) Particulate Matters	二氧化硫 (SO2) Sulphur Dioxide	二氧化氮 (NO2) Nitrogen Dioxide	空气质量达到及好于二级的天数（天） Days of Air Quality Equal to or Above Grade II (days)	空气质量达到二级以上天数占全年比重(%) Proportion of Days of Air Quality Equal to or above Grade II in the Whole Year (%)
北 京 Beijing	0.109	0.029	0.052	281	76.8
天 津 Tianjin	0.105	0.048	0.042	305	83.3
石家庄 Shijiazhuang	0.098	0.058	0.040	322	88.0
太 原 Taiyuan	0.080	0.056	0.026	324	88.5
呼和浩特 Hohhot	0.091	0.051	0.037	348	95.1
沈 阳 Shenyang	0.092	0.058	0.036	329	89.9
长 春 Changchun	0.087	0.030	0.044	339	92.6
哈尔滨 Harbin	0.094	0.036	0.047	319	87.2
上 海 Shanghai	0.071	0.023	0.046	343	93.7
南 京 Nanjing	0.102	0.033	0.051	317	86.6
杭 州 Hangzhou	0.087	0.035	0.053	336	91.8
合 肥 Hefei	0.098	0.019	0.027	331	90.4
福 州 Fuzhou	0.060	0.008	0.035	364	99.5
南 昌 Nanchang	0.088	0.045	0.039	330	90.2
济 南 Jinan	0.104	0.055	0.041	324	88.5
郑 州 Zhengzhou	0.105	0.051	0.046	319	87.2
武 汉 Wuhan	0.097	0.030	0.054	321	87.7
长 沙 Changsha	0.088	0.028	0.044	332	90.7
广 州 Guangzhou	0.069	0.022	0.049	360	98.4
南 宁 Nanning	0.069	0.019	0.033	352	96.2
海 口 Haikou	0.034	0.006	0.019	366	100.0
重 庆 Chongqing	0.090	0.037	0.035	340	92.9
成 都 Chengdu	0.119	0.033	0.051	293	80.1
贵 阳 Guiyang	0.073	0.031	0.028	351	95.9
昆 明 Kunming	0.067	0.034	0.036	365	99.7
拉 萨 Lhasa	0.049	0.008	0.024	364	99.5
西 安 Xi'an	0.118	0.040	0.042	306	83.6
兰 州 Lanzhou	0.136	0.041	0.039	270	73.8
西 宁 Xining	0.105	0.035	0.026	315	86.1
银 川 Yinchuan	0.099	0.044	0.037	329	89.9
乌鲁木齐 Urumqi	0.145	0.058	0.068	292	79.8

2-53 环保重点城市区域环境噪声监测情况（2012年）
Monitoring of Urban Environment Noise in Key Cities of Environmental Protection (2012)

城市	City	等效声级 dB(A) Average Noise Value dB(A)	城市	City	等效声级 dB(A) Average Noise Value dB(A)	城市	City	等效声级 dB(A) Average Noise Value dB(A)
北京	Beijing	54.0	温州	Wenzhou	55.9	深圳	Shenzhen	56.8
天津	Tianjin	54.3	湖州	Huzhou	54.4	珠海	Zhuhai	53.2
石家庄	Shijiazhuang	52.2	绍兴	Shaoxing	54.9	汕头	Shantou	55.7
唐山	Tangshan	52.1	合肥	Hefei	54.8	湛江	Zhanjiang	53.9
秦皇岛	Qinhuangdao	52.2	芜湖	Wuhu	54.9	南宁	Nanning	52.7
邯郸	Handan	52.4	马鞍山	Maanshan	55.4	柳州	Liuzhou	55.0
保定	Baoding	55.2	福州	Fuzhou	56.8	桂林	Guilin	54.7
太原	Taiyuan	53.3	厦门	Xiamen	56.1	北海	Beihai	56.0
大同	Datong	53.5	泉州	Quanzhou	54.6	海口	Haikou	55.0
阳泉	Yangquan	53.4	南昌	Nanchang	53.5	重庆	Chongqing	54.0
长治	Changzhi	51.4	九江	Jiujiang	53.4	成都	Chengdu	53.9
临汾	Linfen	52.0	济南	Jinan	52.3	自贡	Zigong	54.4
呼和浩特	Hohhot	54.5	青岛	Qingdao	53.7	攀枝花	Panzhihua	51.5
包头	Baotou	53.7	淄博	Zibo	51.3	泸州	Luzhou	54.1
赤峰	Chifeng	55.3	枣庄	Zaozhuang	56.8	德阳	Deyang	51.2
沈阳	Shenyang	54.2	烟台	Yantai	53.8	绵阳	Mianyang	53.3
大连	Dalian	54.3	潍坊	Weifang	53.2	南充	Nanchong	54.4
鞍山	Anshan	53.8	济宁	Jinin	52.0	宜宾	Yibin	54.5
抚顺	Fushun	53.9	泰安	Taian	55.0	贵阳	Guiyang	55.5
本溪	Benxi	54.7	日照	Rizhao	54.6	遵义	Zunyi	55.4
锦州	Jinzhou	53.0	郑州	Zhengzhou	54.8	昆明	Kunming	53.0
长春	Changchun	53.6	开封	Kaifeng	51.3	曲靖	Qujing	51.2
吉林	Jilin	53.0	洛阳	Luoyang	53.6	玉溪	Yuxi	52.4
哈尔滨	Harbin	55.9	平顶山	Pingdingshan	53.4	拉萨	Lhasa	47.6
齐齐哈尔	Qiqihar	52.8	安阳	Anyang	54.7	西安	Xi'an	55.3
牡丹江	Mudanjiang	55.3	焦作	Jiaozuo	54.6	铜川	Tongchuan	54.3
上海	Shanghai	54.7	三门峡	Sanmenxia	54.8	宝鸡	Baoji	53.9
南京	Nanjing	55.1	武汉	Wuhan	55.2	咸阳	Xianyang	56.7
无锡	Wuxi	56.9	宜昌	Yichang	54.6	渭南	Weinan	53.0
徐州	Xuzhou	53.6	荆州	Jingzhou	53.9	延安	Yan'an	57.4
常州	Changzhou	53.9	长沙	Changsha	54.7	兰州	Lanzhou	57.3
苏州	Suzhou	53.9	株洲	Zhuzhou	54.2	金昌	Jinchang	53.7
南通	Nantong	54.9	湘潭	Xiangtan	50.9	西宁	Xining	54.7
连云港	Lianyungang	53.7	岳阳	Yueyang	51.1	银川	Yinchuan	53.0
扬州	Yangzhou	54.1	常德	Changde	52.8	石嘴山	Shizuishan	53.1
镇江	Zhenjiang	56.0	张家界	Zhangjiajie	55.2	乌鲁木齐	Urumqi	54.4
杭州	Hangzhou	56.8	广州	Guangzhou	55.0	克拉玛依	Karamay	53.2
宁波	Ningbo	55.0	韶关	Shaoguan	55.3			

2-54 土地利用情况（2008年）
Land Use (2008)

单位：万公顷 (10 000 hectares)

地 区	Region	土地调查面积 Area under Land Survey	农用地 Land for Agriculture Use	#园地 Garden Land	#牧草地 Grazing and Pasture Land	建设用地 Land for Construction	居民点及工矿用地 Land for Inhabitation, Mining and Manufacturing	交通运输用地 Land for Transport Facilities	水利设施用地 Land for Water Conservancy Facilities
北 京	Beijing	164.1	109.6	12.0	0.2	33.8	27.9	3.3	2.6
天 津	Tianjin	119.2	69.3	3.5	0.1	36.8	28.1	2.2	6.5
河 北	Hebei	1884.3	1308.2	70.5	79.9	179.4	154.5	12.0	12.9
山 西	Shanxi	1567.1	1014.3	29.5	65.8	86.9	77.3	6.3	3.3
内蒙古	Inner Mongolia	11451.2	9523.0	7.3	6560.9	149.2	123.9	16.0	9.3
辽 宁	Liaoning	1480.6	1122.8	59.6	34.9	139.9	115.9	9.2	14.8
吉 林	Jilin	1911.2	1639.3	11.5	104.4	106.5	84.2	6.7	15.6
黑龙江	Heilongjiang	4526.5	3792.4	6.0	220.8	149.2	116.1	11.9	21.2
上 海	Shanghai	82.4	36.7	2.1		25.4	23.0	2.1	0.2
江 苏	Jiangsu	1067.4	671.6	31.6	0.1	193.4	161.0	13.1	19.3
浙 江	Zhejiang	1054.0	867.2	66.1		104.9	81.7	9.5	13.8
安 徽	Anhui	1401.3	1119.0	33.9	2.8	166.2	133.4	10.1	22.7
福 建	Fujian	1240.2	1073.1	62.9	0.3	64.7	50.7	7.9	6.1
江 西	Jiangxi	1668.9	1416.4	27.8	0.4	95.4	67.5	7.5	20.5
山 东	Shandong	1571.3	1156.6	100.7	3.4	251.1	209.3	16.3	25.5
河 南	Henan	1655.4	1228.1	31.4	1.4	218.7	188.3	12.2	18.2
湖 北	Hubei	1858.9	1465.2	42.4	4.4	140.0	100.9	9.2	30.0
湖 南	Hunan	2118.5	1789.8	49.0	10.4	139.0	108.8	10.4	19.8
广 东	Guangdong	1798.1	1489.1	100.8	2.7	179.0	145.7	12.1	21.1
广 西	Guangxi	2375.6	1786.6	53.9	71.6	95.4	71.0	8.8	15.5
海 南	Hainan	353.5	282.3	53.2	1.9	29.8	22.3	1.4	6.1
重 庆	Chongqing	822.7	692.0	24.0	23.7	59.3	48.9	4.8	5.5
四 川	Sichuan	4840.6	4239.8	71.6	1371.1	160.3	136.6	13.5	10.2
贵 州	Guizhou	1761.5	1524.6	12.1	159.8	55.7	45.7	6.1	4.0
云 南	Yunnan	3831.9	3176.0	84.2	78.2	81.6	62.8	10.0	8.8
西 藏	Tibet	12020.7	7760.6	0.2	6444.1	6.7	4.2	2.4	0.1
陕 西	Shaanxi	2057.9	1847.8	70.6	306.4	81.7	71.0	6.6	4.0
甘 肃	Gansu	4040.9	2387.9	20.0	1261.3	97.7	88.2	6.6	2.9
青 海	Qinghai	7174.8	4372.4	0.7	4034.7	32.7	24.7	3.2	4.8
宁 夏	Ningxia	519.5	417.4	3.4	226.4	21.2	18.6	1.9	0.7
新 疆	Xinjiang	16649.0	6308.5	36.4	5111.4	124.0	99.3	6.3	18.4

2-55 主要能源、黑色金属矿产基础储量（2012年）

Ensured Reserves of Major Energy and Ferrous Metals (2012)

地 区	Region	石 油（万吨）Petroleum (10 000 tons)	天然气（亿立方米）Natural Gas (100 million cu.m)	煤 炭（亿吨）Coal (100 million tons)	铁 矿（矿石,亿吨）Iron (Ore, 100 million tons)	锰 矿（矿石,万吨）Manganese (Ore, 10 000 tons)	铬 矿（矿石,万吨）Chromite (Ore, 10 000 tons)	钒 矿（万吨）Vanadium (10 000 tons)	原生钛铁矿（万吨）Titanium (10 000 tons)
全 国	**National Total**	**333258.33**	**43789.88**	**2298.86**	**194.77**	**20938.18**	**405.01**	**877.49**	**21088.22**
北 京	Beijing			3.73	1.24				
天 津	Tianjin	3034.52	278.78	2.97					
河 北	Hebei	26934.54	315.37	39.51	24.23	7.05	4.64	10.51	290.07
山 西	Shanxi			908.42	12.82	12.90			
内蒙古	Inner Mongolia	8517.07	8344.30	401.66	15.58	567.88	56.29	0.77	
辽 宁	Liaoning	16946.82	178.54	31.92	54.98	1386.46			
吉 林	Jilin	18304.08	776.22	9.82	3.82	0.40			
黑龙江	Heilongjiang	50137.48	1381.51	61.64	0.35				
上 海	Shanghai								
江 苏	Jiangsu	3061.03	24.35	10.82	1.78			4.83	
浙 江	Zhejiang			0.43	0.31			3.75	
安 徽	Anhui	260.06	0.30	80.38	8.39	7.77		6.07	
福 建	Fujian			4.44	3.56	133.41			
江 西	Jiangxi			4.11	1.46			6.52	
山 东	Shandong	34302.35	345.90	79.73	8.90				645.79
河 南	Henan	5160.24	75.08	99.09	1.56	0.82			0.52
湖 北	Hubei	1328.70	49.68	3.25	5.83	721.27		25.16	1053.23
湖 南	Hunan			6.61	1.29	1958.37		2.86	
广 东	Guangdong	7.90	0.30	0.23	1.08	75.23			
广 西	Guangxi	139.00	1.24	2.08	0.29	8590.40		171.49	
海 南	Hainan	297.50	-1.29	1.19	0.81				2.69
重 庆	Chongqing	158.63	1928.31	19.85	0.22	1678.45			
四 川	Sichuan	804.63	9351.09	54.53	29.66	97.74		547.03	19049.87
贵 州	Guizhou		5.44	69.39	0.13	3559.77			
云 南	Yunnan	12.21	2.24	59.09	4.29	1029.47		0.07	
西 藏	Tibet			0.12	0.17		173.69		
陕 西	Shaanxi	31397.94	6376.26	108.99	3.85	281.82		8.40	
甘 肃	Gansu	19184.32	224.58	34.08	3.84	259.04	124.83	89.87	
青 海	Qinghai	6499.44	1281.60	15.97	0.06		1.38		
宁 夏	Ningxia	2299.47	294.96	32.34					
新 疆	Xinjiang	56464.74	9324.37	152.47	4.27	569.93	44.18	0.16	46.05
海 域	Ocean	48005.65	3230.75						

2-56 主要有色金属、非金属矿产基础储量（2012年）

Ensured Reserves of Major Non-ferrous Metals and Non-metal Minerals (2012)

地 区	Region	铜 矿（铜,万吨）Copper (Metal, 10 000 tons)	铅 矿（铅,万吨）Lead (Metal, 10 000 tons)	锌 矿（锌,万吨）Zinc (Metal, 10 000 tons)	铝土矿（矿石,万吨）Bauxite (Ore, 10 000 tons)	菱镁矿（矿石,万吨）Magnesite Ore (Ore, 10 000 tons)	硫铁矿（矿石,万吨）Pyrite Ore (Ore, 10 000 tons)	磷 矿（矿石,亿吨）Phosphorus Ore (Ore, 100 million tons)	高岭土（矿石,万吨）Kaolin Ore (Ore, 10 000 tons)
全 国	**National Total**	**2734.41**	**1454.65**	**3490.74**	**90589.97**	**156499.26**	**134285.39**	**30.74**	**38143.46**
北 京	Beijing	0.02							
天 津	Tianjin								
河 北	Hebei	13.23	20.65	78.19	2.57	882.34	1136.62	1.97	58.30
山 西	Shanxi	160.09	0.55	0.34	13263.71		1058.11	0.81	160.20
内蒙古	Inner Mongolia	370.49	391.07	735.15			16325.13	0.02	1085.36
辽 宁	Liaoning	32.55	9.45	44.31		140583.97	1879.12	0.81	525.00
吉 林	Jilin	20.19	12.02	18.02		1.10	730.70		49.08
黑龙江	Heilongjiang	112.05	6.37	32.77			48.20		
上 海	Shanghai								
江 苏	Jiangsu	3.86	10.53	18.21			335.95	0.13	700.52
浙 江	Zhejiang	6.11	8.45	19.58			519.85		803.42
安 徽	Anhui	175.61	10.84	13.48			14925.81	0.20	155.81
福 建	Fujian	55.78	32.33	77.53			1120.36		5528.72
江 西	Jiangxi	662.09	55.12	78.77			15280.38	0.61	3127.78
山 东	Shandong	15.40	0.28	0.34	158.90	14793.34	3.18		366.30
河 南	Henan	9.49	47.33	45.94	15080.21	2.12	6021.10	0.03	22.27
湖 北	Hubei	108.69	5.22	20.49	502.87		3933.81	8.30	460.43
湖 南	Hunan	7.57	55.98	77.29	311.43		805.22	0.23	2021.23
广 东	Guangdong	30.94	138.17	244.04			16226.41		5455.93
广 西	Guangxi	3.29	25.30	101.07	41529.43		837.06		15123.20
海 南	Hainan	3.59	6.62	16.96					1923.20
重 庆	Chongqing		5.56	18.35	5611.47		1453.10		9.00
四 川	Sichuan	70.71	85.13	218.59	14.40	186.49	40990.95	3.60	56.10
贵 州	Guizhou	0.30	4.43	68.96	12628.85		5532.66	6.87	16.05
云 南	Yunnan	300.76	213.14	889.46	1485.24		4944.86	6.50	402.30
西 藏	Tibet	274.36	46.92	13.99					
陕 西	Shaanxi	20.02	31.10	75.90	0.89		108.30	0.05	81.10
甘 肃	Gansu	159.46	79.82	323.95			1.00		
青 海	Qinghai	35.70	73.41	140.94		49.90	50.07	0.60	
宁 夏	Ningxia							0.01	
新 疆	Xinjiang	82.06	78.86	118.12			17.44		12.16
海 域	Ocean								

2-57 水资源情况(2012年)
Water Resources (2012)

地区	Region	水资源总量(亿立方米) Total Amount of Water Resources (100 million cu.m)	地表水资源量 Surface Water Resources	地下水资源量 Groundwater Resources	地表水与地下水资源重复量 Duplicated Measurement Between Surface Water and Groundwater	人均水资源量(立方米/人) Per Capita Water Resources (cu.m/person)
全国	**National Total**	**29526.9**	**28371.4**	**8416.1**	**7260.6**	**2186.1**
北京	Beijing	39.5	18.0	26.5	4.9	193.2
天津	Tianjin	32.9	26.5	7.6	1.2	238.0
河北	Hebei	235.5	117.8	164.8	47.1	324.2
山西	Shanxi	106.2	65.9	88.3	48.0	295.0
内蒙古	Inner Mongolia	510.3	349.2	258.4	97.4	2052.7
辽宁	Liaoning	547.3	492.4	147.4	92.5	1247.8
吉林	Jilin	460.5	387.3	147.0	73.8	1674.5
黑龙江	Heilongjiang	841.4	695.7	289.8	144.1	2194.6
上海	Shanghai	33.9	27.4	9.7	3.2	143.4
江苏	Jiangsu	373.3	279.1	110.2	16.0	472.0
浙江	Zhejiang	1444.8	1427.1	273.5	255.8	2641.3
安徽	Anhui	701.0	640.6	159.3	99.0	1172.6
福建	Fujian	1511.4	1510.1	349.3	347.9	4047.8
江西	Jiangxi	2174.4	2155.8	462.3	443.7	4836.0
山东	Shandong	274.3	182.2	164.2	72.1	283.9
河南	Henan	265.5	172.7	161.8	68.9	282.6
湖北	Hubei	813.9	783.8	262.8	232.7	1411.0
湖南	Hunan	1988.9	1981.3	417.9	410.3	3005.7
广东	Guangdong	2026.5	2017.5	485.8	476.7	1921.0
广西	Guangxi	2087.4	2086.4	587.3	586.3	4476.0
海南	Hainan	364.3	360.2	92.6	88.5	4130.8
重庆	Chongqing	476.9	476.9	97.8	97.8	1626.5
四川	Sichuan	2892.4	2891.2	614.9	613.8	3587.2
贵州	Guizhou	974.0	974.0	253.3	253.3	2801.8
云南	Yunnan	1689.8	1689.8	583.2	583.2	3637.9
西藏	Tibet	4196.4	4196.4	951.9	951.9	137378.1
陕西	Shaanxi	390.5	368.0	130.2	107.7	1041.9
甘肃	Gansu	267.0	259.0	139.1	131.1	1038.4
青海	Qinghai	895.2	879.2	400.5	384.5	15687.2
宁夏	Ningxia	10.8	8.5	21.6	19.2	168.0
新疆	Xinjiang	900.6	851.6	557.0	508.0	4055.5

注：2012年相关数据为各地初步上报数据，未与第一次全国水利普查数据衔接。

a) Data of 2012 are preliminary data reported by provinces, and do not match with those of the First National Census for Water. The same applies to the table following.

2-58 森林资源情况
Forest Resources

地 区	Region	林业用地面积 (万公顷) Area of Afforested Land (10 000 hectares)	森林面积 (万公顷) Forest Area (10 000 hectares)	#人工林 Man-made Forest	森林覆盖率 (%) Forest Coverage Rate (%)	活立木总蓄积量 (万立方米) Total Standing Forest Stock (10 000 cu.m)	森林蓄积量 (万立方米) Stock Volume of Forest (10 000 cu.m)
全 国	**National Total**	**30590.41**	**19545.22**	**6168.84**	**20.36**	**1491268.19**	**1372080.36**
北 京	Beijing	101.46	52.05	35.65	31.72	1291.29	1038.58
天 津	Tianjin	14.22	9.32	8.88	8.24	277.01	198.89
河 北	Hebei	705.37	418.33	212.27	22.29	10183.91	8374.08
山 西	Shanxi	754.58	221.11	102.74	14.12	8846.96	7643.67
内蒙古	Inner Mongolia	4394.93	2366.40	303.91	20.00	136073.62	117720.51
辽 宁	Liaoning	666.28	511.98	283.03	35.13	21174.91	20226.85
吉 林	Jilin	848.73	736.57	148.94	38.93	88244.21	84412.29
黑龙江	Heilongjiang	2184.16	1926.97	235.68	42.39	165191.60	152104.96
上 海	Shanghai	7.46	5.97	5.97	9.41	275.20	100.95
江 苏	Jiangsu	128.64	107.51	104.15	10.48	5022.59	3501.75
浙 江	Zhejiang	667.97	584.42	267.44	57.41	19382.93	17223.14
安 徽	Anhui	439.40	360.07	209.87	26.06	16258.35	13755.41
福 建	Fujian	914.81	766.65	359.18	63.10	53226.01	48436.28
江 西	Jiangxi	1054.92	973.63	291.87	58.32	45045.51	39529.64
山 东	Shandong	342.12	254.46	244.38	16.72	8627.99	6338.53
河 南	Henan	502.02	336.59	217.39	20.16	18051.16	12936.12
湖 北	Hubei	822.01	578.82	167.01	31.14	23121.55	20942.49
湖 南	Hunan	1234.21	948.17	464.04	44.76	38177.20	34906.67
广 东	Guangdong	1073.07	873.98	503.18	49.44	32160.74	30183.37
广 西	Guangxi	1496.45	1252.50	515.52	52.71	51056.78	46875.18
海 南	Hainan	208.73	176.26	125.29	51.98	7940.93	7274.23
重 庆	Chongqing	400.18	286.92	76.20	34.85	13803.63	11331.85
四 川	Sichuan	2311.66	1659.52	415.65	34.31	168753.49	159572.37
贵 州	Guizhou	841.23	556.92	199.86	31.61	27911.53	24007.96
云 南	Yunnan	2476.11	1817.73	326.77	47.50	171216.68	155380.09
西 藏	Tibet	1746.63	1462.65	3.36	11.91	227271.36	224550.91
陕 西	Shaanxi	1205.80	767.56	183.27	37.26	36144.16	33820.54
甘 肃	Gansu	955.44	468.78	80.77	10.42	21708.26	19363.83
青 海	Qinghai	634.00	329.56	4.44	4.57	4413.80	3915.64
宁 夏	Ningxia	179.03	51.10	10.38	9.84	625.93	492.14
新 疆	Xinjiang	1066.57	661.65	61.75	4.02	33914.50	30100.54

注：1.本表为第七次全国森林资源清查（2004-2008）资料。
2.全国总计数包括台湾省和香港、澳门特别行政区数据。

a) Data in the table are the figures of the Seventh National Forestry Survey (2004-2008).
b) Data of national total include forest resources in Taiwan province and Hong Kong SAR and Macao SAR.

2-59 造林面积(2012年)

Area of Afforestation (2012)

单位：公顷 (hectare)

地 区	Region	造林总面积 Total Area of Afforestation	按造林方式分 By Approach			按林种用途分 By Function of Forest				
			人工造林 Manual Planting	飞播造林 Airplane Planting	无林地和疏林地新封山育林 Area without Forest or of Sparse Forest	用材林 Timber Forests	经济林 By-product Forests	防护林 Protection Forests	薪炭林 Fuel Forests	特种用途林 Forests for Special Purpose
全 国	**National Total**	**5595791**	**3820704**	**136409**	**1638678**	**774398**	**1101053**	**3650842**	**41145**	**28353**
北 京	Beijing	35752	22171		13581		574	34090		1088
天 津	Tianjin	5357	5357			984	976	3397		
河 北	Hebei	312360	209013	20002	83345	28806	31267	251258	402	627
山 西	Shanxi	302851	225253	2333	75265	1733	61739	226194	13185	
内蒙古	Inner Mongolia	781617	357339	65071	359207	9820	13300	756364	2133	
辽 宁	Liaoning	246667	140000		106667	13362	17851	215423		31
吉 林	Jilin	28166	27833		333	4135	300	23731		
黑龙江	Heilongjiang	162299	108960		53339	13891	4052	142708	46	1602
上 海	Shanghai	1168	1168				155	1013		
江 苏	Jiangsu	57341	57341			10116	10015	36824		386
浙 江	Zhejiang	43923	34473		9450	5327	11209	25783	435	1169
安 徽	Anhui	43786	32162		11624	10022	5842	27449	154	319
福 建	Fujian	98042	98042			57402	11758	23249		5633
江 西	Jiangxi	138645	127031		11614	66682	32379	37853	545	1186
山 东	Shandong	197956	195875		2081	25178	49195	122277		1306
河 南	Henan	228292	205968		22324	45506	34538	147818		430
湖 北	Hubei	198578	140174		58404	67624	45534	84343	217	860
湖 南	Hunan	404239	236487		167752	125068	48051	230908		212
广 东	Guangdong	107512	94919		12593	27786	6050	72617		1059
广 西	Guangxi	148878	124443		24435	99553	20785	26965		1575
海 南	Hainan	17734	17734			2520	11052	3113		1049
重 庆	Chongqing	206215	135414	10000	60801	43561	32934	124768	3338	1614
四 川	Sichuan	112159	58828		53331	26829	18940	66390		
贵 州	Guizhou	147704	70400		77304	22529	48989	70352	4911	923
云 南	Yunnan	544466	495424		49042	53697	404887	84407	1195	280
西 藏	Tibet	72432	38395		34037	3042	2823	65092	1475	
陕 西	Shaanxi	320287	215684	39003	65600	4856	80827	234604		
甘 肃	Gansu	177330	110789		66541		28233	141076	1200	6821
青 海	Qinghai	135644	33387		102257		1567	125477	8600	
宁 夏	Ningxia	94814	53430		41384		9006	85808		
新 疆	Xinjiang	210244	133877		76367	4369	56225	146158	3309	183

注：2012年全国合计造林面积中包括军事管理区13333公顷退耕还林工程荒山荒地造林。根据造林技术规程(GB/T 15776-2006)，自2006年起将无林地和疏林地新封山育林面积计入造林总面积。

a) The areas of afforestation in 2012 include 13333 hectares plantation of barren mountains and wasteland in the Conversion of Cropland to Forest Program. According to Afforestation Technical Regulation (GB/T 15776-2006), since 2006, area of afforestation include the area without forest or of sparse forest.

2-60 湿地面积
Area of Wetlands

地 区	Region	湿地面积 (千公顷) Area of Wetlands (1 000 hectares)	天然湿地 Natural Wetlands	近岸及海岸 Coasts and Seashores	河 流 Rivers	湖 泊 Lakes	沼 泽 Marshland	人工湿地 Man-made Wetlands	湿地面积占辖区面积比重 (%) Proportion of Wetlands in Total Area of Territory (%)
全 国	**National Total**	**38485.5**	**36200.6**	**5941.7**	**8207.0**	**8351.6**	**13700.3**	**2285.0**	**4.01**
北 京	Beijing	34.4	5.0		5.0			29.4	1.93
天 津	Tianjin	171.8	133.7	58.1	55.1	12.3	8.2	38.1	14.95
河 北	Hebei	1081.9	1042.3	278.8	319.3	307.2	136.9	39.6	5.82
山 西	Shanxi	499.9	462.2		454.1	8.1		37.7	3.19
内蒙古	Inner Mongolia	4245.0	4200.8		607.5	495.2	3098.1	44.3	3.66
辽 宁	Liaoning	1219.6	1106.8	738.1	252.2	6.3	110.2	112.9	8.37
吉 林	Jilin	1203.4	1016.4	5.8	581.4	74.5	354.7	187.0	6.37
黑龙江	Heilongjiang	4314.8	4182.8		460.7	401.9	3320.3	132.0	9.49
上 海	Shanghai	319.7	319.4	305.4	7.2	6.8		0.3	53.68
江 苏	Jiangsu	1674.7	1651.1	843.5	203.3	604.2		23.6	16.32
浙 江	Zhejiang	802.2	695.9	574.3	118.5	3.0	0.1	106.3	7.88
安 徽	Anhui	653.9	590.0		239.5	350.5		63.9	4.73
福 建	Fujian	443.0	421.2	370.6	31.1	19.5		21.8	3.65
江 西	Jiangxi	998.8	872.9		314.9	443.2	114.8	125.9	5.99
山 东	Shandong	1784.1	1681.4	1210.9	301.1	165.5	3.9	102.7	11.72
河 南	Henan	624.1	482.2		472.7	2.6	6.9	141.9	3.74
湖 北	Hubei	927.3	730.5		377.4	294.7	58.4	196.9	4.99
湖 南	Hunan	1226.9	1047.5		683.1	359.3	5.1	179.5	5.79
广 东	Guangdong	1398.1	1252.0	1017.8	231.7	1.5	1.0	146.0	7.86
广 西	Guangxi	656.1	567.5	348.4	219.1			88.6	2.76
海 南	Hainan	311.5	256.6	190.0	38.3	17.3	11.0	54.9	9.13
重 庆	Chongqing	43.2	31.9		31.6	0.3		11.3	0.52
四 川	Sichuan	961.7	919.5		563.9	13.4	342.3	42.1	1.98
贵 州	Guizhou	79.4	65.9		58.0	2.3	5.7	13.5	0.45
云 南	Yunnan	235.3	220.3		119.8	96.5	4.0	15.0	0.61
西 藏	Tibet	5232.0	5231.5		231.1	2538.6	2461.7	0.5	4.26
陕 西	Shaanxi	292.9	277.2		252.1	7.3	17.8	15.7	1.42
甘 肃	Gansu	1258.1	1131.4		565.6	44.3	521.5	126.7	2.80
青 海	Qinghai	4126.0	4087.7		107.5	1232.0	2748.1	38.3	5.72
宁 夏	Ningxia	255.6	252.4		104.1	148.3		3.2	3.85
新 疆	Xinjiang	1410.2	1264.6		200.2	694.9	369.5	145.5	0.86

注：本表为中国首次湿地调查（1995-2003)资料，不包括台湾省、香港和澳门特别行政区；湿地面积不包括水稻田湿地。

a) Data in the table are the figures of China First Wetlands Survey (1995-2003), excluding the wetlands of Taiwan province, Hong Kong SAR and Macao SAR. Area of wetlands excludes the wetland of paddyfield.

2-61 自然保护基本情况(2012年)
Basic Situation of Natural Protection (2012)

地 区	Region	自然保护区个数(个) Number of Nature Reserves (unit)	#国家级 Nation Level	自然保护区面积(万公顷) Area of Nature Reserves (10 000 hectares)	#国家级 Nation Level	自然保护区占辖区面积比重(%) Percentage of Nature Reserves in the Region (%)
全 国	**National Total**	**2669**	**363**	**14978.7**	**9414.6**	**14.9**
北 京	Beijing	20	2	13.4	2.6	8.0
天 津	Tianjin	8	3	9.1	3.8	8.1
河 北	Hebei	43	13	69.3	25.4	3.6
山 西	Shanxi	46	6	116.1	10.7	7.4
内蒙古	Inner Mongolia	184	25	1368.9	404.9	11.6
辽 宁	Liaoning	105	14	267.4	100.7	12.4
吉 林	Jilin	39	16	232.9	100.3	12.4
黑龙江	Heilongjiang	224	28	675.2	271.6	14.9
上 海	Shanghai	4	2	9.4	6.6	5.2
江 苏	Jiangsu	30	3	56.7	33.6	4.1
浙 江	Zhejiang	32	10	19.7	14.7	1.5
安 徽	Anhui	104	7	52.4	13.9	3.8
福 建	Fujian	93	13	46.4	21.8	3.1
江 西	Jiangxi	200	11	126.0	18.4	7.6
山 东	Shandong	86	7	108.2	22.0	4.7
河 南	Henan	34	11	73.5	42.6	4.4
湖 北	Hubei	65	13	95.5	28.3	5.1
湖 南	Hunan	129	18	128.5	51.8	6.1
广 东	Guangdong	368	13	355.3	29.5	6.7
广 西	Guangxi	78	17	145.3	33.4	6.0
海 南	Hainan	50	9	273.5	10.7	7.0
重 庆	Chongqing	57	5	85.0	24.1	10.3
四 川	Sichuan	167	27	897.4	283.3	18.5
贵 州	Guizhou	129	8	95.2	24.4	5.4
云 南	Yunnan	159	19	285.4	148.0	7.5
西 藏	Tibet	47	9	4136.9	3715.3	33.9
陕 西	Shaanxi	57	17	116.3	52.7	5.7
甘 肃	Gansu	59	17	734.7	491.0	16.2
青 海	Qinghai	11	5	2182.2	2025.2	30.2
宁 夏	Ningxia	14	6	53.6	42.7	10.3
新 疆	Xinjiang	27	9	2149.4	1360.6	13.0

2-62 农、林、牧、渔业总产值及指数(2012年)
Gross Output Value of Agriculture, Forestry, Animal Husbandry and Fishery and Related Indices (2012)

地 区	Region	绝对数（亿元） Gross Output Value (100 million yuan)					指 数（上年=100） Indices of Gross Output (preceding year=100)				
		农林牧渔业总产值 Total	#农 业 Farming	#林 业 Forestry	#牧 业 Animal Husbandry	#渔 业 Fishery	农林牧渔业总产值 Total	#农 业 Farming	#林 业 Forestry	#牧 业 Animal Husbandry	#渔 业 Fishery
全 国	**National Total**	**89453.0**	**46940.5**	**3447.1**	**27189.4**	**8706.0**	**104.9**	**104.4**	**106.7**	**105.2**	**105.1**
北 京	Beijing	395.7	166.3	54.8	154.2	13.0	102.9	94.9	244.2	94.5	100.9
天 津	Tianjin	375.6	196.0	2.8	105.0	61.7	103.2	101.8	108.2	106.6	102.3
河 北	Hebei	5340.1	3095.3	77.9	1747.7	177.7	104.0	103.6	105.5	104.7	104.1
山 西	Shanxi	1304.3	847.4	79.1	298.8	8.4	105.6	105.9	102.2	104.9	109.8
内蒙古	Inner Mongolia	2449.3	1172.0	97.8	1118.9	26.1	105.7	105.8	104.9	105.7	103.6
辽 宁	Liaoning	4062.4	1539.6	128.7	1621.2	618.7	104.9	106.7	105.3	103.1	104.4
吉 林	Jilin	2502.0	1166.6	98.1	1130.4	34.1	105.9	104.6	103.1	107.1	104.2
黑龙江	Heilongjiang	3952.3	2315.6	134.5	1350.7	77.9	106.7	105.8	106.8	107.9	107.8
上 海	Shanghai	321.7	171.5	9.5	72.6	57.5	100.5	100.4	112.9	98.3	100.9
江 苏	Jiangsu	5808.8	2966.7	99.7	1226.2	1235.4	104.8	104.5	102.8	105.3	104.4
浙 江	Zhejiang	2658.7	1229.4	142.1	549.0	687.0	101.8	101.0	99.4	101.9	103.2
安 徽	Anhui	3728.3	1867.6	209.5	1119.7	384.4	105.6	105.8	105.4	105.6	103.5
福 建	Fujian	3007.4	1263.7	256.5	481.3	903.4	104.3	103.9	103.1	105.3	104.6
江 西	Jiangxi	2399.3	1003.2	228.9	752.7	333.1	104.6	102.7	106.4	105.0	108.3
山 东	Shandong	7945.8	3960.6	107.0	2285.9	1267.1	104.5	102.5	103.4	107.7	104.1
河 南	Henan	6679.0	3958.9	140.9	2255.6	86.4	104.5	104.2	104.9	104.6	105.8
湖 北	Hubei	4732.1	2488.1	100.1	1334.0	626.2	105.6	103.6	108.1	107.7	108.8
湖 南	Hunan	4904.1	2651.7	260.0	1488.6	279.9	103.0	101.2	105.0	104.7	105.5
广 东	Guangdong	4656.8	2229.3	222.7	1134.1	914.0	103.7	103.8	106.3	102.0	104.9
广 西	Guangxi	3490.7	1724.0	245.3	1072.8	331.7	105.7	106.0	108.8	104.5	105.5
海 南	Hainan	1082.1	460.7	137.9	214.1	236.3	106.3	105.1	106.8	106.9	106.7
重 庆	Chongqing	1402.0	841.8	43.5	453.9	45.0	105.1	105.1	109.9	103.4	120.0
四 川	Sichuan	5433.1	2764.9	151.5	2269.9	163.8	104.5	104.7	108.3	103.8	106.8
贵 州	Guizhou	1436.6	864.9	54.2	421.5	28.2	109.3	112.0	107.1	105.3	123.2
云 南	Yunnan	2680.2	1398.2	225.8	913.0	63.1	107.0	105.4	110.0	107.8	114.1
西 藏	Tibet	118.3	53.4	2.6	59.0	0.2	103.6	103.0	102.4	104.5	97.5
陕 西	Shaanxi	2303.2	1526.3	58.4	598.7	14.6	106.0	105.9	109.8	105.5	118.6
甘 肃	Gansu	1358.2	984.2	20.1	231.7	1.8	106.4	107.0	103.1	104.2	102.0
青 海	Qinghai	263.9	117.1	4.6	137.1	0.6	105.4	105.7	109.6	104.8	279.2
宁 夏	Ningxia	385.1	240.5	9.8	105.7	13.4	106.0	105.6	104.8	104.9	116.3
新 疆	Xinjiang	2275.7	1675.0	43.0	485.4	15.3	107.4	106.8	107.6	109.8	104.1

注：本表绝对数按当年价格计算，指数按可比价格计算。

a) Data in value terms in this table are calculated at current prices, while the indices are calculated at constant prices.

2-63 主要农业机械拥有量(年底数)(2012年)
Major Agricultural Machinery at Year-end (2012)

地 区	Region	农用机械总动力(万千瓦) Total Power of Agricultural Machinery (10 000 kw)	农用大中型拖拉机 Large and Medium-sized Agricultural Tractors 数量(台) Number (unit)	农用大中型拖拉机 配套农具(部) Towing Farm Machinery (unit)	小型拖拉机 Small Tractors 数量(台) Number (unit)	小型拖拉机 配套农具(部) Towing Farm Machinery (unit)	农用排灌柴油机 Diesel Engines 数量(台) Number (unit)
全 国	**National Total**	**102559.0**	**4852400**	**7635200**	**17972300**	**30806220**	**9823100**
北 京	Beijing	241.1	7400	13500	7300	7200	2000
天 津	Tianjin	568.1	15000	21900	23100	37700	38300
河 北	Hebei	10553.8	213700	409700	1462700	1954600	1052800
山 西	Shanxi	3056.1	97800	200500	333800	462400	26700
内蒙古	Inner Mongolia	3280.6	579400	939200	439300	895400	205700
辽 宁	Liaoning	2526.9	190600	251900	308400	472400	239000
吉 林	Jilin	2554.7	395900	747900	660700	1861800	266000
黑龙江	Heilongjiang	4552.9	808900	1044700	664500	1196200	260300
上 海	Shanghai	112.7	6500	16800	4500	3800	100
江 苏	Jiangsu	4214.6	115900	198300	987100	1556400	189200
浙 江	Zhejiang	2489.4	10700	16100	162700	172300	86100
安 徽	Anhui	5902.8	164500	326100	2327800	5391800	398700
福 建	Fujian	1286.8	2900	3100	108200	129700	99000
江 西	Jiangxi	4599.7	20500	29000	533200	376900	821000
山 东	Shandong	12419.9	476900	985600	2029700	3223000	1814900
河 南	Henan	10872.7	338500	802200	3539400	6798700	547300
湖 北	Hubei	3842.2	138400	257400	1115600	2145100	253700
湖 南	Hunan	5189.2	97300	35800	219600	104500	1301400
广 东	Guangdong	2496.7	22500	32800	327300	367300	417800
广 西	Guangxi	3195.9	30500	45200	425800	587900	484800
海 南	Hainan	479.7	41000	14800	50200	48400	178500
重 庆	Chongqing	1162.0	3700	2900	7700	2600	146200
四 川	Sichuan	3694.0	115000	44300	125500	118500	487700
贵 州	Guizhou	2106.7	39200	14300	73100	28800	199500
云 南	Yunnan	2874.5	267700	45400	371200	320800	204400
西 藏	Tibet	465.0	51400	31800	136500	85800	5300
陕 西	Shaanxi	2350.2	94100	164100	184800	285600	53900
甘 肃	Gansu	2279.1	116200	261800	548500	1051800	23900
青 海	Qinghai	435.0	10100	6700	277100	244600	500
宁 夏	Ningxia	787.3	37500	70500	182100	239620	4800
新 疆	Xinjiang	1968.9	342700	600900	334900	634600	13600

2-64 有效灌溉面积、农用化肥施用量、农村水电站及用电量(2012年)
Irrigated Area, Consumption of Chemical Fertilizers and Rural Hydropower Stations and Electricity Consumption in Rural Areas (2012)

地区	Region	有效灌溉面积(千公顷) Irrigated Area (1 000 hectares)	化肥施用量(万吨) Consumption of Chemical Fertilizer (10 000 tons)	氮肥 Nitrogenous Fertilizer	磷肥 Phosphate Fertilizer	钾肥 Potash Fertilizer	复合肥 Compound Fertilizer	乡村办水电站 Hydropower Station in Rural Areas: 个数(个) Number (unit)	装机容量(万千瓦) Generating Capacity (10 000 kw)	农村用电量(亿千瓦时) Electricity Consumed in Rural Areas (100 million kwh)
全国	**National Total**	**63036.4**	**5838.8**	**2399.9**	**828.6**	**617.7**	**1990.0**	**45799**	**6568.6**	**7508.5**
北京	Beijing	207.5	13.7	6.5	0.8	0.7	5.7	72	4.3	47.3
天津	Tianjin	337.0	24.5	11.1	4.0	1.7	7.7	1	0.6	51.6
河北	Hebei	4603.1	329.3	151.7	46.6	27.2	103.8	242	38.2	593.9
山西	Shanxi	1319.1	118.3	39.0	19.1	9.3	50.8	145	17.9	95.0
内蒙古	Inner Mongolia	3125.2	189.0	82.8	31.9	14.4	58.8	39	8.8	55.2
辽宁	Liaoning	1698.8	146.9	68.3	12.2	12.9	53.6	176	38.8	373.4
吉林	Jilin	1851.9	206.7	71.0	7.0	14.4	114.4	241	49.9	46.1
黑龙江	Heilongjiang	4776.5	240.3	86.0	51.1	35.7	67.5	80	29.4	64.3
上海	Shanghai	199.0	11.0	5.4	0.8	0.5	4.3			209.0
江苏	Jiangsu	3929.7	331.0	169.2	46.2	20.1	95.5	136	6.1	1696.4
浙江	Zhejiang	1471.0	92.2	51.2	11.8	7.2	21.9	3206	383.0	869.9
安徽	Anhui	3585.1	333.5	114.1	36.5	32.5	150.4	841	97.5	128.8
福建	Fujian	968.5	120.9	47.2	16.9	24.4	32.3	6576	726.1	312.9
江西	Jiangxi	1907.1	141.3	42.9	22.7	21.1	54.6	3743	290.5	84.6
山东	Shandong	5058.1	476.3	159.6	48.6	43.7	224.4	128	8.4	465.8
河南	Henan	5205.6	684.4	245.5	121.7	64.6	252.7	515	46.1	290.0
湖北	Hubei	2548.9	354.9	159.1	65.3	31.2	99.3	1787	322.7	112.3
湖南	Hunan	2715.8	249.1	112.3	27.9	42.6	66.3	4313	557.2	110.2
广东	Guangdong	1874.4	245.4	102.8	21.8	48.3	72.5	9708	715.7	1187.5
广西	Guangxi	1541.3	249.0	72.5	30.5	56.0	90.1	2349	405.5	63.3
海南	Hainan	256.8	45.5	14.3	3.2	8.0	20.1	324	36.8	8.6
重庆	Chongqing	703.0	96.0	49.9	18.4	5.3	22.5	1450	200.8	73.8
四川	Sichuan	2662.7	253.0	128.0	50.8	17.5	55.1	4264	814.2	156.0
贵州	Guizhou	1214.6	98.2	52.3	11.3	9.1	25.4	1408	259.3	54.5
云南	Yunnan	1677.9	210.2	106.8	30.6	22.0	50.8	1784	963.7	73.8
西藏	Tibet	251.0	5.0	1.7	1.0	0.6	1.7	313	16.4	1.0
陕西	Shaanxi	1277.2	239.8	98.3	18.5	23.0	100.0	617	108.7	142.5
甘肃	Gansu	1297.6	92.1	39.7	17.1	7.8	27.5	760	202.0	47.8
青海	Qinghai	251.7	9.3	3.8	1.3	0.4	3.9	239	86.6	4.5
宁夏	Ningxia	491.4	39.4	18.2	4.4	2.2	14.7	3	0.5	12.8
新疆	Xinjiang	4029.1	192.7	88.9	48.9	13.2	41.7	335	121.8	75.8
水利部属	Under The Ministry of Water Resources							4	11.3	

2-65 水利设施和除涝面积（2012年）

Water Conservancy Facilities and Area with Flood Prevention Measures (2012)

地 区	Region	水库数（座）Number of Reservoirs (unit)	水库总库容量（亿立方米）Capacity of Reservoirs (100 million cu.m)	除涝面积（千公顷）Area with Flood Prevention Measures (1 000 hectares)	水土流失治理面积（千公顷）Area of Soil Erosion under Control (1 000 hectares)
全 国	**National Total**	**89220**	**7211.0**	**21857.3**	**111862.8**
北 京	Beijing	82	95.0	149.8	602.8
天 津	Tianjin	28	26.5	376.7	54.2
河 北	Hebei	1076	162.4	1649.7	6411.5
山 西	Shanxi	637	68.7	89.1	5290.6
内蒙古	Inner Mongolia	503	174.1	277.0	11574.6
辽 宁	Liaoning	905	358.1	993.1	6678.1
吉 林	Jilin	1649	320.3	1022.9	3691.3
黑龙江	Heilongjiang	930	179.1	3365.6	4979.8
上 海	Shanghai			57.5	
江 苏	Jiangsu	917	189.7	2812.0	1191.9
浙 江	Zhejiang	4250	400.1	501.4	2515.5
安 徽	Anhui	5325	286.5	2297.3	2245.0
福 建	Fujian	3385	189.4	138.2	1485.4
江 西	Jiangxi	9830	295.6	382.8	4822.4
山 东	Shandong	6342	218.2	2681.6	4781.3
河 南	Henan	2472	401.8	1980.3	4510.9
湖 北	Hubei	5902	998.7	1245.8	4760.4
湖 南	Hunan	12288	430.3	412.2	2857.3
广 东	Guangdong	7486	430.4	521.0	1428.6
广 西	Guangxi	4348	378.4	214.0	2019.5
海 南	Hainan	1035	100.7	21.1	38.7
重 庆	Chongqing	2907	81.1		2440.0
四 川	Sichuan	6768	216.4	95.1	6744.4
贵 州	Guizhou	2084	358.8	55.7	3513.6
云 南	Yunnan	5634	142.6	260.1	6175.6
西 藏	Tibet	73	13.3	22.3	42.8
陕 西	Shaanxi	1045	77.4	132.9	9512.3
甘 肃	Gansu	313	103.1	12.5	8244.7
青 海	Qinghai	158	342.0		856.5
宁 夏	Ningxia	266	27.5	45.7	1851.2
新 疆	Xinjiang	582	144.8	43.9	541.9

2-66 农村居民家庭平均每百户拥有主要生产性固定资产数量(年底数)(2012年)

Number of Major Productive Fixed Assets Per 100 Rural Households at Year-end (2012)

地 区	Region	汽 车 (辆) Motor Vehicles (set)	大中型拖拉机 (台) Large and Medium Tractors (set)	小型和手扶拖拉机 (台) Mini and Walking Tractors (set)	机 动 脱粒机 (台) Motorized Threshing Machines (set)	胶轮大车 (辆) Carts with Rubber Tyres (set)	农用水泵 (台) Pumps (unit)	役 畜 (头) Draught Animals (unit)	产品畜 (头) Commodity Animals (unit)
全 国	**National Total**	**4.05**	**4.40**	**20.49**	**11.49**	**4.31**	**25.46**	**26.36**	**86.13**
北 京	Beijing	6.13	0.53	2.13	0.30	0.20	1.03	0.93	12.53
天 津	Tianjin	9.14	1.00	7.86	0.14		12.57	1.43	38.71
河 北	Hebei	6.49	4.74	29.43	2.77	2.79	22.40	5.98	72.05
山 西	Shanxi	5.05	2.86	15.81	3.24	2.95	6.24	11.95	70.90
内蒙古	Inner Mongolia	5.05	11.89	49.98	9.00	11.99	38.33	40.78	281.21
辽 宁	Liaoning	5.28	7.27	13.19	5.09	13.39	37.08	25.25	95.97
吉 林	Jilin	4.13	14.25	51.06	7.44	5.81	32.19	21.88	147.31
黑龙江	Heilongjiang	2.90	24.51	50.76	3.26	1.61	28.21	5.31	74.02
上 海	Shanghai	0.42		0.50	0.25		3.08		2.67
江 苏	Jiangsu	3.68	1.32	19.21	6.41	2.59	20.35	5.97	26.76
浙 江	Zhejiang	4.78	1.37	2.41	4.89	1.19	10.44	5.59	71.89
安 徽	Anhui	2.87	5.74	35.27	12.55	2.74	48.13	2.48	34.10
福 建	Fujian	3.74	1.48	4.36	9.24	1.31	10.85	6.70	74.29
江 西	Jiangxi	2.69	1.39	10.12	25.31	2.33	28.09	21.98	16.37
山 东	Shandong	4.83	5.46	24.46	4.01	5.45	44.20	1.57	59.60
河 南	Henan	3.40	4.75	34.07	10.35	2.71	43.35	9.08	33.52
湖 北	Hubei	2.56	2.27	17.64	6.18	3.16	30.88	13.52	29.44
湖 南	Hunan	2.81	0.51	4.03	18.00	1.65	29.50	10.99	22.49
广 东	Guangdong	2.22	0.55	6.74	14.99	4.47	13.87	14.69	15.75
广 西	Guangxi	1.90	2.14	20.17	28.31	4.11	31.82	38.74	40.35
海 南	Hainan	0.50	0.33	3.42	3.42	1.08	24.17	20.83	162.75
重 庆	Chongqing	3.33	0.39	0.94	21.50	0.44	20.83	27.76	49.33
四 川	Sichuan	3.00	0.88	2.80	30.20	0.90	36.93	24.50	53.75
贵 州	Guizhou	3.84	1.25	1.43	16.92	0.49	10.71	52.14	48.62
云 南	Yunnan	4.38	3.21	14.50	18.17	1.88	20.33	56.80	79.08
西 藏	Tibet	12.50	7.23	57.80	13.18	7.57		384.53	802.84
陕 西	Shaanxi	4.37	3.15	10.83	9.78	11.08	10.59	11.17	39.55
甘 肃	Gansu	3.61	5.06	31.50	15.44	10.94	16.11	46.72	72.72
青 海	Qinghai	6.94	4.31	52.96	9.51	2.08	4.86	33.75	171.39
宁 夏	Ningxia	5.75	9.75	36.88	5.75	0.25	22.25	24.75	81.38
新 疆	Xinjiang	4.61	13.16	36.65	2.45	31.87	10.19	62.71	484.90

注：本表为农村住户抽样调查资料。

a) Data in this table are obtained from the sample surveys on rural households.

2-67 农作物总播种面积(2012年)

Total Sown Areas of Farm Crops (2012)

单位：千公顷 (1 000 hectares)

地 区	Region	农作物总播种面积 Total Sown Area	粮食作物播种面积 Sown Area of Grain Crops	谷 物 Cereal	#稻 谷 Rice	#小 麦 Wheat	#玉 米 Corn	豆 类 Soybeans
全 国	**National Total**	**163415.7**	**111204.6**	**92612.4**	**30137.1**	**24268.3**	**35029.8**	**9709.4**
北 京	Beijing	282.7	193.9	186.2	0.2	52.2	132.0	5.5
天 津	Tianjin	479.0	322.9	309.6	14.6	113.1	179.3	12.2
河 北	Hebei	8781.8	6302.4	5863.4	85.9	2410.0	3049.1	171.8
山 西	Shanxi	3808.1	3291.5	2776.9	1.0	689.0	1669.0	324.3
内蒙古	Inner Mongolia	7154.0	5589.4	4068.0	89.3	609.6	2833.7	840.0
辽 宁	Liaoning	4210.6	3217.3	2995.4	661.8	6.8	2206.7	139.9
吉 林	Jilin	5315.1	4610.3	4161.6	701.2		3284.3	370.0
黑龙江	Heilongjiang	12237.0	11519.5	8510.1	3069.8	210.1	5190.6	2764.0
上 海	Shanghai	387.9	187.6	180.7	105.1	56.6	3.8	5.9
江 苏	Jiangsu	7651.6	5336.6	4955.9	2254.2	2132.6	418.9	320.5
浙 江	Zhejiang	2324.2	1251.6	1004.3	832.6	74.5	62.0	138.5
安 徽	Anhui	8969.6	6622.0	5498.3	2215.1	2415.5	822.5	960.3
福 建	Fujian	2263.1	1201.1	880.2	827.6	2.5	45.4	81.9
江 西	Jiangxi	5524.9	3675.9	3378.6	3328.3	11.9	28.1	157.1
山 东	Shandong	10867.0	7202.3	6793.7	123.9	3625.9	3018.1	163.6
河 南	Henan	14262.2	9985.2	9152.8	648.2	5340.0	3100.0	520.5
湖 北	Hubei	8078.9	4180.1	3702.8	2017.9	1065.5	593.3	177.7
湖 南	Hunan	8511.9	4908.0	4493.2	4095.1	35.3	342.0	168.4
广 东	Guangdong	4629.6	2540.2	2129.4	1949.4	0.9	172.5	80.2
广 西	Guangxi	6082.6	3069.1	2658.7	2057.6	1.5	580.5	154.5
海 南	Hainan	854.6	438.6	352.0	324.4		27.5	8.4
重 庆	Chongqing	3477.7	2259.6	1305.4	687.0	125.4	468.4	230.1
四 川	Sichuan	9657.0	6468.2	4769.7	1997.8	1234.1	1371.1	477.2
贵 州	Guizhou	5182.9	3054.3	1829.1	683.0	259.8	775.2	305.8
云 南	Yunnan	6920.4	4399.6	3167.9	1082.9	442.2	1456.9	572.5
西 藏	Tibet	244.0	170.9	163.8	1.0	37.7	4.4	6.3
陕 西	Shaanxi	4238.3	3127.5	2587.1	123.3	1127.6	1167.4	223.4
甘 肃	Gansu	4099.8	2839.4	1963.1	5.6	833.9	902.7	191.3
青 海	Qinghai	554.2	280.2	163.5		94.2	22.9	33.1
宁 夏	Ningxia	1241.2	828.3	576.6	84.3	179.0	245.9	36.0
新 疆	Xinjiang	5123.9	2131.2	2034.5	69.2	1081.0	855.7	68.8

2-67 续表 1 continued

单位：千公顷 (1 000 hectares)

地区	Region		油料			棉花	麻类		糖料
		薯类 Tubers	Oil-bearing Crops	#花生 Peanuts	#油菜籽 Rapeseeds	Cotton	Fiber Crops	#黄红麻 Jute and Ambary Hemp	Sugar Crops
全国	**National Total**	**8885.9**	**13929.8**	**4638.5**	**7431.9**	**4688.1**	**101.2**	**17.6**	**2030.4**
北京	Beijing	2.1	4.5	4.0		0.2			
天津	Tianjin	1.1	1.9	1.4		55.4			
河北	Hebei	267.3	454.0	354.5	19.0	578.3	0.3	0.3	14.2
山西	Shanxi	190.3	145.9	9.3	4.2	37.4	0.1		8.5
内蒙古	Inner Mongolia	681.3	764.7	16.7	270.7	1.0			43.7
辽宁	Liaoning	82.0	376.7	359.6	0.5	0.3			1.9
吉林	Jilin	81.9	266.6	141.5		4.2	0.1		6.7
黑龙江	Heilongjiang	245.5	117.3	24.8	0.4		1.8		73.0
上海	Shanghai	1.0	8.2	0.8	7.3	2.0			0.2
江苏	Jiangsu	60.2	527.7	95.9	421.3	170.6	0.7		1.7
浙江	Zhejiang	108.8	189.4	18.5	165.6	20.9	0.1	0.1	11.0
安徽	Anhui	163.5	843.6	187.5	609.6	304.9	9.0	4.7	5.2
福建	Fujian	239.0	113.6	100.3	11.9	0.1	0.1	0.1	9.3
江西	Jiangxi	140.3	744.2	160.7	551.9	85.0	5.7	0.2	13.8
山东	Shandong	245.0	796.0	787.1	8.0	689.9			
河南	Henan	311.9	1573.6	1007.1	380.4	256.7	6.6	6.6	4.0
湖北	Hubei	299.6	1501.5	239.8	1167.3	472.9	12.1	0.1	7.8
湖南	Hunan	246.5	1321.7	110.6	1201.3	172.2	10.4	0.2	14.5
广东	Guangdong	330.6	352.2	343.2	6.6		0.1	0.1	165.4
广西	Guangxi	255.9	217.4	188.8	20.1	2.2	4.6	4.1	1128.0
海南	Hainan	78.2	39.7	37.9			0.1	0.1	62.4
重庆	Chongqing	724.1	271.0	58.3	204.6	0.1	6.8	0.1	3.4
四川	Sichuan	1221.3	1249.7	262.0	981.4	14.6	31.6	0.9	14.9
贵州	Guizhou	919.4	547.5	41.0	497.0	1.7	0.6		21.8
云南	Yunnan	659.2	343.3	48.8	281.2	0.3	3.1		331.5
西藏	Tibet	0.8	24.0	0.1	23.9				
陕西	Shaanxi	317.0	302.3	32.9	202.1	48.3	0.5		0.1
甘肃	Gansu	684.9	336.4	1.0	175.0	48.2	1.8		5.0
青海	Qinghai	83.7	164.4		160.0				
宁夏	Ningxia	215.7	88.4	0.1	1.2				
新疆	Xinjiang	28.0	242.3	4.4	59.6	1720.8	4.8		82.6

2-67 续表 2 continued

单位：千公顷 (1 000 hectares)

地 区	Region	#甘 蔗 Sugarcane	#甜 菜 Beetroots	烟 叶 Tobacco	#烤 烟 Flue-cured Tobacco	蔬 菜 Vegetables	茶园面积 Area of Tea Plantations at Year-end	果园面积 Area of Orchards at Year-end
全 国	**National Total**	**1794.7**	**235.8**	**1596.5**	**1480.5**	**20352.6**	**2279.9**	**12139.9**
北 京	Beijing					64.1		62.5
天 津	Tianjin					88.9		33.7
河 北	Hebei		14.2	3.2	2.6	1203.0		1051.8
山 西	Shanxi		8.5	3.1	3.1	247.8	0.1	342.4
内蒙古	Inner Mongolia		43.7	3.8	2.6	288.4		70.9
辽 宁	Liaoning		1.9	11.8	10.8	487.1		368.5
吉 林	Jilin		6.7	25.1	12.1	237.4		53.8
黑龙江	Heilongjiang		73.0	38.0	33.6	249.9		35.3
上 海	Shanghai	0.2				134.2		21.3
江 苏	Jiangsu	1.6				1323.4	34.0	209.8
浙 江	Zhejiang	11.0		1.1		623.3	183.0	321.5
安 徽	Anhui	5.2		13.2	13.0	810.6	149.7	116.5
福 建	Fujian	9.3		70.1	69.6	692.2	221.5	534.9
江 西	Jiangxi	13.8		23.8	22.9	547.5	65.5	392.8
山 东	Shandong			39.9	39.9	1806.0	20.8	596.3
河 南	Henan	4.0		125.4	125.4	1730.3	87.6	466.7
湖 北	Hubei	7.8		72.1	52.1	1138.7	260.1	400.7
湖 南	Hunan	14.5		111.8	107.3	1239.2	108.8	546.0
广 东	Guangdong	165.4		23.9	21.8	1229.2	41.8	1100.2
广 西	Guangxi	1128.0		18.8	14.8	1075.4	55.6	997.2
海 南	Hainan	62.4		0.2	0.2	229.5	1.0	179.8
重 庆	Chongqing	3.4		50.0	38.0	652.7	35.1	282.2
四 川	Sichuan	14.8	0.1	122.0	104.0	1253.9	266.6	608.2
贵 州	Guizhou	21.8		249.2	237.0	774.3	251.5	193.0
云 南	Yunnan	331.5		545.2	525.8	803.8	389.7	392.5
西 藏	Tibet					23.7	0.2	2.0
陕 西	Shaanxi	0.1		40.2	40.0	477.1	97.1	1160.2
甘 肃	Gansu		5.0	4.1	3.3	454.0	10.2	446.9
青 海	Qinghai			0.2		48.8		6.8
宁 夏	Ningxia			0.4	0.4	111.6		130.3
新 疆	Xinjiang		82.6			306.9		1015.2

2-68 主要农产品产量(2012年)
Output of Major Farm Products (2012)

单位：万吨 (10 000 tons)

地区	Region	粮食 Grain	谷物 Cereal	#稻谷 Rice	#小麦 Wheat	#玉米 Corn	豆类 Beans	薯类 Tubers	棉花 Cotton
全国	**National Total**	**58958.0**	**53934.7**	**20423.6**	**12102.3**	**20561.4**	**1730.5**	**3292.8**	**683.6**
北京	Beijing	113.8	111.6	0.1	27.4	83.6	1.0	1.2	
天津	Tianjin	161.8	159.8	11.2	55.8	92.5	1.5	0.5	5.8
河北	Hebei	3246.6	3102.7	49.8	1337.7	1649.5	32.5	111.5	56.4
山西	Shanxi	1274.1	1214.7	0.6	259.2	903.9	27.6	31.9	4.7
内蒙古	Inner Mongolia	2528.5	2180.9	73.3	188.4	1784.4	162.9	184.7	0.2
辽宁	Liaoning	2070.5	1986.5	507.8	3.2	1423.5	34.2	49.8	0.1
吉林	Jilin	3343.0	3221.7	532.0		2578.8	52.6	68.7	0.8
黑龙江	Heilongjiang	5761.5	5147.9	2171.2	70.0	2887.9	479.6	134.0	
上海	Shanghai	122.4	120.1	89.1	22.6	2.5	1.5	0.8	0.4
江苏	Jiangsu	3372.5	3252.0	1900.1	1048.8	230.2	81.2	39.3	22.0
浙江	Zhejiang	769.8	678.0	608.3	27.1	29.1	36.6	55.2	3.0
安徽	Anhui	3289.1	3123.3	1393.5	1294.0	427.5	120.5	45.4	29.4
福建	Fujian	659.3	524.2	503.8	0.7	18.0	20.8	114.3	
江西	Jiangxi	2084.8	1992.8	1976.0	2.3	12.6	29.8	62.2	15.2
山东	Shandong	4511.4	4285.8	103.4	2179.5	1994.5	39.9	185.8	69.8
河南	Henan	5638.6	5431.4	492.6	3177.4	1747.8	84.6	122.6	25.7
湖北	Hubei	2441.8	2315.6	1651.4	370.8	282.6	32.2	94.0	54.5
湖南	Hunan	3006.5	2843.2	2631.6	8.6	197.3	38.4	124.8	25.1
广东	Guangdong	1396.3	1208.8	1126.6	0.3	79.7	20.1	167.4	
广西	Guangxi	1484.9	1396.5	1142.0	0.2	250.6	23.6	64.8	0.2
海南	Hainan	199.5	167.1	155.8		11.3	2.4	30.0	
重庆	Chongqing	1138.5	799.1	498.0	38.5	256.3	45.0	294.4	
四川	Sichuan	3315.0	2741.0	1536.1	437.0	701.3	93.6	480.4	1.3
贵州	Guizhou	1079.5	820.1	402.4	52.4	342.3	23.6	235.8	0.1
云南	Yunnan	1749.1	1436.5	644.6	88.3	700.0	129.7	183.0	
西藏	Tibet	94.9	92.2	0.5	24.6	2.6	2.3	0.5	
陕西	Shaanxi	1245.1	1119.5	87.4	435.5	566.9	43.1	82.5	6.7
甘肃	Gansu	1109.7	837.1	3.9	278.5	504.1	33.1	239.5	8.1
青海	Qinghai	101.5	61.9		35.2	17.0	7.1	32.5	
宁夏	Ningxia	375.0	328.1	71.3	62.0	191.2	4.7	42.2	
新疆	Xinjiang	1273.0	1234.8	59.4	576.5	592.1	25.0	13.2	353.9

2-68 续表 1 continued

单位：万吨 (10 000 tons)

地 区	Region	油料 Oil-bearing Crops	#花生 Peanuts	#油菜籽 Rapeseeds	#芝麻 Sesame	麻类 Fiber Crops	#黄红麻 Jute and Ambary Hemp	甘蔗 Sugarcane	甜菜 Beetroots
全 国	**National Total**	**3436.8**	**1669.2**	**1400.7**	**63.9**	**26.1**	**6.8**	**12311.4**	**1174.0**
北 京	Beijing	1.3	1.2						
天 津	Tianjin	0.6	0.5						
河 北	Hebei	142.8	126.9	3.0	0.9	0.1	0.1		59.4
山 西	Shanxi	19.6	2.0	0.7	0.4				40.8
内蒙古	Inner Mongolia	145.1	3.2	30.7	0.1				167.9
辽 宁	Liaoning	120.9	116.5	0.1	0.2				9.7
吉 林	Jilin	80.7	46.7		1.4				20.9
黑龙江	Heilongjiang	22.5	7.0	0.1	0.1	1.0			273.1
上 海	Shanghai	1.7	0.2	1.5				1.0	
江 苏	Jiangsu	146.9	36.0	109.1	1.8	0.2		9.7	
浙 江	Zhejiang	38.3	5.3	32.1	0.9			70.1	
安 徽	Anhui	227.7	86.9	134.3	6.5	2.7	1.6	20.6	
福 建	Fujian	28.1	26.2	1.7	0.2			56.5	
江 西	Jiangxi	117.1	44.8	68.8	3.4	0.9	0.1	61.6	
山 东	Shandong	351.0	348.7	2.1	0.1				
河 南	Henan	569.5	454.0	87.6	26.8	3.7	3.7	26.9	
湖 北	Hubei	319.7	74.3	230.0	14.4	2.6		31.1	
湖 南	Hunan	207.8	27.8	178.6	1.5	2.4	0.1	73.8	
广 东	Guangdong	96.6	95.5	0.8	0.3			1469.2	
广 西	Guangxi	54.5	51.3	2.0	0.6	1.1	1.0	7829.7	
海 南	Hainan	10.4	10.2		0.2	0.1	0.1	415.9	
重 庆	Chongqing	50.1	11.3	37.7	0.5	1.0		11.9	
四 川	Sichuan	287.8	64.8	222.1	0.5	5.7	0.2	61.3	0.2
贵 州	Guizhou	87.4	7.9	78.2		0.1		128.1	
云 南	Yunnan	62.8	7.5	53.5		1.0		2043.8	
西 藏	Tibet	6.3		6.3					
陕 西	Shaanxi	60.3	9.8	39.9	2.4	0.1		0.2	
甘 肃	Gansu	67.0	0.4	33.9		0.3			24.7
青 海	Qinghai	35.2		34.5					
宁 夏	Ningxia	18.0		0.3					
新 疆	Xinjiang	59.0	2.1	11.2	0.8	3.0			577.2

2-68 续表 2 continued

单位：万吨 (10 000 tons)

地 区	Region	烟 叶 Tobacco	#烤 烟 Flue-cured Tobacco	蚕 茧 Silkworm Cocoons	#桑蚕茧 Mulberry Silkworm Cocoons	茶 叶 Tea	水 果 Fruits	#苹 果 Apples	#柑 桔 Citrus	#梨 Pears	#葡 萄 Grapes	#香 蕉 Bananas
全 国	**National Total**	**340.7**	**312.6**	**90.6**	**83.1**	**179.0**	**24056.8**	**3849.1**	**3167.8**	**1707.3**	**1054.3**	**1155.8**
北 京	Beijing						113.6	10.3		16.3	4.1	
天 津	Tianjin						58.2	5.0		3.6	10.7	
河 北	Hebei	0.7	0.5	0.1	0.1		1814.9	311.5		445.1	124.2	
山 西	Shanxi	1.0	1.0	0.6	0.6		677.3	375.2		66.4	25.8	
内蒙古	Inner Mongolia	1.4	1.2	0.8			283.5	14.4		7.5	8.1	
辽 宁	Liaoning	3.4	3.1	5.1			894.3	263.4		154.7	76.9	
吉 林	Jilin	8.1	3.2	0.3			217.5	16.7		11.3	14.8	
黑龙江	Heilongjiang	9.7	8.8	0.5			268.6	15.1		3.7	8.3	
上 海	Shanghai						87.2		24.3	3.7	10.3	
江 苏	Jiangsu			6.8	6.8	1.5	796.0	60.1	5.8	74.8	48.6	
浙 江	Zhejiang	0.3		6.1	6.1	17.5	703.8		193.6	39.1	60.6	
安 徽	Anhui	3.6	3.5	3.3	3.3	9.5	885.4	38.7	3.4	106.9	31.6	
福 建	Fujian	14.8	14.7			32.1	708.8		303.4	20.6	12.8	90.3
江 西	Jiangxi	5.2	5.0	0.7	0.7	3.9	571.3		336.5	14.1	4.3	
山 东	Shandong	10.3	10.3	3.4	3.3	1.3	2924.5	871.0		119.1	105.0	
河 南	Henan	30.7	30.7	2.6	1.9	5.1	2535.0	436.7	4.0	104.4	55.2	
湖 北	Hubei	14.6	9.9	0.8	0.8	20.7	885.7	1.1	385.3	53.6	20.5	
湖 南	Hunan	24.7	23.6			13.5	909.2		483.5	15.4	13.2	
广 东	Guangdong	5.8	5.2	9.7	9.7	6.3	1390.1		414.5	7.8		403.2
广 西	Guangxi	3.4	2.7	31.6	31.6	4.9	1325.0		384.0	25.8	31.9	230.3
海 南	Hainan			0.1	0.1	0.1	428.7		5.5			209.1
重 庆	Chongqing	10.3	7.6	2.1	2.1	3.1	291.2	0.5	171.5	34.1	6.3	0.1
四 川	Sichuan	27.4	22.7	11.4	11.4	21.0	821.6	48.8	340.8	96.0	25.0	4.0
贵 州	Guizhou	39.3	37.3			7.4	147.7	2.5	22.7	21.7	8.7	0.6
云 南	Yunnan	115.0	111.0	2.6	2.6	27.2	581.1	32.2	51.7	41.6	54.3	218.3
西 藏	Tibet						1.4	0.4	0.1	0.1		
陕 西	Shaanxi	9.2	9.1	1.9	1.9	3.5	1693.8	965.1	36.8	89.7	46.5	
甘 肃	Gansu	1.3	1.1			0.1	565.0	248.8	0.3	33.3	22.8	
青 海	Qinghai	0.1					3.7	0.6		0.5		
宁 夏	Ningxia	0.2	0.2				250.5	48.9		1.4	14.7	
新 疆	Xinjiang						1222.1	82.1		95.0	209.1	

2-69 主要农产品单位面积产量(2012年)

Output of Major Farm Products Per Hectare (2012)

单位：公斤/公顷 (kg/hectare)

地区	Region	谷物 Cereals	棉花 Cotton	花生 Peanuts	油菜籽 Rapeseeds	芝麻 Sesame	黄红麻 Jute and Ambary Hemp	甘蔗 Sugarcane	甜菜 Beetroots	烤烟 Flue-cured Tobacco
全国	**National Total**	**5824**	**1458**	**3598**	**1885**	**1463**	**3899**	**68600**	**49793**	**2112**
北京	Beijing	5991	1135	3070	150	867				
天津	Tianjin	5160	1039	3282		1362				
河北	Hebei	5292	976	3581	1564	1338	2236		41911	1725
山西	Shanxi	4374	1257	2189	1575	1022			47718	3196
内蒙古	Inner Mongolia	5361	1495	1913	1133	884			38421	4453
辽宁	Liaoning	6632	1842	3240	1952	2254			52041	2831
吉林	Jilin	7742	1919	3301		1902			31443	2674
黑龙江	Heilongjiang	6049		2844	2576	1414			37439	2623
上海	Shanghai	6646	1934	2590	2077	1336		63375		
江苏	Jiangsu	6562	1292	3756	2590	1715		60019	10000	1700
浙江	Zhejiang	6750	1429	2882	1938	1653	3125	63737		
安徽	Anhui	5680	964	4634	2203	1417	3412	39735		2697
福建	Fujian	5956	693	2614	1412	1216	3255	60662		2115
江西	Jiangxi	5898	1790	2788	1246	1104	4757	44747		2200
山东	Shandong	6308	1012	4430	2608	1747	2000		24000	2591
河南	Henan	5934	1001	4508	2303	1481	5562	67709		2446
湖北	Hubei	6254	1153	3100	1971	1628	2722	40100	1567	1904
湖南	Hunan	6328	1456	2509	1486	1519	3002	51094		2203
广东	Guangdong	5677		2784	1227	1139	2379	88805		2399
广西	Guangxi	5253	1010	2716	1000	1284	2332	69411		1825
海南	Hainan	4748		2677		1156	6795	66604		800
重庆	Chongqing	6122	636	1942	1844	1161	1552	35199		2001
四川	Sichuan	5747	912	2474	2263	1290	2247	41357	20462	2184
贵州	Guizhou	4484	705	1915	1573	1184	769	58794	4205	1574
云南	Yunnan	4534	1652	1537	1903	888	1950	61654	16533	2112
西藏	Tibet	5628		2018	2639					
陕西	Shaanxi	4327	1391	2965	1976	1661	1100	31980	6800	2287
甘肃	Gansu	4264	1682	4120	1938				49007	3275
青海	Qinghai	3787			2158					
宁夏	Ningxia	5690		1809	2380	655			44000	5000
新疆	Xinjiang	6070	2057	4895	1877	739			69854	2083

2-70 主要林产品产量(2012年)
Output of Major Forest Products (2012)

地 区	Region	木 材 (万立方米) Timber (10 000 cu.m)	橡 胶 (吨) Rubber (ton)	松 脂 (吨) Pine Resin (ton)	生 漆 (吨) Lacquer (ton)	油桐籽 (吨) Tung-oil Seeds (ton)	油茶籽 (吨) Tea-oil Seeds (ton)
全 国	**National Total**	**8174.9**	**802255**	**1215065**	**26027**	**427048**	**1727708**
北 京	Beijing	14.3					
天 津	Tianjin	10.7					
河 北	Hebei	74.7					
山 西	Shanxi	12.2					
内蒙古	Inner Mongolia	208.8					
辽 宁	Liaoning	191.4					
吉 林	Jilin	344.3					
黑龙江	Heilongjiang	301.9					
上 海	Shanghai	0.3					
江 苏	Jiangsu	173.4					61
浙 江	Zhejiang	156.9		2061		84	61683
安 徽	Anhui	495.6		10918	405	2730	55309
福 建	Fujian	570.7		98369	172	23136	89433
江 西	Jiangxi	286.6		90607	81	8189	448189
山 东	Shandong	551.6					
河 南	Henan	278.4		2912	2100	96241	6551
湖 北	Hubei	258.7		35899	7603	19008	85140
湖 南	Hunan	467.1		37552	1295	42430	681370
广 东	Guangdong	759.9	17134	196344	39	7563	65239
广 西	Guangxi	1668.1	225	568588	34	77528	164129
海 南	Hainan	111.6	395052	3773			2
重 庆	Chongqing	30.1		2	6607	13191	4260
四 川	Sichuan	246.2		2537	546	17281	4180
贵 州	Guizhou	215.4		7559	3086	77675	37107
云 南	Yunnan	530.1	389844	157149	583	19314	14334
西 藏	Tibet	76.9					
陕 西	Shaanxi	16.4		795	3443	22622	10601
甘 肃	Gansu	4.7			33	56	120
青 海	Qinghai	1.9					
宁 夏	Ningxia	1.5					
新 疆	Xinjiang	35.7					
大兴安岭	Daxinganling	78.5					

2-71 牲畜饲养情况(2012年)
Number of Livestock (2012)

单位: 万头、万只 (10 000 heads)

地 区	Region	大牲畜年底头数 Large Animals (year-end)	牛 Cattle and Buffaloes	马 Horses	驴 Donkeys	骡 Mules	骆驼 Camels
全 国	**National Total**	**11891.8**	**10343.4**	**633.5**	**636.1**	**249.2**	**29.5**
北 京	Beijing	22.3	21.4	0.2	0.6	0.1	
天 津	Tianjin	29.7	29.1	0.1	0.3	0.1	
河 北	Hebei	498.2	403.1	18.4	55.5	21.1	
山 西	Shanxi	122.7	92.0	1.5	16.3	13.0	
内蒙古	Inner Mongolia	839.1	625.0	75.9	96.0	30.0	12.3
辽 宁	Liaoning	524.4	367.1	22.9	117.4	17.0	
吉 林	Jilin	504.2	431.4	37.1	26.5	9.3	
黑龙江	Heilongjiang	557.6	519.8	25.9	8.7	3.2	
上 海	Shanghai	7.0	7.0				
江 苏	Jiangsu	36.4	32.1	0.3	3.0	1.1	
浙 江	Zhejiang	17.7	17.7				
安 徽	Anhui	152.3	151.9	0.1	0.2	0.1	
福 建	Fujian	68.5	68.5				
江 西	Jiangxi	294.5	294.5				
山 东	Shandong	514.2	499.3	3.0	10.2	1.7	
河 南	Henan	942.3	908.2	12.2	17.4	4.6	
湖 北	Hubei	334.9	333.6	0.7	0.4	0.1	
湖 南	Hunan	435.7	430.5	4.3	0.7	0.2	
广 东	Guangdong	232.9	232.8	0.1			
广 西	Guangxi	494.2	453.6	35.6	0.1	4.9	
海 南	Hainan	87.4	87.4				
重 庆	Chongqing	133.6	130.5	1.8	0.3	0.9	
四 川	Sichuan	1049.2	940.2	89.6	8.8	10.6	
贵 州	Guizhou	541.0	461.0	76.8	0.3	2.9	
云 南	Yunnan	926.1	747.2	71.4	39.4	68.1	
西 藏	Tibet	643.6	600.8	33.4	7.8	1.6	
陕 西	Shaanxi	165.8	146.8	0.7	13.5	4.8	
甘 肃	Gansu	587.6	425.6	14.4	102.5	43.0	2.1
青 海	Qinghai	459.0	425.1	20.1	5.4	7.2	1.1
宁 夏	Ningxia	104.0	94.4	0.2	6.9	2.5	
新 疆	Xinjiang	565.8	365.9	86.8	98.0	1.1	14.0

2-71 续表 continued

单位：万头、万只 (10 000 heads)

地区	Region	肉猪出栏头数 Slaughtered Fattened Hogs	猪年底头数 Hogs (year-end)	羊年底只数 Sheep and Goats (year-end)	山羊 Goats	绵羊 Sheep
全国	**National Total**	**69789.5**	**47592.2**	**28504.1**	**14136.1**	**14368.0**
北京	Beijing	306.1	187.4	58.1	16.6	41.4
天津	Tianjin	374.2	193.7	41.4	4.9	36.5
河北	Hebei	3396.7	1847.5	1413.5	450.5	963.0
山西	Shanxi	723.9	473.8	834.0	364.1	469.8
内蒙古	Inner Mongolia	940.4	693.8	5144.1	1659.6	3484.4
辽宁	Liaoning	2728.5	1592.6	721.8	392.3	329.5
吉林	Jilin	1625.3	1001.2	393.9	69.4	324.5
黑龙江	Heilongjiang	1765.2	1381.6	898.3	323.0	575.3
上海	Shanghai	257.2	178.8	25.6	24.5	1.2
江苏	Jiangsu	3043.1	1775.2	400.6	391.2	9.4
浙江	Zhejiang	1934.4	1338.3	107.2	42.2	65.0
安徽	Anhui	2927.6	1555.2	592.2	591.2	1.0
福建	Fujian	2069.1	1340.9	110.8	110.8	
江西	Jiangxi	3050.6	1645.9	54.6	54.6	
山东	Shandong	4599.9	2902.4	2163.8	1622.9	541.0
河南	Henan	5711.3	4587.3	1827.7	1751.0	76.7
湖北	Hubei	4180.8	2543.2	435.1	434.5	0.6
湖南	Hunan	5878.8	4245.5	500.8	500.8	
广东	Guangdong	3736.2	2256.6	40.2	40.2	
广西	Guangxi	3342.1	2466.6	203.6	203.6	
海南	Hainan	580.9	438.6	66.0	66.0	
重庆	Chongqing	2050.8	1524.3	181.1	181.0	0.1
四川	Sichuan	7170.7	5132.4	1671.9	1445.0	226.9
贵州	Guizhou	1734.8	1604.1	290.1	272.9	17.2
云南	Yunnan	3180.1	2708.6	913.5	816.1	97.4
西藏	Tibet	17.7	34.4	1525.9	563.4	962.5
陕西	Shaanxi	1127.9	900.2	644.9	542.9	102.0
甘肃	Gansu	672.3	590.7	1788.7	380.1	1408.6
青海	Qinghai	132.1	116.7	1446.3	193.3	1253.0
宁夏	Ningxia	103.3	69.5	506.4	102.1	404.2
新疆	Xinjiang	427.6	265.4	3502.0	525.3	2976.7

2-72 畜产品产量(2012年)

Output of Livestock Products (2012)

地 区	Region	肉 类 (万吨) Output of Meat (10 000 tons)	#猪牛羊肉 Output of Pork, Beef and Mutton	猪 肉 Pork	牛 肉 Beef	羊 肉 Mutton	奶 类 (万吨) Milk (10 000 tons)	#牛 奶 Cow Milk
全 国	**National Total**	**8387.2**	**6405.9**	**5342.7**	**662.3**	**401.0**	**3875.4**	**3743.6**
北 京	Beijing	43.2	27.3	23.9	2.2	1.2	65.1	65.1
天 津	Tianjin	45.8	33.9	29.2	3.3	1.5	68.2	67.9
河 北	Hebei	442.9	343.0	259.0	55.3	28.7	479.0	470.4
山 西	Shanxi	77.4	67.1	56.3	4.9	5.9	81.0	80.0
内蒙古	Inner Mongolia	245.8	213.7	73.9	51.2	88.6	930.7	910.2
辽 宁	Liaoning	418.7	281.3	230.2	43.2	7.9	130.2	124.7
吉 林	Jilin	260.0	181.8	132.7	45.0	4.1	49.8	49.1
黑龙江	Heilongjiang	216.2	180.2	128.4	39.7	12.1	565.0	559.9
上 海	Shanghai	25.8	19.3	18.7	0.0	0.6	30.2	30.2
江 苏	Jiangsu	396.5	239.9	228.8	3.5	7.6	61.3	61.3
浙 江	Zhejiang	180.8	142.5	139.7	1.2	1.7	19.3	19.3
安 徽	Anhui	397.7	282.4	249.7	18.1	14.6	24.1	24.1
福 建	Fujian	200.8	160.0	155.6	2.5	2.0	15.4	15.0
江 西	Jiangxi	311.1	250.5	237.3	12.1	1.1	12.6	12.6
山 东	Shandong	764.2	476.8	376.7	67.0	33.1	294.1	283.9
河 南	Henan	677.4	537.7	432.5	80.4	24.8	330.4	316.1
湖 北	Hubei	412.3	344.4	317.3	18.9	8.2	15.7	15.3
湖 南	Hunan	515.3	454.7	427.6	16.8	10.3	8.5	8.5
广 东	Guangdong	443.2	284.0	276.4	6.7	0.9	13.9	13.6
广 西	Guangxi	411.0	269.6	252.5	13.9	3.2	9.4	9.4
海 南	Hainan	79.5	51.7	48.1	2.5	1.0	0.2	0.2
重 庆	Chongqing	201.2	160.6	150.7	7.1	2.8	7.7	7.7
四 川	Sichuan	670.2	549.7	496.4	29.3	24.0	72.2	71.7
贵 州	Guizhou	190.3	172.7	156.1	13.0	3.5	5.1	5.1
云 南	Yunnan	348.7	309.5	264.1	31.9	13.6	58.0	53.7
西 藏	Tibet	25.2	25.0	1.5	15.1	8.5	31.6	25.6
陕 西	Shaanxi	107.1	97.8	83.5	7.5	6.9	189.1	141.8
甘 肃	Gansu	87.8	81.2	48.6	16.7	15.9	38.6	38.0
青 海	Qinghai	30.5	29.4	9.4	9.6	10.4	29.4	27.6
宁 夏	Ningxia	26.5	24.0	7.7	7.9	8.5	103.5	103.5
新 疆	Xinjiang	134.2	114.3	30.2	36.2	48.0	136.3	132.2

2-72 续表 continued

地 区	Region	绵羊毛 (吨) Sheep Wool (ton)	#细羊毛 Fine Wool	#半细羊毛 Semi-Fine Wool	山羊毛 (吨) Goat Wool (ton)	羊 绒 (吨) Cashmere (ton)	禽 蛋 (万吨) Poultry Eggs (10 000 tons)	蜂 蜜 (万吨) Honey (10 000 tons)
全 国	**National Total**	**400057.0**	**125708.6**	**131982.5**	**43924.1**	**18021.2**	**2861.2**	**44.8**
北 京	Beijing	288.2	6.5	42.6	72.4	34.4	15.2	0.3
天 津	Tianjin	511.0	59.0	452.0	2.0		18.7	
河 北	Hebei	30663.0	4757.0	17076.0	2698.0	810.0	342.6	1.2
山 西	Shanxi	7832.8	2434.7	2881.1	1432.1	739.1	74.7	0.4
内蒙古	Inner Mongolia	104190.0	51301.0	18889.0	12437.0	7642.0	54.5	0.2
辽 宁	Liaoning	14660.0	3828.0	10636.0	1827.0	1056.0	279.9	0.1
吉 林	Jilin	20273.6	11458.0	8754.8	735.5	185.8	100.2	1.6
黑龙江	Heilongjiang	31755.0	5453.0	23404.0	1479.0	707.0	108.2	2.0
上 海	Shanghai	33.9			173.6		5.9	0.1
江 苏	Jiangsu	340.0	81.0	259.0	9.0		197.2	0.4
浙 江	Zhejiang	1971.9		1971.9	418.0		48.1	8.8
安 徽	Anhui	145.0	54.0	91.0	145.0	10.0	122.6	1.9
福 建	Fujian						25.4	1.0
江 西	Jiangxi						45.8	1.3
山 东	Shandong	9618.0	1652.1	5082.7	4237.2	752.0	402.0	0.6
河 南	Henan	8439.0	883.0	4869.1	5849.0	867.7	404.2	10.0
湖 北	Hubei	3.3		3.3	74.9		139.4	2.0
湖 南	Hunan				4.0		95.2	1.1
广 东	Guangdong				3.0		31.8	1.6
广 西	Guangxi						21.8	1.2
海 南	Hainan						3.6	0.1
重 庆	Chongqing	4.0		4.0	2.0		40.1	1.4
四 川	Sichuan	7359.0	1033.0	4371.0	535.0	33.0	146.4	4.8
贵 州	Guizhou	453.0	81.0	288.0	66.0		14.7	0.2
云 南	Yunnan	1699.0	165.0	1103.0	149.0	10.0	22.1	0.8
西 藏	Tibet	8768.3	267.3	3277.0	1428.5	1006.2	0.4	
陕 西	Shaanxi	6682.0	2971.0	2142.0	2881.0	1714.0	51.9	0.5
甘 肃	Gansu	29184.0	9350.0	6143.0	1906.0	381.0	14.7	0.1
青 海	Qinghai	18076.0	469.0	5692.0	1073.0	398.0	2.0	0.1
宁 夏	Ningxia	8317.0	1470.0	1796.0	796.0	450.0	6.2	0.1
新 疆	Xinjiang	88490.0	27935.0	12754.0	3491.0	1225.0	25.9	1.1

2-73 水产品产量(2012年)
Output of Aquatic Products (2012)

单位：万吨 (10 000 tons)

地 区	Region	水产品总产量 Total Aquatic Products	海水产品 Seawater Aquatic Products	天然生产 Naturally Grown	人工养殖 Artificially Cultured	鱼 类 Fish	虾蟹类 Shrimps, Prawns and Crabs	贝 类 Shellfish	藻 类 Algae	其 他 Others
全 国	**National Total**	**5907.7**	**3033.3**	**1389.5**	**1643.8**	**1101.0**	**345.7**	**1264.8**	**179.0**	**142.8**
北 京	Beijing	6.4	1.0	1.0		1.0				
天 津	Tianjin	36.5	4.2	2.7	1.4	2.5	1.3	0.2		0.1
河 北	Hebei	116.3	63.5	25.3	38.2	14.2	8.2	36.1		5.0
山 西	Shanxi	4.1								
内蒙古	Inner Mongolia	13.2								
辽 宁	Liaoning	478.6	389.3	125.8	263.6	89.3	23.4	219.1	32.6	24.9
吉 林	Jilin	18.2								
黑龙江	Heilongjiang	45.3								
上 海	Shanghai	29.7	13.1	13.1		12.1	0.9			
江 苏	Jiangsu	493.7	148.5	58.0	90.5	42.2	22.2	76.0	2.4	5.6
浙 江	Zhejiang	539.6	431.2	345.1	86.1	243.6	94.1	70.0	5.0	18.6
安 徽	Anhui	207.5								
福 建	Fujian	628.7	546.6	213.9	332.7	186.6	44.1	229.9	71.1	14.9
江 西	Jiangxi	237.0								
山 东	Shandong	841.9	686.1	249.8	436.2	189.7	38.3	357.5	56.8	43.7
河 南	Henan	71.7								
湖 北	Hubei	388.9								
湖 南	Hunan	221.4								
广 东	Guangdong	789.5	432.3	156.6	275.7	156.8	63.0	192.5	7.9	12.2
广 西	Guangxi	303.9	164.8	67.1	97.7	42.9	33.6	78.0		10.2
海 南	Hainan	172.7	132.5	110.9	21.6	99.9	16.6	5.3	3.3	7.4
重 庆	Chongqing	33.1								
四 川	Sichuan	118.9								
贵 州	Guizhou	13.5								
云 南	Yunnan	40.1								
西 藏	Tibet									
陕 西	Shaanxi	10.5								
甘 肃	Gansu	1.3								
青 海	Qinghai	0.5								
宁 夏	Ningxia	12.4								
新 疆	Xinjiang	12.2								
中国水产总公司	China Aquatic Company	20.3	20.3	20.3		20.3				

2-73 续表 continued

单位：万吨								(10 000 tons)
地 区	Region	淡水产品 Freshwater Aquatic Products	天然生产 Naturally Grown	人工养殖 Artificially Cultured	鱼 类 Fish	虾蟹类 Shrimps, Prawns and Crabs	贝 类 Shellfish	其 他 Others
全 国	**National Total**	**2874.3**	**229.8**	**2644.5**	**2497.7**	**268.7**	**54.0**	**54.0**
北 京	Beijing	5.4	0.4	5.0	5.4			
天 津	Tianjin	32.3	1.1	31.2	26.0	6.0	0.1	0.2
河 北	Hebei	52.9	9.8	43.1	48.4	3.3	0.4	0.7
山 西	Shanxi	4.1	0.1	4.0	4.1			
内蒙古	Inner Mongolia	13.2	3.1	10.0	12.9	0.1		0.2
辽 宁	Liaoning	89.3	5.2	84.1	79.8	8.4		1.2
吉 林	Jilin	18.2	2.0	16.2	18.1	0.1		
黑龙江	Heilongjiang	45.3	5.2	40.1	44.8	0.5		
上 海	Shanghai	16.7	0.4	16.2	10.2	6.4		0.1
江 苏	Jiangsu	345.3	33.4	311.8	253.8	75.3	12.2	4.0
浙 江	Zhejiang	108.3	10.0	98.4	70.2	15.6	4.1	18.4
安 徽	Anhui	207.5	32.3	175.1	164.0	30.9	8.7	4.0
福 建	Fujian	82.1	8.6	73.5	68.7	6.8	4.7	1.8
江 西	Jiangxi	237.0	26.5	210.5	208.8	15.3	7.3	5.6
山 东	Shandong	155.8	13.9	141.9	144.0	10.2	0.9	0.7
河 南	Henan	71.7	4.2	67.6	68.9	1.9	0.1	0.8
湖 北	Hubei	388.9	21.3	367.6	330.2	50.7	4.1	3.9
湖 南	Hunan	221.4	10.5	210.9	213.4	3.1	2.3	2.7
广 东	Guangdong	357.2	13.1	344.1	315.1	30.6	6.5	4.9
广 西	Guangxi	139.1	13.0	126.1	133.4	1.4	1.7	2.5
海 南	Hainan	40.2	2.1	38.1	38.9	0.2	0.2	0.9
重 庆	Chongqing	33.1	1.5	31.6	32.8	0.2		0.1
四 川	Sichuan	118.9	6.0	112.9	117.2	0.7	0.4	0.6
贵 州	Guizhou	13.5	1.4	12.0	13.0	0.2	0.1	0.2
云 南	Yunnan	40.1	2.8	37.3	39.5	0.3	0.1	0.2
西 藏	Tibet							
陕 西	Shaanxi	10.5	0.5	10.1	10.4			0.1
甘 肃	Gansu	1.3		1.3	1.3			
青 海	Qinghai	0.5		0.4	0.4			
宁 夏	Ningxia	12.4		12.3	12.2	0.2		
新 疆	Xinjiang	12.2	1.3	10.9	12.0	0.1		0.1
中国水产总公司	China Aquatic Company							

2-74 自然灾害损失情况(2012年)
Loss Caused by Natural Disasters (2012)

单位：千公顷 (1 000 hectares)

地 区	Region	农作物受灾面积合计 Total Areas Affected of Farm Crops		旱 灾 Drought		洪涝、山体滑坡、泥石流和台风 Flood, Waterlogging, Landslides and Debris Flow, Typhoon		风雹灾害 Wind and Hail	
		受灾 Area Affected	绝收 Total Crop Failure	受灾 Area Affected	绝收 Total Crop Failure	受灾 Area Affected	绝收 Total Crop Failure	受灾 Area Affected	绝收 Total Crop Failure
全 国	**National Total**	**24962.0**	**1826.3**	**9339.8**	**374.0**	**11220.4**	**1095.3**	**2780.8**	**213.4**
北 京	Beijing	71.2	6.0			57.6	4.8	13.4	1.2
天 津	Tianjin	133.6	13.9			117.5	13.9	16.1	
河 北	Hebei	1329.0	123.0	430.3	25.0	375.6	49.2	268.7	11.5
山 西	Shanxi	931.0	70.1	403.9	5.4	261.4	48.4	123.4	11.7
内蒙古	Inner Mongolia	2060.7	378.0	453.6	10.5	965.5	283.6	243.5	20.7
辽 宁	Liaoning	355.4	27.0			323.3	27.0	32.1	
吉 林	Jilin	632.8	15.8	303.8	9.3	270.4	2.5	51.7	3.6
黑龙江	Heilongjiang	2429.4	134.9	1200.0	63.2	1042.9	33.3	186.5	38.4
上 海	Shanghai	14.7	1.9			14.7	1.9		
江 苏	Jiangsu	697.5	43.4	366.7	9.3	296.6	34.1	34.2	
浙 江	Zhejiang	554.2	42.0			523.5	41.4	0.6	0.1
安 徽	Anhui	1152.5	59.2	616.1	21.5	513.2	36.7	21.9	1.0
福 建	Fujian	159.3	11.4			141.5	11.3	17.1	0.1
江 西	Jiangxi	673.5	47.5			448.4	37.1	84.1	2.2
山 东	Shandong	1822.6	89.8	673.3	7.4	934.2	75.3	215.1	7.1
河 南	Henan	1388.8	22.6	1001.5	2.7	367.1	19.4	20.2	0.5
湖 北	Hubei	1718.7	112.3	939.2	39.5	667.2	63.6	38.2	5.1
湖 南	Hunan	1233.9	65.6			757.7	55.0	335.9	9.3
广 东	Guangdong	417.2	22.1			387.7	21.8	29.3	0.3
广 西	Guangxi	575.0	22.6	77.1	2.5	489.5	19.4	7.4	0.7
海 南	Hainan	60.5	12.0			47.6	12.0	12.9	
重 庆	Chongqing	405.4	45.4	61.9	1.0	329.0	43.0	14.5	1.4
四 川	Sichuan	943.9	47.5	222.0	16.7	644.4	24.5	47.1	6.1
贵 州	Guizhou	542.1	42.6	132.5	1.7	301.0	31.2	88.2	9.7
云 南	Yunnan	1578.3	142.4	1072.7	106.7	390.5	26.2	72.5	7.8
西 藏	Tibet	14.4	2.5			6.5	1.1	6.8	1.4
陕 西	Shaanxi	508.9	39.9	227.6	6.5	209.3	28.1	62.7	4.5
甘 肃	Gansu	1016.5	69.9	498.1	15.6	195.4	33.9	220.3	17.0
青 海	Qinghai	154.9	7.8	33.3	1.1	36.0	2.1	49.4	4.6
宁 夏	Ningxia	260.3	10.1	104.0		60.5	4.7	35.5	5.1
新 疆	Xinjiang	1125.8	97.1	522.2	28.4	44.7	8.8	431.5	42.3

2-75 规模以上工业企业主要指标(2012年)

Main Indicators of Industrial Enterprises above Designated Size (2012)

单位：亿元 (100 million yuan)

地区	Region	企业单位数(个) Number of Enterprises (unit)	资产总计 Total Assets	流动资产合计 Total Current Assets	固定资产原价 Original Value of Fixed Assets	累计折旧 Accumulated Depreciation	负债合计 Total Liabilities	流动负债合计 Total Liquid Liabilities
合 计	**National Total**	**343769**	**768421.20**	**368200.71**	**434474.27**	**177901.11**	**445371.75**	**337526.51**
北 京	Beijing	3692	28613.16	11554.77	10277.19	4230.35	14837.22	9209.88
天 津	Tianjin	5342	19986.14	10828.11	10590.69	4414.55	12686.19	10561.89
河 北	Hebei	12360	33567.18	13723.31	21255.89	7527.64	19939.47	15272.53
山 西	Shanxi	3905	25342.08	10956.40	13576.61	5408.14	17639.40	12511.95
内蒙古	Inner Mongolia	4244	21754.23	8016.74	12680.51	4277.96	13323.58	8070.70
辽 宁	Liaoning	17347	34779.77	15899.64	21748.37	10022.88	20147.42	14388.74
吉 林	Jilin	5286	13896.98	5769.85	12796.65	7284.25	7499.40	5357.09
黑龙江	Heilongjiang	3911	13223.14	5564.34	10121.00	4403.39	7585.08	5652.82
上 海	Shanghai	9772	31160.89	18144.55	15670.53	7898.00	15772.54	13670.85
江 苏	Jiangsu	45859	84550.41	46483.24	47419.48	20968.99	48417.22	41333.74
浙 江	Zhejiang	36496	55654.17	32445.21	22640.40	8683.11	33516.05	29213.03
安 徽	Anhui	14514	22797.65	10025.17	12854.67	4874.91	13612.01	9700.54
福 建	Fujian	15333	21385.98	11419.24	10220.10	3717.51	11417.84	9056.00
江 西	Jiangxi	7217	11967.66	5500.63	7959.93	3273.81	6653.96	5006.63
山 东	Shandong	37625	71107.66	33439.83	43252.66	18671.04	39241.58	30268.33
河 南	Henan	19237	35174.81	15830.84	20507.64	6612.86	18087.58	13502.97
湖 北	Hubei	12441	26877.66	12210.67	18255.49	8620.30	15759.18	11802.96
湖 南	Hunan	12785	17784.25	7374.38	10953.65	3651.85	9821.07	6581.51
广 东	Guangdong	37790	71343.84	40764.19	35983.70	16038.16	41508.50	34220.63
广 西	Guangxi	5239	11759.56	5289.96	6613.39	2132.66	7345.60	5255.25
海 南	Hainan	377	2023.16	798.53	1055.68	371.06	1042.32	780.41
重 庆	Chongqing	4985	11113.36	5357.28	5831.59	2221.47	7003.22	5278.68
四 川	Sichuan	12719	30362.89	13344.68	17035.75	6615.28	18721.46	12768.70
贵 州	Guizhou	2752	8302.29	3211.46	4642.46	1429.48	5388.12	3337.49
云 南	Yunnan	3211	13076.97	5108.91	6861.42	2193.84	8255.51	5390.35
西 藏	Tibet	64	506.86	154.95	309.17	70.41	163.38	115.79
陕 西	Shaanxi	4284	20591.16	8743.33	13117.98	4940.81	11719.05	7934.02
甘 肃	Gansu	1735	9146.01	3591.27	6061.48	2282.32	5701.95	3612.48
青 海	Qinghai	423	4041.92	1220.75	2656.96	789.74	2656.60	1489.96
宁 夏	Ningxia	865	4860.19	1748.33	2951.09	833.12	3236.63	1972.69
新 疆	Xinjiang	1959	11669.17	3680.16	8572.17	3441.25	6672.60	4207.89

2-75 续表 continued

单位：亿元 (100 million yuan)

地 区	Region	所有者权益合计 Total Owners' Equities	主营业务收入 Revenue from Principal Business	主营业务成本 Cost of Principal Business	主营业务税金及附加 Tax and Extra Charges from Principal Business	利润总额 Total Profits	本年应交增值税 Value Added Tax Payable
合 计	**National Total**	**320614.07**	**929291.51**	**784541.19**	**14462.73**	**61910.06**	**29566.64**
北 京	Beijing	13774.66	16905.14	14307.41	263.58	1267.89	455.76
天 津	Tianjin	7271.83	23645.72	19980.89	311.99	2100.66	903.27
河 北	Hebei	13508.91	43643.84	37796.97	413.16	2559.47	1165.91
山 西	Shanxi	7643.12	18118.94	15087.48	162.49	1010.91	829.51
内蒙古	Inner Mongolia	8370.91	18135.15	14256.80	239.83	1931.69	749.77
辽 宁	Liaoning	14448.05	48199.85	41146.95	872.31	2435.69	1295.54
吉 林	Jilin	6326.40	19835.58	16564.34	455.38	1215.04	541.78
黑龙江	Heilongjiang	5624.77	12526.14	9563.97	697.26	1338.56	618.42
上 海	Shanghai	15350.79	34096.29	28656.38	804.16	2149.42	856.36
江 苏	Jiangsu	36064.93	119286.78	103160.90	975.37	7250.20	3708.77
浙 江	Zhejiang	22076.81	57682.73	49633.01	617.79	3112.65	1590.69
安 徽	Anhui	9061.31	28905.07	24505.33	368.25	1870.26	909.63
福 建	Fujian	9844.02	29206.84	24825.87	379.56	2023.27	869.60
江 西	Jiangxi	5193.22	22533.38	19500.87	230.87	1506.51	675.27
山 东	Shandong	31500.46	118086.92	100965.86	1410.52	8016.35	3426.20
河 南	Henan	16854.27	52276.38	44546.45	629.20	4016.39	1452.56
湖 北	Hubei	11039.62	32325.95	27322.91	628.22	2046.28	838.79
湖 南	Hunan	7961.85	27823.31	22205.58	773.99	1790.96	1132.62
广 东	Guangdong	29610.21	93821.74	79982.61	1034.98	5464.90	2866.35
广 西	Guangxi	4295.15	14733.63	12511.57	288.72	932.83	528.62
海 南	Hainan	981.34	1697.10	1353.51	102.40	133.35	67.97
重 庆	Chongqing	4082.76	12880.32	11002.33	170.30	645.39	406.39
四 川	Sichuan	11471.16	31427.16	25755.76	515.46	2333.76	1283.83
贵 州	Guizhou	2886.54	5966.52	4486.91	213.83	627.02	300.64
云 南	Yunnan	4801.03	8942.15	6851.53	706.73	586.52	463.85
西 藏	Tibet	343.16	91.88	75.77	1.57	12.89	7.70
陕 西	Shaanxi	8823.27	16328.25	12197.90	506.94	2057.22	893.13
甘 肃	Gansu	3423.55	7787.26	6591.67	261.90	285.23	214.40
青 海	Qinghai	1381.69	1889.37	1465.72	41.63	168.89	87.95
宁 夏	Ningxia	1612.69	2981.46	2540.77	62.03	131.22	97.48
新 疆	Xinjiang	4985.61	7510.67	5697.15	322.30	888.64	327.88

2-76 规模以上工业企业主要经济效益指标(2012年)
Main Indicators on Economic Benefit of Industrial Enterprises above Designated Size (2012)

地 区	Region	总资产贡献率 (%) Ratio of Profits, Taxes and Interests to Average Assets (%)	资产负债率 (%) Ratio of Debts to Assets (%)	流动资产周转次数 (次/年) Turnover of Current Assets (times/year)	工业成本费用利润率 (%) Ratio of Profits to Total Industrial Costs (%)	产品销售率 (%) Sales Ratio of Products (%)
全国总计	**National Total**	**15.11**	**57.96**	**2.57**	**7.11**	**98.00**
北 京	Beijing	7.56	51.85	1.50	7.77	99.04
天 津	Tianjin	17.41	63.47	2.26	9.41	98.89
河 北	Hebei	13.83	59.40	3.27	6.19	97.79
山 西	Shanxi	9.54	69.61	1.71	5.71	97.34
内蒙古	Inner Mongolia	14.90	61.25	2.29	12.12	97.10
辽 宁	Liaoning	14.45	57.93	3.09	5.37	97.79
吉 林	Jilin	17.25	53.96	3.53	6.42	98.28
黑龙江	Heilongjiang	20.98	57.36	2.31	12.28	97.52
上 海	Shanghai	12.61	50.62	1.93	6.61	98.94
江 苏	Jiangsu	15.43	57.26	2.62	6.39	98.82
浙 江	Zhejiang	11.32	60.22	1.81	5.61	97.45
安 徽	Anhui	15.25	59.71	2.95	6.87	97.74
福 建	Fujian	16.70	53.39	2.58	7.40	97.83
江 西	Jiangxi	21.41	55.60	4.12	7.29	99.27
山 东	Shandong	19.66	55.19	3.58	7.34	98.61
河 南	Henan	18.88	51.42	3.35	8.32	98.32
湖 北	Hubei	14.53	58.63	2.71	6.60	97.08
湖 南	Hunan	22.41	55.22	3.80	7.14	98.45
广 东	Guangdong	13.94	58.18	2.33	6.13	98.07
广 西	Guangxi	16.60	62.46	2.83	6.64	95.49
海 南	Hainan	16.04	51.52	2.15	8.86	103.00
重 庆	Chongqing	12.30	63.02	2.45	5.24	97.84
四 川	Sichuan	15.10	61.66	2.38	8.07	97.40
贵 州	Guizhou	15.97	64.90	1.89	11.89	94.30
云 南	Yunnan	15.06	63.13	1.83	7.18	95.21
西 藏	Tibet	4.79	32.23	0.60	14.23	101.96
陕 西	Shaanxi	17.93	56.91	1.90	14.66	96.34
甘 肃	Gansu	10.03	62.34	2.21	3.89	93.14
青 海	Qinghai	9.26	65.73	1.58	9.57	92.99
宁 夏	Ningxia	8.08	66.59	1.73	4.54	97.77
新 疆	Xinjiang	14.35	57.18	2.11	13.50	97.55

2-77 国有及国有控股工业企业主要指标(2012年)

Main Indicators of State-owned and State-holding Industrial Enterprises (2012)

单位：亿元 (100 million yuan)

地 区	Region	企业单位数(个) Number of Enterprises (unit)	资产总计 Total Assets	流动资产合计 Total Current Assets	固定资产原价 Original Value of Fixed Assets	累计折旧 Accumulated Depreciation	负债合计 Total Liabilities	流动负债合计 Total Working Liabilities
合 计	**National Total**	**17851**	**312094.37**	**115385.64**	**204603.12**	**82534.11**	**191349.97**	**126178.00**
北 京	Beijing	790	21598.31	6743.22	8067.72	3364.19	11061.18	5779.24
天 津	Tianjin	575	9516.62	4059.61	6342.04	2679.37	6122.29	4802.66
河 北	Hebei	708	14637.32	4831.30	10045.66	3818.69	9455.72	6519.92
山 西	Shanxi	738	15476.96	5676.65	9327.45	3854.65	10616.94	6767.48
内蒙古	Inner Mongolia	608	11604.14	3531.85	8098.64	2823.03	7287.60	3943.89
辽 宁	Liaoning	635	16160.87	6958.82	9812.00	4476.34	10873.92	7597.35
吉 林	Jilin	357	7633.24	3225.36	5369.35	2294.33	4533.03	3230.03
黑龙江	Heilongjiang	458	8662.87	3214.16	7826.20	3592.41	4948.06	3423.95
上 海	Shanghai	776	14132.78	6541.83	8745.15	4569.21	6356.50	5101.09
江 苏	Jiangsu	895	15030.74	6031.17	10768.41	4426.35	9404.77	6935.81
浙 江	Zhejiang	645	8138.12	2612.92	6654.89	2894.60	4597.40	2966.15
安 徽	Anhui	626	11290.86	3819.60	7419.57	2880.00	7510.03	4700.98
福 建	Fujian	446	4852.61	1492.37	3605.92	1305.79	2865.85	1718.22
江 西	Jiangxi	464	4580.01	2185.57	3147.00	1336.37	2931.19	2079.00
山 东	Shandong	1165	21952.47	8514.90	12989.81	5540.64	13739.07	9908.16
河 南	Henan	782	12134.76	4722.60	8105.89	3067.98	8148.44	5794.52
湖 北	Hubei	676	13141.50	4845.35	9325.75	3659.54	7907.60	5934.71
湖 南	Hunan	727	7823.38	3436.35	5390.99	2317.55	5118.71	3418.15
广 东	Guangdong	1012	16984.90	6323.58	12395.46	5217.26	9794.83	6507.84
广 西	Guangxi	527	5335.87	1973.10	3594.14	1228.05	3526.31	2137.34
海 南	Hainan	82	671.13	113.52	513.48	185.06	319.37	224.63
重 庆	Chongqing	473	5480.73	2245.03	3166.75	1105.98	3607.74	2523.66
四 川	Sichuan	888	14797.73	5412.38	8398.72	2998.76	9864.31	5976.14
贵 州	Guizhou	469	5634.18	1876.32	3630.69	1188.71	3773.53	2133.70
云 南	Yunnan	540	8482.38	2806.08	4745.40	1534.73	5301.88	3143.83
西 藏	Tibet	26	386.37	105.29	278.72	62.61	108.95	70.56
陕 西	Shaanxi	681	15661.41	6287.82	10428.34	3880.74	9173.19	5893.61
甘 肃	Gansu	368	7180.68	2645.13	5023.60	1842.69	4642.77	2821.95
青 海	Qinghai	89	2637.64	603.19	2046.78	646.25	1782.28	886.50
宁 夏	Ningxia	102	2663.59	604.03	2169.71	634.24	1773.83	840.84
新 疆	Xinjiang	523	7810.18	1946.53	7168.90	3107.98	4202.68	2396.09

2-77 续表 continued

单位：亿元 (100 million yuan)

地区	Region	所有者权益合计 Total Owners' Equities	主营业务收入 Revenue from Principal Business	主营业务成本 Cost of Principal Business	主营业务税金及附加 Tax and Extra Charges from Principal Business	利润总额 Total Profits	本年应交增值税 Value Added Tax Payable
全 国	**National Total**	**120336.83**	**245075.97**	**202600.35**	**10170.35**	**15175.99**	**10201.77**
北 京	Beijing	10536.85	9775.30	8584.08	234.11	783.93	246.94
天 津	Tianjin	3385.58	8634.86	7247.55	226.25	852.46	348.44
河 北	Hebei	5173.35	11918.61	10493.85	251.84	340.80	410.78
山 西	Shanxi	4821.74	10419.54	8565.46	115.99	554.31	534.03
内蒙古	Inner Mongolia	4297.17	6046.20	4692.81	112.89	716.45	325.32
辽 宁	Liaoning	5248.96	12942.73	11210.38	603.72	10.75	429.71
吉 林	Jilin	3066.00	8017.92	6605.93	335.55	512.62	271.53
黑龙江	Heilongjiang	3714.41	6706.45	4580.22	651.35	984.78	434.78
上 海	Shanghai	7774.77	13556.68	11231.61	762.53	1123.26	438.16
江 苏	Jiangsu	5625.33	13273.83	11331.27	475.88	660.91	563.91
浙 江	Zhejiang	3541.00	8479.78	7233.91	417.51	449.01	347.63
安 徽	Anhui	3750.62	9320.82	7822.33	240.28	457.33	361.66
福 建	Fujian	1960.56	3911.58	3321.22	235.75	179.93	155.62
江 西	Jiangxi	1579.39	5239.41	4685.80	131.55	189.70	150.97
山 东	Shandong	8205.19	21889.06	18185.97	794.15	1344.03	824.61
河 南	Henan	3952.32	11381.55	9908.90	367.57	283.02	379.63
湖 北	Hubei	5229.20	10656.79	8948.69	465.92	628.90	322.36
湖 南	Hunan	2704.66	6796.22	5402.92	529.83	325.37	341.04
广 东	Guangdong	7183.17	15602.52	13207.11	616.97	700.33	843.90
广 西	Guangxi	1805.55	4933.66	4254.31	228.45	145.09	229.23
海 南	Hainan	351.48	376.77	283.16	13.69	56.61	20.76
重 庆	Chongqing	1866.54	3910.81	3285.85	119.29	140.55	148.37
四 川	Sichuan	4906.05	8689.36	6962.15	299.71	589.29	400.41
贵 州	Guizhou	1860.94	3259.86	2421.42	172.49	329.86	176.68
云 南	Yunnan	3160.13	4906.05	3495.69	679.43	293.65	317.73
西 藏	Tibet	277.37	51.57	53.84	0.85	-0.95	3.79
陕 西	Shaanxi	6480.30	10143.24	7293.42	440.46	1406.97	606.76
甘 肃	Gansu	2531.06	6336.74	5378.46	250.20	217.57	181.49
青 海	Qinghai	855.47	1011.84	720.85	34.31	121.67	60.16
宁 夏	Ningxia	888.33	1582.18	1317.28	56.34	72.60	67.97
新 疆	Xinjiang	3603.32	5304.05	3873.92	305.49	705.19	257.39

2-78 国有及国有控股工业企业主要经济效益指标（2012年）
Main Indicators on Economic Benefit of State-owned and State-holding Industrial Enterprises (2012)

地 区	Region	总资产贡献率 (%) Ratio of Profits, Taxes and Interests to Average Assets (%)	资产负债率 (%) Ratio of Debts to Assets (%)	流动资产周转次数 (次/年) Turnover of Current Assets (times/year)	工业成本费用利润率 (%) Ratio of Profits to Total Industrial Costs (%)	产品销售率 (%) Sales Ratio of Products (%)
全国总计	**National Total**	**12.77**	**61.31**	**2.21**	**6.52**	**98.54**
北 京	Beijing	6.58	51.21	1.48	8.27	99.82
天 津	Tianjin	16.00	64.33	2.28	10.21	98.39
河 北	Hebei	8.51	64.60	2.62	2.82	98.75
山 西	Shanxi	9.50	68.60	1.93	5.33	99.87
内蒙古	Inner Mongolia	11.50	62.80	1.76	13.20	97.14
辽 宁	Liaoning	7.86	67.29	1.97	0.08	99.33
吉 林	Jilin	15.82	59.39	2.63	6.56	99.11
黑龙江	Heilongjiang	24.77	57.12	2.17	18.24	98.29
上 海	Shanghai	16.69	44.98	2.14	8.95	99.30
江 苏	Jiangsu	12.56	62.57	2.35	5.07	99.70
浙 江	Zhejiang	16.43	56.49	3.35	5.63	99.81
安 徽	Anhui	10.89	66.51	2.56	5.09	98.66
福 建	Fujian	13.66	59.06	2.66	4.92	99.25
江 西	Jiangxi	11.64	64.00	2.43	3.75	99.14
山 东	Shandong	14.96	62.59	2.67	6.49	99.16
河 南	Henan	10.48	67.15	2.51	2.51	98.35
湖 北	Hubei	12.31	60.17	2.29	6.00	97.92
湖 南	Hunan	17.04	65.43	2.02	5.22	99.43
广 东	Guangdong	14.03	57.67	2.53	4.63	98.52
广 西	Guangxi	13.27	66.09	2.56	3.04	96.58
海 南	Hainan	14.99	47.59	3.37	17.53	98.99
重 庆	Chongqing	8.87	65.83	1.81	3.63	98.86
四 川	Sichuan	10.07	66.66	1.64	7.26	97.05
贵 州	Guizhou	14.69	66.98	1.77	11.53	94.93
云 南	Yunnan	16.81	62.50	1.88	6.74	96.76
西 藏	Tibet	1.42	28.20	0.50	-1.54	99.16
陕 西	Shaanxi	16.82	58.57	1.65	16.51	96.85
甘 肃	Gansu	10.86	64.66	2.44	3.65	94.71
青 海	Qinghai	10.24	67.57	1.72	13.24	97.07
宁 夏	Ningxia	9.78	66.60	2.65	4.85	99.49
新 疆	Xinjiang	17.41	53.81	2.82	15.83	98.89

2-79 私营工业企业主要指标(2012年)

Main Indicators of Private Industrial Enterprises (2012)

单位: 亿元 (100 million yuan)

地　区	Region	企业单位数(个) Number of Enterprises (unit)	资产总计 Total Assets	流动资产合计 Total Current Assets	固定资产原价 Original Value of Fixed Assets	累计折旧 Accumulated Depreciation	负债合计 Total Liabilities	流动负债合计 Total Working Liabilities
全　国	**National Total**	**189289**	**152548.13**	**81049.07**	**79904.05**	**31930.97**	**82699.28**	**69251.51**
北　京	Beijing	1043	942.37	652.31	211.78	76.73	529.38	494.22
天　津	Tianjin	2246	1984.78	1280.45	657.25	233.72	1257.62	1085.88
河　北	Hebei	7949	8897.32	3810.57	5520.29	1560.35	4561.44	3964.18
山　西	Shanxi	2159	4814.10	2601.04	2247.74	874.73	3498.79	2892.54
内蒙古	Inner Mongolia	1696	2475.54	1112.56	1389.84	498.36	1442.52	1141.00
辽　宁	Liaoning	11653	8650.36	3581.69	6535.40	3140.61	3849.31	2714.32
吉　林	Jilin	2689	1919.56	745.24	3525.84	2676.97	871.86	608.64
黑龙江	Heilongjiang	1758	1312.40	689.15	648.38	208.07	719.31	615.55
上　海	Shanghai	3712	3090.51	2148.93	854.74	312.43	1811.02	1689.26
江　苏	Jiangsu	28325	23083.92	13811.05	10664.60	4527.94	13663.04	12466.18
浙　江	Zhejiang	23959	21063.41	13474.69	6665.31	2344.01	13820.37	12742.62
安　徽	Anhui	9070	5015.71	2737.27	2461.04	966.40	2515.06	2097.45
福　建	Fujian	7727	4780.77	2798.07	1870.95	565.49	2515.31	2132.12
江　西	Jiangxi	3690	2882.52	1235.87	1851.62	711.71	1358.82	1030.91
山　东	Shandong	22923	15567.43	7333.45	9811.82	3818.45	7229.93	5656.13
河　南	Henan	10846	9059.78	4040.52	5228.86	1275.14	2756.40	2052.29
湖　北	Hubei	6020	3812.56	1943.36	3171.69	1898.13	1858.63	1376.50
湖　南	Hunan	8575	4906.65	1657.02	3109.05	657.88	1977.34	1323.02
广　东	Guangdong	14322	9575.00	5778.49	4485.71	2133.30	5709.39	4918.83
广　西	Guangxi	2799	2300.21	1221.11	1086.83	309.02	1357.32	1095.22
海　南	Hainan	44	58.95	34.66	18.55	7.89	34.87	31.68
重　庆	Chongqing	3221	2698.20	1459.19	1380.48	659.79	1578.90	1231.53
四　川	Sichuan	6864	5595.57	2754.90	3435.98	1564.88	2956.46	2172.61
贵　州	Guizhou	1226	1146.39	588.94	396.59	87.12	676.44	514.87
云　南	Yunnan	1455	1840.38	1005.56	700.27	218.62	1110.14	912.00
西　藏	Tibet	13	24.72	14.76	4.50	0.95	4.97	4.44
陕　西	Shaanxi	1291	1171.15	572.02	560.07	194.60	585.02	449.10
甘　肃	Gansu	531	496.37	239.73	299.51	153.15	278.31	222.33
青　海	Qinghai	195	631.00	290.25	281.66	69.57	396.63	287.45
宁　夏	Ningxia	542	1224.13	673.83	322.66	77.93	822.12	612.78
新　疆	Xinjiang	746	1526.36	762.37	505.04	107.01	952.56	715.83

2-79 续表 continued

单位：亿元 (100 million yuan)

地 区	Region	所有者权益合计 Total Owners' Equities	主营业务收入 Revenue from Principal Business	主营业务成本 Cost of Principal Business	主营业务税金及附加 Tax and Extra Charges from Principal Business	利润总额 Total Profits	本年应交增值税 Value Added Tax Payable
全 国	**National Total**	**68946.35**	**285621.48**	**243192.10**	**1873.01**	**20191.90**	**8239.81**
北 京	Beijing	412.58	821.66	655.63	3.44	49.98	24.96
天 津	Tianjin	721.11	3624.46	3121.26	15.42	359.65	97.50
河 北	Hebei	4270.28	17907.51	15392.88	88.31	1423.01	439.48
山 西	Shanxi	1306.70	4410.83	3898.12	21.26	146.64	159.03
内蒙古	Inner Mongolia	1022.10	4239.09	3432.61	31.62	323.57	118.18
辽 宁	Liaoning	4701.62	21673.76	18481.36	140.27	1522.49	496.05
吉 林	Jilin	1024.91	5071.29	4306.34	52.36	266.92	112.17
黑龙江	Heilongjiang	586.47	2449.47	2125.72	17.36	158.96	77.15
上 海	Shanghai	1273.91	3405.79	2889.75	8.02	161.03	84.51
江 苏	Jiangsu	9381.66	42768.57	37172.39	218.24	2744.87	1439.56
浙 江	Zhejiang	7214.04	23629.71	20550.86	97.23	1161.90	596.69
安 徽	Anhui	2449.26	10017.12	8586.47	54.76	712.57	230.94
福 建	Fujian	2231.22	9005.95	7693.35	62.36	596.56	246.52
江 西	Jiangxi	1490.59	8329.00	7111.50	51.25	669.17	267.59
山 东	Shandong	8185.80	42373.66	36172.79	313.12	3158.64	1257.36
河 南	Henan	6198.01	19575.92	16285.82	149.73	2070.57	534.72
湖 北	Hubei	1924.27	8704.12	7412.24	72.67	581.04	200.62
湖 南	Hunan	2928.41	12904.24	10239.63	160.36	878.29	506.93
广 东	Guangdong	3836.53	16957.71	14620.34	74.59	1059.94	392.21
广 西	Guangxi	911.40	4694.94	3972.34	24.85	357.78	124.36
海 南	Hainan	23.89	56.36	51.35	0.22	1.37	1.55
重 庆	Chongqing	1104.68	4729.07	4001.83	27.34	300.33	155.27
四 川	Sichuan	2552.86	10680.24	8869.30	111.80	814.17	393.10
贵 州	Guizhou	458.22	1223.58	915.79	26.37	144.99	63.78
云 南	Yunnan	730.52	1948.81	1644.64	12.48	138.20	65.72
西 藏	Tibet	19.65	13.06	6.82	0.24	4.81	1.24
陕 西	Shaanxi	573.39	1748.60	1325.02	22.57	221.01	93.47
甘 肃	Gansu	213.78	448.85	378.10	1.91	15.43	6.45
青 海	Qinghai	232.44	446.64	387.06	2.97	27.38	10.23
宁 夏	Ningxia	395.38	783.13	681.15	3.28	39.02	15.26
新 疆	Xinjiang	570.67	978.33	809.63	6.61	81.62	27.21

2-80 私营工业企业主要经济效益指标（2012年）
Main Indicators on Economic Benefit of Private Industrial Enterprises (2012)

地区	Region	总资产贡献率(%) Ratio of Profits, Taxes and Interests to Average Assets (%)	资产负债率(%) Ratio of Debts to Assets (%)	流动资产周转次数（次/年） Turnover of Current Assets (times/year)	成本费用利润率(%) Ratio of Profits to Total Industrial Costs (%)	产品销售率(%) Sales Ratio of Products (%)
全国总计	**National Total**	**21.45**	**54.21**	**3.55**	**7.69**	**97.69**
北京	Beijing	8.84	56.18	1.30	6.21	96.68
天津	Tianjin	24.83	63.36	2.86	10.85	98.54
河北	Hebei	23.40	51.27	4.75	8.74	97.42
山西	Shanxi	8.46	72.68	1.71	3.45	94.17
内蒙古	Inner Mongolia	20.49	58.27	3.85	8.83	96.57
辽宁	Liaoning	25.96	44.50	6.07	7.73	97.68
吉林	Jilin	24.61	45.42	6.83	5.65	97.69
黑龙江	Heilongjiang	20.42	54.81	3.56	7.03	96.58
上海	Shanghai	9.20	58.60	1.61	4.86	97.18
江苏	Jiangsu	20.84	59.19	3.13	6.83	98.56
浙江	Zhejiang	11.03	65.61	1.77	5.11	96.89
安徽	Anhui	21.49	50.14	3.67	7.69	97.18
福建	Fujian	20.70	52.61	3.23	7.14	97.81
江西	Jiangxi	35.55	47.14	6.75	8.96	99.39
山东	Shandong	32.01	46.44	5.80	8.25	98.30
河南	Henan	31.70	30.42	4.85	12.03	98.63
湖北	Hubei	24.21	48.75	4.49	7.17	96.81
湖南	Hunan	33.12	40.30	7.80	7.70	98.29
广东	Guangdong	16.91	59.63	2.94	6.69	97.48
广西	Guangxi	23.69	59.01	3.86	8.09	95.07
海南	Hainan	6.83	59.15	1.68	2.40	99.72
重庆	Chongqing	19.29	58.52	3.27	6.85	97.56
四川	Sichuan	25.40	52.84	3.89	8.34	97.83
贵州	Guizhou	21.62	59.01	2.09	13.74	95.15
云南	Yunnan	13.18	60.32	1.96	7.56	93.81
西藏	Tibet	25.22	20.10	0.89	58.95	105.60
陕西	Shaanxi	30.34	49.95	3.06	14.93	99.20
甘肃	Gansu	6.15	56.07	1.88	3.74	86.28
青海	Qinghai	8.22	62.86	1.55	6.38	88.33
宁夏	Ningxia	6.39	67.16	1.18	5.05	96.53
新疆	Xinjiang	8.83	62.41	1.31	8.85	92.96

2-81 外商投资和港澳台商投资工业企业主要指标(2012年)

Main Indicators of Industrial Enterprises with Hong Kong, Macao, Taiwan and Foreign Funds (2012)

单位: 亿元 (100 million yuan)

地 区	Region	企业单位数(个) Number of Enterprises (unit)	资产总计 Total Assets	流动资产合计 Total Current Assets	固定资产原价 Original Value of Fixed Assets	累计折旧 Accumulated Depreciation	负债合计 Total Liabilities	流动负债合计 Total Working Liabilities
全 国	**National Total**	**56908**	**172320.28**	**100289.94**	**91410.29**	**40482.25**	**97414.09**	**82771.47**
北 京	Beijing	925	5582.87	3606.92	2244.54	942.79	3069.23	2706.33
天 津	Tianjin	1669	6766.50	4385.56	3247.23	1434.72	4123.83	3613.23
河 北	Hebei	911	4999.36	2479.52	3142.19	1252.24	2987.09	2251.85
山 西	Shanxi	138	1755.77	823.75	1126.84	442.07	1199.92	956.90
内蒙古	Inner Mongolia	183	1804.43	689.67	981.13	257.32	1014.25	629.23
辽 宁	Liaoning	1969	6853.99	3765.71	3686.45	1591.07	3903.74	3016.79
吉 林	Jilin	330	1703.85	891.41	1161.59	511.38	1050.91	757.71
黑龙江	Heilongjiang	234	1373.33	663.36	927.68	398.79	837.49	680.21
上 海	Shanghai	4365	15265.08	9917.28	7444.19	3819.58	8544.27	7689.87
江 苏	Jiangsu	11176	32719.27	18501.81	20148.66	9555.55	17578.64	15262.74
浙 江	Zhejiang	6651	14623.13	9185.61	5734.30	2200.65	8201.17	7439.85
安 徽	Anhui	783	2257.09	1129.16	1269.94	492.28	1228.71	999.47
福 建	Fujian	4326	9353.89	5589.23	4058.52	1582.63	4884.36	4033.05
江 西	Jiangxi	814	2043.98	879.97	1491.05	614.30	1107.21	883.54
山 东	Shandong	4457	10962.94	5833.75	7636.17	3851.88	5727.24	4600.02
河 南	Henan	502	3497.36	2008.99	1571.99	510.85	2243.83	1930.06
湖 北	Hubei	804	4734.76	2641.60	2413.74	1036.73	3045.20	2433.36
湖 南	Hunan	583	1364.93	605.50	783.70	240.17	717.38	558.09
广 东	Guangdong	14031	33813.08	21171.21	16882.86	7935.42	19340.79	17009.22
广 西	Guangxi	472	2405.45	1260.71	1049.84	347.15	1464.57	1169.68
海 南	Hainan	73	685.82	287.02	344.60	115.05	356.62	264.01
重 庆	Chongqing	312	2240.46	1237.42	1055.49	373.72	1558.90	1290.62
四 川	Sichuan	557	2922.37	1621.05	1339.22	382.23	1765.41	1483.95
贵 州	Guizhou	69	284.84	98.62	151.58	30.84	193.82	156.20
云 南	Yunnan	175	613.11	282.82	399.60	158.10	346.09	261.27
西 藏	Tibet	3	10.28	5.71	6.53	2.24	2.50	2.50
陕 西	Shaanxi	210	952.19	432.24	624.59	248.16	498.93	411.48
甘 肃	Gansu	45	218.62	67.28	202.32	69.00	109.58	52.22
青 海	Qinghai	26	166.63	58.56	103.59	24.52	107.53	58.30
宁 夏	Ningxia	36	138.84	73.82	64.24	24.26	82.30	70.02
新 疆	Xinjiang	79	206.04	94.69	115.94	36.56	122.57	99.69

2-81 续表 continued

单位：亿元 (100 million yuan)

地区 Region		所有者权益合计 Total Owners' Equities	主营业务收入 Revenue from Principal Business	主营业务成本 Cost of Principal Business	主营业务税金及附加 Tax and Extra Charges from Principal Business	利润总额 Total Profits	本年应交增值税 Value Added Tax Payable
全 国	**National Total**	**74485.85**	**221948.78**	**189558.50**	**1934.80**	**13965.94**	**6201.34**
北 京	Beijing	2513.23	6395.96	5166.55	97.20	444.94	194.61
天 津	Tianjin	2639.46	9567.48	8193.52	96.13	635.02	378.02
河 北	Hebei	1995.38	5588.08	4923.44	19.43	225.93	121.67
山 西	Shanxi	554.77	1168.53	912.41	6.22	172.58	44.68
内蒙古	Inner Mongolia	788.88	1345.48	1010.25	16.99	174.15	64.22
辽 宁	Liaoning	2924.92	8106.41	6760.31	147.01	531.94	264.59
吉 林	Jilin	649.89	2160.51	1834.12	36.18	155.37	65.41
黑龙江	Heilongjiang	535.86	1171.42	916.92	11.44	60.06	41.48
上 海	Shanghai	6692.37	20706.86	17451.74	214.87	1262.23	440.95
江 苏	Jiangsu	15122.19	44249.96	38513.31	197.74	2678.81	1133.24
浙 江	Zhejiang	6397.55	14829.07	12611.56	98.47	843.15	399.64
安 徽	Anhui	1020.41	3243.21	2712.21	22.53	236.09	123.34
福 建	Fujian	4424.09	12650.20	10759.82	124.37	876.62	346.17
江 西	Jiangxi	921.81	3368.89	2907.38	13.20	228.52	89.86
山 东	Shandong	5185.83	16940.95	14604.04	106.40	1137.41	448.43
河 南	Henan	1239.87	4314.65	3856.39	17.13	229.78	154.94
湖 北	Hubei	1676.27	5150.91	4224.58	83.01	363.79	157.03
湖 南	Hunan	647.50	1967.44	1612.09	20.49	145.38	64.35
广 东	Guangdong	14405.83	46712.54	40321.25	365.88	2663.06	1222.78
广 西	Guangxi	875.01	2643.85	2215.71	31.28	220.56	84.76
海 南	Hainan	331.01	765.53	613.94	81.91	41.29	26.46
重 庆	Chongqing	680.80	3286.04	2935.87	40.25	108.31	76.94
四 川	Sichuan	1146.34	3530.48	2847.46	65.34	348.16	176.66
贵 州	Guizhou	89.88	167.54	120.46	1.99	17.05	7.00
云 南	Yunnan	266.96	441.15	340.59	5.54	39.77	18.44
西 藏	Tibet	7.78	7.65	5.20	0.06	1.53	0.60
陕 西	Shaanxi	447.25	1032.26	842.82	9.32	90.07	42.45
甘 肃	Gansu	106.92	96.29	75.23	1.56	7.22	3.67
青 海	Qinghai	59.10	81.67	63.28	0.44	7.00	1.09
宁 夏	Ningxia	56.17	99.79	81.23	0.97	6.85	2.55
新 疆	Xinjiang	82.52	157.94	124.81	1.42	13.30	5.29

2-82 外商投资和港澳台商投资工业企业主要经济效益指标(2012年)

Main Indicators on Economic Benefit of Industrial Enterprises with Hong Kong, Macao, Taiwan and Foreign Funds (2012)

地 区	Region	总资产贡献率 (%) Ratio of Profits, Taxes and Interests to Average Assets (%)	资产负债率 (%) Ratio of Debts to Assets (%)	流动资产周转次数 (次/年) Turnover of Current Assets (times/year)	成本费用利润率 (%) Ratio of Profits to Total Industrial Costs (%)	产品销售率 (%) Sales Ratio of Products (%)
全国总计	**National Total**	**13.68**	**56.53**	**2.25**	**6.62**	**98.37**
北 京	Beijing	13.56	54.98	1.81	7.37	98.95
天 津	Tianjin	16.89	60.94	2.22	6.96	99.95
河 北	Hebei	8.71	59.75	2.33	4.16	98.08
山 西	Shanxi	14.28	68.34	1.44	16.62	97.56
内蒙古	Inner Mongolia	15.22	56.21	1.98	14.79	96.34
辽 宁	Liaoning	14.81	56.96	2.21	7.02	98.63
吉 林	Jilin	16.26	61.68	2.45	7.38	98.36
黑龙江	Heilongjiang	9.30	60.98	1.79	5.34	98.85
上 海	Shanghai	12.86	55.97	2.14	6.34	98.88
江 苏	Jiangsu	13.13	53.73	2.43	6.39	98.80
浙 江	Zhejiang	10.54	56.08	1.65	5.87	97.36
安 徽	Anhui	17.88	54.44	2.92	7.76	97.86
福 建	Fujian	15.42	52.22	2.29	7.33	97.70
江 西	Jiangxi	17.33	54.17	3.85	7.41	100.09
山 东	Shandong	16.78	52.24	2.94	7.14	98.23
河 南	Henan	12.59	64.16	2.24	5.29	97.96
湖 北	Hubei	13.46	64.32	2.04	7.45	95.60
湖 南	Hunan	17.81	52.56	3.27	8.04	98.08
广 东	Guangdong	13.10	57.20	2.24	5.98	98.52
广 西	Guangxi	15.05	60.89	2.17	8.73	95.07
海 南	Hainan	22.77	52.00	2.68	6.28	108.23
重 庆	Chongqing	11.04	69.58	2.69	3.37	98.72
四 川	Sichuan	21.24	60.41	2.20	11.06	97.74
贵 州	Guizhou	11.10	68.05	1.74	11.03	94.33
云 南	Yunnan	11.86	56.45	1.60	9.60	94.46
西 藏	Tibet	21.19	24.29	1.34	24.75	101.17
陕 西	Shaanxi	15.71	52.40	2.46	9.15	94.26
甘 肃	Gansu	7.48	50.12	1.45	7.94	96.59
青 海	Qinghai	5.60	64.53	1.41	9.73	101.62
宁 夏	Ningxia	8.58	59.28	1.42	6.77	92.31
新 疆	Xinjiang	11.02	59.49	1.71	8.88	90.87

2-83　大中型工业企业主要指标(2012年)

Main Indicators of Large and Medium-sized Industrial Enterprises (2012)

单位：亿元　　(100 million yuan)

地　区	Region	企业单位数(个) Number of Enterprises (unit)	资产总计 Total Assets	流动资产合计 Total Current Assets	固定资产原价 Original Value of Fixed Assets	累计折旧 Accumulated Depreciation	负债合计 Total Liabilities	流动负债合计 Total Liquid Liabilities
全　国	**National Total**	**63314**	**564360.36**	**264650.92**	**324201.66**	**136160.16**	**333780.31**	**250485.05**
北　京	Beijing	776	24635.76	8937.26	9272.77	3833.13	12686.03	7293.63
天　津	Tianjin	994	15608.01	8104.15	9003.77	3852.72	10093.66	8379.73
河　北	Hebei	2184	26017.06	10436.26	16914.81	6447.55	16105.06	12371.51
山　西	Shanxi	1184	21603.81	9300.44	11800.76	4993.83	14930.19	10520.14
内蒙古	Inner Mongolia	842	15667.30	5849.32	8962.48	3190.12	9494.96	5828.95
辽　宁	Liaoning	2210	24664.73	11530.95	14257.71	6519.34	15391.41	11113.24
吉　林	Jilin	667	9906.80	4175.88	7568.40	3737.05	5623.23	4021.67
黑龙江	Heilongjiang	635	10418.81	4274.03	8589.21	3958.18	6022.94	4493.53
上　海	Shanghai	1823	23622.02	13124.25	12683.79	6565.53	11834.63	10145.26
江　苏	Jiangsu	7128	58173.76	30738.60	34987.22	15917.18	33395.14	27880.08
浙　江	Zhejiang	5240	31666.17	17866.93	13016.05	5179.83	18289.11	15730.64
安　徽	Anhui	1655	16318.19	6557.27	9709.45	3751.32	10189.64	6979.07
福　建	Fujian	3391	14523.22	7737.47	7022.97	2684.18	7831.74	6285.54
江　西	Jiangxi	1759	8600.43	4037.90	5811.71	2453.25	4965.50	3757.06
山　东	Shandong	5350	52011.74	25231.19	30894.08	13935.38	30536.92	23731.80
河　南	Henan	4070	25891.35	11618.17	15459.87	5448.57	14704.71	11032.22
湖　北	Hubei	2022	20881.07	9137.99	13936.47	6254.86	12684.70	9505.39
湖　南	Hunan	2082	12111.55	5504.87	7259.82	2847.02	7418.22	5033.55
广　东	Guangdong	10464	54852.10	30911.46	27840.28	12261.61	31823.40	26077.43
广　西	Guangxi	1351	8675.03	3929.61	4808.54	1562.68	5477.44	4027.27
海　南	Hainan	121	1530.53	589.41	813.47	286.47	813.22	610.72
重　庆	Chongqing	1171	8508.95	4129.81	4430.92	1771.62	5454.90	4178.58
四　川	Sichuan	2769	21074.33	9714.15	11876.04	4930.16	13376.19	9429.04
贵　州	Guizhou	578	6129.34	2260.58	3650.24	1189.30	4009.73	2355.42
云　南	Yunnan	832	9754.82	3791.51	4940.94	1721.72	5978.10	4010.32
西　藏	Tibet	12	352.09	97.63	246.26	55.37	99.17	67.70
陕　西	Shaanxi	975	17643.21	7258.66	11749.93	4504.58	10184.32	6804.71
甘　肃	Gansu	339	7043.82	2822.42	4510.81	1697.10	4391.83	2965.64
青　海	Qinghai	122	3335.77	941.61	2324.52	710.93	2235.51	1184.96
宁　夏	Ningxia	172	3984.55	1352.07	2541.62	748.49	2657.47	1564.93
新　疆	Xinjiang	396	9154.04	2689.06	7316.76	3151.09	5081.24	3105.31

2-83 续表 continued

单位：亿元 (100 million yuan)

地 区	Region	所有者权益合计 Total Owners' Equities	主营业务收入 Revenue from Principal Business	主营业务成本 Cost of Principal Business	主营业务税金及附加 Taxes and Extra Charges from Principal Business	利润总额 Total Profits	本年应交增值税 Value-added Tax Payable
全 国	**National Total**	**229421.94**	**603021.39**	**506603.97**	**12107.14**	**40570.17**	**20514.67**
北 京	Beijing	11949.43	13316.43	11261.61	247.30	1059.46	366.51
天 津	Tianjin	5505.33	18371.71	15308.12	286.79	1838.01	763.03
河 北	Hebei	9863.24	28859.28	25107.65	334.93	1397.84	830.21
山 西	Shanxi	6628.29	14826.00	12236.02	142.95	894.42	711.46
内蒙古	Inner Mongolia	6141.31	11150.42	8612.31	177.41	1391.63	545.14
辽 宁	Liaoning	9180.03	24719.23	21022.81	724.25	974.84	822.60
吉 林	Jilin	4275.96	11717.71	9684.00	365.16	788.16	379.50
黑龙江	Heilongjiang	4393.85	8535.16	6088.06	669.82	1096.99	499.47
上 海	Shanghai	11777.74	26401.97	22167.12	784.94	1749.15	665.56
江 苏	Jiangsu	24778.45	75243.60	64903.37	713.30	4618.68	2342.85
浙 江	Zhejiang	13371.65	33716.44	28989.96	374.39	1914.19	938.22
安 徽	Anhui	6070.87	16925.90	14119.10	299.95	1119.34	651.80
福 建	Fujian	6626.65	18507.77	15655.83	309.65	1370.75	589.14
江 西	Jiangxi	3543.44	13445.50	11648.38	183.09	845.76	403.91
山 东	Shandong	21312.36	69385.78	59393.04	1043.48	4534.67	1966.98
河 南	Henan	11075.35	33927.26	29313.17	491.63	2124.82	974.41
湖 北	Hubei	8167.05	20743.29	17451.19	532.60	1351.16	580.70
湖 南	Hunan	4693.27	13966.27	11174.28	596.97	896.78	623.46
广 东	Guangdong	22856.92	68816.08	58253.68	916.50	4085.42	2275.24
广 西	Guangxi	3108.98	9881.82	8471.70	260.95	534.82	377.35
海 南	Hainan	719.20	1340.71	1065.40	98.97	101.67	53.28
重 庆	Chongqing	3046.78	9424.31	8107.29	146.05	434.86	301.98
四 川	Sichuan	7651.59	19928.38	16161.68	395.52	1585.57	885.99
贵 州	Guizhou	2104.06	3937.79	2869.54	186.45	466.79	221.86
云 南	Yunnan	3756.13	6588.93	4874.93	690.09	434.10	374.64
西 藏	Tibet	252.91	50.45	49.13	1.00	2.50	4.43
陕 西	Shaanxi	7438.82	12776.03	9364.51	470.55	1707.48	738.39
甘 肃	Gansu	2640.27	6638.63	5650.64	255.06	228.28	189.29
青 海	Qinghai	1098.85	1442.79	1090.39	38.05	141.84	74.66
宁 夏	Ningxia	1322.86	2397.14	2026.29	59.70	109.85	84.90
新 疆	Xinjiang	4070.28	6038.63	4482.75	309.64	770.32	277.71

2-84 大中型工业企业主要经济效益指标(2012年)

Main Indicators on Economic Benefit of Large and Medium-sized Industrial Enterprises (2012)

地区	Region	总资产贡献率 (%) Ratio of Profits, Taxes and Interests to Average Assets (%)	资产负债率 (%) Ratio of Debts to Assets (%)	流动资产周转次数 (次/年) Turnover of Current Assets (times/year)	成本费用利润率 (%) Ratio of Profits to Total Industrial Costs (%)	产品销售率 (%) Sales Ratio of Products (%)
全国总计	**National Total**	**14.25**	**59.14**	**2.34**	**7.13**	**98.07**
北京	Beijing	7.43	51.49	1.52	8.26	99.12
天津	Tianjin	19.32	64.67	2.36	10.68	99.06
河北	Hebei	11.35	61.90	2.88	5.02	97.85
山西	Shanxi	9.72	69.11	1.66	6.15	97.82
内蒙古	Inner Mongolia	14.98	60.60	1.94	14.12	96.41
辽宁	Liaoning	11.53	62.40	2.22	4.09	97.69
吉林	Jilin	16.54	56.76	2.92	6.96	98.59
黑龙江	Heilongjiang	22.60	57.81	2.07	15.34	97.74
上海	Shanghai	13.84	50.10	2.06	6.99	98.92
江苏	Jiangsu	14.44	57.41	2.52	6.42	98.94
浙江	Zhejiang	11.74	57.76	1.93	5.91	97.62
安徽	Anhui	14.14	62.44	2.67	6.99	97.96
福建	Fujian	16.90	53.93	2.42	7.91	97.63
江西	Jiangxi	17.89	57.74	3.36	6.80	99.43
山东	Shandong	16.15	58.71	2.80	6.96	98.75
河南	Henan	15.50	56.79	2.98	6.63	98.23
湖北	Hubei	13.25	60.75	2.34	6.72	97.20
湖南	Hunan	19.16	61.25	2.57	6.98	98.49
广东	Guangdong	14.06	58.02	2.26	6.23	97.94
广西	Guangxi	15.16	63.14	2.56	5.64	95.14
海南	Hainan	17.59	53.13	2.30	8.64	103.96
重庆	Chongqing	11.60	64.11	2.33	4.77	97.91
四川	Sichuan	14.96	63.47	2.08	8.66	97.90
贵州	Guizhou	16.73	65.42	1.78	13.69	94.38
云南	Yunnan	16.84	61.28	1.84	7.33	95.73
西藏	Tibet	2.82	28.17	0.52	4.44	104.28
陕西	Shaanxi	17.68	57.72	1.80	15.70	96.68
甘肃	Gansu	11.18	62.35	2.40	3.64	95.19
青海	Qinghai	9.62	67.02	1.57	10.58	93.20
宁夏	Ningxia	8.51	66.69	1.80	4.75	97.93
新疆	Xinjiang	15.90	55.51	2.31	15.03	97.94

2-85 工业产品产量(2012年)
Output of Industrial Products (2012)

地 区	Region	原 油 (万吨) Crude Oil (10 000 tons)	天然气 (亿立方米) Natural Gas (100 million cu.m)	原 盐 (万吨) Salt (10 000 tons)	成品糖 (万吨) Refined Sugar (10 000 tons)	啤 酒 (万千升) Beer (10 000 kiloliter)	卷 烟 (亿支) Cigarettes (100 million pieces)	布 (亿米) Cloth (100 million m)
全 国	**National Total**	**20747.80**	**1071.53**	**6911.78**	**1409.47**	**4778.58**	**25160.90**	**848.94**
北 京	Beijing					166.21	198.60	
天 津	Tianjin	3098.30	18.70	149.70		27.10	239.00	2.10
河 北	Hebei	584.00	13.40	354.90	2.88	157.51	827.50	71.05
山 西	Shanxi				5.30	41.92	156.00	0.78
内蒙古	Inner Mongolia			253.62	31.10	104.30	315.00	0.40
辽 宁	Liaoning	1000.00	7.20	141.96	5.40	264.10	276.40	4.64
吉 林	Jilin	810.40	22.20			135.25	465.00	0.40
黑龙江	Heilongjiang	4001.50	33.70		28.35	210.95	437.00	0.10
上 海	Shanghai	5.30	2.90			59.50	916.90	1.86
江 苏	Jiangsu	194.50	0.60	750.75	0.97	217.61	1006.20	135.52
浙 江	Zhejiang			10.83	0.19	268.55	901.10	235.73
安 徽	Anhui			142.00		152.00	1286.10	10.54
福 建	Fujian			26.61	7.00	198.07	921.20	52.33
江 西	Jiangxi			204.70		117.15	599.00	9.58
山 东	Shandong	2774.70	6.00	2306.01	3.34	665.53	1383.10	146.09
河 南	Henan	476.60	5.00	355.80	0.79	369.25	1691.00	35.59
湖 北	Hubei	78.90	1.70	432.20	3.30	226.80	1367.40	72.03
湖 南	Hunan			253.70	5.96	79.73	1837.70	3.83
广 东	Guangdong	1209.30	83.50	9.14	149.79	474.20	1370.90	30.80
广 西	Guangxi	2.30		7.19	861.51	169.45	753.50	0.63
海 南	Hainan	19.00	1.80	4.17	31.31	8.80	105.00	
重 庆	Chongqing		0.40	233.00	1.20	77.20	551.00	12.26
四 川	Sichuan	17.50	242.26	477.46	2.58	198.00	978.90	14.76
贵 州	Guizhou				2.93	41.40	1246.70	
云 南	Yunnan		0.05	118.10	207.93	89.09	3841.20	0.02
西 藏	Tibet					17.50		
陕 西	Shaanxi	3527.60	311.30	104.80		102.13	879.50	7.23
甘 肃	Gansu	69.90	0.20	20.25	4.00	63.17	440.00	
青 海	Qinghai	205.00	64.28	253.49		10.10		
宁 夏	Ningxia	2.30	3.33			15.40		
新 疆	Xinjiang	2670.70	253.01	301.40	53.64	50.61	170.00	0.67

2-85 续表 1 continued

地 区	Region	机制纸及纸板(万吨) Machine-made Paper and Paperboards (10 000 tons)	焦 炭(万吨) Coke (10 000 tons)	硫 酸(万吨) Sulfuric Acid (10 000 tons)	烧 碱(万吨) Caustic Soda (10 000 tons)	纯 碱(万吨) Soda Ash (10 000 tons)	乙 烯(万吨) Ethylene (10 000 tons)	农用氮、磷、钾化肥(万吨) Chemical Fertilizer (10 000 tons)
全 国	**National Total**	**10956.54**	**44778.87**	**7876.63**	**2696.82**	**2395.93**	**1486.80**	**6832.10**
北 京	Beijing	11.30			3.80		84.00	
天 津	Tianjin	201.00	229.00	30.90	113.90	48.70	113.20	11.80
河 北	Hebei	511.56	6700.52	141.32	88.84	260.07		184.76
山 西	Shanxi	28.15	8607.91	18.10	55.80	16.00		383.82
内蒙古	Inner Mongolia	15.00	2569.10	251.58	163.60	71.90		123.00
辽 宁	Liaoning	70.37	2021.20	74.55	56.66	45.40	103.10	82.87
吉 林	Jilin	63.90	524.00	42.20	20.80		67.70	37.60
黑龙江	Heilongjiang	61.60	957.20	10.25	12.80		67.20	72.47
上 海	Shanghai	91.46	632.60	18.20	72.70		195.60	2.60
江 苏	Jiangsu	1245.86	2052.20	397.67	414.67	338.40	132.50	290.81
浙 江	Zhejiang	1539.95	294.80	99.73	140.20	23.00	110.30	31.08
安 徽	Anhui	214.02	898.90	502.20	35.30	49.40		310.72
福 建	Fujian	624.63	189.90	114.59	23.70	0.74	84.90	46.49
江 西	Jiangxi	155.98	809.60	290.03	43.24			88.66
山 东	Shandong	1952.20	4224.53	645.72	585.67	410.22	80.60	982.64
河 南	Henan	901.39	2360.73	340.59	169.44	294.90	20.90	395.43
湖 北	Hubei	223.94	922.00	835.40	80.63	137.71		1048.22
湖 南	Hunan	398.81	640.30	275.83	72.31	61.35	0.30	183.65
广 东	Guangdong	1581.84	178.20	260.23	31.23	52.04	234.70	39.26
广 西	Guangxi	297.06	420.21	284.29	44.90	5.65		112.91
海 南	Hainan	128.20						60.00
重 庆	Chongqing	170.55	332.30	222.57	28.40	114.70		198.02
四 川	Sichuan	232.42	1312.24	535.24	124.57	170.34		420.16
贵 州	Guizhou	13.40	838.62	663.48	10.60			503.21
云 南	Yunnan	51.50	1573.36	1220.52	22.90	15.30		351.96
西 藏	Tibet							
陕 西	Shaanxi	80.30	2893.99	135.04	50.90	36.71		84.60
甘 肃	Gansu	4.90	337.50	313.33	24.90	20.10	64.70	83.68
青 海	Qinghai		240.00	62.99	17.60	212.40		346.65
宁 夏	Ningxia	52.86	577.08	51.10	40.37			78.83
新 疆	Xinjiang	32.39	1440.88	38.98	146.39	10.90	127.10	276.21

2-85 续表 2 continued

地 区	Region	化学农药原药(万吨) Chemical Pesticide (10 000 tons)	初级形态的塑料(万吨) Primary Plastic (10 000 tons)	化学纤维(万吨) Chemical Fiber (10 000 tons)	水 泥(万吨) Cement (10 000 tons)	平板玻璃(万重量箱) Plate Glass (10 000 weight cases)	生 铁(万吨) Pig Iron (10 000 tons)	粗 钢(万吨) Crude Steel (10 000 tons)	钢 材(万吨) Rolled Steel (10 000 tons)
全 国	**National Total**	**290.88**	**5330.92**	**3837.37**	**220984.08**	**75050.50**	**66354.40**	**72388.22**	**95577.83**
北 京	Beijing		108.80	0.20	882.34			2.60	254.54
天 津	Tianjin	0.34	322.90	11.10	847.42	1651.40	1974.60	2124.20	5708.60
河 北	Hebei	3.44	79.79	35.88	13131.84	14898.03	16358.54	18048.40	21026.10
山 西	Shanxi	0.10	51.90	0.50	5076.19	1975.81	4009.63	3950.18	3799.34
内蒙古	Inner Mongolia	6.20	280.60	2.70	6062.30	549.15	1326.40	1734.10	1661.81
辽 宁	Liaoning	2.07	175.32	18.33	5503.78	2523.44	5311.92	5177.50	5923.50
吉 林	Jilin	1.18	78.20	27.01	3242.75	355.00	1112.60	1174.20	1229.50
黑龙江	Heilongjiang	0.30	118.87	10.70	3985.14	399.91	674.85	697.60	610.80
上 海	Shanghai	1.50	316.44	49.58	798.87		1800.40	1970.90	2341.34
江 苏	Jiangsu	73.72	772.97	1278.09	16902.33	6465.96	5874.43	7419.72	11008.35
浙 江	Zhejiang	28.88	510.54	1692.99	11575.35	2992.28	1006.10	1305.20	3370.84
安 徽	Anhui	23.53	58.06	28.14	11004.70	2388.10	1926.80	2146.36	2770.30
福 建	Fujian	0.06	176.52	278.63	7258.96	4644.50	725.75	1576.79	2292.60
江 西	Jiangxi	3.28	11.70	37.92	7572.05	668.22	2027.71	2179.57	2371.71
山 东	Shandong	78.85	428.78	96.11	15454.99	7903.89	6334.29	6282.10	7823.64
河 南	Henan	12.54	222.32	54.14	14888.89	1218.52	2122.62	2215.85	3484.88
湖 北	Hubei	17.80	85.17	17.97	10375.28	7365.48	2407.63	2913.34	3560.78
湖 南	Hunan	16.38	62.36	6.31	10573.71	1805.50	1742.50	1680.32	1851.61
广 东	Guangdong	1.79	542.12	58.91	11485.50	8088.11	842.12	1228.66	3002.37
广 西	Guangxi		22.52		9983.95	607.60	1302.66	1341.62	2149.66
海 南	Hainan		23.40	4.80	1672.45				20.90
重 庆	Chongqing	0.40	4.11	4.59	5561.78	791.26	530.61	545.76	1154.19
四 川	Sichuan	15.71	109.08	70.83	13465.03	4093.20	1674.09	1674.89	2287.98
贵 州	Guizhou		11.92		6749.36	194.55	562.95	531.30	564.86
云 南	Yunnan		24.80	3.90	8013.87	872.57	1595.47	1526.70	1600.26
西 藏	Tibet				286.70				
陕 西	Shaanxi	0.38	89.07	3.06	7636.17	1489.01	803.34	828.70	1285.70
甘 肃	Gansu	0.20	125.21		3651.92	497.12	746.60	810.20	883.10
青 海	Qinghai		26.80		1409.52	236.30	150.80	141.20	139.40
宁 夏	Ningxia	2.21	94.50		1615.01	0.36	80.70	22.06	109.20
新 疆	Xinjiang	0.02	396.15	44.98	4315.93	375.23	1328.29	1138.20	1289.97

2-85 续表 3 continued

地区	Region	金属切削机床(万台) Metal-cutting Machine Tools (10 000 units)	大中型拖拉机(万台) Large and Medium-sized Tractors (10 000 units)	汽车(万辆) Motor Vehicles (10 000 units)	#轿车 Cars	发电机组(万千瓦) Power Generation Equipment (10 000 kw)	家用电冰箱(万台) Household Refrigerators (10 000 units)	房间空气调节器(万台) Air Conditioners (10 000 units)
合　计	**National Total**	**88.23**	**46.33**	**1927.62**	**1077.00**	**13005.52**	**8427.00**	**13281.10**
北　京	Beijing	1.93		166.16	77.64	525.70	80.40	
天　津	Tianjin	0.10	1.25	63.80	53.60	292.80	51.40	245.80
河　北	Hebei	0.79	0.05	82.50	20.10			435.90
山　西	Shanxi	0.10		0.70		13.60		
内蒙古	Inner Mongolia			2.10		171.04		
辽　宁	Liaoning	11.93		83.63	48.34	4.80	101.50	150.80
吉　林	Jilin	0.30	0.12	156.48	120.51	78.61		
黑龙江	Heilongjiang	0.51	1.58	9.80	3.20	2319.83		
上　海	Shanghai	2.98	0.52	202.40	180.70	2886.30	151.60	584.10
江　苏	Jiangsu	10.01	8.66	88.70	45.50	570.65	1103.20	495.90
浙　江	Zhejiang	17.47	3.32	32.72	26.50	460.80	887.20	509.50
安　徽	Anhui	6.22		104.18	54.60		2589.10	2992.90
福　建	Fujian	0.60		18.33	10.20	95.19		
江　西	Jiangxi	0.51	0.16	34.40	8.30	34.50	107.00	307.50
山　东	Shandong	18.54	17.02	90.26	50.55	832.17	575.00	465.90
河　南	Henan	0.64	10.87	37.56	1.10	107.69	455.90	2.20
湖　北	Hubei	0.30	0.02	118.85	61.36	233.20	202.40	829.80
湖　南	Hunan	0.31	1.05	17.27	14.67	87.98	17.20	5.50
广　东	Guangdong	3.04		138.50	111.73	250.23	1655.00	5342.10
广　西	Guangxi	0.43		167.30	11.50	8.98		
海　南	Hainan			12.90	8.30			
重　庆	Chongqing	0.40		190.95	102.40	161.50	191.20	805.00
四　川	Sichuan	0.56	0.04	39.70	27.20	3581.55	68.80	108.20
贵　州	Guizhou	0.08	1.40	0.47			159.00	
云　南	Yunnan	6.71	0.07	10.90		71.20		
西　藏	Tibet							
陕　西	Shaanxi	2.22		54.50	36.60		31.10	
甘　肃	Gansu	0.42		2.40	2.40	6.20		
青　海	Qinghai	0.73						
宁　夏	Ningxia	0.40				6.50		
新　疆	Xinjiang		0.18	0.16		204.50		

2-85 续表 4 continued

地 区	Region	家用洗衣机(万台) Household Washing Machines (10 000 units)	移动通信手持机(万台) Mobile Telephones (10 000 units)	微型计算机设备(万台) Micro-Computer Equipment (10 000 units)	集成电路(亿块) Integrated Circuit (100 million units)	彩色电视机(万台) Color Television Sets (10 000 units)	发电量(亿千瓦小时) Electricity (100 million kwh)	#水 电 Hydropower
合 计	**National Total**	**6791.12**	**118154.57**	**35411.02**	**823.28**	**12823.52**	**49875.53**	**8721.07**
北 京	Beijing	0.10	19949.30	1074.50	31.94	54.40	290.99	4.38
天 津	Tianjin	23.20	9193.90	0.20	8.50	192.80	589.69	
河 北	Hebei	0.05			0.30		2411.24	4.70
山 西	Shanxi		1517.00				2545.91	43.79
内蒙古	Inner Mongolia					141.31	3172.18	17.66
辽 宁	Liaoning		1650.00	0.20	0.10	504.50	1441.05	38.24
吉 林	Jilin						691.62	65.78
黑龙江	Heilongjiang			3.60	2.00		849.16	16.34
上 海	Shanghai	197.10	4086.60	9804.80	160.30	142.90	886.19	
江 苏	Jiangsu	1177.10	2525.80	8862.10	292.59	1330.35	4001.13	11.22
浙 江	Zhejiang	1952.94	651.80	161.80	44.42	573.30	2808.19	187.01
安 徽	Anhui	1499.30	3.90	339.40		304.55	1771.08	19.60
福 建	Fujian		2968.00	929.00	0.60	953.10	1622.60	476.20
江 西	Jiangxi		4440.00	20.80		132.90	728.20	111.66
山 东	Shandong	624.00	4111.50	20.40	3.70	1504.60	3211.67	1.23
河 南	Henan	21.60	6853.60			4.70	2643.00	136.72
湖 北	Hubei	166.80	419.00	213.30			2238.19	1415.34
湖 南	Hunan	37.70	71.40	61.00	0.06	38.90	1398.05	602.70
广 东	Guangdong	607.00	57599.27	5374.52	172.07	5663.60	3763.80	367.31
广 西	Guangxi					115.90	1186.07	541.56
海 南	Hainan						198.55	15.36
重 庆	Chongqing	283.63	1095.80	4160.90	0.40	125.80	597.65	244.75
四 川	Sichuan	194.60	970.80	4384.50	34.00	949.31	2150.51	1562.46
贵 州	Guizhou		46.90		0.20	90.60	1617.71	582.05
云 南	Yunnan						1759.13	1238.23
西 藏	Tibet						26.24	18.98
陕 西	Shaanxi						1341.83	88.91
甘 肃	Gansu	6.00			72.10		1102.97	294.67
青 海	Qinghai						584.21	455.50
宁 夏	Ningxia						1009.66	19.06
新 疆	Xinjiang						1237.06	139.66

2-86 总承包建筑业企业主要经济指标(2012年)

Main Economic Indicators on Construction Enterprises of General Contractors (2012)

地 区	Region	企业单位数 (个) Number of Enterprises (unit)	从业人员 (人) Number of Employed Persons (person)	建筑业总产值 (万元) Gross Output Value of Construction (10 000 yuan)	利税总额 (万元) Total Pre-Tax Profits (10 000 yuan)	按总产值计算的劳动生产率 (元/人) Overall Labor Productivity by Gross Output Value (yuan/person)
全 国	**National Total**	**43031**	**38278197**	**1224735708**	**79845536**	**295904**
北 京	Beijing	875	340534	55384707	3838078	808160
天 津	Tianjin	424	236597	28341058	1652481	572687
河 北	Hebei	1617	1245261	45633359	2670717	352641
山 西	Shanxi	947	560167	23902342	1341005	289137
内蒙古	Inner Mongolia	667	341071	13689007	1338889	274924
辽 宁	Liaoning	2231	1606427	61817446	3982592	298616
吉 林	Jilin	900	452016	17896406	1193378	313059
黑龙江	Heilongjiang	1314	431776	20389686	1156646	241921
上 海	Shanghai	1355	737445	40230171	2590086	416309
江 苏	Jiangsu	4538	6697610	164932347	11068354	270123
浙 江	Zhejiang	3343	5959991	159455107	8497422	271694
安 徽	Anhui	1574	1516387	38081342	2374259	262958
福 建	Fujian	1372	1678470	39806697	2683501	219830
江 西	Jiangxi	1174	1015481	25827810	1722112	276792
山 东	Shandong	3743	2537227	65676765	4835169	231284
河 南	Henan	2178	1994929	54309031	3762966	292032
湖 北	Hubei	1669	1560367	64966333	4916961	412405
湖 南	Hunan	1395	1094582	41330840	2852264	281612
广 东	Guangdong	2321	1479135	49265772	3711566	350169
广 西	Guangxi	771	644456	17942820	878418	279765
海 南	Hainan	87	56785	2609341	183817	419393
重 庆	Chongqing	1454	1308487	36417875	2710553	257438
四 川	Sichuan	2157	1993742	55936282	3752378	253684
贵 州	Guizhou	421	342741	9982711	485355	317600
云 南	Yunnan	1369	676371	21707572	1452623	260433
西 藏	Tibet	157	34660	843052	69764	267262
陕 西	Shaanxi	1052	754382	33190430	1954181	350613
甘 肃	Gansu	734	525634	12903521	888336	258987
青 海	Qinghai	245	104811	3041636	196547	256845
宁 夏	Ningxia	326	75535	4248718	255468	253102
新 疆	Xinjiang	621	275120	14975525	829651	253810

2-87 专业承包建筑业企业主要经济指标(2012年)
Main Economic Indicators on Construction Enterprises of Professional Contractors (2012)

地 区	Region	企业单位数 (个) Number of Enterprises (unit)	从业人员 (人) Number of Employed Persons (person)	建筑业总产值 (万元) Gross Output Value of Construction (10 000 yuan)	利税总额 (万元) Total Pre-Tax Profits (10 000 yuan)	按总产值计算的劳动生产率 (元/人) Overall Labor Productivity by Gross Output Value (yuan/person)
全 国	**National Total**	**32249**	**4394225**	**147442872**	**11804721**	**300818**
北 京	Beijing	2303	144207	10498246	681596	513181
天 津	Tianjin	1111	85851	4244644	294409	446161
河 北	Hebei	730	100116	3017548	253511	330908
山 西	Shanxi	1069	102568	2779337	167769	233591
内蒙古	Inner Mongolia	161	25547	720962	52430	145458
辽 宁	Liaoning	3316	387591	13656452	1059047	307702
吉 林	Jilin	753	79327	2007845	221383	285148
黑龙江	Heilongjiang	724	60653	3349920	182177	208524
上 海	Shanghai	1608	139843	8204225	598420	475051
江 苏	Jiangsu	4205	695828	19303165	1764478	213585
浙 江	Zhejiang	2207	447662	13872342	994319	313258
安 徽	Anhui	965	179579	4223070	373175	271876
福 建	Fujian	1015	175062	4438742	390413	234061
江 西	Jiangxi	333	57233	2067898	165370	345190
山 东	Shandong	1918	236948	7136556	653846	290985
河 南	Henan	2154	272533	5781734	614033	252805
湖 北	Hubei	1105	144044	5467886	408940	388419
湖 南	Hunan	511	92625	2748357	220062	259944
广 东	Guangdong	1823	425849	15878521	1441738	378567
广 西	Guangxi	282	25805	727760	44190	319165
海 南	Hainan	33	2175	221747	7441	1293737
重 庆	Chongqing	880	100345	3338821	221172	324211
四 川	Sichuan	1036	195102	6467016	428334	288682
贵 州	Guizhou	137	12418	409464	39050	365364
云 南	Yunnan	711	72185	2129034	133856	268889
西 藏	Tibet	18	1199	20993	2019	153231
陕 西	Shaanxi	197	41899	2103455	152461	466719
甘 肃	Gansu	374	35362	742763	71549	279560
青 海	Qinghai	122	12589	215941	35964	206899
宁 夏	Ningxia	182	14176	420809	35609	232466
新 疆	Xinjiang	266	27904	1247620	95960	209575

2-88 按登记注册类型分建筑业总产值(2012年)

Total Output Value of Construction by Registration Status (2012)

单位：万元 (10 000 yuan)

地区	Region	合计 Total	内资企业 Domestic Funded	#国有 State-owned	#集体 Collective-owned	港澳台商投资企业 Funded from Hong Kong, Macao and Taiwan	#港澳台商独资企业 Solely Owned	外商投资企业 Foreign Funded	#外商独资企业 Solely Owned
全国	**National Total**	**1372178580**	**1360911276**	**229301853**	**49190021**	**6497420**	**829289**	**4769884**	**1985428**
北京	Beijing	65882953	64378972	11319578	1572771	990930	279871	513051	112655
天津	Tianjin	32585701	32517395	8695178	2610920	51346	545	16961	
河北	Hebei	48650907	48597421	9462330	1361991	36371		17115	
山西	Shanxi	26681679	26587020	6941038	450162	39211		55449	6900
内蒙古	Inner Mongolia	14409969	14409969	1258556	128095				
辽宁	Liaoning	75473898	74942383	10394423	3918743	171744	880	359772	65787
吉林	Jilin	19904251	19730651	1572634	314681	173601			
黑龙江	Heilongjiang	23739606	23711892	7018957	1841978	647		27068	1712
上海	Shanghai	48434396	45785422	6723207	643149	1295247	271282	1353727	623153
江苏	Jiangsu	184235512	183240666	8515843	3704733	470957	43273	523889	308753
浙江	Zhejiang	173327449	172318467	3304248	2152733	664350	2953	344632	1851
安徽	Anhui	42304412	42221898	9479797	940326	27020	16833	55494	3343
福建	Fujian	44245439	43672286	5354474	836004	531005	24905	42148	30417
江西	Jiangxi	27895708	27488403	6316612	2726748	406843	59	462	
山东	Shandong	72813321	72412716	11704641	4662349	327966	9489	72638	19232
河南	Henan	60090765	59959211	7310610	2134749	111099	453	20455	2240
湖北	Hubei	70434219	70347008	17425301	1486158	51527	4035	35685	
湖南	Hunan	44079197	43790155	11001212	2113245	178058	44599	110984	15066
广东	Guangdong	65144293	63558418	17766490	3293681	796366	23515	789510	781019
广西	Guangxi	18670580	18270157	8981801	1526447	11344	4683	389079	
海南	Hainan	2831087	2829864	1469117	344689	1224			
重庆	Chongqing	39756696	39672862	6603260	1126520	79720	73580	4115	1007
四川	Sichuan	62403298	62386489	14024820	3582328	12890	4085	3920	2430
贵州	Guizhou	10392175	10392175	8104842	307938				
云南	Yunnan	23836606	23803941	5322749	1521515	27543	24164	5122	
西藏	Tibet	864044	864044	285182	48452				
陕西	Shaanxi	35293886	35283250	12645945	2216507	479		10157	9863
甘肃	Gansu	13646284	13645905	3401876	1227515	378			
青海	Qinghai	3257576	3257346	1852750	97487	86	86	144	
宁夏	Ningxia	4669527	4611859	1374388	138177	39385		18283	
新疆	Xinjiang	16223145	16223033	3669996	159230	85		27	

2-89 按登记注册类型分建筑业企业总收入(2012年)

Total Income of Construction by Registration Status (2012)

单位：万元 (10 000 yuan)

地 区	Region	合 计 Total	内资企业 Domestic Funded	#国 有 State-owned	#集 体 Collective-owned	港澳台商投资企业 Funded from Hong Kong, Macao and Taiwan	#港澳台商独资企业 Solely Owned	外商投资企业 Foreign Funded	#外商独资企业 Solely Owned
全 国	**National Total**	**1301829313**	**1289481711**	**236567102**	**43912165**	**6889210**	**1045483**	**5458393**	**2685669**
北 京	Beijing	81195031	79080275	13201120	1704602	1149184	434931	965573	340235
天 津	Tianjin	34312270	34197135	9076891	2391497	54469	2505	60666	
河 北	Hebei	43761281	43698047	7988728	990780	36784		26450	
山 西	Shanxi	25953230	25860766	6822495	451125	36834		55631	12554
内蒙古	Inner Mongolia	14308462	14308462	1369756	135739				
辽 宁	Liaoning	69146002	68539728	9601303	3485525	184233	790	422040	135253
吉 林	Jilin	18657188	18490942	1911959	321714	166246			
黑龙江	Heilongjiang	21137223	21109097	6671217	1604054	647		27480	1712
上 海	Shanghai	59283239	56027424	9054065	712256	1582501	338416	1673314	974063
江 苏	Jiangsu	154804894	153713932	10586950	3237827	477459	63245	613503	358188
浙 江	Zhejiang	142179566	141315089	3175235	1840160	621531	3874	242947	1855
安 徽	Anhui	37963960	37870241	8019525	928655	44840	16369	48879	1776
福 建	Fujian	41000334	40314977	5215096	792303	638879	36459	46478	30886
江 西	Jiangxi	25498421	25120074	5578560	2262698	377886	107	462	
山 东	Shandong	69081479	68746921	12628281	4005424	262508	8575	72051	15187
河 南	Henan	58841627	58796039	7959755	1826427	14561	453	31027	1874
湖 北	Hubei	70828355	70738092	18847361	1492097	53698	5540	36565	
湖 南	Hunan	40988979	40718791	10562112	1951756	166835	44599	103354	15066
广 东	Guangdong	72722514	71030719	21941045	3187344	895573	29212	796222	785490
广 西	Guangxi	16743640	16553676	8196004	1391203	8525	4683	181439	
海 南	Hainan	2685221	2683498	1345246	296102	1724			
重 庆	Chongqing	38504513	38461866	6838632	983417	33860	27849	8787	1041
四 川	Sichuan	57309500	57300594	13575177	2712033	4771	3627	4135	2430
贵 州	Guizhou	10130478	10130478	7938555	308136				
云 南	Yunnan	21254185	21216183	5413223	1231394	27543	24164	10460	
西 藏	Tibet	863285	863285	255965	51952				
陕 西	Shaanxi	33681583	33672220	11584995	1913522	1009		8355	8060
甘 肃	Gansu	13249719	13249341	3610296	1144744	378			
青 海	Qinghai	3716647	3716417	2239869	182820	86	86	144	
宁 夏	Ningxia	4813214	4744248	1415186	173367	46564		22403	
新 疆	Xinjiang	17213273	17213158	3942501	201494	85		30	

2-90 按登记注册类型分建筑业企业利润总额（2012年）

Total Profits of Construction Enterprises by Registration Status (2012)

单位：万元 (10 000 yuan)

地 区	Region	合 计 Total	内资企业 Domestic Funded	#国 有 State-owned	#集 体 Collective-owned	港澳台商投资企业 Funded from Hong Kong, Macao and Taiwan	#港澳台商独资企业 Solely Owned	外商投资企业 Foreign Funded	#外商独资企业 Solely Owned
全 国	**National Total**	**47761416**	**47178250**	**5376582**	**1889081**	**317553**	**80098**	**265613**	**159768**
北 京	Beijing	2434013	2353094	180691	31530	41529	39065	39390	11505
天 津	Tianjin	959364	959252	138773	84845	151	6	-39	
河 北	Hebei	1471745	1468269	102826	40499	1511		1965	
山 西	Shanxi	693319	694535	120906	6186	230		-1447	109
内蒙古	Inner Mongolia	862190	862190	13954	7938				
辽 宁	Liaoning	2560777	2542184	238173	52521	1857	7	16736	-436
吉 林	Jilin	744665	739973	6637	15461	4692			
黑龙江	Heilongjiang	617830	617968	104941	47519	-7		-131	-683
上 海	Shanghai	1626865	1460878	305560	10308	106371	10175	59616	48146
江 苏	Jiangsu	7273779	7196193	363335	180500	24459	756	53127	31146
浙 江	Zhejiang	4596818	4572438	80055	73559	19872	168	4509	44
安 徽	Anhui	1508867	1500891	136479	39741	4037	44	3940	240
福 建	Fujian	1512126	1492316	114758	22279	18878	3017	931	351
江 西	Jiangxi	948041	926774	99514	86388	21269	0	-1	
山 东	Shandong	3186855	3174175	418347	273003	3326	-35	9355	1099
河 南	Henan	2329006	2327279	246999	118404	645	24	1083	-5
湖 北	Hubei	2785518	2781950	550075	95299	2091	95	1478	
湖 南	Hunan	1496487	1486233	284429	62002	2798	2469	7456	3808
广 东	Guangdong	2834588	2733439	602003	132614	38437	545	62712	63577
广 西	Guangxi	342674	337604	45933	32977	410	428	4660	
海 南	Hainan	104329	104138	39989	18901	191			
重 庆	Chongqing	1627276	1603630	170171	66821	23414	22192	232	140
四 川	Sichuan	2101350	2100342	356778	124587	119	104	890	582
贵 州	Guizhou	164725	164725	122612	3920				
云 南	Yunnan	849340	847949	145795	58868	1250	1047	142	
西 藏	Tibet	39714	39714	3348	2315				
陕 西	Shaanxi	1002895	1002825	227767	138426	-45		115	146
甘 肃	Gansu	484956	484929	35646	45266	27			
青 海	Qinghai	112724	112733	47914	7677	-9	-9	0	
宁 夏	Ningxia	131135	132185	17948	4423	54		-1104	
新 疆	Xinjiang	357447	357447	54229	4305	0		-1	

2-91 建筑业劳动生产率
Labor Productivity of Construction Enterprises

单位：元/人 (yuan/person)

地 区	Region	2011 按建筑业总产值计算的劳动生产率 Overall Labor Productivity in Terms of Total Output Value	2011 #国 有 State-owned	2011 #集 体 Collective-owned	2012 按建筑业总产值计算的劳动生产率 Overall Labor Productivity in Terms of Total Output Value	2012 #国 有 State-owned	2012 #集 体 Collective-owned
全 国	**National Average**	**233104**	**339049**	**158153**	**296424**	**388406**	**222006**
北 京	Beijing	328012	404647	58140	740349	790943	449594
天 津	Tianjin	457313	459717	253695	552285	564146	482922
河 北	Hebei	260868	635187	172882	351210	776371	303224
山 西	Shanxi	219834	277746	150729	282148	277627	153461
内蒙古	Inner Mongolia	189534	457366	174267	263203	561279	190391
辽 宁	Liaoning	178724	301007	123393	300220	347428	230157
吉 林	Jilin	244300	300502	199930	309998	372644	206213
黑龙江	Heilongjiang	220377	253300	190558	236574	297106	230833
上 海	Shanghai	359232	520773	221085	425215	549938	301114
江 苏	Jiangsu	249338	357661	223282	262834	415841	223671
浙 江	Zhejiang	268285	384772	224624	274610	354742	236066
安 徽	Anhui	230026	372212	155235	263822	347151	184693
福 建	Fujian	134966	276127	195952	221179	265273	194447
江 西	Jiangxi	252154	324259	226526	280918	371092	231449
山 东	Shandong	210959	363262	147373	236030	392673	186859
河 南	Henan	224172	329280	146272	287736	432563	203993
湖 北	Hubei	261332	578954	198879	410437	567636	279322
湖 南	Hunan	240866	400248	168928	280156	341561	213567
广 东	Guangdong	263407	388992	163609	356691	390449	185699
广 西	Guangxi	256677	319918	170766	281118	368688	139400
海 南	Hainan	371991	439457	236635	442835	512119	268743
重 庆	Chongqing	175332	309231	170735	261969	325683	221459
四 川	Sichuan	142186	142873	150641	256912	289482	199941
贵 州	Guizhou	237199	293238	117725	319244	369023	176338
云 南	Yunnan	209120	513107	188391	261167	276607	261725
西 藏	Tibet	224525	408779	70984	262516	334956	138393
陕 西	Shaanxi	353927	460013	210602	355890	411121	247746
甘 肃	Gansu	182869	288639	109422	260028	517435	197435
青 海	Qinghai	263623	444723	199723	252800	369280	74321
宁 夏	Ningxia	178490	153611	156002	251093	212503	274706
新 疆	Xinjiang	225622	284263	172649	249756	245196	288304

2-92 建筑业房屋建筑面积(2012年)

Floor Space of Buildings Constructed by Construction Enterprises (2012)

单位：万平方米 (10 000 sq.m)

地区	Region	房屋建筑面积 Floor Space of Buildings		#国有 State-owned		#集体 Collective-owned	
		施工面积 Floor Space under Construction	竣工面积 Floor Space Completed	施工面积 Floor Space under Construction	竣工面积 Floor Space Completed	施工面积 Floor Space under Construction	竣工面积 Floor Space Completed
合计	**National Total**	**986427.5**	**358736.2**	**117123.6**	**26763.3**	**39209.0**	**19810.7**
北京	Beijing	41660.3	8406.2	7509.4	1524.3	1114.8	314.5
天津	Tianjin	12484.9	2876.7	5502.7	314.8	905.9	415.5
河北	Hebei	35270.4	12419.9	3550.3	946.4	1154.7	530.8
山西	Shanxi	10991.1	3161.7	3481.1	869.1	275.9	142.2
内蒙古	Inner Mongolia	10550.7	3659.0	291.0	75.8	119.8	79.1
辽宁	Liaoning	40049.8	17465.4	3219.7	803.1	1711.9	1161.6
吉林	Jilin	13133.1	6026.6	490.2	191.8	154.5	124.5
黑龙江	Heilongjiang	8563.5	4340.8	1606.1	450.6	788.9	516.5
上海	Shanghai	27961.5	6476.1	1327.9	237.3	337.0	198.0
江苏	Jiangsu	166779.1	61241.7	2228.1	667.4	2379.3	1122.7
浙江	Zhejiang	166969.2	55467.8	528.4	114.4	2317.4	799.1
安徽	Anhui	33335.6	13346.2	6480.0	1566.5	590.9	379.9
福建	Fujian	41821.8	12343.8	5195.0	907.8	1121.2	365.5
江西	Jiangxi	18889.4	10148.8	2744.3	1066.8	2752.0	1536.2
山东	Shandong	56902.1	21526.9	4634.5	1029.2	4703.2	2302.4
河南	Henan	38328.7	16397.6	1878.5	517.7	1911.1	1146.1
湖北	Hubei	39113.9	20397.3	6410.4	1166.1	978.9	753.1
湖南	Hunan	36412.2	13398.8	6775.7	1786.4	2379.3	1258.1
广东	Guangdong	42431.7	13485.4	14330.0	3163.7	4463.8	1759.6
广西	Guangxi	15076.6	5028.7	6812.2	1486.6	1695.7	870.0
海南	Hainan	2281.2	811.8	1196.9	337.6	276.6	176.4
重庆	Chongqing	26269.7	11601.8	2199.4	539.4	740.3	389.8
四川	Sichuan	38550.9	15750.0	9218.4	2388.3	2337.1	1346.7
贵州	Guizhou	8257.7	1863.3	6408.1	1100.9	299.4	172.2
云南	Yunnan	13374.0	5919.4	2671.1	515.5	993.1	660.4
西藏	Tibet	198.8	138.2	20.3	13.0	16.6	15.6
陕西	Shaanxi	17065.7	5386.7	5711.0	1375.1	1695.3	731.5
甘肃	Gansu	8165.9	3227.4	1729.9	514.7	787.0	430.5
青海	Qinghai	774.4	344.1	173.7	38.7	48.8	33.2
宁夏	Ningxia	3736.8	1524.2	1156.3	473.4	107.7	53.6
新疆	Xinjiang	11026.5	4554.0	1643.1	580.9	50.6	25.6

2-93 运输线路长度(2012年)

Length of Transport Routes at Year-end (2012)

单位：公里 (km)

地区	Region	铁路营业里程 Length of Railways in Operation	内河航道里程 Length of Navigable Inland Waterways	公路里程 Total Length of Highways	等级公路 Expressway and Class I to IV Highways	#高速 Expressway	#一级 First Class	#二级 Second Class	等外公路 Highways Below Class IV
全国	**National Total**	**97625.5**	**124995**	**4237508**	**3609600**	**96200**	**74271**	**331455**	**627908**
北京	Beijing	1276.3		21492	21299	923	1118	3283	193
天津	Tianjin	867.7	88	15391	15391	1103	1145	3302	
河北	Hebei	5630.3		163045	155439	5069	4679	17562	7606
山西	Shanxi	3774.5	467	137771	134242	5011	2137	14799	3529
内蒙古	Inner Mongolia	9474.3	2403	163763	151046	3110	4666	14092	12717
辽宁	Liaoning	5006.4	413	105562	90033	3912	3263	17360	15530
吉林	Jilin	4398.4	1456	93208	85414	2252	1921	8914	7794
黑龙江	Heilongjiang	6021.8	5098	159063	129260	4084	1521	9623	29803
上海	Shanghai	465.9	2281	12541	12541	806	423	3208	
江苏	Jiangsu	2354.6	24270	154118	146100	4371	10476	22144	8018
浙江	Zhejiang	1779.1	9735	113550	110024	3618	4903	9447	3527
安徽	Anhui	3259.8	5623	165157	159427	3210	1758	9933	5730
福建	Fujian	2255.1	3245	94661	76503	3372	716	8309	18158
江西	Jiangxi	2834.5	5638	150595	120332	4229	1543	9540	30263
山东	Shandong	4288.1	1144	244586	243037	4975	9051	24688	1549
河南	Henan	4890.4	1267	249649	194406	5830	986	24956	55244
湖北	Hubei	3814.4	8271	218151	203145	4006	2515	17233	15006
湖南	Hunan	3828.4	11495	234040	203627	3957	1057	10111	30413
广东	Guangdong	2846.1	12097	194943	177204	5524	10544	19042	17740
广西	Guangxi	3194.5	5479	107906	91583	2883	984	9720	16322
海南	Hainan	693.7	343	24265	23540	757	279	1480	725
重庆	Chongqing	1451.7	4331	120728	86810	1909	579	7608	33918
四川	Sichuan	3533.5	10720	293499	234293	4334	3015	13752	59206
贵州	Guizhou	2057.8	3442	164542	86577	2630	179	4060	77965
云南	Yunnan	2619.4	3158	219052	171960	2943	974	10299	47092
西藏	Tibet	531.5		65198	41776		38	956	23422
陕西	Shaanxi	4093.5	1066	161411	146290	4083	974	8377	15121
甘肃	Gansu	2487.1	914	131201	101372	2549	178	6648	29829
青海	Qinghai	1857.6	421	65988	52061	1148	312	6042	13927
宁夏	Ningxia	1289.5	130	26522	26009	1324	918	2795	513
新疆	Xinjiang	4749.7		165909	118861	2277	1417	12172	47049

2-94 客 运 量(2012年)
Passenger Traffic (2012)

单位：万人 (10 000 persons)

地区	Region	合计 Total	铁路 Railways	国家铁路 National Railways	地方铁路 Local Railways	合资 Joint-venture Railways	公路 Highways	水运 Waterways
全　国	**National Total**	**3804034.9**	**189336.9**	**187863.4**	**582.6**	**890.9**	**3557010**	**25752**
北　京	Beijing	142731.0	10398.0	10315.2	82.8		132333	
天　津	Tianjin	27529.2	2970.2	2970.2			24483	76
河　北	Hebei	105064.0	7846.0	7846.0			97218	
山　西	Shanxi	39987.1	6208.1	6198.3		9.8	33662	117
内蒙古	Inner Mongolia	27630.3	4320.3	4277.4		43.0	23310	
辽　宁	Liaoning	103283.4	12045.4	12019.2	26.2		90650	588
吉　林	Jilin	72679.5	6263.5	6263.5			66175	241
黑龙江	Heilongjiang	52404.2	10524.2	10341.8	182.4		41551	329
上　海	Shanghai	10859.1	6758.1	6758.1			3748	353
江　苏	Jiangsu	267710.3	11758.3	11758.3			255358	594
浙　江	Zhejiang	233115.2	9144.2	8636.1		508.1	220517	3454
安　徽	Anhui	213432.3	6385.3	6385.3			206888	159
福　建	Fujian	82040.9	5294.9	5294.9			75044	1702
江　西	Jiangxi	84239.5	6334.5	6334.5			77650	255
山　东	Shandong	265631.8	8346.8	8056.1	290.7		254711	2574
河　南	Henan	207246.5	9212.5	9212.5			197785	249
湖　北	Hubei	127078.7	8265.7	8265.7			118369	444
湖　南	Hunan	184336.1	8601.1	8601.1			174386	1349
广　东	Guangdong	574265.9	15030.9	14726.4		304.5	556510	2725
广　西	Guangxi	90228.7	3309.7	3309.7			86449	470
海　南	Hainan	47116.9	1161.9	1161.9			44374	1581
重　庆	Chongqing	156545.4	3040.4	3040.4			152249	1256
四　川	Sichuan	277611.3	7997.3	7997.3			266338	3276
贵　州	Guizhou	83526.9	3901.9	3901.9			77172	2453
云　南	Yunnan	48456.3	2762.3	2761.8	0.5		44839	855
西　藏	Tibet	3848.8	109.8	109.8			3739	
陕　西	Shaanxi	111773.3	5757.3	5731.8		25.5	105647	369
甘　肃	Gansu	64361.2	2383.2	2383.2			61884	94
青　海	Qinghai	12692.1	544.1	544.1			12100	48
宁　夏	Ningxia	16343.5	535.5	535.5			15666	142
新　疆	Xinjiang	38331.4	2125.4	2125.4			36206	
不分地区	Not Classified by Region	31936.1						

注：不分地区合计数为民航完成数。

a) The total passenger traffic not classified by region refers to that completed by civil aviation.

2-95 旅客周转量(2012年)

Passenger-kilometers (2012)

单位：亿人公里 (100 million passenger-km)

地 区	Region	合 计 Total	铁 路 Railways	国家铁路 National Railways	地方铁路 Local Railways	合 资 Joint-venture Railways	公 路 Highways	水 运 Waterways
全 国	**National Total**	**33383.1**	**9812.3**	**9784.0**	**6.9**	**21.5**	**18467.5**	**77.5**
北 京	Beijing	421.2	116.4	116.3	0.1		304.8	
天 津	Tianjin	314.7	164.0	164.0			150.4	0.3
河 北	Hebei	1369.2	791.0	791.0			578.2	
山 西	Shanxi	423.1	192.4	191.6		0.8	230.6	0.1
内蒙古	Inner Mongolia	436.4	172.4	172.0		0.4	264.0	
辽 宁	Liaoning	977.0	542.3	542.2	0.1		427.2	7.5
吉 林	Jilin	536.2	229.1	229.1			306.8	0.3
黑龙江	Heilongjiang	559.6	262.4	259.2	3.2		296.8	0.4
上 海	Shanghai	182.1	68.4	68.4			112.7	1.0
江 苏	Jiangsu	1872.4	452.6	452.6			1418.4	1.4
浙 江	Zhejiang	1317.6	390.3	372.1		18.1	921.2	6.2
安 徽	Anhui	1824.6	496.6	496.6			1327.7	0.3
福 建	Fujian	556.0	184.8	184.8			368.5	2.7
江 西	Jiangxi	956.3	584.1	584.1			371.9	0.3
山 东	Shandong	1836.1	513.7	510.2	3.5		1310.0	12.5
河 南	Henan	2084.0	773.8	773.8			1309.6	0.6
湖 北	Hubei	1361.5	554.4	554.4			804.1	3.0
湖 南	Hunan	1636.8	780.3	780.3			854.0	2.6
广 东	Guangdong	2998.2	518.1	516.2		1.9	2470.1	10.0
广 西	Guangxi	1048.0	187.7	187.7			858.0	2.3
海 南	Hainan	173.1	22.3	22.3			147.6	3.2
重 庆	Chongqing	597.9	115.9	115.9			470.6	11.3
四 川	Sichuan	1310.2	302.8	302.8			1004.7	2.7
贵 州	Guizhou	631.9	199.2	199.2			426.8	5.9
云 南	Yunnan	568.7	96.5	96.5			470.2	2.0
西 藏	Tibet	33.5	10.3	10.3			23.2	
陕 西	Shaanxi	898.0	408.8	408.6		0.2	488.6	0.6
甘 肃	Gansu	666.4	379.8	379.8			286.4	0.2
青 海	Qinghai	110.1	50.5	50.5			59.5	0.1
宁 夏	Ningxia	121.0	41.1	41.1			79.7	0.1
新 疆	Xinjiang	535.8	210.4	210.4			325.4	
不分地区	Not Classified by Region	5025.7						

注：不分地区合计数为民航完成数。

a) The total passenger-kilometers not classified by region refers to that completed by civil aviation.

2-96 货 运 量(2012年)
Freight Traffic (2012)

单位：万吨 (10 000 tons)

地区	Region	合计 Total	铁路 Railways	国家铁路 National Railways	地方铁路 Local Railways	合资 Joint-venture Railways	公路 Highways	水运 Waterways
全国	**National Total**	**4099400.3**	**390437.5**	**323559.5**	**22906.6**	**43971.5**	**3188475**	**458705**
北京	Beijing	26161.9	1236.9	1232.2	4.7		24925	
天津	Tianjin	46015.2	7909.2	7909.2			27735	10371
河北	Hebei	219130.3	21010.3	17865.6	3034.1	110.6	195530	2590
山西	Shanxi	144607.9	71427.9	67585.2	1063.9	2778.9	73150	30
内蒙古	Inner Mongolia	189942.2	64682.2	42436.3	3900.3	18345.7	125260	
辽宁	Liaoning	206788.7	19802.7	17387.5	2415.2		174355	12631
吉林	Jilin	54808.1	7347.1	6922.4	424.7		47130	331
黑龙江	Heilongjiang	65230.7	16590.7	15719.7	722.0	148.9	47465	1175
上海	Shanghai	94038.3	825.3	825.3			42911	50302
江苏	Jiangsu	220007.5	7670.5	7223.4	447.1		153698	58639
浙江	Zhejiang	191817.3	4607.3	3798.4	78.8	730.1	113393	73817
安徽	Anhui	312436.8	12259.8	12259.8			259461	40716
福建	Fujian	84345.1	3814.1	3814.1			59431	21100
江西	Jiangxi	127195.5	5561.5	5379.7	181.8		113703	7931
山东	Shandong	333602.6	23144.6	20140.1	3004.5		296754	13704
河南	Henan	272114.9	12637.9	11423.7	910.8	303.5	251772	7705
湖北	Hubei	122945.3	5882.3	5472.1	410.2		97136	19927
湖南	Hunan	191051.7	5676.7	5406.4	270.4		166670	18705
广东	Guangdong	256076.7	9305.7	8031.5	926.0	348.2	189034	57737
广西	Guangxi	161356.0	6846.0	6846.0			135112	19398
海南	Hainan	26880.4	752.4	752.4			16600	9528
重庆	Chongqing	86474.1	2328.1	2240.5	87.5		71272	12874
四川	Sichuan	174349.3	8793.3	7759.8	1033.5		158396	7160
贵州	Guizhou	52654.9	6664.9	6664.9			44892	1098
云南	Yunnan	68734.9	5030.9	4650.0	380.9		63239	465
西藏	Tibet	1126.6	84.6	84.6			1042	
陕西	Shaanxi	136726.8	31941.8	10744.5		21197.3	104593	192
甘肃	Gansu	45831.7	6289.7	6289.7			39517	25
青海	Qinghai	13483.9	3783.9	3783.9			9700	
宁夏	Ningxia	41113.3	8467.3	4857.2	3610.1		32646	
新疆	Xinjiang	58793.5	6839.5	6839.5			51954	
不分地区	Not Classified by Region	73558.0	1222.2	1213.9		8.3		10553

注：不分地区合计数中包括铁路行包运量、民航、管道及中国远洋运输集团总公司海外公司完成数。

a) The freight ton-kilometers not classified by region refers to railway baggage freight, civil aviation, pipelines and that completed by companies abroad under the China Ocean Shipping (Group) Company.

2-97 货物周转量(2012年)

Freight Ton-kilometers (2012)

单位：亿吨公里 (100 million ton-km)

地区	Region	合计 Total	铁路 Railways	国家铁路 National Railways	地方铁路 Local Railways	合资 Joint-venture Railways	公路 Highways	水运 Waterways
全国	**National Total**	**173770.7**	**29187.1**	**27220.5**	**136.2**	**1830.4**	**59534.9**	**81707.6**
北京	Beijing	1001.1	861.4	861.3			139.8	
天津	Tianjin	7844.1	513.2	494.9		18.3	318.2	7012.7
河北	Hebei	10605.0	3961.9	3259.9	15.8	686.2	6133.5	509.6
山西	Shanxi	3341.1	2138.8	1496.2	1.6	641.0	1202.2	0.1
内蒙古	Inner Mongolia	5870.3	2570.5	2282.3	30.0	258.3	3299.8	
辽宁	Liaoning	11563.7	1404.9	1400.7	4.2		2675.4	7483.3
吉林	Jilin	1596.1	621.0	618.5	2.4		974.1	1.1
黑龙江	Heilongjiang	2002.3	1065.7	1058.1	7.1	0.5	929.0	7.6
上海	Shanghai	20373.4	18.0	18.0			288.2	20067.2
江苏	Jiangsu	7904.1	398.7	398.1	0.5		1452.4	6053.0
浙江	Zhejiang	9183.4	291.4	265.7	0.1	25.6	1525.6	7366.4
安徽	Anhui	9817.8	937.4	937.4			7266.8	1613.7
福建	Fujian	3871.4	177.4	177.4			771.1	2923.0
江西	Jiangxi	3433.5	666.5	665.9	0.6		2559.8	207.3
山东	Shandong	11077.8	1580.4	1552.6	27.8		7059.2	2438.1
河南	Henan	9490.3	2143.1	2131.5	8.7	2.9	6863.0	484.1
湖北	Hubei	4439.8	917.2	915.7	1.5		1565.4	1957.2
湖南	Hunan	3976.9	1022.1	1021.8	0.4		2392.5	562.3
广东	Guangdong	9566.2	311.0	305.6	4.0	1.4	2434.9	6820.3
广西	Guangxi	4110.6	860.0	860.0			1878.3	1372.3
海南	Hainan	1548.1	9.6	9.6			109.4	1429.1
重庆	Chongqing	2653.3	181.5	181.2	0.3		731.9	1739.9
四川	Sichuan	2238.3	809.4	804.7	4.8		1325.2	103.7
贵州	Guizhou	1174.7	693.7	693.7			464.6	16.5
云南	Yunnan	1123.4	412.1	409.7	2.4		702.5	8.7
西藏	Tibet	46.2	18.3	18.3			27.9	
陕西	Shaanxi	3192.1	1446.8	1250.7		196.0	1744.6	0.7
甘肃	Gansu	2351.7	1457.1	1457.1			894.6	
青海	Qinghai	527.6	246.6	246.6			281.0	
宁夏	Ningxia	1065.7	365.6	341.8	23.9		700.1	
新疆	Xinjiang	1614.5	790.7	790.7			823.8	
不分地区	Not Classified by Region	15166.1	295.2	295.0		0.2		11529.7

注：不分地区合计数中包括铁路行包运量、民航、管道及中国远洋运输集团总公司海外公司完成数。

a) The freight ton-kilometers not classified by region refers to railway baggage freight, civil aviation, pipelines and that completed by companies abroad under the China Ocean Shipping (Group) Company.

2-98 民用汽车拥有量(2012年)
Possession of Civil Vehicles (2012)

地 区	Region	民用汽车总计(万辆) Total (10 000 units)	载客汽车(万辆) Passenger Vehicles (10 000 units)	大 型 Large	中 型 Medium	小 型 Small	微 型 Minicar	载货汽车(万辆) Trucks (10 000 units)
全 国	**National Total**	**10933.09**	**8943.01**	**128.13**	**131.78**	**8302.63**	**380.47**	**1894.75**
北 京	Beijing	493.56	464.86	5.00	10.78	432.90	16.19	23.70
天 津	Tianjin	221.12	197.30	2.26	1.77	182.45	10.82	22.19
河 北	Hebei	728.51	568.13	5.07	4.14	510.17	48.75	153.42
山 西	Shanxi	329.95	270.80	2.74	2.10	245.72	20.24	56.78
内蒙古	Inner Mongolia	266.08	215.94	2.29	1.15	202.90	9.60	47.72
辽 宁	Liaoning	414.88	328.63	6.67	9.61	303.68	8.67	82.22
吉 林	Jilin	209.49	170.94	2.89	1.87	158.14	8.03	36.99
黑龙江	Heilongjiang	259.87	201.42	4.42	2.97	184.81	9.21	55.86
上 海	Shanghai	212.66	185.71	4.49	5.26	172.51	3.46	20.73
江 苏	Jiangsu	802.20	706.27	8.89	10.54	666.26	20.58	89.29
浙 江	Zhejiang	773.56	664.08	6.00	7.00	633.06	18.03	105.02
安 徽	Anhui	303.13	225.98	3.91	3.29	211.46	7.32	74.23
福 建	Fujian	283.92	224.45	2.81	3.89	211.62	6.13	57.49
江 西	Jiangxi	201.64	152.73	2.26	1.84	143.81	4.83	47.01
山 东	Shandong	1027.16	860.89	9.33	8.40	790.92	52.23	159.88
河 南	Henan	581.95	467.49	6.14	5.05	429.87	26.44	109.61
湖 北	Hubei	293.64	227.76	4.64	4.28	215.04	3.79	62.69
湖 南	Hunan	308.14	247.99	3.81	4.59	233.54	6.05	58.17
广 东	Guangdong	1037.42	861.60	15.84	19.42	814.22	12.13	169.86
广 西	Guangxi	227.44	175.77	3.53	2.52	159.90	9.82	49.20
海 南	Hainan	55.46	43.75	1.25	0.89	41.05	0.55	11.12
重 庆	Chongqing	159.36	125.42	2.70	1.53	118.83	2.36	31.56
四 川	Sichuan	493.22	406.08	6.48	3.32	363.12	33.16	83.77
贵 州	Guizhou	164.36	126.47	1.69	2.08	116.76	5.94	36.72
云 南	Yunnan	328.53	248.76	2.34	3.26	227.05	16.12	77.88
西 藏	Tibet	22.77	14.16	0.71	0.95	11.47	1.04	8.33
陕 西	Shaanxi	284.64	235.61	3.18	3.06	217.63	11.74	45.54
甘 肃	Gansu	129.14	92.32	2.01	1.47	86.63	2.20	35.42
青 海	Qinghai	49.13	36.65	0.65	0.62	34.59	0.80	11.77
宁 夏	Ningxia	66.35	45.94	0.95	0.69	43.38	0.92	19.41
新 疆	Xinjiang	203.82	149.08	3.19	3.42	139.14	3.34	51.18

2-98 续表 continued

地 区	Region	载货汽车（万辆） 重 型 Heavy	Trucks (10 000 units) 中 型 Medium	轻 型 Light	微 型 Mini	其他汽车（万辆） Others (10 000 units)	机动车驾驶员（万人） Number of Motor Drivers (10 000 persons)	#汽车驾驶员 Automobile Drivers
合 计	**National Total**	**472.51**	**229.20**	**1179.65**	**13.40**	**95.33**	**25250.83**	**20028.52**
北 京	Beijing	5.05	3.23	15.42		5.00	748.05	731.40
天 津	Tianjin	4.09	1.46	16.56	0.07	1.63	315.09	311.36
河 北	Hebei	53.85	11.29	87.39	0.89	6.96	1357.88	1260.86
山 西	Shanxi	21.28	4.04	30.67	0.79	2.37	588.77	543.93
内蒙古	Inner Mongolia	16.69	1.71	28.94	0.39	2.41	512.63	448.65
辽 宁	Liaoning	23.68	7.04	51.21	0.28	4.03	851.04	763.91
吉 林	Jilin	10.57	3.68	22.55	0.20	1.56	514.70	428.41
黑龙江	Heilongjiang	17.90	6.68	30.76	0.51	2.60	545.11	498.63
上 海	Shanghai	5.63	8.35	6.73	0.02	6.22	558.96	531.41
江 苏	Jiangsu	30.29	17.81	40.98	0.20	6.64	1880.71	1458.71
浙 江	Zhejiang	12.88	9.20	81.16	1.77	4.46	1318.66	1114.49
安 徽	Anhui	24.06	5.95	43.84	0.37	2.92	852.28	650.47
福 建	Fujian	8.22	4.55	44.04	0.68	1.98	818.16	533.87
江 西	Jiangxi	13.83	5.53	27.49	0.17	1.90	875.23	540.75
山 东	Shandong	44.81	12.43	102.05	0.60	6.39	1938.58	1729.43
河 南	Henan	36.99	10.72	61.26	0.64	4.85	1529.09	1250.04
湖 北	Hubei	11.84	9.58	41.10	0.17	3.19	946.39	695.33
湖 南	Hunan	10.23	10.19	37.56	0.19	1.97	908.77	622.65
广 东	Guangdong	20.77	19.28	126.58	3.22	5.96	2339.40	1772.66
广 西	Guangxi	11.79	8.02	28.63	0.76	2.46	995.64	544.57
海 南	Hainan	1.25	1.28	8.55	0.04	0.60	163.53	129.13
重 庆	Chongqing	6.97	6.17	18.42	0.01	2.37	473.29	294.65
四 川	Sichuan	16.27	17.53	49.70	0.27	3.37	1375.30	963.35
贵 州	Guizhou	4.74	5.73	26.12	0.13	1.17	415.77	321.53
云 南	Yunnan	11.07	16.62	50.05	0.14	1.89	845.48	519.59
西 藏	Tibet	2.79	1.56	3.83	0.15	0.28	22.50	18.63
陕 西	Shaanxi	13.37	6.89	25.04	0.24	3.48	680.15	595.59
甘 肃	Gansu	8.12	4.73	22.51	0.07	1.40	280.05	248.18
青 海	Qinghai	2.59	1.09	8.04	0.05	0.70	100.19	81.52
宁 夏	Ningxia	5.51	1.54	12.26	0.09	1.00	117.71	106.67
新 疆	Xinjiang	15.39	5.31	30.19	0.29	3.57	381.72	318.16

注：小轿车包括在载客汽车中。
a) Cars are included in passenger vehicles.

2-99 私人汽车拥有量(2012年)

Possession of Private Vehicles (2012)

单位：万辆 (10 000 units)

地 区	Region	汽车总计 Total	载客汽车 Passenger Vehicles	大 型 Large	中 型 Medium	小 型 Small	微 型 Minicar
合 计	**National Total**	**8838.60**	**7637.87**	**8.26**	**55.43**	**7226.48**	**347.71**
北 京	Beijing	405.55	396.56	0.22	6.62	374.27	15.46
天 津	Tianjin	185.54	169.87	0.09	0.62	158.96	10.19
河 北	Hebei	624.04	516.68	0.73	1.86	467.44	46.65
山 西	Shanxi	270.45	233.47	0.12	0.56	214.47	18.32
内蒙古	Inner Mongolia	223.66	190.64	0.16	0.42	181.18	8.87
辽 宁	Liaoning	304.82	267.00	0.69	4.21	254.45	7.66
吉 林	Jilin	170.19	144.84	0.46	0.74	136.22	7.43
黑龙江	Heilongjiang	201.37	164.42	0.79	1.28	154.68	7.67
上 海	Shanghai	141.16	140.84	0.10	1.78	135.81	3.15
江 苏	Jiangsu	646.69	600.51	0.19	4.63	576.90	18.79
浙 江	Zhejiang	643.34	575.26	0.16	2.52	555.62	16.97
安 徽	Anhui	223.41	187.70	0.12	1.25	179.82	6.51
福 建	Fujian	230.88	191.38	0.08	1.31	184.25	5.75
江 西	Jiangxi	149.58	124.80	0.04	0.46	120.40	3.90
山 东	Shandong	877.56	767.68	1.24	3.83	713.94	48.67
河 南	Henan	467.80	400.08	0.37	1.73	374.72	23.26
湖 北	Hubei	227.45	186.15	0.13	1.63	180.92	3.48
湖 南	Hunan	261.59	213.43	0.17	1.75	205.89	5.63
广 东	Guangdong	863.46	754.96	1.30	11.96	729.96	11.74
广 西	Guangxi	177.42	146.94	0.13	0.85	137.78	8.19
海 南	Hainan	42.68	33.90	0.14	0.33	32.95	0.49
重 庆	Chongqing	117.10	102.48	0.02	0.23	100.05	2.18
四 川	Sichuan	408.89	351.31	0.18	0.85	320.10	30.18
贵 州	Guizhou	132.21	104.86	0.03	0.19	99.42	5.22
云 南	Yunnan	273.79	210.56	0.06	0.59	195.53	14.37
西 藏	Tibet	15.22	9.15	0.03	0.55	7.97	0.60
陕 西	Shaanxi	230.79	198.35	0.21	0.76	186.85	10.53
甘 肃	Gansu	90.17	67.23	0.08	0.35	65.33	1.47
青 海	Qinghai	35.78	27.78	0.01	0.14	27.00	0.63
宁 夏	Ningxia	53.49	38.50	0.05	0.25	37.38	0.81
新 疆	Xinjiang	142.52	120.53	0.16	1.17	116.22	2.98

2-99 续表 continued

单位：万辆 (10 000 units)

地区	Region	载货汽车 Trucks	重型 Heavy	中型 Medium	轻型 Light	微型 Mini	其他汽车 Others
合计	**National Total**	**1175.63**	**168.13**	**128.51**	**867.64**	**11.35**	**25.09**
北京	Beijing	7.98	1.33	0.71	5.95		1.00
天津	Tianjin	15.25	1.46	0.74	12.98	0.07	0.42
河北	Hebei	105.03	26.61	7.69	69.97	0.76	2.33
山西	Shanxi	36.25	9.10	2.71	23.76	0.67	0.73
内蒙古	Inner Mongolia	32.09	7.06	1.23	23.48	0.32	0.94
辽宁	Liaoning	37.00	4.87	2.87	29.05	0.20	0.82
吉林	Jilin	24.89	5.25	2.67	16.80	0.16	0.45
黑龙江	Heilongjiang	36.36	7.85	4.50	23.63	0.37	0.59
上海	Shanghai	0.25	0.03	0.12	0.10		0.07
江苏	Jiangsu	44.33	12.41	7.63	24.14	0.16	1.84
浙江	Zhejiang	67.35	3.26	4.19	58.42	1.48	0.73
安徽	Anhui	34.95	3.08	2.13	29.45	0.30	0.76
福建	Fujian	39.00	2.08	2.47	33.83	0.63	0.50
江西	Jiangxi	24.37	1.85	2.26	20.14	0.12	0.40
山东	Shandong	107.55	16.85	8.32	81.86	0.52	2.34
河南	Henan	65.83	10.03	6.56	48.70	0.53	1.89
湖北	Hubei	40.51	4.59	6.06	29.73	0.12	0.79
湖南	Hunan	47.30	6.22	8.18	32.74	0.17	0.85
广东	Guangdong	106.81	7.50	11.18	85.25	2.89	1.68
广西	Guangxi	29.91	4.73	4.55	19.96	0.67	0.57
海南	Hainan	8.62	0.73	1.13	6.73	0.03	0.16
重庆	Chongqing	14.22	0.43	1.30	12.49	0.01	0.40
四川	Sichuan	56.51	5.90	10.13	40.25	0.24	1.07
贵州	Guizhou	27.03	2.18	3.63	21.10	0.11	0.33
云南	Yunnan	62.58	6.38	12.93	43.14	0.12	0.65
西藏	Tibet	6.00	1.58	1.36	2.96	0.10	0.07
陕西	Shaanxi	31.48	5.78	5.12	20.38	0.20	0.96
甘肃	Gansu	22.58	3.39	2.89	16.25	0.05	0.36
青海	Qinghai	7.82	1.01	0.74	6.03	0.04	0.18
宁夏	Ningxia	14.61	3.14	1.19	10.20	0.08	0.39
新疆	Xinjiang	21.19	1.47	1.31	18.20	0.22	0.81

2-100 公路营运汽车拥有量(2012年)
Possession of Vehicles for Highway Business Transportation (2012)

地区	Region	汽车总计 (万辆) Total (10 000 units)	载客汽车 Passenger Vehicles 辆数 (万辆) Number (10 000 units)	载客汽车 Passenger Vehicles 客位 (万客位) Number of Seats (10 000 seats)	载货汽车 Trucks 辆数 (万辆) Number (10 000 units)	载货汽车 Trucks #普通载货汽车 Ordinary Trucks	载货汽车 Trucks 吨位 (万吨) Capacity (10 000 tons)	载货汽车 Trucks #普通载货汽车 Ordinary Trucks
合计	**National Total**	**1339.89**	**86.71**	**2166.55**	**1253.19**	**1184.58**	**8062.14**	**6963.29**
北京	Beijing	21.28	4.92	68.86	16.36	14.70	70.52	49.30
天津	Tianjin	12.40	0.93	35.71	11.46	10.52	30.47	22.74
河北	Hebei	103.22	3.23	77.98	99.99	95.71	924.18	858.38
山西	Shanxi	42.41	1.48	41.05	40.93	39.93	417.95	405.63
内蒙古	Inner Mongolia	35.98	1.28	39.82	34.70	33.51	294.61	280.64
辽宁	Liaoning	67.36	2.73	75.76	64.63	60.20	410.34	343.27
吉林	Jilin	32.13	1.42	41.99	30.72	29.53	186.44	172.63
黑龙江	Heilongjiang	46.59	2.07	52.66	44.53	43.45	295.32	280.21
上海	Shanghai	19.60	2.15	54.86	17.45	13.96	169.89	90.49
江苏	Jiangsu	65.98	4.42	163.96	61.56	53.58	525.50	402.35
浙江	Zhejiang	54.06	3.33	103.28	50.72	46.44	253.42	166.70
安徽	Anhui	64.74	3.81	94.64	60.93	58.56	431.86	401.52
福建	Fujian	25.66	2.03	53.19	23.63	21.08	147.75	93.24
江西	Jiangxi	32.21	1.90	49.22	30.31	28.98	182.19	164.94
山东	Shandong	105.09	3.47	101.70	101.62	95.21	867.18	732.96
河南	Henan	99.80	4.95	140.03	94.85	92.81	644.51	614.87
湖北	Hubei	40.78	4.21	89.48	36.58	34.67	158.82	135.70
湖南	Hunan	43.67	4.69	107.57	38.98	36.57	176.79	146.22
广东	Guangdong	90.66	4.40	161.81	86.27	79.51	432.09	294.14
广西	Guangxi	38.57	3.44	90.56	35.13	33.98	178.98	159.81
海南	Hainan	6.17	0.58	15.79	5.59	5.43	20.78	18.72
重庆	Chongqing	25.58	2.26	57.84	23.31	22.02	111.24	98.78
四川	Sichuan	61.77	5.21	113.91	56.56	54.28	233.78	206.75
贵州	Guizhou	25.22	2.96	59.82	22.26	21.56	75.44	70.04
云南	Yunnan	55.55	4.88	77.40	50.68	49.88	185.41	176.78
西藏	Tibet	3.36	0.51	10.35	2.85	2.73	18.23	16.54
陕西	Shaanxi	35.73	2.94	58.51	32.79	31.59	195.80	181.15
甘肃	Gansu	23.72	1.88	40.58	21.84	21.08	98.88	90.14
青海	Qinghai	8.93	0.40	8.46	8.53	8.23	42.50	39.61
宁夏	Ningxia	12.55	0.58	16.04	11.97	11.64	86.96	81.71
新疆	Xinjiang	39.11	3.65	63.72	35.45	33.26	194.31	167.31

注：小轿车包括在载客汽车中。
a) Passenger vehicles include cars.

2-101 邮电业务量(2012年)

Business Volume of Postal and Telecommunication Services (2012)

地 区	Region	邮电业务总量 (亿元) Business Volume of Postal and Telecommunication Services (100 million yuan)	邮政业务总量 Business Volume of Postal Services	电信业务总量 Business Volume of Telecommunication Services	函 件 (亿件) Number of Letters (100 million pcs)	包 裹 (万件) Package (10 000 pcs)	报刊期发数 (万份) Issue of Newspapers and Magazines (10 000 copies)
合 计	**National Total**	**15019.28**	**2036.84**	**12982.44**	**70.74**	**6875.5**	**15401.6**
北 京	Beijing	631.23	142.33	488.90	6.72	596.6	728.6
天 津	Tianjin	185.00	25.65	159.35	1.34	117.0	194.6
河 北	Hebei	598.29	59.59	538.70	2.89	359.6	631.5
山 西	Shanxi	338.94	30.45	308.49	0.54	122.7	395.4
内蒙古	Inner Mongolia	273.34	14.84	258.51	0.24	106.9	229.6
辽 宁	Liaoning	516.07	42.89	473.18	0.74	243.2	403.7
吉 林	Jilin	262.91	22.29	240.62	0.50	130.2	202.8
黑龙江	Heilongjiang	329.81	32.43	297.38	0.71	234.4	607.0
上 海	Shanghai	637.93	190.83	447.09	13.47	508.3	982.7
江 苏	Jiangsu	1120.36	205.75	914.62	8.95	415.8	1168.0
浙 江	Zhejiang	1025.09	215.20	809.89	7.77	494.3	1084.4
安 徽	Anhui	418.10	45.87	372.23	1.64	150.6	556.4
福 建	Fujian	592.90	78.69	514.22	2.46	169.8	502.9
江 西	Jiangxi	310.38	31.64	278.74	1.02	120.4	346.3
山 东	Shandong	891.57	94.09	797.48	4.57	371.2	976.4
河 南	Henan	680.03	69.16	610.87	1.75	286.4	1010.6
湖 北	Hubei	491.29	52.55	438.74	1.31	176.8	596.4
湖 南	Hunan	491.21	48.69	442.52	0.69	188.1	674.0
广 东	Guangdong	2161.56	395.18	1766.38	8.04	675.6	1037.0
广 西	Guangxi	366.36	24.14	342.22	0.61	119.5	387.3
海 南	Hainan	104.89	7.78	97.11	0.10	41.2	103.2
重 庆	Chongqing	276.99	31.28	245.72	0.57	109.6	234.3
四 川	Sichuan	692.31	72.38	619.93	1.58	266.1	658.3
贵 州	Guizhou	262.05	17.93	244.12	0.60	62.4	339.8
云 南	Yunnan	363.44	18.25	345.19	0.52	143.9	316.0
西 藏	Tibet	34.86	1.85	33.01	0.03	40.0	54.2
陕 西	Shaanxi	386.41	31.34	355.07	0.61	199.2	336.9
甘 肃	Gansu	189.88	9.88	180.00	0.36	94.4	225.9
青 海	Qinghai	57.04	2.58	54.46	0.05	39.8	48.3
宁 夏	Ningxia	65.66	4.55	61.11	0.11	30.8	58.9
新 疆	Xinjiang	263.36	16.74	246.61	0.25	260.6	310.2

注：邮电业务总量按2010年不变价格计算。

a) Business volume of postal and telecommunication services is calculated at 2010 constant prices.

2-101 续表 1 continued

地区	Region	汇票（万笔）Postal Order (10 000 times)	集邮业务（万枚）Stamps for Collection (10 000 pieces)	固定本地电话通话时长（亿分钟）Length of Local Calls of Fixed Telephone (100 million minutes)	固定长途电话通话时长（亿分钟）Length of Long-distance Calls of Fixed Telephone (100 million minutes)	移动短信业务量（亿条）Short Message Services (100 million messages)
合计	**National Total**	**22913.4**	**118276.0**	**3577.7**	**700.7**	**8973.1**
北京	Beijing	886.4	15821.3	159.5	44.0	447.9
天津	Tianjin	244.6	2154.7	44.2	6.7	120.8
河北	Hebei	501.1	2720.3	142.9	21.1	311.2
山西	Shanxi	704.1	1304.1	37.9	8.5	264.9
内蒙古	Inner Mongolia	663.3	1665.3	21.7	5.9	174.2
辽宁	Liaoning	962.9	5501.8	250.5	22.7	241.2
吉林	Jilin	443.8	2400.6	36.4	7.5	165.2
黑龙江	Heilongjiang	411.6	4139.4	77.6	10.0	164.4
上海	Shanghai	773.9	4202.3	230.7	60.1	336.1
江苏	Jiangsu	1653.8	8618.1	245.8	43.4	633.3
浙江	Zhejiang	1729.8	5825.7	206.9	38.6	775.6
安徽	Anhui	274.5	2343.2	104.9	18.8	280.9
福建	Fujian	857.3	4028.1	136.3	20.6	387.7
江西	Jiangxi	341.6	4412.8	58.4	11.9	167.9
山东	Shandong	922.7	9350.3	206.8	27.9	436.9
河南	Henan	1297.4	5343.0	222.5	21.9	315.0
湖北	Hubei	553.1	4893.5	94.2	22.4	239.3
湖南	Hunan	668.3	3666.4	141.6	17.3	332.4
广东	Guangdong	4217.5	7937.5	469.7	166.9	1117.3
广西	Guangxi	418.5	845.0	99.0	16.1	210.1
海南	Hainan	185.1	393.2	27.9	5.5	62.4
重庆	Chongqing	332.8	2501.5	75.9	7.3	135.8
四川	Sichuan	929.2	3240.5	159.3	24.9	432.1
贵州	Guizhou	568.0	1941.7	29.8	9.2	143.1
云南	Yunnan	451.4	3069.5	62.4	12.7	367.4
西藏	Tibet	134.6	274.2	5.0	1.8	18.1
陕西	Shaanxi	511.2	4275.3	89.6	14.2	293.0
甘肃	Gansu	314.3	1730.3	29.2	7.7	211.7
青海	Qinghai	142.7	569.8	12.4	4.1	32.7
宁夏	Ningxia	124.8	700.1	8.9	2.5	54.1
新疆	Xinjiang	693.4	2262.1	89.6	18.3	100.4
不分地区	Not Classified by Region		144.4			

注：固定长途电话通话时长为固定传统长途电话通话时长及固定IP电话通话时长之和。
Length of long-distance calls of fixed telephone includes traditional calls and IP calls.

2-101 续表 2 continued

地 区	Region	移动电话通话时长（亿分钟）Length of Calls of Mobile Telephone (100 million minutes)	#去话通话时长 Length of Outgoing Calls	非漫游 Non-Roaming	国内漫游 Domestic Roaming	国际及港澳台漫游 Hong Kong, Macao, Taiwan and International Roaming	移动电话用户（万户）Number of Mobile Telephone Subscribers at Year-end (10 000 subscribers)	#3G移动电话用户 3G Mobile Phone Subscribers
全 国	**National Total**	**55444.9**	**27603.5**	**24999.7**	**2597.1**	**6.68**	**111215.5**	**23280.3**
北 京	Beijing	1499.3	785.2	704.8	79.9	0.52	3168.0	855.4
天 津	Tianjin	649.0	333.2	309.2	23.9	0.15	1325.2	296.4
河 北	Hebei	2531.7	1251.1	1151.7	99.4	0.06	5513.1	1077.2
山 西	Shanxi	1451.4	731.1	666.9	64.2	0.03	2764.6	547.6
内蒙古	Inner Mongolia	1303.7	659.2	601.1	58.0	0.05	2550.1	451.3
辽 宁	Liaoning	2032.4	1018.9	942.6	76.2	0.19	4291.3	893.1
吉 林	Jilin	1204.2	592.0	542.9	49.1	0.04	2257.0	391.0
黑龙江	Heilongjiang	1487.3	723.3	672.1	51.1	0.06	2663.9	471.7
上 海	Shanghai	1280.9	663.3	601.6	60.9	0.79	3008.3	748.2
江 苏	Jiangsu	3436.3	1734.1	1563.4	170.3	0.37	7471.4	1807.6
浙 江	Zhejiang	3194.3	1651.8	1489.8	161.4	0.59	6442.6	1328.8
安 徽	Anhui	1522.2	728.5	653.7	74.8	0.02	3609.8	853.4
福 建	Fujian	2082.9	1050.3	961.4	88.7	0.20	4049.2	839.5
江 西	Jiangxi	1268.9	611.6	563.0	48.6	0.06	2573.4	507.0
山 东	Shandong	3614.3	1806.9	1662.5	144.3	0.08	7588.9	1516.8
河 南	Henan	2879.5	1327.1	1169.8	157.2	0.11	5787.6	1144.6
湖 北	Hubei	1685.3	813.3	730.0	83.3	0.08	4554.1	873.9
湖 南	Hunan	2058.0	986.6	900.6	85.9	0.11	4262.0	899.8
广 东	Guangdong	6937.3	3500.6	2999.0	499.0	2.66	12468.0	2784.3
广 西	Guangxi	1453.4	704.5	643.1	61.3	0.08	2884.1	560.7
海 南	Hainan	487.0	253.4	242.4	10.9	0.05	775.6	198.8
重 庆	Chongqing	1198.8	591.2	558.6	32.5	0.05	2069.6	441.8
四 川	Sichuan	2876.1	1400.9	1285.8	115.0	0.07	5498.2	1062.8
贵 州	Guizhou	1299.2	645.4	594.8	50.6	0.04	2321.4	386.6
云 南	Yunnan	1632.7	818.1	765.1	52.9	0.08	2895.8	571.8
西 藏	Tibet	125.9	67.3	56.3	11.1		235.5	41.7
陕 西	Shaanxi	1628.9	829.5	760.6	68.8	0.09	3264.8	805.6
甘 肃	Gansu	876.4	428.9	392.5	36.3	0.01	1763.5	308.7
青 海	Qinghai	237.2	121.3	105.5	15.8	0.01	537.2	90.7
宁 夏	Ningxia	284.9	144.5	127.9	16.6	0.01	591.0	104.7
新 疆	Xinjiang	1225.4	630.4	580.9	49.4	0.03	2010.6	399.1
不分地区	Not Classified by Region						19.8	19.7

2-101 续表 3 continued

地区	Region	固定电话用户(万户) Number of Fixed Telephone Subscribers at Year-end (10 000 subscribers)	城市电话用户 Urban Fixed Telephone Subscribers	#住宅电话用户 Household Fixed Telephone Subscribers	农村电话用户 Rural Fixed Telephone Subscribers	#住宅电话用户 Household Fixed Telephone Subscribers	#公用电话用户(万户) Public Telephone (10 000 subscribers)
全国	**National Total**	**27815.3**	**18893.4**	**11013.2**	**8921.9**	**7315.8**	**2347.1**
北京	Beijing	883.2	705.5	421.8	177.7	141.8	93.5
天津	Tianjin	353.7	349.2	226.0	4.5	0.7	28.7
河北	Hebei	1207.7	850.8	544.9	356.9	318.1	74.4
山西	Shanxi	685.2	482.0	330.7	203.2	176.7	60.5
内蒙古	Inner Mongolia	368.3	310.7	184.1	57.6	46.1	25.5
辽宁	Liaoning	1285.1	861.3	659.9	423.8	407.9	93.2
吉林	Jilin	578.8	434.7	289.3	144.1	133.6	41.6
黑龙江	Heilongjiang	776.1	594.3	442.3	181.7	167.1	50.7
上海	Shanghai	902.9	891.9	538.5	11.0		39.8
江苏	Jiangsu	2387.2	1341.0	733.7	1046.2	840.3	156.1
浙江	Zhejiang	1882.5	1127.4	516.5	755.0	533.9	212.3
安徽	Anhui	1091.4	641.0	389.3	450.5	390.3	70.6
福建	Fujian	1017.3	632.8	333.5	384.5	300.8	69.9
江西	Jiangxi	644.2	405.4	217.6	238.8	201.3	55.1
山东	Shandong	1854.2	1067.4	630.2	786.8	675.0	157.7
河南	Henan	1288.7	789.9	389.3	498.8	405.7	125.1
湖北	Hubei	1003.6	666.2	367.8	337.4	287.1	95.6
湖南	Hunan	953.9	645.2	365.6	308.7	252.2	88.7
广东	Guangdong	3135.8	2220.9	1168.1	914.9	666.6	362.4
广西	Guangxi	599.3	376.5	188.2	222.8	192.5	46.6
海南	Hainan	173.0	122.0	64.4	51.0	38.2	14.2
重庆	Chongqing	575.7	407.3	280.4	168.4	149.9	32.0
四川	Sichuan	1347.1	927.8	565.0	419.4	360.8	90.3
贵州	Guizhou	380.4	264.9	161.3	115.5	98.7	33.4
云南	Yunnan	524.3	364.7	200.4	159.6	118.4	60.7
西藏	Tibet	40.5	39.1	22.5	1.4	0.7	3.1
陕西	Shaanxi	772.1	541.3	294.5	230.8	192.3	61.2
甘肃	Gansu	377.8	272.4	151.8	105.3	84.9	48.2
青海	Qinghai	102.5	85.6	50.6	16.9	14.5	5.6
宁夏	Ningxia	105.0	83.3	50.3	21.6	17.4	7.0
新疆	Xinjiang	517.9	391.0	234.6	126.9	102.4	43.6

注：2002年起公用电话用户包括安装在街道等公共场所的智能网专线接入终端用户。

a) Number of subscribers of public telephone since 2002 included the smart net special end-users which were installed at the public spatial, such as street.

2-102 邮政业网点及邮递线路(年底数)(2012年)
Postal Offices and Postal Delivery Routes at Year-end (2012)

地 区	Region	营业网点 (处) Number of Offices (unit)	#快递营业网点 Outlets for Express Services	信筒信箱 (个) Number of Post Boxes (unit)	农村投递路线 (公里) Rural Delivery Routes (km)	城市投递路线 (公里) Urban Delivery Routes (km)
全 国	**National Total**	**95572**	**89052**	**150271**	**3731657.16**	**1327674**
北 京	Beijing	3086	3052	5973	18669	50625
天 津	Tianjin	1068	1068	2836	18661	15438
河 北	Hebei	2843	2734	4472	191861	62028
山 西	Shanxi	2097	1728	2508	119338	35409
内蒙古	Inner Mongolia	2204	1596	2397	109253	41462
辽 宁	Liaoning	3087	3087	5213	113875	56642
吉 林	Jilin	1609	1601	4111	99698	30863
黑龙江	Heilongjiang	2450	1881	3386	120323	48425
上 海	Shanghai	3792	3792	3443	22684	62958
江 苏	Jiangsu	6772	6405	7361	266263	91897
浙 江	Zhejiang	5305	5155	25408	170167	77715
安 徽	Anhui	2548	2434	3961	133560	45227
福 建	Fujian	3177	3117	11414	93039	33904
江 西	Jiangxi	2715	2369	3624	100828	28397
山 东	Shandong	5820	5173	10354	264799	95114
河 南	Henan	4368	4305	4574	197726	59681
湖 北	Hubei	4046	4035	4173	211898	50903
湖 南	Hunan	3115	2846	3617	215941	53011
广 东	Guangdong	10910	10015	9344	215842	123020
广 西	Guangxi	2328	2304	4327	113521	26772
海 南	Hainan	685	675	666	24373	12767
重 庆	Chongqing	2583	2506	2890	64120	24614
四 川	Sichuan	7071	6217	8709	187082	51183
贵 州	Guizhou	2017	1921	2744	52532	16073
云 南	Yunnan	2856	2598	1820	169445	24378
西 藏	Tibet	247	247	332	97409	4446
陕 西	Shaanxi	2428	2312	2920	127543	31547
甘 肃	Gansu	1710	1697	5258	134411	30355
青 海	Qinghai	261	241	354	5517	6544
宁 夏	Ningxia	489	364	526	9956	6949
新 疆	Xinjiang	1885	1554	1556	61325	29328

2-102 续表 continued

地 区	Region	邮路总长度 (公里) Length of Postal Routes (km)	#航空邮路 Air Mail Routes	#汽车邮路 Highway Routes	#铁路邮路 Railway Routes
全 国	**National Total**	**5855107**	**3160292**	**2289077**	**320144**
北 京	Beijing	405521	236926	104867	35141
天 津	Tianjin	157480	86238	57864	6311
河 北	Hebei	78040	6020	69477	1622
山 西	Shanxi	97314	41518	41245	8430
内蒙古	Inner Mongolia	154666	63615	85254	4066
辽 宁	Liaoning	252991	186973	57951	7774
吉 林	Jilin	179250	134579	32790	11513
黑龙江	Heilongjiang	138855	62483	62383	13916
上 海	Shanghai	192241	97216	74361	19384
江 苏	Jiangsu	240630	94477	140268	5811
浙 江	Zhejiang	449588	329552	105424	9411
安 徽	Anhui	139364	60384	76372	2355
福 建	Fujian	182584	115628	63440	2834
江 西	Jiangxi	108198	34048	68097	5694
山 东	Shandong	309689	201815	91373	16180
河 南	Henan	131284	42450	80403	7621
湖 北	Hubei	124877	55055	59183	10605
湖 南	Hunan	142207	54478	85626	1607
广 东	Guangdong	578539	316352	237089	24477
广 西	Guangxi	273528	201157	57160	14427
海 南	Hainan	94378	80385	13538	
重 庆	Chongqing	110951	56868	46147	7936
四 川	Sichuan	269222	125666	110917	12909
贵 州	Guizhou	136429	51399	76735	5880
云 南	Yunnan	197454	75116	90976	29058
西 藏	Tibet	29485	11400	15897	2188
陕 西	Shaanxi	146020	64898	64354	14130
甘 肃	Gansu	126312	43753	76169	6010
青 海	Qinghai	72785	44824	24073	3504
宁 夏	Ningxia	54058	32808	18362	2315
新 疆	Xinjiang	281167	152211	101285	27033

注：邮路总长度1980年及以前为邮路及农村投递路线总长度之和。

a) Length of postal routes before 1981 included the length of postal routes and rural delivery routes.

2-103 电信主要通信能力(年底数)(2012年)

Main Communication Capacity of Telecommunications (Year-end) (2012)

地 区	Region	固定长途电话交换机容量(路端) Capacity of Long-distance Telephone Exchanges (circuit)	局用交换机容量(万门) Capacity of Office Telephone Exchanges (10 000 lines)	移动电话交换机容量(万户) Capacity of Mobile Telephone Exchanges (10 000 subscribers)	光缆线路长度(公里) Length of Optical Cable Lines (km)	#长途光缆线路长度 Length of Long Distance Optical Cable Lines
全 国	**National Total**	**15797426**	**43749.3**	**184023.8**	**14793300**	**868175**
北 京	Beijing	550830	1586.1	4734.0	187714	4104
天 津	Tianjin	137246	645.9	2045.0	108956	3106
河 北	Hebei	311470	1757.0	11205.2	647544	34280
山 西	Shanxi	306834	1070.3	4648.9	599659	27826
内蒙古	Inner Mongolia	202524	863.5	5148.3	322219	56937
辽 宁	Liaoning	507645	2090.8	6229.8	442168	24604
吉 林	Jilin	225353	918.5	3751.0	243389	22704
黑龙江	Heilongjiang	411477	1364.8	5010.8	398743	40538
上 海	Shanghai	739677	1380.5	3973.0	266173	4758
江 苏	Jiangsu	1094821	3768.0	9665.7	1567817	32820
浙 江	Zhejiang	851520	2855.4	9871.2	1017798	25001
安 徽	Anhui	737127	1238.0	7479.9	607097	26333
福 建	Fujian	612621	1641.6	7704.6	569906	21753
江 西	Jiangxi	554829	852.4	3945.9	472608	21492
山 东	Shandong	457175	3069.1	11103.4	649971	32641
河 南	Henan	1511918	1804.2	8550.4	634262	31398
湖 北	Hubei	490768	1571.8	6805.7	537604	27686
湖 南	Hunan	506000	1428.8	5688.4	632815	36419
广 东	Guangdong	2587636	4360.6	20392.6	1054583	49065
广 西	Guangxi	579717	1190.2	3865.5	441060	34846
海 南	Hainan	91576	273.2	1512.4	85461	3302
重 庆	Chongqing	219016	1130.3	3715.0	372289	6102
四 川	Sichuan	342870	1793.5	13749.2	835911	54614
贵 州	Guizhou	266597	930.1	4473.8	341962	35283
云 南	Yunnan	320867	889.3	5182.1	486971	40168
西 藏	Tibet	34540	133.6	342.0	63145	30070
陕 西	Shaanxi	441852	1165.3	4924.4	372691	27628
甘 肃	Gansu	177901	707.6	2367.8	299338	31086
青 海	Qinghai	133323	165.0	848.0	95984	33374
宁 夏	Ningxia	61432	210.9	967.8	66795	10272
新 疆	Xinjiang	284632	891.0	4122.0	370667	37967
不分地区	Not Classified by Region	45632	2.0			

注：电话交换机容量不包括用户交换机容量。

a)The capacity of exchanges in this table do not includes the capacity of exchanges owned by users.

2-104 连锁零售企业基本情况(2012年)
Basic Conditions of Chain Retail Enterprises (2012)

地 区	Region	总店数 (个) Number of Head Stores (unit)	门店总数 (个) Number of Stores (unit)	年末从业人数 (万人) Engaged Persons at Year-end (10 000 persons)	年末零售营业面积 (万平方米) Operating Area of Retail Enterprises at Year-end (10 000 sq.m)	商品销售额 (亿元) Total Sales of Commodities (100 million yuan)	商品购进总额 (亿元) Total Purchases Value (100 million yuan)	统一配送商品购进额 (亿元) Centralized Purchase and Delivery (100 million yuan)
全 国	**National Total**	**2524**	**192870**	**256.35**	**14765.9**	**35462.1**	**30825.5**	**23975.8**
北 京	Beijing	134	6810	14.97	668.1	2421.0	2074.9	995.1
天 津	Tianjin	38	1915	3.76	262.7	731.3	721.1	570.4
河 北	Hebei	88	4299	5.16	589.7	1100.5	1028.9	741.4
山 西	Shanxi	44	2388	4.07	158.5	379.5	262.3	128.6
内蒙古	Inner Mongolia	17	236	0.50	21.4	29.0	27.1	23.4
辽 宁	Liaoning	92	5836	6.86	444.9	986.3	876.6	557.9
吉 林	Jilin	28	898	1.16	50.1	156.2	148.1	137.0
黑龙江	Heilongjiang	36	1761	2.30	65.7	227.6	233.5	219.0
上 海	Shanghai	87	19310	29.39	1027.7	3605.6	3170.5	2558.1
江 苏	Jiangsu	177	18300	38.82	1873.1	4851.5	4401.8	3706.7
浙 江	Zhejiang	228	29496	17.71	1082.9	2302.4	2138.4	1915.1
安 徽	Anhui	69	9533	9.77	533.2	1501.5	1444.7	1131.8
福 建	Fujian	140	3922	7.71	617.7	1196.4	877.2	578.3
江 西	Jiangxi	74	3389	5.19	279.5	1010.7	548.7	483.8
山 东	Shandong	139	10327	16.67	1209.7	2459.7	2183.8	1540.0
河 南	Henan	150	5370	7.34	656.6	806.2	744.2	490.5
湖 北	Hubei	117	5330	14.56	592.0	1555.4	1362.5	1037.0
湖 南	Hunan	90	5326	6.22	513.4	909.9	897.7	631.5
广 东	Guangdong	273	22216	27.50	2406.6	4908.6	4283.4	3804.4
广 西	Guangxi	62	3465	3.92	330.9	841.1	378.0	351.3
海 南	Hainan	6	506	0.57	32.0	179.7	169.5	169.5
重 庆	Chongqing	91	11517	9.09	388.2	975.5	889.2	533.3
四 川	Sichuan	104	9355	11.15	247.7	490.7	433.0	363.5
贵 州	Guizhou	24	951	0.67	11.3	17.2	14.4	14.2
云 南	Yunnan	43	3652	3.60	187.5	472.0	289.7	287.2
西 藏	Tibet	2	15	0.07	2.4	2.0	2.2	2.2
陕 西	Shaanxi	26	659	1.93	68.9	279.6	217.1	130.0
甘 肃	Gansu	18	671	0.73	65.6	203.0	174.6	137.3
青 海	Qinghai	11	98	0.66	24.0	24.7	19.9	6.6
宁 夏	Ningxia	21	1608	1.22	61.9	123.3	153.2	152.9
新 疆	Xinjiang	95	3711	3.10	292.0	713.9	659.3	577.7

注：门店总数全国总计中包括开设在港澳台地区和国外的门店。

a) Total number of stores includes that from Hong Kong, Macao and Taiwan province and foreign countries.

2-105 亿元以上商品交易市场基本情况(2012年)

Basic Statistics on Commodity Exchange Markets of Transaction Value over 100 Million Yuan (2012)

地 区	Region	市场数量 (个) Number of Markets (unit)	摊位数 (个) Number of Booths (unit)	营业面积 (万平方米) Operating Area (10 000 sq.m)	成交额 (亿元) Turnover (100 million yuan)	批发市场 Wholesale	零售市场 Retail
合 计	**National Total**	**5194**	**3494122**	**27899.4**	**93023.8**	**80141.8**	**12882.0**
北 京	Beijing	143	115526	737.1	3045.7	1858.5	1187.2
天 津	Tianjin	78	49450	503.4	2276.3	2181.5	94.8
河 北	Hebei	268	312614	2862.0	4774.0	4475.9	298.1
山 西	Shanxi	41	31724	262.8	517.3	493.8	23.5
内蒙古	Inner Mongolia	71	35696	664.6	698.8	565.8	133.0
辽 宁	Liaoning	227	177911	882.2	4329.0	3672.8	656.3
吉 林	Jilin	65	53264	306.3	706.5	477.3	229.2
黑龙江	Heilongjiang	99	67693	330.6	1077.6	845.9	231.7
上 海	Shanghai	188	79512	963.9	10778.6	10279.8	498.8
江 苏	Jiangsu	562	355612	3314.7	15659.2	13661.3	1998.0
浙 江	Zhejiang	764	457275	2874.7	13769.3	11601.9	2167.3
安 徽	Anhui	143	112124	1068.3	2428.8	2185.7	243.1
福 建	Fujian	161	55547	351.0	1585.9	1237.6	348.3
江 西	Jiangxi	95	67904	364.0	1440.2	1245.6	194.6
山 东	Shandong	569	381965	3832.1	8021.0	7065.9	955.1
河 南	Henan	180	134510	1111.5	2474.7	2101.9	372.8
湖 北	Hubei	182	89202	596.4	1855.5	1443.7	411.8
湖 南	Hunan	320	184624	1036.8	2969.7	2248.5	721.2
广 东	Guangdong	384	215863	2098.0	5506.5	4833.1	673.4
广 西	Guangxi	95	70244	473.0	1116.2	935.9	180.2
海 南	Hainan	8	4324	9.7	18.5	3.5	15.0
重 庆	Chongqing	133	87047	655.0	3130.7	2645.8	484.9
四 川	Sichuan	114	112559	637.4	1714.2	1473.4	240.7
贵 州	Guizhou	39	21680	146.3	418.0	369.5	48.5
云 南	Yunnan	56	64430	408.8	690.2	519.7	170.4
西 藏	Tibet						
陕 西	Shaanxi	44	28967	163.6	360.1	263.1	96.9
甘 肃	Gansu	46	31029	191.9	461.4	426.8	34.6
青 海	Qinghai	12	7063	44.3	59.0	45.2	13.8
宁 夏	Ningxia	31	22089	390.3	231.3	191.4	39.9
新 疆	Xinjiang	76	66674	618.6	909.8	790.9	118.8

2-106 社会消费品零售总额
Total Retail Sales of Consumer Goods

地 区	Region	2011 社会消费品零售总额(亿元) Total Retail Sales of Consumer Goods (100 million yuan)	2011 增 长(%) Growth Rate (%)	2012 社会消费品零售总额(亿元) Total Retail Sales of Consumer Goods (100 million yuan)	2012 增 长(%) Growth Rate (%)
全 国	**National Total**	**183918.6**	**17.1**	**210307.0**	**14.3**
北 京	Beijing	6900.3	10.8	7702.8	11.6
天 津	Tianjin	3395.1	18.7	3921.4	15.5
河 北	Hebei	8035.5	17.8	9254.0	15.2
山 西	Shanxi	3903.4	17.6	4506.8	15.5
内蒙古	Inner Mongolia	3991.7	18.0	4572.5	14.6
辽 宁	Liaoning	8095.3	17.5	9346.6	15.5
吉 林	Jilin	4119.8	17.5	4772.9	15.9
黑龙江	Heilongjiang	4750.1	17.6	5491.0	15.6
上 海	Shanghai	6814.8	12.3	7412.3	8.8
江 苏	Jiangsu	15988.4	17.5	18331.3	14.7
浙 江	Zhejiang	12028.0	17.4	13588.3	13.0
安 徽	Anhui	4955.1	18.0	5736.6	15.8
福 建	Fujian	6276.2	18.2	7256.5	15.6
江 西	Jiangxi	3485.1	17.9	4027.2	15.6
山 东	Shandong	17155.5	17.3	19651.9	14.6
河 南	Henan	9453.6	18.1	10915.6	15.5
湖 北	Hubei	8275.2	18.0	9562.5	15.6
湖 南	Hunan	6884.7	17.9	7921.9	15.1
广 东	Guangdong	20297.5	16.3	22677.1	11.7
广 西	Guangxi	3908.2	18.0	4516.6	15.6
海 南	Hainan	759.5	18.8	870.8	14.7
重 庆	Chongqing	3487.8	18.7	4033.7	15.7
四 川	Sichuan	8006.6	18.1	9268.6	15.8
贵 州	Guizhou	1751.6	18.1	2027.6	15.8
云 南	Yunnan	3038.1	18.0	3511.6	15.6
西 藏	Tibet	219.0	18.2	254.6	16.3
陕 西	Shaanxi	3790.0	18.6	4383.8	15.7
甘 肃	Gansu	1648.0	18.2	1906.5	15.7
青 海	Qinghai	410.5	17.0	476.0	16.0
宁 夏	Ningxia	477.6	18.3	548.8	14.9
新 疆	Xinjiang	1616.3	17.5	1858.6	15.0

2-107 连锁餐饮企业基本情况(2012年)

Basic Conditions of Chain Catering Enterprises (2012)

地 区	Region	总店数 (个) Number of Head Stores (unit)	门店总数 (个) Number of Stores (unit)	年末从业人数 (万人) Engaged Persons at Year-end (10 000 persons)	年末餐饮营业面积 (万平方米) Operating Area of Catering Enterprises at Year-end (10 000 sq.m)	餐位数 (万个) Number of Dining-seats (10 000 units)	营业额 (亿元) Business Revenue (100 million yuan)	商品购进总额 (亿元) Total Purchases Value (100 million yuan)	统一配送商品购进额 (亿元) Centralized Purchase and Delivery (100 million yuan)
全 国	**National Total**	**456**	**18153**	**80.55**	**869.23**	**286.46**	**1283.26**	**561.36**	**388.48**
北 京	Beijing	79	3079	13.49	165.10	44.87	244.64	88.60	54.93
天 津	Tianjin	11	458	3.29	17.67	5.37	44.38	38.01	3.75
河 北	Hebei	1	7	0.11	1.50	0.47	1.79	1.18	
山 西	Shanxi	6	106	1.00	6.77	2.08	10.45	4.68	3.63
内蒙古	Inner Mongolia	7	314	0.60	16.03	2.24	15.09	7.05	0.90
辽 宁	Liaoning	12	459	1.27	17.72	7.18	60.97	30.39	23.71
吉 林	Jilin	1	19	0.07	1.17	0.36	0.89	0.39	0.39
黑龙江	Heilongjiang	8	74	0.26	4.11	1.52	3.62	1.46	1.35
上 海	Shanghai	18	1787	5.86	54.75	15.16	126.82	41.25	36.41
江 苏	Jiangsu	21	1333	6.30	45.57	14.65	91.77	45.13	43.29
浙 江	Zhejiang	30	1457	6.98	89.04	22.92	95.56	37.95	34.33
安 徽	Anhui	9	365	1.02	40.86	5.97	11.90	4.60	3.07
福 建	Fujian	15	952	3.24	25.08	9.21	49.17	19.61	15.37
江 西	Jiangxi	9	79	0.78	7.48	2.23	8.71	4.26	3.67
山 东	Shandong	11	390	0.68	14.67	6.49	28.65	14.53	13.94
河 南	Henan	20	206	0.82	8.67	2.98	11.40	6.08	4.32
湖 北	Hubei	30	498	3.32	45.61	15.42	49.26	26.93	24.95
湖 南	Hunan	12	350	2.34	23.73	9.47	20.76	3.93	0.65
广 东	Guangdong	90	2792	12.72	92.07	33.36	201.14	73.77	68.57
广 西	Guangxi	2	72	0.69	2.64	0.92	6.68	2.63	2.63
海 南	Hainan	1	4	0.03	0.15	0.05	0.61	0.22	0.22
重 庆	Chongqing	22	2179	10.67	143.19	64.40	125.50	73.20	14.93
四 川	Sichuan	13	590	2.26	22.53	10.11	37.81	14.41	13.22
贵 州	Guizhou	2	20	0.14	2.60	0.35	2.36	0.21	0.21
云 南	Yunnan	8	214	1.01	8.02	4.59	11.11	8.71	8.64
西 藏	Tibet	1	3	0.01	0.05	0.02	0.04	0.03	0.03
陕 西	Shaanxi	5	162	1.10	6.69	2.46	12.67	8.63	8.08
甘 肃	Gansu	3	33	0.12	0.97	0.38	3.56	1.60	1.46
青 海	Qinghai								
宁 夏	Ningxia	1	3	0.01	0.13	0.03	0.05	0.05	0.05
新 疆	Xinjiang	8	148	0.35	4.68	1.23	5.87	1.85	1.76

注：门店总数全国总计中包括开设在港澳台地区和国外的门店。

a) Total number of stores includes that from Hong Kong, Macao and Taiwan province and foreign countries.

2-108 接待入境过夜游客和国际旅游(外汇)收入
Number of Oversea Visitor Arrivals and Foreign Exchange Earnings

单位：万人次 (10 000 person-times)

地 区	Region	2011 入境旅游人数 Number of Oversea Visitor Arrivals	2011 #外国人 Foreigners	2011 国际旅游(外汇)收入(百万美元) Foreign Exchange Earnings (million USD)	2012 入境旅游人数 Number of Oversea Visitor Arrivals	2012 #外国人 Foreigners	2012 国际旅游(外汇)收入(百万美元) Foreign Exchange Earnings (million USD)
全 国	**National Total**	**5758.07**		**48464.00**	**5772.49**		**50028.00**
北 京	Beijing	520.40	447.41	5416.00	500.86	434.40	5149.00
天 津	Tianjin	73.06	63.58	1755.53	73.75	63.71	2226.41
河 北	Hebei	114.14	98.27	447.65	129.32	106.71	544.94
山 西	Shanxi	155.32	98.25	567.19	189.18	120.42	720.24
内蒙古	Inner Mongolia	151.52	147.64	670.97	159.17	151.46	771.96
辽 宁	Liaoning	405.33	339.41	2713.14	473.13	388.59	3263.69
吉 林	Jilin	99.32	85.49	385.28	118.27	100.90	494.77
黑龙江	Heilongjiang	206.52	197.84	917.62	207.62	194.73	835.48
上 海	Shanghai	668.61	554.99	5751.18	651.23	539.64	5493.23
江 苏	Jiangsu	737.33	537.91	5652.97	791.54	575.21	6299.72
浙 江	Zhejiang	773.69	515.04	4541.73	865.93	570.51	5151.74
安 徽	Anhui	262.87	151.75	1179.18	331.47	190.41	1562.67
福 建	Fujian	427.42	140.02	3634.44	493.67	167.01	4225.67
江 西	Jiangxi	135.83	43.98	415.00	156.18	50.39	484.73
山 东	Shandong	424.23	312.33	2550.76	469.91	342.23	2923.65
河 南	Henan	168.29	104.29	549.03	190.77	118.74	611.41
湖 北	Hubei	213.52	160.11	940.18	264.72	192.96	1202.97
湖 南	Hunan	227.63	119.80	1014.34	224.55	90.64	928.36
广 东	Guangdong	3331.63	749.34	13906.19	3489.43	773.05	15610.67
广 西	Guangxi	302.79	171.48	1051.88	350.27	192.70	1278.87
海 南	Hainan	81.43	56.16	376.15	81.58	51.97	348.02
重 庆	Chongqing	186.40	132.61	968.06	224.28	152.63	1168.32
四 川	Sichuan	163.97	113.73	593.83	227.34	151.29	798.15
贵 州	Guizhou	58.51	23.62	135.07	70.50	30.42	168.94
云 南	Yunnan	395.38	281.00	1608.61	457.84	329.77	1947.08
西 藏	Tibet	27.08	24.90	129.63	19.49	17.46	105.70
陕 西	Shaanxi	270.41	189.91	1295.05	335.24	233.66	1597.47
甘 肃	Gansu	9.11	5.47	17.40	10.20	6.69	22.35
青 海	Qinghai	5.17	4.11	26.59	4.73	3.84	24.32
宁 夏	Ningxia	1.95	1.37	6.20	1.90	1.43	5.45
新 疆	Xinjiang	56.37	48.77	465.19	62.49	49.02	550.57

2-109 普通高等学校情况(2012年)

Statistics on Regular Institutions of Higher Education (2012)

单位：人 (person)

地 区	Region	学校数(所) Schools (unit)	招生数 Entrants	专科 Specialized Courses	本科 Undergraduate Courses	在校学生数 Enrollment	专科 Specialized Courses	本科 Undergraduate Courses
全 国	**National Total**	**2442**	**6888336**	**3147762**	**3740574**	**23913155**	**9642267**	**14270888**
北 京	Beijing	89	158602	35951	122651	591243	108313	482930
天 津	Tianjin	55	137223	55948	81275	473114	162515	310599
河 北	Hebei	113	321407	165289	156118	1168796	546167	622629
山 西	Shanxi	75	197181	99085	98096	637330	283593	353737
内蒙古	Inner Mongolia	48	105629	49412	56217	391434	169561	221873
辽 宁	Liaoning	112	264385	96223	168162	934078	288262	645816
吉 林	Jilin	57	162602	47142	115460	578953	136626	442327
黑龙江	Heilongjiang	79	196970	69022	127948	704538	203732	500806
上 海	Shanghai	67	136808	47247	89561	506596	147589	359007
江 苏	Jiangsu	153	435047	194760	240287	1671173	686596	984577
浙 江	Zhejiang	102	269127	120021	149106	932292	363104	569188
安 徽	Anhui	118	286246	141866	144380	1023033	470734	552299
福 建	Fujian	86	201200	88983	112217	701392	276261	425131
江 西	Jiangxi	88	237734	116293	121441	851119	392665	458454
山 东	Shandong	136	466695	235159	231536	1658490	757199	901291
河 南	Henan	120	455289	229561	225728	1559025	721945	837080
湖 北	Hubei	122	402055	185126	216929	1386086	565113	820973
湖 南	Hunan	121	311026	146185	164841	1082235	451653	630582
广 东	Guangdong	137	501939	262483	239456	1616838	716486	900352
广 西	Guangxi	70	192144	109818	82326	629243	323115	306128
海 南	Hainan	17	49615	23498	26117	168270	70381	97889
重 庆	Chongqing	60	192940	82504	110436	623605	226356	397249
四 川	Sichuan	99	364488	183224	181264	1223680	509669	714011
贵 州	Guizhou	49	125093	60263	64830	383815	154310	229505
云 南	Yunnan	66	142753	55090	87663	512178	187456	324722
西 藏	Tibet	6	10022	4426	5596	33452	12876	20576
陕 西	Shaanxi	91	312776	125946	186830	1026254	374625	651629
甘 肃	Gansu	42	130153	58515	71638	431069	161602	269467
青 海	Qinghai	9	14634	6181	8453	48668	17006	31662
宁 夏	Ningxia	16	30779	12877	17902	96440	34378	62062
新 疆	Xinjiang	39	75774	39664	36110	268716	122379	146337

2-109 续表 continued

单位：人 (person)

地 区	Region	预计毕业生数 Anticipated Graduates for Next Year	专科 Specialized Courses	本科 Undergraduate Courses	毕(结)业生数 Graduates with Degrees or Diplomas	专科 Specialized Courses	本科 Undergraduate Courses	授予学位数 Degrees Conferred
全 国	**National Total**	**6517623**	**3286498**	**3231125**	**6247338**	**3208865**	**3038473**	**2966148**
北 京	Beijing	156992	119139	37853	155233	41448	113785	111796
天 津	Tianjin	125076	70483	54593	113034	50847	62187	60680
河 北	Hebei	336079	147752	188327	315755	182244	133511	130771
山 西	Shanxi	174001	76477	97524	162571	90331	72240	70430
内蒙古	Inner Mongolia	111603	51664	59939	105054	59343	45711	44824
辽 宁	Liaoning	247722	151866	95856	235984	88513	147471	145610
吉 林	Jilin	147686	104455	43231	146517	48439	98078	93951
黑龙江	Heilongjiang	186698	118255	68443	203792	85844	117948	116672
上 海	Shanghai	141902	90602	51300	136697	50983	85714	83229
江 苏	Jiangsu	486168	245089	241079	470254	238503	231751	222940
浙 江	Zhejiang	252074	133171	118903	247537	121315	126222	123478
安 徽	Anhui	283626	123985	159641	265477	150619	114858	112828
福 建	Fujian	192804	97873	94931	178492	89854	88638	87750
江 西	Jiangxi	246056	103043	143013	232048	138063	93985	92061
山 东	Shandong	482579	215228	267351	474266	268676	205590	203309
河 南	Henan	447586	186821	260765	435308	267507	167801	165295
湖 北	Hubei	365847	182844	183003	353014	184960	168054	164009
湖 南	Hunan	299770	145280	154490	306809	174389	132420	129646
广 东	Guangdong	425324	206174	219150	404011	222678	181333	178731
广 西	Guangxi	175760	67860	107900	162169	100035	62134	60659
海 南	Hainan	44632	20621	24011	40887	22907	17980	16771
重 庆	Chongqing	152844	85045	67799	137635	62633	75002	72020
四 川	Sichuan	326793	169660	157133	286756	133168	153588	150985
贵 州	Guizhou	94510	48380	46130	85285	45605	39680	37207
云 南	Yunnan	129754	66413	63341	118944	60241	58703	56967
西 藏	Tibet	8213	4787	3426	8580	3907	4673	4530
陕 西	Shaanxi	257784	138755	119029	265279	132296	132983	127825
甘 肃	Gansu	110414	61918	48496	102980	45652	57328	55176
青 海	Qinghai	12860	7206	5654	11661	5100	6561	6458
宁 夏	Ningxia	22761	12853	9908	20718	8935	11783	11222
新 疆	Xinjiang	71705	32799	38906	64591	33830	30761	28318

2-110 普通高中情况(2012年)
Statistics on Regular Senior Secondary Schools (2012)

单位：人 (person)

地区	Region	学校数(所) Schools (unit)	教职工数 Teachers and Staff	#专任教师 Full-time Teachers	招生数 New Enrollment	在校学生数 Total Enrollment	毕业生数 Graduates
全国	**National Total**	**13509**	**2462575**	**1595035**	**8446071**	**24671712**	**7915046**
北京	Beijing	289	50748	20623	63381	193505	55657
天津	Tianjin	202	30254	15440	58012	181235	62257
河北	Hebei	565	121965	82918	384133	1176885	423748
山西	Shanxi	511	93617	58088	292630	854986	285255
内蒙古	Inner Mongolia	272	50418	32229	171722	500280	161274
辽宁	Liaoning	417	62091	47276	228358	695933	237962
吉林	Jilin	244	41747	27832	160363	476748	154289
黑龙江	Heilongjiang	398	60771	42606	202090	612579	206310
上海	Shanghai	246	29916	16588	52497	157709	54416
江苏	Jiangsu	594	135292	97223	376936	1208697	444765
浙江	Zhejiang	571	88349	64506	277919	875802	297101
安徽	Anhui	716	116953	71790	439725	1292863	412810
福建	Fujian	543	96767	52049	218650	690542	225581
江西	Jiangxi	435	80178	48232	308315	836602	233135
山东	Shandong	557	149922	115208	581797	1645402	482883
河南	Henan	785	142786	107347	665703	1926336	640137
湖北	Hubei	575	93337	70896	327506	1074507	412235
湖南	Hunan	589	106172	67080	370069	1026563	310055
广东	Guangdong	1017	234162	141835	773249	2259282	688461
广西	Guangxi	450	67548	44557	292818	795828	237474
海南	Hainan	103	22611	10892	62969	175526	52620
重庆	Chongqing	262	64038	36392	225080	659744	203616
四川	Sichuan	735	150227	86461	521938	1516531	478101
贵州	Guizhou	446	62807	41572	318188	772972	195861
云南	Yunnan	444	73497	45255	261312	706180	196248
西藏	Tibet	30	4459	3658	17529	47825	13286
陕西	Shaanxi	530	84883	56218	318788	941528	317300
甘肃	Gansu	445	60482	40467	226107	664879	213620
青海	Qinghai	109	12752	7680	38197	106005	35807
宁夏	Ningxia	63	12566	9742	54814	157521	47693
新疆	Xinjiang	366	61260	32375	155276	440717	135089

2-111 中等职业学校情况(2012年)
Statistics on Secondary Vocational Schools (2012)

单位：人 (person)

地 区	Region	学校数(所) Schools (unit)	招生数 New Enrollment	在校学生数 Total Enrollment	毕业生数 Graduates	#获得职业资格证书 With Professional Qualification Certificates	预计毕业生数 Graduates for Next Year
全 国	**National**	**9762**	**5970785**	**16898820**	**5543840**	**3483872**	**5663952**
北 京	Beijing	96	64076	189740	58915	33608	69983
天 津	Tianjin	88	34835	105735	37107	18277	40604
河 北	Hebei	663	299526	934042	388585	176417	341903
山 西	Shanxi	456	172417	483237	171100	117057	160642
内蒙古	Inner Mongolia	276	96021	275527	109495	50544	97420
辽 宁	Liaoning	317	121355	380601	131308	65801	135443
吉 林	Jilin	300	72100	228866	89817	33902	81190
黑龙江	Heilongjiang	387	100212	292987	124133	62767	94281
上 海	Shanghai	112	49540	156490	44859	35862	42951
江 苏	Jiangsu	285	275225	884549	248643	189166	267884
浙 江	Zhejiang	358	203220	618597	203459	179344	206664
安 徽	Anhui	487	408824	1002374	296110	182493	331375
福 建	Fujian	251	240792	582998	175933	147765	179605
江 西	Jiangxi	446	202862	549084	190635	111883	155110
山 东	Shandong	560	404670	1147012	380451	247022	383290
河 南	Henan	735	522537	1456626	522733	280108	539172
湖 北	Hubei	332	143530	500540	272883	173281	200699
湖 南	Hunan	525	253092	734242	251480	163758	234023
广 东	Guangdong	522	495758	1495738	419163	271335	511788
广 西	Guangxi	319	312754	862445	214890	116957	261830
海 南	Hainan	83	51055	141876	41583	15022	42405
重 庆	Chongqing	155	136624	372049	108446	68602	94473
四 川	Sichuan	515	501110	1262600	359099	322539	445125
贵 州	Guizhou	229	150784	383367	100340	68419	116931
云 南	Yunnan	396	183174	567843	162754	95764	219728
西 藏	Tibet	6	7901	18291	9350	4861	6526
陕 西	Shaanxi	342	196170	526654	201747	123532	175708
甘 肃	Gansu	266	117672	327834	101413	55471	95733
青 海	Qinghai	40	30143	76842	23660	14488	21496
宁 夏	Ningxia	34	36055	104757	32461	17281	32448
新 疆	Xinjiang	181	86751	235277	71288	40546	77522

2-112 初中情况(2012年)
Statistics on Regular Junior Secondary Schools (2012)

单位：人 (person)

地 区	Region	学校数(所) Schools (unit)	专任教师 Full-time Teachers	招生数 New Enrollment	在校学生数 Total Enrollment	毕业生数 Graduates
全 国	**National Total**	**53216**	**3504363**	**15707700**	**47630607**	**16607751**
北 京	Beijing	341	31067	108133	305510	95782
天 津	Tianjin	317	26055	83845	256541	84072
河 北	Hebei	2435	167800	777679	2173677	703054
山 西	Shanxi	2023	118231	462450	1502433	578684
内蒙古	Inner Mongolia	763	62154	242465	746308	263265
辽 宁	Liaoning	1607	101083	369537	1134585	410708
吉 林	Jilin	1213	66898	226574	696588	259666
黑龙江	Heilongjiang	1648	100044	345555	1204786	394270
上 海	Shanghai	514	35202	117489	432686	94645
江 苏	Jiangsu	2066	182231	640312	1970169	752183
浙 江	Zhejiang	1735	118855	510594	1492985	514374
安 徽	Anhui	2920	161007	689414	2130347	869576
福 建	Fujian	1240	96638	381878	1120356	404766
江 西	Jiangxi	2107	122771	655925	1945486	651764
山 东	Shandong	2965	261611	1016968	3281023	1049116
河 南	Henan	4551	282413	1581590	4537868	1498054
湖 北	Hubei	2047	141409	510866	1577701	575799
湖 南	Hunan	3296	171197	742493	2111100	688731
广 东	Guangdong	3309	273493	1402496	4424650	1619805
广 西	Guangxi	1860	117478	668655	1966202	643804
海 南	Hainan	388	25075	119426	364677	134944
重 庆	Chongqing	969	76060	340251	1087258	403096
四 川	Sichuan	3908	203905	988311	3041867	1093729
贵 州	Guizhou	2215	114753	731931	2100850	663275
云 南	Yunnan	1691	120817	674396	1954348	666942
西 藏	Tibet	92	8982	43424	130266	46578
陕 西	Shaanxi	1765	112604	411451	1315464	521287
甘 肃	Gansu	1588	84377	375938	1180171	442640
青 海	Qinghai	261	14846	73382	208723	68547
宁 夏	Ningxia	251	19383	99874	292813	95094
新 疆	Xinjiang	1131	85924	314398	943169	319501

2-113 普通小学情况(2012年)
Statistics on Regular Primary Schools (2012)

单位：人 (person)

地 区	Region	学校数 (所) Schools (unit)	教职工数 Teachers and Staff	#专任教师 Full-time Teachers	招生数 New Enrollment	在校学生数 Total Enrollment	毕业生数 Graduates
全 国	**National Total**	**228585**	**5538481**	**5585476**	**17146640**	**96958985**	**16415565**
北 京	Beijing	1081	55710	52472	141738	718655	109492
天 津	Tianjin	843	41626	37769	102514	532282	86548
河 北	Hebei	12898	324755	316962	1062931	5622191	796079
山 西	Shanxi	10042	185103	184326	440460	2617602	547270
内蒙古	Inner Mongolia	2443	127745	112898	233545	1365080	242927
辽 宁	Liaoning	4779	135608	144633	353057	2129695	371386
吉 林	Jilin	5186	127992	119274	242215	1423679	230619
黑龙江	Heilongjiang	4834	145978	144208	328950	1867729	346553
上 海	Shanghai	761	48936	48066	172297	760377	129542
江 苏	Jiangsu	4128	252300	252580	794802	4227557	645061
浙 江	Zhejiang	3698	173611	179473	607186	3467269	538276
安 徽	Anhui	12547	233150	241504	693919	4047018	720927
福 建	Fujian	5414	157362	153941	467450	2527264	391264
江 西	Jiangxi	11173	195472	205470	800412	4341438	670134
山 东	Shandong	11573	387203	382562	1095534	6276696	1061562
河 南	Henan	27452	504933	496856	1909667	10791827	1704498
湖 北	Hubei	6614	193609	191699	634766	3267498	513818
湖 南	Hunan	10165	231358	246859	880773	4737920	770212
广 东	Guangdong	13396	422977	432374	1452959	8082401	1499644
广 西	Guangxi	13535	232714	217151	742110	4264831	686423
海 南	Hainan	2036	49314	51243	122521	752187	128221
重 庆	Chongqing	4810	115394	114036	352068	1943177	336066
四 川	Sichuan	8586	262440	304899	1009618	5607407	1001656
贵 州	Guizhou	11529	199179	197983	591024	3800803	760174
云 南	Yunnan	13020	237762	233710	622875	4067038	722779
西 藏	Tibet	857	18966	18853	51552	292016	47537
陕 西	Shaanxi	7994	169723	166822	378875	2346152	448555
甘 肃	Gansu	10336	134514	140235	341155	2063549	398700
青 海	Qinghai	1425	22467	26103	83111	498663	80967
宁 夏	Ningxia	1896	33415	34385	104822	618140	107655
新 疆	Xinjiang	3534	117165	136130	331734	1900844	321020

2-114 特殊教育情况(2012年)
Statistics on Special Education (2012)

单位：人 (person)

地区	Region	学校数(所) Schools (unit)	教职工数 Teachers and Staff	#专任教师 Full-time Teachers	招生数 New Enrollment	在校学生数 Total Enrollment	毕业生数 Graduates
全 国	**National Total**	**1853**	**53615**	**43697**	**65699**	**378751**	**48590**
北 京	Beijing	22	1231	898	1190	8118	1747
天 津	Tianjin	20	739	575	536	2963	311
河 北	Hebei	151	3553	2912	1913	12408	1202
山 西	Shanxi	53	1583	1316	1215	7873	882
内蒙古	Inner Mongolia	39	1312	1103	874	4455	392
辽 宁	Liaoning	74	2648	1967	905	8593	804
吉 林	Jilin	46	1751	1382	805	6261	574
黑龙江	Heilongjiang	74	2312	1879	1423	11150	894
上 海	Shanghai	29	1580	1177	1202	8138	1455
江 苏	Jiangsu	107	3911	3124	3534	24702	3271
浙 江	Zhejiang	79	2185	1915	2741	14425	1550
安 徽	Anhui	64	1507	1283	2165	9986	1114
福 建	Fujian	73	1863	1636	4350	27291	3604
江 西	Jiangxi	80	1074	961	4094	21510	1751
山 东	Shandong	145	5700	4595	3555	21239	2793
河 南	Henan	132	3767	3211	2994	16689	2381
湖 北	Hubei	77	1826	1560	1483	10557	1292
湖 南	Hunan	61	1673	1349	1812	10184	1058
广 东	Guangdong	94	3329	2527	4632	24485	2917
广 西	Guangxi	62	1516	1105	2538	14270	1441
海 南	Hainan	4	217	160	313	1616	214
重 庆	Chongqing	36	927	804	2090	13083	1836
四 川	Sichuan	113	2220	1941	8398	44287	7969
贵 州	Guizhou	56	1139	996	2904	13657	1389
云 南	Yunnan	47	1140	934	3294	16777	3071
西 藏	Tibet	3	110	92	185	633	39
陕 西	Shaanxi	46	1147	904	1266	6046	1010
甘 肃	Gansu	28	673	572	1434	8337	834
青 海	Qinghai	11	166	140	359	2124	189
宁 夏	Ningxia	8	242	227	358	1985	84
新 疆	Xinjiang	19	574	452	1137	4909	522

2-115 各级学校生师比(2012年)
Student-Teacher Ratio by Level of Regular Schools (2012)

(教师人数=1)　　(Number of Teachers=1)

地 区	Region	普通小学 Primary School	初 中 Junior Secondary School	普通高中 Regular Senior Secondary School	中等职业学校 Vocational Senior Secondary School	普通高校 Regular Institution of Higher Education
全 国	**National Total**	**17.36**	**13.59**	**15.47**	**24.19**	**17.52**
北 京	Beijing	13.70	9.83	9.38	25.65	16.70
天 津	Tianjin	14.09	9.85	11.74	13.82	17.29
河 北	Hebei	17.74	12.95	14.19	19.84	17.65
山 西	Shanxi	14.20	12.71	14.72	19.38	18.01
内蒙古	Inner Mongolia	12.09	12.01	15.52	16.31	17.59
辽 宁	Liaoning	14.72	11.22	14.72	16.77	17.17
吉 林	Jilin	11.94	10.41	17.13	11.71	17.20
黑龙江	Heilongjiang	12.95	12.04	14.38	18.68	16.19
上 海	Shanghai	15.82	12.29	9.51	19.63	16.93
江 苏	Jiangsu	16.74	10.81	12.43	20.82	15.45
浙 江	Zhejiang	19.32	12.56	13.58	19.29	17.05
安 徽	Anhui	16.76	13.23	18.01	27.64	18.74
福 建	Fujian	16.42	11.59	13.27	35.02	17.20
江 西	Jiangxi	21.13	15.85	17.35	26.64	17.37
山 东	Shandong	16.41	12.54	14.28	20.80	17.08
河 南	Henan	21.72	16.07	17.94	25.73	17.64
湖 北	Hubei	17.04	11.16	15.16	21.15	17.76
湖 南	Hunan	19.19	12.33	15.30	25.20	18.64
广 东	Guangdong	18.69	16.18	15.93	35.31	18.82
广 西	Guangxi	19.64	16.74	17.86	39.51	17.80
海 南	Hainan	14.68	14.54	16.12	31.25	19.34
重 庆	Chongqing	17.04	14.29	18.13	25.99	17.53
四 川	Sichuan	18.39	14.92	17.54	30.37	18.36
贵 州	Guizhou	19.20	18.31	18.59	29.26	18.19
云 南	Yunnan	17.40	16.18	15.60	26.64	18.50
西 藏	Tibet	15.49	14.50	13.07	28.94	16.17
陕 西	Shaanxi	14.06	11.68	16.75	23.88	18.19
甘 肃	Gansu	14.71	13.99	16.43	22.27	18.99
青 海	Qinghai	19.10	14.06	13.80	23.68	14.74
宁 夏	Ningxia	17.98	15.11	16.17	29.50	17.43
新 疆	Xinjiang	13.96	10.98	13.61	16.27	16.87

注：中等职业学校含技工学校数据。
a) Data on Skilled Workers are included in Secondary Vocational Schools.

2-116 每十万人口各级学校平均在校生数(2012年)
Number of Students Per 100 000 Population by Level (2012)

单位：人 (person)

地 区	Region	学前教育 Pre-education	小 学 Primary Education	初中阶段 Junior Secondary	高中阶段 Senior Secondary	高等教育 Higher Education
全 国	**National Total**	**2736**	**7196**	**3535**	**3411**	**2335**
北 京	Beijing	1643	3560	1513	2114	5534
天 津	Tianjin	1687	3928	1893	2275	4358
河 北	Hebei	2710	7765	3002	3148	2063
山 西	Shanxi	2546	7285	4182	4050	2351
内蒙古	Inner Mongolia	1983	5501	3007	3206	2042
辽 宁	Liaoning	1961	4859	2589	2675	2811
吉 林	Jilin	1574	5178	2534	2730	2889
黑龙江	Heilongjiang	1510	4871	3142	2985	2441
上 海	Shanghai	2047	3239	1843	1389	3481
江 苏	Jiangsu	2791	5352	2494	3014	2786
浙 江	Zhejiang	3453	6347	2733	3020	2288
安 徽	Anhui	2645	6781	3570	3940	2101
福 建	Fujian	3763	6794	3012	3846	2301
江 西	Jiangxi	3389	9672	4334	3422	2295
山 东	Shandong	2613	6513	3405	3325	2238
河 南	Henan	3406	11495	4834	3911	2012
湖 北	Hubei	2354	5675	2740	2984	3078
湖 南	Hunan	2675	7183	3201	2950	2087
广 东	Guangdong	3148	7694	4212	4417	2082
广 西	Guangxi	3572	9182	4233	3790	1834
海 南	Hainan	3073	8573	4157	3965	2218
重 庆	Chongqing	3058	6657	3725	3995	2734
四 川	Sichuan	2724	6966	3779	3585	2037
贵 州	Guizhou	2832	10957	6057	3443	1392
云 南	Yunnan	2424	8783	4220	2975	1566
西 藏	Tibet	2028	9628	4295	2180	1508
陕 西	Shaanxi	3139	6269	3515	4479	3525
甘 肃	Gansu	1873	8048	4603	4246	2145
青 海	Qinghai	2699	8777	3674	3590	1133
宁 夏	Ningxia	2506	9667	4579	4230	2107
新 疆	Xinjiang	3143	8606	4270	3293	1596

注：1.高等教育包括普通高等学校和成人高等学校。
2.高中阶段合计数据包括普通高中、成人高中、普通中专、职业高中、技工学校和成人中专。
3.初中阶段包括普通初中和职业初中。

a) Institutions of higher education include that of regular institutions of higher education and institutions of higher education for adults.

b) Total of senior schools include that of regular senior schools, adult senior schools, regular secondary technical schools, vocational secondary schools, technical worker school, adult technical secondary schools.

c) Junior secondary schools include regular junior schools and junior vocational schools.

2-117 教育经费情况(2011年)
Basic Statistics on Educational Funds (2011)

单位：万元 (10 000 yuan)

地区 Region	合计 Total	国家财政性教育经费 Government Appropriation for Education	#公共财政预算教育经费 Public Expenditure on Education	民办学校中举办者投入 Funds from Investors of Private Schools	社会捐赠经费 Donations and Fund-raising for Running Schools	事业收入 Income from Teaching Research and Other Auxiliary Activity	#学杂费 Tuition and Miscel-laneous Fees	其他教育经费 Other Educational Funds
全国 National Total	**238692936**	**185867009**	**168045617**	**1119320**	**1118675**	**44246927**	**33169742**	**6341005**
中央 Central Government	23356525	15634144	14413470		266793	6096208	2937487	1359380
地方 Local Governments	215336411	170232866	153632146	1119320	851882	38150719	30232255	4981625
北京 Beijing	7373843	6277348	5577283	2894	42608	851455	622423	199539
天津 Tianjin	4136097	3389120	2920631	239	5531	594114	436350	147094
河北 Hebei	8447882	6844588	6106370	22060	6392	1484576	1302985	90267
山西 Shanxi	5494903	4451667	4067348	51370	14323	902811	733005	74732
内蒙古 Inner Mongolia	5040005	4463714	4038149	10480	3597	512773	399327	49442
辽宁 Liaoning	7809413	6325914	5649334	30860	5744	1332250	1121184	114645
吉林 Jilin	4293877	3543183	3329166	6702	2878	703764	595838	37350
黑龙江 Heilongjiang	4838173	3859462	3573011	2843	869	941146	793588	33855
上海 Shanghai	7106255	5844327	4795157	5215	6331	1006085	821000	244297
江苏 Jiangsu	15882132	11768474	9974984	50534	179649	3149370	2437172	734106
浙江 Zhejiang	12069078	8732600	7081452	20810	154065	2591357	2080309	570246
安徽 Anhui	8172010	6461027	5903475	57900	20122	1456867	1132576	176095
福建 Fujian	6344839	4856150	4256932	80851	37395	1286253	983115	84190
江西 Jiangxi	6307866	5036882	4718264	89662	19066	1056873	878233	105383
山东 Shandong	13727939	11225099	9869201	40992	22969	2307705	1779356	131174
河南 Henan	11821418	9292217	8786207	131298	5735	2103536	1881920	288633
湖北 Hubei	6844038	4787821	4489740	18227	20305	1809429	1337660	208256
湖南 Hunan	7987607	5846551	5447450	53567	17604	1791759	1394362	278126
广东 Guangdong	18846365	13592334	12282084	174940	105231	4655227	3769241	318634
广西 Guangxi	5938482	4905638	4635386	31747	7328	925396	732021	68374
海南 Hainan	1732237	1370536	1240893	33157	15086	279938	233588	33519
重庆 Chongqing	5039550	3832059	3590885	24470	45121	926746	679350	211154
四川 Sichuan	10244130	8017200	7393263	116697	51511	1932562	1279067	126162
贵州 Guizhou	4510531	3869567	3624514	18762	7811	519550	386485	94842
云南 Yunnan	6582935	5652685	5235529	18172	23784	767760	604635	120533
西藏 Tibet	826102	807466	800260	201	683	17622	14318	130
陕西 Shaanxi	6838342	5249804	4952664	12917	10035	1326983	1072042	238604
甘肃 Gansu	3608174	3129282	2938828	4558	7347	431519	361413	35468
青海 Qinghai	1552462	1469582	1398060	1338	3907	63800	48435	13836
宁夏 Ningxia	1313862	1147144	1075864	4249	1978	119957	93927	40535
新疆 Xinjiang	4605867	4183426	3879766	1611	6880	301540	227332	112410

2-118 国内三种专利申请受理数和授权数(2012年)

Patents Application Accepted and Granted (2012)

单位：件 (piece)

地 区	Region	申请受理数 Number of Patent Applications Accepted	发 明 Inventions	实用新型 Utility Models	外观设计 Designs	申请授权数 Number of Patent Applications Granted	发 明 Inventions	实用新型 Utility Models	外观设计 Designs
全 国	**National Total**	**1912151**	**535313**	**734437**	**642401**	**1163226**	**143847**	**566750**	**452629**
北 京	Beijing	92305	52720	32609	6976	50511	20140	24672	5699
天 津	Tianjin	41009	13587	22074	5348	19782	3326	13677	2779
河 北	Hebei	23241	6108	13635	3498	15315	1933	10795	2587
山 西	Shanxi	16786	5417	6735	4634	7196	1297	4689	1210
内蒙古	Inner Mongolia	4732	1492	2566	674	3084	569	1894	621
辽 宁	Liaoning	41152	19740	17530	3882	21223	3973	14852	2398
吉 林	Jilin	9171	3913	4213	1045	5930	1583	3472	875
黑龙江	Heilongjiang	30610	7068	13359	10183	20268	2418	9689	8161
上 海	Shanghai	82682	37139	33166	12377	51508	11379	29543	10586
江 苏	Jiangsu	472656	110091	107091	255474	269944	16242	77944	175758
浙 江	Zhejiang	249373	33265	108599	107509	188463	11571	84826	92066
安 徽	Anhui	74888	19391	36641	18856	43321	3066	27191	13064
福 建	Fujian	42773	8492	22081	12200	30497	2977	17708	9812
江 西	Jiangxi	12458	3023	6132	3303	7985	892	4734	2359
山 东	Shandong	128614	40381	69170	19063	75496	7453	59084	8959
河 南	Henan	43442	10910	23594	8938	26791	3182	18680	4929
湖 北	Hubei	51316	14640	24078	12598	24475	4050	15876	4549
湖 南	Hunan	35709	9974	16208	9527	23212	3353	13274	6585
广 东	Guangdong	229514	60448	78731	90335	153598	22153	65946	65499
广 西	Guangxi	13610	6511	5017	2082	5900	902	3422	1576
海 南	Hainan	1824	865	747	212	1093	396	499	198
重 庆	Chongqing	38924	11402	19738	7784	20364	2426	13432	4506
四 川	Sichuan	66312	16368	26732	23212	42218	4460	19665	18093
贵 州	Guizhou	11296	3103	4111	4082	6059	635	3155	2269
云 南	Yunnan	9260	3324	4482	1454	5853	1301	3456	1096
西 藏	Tibet	170	81	61	28	133	57	41	35
陕 西	Shaanxi	43608	17043	16392	10173	14908	4018	9158	1732
甘 肃	Gansu	8261	3265	3777	1219	3662	704	2344	614
青 海	Qinghai	844	298	283	263	527	101	218	208
宁 夏	Ningxia	1985	846	910	229	844	140	547	157
新 疆	Xinjiang	7044	1679	3375	1990	3439	456	2382	601
香 港	Hong Kong	3168	948	861	1359	2619	476	818	1325
澳 门	Macao	65	33	21	11	26	7	16	3
台 湾	Taiwan	23349	11748	9718	1883	16982	6211	9051	1720

2-119 技术市场成交额

Transaction Value in Technical Markets

单位：万元 (10 000 yuan)

地 区	Region	2005	2006	2007	2008	2009	2010	2011	2012
全 国	**National Total**	**15513694**	**18181813**	**22265261**	**26652288**	**30390024**	**39065753**	**47635589**	**64370683**
北 京	Beijing	4895922	6973256	8825603	10272173	12362450	15795367	18902752	24585034
天 津	Tianjin	507093	588624	723356	866122	1054611	1193390	1693819	2323275
河 北	Hebei	103827	156099	164329	165906	172112	192931	262471	378178
山 西	Shanxi	47980	59213	82677	128425	162068	184911	224825	306088
内蒙古	Inner Mongolia	109939	107127	109835	94423	147651	271464	226719	1060962
辽 宁	Liaoning	865167	806494	929290	997290	1197095	1306811	1596633	2306648
吉 林	Jilin	122261	153666	174845	196066	197598	188090	262614	251180
黑龙江	Heilongjiang	142585	156934	350209	412565	488550	529123	620682	1004473
上 海	Shanghai	2317328	3095095	3548877	3861695	4354108	4314374	4807491	5187473
江 苏	Jiangsu	1008296	688297	784173	940246	1082184	2493406	3334316	4009141
浙 江	Zhejiang	386954	399618	453474	589189	564581	603478	718968	813079
安 徽	Anhui	142553	184921	264515	324865	356174	461470	650337	861592
福 建	Fujian	171959	113187	145579	179690	232594	356569	345712	500920
江 西	Jiangxi	111227	93135	99533	77641	97893	230479	341861	397796
山 东	Shandong	983614	232005	450275	660126	719391	1006769	1263778	1400153
河 南	Henan	263737	237288	261907	254425	263046	272002	387602	399435
湖 北	Hubei	501823	444427	522146	628971	770329	907218	1256876	1963922
湖 南	Hunan	417394	455281	460816	477024	440432	400940	353901	422420
广 东	Guangdong	1124740	1070257	1328448	2016319	1709850	2358949	2750647	3649384
广 西	Guangxi	94059	9423	9970	26996	17662	41362	56377	25238
海 南	Hainan	10007	8535	7327	35602	5556	32651	34584	5666
重 庆	Chongqing	357059	553479	395658	621884	383158	794410	681453	540188
四 川	Sichuan	190823	259323	303878	435313	545977	547393	678330	1112438
贵 州	Guizhou	10488	5361	6560	20356	17806	77191	136483	96743
云 南	Yunnan	159175	82747	97496	50547	102469	108827	117144	454779
西 藏	Tibet								
陕 西	Shaanxi	188977	179485	301710	438300	698074	1024140	2153664	3348153
甘 肃	Gansu	172736	214534	262107	297560	356287	430845	526386	730619
青 海	Qinghai	11812	24665	53017	77033	84967	114051	168443	192989
宁 夏	Ningxia	14131	5349	6641	8898	8982	9972	39447	29135
新 疆	Xinjiang	80029	76084	71724	73963	12078	45188	43783	53853
港澳台	Hong Kong, Macao and Taiwan		15557	24308	49309	124063	126750	249756	353197
国 外	Abroad		732342	1044979	1373366	1660227	2645234	2747738	5606534

2-120 医疗卫生机构(2012年)
Number of Health Care Institutions (2012)

单位：个 (unit)

地 区	Region	合计 Total	#医院 Hospitals	#综合医院 General Hospitals	#中医医院 Hospitals Specialized in Traditional Chinese Medicine	#专科医院 Specialized Hospitals	#基层医疗卫生机构 Health Care Institutions at Grass-root Level	社区卫生服务中心(站) Community Health Service Centers	街道卫生院 Urban Health Centers	乡镇卫生院 Township Health Centers
全 国	**National Total**	**950297**	**23170**	**15021**	**2889**	**4665**	**912620**	**33562**	**610**	**37097**
北 京	Beijing	9632	573	301	123	132	8837	1846		
天 津	Tianjin	4551	304	201	31	66	4095	559	1	160
河 北	Hebei	79119	1249	809	175	230	77177	1130		1961
山 西	Shanxi	40192	1215	638	193	369	38443	791	477	1199
内蒙古	Inner Mongolia	23046	519	325	62	77	22009	1162	3	1326
辽 宁	Liaoning	35792	860	537	100	216	34249	1121	24	999
吉 林	Jilin	19734	576	349	72	144	18804	353		771
黑龙江	Heilongjiang	21158	996	684	127	169	19470	776	4	996
上 海	Shanghai	4845	320	186	17	93	4379	1013		
江 苏	Jiangsu	31050	1426	964	89	321	28888	2613	2	1115
浙 江	Zhejiang	30271	782	392	122	248	28939	6622	7	1144
安 徽	Anhui	23275	930	641	91	183	21812	1948	1	1384
福 建	Fujian	27276	519	328	75	106	26374	532		880
江 西	Jiangxi	39509	548	360	98	83	38369	611	5	1582
山 东	Shandong	68840	1549	1016	158	360	66462	2251		1639
河 南	Henan	69258	1285	832	201	243	67252	1135		2072
湖 北	Hubei	35240	650	414	95	126	34063	1220	34	1165
湖 南	Hunan	58612	798	493	128	161	57177	604	3	2299
广 东	Guangdong	46534	1186	727	142	305	44585	2345	25	1227
广 西	Guangxi	34152	469	290	86	79	33257	266		1280
海 南	Hainan	5154	197	152	19	22	4839	141		305
重 庆	Chongqing	17961	463	331	43	80	17310	485	9	933
四 川	Sichuan	76557	1542	1013	173	309	74215	928	1	4606
贵 州	Guizhou	27404	772	600	70	89	26264	469	2	1436
云 南	Yunnan	23395	926	636	107	160	21887	439		1384
西 藏	Tibet	6660	104	84		1	6412	9		673
陕 西	Shaanxi	36271	888	628	140	112	34889	552	2	1630
甘 肃	Gansu	26401	403	264	70	54	25631	616	6	1377
青 海	Qinghai	5948	142	86	13	13	5658	174		405
宁 夏	Ningxia	4140	143	92	19	27	3904	107		230
新 疆	Xinjiang	18320	836	648	50	87	16970	744	4	919

2-120 续表 continued

单位：个 (unit)

地区	Region	村卫生室 Village Clinics	门诊部(所) Outpatient Department	#专业公共卫生机构 Specialized Public Health Institutions	#疾病预防控制中心 Center for Disease Control and Prevention	#专科疾病防治院(所/站) Specialized Disease Prevention & Treatment Institution	#妇幼保健院(所/站) Women and Children Care Agencies	#卫生监督所(中心) Health Inspection Institution (center)
全　国	**National Total**	**653419**	**187932**	**12083**	**3490**	**1289**	**3044**	**3088**
北　京	Beijing	2957	4034	118	32	28	19	18
天　津	Tianjin	2157	1218	95	24	17	23	19
河　北	Hebei	64513	9573	597	193	8	185	188
山　西	Shanxi	28285	7691	457	135	10	132	130
内蒙古	Inner Mongolia	14022	5496	447	119	52	117	111
辽　宁	Liaoning	21245	10860	497	130	88	110	118
吉　林	Jilin	11475	6205	274	67	52	69	56
黑龙江	Heilongjiang	12316	5378	634	174	112	146	154
上　海	Shanghai	1361	2005	101	21	20	21	18
江　苏	Jiangsu	15835	9323	505	128	48	110	114
浙　江	Zhejiang	13091	8075	377	100	22	86	103
安　徽	Anhui	15306	3173	446	121	52	118	116
福　建	Fujian	19691	5271	307	96	25	87	82
江　西	Jiangxi	32369	3802	512	147	112	113	110
山　东	Shandong	51055	11517	677	182	134	158	155
河　南	Henan	57112	6933	581	180	20	165	168
湖　北	Hubei	24976	6668	438	111	83	100	109
湖　南	Hunan	44376	9895	528	146	86	139	130
广　东	Guangdong	29086	11902	661	138	147	127	122
广　西	Guangxi	23323	8388	387	109	41	103	105
海　南	Hainan	2752	1641	107	28	24	24	23
重　庆	Chongqing	10642	5241	167	42	16	42	40
四　川	Sichuan	54601	14079	713	204	37	200	204
贵　州	Guizhou	21463	2894	340	101	7	96	101
云　南	Yunnan	13317	6747	519	150	30	147	145
西　藏	Tibet	5254	476	142	82		57	2
陕　西	Shaanxi	26883	5822	387	122	6	117	118
甘　肃	Gansu	16711	6921	335	103	6	99	92
青　海	Qinghai	4314	765	145	56	1	21	55
宁　夏	Ningxia	2431	1136	83	25		22	24
新　疆	Xinjiang	10500	4803	506	224	5	91	158

2-121 卫生人员(2012年)

Number of Employed Persons in Health Care Institutions (2012)

单位：人 (person)

地区	Region	卫生人员 Medical Personnel	卫生技术人员 Medical Technical Personnel	#执业(助理)医师 Licensed (Assistant) Doctors	#执业医师 Licensed Doctor	#注册护士 Registered Nurse	#药师(士) Pharmacist	乡村医生和卫生员 Village Doctors and Assistants	其他技术人员 Other Technical Personnel	管理人员 Administrative Personnel	工勤技能人员 Logistics Technical Workers
全国	**National Total**	**9115705**	**6675549**	**2616064**	**2138836**	**2496599**	**377398**	**1094419**	**319117**	**372997**	**653623**
北京	Beijing	253164	196234	74380	69810	79534	11578	3659	13436	13948	25887
天津	Tianjin	104201	77076	30690	28200	27621	4843	4811	4980	9390	7944
河北	Hebei	463283	314933	142989	108771	101988	14040	84779	19780	14782	29009
山西	Shanxi	279466	199601	87319	73507	70337	9973	41626	10935	10725	16579
内蒙古	Inner Mongolia	183875	139876	59528	50100	46774	9496	19318	6865	7289	10527
辽宁	Liaoning	329679	246808	100972	89892	98036	13273	27147	12026	16423	27275
吉林	Jilin	196395	144065	61400	53949	50975	7964	19128	6734	11571	14897
黑龙江	Heilongjiang	270687	201155	78589	66821	70073	11141	25398	8870	14771	20493
上海	Shanghai	183416	147807	55797	51722	63245	8281	771	8404	9448	16986
江苏	Jiangsu	519709	395961	157902	134800	155247	23308	44906	16606	21236	41000
浙江	Zhejiang	400094	329565	129973	109459	121313	21613	9778	15937	13099	31715
安徽	Anhui	334842	236188	92061	71181	95046	11817	53180	12423	12315	20736
福建	Fujian	236756	176074	66740	57885	71124	11767	28183	7895	6287	18317
江西	Jiangxi	259552	179705	67077	56444	72055	13013	48773	7117	7672	16285
山东	Shandong	738868	530082	200465	168111	191721	30315	131914	26598	19080	31194
河南	Henan	652564	428508	167608	116270	156041	21401	123888	24838	25286	50044
湖北	Hubei	386415	288695	109149	90105	115745	17377	42990	15306	16650	22774
湖南	Hunan	403546	296857	116440	86469	112906	19639	47594	14442	17607	27046
广东	Guangdong	662462	518414	198966	159428	199534	33910	34656	20903	27429	61060
广西	Guangxi	303759	220761	78043	61340	85515	11893	37432	7556	10903	27107
海南	Hainan	59285	45060	15525	12244	19432	2354	2853	1817	3148	6407
重庆	Chongqing	184055	131658	51990	38790	49823	6884	23320	5567	8718	14792
四川	Sichuan	549023	389440	162877	129605	139810	20421	74418	16062	26376	42727
贵州	Guizhou	191079	129772	49179	39528	48646	5448	36749	7022	8303	9233
云南	Yunnan	233361	166764	68466	56617	60755	7285	35308	8479	7840	14970
西藏	Tibet	21558	9336	4043	2897	1732	428	10223	667	503	829
陕西	Shaanxi	293775	216293	69471	56957	79390	12133	37113	3797	18160	18412
甘肃	Gansu	151899	111609	42956	34896	37202	5588	21398	4028	4681	10183
青海	Qinghai	40831	29311	11918	10162	10026	1550	6568	1415	1107	2430
宁夏	Ningxia	44021	34250	13011	11518	12504	2108	3682	1640	1619	2830
新疆	Xinjiang	177085	136691	50540	41358	52449	6557	12856	6972	6631	13935

注：卫生人员和卫生技术人员包括公务员中卫生监督员7000名。

a) Medical personnel and medical technical personnel include 7000 health supervisors in civil servants.

2-122 医疗卫生机构床位(2012年)

Number of Beds in Health Care Institutions (2012)

单位：万张 (10 000 beds)

地 区	Region	合 计 Total	#医 院 Hospitals	#基层医疗卫生机构 Health Care Institutions at Grass-root Level	#社区卫生服务中心(站) Health Service Centers for Community (stations)	#乡 镇卫生院 Township Health Centers	#专业公共卫生机构 Specialized Public Health Institutions	#妇幼保健院(所、站) Maternity and Child Care Centers (Institutions, Stations)	#专科疾病防治院(所、站) Specialized Prevention & Treatment Centers (Institutions, Stations)
总 计	**Total**	**572.48**	**416.15**	**132.43**	**20.32**	**109.93**	**19.82**	**16.16**	**3.57**
北 京	Beijing	10.02	9.26	0.47	0.47		0.23	0.18	0.06
天 津	Tianjin	5.35	4.48	0.70	0.29	0.41	0.13	0.06	0.07
河 北	Hebei	28.44	20.33	6.91	0.90	5.95	1.05	0.96	0.08
山 西	Shanxi	16.53	11.99	4.00	0.52	2.84	0.37	0.35	0.02
内蒙古	Inner Mongolia	11.08	8.22	2.45	0.67	1.75	0.34	0.31	0.03
辽 宁	Liaoning	23.10	18.56	3.65	0.72	2.81	0.29	0.12	0.16
吉 林	Jilin	12.78	10.02	2.16	0.31	1.82	0.32	0.22	0.10
黑龙江	Heilongjiang	17.82	14.12	2.84	0.73	2.05	0.69	0.35	0.34
上 海	Shanghai	10.98	9.02	1.74	1.73		0.15	0.13	0.02
江 苏	Jiangsu	33.31	25.59	6.95	1.74	5.18	0.50	0.36	0.13
浙 江	Zhejiang	21.33	18.07	2.39	0.85	1.48	0.72	0.66	0.06
安 徽	Anhui	22.23	15.78	5.78	0.89	4.83	0.56	0.34	0.22
福 建	Fujian	13.93	10.20	2.99	0.26	2.73	0.50	0.40	0.10
江 西	Jiangxi	16.37	10.32	4.93	0.82	4.09	0.94	0.72	0.22
山 东	Shandong	47.38	32.20	12.59	1.72	10.76	1.98	1.51	0.43
河 南	Henan	39.40	27.45	10.12	0.91	9.12	1.74	1.62	0.11
湖 北	Hubei	25.30	17.38	6.83	1.11	5.58	1.09	0.85	0.24
湖 南	Hunan	28.70	18.81	8.61	0.65	7.79	1.27	0.92	0.35
广 东	Guangdong	35.53	27.29	5.95	0.72	5.06	2.11	1.62	0.49
广 西	Guangxi	16.87	10.74	5.03	0.08	4.93	1.00	0.96	0.05
海 南	Hainan	3.03	2.29	0.59	0.04	0.54	0.12	0.12	0.01
重 庆	Chongqing	13.08	8.61	4.11	0.55	3.46	0.28	0.27	0.01
四 川	Sichuan	39.01	25.73	12.27	1.05	11.15	0.98	0.88	0.10
贵 州	Guizhou	13.92	9.69	3.78	0.43	3.31	0.42	0.38	0.04
云 南	Yunnan	19.47	14.35	4.44	0.44	3.98	0.56	0.51	0.04
西 藏	Tibet	0.84	0.54	0.26		0.26	0.03	0.03	
陕 西	Shaanxi	16.92	12.69	3.37	0.43	2.92	0.73	0.64	0.08
甘 肃	Gansu	11.23	7.64	3.19	0.89	2.28	0.32	0.32	
青 海	Qinghai	2.60	2.07	0.51	0.10	0.41	0.03	0.02	
宁 夏	Ningxia	2.78	2.39	0.28	0.02	0.26	0.09	0.09	
新 疆	Xinjiang	13.16	10.31	2.55	0.31	2.20	0.27	0.25	0.01

2-123 按床位数分组的社区卫生服务中心(站)(2012年)

Community Health Service Centers (Stations) by Grouping of Beds (2012)

单位：个 (unit)

地区	Region	社区卫生服务中心 Community Health Service Centers							社区卫生服务站 Community Health Service Stations			
		总计 Total	无床 No Bed	1-9张 1-9 Beds	10-29张 10-29 Beds	30-49张 30-49 Beds	50-99张 50-99 Beds	100张及以上 100 Beds and Above	总计 Total	无床 No Bed	1-9张 1-9 Beds	10张及以上 10 Beds and Above
总　计	**Total**	**8182**	**3676**	**506**	**1795**	**1037**	**913**	**255**	**25380**	**22129**	**2263**	**988**
北　京	Beijing	315	153	34	75	26	20	7	1531	1531		
天　津	Tianjin	97	33		13	14	36	1	462	462		
河　北	Hebei	256	57	34	93	42	28	2	874	488	223	163
山　西	Shanxi	201	61	14	70	33	19	4	590	471	82	37
内蒙古	Inner Mongolia	275	80	51	109	20	12	3	887	493	314	80
辽　宁	Liaoning	327	209	14	47	20	21	16	794	627	90	77
吉　林	Jilin	187	91	17	35	20	23	1	166	118	45	3
黑龙江	Heilongjiang	410	189	38	94	47	38	4	366	221	93	52
上　海	Shanghai	309	108	4	16	42	78	61	704	704		
江　苏	Jiangsu	497	124	9	109	126	100	29	2116	2009	97	10
浙　江	Zhejiang	483	197	47	120	70	43	6	6139	6131	4	4
安　徽	Anhui	410	141	35	123	66	41	4	1538	1256	239	43
福　建	Fujian	217	123	7	52	19	16		315	313	2	
江　西	Jiangxi	163	45	26	56	22	11	3	448	283	135	30
山　东	Shandong	488	199	27	94	68	70	30	1763	1416	230	117
河　南	Henan	346	114	12	95	70	50	5	789	681	73	35
湖　北	Hubei	331	120	5	60	52	74	20	889	805	66	18
湖　南	Hunan	267	69	17	103	42	30	6	337	255	65	17
广　东	Guangdong	1003	820	17	63	48	44	11	1342	1340	1	1
广　西	Guangxi	128	102	3	13	4	5	1	138	132	4	2
海　南	Hainan	21	12		4	2	3		120	109	8	3
重　庆	Chongqing	173	70	1	32	25	29	16	312	304	6	2
四　川	Sichuan	361	137	12	93	58	51	10	567	442	66	59
贵　州	Guizhou	140	48	13	48	18	11	2	329	129	127	73
云　南	Yunnan	143	47	8	43	24	18	3	296	191	69	36
西　藏	Tibet	7	6	1					2	1	1	
陕　西	Shaanxi	236	126	23	39	29	17	2	316	236	27	53
甘　肃	Gansu	198	90	28	53	17	8	2	418	292	85	41
青　海	Qinghai	16	4	3	5		3	1	158	74	69	15
宁　夏	Ningxia	12	10	1	1				95	71	20	4
新　疆	Xinjiang	165	91	5	37	13	14	5	579	544	22	13

2-124 婚姻服务情况(2012年)
Number of Marriages and Divorces (2012)

地 区	Region	结婚登记 (万对) Total Number of Registered Marriages (10 000 couples)	内地居民登记结婚 Registered Marriages in the Mainland	初婚 (万人) First Marriages (10 000 persons)	再婚 (万人) Re-marriages (10 000 persons)	涉外及港澳台居民登记结婚 Registered Marriages with Foreigner and the Citizen of Hong Kong, Macao, Taiwan	离 婚 (万对) Divorces (10 000 couples)	粗离婚率 (‰) Crude Divorce Rate (‰)
全 国	**National Total**	**1323.59**	**1318.27**	**2361.17**	**286.02**	**5.33**	**310.38**	**2.29**
北 京	Beijing	17.41	17.29	28.74	6.08	0.12	4.86	2.35
天 津	Tianjin	10.14	10.10	17.47	2.81	0.04	3.63	2.57
河 北	Hebei	74.53	74.49	130.30	18.76	0.05	17.12	2.35
山 西	Shanxi	36.28	36.27	67.70	4.86	0.01	5.28	1.46
内蒙古	Inner Mongolia	20.77	20.75	34.39	7.15	0.02	7.06	2.83
辽 宁	Liaoning	37.29	37.04	66.96	7.61	0.24	14.12	3.22
吉 林	Jilin	22.98	22.87	42.66	3.31	0.11	11.10	4.03
黑龙江	Heilongjiang	34.56	34.33	59.14	9.98	0.23	15.68	4.09
上 海	Shanghai	14.42	14.20	22.96	5.88	0.22	5.28	2.22
江 苏	Jiangsu	88.76	88.59	159.03	18.50	0.17	18.12	2.29
浙 江	Zhejiang	44.20	43.78	77.08	11.32	0.42	12.25	2.24
安 徽	Anhui	76.49	76.40	134.95	18.03	0.09	13.37	2.23
福 建	Fujian	38.19	37.10	69.07	7.31	1.08	7.49	2.00
江 西	Jiangxi	42.11	41.96	78.15	6.08	0.16	7.55	1.68
山 东	Shandong	93.33	93.21	164.07	22.59	0.12	19.67	2.03
河 南	Henan	119.13	119.03	229.26	9.00	0.10	16.00	1.70
湖 北	Hubei	61.59	61.42	115.54	7.64	0.17	13.56	2.35
湖 南	Hunan	64.38	64.16	113.77	14.98	0.22	15.54	2.34
广 东	Guangdong	87.07	86.22	159.78	14.37	0.86	15.54	1.47
广 西	Guangxi	49.17	48.98	90.45	7.89	0.19	8.59	1.83
海 南	Hainan	9.94	9.85	18.70	1.18	0.09	1.21	1.36
重 庆	Chongqing	29.85	29.77	43.29	16.41	0.08	12.57	4.27
四 川	Sichuan	74.83	74.68	121.12	28.54	0.15	25.10	3.11
贵 州	Guizhou	41.78	41.74	78.07	5.50	0.04	8.12	2.33
云 南	Yunnan	41.95	41.69	76.55	7.35	0.26	8.21	1.76
西 藏	Tibet	1.39	1.39	2.69	0.09		0.13	0.43
陕 西	Shaanxi	37.36	37.32	65.62	9.11	0.04	7.10	1.89
甘 肃	Gansu	16.75	16.74	31.87	1.64	0.01	3.29	1.28
青 海	Qinghai	4.57	4.57	7.88	1.26		1.07	1.86
宁 夏	Ningxia	6.07	6.07	10.88	1.27		1.50	2.32
新 疆	Xinjiang	26.29	26.26	43.05	9.52	0.03	10.31	4.62

2-125 艺术表演团体、艺术表演场馆演出情况(2012年)
Statistics on Performance of Art Performance Troupes and Art Performance Places (2012)

地区	Region	艺术表演团体 Art Performance Troupes						艺术表演场馆 Art Performance Places				
		机构数(个) Number of Institutions (unit)	演出场次(万场次) Number of Performances (10 000 shows)	#国内演出 Domestic Performances	#农村 Rural Performances	国内演出观众人次(万人次) Number of Domestic Audience (10 000 person-times)	#农村 Rural Audience	机构数(个) Number of Institutions (unit)	演(映)出场次(万场次) Number of Performances (10 000 shows)	#艺术演出 Art Performances	观众人次(万人次) Number of Audience (10 000 person-times)	#艺术演出 Art Performances
全国	**National Total**	**7321**	**135.02**	**124.98**	**81.16**	**82805**	**52102**	**2364**	**118.69**	**17.27**	**18604**	**6119**
中央	Central Level	17	0.28	0.26	0.01	363	12	7	0.08	0.08	39	37
北京	Beijing	324	2.34	2.08	0.56	1008	203	96	5.40	1.71	1067	840
天津	Tianjin	48	0.52	0.47	0.08	231	73	35	1.61	0.26	148	89
河北	Hebei	448	6.95	5.69	3.37	5733	4131	138	3.23	0.68	474	227
山西	Shanxi	301	5.07	4.84	3.87	5259	4321	129	8.20	0.42	570	186
内蒙古	Inner Mongolia	137	2.19	1.97	1.04	2040	1146	20	0.28	0.05	89	24
辽宁	Liaoning	155	1.48	1.25	0.34	792	193	111	1.74	0.90	503	319
吉林	Jilin	41	0.67	0.53	0.30	591	347	37	1.77	0.30	142	78
黑龙江	Heilongjiang	85	0.85	0.79	0.31	722	311	43	0.39	0.29	77	35
上海	Shanghai	147	3.97	3.57	0.53	1515	192	117	8.49	1.25	1084	706
江苏	Jiangsu	434	10.31	10.08	5.63	3769	2000	217	36.38	1.08	1999	425
浙江	Zhejiang	609	13.63	13.21	10.49	8624	6736	271	7.53	1.48	1351	610
安徽	Anhui	1015	25.10	23.73	18.56	6932	5043	72	9.78	0.55	4295	232
福建	Fujian	341	10.50	10.38	8.66	3211	2706	53	4.03	0.10	232	91
江西	Jiangxi	187	2.97	2.76	1.99	2658	1152	73	1.52	0.32	1095	135
山东	Shandong	303	3.81	3.55	1.90	2452	1560	103	1.83	0.22	381	183
河南	Henan	364	9.83	8.39	6.39	7751	6161	145	1.99	0.29	611	134
湖北	Hubei	226	3.59	3.41	1.97	3014	1908	66	3.44	2.61	335	179
湖南	Hunan	157	2.97	2.70	1.73	1584	1078	83	2.66	0.50	442	185
广东	Guangdong	337	5.00	3.91	2.90	9082	5148	93	3.80	0.83	1182	406
广西	Guangxi	68	1.20	1.11	0.23	758	217	20	2.35	0.25	159	66
海南	Hainan	61	0.84	0.59	0.38	413	221	13	0.37	0.09	69	29
重庆	Chongqing	244	2.55	2.37	1.77	1176	634	31	0.34	0.06	82	39
四川	Sichuan	469	6.67	6.24	3.01	3963	1606	130	3.16	1.77	1063	272
贵州	Guizhou	79	1.22	1.03	0.28	664	271	10	0.06	0.04	30	27
云南	Yunnan	220	2.66	2.46	0.65	2227	826	60	1.54	0.63	492	318
西藏	Tibet	92	0.87	0.81	0.21	224	132	22	0.14	0.04	32	12
陕西	Shaanxi	116	2.33	2.27	1.54	2418	1703	98	0.98	0.33	273	159
甘肃	Gansu	103	1.97	1.95	1.26	1909	1216	25	0.58	0.03	86	35
青海	Qinghai	40	0.49	0.48	0.13	414	101	23	0.68	0.02	42	4
宁夏	Ningxia	16	0.34	0.30	0.19	313	207	7	0.04	0.00	15	4
新疆	Xinjiang	137	1.89	1.81	0.89	993	551	16	4.29	0.08	146	33

2-126 公共图书馆基本情况(2012年)

Statistics on Public Libraries (2012)

地区 Region	公共图书馆个数(个) Number of Public Library (unit)	总藏量(万册件) Total Collections (10 000 copies)	人均拥有公共图书馆藏量(册) Collections of Public Libraries Owned Per Person (copy)	累计发放有效借书证数(万个) Accumulative Number of Library Cards Distributed (10 000 units)	总流通人次(万人次) Total Number of Circulation (10 000 person-times)	#书刊文献外借人次 Borrowing from Libraries	书刊文献外借册次(万册次) Number of Books and Periodicals Lent to Readers (10 000 copies-times)	阅览室座席数(个) Seats of Reading Room (unit)
总计 National Total	**3076**	**78852**	**0.58**	**2484.51**	**43437**	**17402**	**33191**	**734571**
中央 Central Level	1	3473		153.02	378			4392
北京 Beijing	24	2083	1.01	72.03	865	317	819	13525
天津 Tianjin	31	1469	1.04	49.80	630	228	562	12446
河北 Hebei	172	1935	0.27	61.45	1023	423	693	27259
山西 Shanxi	126	1462	0.40	24.45	475	244	392	19681
内蒙古 Inner Mongolia	114	1210	0.49	18.23	417	220	446	19222
辽宁 Liaoning	129	3471	0.79	91.82	1939	733	1616	31977
吉林 Jilin	66	1710	0.62	25.37	691	256	476	15863
黑龙江 Heilongjiang	106	1823	0.48	77.31	836	369	637	21103
上海 Shanghai	25	7202	3.03	131.31	2062	580	1973	21594
江苏 Jiangsu	112	6490	0.82	290.90	4527	2040	3430	42085
浙江 Zhejiang	97	5344	0.98	240.74	4572	1677	3900	40263
安徽 Anhui	102	2264	0.38	52.93	1264	719	1186	21188
福建 Fujian	87	2894	0.77	64.41	1526	655	1519	26574
江西 Jiangxi	114	1822	0.40	53.09	1057	564	832	26284
山东 Shandong	150	4237	0.44	138.16	2035	1223	1990	39582
河南 Henan	156	2257	0.24	76.60	1638	910	1378	31857
湖北 Hubei	111	2521	0.44	138.44	1516	848	1386	33993
湖南 Hunan	136	2525	0.38	73.20	1490	702	1304	33509
广东 Guangdong	137	6567	0.62	341.73	6418	1459	3070	71434
广西 Guangxi	112	2127	0.45	39.48	1366	423	806	26262
海南 Hainan	20	898	1.01	9.87	270	71	126	5228
重庆 Chongqing	43	1522	0.52	32.15	1078	413	868	16455
四川 Sichuan	188	3363	0.42	52.35	1628	694	1194	34655
贵州 Guizhou	93	1387	0.40	33.20	420	217	279	14245
云南 Yunnan	152	1879	0.40	37.57	1070	474	760	23971
西藏 Tibet	77	69	0.22	0.82	4	1	3	696
陕西 Shaanxi	112	1400	0.37	26.63	727	299	497	16076
甘肃 Gansu	103	1212	0.47	25.80	558	260	447	15581
青海 Qinghai	49	379	0.66	13.46	102	55	45	3855
宁夏 Ningxia	26	533	0.82	8.88	210	94	163	7153
新疆 Xinjiang	105	1323	0.59	29.31	645	234	396	16563

2-127 博物馆基本情况(2012年)
Statistics on Museums (2012)

地区	Region	机构(个) Number of Institutions (unit)	从业人员(人) Number of Employed Persons (person)	文物藏品(件/套) Number of Collections (piece/set)	本年从有关部门接收文物数(件/套) Accepted Cultural Relics from Department This Year (piece/set)	本年修复文物数(件/套) Cultural Relics Repaired This Year (piece/set)	考古发掘项目(个) Excavation Projects (unit)	基本陈列(个) Displays (unit)	举办展览(个) Exhibition (unit)	参观人次(万人次) Spectators (10 000 person-times)
总　计	**National Total**	**3069**	**71748**	**23180726**	**47314**	**39120**	**325**	**8230**	**11885**	**56401**
中　央	Central Level	6	2923	2925044	3871	483		52	120	2446
北　京	Beijing	41	1171	1140193	5	3304	28	103	158	529
天　津	Tianjin	20	717	688715	691	1174	2	64	78	494
河　北	Hebei	75	2152	252073	57	260	9	127	293	1667
山　西	Shanxi	92	2451	584868	27	238	4	134	157	1247
内蒙古	Inner Mongolia	65	1328	482011	1066	782		226	173	940
辽　宁	Liaoning	62	2170	395910	84	212	6	177	219	1070
吉　林	Jilin	68	942	288405	10	586		130	309	860
黑龙江	Heilongjiang	104	1788	337400	32	1702		318	426	1310
上　海	Shanghai	90	2915	2158074	17494	480	3	225	352	1633
江　苏	Jiangsu	266	4966	1590310	64	2032	64	780	1212	5500
浙　江	Zhejiang	166	3624	967070	872	1825	12	411	899	3122
安　徽	Anhui	141	2236	607637	1271	620	4	470	518	2165
福　建	Fujian	94	1728	455526	862	2289		239	477	1843
江　西	Jiangxi	109	2475	459875	135	548	12	331	310	1877
山　东	Shandong	178	4353	1245492	923	1696	23	735	940	3843
河　南	Henan	180	5199	888128	3311	1876	38	427	740	3425
湖　北	Hubei	161	3078	1581612	1011	3216	17	429	508	2230
湖　南	Hunan	95	2385	499069	290	1637	31	192	364	3214
广　东	Guangdong	168	3277	982169	9321	1133	8	440	977	3204
广　西	Guangxi	79	1529	362854	460	189	7	166	250	1125
海　南	Hainan	19	250	68586	1214	48		121	86	256
重　庆	Chongqing	39	1624	566967	49	5179	6	144	198	1643
四　川	Sichuan	152	4904	1062979	97	2524	21	437	457	4210
贵　州	Guizhou	66	1166	76024	188	263		174	184	936
云　南	Yunnan	85	986	557284	2636	848	13	168	356	1078
西　藏	Tibet	2	63	63150		20		5	24	24
陕　西	Shaanxi	194	5425	1023699	243	2770	12	492	406	2550
甘　肃	Gansu	149	2682	497085	30	221	4	324	406	1179
青　海	Qinghai	22	180	177252	1000	10	1	39	63	88
宁　夏	Ningxia	9	209	72204		76		22	43	84
新　疆	Xinjiang	72	852	123061		879		128	182	607

2-128 分技术等级运动员发展人数（2012年）
Certified Athletes and Technical Grade (2012)

单位：人 (person)

地 区	Region	合 计 Total	#女 Female	国际级运动健将 International Master of Sports	#女 Female	运动健将 Master of Sports	#女 Female	一 级运动员 First Grade	#女 Female	二 级运动员 Second Grade	#女 Female
总　计	**Total**	**46412**	**16787**	**167**	**85**	**1820**	**864**	**9690**	**3396**	**34735**	**12442**
国家直属	Directly Under the Jurisdiction of State	477	187	12	5	122	54	37	15	306	113
地方合计	Sub-total of Provinces	45935	16600	155	80	1698	810	9653	3381	34429	12329
北 京	Beijing	1880	744	11	6	106	38	426	175	1337	525
天 津	Tianjin	1835	720					368	136	1467	584
河 北	Hebei	2602	921	7	4	74	32	332	132	2189	753
山 西	Shanxi	740	312	10	3	39	16	221	116	470	177
内蒙古	Inner Mongolia	993	366	2	1	36	12	205	63	750	290
辽 宁	Liaoning	1978	827	4	3	129	71	604	224	1241	529
吉 林	Jilin	1207	379	4	3	36	22	222	77	945	277
黑龙江	Heilongjiang	1030	411	9	2	133	62	254	103	634	244
上 海	Shanghai	2020	884	18	9	129	69	390	181	1483	625
江 苏	Jiangsu	2699	1031	22	9	255	122	507	225	1915	675
浙 江	Zhejiang	2883	1092	14	11	118	71	517	205	2234	805
安 徽	Anhui	1692	612	2	2	59	38	201	68	1430	504
福 建	Fujian	1564	616	6	3	52	29	335	152	1171	432
江 西	Jiangxi	1012	380	2	1	35	11	152	72	823	296
山 东	Shandong	3360	672	7	4	121	55	1067		2165	613
河 南	Henan	4000	1294	1	1	74	35	688	260	3237	998
湖 北	Hubei	1656	422					323	123	1333	299
湖 南	Hunan	1254	482	4	3	45	11	266	106	939	362
广 东	Guangdong	2554	1132					1042	403	1512	729
广 西	Guangxi	883	338			25	10	174	67	684	261
海 南	Hainan	419	147	2	2	4	3	141	45	272	97
重 庆	Chongqing	2030	957	11	4	104	57	397	186	1518	710
四 川	Sichuan	514	202			13	2	92	36	409	164
贵 州	Guizhou	1125	351	3	2	34	13	189	53	899	283
云 南	Yunnan	5	2					5	2		
西 藏	Tibet	1304	497	1	1	11	4	161	59	1131	433
陕 西	Shaanxi	500	154	5	3	25	11	110	37	360	103
甘 肃	Gansu	841	251	1	1	17	6	128	36	695	208
青 海	Qinghai	141	53	8	1	1		17	15	115	37
宁 夏	Ningxia	487	78			5	2	40	1	442	75
新 疆	Xinjiang	727	273	1	1	18	8	79	23	629	241

2-129 分等级教练员发展人数（2012年）
Certified Coaches and Grade (2012)

单位：人 (person)

地区	Region	合计 Total	#女 Female	国家级 National Level	#女 Female	高级 Senior Grade	#女 Female	中级 Medium Grade	#女 Female	初级 Junior Grade	#女 Female
总计	**Total**	**767**	**211**	**72**	**4**	**101**	**28**	**192**	**59**	**402**	**119**
国家直属	Directly Under the Jurisdiction of State	6		5				1			
地方合计	Sub-total of Provinces	761	211	67	4	101	28	191	59	402	119
北京	Beijing	20	8			1		2	1	17	7
天津	Tianjin	16	6	5				5	1	6	5
河北	Hebei	22	5	2		2		3	3	15	2
山西	Shanxi	2		2							
内蒙古	Inner Mongolia	2				2					
辽宁	Liaoning	51	14	9	2	9	4	8	3	25	4
吉林	Jilin	21	9	2		9	4	3	1	7	4
黑龙江	Heilongjiang	24	6	4		3	1	9	2	8	3
上海	Shanghai	4		4							
江苏	Jiangsu	49	10	2		13	4	11	3	23	3
浙江	Zhejiang	35	14	2		5		7	3	21	11
安徽	Anhui	27	4	1		1	1	7	2	18	1
福建	Fujian	67	27	4	1	6	1	8	4	49	21
江西	Jiangxi	9	1	2		2		3	1	2	
山东	Shandong	35	7	6		1	1	5	1	23	5
河南	Henan	26	8	1		6	3	5	1	14	4
湖北	Hubei	9	1	3		2		3	1	1	
湖南	Hunan	10	3					4	1	6	2
广东	Guangdong	74	18	9	1	7	2	21	6	37	9
广西	Guangxi	83	23	1		3		39	11	40	12
海南	Hainan	4	1	1						3	1
重庆	Chongqing	44	9			5	1	13	3	26	5
四川	Sichuan	13	2	3		1		3	1	6	1
贵州	Guizhou	33	13	1		8	3	11	5	13	5
云南	Yunnan	2		1				1			
西藏	Tibet	15	5			1		3	1	11	4
陕西	Shaanxi	27	9	2				5	1	20	8
甘肃	Gansu	6	3			1	1	2	1	3	1
青海	Qinghai										
宁夏	Ningxia	1								1	
新疆	Xinjiang	30	5			13	2	10	2	7	1

2-130 城镇职工基本养老保险情况(2012年)

Statistics on Urban Employee Basic Pension Insurance (2012)

地区	Region	年末参加城镇职工基本养老保险人数(万人) Urban Employee Basic Pension Insurance Contributors at Year-end (10 000 persons)	职工 Number of Staff and Workers	离退休人员 Number of Retirees	基金收支情况(亿元) Revenue and Expenses(100 million yuan) 基金收入 Revenue	基金支出 Expenses	累计结余 Balance at Year-end
全国	**National Total**	**30426.8**	**22981.1**	**7445.7**	**20001.0**	**15561.8**	**23941.3**
北京	Beijing	1206.4	995.7	210.7	995.1	640.2	1224.8
天津	Tianjin	490.3	333.4	156.9	420.5	365.0	279.2
河北	Hebei	1125.6	813.3	312.3	793.0	723.5	755.1
山西	Shanxi	648.7	479.8	168.9	563.1	391.6	963.3
内蒙古	Inner Mongolia	471.9	319.0	153.0	405.8	343.6	405.9
辽宁	Liaoning	1609.2	1098.8	510.4	1212.3	1052.6	1054.9
吉林	Jilin	632.2	397.6	234.6	390.6	377.6	407.1
黑龙江	Heilongjiang	1013.0	611.4	401.6	720.2	717.2	469.9
上海	Shanghai	1416.9	993.1	423.8	1391.6	1127.7	821.5
江苏	Jiangsu	2427.5	1880.6	547.0	1629.9	1142.1	2145.8
浙江	Zhejiang	2183.3	1835.5	347.8	1227.2	783.5	1963.9
安徽	Anhui	783.8	578.4	205.4	515.7	406.7	594.0
福建	Fujian	756.5	631.0	125.5	322.0	273.3	226.2
江西	Jiangxi	707.4	518.3	189.1	382.9	297.0	332.2
山东	Shandong	2063.2	1646.9	416.3	1316.6	1059.0	1639.5
河南	Henan	1270.6	964.6	306.0	728.8	612.0	717.7
湖北	Hubei	1171.4	804.1	367.3	764.3	647.8	754.6
湖南	Hunan	1048.0	747.6	300.4	607.8	502.8	685.9
广东	Guangdong	4034.1	3643.8	390.2	1680.9	900.9	3879.6
广西	Guangxi	512.7	349.1	163.6	326.2	297.1	443.1
海南	Hainan	214.2	161.6	52.5	123.0	114.4	94.1
重庆	Chongqing	716.9	469.9	247.0	535.8	412.7	458.1
四川	Sichuan	1615.4	1073.7	541.7	1132.0	927.7	1464.3
贵州	Guizhou	309.4	231.7	77.7	216.9	153.1	293.4
云南	Yunnan	364.5	253.8	110.7	298.5	211.3	423.0
西藏	Tibet	13.3	9.9	3.5	18.2	12.0	24.6
陕西	Shaanxi	643.5	466.4	177.1	480.6	401.1	338.9
甘肃	Gansu	277.4	183.6	93.7	233.9	193.2	288.3
青海	Qinghai	86.0	59.9	26.2	71.8	65.0	78.8
宁夏	Ningxia	131.2	91.4	39.9	90.7	86.2	158.5
新疆	Xinjiang	458.8	319.8	139.0	401.3	320.5	547.0
不分地区	Not Classified by Region	23.7	17.7	6.0	3.8	3.6	8.3

注：不分地区合计中，包括中国人民银行、中国农业发展银行数。

a) Data in the category of "Not Classified by Region" include data from the People's Bank of China and Agricultural Development Bank of China.

2-131 失业保险情况(2012年)
Statistics of Unemployment Insurance (2012)

地 区	Region	年末参加失业保险人数(万人) Unemployment Insurance Contributors at Year-end (10 000 persons)	年末领取失业保险金人数(万人) Beneficiaries of Unemployment Insurance Fund (10 000 persons)	基金收支情况(亿元) Revenue and Expenses (100 million yuan)		
				基金收入 Revenue	基金支出 Expenses	累计结余 Balance at Year-end
全 国	**National Total**	**15224.7**	**204.0**	**1138.9**	**450.6**	**2929.0**
北 京	Beijing	1006.7	2.3	46.3	28.9	112.6
天 津	Tianjin	268.7	2.0	30.5	12.8	77.6
河 北	Hebei	501.7	7.9	41.1	15.7	96.0
山 西	Shanxi	391.0	3.8	26.3	5.0	80.1
内蒙古	Inner Mongolia	232.8	2.5	19.7	4.5	53.1
辽 宁	Liaoning	660.7	7.4	66.3	17.0	143.6
吉 林	Jilin	251.5	4.6	20.1	5.7	57.2
黑龙江	Heilongjiang	476.2	7.7	32.3	7.4	96.1
上 海	Shanghai	617.4	10.9	91.5	69.5	129.2
江 苏	Jiangsu	1332.2	32.7	121.6	57.4	267.3
浙 江	Zhejiang	1065.6	7.0	83.6	36.9	233.9
安 徽	Anhui	402.2	6.1	26.8	14.3	57.6
福 建	Fujian	459.1	4.6	22.7	7.9	82.9
江 西	Jiangxi	272.2	3.3	10.3	3.5	36.3
山 东	Shandong	1009.8	19.1	83.2	35.3	230.7
河 南	Henan	724.2	11.4	33.9	14.8	76.7
湖 北	Hubei	508.6	4.8	33.1	8.4	90.8
湖 南	Hunan	449.9	6.0	22.3	8.6	61.4
广 东	Guangdong	2008.7	9.8	91.2	20.7	304.4
广 西	Guangxi	243.4	5.5	21.4	6.4	70.5
海 南	Hainan	139.5	1.8	8.5	2.5	26.0
重 庆	Chongqing	323.5	2.8	19.6	3.5	52.6
四 川	Sichuan	585.5	24.5	71.6	24.9	161.8
贵 州	Guizhou	173.5	1.0	14.9	6.5	49.9
云 南	Yunnan	224.7	3.8	20.7	3.5	67.2
西 藏	Tibet	10.6		1.7	0.3	7.2
陕 西	Shaanxi	339.1	3.5	26.6	4.9	80.0
甘 肃	Gansu	163.6	1.2	12.9	3.0	34.6
青 海	Qinghai	37.9	0.7	4.4	1.4	15.6
宁 夏	Ningxia	70.5	1.1	6.3	1.5	17.3
新 疆	Xinjiang	273.7	4.2	27.4	17.8	58.7

2-132 城镇基本医疗保险参保人数(2012年)

Persons Covered of Urban Basic Medical Care Insurance (2012)

单位：万人 (10 000 persons)

地 区	Region	年末参保人数合计 Persons Covered at Year-end	城镇职工 Urban Workers	在岗职工 Staff and Workers	退休人员 Retirees	城镇居民 Urban Non-employment
全 国	**National Total**	**53641.3**	**26485.6**	**19861.3**	**6624.2**	**27155.7**
北 京	Beijing	1431.6	1279.7	1040.6	239.1	151.9
天 津	Tianjin	981.3	479.1	310.2	168.9	502.2
河 北	Hebei	1644.4	906.8	645.3	261.5	737.6
山 西	Shanxi	1055.9	621.1	463.8	157.2	434.9
内蒙古	Inner Mongolia	967.7	455.1	322.7	132.4	512.6
辽 宁	Liaoning	2251.9	1587.0	1062.1	524.8	664.9
吉 林	Jilin	1370.0	569.5	375.6	194.0	800.5
黑龙江	Heilongjiang	1580.3	867.8	558.3	309.6	712.5
上 海	Shanghai	1638.6	1376.0	954.5	421.5	262.6
江 苏	Jiangsu	3608.8	2155.5	1646.5	508.9	1453.4
浙 江	Zhejiang	2806.8	1671.0	1393.9	277.1	1135.8
安 徽	Anhui	1660.0	685.2	493.7	191.5	974.8
福 建	Fujian	1262.9	666.3	536.1	130.2	596.6
江 西	Jiangxi	1438.6	546.8	366.4	180.4	891.8
山 东	Shandong	3101.2	1734.1	1368.5	365.6	1367.1
河 南	Henan	2222.2	1082.2	789.0	293.2	1140.0
湖 北	Hubei	1960.3	921.2	656.5	264.7	1039.1
湖 南	Hunan	2341.9	797.6	548.8	248.8	1544.3
广 东	Guangdong	8421.8	3373.4	3010.6	362.8	5048.4
广 西	Guangxi	1011.5	456.3	322.7	133.6	555.3
海 南	Hainan	378.5	205.2	157.7	47.5	173.2
重 庆	Chongqing	3219.1	496.5	348.6	147.9	2722.6
四 川	Sichuan	2383.8	1240.9	859.1	381.8	1142.9
贵 州	Guizhou	648.3	329.3	233.0	96.3	319.0
云 南	Yunnan	882.4	452.2	322.7	129.5	430.2
西 藏	Tibet	50.1	27.6	20.4	7.1	22.6
陕 西	Shaanxi	1118.8	547.5	371.7	175.8	571.3
甘 肃	Gansu	616.5	293.0	205.3	87.7	323.6
青 海	Qinghai	172.3	86.1	59.4	26.7	86.2
宁 夏	Ningxia	561.8	106.6	78.1	28.5	455.2
新 疆	Xinjiang	851.9	469.1	339.5	129.6	382.9

Chapter 3

第三章

地级统计资料

Statistics of Prefecture

3-1 土地面积和人口情况(2012年)

Land Area and Population (2012)

地 区	Region	土地面积 (平方公里) Land Area (sq.km)	常住人口 (万人) Permanent Population (10 000 persons)	年底总人口 (万人) Total Population (year-end) (10 000 persons)	男 Male	女 Female	出生人口 (万人) Birth Population (10 000 persons)	死亡人口 (万人) Death Population (10 000 persons)	年底总户数 (万户) Total Households (year-end) (10 000 households)
北京市	**Beijing**								
东城区	Dongcheng District	42	90.8	96.8	47.9	48.9	0.98	0.37	34.46
西城区	Xicheng District	51	128.7	138.5	69.1	69.4	1.49	0.51	47.21
朝阳区	Chaoyang District	455	374.5	197.4	99.1	98.3	2.36	0.73	76.51
丰台区	Fengtai District	306	221.4	109.7	55.7	54.0	1.17	0.47	45.40
石景山区	Shijingshan District	84	63.9	37.1	19.2	17.9	0.39	0.15	14.02
海淀区	Haidian District	431	348.4	230.7	116.4	114.3	2.38	0.54	69.51
门头沟区	Mentougou District	1451	29.8	24.8	12.7	12.1	0.24	0.18	11.88
房山区	Fangshan District	1990	98.6	78.0	39.1	38.8	0.86	0.47	36.14
通州区	Tongzhou District	906	129.1	68.3	33.9	34.4	0.84	0.41	33.21
顺义区	Shunyi District	1020	95.3	59.4	29.4	30.0	0.75	0.38	26.47
昌平区	Changping District	1344	183.0	56.1	28.3	27.8	0.79	0.28	24.70
大兴区	Daxing District	1036	147.0	62.2	31.1	31.1	0.87	0.30	25.27
怀柔区	Huairou District	2123	37.7	27.8	14.0	13.9	0.32	0.20	13.36
平谷区	Pinggu District	950	42.0	39.8	20.0	19.7	0.41	0.25	16.81
密云县	Miyun County	2229	47.4	43.0	21.5	21.5	0.42	0.27	20.50
延庆县	Yanqing County	1994	31.7	28.0	14.1	13.8	0.25	0.18	13.76
北京经济技术开发区	Beijing Economic-technological Development Zones								
其他	Others								
天津市	**Tianjin**								
和平区	Heping District	10	34.1	39.7	19.1	20.6	0.42	1.05	13.44
河东区	Hedong District	40	92.9	71.0	35.7	35.3	0.68	1.82	27.31
河西区	Hexi District	38	94.5	79.8	39.2	40.6	0.75	1.61	28.19
南开区	Nankai District	39	110.1	84.7	42.3	42.3	0.82	2.25	30.25
河北区	Hebei District	30	84.2	61.9	31.1	30.7	0.51	1.58	23.85
红桥区	Hongqiao District	21	56.3	51.9	26.1	25.8	0.41	1.74	20.45
东丽区	Dongli District	479	66.0	35.3	17.7	17.6	0.40	0.53	13.48
西青区	Xiqing District	566	76.1	37.1	18.1	19.0	0.40	0.40	13.18
津南区	Jinnan District	388	66.6	42.0	20.9	21.1	0.50	0.68	14.80
北辰区	Beichen District	473	74.3	37.5	18.7	18.8	0.37	0.48	14.22
武清区	Wuqing District	1575	105.3	85.8	42.7	43.0	0.94	1.16	27.31
宝坻区	Baodi District	1509	85.1	67.9	34.2	33.7	0.76	0.56	21.82
滨海新区	Binhai New Area	2389	263.6	115.5	59.6	55.9	1.26	1.09	41.95
宁河县	Ninghe County	1296	44.3	38.9	19.8	19.2	0.55	0.41	13.33
静海县	Jinghai County	1476	71.2	57.6	29.3	28.3	0.85	0.70	20.20
蓟县	Ji County	1590	88.4	84.2	42.9	41.3	1.18	1.37	26.40
其他	Others			2.5	1.3	1.2	0.03	0.02	1.04
河北省	**Hebei**								
石家庄市	Shijiazhuang City	15848	1038.6	1005.3	506.5	498.9	15.73	5.83	285.88
唐山市	Tangshan City	13472	766.9	741.8	376.0	365.7	9.26	4.31	230.04
秦皇岛市	Qinhuangdao City	7523	302.2	291.2	148.3	143.0	3.65	1.90	105.66
邯郸市	Handan City	12062	928.6	993.1	507.9	485.2	22.21	6.99	261.24
邢台市	Xingtai City	12486	718.9	747.7	383.1	364.6	15.34	3.80	228.47
保定市	Baoding City	20584	1135.1	1172.1	594.7	577.4	17.53	5.68	365.92
张家口市	Zhangjiakou City	36873	439.4	468.4	241.4	227.0	5.05	2.98	183.06
承德市	Chengde City	39548	350.6	376.9	195.0	182.0	4.85	1.74	131.90
沧州市	Cangzhou City	14053	724.4	744.4	381.8	362.5	13.45	3.12	235.80
廊坊市	Langfang City	6429	443.9	433.2	219.8	213.4	8.27	2.23	128.53
衡水市	Hengshui City	8815	438.9	442.4	223.9	218.5	6.93	4.71	138.32

3-1 续表 1 continued

地 区	Region	土地面积 (平方公里) Land Area (sq.km)	常住人口 (万人) Permanent Population (10 000 persons)	年底总人口 (万人) Total Population (year-end) (10 000 persons)	男 Male	女 Female	出生人口 (万人) Birth Population (10 000 persons)	死亡人口 (万人) Death Population (10 000 persons)	年底总户数 (万户) Total Households (year-end) (10 000 households)
山西省	**Shanxi**								
太原市	Taiyuan City	6909	425.6	425.6	215.2	210.4	3.86	1.77	109.90
大同市	Datong City	14056	335.7	335.7	171.6	164.1	3.73	1.99	126.89
阳泉市	Yangquan City	4559	137.9	137.9	70.5	67.4	1.25	0.80	51.79
长治市	Changzhi City	13955	337.0	337.0	172.9	164.1	3.73	2.13	115.47
晋城市	Jincheng City	9425	229.1	229.1	115.2	113.9	1.97	1.54	81.83
朔州市	Shuozhou City	10625	173.5	173.5	89.8	83.7	1.88	0.94	67.26
晋中市	Jinzhong City	16392	328.7	328.7	169.2	159.4	3.68	2.01	128.82
运城市	Yuncheng City	14183	519.5	519.5	265.6	253.8	5.84	3.06	167.56
忻州市	Xinzhou City	25152	309.9	309.9	160.6	149.3	3.58	2.15	131.33
临汾市	Linfen City	20302	436.7	436.7	225.2	211.5	4.72	2.49	155.17
吕梁市	Luliang City	21140	377.2	377.2	195.0	182.1	4.23	2.27	146.36
其他	Others								
内蒙古自治区	**Inner Mongolia**								
呼和浩特市	Hohhot City	17224	294.9	294.9	150.2	144.7	2.71	1.28	83.85
包头市	Baotou City	27768	273.2	273.2	140.9	132.3	2.34	1.14	81.92
乌海市	Wuhai City	1754	54.8	54.8	29.0	25.8	0.52	0.25	19.58
赤峰市	Chifeng City	90021	431.3	431.3	221.6	209.7	4.16	2.57	174.20
通辽市	Tongliao City	59535	313.3	313.3	159.1	154.1	3.05	1.85	111.84
鄂尔多斯市	Erdos City	86882	200.4	200.4	114.0	86.5	2.34	0.99	61.90
呼伦贝尔市	Hulunbuir City	253356	253.5	253.5	130.2	123.3	1.98	1.55	100.30
巴彦淖尔市	Bayannur City	65788	166.9	166.9	88.5	78.4	1.39	0.97	67.12
乌兰察布市	Ulanqab City	54492	212.9	212.9	108.6	104.4	1.49	1.51	117.48
兴安盟	Xingan League	59815	160.7	160.7	82.4	78.4	1.58	0.95	59.72
锡林郭勒盟	Xilingol League	199884	104.1	104.1	54.2	49.9	1.01	0.56	39.47
阿拉善盟	Alxa League	270244	23.9	23.9	13.0	10.9	0.22	0.10	7.70
辽宁省	**Liaoning**								
沈阳市	Shenyang City	12980	822.8	724.8	360.2	364.6	6.22	6.30	257.60
大连市	Dalian City	12574	689.2	590.3	295.4	294.9	5.36	4.72	210.40
鞍山市	Anshan City	9252	361.8	350.3	176.8	173.5	3.02	3.47	122.50
抚顺市	Fushun City	11272	210.2	219.3	109.7	109.6	1.47	1.87	85.10
本溪市	Benxi City	8411	172.6	153.2	76.7	76.5	1.00	1.92	56.90
丹东市	Dandong City	15222	243.1	240.5	120.8	119.7	1.59	1.85	84.00
锦州市	Jinzhou City	9891	309.7	307.8	154.7	153.1	2.16	2.40	107.00
营口市	Yingkou City	5402	244.2	235.1	119.2	115.9	2.12	2.19	88.40
阜新市	Fuxin City	10355	179.9	191.6	95.6	96.0	1.34	1.53	67.40
辽阳市	Liaoyang City	4736	185.6	180.3	91.3	89.0	1.27	2.94	68.10
盘锦市	Panjin City	4071	143.5	128.8	64.7	64.1	0.99	1.22	46.40
铁岭市	Tieling City	12980	267.9	302.2	153.4	148.8	2.09	3.82	105.50
朝阳市	Chaoyang City	19698	299.1	340.6	174.7	165.9	3.20	2.45	112.70
葫芦岛市	Huludao City	10415	259.6	280.0	143.3	136.7	2.39	3.09	96.80

3-1 续表 2 continued

地区	Region	土地面积 (平方公里) Land Area (sq.km)	常住人口 (万人) Permanent Population (10 000 persons)	年底总人口 (万人) Total Population (year-end) (10 000 persons)	男 Male	女 Female	出生人口 (万人) Birth Population (10 000 persons)	死亡人口 (万人) Death Population (10 000 persons)	年底总户数 (万户) Total Households (year-end) (10 000 households)
吉林省	**Jilin**								
长春市	Changchun City	20571		756.9	381.2	375.7	7.74	9.37	259.29
吉林市	Jilin City	27120		430.8	217.4	213.4	3.53	4.98	153.47
四平市	Siping City	14080		336.3	170.5	165.8	3.14	3.02	121.90
辽源市	Liaoyuan City	5139		122.0	62.0	60.1	0.80	1.20	49.15
通化市	Tonghua City	15195		224.6	114.0	110.6	1.90	2.50	81.57
白山市	Baishan City	17485		127.9	65.1	62.8	0.98	1.58	56.07
松原市	Songyuan City	21090		289.8	146.1	143.7	2.68	1.59	96.70
白城市	Baicheng City	25692		200.0	100.8	99.3	1.55	2.61	81.80
延边朝鲜族自治州	Yanbian Korean A.P	42700		213.2	106.4	106.8	1.76	3.04	78.18
黑龙江省	**Heilongjiang**								
哈尔滨市	Harbin City	53076	1064.2	993.5	501.5	492.0			372.23
齐齐哈尔市	Qiqihar City	42255	537.0	559.1	283.2	275.9			204.79
鸡西市	Jixi City	22494	186.3	185.9	93.5	92.4			76.85
鹤岗市	Hegang City	14665	105.9	108.5	54.4	54.1			50.42
双鸭山市	Shuangyashan City	22051	146.3	150.4	75.9	74.5			62.44
大庆市	Daqing City	21205	290.6	281.7	140.9	140.8			104.40
伊春市	Yichun City	32800	114.9	124.1	62.0	62.1			53.36
佳木斯市	Jiamusi City	32470	255.3	248.1	125.4	122.7			95.64
七台河市	Qitaihe City	6190	92.1	92.4	47.8	44.5			34.24
牡丹江市	Mudanjiang City	38827	280.0	266.4	133.7	132.7			101.74
黑河市	Heihe City	66862	167.5	172.8	87.7	85.1			69.38
绥化市	Suihua City	34873	542.1	577.0	292.9	284.1			203.09
大兴安岭地区	Daxing'anling Prefecture	64768	51.2	51.1	25.9	25.2			20.48
农垦总局	Agriculture Reclamation Bureau								
其他	Others								
上海市	**Shanghai**								
黄浦区	Huangpu District	20	70.5	90.4	44.2	46.2	0.80	0.87	28.51
徐汇区	Xuhui District	55	111.1	91.7	45.2	46.5	0.76	0.75	32.68
长宁区	Changning District	38	69.7	62.7	31.1	31.6	0.61	0.49	21.65
静安区	Jingan District	8	25.6	30.1	14.6	15.6	0.25	0.29	10.20
普陀区	Putuo District	55	129.2	88.4	44.0	44.4	0.75	0.80	33.17
闸北区	Zhabei District	29	84.6	68.7	34.3	34.4	0.59	0.62	24.90
虹口区	Hongkou District	23	84.6	79.0	38.7	40.3	0.65	0.71	27.54
杨浦区	Yangpu District	61	132.1	109.3	55.1	54.2	0.86	0.92	37.92
闵行区	Minhang District	371	250.8	100.1	50.7	49.5	1.05	0.75	39.12
宝山区	Baoshan District	271	197.2	90.7	46.4	44.3	0.77	0.72	35.56
嘉定区	Jiading District	464	152.8	56.7	28.3	28.5	0.42	0.47	20.19
浦东新区	Pudong New District	1210	526.4	281.1	140.2	140.9	2.66	2.14	108.43
金山区	Jinshan District	586	76.2	51.7	25.7	26.1	0.35	0.40	17.88
松江区	Songjiang District	606	169.8	58.9	29.0	29.9	0.52	0.41	19.72
青浦区	Qingpu District	670	117.0	46.5	22.9	23.7	0.32	0.35	16.56
奉贤区	Fengxian District	687	113.0	52.5	25.9	26.6	0.37	0.39	20.22
崇明县	Chongming County	1185	70.0	68.5	33.7	34.9	0.39	0.67	30.07
其他	Others								

地 区	Region	土地面积 (平方公里) Land Area (sq.km)	常住人口 (万人) Permanent Population (10 000 persons)	年底总人口 (万人) Total Population (year-end) (10 000 persons)	男 Male	女 Female	出生人口 (万人) Birth Population (10 000 persons)	死亡人口 (万人) Death Population (10 000 persons)	年底总户数 (万户) Total Households (year-end) (10 000 households)
江苏省	**Jiangsu**								
南京市	Nanjing City	6587	816.1	638.5	321.4	317.1	6.56	4.39	214.42
无锡市	Wuxi City	4627	646.5	470.1	233.4	236.7	4.27	3.34	157.12
徐州市	Xuzhou City	11259	856.4	990.5	513.3	477.3	19.38	4.58	274.09
常州市	Changzhou City	4372	468.7	364.8	181.6	183.2	3.44	2.86	128.75
苏州市	Suzhou City	8488	1054.9	647.8	318.9	328.9	6.81	4.50	214.04
南通市	Nantong City	8001	729.7	765.2	377.8	387.4	5.66	6.77	281.22
连云港市	Lianyungang City	7615	440.7	511.0	266.6	244.4	9.59	3.60	139.81
淮安市	Huaian City	10072	480.3	546.8	281.5	265.3	8.66	3.65	159.92
盐城市	Yancheng City	16972	721.6	822.4	423.5	398.9	9.60	6.99	277.27
扬州市	Yangzhou City	6591	446.7	458.4	230.0	228.4	4.04	4.66	151.34
镇江市	Zhenjiang City	3847	315.5	271.4	134.9	136.5	2.35	2.86	101.38
泰州市	Taizhou City	5787	463.0	506.4	258.7	247.7	4.78	6.10	170.21
宿迁市	Suqian City	8555	479.8	560.3	291.0	269.3	14.50	3.09	146.69
浙江省	**Zhejiang**								
杭州市	Hangzhou City	16571	880.2	700.5	350.9	349.6	8.09	4.46	218.95
宁波市	Ningbo City	9816	763.9	577.7	288.3	289.4	6.85	3.71	223.46
温州市	Wenzhou City	11786	915.6	800.2	415.4	384.8	11.54	4.65	228.28
嘉兴市	Jiaxing City	3915	454.4	344.5	170.1	174.4	4.39	2.67	103.91
湖州市	Huzhou City	5820	290.5	261.4	130.1	131.3	2.34	1.90	85.54
绍兴市	Shaoxing City	8256	494.3	440.8	221.0	219.8	3.92	3.26	162.00
金华市	Jinhua City	10942	539.9	470.6	240.7	229.9	6.00	3.09	182.33
衢州市	Quzhou City	8845	212.0	252.8	130.1	122.8	2.18	1.27	87.47
舟山市	Zhoushan City	1455	114.0	97.2	48.3	48.9	0.90	0.72	36.72
台州市	Taizhou City	9411	600.5	590.9	303.3	287.7	6.75	3.16	191.70
丽水市	Lishui City	17324	211.7	262.6	135.6	127.0	2.40	1.32	95.89
安徽省	**Anhui**								
合肥市	Hefei City	11445	757.2	710.5	368.7	341.9	8.93	5.64	233.83
芜湖市	Wuhu City	5988	357.8	383.4	198.1	185.3	4.63	5.18	126.87
蚌埠市	Bengbu City	5952	318.3	367.8	190.3	177.5	6.48	2.96	110.34
淮南市	Huainan City	2585	233.9	243.8	126.8	117.0	3.31	2.32	77.89
马鞍山市	Maanshan City	4027	219.5	228.4	117.8	110.5	2.35	2.36	72.66
淮北市	Huaibei City	2741	212.3	218.3	112.1	106.2	3.43	1.20	66.89
铜陵市	Tongling City	1113	73.4	74.2	37.7	36.5	0.69	0.50	25.85
安庆市	Anqing City	15398	532.0	620.4	320.5	299.9	6.43	3.59	185.49
黄山市	Huangshan City	9807	135.3	147.3	75.4	71.9	1.23	1.01	50.69
滁州市	Chuzhou City	13523	394.5	452.1	234.0	218.1	5.27	3.06	143.87
阜阳市	Fuyang City	9775	763.9	1039.8	540.7	499.1	17.00	5.33	289.54
宿州市	Suzhou City	9786	537.8	651.7	335.9	315.8	8.88	4.81	192.17
六安市	Liuan City	17958	565.1	710.3	375.2	335.1	11.13	7.78	235.60
亳州市	Bozhou City	8374	489.5	612.5	319.6	292.9	7.80	4.58	173.73
池州市	Chizhou City	8272	141.9	161.9	82.7	79.3	1.68	1.25	55.45
宣城市	Xuancheng City	12323	255.6	279.6	144.7	134.9	2.96	2.73	97.89
福建省	**Fujian**								
福州市	Fuzhou City	11968	727.0	655.3	337.1	318.2	8.32	2.88	202.63
厦门市	Xiamen City	1573	367.0	190.9	95.1	95.9	2.81	0.75	61.62
莆田市	Putian City	4131	281.0	329.3	167.6	161.7	4.80	1.99	83.41
三明市	Sanming City	22940	250.0	274.2	143.1	131.1	3.14	1.52	77.14
泉州市	Quanzhou City	11015	829.0	693.2	356.4	336.8	8.76	3.70	189.98
漳州市	Zhangzhou City	12881	490.0	482.5	247.7	234.8	6.65	2.84	134.30
南平市	Nanping City	26280	263.0	313.9	162.3	151.6	3.48	2.01	92.50
龙岩市	Longyan City	19052	257.0	297.7	153.7	144.1	4.04	1.12	90.52
宁德市	Ningde City	13452	284.0	342.3	179.9	162.4	4.94	2.01	101.21

3-1 续表 4 continued

地 区	Region	土地面积（平方公里）Land Area (sq.km)	常住人口（万人）Permanent Population (10 000 persons)	年底总人口（万人）Total Population (year-end) (10 000 persons)	男 Male	女 Female	出生人口（万人）Birth Population (10 000 persons)	死亡人口（万人）Death Population (10 000 persons)	年底总户数（万户）Total Households (year-end) (10 000 households)
江西省	**Jiangxi**								
南昌市	Nanchang City	7194	513.2	513.2	267.8	245.4	6.79	3.11	148.93
景德镇市	Jingdezhen City	5261	161.0	161.0	83.6	77.4	2.13	0.98	45.84
萍乡市	Pingxiang City	3830	187.4	187.4	94.8	92.6	2.44	1.12	50.27
九江市	Jiujiang City	19078	477.3	477.3	242.4	234.9	6.31	2.90	129.69
新余市	Xinyu City	3161	115.1	115.1	60.3	54.8	1.50	0.69	37.00
鹰潭市	Yingtan City	3560	113.8	113.8	59.6	54.1	1.52	0.70	31.60
赣州市	Ganzhou City	39363	845.2	845.2	429.1	416.1	11.41	5.22	221.03
吉安市	Jian City	25283	485.4	485.4	251.2	234.1	6.54	2.97	132.08
宜春市	Yichun City	18668	546.5	546.5	283.1	263.4	7.35	3.34	149.97
抚州市	Fuzhou City	18799	394.9	394.9	205.1	189.8	5.31	2.43	109.84
上饶市	Shangrao City	22736	664.3	664.3	341.7	322.6	8.96	4.09	175.37
山东省	**Shandong**								
济南市	Jinan City	7999	695.0	609.2	303.3	305.9	7.14	4.91	195.79
青岛市	Qingdao City	11175	886.9	769.6	383.8	385.7	7.49	6.28	249.27
淄博市	Zibo City	5965	457.9	423.7	211.4	212.3	3.87	3.56	145.88
枣庄市	Zaozhuang City	4563	377.2	394.8	205.9	188.9	7.87	3.56	117.11
东营市	Dongying City	7923	207.3	185.5	93.0	92.5	1.64	1.30	62.79
烟台市	Yantai City	13746	698.3	650.3	325.3	325.0	5.32	6.44	233.83
潍坊市	Weifang City	16005	921.6	878.9	443.9	434.9	9.37	7.74	278.19
济宁市	Jining City	11194	815.8	847.1	435.9	411.2	11.94	6.66	251.49
泰安市	Taian City	7762	552.9	558.9	282.9	276.0	6.70	5.00	187.53
威海市	Weihai City	5698	279.8	253.6	126.7	126.9	1.84	2.19	92.02
日照市	Rizhao City	5348	283.4	288.1	146.5	141.6	2.93	2.27	100.59
莱芜市	Laiwu City	2246	131.4	126.3	64.0	62.3	1.08	1.03	47.54
临沂市	Linyi City	17202	1012.4	1083.8	558.1	525.6	12.12	8.83	331.33
德州市	Dezhou City	10356	563.1	577.5	293.3	284.2	7.47	5.21	175.65
聊城市	Liaocheng City	8715	589.3	594.5	303.6	290.8	7.95	4.50	187.49
滨州市	Binzhou City	9033	378.9	380.9	192.2	188.7	4.19	4.00	120.66
菏泽市	Heze City	12194	833.8	957.3	498.0	459.3	13.59	6.41	268.37
河南省	**Henan**								
郑州市	Zhengzhou City	7446	903.0	903.0	456.5	446.5	7.21	3.19	207.38
开封市	Kaifeng City	6444	465.3	465.3	235.1	230.2	5.58	3.04	155.54
洛阳市	Luoyang City	15200	659.0	659.0	331.6	327.4	7.22	3.65	208.77
平顶山市	Pingdingshan City	7882	492.9	492.9	252.9	240.0	6.17	3.33	154.32
安阳市	Anyang City	7413	508.3	508.3	245.0	263.3	5.83	3.36	167.45
鹤壁市	Hebi City	2182	158.8	158.8	82.1	76.7	1.76	0.85	48.50
新乡市	Xinxiang City	8169	566.9	566.9	282.9	284.0	6.28	3.15	171.35
焦作市	Jiaozuo City	4071	352.0	352.0	175.1	176.9	3.66	1.92	98.60
濮阳市	Puyang City	4266	359.8	359.8	181.4	178.3	4.43	2.32	109.82

3-1 续表 5 continued

地 区	Region	土地面积 (平方公里) Land Area (sq.km)	常住人口 (万人) Permanent Population (10 000 persons)	年底总人口 (万人) Total Population (year-end) (10 000 persons)	男 Male	女 Female	出生人口 (万人) Birth Population (10 000 persons)	死亡人口 (万人) Death Population (10 000 persons)	年底总户数 (万户) Total Households (year-end) (10 000 households)
许昌市	Xuchang City	4996	429.6	429.6	220.6	209.1	5.01	2.77	143.68
漯河市	Luohe City	2617	255.8	255.8	130.8	125.0	2.78	1.40	76.97
三门峡市	Sanmenxia City	10496	223.2	223.2	113.0	110.2	2.06	1.12	71.15
南阳市	Nanyang City	26600	1014.9	1014.9	524.9	490.0	12.44	7.36	364.26
商丘市	Shangqiu City	10704	732.2	732.2	367.5	364.7	9.29	4.84	262.47
信阳市	Xinyang City	19541	639.8	639.8	325.3	314.4	9.22	4.90	273.29
周口市	Zhoukou City	11959	880.7	880.7	433.0	447.7	11.68	6.63	337.38
驻马店市	Zhumadian City	15083	693.7	693.7	348.7	345.0	9.91	5.59	238.79
济源市	Jiyuan City	1931	70.3	70.3	35.7	34.6	0.79	0.41	20.32
湖北省	**Hubei**								
武汉市	Wuhan City	8494	1012.0	821.7	421.0	400.7	8.84	4.57	281.29
黄石市	Huangshi City	4586	244.1	261.5	136.7	124.8	3.55	1.16	76.71
十堰市	Shiyan City	23680	335.7	346.0	182.7	163.3	5.09	4.95	117.17
宜昌市	Yichang City	21084	408.8	399.0	204.1	194.8	3.30	3.04	152.17
襄阳市	Xiangyang City	19728	555.1	594.0	305.6	288.4	7.16	6.74	210.67
鄂州市	Ezhou City	1594	105.4	109.4	57.5	51.9	1.10	0.97	35.92
荆门市	Jingmen City	12404	288.5	302.3	153.7	148.6	2.85	1.80	103.29
孝感市	Xiaogan City	8910	483.3	526.9	275.3	251.7	6.56	4.93	164.49
荆州市	Jingzhou City	14092	571.9	663.3	338.2	325.0	4.79	4.48	207.33
黄冈市	Huanggang City	17457	623.2	748.2	394.3	353.9	9.62	5.11	250.31
咸宁市	Xianning City	9861	247.5	297.9	155.3	142.6	4.68	1.78	89.25
随州市	Suizhou City	9636	217.8	256.9	131.9	125.0	2.82	2.30	87.10
恩施土家族苗族自治州	Enshi Tujia & Miao A.P	24061	330.6	403.3	210.3	192.9	5.05	2.23	138.19
仙桃市	Xiantao City	2538	118.5	155.4	81.5	73.9	2.04	1.40	43.38
潜江市	Qianjiang City	2004	95.0	103.2	52.1	51.1	0.97	0.59	33.67
天门市	Tianmen City	2622	133.9	167.4	88.9	78.6	1.83	0.94	49.48
神农架林区	Shennongjia Forest District	3253	7.7	8.0	4.3	3.7	0.07	0.05	3.08
湖南省	**Hunan**								
长沙市	Changsha City	11816	714.7	662.8	363.2	351.5	10.01	6.04	228.64
株洲市	Zhuzhou City	11285	390.7	395.8	200.0	190.7	5.76	2.91	110.20
湘潭市	Xiangtan City	5033	278.1	291.8	141.7	136.4	3.52	1.97	81.79
衡阳市	Hengyang City	15372	719.8	800.2	372.9	347.0	10.02	5.06	202.74
邵阳市	Shaoyang City	20913	717.0	801.3	379.1	337.9	9.36	4.80	229.53
岳阳市	Yueyang City	14509	552.3	573.0	286.8	265.5	7.54	4.25	160.24
常德市	Changde City	18034	576.0	629.0	290.9	285.1	6.35	3.88	177.01
张家界市	Zhangjiajie City	9524	150.2	170.1	76.7	73.5	2.03	1.08	52.81
益阳市	Yiyang City	12144	434.2	481.9	223.5	210.7	6.13	3.13	147.21
郴州市	Chenzhou City	19358	463.3	509.8	241.0	222.3	5.89	3.28	144.37
永州市	Yongzhou City	22273	525.8	620.3	273.6	252.2	7.45	3.84	150.82
怀化市	Huaihua City	27644	477.5	516.5	247.5	230.0	6.69	3.13	143.25
娄底市	Loudi City	8117	381.2	437.8	198.6	182.6	4.90	2.44	115.14
湘西土家族苗族自治州	West Hunan Tujia & Miao A.P	15466	258.1	289.7	133.1	125.0	3.83	1.79	72.09

3-1 续表 6 continued

地 区	Region	土地面积 (平方公里) Land Area (sq.km)	常住人口 (万人) Permanent Population (10 000 persons)	年 底 总人口 (万人) Total Population (year-end) (10 000 persons)	男 Male	女 Female	出生人口 (万人) Birth Population (10 000 persons)	死亡人口 (万人) Death Population (10 000 persons)	年 底 总户数 (万户) Total Households (year-end) (10 000 households)
广东省	**Guangdong**								
广州市	Guangzhou City	7249	1283.9	822.3	415.8	406.5	10.18	5.05	264.61
韶关市	Shaoguan City	18413	286.9	326.5	169.2	157.3	3.84	4.95	103.02
深圳市	Shenzhen City	1997	1054.7	299.2	157.2	141.9	5.37	0.52	81.43
珠海市	Zhuhai City	1724	158.3	106.6	54.4	52.1	1.50	0.60	29.71
汕头市	Shantou City	2187	544.8	532.9	267.2	265.7	8.10	2.84	119.43
佛山市	Foshan City	3798	726.2	377.7	187.9	189.8	4.51	2.25	114.06
江门市	Jiangmen City	9505	448.3	391.8	197.4	194.4	4.26	4.23	119.61
湛江市	Zhanjiang City	13261	710.9	785.2	418.0	367.2	16.84	17.59	202.66
茂名市	Maoming City	11427	596.8	748.9	400.1	348.8	14.74	14.13	193.40
肇庆市	Zhaoqing City	14891	398.2	427.6	221.0	206.6	6.65	5.59	121.14
惠州市	Huizhou City	11346	467.4	341.9	173.4	168.5	3.94	4.07	97.86
梅州市	Meizhou City	15865	429.4	521.4	266.6	254.8	7.03	3.01	135.68
汕尾市	Shanwei City	4865	296.9	347.2	180.3	166.9	6.31	3.62	72.66
河源市	Heyuan City	15654	301.0	355.1	181.1	174.0	5.00	5.89	93.28
阳江市	Yangjiang City	7956	247.0	282.5	150.5	132.0	5.29	4.93	77.41
清远市	Qingyuan City	19036	376.6	405.7	209.9	195.8	5.49	8.06	110.69
东莞市	Dongguan City	2460	829.2	186.1	94.4	91.7	2.13	1.00	54.36
中山市	ZhongShan City	1784	315.5	152.0	75.6	76.5	1.85	1.03	42.39
潮州市	Chaozhou City	3146	270.0	264.8	133.8	131.0	3.87	1.76	63.14
揭阳市	Jieyang City	5265	595.6	673.9	344.4	329.5	10.52	4.04	150.92
云浮市	Yunfu City	7785	241.7	287.0	150.3	136.7	4.38	2.75	77.69
广西壮族自治区	**Guangxi**								
南宁市	Nanning City	22112	679.1	699.1	365.5	333.6	11.23	3.50	218.03
柳州市	Liuzhou City	18617	382.5	360.6	187.0	173.7	5.02	2.36	110.06
桂林市	Guilin City	27809	483.9	506.4	263.1	243.3	6.03	2.84	160.36
梧州市	Wuzhou City	12572	292.9	331.1	176.0	155.1	6.53	1.85	97.57
北海市	Beihai City	3337	156.7	164.4	85.9	78.5	3.20	0.66	43.94
防城港市	Fangchenggang City	6222	88.7	87.3	47.3	40.0	2.37	0.48	24.69
钦州市	Qinzhou City	10895	313.3	385.2	210.0	175.2	6.40	2.52	97.20
贵港市	Guigang City	10602	418.7	511.1	270.6	240.5	10.19	3.26	155.78
玉林市	Yulin City	12838	558.1	682.7	365.0	317.7	17.81	4.47	199.27
百色市	Baise City	36202	351.8	388.8	201.1	187.7	6.51	2.69	109.33
贺州市	Hezhou City	11855	198.7	226.4	119.4	107.0	3.27	1.46	63.63
河池市	Hechi City	33476	341.6	405.1	209.9	195.1	7.48	2.50	122.29
来宾市	Laibin City	13411	213.5	253.7	133.0	120.7	3.19	1.75	76.92
崇左市	Chongzuo City	17351	202.0	238.1	125.3	112.9	3.89	1.27	70.72
海南省	**Hainan**								
海口市	Haikou City	2305	214.1	161.6	83.2	78.4	2.65	0.92	51.04
三亚市	Sanya City	1919	72.2	57.3	29.3	28.0	0.84	0.28	14.01
重庆市	**Chongqing**								
万州区	Wanzhou District	3457	158.3	175.1	89.3	85.8	1.60	0.96	70.68
涪陵区	Fuling District	2941	109.8	116.7	59.4	57.2	1.30	0.81	46.00
渝中区	Yuzhong District	23	64.9	55.6	27.5	28.1	0.44	0.30	19.26
大渡口区	Dadukou District	103	32.7	24.5	12.1	12.3	0.23	0.11	10.54
江北区	Jiangbei District	214	81.0	57.3	28.7	28.5	0.57	0.29	23.97
沙坪坝区	Shapingba District	396	108.1	79.8	39.8	40.0	0.78	0.46	28.03
九龙坡区	Jiulongpo District	432	114.8	85.6	42.8	42.8	0.95	0.57	34.19

3-1 续表 7 continued

地 区	Region	土地面积(平方公里) Land Area (sq.km)	常住人口(万人) Permanent Population (10 000 persons)	年底总人口(万人) Total Population (year-end) (10 000 persons)	男 Male	女 Female	出生人口(万人) Birth Population (10 000 persons)	死亡人口(万人) Death Population (10 000 persons)	年底总户数(万户) Total Households (year-end) (10 000 households)
南岸区	Nanan District	261	81.5	63.8	31.7	32.0	0.72	0.36	23.71
北碚区	Beibei District	755	74.5	63.5	31.8	31.7	0.54	0.42	25.02
綦江区	Qijiang District	2748	107.9	121.0	61.9	59.1	1.22	1.12	46.96
大足区	Dazu District	1433	73.3	103.7	54.4	49.3	1.30	1.00	32.01
渝北区	Yubei District	1456	143.3	110.6	55.8	54.8	1.28	0.73	44.03
巴南区	Banan District	1825	94.6	89.5	45.9	43.6	0.90	0.74	35.67
黔江区	Qianjiang District	2402	44.9	54.5	28.8	25.8	0.75	0.33	20.37
长寿区	Changshou District	1424	78.7	90.6	46.1	44.5	0.80	0.68	36.50
江津区	Jiangjin District	3200	125.4	150.3	77.8	72.5	1.41	1.45	61.59
合川区	Hechuan District	2356	131.6	156.0	80.9	75.2	1.41	1.00	58.98
永川区	Yongchuan District	1576	105.1	113.0	57.8	55.2	1.34	0.96	38.63
南川区	Nanchuan District	2602	54.3	68.2	34.9	33.3	0.79	0.57	25.47
四川省	**Sichuan**								
成都市	Chengdu City	12119	1417.8	1173.4	586.0	587.4	11.69	11.55	446.90
自贡市	Zigong City	4381	271.3	328.5	167.6	160.9	3.97	1.99	106.50
攀枝花市	Panzhihua City	7401	123.1	111.9	57.3	54.6	0.98	0.56	36.10
泸州市	Luzhou City	12236	425.0	505.2	262.1	243.1	6.67	4.19	146.60
德阳市	Deyang City	5910	353.1	391.5	200.2	191.3	3.40	2.75	154.40
绵阳市	Mianyang City	20248	464.0	545.4	281.0	264.4	5.21	3.40	201.80
广元市	Guangyuan City	16311	253.0	311.7	159.7	152.0	2.96	2.26	115.20
遂宁市	Suining City	5323	326.8	376.1	194.7	181.4	3.77	6.47	135.20
内江市	Neijiang City	5385	371.8	426.6	220.3	206.3	4.32	2.77	157.20
乐山市	Leshan City	12723	325.4	355.1	181.3	173.8	3.18	2.64	126.50
南充市	Nanchong City	12477	630.0	759.6	395.8	363.8	7.21	4.32	264.90
眉山市	Meishan City	7140	296.6	350.4	179.0	171.4	3.44	3.74	126.60
宜宾市	Yibin City	13266	446.0	546.6	285.0	261.6	5.66	3.63	170.60
广安市	Guangan City	6341	321.6	468.5	245.5	223.0	5.81	4.12	156.50
达州市	Dazhou City	16582	549.3	695.6	364.6	331.0	7.37	3.05	251.10
雅安市	Yaan City	15046	152.7	156.5	80.1	76.4	1.65	0.73	56.50
巴中市	Bazhong City	12293	330.8	390.0	203.1	186.9	3.08	2.50	129.30
资阳市	Ziyang City	7960	358.9	505.9	263.4	242.5	4.74	3.17	180.50
阿坝藏族羌族自治州	Aba Zang & Qiang A.P	83016	90.7	91.4	46.6	44.8	1.24	0.38	28.80
甘孜藏族自治州	Ganzi Zang A.P	149599	112.2	110.3	55.8	54.5	1.34	0.52	29.80
凉山彝族自治州	Liangshan Yi A.P	60294	456.1	497.2	255.9	241.3	7.35	2.34	146.40
贵州省	**Guizhou**								
贵阳市	Guiyang City	8034	445.2	374.5	190.7	183.8	4.98	3.59	114.15
六盘水市	Liupanshui City	9914	285.9	322.5	170.8	151.7	4.13	2.53	99.02
遵义市	Zunyi City	30762	611.7	771.4	401.5	369.9	10.63	8.26	227.82
安顺市	Anshun City	9267	228.3	284.4	147.2	137.2	5.41	2.28	83.47
毕节市	Bijie City	26853	652.4	858.0	449.1	408.9	18.54	7.53	230.61
铜仁市	Tongren City	18003	309.4	426.5	224.2	202.3	5.89	4.30	124.90
黔西南布依族苗族自治州	Southwest Guizhou Buyi & Miao A.P	16804	281.2	347.9	179.7	168.3	4.48	2.14	97.55
黔东南苗族侗族自治州	Southeast Guizhou Miao & Dong A.P	30337	347.3	459.2	244.2	215.0	4.93	3.60	130.02
黔南布依族苗族自治州	South Guizhou Buyi & Miao A.P	26197	322.6	405.1	210.6	194.4	5.77	4.43	122.09

3-1 续表 8 continued

地 区	Region	土地面积 (平方公里) Land Area (sq.km)	常住人口 (万人) Permanent Population (10 000 persons)	年底总人口 (万人) Total Population (year-end) (10 000 persons)	男 Male	女 Female	出生人口 (万人) Birth Population (10 000 persons)	死亡人口 (万人) Death Population (10 000 persons)	年底总户数 (万户) Total Households (year-end) (10 000 households)
云南省	**Yunnan**								
昆明市	Kunming City	21013	653.3	543.5	275.0	268.5	5.72	4.80	191.00
曲靖市	Qujing City	28904	593.6	637.4	334.1	303.3	7.49	3.58	194.07
玉溪市	Yuxi City	15285	233.0	214.1	107.7	106.4	2.25	1.71	79.97
保山市	Baoshan City	19637	254.0	255.6	130.7	124.9	3.15	1.84	71.85
昭通市	Zhaotong City	23021	529.6	583.3	307.8	275.5	7.11	4.31	173.24
丽江市	Lijiang City	20557	126.2	119.0	60.6	58.4	1.50	1.60	38.82
普洱市	Puer City	45385	257.5	251.7	131.0	120.7	3.17	1.87	78.11
临沧市	Lincang City	24469	246.3	236.4	122.7	113.7	3.19	1.67	72.66
楚雄彝族自治州	Chuxiong Yi A.P	29258	271.9	261.7	133.7	128.0	2.66	3.28	84.95
红河哈尼族彝族自治州	Honghe Hani & Yi A.P	32931	456.1	447.0	230.2	216.8	6.21	3.64	132.86
文山壮族苗族自治州	Wenshan Zhuang & Miao A.P	31456	356.1	353.8	184.6	169.2	3.65	1.92	96.50
西双版纳傣族自治州	Xishuangbanna Dai A.P	19125	114.9	96.2	48.2	48.0	1.35	0.63	28.02
大理白族自治州	Dali Bai A.P	29459	394.3	355.9	179.7	176.2	3.72	2.97	110.75
德宏傣族景颇族自治州	Dehong Dai & Jingpo A.P	11526	122.9	122.9	63.4	59.6	1.78	0.88	33.01
怒江傈僳族自治州	Nujiang Lisu A.P	14703	53.8	52.9	27.0	25.9	0.74	0.37	16.45
迪庆藏族自治州	Diqing Zang A.P	23186	40.5	36.1	18.3	17.7	0.43	0.39	10.14
西藏自治区	**Tibet A.R.**								
拉萨市	Lhasa City	29539	57.9						
昌都地区	Qamdu Prefecture	108872	67.4						
山南地区	Lhokha Prefecture	79288	33.5						
日喀则地区	Xigaze Prefecture	182066	71.7						
那曲地区	Narqu Prefecture	391817	47.4						
阿里地区	Ngri Prefecture	296823	9.8						
林芝地区	Nyingchi Prefecture	113965	20.1						
其他	Others								
陕西省	**Shaanxi**								
西安市	Xi'an City	10106	855.3	796.0	403.9	392.0	8.64	4.75	239.54
铜川市	Tongchuan City	3881	84.1	85.3	44.3	41.0	0.82	0.52	27.93
宝鸡市	Baoji City	18162	373.7	383.9	198.5	185.4	3.59	2.30	114.57
咸阳市	Xianyang City	10189	492.9	527.9	273.1	254.9	5.03	3.02	157.03
渭南市	Weinan City	13033	532.1	565.1	287.3	277.7	5.11	3.28	178.35
延安市	Yan'an City	37031	219.8	235.4	122.4	113.0	2.29	1.33	83.59
汉中市	Hanzhong City	27092	341.8	384.3	200.9	183.4	3.36	2.48	128.77
榆林市	Yulin City	42921	335.7	374.6	195.5	179.1	3.82	2.04	130.96
安康市	Ankang City	23535	263.4	306.0	164.2	141.9	2.63	1.90	102.69
商洛市	Shangluo City	19581	234.2	248.8	131.1	117.7	2.46	1.67	76.06
杨凌示范区	Yangling Demonstration Zone	93	20.2	19.0	9.8	9.2	0.17	0.09	4.97
甘肃省	**Gansu**								
兰州市	Lanzhou City	13192	363.1	321.5	163.0	158.5	3.42	2.04	103.17
嘉峪关市	Jiayuguan City	1224	23.4	19.8	10.6	9.2	0.16	0.11	6.43
金昌市	Jinchang City	7549	46.7	46.0	23.9	22.1	0.44	0.38	16.38
白银市	Baiyin City	20097	171.9	175.7	91.0	84.7	2.22	2.21	53.05
天水市	Tianshui City	14277	328.2	369.0	189.4	179.6	5.60	3.95	100.40
武威市	Wuwei City	32347	182.2	186.0	96.6	89.4	2.52	2.36	55.81
张掖市	Zhangye City	36552	120.8	130.8	67.4	63.4	1.44	0.98	44.35

3-1 续表 9 continued

地　区	Region	土地面积 (平方公里) Land Area (sq.km)	常住人口 (万人) Permanent Population (10 000 persons)	年　底 总人口 (万人) Total Population (year-end) (10 000 persons)	男 Male	女 Female	出生人口 (万人) Birth Population (10 000 persons)	死亡人口 (万人) Death Population (10 000 persons)	年　底 总户数 (万户) Total Households (year-end) (10 000 households)
平凉市	Pingliang City	11118	208.2	231.5	119.3	112.2	3.23	2.36	69.66
酒泉市	Jiuquan City	168080	110.4	101.3	51.3	50.0	0.93	0.71	33.89
庆阳市	Qingyang City	27117	221.8	262.3	136.6	125.7	4.00	2.06	77.60
定西市	Dingxi City	19609	276.9	296.3	154.2	142.1	3.76	5.47	84.42
陇南市	Longnan City	27839	257.0	280.6	146.8	133.8	4.70	3.44	80.69
临夏回族自治州	Linxia Hui A.P	7332	197.6	218.6	112.6	106.0	5.39	1.41	58.35
甘南藏族自治州	Gannan Zang A.P	36594	69.3	73.6	37.6	36.0	1.18	0.46	21.05
青海省	**Qinghai**								
西宁市	Xining City	7424	224.7	198.5	100.2	98.2	2.30	1.59	59.27
海东地区	Haidong Prefecture	13044	141.9	167.8	86.0	81.7	3.30	0.81	47.14
海北藏族自治州	Haibei Zang A.P	33350	28.6	29.0	14.7	14.3	0.54	0.14	8.88
黄南藏族自治州	Huangnan Zang AP	17909	26.1	26.3	13.2	13.1	0.58	0.12	8.30
海南藏族自治州	Hainan Zang A.P	43377	45.0	45.7	23.0	22.7	0.87	0.19	13.79
果洛藏族自治州	Golog Zang A.P	76442	18.6	18.9	9.6	9.3	1.03	0.08	5.75
玉树藏族自治州	Yushu Zang A.P	197954	38.6	39.2	19.6	19.6	0.88	0.21	11.06
海西蒙古族藏族自治州	Haixi Mongolian & Zang A.P	327980	49.7	40.3	20.6	19.8	0.50	0.19	15.06
宁夏回族自治区	**Ningxia**								
银川市	Yinchuan City	7471		204.6	102.7	102.0	2.14	0.69	68.88
石嘴山市	Shizuishan City	4114		74.2	37.6	36.6	0.80	0.28	25.63
吴忠市	Wuzhong City	10427		131.3	67.1	64.2	1.94	0.58	37.37
固原市	Guyuan City	11286		126.4	64.3	62.1	1.98	0.72	34.31
中卫市	Zhongwei City	13465		110.7	56.9	53.8	1.63	0.51	30.53
新疆维吾尔自治区	**Xinjiang**								
乌鲁木齐市	Urumqi City	13788	335.0	257.8	133.6	124.2	2.50	0.98	85.75
克拉玛依市	Karamay City	7735	43.6	28.6	14.5	14.1	0.29	0.16	10.67
吐鲁番地区	Turpan Prefecture	70049	62.5	62.5	31.7	30.9	1.56	0.80	18.99
哈密地区	Hami Prefecture	138918	58.8	59.2	30.4	28.8	0.61	0.30	20.93
昌吉回族自治州	Changji Hui A.P	73660	159.8	140.2	71.3	68.9	1.61	0.85	47.83
博尔塔拉蒙古自治州	Bortala Mongolian A.P	24896	48.6	48.5	24.8	23.7	0.45	0.25	17.30
巴音郭楞蒙古自治州	Bayingolin Mongolian A.P	471882	138.8	137.5	70.3	67.2	1.88	0.85	43.27
阿克苏地区	Aksu Prefecture	128097	252.5	239.7	121.6	118.1	4.48	1.90	62.85
克孜勒苏柯尔克孜自治州	Kizilsu Kirgiz A.P	70916	56.1	56.1	28.6	27.5	1.33	0.54	14.29
喀什地区	Kashi Prefecture	111794	413.8	415.1	209.3	205.8	13.06	4.76	103.93
和田地区	Hotan Prefecture	248945	209.9	212.3	108.3	104.1	4.06	1.52	56.71
伊犁哈萨克自治州	Ili Kazak A.P	56624	274.8	291.7	148.2	143.5	6.16	1.77	93.07
塔城地区	Tacheng Prefecture	94891	133.0	104.8	53.1	51.7	1.41	0.87	35.64
阿勒泰地区	Altay Prefecture	117079	61.5	66.3	33.5	32.8	0.97	0.38	21.12
石河子市	Shihezi City	457	58.2	62.0	31.6	30.4	0.36	0.41	26.80
阿拉尔市	Alar City	3927		18.7	10.0	8.7	0.17	0.07	7.95
图木舒克市	Tumxuk City	1927		16.0	8.3	7.7	0.20	0.08	4.50
五家渠市	Wujiaqu City	742		9.1	4.6	4.5	0.06	0.06	3.57
北屯市	Beitun City	911							
铁门关市	Tiemenguan City	590							
生产建设兵团	Corps								

3-2 地区生产总值(2012年)
Gross Regional Products (2012)

地 区	Region	地区生产总值(亿元) Gross Regional Product (100 million yuan)	第一产业 Primary Industry	第二产业 Secondary Industry	#工业 Industry	第三产业 Tertiary Industry	人均地区生产总值(元) Per Capita GRP (yuan)
北京市	**Beijing**						
东城区	Dongcheng District	1450.13		61.64	31.20	1388.49	
西城区	Xicheng District	2593.49		262.96	202.85	2330.53	
朝阳区	Chaoyang District	3632.09	1.56	392.59	298.54	3237.93	
丰台区	Fengtai District	923.78	1.16	212.29	110.51	710.33	
石景山区	Shijingshan District	338.21		127.82	77.08	210.39	
海淀区	Haidian District	3514.76	2.01	455.39	298.73	3057.36	
门头沟区	Mentougou District	117.04	1.95	59.94	52.31	55.15	
房山区	Fangshan District	449.29	15.88	277.38	243.14	156.03	
通州区	Tongzhou District	450.53	19.37	223.73	159.98	207.42	
顺义区	Shunyi District	1103.20	25.17	488.02	451.53	590.02	
昌平区	Changping District	506.30	9.21	225.72	196.23	271.37	
大兴区	Daxing District	391.73	20.47	151.42	122.58	219.84	
怀柔区	Huairou District	182.05	7.44	105.73	93.20	68.87	
平谷区	Pinggu District	153.19	16.73	71.62	50.93	64.84	
密云县	Miyun County	178.56	18.39	81.62	65.60	78.56	
延庆县	Yanqing County	83.84	10.50	21.84	14.29	51.50	
北京经济技术开发区	Beijing Economic-technological Development Zones	827.71		542.01	516.19	285.71	
其他	Others						
天津市	**Tianjin**						
和平区	Heping District	653.26		57.52	48.92	595.74	
河东区	Hedong District	261.84		33.80	18.20	228.05	
河西区	Hexi District	662.85		141.96	135.97	520.90	
南开区	Nankai District	529.73		51.74	43.34	477.99	
河北区	Hebei District	320.50		89.76	83.12	230.74	
红桥区	Hongqiao District	140.26		13.39	6.40	126.87	
东丽区	Dongli District	671.68	4.08	386.51	348.36	281.09	
西青区	Xiqing District	722.99	10.80	438.35	407.15	273.84	
津南区	Jinnan District	491.17	5.04	288.31	245.45	197.81	
北辰区	Beichen District	666.43	9.77	432.04	392.61	224.62	
武清区	Wuqing District	633.19	34.56	384.35	354.30	214.28	
宝坻区	Baodi District	414.41	28.01	196.25	164.82	190.15	
滨海新区	Binhai New Area	7205.17	9.36	4857.76	4622.81	2338.05	
宁河县	Ninghe County	280.14	26.15	162.56	158.79	91.42	
静海县	Jinghai County	415.45	19.10	283.28	260.43	113.07	
蓟县	Ji County	291.52	26.50	96.65	62.22	168.36	
其他	Others						
河北省	**Hebei**						
石家庄市	Shijiazhuang City	4500.21	452.18	2240.66	1993.59	1807.37	43552
唐山市	Tangshan City	5861.64	528.56	3473.79	3243.82	1859.29	76643
秦皇岛市	Qinhuangdao City	1139.37	152.41	447.68	376.48	539.27	37804
邯郸市	Handan City	3024.29	383.90	1620.84	1473.50	1019.55	32650
邢台市	Xingtai City	1532.06	240.35	829.61	761.87	462.10	21361
保定市	Baoding City	2720.90	378.12	1495.91	1259.39	846.88	24053
张家口市	Zhangjiakou City	1233.55	205.78	529.04	441.85	498.73	28139
承德市	Chengde City	1181.92	185.16	625.40	553.77	371.37	33791
沧州市	Cangzhou City	2812.42	319.18	1479.08	1338.35	1014.17	38949
廊坊市	Langfang City	1794.33	198.40	968.62	824.85	627.31	40598
衡水市	Hengshui City	1011.03	189.03	522.91	474.09	299.09	23101

3-2 续表 1 continued

地 区	Region	地区生产总值(亿元) Gross Regional Product (100 million yuan)	第一产业 Primary Industry	第二产业 Secondary Industry	#工业 Industry	第三产业 Tertiary Industry	人均地区生产总值(元) Per Capita GRP (yuan)
山西省	**Shanxi**						
太原市	Taiyuan City	2311.43	36.02	1035.57	784.28	1239.84	54440
大同市	Datong City	931.39	49.78	472.18	419.56	409.43	27815
阳泉市	Yangquan City	601.95	9.19	354.46	318.46	238.31	43702
长治市	Changzhi City	1328.61	53.46	894.94	861.14	380.21	39523
晋城市	Jincheng City	1012.81	42.77	653.76	618.49	316.28	44257
朔州市	Shuozhou City	1007.12	50.93	596.05	572.81	360.14	58205
晋中市	Jinzhong City	986.56	83.77	538.42	489.12	364.37	30093
运城市	Yuncheng City	1068.65	176.99	492.32	424.30	399.34	20628
忻州市	Xinzhou City	620.94	57.22	320.47	292.80	243.25	20081
临汾市	Linfen City	1221.08	81.04	758.78	701.23	381.27	28031
吕梁市	Luliang City	1230.42	54.97	901.03	879.29	274.41	32709
其他	Others						
内蒙古自治区	**Inner Mongolia**						
呼和浩特市	Hohhot City	2458.74	120.52	802.31	637.56	1535.92	83906
包头市	Baotou City	3209.14	89.75	1685.08	1491.30	1434.31	118320
乌海市	Wuhai City	531.91	4.86	362.54	328.19	164.52	97617
赤峰市	Chifeng City	1556.82	237.54	856.35	745.45	462.93	36070
通辽市	Tongliao City	1693.19	232.88	1068.54	986.21	391.77	54019
鄂尔多斯市	Erdos City	3656.80	90.14	2213.13	1971.68	1353.53	182680
呼伦贝尔市	Hulunbuir City	1335.80	239.14	629.79	546.03	466.88	52649
巴彦淖尔市	Bayannur City	783.34	151.19	448.83	384.43	183.31	47012
乌兰察布市	Ulanqab City	778.71	121.52	418.63	373.71	238.56	36525
兴安盟	Xingan League	385.16	114.58	149.24	117.93	121.34	23944
锡林郭勒盟	Xilingol League	820.20	81.58	549.76	492.70	188.86	79105
阿拉善盟	Alxa League	425.76	10.77	348.65	330.27	66.34	179608
辽宁省	**Liaoning**						
沈阳市	Shenyang City	6602.59	315.20	3383.15	3046.91	2904.23	80480
大连市	Dalian City	7002.83	451.37	3634.80	3207.43	2916.66	102922
鞍山市	Anshan City	2429.32	124.43	1293.15	1159.86	1011.74	69211
抚顺市	Fushun City	1236.37	85.11	736.74	627.62	414.52	58512
本溪市	Benxi City	1112.36	60.19	674.60	608.59	377.57	64459
丹东市	Dandong City	1015.37	140.01	508.53	428.54	366.84	42171
锦州市	Jinzhou City	1242.71	190.29	616.23	549.63	436.19	40002
营口市	Yingkou City	1381.18	103.56	738.99	660.35	538.63	56583
阜新市	Fuxin City	559.96	125.40	255.80	214.94	178.76	31049
辽阳市	Liaoyang City	1000.49	63.28	632.10	594.10	305.11	53877
盘锦市	Panjin City	1244.96	108.43	843.55	778.05	292.97	87153
铁岭市	Tieling City	975.33	193.30	505.20	458.50	276.83	32130
朝阳市	Chaoyang City	920.63	205.03	455.60	375.56	260.01	30765
葫芦岛市	Huludao City	719.33	95.91	342.89	285.83	280.54	27709

3-2 续表 2 continued

地 区	Region	地区生产总值(亿元) Gross Regional Product (100 million yuan)	第一产业 Primary Industry	第二产业 Secondary Industry	#工业 Industry	第三产业 Tertiary Industry	人均地区生产总值(元) Per Capita GRP (yuan)
吉林省	**Jilin**						
长春市	Changchun City	4456.64	317.09	2291.88	1922.48	1847.67	58691
吉林市	Jilin City	2430.07	242.71	1207.53	1044.45	979.83	56244
四平市	Siping City	1122.80	283.81	513.69	488.02	325.30	33150
辽源市	Liaoyuan City	605.12	53.79	356.85	315.44	194.48	49479
通化市	Tonghua City	881.12	87.13	466.96	413.63	327.03	39111
白山市	Baishan City	643.02	53.57	388.29	358.29	201.16	50158
松原市	Songyuan City	1605.42	254.88	780.46	692.07	570.08	55176
白城市	Baicheng City	615.50	110.58	291.01	267.80	213.91	30576
延边朝鲜族自治州	Yanbian Korean A.P	765.37	67.74	394.73	360.29	302.90	35045
黑龙江省	**Heilongjiang**						
哈尔滨市	Harbin City	4550.22	506.79	1638.87	1127.95	2404.56	45810
齐齐哈尔市	Qiqihar City	1176.08	284.76	439.28	411.88	452.03	22139
鸡西市	Jixi City	582.34	165.22	238.26	228.35	178.85	31076
鹤岗市	Hegang City	358.24	105.48	167.84	161.38	84.92	32968
双鸭山市	Shuangyashan City	565.43	184.86	258.01	241.40	122.55	37490
大庆市	Daqing City	4001.07	154.21	3235.93	3157.40	610.94	142067
伊春市	Yichun City	260.03	91.63	87.91	73.81	80.49	20686
佳木斯市	Jiamusi City	668.29	201.74	172.46	146.56	294.09	27774
七台河市	Qitaihe City	298.91	30.57	174.03	169.91	94.31	32308
牡丹江市	Mudanjiang City	981.10	223.15	422.60	377.70	370.00	37001
黑河市	Heihe City	366.08	182.64	62.59	50.34	120.86	18892
绥化市	Suihua City	1063.54	428.07	285.69	245.92	349.78	18474
大兴安岭地区	Daxing'anling Prefecture	147.68	59.72	29.88	22.32	58.08	28739
农垦总局	Agriculture Reclamation Bureau	111.68	0.63	15.25	13.63	95.80	96158
其他	Others						
上海市	**Shanghai**						
黄浦区	Huangpu District						
徐汇区	Xuhui District						
长宁区	Changning District						
静安区	Jingan District						
普陀区	Putuo District						
闸北区	Zhabei District						
虹口区	Hongkou District						
杨浦区	Yangpu District						
闵行区	Minhang District						
宝山区	Baoshan District						
嘉定区	Jiading District						
浦东新区	Pudong New District						
金山区	Jinshan District						
松江区	Songjiang District						
青浦区	Qingpu District						
奉贤区	Fengxian District						
崇明县	Chongming County						
其他	Others						

3-2 续表 3 continued

地　区	Region	地　区生产总值(亿元) Gross Regional Product (100 million yuan)	第一产业 Primary Industry	第二产业 Secondary Industry	#工　业 Industry	第三产业 Tertiary Industry	人均地区生产总值(元) Per Capita GRP (yuan)
江苏省	**Jiangsu**						
南京市	Nanjing City	7201.57	185.06	3170.78	2748.46	3845.73	88525
无锡市	Wuxi City	7568.15	137.22	4012.03	3717.88	3418.90	117357
徐州市	Xuzhou City	4016.58	382.46	1968.52	1666.62	1665.60	46877
常州市	Changzhou City	3969.87	126.37	2100.76	1900.55	1742.74	85040
苏州市	Suzhou City	12011.65	195.08	6502.25	6055.10	5314.32	114029
南通市	Nantong City	4558.67	319.09	2414.11	1992.11	1825.47	62506
连云港市	Lianyungang City	1603.42	232.40	736.14	583.31	634.88	36470
淮安市	Huaian City	1920.91	247.98	889.20	737.20	783.73	39992
盐城市	Yancheng City	3120.00	456.13	1472.87	1258.22	1191.00	43172
扬州市	Yangzhou City	2933.20	205.19	1554.46	1344.66	1173.55	65691
镇江市	Zhenjiang City	2630.42	115.77	1419.54	1309.54	1095.11	83651
泰州市	Taizhou City	2701.67	191.75	1434.53	1237.05	1075.39	58378
宿迁市	Suqian City	1522.03	226.80	716.85	589.82	578.38	31827
浙江省	**Zhejiang**						
杭州市	Hangzhou City	7802.01	255.11	3572.63	3168.75	3974.27	111758
宁波市	Ningbo City	6582.21	268.52	3516.84	3170.07	2796.85	114065
温州市	Wenzhou City	3669.18	114.22	1852.99	1625.00	1701.98	45906
嘉兴市	Jiaxing City	2890.57	151.39	1603.08	1443.02	1136.10	84080
湖州市	Huzhou City	1664.30	122.65	886.42	796.75	655.24	63714
绍兴市	Shaoxing City	3654.03	184.80	1962.41	1751.79	1506.82	82966
金华市	Jinhua City	2710.77	134.46	1344.69	1164.53	1231.62	57694
衢州市	Quzhou City	972.25	79.75	516.34	442.16	376.16	38476
舟山市	Zhoushan City	853.18	83.06	382.94	295.81	387.18	87883
台州市	Taizhou City	2911.26	200.91	1419.47	1273.64	1290.87	49438
丽水市	Lishui City	894.10	79.37	449.50	384.90	365.23	34132
安徽省	**Anhui**						
合肥市	Hefei City	4164.32	229.05	2303.90	1813.90	1631.37	55182
芜湖市	Wuhu City	1873.63	117.63	1234.24	1117.44	521.76	52453
蚌埠市	Bengbu City	890.22	158.86	445.08	391.38	286.28	27999
淮南市	Huainan City	781.76	60.61	501.02	442.82	220.13	33489
马鞍山市	Maanshan City	1233.94	73.46	818.86	745.36	341.62	56306
淮北市	Huaibei City	620.54	51.43	410.36	377.12	158.75	29285
铜陵市	Tongling City	621.30	11.78	456.28	423.43	153.24	84819
安庆市	Anqing City	1359.70	196.17	759.44	672.94	404.09	25592
黄山市	Huangshan City	424.95	48.54	196.55	152.05	179.86	31454
滁州市	Chuzhou City	970.74	192.79	507.59	446.09	270.36	24650
阜阳市	Fuyang City	962.53	249.42	397.51	344.71	315.60	12617
宿州市	Suzhou City	914.95	237.35	378.95	333.60	298.65	17032
六安市	Liuan City	918.19	198.79	423.35	354.25	296.05	16270
亳州市	Bozhou City	715.65	181.13	288.80	241.00	245.72	14642
池州市	Chizhou City	417.45	62.15	204.23	156.38	151.07	29471
宣城市	Xuancheng City	757.46	111.65	395.12	333.82	250.69	29687
福建省	**Fujian**						
福州市	Fuzhou City	4210.93	367.73	1905.50	1481.99	1937.70	58202
厦门市	Xiamen City	2815.17	25.30	1363.85	1153.77	1426.02	77340
莆田市	Putian City	1200.38	107.24	689.65	568.88	403.49	42871
三明市	Sanming City	1334.82	211.00	677.79	565.33	446.03	53244
泉州市	Quanzhou City	4702.70	160.57	2890.41	2595.57	1651.72	57002
漳州市	Zhangzhou City	2012.92	320.45	961.10	818.45	731.37	41333
南平市	Nanping City	995.08	234.49	423.97	328.97	336.61	37692
龙岩市	Longyan City	1356.78	162.00	752.07	622.95	442.71	52896
宁德市	Ningde City	1075.06	201.35	512.23	418.91	361.49	37921

3-2 续表 4 continued

地　区	Region	地　区生产总值(亿元) Gross Regional Product (100 million yuan)	第一产业 Primary Industry	第二产业 Secondary Industry	#工　业 Industry	第三产业 Tertiary Industry	人均地区生产总值(元) Per Capita GRP (yuan)
江西省	**Jiangxi**						
南昌市	Nanchang City	3000.52	147.19	1693.65	1290.93	1159.68	58715
景德镇市	Jingdezhen City	628.25	48.97	373.78	329.50	205.50	39151
萍乡市	Pingxiang City	733.06	53.12	445.68	404.75	234.26	39186
九江市	Jiujiang City	1420.10	118.29	808.84	679.87	492.97	29785
新余市	Xinyu City	830.32	48.21	502.01	444.75	280.10	72266
鹰潭市	Yingtan City	482.17	41.46	305.92	285.14	134.79	42449
赣州市	Ganzhou City	1508.49	252.41	696.78	603.48	559.30	17873
吉安市	Jian City	1006.26	180.51	520.59	447.73	305.16	20755
宜春市	Yichun City	1247.60	202.67	702.20	633.39	342.73	22855
抚州市	Fuzhou City	825.04	152.00	435.93	362.93	237.11	20893
上饶市	Shangrao City	1265.39	192.83	662.54	552.53	410.02	19077
山东省	**Shandong**						
济南市	Jinan City	4803.67	252.92	1938.14	1603.08	2612.61	69444
青岛市	Qingdao City	7302.11	324.41	3402.23	3041.31	3575.47	82680
淄博市	Zibo City	3557.21	123.75	2101.19	1897.61	1332.27	77876
枣庄市	Zaozhuang City	1702.92	133.00	991.33	905.60	578.59	45262
东营市	Dongying City	3000.66	104.34	2126.02	2007.59	770.30	145395
烟台市	Yantai City	5281.38	377.31	2985.09	2694.25	1918.98	75672
潍坊市	Weifang City	4012.43	390.52	2166.17	1952.43	1455.74	43681
济宁市	Jining City	3189.37	371.97	1673.50	1514.29	1143.90	39165
泰安市	Taian City	2547.01	233.05	1290.54	1110.93	1023.41	46130
威海市	Weihai City	2337.86	180.11	1249.30	1122.80	908.45	83516
日照市	Rizhao City	1352.57	117.64	724.06	634.20	510.87	47852
莱芜市	Laiwu City	631.41	44.20	365.20	332.50	222.01	48212
临沂市	Linyi City	3012.81	291.34	1463.45	1202.68	1258.02	29808
德州市	Dezhou City	2230.55	244.39	1208.65	1048.54	777.52	39710
聊城市	Liaocheng City	2146.75	257.80	1186.38	1088.10	702.57	36573
滨州市	Binzhou City	1987.73	189.51	1045.61	948.62	752.61	52591
菏泽市	Heze City	1787.36	241.01	974.22	858.05	572.13	21461
河南省	**Henan**						
郑州市	Zhengzhou City	5549.79	142.40	3132.92	2802.47	2274.46	62054
开封市	Kaifeng City	1207.05	257.66	533.26	487.10	416.13	25922
洛阳市	Luoyang City	2981.12	223.76	1788.09	1583.20	969.28	45316
平顶山市	Pingdingshan City	1495.80	145.85	910.74	845.53	439.21	30380
安阳市	Anyang City	1566.90	187.32	900.84	805.67	478.73	30624
鹤壁市	Hebi City	545.78	58.13	384.59	356.47	103.07	34456
新乡市	Xinxiang City	1619.77	200.34	925.66	812.40	493.78	28598
焦作市	Jiaozuo City	1551.35	122.42	1046.49	984.42	382.44	44029
濮阳市	Puyang City	989.70	137.76	644.53	593.16	207.41	27654

地　区	Region	地　区生产总值（亿元）Gross Regional Product (100 million yuan)	第一产业 Primary Industry	第二产业 Secondary Industry	#工　业 Industry	第三产业 Tertiary Industry	人均地区生产总值（元）Per Capita GRP (yuan)
许昌市	Xuchang City	1716.19	177.82	1150.13	1076.57	388.24	39947
漯河市	Luohe City	797.12	98.01	545.94	515.18	153.18	31211
三门峡市	Sanmenxia City	1127.32	90.57	766.41	714.50	270.34	50406
南阳市	Nanyang City	2340.73	423.62	1220.99	1082.50	696.11	23086
商丘市	Shangqiu City	1397.28	323.22	653.20	570.47	420.85	19029
信阳市	Xinyang City	1397.32	377.64	558.34	449.86	461.34	22347
周口市	Zhoukou City	1574.72	417.56	749.41	664.44	407.75	17734
驻马店市	Zhumadian City	1373.55	365.91	588.21	519.09	419.43	19592
济源市	Jiyuan City	430.86	19.55	325.84	307.93	85.47	62358
湖北省	**Hubei**						
武汉市	Wuhan City	8003.82	301.21	3869.56	3203.66	3833.05	79482
黄石市	Huangshi City	1040.95	85.89	645.01	581.91	310.05	42703
十堰市	Shiyan City	955.68	121.16	490.25	452.45	344.27	28470
宜昌市	Yichang City	2508.89	305.20	1513.08	1386.98	690.61	61517
襄阳市	Xiangyang City	2501.96	357.18	1428.10	1304.30	716.68	45167
鄂州市	Ezhou City	560.39	69.23	336.43	310.23	154.73	53256
荆门市	Jingmen City	1085.26	178.69	587.55	551.45	319.02	37649
孝感市	Xiaogan City	1105.16	225.00	528.57	474.87	351.59	22886
荆州市	Jingzhou City	1196.02	292.80	522.54	475.34	380.68	20912
黄冈市	Huanggang City	1192.88	332.78	464.87	366.27	395.23	19220
咸宁市	Xianning City	760.99	145.30	359.73	329.25	255.96	30791
随州市	Suizhou City	590.52	114.28	284.39	250.29	191.85	27163
恩施土家族苗族自治州	Enshi Tujia & Miao A.P	482.19	124.91	164.42	133.32	192.86	14607
仙桃市	Xiantao City	444.20	73.56	233.11	215.81	137.53	37525
潜江市	Qianjiang City	441.76	60.30	260.20	235.10	121.26	46477
天门市	Tianmen City	321.22	68.97	164.42	149.87	87.83	23990
神农架林区	Shennongjia Forest District	16.81	1.64	7.08	4.58	8.09	22004
湖南省	**Hunan**						
长沙市	Changsha City	6399.91	272.31	3592.52	3051.94	2535.08	89903
株洲市	Zhuzhou City	1761.32	144.68	1062.82	948.32	553.82	45235
湘潭市	Xiangtan City	1282.39	110.55	765.65	699.26	406.20	46249
衡阳市	Hengyang City	1957.70	322.89	949.51	834.64	685.30	27258
邵阳市	Shaoyang City	1028.41	252.75	398.07	339.88	377.60	14406
岳阳市	Yueyang City	2199.92	256.58	1221.83	1109.96	721.51	39968
常德市	Changde City	2038.50	302.56	1008.45	916.99	727.49	35475
张家界市	Zhangjiajie City	338.99	42.27	85.43	70.39	211.28	22658
益阳市	Yiyang City	1020.28	203.88	458.68	416.86	357.72	23572
郴州市	Chenzhou City	1517.27	157.04	878.89	818.58	481.34	32848
永州市	Yongzhou City	1059.60	244.17	410.61	349.43	404.82	20239
怀化市	Huaihua City	1001.07	145.30	449.18	400.77	406.59	21018
娄底市	Loudi City	1002.65	149.89	552.03	501.06	300.73	26367
湘西土家族苗族自治州	West Hunan Tujia & Miao A.P	397.51	59.37	158.11	132.54	180.03	15456

3-2 续表 6 continued

地　区	Region	地　区生产总值(亿元) Gross Regional Product (100 million yuan)	第一产业 Primary Industry	第二产业 Secondary Industry	#工　业 Industry	第三产业 Tertiary Industry	人均地区生产总值(元) Per Capita GRP (yuan)
广东省	**Guangdong**						
广州市	Guangzhou City	13551.21	213.76	4720.65	4264.16	8616.79	105909
韶关市	Shaoguan City	906.48	123.13	379.57	321.49	403.78	31702
深圳市	Shenzhen City	12950.06	6.30	5737.64	5355.85	7206.12	123247
珠海市	Zhuhai City	1503.76	39.02	776.36	720.25	688.38	95471
汕头市	Shantou City	1425.01	80.44	740.20	679.26	604.37	26231
佛山市	Foshan City	6613.02	130.53	4113.34	3976.10	2369.16	91259
江门市	Jiangmen City	1880.39	149.51	960.82	913.78	770.06	42028
湛江市	Zhanjiang City	1860.22	384.97	723.10	644.87	752.15	26240
茂名市	Maoming City	1936.18	344.12	789.55	730.82	802.51	32678
肇庆市	Zhaoqing City	1462.35	238.63	669.31	616.23	554.41	36864
惠州市	Huizhou City	2367.55	124.56	1377.23	1296.40	865.76	50873
梅州市	Meizhou City	744.75	157.17	269.14	225.17	318.44	17396
汕尾市	Shanwei City	610.41	99.28	284.18	260.37	226.95	20608
河源市	Heyuan City	615.26	78.22	299.70	277.63	237.33	20536
阳江市	Yangjiang City	887.03	176.02	408.93	359.72	302.08	36096
清远市	Qingyuan City	1025.03	152.78	416.58	370.63	455.68	27320
东莞市	Dongguan City	5010.17	18.76	2375.64	2297.51	2615.78	60557
中山市	ZhongShan City	2441.04	62.17	1353.64	1291.41	1025.24	77527
潮州市	Chaozhou City	706.65	49.44	388.74	368.48	268.48	26252
揭阳市	Jieyang City	1396.79	140.21	859.35	810.96	397.23	23532
云浮市	Yunfu City	530.29	125.49	220.66	195.25	184.13	22115
广西壮族自治区	**Guangxi**						
南宁市	Nanning City	2503.18	322.96	960.75	706.11	1219.48	37016
柳州市	Liuzhou City	1820.61	147.38	1147.36	1055.69	525.87	47795
桂林市	Guilin City	1485.02	271.84	697.46	585.55	515.71	30849
梧州市	Wuzhou City	832.58	104.84	525.22	479.88	202.52	28523
北海市	Beihai City	630.09	127.37	303.75	267.77	198.97	40372
防城港市	Fangchenggang City	443.99	61.16	233.56	197.64	149.28	50302
钦州市	Qinzhou City	691.32	166.81	289.15	237.24	235.35	22147
贵港市	Guigang City	679.18	148.68	273.38	229.15	257.13	16281
玉林市	Yulin City	1102.08	229.20	482.33	404.39	390.55	19822
百色市	Baise City	755.24	137.14	414.21	361.92	203.89	21539
贺州市	Hezhou City	394.21	85.43	183.53	136.10	125.25	19922
河池市	Hechi City	492.71	126.34	174.34	132.96	192.02	14472
来宾市	Laibin City	514.29	127.01	236.07	189.06	151.22	24183
崇左市	Chongzuo City	530.51	142.95	216.96	184.06	170.60	26288
海南省	**Hainan**						
海口市	Haikou City	818.76	55.92	201.67	136.67	561.17	38634
三亚市	Sanya City	330.96	46.73	68.18	17.00	216.05	46366
重庆市	**Chongqing**						
万州区	Wanzhou District	662.86	47.48	351.62	292.58	263.76	42016
涪陵区	Fuling District	630.53	42.03	386.83	343.46	201.67	57794
渝中区	Yuzhong District	766.03		40.28	13.90	725.74	118921
大渡口区	Dadukou District	127.08	1.78	55.73	42.00	69.57	39570
江北区	Jiangbei District	527.76	1.85	183.73	150.91	342.18	66519
沙坪坝区	Shapingba District	658.14	5.90	395.14	354.11	257.10	61966
九龙坡区	Jiulongpo District	776.30	9.28	386.88	350.49	380.13	68578

3-2 续表 7 continued

地　区	Region	地　区生产总值(亿元) Gross Regional Product (100 million yuan)	第一产业 Primary Industry	第二产业 Secondary Industry	#工　业 Industry	第三产业 Tertiary Industry	人均地区生产总值(元) Per Capita GRP (yuan)
南岸区	Nanan District	465.56	4.77	290.12	246.69	170.67	58035
北碚区	Beibei District	334.76	12.77	222.81	189.36	99.19	45663
綦江区	Qijiang District	286.67	41.48	144.88	126.70	100.31	26610
大足区	Dazu District	246.71	31.68	142.34	120.02	72.69	33727
渝北区	Yubei District	879.32	23.19	552.47	448.59	303.67	62372
巴南区	Banan District	420.85	37.95	214.66	171.24	168.24	44749
黔江区	Qianjiang District	147.95	15.52	83.09	71.34	49.34	33046
长寿区	Changshou District	336.41	30.93	200.02	162.57	105.46	42852
江津区	Jiangjin District	426.01	60.73	255.57	224.08	109.71	34043
合川区	Hechuan District	347.54	52.32	169.11	130.23	126.11	26443
永川区	Yongchuan District	402.68	39.87	222.71	183.53	140.10	38442
南川区	Nanchuan District	176.18	31.19	83.48	71.00	61.52	32612
四川省	**Sichuan**						
成都市	Chengdu City	8138.94	348.10	3765.62	3127.61	4025.22	57624
自贡市	Zigong City	884.80	109.39	529.26	488.44	246.15	32787
攀枝花市	Panzhihua City	740.03	25.77	561.41	533.07	152.85	60391
泸州市	Luzhou City	1030.45	143.60	624.03	588.19	262.82	24317
德阳市	Deyang City	1280.20	194.03	770.31	718.50	315.86	35945
绵阳市	Mianyang City	1346.42	219.19	706.22	607.42	421.01	29080
广元市	Guangyuan City	468.66	91.82	220.29	189.91	156.55	18672
遂宁市	Suining City	682.41	150.37	359.20	305.29	172.84	20908
内江市	Neijiang City	978.18	163.31	610.10	570.69	204.77	26341
乐山市	Leshan City	1037.75	123.72	643.91	601.63	270.12	31942
南充市	Nanchong City	1180.36	270.47	609.66	498.05	300.23	18757
眉山市	Meishan City	775.22	135.91	443.33	390.53	195.98	26168
宜宾市	Yibin City	1242.76	181.94	773.97	712.17	286.85	27865
广安市	Guangan City	752.22	140.00	392.68	310.82	219.54	23410
达州市	Dazhou City	1135.46	248.95	605.23	544.20	281.28	20685
雅安市	Yaan City	398.05	60.39	233.56	202.76	104.10	26157
巴中市	Bazhong City	390.40	93.00	167.45	102.10	129.95	11823
资阳市	Ziyang City	984.72	216.13	548.45	496.19	220.14	27283
阿坝藏族羌族自治州	Aba Zang & Qiang A.P	203.74	31.57	102.12	81.18	70.05	22525
甘孜藏族自治州	Ganzi Zang A.P	175.02	43.09	68.12	47.09	63.81	15753
凉山彝族自治州	Liangshan Yi A.P	1122.67	218.80	587.87	453.36	316.00	24668
贵州省	**Guizhou**						
贵阳市	Guiyang City	1710.30	72.28	717.32	534.73	920.70	38673
六盘水市	Liupanshui City	753.65	43.27	441.57	402.52	268.81	26402
遵义市	Zunyi City	1361.93	181.24	626.23	541.84	554.46	22296
安顺市	Anshun City	367.62	53.19	137.02	114.46	177.41	16112
毕节市	Bijie City	884.96	160.07	390.97	333.06	333.92	13569
铜仁市	Tongren City	457.91	123.93	131.79	99.63	202.19	14833
黔西南布依族苗族自治州	Southwest Guizhou Buyi & Miao A.P	477.43	75.43	178.07	153.86	223.93	17015
黔东南苗族侗族自治州	Southeast Guizhou Miao & Dong A.P	495.75	101.39	153.17	110.61	241.19	14302
黔南布依族苗族自治州	South Guizhou Buyi & Miao A.P	550.34	88.80	210.55	170.35	250.99	17101

3-2 续表 8 continued

地 区	Region	地区生产总值(亿元) Gross Regional Product (100 million yuan)	第一产业 Primary Industry	第二产业 Secondary Industry	#工业 Industry	第三产业 Tertiary Industry	人均地区生产总值(元) Per Capita GRP (yuan)
云南省	**Yunnan**						
昆明市	Kunming City	3011.14	159.16	1378.48	1008.42	1473.50	46256
曲靖市	Qujing City	1400.20	262.30	742.90	657.30	395.00	23661
玉溪市	Yuxi City	1000.17	97.44	623.95	598.33	279.00	43037
保山市	Baoshan City	389.96	122.92	133.93	100.06	143.11	15397
昭通市	Zhaotong City	555.60	113.35	270.61	206.11	171.64	10528
丽江市	Lijiang City	212.24	36.61	89.74	56.68	85.89	16870
普洱市	Puer City	366.85	112.88	133.56	84.72	120.41	14286
临沧市	Lincang City	352.98	107.64	150.56	112.53	94.78	14376
楚雄彝族自治州	Chuxiong Yi A.P	570.02	134.00	239.54	193.99	196.48	21022
红河哈尼族彝族自治州	Honghe Hani & Yi A.P	905.43	155.45	485.14	411.78	264.84	19909
文山壮族苗族自治州	Wenshan Zhuang & Miao A.P	478.02	115.08	183.64	133.79	179.30	13459
西双版纳傣族自治州	Xishuangbanna Dai A.P	232.64	67.53	68.16	44.51	96.95	20309
大理白族自治州	Dali Bai A.P	672.09	145.89	284.92	235.20	241.28	19282
德宏傣族景颇族自治州	Dehong Dai & Jingpo A.P	201.00	57.65	67.48	51.74	75.87	16408
怒江傈僳族自治州	Nujiang Lisu A.P	74.94	11.44	26.16	17.56	37.34	13954
迪庆藏族自治州	Diqing Zang A.P	113.63	9.09	45.71	22.80	58.83	28133
西藏自治区	**Tibet A.R.**						
拉萨市	Lhasa City	260.04	10.78	90.70		158.56	
昌都地区	Qamdu Prefecture	89.75	17.61	32.37		39.77	
山南地区	Lhokha Prefecture	73.07	4.76	33.66		34.65	
日喀则地区	Xigaze Prefecture	115.24	24.45	35.27		55.52	
那曲地区	Narqu Prefecture	65.16	11.45	16.45		37.26	
阿里地区	Ngri Prefecture	25.63	4.31	7.09		14.23	
林芝地区	Nyingchi Prefecture	72.39	7.05	26.11		39.23	
其他	Others						
陕西省	**Shaanxi**						
西安市	Xi'an City	4366.10	195.59	1881.75	1328.71	2288.76	51166
铜川市	Tongchuan City	273.31	19.47	176.82	159.29	77.02	32556
宝鸡市	Baoji City	1374.33	143.26	895.92	735.89	335.15	36826
咸阳市	Xianyang City	1573.68	283.10	876.78	743.94	413.80	31982
渭南市	Weinan City	1153.80	180.00	610.67	533.55	363.13	21717
延安市	Yan'an City	1271.02	97.06	934.85	904.64	239.11	57876
汉中市	Hanzhong City	754.57	159.47	320.42	245.70	274.68	22084
榆林市	Yulin City	2669.88	125.88	1928.53	1928.07	615.47	79587
安康市	Ankang City	496.91	80.95	243.47	179.91	172.49	18878
商洛市	Shangluo City	423.31	79.43	195.14	118.96	148.74	18097
杨凌示范区	Yangling Demonstration Zone	67.40	5.99	34.36	23.62	27.05	33391
甘肃省	**Gansu**						
兰州市	Lanzhou City	1563.82	44.55	744.70	562.42	774.57	43175
嘉峪关市	Jiayuguan City	269.15	3.75	220.21	213.33	45.18	115123
金昌市	Jinchang City	243.40	13.39	184.48	162.93	45.53	52157
白银市	Baiyin City	433.77	48.58	248.60	212.59	136.59	25274
天水市	Tianshui City	412.87	78.36	162.59	115.76	171.92	12593
武威市	Wuwei City	340.50	81.66	150.43	109.07	108.41	18701
张掖市	Zhangye City	291.93	81.87	103.68	75.52	106.37	24204

3-2 续表 9 continued

地　区	Region	地　区生产总值（亿元） Gross Regional Product (100 million yuan)	第一产业 Primary Industry	第二产业 Secondary Industry	#工　业 Industry	第三产业 Tertiary Industry	人均地区生产总值（元） Per Capita GRP (yuan)
平凉市	Pingliang City	324.51	68.52	153.91	125.40	102.07	15607
酒泉市	Jiuquan City	573.66	68.86	307.36	258.72	197.44	52028
庆阳市	Qingyang City	529.36	73.00	329.50	301.28	126.87	23882
定西市	Dingxi City	223.27	67.71	60.19	38.58	95.37	8157
陇南市	Longnan City	225.98	57.36	69.10	49.36	99.51	8809
临夏回族自治州	Linxia Hui A.P	151.89	31.71	46.44	32.45	73.73	7712
甘南藏族自治州	Gannan Zang A.P	96.74	21.49	26.03	23.54	49.22	14004
青海省	**Qinghai**						
西宁市	Xining City	851.09	31.17	439.52	377.19	380.40	38034
海东地区	Haidong Prefecture	274.13	44.29	135.80	107.80	94.04	19323
海北藏族自治州	Haibei Zang A.P	95.97	13.99	58.32	45.81	23.66	33360
黄南藏族自治州	Huangnan Zang AP	58.11	16.83	21.81	16.30	19.47	22348
海南藏族自治州	Hainan Zang A.P	104.35	24.73	52.67	36.06	26.95	23287
果洛藏族自治州	Golog Zang A.P	30.54	5.23	15.03	10.32	10.28	16458
玉树藏族自治州	Yushu Zang A.P	47.17	23.07	15.76		8.34	12158
海西蒙古族藏族自治州	Haixi Mongolian & Zang A.P	570.33	17.59	464.04	425.05	88.70	114871
宁夏回族自治区	**Ningxia**						
银川市	Yinchuan City	1150.93	50.95	619.05	471.92	480.93	56528
石嘴山市	Shizuishan City	409.97	22.37	264.95	228.85	122.65	55564
吴忠市	Wuzhong City	315.03	46.89	171.01	123.81	97.13	24166
固原市	Guyuan City	158.45	38.12	42.29	23.02	78.05	12619
中卫市	Zhongwei City	250.59	41.07	111.06	79.52	98.46	22779
新疆维吾尔自治区	**Xinjiang**						
乌鲁木齐市	Urumqi City	2001.74	25.02	829.01	714.01	1147.71	59576
克拉玛依市	Karamay City	810.71	4.62	713.07	692.07	93.01	135018
吐鲁番地区	Turpan Prefecture	243.39	33.91	154.25	131.93	55.23	39068
哈密地区	Hami Prefecture	268.25	33.11	133.77	90.27	101.37	45613
昌吉回族自治州	Changji Hui A.P	818.56	216.72	388.77	312.38	213.07	51211
博尔塔拉蒙古自治州	Bortala Mongolian A.P	185.40	57.02	42.80	27.60	85.58	38141
巴音郭楞蒙古自治州	Bayingolin Mongolian A.P	907.54	155.45	583.90	517.05	168.19	65394
阿克苏地区	Aksu Prefecture	612.14	191.85	200.93	147.20	219.36	24248
克孜勒苏柯尔克孜自治州	Kizilsu Kirgiz A.P	61.03	10.45	17.45	10.11	33.13	10887
喀什地区	Kashi Prefecture	517.35	175.23	143.13	81.26	198.99	12817
和田地区	Hotan Prefecture	147.29	45.72	29.01	11.46	72.56	7015
伊犁哈萨克自治州	Ili Kazak A.P	577.62	136.88	197.64	142.16	243.10	21187
塔城地区	Tacheng Prefecture	486.23	171.12	178.89	131.86	136.22	36550
阿勒泰地区	Altay Prefecture	188.11	37.46	88.35	67.45	62.30	30602
石河子市	Shihezi City	208.19	11.36	119.87	91.77	76.96	64346
阿拉尔市	Alar City						
图木舒克市	Tumxuk City						
五家渠市	Wujiaqu City						
北屯市	Beitun City						
铁门关市	Tiemenguan City						
生产建设兵团	Corps						

3-3 地区生产总值指数(2012年)

Indices of Gross Regional Product (2012)

地区	Region	地区生产总值指数(上年=100) Indices of Gross Regional Product (preceding year=100)	第一产业 Primary Industry	第二产业 Secondary Industry	#工业 Industry	第三产业 Tertiary Industry	人均地区生产总值指数(上年=100) Indices of Per Capita GRP(preceding year=100)
北京市	**Beijing**						
东城区	Dongcheng District						
西城区	Xicheng District						
朝阳区	Chaoyang District						
丰台区	Fengtai District						
石景山区	Shijingshan District						
海淀区	Haidian District						
门头沟区	Mentougou District						
房山区	Fangshan District						
通州区	Tongzhou District						
顺义区	Shunyi District						
昌平区	Changping District						
大兴区	Daxing District						
怀柔区	Huairou District						
平谷区	Pinggu District						
密云县	Miyun County						
延庆县	Yanqing County						
北京经济技术开发区	Beijing Economic-technological Development Zones						
其他	Others						
天津市	**Tianjin**						
和平区	Heping District	111.5		101.9	102.1	112.9	
河东区	Hedong District	110.0		110.2	111.5	109.9	
河西区	Hexi District	112.1		105.0	105.5	114.0	
南开区	Nankai District	109.8		109.5	109.5	109.9	
河北区	Hebei District	110.7		110.8	111.4	110.6	
红桥区	Hongqiao District	110.5		100.0	120.5	113.2	
东丽区	Dongli District	110.2	97.0	104.7	103.8	119.9	
西青区	Xiqing District	118.7	100.5	115.5	115.7	126.0	
津南区	Jinnan District	118.3	102.6	118.9	120.2	117.7	
北辰区	Beichen District	112.7	100.4	113.9	115.1	111.1	
武清区	Wuqing District	118.9	101.8	122.1	122.6	116.1	
宝坻区	Baodi District	114.0	104.7	112.9	111.5	117.1	
滨海新区	Binhai New Area	120.1	102.9	121.9	122.9	116.1	
宁河县	Ninghe County	113.9	104.9	115.0	116.3	114.6	
静海县	Jinghai County	116.3	104.5	119.7	120.3	109.6	
蓟县	Ji County	114.1	104.0	119.8	119.0	112.5	
其他	Others						
河北省	**Hebei**						
石家庄市	Shijiazhuang City	110.4	103.6	112.0	112.4	110.0	109.3
唐山市	Tangshan City	110.4	104.2	111.9	112.0	109.5	109.8
秦皇岛市	Qinhuangdao City	109.1	103.0	111.3	112.1	108.8	108.5
邯郸市	Handan City	110.5	104.2	112.3	112.5	109.7	109.9
邢台市	Xingtai City	109.5	104.0	111.1	111.2	109.2	108.9
保定市	Baoding City	110.5	104.2	112.2	112.9	110.4	109.8
张家口市	Zhangjiakou City	110.0	104.6	111.9	112.3	109.9	109.4
承德市	Chengde City	110.5	104.6	113.0	113.1	109.4	110.1
沧州市	Cangzhou City	110.6	104.2	112.9	113.4	109.2	109.8
廊坊市	Langfang City	109.7	103.0	111.4	111.5	109.0	108.7
衡水市	Hengshui City	110.4	103.7	112.7	112.7	110.5	109.8

3-3 续表 1 continued

地 区	Region	地区生产总值指数(上年=100) Indices of Gross Regional Product (preceding year=100)	第一产业 Primary Industry	第二产业 Secondary Industry	#工 业 Industry	第三产业 Tertiary Industry	人均地区生产总值指数(上年=100) Indices of Per Capita GRP(preceding year=100)
山西省	**Shanxi**						
太原市	Taiyuan City	110.5	105.5	109.7	112.2	111.3	109.8
大同市	Datong City	110.0	105.8	110.8	111.9	109.7	109.4
阳泉市	Yangquan City	109.6	106.0	109.7	110.7	109.7	109.3
长治市	Changzhi City	110.6	105.5	111.5	111.8	109.2	110.1
晋城市	Jincheng City	111.1	109.1	112.1	112.5	109.4	110.9
朔州市	Shuozhou City	111.1	105.5	112.6	112.8	109.5	110.4
晋中市	Jinzhong City	110.2	106.5	111.5	112.5	109.3	109.6
运城市	Yuncheng City	107.8	106.5	107.5	106.8	108.6	107.2
忻州市	Xinzhou City	111.5	104.3	115.0	115.2	109.1	111.0
临汾市	Linfen City	110.1	105.8	111.2	111.9	109.1	109.6
吕梁市	Luliang City	110.8	105.2	111.9	112.1	108.6	110.2
其他	Others						
内蒙古自治区	**Inner Mongolia**						
呼和浩特市	Hohhot City	110.9	104.5	111.4	110.0	111.1	109.5
包头市	Baotou City	112.5	106.1	113.9	114.8	111.2	110.9
乌海市	Wuhai City	113.8	106.5	115.1	114.9	110.9	112.3
赤峰市	Chifeng City	113.5	107.7	117.7	118.0	109.0	113.8
通辽市	Tongliao City	113.2	105.1	117.1	117.7	108.2	113.3
鄂尔多斯市	Erdos City	113.0	103.6	115.4	115.6	109.8	111.4
呼伦贝尔市	Hulunbuir City	113.5	107.0	120.8	120.9	108.0	113.8
巴彦淖尔市	Bayannur City	110.2	104.3	113.5	114.6	107.4	110.2
乌兰察布市	Ulanqab City	110.0	103.7	110.7	110.2	111.9	110.3
兴安盟	Xingan League	113.5	107.3	122.0	122.6	109.8	113.7
锡林郭勒盟	Xilingol League	114.6	107.7	116.1	116.5	113.1	113.9
阿拉善盟	Alxa League	113.4	104.4	114.5	114.8	109.0	111.7
辽宁省	**Liaoning**						
沈阳市	Shenyang City	110.0	105.1	111.3	111.5	108.9	109.1
大连市	Dalian City	110.3	105.1	110.6	110.7	110.6	109.2
鞍山市	Anshan City	109.0	105.2	109.9	109.8	108.3	109.3
抚顺市	Fushun City	110.7	105.2	111.6	111.9	110.0	111.6
本溪市	Benxi City	110.0	104.0	110.0	109.8	110.8	110.0
丹东市	Dandong City	110.5	105.1	111.2	111.3	111.4	111.0
锦州市	Jinzhou City	110.4	105.3	111.9	113.3	110.4	110.9
营口市	Yingkou City	110.8	105.1	111.5	111.6	111.0	110.5
阜新市	Fuxin City	110.9	105.4	113.6	113.3	111.2	111.5
辽阳市	Liaoyang City	110.3	105.2	111.1	111.1	109.7	110.5
盘锦市	Panjin City	110.8	105.2	112.2	112.8	108.8	109.2
铁岭市	Tieling City	109.0	105.3	109.1	109.0	111.1	109.5
朝阳市	Chaoyang City	110.8	105.4	112.4	110.7	111.6	111.8
葫芦岛市	Huludao City	109.0	105.0	112.1	112.4	106.4	110.0

3-3 续表 2 continued

地　区	Region	地区生产总值指数(上年=100) Indices of Gross Regional Product (preceding year=100)	第一产业 Primary Industry	第二产业 Secondary Industry	#工业 Industry	第三产业 Tertiary Industry	人均地区生产总值指数(上年=100) Indices of Per Capita GRP(preceding year=100)
吉林省	**Jilin**						
长春市	Changchun City	112.0	104.3	113.1	112.1	111.8	112.1
吉林市	Jilin City	111.5	105.0	113.8	110.0	110.2	112.0
四平市	Siping City	112.4	105.3	115.7	115.9	113.3	113.2
辽源市	Liaoyuan City	112.1	105.2	114.0	114.2	110.5	112.3
通化市	Tonghua City	112.1	105.3	115.2	112.1	109.3	112.4
白山市	Baishan City	112.4	105.4	113.7	113.5	111.8	112.8
松原市	Songyuan City	112.1	105.4	114.1	110.7	112.3	112.2
白城市	Baicheng City	112.2	104.6	116.1	115.8	110.5	113.0
延边朝鲜族自治州	Yanbian Korean A.P	112.6	105.5	115.0	116.3	111.2	112.8
黑龙江省	**Heilongjiang**						
哈尔滨市	Harbin City	110.0	109.2	110.9	108.3	109.4	109.9
齐齐哈尔市	Qiqihar City	108.0	111.1	106.6	106.2	107.8	108.9
鸡西市	Jixi City	113.6	113.4	116.7	116.9	109.2	114.6
鹤岗市	Hegang City	113.5	110.4	116.8	117.1	110.5	113.7
双鸭山市	Shuangyashan City	113.5	109.0	118.6	119.8	108.6	114.0
大庆市	Daqing City	110.0	111.0	109.8	109.9	111.0	109.7
伊春市	Yichun City	112.7	116.3	110.4	112.0	112.0	113.5
佳木斯市	Jiamusi City	113.8	113.8	120.1	121.4	110.0	114.7
七台河市	Qitaihe City	108.3	107.4	109.3	109.5	106.2	108.5
牡丹江市	Mudanjiang City	114.1	115.7	115.5	116.1	111.8	114.5
黑河市	Heihe City	113.0	117.1	114.7	115.0	107.0	113.0
绥化市	Suihua City	112.3	110.9	121.1	124.3	107.6	113.2
大兴安岭地区	Daxing'anling Prefecture	113.9	114.6	98.5	94.5	122.3	115.0
农垦总局	Agriculture Reclamation Bureau	119.2	106.8	113.4	114.5	120.3	131.4
其他	Others						
上海市	**Shanghai**						
黄浦区	Huangpu District						
徐汇区	Xuhui District						
长宁区	Changning District						
静安区	Jingan District						
普陀区	Putuo District						
闸北区	Zhabei District						
虹口区	Hongkou District						
杨浦区	Yangpu District						
闵行区	Minhang District						
宝山区	Baoshan District						
嘉定区	Jiading District						
浦东新区	Pudong New District						
金山区	Jinshan District						
松江区	Songjiang District						
青浦区	Qingpu District						
奉贤区	Fengxian District						
崇明县	Chongming County						
其他	Others						

3-3 续表 3 continued

地　区	Region	地区生产总值指数(上年=100) Indices of Gross Regional Product (preceding year=100)	第一产业 Primary Industry	第二产业 Secondary Industry	#工　业 Industry	第三产业 Tertiary Industry	人均地区生产总值指　数(上年=100) Indices of Per Capita GRP(preceding year=100)
江苏省	**Jiangsu**						
南京市	Nanjing City	111.7	104.9	111.9	111.0	111.8	110.6
无锡市	Wuxi City	110.1	104.6	109.3	109.0	111.3	109.3
徐州市	Xuzhou City	113.2	105.1	114.5	114.4	113.4	113.3
常州市	Changzhou City	111.5	104.7	111.7	111.7	111.6	110.3
苏州市	Suzhou City	110.1	104.4	107.8	107.4	113.5	109.7
南通市	Nantong City	111.8	104.6	112.4	112.3	112.3	111.7
连云港市	Lianyungang City	112.7	105.7	114.3	115.4	113.3	112.6
淮安市	Huaian City	113.1	104.3	115.4	116.1	113.2	113.1
盐城市	Yancheng City	112.7	104.0	115.2	115.7	112.9	113.0
扬州市	Yangzhou City	111.7	105.2	112.1	111.8	112.1	111.6
镇江市	Zhenjiang City	112.8	105.2	113.1	112.7	113.0	112.0
泰州市	Taizhou City	112.5	104.4	113.1	113.2	113.0	112.3
宿迁市	Suqian City	113.0	104.3	116.9	117.5	112.0	112.1
浙江省	**Zhejiang**						
杭州市	Hangzhou City	109.0	102.5	107.4	108.5	110.9	108.1
宁波市	Ningbo City	107.5	99.7	104.2	104.4	111.8	106.9
温州市	Wenzhou City	106.7	101.7	105.7	104.2	108.2	105.8
嘉兴市	Jiaxing City	108.7	101.6	107.8	108.4	111.2	108.2
湖州市	Huzhou City	109.7	102.4	110.5	111.3	109.9	109.4
绍兴市	Shaoxing City	109.7	103.0	109.7	109.9	110.8	109.5
金华市	Jinhua City	110.2	104.0	110.2	110.5	111.0	109.8
衢州市	Quzhou City	108.5	103.0	108.1	108.5	110.4	108.2
舟山市	Zhoushan City	110.2	105.5	111.5	112.6	109.8	109.8
台州市	Taizhou City	107.1	102.5	105.9	105.8	109.1	106.4
丽水市	Lishui City	110.5	103.9	111.8	112.4	110.5	110.6
安徽省	**Anhui**						
合肥市	Hefei City	113.6	105.4	115.4	117.0	112.3	112.8
芜湖市	Wuhu City	113.8	105.7	115.5	116.4	111.7	114.4
蚌埠市	Bengbu City	113.0	106.0	116.3	116.9	111.9	113.8
淮南市	Huainan City	112.7	105.6	113.6	114.1	112.3	112.7
马鞍山市	Maanshan City	112.0	105.2	112.4	112.9	112.5	112.2
淮北市	Huaibei City	113.2	105.7	114.9	115.2	111.3	113.1
铜陵市	Tongling City	111.0	106.0	111.1	111.2	111.0	110.0
安庆市	Anqing City	111.5	105.5	114.3	115.3	109.3	111.3
黄山市	Huangshan City	111.6	105.2	113.9	116.2	110.8	111.8
滁州市	Chuzhou City	113.1	105.9	116.6	117.2	111.6	113.0
阜阳市	Fuyang City	111.7	105.9	115.7	116.5	111.2	111.5
宿州市	Suzhou City	112.5	106.1	116.2	116.8	113.1	112.4
六安市	Liuan City	111.0	105.6	115.3	117.0	108.8	107.9
亳州市	Bozhou City	111.9	106.1	115.1	116.7	112.5	111.6
池州市	Chizhou City	112.3	106.0	114.0	116.7	112.6	111.1
宣城市	Xuancheng City	112.6	105.8	114.9	116.0	112.1	112.2
福建省	**Fujian**						
福州市	Fuzhou City	112.1	104.7	114.9	114.1	110.6	110.9
厦门市	Xiamen City	112.1	100.5	113.3	113.6	111.0	110.4
莆田市	Putian City	112.8	103.8	115.6	113.9	110.3	112.2
三明市	Sanming City	112.2	104.3	117.0	115.8	108.2	112.1
泉州市	Quanzhou City	112.3	101.6	114.3	113.5	109.8	111.3
漳州市	Zhangzhou City	112.6	104.5	117.3	115.5	110.2	111.6
南平市	Nanping City	111.0	105.3	117.9	117.5	105.7	111.3
龙岩市	Longyan City	112.0	103.6	114.6	113.3	110.5	111.7
宁德市	Ningde City	112.6	105.5	120.8	119.7	105.7	112.2

3-3 续表 4 continued

地 区	Region	地区生产总值指数(上年=100) Indices of Gross Regional Product (preceding year=100)	第一产业 Primary Industry	第二产业 Secondary Industry	#工 业 Industry	第三产业 Tertiary Industry	人均地区生产总值指 数(上年=100) Indices of Per Capita GRP(preceding year=100)
江西省	**Jiangxi**						
南昌市	Nanchang City	112.5	104.6	113.6	113.7	111.9	111.6
景德镇市	Jingdezhen City	111.6	104.1	112.4	113.0	111.7	110.8
萍乡市	Pingxiang City	111.8	104.6	112.9	113.5	111.2	111.2
九江市	Jiujiang City	112.0	104.2	113.1	113.9	112.2	111.5
新余市	Xinyu City	110.3	104.5	110.1	110.1	111.9	109.8
鹰潭市	Yingtan City	112.4	104.5	113.9	113.5	111.7	111.9
赣州市	Ganzhou City	111.9	104.8	113.7	114.0	113.2	111.5
吉安市	Jian City	111.3	104.7	113.7	113.2	111.2	110.9
宜春市	Yichun City	111.6	104.5	113.6	113.9	111.8	111.1
抚州市	Fuzhou City	110.8	104.6	113.3	114.2	110.2	110.2
上饶市	Shangrao City	111.5	104.5	113.7	113.2	111.3	111.0
山东省	**Shandong**						
济南市	Jinan City	109.5	104.7	109.2	109.7	110.1	108.5
青岛市	Qingdao City	110.6	103.2	111.5	111.9	110.5	109.7
淄博市	Zibo City	110.5	105.2	111.5	111.5	109.4	109.9
枣庄市	Zaozhuang City	110.7	104.2	111.7	111.7	110.4	110.1
东营市	Dongying City	112.1	104.0	112.2	112.4	113.1	111.1
烟台市	Yantai City	110.3	104.6	110.2	111.2	111.6	110.2
潍坊市	Weifang City	110.6	105.2	111.7	112.0	110.5	109.9
济宁市	Jining City	111.0	104.8	112.0	112.0	111.3	110.5
泰安市	Taian City	110.7	104.7	111.2	111.8	111.4	110.4
威海市	Weihai City	109.4	105.0	109.7	109.7	109.7	109.5
日照市	Rizhao City	111.8	104.1	112.6	112.4	112.5	111.1
莱芜市	Laiwu City	111.1	105.9	112.3	112.1	109.7	110.5
临沂市	Linyi City	111.8	104.1	113.5	113.7	111.5	111.4
德州市	Dezhou City	112.1	105.2	114.7	114.6	110.2	111.5
聊城市	Liaocheng City	112.7	104.6	114.8	115.0	111.9	111.8
滨州市	Binzhou City	110.8	105.1	112.2	112.7	110.0	110.2
菏泽市	Heze City	113.0	103.0	116.1	117.5	112.3	112.8
河南省	**Henan**						
郑州市	Zhengzhou City	112.2	104.0	114.2	115.2	110.0	109.9
开封市	Kaifeng City	111.1	104.5	114.3	114.1	111.0	111.4
洛阳市	Luoyang City	110.0	104.6	111.2	111.0	108.8	109.7
平顶山市	Pingdingshan City	106.8	104.2	106.0	105.6	109.7	106.5
安阳市	Anyang City	107.4	104.3	108.3	108.6	106.6	108.3
鹤壁市	Hebi City	110.9	104.2	112.1	111.4	109.7	110.3
新乡市	Xinxiang City	111.4	104.5	113.5	113.8	109.9	111.8
焦作市	Jiaozuo City	111.2	104.5	112.1	112.4	110.4	111.6
濮阳市	Puyang City	112.1	104.6	114.5	114.9	108.8	112.1

3-3 续表 5 continued

地　区	Region	地区生产总值指数(上年=100) Indices of Gross Regional Product (preceding year=100)	第一产业 Primary Industry	第二产业 Secondary Industry	#工业 Industry	第三产业 Tertiary Industry	人均地区生产总值指数(上年=100) Indices of Per Capita GRP(preceding year=100)
许昌市	Xuchang City	112.2	103.5	113.7	113.7	111.4	112.4
漯河市	Luohe City	112.1	104.4	114.2	114.1	108.6	111.9
三门峡市	Sanmenxia City	112.0	105.0	113.6	113.4	109.5	112.1
南阳市	Nanyang City	110.1	104.5	112.6	112.6	109.2	110.8
商丘市	Shangqiu City	110.8	104.7	113.9	114.7	111.1	111.0
信阳市	Xinyang City	110.5	104.7	113.5	114.3	110.9	107.9
周口市	Zhoukou City	110.6	104.5	115.1	115.4	109.1	111.4
驻马店市	Zhumadian City	110.4	104.6	114.7	114.5	109.0	112.7
济源市	Jiyuan City	111.5	105.0	112.7	112.8	108.0	109.4
湖北省	**Hubei**						
武汉市	Wuhan City	111.4	104.5	113.2	113.7	110.0	111.1
黄石市	Huangshi City	112.0	104.7	115.0	115.8	108.2	112.2
十堰市	Shiyan City	108.2	105.0	106.4	106.1	112.0	112.0
宜昌市	Yichang City	112.6	104.6	114.7	115.2	111.3	112.3
襄阳市	Xiangyang City	112.5	104.7	115.9	115.9	110.5	112.0
鄂州市	Ezhou City	112.1	104.8	115.8	116.0	107.7	113.9
荆门市	Jingmen City	112.2	104.5	116.2	116.1	110.4	112.0
孝感市	Xiaogan City	112.2	104.6	115.6	115.8	112.1	112.0
荆州市	Jingzhou City	111.1	104.7	114.6	115.5	111.5	114.3
黄冈市	Huanggang City	110.6	104.6	114.9	115.3	110.1	109.1
咸宁市	Xianning City	112.2	104.7	116.3	115.9	110.2	111.9
随州市	Suizhou City	112.0	104.3	116.9	115.6	109.6	111.6
恩施土家族苗族自治州	Enshi Tujia & Miao A.P	115.3	105.6	123.5	120.3	115.6	111.6
仙桃市	Xiantao City	112.8	104.7	116.7	115.9	111.3	112.6
潜江市	Qianjiang City	112.9	104.8	115.7	114.9	111.8	112.6
天门市	Tianmen City	112.9	104.3	117.1	116.8	112.7	115.5
神农架林区	Shennongjia Forest District	111.1	105.5	111.8	112.8	111.7	110.8
湖南省	**Hunan**						
长沙市	Changsha City	113.0	104.0	114.5	115.7	112.0	112.2
株洲市	Zhuzhou City	112.0	103.9	113.0	112.9	112.5	111.3
湘潭市	Xiangtan City	112.3	104.1	113.3	113.4	113.1	111.8
衡阳市	Hengyang City	111.8	104.3	113.2	113.6	113.5	111.4
邵阳市	Shaoyang City	111.7	104.6	113.2	113.2	114.1	110.9
岳阳市	Yueyang City	112.2	103.8	113.8	113.9	112.8	111.8
常德市	Changde City	112.1	103.8	114.1	114.3	113.6	111.7
张家界市	Zhangjiajie City	111.6	104.3	112.3	113.3	113.0	110.7
益阳市	Yiyang City	111.9	104.7	114.1	113.0	113.7	111.5
郴州市	Chenzhou City	112.4	104.3	114.0	114.1	112.3	111.8
永州市	Yongzhou City	111.0	104.5	114.0	114.0	112.0	110.4
怀化市	Huaihua City	112.0	104.6	113.7	113.6	112.5	111.6
娄底市	Loudi City	111.9	104.4	113.5	113.5	112.3	111.5
湘西土家族苗族自治州	West Hunan Tujia & Miao A.P	108.3	103.7	107.2	106.3	111.0	107.7

地 区	Region	地区生产总值指数(上年=100) Indices of Gross Regional Product (preceding year=100)	第一产业 Primary Industry	第二产业 Secondary Industry	#工 业 Industry	第三产业 Tertiary Industry	人均地区生产总值指 数(上年=100) Indices of Per Capita GRP(preceding year=100)
广东省	**Guangdong**						
广州市	Guangzhou City	110.5	103.2	108.5	109.1	112.0	110.0
韶关市	Shaoguan City	110.0	105.3	112.5	111.9	109.1	109.3
深圳市	Shenzhen City	110.0	100.1	107.3	107.3	112.3	109.0
珠海市	Zhuhai City	107.0	104.9	103.1	102.7	112.1	106.3
汕头市	Shantou City	109.5	104.2	111.9	112.5	107.3	109.0
佛山市	Foshan City	108.2	102.3	109.2	109.6	106.6	107.7
江门市	Jiangmen City	108.1	104.2	106.0	106.0	112.2	107.7
湛江市	Zhanjiang City	109.6	106.0	109.1	108.5	111.7	108.8
茂名市	Maoming City	110.6	103.5	116.2	116.4	108.1	109.3
肇庆市	Zhaoqing City	111.0	104.0	118.6	120.4	105.3	110.2
惠州市	Huizhou City	112.6	102.9	114.4	115.0	111.1	111.7
梅州市	Meizhou City	110.1	105.0	112.6	113.6	109.8	109.5
汕尾市	Shanwei City	113.5	105.9	118.9	121.1	109.5	113.0
河源市	Heyuan City	111.6	104.7	115.0	115.8	109.5	110.6
阳江市	Yangjiang City	113.0	103.8	118.5	119.5	110.9	111.9
清远市	Qingyuan City	105.1	106.3	103.4	104.0	106.4	104.2
东莞市	Dongguan City	106.1	100.0	105.8	106.0	106.5	105.7
中山市	ZhongShan City	111.0	102.6	114.1	114.5	107.1	110.5
潮州市	Chaozhou City	110.6	105.0	111.1	111.6	111.0	110.1
揭阳市	Jieyang City	111.3	104.4	115.5	116.4	105.4	110.7
云浮市	Yunfu City	112.8	104.3	116.4	117.3	113.8	111.5
广西壮族自治区	**Guangxi**						
南宁市	Nanning City	112.3	105.2	118.1	118.7	109.6	111.2
柳州市	Liuzhou City	111.5	106.1	111.7	111.6	112.6	110.5
桂林市	Guilin City	113.1	106.7	119.3	119.8	108.0	112.1
梧州市	Wuzhou City	113.6	105.1	117.5	119.0	108.5	112.7
北海市	Beihai City	121.7	104.3	138.3	141.9	108.7	120.6
防城港市	Fangchenggang City	112.2	105.7	117.8	117.8	106.5	111.2
钦州市	Qinzhou City	111.8	106.5	114.4	111.5	111.6	110.8
贵港市	Guigang City	110.2	106.1	112.0	110.4	110.1	109.3
玉林市	Yulin City	110.9	106.1	114.6	113.3	108.7	109.9
百色市	Baise City	109.2	107.4	109.7	109.1	109.6	108.4
贺州市	Hezhou City	109.0	106.2	110.9	109.1	108.0	108.1
河池市	Hechi City	99.3	104.9	93.2	90.5	103.9	98.7
来宾市	Laibin City	111.7	107.7	114.6	112.1	109.8	110.8
崇左市	Chongzuo City	111.8	105.2	117.4	117.4	110.4	110.9
海南省	**Hainan**						
海口市	Haikou City	109.3	106.2	110.3	109.1	109.4	107.1
三亚市	Sanya City	109.3	107.1	109.0	115.4	109.8	109.0
重庆市	**Chongqing**						
万州区	Wanzhou District	114.1	105.9	116.3	116.5	112.5	113.4
涪陵区	Fuling District	115.5	106.0	117.4	117.0	114.2	113.9
渝中区	Yuzhong District	113.7	100.0	109.7	103.0	113.9	112.0
大渡口区	Dadukou District	106.5	100.3	104.2	102.6	108.5	102.2
江北区	Jiangbei District	113.7	71.4	114.2	115.2	113.8	108.5
沙坪坝区	Shapingba District	117.3	97.2	124.9	130.5	107.3	112.8
九龙坡区	Jiulongpo District	106.6	102.1	105.9	104.8	107.3	103.6

3-3 续表 7 continued

地　区	Region	地区生产总值指数(上年=100) Indices of Gross Regional Product (preceding year=100)	第一产业 Primary Industry	第二产业 Secondary Industry	#工业 Industry	第三产业 Tertiary Industry	人均地区生产总值指数(上年=100) Indices of Per Capita GRP(preceding year=100)
南岸区	Nanan District	112.2	100.8	115.3	114.4	107.8	108.4
北碚区	Beibei District	114.2	104.6	117.8	117.3	108.0	109.2
綦江区	Qijiang District	112.0	107.1	112.5	114.5	113.1	110.9
大足区	Dazu District	113.0	104.6	111.4	110.2	119.6	112.1
渝北区	Yubei District	114.3	102.4	117.3	118.0	110.0	110.8
巴南区	Banan District	110.6	105.6	108.7	105.5	113.7	109.0
黔江区	Qianjiang District	113.9	105.4	116.3	115.3	112.1	113.4
长寿区	Changshou District	110.1	105.7	106.8	107.8	117.7	108.9
江津区	Jiangjin District	114.0	105.8	118.0	117.3	109.2	113.1
合川区	Hechuan District	113.1	105.5	113.8	115.2	115.1	112.1
永川区	Yongchuan District	112.1	105.9	112.0	115.0	113.8	110.7
南川区	Nanchuan District	112.0	105.3	109.9	115.3	116.5	111.1
四川省	**Sichuan**						
成都市	Chengdu City	113.1	103.8	115.6	116.5	111.5	112.5
自贡市	Zigong City	113.9	104.8	116.7	116.8	111.8	113.2
攀枝花市	Panzhihua City	114.1	104.6	115.5	116.2	110.5	113.3
泸州市	Luzhou City	114.8	104.9	118.4	117.9	111.7	114.3
德阳市	Deyang City	113.0	104.4	115.8	116.7	111.4	114.4
绵阳市	Mianyang City	113.3	104.0	117.9	117.9	110.4	113.0
广元市	Guangyuan City	113.8	104.9	122.2	122.1	109.1	112.7
遂宁市	Suining City	113.9	104.5	118.6	118.0	111.2	113.7
内江市	Neijiang City	113.6	104.5	116.8	117.6	110.7	113.4
乐山市	Leshan City	114.4	104.1	117.5	116.9	111.9	114.1
南充市	Nanchong City	114.2	104.5	119.6	117.8	112.0	114.0
眉山市	Meishan City	114.5	104.7	118.6	116.6	112.0	114.2
宜宾市	Yibin City	114.1	104.8	116.9	116.8	112.0	114.2
广安市	Guangan City	114.0	104.7	118.9	120.3	111.4	113.8
达州市	Dazhou City	113.6	104.6	118.6	118.9	110.6	113.3
雅安市	Yaan City	114.0	104.0	118.3	118.1	110.6	113.3
巴中市	Bazhong City	114.0	103.7	123.6	116.6	111.0	113.5
资阳市	Ziyang City	114.3	104.5	118.8	117.5	112.0	115.5
阿坝藏族羌族自治州	Aba Zang & Qiang A.P	113.7	106.1	119.1	125.1	110.4	113.2
甘孜藏族自治州	Ganzi Zang A.P	112.6	104.1	120.0	128.3	110.0	111.1
凉山彝族自治州	Liangshan Yi A.P	113.8	104.6	118.8	116.5	111.3	113.4
贵州省	**Guizhou**						
贵阳市	Guiyang City	115.9	108.5	118.8	116.2	114.1	114.3
六盘水市	Liupanshui City	116.0	108.8	115.9	115.5	117.3	115.9
遵义市	Zunyi City	115.9	108.9	119.3	117.4	114.4	116.0
安顺市	Anshun City	115.4	109.0	116.6	115.7	116.5	115.9
毕节市	Bijie City	115.3	108.6	117.1	116.4	116.0	115.5
铜仁市	Tongren City	115.3	108.8	115.3	115.6	119.5	115.4
黔西南布依族苗族自治州	Southwest Guizhou Buyi & Miao A.P	115.4	108.9	117.0	116.3	116.1	115.3
黔东南苗族侗族自治州	Southeast Guizhou Miao & Dong A.P	116.5	108.6	119.6	116.3	117.6	116.7
黔南布依族苗族自治州	South Guizhou Buyi & Miao A.P	115.5	109.2	115.9	116.4	117.4	115.6

3-3 续表 8 continued

地 区	Region	地区生产总值指数(上年=100) Indices of Gross Regional Product (preceding year=100)	第一产业 Primary Industry	第二产业 Secondary Industry	#工 业 Industry	第三产业 Tertiary Industry	人均地区生产总值指 数(上年=100) Indices of Per Capita GRP(preceding year=100)
云南省	**Yunnan**						
昆明市	Kunming City	114.1	106.4	116.1	115.6	113.0	113.3
曲靖市	Qujing City	113.0	107.3	115.5	115.2	111.8	112.2
玉溪市	Yuxi City	112.2	107.0	113.0	112.7	111.8	112.1
保山市	Baoshan City	115.1	106.5	121.7	120.2	115.8	119.8
昭通市	Zhaotong City	116.1	107.3	122.9	123.2	111.0	115.3
丽江市	Lijiang City	115.8	107.0	121.4	124.0	113.6	115.1
普洱市	Puer City	115.6	107.3	123.3	123.9	114.0	114.9
临沧市	Lincang City	116.8	107.3	126.3	127.0	114.5	116.0
楚雄彝族自治州	Chuxiong Yi A.P	112.8	107.3	116.5	115.6	111.4	112.1
红河哈尼族彝族自治州	Honghe Hani & Yi A.P	113.2	106.9	116.6	115.8	110.2	112.5
文山壮族苗族自治州	Wenshan Zhuang & Miao A.P	114.2	107.0	120.5	120.9	111.8	113.6
西双版纳傣族自治州	Xishuangbanna Dai A.P	113.7	106.7	115.7	114.2	116.5	113.0
大理白族自治州	Dali Bai A.P	115.6	107.3	121.4	121.6	113.7	115.0
德宏傣族景颇族自治州	Dehong Dai & Jingpo A.P	111.1	107.0	114.1	113.3	110.0	110.4
怒江傈僳族自治州	Nujiang Lisu A.P	110.0	106.2	109.7	103.2	111.0	115.6
迪庆藏族自治州	Diqing Zang A.P	116.0	107.0	116.3	113.0	117.3	115.4
西藏自治区	**Tibet A.R.**						
拉萨市	Lhasa City	112.2	103.4	117.2		109.6	
昌都地区	Qamdu Prefecture	112.2	103.0	109.6		119.3	
山南地区	Lhokha Prefecture	112.0	103.8	115.3		109.9	
日喀则地区	Xigaze Prefecture	111.6	103.8	107.7		117.7	
那曲地区	Narqu Prefecture	111.4	102.8	120.2		110.5	
阿里地区	Ngri Prefecture	111.7	103.7	119.1		107.6	
林芝地区	Nyingchi Prefecture	112.0	103.7	113.3		112.7	
其他	Others						
陕西省	**Shaanxi**						
西安市	Xi'an City	111.8	106.0	111.8	112.4	112.2	111.3
铜川市	Tongchuan City	115.8	106.3	119.4	120.6	110.5	115.4
宝鸡市	Baoji City	115.1	105.7	118.5	120.0	109.9	114.8
咸阳市	Xianyang City	114.5	106.1	119.8	121.5	109.3	114.1
渭南市	Weinan City	114.5	106.0	119.6	121.2	110.4	114.1
延安市	Yan'an City	110.5	106.1	110.3	110.3	112.7	110.3
汉中市	Hanzhong City	115.2	105.8	121.8	124.7	112.9	115.1
榆林市	Yulin City	112.0	105.9	113.6	113.6	108.8	111.9
安康市	Ankang City	115.2	105.7	123.6	130.2	110.5	115.1
商洛市	Shangluo City	114.8	105.9	120.7	128.2	112.5	114.9
杨凌示范区	Yangling Demonstration Zone	114.7	106.9	119.9	122.3	109.7	114.5
甘肃省	**Gansu**						
兰州市	Lanzhou City	113.4	106.7	112.2	111.8	114.8	113.2
嘉峪关市	Jiayuguan City	116.4	106.2	117.9	118.1	110.3	110.3
金昌市	Jinchang City	116.5	106.5	117.3	117.6	115.6	116.2
白银市	Baiyin City	114.7	107.3	116.6	117.2	114.0	114.4
天水市	Tianshui City	113.2	106.9	116.5	117.6	113.0	113.0
武威市	Wuwei City	115.1	107.0	118.6	121.1	116.0	115.4
张掖市	Zhangye City	112.3	106.1	114.3	114.6	114.8	111.9

3-3 续表 9 continued

地 区	Region	地区生产总值指数(上年=100) Indices of Gross Regional Product (preceding year=100)	第一产业 Primary Industry	第二产业 Secondary Industry	#工 业 Industry	第三产业 Tertiary Industry	人均地区生产总值指 数(上年=100) Indices of Per Capita GRP(preceding year=100)
平凉市	Pingliang City	113.8	107.1	116.0	116.5	115.0	113.5
酒泉市	Jiuquan City	116.1	106.6	120.2	121.6	112.9	115.7
庆阳市	Qingyang City	115.9	107.5	118.2	118.7	114.5	115.8
定西市	Dingxi City	112.7	107.4	117.7	120.2	113.0	109.6
陇南市	Longnan City	112.8	106.4	118.3	120.4	112.6	115.9
临夏回族自治州	Linxia Hui A.P	114.8	107.2	118.2	120.3	116.0	114.9
甘南藏族自治州	Gannan Zang A.P	113.0	106.3	116.3	116.0	114.4	112.8
青海省	**Qinghai**						
西宁市	Xining City	115.0	105.4	118.3	119.5	111.8	114.0
海东地区	Haidong Prefecture	118.1	105.5	129.1	128.2	111.7	116.5
海北藏族自治州	Haibei Zang A.P	116.3	105.3	120.8	124.7	114.0	114.9
黄南藏族自治州	Huangnan Zang AP	112.2	104.0	114.8	117.5	116.2	111.3
海南藏族自治州	Hainan Zang A.P	114.1	105.3	120.2	127.6	112.4	113.0
果洛藏族自治州	Golog Zang A.P	112.0	103.7	111.6	110.4	117.2	109.7
玉树藏族自治州	Yushu Zang A.P	110.7	101.1	126.0		111.1	108.1
海西蒙古族藏族自治州	Haixi Mongolian & Zang A.P	117.0	120.7	117.9	119.1	112.4	116.1
宁夏回族自治区	**Ningxia**						
银川市	Yinchuan City	112.5	105.5	115.1	115.2	110.1	111.3
石嘴山市	Shizuishan City	112.1	104.7	114.3	114.1	108.9	111.0
吴忠市	Wuzhong City	113.8	106.3	118.8	112.7	109.0	112.5
固原市	Guyuan City	112.0	106.9	118.5	112.6	111.4	110.6
中卫市	Zhongwei City	112.2	105.3	115.9	114.8	111.0	111.0
新疆维吾尔自治区	**Xinjiang**						
乌鲁木齐市	Urumqi City	117.3	105.4	116.4	116.6	118.3	112.1
克拉玛依市	Karamay City	106.0	105.4	105.4	105.0	111.7	105.5
吐鲁番地区	Turpan Prefecture	108.8	113.1	108.3	108.2	108.0	108.5
哈密地区	Hami Prefecture	122.2	108.1	132.5	135.5	113.9	120.0
昌吉回族自治州	Changji Hui A.P	114.6	106.9	119.4	119.3	114.2	113.4
博尔塔拉蒙古自治州	Bortala Mongolian A.P	119.4	107.3	134.8	135.2	122.4	119.2
巴音郭楞蒙古自治州	Bayingolin Mongolian A.P	110.2	111.5	108.9	109.1	113.2	108.3
阿克苏地区	Aksu Prefecture	114.5	109.5	117.0	116.8	116.6	113.9
克孜勒苏柯尔克孜自治州	Kizilsu Kirgiz A.P	118.5	109.0	131.1	135.3	116.6	117.2
喀什地区	Kashi Prefecture	115.7	105.8	128.2	130.3	117.5	114.1
和田地区	Hotan Prefecture	112.4	104.8	121.5	122.7	114.4	110.2
伊犁哈萨克自治州	Ili Kazak A.P	115.5	106.4	122.2	121.6	114.2	113.2
塔城地区	Tacheng Prefecture	115.0	108.4	122.8	125.3	113.2	115.6
阿勒泰地区	Altay Prefecture	112.1	106.4	112.8	110.7	114.8	111.0
石河子市	Shihezi City	122.0	110.5	127.4	119.9	116.4	119.5
阿拉尔市	Alar City						
图木舒克市	Tumxuk City						
五家渠市	Wujiaqu City						
北屯市	Beitun City						
铁门关市	Tiemenguan City						
生产建设兵团	Corps						

3-4 就业人员和工资(2012年)
Employment and Wages (2012)

地 区	Region	就业人员(万人) Employed Population (10 000 persons)	城镇登记失业率(%) Registered Unemployment Rate in Urban Area (%)	城镇单位就业人员数(万人) Employed Persons in Urban Units (10 000 persons)	#国有单位 State-owned Units	#城镇集体单位 Collective-owned Units	城镇私营单位就业人数(万人) Employed Persons in Urban Private Units (10 000 persons)	城镇单位就业人员平均工资(元) Average Wage of Employed Persons in Urban Units (yuan)	#国有单位 State-owned Units	#城镇集体单位 Collective-owned Units
北京市	**Beijing**									
东城区	Dongcheng District			61.5				97531		
西城区	Xicheng District			93.3				120861		
朝阳区	Chaoyang District			130.2				93619		
丰台区	Fengtai District			64.5				58276		
石景山区	Shijingshan District			18.9				65300		
海淀区	Haidian District			152.0				97488		
门头沟区	Mentougou District			6.2				60111		
房山区	Fangshan District			17.3				55023		
通州区	Tongzhou District			21.8				52902		
顺义区	Shunyi District			44.5				69728		
昌平区	Changping District			26.0				63027		
大兴区	Daxing District			44.8				71221		
怀柔区	Huairou District			9.2				58090		
平谷区	Pinggu District			10.3				45061		
密云县	Miyun County			10.4				52762		
延庆县	Yanqing County			6.5				45820		
北京经济技术开发区	Beijing Economic-technological Development Zones									
其他	Others									
天津市	**Tianjin**									
和平区	Heping District			21.1	11.5	0.1		62615	59846	43469
河东区	Hedong District			13.8	5.2	0.7		54680	69169	46986
河西区	Hexi District			20.6	10.1	0.2		76443	79414	29311
南开区	Nankai District			22.0	11.8	0.1		53096	56239	39308
河北区	Hebei District			10.1	7.6	0.2		72297	79358	53488
红桥区	Hongqiao District			3.6	2.5	0.1		64991	74394	24726
东丽区	Dongli District			25.0	6.3	0.5		63731	74287	30515
西青区	Xiqing District			31.9	4.9	0.6		58236	72552	30846
津南区	Jinnan District			10.7	1.7	1.9		56387	81933	49502
北辰区	Beichen District			14.6	2.7	0.8		55457	67778	40809
武清区	Wuqing District			21.6	2.8	0.5		52627	62862	39135
宝坻区	Baodi District			7.0	2.4	0.2		47398	68752	41940
滨海新区	Binhai New Area			68.9	13.3	1.0		71514	84182	45073
宁河县	Ninghe County			5.4	1.6	0.1		47393	62285	58530
静海县	Jinghai County			6.6	2.4	0.3		52571	60748	42445
蓟县	Ji County			6.1	3.1	0.7		54046	64408	31382
其他	Others									
河北省	**Hebei**									
石家庄市	Shijiazhuang City	527.6	5.3	90.7	58.7	3.9	62.3	39669	42520	27761
唐山市	Tangshan City	449.0	6.0	95.6	38.0	2.6	46.0	45838	43572	29431
秦皇岛市	Qinhuangdao City	167.0	2.2	33.5	16.1	0.6	16.4	44824	42096	25555
邯郸市	Handan City	582.2	5.5	64.5	45.4	2.9	29.0	38255	40269	28192
邢台市	Xingtai City	389.2	2.0	44.9	23.1	1.6	20.7	36278	34183	29695
保定市	Baoding City	643.1	4.7	101.0	45.1	2.1	38.6	34912	36892	28298
张家口市	Zhangjiakou City	279.8	3.0	39.8	23.5	2.7	12.9	35615	36255	27302
承德市	Chengde City	212.1	1.9	26.4	16.5	0.8	14.7	37787	38080	38913
沧州市	Cangzhou City	417.3	2.4	52.4	30.5	1.1	32.1	40114	42925	35293
廊坊市	Langfang City	256.5	1.2	42.1	19.5	1.2	21.7	44886	44088	31906
衡水市	Hengshui City	231.4	2.6	29.1	16.1	1.6	16.7	32800	34339	30281

3-4 续表 1 continued

地 区	Region	就业人员（万人）Employed Population (10 000 persons)	城镇登记失业率（%）Registered Unemployment Rate in Urban Area (%)	城镇单位就业人员数（万人）Employed Persons in Urban Units (10 000 persons)	#国有单位 State-owned Units	#城镇集体单位 Collective-owned Units	城镇私营单位就业人数（万人）Employed Persons in Urban Private Units (10 000 persons)	城镇单位就业人员平均工资（元）Average Wage of Employed Persons in Urban Units (yuan)	#国有单位 State-owned Units	#城镇集体单位 Collective-owned Units
山西省	**Shanxi**									
太原市	Taiyuan City	201.9	3.4	98.5	40.0	4.3	36.5	46831	45949	26372
大同市	Datong City	145.7	2.9	44.6	20.5	3.0	10.4	47646	34386	26088
阳泉市	Yangquan City	70.9	3.0	27.6	21.4	2.9	5.9	53972	57860	40426
长治市	Changzhi City	39.5	1.8	39.5	21.7	1.8	16.3	44304	39374	33648
晋城市	Jincheng City	142.3	1.8	28.9	11.9	1.6	11.1	54163	37321	30910
朔州市	Shuozhou City	89.6	2.1	20.4	11.1	1.1	10.6	44777	39477	29804
晋中市	Jinzhong City	167.4	1.9	34.6	16.5	1.7	17.2	42099	37898	38132
运城市	Yuncheng City	265.7	2.0	32.4	23.3	2.0	18.9	31912	32125	29520
忻州市	Xinzhou City	152.6	3.5	25.3	20.0	1.8	14.9	34443	35354	22171
临汾市	Linfen City	214.0	3.1	37.5	22.3	1.7	15.0	34555	32431	40700
吕梁市	Luliang City	35.9	2.0	35.9	20.6	2.9	14.7	46561	41604	49723
其他	Others			10.8	10.5			72732	73468	
内蒙古自治区	**Inner Mongolia**									
呼和浩特市	Hohhot City	171.1	3.6	34.0	22.4	1.0	30.2	44402	47571	33457
包头市	Baotou City	150.6	3.9	39.4	13.4	2.0	35.8	51167	59112	38264
乌海市	Wuhai City	27.4	4.2	10.2	5.5	0.0	5.0	47547	63995	22377
赤峰市	Chifeng City	247.2	3.9	32.1	20.4	1.2	10.0	44531	47964	48808
通辽市	Tongliao City	191.1	3.8	24.9	18.9	0.8	6.3	38281	38672	44599
鄂尔多斯市	Erdos City	102.4	2.6	22.3	14.3	0.4	9.2	66892	69599	63605
呼伦贝尔市	Hulunbuir City	131.4	3.9	29.2	20.9	0.6	7.2	45892	47801	77738
巴彦淖尔市	Bayannur City	89.3	3.8	15.7	10.6	0.5	7.0	40391	42095	57592
乌兰察布市	Ulanqab City	112.3	4.0	15.3	11.4	0.4	7.4	41341	43580	40633
兴安盟	Xingan League	85.5	4.1	12.1	9.5	0.4	2.1	38061	39701	32062
锡林郭勒盟	Xilingol League	53.5	3.5	12.8	9.0	0.3	6.8	47693	51639	70293
阿拉善盟	Alxa League	17.1	3.4	4.8	2.7	0.1	5.6	53856	56509	70549
辽宁省	**Liaoning**									
沈阳市	Shenyang City	363.6	3.0	112.8	57.6	5.5	67.3	47639	52548	34700
大连市	Dalian City	441.9	2.6	111.5	31.6	2.6	158.9	54391	65597	42140
鞍山市	Anshan City	171.9	2.0	55.2	32.6	6.2	7.8	34206	38957	21597
抚顺市	Fushun City	112.4	3.9	30.9	11.9	2.0	8.5	38267	37589	24022
本溪市	Benxi City	72.3	3.9	28.0	19.4	2.4	5.0	37990	41222	22249
丹东市	Dandong City	124.9	4.3	26.9	15.0	1.5	7.3	28392	32752	23100
锦州市	Jinzhou City	164.8	2.3	29.2	17.1	2.7	8.0	37320	36709	29185
营口市	Yingkou City	155.0	2.0	28.0	12.1	1.7	9.7	35930	39564	27112
阜新市	Fuxin City	117.4	4.0	21.7	15.5	1.9	8.9	37598	42410	25006
辽阳市	Liaoyang City	105.0	2.3	18.0	9.2	1.5	7.2	39855	35021	38013
盘锦市	Panjin City	100.9	2.7	46.9	32.5	0.8	6.3	32748	25009	18653
铁岭市	Tieling City	146.4	2.7	23.0	13.6	2.1	7.3	35764	30724	20017
朝阳市	Chaoyang City	194.9	2.9	30.9	14.7	1.6	8.8	35839	41216	35849
葫芦岛市	Huludao City	136.9	3.1	20.4	12.0	2.4	7.9	34638	34260	24270

3-4 续表 2 continued

地区	Region	就业人员（万人）Employed Population (10 000 persons)	城镇登记失业率(%) Registered Unemployment Rate in Urban Area (%)	城镇单位就业人员数（万人）Employed Persons in Urban Units (10 000 persons)	#国有单位 State-owned Units	#城镇集体单位 Collective-owned Units	城镇私营单位就业人数（万人）Employed Persons in Urban Private Units (10 000 persons)	城镇单位就业人员平均工资（元）Average Wage of Employed Persons in Urban Units (yuan)	#国有单位 State-owned Units	#城镇集体单位 Collective-owned Units
吉林省	**Jilin**									
长春市	Changchun City	386.3	3.8	100.0	50.5	2.9	30.8	46272	48868	28199
吉林市	Jilin City	187.3	3.5	39.1	20.8	1.2	11.8	39934	39140	35283
四平市	Siping City	164.5	3.7	20.5	13.1	0.6	11.2	31325	33570	34837
辽源市	Liaoyuan City	62.0	3.5	9.1	7.9	0.4	7.1	31564	33147	29898
通化市	Tonghua City	109.3	3.8	21.5	12.5	1.0	9.2	31561	34643	26849
白山市	Baishan City	59.8	3.4	18.9	11.9	0.5	4.7	32134	34262	24711
松原市	Songyuan City	156.4	3.1	21.6	13.6	0.7	5.9	36337	33459	33232
白城市	Baicheng City	106.2	3.8	20.8	15.8	0.8	3.4	25371	25319	26537
延边朝鲜族自治州	Yanbian Korean A.P	104.8	2.9	26.6	16.9	0.8	14.3	31180	34733	25520
黑龙江省	**Heilongjiang**									
哈尔滨市	Harbin City		3.4	298.5	76.1	6.0	62.3	39450	40559	30802
齐齐哈尔市	Qiqihar City		3.7	73.8	17.4	1.8	10.3	32514	33235	18085
鸡西市	Jixi City		4.1	52.2	9.0	0.5	4.3	37486	33725	32374
鹤岗市	Hegang City		3.9	38.4	10.6	1.1	6.3	38976	41149	31498
双鸭山市	Shuangyashan City		3.7	30.6	7.7	0.5	2.7	35257	30068	31630
大庆市	Daqing City		4.1	100.4	44.9	1.3	20.0	54556	57949	32981
伊春市	Yichun City		4.2	57.4	16.2	0.8	7.4	24350	22960	21564
佳木斯市	Jiamusi City		8.3	57.6	13.3	0.8	7.9	66913	81535	130792
七台河市	Qitaihe City		4.0	28.0	4.0	0.4	4.1	37360	35093	39489
牡丹江市	Mudanjiang City		6.9	65.5	15.2	0.5	19.7	72283	92094	81918
黑河市	Heihe City		3.8	34.8	9.9	0.3	4.6	30688	31615	29248
绥化市	Suihua City		3.7	69.7	18.5	1.0	3.2	26952	27199	20621
大兴安岭地区	Daxing'anling Prefecture		3.4	23.9	8.0	0.1	2.8	30024	30188	26360
农垦总局	Agriculture Reclamation Bureau		3.1	92.0	67.8	0.1	3.0	24070	23004	39402
其他	Others			16.7	16.7			57897	31188	
上海市	**Shanghai**									
黄浦区	Huangpu District			39.7	14.1	0.7		112319	100883	52150
徐汇区	Xuhui District			46.0	13.7	0.3		70699	93413	63573
长宁区	Changning District			22.2	6.6	0.1		98416	75709	45314
静安区	Jingan District			16.1	6.3	0.2		90806	93631	120718
普陀区	Putuo District			23.9	6.5	0.5		62126	81727	45872
闸北区	Zhabei District			18.7	10.8	0.3		73889	77464	54490
虹口区	Hongkou District			15.2	6.6	0.3		75103	91707	65046
杨浦区	Yangpu District			20.6	10.7	0.7		74625	83873	43115
闵行区	Minhang District			45.8	7.9	0.6		70344	89284	50495
宝山区	Baoshan District			27.1	10.6	0.6		76955	80027	42993
嘉定区	Jiading District			37.2	4.2	1.2		65545	80297	45551
浦东新区	Pudong New District			139.5	25.8	2.5		95496	106884	59841
金山区	Jinshan District			14.2	2.7	0.3		54503	75411	56883
松江区	Songjiang District			41.9	3.8	0.8		51242	78284	46857
青浦区	Qingpu District			21.7	3.1	0.6		55707	81454	44155
奉贤区	Fengxian District			17.6	3.4	0.7		63866	75609	49595
崇明县	Chongming County			7.7	3.1	1.3		64235	78963	55721
其他	Others			0.7	0.5	0.0		78435	77556	40000

3-4 续表 3 continued

地　区	Region	就业人员 (万人) Employed Population (10 000 persons)	城镇登记失业率 (%) Registered Unemployment Rate in Urban Area (%)	城镇单位就业人员数 (万人) Employed Persons in Urban Units (10 000 persons)	#国有单位 State-owned Units	#城镇集体单位 Collective-owned Units	城镇私营单位就业人数 (万人) Employed Persons in Urban Private Units (10 000 persons)	城镇单位就业人员平均工资 (元) Average Wage of Employed Persons in Urban Units (yuan)	#国有单位 State-owned Units	#城镇集体单位 Collective-owned Units
江苏省	**Jiangsu**									
南京市	Nanjing City	451.8	2.7	147.4	54.0	4.9	130.7	60404	74560	43474
无锡市	Wuxi City	389.1	2.4	88.1	17.8	1.2	150.0	56883	85446	60411
徐州市	Xuzhou City	478.7	2.4	63.5	41.5	2.9	58.3	44070	47890	35540
常州市	Changzhou City	280.9	2.4	48.9	15.6	1.4	120.3	55764	73912	56293
苏州市	Suzhou City	694.3	2.7	133.7	23.8	2.7	209.1	57622	88461	63844
南通市	Nantong City	468.9	2.5	68.5	22.0	2.5	52.0	49399	68887	50892
连云港市	Lianyungang City	249.2	2.4	35.5	16.6	1.9	30.0	44124	49535	37499
淮安市	Huaian City	280.4	2.3	42.7	18.1	1.6	41.6	41966	51456	34851
盐城市	Yancheng City	447.7	2.4	53.8	24.7	1.7	59.7	40357	49231	41900
扬州市	Yangzhou City	265.8	2.4	42.9	19.2	3.2	49.9	44689	53754	36401
镇江市	Zhenjiang City	192.0	2.3	40.7	15.6	1.9	47.2	47626	62087	42475
泰州市	Taizhou City	284.4	2.4	40.9	14.1	4.0	51.9	42985	55814	38758
宿迁市	Suqian City	276.4	2.5	24.4	13.0	0.3	41.5	36624	43956	35331
浙江省	**Zhejiang**									
杭州市	Hangzhou City	644.4	1.6	281.9	56.3	5.6	117.6	56417	82856	52689
宁波市	Ningbo City	501.6	2.6	174.7	31.7	3.2	161.3	56257	88219	61678
温州市	Wenzhou City	577.9	2.1	111.5	30.6	4.7	71.7	48212	75303	38191
嘉兴市	Jiaxing City	327.1	3.0	79.2	14.9	1.5	39.9	48305	74804	37536
湖州市	Huzhou City	180.3	3.1	47.1	10.3	1.4	22.8	46287	72896	47788
绍兴市	Shaoxing City	343.9	2.9	130.7	15.3	1.9	37.4	45614	85297	51005
金华市	Jinhua City	343.5	2.8	56.0	17.2	1.6	71.3	47196	63840	53929
衢州市	Quzhou City	133.4	3.4	20.3	9.0	0.4	23.3	50899	64776	53041
舟山市	Zhoushan City	72.9	2.7	17.7	6.7	1.2	15.8	57294	67450	35044
台州市	Taizhou City	389.3	3.4	96.8	19.5	3.8	70.5	47007	79338	43061
丽水市	Lishui City	139.2	3.3	18.9	10.3	0.5	11.1	56448	63484	47235
安徽省	**Anhui**									
合肥市	Hefei City	484.9	3.7	115.6	46.3	2.6	55.0	49712	52583	37654
芜湖市	Wuhu City	195.9	3.9	36.5	12.6	0.3	12.6	46234	51715	43761
蚌埠市	Bengbu City	226.0	3.2	23.4	10.7	0.8	8.5	37348	42486	28068
淮南市	Huainan City	138.1	4.0	35.5	9.1	1.3	4.9	54995	43937	29369
马鞍山市	Maanshan City	127.2	2.8	19.1	7.0	1.2	10.7	49756	48904	37427
淮北市	Huaibei City	113.5	4.2	22.3	16.8	0.9	4.8	55925	57563	32608
铜陵市	Tongling City	46.0	3.7	12.6	6.9	0.1	3.8	45361	51592	22675
安庆市	Anqing City	431.9	4.2	27.3	19.8	1.9	12.9	36259	37701	33672
黄山市	Huangshan City	96.1	3.8	10.3	5.8	0.2	6.4	39427	43148	42888
滁州市	Chuzhou City	276.7	3.8	19.1	12.4	1.0	21.3	40491	39813	39597
阜阳市	Fuyang City	611.1	2.9	29.6	19.8	1.3	10.6	35390	36135	36022
宿州市	Suzhou City	359.1	3.7	24.4	18.1	2.1	4.5	36546	39615	28961
六安市	Liuan City	403.5	3.7	23.0	15.2	1.8	12.6	35062	35800	32876
亳州市	Bozhou City	338.5	3.8	17.4	12.5	0.7	9.7	37082	37366	41035
池州市	Chizhou City	112.1	3.7	7.8	4.9	0.3	3.8	40829	43339	45257
宣城市	Xuancheng City	202.2	3.5	12.9	8.0	0.4	14.4	43872	45474	43935
福建省	**Fujian**									
福州市	Fuzhou City	451.9	2.4	143.8	31.6	3.1	61.7	48089	58753	33907
厦门市	Xiamen City	276.4	3.5	118.0	18.4	1.3	85.9	52526	75806	47910
莆田市	Putian City	203.6	2.1	36.9	9.3	0.6	14.6	40056	48573	38963
三明市	Sanming City	161.1	2.1	25.3	12.5	1.2	18.7	41941	43276	36180
泉州市	Quanzhou City	580.9	1.2	163.6	20.0	2.8	57.8	41117	63411	41682
漳州市	Zhangzhou City	294.8	2.0	48.6	13.1	1.2	17.3	42137	49255	45114
南平市	Nanping City	177.8	3.5	25.8	11.1	0.7	25.3	39822	45344	37886
龙岩市	Longyan City	189.3	2.5	34.3	11.1	1.4	14.4	41168	47556	36074
宁德市	Ningde City	190.4	2.0	26.2	10.9	0.6	17.8	43504	43899	47104

3-4 续表 4 continued

地区	Region	就业人员（万人）Employed Population (10 000 persons)	城镇登记失业率(%) Registered Unemployment Rate in Urban Area (%)	城镇单位就业人员数（万人）Employed Persons in Urban Units (10 000 persons)	#国有单位 State-owned Units	#城镇集体单位 Collective-owned Units	城镇私营单位就业人数（万人）Employed Persons in Urban Private Units (10 000 persons)	城镇单位就业人员平均工资（元）Average Wage of Employed Persons in Urban Units (yuan)	#国有单位 State-owned Units	#城镇集体单位 Collective-owned Units
江西省	**Jiangxi**									
南昌市	Nanchang City	315.9	3.4	96.3	44.4	3.2	37.5	42417	47376	35275
景德镇市	Jingdezhen City	100.8	3.9	19.3	9.7	0.9	9.0	33346	36761	33419
萍乡市	Pingxiang City	111.1	3.3	14.1	9.1	0.5	26.7	33267	31808	25541
九江市	Jiujiang City	309.2	4.5	41.9	22.1	3.8	25.7	32490	34782	27220
新余市	Xinyu City	64.4	3.5	11.4	4.6	0.3	10.7	39611	37862	29667
鹰潭市	Yingtan City	72.0	3.5	10.2	9.1	0.2	4.4	34012	35186	20572
赣州市	Ganzhou City	506.4	3.2	48.8	26.8	1.6	34.7	32416	35130	33811
吉安市	Jian City	269.8	3.0	22.9	17.8	1.6	28.5	31966	32693	28171
宜春市	Yichun City	316.3	3.6	36.8	19.2	0.9	30.0	32216	35258	30625
抚州市	Fuzhou City	215.8	3.8	29.8	17.1	1.6	11.7	32072	31131	28937
上饶市	Shangrao City	417.4		42.9	24.0	3.5	19.4	32100	32839	24685
山东省	**Shandong**									
济南市	Jinan City	407.9	3.1	134.5	47.2	4.8	41.7	45040	50986	32291
青岛市	Qingdao City	548.5	2.9	129.0	36.9	5.5	117.8	48967	66332	47225
淄博市	Zibo City	273.6	2.5	77.4	27.8	5.4	20.7	41350	50104	35325
枣庄市	Zaozhuang City	244.1	2.4	41.3	23.5	4.4	13.3	38671	45301	27501
东营市	Dongying City	128.8	1.9	47.1	27.0	1.3	10.8	49635	60959	33943
烟台市	Yantai City	436.1	3.3	104.7	31.1	5.7	49.9	41303	47221	32605
潍坊市	Weifang City	519.7	3.1	83.7	30.4	3.8	37.8	40058	46014	40357
济宁市	Jining City	512.0	3.0	76.9	48.5	5.7	17.3	43625	48927	26298
泰安市	Taian City	335.6	2.7	68.2	21.3	12.2	13.0	39800	42326	34488
威海市	Weihai City	174.8	1.5	56.8	13.1	3.2	17.6	38662	47513	35671
日照市	Rizhao City	188.4	2.4	21.8	9.7	0.9	17.3	38831	43987	31155
莱芜市	Laiwu City	80.3	2.1	17.4	5.2	0.4	6.5	40547	42591	22143
临沂市	Linyi City	665.0	1.6	72.2	30.8	2.1	15.1	40305	42946	36027
德州市	Dezhou City	311.0	2.9	41.6	20.9	2.3	10.2	33328	34899	30207
聊城市	Liaocheng City	357.5	3.1	39.5	19.7	1.2	8.9	32843	34805	36232
滨州市	Binzhou City	254.1	2.7	43.0	14.4	1.2	15.0	40019	44739	30642
菏泽市	Heze City	477.6	3.4	41.9	27.7	2.9	11.1	31850	31494	28050
河南省	**Henan**									
郑州市	Zhengzhou City	509.1	2.0	155.6	55.0	4.3	80.8	41086	46645	28379
开封市	Kaifeng City	309.3	3.7	41.0	16.3	3.8	22.1	31398	34248	29887
洛阳市	Luoyang City	429.6	3.8	61.1	34.4	3.6	40.8	37074	39259	30732
平顶山市	Pingdingshan City	316.0	3.0	51.8	19.7	3.1	11.0	40179	35602	32422
安阳市	Anyang City	349.8	3.9	51.1	15.3	3.0	43.2	33002	35054	28332
鹤壁市	Hebi City	90.4	2.0	19.2	5.6	0.4	3.5	33440	30715	25624
新乡市	Xinxiang City	323.3	3.8	46.0	22.6	4.0	28.3	30111	32958	27424
焦作市	Jiaozuo City	234.6	4.0	39.8	13.8	1.5	26.3	34684	33696	30738
濮阳市	Puyang City	241.0	3.0	33.1	18.7	0.8	9.2	35122	41524	23008

3-4 续表 5 continued

地区	Region	就业人员（万人） Employed Population (10 000 persons)	城镇登记失业率（%） Registered Unemployment Rate in Urban Area (%)	城镇单位就业人员数（万人） Employed Persons in Urban Units (10 000 persons)	#国有单位 State-owned Units	#城镇集体单位 Collective-owned Units	城镇私营单位就业人数（万人） Employed Persons in Urban Private Units (10 000 persons)	城镇单位就业人员平均工资（元） Average Wage of Employed Persons in Urban Units (yuan)	#国有单位 State-owned Units	#城镇集体单位 Collective-owned Units
许昌市	Xuchang City	315.8	3.0	33.1	15.5	1.0	28.1	33672	34379	37123
漯河市	Luohe City	163.4	2.6	25.3	9.8	2.1	9.5	30829	32301	26157
三门峡市	Sanmenxia City	136.4	2.9	26.2	13.0	1.1	10.2	38690	36346	34184
南阳市	Nanyang City	691.4	3.4	83.5	41.3	5.3	50.2	30112	34884	24005
商丘市	Shangqiu City	512.9	3.4	45.8	27.2	3.6	15.7	30674	28252	24938
信阳市	Xinyang City	491.2	2.9	46.0	31.2	5.8	11.5	30482	31817	28563
周口市	Zhoukou City	686.6	4.0	47.5	29.3	3.6	17.3	31846	33658	26008
驻马店市	Zhumadian City	579.4	3.4	49.0	25.4	2.4	20.0	28968	30244	24814
济源市	Jiyuan City	45.3	2.8	13.0	3.1	0.2	2.4	32090	35137	29193
湖北省	**Hubei**									
武汉市	Wuhan City	506.4	3.8	191.9	82.7	4.0	85.4	48942	58361	34164
黄石市	Huangshi City	134.8	3.3	32.5	11.1	1.4	18.0	34437	35291	28064
十堰市	Shiyan City	207.2	5.0	54.9	14.7	1.1	20.7	38574	35711	34726
宜昌市	Yichang City	225.0	3.1	70.0	21.4	3.0	27.6	34412	33190	32127
襄阳市	Xiangyang City	310.9	3.8	51.5	27.3	1.3	4.9	32962	34235	30125
鄂州市	Ezhou City	64.1	4.3	20.0	4.5	0.6	10.6	37672	46179	31075
荆门市	Jingmen City	151.2	4.2	23.0	11.4	1.3	13.4	36637	37899	29029
孝感市	Xiaogan City	301.6	4.5	70.9	20.7	1.7	29.7	28180	33929	27858
荆州市	Jingzhou City	336.9	4.1	36.7	22.0	1.5	60.2	31173	31924	26628
黄冈市	Huanggang City	355.0	4.0	36.3	20.9	0.8	15.2	31542	32754	33293
咸宁市	Xianning City	150.6	3.7	32.0	11.0	1.6	3.0	26908	29984	40720
随州市	Suizhou City	134.0	4.4	12.4	5.8	0.6	6.8	28431	33338	32970
恩施土家族苗族自治州	Enshi Tujia & Miao A.P	237.3	4.1	13.8	11.6	0.2		34497	34054	39152
仙桃市	Xiantao City	89.2	3.0	43.7	4.5	0.7	12.6	28704	30084	25503
潜江市	Qianjiang City	57.8	4.0	15.8	10.3	0.2	3.6	35200	35432	18665
天门市	Tianmen City	79.8	4.3	9.7	3.0	0.3	10.3	34664	28306	37829
神农架林区	Shennongjia Forest District	5.1	4.1	2.1	0.7	0.0	0.6	264418	28451	23380
湖南省	**Hunan**									
长沙市	Changsha City	447.9	2.9	124.1	41.3	3.8	37.9	50904	60561	34297
株洲市	Zhuzhou City	238.0	3.0	42.2	16.8	1.1	12.9	43307	44101	33364
湘潭市	Xiangtan City	175.5	4.1	32.2	11.0	1.2	5.2	38327	40339	32721
衡阳市	Hengyang City	470.2	3.5	56.6	25.7	3.5	52.9	33459	35554	26854
邵阳市	Shaoyang City	504.6	4.7	34.9	21.1	2.4	18.8	32263	33687	29451
岳阳市	Yueyang City	350.1	3.9	48.9	25.9	2.6	25.1	35720	33945	27647
常德市	Changde City	342.8	3.9	38.8	17.7	1.7	13.5	33933	35700	23647
张家界市	Zhangjiajie City	96.3	3.3	9.0	6.0	0.4	5.7	34454	35738	32568
益阳市	Yiyang City	258.4	4.2	28.1	15.3	1.5	7.5	34154	34480	32268
郴州市	Chenzhou City	310.9	3.9	34.0	20.2	1.0	12.4	37946	39573	28100
永州市	Yongzhou City	343.6	3.7	31.3	19.5	2.1	10.1	34693	36013	30252
怀化市	Huaihua City	302.7	4.5	29.1	20.1	1.7	25.1	35088	36118	27508
娄底市	Loudi City	252.0	4.3	28.9	15.4	4.0	5.2	34912	34737	33495
湘西土家族苗族自治州	West Hunan Tujia & Miao A.P	181.8	4.2	14.1	11.3	0.7	9.6	34541	34523	26487

3-4 续表 6 continued

地 区	Region	就业人员 (万人) Employed Population (10 000 persons)	城镇登记失业率 (%) Registered Unemployment Rate in Urban Area (%)	城镇单位就业人员数 (万人) Employed Persons in Urban Units (10 000 persons)	#国有单位 State-owned Units	#城镇集体单位 Collective-owned Units	城镇私营单位就业人数 (万人) Employed Persons in Urban Private Units (10 000 persons)	城镇单位就业人员平均工资 (元) Average Wage of Employed Persons in Urban Units (yuan)	#国有单位 State-owned Units	#城镇集体单位 Collective-owned Units
广东省	**Guangdong**									
广州市	Guangzhou City	751.3	2.4	326.8	97.8	10.6	164.6	63752	84328	34591
韶关市	Shaoguan City	143.1	2.8	34.8	15.1	2.9	6.2	40133	46652	31707
深圳市	Shenzhen City	771.2	2.4	280.0	50.1	1.7	304.0	59010	90492	34444
珠海市	Zhuhai City	104.9	2.3	65.4	11.3	2.3	17.1	48486	70218	43751
汕头市	Shantou City	239.0	2.4	53.0	22.1	3.4		37716	43147	21900
佛山市	Foshan City	437.2	2.4	65.0	20.6	2.0	20.2	46203	58860	49230
江门市	Jiangmen City	248.3	2.4	53.3	14.6	2.1	29.9	37983	47066	31148
湛江市	Zhanjiang City	331.6	2.8	44.4	29.2	3.9	26.5	33965	35124	21911
茂名市	Maoming City	278.3	2.8	38.3	21.2	3.3	9.2	36671	35474	30050
肇庆市	Zhaoqing City	215.6	2.4	31.8	15.1	1.6	26.5	39151	47885	26682
惠州市	Huizhou City	270.0	2.4	89.0	18.6	2.4	9.2	41506	55221	35895
梅州市	Meizhou City	211.0	2.4	24.0	16.5	1.6	4.1	37129	39335	25488
汕尾市	Shanwei City	119.4	2.6	17.5	9.4	1.9	6.6	34786	34095	29148
河源市	Heyuan City	136.6	2.5	23.8	10.7	1.2	6.4	35747	39471	24377
阳江市	Yangjiang City	132.0	2.5	18.4	10.0	3.6	9.8	33858	34842	28772
清远市	Qingyuan City	197.7	2.8	26.9	12.6	0.8	23.6	44590	57603	47541
东莞市	Dongguan City	631.4	2.3	25.3	14.7	3.6		57007	66857	35977
中山市	ZhongShan City	208.8	2.3	33.0	8.9	1.0	99.8	55480	71887	40271
潮州市	Chaozhou City	135.0	2.4	13.1	7.7	1.5	13.0	33404	37535	17079
揭阳市	Jieyang City	271.9	2.4	23.0	15.3	2.8	10.3	30752	31820	22338
云浮市	Yunfu City	131.4	2.8	17.1	8.8	1.0	1.9	34885	41689	23801
广西壮族自治区	**Guangxi**									
南宁市	Nanning City	409.1	3.1	72.2	47.5	1.6	51.0	41331	46884	32616
柳州市	Liuzhou City	233.2	4.0	48.5	22.5	1.6	28.5	38223	39401	32382
桂林市	Guilin City		3.9	36.0	24.1	1.8	10.4	36049	37180	31792
梧州市	Wuzhou City	191.6	3.9	15.6	10.0	0.9	8.1	31427	33976	26847
北海市	Beihai City	84.1	3.5	14.3	7.8	1.3		34466	37228	29984
防城港市	Fangchenggang City	59.4	1.8	10.4	7.3	0.6	3.2	35485	35783	29044
钦州市	Qinzhou City	16.6	3.4	16.6	10.6	1.1	5.4	34499	35523	24176
贵港市	Guigang City	260.6	3.5	16.0	11.8	1.5	5.0	28787	30272	20240
玉林市	Yulin City	378.2	3.6	30.8	18.1	2.4	25.8	31678	32791	29307
百色市	Baise City	237.6	3.5	19.6	15.9	1.0	6.5	34023	34539	29419
贺州市	Hezhou City		3.5	9.5	7.6	0.2	2.3	33312	33411	39879
河池市	Hechi City	195.0	2.8	19.2	14.1	1.4	20.9	30109	31119	22620
来宾市	Laibin City	160.2	3.5	12.4	7.4	3.6	9.3	33471	33217	35171
崇左市	Chongzuo City	148.5	2.6	14.1	9.3	0.3	3.3	29674	29559	32532
海南省	**Hainan**									
海口市	Haikou City	136.6	1.3	45.0	24.0	1.1	40.9	40805	40307	35137
三亚市	Sanya City	135.5	1.9	9.7	4.8	0.2	4.1	39955	46955	30709
重庆市	**Chongqing**									
万州区	Wanzhou District		2.6	20.4	6.1	0.5	11.8	40650	48280	34302
涪陵区	Fuling District		2.7	17.1	4.9	0.6	18.1	44737	52299	29948
渝中区	Yuzhong District		1.6	35.6	16.5	0.5	11.3	60608	70930	44740
大渡口区	Dadukou District		1.9	4.8	1.7	0.1	4.5	44406	52007	27843
江北区	Jiangbei District		1.6	18.3	6.0	0.2	27.8	50001	81874	35408
沙坪坝区	Shapingba District		2.4	24.2	6.7	0.9	22.4	42079	57357	27209
九龙坡区	Jiulongpo District		2.1	22.3	6.1	0.8	22.5	50097	65880	35670

3-4 续表 7 continued

地　区	Region	就业人员（万人） Employed Population (10 000 persons)	城镇登记失业率(%) Registered Unemployment Rate in Urban Area (%)	城镇单位就业人员数（万人） Employed Persons in Urban Units (10 000 persons)	#国有单位 State-owned Units	#城镇集体单位 Collective-owned Units	城镇私营单位就业人数（万人） Employed Persons in Urban Private Units (10 000 persons)	城镇单位就业人员平均工资（元） Average Wage of Employed Persons in Urban Units (yuan)	#国有单位 State-owned Units	#城镇集体单位 Collective-owned Units
南岸区	Nanan District		1.5	14.3	4.4	0.1	9.8	48723	49966	28769
北碚区	Beibei District		1.7	11.1	4.8	0.2	10.7	47589	56540	45812
綦江区	Qijiang District		3.0	11.0	3.1	0.4	6.7	38830	41265	25072
大足区	Dazu District		2.8	5.6	2.1	0.2	8.5	41370	45531	40879
渝北区	Yubei District		1.4	35.3	8.8	0.1	10.2	49233	49020	34758
巴南区	Banan District		1.8	15.0	3.9	0.1	10.9	41392	46465	24145
黔江区	Qianjiang District		3.4	3.9	2.0	0.0	5.1	44265	45897	52976
长寿区	Changshou District		1.9	11.1	2.7	0.6	6.2	43133	57817	29922
江津区	Jiangjin District		2.4	11.6	3.9	0.5	21.3	35380	38246	20858
合川区	Hechuan District		1.3	9.6	3.1	0.6	11.0	35272	39354	26621
永川区	Yongchuan District		2.1	10.6	3.7	0.3	15.4	38178	40651	25606
南川区	Nanchuan District		2.9	3.4	2.0	0.2	4.5	40757	41980	26319
四川省	**Sichuan**									
成都市	Chengdu City	791.1	2.9	212.3	104.1	8.0	123.5	46456	56816	38491
自贡市	Zigong City	190.7	4.2	17.4	9.1	1.1	15.5	40154	44456	29909
攀枝花市	Panzhihua City	66.2	3.6	18.6	13.4	0.5	6.3	46888	47844	43137
泸州市	Luzhou City	240.3	3.1	27.8	14.7	4.9	16.3	35688	38445	26999
德阳市	Deyang City	209.9	3.7	25.7	15.2	0.8	11.6	45769	46917	38582
绵阳市	Mianyang City	293.3	3.9	39.5	19.5	1.3	12.3	41530	48168	45847
广元市	Guangyuan City	160.4	3.9	14.6	10.1	0.9	7.8	38901	39291	45001
遂宁市	Suining City	163.9	4.1	17.5	8.4	3.1	10.1	35246	40707	27196
内江市	Neijiang City	174.1	3.8	21.8	11.5	1.1	12.2	35892	39689	38849
乐山市	Leshan City	193.7	4.0	27.8	11.6	1.1	9.0	36615	42840	32914
南充市	Nanchong City	275.8	4.3	30.2	20.2	2.2	24.2	36585	39141	29052
眉山市	Meishan City	189.5	4.1	15.7	9.0	0.6	5.2	39476	42425	40992
宜宾市	Yibin City	323.0	3.6	36.5	15.4	0.6	18.2	39222	41918	25917
广安市	Guangan City	217.1	3.7	11.9	11.1	0.5	11.1	39466	39268	45842
达州市	Dazhou City	330.8	4.0	26.9	17.2	2.8	16.5	36325	38897	30204
雅安市	Yaan City	104.8	3.9	10.1	6.5	0.2	5.2	35084	36982	25361
巴中市	Bazhong City	172.3	4.3	17.8	10.0	2.1	5.6	33434	36223	30073
资阳市	Ziyang City	207.3	3.7	17.4	9.7	1.0	7.3	35400	41614	27383
阿坝藏族羌族自治州	Aba Zang & Qiang A.P	50.3	3.2	7.6	6.3	0.2	1.4	45279	45669	35950
甘孜藏族自治州	Ganzi Zang A.P	64.3	4.2	7.6	6.9	0.1	1.2	45200	44510	35707
凉山彝族自治州	Liangshan Yi A.P	302.3	3.6	23.8	16.6	0.8	9.4	46549	49827	32573
贵州省	**Guizhou**									
贵阳市	Guiyang City	223.6	2.9	82.7	41.0	1.7	16.4	41767	46209	31563
六盘水市	Liupanshui City	149.0	3.1	24.3	14.6	0.3	10.9	41995	41980	60705
遵义市	Zunyi City	324.8	4.1	37.8	26.5	0.1	15.1	43056	45325	36951
安顺市	Anshun City	125.9	3.2	15.2	10.2	0.7	4.7	38403	41886	46045
毕节市	Bijie City	151.8	3.8	27.4	20.2	0.8	6.7	40814	43096	46574
铜仁市	Tongren City	155.1	3.0	17.1	13.6	0.9	7.8	38323	40168	33202
黔西南布依族苗族自治州	Southwest Guizhou Buyi & Miao A.P	326.3	3.0	17.5	10.7	0.3	11.9	38553	41040	42672
黔东南苗族侗族自治州	Southeast Guizhou Miao & Dong A.P	189.9	3.8	21.5	16.3	0.5	7.6	38284	40344	39125
黔南布依族苗族自治州	South Guizhou Buyi & Miao A.P	179.5	3.4	19.0	13.9	0.6	6.9	38273	40496	40473

3-4 续表 8 continued

地　区	Region	就业人员（万人） Employed Population (10 000 persons)	城镇登记失业率（%） Registered Unemployment Rate in Urban Area (%)	城镇单位就业人员数（万人） Employed Persons in Urban Units (10 000 persons)	#国有单位 State-owned Units	#城镇集体单位 Collective-owned Units	城镇私营单位就业人数（万人） Employed Persons in Urban Private Units (10 000 persons)	城镇单位就业人员平均工资（元） Average Wage of Employed Persons in Urban Units (yuan)	#国有单位 State-owned Units	#城镇集体单位 Collective-owned Units
云南省	**Yunnan**									
昆明市	Kunming City	401.9	2.4	119.8	47.7	5.1	59.2	45094	57882	31841
曲靖市	Qujing City	394.7	3.4	46.5	19.2	1.9	28.5	37295	44842	34625
玉溪市	Yuxi City	153.3	3.5	25.4	10.5	0.9	5.4	40454	57759	30111
保山市	Baoshan City	163.3	3.9	18.1	7.9	0.3	2.2	31088	35339	53510
昭通市	Zhaotong City	313.5	4.4	23.2	15.4	0.6	8.5	36113	37007	44329
丽江市	Lijiang City	75.2	3.4	10.3	5.6	0.4	1.0	35975	39814	42139
普洱市	Puer City	171.4	4.1	16.8	10.4	0.3	9.1	31340	34067	63765
临沧市	Lincang City	150.8	3.9	13.1	8.2	0.3	6.5	34059	35285	87325
楚雄彝族自治州	Chuxiong Yi A.P	172.7	3.3	18.0	11.2	0.3	9.7	38644	42637	78354
红河哈尼族彝族自治州	Honghe Hani & Yi A.P	278.1	3.8	33.1	17.9	0.9	18.9	34883	39066	39072
文山壮族苗族自治州	Wenshan Zhuang & Miao A.P	208.7	3.6	16.2	11.1	0.3	13.9	34678	34078	47903
西双版纳傣族自治州	Xishuangbanna Dai A.P	63.2	2.6	8.0	4.5	0.2	5.4	34947	38692	34374
大理白族自治州	Dali Bai A.P	225.8	4.1	24.7	12.3	0.4	11.4	38610	47509	50429
德宏傣族景颇族自治州	Dehong Dai & Jingpo A.P	76.3	4.0	11.5	6.7	0.4	1.4	33594	32373	47466
怒江傈僳族自治州	Nujiang Lisu A.P	36.5	4.0	4.0	2.7	0.1	1.7	37561	34472	24795
迪庆藏族自治州	Diqing Zang A.P	27.5	3.7	4.0	2.6	0.1	0.4	49651	49366	62987
西藏自治区	**Tibet A.R.**									
拉萨市	Lhasa City			9.6	8.9	0.2		47008	69028	22634
昌都地区	Qamdu Prefecture			4.0	4.0			37255	48834	
山南地区	Lhokha Prefecture			2.4	2.3	0.0		50313	50422	25913
日喀则地区	Xigaze Prefecture			3.7	3.6	0.1		48159	50422	17036
那曲地区	Narqu Prefecture			2.3	2.3	0.0		53624	49183	21800
阿里地区	Ngri Prefecture			0.9	0.9			60532	53714	
林芝地区	Nyingchi Prefecture			2.3	2.3	0.0		40347	60532	75121
其他	Others									
陕西省	**Shaanxi**									
西安市	Xi'an City	514.6	3.5	179.8	108.3	5.1	74.4	47566	51030	30638
铜川市	Tongchuan City	43.2	3.5	10.0	7.9	0.2	3.7	38722	38912	25946
宝鸡市	Baoji City	211.1	3.6	30.2	17.7	1.6	18.8	39025	42617	32131
咸阳市	Xianyang City	257.6	2.8	40.2	26.3	1.9	31.8	38202	39413	27188
渭南市	Weinan City	336.9	2.7	39.2	28.0	1.1	26.8	39510	41038	24027
延安市	Yan'an City	117.7	3.6	24.6	22.4	1.0	7.9	47867	48210	38860
汉中市	Hanzhong City	199.5	2.4	26.4	16.2	1.3	16.3	40739	43887	37969
榆林市	Yulin City	191.7	3.6	27.5	22.6	1.1	20.0	53216	53908	51030
安康市	Ankang City	152.7	3.1	14.8	10.1	0.8	10.5	40951	44369	43764
商洛市	Shangluo City	109.2	3.0	14.7	10.6	1.0	5.3	34769	37163	31188
杨凌示范区	Yangling Demonstration Zone	11.3	2.3	3.8	1.6	0.0	1.1	42332	48134	27545
甘肃省	**Gansu**									
兰州市	Lanzhou City	192.4	1.6	60.1	40.9	2.0	36.8	44492	48081	33889
嘉峪关市	Jiayuguan City	12.5	2.7	6.4	4.9	0.6	1.5	51796	55684	37311
金昌市	Jinchang City	28.6	3.7	10.2	8.8	0.4	3.3	53087	54716	55706
白银市	Baiyin City	93.1	2.6	15.3	8.2	0.9	6.8	44866	39799	36120
天水市	Tianshui City	177.3	3.2	21.1	14.6	0.6	9.1	34525	39301	24435
武威市	Wuwei City	110.2	3.0	10.6	8.6	0.6	4.5	29731	31716	22261
张掖市	Zhangye City	73.7	2.5	11.4	8.7	0.2	6.0	33448	35788	32635

3-4 续表 9 continued

地区	Region	就业人员 Employed Population (10 000 persons)	城镇登记失业率 Registered Unemployment Rate in Urban Area (%)	城镇单位就业人员数 Employed Persons in Urban Units (10 000 persons)	#国有单位 State-owned Units	#城镇集体单位 Collective-owned Units	城镇私营单位就业人数 Employed Persons in Urban Private Units (10 000 persons)	城镇单位就业人员平均工资 Average Wage of Employed Persons in Urban Units (yuan)	#国有单位 State-owned Units	#城镇集体单位 Collective-owned Units
平凉市	Pingliang City	128.5	3.6	15.3	12.7	0.7	3.8	43431	44818	24076
酒泉市	Jiuquan City	58.8	3.0	11.0	6.5	0.5	6.2	43687	42530	41317
庆阳市	Qingyang City	141.6	3.8	10.5	9.5	0.2	5.2	37936	38914	34357
定西市	Dingxi City	159.7	3.7	11.5	10.1	0.1	5.6	36839	38000	33480
陇南市	Longnan City	154.5	3.6	11.6	10.2	0.6	4.6	33859	35646	23608
临夏回族自治州	Linxia Hui A.P	106.7	3.6	9.9	8.9	0.4	5.2	38161	39176	31694
甘南藏族自治州	Gannan Zang A.P	41.5	2.8	6.4	6.0	0.1	1.2	43568	44307	44688
青海省	**Qinghai**									
西宁市	Xining City			34.1	21.2	1.0		44031	49231	26354
海东地区	Haidong Prefecture			7.0	5.3	0.2		46045	49497	35032
海北藏族自治州	Haibei Zang A.P			2.8	2.3	0.0		43308	44820	31091
黄南藏族自治州	Huangnan Zang AP			1.9	1.6	0.1		46031	47517	40040
海南藏族自治州	Hainan Zang A.P			3.0	2.3	0.0		41497	45203	44346
果洛藏族自治州	Golog Zang A.P			1.4	1.2	0.0		49545	49307	45757
玉树藏族自治州	Yushu Zang A.P			1.8	1.7	0.0		49591	50363	39470
海西蒙古族藏族自治州	Haixi Mongolian & Zang A.P			9.8	8.2	0.1		59247	61939	33395
宁夏回族自治区	**Ningxia**									
银川市	Yinchuan City	108.6	4.0	35.5	17.8	0.2	38.7	52807	51483	55248
石嘴山市	Shizuishan City	35.8	4.2	9.9	5.6	0.1	9.4	41174	41994	39649
吴忠市	Wuzhong City	67.7	4.0	8.3	6.0	0.2	9.0	44765	45439	31327
固原市	Guyuan City	67.5	4.4	5.9	5.6	0.1	5.4	48697	49558	69750
中卫市	Zhongwei City	63.7	4.3	6.2	4.3	0.1	4.2	39770	41916	52138
新疆维吾尔自治区	**Xinjiang**									
乌鲁木齐市	Urumqi City	118.1	3.5	65.3	39.2	0.9	19.7	52418	55487	51965
克拉玛依市	Karamay City	23.8	0.7	17.2	5.9	0.2	2.8	73510	74218	33139
吐鲁番地区	Turpan Prefecture	40.5	3.2	8.0	5.2	0.1	3.3	51343	52741	34563
哈密地区	Hami Prefecture	24.9	2.7	9.3	6.2	0.1	2.0	44480	39799	33433
昌吉回族自治州	Changji Hui A.P	80.8	2.8	20.6	13.7	0.3	10.4	42707	42010	54973
博尔塔拉蒙古自治州	Bortala Mongolian A.P	24.6	3.7	9.6	8.7	0.1	2.6	33823	33427	40610
巴音郭楞蒙古自治州	Bayingolin Mongolian A.P	63.0	2.9	20.5	14.0	0.3	8.4	45609	39403	54777
阿克苏地区	Aksu Prefecture	120.2	2.4	21.0	14.8	0.2	8.0	41760	38675	57598
克孜勒苏柯尔克孜自治州	Kizilsu Kirgiz A.P	24.4	2.1	4.7	4.5	0.0	1.1	40090	40804	25943
喀什地区	Kashi Prefecture	177.1	4.0	22.5	17.7	0.6	6.7	41604	42511	31865
和田地区	Hotan Prefecture	84.5	2.4	9.9	9.1	0.1	2.8	48887	49088	81133
伊犁哈萨克自治州	Ili Kazak A.P	117.5	2.8	28.1	21.0	0.3	6.9	36525	35054	45245
塔城地区	Tacheng Prefecture	61.3	1.0	21.8	19.5	0.2	4.1	32926	32377	47043
阿勒泰地区	Altay Prefecture	33.0	2.7	11.7	9.9	0.1	3.2	32116	30001	75836
石河子市	Shihezi City	16.7	2.0	9.8	5.3	0.0	3.2	44227	44274	113798
阿拉尔市	Alar City			4.2	3.0			38148	39695	
图木舒克市	Tumxuk City			1.7	1.5			36937	36160	
五家渠市	Wujiaqu City			2.9	1.7			46566	39566	
北屯市	Beitun City									
铁门关市	Tiemenguan City									
生产建设兵团	Corps									

3-5 固定资产投资和房屋销售(2012年)

Total Investment in Fixed Assets in the Whole Country and Sales of Houses (2012)

地　区	Region	固定资产投资(不含农户)(亿元) Investment in Fixed Assets (Excluding Rural Households) (100 million yuan)	#房地产开发 Real Estate Development	商品房销售额(亿元) Total Sales of Commercialized Buildings (100 million yuan)	#住宅 Residential Buildings	商品房销售面积(万平方米) Floor Space of Commercialized Buildings Sold (10 000 sq.m)	#住宅 Residential Buildings
北京市	**Beijing**						
东城区	Dongcheng District	182.55	62.66	59.70	41.30	21.9	9.5
西城区	Xicheng District	198.44	129.86	150.20	86.97	45.4	20.6
朝阳区	Chaoyang District	1188.75	610.45	1002.04	701.89	472.7	334.3
丰台区	Fengtai District	660.06	358.88	254.70	138.35	142.1	93.5
石景山区	Shijingshan District	144.83	74.76	41.69	11.08	26.6	9.7
海淀区	Haidian District	688.48	344.70	299.93	243.08	164.0	130.9
门头沟区	Mentougou District	190.69	73.39	72.26	69.37	48.0	43.1
房山区	Fangshan District	486.29	181.87	162.07	146.23	138.9	125.1
通州区	Tongzhou District	499.35	296.45	273.31	221.40	189.8	152.4
顺义区	Shunyi District	415.00	195.25	166.35	128.83	129.9	99.3
昌平区	Changping District	484.32	276.47	332.76	295.00	190.7	167.6
大兴区	Daxing District	479.24	288.05	335.92	269.85	220.5	174.2
怀柔区	Huairou District	135.10	52.93	30.51	29.17	23.2	22.1
平谷区	Pinggu District	113.59	39.57	5.64	5.43	30.2	29.5
密云县	Miyun County	142.19	43.09	49.27	46.53	52.9	49.4
延庆县	Yanqing County	67.77	19.31	13.97	13.87	16.3	16.1
北京经济技术开发区	Beijing Economic-technological Development Zones	339.94	105.76	58.24	7.16	30.8	5.9
其他	Others						
天津市	**Tianjin**						
和平区	Heping District	115.69	74.35	88.44	57.42	41.3	28.1
河东区	Hedong District	100.18	67.81	113.52	105.18	73.4	69.3
河西区	Hexi District	90.15	51.55	31.07	24.25	16.0	11.2
南开区	Nankai District	95.53	69.92	42.80	36.66	21.2	16.9
河北区	Hebei District	101.69	43.73	42.21	40.87	31.3	30.5
红桥区	Hongqiao District	62.19	43.28	16.01	15.12	10.2	9.9
东丽区	Dongli District	508.80	150.03	157.45	153.82	197.3	193.7
西青区	Xiqing District	530.81	79.40	178.60	172.63	227.8	221.5
津南区	Jinnan District	495.94	159.13	238.65	220.82	425.7	385.0
北辰区	Beichen District	529.27	74.11	81.44	53.79	113.9	86.8
武清区	Wuqing District	506.08	46.15	47.92	40.64	77.3	68.9
宝坻区	Baodi District	406.05	18.47	35.98	33.31	52.5	50.9
滨海新区	Binhai New Area	4453.30	388.77	225.01	182.42	286.5	223.2
宁河县	Ninghe County	365.62	6.63	17.51	16.09	29.8	28.1
静海县	Jinghai County	400.48	50.64	18.18	16.86	25.6	24.5
蓟县	Ji County	420.42	28.19	43.36	40.69	56.1	53.0
其他	Others	291.46					
河北省	**Hebei**						
石家庄市	Shijiazhuang City	3673.33	833.21	379.06	328.57	768.7	697.1
唐山市	Tangshan City	3017.17	516.52	490.08	348.68	835.6	715.0
秦皇岛市	Qinhuangdao City	723.74	213.32	142.83	130.99	276.4	259.4
邯郸市	Handan City	2292.13	257.83	164.83	148.95	431.8	401.5
邢台市	Xingtai City	1186.47	90.93	62.85	58.86	206.8	198.4
保定市	Baoding City	1888.45	347.91	133.21	117.00	419.6	370.5
张家口市	Zhangjiakou City	1163.08	209.12	215.08	165.21	596.4	528.8
承德市	Chengde City	996.75	120.33	94.48	81.49	260.1	237.1
沧州市	Cangzhou City	1891.87	150.01	129.83	103.66	359.2	304.6
廊坊市	Langfang City	1282.12	243.07	417.36	363.49	710.2	651.3
衡水市	Hengshui City	639.95	104.28	74.30	67.72	280.0	258.9

3-5 续表 1 continued

地　区	Region	固定资产投　资(不含农户)(亿元) Investment in Fixed Assets (Excluding Rural Households) (100 million yuan)	#房地产开　发 Real Estate Development	商品房销售额(亿元) Total Sales of Commercialized Buildings (100 million yuan)	#住　宅 Residential Buildings	商品房销售面积(万平方米) Floor Space of Commercialized Buildings Sold (10 000 sq.m)	#住　宅 Residential Buildings
山西省	**Shanxi**						
太原市	Taiyuan City	1320.63	364.72	221.48	197.78	326.1	309.4
大同市	Datong City	831.79	170.61	47.22	38.54	110.2	99.3
阳泉市	Yangquan City	391.29	56.97	34.90	32.88	124.8	121.5
长治市	Changzhi City	866.96	75.92	55.72	46.33	167.5	150.9
晋城市	Jincheng City	654.95	45.18	26.59	24.93	71.5	68.5
朔州市	Shuozhou City	610.62	46.40	21.23	17.16	95.2	77.6
晋中市	Jinzhong City	744.11	70.31	42.79	41.77	108.7	107.2
运城市	Yuncheng City	826.85	67.77	66.89	57.79	264.6	240.4
忻州市	Xinzhou City	653.33	27.63	17.66	15.51	69.0	63.9
临汾市	Linfen City	822.45	55.56	32.13	28.60	108.6	102.9
吕梁市	Luliang City	690.38	29.38	13.27	11.91	51.7	49.0
其他	Others						
内蒙古自治区	**Inner Mongolia**						
呼和浩特市	Hohhot City	1301.43	447.99	260.38	198.79	478.2	414.3
包头市	Baotou City	2534.24	158.56	161.80	134.85	354.3	314.2
乌海市	Wuhai City	346.67	46.35	50.63	38.49	116.3	100.1
赤峰市	Chifeng City	1322.29	139.84	123.72	96.18	337.9	283.0
通辽市	Tongliao City	1281.58	42.63	51.86	33.67	158.7	117.4
鄂尔多斯市	Erdos City	2570.58	175.34	107.90	73.19	232.7	181.4
呼伦贝尔市	Hulunbuir City	899.02	90.75	140.24	95.57	420.8	326.8
巴彦淖尔市	Bayannur City	701.01	66.42	32.95	28.13	101.2	94.8
乌兰察布市	Ulanqab City	650.49	31.99	17.84	15.39	70.8	63.4
兴安盟	Xingan League	450.22	34.84	30.77	25.09	96.6	83.1
锡林郭勒盟	Xilingol League	616.30	41.04	41.48	27.01	140.5	110.5
阿拉善盟	Alxa League	240.47	15.69	3.22	3.02	15.6	15.1
辽宁省	**Liaoning**						
沈阳市	Shenyang City	5625.40	1942.96	1561.13	1318.55	2469.7	2201.5
大连市	Dalian City	5624.40	1396.52	861.47	733.29	1076.4	966.9
鞍山市	Anshan City	1642.30	384.77	312.31	223.79	766.9	584.8
抚顺市	Fushun City	953.52	129.70	145.75	109.03	319.9	267.9
本溪市	Benxi City	720.68	104.41	170.85	128.87	476.2	362.1
丹东市	Dandong City	853.25	198.30	178.78	153.07	480.7	437.9
锦州市	Jinzhou City	803.70	138.09	158.13	143.06	500.4	463.5
营口市	Yingkou City	1085.09	306.97	268.21	219.96	641.8	555.3
阜新市	Fuxin City	498.02	91.58	58.85	41.65	186.4	149.1
辽阳市	Liaoyang City	593.81	126.18	96.66	82.27	258.4	236.7
盘锦市	Panjin City	967.72	178.78	148.33	123.11	376.6	326.3
铁岭市	Tieling City	906.21	214.62	166.97	139.51	504.8	441.0
朝阳市	Chaoyang City	714.57	107.86	151.49	118.19	571.6	473.2
葫芦岛市	Huludao City	546.71	135.05	83.87	76.86	198.1	189.3

3-5 续表 2 continued

地区	Region	固定资产投资(不含农户)(亿元) Investment in Fixed Assets (Excluding Rural Households) (100 million yuan)	#房地产开发 Real Estate Development	商品房销售额(亿元) Total Sales of Commercialized Buildings (100 million yuan)	#住宅 Residential Buildings	商品房销售面积(万平方米) Floor Space of Commercialized Buildings Sold (10 000 sq.m)	#住宅 Residential Buildings
吉林省	**Jilin**						
长春市	Changchun City	3070.92	649.65	503.05	408.79	908.0	775.2
吉林市	Jilin City	1899.87	248.80	249.02	210.63	660.1	598.8
四平市	Siping City	554.41	58.67	52.23	43.67	182.3	164.2
辽源市	Liaoyuan City	493.42	46.52	12.40	11.48	44.8	43.1
通化市	Tonghua City	735.14	108.16	61.75	50.02	216.7	189.1
白山市	Baishan City	502.23	37.24	12.29	9.77	47.4	40.6
松原市	Songyuan City	966.93	81.38	23.80	20.47	72.0	64.5
白城市	Baicheng City	436.63	11.08	5.03	3.41	21.8	17.0
延边朝鲜族自治州	Yanbian Korean A.P	602.73	68.53	97.38	78.56	299.3	267.0
黑龙江省	**Heilongjiang**						
哈尔滨市	Harbin City	3502.63	900.92	641.77	510.84	1168.3	1005.3
齐齐哈尔市	Qiqihar City	677.35	156.49	95.54	63.22	282.3	211.5
鸡西市	Jixi City	277.54	43.61	38.21	33.71	114.2	103.8
鹤岗市	Hegang City	195.25	22.20	8.60	7.42	28.1	25.2
双鸭山市	Shuangyashan City	438.82	39.57	34.00	23.68	107.1	89.8
大庆市	Daqing City	1375.51	272.01	236.92	187.38	526.3	443.4
伊春市	Yichun City	218.11	65.40	11.88	9.98	49.9	44.6
佳木斯市	Jiamusi City	384.34	79.98	51.68	37.83	164.2	137.7
七台河市	Qitaihe City	163.52	13.55	12.71	11.54	34.9	32.8
牡丹江市	Mudanjiang City	782.63	132.68	89.69	69.85	260.1	225.8
黑河市	Heihe City	213.95	50.14	45.39	31.29	154.1	127.0
绥化市	Suihua City	572.83	103.60	261.22	196.50	878.9	744.2
大兴安岭地区	Daxing'anling Prefecture	80.08	27.27	1.70	1.03	6.3	4.4
农垦总局	Agriculture Reclamation Bureau						
其他	Others	492.91	19.45				
上海市	**Shanghai**						
黄浦区	Huangpu District	128.97	85.49	27.58	18.37	9.6	3.2
徐汇区	Xuhui District	114.48	84.95	133.37	100.58	41.2	29.2
长宁区	Changning District	100.02	83.28	40.74	33.31	10.6	8.0
静安区	Jingan District	41.23	31.49	10.96	5.51	3.5	0.8
普陀区	Putuo District	152.28	127.11	140.92	107.38	61.5	36.7
闸北区	Zhabei District	71.07	46.49	119.57	63.25	50.3	24.7
虹口区	Hongkou District	67.86	57.51	26.55	8.72	10.6	1.6
杨浦区	Yangpu District	179.28	148.64	77.63	67.52	24.3	19.4
闵行区	Minhang District	307.76	173.83	255.29	236.64	194.6	168.7
宝山区	Baoshan District	366.19	203.70	346.87	293.80	267.3	227.9
嘉定区	Jiading District	399.65	226.71	289.51	235.11	234.4	195.9
浦东新区	Pudong New District	1468.90	575.88	700.72	626.80	512.5	468.4
金山区	Jinshan District	191.24	36.92	37.70	33.77	42.7	38.7
松江区	Songjiang District	264.48	136.70	205.21	158.50	171.4	139.6
青浦区	Qingpu District	349.15	193.25	126.08	118.65	96.5	87.9
奉贤区	Fengxian District	330.03	131.27	83.16	62.71	86.0	71.7
崇明县	Chongming County	150.43	38.16	47.63	38.35	81.5	70.1
其他	Others	568.38					

3-5 续表 3 continued

地 区	Region	固定资产投资(不含农户)(亿元) Investment in Fixed Assets (Excluding Rural Households) (100 million yuan)	#房地产开发 Real Estate Development	商品房销售额(亿元) Total Sales of Commercialized Buildings (100 million yuan)	#住宅 Residential Buildings	商品房销售面积(万平方米) Floor Space of Commercialized Buildings Sold (10 000 sq.m)	#住宅 Residential Buildings
江苏省	**Jiangsu**						
南京市	Nanjing City	4558.49	971.96	960.98	847.76	950.9	876.3
无锡市	Wuxi City	3618.07	974.37	776.67	607.36	926.3	784.6
徐州市	Xuzhou City	2685.89	310.07	342.75	292.99	698.3	623.8
常州市	Changzhou City	2621.56	597.01	515.31	433.31	756.8	665.0
苏州市	Suzhou City	5142.51	1263.36	1336.43	1134.28	1466.3	1263.1
南通市	Nantong City	2886.47	481.74	401.98	344.79	712.5	631.8
连云港市	Lianyungang City	1280.88	162.23	184.28	153.99	419.1	372.1
淮安市	Huaian City	1247.99	280.55	300.04	244.29	677.1	598.9
盐城市	Yancheng City	1940.89	273.41	251.38	194.09	548.2	467.8
扬州市	Yangzhou City	1783.65	235.84	375.87	323.62	601.9	537.1
镇江市	Zhenjiang City	1500.67	205.48	233.79	204.28	420.2	386.8
泰州市	Taizhou City	1454.59	234.48	199.64	157.40	324.1	276.5
宿迁市	Suqian City	1025.56	218.64	187.17	149.79	517.5	439.7
浙江省	**Zhejiang**						
杭州市	Hangzhou City	3722.75	1597.36	1465.26	1223.17	1089.6	920.3
宁波市	Ningbo City	2901.43	884.35	663.39	522.29	590.2	458.7
温州市	Wenzhou City	2110.34	687.50	354.83	318.29	204.3	181.9
嘉兴市	Jiaxing City	1642.31	415.88	322.48	254.81	450.3	368.5
湖州市	Huzhou City	970.73	211.17	186.04	154.57	273.6	229.4
绍兴市	Shaoxing City	1722.56	467.71	418.91	351.13	483.7	394.1
金华市	Jinhua City	1126.80	285.19	315.93	264.19	322.5	279.5
衢州市	Quzhou City	566.13	75.79	70.24	56.61	104.1	83.4
舟山市	Zhoushan City	570.60	158.94	83.63	54.25	78.4	53.2
台州市	Taizhou City	1242.56	357.38	305.31	276.50	319.7	276.0
丽水市	Lishui City	471.98	84.99	76.63	65.82	88.8	71.3
安徽省	**Anhui**						
合肥市	Hefei City	3803.04	1182.44	764.86	642.94	1242.5	1117.3
芜湖市	Wuhu City	1700.79	475.47	236.26	183.64	427.0	382.4
蚌埠市	Bengbu City	872.79	244.71	113.87	96.62	269.6	243.4
淮南市	Huainan City	639.70	211.68	83.94	70.73	184.0	170.3
马鞍山市	Maanshan City	1201.15	277.38	113.14	102.92	260.2	240.4
淮北市	Huaibei City	577.21	146.11	49.17	44.71	117.5	110.2
铜陵市	Tongling City	534.30	123.75	54.37	45.93	113.8	102.7
安庆市	Anqing City	972.01	124.13	122.35	104.13	317.3	283.4
黄山市	Huangshan City	445.17	159.34	57.85	43.93	137.9	114.2
滁州市	Chuzhou City	882.59	303.45	143.48	117.24	341.5	300.3
阜阳市	Fuyang City	514.89	147.65	88.32	78.54	202.3	188.4
宿州市	Suzhou City	613.69	119.07	111.46	86.88	289.1	248.2
六安市	Liuan City	687.24	158.05	117.31	102.30	262.2	235.6
亳州市	Bozhou City	430.29	148.76	71.72	54.80	184.5	151.1
池州市	Chizhou City	374.74	98.61	88.22	61.78	213.8	170.9
宣城市	Xuancheng City	805.34	185.70	113.57	84.74	265.7	216.4
福建省	**Fujian**						
福州市	Fuzhou City	3234.78	972.27	941.49	781.26	841.5	734.0
厦门市	Xiamen City	1322.98	518.88	755.67	622.11	615.3	480.3
莆田市	Putian City	900.71	198.59	139.62	112.52	205.5	172.1
三明市	Sanming City	1092.86	139.98	126.60	100.29	218.7	187.7
泉州市	Quanzhou City	1963.42	395.50	365.14	284.31	553.7	461.4
漳州市	Zhangzhou City	1444.08	254.49	196.87	154.67	351.2	292.9
南平市	Nanping City	875.03	85.84	86.45	74.58	168.0	153.1
龙岩市	Longyan City	974.26	120.53	93.44	70.25	155.0	124.7
宁德市	Ningde City	613.72	138.04	112.41	93.90	150.0	136.0

地 区	Region	固定资产投 资(不含农户)(亿元) Investment in Fixed Assets (Excluding Rural Households) (100 million yuan)	#房地产开 发 Real Estate Development	商品房销售额(亿元) Total Sales of Commercialized Buildings (100 million yuan)	#住 宅 Residential Buildings	商品房销售面积(万平方米) Floor Space of Commercialized Buildings Sold (10 000 sq.m)	#住 宅 Residential Buildings
江西省	**Jiangxi**						
南昌市	Nanchang City	2393.03	344.36	442.82	350.06	689.9	595.3
景德镇市	Jingdezhen City	456.69	52.04	46.03	40.50	122.0	112.7
萍乡市	Pingxiang City	690.40	17.16	14.67	12.75	38.5	35.6
九江市	Jiujiang City	1206.33	58.12	73.42	69.32	196.5	189.8
新余市	Xinyu City	670.41	24.73	26.87	23.81	78.1	72.4
鹰潭市	Yingtan City	327.99	25.15	21.19	19.66	54.5	51.9
赣州市	Ganzhou City	1035.91	163.27	204.58	155.90	392.4	334.6
吉安市	Jian City	885.91	43.90	46.69	35.88	121.8	104.1
宜春市	Yichun City	926.98	80.97	88.37	72.28	240.9	201.0
抚州市	Fuzhou City	661.41	66.09	96.24	87.45	264.5	250.2
上饶市	Shangrao City	987.51	93.84	76.48	63.79	198.1	178.2
山东省	**Shandong**						
济南市	Jinan City	2186.08	663.32	450.10	371.84	658.0	558.3
青岛市	Qingdao City	4153.91	930.11	766.07	638.90	950.9	842.5
淄博市	Zibo City	1743.33	155.66	207.36	183.09	464.0	423.1
枣庄市	Zaozhuang City	1044.62	178.56	90.03	71.94	233.7	210.0
东营市	Dongying City	1963.00	147.75	168.78	151.06	381.7	343.1
烟台市	Yantai City	3043.92	573.52	578.02	507.27	1053.2	963.5
潍坊市	Weifang City	3012.93	468.81	427.22	348.75	1107.9	953.6
济宁市	Jining City	1809.74	219.07	179.96	156.14	499.3	453.1
泰安市	Taian City	1774.48	108.94	139.22	116.16	322.1	288.4
威海市	Weihai City	1595.45	366.19	323.15	283.62	728.2	666.9
日照市	Rizhao City	922.38	65.99	50.74	47.06	118.5	112.2
莱芜市	Laiwu City	441.06	35.24	31.31	31.07	59.9	59.5
临沂市	Linyi City	2016.66	233.52	264.01	240.43	727.8	679.5
德州市	Dezhou City	1401.62	141.31	152.86	128.79	432.5	368.6
聊城市	Liaocheng City	1260.74	108.75	93.66	82.89	254.5	228.1
滨州市	Binzhou City	1262.73	135.26	106.29	98.03	372.0	351.1
菏泽市	Heze City	687.11	176.31	83.02	72.49	268.6	244.4
河南省	**Henan**						
郑州市	Zhengzhou City	3561.22	1095.14	901.62	691.94	1441.9	1226.2
开封市	Kaifeng City	738.21	94.88	67.06	61.56	191.7	182.7
洛阳市	Luoyang City	2109.05	274.51	199.33	164.18	494.2	440.2
平顶山市	Pingdingshan City	1004.99	109.35	44.66	41.75	138.3	133.5
安阳市	Anyang City	1080.53	131.58	98.20	83.84	337.8	312.8
鹤壁市	Hebi City	415.67	37.59	30.90	28.13	101.1	95.8
新乡市	Xinxiang City	1271.72	172.85	124.38	116.32	436.8	422.0
焦作市	Jiaozuo City	1120.21	71.09	49.28	44.64	154.8	148.0
濮阳市	Puyang City	738.96	57.90	64.94	61.79	206.8	201.5

3-5 续表 5 continued

地　区	Region	固定资产投资(不含农户)(亿元) Investment in Fixed Assets (Excluding Rural Households) (100 million yuan)	#房地产开发 Real Estate Development	商品房销售额(亿元) Total Sales of Commercialized Buildings (100 million yuan)	#住宅 Residential Buildings	商品房销售面积(万平方米) Floor Space of Commercialized Buildings Sold (10 000 sq.m)	#住宅 Residential Buildings
许昌市	Xuchang City	1111.47	89.31	66.91	59.48	207.3	199.3
漯河市	Luohe City	526.79	37.35	33.23	31.10	112.6	109.0
三门峡市	Sanmenxia City	925.54	64.78	29.47	27.61	99.5	95.3
南阳市	Nanyang City	1721.11	100.85	97.67	88.50	357.0	334.0
商丘市	Shangqiu City	1005.51	140.37	113.36	91.89	400.0	351.4
信阳市	Xinyang City	1197.52	189.15	134.05	115.17	423.1	385.0
周口市	Zhoukou City	931.22	173.14	80.98	73.74	301.0	288.7
驻马店市	Zhumadian City	817.58	168.25	123.82	109.32	482.5	453.1
济源市	Jiyuan City	281.29	27.18	26.80	24.61	82.4	77.2
湖北省	**Hubei**						
武汉市	Wuhan City	5016.08	1574.86	1157.51	958.78	1576.1	1390.5
黄石市	Huangshi City	736.41	56.04	57.51	51.64	158.2	149.9
十堰市	Shiyan City	653.95	76.64	60.50	51.74	152.4	135.6
宜昌市	Yichang City	1557.03	176.59	161.01	113.86	328.6	280.8
襄阳市	Xiangyang City	1538.23	186.19	184.09	157.50	497.9	468.8
鄂州市	Ezhou City	442.74	11.65	17.70	15.99	46.7	44.1
荆门市	Jingmen City	761.25	64.31	42.15	36.57	117.4	106.1
孝感市	Xiaogan City	940.31	74.98	58.14	53.98	215.5	210.2
荆州市	Jingzhou City	995.49	54.89	48.58	45.23	136.0	127.7
黄冈市	Huanggang City	1060.33	78.57	79.35	68.21	256.7	231.8
咸宁市	Xianning City	739.31	84.96	68.02	55.02	234.1	207.2
随州市	Suizhou City	355.86	19.79	29.16	27.00	91.8	86.9
恩施土家族苗族自治州	Enshi Tujia & Miao A.P	376.11	40.28	33.31	26.66	92.8	82.6
仙桃市	Xiantao City	220.11	15.66	14.89	13.94	53.0	51.3
潜江市	Qianjiang City	234.54	9.15	14.69	6.53	34.1	23.0
天门市	Tianmen City	200.19	14.93	13.42	11.04	40.7	37.3
神农架林区	Shennongjia Forest District	19.55					
湖南省	**Hunan**						
长沙市	Changsha City	3956.06	1032.00	931.56	776.13	1526.9	1385.3
株洲市	Zhuzhou City	1150.47	189.65	213.80	174.33	524.5	482.8
湘潭市	Xiangtan City	893.86	93.81	65.54	59.68	194.1	181.9
衡阳市	Hengyang City	1063.75	96.75	103.43	71.81	312.8	271.7
邵阳市	Shaoyang City	761.61	75.49	47.71	42.40	169.7	159.6
岳阳市	Yueyang City	1168.11	102.06	133.17	112.18	400.7	365.6
常德市	Changde City	946.57	94.81	94.52	76.78	269.8	243.8
张家界市	Zhangjiajie City	170.09	44.52	19.37	16.56	60.7	58.0
益阳市	Yiyang City	625.14	92.59	77.71	62.10	257.5	226.3
郴州市	Chenzhou City	1098.40	116.54	104.01	93.07	350.1	328.4
永州市	Yongzhou City	802.90	86.12	94.66	80.80	392.1	351.4
怀化市	Huaihua City	600.95	79.35	82.96	71.88	323.7	301.6
娄底市	Loudi City	581.91	81.14	96.60	58.32	299.6	246.3
湘西土家族苗族自治州	West Hunan Tujia & Miao A.P	190.98	25.69	20.20	15.50	68.3	61.4

3-5 续表 6 continued

地 区	Region	固定资产投资(不含农户)(亿元) Investment in Fixed Assets (Excluding Rural Households) (100 million yuan)	#房地产开发 Real Estate Development	商品房销售额(亿元) Total Sales of Commercialized Buildings (100 million yuan)	#住宅 Residential Buildings	商品房销售面积(万平方米) Floor Space of Commercialized Buildings Sold (10 000 sq.m)	#住宅 Residential Buildings
广东省	**Guangdong**						
广州市	Guangzhou City	3758.39	1370.45	1754.75	1354.31	1333.1	1128.5
韶关市	Shaoguan City	548.48	91.30	116.33	88.35	259.6	234.9
深圳市	Shenzhen City	2314.43	736.84	1030.10	927.84	525.8	488.4
珠海市	Zhuhai City	787.62	242.08	268.48	246.07	251.2	230.7
汕头市	Shantou City	611.92	83.35	114.70	99.80	189.9	169.8
佛山市	Foshan City	2128.33	638.46	646.25	561.31	802.2	705.4
江门市	Jiangmen City	850.41	144.49	193.65	179.63	351.1	330.0
湛江市	Zhanjiang City	572.28	114.96	107.37	91.34	206.6	182.8
茂名市	Maoming City	427.37	73.96	123.56	113.32	327.7	302.5
肇庆市	Zhaoqing City	852.60	145.45	175.82	152.09	373.6	339.6
惠州市	Huizhou City	1208.68	482.17	478.42	445.80	826.7	787.3
梅州市	Meizhou City	230.14	44.05	61.92	48.33	149.1	128.2
汕尾市	Shanwei City	391.56	16.07	20.62	19.18	54.7	52.6
河源市	Heyuan City	278.59	67.13	50.20	47.92	128.2	123.7
阳江市	Yangjiang City	483.67	77.18	88.81	77.49	189.3	175.8
清远市	Qingyuan City	437.95	180.72	181.70	162.61	392.6	368.9
东莞市	Dongguan City	1180.35	377.32	542.38	472.52	639.1	583.4
中山市	ZhongShan City	893.43	346.41	359.81	314.82	654.2	594.0
潮州市	Chaozhou City	224.16	28.57	19.54	17.59	48.2	44.2
揭阳市	Jieyang City	663.51	56.44	36.95	35.27	110.7	107.1
云浮市	Yunfu City	463.66	35.40	36.44	32.80	85.3	80.1
广西壮族自治区	**Guangxi**						
南宁市	Nanning City	2517.61	362.73	377.59	323.37	629.0	575.5
柳州市	Liuzhou City	1615.22	230.27	165.75	138.33	349.5	322.2
桂林市	Guilin City	1336.18	176.07	136.59	121.44	322.7	305.5
梧州市	Wuzhou City	797.07	71.89	45.28	41.37	138.1	131.5
北海市	Beihai City	707.80	176.17	58.84	56.05	133.8	131.0
防城港市	Fangchenggang City	517.83	129.77	48.43	45.21	145.3	140.1
钦州市	Qinzhou City	561.68	68.44	51.93	14.95	143.3	40.1
贵港市	Guigang City	495.21	48.99	50.22	41.42	137.4	125.7
玉林市	Yulin City	969.42	94.66	89.29	66.07	274.9	221.7
百色市	Baise City	916.88	65.93	41.60	37.28	142.3	135.7
贺州市	Hezhou City	542.37	19.76	10.74	8.62	43.4	38.6
河池市	Hechi City	221.82	14.24	17.05	14.61	57.8	53.7
来宾市	Laibin City	480.11	61.96	37.51	30.07	119.6	112.3
崇左市	Chongzuo City	479.99	34.06	29.01	26.64	122.3	117.6
海南省	**Hainan**						
海口市	Haikou City	510.38	175.55	181.63	163.32	266.1	250.6
三亚市	Sanya City	430.34	238.45	209.24	203.49	180.0	178.0
重庆市	**Chongqing**						
万州区	Wanzhou District	410.42	62.44	89.90	78.05	199.0	186.8
涪陵区	Fuling District	439.36	54.07	56.76	44.93	116.3	104.4
渝中区	Yuzhong District	241.82	152.44	96.62	61.52	102.3	75.0
大渡口区	Dadukou District	122.28	62.83	59.13	53.33	122.6	114.3
江北区	Jiangbei District	443.56	280.74	232.12	201.55	332.5	297.0
沙坪坝区	Shapingba District	398.60	185.05	174.74	160.50	292.4	276.6
九龙坡区	Jiulongpo District	401.82	190.13	173.70	147.80	340.0	301.9

3-5 续表 7 continued

地 区	Region	固定资产投资(不含农户)(亿元) Investment in Fixed Assets (Excluding Rural Households) (100 million yuan)	#房地产开发 Real Estate Development	商品房销售额(亿元) Total Sales of Commercialized Buildings (100 million yuan)	#住 宅 Residential Buildings	商品房销售面积(万平方米) Floor Space of Commercialized Buildings Sold (10 000 sq.m)	#住 宅 Residential Buildings
南岸区	Nanan District	403.41	236.88	191.74	166.38	270.7	250.9
北碚区	Beibei District	395.81	129.37	81.96	73.89	148.8	136.6
綦江区	Qijiang District	261.45	23.34	29.55	27.71	76.2	73.6
大足区	Dazu District	224.85	27.61	23.49	20.84	58.8	54.8
渝北区	Yubei District	610.26	296.15	309.89	248.35	419.4	369.0
巴南区	Banan District	429.15	172.83	81.28	79.76	157.4	155.2
黔江区	Qianjiang District	175.77	15.91	17.53	15.40	46.7	43.0
长寿区	Changshou District	299.37	58.87	36.89	28.53	90.9	81.5
江津区	Jiangjin District	350.76	51.36	67.16	47.72	174.4	123.5
合川区	Hechuan District	281.73	62.97	47.44	39.91	112.0	100.6
永川区	Yongchuan District	382.51	50.21	61.67	55.68	156.5	146.1
南川区	Nanchuan District	163.97	38.73	32.63	27.91	71.2	65.7
四川省	**Sichuan**						
成都市	Chengdu City	5818.42	1890.03	2069.90	1618.89	2845.2	2427.7
自贡市	Zigong City	414.91	62.77	71.97	65.66	189.4	180.8
攀枝花市	Panzhihua City	452.28	54.69	36.94	33.10	80.8	76.3
泸州市	Luzhou City	667.08	71.64	108.19	89.27	306.3	272.3
德阳市	Deyang City	689.83	79.87	82.35	66.28	199.8	171.9
绵阳市	Mianyang City	860.48	145.69	146.68	112.24	309.4	272.7
广元市	Guangyuan City	440.17	32.89	35.96	25.52	83.7	70.0
遂宁市	Suining City	628.49	76.79	81.89	66.93	200.0	180.2
内江市	Neijiang City	451.85	58.03	73.51	65.63	200.8	187.3
乐山市	Leshan City	608.09	75.46	76.23	66.19	169.0	155.8
南充市	Nanchong City	855.46	187.07	171.14	145.78	426.3	389.1
眉山市	Meishan City	589.07	78.18	77.54	69.37	199.5	185.9
宜宾市	Yibin City	735.64	104.52	129.07	101.77	320.0	274.1
广安市	Guangan City	517.38	51.04	65.25	57.12	178.4	163.9
达州市	Dazhou City	804.21	85.10	73.17	61.93	181.9	169.1
雅安市	Yaan City	317.74	30.01	22.03	18.72	50.4	45.9
巴中市	Bazhong City	474.62	49.28	51.92	40.31	153.4	135.4
资阳市	Ziyang City	593.93	109.60	123.64	95.60	329.5	290.9
阿坝藏族羌族自治州	Aba Zang & Qiang A.P	357.24	0.60	1.27	1.27	3.9	3.9
甘孜藏族自治州	Ganzi Zang A.P	323.23	2.63	1.27	1.18	3.6	3.5
凉山彝族自治州	Liangshan Yi A.P	877.42	20.51	17.80	13.73	24.6	22.7
贵州省	**Guizhou**						
贵阳市	Guiyang City	1897.35	908.52	502.55	428.89	1040.6	963.3
六盘水市	Liupanshui City	766.39	55.48	35.45	32.41	119.1	115.5
遵义市	Zunyi City	1176.48	128.87	80.25	63.85	214.7	189.1
安顺市	Anshun City	298.16	61.40	51.40	32.49	131.2	115.5
毕节市	Bijie City	1052.81	89.58	50.38	34.76	140.1	119.7
铜仁市	Tongren City	540.07	63.08	36.89	32.52	116.6	110.3
黔西南布依族苗族自治州	Southwest Guizhou Buyi & Miao A.P	445.14	28.87	24.58	21.33	89.3	85.5
黔东南苗族侗族自治州	Southeast Guizhou Miao & Dong A.P	610.49	80.42	67.77	51.35	183.8	160.5
黔南布依族苗族自治州	South Guizhou Buyi & Miao A.P	587.28	51.35	50.81	42.36	151.6	143.0

3-5 续表 8 continued

地区	Region	固定资产投资(不含农户)(亿元) Investment in Fixed Assets (Excluding Rural Households) (100 million yuan)	#房地产开发 Real Estate Development	商品房销售额(亿元) Total Sales of Commercialized Buildings (100 million yuan)	#住宅 Residential Buildings	商品房销售面积(万平方米) Floor Space of Commercialized Buildings Sold (10 000 sq.m)	#住宅 Residential Buildings
云南省	**Yunnan**						
昆明市	Kunming City	2341.91	919.07	603.97	496.02	1051.4	917.7
曲靖市	Qujing City	825.09	153.80	154.20	118.21	486.4	421.3
玉溪市	Yuxi City	287.13	90.57	69.48	55.75	171.6	152.3
保山市	Baoshan City	222.63	50.77	39.90	28.41	82.7	69.6
昭通市	Zhaotong City	421.79	36.11	46.79	36.96	138.4	125.9
丽江市	Lijiang City	231.40	64.16	60.58	46.50	188.8	150.6
普洱市	Puer City	333.26	30.16	46.03	23.43	130.6	90.4
临沧市	Lincang City	411.36	62.65	18.34	11.37	61.0	46.8
楚雄彝族自治州	Chuxiong Yi A.P	347.62	68.38	66.03	51.53	213.0	181.5
红河哈尼族彝族自治州	Honghe Hani & Yi A.P	560.91	89.64	77.01	65.23	239.4	217.2
文山壮族苗族自治州	Wenshan Zhuang & Miao A.P	277.21	33.54	21.50	20.10	86.3	80.9
西双版纳傣族自治州	Xishuangbanna Dai A.P	160.24	50.22	51.55	43.49	131.1	119.3
大理白族自治州	Dali Bai A.P	406.59	77.19	82.86	63.66	180.5	154.0
德宏傣族景颇族自治州	Dehong Dai & Jingpo A.P	157.93	43.50	16.41	11.74	53.7	44.8
怒江傈僳族自治州	Nujiang Lisu A.P	63.63	4.50	1.45	1.42	5.7	5.6
迪庆藏族自治州	Diqing Zang A.P	155.34	7.80	6.77	3.45	20.3	12.7
西藏自治区	**Tibet A.R.**						
拉萨市	Lhasa City	277.50	5.44	6.69	5.54	20.2	18.4
昌都地区	Qamdu Prefecture	81.99					
山南地区	Lhokha Prefecture	79.25	1.02	0.28	0.28	1.2	1.2
日喀则地区	Xigaze Prefecture	82.43					
那曲地区	Narqu Prefecture	56.63					
阿里地区	Ngri Prefecture	23.21					
林芝地区	Nyingchi Prefecture	73.76	0.41	0.38	0.34	1.1	1.1
其他	Others						
陕西省	**Shaanxi**						
西安市	Xi'an City	4038.76	1281.90	1017.74	858.53	1538.9	1383.9
铜川市	Tongchuan City	182.94	22.52	8.22	7.98	26.7	25.9
宝鸡市	Baoji City	1212.04	75.88	67.80	64.79	220.5	209.6
咸阳市	Xianyang City	1486.34	151.76	53.40	51.45	139.8	136.8
渭南市	Weinan City	1065.02	85.11	87.88	67.64	257.2	233.5
延安市	Yan'an City	872.92	20.31	13.82	12.84	41.5	39.7
汉中市	Hanzhong City	460.65	73.41	54.15	49.38	185.0	176.9
榆林市	Yulin City	1493.97	52.49	48.90	40.19	122.0	113.0
安康市	Ankang City	324.41	36.40	38.15	36.26	121.7	117.1
商洛市	Shangluo City	363.11	14.20	16.67	13.09	52.9	45.7
杨凌示范区	Yangling Demonstration Zone	64.88	21.95	14.03	13.42	49.4	48.9
甘肃省	**Gansu**						
兰州市	Lanzhou City	1239.18	223.31	115.76	101.95	214.3	198.7
嘉峪关市	Jiayuguan City	93.35	19.49	25.98	20.70	83.1	66.8
金昌市	Jinchang City	184.87	7.68	9.78	9.51	41.7	41.0
白银市	Baiyin City	320.88	19.87	23.10	16.99	69.0	57.0
天水市	Tianshui City	416.51	36.01	32.51	30.08	98.8	95.2
武威市	Wuwei City	415.95	22.90	8.43	8.26	27.2	26.6
张掖市	Zhangye City	209.59	31.09	20.89	18.75	76.4	71.8

3-5 续表 9 continued

地 区	Region	固定资产投资(不含农户)(亿元) Investment in Fixed Assets (Excluding Rural Households) (100 million yuan)	#房地产开发 Real Estate Development	商品房销售额(亿元) Total Sales of Commercialized Buildings (100 million yuan)	#住宅 Residential Buildings	商品房销售面积(万平方米) Floor Space of Commercialized Buildings Sold (10 000 sq.m)	#住宅 Residential Buildings
平凉市	Pingliang City	417.95	29.67	23.07	20.89	71.0	66.8
酒泉市	Jiuquan City	784.00	28.29	24.46	23.39	90.7	87.3
庆阳市	Qingyang City	751.88	50.73	16.93	10.89	39.4	29.4
定西市	Dingxi City	392.29	45.21	17.23	13.70	56.7	49.9
陇南市	Longnan City	410.35	5.95	2.92	2.43	10.3	8.9
临夏回族自治州	Linxia Hui A.P	202.11	39.45	27.82	23.61	98.0	92.1
甘南藏族自治州	Gannan Zang A.P	174.50	1.38	0.46	0.46	1.8	1.8
青海省	**Qinghai**						
西宁市	Xining City	688.43	158.23	79.33	69.16	169.0	159.5
海东地区	Haidong Prefecture	222.12	24.01	19.36	16.23	69.6	64.7
海北藏族自治州	Haibei Zang A.P	63.41	0.21	0.22	0.22	1.4	1.4
黄南藏族自治州	Huangnan Zang AP	40.92					
海南藏族自治州	Hainan Zang A.P	71.02	1.22	0.86	0.86	4.4	4.4
果洛藏族自治州	Golog Zang A.P	33.89					
玉树藏族自治州	Yushu Zang A.P	170.84					
海西蒙古族藏族自治州	Haixi Mongolian & Zang A.P	398.41	6.01	6.69	4.67	18.7	16.9
宁夏回族自治区	**Ningxia**						
银川市	Yinchuan City	889.89	275.70	205.98	162.61	450.3	388.3
石嘴山市	Shizuishan City	332.00	48.49	31.37	25.95	102.0	91.5
吴忠市	Wuzhong City	365.05	37.95	34.85	30.71	104.1	95.3
固原市	Guyuan City	154.10	21.43	20.88	16.73	66.3	59.4
中卫市	Zhongwei City	242.07	45.58	24.51	20.19	81.7	73.0
新疆维吾尔自治区	**Xinjiang**						
乌鲁木齐市	Urumqi City	827.63	233.83	220.92	185.85	402.9	363.7
克拉玛依市	Karamay City	327.49	25.33	19.60	17.22	69.1	62.8
吐鲁番地区	Turpan Prefecture	175.66	2.58	0.90	0.65	3.3	2.7
哈密地区	Hami Prefecture	301.77	15.87	17.06	13.91	47.8	43.2
昌吉回族自治州	Changji Hui A.P	733.47	38.72	66.18	59.50	194.4	184.1
博尔塔拉蒙古自治州	Bortala Mongolian A.P	155.69	9.21	13.47	8.22	38.4	30.1
巴音郭楞蒙古自治州	Bayingolin Mongolian A.P	544.45	55.35	41.85	35.70	138.4	129.0
阿克苏地区	Aksu Prefecture	400.57	32.00	25.38	14.45	78.1	58.0
克孜勒苏柯尔克孜自治州	Kizilsu Kirgiz A.P	79.23	4.00	4.24	1.65	13.5	10.0
喀什地区	Kashi Prefecture	496.35	22.73	11.86	8.08	31.9	25.9
和田地区	Hotan Prefecture	151.21	1.22	3.08	2.78	10.5	9.8
伊犁哈萨克自治州	Ili Kazak A.P	614.32	76.49	63.53	51.78	183.4	163.2
塔城地区	Tacheng Prefecture	282.21	16.03	8.71	8.31	29.7	28.7
阿勒泰地区	Altay Prefecture	196.04	15.42	10.88	9.13	50.3	45.9
石河子市	Shihezi City	197.86	22.61	27.53	22.98	61.9	55.8
阿拉尔市	Alar City	73.89	4.66	6.14	3.61	18.0	13.0
图木舒克市	Tumxuk City	30.74	2.26	1.53	0.34	4.3	2.0
五家渠市	Wujiaqu City	142.35	27.79	17.59	13.98	54.6	47.0
北屯市	Beitun City						
铁门关市	Tiemenguan City						
生产建设兵团	Corps						

3-6 财政收入(2012年)

Government Revenue (2012)

地　区	Region	公共财政预算收入(亿元) Public Budgetary Revenue (100 million yuan)	#税收收入 Taxes	#国内增值税 Domestic Value-added Tax	#营业税 Business Tax	#企业所得税 Company Income Tax	#个人所得税 Personal Income Tax
北京市	**Beijing**						
东城区	Dongcheng District	134.84	130.59	10.01	57.00	26.02	
西城区	Xicheng District	309.11	298.21	16.99	124.04	95.88	
朝阳区	Chaoyang District	345.19	327.65	35.54	120.53	75.89	
丰台区	Fengtai District	68.58	63.62	6.60	28.85	9.90	
石景山区	Shijingshan District	25.07	23.71	3.27	10.10	3.67	
海淀区	Haidian District	263.06	247.87	32.87	104.77	46.86	
门头沟区	Mentougou District	19.07	16.77	2.11	6.29	2.54	
房山区	Fangshan District	40.03	31.55	3.43	11.34	2.49	
通州区	Tongzhou District	45.95	39.50	5.82	15.23	5.53	
顺义区	Shunyi District	86.24	78.68	11.64	25.50	20.34	
昌平区	Changping District	52.21	47.54	5.46	19.38	7.97	
大兴区	Daxing District	45.51	41.09	4.16	19.13	4.79	
怀柔区	Huairou District	23.46	19.66	3.34	6.42	3.44	
平谷区	Pinggu District	21.01	17.67	1.67	6.21	3.07	
密云县	Miyun County	22.18	16.55	1.98	5.54	2.59	
延庆县	Yanqing County	8.94	6.02	0.64	2.32	0.99	
北京经济技术开发区	Beijing Economic-technological Development Zones						
其他	Others						
天津市	**Tianjin**						
和平区	Heping District	48.22	41.84	2.05	16.40	4.89	0.94
河东区	Hedong District	32.28	22.82	1.36	8.14	2.08	0.66
河西区	Hexi District	44.94	39.95	2.03	19.99	3.18	1.10
南开区	Nankai District	38.09	33.74	2.05	11.30	3.80	0.85
河北区	Hebei District	30.11	19.08	1.06	5.36	1.66	0.35
红桥区	Hongqiao District	14.86	10.13	0.60	3.50	0.99	0.22
东丽区	Dongli District	65.23	36.52	5.12	9.01	5.39	0.58
西青区	Xiqing District	62.60	48.91	6.63	11.66	6.94	0.85
津南区	Jinnan District	57.54	33.02	3.35	10.09	4.29	0.41
北辰区	Beichen District	43.77	32.77	6.53	5.83	4.84	0.77
武清区	Wuqing District	56.62	48.10	8.13	8.55	9.18	1.01
宝坻区	Baodi District	33.09	22.85	3.74	4.44	2.32	0.37
滨海新区	Binhai New Area	508.75	303.64	47.33	91.85	63.10	16.47
宁河县	Ninghe County	20.13	7.40	0.86	2.01	0.84	0.11
静海县	Jinghai County	33.60	19.43	3.35	4.05	2.13	0.32
蓟县	Ji County	20.28	9.95	1.04	3.07	1.12	0.16
其他	Others						
河北省	**Hebei**						
石家庄市	Shijiazhuang City	272.28	207.73	19.36	87.89	20.72	7.95
唐山市	Tangshan City	301.09	230.22	36.51	79.06	17.95	7.67
秦皇岛市	Qinhuangdao City	108.66	84.56	7.34	32.57	6.85	2.33
邯郸市	Handan City	184.65	116.19	16.60	35.75	8.74	2.47
邢台市	Xingtai City	85.61	63.66	9.67	22.93	5.22	1.68
保定市	Baoding City	159.93	100.14	14.29	35.91	8.74	2.89
张家口市	Zhangjiakou City	106.56	67.88	7.12	27.98	5.80	1.97
承德市	Chengde City	82.51	70.36	7.98	26.13	6.79	3.20
沧州市	Cangzhou City	142.58	105.16	16.08	38.19	8.31	2.59
廊坊市	Langfang City	172.15	145.74	10.40	58.94	13.82	3.86
衡水市	Hengshui City	50.73	38.01	4.82	13.28	3.81	1.02

3-6 续表 1 continued

地 区	Region	公共财政预算收入(亿元) Public Budgetary Revenue (100 million yuan)	#税收收入 Taxes	#国内增值税 Domestic Value-added Tax	#营业税 Business Tax	#企业所得税 Company Income Tax	#个人所得税 Personal Income Tax
山西省	**Shanxi**						
太原市	Taiyuan City	215.67	172.38	23.33	64.28	25.03	7.51
大同市	Datong City	80.30	63.73	14.83	16.37	9.14	2.73
阳泉市	Yangquan City	56.88	43.62	11.17	9.05	8.69	1.47
长治市	Changzhi City	133.49	75.73	20.23	13.69	21.64	3.59
晋城市	Jincheng City	82.91	61.50	15.42	11.92	17.62	2.20
朔州市	Shuozhou City	84.25	60.52	16.56	11.25	13.66	2.04
晋中市	Jinzhong City	99.23	65.39	14.15	19.76	9.41	3.20
运城市	Yuncheng City	41.54	28.70	5.46	9.59	1.68	0.91
忻州市	Xinzhou City	65.17	43.58	10.43	13.61	6.41	1.92
临汾市	Linfen City	110.78	51.58	12.16	14.41	7.41	2.03
吕梁市	Luliang City	141.95	88.66	26.27	14.61	18.34	2.58
其他	Others						
内蒙古自治区	**Inner Mongolia**						
呼和浩特市	Hohhot City	178.64	126.67	10.95	53.58	14.87	5.77
包头市	Baotou City	185.76	125.13	15.80	34.29	18.08	4.20
乌海市	Wuhai City	54.41	31.99	5.06	9.58	3.94	1.72
赤峰市	Chifeng City	74.56	58.71	6.89	19.68	8.68	2.17
通辽市	Tongliao City	89.17	59.55	6.64	13.59	4.59	1.05
鄂尔多斯市	Erdos City	375.51	300.25	54.53	66.87	53.29	13.52
呼伦贝尔市	Hulunbuir City	79.36	56.55	6.86	17.66	5.75	2.02
巴彦淖尔市	Bayannur City	49.61	37.42	4.06	12.60	5.30	1.36
乌兰察布市	Ulanqab City	34.80	29.57	4.51	14.22	2.36	0.69
兴安盟	Xingan League	17.60	13.21	1.15	5.80	1.14	0.43
锡林郭勒盟	Xilingol League	65.28	46.08	7.83	13.48	7.12	2.12
阿拉善盟	Alxa League	35.94	16.24	3.34	4.90	2.53	0.65
辽宁省	**Liaoning**						
沈阳市	Shenyang City	715.04	575.37	52.08	180.35	74.86	17.60
大连市	Dalian City	750.11	598.00	55.94	174.64	74.36	21.13
鞍山市	Anshan City	234.39	157.13	18.76	34.84	14.84	2.43
抚顺市	Fushun City	130.15	98.84	9.10	21.45	7.96	2.01
本溪市	Benxi City	123.52	96.00	7.99	13.91	4.18	2.26
丹东市	Dandong City	127.97	96.08	5.93	21.93	7.45	1.52
锦州市	Jinzhou City	131.50	99.31	7.58	28.46	5.87	2.16
营口市	Yingkou City	170.22	127.05	9.50	29.98	8.36	1.52
阜新市	Fuxin City	64.03	44.71	4.89	10.76	4.02	1.04
辽阳市	Liaoyang City	110.21	79.03	8.40	15.58	8.45	1.47
盘锦市	Panjin City	140.22	85.67	16.16	25.66	5.48	2.74
铁岭市	Tieling City	114.62	77.78	5.75	13.15	4.86	1.09
朝阳市	Chaoyang City	107.09	106.65	8.13	15.81	5.52	2.75
葫芦岛市	Huludao City	83.98	58.39	6.49	19.97	3.72	1.19

3-6 续表 2 continued

地 区	Region	公共财政预算收入(亿元) Public Budgetary Revenue (100 million yuan)	#税收收入 Taxes	#国 内增值税 Domestic Value-added Tax	#营业税 Business Tax	#企 业所得税 Company Income Tax	#个 人所得税 Personal Income Tax
吉林省	**Jilin**						
长春市	Changchun City	340.80	276.75	31.05	50.95	44.02	9.79
吉林市	Jilin City	119.03	77.48	6.04	16.01	6.55	2.58
四平市	Siping City	56.58	35.93	3.44	7.99	2.74	0.60
辽源市	Liaoyuan City	23.87	12.05	1.32	3.33	1.53	0.54
通化市	Tonghua City	64.43	44.44	5.63	12.07	5.86	1.39
白山市	Baishan City	43.63	29.79	2.91	5.84	2.89	0.86
松原市	Songyuan City	58.00	40.75	6.54	6.54	2.24	0.82
白城市	Baicheng City	31.03	18.64	2.89	4.90	1.47	0.50
延边朝鲜族自治州	Yanbian Korean A.P	68.18	43.83	5.09	14.35	6.58	1.76
黑龙江省	**Heilongjiang**						
哈尔滨市	Harbin City	354.72	276.23	29.12	110.24	38.69	11.18
齐齐哈尔市	Qiqihar City	55.01	33.83	4.69	8.12	4.47	1.58
鸡西市	Jixi City	43.27	24.80	6.20	4.75	3.08	1.60
鹤岗市	Hegang City	27.14	14.17	3.02	3.05	2.55	1.06
双鸭山市	Shuangyashan City	32.16	19.45	3.43	4.22	2.34	1.94
大庆市	Daqing City	140.33	104.10	12.98	14.26	10.41	4.09
伊春市	Yichun City	12.38	7.93	1.03	2.45	1.06	0.30
佳木斯市	Jiamusi City	39.83	26.32	2.76	7.45	5.59	1.05
七台河市	Qitaihe City	21.79	14.97	4.80	2.05	2.16	0.63
牡丹江市	Mudanjiang City	79.31	42.46	5.83	7.60	8.40	2.71
黑河市	Heihe City	21.20	12.18	1.24	3.56	2.49	0.71
绥化市	Suihua City	55.43	31.86	4.55	7.03	5.50	1.20
大兴安岭地区	Daxing'anling Prefecture	9.19	5.00	0.77	1.66	0.79	0.27
农垦总局	Agriculture Reclamation Bureau						
其他	Others						
上海市	**Shanghai**						
黄浦区	Huangpu District						
徐汇区	Xuhui District						
长宁区	Changning District						
静安区	Jingan District						
普陀区	Putuo District						
闸北区	Zhabei District						
虹口区	Hongkou District						
杨浦区	Yangpu District						
闵行区	Minhang District						
宝山区	Baoshan District						
嘉定区	Jiading District						
浦东新区	Pudong New District						
金山区	Jinshan District						
松江区	Songjiang District						
青浦区	Qingpu District						
奉贤区	Fengxian District						
崇明县	Chongming County						
其他	Others						

地　区	Region	公共财政预算收入（亿元）Public Budgetary Revenue (100 million yuan)	#税收收入 Taxes	#国内增值税 Domestic Value-added Tax	#营业税 Business Tax	#企业所得税 Company Income Tax	#个人所得税 Personal Income Tax
江苏省	**Jiangsu**						
南京市	Nanjing City	733.02	602.79	95.63	190.30	93.01	38.70
无锡市	Wuxi City	658.03	540.01	107.47	158.10	88.64	31.60
徐州市	Xuzhou City	366.76	284.14	34.64	106.90	20.01	8.41
常州市	Changzhou City	378.99	303.89	51.57	83.81	40.67	19.90
苏州市	Suzhou City	1204.33	1023.88	208.92	256.10	190.02	56.64
南通市	Nantong City	419.72	339.51	45.38	132.74	42.77	19.50
连云港市	Lianyungang City	208.94	160.92	16.59	67.33	13.09	3.70
淮安市	Huaian City	233.61	180.93	18.50	70.80	11.36	5.08
盐城市	Yancheng City	312.78	251.38	27.50	91.47	21.95	8.32
扬州市	Yangzhou City	225.00	180.61	28.79	59.64	19.71	6.12
镇江市	Zhenjiang City	215.48	174.12	23.35	66.97	20.05	6.99
泰州市	Taizhou City	223.62	179.73	35.41	55.44	25.46	7.13
宿迁市	Suqian City	158.13	130.07	13.50	47.20	16.02	5.13
浙江省	**Zhejiang**						
杭州市	Hangzhou City	859.99	830.25	109.26	297.01	144.86	49.87
宁波市	Ningbo City	725.50	667.84	122.67	195.22	115.74	36.11
温州市	Wenzhou City	289.64	267.68	44.75	80.93	39.90	17.05
嘉兴市	Jiaxing City	257.73	249.83	45.41	67.84	37.07	12.19
湖州市	Huzhou City	138.55	132.26	22.06	38.25	19.20	6.87
绍兴市	Shaoxing City	265.76	252.62	42.06	69.65	37.09	11.45
金华市	Jinhua City	214.89	197.89	31.97	61.16	27.61	13.42
衢州市	Quzhou City	63.42	57.12	7.84	17.56	9.00	2.90
舟山市	Zhoushan City	85.56	78.42	8.50	30.01	8.93	3.50
台州市	Taizhou City	220.42	203.80	37.95	57.43	31.09	13.60
丽水市	Lishui City	64.61	56.72	9.95	19.36	5.99	4.08
安徽省	**Anhui**						
合肥市	Hefei City	389.50	311.43	39.28	132.84	34.43	7.57
芜湖市	Wuhu City	178.91	144.33	22.19	51.29	14.80	2.40
蚌埠市	Bengbu City	164.72	56.81	9.47	18.83	3.78	0.63
淮南市	Huainan City	166.20	132.68	15.08	20.59	19.40	5.31
马鞍山市	Maanshan City	210.60	155.80	13.28	24.08	17.34	4.63
淮北市	Huaibei City	51.85	42.64	8.46	11.33	6.19	0.60
铜陵市	Tongling City	63.60	40.18	6.65	13.17	3.78	0.57
安庆市	Anqing City	170.27	57.43	6.74	21.51	4.69	1.08
黄山市	Huangshan City	56.32	36.11	3.26	14.97	2.69	0.68
滁州市	Chuzhou City	96.94	70.55	8.24	28.30	4.83	0.97
阜阳市	Fuyang City	69.31	52.00	10.20	18.69	4.14	0.81
宿州市	Suzhou City	53.30	37.38	6.02	20.12	2.19	0.50
六安市	Liuan City	69.53	50.31	6.08	20.92	3.88	0.87
亳州市	Bozhou City	85.12	35.41	6.14	20.31	2.00	0.55
池州市	Chizhou City	52.37	36.92	3.09	13.89	2.13	0.65
宣城市	Xuancheng City	86.94	66.06	11.12	20.20	3.90	1.20
福建省	**Fujian**						
福州市	Fuzhou City	382.02	314.84	34.80	110.26	50.78	19.11
厦门市	Xiamen City	432.27	362.65	47.68	121.61	67.23	17.13
莆田市	Putian City	77.45	62.12	8.35	19.08	12.43	2.73
三明市	Sanming City	77.44	62.83	9.16	21.00	7.77	2.71
泉州市	Quanzhou City	293.46	240.78	47.37	63.64	44.26	12.43
漳州市	Zhangzhou City	131.71	100.86	14.66	30.08	13.75	4.37
南平市	Nanping City	59.18	47.54	6.35	17.97	5.94	2.64
龙岩市	Longyan City	101.51	79.75	15.14	18.74	13.11	4.31
宁德市	Ningde City	70.64	51.36	6.91	16.86	5.08	2.79

3-6 续表 4 continued

地 区	Region	公共财政预算收入(亿元) Public Budgetary Revenue (100 million yuan)	#税收收入 Taxes	#国内增值税 Domestic Value-added Tax	#营业税 Business Tax	#企业所得税 Company Income Tax	#个人所得税 Personal Income Tax
江西省	**Jiangxi**						
南昌市	Nanchang City	240.14	200.17	15.19	87.11	25.77	10.51
景德镇市	Jingdezhen City	66.64	46.17	3.03	15.05	3.68	1.12
萍乡市	Pingxiang City	74.09	59.26	6.22	26.61	2.57	0.58
九江市	Jiujiang City	141.87	105.06	8.78	38.01	11.63	1.80
新余市	Xinyu City	83.23	52.85	5.48	19.48	3.95	0.98
鹰潭市	Yingtan City	58.83	35.55	4.78	13.52	2.77	1.04
赣州市	Ganzhou City	141.28	111.39	14.11	37.50	17.65	4.59
吉安市	Jian City	103.50	67.10	8.00	27.57	5.78	1.96
宜春市	Yichun City	132.43	100.75	14.16	32.49	10.33	1.61
抚州市	Fuzhou City	87.25	65.31	4.96	30.14	5.04	0.79
上饶市	Shangrao City	134.16	96.10	14.46	32.10	9.14	1.53
山东省	**Shandong**						
济南市	Jinan City	380.82	289.55	33.33	104.70	39.05	10.18
青岛市	Qingdao City	670.18	524.56	64.33	172.16	79.52	22.36
淄博市	Zibo City	236.28	162.11	25.41	35.34	17.77	3.52
枣庄市	Zaozhuang City	116.37	85.55	9.90	14.49	8.24	0.99
东营市	Dongying City	158.71	111.61	17.52	32.01	10.66	2.83
烟台市	Yantai City	357.36	262.83	37.87	66.31	41.90	6.55
潍坊市	Weifang City	306.12	246.41	36.73	65.39	29.79	3.60
济宁市	Jining City	245.63	177.72	34.31	37.68	31.90	4.17
泰安市	Taian City	158.85	103.77	15.07	23.23	9.24	1.95
威海市	Weihai City	158.40	127.15	15.82	35.02	12.28	2.05
日照市	Rizhao City	78.86	59.45	10.47	18.60	8.54	0.97
莱芜市	Laiwu City	42.02	32.01	6.39	8.44	4.00	1.12
临沂市	Linyi City	170.07	135.04	20.04	41.86	13.07	2.05
德州市	Dezhou City	120.24	85.56	11.78	24.47	7.55	1.42
聊城市	Liaocheng City	104.49	70.03	13.36	20.62	8.22	1.54
滨州市	Binzhou City	150.46	106.34	23.65	24.30	11.92	1.37
菏泽市	Heze City	140.30	104.69	12.76	25.18	9.70	1.17
河南省	**Henan**						
郑州市	Zhengzhou City	606.65	452.43	41.51	171.01	67.79	16.43
开封市	Kaifeng City	61.92	44.72	4.14	17.08	3.49	0.93
洛阳市	Luoyang City	205.26	148.54	19.14	46.47	18.42	4.04
平顶山市	Pingdingshan City	107.36	74.46	13.66	23.73	5.88	2.08
安阳市	Anyang City	83.57	55.73	6.39	17.25	5.42	1.21
鹤壁市	Hebi City	32.66	22.25	3.44	6.69	1.62	0.76
新乡市	Xinxiang City	108.35	78.52	11.37	24.08	11.29	1.66
焦作市	Jiaozuo City	85.13	55.57	8.54	16.75	5.85	1.35
濮阳市	Puyang City	48.09	39.39	6.79	12.83	2.64	1.44

3-6 续表 5 continued

地 区	Region	公共财政预算收入(亿元) Public Budgetary Revenue (100 million yuan)	#税收收入 Taxes	#国内增值税 Domestic Value-added Tax	#营业税 Business Tax	#企业所得税 Company Income Tax	#个人所得税 Personal Income Tax
许昌市	Xuchang City	90.37	69.65	9.93	18.95	7.32	2.02
漯河市	Luohe City	41.61	33.35	5.91	9.61	4.87	0.78
三门峡市	Sanmenxia City	68.62	47.04	7.73	12.19	4.27	1.39
南阳市	Nanyang City	103.65	82.59	11.66	24.99	6.43	1.98
商丘市	Shangqiu City	70.19	52.90	9.39	18.71	4.01	1.66
信阳市	Xinyang City	55.46	42.32	3.77	18.47	4.07	1.23
周口市	Zhoukou City	60.13	40.45	3.76	14.23	3.68	0.77
驻马店市	Zhumadian City	58.91	43.06	4.38	15.36	4.00	1.02
济源市	Jiyuan City	28.87	21.40	3.37	5.23	4.72	0.64
湖北省	**Hubei**						
武汉市	Wuhan City	828.58	666.74	72.18	249.61	113.34	26.79
黄石市	Huangshi City	65.64	46.27	10.41	13.84	8.00	1.58
十堰市	Shiyan City	76.93	58.42	8.74	14.26	8.25	1.87
宜昌市	Yichang City	153.24	120.37	12.78	39.16	16.78	4.31
襄阳市	Xiangyang City	139.85	107.14	12.56	32.53	9.33	3.41
鄂州市	Ezhou City	32.58	24.33	4.60	8.46	2.09	0.65
荆门市	Jingmen City	50.69	36.83	4.60	12.39	3.43	1.54
孝感市	Xiaogan City	69.50	46.41	6.80	16.88	4.95	1.53
荆州市	Jingzhou City	56.76	42.46	6.93	17.08	5.44	1.47
黄冈市	Huanggang City	62.92	40.44	6.20	17.08	1.68	1.43
咸宁市	Xianning City	45.82	32.10	3.64	12.88	3.67	0.81
随州市	Suizhou City	22.99	17.08	2.90	6.81	2.00	0.70
恩施土家族苗族自治州	Enshi Tujia & Miao A.P	40.43	32.39	4.35	11.44	2.61	1.20
仙桃市	Xiantao City	17.14	13.56	2.09	4.52	1.67	0.46
潜江市	Qianjiang City	16.01	12.04	2.32	3.33	0.70	0.40
天门市	Tianmen City	11.00	7.75	0.79	2.99	0.57	0.22
神农架林区	Shennongjia Forest District	2.44	1.66	0.33	0.54	0.27	0.07
湖南省	**Hunan**						
长沙市	Changsha City	490.65	336.75	26.09	124.39	39.02	15.76
株洲市	Zhuzhou City	135.43	71.51	10.92	20.72	5.39	2.45
湘潭市	Xiangtan City	84.78	40.07	4.33	14.07	3.33	1.21
衡阳市	Hengyang City	135.51	66.32	6.11	17.97	4.15	2.16
邵阳市	Shaoyang City	53.66	27.11	3.93	8.82	1.87	1.41
岳阳市	Yueyang City	90.48	46.05	8.65	13.26	2.95	1.45
常德市	Changde City	106.73	63.80	5.48	14.98	2.75	1.24
张家界市	Zhangjiajie City	22.62	12.99	0.83	4.98	1.08	0.28
益阳市	Yiyang City	43.87	28.41	4.12	9.18	2.27	0.93
郴州市	Chenzhou City	119.68	62.58	9.63	15.42	3.09	2.05
永州市	Yongzhou City	59.47	33.15	2.99	9.47	1.72	1.16
怀化市	Huaihua City	69.07	43.05	3.79	12.40	2.29	1.23
娄底市	Loudi City	51.83	34.63	5.59	9.81	2.08	0.75
湘西土家族苗族自治州	West Hunan Tujia & Miao A.P	28.30	16.67	2.12	4.75	1.49	0.63

3-6 续表 6 continued

地 区	Region	公共财政预算收入(亿元) Public Budgetary Revenue (100 million yuan)	#税收收入 Taxes	#国内增值税 Domestic Value-added Tax	#营业税 Business Tax	#企业所得税 Company Income Tax	#个人所得税 Personal Income Tax
广东省	**Guangdong**						
广州市	Guangzhou City	1102.40	825.45	175.83	174.76	107.50	43.96
韶关市	Shaoguan City	61.48	41.29	9.59	8.03	2.19	1.06
深圳市	Shenzhen City	1482.08	1329.98	187.55	421.02	269.73	139.12
珠海市	Zhuhai City	162.60	122.62	32.28	23.26	15.57	4.61
汕头市	Shantou City	96.34	61.41	17.34	9.94	7.16	1.94
佛山市	Foshan City	384.08	300.25	66.14	51.73	39.75	10.37
江门市	Jiangmen City	135.03	105.55	26.77	17.25	10.20	3.05
湛江市	Zhanjiang City	92.09	52.31	12.43	12.15	3.90	1.68
茂名市	Maoming City	78.12	44.04	11.44	6.52	1.96	0.83
肇庆市	Zhaoqing City	103.81	65.57	9.61	12.75	3.60	1.30
惠州市	Huizhou City	200.88	154.20	40.85	29.29	11.37	3.13
梅州市	Meizhou City	56.27	39.71	8.61	6.03	2.53	0.91
汕尾市	Shanwei City	41.09	25.11	2.92	3.35	1.45	0.34
河源市	Heyuan City	37.64	28.59	6.59	6.06	2.53	0.51
阳江市	Yangjiang City	43.12	28.63	5.16	7.16	2.50	0.68
清远市	Qingyuan City	86.87	56.61	8.59	14.06	5.06	1.21
东莞市	Dongguan City	356.32	279.29	83.02	51.82	29.63	8.90
中山市	ZhongShan City	201.89	145.70	40.32	29.39	15.20	4.33
潮州市	Chaozhou City	31.93	25.50	8.77	2.62	2.71	0.80
揭阳市	Jieyang City	56.70	37.81	11.31	4.72	3.77	1.19
云浮市	Yunfu City	36.76	21.66	3.60	4.32	1.38	1.00
广西壮族自治区	**Guangxi**						
南宁市	Nanning City	229.72	158.02	11.94	40.58	21.36	5.79
柳州市	Liuzhou City	113.55	80.16	11.94	14.14	10.15	1.90
桂林市	Guilin City	106.01	59.33	5.12	14.07	5.81	1.85
梧州市	Wuzhou City	73.83	44.06	2.89	5.94	2.70	0.66
北海市	Beihai City	41.13	29.38	1.78	7.39	2.46	0.48
防城港市	Fangchenggang City	35.55	19.77	1.44	6.10	1.60	0.35
钦州市	Qinzhou City	33.58	21.07	1.15	6.90	2.33	0.44
贵港市	Guigang City	26.57	19.04	2.57	5.25	1.98	0.54
玉林市	Yulin City	65.57	36.85	3.52	7.45	3.58	0.84
百色市	Baise City	56.58	35.08	5.42	6.82	2.05	0.58
贺州市	Hezhou City	19.21	11.08	1.49	2.53	1.01	0.34
河池市	Hechi City	22.17	14.47	2.62	4.10	1.47	0.74
来宾市	Laibin City	32.21	17.89	2.41	3.89	1.92	0.29
崇左市	Chongzuo City	39.49	21.58	3.39	3.73	2.51	0.31
海南省	**Hainan**						
海口市	Haikou City	210.43	62.82	4.11	17.62	8.19	1.85
三亚市	Sanya City	60.25	53.59	0.69	17.41	5.63	0.71
重庆市	**Chongqing**						
万州区	Wanzhou District	41.71	25.96	2.26	5.69	3.44	0.55
涪陵区	Fuling District	37.81	23.43	3.47	6.18	3.14	0.62
渝中区	Yuzhong District	61.30	40.13	1.66	16.18	5.60	2.24
大渡口区	Dadukou District	13.06	9.32	0.64	2.31	0.58	0.26
江北区	Jiangbei District	80.33	55.14	2.44	16.06	6.76	1.52
沙坪坝区	Shapingba District	48.11	29.94	1.84	8.74	2.21	0.52
九龙坡区	Jiulongpo District	62.59	39.32	3.51	9.31	3.38	0.83

3-6 续表 7 continued

地　区	Region	公共财政预算收入(亿元) Public Budgetary Revenue (100 million yuan)	#税收收入 Taxes	#国内增值税 Domestic Value-added Tax	#营业税 Business Tax	#企业所得税 Company Income Tax	#个人所得税 Personal Income Tax
南岸区	Nanan District	61.03	37.04	2.28	9.74	2.29	0.78
北碚区	Beibei District	36.81	20.74	1.13	3.73	0.83	0.33
綦江区	Qijiang District	29.96	14.77	2.74	3.68	1.10	0.30
大足区	Dazu District	23.72	8.82	0.80	2.37	0.68	0.16
渝北区	Yubei District	112.33	97.70	4.91	22.62	9.71	2.25
巴南区	Banan District	34.02	17.75	1.14	4.45	0.84	0.27
黔江区	Qianjiang District	15.22	10.23	1.79	2.97	0.79	0.22
长寿区	Changshou District	25.24	17.32	2.37	4.29	1.06	0.51
江津区	Jiangjin District	30.71	18.02	2.63	4.43	1.64	0.46
合川区	Hechuan District	25.45	14.87	1.25	4.69	1.36	0.26
永川区	Yongchuan District	30.57	16.04	2.35	4.67	1.61	0.54
南川区	Nanchuan District	14.07	8.22	0.69	2.22	0.82	0.11
四川省	**Sichuan**						
成都市	Chengdu City	780.90	571.50	49.54	198.35	101.33	23.09
自贡市	Zigong City	32.99	22.55	3.28	6.93	2.58	0.79
攀枝花市	Panzhihua City	57.20	40.95	8.28	7.92	5.55	1.52
泸州市	Luzhou City	82.79	59.50	8.38	11.73	14.96	1.55
德阳市	Deyang City	75.53	54.83	10.80	12.77	6.81	1.46
绵阳市	Mianyang City	80.40	55.39	6.16	19.80	5.55	2.36
广元市	Guangyuan City	26.84	19.82	1.71	7.21	1.38	0.48
遂宁市	Suining City	28.45	20.07	1.63	7.00	2.24	0.49
内江市	Neijiang City	30.93	21.08	2.49	6.45	2.64	0.62
乐山市	Leshan City	70.40	43.11	6.04	11.02	5.49	1.44
南充市	Nanchong City	52.87	39.13	2.24	14.61	5.18	0.95
眉山市	Meishan City	48.81	32.96	2.69	8.91	3.92	0.81
宜宾市	Yibin City	82.97	62.51	10.14	11.77	16.21	1.32
广安市	Guangan City	32.80	19.99	2.06	5.17	3.33	0.48
达州市	Dazhou City	52.04	37.71	4.15	11.03	4.35	1.55
雅安市	Yaan City	30.22	26.03	5.25	4.90	2.33	0.84
巴中市	Bazhong City	20.06	12.87	0.79	5.04	1.12	0.69
资阳市	Ziyang City	40.73	27.93	1.60	8.95	3.01	0.71
阿坝藏族羌族自治州	Aba Zang & Qiang A.P	25.82	15.61	2.70	7.32	1.88	0.47
甘孜藏族自治州	Ganzi Zang A.P	21.57	13.80	1.95	6.08	1.29	0.41
凉山彝族自治州	Liangshan Yi A.P	100.06	59.52	8.28	17.02	5.39	1.87
贵州省	**Guizhou**						
贵阳市	Guiyang City	241.19	193.65	13.83	75.87	26.86	8.46
六盘水市	Liupanshui City	103.50	56.44	6.52	15.89	3.87	3.97
遵义市	Zunyi City	113.00	84.68	11.60	28.08	6.92	4.81
安顺市	Anshun City	37.50	26.86	2.39	11.74	3.15	1.07
毕节市	Bijie City	110.43	56.39	6.37	14.23	4.67	5.64
铜仁市	Tongren City	36.57	24.60	1.97	8.56	1.96	0.85
黔西南布依族苗族自治州	Southwest Guizhou Buyi & Miao A.P	64.42	37.46	3.70	10.78	3.85	3.73
黔东南苗族侗族自治州	Southeast Guizhou Miao & Dong A.P	70.08	45.46	2.14	16.27	3.40	2.02
黔南布依族苗族自治州	South Guizhou Buyi & Miao A.P	57.87	37.34	2.93	12.31	3.33	1.72

3-6 续表 8 continued

地 区	Region	公共财政预算收入(亿元) Public Budgetary Revenue (100 million yuan)	#税收收入 Taxes	#国内增值税 Domestic Value-added Tax	#营业税 Business Tax	#企业所得税 Company Income Tax	#个人所得税 Personal Income Tax
云南省	**Yunnan**						
昆明市	Kunming City	378.40	338.87	46.31	127.72	19.98	6.94
曲靖市	Qujing City	103.83	88.00	21.67	23.38	4.27	1.88
玉溪市	Yuxi City	90.22	75.43	20.66	13.61	4.83	0.90
保山市	Baoshan City	35.55	27.79	3.78	10.11	1.16	0.42
昭通市	Zhaotong City	39.47	32.07	6.81	11.21	1.28	0.45
丽江市	Lijiang City	38.01	22.72	3.46	7.99	0.67	0.31
普洱市	Puer City	47.90	37.33	3.43	8.87	1.50	0.31
临沧市	Lincang City	30.22	23.23	3.82	7.49	0.99	0.27
楚雄彝族自治州	Chuxiong Yi A.P	46.32	36.33	6.68	9.38	1.78	0.52
红河哈尼族彝族自治州	Honghe Hani & Yi A.P	84.48	63.73	14.11	18.14	3.24	0.90
文山壮族苗族自治州	Wenshan Zhuang & Miao A.P	36.13	28.36	3.88	9.85	1.68	0.63
西双版纳傣族自治州	Xishuangbanna Dai A.P	22.26	17.34	1.60	8.75	0.98	0.21
大理白族自治州	Dali Bai A.P	59.28	45.81	7.40	15.00	2.32	0.63
德宏傣族景颇族自治州	Dehong Dai & Jingpo A.P	24.32	16.24	2.67	6.55	0.84	0.23
怒江傈僳族自治州	Nujiang Lisu A.P	7.51	5.07	0.80	2.02	0.15	0.07
迪庆藏族自治州	Diqing Zang A.P	10.75	7.53	0.95	3.78	0.26	0.16
西藏自治区	**Tibet A.R.**						
拉萨市	Lhasa City	40.38	31.79	4.74	11.05	7.46	4.48
昌都地区	Qamdu Prefecture	5.02	3.32	0.62	1.89	0.31	0.07
山南地区	Lhokha Prefecture	6.03	4.53	0.81	2.14	0.61	0.29
日喀则地区	Xigaze Prefecture	5.76	4.28	0.67	2.41	0.43	0.17
那曲地区	Narqu Prefecture	3.40	2.09	0.48	1.00	0.20	0.05
阿里地区	Ngri Prefecture	1.60	0.97	0.08	0.64	0.08	0.04
林芝地区	Nyingchi Prefecture	24.39	23.08	0.29	1.62	1.82	18.70
其他	Others						
陕西省	**Shaanxi**						
西安市	Xi'an City	396.96	322.08	25.40	128.76	28.38	9.17
铜川市	Tongchuan City	21.00	12.00	2.83	3.75	0.85	0.30
宝鸡市	Baoji City	64.85	41.66	7.29	10.64	2.85	0.68
咸阳市	Xianyang City	69.17	48.26	7.62	16.23	4.57	0.94
渭南市	Weinan City	55.06	38.96	8.22	11.51	2.11	0.71
延安市	Yan'an City	139.26	86.81	24.86	11.76	9.16	1.19
汉中市	Hanzhong City	30.09	22.97	3.29	9.32	1.06	0.45
榆林市	Yulin City	249.06	172.11	46.27	31.93	30.50	6.97
安康市	Ankang City	21.66	13.63	1.76	5.33	0.67	0.42
商洛市	Shangluo City	21.50	12.36	1.12	4.53	0.52	0.28
杨凌示范区	Yangling Demonstration Zone	4.91	3.96	0.30	1.33	0.15	0.07
甘肃省	**Gansu**						
兰州市	Lanzhou City	103.73	81.68	10.39	27.20	7.72	2.79
嘉峪关市	Jiayuguan City	12.85	11.22	2.29	2.83	0.91	0.25
金昌市	Jinchang City	13.32	11.52	2.89	2.68	0.37	0.16
白银市	Baiyin City	24.09	15.35	3.39	3.83	1.03	0.40
天水市	Tianshui City	23.05	14.34	2.91	4.72	0.59	0.31
武威市	Wuwei City	14.50	9.06	1.56	3.59	0.64	0.37
张掖市	Zhangye City	12.66	9.58	1.73	3.53	0.71	0.35

3-6 续表 9 continued

地　区	Region	公共财政预算收入(亿元) Public Budgetary Revenue (100 million yuan)	#税收收入 Taxes	#国内增值税 Domestic Value-added Tax	#营业税 Business Tax	#企业所得税 Company Income Tax	#个人所得税 Personal Income Tax
平凉市	Pingliang City	21.39	14.80	3.94	3.78	1.18	0.39
酒泉市	Jiuquan City	21.18	14.81	1.63	5.73	1.17	0.36
庆阳市	Qingyang City	53.11	33.79	10.80	6.39	0.46	0.55
定西市	Dingxi City	13.11	9.25	1.35	4.17	0.39	0.21
陇南市	Longnan City	16.01	10.05	2.24	3.58	0.65	0.36
临夏回族自治州	Linxia Hui A.P	9.07	5.53	1.03	2.34	0.46	0.12
甘南藏族自治州	Gannan Zang A.P	6.76	3.80	0.56	2.15	0.34	0.12
青海省	**Qinghai**						
西宁市	Xining City	54.77	48.14	4.58	24.04	4.68	1.81
海东地区	Haidong Prefecture	9.36	7.60	0.73	4.15	0.57	0.18
海北藏族自治州	Haibei Zang A.P	4.90	4.17	0.37	2.34	0.59	0.11
黄南藏族自治州	Huangnan Zang AP	1.71	1.20	0.24	0.56	0.08	0.04
海南藏族自治州	Hainan Zang A.P	4.37	3.48	0.43	1.71	0.23	0.07
果洛藏族自治州	Golog Zang A.P	1.50	1.11	0.30	0.50	0.01	0.04
玉树藏族自治州	Yushu Zang A.P	3.30	2.75	0.08	2.35	0.02	0.08
海西蒙古族藏族自治州	Haixi Mongolian & Zang A.P	44.91	39.32	6.62	9.91	5.40	1.21
宁夏回族自治区	**Ningxia**						
银川市	Yinchuan City	113.13	90.17	6.28	45.60	7.16	2.10
石嘴山市	Shizuishan City	29.79	22.85	3.54	8.40	1.55	0.55
吴忠市	Wuzhong City	28.74	22.13	3.24	10.24	1.04	0.38
固原市	Guyuan City	10.33	7.86	0.72	5.12	0.21	0.12
中卫市	Zhongwei City	14.74	11.47	1.49	6.29	0.56	0.18
新疆维吾尔自治区	**Xinjiang**						
乌鲁木齐市	Urumqi City	252.01	217.69	19.79	97.18	31.32	14.95
克拉玛依市	Karamay City	57.26	50.74	17.19	12.07	3.71	2.67
吐鲁番地区	Turpan Prefecture	25.22	19.24	4.38	6.33	2.32	0.97
哈密地区	Hami Prefecture	30.38	24.64	3.50	11.73	2.78	1.07
昌吉回族自治州	Changji Hui A.P	64.28	52.42	7.10	23.77	4.51	2.16
博尔塔拉蒙古自治州	Bortala Mongolian A.P	10.39	8.21	0.48	4.76	0.84	0.42
巴音郭楞蒙古自治州	Bayingolin Mongolian A.P	60.49	49.27	7.18	18.38	6.01	2.48
阿克苏地区	Aksu Prefecture	72.17	63.22	20.51	14.23	5.07	1.85
克孜勒苏柯尔克孜自治州	Kizilsu Kirgiz A.P	7.09	5.51	0.48	2.93	0.22	0.47
喀什地区	Kashi Prefecture	37.80	28.29	1.95	14.06	2.68	1.91
和田地区	Hotan Prefecture	11.18	8.43	0.69	4.75	0.54	0.56
伊犁哈萨克自治州	Ili Kazak A.P	56.17	46.17	5.17	20.08	4.98	2.33
塔城地区	Tacheng Prefecture	32.04	26.44	5.99	9.03	2.32	1.25
阿勒泰地区	Altay Prefecture	25.42	19.89	3.02	6.26	3.76	1.10
石河子市	Shihezi City	21.75	18.58	2.67	6.90	2.63	1.17
阿拉尔市	Alar City	3.23	3.02	0.10	1.66	0.22	0.14
图木舒克市	Tumxuk City	1.43	1.20	0.05	0.72	0.08	0.12
五家渠市	Wujiaqu City	6.86	6.54	0.28	3.00	1.56	0.20
北屯市	Beitun City	0.66	0.65	0.04	0.42	0.03	0.05
铁门关市	Tiemenguan City						
生产建设兵团	Corps						

3-7 财政支出(2012年)
Government Expenditure (2012)

地区	Region	公共财政预算支出(亿元) Public Budgetary Expenditure (100 million yuan)	#教育 Expenditure for Education	#社会保障和就业 Expenditure for Social Safety Net and Employment Effort	#医疗卫生 Expenditure for Medical and Health Care	#农林水利事务 Expenditure for Agriculture, Forestry and Water Conservancy
北京市	**Beijing**					
东城区	Dongcheng District	154.70	32.53	31.60	9.50	0.02
西城区	Xicheng District	258.99	45.31	37.16	16.59	0.02
朝阳区	Chaoyang District	275.10	59.79	50.65	23.90	22.02
丰台区	Fengtai District	142.36	26.46	23.60	8.29	6.78
石景山区	Shijingshan District	51.82	9.07	10.45	3.25	2.00
海淀区	Haidian District	305.58	54.31	46.20	15.83	8.85
门头沟区	Mentougou District	60.10	7.80	9.46	2.85	8.24
房山区	Fangshan District	114.11	20.76	18.61	8.17	12.76
通州区	Tongzhou District	99.34	14.73	15.70	9.37	15.34
顺义区	Shunyi District	130.35	18.90	16.80	9.33	18.36
昌平区	Changping District	95.36	14.75	14.73	6.91	13.08
大兴区	Daxing District	101.36	19.96	13.60	7.82	15.79
怀柔区	Huairou District	75.55	9.86	8.14	8.76	10.61
平谷区	Pinggu District	70.88	13.15	9.53	5.01	9.53
密云县	Miyun County	76.90	10.01	9.34	7.53	15.12
延庆县	Yanqing County	59.72	8.98	7.56	4.45	13.56
北京经济技术开发区	Beijing Economic-technological Development Zones					
其他	Others					
天津市	**Tianjin**					
和平区	Heping District	47.21	16.37	3.08	3.13	
河东区	Hedong District	37.61	12.27	5.18	2.60	
河西区	Hexi District	42.00	13.88	3.31	2.79	
南开区	Nankai District	40.49	12.64	3.65	3.42	
河北区	Hebei District	38.27	11.67	3.78	3.24	
红桥区	Hongqiao District	26.14	9.61	2.33	2.04	
东丽区	Dongli District	62.38	11.84	4.35	3.67	1.83
西青区	Xiqing District	59.99	12.12	3.69	3.57	5.43
津南区	Jinnan District	43.31	11.89	1.64	2.71	1.01
北辰区	Beichen District	37.52	9.16	2.16	3.50	2.23
武清区	Wuqing District	76.88	23.95	3.76	4.73	3.74
宝坻区	Baodi District	54.05	18.00	3.18	2.94	5.73
滨海新区	Binhai New Area	530.80	58.84	8.59	15.87	5.85
宁河县	Ninghe County	31.91	9.75	1.72	2.27	1.54
静海县	Jinghai County	49.18	11.93	3.33	3.50	3.72
蓟县	Ji County	33.94	12.40	3.52	3.73	2.99
其他	Others					
河北省	**Hebei**					
石家庄市	Shijiazhuang City	464.09	109.28	37.39	41.83	39.89
唐山市	Tangshan City	490.31	97.55	48.61	40.51	46.22
秦皇岛市	Qinhuangdao City	199.97	34.88	17.30	19.63	17.17
邯郸市	Handan City	379.58	95.35	32.94	33.72	34.86
邢台市	Xingtai City	250.25	57.39	25.60	25.19	29.41
保定市	Baoding City	383.57	78.97	52.09	42.47	46.41
张家口市	Zhangjiakou City	266.56	51.63	31.10	20.64	30.61
承德市	Chengde City	235.80	51.46	20.40	18.45	33.28
沧州市	Cangzhou City	311.57	73.78	24.12	29.43	28.73
廊坊市	Langfang City	268.04	56.24	24.10	20.18	24.21
衡水市	Hengshui City	160.81	36.75	14.33	15.72	17.11

3-7 续表 1 continued

地　区	Region	公共财政预算支出(亿元) Public Budgetary Expenditure (100 million yuan)	#教　育 Expenditure for Education	#社会保障和就业 Expenditure for Social Safety Net and Employment Effort	#医疗卫生 Expenditure for Medical and Health Care	#农林水利事务 Expenditure for Agriculture, Forestry and Water Conservancy
山西省	**Shanxi**					
太原市	Taiyuan City	277.76	55.04	33.43	17.15	18.21
大同市	Datong City	186.56	44.28	22.04	14.03	15.72
阳泉市	Yangquan City	88.41	21.86	8.81	6.47	5.86
长治市	Changzhi City	201.87	44.48	22.10	15.91	21.81
晋城市	Jincheng City	129.83	30.15	16.26	10.19	16.63
朔州市	Shuozhou City	138.87	29.74	10.61	8.30	15.27
晋中市	Jinzhong City	178.64	39.49	25.63	14.70	19.06
运城市	Yuncheng City	192.71	45.45	25.34	18.80	26.24
忻州市	Xinzhou City	181.53	43.57	24.04	15.31	22.43
临汾市	Linfen City	222.82	46.81	29.56	18.76	23.51
吕梁市	Luliang City	246.47	60.83	20.44	18.89	25.49
其他	Others					
内蒙古自治区	**Inner Mongolia**					
呼和浩特市	Hohhot City	276.29	33.98	30.57	15.44	33.71
包头市	Baotou City	291.02	40.38	38.92	12.01	30.15
乌海市	Wuhai City	79.32	7.98	8.16	4.72	9.52
赤峰市	Chifeng City	325.62	66.80	41.05	22.87	51.20
通辽市	Tongliao City	255.56	38.81	33.06	19.34	47.47
鄂尔多斯市	Erdos City	483.25	59.23	43.57	21.28	58.63
呼伦贝尔市	Hulunbuir City	294.44	41.47	44.66	18.74	44.18
巴彦淖尔市	Bayannur City	182.81	19.83	29.48	10.48	34.31
乌兰察布市	Ulanqab City	233.81	30.17	41.72	13.41	36.53
兴安盟	Xingan League	152.00	21.54	20.98	9.96	30.31
锡林郭勒盟	Xilingol League	168.33	20.74	19.40	9.83	31.09
阿拉善盟	Alxa League	75.33	6.41	4.17	3.90	14.58
辽宁省	**Liaoning**					
沈阳市	Shenyang City	766.09	119.43	125.34	36.60	38.79
大连市	Dalian City	890.96	136.96	122.69	31.12	56.44
鞍山市	Anshan City	290.27	33.16	55.71	12.92	19.83
抚顺市	Fushun City	200.20	32.15	44.40	7.28	17.60
本溪市	Benxi City	175.57	24.25	27.21	6.77	12.62
丹东市	Dandong City	196.94	34.06	33.00	8.20	23.74
锦州市	Jinzhou City	204.71	33.67	37.59	11.06	33.53
营口市	Yingkou City	221.03	35.08	35.33	14.24	14.56
阜新市	Fuxin City	145.40	20.75	24.39	8.03	17.21
辽阳市	Liaoyang City	137.40	21.89	24.06	7.25	10.25
盘锦市	Panjin City	182.18	28.93	20.38	6.41	19.42
铁岭市	Tieling City	200.29	33.84	21.83	10.12	28.04
朝阳市	Chaoyang City	213.72	36.43	37.25	13.41	33.81
葫芦岛市	Huludao City	166.80	28.81	29.06	9.24	23.10

3-7 续表 2 continued

地　区	Region	公共财政预算支出（亿元）Public Budgetary Expenditure (100 million yuan)	#教　育 Expenditure for Education	#社会保障和就业 Expenditure for Social Safety Net and Employment Effort	#医疗卫生 Expenditure for Medical and Health Care	#农林水利事务 Expenditure for Agriculture, Forestry and Water Conservancy
吉林省	**Jilin**					
长春市	Changchun City	555.51	102.81	61.66	40.07	35.56
吉林市	Jilin City	284.94	54.71	48.99	25.72	20.74
四平市	Siping City	171.66	34.74	27.60	15.46	18.73
辽源市	Liaoyuan City	82.65	16.43	15.62	6.30	7.14
通化市	Tonghua City	176.15	31.35	24.98	12.06	18.55
白山市	Baishan City	140.09	24.20	23.13	9.37	13.58
松原市	Songyuan City	142.59	29.13	16.12	11.41	20.82
白城市	Baicheng City	142.71	29.35	20.37	11.28	23.88
延边朝鲜族自治州	Yanbian Korean A.P	217.02	37.28	30.32	12.51	26.44
黑龙江省	**Heilongjiang**					
哈尔滨市	Harbin City	643.58	118.59	87.52	42.59	63.32
齐齐哈尔市	Qiqihar City	263.78	53.71	39.07	20.03	56.97
鸡西市	Jixi City	116.46	23.68	17.05	6.56	15.62
鹤岗市	Hegang City	79.75	14.62	9.79	4.72	9.09
双鸭山市	Shuangyashan City	99.41	18.59	13.71	5.86	12.79
大庆市	Daqing City	234.93	41.34	22.03	15.51	24.94
伊春市	Yichun City	81.70	11.67	15.17	4.56	10.86
佳木斯市	Jiamusi City	175.18	35.07	26.81	11.43	32.02
七台河市	Qitaihe City	60.86	11.08	7.30	3.19	5.83
牡丹江市	Mudanjiang City	202.52	38.82	21.72	11.02	21.12
黑河市	Heihe City	115.17	23.26	16.12	7.07	25.37
绥化市	Suihua City	254.54	55.73	29.94	20.13	53.48
大兴安岭地区	Daxing'anling Prefecture	53.10	6.77	6.05	2.83	8.16
农垦总局	Agriculture Reclamation Bureau					
其他	Others					
上海市	**Shanghai**					
黄浦区	Huangpu District					
徐汇区	Xuhui District					
长宁区	Changning District					
静安区	Jingan District					
普陀区	Putuo District					
闸北区	Zhabei District					
虹口区	Hongkou District					
杨浦区	Yangpu District					
闵行区	Minhang District					
宝山区	Baoshan District					
嘉定区	Jiading District					
浦东新区	Pudong New District					
金山区	Jinshan District					
松江区	Songjiang District					
青浦区	Qingpu District					
奉贤区	Fengxian District					
崇明县	Chongming County					
其他	Others					

3-7 续表 3 continued

地　区	Region	公共财政预算支出(亿元) Public Budgetary Expenditure (100 million yuan)	#教　育 Expenditure for Education	#社会保障和就业 Expenditure for Social Safety Net and Employment Effort	#医疗卫生 Expenditure for Medical and Health Care	#农林水利事务 Expenditure for Agriculture, Forestry and Water Conservancy
江苏省	**Jiangsu**					
南京市	Nanjing City	769.66	124.99	74.07	45.34	51.01
无锡市	Wuxi City	648.61	115.89	46.82	34.16	44.82
徐州市	Xuzhou City	530.05	111.59	50.52	39.40	81.91
常州市	Changzhou City	391.22	66.11	41.66	22.79	28.61
苏州市	Suzhou City	1113.47	180.70	101.61	55.29	86.56
南通市	Nantong City	513.01	113.79	40.70	36.65	62.90
连云港市	Lianyungang City	312.55	57.40	20.62	17.03	43.15
淮安市	Huaian City	339.86	66.73	29.25	23.56	50.42
盐城市	Yancheng City	473.48	93.60	38.78	36.87	66.54
扬州市	Yangzhou City	284.80	55.04	20.23	18.63	35.87
镇江市	Zhenjiang City	235.25	46.01	16.75	14.57	22.26
泰州市	Taizhou City	300.90	58.37	25.86	23.76	39.46
宿迁市	Suqian City	272.40	63.43	28.94	17.93	47.67
浙江省	**Zhejiang**					
杭州市	Hangzhou City	786.28	146.98	87.14	55.92	44.88
宁波市	Ningbo City	828.44	141.70	79.01	56.38	72.20
温州市	Wenzhou City	387.79	103.64	27.75	29.94	42.18
嘉兴市	Jiaxing City	260.70	64.93	20.97	15.12	23.00
湖州市	Huzhou City	167.51	37.11	13.57	11.95	15.03
绍兴市	Shaoxing City	278.71	67.25	21.34	20.68	28.19
金华市	Jinhua City	271.95	72.38	22.58	25.67	27.90
衢州市	Quzhou City	138.89	31.11	11.75	11.15	18.63
舟山市	Zhoushan City	155.22	21.34	7.54	10.27	30.40
台州市	Taizhou City	287.93	73.97	24.26	19.20	39.29
丽水市	Lishui City	167.94	36.73	12.98	14.93	25.73
安徽省	**Anhui**					
合肥市	Hefei City	572.29	99.92	44.04	35.02	40.47
芜湖市	Wuhu City	302.21	49.17	26.65	19.85	22.06
蚌埠市	Bengbu City	165.17	29.32	18.34	15.66	19.31
淮南市	Huainan City	148.95	23.19	15.01	12.07	12.00
马鞍山市	Maanshan City	190.37	29.76	15.62	12.81	14.88
淮北市	Huaibei City	108.53	17.50	11.11	9.30	10.43
铜陵市	Tongling City	96.39	14.08	8.21	6.74	4.47
安庆市	Anqing City	245.68	53.77	27.56	27.33	33.92
黄山市	Huangshan City	125.97	12.94	13.76	9.64	14.53
滁州市	Chuzhou City	231.03	38.16	23.18	26.43	39.40
阜阳市	Fuyang City	272.29	65.08	40.52	31.71	34.04
宿州市	Suzhou City	193.80	43.84	15.78	21.42	31.50
六安市	Liuan City	251.09	57.89	23.29	26.32	42.26
亳州市	Bozhou City	177.26	40.79	23.47	23.10	22.67
池州市	Chizhou City	112.72	18.59	10.02	10.11	12.83
宣城市	Xuancheng City	178.68	26.08	15.87	18.73	24.08
福建省	**Fujian**					
福州市	Fuzhou City	410.73	95.79	38.42	31.01	29.90
厦门市	Xiamen City	470.50	70.71	32.05	21.42	13.83
莆田市	Putian City	117.79	41.96	8.91	11.88	11.67
三明市	Sanming City	153.22	38.27	11.62	12.51	26.17
泉州市	Quanzhou City	356.44	82.63	27.45	28.56	40.38
漳州市	Zhangzhou City	221.77	40.56	23.15	19.18	29.64
南平市	Nanping City	131.10	30.13	14.06	13.21	19.36
龙岩市	Longyan City	164.93	38.99	13.67	14.54	20.04
宁德市	Ningde City	142.18	34.80	14.70	13.51	19.52

3-7 续表 4 continued

地 区	Region	公共财政预算支出(亿元) Public Budgetary Expenditure (100 million yuan)	#教 育 Expenditure for Education	#社会保障和就业 Expenditure for Social Safety Net and Employment Effort	#医疗卫生 Expenditure for Medical and Health Care	#农林水利事务 Expenditure for Agriculture, Forestry and Water Conservancy
江西省	**Jiangxi**					
南昌市	Nanchang City	345.99	63.52	37.84	30.97	25.78
景德镇市	Jingdezhen City	121.35	18.35	16.72	8.23	13.31
萍乡市	Pingxiang City	134.34	20.88	17.60	9.06	12.97
九江市	Jiujiang City	298.01	55.29	34.43	23.06	35.46
新余市	Xinyu City	126.12	18.46	9.46	6.03	8.34
鹰潭市	Yingtan City	87.97	12.70	8.87	7.16	6.77
赣州市	Ganzhou City	404.16	94.36	59.25	34.52	54.82
吉安市	Jian City	246.94	54.94	27.02	21.43	45.00
宜春市	Yichun City	269.26	54.36	39.59	22.99	40.64
抚州市	Fuzhou City	202.21	41.92	23.96	17.48	30.34
上饶市	Shangrao City	304.26	69.74	35.33	30.57	42.34
山东省	**Shandong**					
济南市	Jinan City	465.67	82.00	56.89	33.32	29.04
青岛市	Qingdao City	765.98	143.24	55.80	33.86	39.74
淄博市	Zibo City	290.88	73.36	31.51	19.98	29.56
枣庄市	Zaozhuang City	187.19	37.41	17.85	15.14	17.12
东营市	Dongying City	208.40	47.42	13.96	12.31	30.08
烟台市	Yantai City	476.87	96.42	71.46	37.55	64.00
潍坊市	Weifang City	425.59	114.91	33.90	32.43	51.47
济宁市	Jining City	362.49	89.11	30.38	33.85	43.39
泰安市	Taian City	242.67	47.70	28.62	22.47	30.98
威海市	Weihai City	244.37	49.18	27.76	13.09	42.13
日照市	Rizhao City	138.02	31.61	13.64	11.52	20.80
莱芜市	Laiwu City	66.73	17.21	6.94	4.59	6.74
临沂市	Linyi City	348.98	85.25	43.09	38.97	37.14
德州市	Dezhou City	241.91	51.67	27.96	21.93	33.71
聊城市	Liaocheng City	217.00	54.92	24.06	22.65	28.95
滨州市	Binzhou City	226.59	51.34	31.69	17.12	33.96
菏泽市	Heze City	280.28	68.40	38.81	33.89	36.37
河南省	**Henan**					
郑州市	Zhengzhou City	700.70	124.02	55.74	46.05	52.05
开封市	Kaifeng City	171.69	33.54	23.59	18.99	21.51
洛阳市	Luoyang City	345.11	79.19	31.79	26.02	36.05
平顶山市	Pingdingshan City	209.65	45.61	25.17	19.54	25.50
安阳市	Anyang City	204.81	46.11	18.45	22.20	26.20
鹤壁市	Hebi City	83.50	16.65	9.09	6.54	8.58
新乡市	Xinxiang City	241.50	52.96	22.59	21.76	30.03
焦作市	Jiaozuo City	165.97	33.13	17.49	15.11	16.98
濮阳市	Puyang City	150.66	35.36	21.18	14.57	23.04

3-7 续表 5 continued

地 区	Region	公共财政预算支出(亿元) Public Budgetary Expenditure (100 million yuan)	#教 育 Expenditure for Education	#社会保障和就业 Expenditure for Social Safety Net and Employment Effort	#医疗卫生 Expenditure for Medical and Health Care	#农林水利事务 Expenditure for Agriculture, Forestry and Water Conservancy
许昌市	Xuchang City	178.39	41.91	17.37	15.94	20.55
漯河市	Luohe City	111.70	22.58	12.03	10.99	12.14
三门峡市	Sanmenxia City	137.13	29.25	12.13	9.69	16.52
南阳市	Nanyang City	386.56	81.41	44.94	38.94	57.10
商丘市	Shangqiu City	286.31	73.95	37.24	29.70	37.72
信阳市	Xinyang City	277.11	75.10	28.06	24.26	41.58
周口市	Zhoukou City	323.56	85.26	43.98	40.90	41.36
驻马店市	Zhumadian City	268.98	61.27	36.43	30.51	39.36
济源市	Jiyuan City	47.68	9.61	4.48	3.96	6.25
湖北省	**Hubei**					
武汉市	Wuhan City	885.55	133.80	117.73	56.98	49.48
黄石市	Huangshi City	139.99	25.90	20.82	10.35	13.19
十堰市	Shiyan City	207.75	35.03	29.17	14.68	28.84
宜昌市	Yichang City	295.63	45.82	32.20	20.30	33.88
襄阳市	Xiangyang City	313.97	55.54	43.57	21.03	46.40
鄂州市	Ezhou City	62.68	11.13	7.02	4.09	6.16
荆门市	Jingmen City	141.17	23.63	19.94	11.25	21.61
孝感市	Xiaogan City	143.51	35.24	22.01	14.46	9.68
荆州市	Jingzhou City	158.88	36.08	31.29	15.82	11.59
黄冈市	Huanggang City	271.95	59.60	41.54	26.82	43.34
咸宁市	Xianning City	143.54	26.04	16.59	12.04	22.90
随州市	Suizhou City	85.54	16.50	13.23	9.29	16.89
恩施土家族苗族自治州	Enshi Tujia & Miao A.P	192.58	36.42	19.14	17.74	29.20
仙桃市	Xiantao City	47.71	9.66	5.97	4.70	7.43
潜江市	Qianjiang City	66.14	6.50	6.85	3.96	5.75
天门市	Tianmen City	41.84	7.59	6.36	4.27	7.28
神农架林区	Shennongjia Forest District	12.69	0.81	1.17	0.60	2.09
湖南省	**Hunan**					
长沙市	Changsha City	624.62	116.68	53.60	30.82	40.04
株洲市	Zhuzhou City	230.28	43.10	33.06	17.56	17.67
湘潭市	Xiangtan City	158.60	25.77	26.08	11.81	12.22
衡阳市	Hengyang City	304.30	56.02	46.77	28.46	32.07
邵阳市	Shaoyang City	247.97	58.15	40.69	28.46	33.23
岳阳市	Yueyang City	234.82	48.23	41.78	22.01	28.71
常德市	Changde City	254.97	52.65	46.27	22.99	36.37
张家界市	Zhangjiajie City	80.83	17.93	11.71	7.34	11.60
益阳市	Yiyang City	172.24	33.76	32.99	18.30	24.20
郴州市	Chenzhou City	248.64	56.25	33.88	19.01	27.54
永州市	Yongzhou City	220.00	51.66	35.13	23.49	32.95
怀化市	Huaihua City	222.53	50.14	34.63	19.58	26.39
娄底市	Loudi City	165.20	35.62	24.50	16.18	16.83
湘西土家族苗族自治州	West Hunan Tujia & Miao A.P	150.91	31.29	22.32	13.57	22.42

地 区	Region	公共财政预算支出（亿元）Public Budgetary Expenditure (100 million yuan)	#教 育 Expenditure for Education	#社会保障和就业 Expenditure for Social Safety Net and Employment Effort	#医疗卫生 Expenditure for Medical and Health Care	#农林水利事务 Expenditure for Agriculture, Forestry and Water Conservancy
广东省	**Guangdong**					
广州市	Guangzhou City	1343.65	223.50	126.46	74.88	63.55
韶关市	Shaoguan City	148.04	30.96	18.23	11.91	18.06
深圳市	Shenzhen City	1569.01	246.13	66.78	105.30	44.66
珠海市	Zhuhai City	212.20	43.86	17.02	8.14	10.79
汕头市	Shantou City	172.93	44.65	19.12	19.54	18.93
佛山市	Foshan City	433.96	96.65	31.94	22.33	26.85
江门市	Jiangmen City	188.12	44.02	24.67	15.01	20.58
湛江市	Zhanjiang City	218.24	53.27	27.65	28.08	24.44
茂名市	Maoming City	192.27	50.68	25.44	23.45	19.89
肇庆市	Zhaoqing City	176.49	41.82	17.78	16.19	18.15
惠州市	Huizhou City	274.08	62.60	21.96	21.82	26.06
梅州市	Meizhou City	175.53	38.44	26.06	17.89	23.58
汕尾市	Shanwei City	87.99	23.13	11.89	8.56	11.13
河源市	Heyuan City	134.47	30.05	18.88	13.37	18.02
阳江市	Yangjiang City	102.90	23.86	11.43	10.25	16.69
清远市	Qingyuan City	172.01	40.35	18.19	17.52	20.78
东莞市	Dongguan City	385.58	92.80	24.19	12.86	29.69
中山市	ZhongShan City	215.32	59.69	17.01	7.40	25.90
潮州市	Chaozhou City	77.81	19.68	8.45	9.09	9.54
揭阳市	Jieyang City	149.48	38.65	17.60	18.81	15.78
云浮市	Yunfu City	95.15	21.18	11.91	10.82	10.04
广西壮族自治区	**Guangxi**					
南宁市	Nanning City	376.51	66.07	36.38	34.41	32.33
柳州市	Liuzhou City	221.16	40.32	18.39	17.93	20.60
桂林市	Guilin City	261.33	46.74	22.63	26.37	37.82
梧州市	Wuzhou City	159.24	37.78	14.27	14.79	18.98
北海市	Beihai City	100.45	17.17	5.05	8.05	23.17
防城港市	Fangchenggang City	74.73	12.12	7.84	4.96	10.15
钦州市	Qinzhou City	122.51	30.86	12.75	15.00	16.65
贵港市	Guigang City	126.24	33.97	11.17	17.19	17.00
玉林市	Yulin City	192.65	50.55	20.78	24.08	24.46
百色市	Baise City	214.85	51.05	18.18	19.01	32.74
贺州市	Hezhou City	97.69	23.12	8.57	10.76	13.91
河池市	Hechi City	175.27	37.84	17.11	18.39	26.15
来宾市	Laibin City	119.82	26.62	8.17	10.30	20.39
崇左市	Chongzuo City	131.01	27.63	12.90	11.71	17.57
海南省	**Hainan**					
海口市	Haikou City	113.85	21.22	14.45	9.45	9.74
三亚市	Sanya City	82.73	12.18	4.94	4.32	10.80
重庆市	**Chongqing**					
万州区	Wanzhou District	105.27	19.08	12.53	7.95	12.35
涪陵区	Fuling District	76.63	16.46	8.00	6.28	7.93
渝中区	Yuzhong District	78.93	11.83	8.53	2.32	0.05
大渡口区	Dadukou District	18.02	3.87	2.60	1.14	0.81
江北区	Jiangbei District	95.46	14.50	6.06	2.81	1.74
沙坪坝区	Shapingba District	76.40	14.28	8.08	4.52	1.92
九龙坡区	Jiulongpo District	86.51	16.29	7.35	3.93	1.49

3-7 续表 7 continued

地　区	Region	公共财政预算支出(亿元) Public Budgetary Expenditure (100 million yuan)	#教　育 Expenditure for Education	#社会保障和就业 Expenditure for Social Safety Net and Employment Effort	#医疗卫生 Expenditure for Medical and Health Care	#农林水利事务 Expenditure for Agriculture, Forestry and Water Conservancy
南岸区	Nanan District	80.44	13.82	6.56	5.10	2.16
北碚区	Beibei District	50.55	8.74	5.55	3.06	2.77
綦江区	Qijiang District	69.19	14.57	7.93	4.93	6.91
大足区	Dazu District	47.15	10.62	5.00	4.23	6.08
渝北区	Yubei District	154.49	16.39	7.78	4.79	4.90
巴南区	Banan District	56.04	11.15	7.97	3.39	5.57
黔江区	Qianjiang District	41.85	9.60	3.62	2.91	7.60
长寿区	Changshou District	48.88	10.06	7.28	3.99	5.93
江津区	Jiangjin District	62.92	12.94	8.69	5.95	8.60
合川区	Hechuan District	62.68	14.02	8.54	6.04	8.16
永川区	Yongchuan District	56.92	13.15	6.06	9.94	6.32
南川区	Nanchuan District	36.99	6.68	3.87	3.28	5.62
四川省	**Sichuan**					
成都市	Chengdu City	983.85	162.29	58.30	55.48	53.70
自贡市	Zigong City	128.80	22.20	17.60	13.43	16.54
攀枝花市	Panzhihua City	108.17	22.97	9.31	7.92	10.83
泸州市	Luzhou City	212.31	48.03	26.58	19.66	31.08
德阳市	Deyang City	166.66	28.19	20.44	15.97	17.70
绵阳市	Mianyang City	250.56	44.09	28.00	21.46	31.69
广元市	Guangyuan City	157.64	33.27	20.26	13.74	21.90
遂宁市	Suining City	133.32	28.97	18.56	14.02	17.99
内江市	Neijiang City	142.03	29.50	19.06	16.09	18.69
乐山市	Leshan City	168.72	30.34	23.36	15.60	21.65
南充市	Nanchong City	278.74	67.27	36.53	30.48	40.08
眉山市	Meishan City	143.29	26.16	16.88	16.32	20.81
宜宾市	Yibin City	219.03	47.92	21.70	23.12	29.37
广安市	Guangan City	148.66	33.07	16.96	19.29	23.70
达州市	Dazhou City	240.35	50.45	34.58	26.56	34.78
雅安市	Yaan City	93.01	14.23	12.48	8.93	11.83
巴中市	Bazhong City	167.57	40.42	21.82	16.86	25.64
资阳市	Ziyang City	154.04	31.10	21.02	18.50	24.74
阿坝藏族羌族自治州	Aba Zang & Qiang A.P	152.20	21.49	7.40	10.67	21.17
甘孜藏族自治州	Ganzi Zang A.P	220.28	28.93	17.03	11.40	24.20
凉山彝族自治州	Liangshan Yi A.P	300.48	60.33	31.60	29.58	46.33
贵州省	**Guizhou**					
贵阳市	Guiyang City	349.33	62.61	25.06	20.88	24.18
六盘水市	Liupanshui City	187.84	34.97	14.07	12.44	21.89
遵义市	Zunyi City	320.20	73.97	26.24	33.46	46.21
安顺市	Anshun City	130.79	26.40	13.99	14.36	18.87
毕节市	Bijie City	318.96	76.01	28.83	31.02	40.22
铜仁市	Tongren City	206.91	46.68	20.52	19.45	35.19
黔西南布依族苗族自治州	Southwest Guizhou Buyi & Miao A.P	181.17	39.69	19.13	14.52	29.77
黔东南苗族侗族自治州	Southeast Guizhou Miao & Dong A.P	248.53	49.60	24.12	23.89	37.79
黔南布依族苗族自治州	South Guizhou Buyi & Miao A.P	199.86	39.90	18.76	17.96	28.97

3-7 续表 8 continued

地 区	Region	公共财政预算支出(亿元) Public Budgetary Expenditure (100 million yuan)	#教 育 Expenditure for Education	#社会保障和就业 Expenditure for Social Safety Net and Employment Effort	#医疗卫生 Expenditure for Medical and Health Care	#农林水利事务 Expenditure for Agriculture, Forestry and Water Conservancy
云南省	**Yunnan**					
昆明市	Kunming City	525.50	91.60	54.94	27.74	36.84
曲靖市	Qujing City	281.93	67.91	31.73	26.01	42.00
玉溪市	Yuxi City	161.82	25.46	18.25	15.41	20.81
保山市	Baoshan City	141.57	28.79	16.69	13.31	25.54
昭通市	Zhaotong City	248.09	57.58	41.88	24.43	34.92
丽江市	Lijiang City	106.73	18.91	13.48	7.60	17.41
普洱市	Puer City	170.09	28.52	23.11	14.75	27.98
临沧市	Lincang City	160.62	31.04	17.66	13.46	26.69
楚雄彝族自治州	Chuxiong Yi A.P	158.02	28.86	20.77	14.32	27.41
红河哈尼族彝族自治州	Honghe Hani & Yi A.P	248.08	47.26	38.15	22.75	34.97
文山壮族苗族自治州	Wenshan Zhuang & Miao A.P	167.80	40.50	21.61	18.32	23.93
西双版纳傣族自治州	Xishuangbanna Dai A.P	80.63	14.79	12.02	6.93	10.13
大理白族自治州	Dali Bai A.P	200.50	41.22	22.08	21.97	31.61
德宏傣族景颇族自治州	Dehong Dai & Jingpo A.P	102.16	15.20	14.52	7.85	14.02
怒江傈僳族自治州	Nujiang Lisu A.P	50.39	8.00	6.45	3.68	7.91
迪庆藏族自治州	Diqing Zang A.P	73.14	12.09	6.03	3.83	11.45
西藏自治区	**Tibet A.R.**					
拉萨市	Lhasa City	578.16	40.94	45.05	14.88	90.72
昌都地区	Qamdu Prefecture	61.16	12.59	5.01	4.22	8.65
山南地区	Lhokha Prefecture	49.20	8.51	2.90	3.57	9.04
日喀则地区	Xigaze Prefecture	78.90	14.74	6.70	5.76	13.10
那曲地区	Narqu Prefecture	54.38	9.57	2.77	3.86	10.18
阿里地区	Ngri Prefecture	24.64	2.57	1.14	1.83	4.88
林芝地区	Nyingchi Prefecture	58.90	5.56	1.97	2.00	6.05
其他	Others					
陕西省	**Shaanxi**					
西安市	Xi'an City	597.49	108.04	67.82	41.46	45.11
铜川市	Tongchuan City	71.94	16.44	9.40	4.30	9.90
宝鸡市	Baoji City	203.53	53.93	23.87	15.78	32.14
咸阳市	Xianyang City	234.94	63.37	22.10	22.47	33.03
渭南市	Weinan City	242.41	66.40	28.09	21.62	43.66
延安市	Yan'an City	264.24	54.57	17.20	18.26	41.75
汉中市	Hanzhong City	195.84	43.61	18.14	18.91	28.42
榆林市	Yulin City	398.88	96.60	30.45	30.58	57.27
安康市	Ankang City	162.28	46.20	12.97	14.05	20.47
商洛市	Shangluo City	134.03	38.74	10.46	11.25	22.03
杨凌示范区	Yangling Demonstration Zone	17.67	2.92	1.11	0.76	2.23
甘肃省	**Gansu**					
兰州市	Lanzhou City	202.60	40.38	20.51	17.19	16.62
嘉峪关市	Jiayuguan City	19.22	2.06	2.39	1.22	0.99
金昌市	Jinchang City	33.58	5.40	4.25	2.46	5.50
白银市	Baiyin City	112.84	23.29	15.09	8.85	17.24
天水市	Tianshui City	159.14	34.83	29.54	16.96	22.17
武威市	Wuwei City	122.37	20.88	15.85	9.67	21.81
张掖市	Zhangye City	85.36	14.99	11.72	6.79	17.37

3-7 续表 9 continued

地 区	Region	公共财政预算支出(亿元) Public Budgetary Expenditure (100 million yuan)	#教 育 Expenditure for Education	#社会保障和就业 Expenditure for Social Safety Net and Employment Effort	#医疗卫生 Expenditure for Medical and Health Care	#农林水利事务 Expenditure for Agriculture, Forestry and Water Conservancy
平凉市	Pingliang City	123.90	30.75	17.13	10.34	18.13
酒泉市	Jiuquan City	88.93	14.22	11.48	6.18	16.23
庆阳市	Qingyang City	158.61	32.15	23.54	13.11	24.84
定西市	Dingxi City	148.67	30.73	26.86	12.62	26.58
陇南市	Longnan City	147.04	28.40	19.84	13.20	22.66
临夏回族自治州	Linxia Hui A.P	137.39	23.02	25.73	10.25	20.29
甘南藏族自治州	Gannan Zang A.P	102.98	14.15	13.00	5.62	18.38
青海省	**Qinghai**					
西宁市	Xining City	185.32	42.90	18.83	13.22	18.56
海东地区	Haidong Prefecture	127.48	25.00	13.17	11.05	26.19
海北藏族自治州	Haibei Zang A.P	54.60	11.79	5.05	4.11	9.80
黄南藏族自治州	Huangnan Zang AP	47.32	9.11	4.99	2.53	7.57
海南藏族自治州	Hainan Zang A.P	74.35	15.76	6.26	4.72	16.51
果洛藏族自治州	Golog Zang A.P	47.36	7.90	4.80	2.05	8.23
玉树藏族自治州	Yushu Zang A.P	106.74	10.96	58.57	3.03	11.72
海西蒙古族藏族自治州	Haixi Mongolian & Zang A.P	116.71	18.69	9.55	4.61	18.42
宁夏回族自治区	**Ningxia**					
银川市	Yinchuan City	186.74	18.70	16.25	8.42	22.26
石嘴山市	Shizuishan City	77.72	12.51	7.49	4.85	8.55
吴忠市	Wuzhong City	139.93	17.80	12.05	8.75	28.29
固原市	Guyuan City	135.99	20.32	15.11	10.34	26.06
中卫市	Zhongwei City	100.84	13.50	9.44	6.63	18.33
新疆维吾尔自治区	**Xinjiang**					
乌鲁木齐市	Urumqi City	295.60	49.77	23.37	10.92	15.18
克拉玛依市	Karamay City	70.18	16.37	5.12	6.70	1.62
吐鲁番地区	Turpan Prefecture	52.16	9.71	3.37	3.76	2.88
哈密地区	Hami Prefecture	68.14	10.34	5.02	3.60	14.32
昌吉回族自治州	Changji Hui A.P	143.74	26.12	7.57	9.23	29.70
博尔塔拉蒙古自治州	Bortala Mongolian A.P	47.86	9.14	2.84	2.75	9.12
巴音郭楞蒙古自治州	Bayingolin Mongolian A.P	150.11	33.35	13.32	7.55	22.01
阿克苏地区	Aksu Prefecture	186.91	42.26	16.39	13.42	28.02
克孜勒苏柯尔克孜自治州	Kizilsu Kirgiz A.P	71.63	15.91	5.64	5.27	13.79
喀什地区	Kashi Prefecture	292.18	68.59	25.99	23.92	34.18
和田地区	Hotan Prefecture	151.25	37.88	15.20	13.37	23.58
伊犁哈萨克自治州	Ili Kazak A.P	209.44	47.54	23.12	13.56	28.81
塔城地区	Tacheng Prefecture	112.26	21.15	10.33	6.47	25.71
阿勒泰地区	Altay Prefecture	104.62	17.79	9.42	4.43	25.77
石河子市	Shihezi City	26.91	4.25	1.49	1.72	0.43
阿拉尔市	Alar City	4.81	0.21	0.02	0.07	0.03
图木舒克市	Tumxuk City	2.74	0.60	0.09	0.08	0.04
五家渠市	Wujiaqu City	8.56	1.10	0.56	0.18	0.40
北屯市	Beitun City	0.97	0.20	0.01	0.09	0.06
铁门关市	Tiemenguan City					
生产建设兵团	Corps					

3-8 城乡居民家庭收入和支出(2012年)

Income and Expenditure of Urban and Rural Residents (2012)

地区	Region	农村居民人均纯收入(元) Annual Per Capita Net Income of Rural Households (yuan)	农村居民人均消费支出(元) Annual Per Capita Living Expenditure of Rural Households (yuan)	#食品支出 Food	城镇居民人均可支配收入(元) Annual per Capita Disposable Income of Urban Households (yuan)	城镇居民人均消费支出(元) Annual per Capita Comsumption Expenditure of Urban Households (yuan)	#食品支出 Food	农村居民人均居住住房面积(平方米) Per Capita Living Space of Rural Household (sq.m)	城镇居民人均住房建筑面积(平方米) Per Capita Building Space of Urban Household (sq.m)
北京市	**Beijing**								
东城区	Dongcheng District				38559	25887	8891		
西城区	Xicheng District				39772	27149	8273		
朝阳区	Chaoyang District	22152	18381	5827	37883	26785	8276	78.8	
丰台区	Fengtai District	18502	15340	5278	34200	22869	7323	38.8	
石景山区	Shijingshan District				35420	20530	6995		
海淀区	Haidian District	22364	18172	5888	41841	26570	7774	59.2	
门头沟区	Mentougou District	15715	9750	3567	32369	20442	7076	37.5	
房山区	Fangshan District	15192	10934	3243	30025	19407	6494	44.0	
通州区	Tongzhou District	15936	10623	4341	30476	18972	6418	49.8	
顺义区	Shunyi District	15960	10830	3611	30437	17463	6039	45.0	
昌平区	Changping District	14971	11932	3840	29950	19872	6271	57.4	
大兴区	Daxing District	15329	9703	3588	31004	19852	6324	56.0	
怀柔区	Huairou District	14585	9046	2869	29562	18590	5929	42.9	
平谷区	Pinggu District	15067	10708	3024	29850	18961	5689	43.1	
密云县	Miyun County	14590	9962	3115	29551	17743	5298	35.0	
延庆县	Yanqing County	14078	9017	3130	28644	16481	5544	35.6	
北京经济技术开发区	Beijing Economic-technological Development Zones								
其他	Others								
天津市	**Tianjin**								
和平区	Heping District								
河东区	Hedong District								
河西区	Hexi District								
南开区	Nankai District								
河北区	Hebei District								
红桥区	Hongqiao District								
东丽区	Dongli District								
西青区	Xiqing District								
津南区	Jinnan District								
北辰区	Beichen District								
武清区	Wuqing District								
宝坻区	Baodi District								
滨海新区	Binhai New Area								
宁河县	Ninghe County								
静海县	Jinghai County								
蓟县	Ji County								
其他	Others								
河北省	**Hebei**								
石家庄市	Shijiazhuang City	8993	5439	1809	23038	13378	4810	40.3	29.9
唐山市	Tangshan City	10698	8316	2857	24358	15605	5291	37.3	25.6
秦皇岛市	Qinhuangdao City	8315	6110	1993	22098	12691	4651	33.2	29.8
邯郸市	Handan City	8447	4023	1511	21740	12413	4955	36.7	28.7
邢台市	Xingtai City	6601	4259	1581	18639	12090	4247	34.2	33.8
保定市	Baoding City	7696	5083	1804	19048	11769	4139	26.0	33.6
张家口市	Zhangjiakou City	5564	4364	1891	18441	11498	4094	22.5	26.8
承德市	Chengde City	5546	5524	2361	18706	11604	4816	29.1	25.9
沧州市	Cangzhou City	7514	5336	1866	20805	11883	4089	32.1	33.1
廊坊市	Langfang City	10447	6764	2172	24872	15736	4542	38.1	35.0
衡水市	Hengshui City	6167	4656	1724	18504	11928	3820	30.0	30.8

3-8 续表 1 continued

地区	Region	农村居民人均纯收入(元) Annual Per Capita Net Income of Rural Households (yuan)	农村居民人均消费支出(元) Annual Per Capita Living Expenditure of Rural Households (yuan)	#食品支出 Food	城镇居民人均可支配收入(元) Annual per Capita Disposable Income of Urban Households (yuan)	城镇居民人均消费支出(元) Annual per Capita Comsumption Expenditure of Urban Households (yuan)	#食品支出 Food	农村居民人均居住住房面积(平方米) Per Capita Living Space of Rural Household (sq.m)	城镇居民人均住房建筑面积(平方米) Per Capita Building Space of Urban Household (sq.m)
山西省	**Shanxi**								
太原市	Taiyuan City	10079	6550	2219	22587	13970	4652	37.5	29.0
大同市	Datong City	5642	4214	2050	21622	13441	4746	23.1	26.3
阳泉市	Yangquan City	8683	5969	2030	21749	12504	4002	27.9	28.8
长治市	Changzhi City	8120	4720	1830	22545	14052	4246	39.0	30.1
晋城市	Jincheng City	8037	6044	1995	22539	16473	4008	36.7	32.1
朔州市	Shuozhou City	8000	5416	2129	23341	15296	4667	26.0	28.0
晋中市	Jinzhong City	7936	5971	1849	22878	14034	4035	28.5	31.3
运城市	Yuncheng City	6381	4740	1544	19661	11777	3340	40.2	35.8
忻州市	Xinzhou City	4776	3994	1635	19493	11045	3576	24.9	23.7
临汾市	Linfen City	6899	4429	1601	21464	12494	3319	33.0	35.0
吕梁市	Luliang City	5364	4305	1716	20006	9425	3024	24.0	28.1
其他	Others								
内蒙古自治区	**Inner Mongolia**								
呼和浩特市	Hohhot City	11361	8175	2814	32646	21095	6492	26.7	31.5
包头市	Baotou City	11421	7869	2927	33488	25999	8001	30.1	33.1
乌海市	Wuhai City	12429	10118	3877	25447	20921	6165	32.2	31.5
赤峰市	Chifeng City	7079	5801	2284	18678	13138	4270	25.1	28.9
通辽市	Tongliao City	8501	6764	2376	18828	14334	4354	23.8	27.6
鄂尔多斯市	Erdos City	11416	10392	3778	33140	27488	7254	40.0	38.0
呼伦贝尔市	Hulunbuir City	8807	6818	2520	19492	15157	4830	25.0	27.8
巴彦淖尔市	Bayannur City	10717	8662	3231	18455	13372	4026	28.0	31.1
乌兰察布市	Ulanqab City	5853	4468	2146	18609	12263	4463	16.1	23.8
兴安盟	Xingan League	5064	3934	1773	15573	11369	3489	24.0	27.2
锡林郭勒盟	Xilingol League	8925	6730	2658	20508	16799	6176	21.0	32.2
阿拉善盟	Alxa League	10420	9878	3283	24448	22370	6751	42.6	36.1
辽宁省	**Liaoning**								
沈阳市	Shenyang City	13045	6631	2510	26431	20003	6327	30.7	26.3
大连市	Dalian City	15990	7639	3139	27539	20417	7700	32.3	27.3
鞍山市	Anshan City	12617	6464	2508	24194	16389	5521	28.5	25.9
抚顺市	Fushun City	10062	6510	2742	20545	13768	4968	26.7	24.6
本溪市	Benxi City	10800	7967	3244	22466	16065	6222	25.5	23.5
丹东市	Dandong City	11428	7418	3266	19625	14490	6207	27.0	25.5
锦州市	Jinzhou City	10788	6274	2052	22995	16968	5777	30.0	32.1
营口市	Yingkou City	12080	8046	2866	23986	16453	6640	28.9	31.9
阜新市	Fuxin City	8772	5261	1915	17123	12797	4667	28.3	25.3
辽阳市	Liaoyang City	11183	6669	2337	22259	15090	5366	27.7	28.2
盘锦市	Panjin City	12935	6541	2576	27533	18153	5256	35.4	31.3
铁岭市	Tieling City	10569	6301	2231	18587	14386	4544	27.7	30.3
朝阳市	Chaoyang City	8689	6155	2298	17112	11376	4109	28.2	28.1
葫芦岛市	Huludao City	8983	5212	1923	22941	12991	4600	28.4	29.8

3-8 续表 2 continued

地 区	Region	农村居民人均纯收入（元）Annual Per Capita Net Income of Rural Households (yuan)	农村居民人均消费支出（元）Annual Per Capita Living Expenditure of Rural Households (yuan)	#食品支出 Food	城镇居民人均可支配收入（元）Annual per Capita Disposable Income of Urban Households (yuan)	城镇居民人均消费支出（元）Annual per Capita Comsumption Expenditure of Urban Households (yuan)	#食品支出 Food	农村居民人均居住住房面积（平方米）Per Capita Living Space of Rural Household (sq.m)	城镇居民人均住房建筑面积（平方米）Per Capita Building Space of Urban Household (sq.m)
吉林省	**Jilin**								
长春市	Changchun City	9064	5855	2254	22970	17863	5295	25.8	29.2
吉林市	Jilin City	8955	6014	2337	22068	14856	4709	24.0	30.1
四平市	Siping City	8760	6328	2216	21387	12713	4271	25.5	28.2
辽源市	Liaoyuan City	8524	6750	2287	21252	14077	4832	22.4	24.8
通化市	Tonghua City	8959	6186	2507	21627	13747	4661	24.6	26.9
白山市	Baishan City	8134	4786	1904	21282	13345	4513	22.1	27.6
松原市	Songyuan City	8562	5720	1994	21704	15672	4400	26.3	30.4
白城市	Baicheng City	6191	5761	2364	20154	13081	3977	26.4	31.0
延边朝鲜族自治州	Yanbian Korean A.P	7350	6193	2477	22013	17946	5414	24.2	33.6
黑龙江省	**Heilongjiang**								
哈尔滨市	Harbin City	9894	5718	2165	22477	17602	5797	24.8	27.0
齐齐哈尔市	Qiqihar City	8797	6821	2403	17170	12140	4553	19.5	25.1
鸡西市	Jixi City	10422	6148	2329	16980	12182	4648	21.9	25.6
鹤岗市	Hegang City	9365			15698	11672	4556		24.2
双鸭山市	Shuangyashan City	9675			18024	11333	3774		25.1
大庆市	Daqing City	9732			25223	15482	4829		28.1
伊春市	Yichun City	9232			13425	11159	4224	22.0	24.6
佳木斯市	Jiamusi City	9823	3279	1704	15713	12211	4757	22.3	26.5
七台河市	Qitaihe City	8253			17092	10547	4418		27.0
牡丹江市	Mudanjiang City	10565			16704	13238	4841		26.9
黑河市	Heihe City	9326			18076				
绥化市	Suihua City	7897			15300				
大兴安岭地区	Daxing'anling Prefecture	8065			14790				
农垦总局	Agriculture Reclamation Bureau								
其他	Others								
上海市	**Shanghai**								
黄浦区	Huangpu District								
徐汇区	Xuhui District								
长宁区	Changning District								
静安区	Jingan District								
普陀区	Putuo District								
闸北区	Zhabei District								
虹口区	Hongkou District								
杨浦区	Yangpu District								
闵行区	Minhang District								
宝山区	Baoshan District								
嘉定区	Jiading District								
浦东新区	Pudong New District								
金山区	Jinshan District								
松江区	Songjiang District								
青浦区	Qingpu District								
奉贤区	Fengxian District								
崇明县	Chongming County								
其他	Others								

3-8 续表 3 continued

地　区	Region	农村居民人均纯收入(元) Annual Per Capita Net Income of Rural Households (yuan)	农村居民人均消费支出(元) Annual Per Capita Living Expenditure of Rural Households (yuan)	#食品支出 Food	城镇居民人均可支配收入(元) Annual per Capita Disposable Income of Urban Households (yuan)	城镇居民人均消费支出(元) Annual per Capita Comsumption Expenditure of Urban Households (yuan)	#食品支出 Food	农村居民人均居住住房面积(平方米) Per Capita Living Space of Rural Household (sq.m)	城镇居民人均住房建筑面积(平方米) Per Capita Building Space of Urban Household (sq.m)
江苏省	**Jiangsu**								
南京市	Nanjing City	14786	11114	4147	35092	22446	7827	59.3	32.3
无锡市	Wuxi City	18509	12795	4655	35663	23000	8010	67.6	36.4
徐州市	Xuzhou City	10762	6742	2411	21716	13730	4820	45.6	35.0
常州市	Changzhou City	16737	12027	4337	33326	20918	7229	60.3	37.5
苏州市	Suzhou City	19396	14381	4875	39079	25157	8371	68.3	36.1
南通市	Nantong City	13231	9839	3546	28292	17858	6211	54.6	39.8
连云港市	Lianyungang City	9589	6210	2259	20816	12726	4689	42.1	37.4
淮安市	Huaian City	9838	6493	2409	20950	14458	5126	43.3	35.5
盐城市	Yancheng City	11898	6998	2543	21941	15430	5288	45.1	37.2
扬州市	Yangzhou City	12686	8714	3180	25712	16492	6037	50.1	37.4
镇江市	Zhenjiang City	14518	10530	3857	30045	17897	6589	56.2	39.1
泰州市	Taizhou City	12493	8990	2974	26574	16499	5927	56.9	39.3
宿迁市	Suqian City	9495	6594	2479	16991	11864	4438	42.3	38.9
浙江省	**Zhejiang**								
杭州市	Hangzhou City	17017	13612	4455	35704	22518	8174	71.0	34.3
宁波市	Ningbo City	18475	12699	5293	38043	22887	8518	58.3	35.0
温州市	Wenzhou City	14719	10820	4943	34820	23975	9074	45.8	41.3
嘉兴市	Jiaxing City	18636	12326	3955	35696	21720	7159	72.4	35.6
湖州市	Huzhou City	17188	11077	3583	32987	19898	7346	68.0	36.5
绍兴市	Shaoxing City	17706	11107	4186	36911	22204	7817	64.8	35.3
金华市	Jinhua City	13286	9272	3246	33164	21974	6629	64.6	49.3
衢州市	Quzhou City	10714	6857	2720	26232	16284	5836	66.0	39.0
舟山市	Zhoushan City	18601	13589	5183	34224	20958	7525	49.1	32.4
台州市	Taizhou City	14567	10148	4021	33979	20643	7175	55.3	44.2
丽水市	Lishui City	8855	6685	2553	26309	17878	6097	52.7	39.8
安徽省	**Anhui**								
合肥市	Hefei City	9081	5253	2363	25434	18758	6421	34.2	28.8
芜湖市	Wuhu City	9675	6369	2838	23784	16992	6211	35.7	30.4
蚌埠市	Bengbu City	7674	4065	1743	20629	13467	5580	37.8	26.2
淮南市	Huainan City	7835	5437	2184	20733	14087	5681	39.5	26.9
马鞍山市	Maanshan City	10920	6782	2612	30937	18286	6855	38.8	37.5
淮北市	Huaibei City	7286	4497	1719	20360	15207	6039	40.2	26.8
铜陵市	Tongling City	9847	7041	2542	24685	18144	6293	41.5	30.0
安庆市	Anqing City	6820	4888	2388	20453	13952	6340	35.0	33.7
黄山市	Huangshan City	9161	5249	2404	21208	14458	5734	40.9	37.2
滁州市	Chuzhou City	8091	5875	2409	20426	15964	6207	33.6	32.8
阜阳市	Fuyang City	5922	3481	1474	18972	14736	5853	32.6	36.0
宿州市	Suzhou City	6635	4470	1615	19731	12084	5010	35.2	35.1
六安市	Liuan City	6535	4853	2461	19369	15059	5580	33.9	37.5
亳州市	Bozhou City	6552	4569	1647	20488	12881	5086	37.4	46.2
池州市	Chizhou City	7986	5839	2433	21386	14432	5550	42.9	38.9
宣城市	Xuancheng City	9036	6358	2468	20478	15402	5932	38.0	31.3
福建省	**Fujian**								
福州市	Fuzhou City	11492	8336	3687	29399	20040	7755	48.0	32.4
厦门市	Xiamen City	13455	10152	4413	37576	24922	8873	60.0	33.4
莆田市	Putian City	10311	7733	3521	24690	16065	6731	66.0	39.3
三明市	Sanming City	9375	6752	3088	23429	15685	6267	49.0	37.7
泉州市	Quanzhou City	11915	8484	3621	32283	20053	7511	55.0	40.8
漳州市	Zhangzhou City	10389	7582	3522	23951	16231	7041	41.0	35.4
南平市	Nanping City	8893	6502	2937	22235	13892	5821	47.0	34.9
龙岩市	Longyan City	9396	6837	3106	23765	17651	6696	53.0	43.4
宁德市	Ningde City	8829	6075	2816	21825	14368	6639	43.0	40.6

3-8 续表 4 continued

地　区	Region	农村居民人均纯收入(元) Annual Per Capita Net Income of Rural Households (yuan)	农村居民人均消费支出(元) Annual Per Capita Living Expenditure of Rural Households (yuan)	#食品支出 Food	城镇居民人均可支配收入(元) Annual per Capita Disposable Income of Urban Households (yuan)	城镇居民人均消费支出(元) Annual per Capita Comsumption Expenditure of Urban Households (yuan)	#食品支出 Food	农村居民人均居住住房面积(平方米) Per Capita Living Space of Rural Household (sq.m)	城镇居民人均住房建筑面积(平方米) Per Capita Building Space of Urban Household (sq.m)
江西省	**Jiangxi**								
南昌市	Nanchang City	9730	5209	2586	23602	16450	5612	50.1	34.1
景德镇市	Jingdezhen City	8865	5338	2456	21621	14104	5337	57.4	35.7
萍乡市	Pingxiang City	10000	6035	2517	21257	14488	5069	55.5	35.1
九江市	Jiujiang City	7785	5164	2118	20330	13174	5460	45.8	34.2
新余市	Xinyu City	10048	6130	2513	22470	14427	5629	55.9	40.2
鹰潭市	Yingtan City	8803	5497	2531	19883	12587	5576	55.0	34.1
赣州市	Ganzhou City	5301	3945	1791	18704	12708	5087	38.8	41.0
吉安市	Jian City	7103	4529	2003	20134	12667	5146	39.1	39.9
宜春市	Yichun City	8052	5269	2273	18896	11924	4836	57.3	49.5
抚州市	Fuzhou City	8095	4364	2176	18932	11389	5393	42.4	37.3
上饶市	Shangrao City	7011	4117	1919	20177	11749	5194	46.1	41.1
山东省	**Shandong**								
济南市	Jinan City	11786	6932	2465	32570	20032	6162	40.0	30.1
青岛市	Qingdao City	13990	8653	3130	32145	20391	7450	32.3	27.9
淄博市	Zibo City	12378	7334	2572	28189	16917	5247	36.9	34.9
枣庄市	Zaozhuang City	9606	5640	2021	22960	14917	4914	40.8	30.7
东营市	Dongying City	11489	7102	2351	30953	18001	5854	37.4	37.1
烟台市	Yantai City	13298	6603	2594	30045	20315	6934	34.6	30.1
潍坊市	Weifang City	11797	7487	2356	25817	16100	4902	36.8	35.0
济宁市	Jining City	10002	5437	2137	25454	16810	5696	35.5	32.2
泰安市	Taian City	10194	5588	2052	25659	16734	5477	42.9	32.0
威海市	Weihai City	13962	7547	2637	28630	18549	5995	39.6	29.4
日照市	Rizhao City	10026	4897	1858	22817	14458	4602	36.4	36.1
莱芜市	Laiwu City	10887	6093	2200	26589	15664	5143	39.7	38.2
临沂市	Linyi City	9149	5536	2075	27624	14525	4543	33.7	36.5
德州市	Dezhou City	9602	4938	1601	22440	14179	4627	35.4	33.3
聊城市	Liaocheng City	8872	5190	1926	23685	15350	5121	38.1	34.7
滨州市	Binzhou City	10047	6994	2093	25810	16008	4575	41.0	37.3
菏泽市	Heze City	8187	4696	1810	19140	12452	4402	35.5	36.1
河南省	**Henan**								
郑州市	Zhengzhou City	12531	8967	2203	24246	16610	5767	61.0	31.0
开封市	Kaifeng City	7414	4641	1555	17545	13832	4295	36.7	35.4
洛阳市	Luoyang City	7777	5979	1719	22636	14927	4722	41.6	33.3
平顶山市	Pingdingshan City	7518	4131	1522	20610	14917	4703	37.6	36.2
安阳市	Anyang City	8618	5399	1535	21042	13191	4230	34.6	33.1
鹤壁市	Hebi City	9388	6475	2096	19284	12090	3715	41.7	36.6
新乡市	Xinxiang City	8647	6342	1806	20159	14052	4293	40.1	37.2
焦作市	Jiaozuo City	10113	7435	2018	20136	14146	4414	44.9	41.0
濮阳市	Puyang City	6945	4403	1584	19511	12596	4393	31.3	32.1

3-8 续表 5 continued

地　区	Region	农村居民人均纯收入(元) Annual Per Capita Net Income of Rural Households (yuan)	农村居民人均消费支出(元) Annual Per Capita Living Expenditure of Rural Households (yuan)	#食品支出 Food	城镇居民人均可支配收入(元) Annual per Capita Disposable Income of Urban Households (yuan)	城镇居民人均消费支出(元) Annual per Capita Comsumption Expenditure of Urban Households (yuan)	#食品支出 Food	农村居民人均居住住房面积(平方米) Per Capita Living Space of Rural Household (sq.m)	城镇居民人均住房建筑面积(平方米) Per Capita Building Space of Urban Household (sq.m)
许昌市	Xuchang City	9819	5549	1685	19685	13790	4246	41.7	39.6
漯河市	Luohe City	8755	4797	1550	19136	14203	5010	37.7	43.0
三门峡市	Sanmenxia City	7906	5765	1831	19184	16695	4361	39.2	35.8
南阳市	Nanyang City	7752	5454	2086	19544	15350	5088	37.6	43.4
商丘市	Shangqiu City	6426	3970	1549	18312	11936	4055	39.9	41.7
信阳市	Xinyang City	7008	4331	2068	17256	11661	5114	33.5	39.4
周口市	Zhoukou City	6199	4281	1542	16503	12292	4172	35.7	44.2
驻马店市	Zhumadian City	6599	4986	1891	17671	13505	4118	32.6	34.1
济源市	Jiyuan City	10648	6566	2210	21240	14594	4130	48.3	39.1
湖北省	**Hubei**								
武汉市	Wuhan City	11190	8167	3245	27061	18813	7522	51.4	33.5
黄石市	Huangshi City	7477	5859	2317	19417	14337	5614	50.6	40.6
十堰市	Shiyan City	4566	4014	1782	16011	11840	4739	36.0	29.5
宜昌市	Yichang City	8046	5945	2238	18775	13159	5241	49.2	35.6
襄阳市	Xiangyang City	8684	6134	2446	17532	11971	4899	45.2	35.7
鄂州市	Ezhou City	9072	6573	3121	19307	11528	5235	46.0	36.8
荆门市	Jingmen City	9387	6608	2172	17678	13194	4900	44.5	35.0
孝感市	Xiaogan City	7988	5142	2240	18091	11554	5047	38.6	39.7
荆州市	Jingzhou City	8710	6526	2616	17010	12026	5333	40.3	37.1
黄冈市	Huanggang City	6142	5370	2075	16765	12427	4587	43.8	49.0
咸宁市	Xianning City	7505	5556	2272	16913	12502	5048	49.4	44.5
随州市	Suizhou City	8419	5738	2236	19164	15100	6002	38.3	42.7
恩施土家族苗族自治州	Enshi Tujia & Miao A.P	4571	3894	1929	15058	11005	4172	42.5	38.2
仙桃市	Xiantao City	9076	5437	2229	17280	10485	4898	41.0	42.4
潜江市	Qianjiang City	8785	5401	2016	17451	11130	4772	41.2	36.9
天门市	Tianmen City	8507	4924	1990	15685	11861	4868	43.7	50.4
神农架林区	Shennongjia Forest District	5110	4676	1993	13567	13480	5347	40.6	42.3
湖南省	**Hunan**								
长沙市	Changsha City	15763	10155	3756	30288	19460	6975	62.6	34.8
株洲市	Zhuzhou City	10972	7656	3039	25916	15810	5550	58.7	38.6
湘潭市	Xiangtan City	11316	7128	2840	23549	14886	5077	49.6	36.3
衡阳市	Hengyang City	10116	6382	3076	20380	15017	5973	49.8	35.2
邵阳市	Shaoyang City	5136	3954	1910	15457	10350	4096	39.4	38.7
岳阳市	Yueyang City	8326	6757	2540	22111	14537	5358	45.5	43.7
常德市	Changde City	8023	6380	2610	19858	14091	5112	51.5	42.6
张家界市	Zhangjiajie City	4574	4490	2159	15641	11590	3854	46.6	47.5
益阳市	Yiyang City	7958	6427	2790	19765	13771	5240	47.2	38.3
郴州市	Chenzhou City	7410	4886	2199	20016	13110	4922	35.2	35.6
永州市	Yongzhou City	7073	5289	2391	19671	12899	4861	37.3	43.1
怀化市	Huaihua City	5024	3769	2148	15666	10821	4210	36.8	32.5
娄底市	Loudi City	4762	4996	2371	19194	12647	4513	49.3	34.2
湘西土家族苗族自治州	West Hunan Tujia & Miao A.P	4229	3393	1884	15038	10537	3885	29.2	35.0

3-8 续表 6 continued

地　区	Region	农村居民人均纯收入（元）Annual Per Capita Net Income of Rural Households (yuan)	农村居民人均消费支出（元）Annual Per Capita Living Expenditure of Rural Households (yuan)	#食品支出 Food	城镇居民人均可支配收入（元）Annual per Capita Disposable Income of Urban Households (yuan)	城镇居民人均消费支出（元）Annual per Capita Comsumption Expenditure of Urban Households (yuan)	#食品支出 Food	农村居民人均居住住房面积（平方米）Per Capita Living Space of Rural Household (sq.m)	城镇居民人均住房建筑面积（平方米）Per Capita Building Space of Urban Household (sq.m)
广东省	**Guangdong**								
广州市	Guangzhou City	16788	10965	4879	38054	30490	10361	45.3	22.5
韶关市	Shaoguan City	8580	6634	3244	23184	16290	6470	33.0	35.8
深圳市	Shenzhen City				40742	26728	9703		27.9
珠海市	Zhuhai City	13399	10099	4504	32978	24083	8841	37.5	29.3
汕头市	Shantou City	9032	7296	3480	20024	17986	7545	19.0	29.9
佛山市	Foshan City	15684	11458	4480	34580	26164	9026	49.9	38.8
江门市	Jiangmen City	11345	8355	3604	27017	18448	6910	29.0	30.7
湛江市	Zhanjiang City	9561	6912	3539	20227	15618	6529	31.5	30.1
茂名市	Maoming City	9506	6624	3067	18034	14300	5755	41.8	32.7
肇庆市	Zhaoqing City	10366	6430	3137	21754	15729	6769	28.5	21.1
惠州市	Huizhou City	12415	8286	3671	29965	22279	7943	32.8	35.3
梅州市	Meizhou City	9036	6729	3095	18699	13121	5445	33.9	32.1
汕尾市	Shanwei City	8569	7138	3390	18422	13800	5983	25.7	33.6
河源市	Heyuan City	7772	6205	3049	16520	11202	4885	28.8	37.5
阳江市	Yangjiang City	9202	8486	3836	19120	13330	5467	33.0	48.1
清远市	Qingyuan City	8612	6767	3328	19514	12399	5430	30.3	30.3
东莞市	Dongguan City	24944	16189	5980	42944	31369	11103	50.3	58.4
中山市	ZhongShan City	19347	11321	4574	31130	22288	8582	42.1	34.6
潮州市	Chaozhou City	8889	7635	3444	17645	15554	6670	23.6	30.9
揭阳市	Jieyang City	8046	6151	2866	18901	14517	6025	24.4	36.9
云浮市	Yunfu City	9222	6861	3499	18332	14406	5946	31.6	30.6
广西壮族自治区	**Guangxi**								
南宁市	Nanning City	6777	5201	2431	22561	15292	5994	40.8	31.6
柳州市	Liuzhou City	6747	5830	2520	22181	14115	5851	39.5	36.6
桂林市	Guilin City	7328	5770	2559	22300	14470	5935	42.1	38.5
梧州市	Wuzhou City	6592	5106	2224	20563	13630	6145	34.4	39.2
北海市	Beihai City	7227	4939	2354	21202	14224	6666	38.3	56.7
防城港市	Fangchenggang City	7539	4340	1949	22203	13544	5439	33.6	44.1
钦州市	Qinzhou City	7140	3755	1573	21600	13095	5946	26.4	43.7
贵港市	Guigang City	7253	5166	2346	19314	13123	5556	41.1	58.6
玉林市	Yulin City	7269	4615	2088	22171	13755	5808	33.6	62.3
百色市	Baise City	4774	3983	1316	19561	12327	4934	33.0	39.4
贺州市	Hezhou City	5823	4094	1302	19855	11706	4664		49.8
河池市	Hechi City	4620	3516	1281	17964	11695	4913	35.4	52.6
来宾市	Laibin City	6231	5434	2131	21499	13709	5215	38.5	34.6
崇左市	Chongzuo City	6263	5843	2346	19370	11566	4847	41.0	37.7
海南省	**Hainan**								
海口市	Haikou City	8134	5887	3093	22992	15760	6852	31.8	29.8
三亚市	Sanya City	8825	4903	2312	23295	16975	7604	30.3	34.1
重庆市	**Chongqing**								
万州区	Wanzhou District	7573	6176	2232	21823			43.4	
涪陵区	Fuling District	7942	5180	2280	22491			36.8	
渝中区	Yuzhong District				25413				
大渡口区	Dadukou District	11804	8491	4044	24348			49.9	
江北区	Jiangbei District	11864	7514	3052	24847			44.8	
沙坪坝区	Shapingba District	11718	8431	3785	24958			52.0	
九龙坡区	Jiulongpo District	11695	9063	3219	24772			49.4	

3-8 续表 7 continued

地 区	Region	农村居民人均纯收入(元) Annual Per Capita Net Income of Rural Households (yuan)	农村居民人均消费支出(元) Annual Per Capita Living Expenditure of Rural Households (yuan)	#食品支出 Food	城镇居民人均可支配收入(元) Annual per Capita Disposable Income of Urban Households (yuan)	城镇居民人均消费支出(元) Annual per Capita Comsumption Expenditure of Urban Households (yuan)	#食品支出 Food	农村居民人均居住住房面积(平方米) Per Capita Living Space of Rural Household (sq.m)	城镇居民人均住房建筑面积(平方米) Per Capita Building Space of Urban Household (sq.m)
南岸区	Nanan District	12437	11297	3836	24661			45.9	
北碚区	Beibei District	10018	7353	3100	24728			45.3	
綦江区	Qijiang District	8471	6043	2779	19246			46.5	
大足区	Dazu District	9273	6521	3144	21742			37.8	
渝北区	Yubei District	9375	6597	3538	24733			47.5	
巴南区	Banan District	9421	5855	2828	24627			41.9	
黔江区	Qianjiang District	6215	5445	2325	18254			41.2	
长寿区	Changshou District	8971	5005	2261	22004			40.6	
江津区	Jiangjin District	9946	6398	2749	21936			40.8	
合川区	Hechuan District	9725	5941	2733	21779			43.3	
永川区	Yongchuan District	10002	5689	2600	22447			38.3	
南川区	Nanchuan District	8341	5129	2098	21585			50.5	
四川省	**Sichuan**								
成都市	Chengdu City	11301	7990	3284	26590	18814	6873	52.2	32.9
自贡市	Zigong City	7955	5664	2725	19447	13648	5605	35.0	31.1
攀枝花市	Panzhihua City	8728	7114	3397	22808	15286	6500	37.0	28.7
泸州市	Luzhou City	7463	5445	2667	20746	15028	6062	38.7	33.3
德阳市	Deyang City	8953	5792	2871	22374	16028	6555	36.4	34.7
绵阳市	Mianyang City	8213	5772	2511	20755	15717	6150	38.9	32.8
广元市	Guangyuan City	5649	4406	2082	17012	11911	4839	35.0	33.3
遂宁市	Suining City	7488	4358	2092	18716	14883	6575	43.3	36.3
内江市	Neijiang City	7602	5112	2490	19142	13402	5609	34.4	35.6
乐山市	Leshan City	7746	4917	2274	20397	13921	5866	40.0	35.0
南充市	Nanchong City	6726	4400	2383	17225	11816	5455	37.0	34.0
眉山市	Meishan City	8236	4936	2237	19766	13427	5329		
宜宾市	Yibin City	7771	5404	2860	20522	14848	6048	40.0	33.0
广安市	Guangan City	7474	4416	2429	19973	12144	5449	40.0	41.0
达州市	Dazhou City	7047	4693	2422	16949	12510	5645	37.5	30.1
雅安市	Yaan City	7187	5707	2637	20049	12850	5128	32.2	30.2
巴中市	Bazhong City	5387	4934	2398	16999	12893	5354	32.5	32.3
资阳市	Ziyang City	7708	4493	2391	20751	15193	6032	38.0	37.0
阿坝藏族羌族自治州	Aba Zang & Qiang A.P	5770	3614	1949	21168	13433	5477	39.0	34.7
甘孜藏族自治州	Ganzi Zang A.P	4610	3267	2013	19560	13373	5822	28.2	29.6
凉山彝族自治州	Liangshan Yi A.P	6419	4145	2259	19835	13925	6024	27.0	30.0
贵州省	**Guizhou**								
贵阳市	Guiyang City	8488	6161	2380	21796	15718	6011	57.1	22.7
六盘水市	Liupanshui City	5182	4001	1976	18764	10216	5130	30.2	29.5
遵义市	Zunyi City	6061	4226	1792	19748	13288	4977	34.5	31.1
安顺市	Anshun City	5088	3489	1762	18617	12853	5524	31.1	27.3
毕节市	Bijie City	4926	3972	1786	19555	13267	5148	24.8	28.9
铜仁市	Tongren City	4673	4250	1926	15911	11242	3977	33.0	27.4
黔西南布依族苗族自治州	Southwest Guizhou Buyi & Miao A.P	4625	3953	1854	19472	11888	4986	27.7	35.7
黔东南苗族侗族自治州	Southeast Guizhou Miao & Dong A.P	4625	3969	1847	18831	11791	5075	28.3	30.9
黔南布依族苗族自治州	South Guizhou Buyi & Miao A.P	5445	3847	1678	19338	12481	5211	31.5	30.8

3-8 续表 8 continued

地 区	Region	农村居民人均纯收入(元) Annual Per Capita Net Income of Rural Households (yuan)	农村居民人均消费支出(元) Annual Per Capita Living Expenditure of Rural Households (yuan)	#食品支出 Food	城镇居民人均可支配收入(元) Annual per Capita Disposable Income of Urban Households (yuan)	城镇居民人均消费支出(元) Annual per Capita Comsumption Expenditure of Urban Households (yuan)	#食品支出 Food	农村居民人均居住住房面积(平方米) Per Capita Living Space of Rural Household (sq.m)	城镇居民人均住房建筑面积(平方米) Per Capita Building Space of Urban Household (sq.m)
云南省	**Yunnan**								
昆明市	Kunming City	8040	6981	2539	25240	16881	6242	45.7	35.1
曲靖市	Qujing City	5950	4029	1856	21623	14485	5328	31.0	38.3
玉溪市	Yuxi City	7628	6733	2351	21384	13034	4635	42.8	45.2
保山市	Baoshan City	5331	5006	2109	18907	12209	4934	29.0	38.0
昭通市	Zhaotong City	3897	2572	1002	16394	9936	4257	26.4	31.9
丽江市	Lijiang City	5094	3493	1833	18621	11294	4681	33.5	41.9
普洱市	Puer City	5020	4426	2337	17267	11657	5684	24.8	31.0
临沧市	Lincang City	5158	3444	1616	16398	11116	5168	23.0	40.0
楚雄彝族自治州	Chuxiong Yi A.P	5418	4436	2091	20292	12575	5074	37.1	36.4
红河哈尼族彝族自治州	Honghe Hani & Yi A.P	5468	4048	1884	19712	12356	4603	27.5	38.0
文山壮族苗族自治州	Wenshan Zhuang & Miao A.P	4643	2808	1540	18884	11407	4777	28.7	45.9
西双版纳傣族自治州	Xishuangbanna Dai A.P	6174	5277	2230	17909	10932	5263	31.5	32.6
大理白族自治州	Dali Bai A.P	5689	4924	1999	20138	14490	5335	37.0	36.3
德宏傣族景颇族自治州	Dehong Dai & Jingpo A.P	4763	4255	1877	17662	11875	4892	28.7	38.9
怒江傈僳族自治州	Nujiang Lisu A.P	2773	2515	1301	14221	8343	4008	19.2	42.3
迪庆藏族自治州	Diqing Zang A.P	4769	3250	1509	21535	9810	3801	39.2	40.7
西藏自治区	**Tibet A.R.**								
拉萨市	Lhasa City	7082	2782	1370	19545	13953	6213	30.7	35.8
昌都地区	Qamdu Prefecture	4962	2446	1306	15593	8715	4795	26.3	26.2
山南地区	Lhokha Prefecture	6056	3014	1478	17037	10819	4394	24.4	40.4
日喀则地区	Xigaze Prefecture	5165	3153	1743	18075	11458	5967	34.6	43.5
那曲地区	Narqu Prefecture	5586	2834	1298	18426	10675	6290	24.4	37.0
阿里地区	Ngri Prefecture	5452	2421	1378	23077	10255	5401	15.8	44.8
林芝地区	Nyingchi Prefecture	7498	3652	2057	16143	8296	4224	47.5	34.6
其他	Others								
陕西省	**Shaanxi**								
西安市	Xi'an City	11442	7774	2630	29982	21434	6961	78.0	33.0
铜川市	Tongchuan City	7134	6443	1863	21929	15510	5630	36.1	19.7
宝鸡市	Baoji City	7373	5934	1620	25777	17499	7006	33.0	31.7
咸阳市	Xianyang City	7464	6057	1790	25758	18094	5987	40.5	36.1
渭南市	Weinan City	6602	5494	2060	21808	13738	5014	35.0	36.7
延安市	Yan'an City	7655	4971	1698	24748	16129	4963	27.8	30.3
汉中市	Hanzhong City	6181	4597	1883	19827	13001	5114	40.1	30.8
榆林市	Yulin City	7681	7223	2606	24140	14527	4240	33.6	29.0
安康市	Ankang City	5815	4732	2073	20300	14368	5413	39.5	38.7
商洛市	Shangluo City	5425	4443	1439	19998	13351	4456	32.0	38.7
杨凌示范区	Yangling Demonstration Zone	10841	3681		29925	18128	6389	47.3	41.8
甘肃省	**Gansu**								
兰州市	Lanzhou City	6224	5078	2052	18443	14168	5281	33.0	25.4
嘉峪关市	Jiayuguan City	10999	8817	3005	22006	14762	5548	37.0	31.2
金昌市	Jinchang City	7885	7425	2209	23295	18754	6287	42.0	30.8
白银市	Baiyin City	4497	4181	1845	18533	13906	4999	25.0	27.6
天水市	Tianshui City	3864	3526	1503	15177	10469	3873	20.0	26.3
武威市	Wuwei City	6135	3671	1475	15397	11316	4565	28.0	32.1
张掖市	Zhangye City	7504	6410	2380	14395	12486	4042	36.0	31.9

3-8 续表 9 continued

地 区	Region	农村居民人均纯收入(元) Annual Per Capita Net Income of Rural Households (yuan)	农村居民人均消费支出(元) Annual Per Capita Living Expenditure of Rural Households (yuan)	#食品支出 Food	城镇居民人均可支配收入(元) Annual per Capita Disposable Income of Urban Households (yuan)	城镇居民人均消费支出(元) Annual per Capita Comsumption Expenditure of Urban Households (yuan)	#食品支出 Food	农村居民人均居住住房面积(平方米) Per Capita Living Space of Rural Household (sq.m)	城镇居民人均住房建筑面积(平方米) Per Capita Building Space of Urban Household (sq.m)
平凉市	Pingliang City	4215	5422	2261	15506	10172	3310	24.0	30.6
酒泉市	Jiuquan City	9645	8022	3039	20062	16627	5409	40.0	31.9
庆阳市	Qingyang City	4262	3878	1372	16662	12601	4211	23.0	33.1
定西市	Dingxi City	3612	3628	1532	14281	10429	3438	19.0	29.9
陇南市	Longnan City	3088	2964	1375	14077	10152	4242	26.0	31.9
临夏回族自治州	Linxia Hui A.P	3167	3108	1310	11428	7560	3480	19.0	29.7
甘南藏族自治州	Gannan Zang A.P	3610	2547	1442	13671	10357	3827	21.0	29.2
青海省	**Qinghai**								
西宁市	Xining City	7802	6914	2217	17634	12114	4752	35.4	25.8
海东地区	Haidong Prefecture	5352	5399	1887	17112	13751	4783	28.4	30.7
海北藏族自治州	Haibei Zang A.P	7436	6821	3530	20669	17447	5758	18.8	21.1
黄南藏族自治州	Huangnan Zang AP	4299	4907	1832	18642	11706	4358	18.6	22.7
海南藏族自治州	Hainan Zang A.P	6128	6043	2545	16557	13001	4082	20.7	26.1
果洛藏族自治州	Golog Zang A.P	3705	2428	1347	17405	15280	5915	12.4	17.1
玉树藏族自治州	Yushu Zang A.P	3493	3101	2458	18894	10942	6856	15.7	24.5
海西蒙古族藏族自治州	Haixi Mongolian & Zang A.P	7916	6937	2666	21252	15205	5516	26.6	25.5
宁夏回族自治区	**Ningxia**								
银川市	Yinchuan City	8068	7089	2188	21620	16390	5471	44.7	30.5
石嘴山市	Shizuishan City	7967	7222	2034	20294	14039	5171	34.8	30.9
吴忠市	Wuzhong City	6370	5410	1523	17845	12386	4139	27.0	29.8
固原市	Guyuan City	4690	4248	1249	16854	12494	4310	19.8	32.4
中卫市	Zhongwei City	5927	5670	1573	17867	13245	4260	28.6	30.0
新疆维吾尔自治区	**Xinjiang**								
乌鲁木齐市	Urumqi City	10032	8398	2754	18385	13785	5297	31.0	27.4
克拉玛依市	Karamay City	11735			22937	20392	6511		30.4
吐鲁番地区	Turpan Prefecture	7105	6133	2393	17427	12101	4682	26.6	32.9
哈密地区	Hami Prefecture	8389	7350	2180	18454	13274	5153	25.6	30.9
昌吉回族自治州	Changji Hui A.P	11470	10411	3192	17415	13912	4977	34.7	30.2
博尔塔拉蒙古自治州	Bortala Mongolian A.P	9434	10411	2967	17110	12846	4811	29.9	29.4
巴音郭楞蒙古自治州	Bayingolin Mongolian A.P	9936	5846	2240	18026	13474	4521	36.9	30.2
阿克苏地区	Aksu Prefecture	6891	6579	1879	18209	12439	5004	26.8	33.1
克孜勒苏柯尔克孜自治州	Kizilsu Kirgiz A.P	3081	2312	1095	14197	9907	3844		26.2
喀什地区	Kashi Prefecture	4708	3791	1562	13784	9958	4004		26.3
和田地区	Hotan Prefecture	4260	3820	1407	16436	12902	5305	19.9	28.2
伊犁哈萨克自治州	Ili Kazak A.P	7450	8850	2194	16883	12139	4662	23.8	28.8
塔城地区	Tacheng Prefecture	9896	10290	2784	16464	12306	4430		28.4
阿勒泰地区	Altay Prefecture	6243	5671	1835	16520	11603	4212		27.2
石河子市	Shihezi City	11760			20030	15545	5959		28.6
阿拉尔市	Alar City								
图木舒克市	Tumxuk City								
五家渠市	Wujiaqu City								
北屯市	Beitun City								
铁门关市	Tiemenguan City								
生产建设兵团	Corps								

3-9 农村和农业生产基本情况(2012年)

Basic Conditions of Rural Area (2012)

地区	Region	乡村户数(万户) Rural Households (10 000 households)	常用耕地面积(千公顷) Cultivated Land (1 000 hectares)	农业机械总动力(万千瓦) Total Power of Agricultural Machinery (10 000 kw)	化肥使用量(折纯量)(万吨) Consumption of Chemical Fertilizer (10 000 tons)	农村用电量(亿千瓦小时) Electricity Consumed in Rural Areas (100 million kwh)	有效灌溉面积(千公顷) Irrigated Area (1 000 hectares)	农作物总播种面积(千公顷) Total Sown Area (1 000 hectares)	#粮食作物 Sown Areas of Grain Crops
北京市	**Beijing**								
东城区	Dongcheng District								
西城区	Xicheng District								
朝阳区	Chaoyang District	31.5	4.7	1.0	0.0	7.6	3.4	0.8	0.3
丰台区	Fengtai District	12.6	3.2	5.3	0.0	4.5	1.4	0.8	0.3
石景山区	Shijingshan District		0.2						
海淀区	Haidian District	14.8	2.7	8.2	0.1	3.2	0.9	1.4	0.5
门头沟区	Mentougou District	4.1	1.8	2.0	0.0	0.8	0.1	3.1	1.6
房山区	Fangshan District	24.6	28.3	31.2	1.3	4.5	19.2	33.0	26.0
通州区	Tongzhou District	25.8	35.0	25.7	2.7	5.8	27.8	43.9	28.0
顺义区	Shunyi District	20.6	31.0	37.8	2.4	4.3	28.5	50.6	34.9
昌平区	Changping District	20.0	11.8	6.9	0.4	5.5	5.7	7.7	4.6
大兴区	Daxing District	19.2	38.1	36.8	3.2	3.3	37.1	61.3	35.8
怀柔区	Huairou District	9.1	9.8	15.1	0.5	1.7	7.1	11.8	10.1
平谷区	Pinggu District	11.0	12.4	27.0	0.9	3.2	10.1	17.4	11.9
密云县	Miyun County	12.6	22.9	23.8	0.7	1.8	5.8	25.0	18.7
延庆县	Yanqing County	9.3	29.8	20.2	1.3	1.0	12.0	25.9	21.1
北京经济技术开发区	Beijing Economic-technological Development Zones								
其他	Others								
天津市	**Tianjin**								
和平区	Heping District								
河东区	Hedong District								
河西区	Hexi District								
南开区	Nankai District								
河北区	Hebei District								
红桥区	Hongqiao District								
东丽区	Dongli District	5.9	9.5	11.2	0.4	1.8	9.5	7.1	2.5
西青区	Xiqing District	9.1	13.8	28.5	0.8	7.7	14.0	19.6	4.6
津南区	Jinnan District	11.2	13.7	35.9	0.1	3.0	10.1	7.0	3.1
北辰区	Beichen District	10.3	18.4	27.1	0.5	5.4	14.5	16.8	7.2
武清区	Wuqing District	22.0	86.0	109.8	5.2	10.5	71.6	121.3	89.1
宝坻区	Baodi District	17.9	76.1	89.1	8.9	5.0	65.6	106.5	88.4
滨海新区	Binhai New Area	8.7	20.4	64.1	0.8	4.6	19.4	17.4	13.0
宁河县	Ninghe County	8.5	39.0	56.1	1.1	2.5	35.9	40.4	15.5
静海县	Jinghai County	15.6	64.6	71.2	3.1	6.9	51.1	65.5	39.6
蓟县	Ji County	19.8	53.9	75.2	4.4	4.2	42.6	81.1	72.1
其他	Others				0.1	0.3	2.8	2.9	2.5
河北省	**Hebei**								
石家庄市	Shijiazhuang City	178.8	554.3	1983.8	48.9	78.5	502.8	1009.5	764.6
唐山市	Tangshan City	163.1	545.7	1148.5	38.5	142.4	490.6	803.3	490.5
秦皇岛市	Qinhuangdao City	66.7	165.8	303.6	14.6	23.3	123.3	221.7	148.1
邯郸市	Handan City	184.8	651.9	1452.4	47.9	59.2	550.5	1071.2	775.3
邢台市	Xingtai City	156.2	647.0	954.9	35.4	32.2	566.5	1019.6	718.1
保定市	Baoding City	243.9	762.5	1217.3	46.9	47.4	661.6	1224.4	921.5
张家口市	Zhangjiakou City	123.0	682.2	306.0	10.3	12.4	263.8	700.7	475.3
承德市	Chengde City	88.7	264.1	349.0	10.8	16.7	151.8	379.1	291.7
沧州市	Cangzhou City	158.7	705.6	1215.3	31.7	75.2	542.4	1151.7	898.3
廊坊市	Langfang City	83.0	366.2	683.9	16.8	77.7	272.7	496.0	313.3
衡水市	Hengshui City	104.2	556.1	939.0	27.7	28.9	477.0	852.7	594.6

3-9 续表 1 continued

地　　区	Region	乡村户数（万户） Rural Households (10 000 households)	常用耕地面积（千公顷） Cultivated Land (1 000 hectares)	农业机械总动力（万千瓦） Total Power of Agricultural Machinery (10 000 kw)	化肥使用量（折纯量）（万吨） Consumption of Chemical Fertilizer (10 000 tons)	农村用电量（亿千瓦小时） Electricity Consumed in Rural Areas (100 million kwh)	有效灌溉面积（千公顷） Irrigated Area (1 000 hectares)	农作物总播种面积（千公顷） Total Sown Area (1 000 hectares)	#粮食作物 Sown Areas of Grain Crops
山西省	**Shanxi**								
太原市	Taiyuan City	36.0	127.3	128.4	2.9	5.3	48.1	108.1	81.8
大同市	Datong City	63.9	372.3	176.1	8.8	3.2	130.1	321.7	278.9
阳泉市	Yangquan City	29.5	68.3	130.4	1.3	6.6	8.3	58.6	56.7
长治市	Changzhi City	76.8	346.2	198.5	11.9	8.1	83.4	279.2	253.9
晋城市	Jincheng City	56.0	192.2	240.2	7.1	7.3	41.8	210.0	199.6
朔州市	Shuozhou City	38.3	365.9	223.1	7.4	2.1	123.7	335.1	268.4
晋中市	Jinzhong City	90.4	364.1	349.9	11.2	13.4	144.5	323.0	277.8
运城市	Yuncheng City	112.9	549.4	658.5	29.4	26.4	377.9	782.9	667.4
忻州市	Xinzhou City	90.8	649.5	236.7	13.0	5.8	129.6	479.2	426.4
临汾市	Linfen City	93.9	494.6	439.9	17.0	7.8	140.1	559.5	509.4
吕梁市	Luliang City	103.5	525.9	274.4	8.1	8.9	91.7	401.0	353.9
其他	Others								
内蒙古自治区	**Inner Mongolia**								
呼和浩特市	Hohhot City	30.2	568.8	226.1	11.6	4.0	199.2	444.4	325.0
包头市	Baotou City	17.7	422.1	155.3	7.0	3.2	144.3	312.3	227.8
乌海市	Wuhai City	0.9	7.0	7.8	0.3	0.3	8.5	6.7	4.5
赤峰市	Chifeng City	104.5	1008.1	492.2	28.2	19.4	462.4	1111.0	897.8
通辽市	Tongliao City	63.8	1074.4	571.8	54.2	10.2	655.3	1120.0	925.5
鄂尔多斯市	Erdos City	19.5	402.9	278.8	11.1	4.6	209.1	381.5	240.8
呼伦贝尔市	Hulunbuir City	37.5	1143.7	381.2	20.9	2.6	249.6	1585.4	1330.6
巴彦淖尔市	Bayannur City	27.0	581.5	420.6	24.1	4.2	594.4	551.1	263.4
乌兰察布市	Ulanqab City	43.3	889.0	203.2	9.0	2.4	254.1	619.7	477.2
兴安盟	Xingan League	31.9	796.9	388.1	19.0	1.7	307.0	773.5	727.0
锡林郭勒盟	Xilingol League	13.4	238.7	125.5	1.6	0.9	41.4	216.7	150.9
阿拉善盟	Alxa League	2.4	27.3	28.8	1.9	1.6		31.9	19.0
辽宁省	**Liaoning**								
沈阳市	Shenyang City	87.3		326.3	20.0		260.9	667.4	503.3
大连市	Dalian City	88.7		356.5	16.2		114.7	328.0	277.8
鞍山市	Anshan City	55.4		155.4	9.6		91.6	253.7	212.2
抚顺市	Fushun City	27.1		73.3	3.4		47.3	117.8	98.6
本溪市	Benxi City	15.5		56.5	1.3		21.1	59.3	49.9
丹东市	Dandong City	44.4		188.9	7.4		83.3	207.0	165.4
锦州市	Jinzhou City	61.6		277.7	16.8		208.7	453.4	358.0
营口市	Yingkou City	45.2		116.0	6.0		87.0	109.8	94.5
阜新市	Fuxin City	34.5		236.7	14.7		114.7	530.6	311.9
辽阳市	Liaoyang City	36.2		69.8	4.9		98.1	164.7	141.2
盘锦市	Panjin City	23.6		76.4	4.7		110.8	144.4	127.4
铁岭市	Tieling City	63.3		244.9	22.1		184.6	586.4	457.5
朝阳市	Chaoyang City	77.7		192.0	11.2		193.3	500.1	381.0
葫芦岛市	Huludao City	59.6		156.5	8.5		82.8	238.9	189.3

3-9 续表 2 continued

地　区	Region	乡村户数（万户） Rural Households (10 000 households)	常用耕地面积（千公顷） Cultivated Land (1 000 hectares)	农业机械总动力（万千瓦） Total Power of Agricultural Machinery (10 000 kw)	化肥使用量（折纯量）（万吨） Consumption of Chemical Fertilizer (10 000 tons)	农村用电量（亿千瓦小时） Electricity Consumed in Rural Areas (100 million kwh)	有效灌溉面积（千公顷） Irrigated Area (1 000 hectares)	农作物总播种面积（千公顷） Total Sown Area (1 000 hectares)	#粮食作物 Sown Areas of Grain Crops
吉林省	**Jilin**								
长春市	Changchun City	120.2	1308.0	513.9	101.6	12.5	255.4	1344.1	1245.3
吉林市	Jilin City	59.0	598.5	328.2	56.8	5.1	180.8	691.9	645.3
四平市	Siping City	59.5	850.6	261.0	68.2	5.8	191.8	915.7	857.9
辽源市	Liaoyuan City	20.0	237.1	113.8	18.4	1.5	31.6	230.4	224.8
通化市	Tonghua City	35.7	309.3	150.8	29.3	3.2	109.5	326.1	293.0
白山市	Baishan City	12.6	48.1	44.2	3.7	0.9	4.3	64.2	49.3
松原市	Songyuan City	53.2	1187.8	543.8	72.7	5.3	555.4	1217.8	1032.4
白城市	Baicheng City	37.0	896.1	416.4	43.7	3.3	436.1	1026.4	804.8
延边朝鲜族自治州	Yanbian Korean A.P	23.2	374.8	182.6	16.1	8.6	87.0	392.2	351.2
黑龙江省	**Heilongjiang**								
哈尔滨市	Harbin City	134.4	1826.1	891.1	47.1	17.3		2024.2	1923.9
齐齐哈尔市	Qiqihar City	96.1	2237.3	692.8	27.9	6.1		2291.5	2188.9
鸡西市	Jixi City	19.4	414.1	189.4	4.6	2.9		484.9	472.3
鹤岗市	Hegang City	6.8	160.1	82.2	4.2	0.5		203.2	197.9
双鸭山市	Shuangyashan City	14.2	404.8	156.3	6.2	2.1		420.7	398.9
大庆市	Daqing City	36.6	627.5	299.3	12.2	4.1		751.4	672.6
伊春市	Yichun City	4.9	204.9	68.5	2.4	0.6		243.2	230.2
佳木斯市	Jiamusi City	36.1	1148.4	382.2	21.3	5.9		1304.5	1255.4
七台河市	Qitaihe City	9.5	152.1	56.0	1.4	1.2		177.5	162.4
牡丹江市	Mudanjiang City	31.3	488.4	207.7	8.2	4.5		635.8	535.2
黑河市	Heihe City	22.4	851.0	241.4	11.8	2.4		1210.3	1158.8
绥化市	Suihua City	100.7	1657.4	444.4	34.3	10.6		1902.1	1841.8
大兴安岭地区	Daxing'anling Prefecture	1.8	138.9	40.2	0.8	0.2		174.9	168.3
农垦总局	Agriculture Reclamation Bureau			797.8	58.0	6.0		2809.2	2715.0
其他	Others								
上海市	**Shanghai**								
黄浦区	Huangpu District								
徐汇区	Xuhui District								
长宁区	Changning District								
静安区	Jingan District								
普陀区	Putuo District								
闸北区	Zhabei District								
虹口区	Hongkou District								
杨浦区	Yangpu District								
闵行区	Minhang District	7.1		1.6	0.1	144.5	5.6	6.6	1.5
宝山区	Baoshan District	4.2		4.2	0.2	93.9	4.4	4.4	1.7
嘉定区	Jiading District	6.6		4.1	0.6	83.5	10.6	19.3	8.6
浦东新区	Pudong New District	33.2		12.9	1.1	208.1	42.9	66.8	25.0
金山区	Jinshan District	10.1		12.3	1.7	61.6	26.2	52.7	33.1
松江区	Songjiang District	6.0		10.2	1.2	85.4	17.6	31.0	14.3
青浦区	Qingpu District	9.1		8.9	1.5	52.5	27.2	38.6	16.2
奉贤区	Fengxian District	12.5		11.4	1.1	69.3	25.6	39.6	16.2
崇明县	Chongming County	23.3		24.6	2.3	20.9	50.5	96.9	48.8
其他	Others			22.5	1.1		14.8	34.1	22.2

3-9 续表 3 continued

地 区	Region	乡村户数(万户) Rural Households (10 000 households)	常用耕地面积(千公顷) Cultivated Land (1 000 hectares)	农业机械总动力(万千瓦) Total Power of Agricultural Machinery (10 000 kw)	化肥使用量(折纯量)(万吨) Consumption of Chemical Fertilizer (10 000 tons)	农村用电量(亿千瓦小时) Electricity Consumed in Rural Areas (100 million kwh)	有效灌溉面积(千公顷) Irrigated Area (1 000 hectares)	农作物总播种面积(千公顷) Total Sown Area (1 000 hectares)	#粮食作物 Sown Areas of Grain Crops
江苏省	**Jiangsu**								
南京市	Nanjing City	64.2	242.1	215.5	8.2	30.8	196.1	328.9	163.4
无锡市	Wuxi City	64.5	139.5	107.2	6.0	372.6	116.8	182.9	115.1
徐州市	Xuzhou City	181.2	591.0	615.2	67.1	59.6	473.0	1124.6	730.5
常州市	Changzhou City	76.2	177.7	158.5	6.3	157.4	129.3	226.4	155.7
苏州市	Suzhou City	91.4	231.1	169.0	8.5	556.1	179.9	263.1	159.7
南通市	Nantong City	204.6	468.5	350.7	23.8	144.5	416.0	847.0	522.2
连云港市	Lianyungang City	90.4	369.1	474.5	33.8	28.8	331.6	621.6	497.6
淮安市	Huaian City	99.2	487.7	460.4	38.0	12.6	333.9	793.1	653.7
盐城市	Yancheng City	184.9	781.4	563.7	55.7	69.2	674.4	1460.7	965.4
扬州市	Yangzhou City	102.6	304.0	235.8	19.5	52.8	286.3	507.4	419.0
镇江市	Zhenjiang City	57.6	171.5	137.8	5.9	72.2	134.3	239.7	177.1
泰州市	Taizhou City	120.5	316.7	247.5	17.9	105.8	284.9	580.5	438.9
宿迁市	Suqian City	107.3	438.4	478.8	40.3	34.2	373.4	707.1	571.9
浙江省	**Zhejiang**								
杭州市	Hangzhou City	129.3		343.4	10.8	109.7	167.1	370.1	165.4
宁波市	Ningbo City	174.8		344.0	11.2	173.8	191.5	309.5	148.5
温州市	Wenzhou City	183.3		213.3	8.6	90.3	127.0	247.1	156.6
嘉兴市	Jiaxing City	75.9		154.8	10.5	101.1	198.8	340.5	207.9
湖州市	Huzhou City	61.9		168.0	5.3	37.1	136.4	224.3	136.1
绍兴市	Shaoxing City	139.1		243.3	10.5	195.3	160.3	331.1	187.8
金华市	Jinhua City	175.8		258.3	12.0	39.6	160.0	274.8	154.8
衢州市	Quzhou City	62.1		164.7	7.5	9.5	95.5	230.2	134.0
舟山市	Zhoushan City	23.9		215.6	0.5	12.2	13.9	23.3	10.6
台州市	Taizhou City	166.3		367.7	9.0	95.8	128.5	251.4	137.4
丽水市	Lishui City	64.6		110.8	6.2	5.4	92.1	170.7	97.3
安徽省	**Anhui**								
合肥市	Hefei City	125.5	337.2	378.4	31.4	14.4	364.2	750.3	483.2
芜湖市	Wuhu City	75.0	175.1	190.3	15.5	12.6	199.9	381.2	197.9
蚌埠市	Bengbu City	70.7	294.9	504.4	29.6	6.9	212.1	631.3	455.7
淮南市	Huainan City	36.9	113.3	178.6	14.1	7.9	104.7	241.8	203.3
马鞍山市	Maanshan City	40.5	124.7	129.1	9.0	4.5	129.0	242.9	153.2
淮北市	Huaibei City	36.8	133.7	257.1	10.0	2.0	145.0	253.9	234.4
铜陵市	Tongling City	10.0	23.4	37.7	2.4	1.6	25.0	46.0	27.8
安庆市	Anqing City	141.6	299.1	296.3	23.7	14.7	258.5	777.5	455.0
黄山市	Huangshan City	37.1	46.6	74.8	4.0	2.1	42.9	130.4	64.8
滁州市	Chuzhou City	93.8	407.6	638.8	33.9	8.9	357.7	872.5	709.9
阜阳市	Fuyang City	221.5	575.3	662.6	39.3	11.8	384.1	1212.7	996.9
宿州市	Suzhou City	137.2	480.4	787.7	33.6	8.0	379.0	996.9	802.6
六安市	Liuan City	177.2	435.4	668.0	37.0	12.2	386.0	899.3	716.1
亳州市	Bozhou City	129.5	500.2	760.7	30.1	7.8	336.1	1048.0	850.7
池州市	Chizhou City	39.6	83.0	114.5	5.9	3.4	84.6	202.3	115.4
宣城市	Xuancheng City	73.1	154.5	223.9	14.0	10.0	149.8	355.1	230.1
福建省	**Fujian**								
福州市	Fuzhou City	132.7	153.2	161.6	8.7	108.0	121.9	260.7	106.9
厦门市	Xiamen City	12.6	20.4	41.3	2.4	2.4	18.1	27.8	7.3
莆田市	Putian City	66.0	74.9	78.0	6.4	12.1	45.7	105.3	50.0
三明市	Sanming City	54.7	193.5	135.8	13.2	12.6	136.6	417.9	210.9
泉州市	Quanzhou City	152.1	147.0	247.0	14.9	116.8	140.2	244.1	146.8
漳州市	Zhangzhou City	106.5	180.1	207.3	39.1	18.4	121.3	258.4	117.2
南平市	Nanping City	66.3	235.4	189.7	15.7	12.8	160.3	429.9	248.1
龙岩市	Longyan City	68.6	165.0	110.1	11.1	16.9	112.4	304.6	180.9
宁德市	Ningde City	74.1	137.3	115.9	9.4	12.8	112.1	232.7	133.0

3-9 续表 4 continued

地 区	Region	乡村户数(万户) Rural Households (10 000 households)	常用耕地面积(千公顷) Cultivated Land (1 000 hectares)	农业机械总动力(万千瓦) Total Power of Agricultural Machinery (10 000 kw)	化肥使用量(折纯量)(万吨) Consumption of Chemical Fertilizer (10 000 tons)	农村用电量(亿千瓦小时) Electricity Consumed in Rural Areas (100 million kwh)	有效灌溉面积(千公顷) Irrigated Area (1 000 hectares)	农作物总播种面积(千公顷) Total Sown Area (1 000 hectares)	#粮食作物 Sown Areas of Grain Crops
江西省	**Jiangxi**								
南昌市	Nanchang City	73.3	259.8	470.0	14.9	13.6	191.1		
景德镇市	Jingdezhen City	27.0	84.3	188.4	3.4	2.7	51.2		
萍乡市	Pingxiang City	35.1	64.2	170.2	4.0	5.0	37.8		
九江市	Jiujiang City	91.8	295.5	444.3	15.9	9.9	203.0		
新余市	Xinyu City	22.5	82.0	128.3	2.8	2.4	48.7		
鹰潭市	Yingtan City	21.6	88.1	94.6	2.9	3.0	51.8		
赣州市	Ganzhou City	177.7	368.4	667.4	23.0	10.1	262.2		
吉安市	Jian City	99.7	420.4	613.4	18.3	7.7	304.7		
宜春市	Yichun City	111.5	470.0	705.3	21.0	11.8	286.7		
抚州市	Fuzhou City	79.6	314.1	499.6	20.8	4.8	217.2		
上饶市	Shangrao City	149.5	380.4	562.0	14.4	13.7	250.1		
山东省	**Shandong**								
济南市	Jinan City	100.6	360.7	538.7	23.3	26.0		606.9	455.1
青岛市	Qingdao City	155.7	512.8	797.7	29.1	42.7		723.0	514.3
淄博市	Zibo City	89.3	207.1	352.4	9.9	52.3		298.8	247.1
枣庄市	Zaozhuang City	80.0	240.8	309.2	21.2	29.0		395.5	276.7
东营市	Dongying City	34.6	220.0	238.0	12.0	4.8		282.9	115.1
烟台市	Yantai City	171.5	446.0	928.7	37.6	83.4		548.1	391.2
潍坊市	Weifang City	204.0	783.9	1322.0	56.4	59.1		1116.7	779.7
济宁市	Jining City	185.5	600.6	1024.2	46.6	14.8		989.5	659.9
泰安市	Taian City	123.2	343.4	500.9	20.3	9.9		621.2	418.6
威海市	Weihai City	64.2	191.7	543.9	10.9	20.7		259.0	167.8
日照市	Rizhao City	83.3	229.6	309.2	12.7	9.0		271.0	182.2
莱芜市	Laiwu City	31.7	68.6	105.0	3.7	9.9		87.6	50.0
临沂市	Linyi City	278.5	842.6	912.9	41.9	29.7		1100.4	738.9
德州市	Dezhou City	125.8	619.0	1390.1	38.6	7.9		1033.8	839.9
聊城市	Liaocheng City	135.5	565.6	1138.4	42.0	13.3		1022.9	763.7
滨州市	Binzhou City	94.1	447.1	579.5	21.2	10.3		618.3	433.0
菏泽市	Heze City	205.7	831.3	1429.0	49.1	43.2		1397.8	967.6
河南省	**Henan**								
郑州市	Zhengzhou City	105.1	295.7	547.2	24.1	39.9	196.3	507.5	363.1
开封市	Kaifeng City	99.0	394.0	696.7	29.5	8.3	323.9	799.6	472.6
洛阳市	Luoyang City	129.4	356.1	478.2	24.1	24.5	141.9	699.7	530.9
平顶山市	Pingdingshan City	102.7	312.9	377.2	35.8	10.2	206.0	549.4	417.3
安阳市	Anyang City	122.0	394.6	602.0	43.8	23.4	298.8	750.0	555.3
鹤壁市	Hebi City	26.6	96.4	231.7	7.7	2.3	83.2	193.1	169.2
新乡市	Xinxiang City	109.9	403.1	725.7	51.2	57.2	329.1	797.7	623.1
焦作市	Jiaozuo City	63.6	181.7	392.6	19.8	13.4	162.1	354.1	272.8
濮阳市	Puyang City	74.5	248.4	432.9	26.4	7.3	221.1	500.4	387.9

3-9 续表 5 continued

地　区	Region	乡村户数（万户）Rural Households (10 000 households)	常用耕地面积（千公顷）Cultivated Land (1 000 hectares)	农业机械总动力（万千瓦）Total Power of Agricultural Machinery (10 000 kw)	化肥使用量（折纯量）（万吨）Consumption of Chemical Fertilizer (10 000 tons)	农村用电量（亿千瓦小时）Electricity Consumed in Rural Areas (100 million kwh)	有效灌溉面积（千公顷）Irrigated Area (1 000 hectares)	农作物总播种面积（千公顷）Total Sown Area (1 000 hectares)	#粮食作物 Sown Areas of Grain Crops
许昌市	Xuchang City	83.3	325.6	369.4	30.9	10.0	240.8	605.2	435.7
漯河市	Luohe City	54.4	165.7	261.2	16.8	4.9	152.1	368.7	266.6
三门峡市	Sanmenxia City	44.2	163.2	173.5	9.9	3.5	53.4	251.9	168.1
南阳市	Nanyang City	244.2	941.2	1252.7	87.2	19.2	469.3	1863.1	1162.3
商丘市	Shangqiu City	193.6	666.6	1161.6	77.1	18.8	600.0	1391.9	959.5
信阳市	Xinyang City	180.7	568.6	552.7	52.9	13.9	469.8	1226.7	842.5
周口市	Zhoukou City	237.6	826.2	1119.7	73.3	14.6	611.8	1711.1	1177.2
驻马店市	Zhumadian City	182.9	827.3	1388.2	71.6	16.8	570.9	1651.1	1186.0
济源市	Jiyuan City	12.0	34.8	109.6	2.4	1.9	20.0	57.5	41.8
湖北省	**Hubei**								
武汉市	Wuhan City	77.3	202.1	234.0	15.5	12.1	162.0	548.0	229.5
黄石市	Huangshi City	37.6	89.6	82.7	5.0	11.5	49.2	240.0	140.7
十堰市	Shiyan City	65.6	174.0	179.0	14.3	4.9	30.4	452.2	274.4
宜昌市	Yichang City	87.4	258.7	277.5	37.6	8.8	109.5	599.9	327.0
襄阳市	Xiangyang City	101.0	449.6	573.1	57.7	8.8	266.3	960.8	751.3
鄂州市	Ezhou City	20.9	40.6	60.4	12.0	4.3	27.8	121.0	58.2
荆门市	Jingmen City	50.2	265.0	404.1	28.8	8.8	196.4	586.6	356.2
孝感市	Xiaogan City	104.8	262.3	232.6	21.0	8.7	220.3	603.3	353.8
荆州市	Jingzhou City	106.9	467.8	511.6	35.8	13.8	414.9	1067.3	574.8
黄冈市	Huanggang City	154.5	343.5	288.2	51.0	18.5	279.4	1004.0	535.8
咸宁市	Xianning City	52.4	156.6	168.1	11.9	4.1	91.2	414.8	212.6
随州市	Suizhou City	51.8	142.9	194.0	16.0	4.1	124.6	316.4	230.7
恩施土家族苗族自治州	Enshi Tujia & Miao A.P	97.6	260.5	219.7	29.2	4.1	64.8	776.4	436.3
仙桃市	Xiantao City	27.3	90.5	128.5	6.6	4.5	89.2	216.3	153.7
潜江市	Qianjiang City	17.5	72.1	98.5	7.3	1.6	59.0	150.0	71.8
天门市	Tianmen City	30.8	109.8	159.8	7.7	2.6	109.8	232.8	125.6
神农架林区	Shennongjia Forest District	1.3	6.1	10.3	0.3	0.1	0.2	10.3	6.6
湖南省	**Hunan**								
长沙市	Changsha City	133.9	248.1	542.0	20.5	21.2	223.5	656.7	371.2
株洲市	Zhuzhou City	78.1	178.9	277.6	12.7	7.3	159.4	387.8	258.6
湘潭市	Xiangtan City	61.9	122.9	265.9	12.4	5.4	132.9	308.7	212.8
衡阳市	Hengyang City	165.5	329.1	460.1	23.5	14.6	286.7	957.4	556.8
邵阳市	Shaoyang City	184.8	348.9	405.8	22.7	9.1	281.3	822.9	550.8
岳阳市	Yueyang City	128.4	284.5	514.1	23.4	7.2	314.5	865.9	536.4
常德市	Changde City	154.9	408.4	514.1	32.7	9.6	467.9	1197.9	684.5
张家界市	Zhangjiajie City	41.9	92.0	99.6	6.1	1.7	50.9	217.5	131.9
益阳市	Yiyang City	107.8	242.0	455.4	23.9	8.2	235.3	739.0	414.1
郴州市	Chenzhou City	121.1	234.4	384.4	19.7	6.3	185.3	605.1	341.2
永州市	Yongzhou City	135.8	288.6	514.2	23.3	7.0	286.8	886.5	552.5
怀化市	Huaihua City	118.8	265.7	314.9	10.8	5.4	190.2	591.1	315.7
娄底市	Loudi City	98.8	149.9	296.4	9.6	5.7	91.6	369.4	268.6
湘西土家族苗族自治州	West Hunan Tujia & Miao A.P	59.9	153.2	144.8	7.8	1.6	164.6	357.5	175.8

3-9 续表 6 continued

地　　区	Region	乡　村 户　数 (万户) Rural Households (10 000 households)	常　用 耕地面积 (千公顷) Cultivated Land (1 000 hectares)	农业机械 总动力 (万千瓦) Total Power of Agricultural Machinery (10 000 kw)	化　肥 使用量 (折纯量) (万吨) Consumption of Chemical Fertilizer (10 000 tons)	农村用电量 (亿千瓦小时) Electricity Consumed in Rural Areas (100 million kwh)	有效灌溉 面　积 (千公顷) Irrigated Area (1 000 hectares)	农作物总 播种面积 (千公顷) Total Sown Area (1 000 hectares)	#粮食作物 Sown Areas of Grain Crops
广东省	**Guangdong**								
广州市	Guangzhou City	144.3	99.1	195.7	10.7	181.2	79.9	263.0	89.9
韶关市	Shaoguan City	62.3	131.6	137.6	11.4	3.8	94.1	324.3	158.9
深圳市	Shenzhen City			2.4	0.5		0.4	5.8	0.001
珠海市	Zhuhai City	15.6	14.8	25.6	0.7	12.3	17.7	18.6	7.6
汕头市	Shantou City	91.2	73.8	44.4	5.6	26.9	31.1	119.3	71.7
佛山市	Foshan City	93.8	37.8	106.6	5.1	228.3	38.8	111.7	20.7
江门市	Jiangmen City	85.6	132.9	167.6	12.6	55.2	105.7	287.1	195.0
湛江市	Zhanjiang City	147.0	460.5	471.0	43.9	16.5	141.0	629.6	292.5
茂名市	Maoming City	126.9	252.4	165.5	33.8	8.5	112.0	413.8	254.1
肇庆市	Zhaoqing City	90.4	189.4	156.9	19.1	12.8	100.5	344.0	203.2
惠州市	Huizhou City	80.1	110.1	126.0	9.4	34.8	78.2	249.8	120.9
梅州市	Meizhou City	114.6	164.2	135.4	16.1	8.7	9.5	344.7	218.7
汕尾市	Shanwei City	68.8	97.9	90.7	6.9	9.7	38.0	159.9	95.9
河源市	Heyuan City	75.2	128.7	59.5	7.1	5.5	68.4	228.8	164.4
阳江市	Yangjiang City	66.8	104.3	88.9	11.9	5.9	61.4	241.4	146.8
清远市	Qingyuan City	86.4	270.4	109.3	19.2	5.7	94.7	354.4	179.6
东莞市	Dongguan City	50.4	37.9	39.1	0.7	440.4	26.8	24.8	2.8
中山市	ZhongShan City	64.4	50.6	72.0	2.8	74.7	30.7	45.8	15.1
潮州市	Chaozhou City	56.0	74.6	48.2	4.8	31.0	29.0	64.4	45.8
揭阳市	Jieyang City	128.7	124.2	65.0	12.5	15.9	67.9	207.8	137.2
云浮市	Yunfu City	71.7	99.0	106.9	9.0	9.9	80.8	190.6	119.4
广西壮族自治区	**Guangxi**								
南宁市	Nanning City	132.2	686.4	427.9	44.3	8.4	256.8	944.0	442.0
柳州市	Liuzhou City	61.6	353.6	183.7	19.8	4.2	100.5	408.5	168.8
桂林市	Guilin City	106.7	329.4	432.8	22.7	5.8	218.8	678.9	377.9
梧州市	Wuzhou City	71.5	111.4	118.6	7.0	3.7	70.7	287.7	159.7
北海市	Beihai City	24.1	124.5	130.5	6.3	1.7	46.6	183.3	80.4
防城港市	Fangchenggang City	16.6	91.6	75.3	5.3	1.7	28.7	121.5	49.1
钦州市	Qinzhou City	81.6	212.0	153.2	25.8	5.4	83.1	376.4	216.4
贵港市	Guigang City	113.9	322.7	291.8	19.8	4.2	153.7	438.6	274.9
玉林市	Yulin City	127.9		296.9	16.5	7.7	143.2	489.0	327.2
百色市	Baise City	78.2		276.6	11.1	7.7	108.8	501.9	276.8
贺州市	Hezhou City	50.9	163.9	117.2	19.7	2.5	66.0	240.4	139.0
河池市	Hechi City	90.8	374.1	302.3	12.8	6.5	88.0	486.3	276.6
来宾市	Laibin City	52.8	407.9	164.8	23.6	3.8	104.7	447.1	174.3
崇左市	Chongzuo City	52.3	520.2	216.3	28.7	2.3	82.3	500.8	121.0
海南省	**Hainan**								
海口市	Haikou City	17.5	46.9	57.3	3.3	3.9	19.6	82.8	41.9
三亚市	Sanya City	6.4	14.1	33.0	4.5	0.8	6.6	34.2	14.3
重庆市	**Chongqing**								
万州区	Wanzhou District	37.5			3.9	1.4	34.9	174.4	113.7
涪陵区	Fuling District	28.0			4.3	3.3	35.0	175.6	97.1
渝中区	Yuzhong District								
大渡口区	Dadukou District	1.3			0.2	0.5	1.5	2.5	0.02
江北区	Jiangbei District	1.4			0.2	0.2	0.9	2.6	1.6
沙坪坝区	Shapingba District	4.9			0.3	7.2	6.6	8.5	3.6
九龙坡区	Jiulongpo District	8.3			0.3	1.7	4.7	13.7	6.6

3-9 续表 7 continued

地　区	Region	乡村户数（万户）Rural Households (10 000 households)	常用耕地面积（千公顷）Cultivated Land (1 000 hectares)	农业机械总动力（万千瓦）Total Power of Agricultural Machinery (10 000 kw)	化肥使用量（折纯量）（万吨）Consumption of Chemical Fertilizer (10 000 tons)	农村用电量（亿千瓦小时）Electricity Consumed in Rural Areas (100 million kwh)	有效灌溉面积（千公顷）Irrigated Area (1 000 hectares)	农作物总播种面积（千公顷）Total Sown Area (1 000 hectares)	#粮食作物 Sown Areas of Grain Crops
南岸区	Nanan District	10.6			0.3	0.9	2.8	4.2	2.1
北碚区	Beibei District	11.4			0.9	10.4	10.1	34.6	15.2
綦江区	Qijiang District	30.6			4.0	3.4	24.8	126.1	80.7
大足区	Dazu District	22.2			1.9	2.1	32.3	105.2	64.1
渝北区	Yubei District	15.8			1.4	0.8	13.4	60.8	41.3
巴南区	Banan District	20.4			1.6	2.4	22.4	93.9	62.0
黔江区	Qianjiang District	14.3			2.4	0.3	15.2	89.3	56.1
长寿区	Changshou District	23.0			2.2	1.5	24.1	88.8	69.3
江津区	Jiangjin District	37.5			4.5	3.1	34.1	151.1	102.1
合川区	Hechuan District	38.4			3.1	1.5	40.0	168.0	122.1
永川区	Yongchuan District	22.5			6.8	1.8	35.5	102.6	69.1
南川区	Nanchuan District	16.6			3.2	2.2	24.6	100.1	56.1
四川省	**Sichuan**								
成都市	Chengdu City	224.9	323.5	320.3	15.8	31.9	310.2		
自贡市	Zigong City	71.5	137.4	97.8	9.0	4.1	86.7		
攀枝花市	Panzhihua City	15.1	40.8	64.1	2.8	1.9	29.9		
泸州市	Luzhou City	118.7	210.3	177.3	10.6	6.2	126.7		
德阳市	Deyang City	108.9	185.1	183.5	19.8	19.2	142.9		
绵阳市	Mianyang City	133.6	281.9	268.4	21.6	10.0	213.8		
广元市	Guangyuan City	69.4	168.8	241.4	12.0	2.8	84.1		
遂宁市	Suining City	82.6	154.0	108.5	14.4	3.4	114.7		
内江市	Neijiang City	108.9	164.4	136.0	12.2	8.4	116.8		
乐山市	Leshan City	82.1	149.9	194.0	9.5	9.5	126.6		
南充市	Nanchong City	176.1	302.3	219.1	24.1	6.1	180.1		
眉山市	Meishan City	87.7	170.7	215.2	14.9	6.7	158.7		
宜宾市	Yibin City	121.6	243.1	198.4	9.8	10.0	154.9		
广安市	Guangan City	109.6	173.4	168.0	11.2	4.5	85.2		
达州市	Dazhou City	162.0	304.5	199.5	21.0	7.8	145.6		
雅安市	Yaan City	40.4	56.2	149.8	5.0	4.1	52.0		
巴中市	Bazhong City	81.8	152.4	143.0	14.0	2.9	78.8		
资阳市	Ziyang City	129.9	268.3	178.2	9.1	7.1	169.5		
阿坝藏族羌族自治州	Aba Zang & Qiang A.P	18.4	60.1	72.6	1.1	2.0	14.2		
甘孜藏族自治州	Ganzi Zang A.P	20.7	89.7	85.0	0.3	1.0	19.7		
凉山彝族自治州	Liangshan Yi A.P	106.3	354.5	273.8	14.6	6.4	155.0		
贵州省	**Guizhou**								
贵阳市	Guiyang City	55.7	95.6	153.1	6.7	4.2	80.8	272.2	110.9
六盘水市	Liupanshui City	72.8	310.7	172.5	6.9	2.2	59.6	244.0	180.2
遵义市	Zunyi City	174.7	846.2	335.4	21.9	14.1	309.9	1235.9	755.6
安顺市	Anshun City	59.3	106.5	162.1	6.1	2.7	79.0	263.6	142.8
毕节市	Bijie City	180.6	997.3	268.0	21.3	10.9	193.6	1109.1	652.9
铜仁市	Tongren City	97.3	176.7	277.6	9.5	7.1	145.9	573.7	351.8
黔西南布依族苗族自治州	Southwest Guizhou Buyi & Miao A.P	74.1	453.6	214.5	7.9	3.2	120.3	397.4	239.7
黔东南苗族侗族自治州	Southeast Guizhou Miao & Dong A.P	97.2	383.4	259.7	7.7	5.4	172.0	552.2	303.2
黔南布依族苗族自治州	South Guizhou Buyi & Miao A.P	89.0	489.9	263.8	10.2	4.7	157.0	534.2	316.3

3-9 续表 8 continued

地 区	Region	乡村户数（万户）Rural Households (10 000 households)	常用耕地面积（千公顷）Cultivated Land (1 000 hectares)	农业机械总动力（万千瓦）Total Power of Agricultural Machinery (10 000 kw)	化肥使用量（折纯量）（万吨）Consumption of Chemical Fertilizer (10 000 tons)	农村用电量（亿千瓦小时）Electricity Consumed in Rural Areas (100 million kwh)	有效灌溉面积（千公顷）Irrigated Area (1 000 hectares)	农作物总播种面积（千公顷）Total Sown Area (1 000 hectares)	#粮食作物 Sown Areas of Grain Crops
云南省	**Yunnan**								
昆明市	Kunming City	87.1	155.7	295.8	17.9	9.0	129.8	449.2	280.4
曲靖市	Qujing City	145.3	272.4	295.0	35.5	9.5	188.0	1115.4	670.4
玉溪市	Yuxi City	53.0	253.1	242.2	9.0	14.1	79.8	269.4	108.0
保山市	Baoshan City	59.0	155.3	148.8	12.4	3.7	118.7	412.6	257.4
昭通市	Zhaotong City	130.8	326.9	180.8	14.2	5.2	38.3	750.2	548.2
丽江市	Lijiang City	26.9	103.3	75.3	8.5	1.3	71.6	185.9	135.3
普洱市	Puer City	56.5	210.9	208.3	7.5	2.1	120.0	481.5	345.0
临沧市	Lincang City	49.2	270.6	153.8	19.2	1.6	97.5	489.9	291.3
楚雄彝族自治州	Chuxiong Yi A.P	57.2	365.7	235.5	13.9	3.9	124.2	393.6	246.1
红河哈尼族彝族自治州	Honghe Hani & Yi A.P	91.3	255.4	283.1	23.0	7.9	181.4	639.2	391.7
文山壮族苗族自治州	Wenshan Zhuang & Miao A.P	73.7	225.9	202.4	15.7	4.5	178.0	799.9	459.2
西双版纳傣族自治州	Xishuangbanna Dai A.P	14.8	103.7	118.1	5.2	1.1	48.9	128.2	90.2
大理白族自治州	Dali Bai A.P	80.2	186.5	252.8	18.2	7.2	149.0	723.3	307.8
德宏傣族景颇族自治州	Dehong Dai & Jingpo A.P	24.1	145.1	120.3	7.9	0.8	68.3	271.4	153.2
怒江傈僳族自治州	Nujiang Lisu A.P	12.0	47.3	20.3	0.9	0.5	15.5	104.4	81.6
迪庆藏族自治州	Diqing Zang A.P	7.6	53.4	41.7	1.2	0.7	17.7	64.2	51.9
西藏自治区	**Tibet A.R.**								
拉萨市	Lhasa City	6.8	35.1	94.0	1.7	0.1	32.7	38.5	26.1
昌都地区	Qamdu Prefecture	10.5	48.6	65.6	0.8	0.2	20.5	53.7	45.1
山南地区	Lhokha Prefecture	8.2	31.2	56.1	0.6	0.2	27.7	31.7	22.5
日喀则地区	Xigaze Prefecture	12.7	90.3	174.6	1.5	0.2	80.1	85.9	53.9
那曲地区	Narqu Prefecture	9.3	5.0	32.0		0.0	0.2	4.8	3.6
阿里地区	Ngri Prefecture	2.0	2.8	16.0	0.1	0.1	1.5	6.9	1.6
林芝地区	Nyingchi Prefecture	2.9	19.5	61.2	0.4	0.1	15.6	22.6	18.1
其他	Others								
陕西省	**Shaanxi**								
西安市	Xi'an City	101.9	246.6	282.2	24.3		173.7	467.7	381.7
铜川市	Tongchuan City	11.8	64.6	44.9	5.2		15.8	78.8	59.3
宝鸡市	Baoji City	69.9	300.0	225.2	25.8		161.3	420.0	337.5
咸阳市	Xianyang City	93.5	359.6	283.1	66.3		227.5	522.3	400.3
渭南市	Weinan City	109.1	521.5	441.9	58.3		318.1	703.7	521.6
延安市	Yan'an City	39.0	240.4	181.3	13.3		32.2	241.7	197.8
汉中市	Hanzhong City	87.6	205.3	163.9	13.9		124.8	438.1	268.9
榆林市	Yulin City	74.2	580.6	288.5	14.7		111.5	576.0	471.2
安康市	Ankang City	66.5	197.9	145.0	11.4		60.6	449.4	269.9
商洛市	Shangluo City	54.0	133.6	79.9	6.2		39.6	279.2	209.8
杨凌示范区	Yangling Demonstration Zone	2.9	5.7	10.5	0.4		5.4	7.0	4.7
甘肃省	**Gansu**								
兰州市	Lanzhou City	34.1	268.7	153.3	4.5	4.3	81.0	222.2	130.2
嘉峪关市	Jiayuguan City	0.6	4.0	11.2	0.3	0.1	2.8	4.0	1.2
金昌市	Jinchang City	6.5	89.3	95.9	2.3	1.9	60.0	74.1	48.4
白银市	Baiyin City	31.6	398.7	212.2	4.9	4.4	97.7	303.8	239.5
天水市	Tianshui City	65.9	514.7	135.1	7.7	3.3	35.4	449.5	311.7
武威市	Wuwei City	36.2	359.3	379.0	14.8	6.5	183.7	242.8	135.2
张掖市	Zhangye City	27.1	253.3	226.1	9.5	3.8	176.1	263.2	180.6

3-9 续表 9 continued

地 区	Region	乡村户数(万户) Rural Households (10 000 households)	常用耕地面积(千公顷) Cultivated Land (1 000 hectares)	农业机械总动力(万千瓦) Total Power of Agricultural Machinery (10 000 kw)	化肥使用量(折纯量)(万吨) Consumption of Chemical Fertilizer (10 000 tons)	农村用电量(亿千瓦小时) Electricity Consumed in Rural Areas (100 million kwh)	有效灌溉面积(千公顷) Irrigated Area (1 000 hectares)	农作物总播种面积(千公顷) Total Sown Area (1 000 hectares)	#粮食作物 Sown Areas of Grain Crops
平凉市	Pingliang City	44.7	384.7	121.7	9.1	2.9	44.9	455.9	334.7
酒泉市	Jiuquan City	17.5	166.7	225.6	8.1	3.6	158.9	169.1	38.7
庆阳市	Qingyang City	52.9	664.7	154.5	10.2	5.0	47.9	646.4	453.1
定西市	Dingxi City	62.1	675.3	244.1	8.8	3.0	61.0	570.7	449.4
陇南市	Longnan City	58.7	553.3	164.3	6.7	3.2	66.0	421.3	312.9
临夏回族自治州	Linxia Hui A.P	36.0	231.3	88.4	2.2	3.7	56.7	165.5	130.9
甘南藏族自治州	Gannan Zang A.P	11.9	95.3	37.9	0.3	0.6	6.1	70.0	35.9
青海省	**Qinghai**								
西宁市	Xining City	25.4	145.8	134.9	2.8	1.5		122.1	58.1
海东地区	Haidong Prefecture	31.6	201.3	146.8	3.4	1.6		206.8	115.4
海北藏族自治州	Haibei Zang A.P	5.2	49.1	42.3	0.9	0.2		53.2	14.2
黄南藏族自治州	Huangnan Zang AP	4.5	19.6	14.2	0.1	0.1		17.4	7.8
海南藏族自治州	Hainan Zang A.P	8.1	77.3	43.3	1.3	0.8		93.8	53.9
果洛藏族自治州	Golog Zang A.P	3.7	1.0	3.7		0.01		0.6	0.5
玉树藏族自治州	Yushu Zang A.P	8.4	13.7	12.4	0.04	0.04		12.4	9.4
海西蒙古族藏族自治州	Haixi Mongolian & Zang A.P	4.7	34.9	37.7	0.8	0.2		44.7	17.3
宁夏回族自治区	**Ningxia**								
银川市	Yinchuan City	16.2	128.8	183.3	9.2	3.4	128.1	165.5	121.1
石嘴山市	Shizuishan City	8.3	78.4	104.9	6.8	0.9	78.4	97.8	66.9
吴忠市	Wuzhong City	27.3	312.0	198.1	9.0	3.5	127.4	309.4	213.4
固原市	Guyuan City	28.9	355.0	177.8	7.0	2.1	37.9	386.4	265.9
中卫市	Zhongwei City	25.2	229.3	147.2	7.4	2.8	60.3	321.2	160.9
新疆维吾尔自治区	**Xinjiang**								
乌鲁木齐市	Urumqi City	6.7	55.4	29.9	0.9	2.0	45.0	50.4	21.9
克拉玛依市	Karamay City	0.1	21.9	3.0	0.4	0.0	10.5	10.3	0.5
吐鲁番地区	Turpan Prefecture	10.8	48.2	51.8	2.3	4.4	34.6	54.0	6.3
哈密地区	Hami Prefecture	5.3	87.1	34.2	1.8	2.3	43.7	62.3	25.3
昌吉回族自治州	Changji Hui A.P	18.9	629.3	191.3	14.1	8.6	455.0	553.2	305.8
博尔塔拉蒙古自治州	Bortala Mongolian A.P	5.9	135.2	57.0	4.8	2.3	130.1	130.6	47.5
巴音郭楞蒙古自治州	Bayingolin Mongolian A.P	12.5	322.6	162.7	13.6	5.8	254.6	309.7	56.9
阿克苏地区	Aksu Prefecture	35.0	614.9	230.0	25.4	4.9	505.9	597.2	207.4
克孜勒苏柯尔克孜自治州	Kizilsu Kirgiz A.P	9.6	52.9	33.1	1.9	0.4	38.8	60.0	46.8
喀什地区	Kashi Prefecture	64.9	530.5	265.9	31.8	4.3	606.3	901.0	421.8
和田地区	Hotan Prefecture	42.7	172.6	67.6	6.9	3.1	168.6	236.7	159.8
伊犁哈萨克自治州	Ili Kazak A.P	33.7	565.7	155.0	10.5	3.3	326.7	480.6	351.7
塔城地区	Tacheng Prefecture	14.7	623.6	193.9	14.6	3.2	405.0	444.4	245.3
阿勒泰地区	Altay Prefecture	8.7	181.3	68.4	2.8	1.5	170.0	191.0	58.3
石河子市	Shihezi City								
阿拉尔市	Alar City								
图木舒克市	Tumxuk City								
五家渠市	Wujiaqu City								
北屯市	Beitun City								
铁门关市	Tiemenguan City								
生产建设兵团	Corps	0.6		424.4	60.9	29.9	1085.4	1126.4	269.6

3-10 主要农产品产量(2012年)
Yield of Main Farm Products (2012)

地区	Region	粮食产量(万吨) Grain (10 000 tons)	棉花产量(吨) Cotton (ton)	油料产量(万吨) Oil-bearing (10 000 tons)	蔬菜产量(万吨) Vegetables (10 000 tons)	水果产量(万吨) Fruits (10 000 tons)	肉类产量(万吨) Meat (10 000 tons)	奶类产量(万吨) Milk (10 000 tons)	禽蛋产量(万吨) Poultry Eggs (10 000 tons)	水产品产量(吨) Aquatic Products (ton)
北京市	**Beijing**									
东城区	Dongcheng District									
西城区	Xicheng District									
朝阳区	Chaoyang District	0.2		0.00	0.8	0.1	0.0	1.69		493
丰台区	Fengtai District	0.1			0.4	0.2	0.1	0.30	0.09	623
石景山区	Shijingshan District									
海淀区	Haidian District	0.3	0	0.00	2.4	0.7	0.2	1.50	0.03	519
门头沟区	Mentougou District	0.3		0.00	0.3	0.3	0.6	0.06	0.03	
房山区	Fangshan District	12.9		0.12	17.0	7.0	5.1	3.46	1.18	2060
通州区	Tongzhou District	17.0	45	0.01	63.2	9.1	4.6	10.38	0.75	8729
顺义区	Shunyi District	20.9	51	0.06	44.6	17.1	10.3	6.01	1.48	11704
昌平区	Changping District	2.1		0.01	4.2	5.1	1.0	5.60	0.91	2168
大兴区	Daxing District	22.9	63	0.67	81.7	30.1	6.0	15.13	1.71	1900
怀柔区	Huairou District	5.7		0.07	3.7	2.2	2.7	4.52	0.25	3756
平谷区	Pinggu District	6.9	113	0.05	25.3	32.5	4.2	0.34	3.07	14510
密云县	Miyun County	9.8		0.34	25.8	6.5	5.6	8.16	2.15	4700
延庆县	Yanqing County	12.6		0.02	10.6	2.7	2.8	7.90	3.59	3100
北京经济技术开发区	Beijing Economic-technological Development Zones									
其他	Others									
天津市	**Tianjin**									
和平区	Heping District									
河东区	Hedong District									
河西区	Hexi District									
南开区	Nankai District									
河北区	Hebei District									
红桥区	Hongqiao District									
东丽区	Dongli District	1.1	2364		12.2	2.0	0.5	0.26	0.15	9456
西青区	Xiqing District	2.5	2157	0.04	58.0	4.2	2.1	0.93	0.62	41895
津南区	Jinnan District	1.3	2058		6.5	0.3	2.0	0.09	0.16	20070
北辰区	Beichen District	3.5	2810		24.4	2.3	2.4	13.11	1.28	9926
武清区	Wuqing District	46.8	4080	0.10	146.6	10.0	5.0	19.79	2.58	68625
宝坻区	Baodi District	48.6	10652	0.04	55.2	3.6	8.1	1.42	5.04	41392
滨海新区	Binhai New Area	3.1	2198	0.00	8.9	6.4	2.4	1.33	0.42	53090
宁河县	Ninghe County	10.7	17032		50.2	6.7	10.3	7.23	2.01	49780
静海县	Jinghai County	18.0	14045	0.11	41.7	8.6	6.4	14.04	1.35	24005
蓟县	Ji County	35.9	172	0.27	44.0	14.0	8.0	2.17	5.08	28746
其他	Others	1.7			0.03	0.1	0.1	11.51	0.04	18057
河北省	**Hebei**									
石家庄市	Shijiazhuang City	532.1	11499	21.52	1255.4	289.7	77.3	120.79	106.41	34854
唐山市	Tangshan City	311.4	27570	28.08	1396.3	234.3	71.4	184.39	33.80	521448
秦皇岛市	Qinhuangdao City	80.9	2519	5.77	302.4	84.5	33.4	10.58	11.19	274434
邯郸市	Handan City	560.1	133433	14.21	838.0	102.8	69.3	23.77	104.00	55838
邢台市	Xingtai City	453.2	201215	14.22	342.8	118.9	32.0	26.93	45.85	6643
保定市	Baoding City	604.5	29954	27.99	931.6	245.7	64.5	80.33	41.97	54945
张家口市	Zhangjiakou City	154.7		5.41	638.8	76.6	35.0	124.36	20.49	11970
承德市	Chengde City	135.2		1.21	348.8	94.6	42.7	13.47	10.72	36482
沧州市	Cangzhou City	483.7	123386	9.71	528.2	218.2	46.7	10.82	33.53	123473
廊坊市	Langfang City	184.7	46195	3.63	674.6	128.1	35.1	23.45	18.58	35246
衡水市	Hengshui City	378.9	151251	11.07	438.1	221.3	38.5	9.61	29.43	7839

3-10 续表 1 continued

地区	Region	粮食产量（万吨）Grain (10 000 tons)	棉花产量（吨）Cotton (ton)	油料产量（万吨）Oil-bearing (10 000 tons)	蔬菜产量（万吨）Vegetables (10 000 tons)	水果产量（万吨）Fruits (10 000 tons)	肉类产量（万吨）Meat (10 000 tons)	奶类产量（万吨）Milk (10 000 tons)	禽蛋产量（万吨）Poultry Eggs (10 000 tons)	水产品产量（吨）Aquatic Products (ton)
山西省	**Shanxi**									
太原市	Taiyuan City	31.9	111	0.29	128.8	7.1	5.0	10.25	2.58	3768
大同市	Datong City	94.9		1.51	74.0	2.4	12.8	21.75	3.93	1020
阳泉市	Yangquan City	28.0			9.1	1.3	1.8	0.49	2.49	681
长治市	Changzhi City	159.0	53	0.29	103.8	3.2	8.4	1.72	12.21	4404
晋城市	Jincheng City	97.4	299	0.61	40.2	6.9	13.2	0.17	6.89	1639
朔州市	Shuozhou City	107.0		3.72	84.3	0.7	5.6	47.16	1.64	805
晋中市	Jinzhong City	169.5	254	0.70	250.9	39.4	17.1	11.19	14.19	2637
运城市	Yuncheng City	304.2	41770	2.10	252.7	449.1	15.0	4.87	19.88	16848
忻州市	Xinzhou City	163.4	113	4.74	26.4	13.9	10.0	5.06	5.07	2281
临汾市	Linfen City	222.2	4054	2.11	107.2	51.9	11.6	4.39	10.79	5660
吕梁市	Luliang City	110.5	329	3.48	29.9	30.9	11.1	2.43	9.27	1500
其他	Others									
内蒙古自治区	**Inner Mongolia**									
呼和浩特市	Hohhot City	121.9		6.14	72.2	19.7	10.1	311.05	3.25	12205
包头市	Baotou City	101.8		5.06	104.9	7.7	15.8	157.51	2.86	7705
乌海市	Wuhai City	3.8		0.21	6.8	1.1	1.4	0.30	0.33	410
赤峰市	Chifeng City	500.1		12.93	464.5	46.4	45.8	37.54	32.66	13805
通辽市	Tongliao City	608.0		11.31	270.8	45.5	51.7	46.28	5.78	9713
鄂尔多斯市	Erdos City	145.0	2	7.83	34.4	33.4	15.0	16.52	0.71	14387
呼伦贝尔市	Hulunbuir City	565.6		29.70	74.3	39.3	24.8	134.93	4.04	33760
巴彦淖尔市	Bayannur City	195.5		59.39	143.8	65.7	19.0	38.18	0.84	19000
乌兰察布市	Ulanqab City	88.5		4.39	168.6	4.9	20.9	79.69	1.40	5800
兴安盟	Xingan League	340.5		4.23	38.1	3.3	18.8	43.13	2.03	7900
锡林郭勒盟	Xilingol League	32.7		1.60	91.3	3.0	24.7	57.70	0.48	4540
阿拉善盟	Alxa League	17.9	1550	2.29	1.4	13.5	1.6	0.26	0.03	2350
辽宁省	**Liaoning**									
沈阳市	Shenyang City	400.7	11	16.26	501.8	129.1	99.9	48.41	74.85	186946
大连市	Dalian City	157.5	17	1.76	257.0	190.3	79.7	8.36	28.66	2168349
鞍山市	Anshan City	130.4		1.54	247.5	45.4	66.1	2.24	43.96	61123
抚顺市	Fushun City	67.3		0.22	46.7	14.1	17.8	6.39	11.29	17517
本溪市	Benxi City	27.0		0.14	21.2	9.0	12.1	1.30	6.04	16502
丹东市	Dandong City	95.2		1.15	103.1	50.6	32.4	3.05	15.08	570295
锦州市	Jinzhou City	272.4	3	11.40	374.8	96.6	71.6	20.20	65.40	407062
营口市	Yingkou City	70.2	5	0.04	82.5	73.4	22.1	1.24	16.56	467084
阜新市	Fuxin City	268.1		61.10	117.8	45.6	49.9	38.21	20.12	7820
辽阳市	Liaoyang City	91.9		0.32	90.8	18.4	16.3	2.25	10.69	88461
盘锦市	Panjin City	108.4		0.04	129.1	4.8	20.8	2.61	9.29	308904
铁岭市	Tieling City	386.7		20.11	368.4	47.7	111.9	22.17	31.20	19326
朝阳市	Chaoyang City	300.7	477	1.93	423.6	66.6	57.4	21.11	60.54	5503
葫芦岛市	Huludao City	125.6	47	4.86	213.2	102.7	46.6	4.87	23.59	456199

3-10 续表 2 continued

地　　区	Region	粮食产量(万吨) Grain (10 000 tons)	棉花产量(吨) Cotton (ton)	油料产量(万吨) Oil-bearing (10 000 tons)	蔬菜产量(万吨) Vegetables (10 000 tons)	水果产量(万吨) Fruits (10 000 tons)	肉类产量(万吨) Meat (10 000 tons)	奶类产量(万吨) Milk (10 000 tons)	禽蛋产量(万吨) Poultry Eggs (10 000 tons)	水产品产量(吨) Aquatic Products (ton)
吉林省	**Jilin**									
长春市	Changchun City	911.2		2.62	254.1	30.4	118.6	6.79	33.89	25900
吉林市	Jilin City	382.3		0.53	232.9	48.8	47.1	5.74	16.53	39000
四平市	Siping City	771.0		6.89	109.7	29.9	65.1	9.15	31.36	6000
辽源市	Liaoyuan City	132.8			16.9	2.6	9.3	0.71	5.10	2400
通化市	Tonghua City	178.9		0.21	55.6	15.2	15.3	0.81	4.10	21100
白山市	Baishan City	238.7		0.38	25.0	4.8	3.0	0.14	1.86	8700
松原市	Songyuan City	715.0		41.06	175.8	43.6	36.1	12.68	13.88	36700
白城市	Baicheng City	346.9		28.39	38.8	32.5	11.4	15.85	5.57	30700
延边朝鲜族自治州	Yanbian Korean A.P	121.4		0.64	49.2	9.6	5.7	1.26	2.10	7300
黑龙江省	**Heilongjiang**									
哈尔滨市	Harbin City	1735.0		1.85	199.9	36.6	83.2	144.05	37.69	94918
齐齐哈尔市	Qiqihar City	1344.6		4.73	98.1	22.0	49.7	162.70	16.04	52487
鸡西市	Jixi City	325.1		0.61	18.1	2.3	10.0	7.76	5.02	32724
鹤岗市	Hegang City	113.7		0.04	6.9	0.9	5.0	6.18	1.41	7213
双鸭山市	Shuangyashan City	280.6		0.88	25.3	12.5	17.3	4.95	2.83	7369
大庆市	Daqing City	650.0		3.70	121.8	39.1	31.4	173.54	10.23	86362
伊春市	Yichun City	96.7		0.09	32.2	1.4	11.4	8.44	4.70	2869
佳木斯市	Jiamusi City	947.9		0.47	83.8	13.2	36.6	14.37	7.72	45031
七台河市	Qitaihe City	87.7		0.79	15.5	4.1	5.6	0.72	1.91	3538
牡丹江市	Mudanjiang City	299.2		7.20	158.3	16.8	16.3	1.65	4.42	14395
黑河市	Heihe City	404.4		0.26	40.3	13.6	9.3	19.87	1.67	8595
绥化市	Suihua City	1665.4		0.18	103.4	25.6	85.9	156.21	42.72	96398
大兴安岭地区	Daxing'anling Prefecture	46.3		0.01	12.4	1.4	1.5	0.52	0.56	941
农垦总局	Agriculture Reclamation Bureau	2105.2		1.72	20.4	22.2	69.1	148.30	8.95	
其他	Others									
上海市	**Shanghai**									
黄浦区	Huangpu District									
徐汇区	Xuhui District									
长宁区	Changning District									
静安区	Jingan District									
普陀区	Putuo District									
闸北区	Zhabei District									
虹口区	Hongkou District									
杨浦区	Yangpu District									
闵行区	Minhang District	1.2	3	0.00	8.6	0.4	0.4	0.15	0.03	536
宝山区	Baoshan District	1.2			8.9	0.9	0.3	1.43		458
嘉定区	Jiading District	5.7		0.03	16.6	4.2	1.3	0.37	0.21	1883
浦东新区	Pudong New District	16.9	2940	0.24	84.9	25.3	5.7	4.55	1.85	23714
金山区	Jinshan District	21.9	162	0.35	45.2	6.3	4.1	1.55	0.79	18129
松江区	Songjiang District	11.1			19.7	1.8	1.9	0.26	0.35	4183
青浦区	Qingpu District	11.1		0.22	57.2	4.6	1.0	0.96	0.28	21665
奉贤区	Fengxian District	10.9	220	0.29	47.9	9.7	6.0	1.92	1.50	24520
崇明县	Chongming County	30.1	486	0.59	96.6	28.4	3.0	2.21	0.84	58142
其他	Others	12.2		0.01	21.5	5.6	1.1	12.91		118870

3-10 续表 3 continued

地 区	Region	粮食产量(万吨) Grain (10 000 tons)	棉花产量(吨) Cotton (ton)	油料产量(万吨) Oil-bearing (10 000 tons)	蔬菜产量(万吨) Vegetables (10 000 tons)	水果产量(万吨) Fruits (10 000 tons)	肉类产量(万吨) Meat (10 000 tons)	奶类产量(万吨) Milk (10 000 tons)	禽蛋产量(万吨) Poultry Eggs (10 000 tons)	水产品产量(吨) Aquatic Products (ton)
江苏省	**Jiangsu**									
南京市	Nanjing City	117.5	4113	10.63	295.2	41.2	12.4	8.25	7.59	207531
无锡市	Wuxi City	81.7		0.87	154.1	26.4	10.9	3.17	2.92	126052
徐州市	Xuzhou City	471.7	36709	10.63	1075.4	214.3	97.1	26.78	56.32	181430
常州市	Changzhou City	114.8	493	3.77	89.3	21.7	14.3	2.40	3.36	181240
苏州市	Suzhou City	116.5	1292	2.59	213.2	31.6	14.2	9.25	4.49	288870
南通市	Nantong City	333.0	55275	39.20	362.8	68.0	48.1	2.56	45.93	848147
连云港市	Lianyungang City	361.3	2834	11.78	337.5	76.7	29.6	2.48	13.51	701336
淮安市	Huaian City	456.1	514	9.95	347.7	36.5	32.0	3.29	13.20	251716
盐城市	Yancheng City	672.7	109187	30.94	1146.0	181.5	88.9	5.60	94.39	1061056
扬州市	Yangzhou City	308.3	4695	7.41	177.5	12.2	19.1	0.99	13.98	392020
镇江市	Zhenjiang City	125.7	1871	5.66	82.4	15.7	8.5	2.31	2.28	89200
泰州市	Taizhou City	323.8	15480	11.63	271.9	14.3	25.6	4.23	11.65	359114
宿迁市	Suqian City	388.7	2416	4.75	431.6	56.1	36.7	2.43	13.73	249717
浙江省	**Zhejiang**									
杭州市	Hangzhou City	96.9	876	8.66	322.8	81.9	33.5	4.11	15.54	210500
宁波市	Ningbo City	86.6	7133	3.67	261.3	126.2	21.2	2.68	8.66	991500
温州市	Wenzhou City	92.7	108	2.11	130.7	40.6	13.2	1.84	4.95	576900
嘉兴市	Jiaxing City	138.4	2817	5.55	252.2	59.3	39.3	1.53	8.41	187600
湖州市	Huzhou City	89.9	227	4.77	85.8	25.9	19.0	0.48	5.77	283500
绍兴市	Shaoxing City	120.1	2517	5.42	240.9	61.9	18.2	0.63	5.20	96600
金华市	Jinhua City	89.8	11363	4.80	93.6	57.4	25.6	6.80	5.61	73900
衢州市	Quzhou City	79.7	3694	6.41	109.1	81.0	32.0	0.17	2.31	54100
舟山市	Zhoushan City	5.2	181	0.48	14.9	8.4	2.2	0.04	0.61	1483000
台州市	Taizhou City	79.2	941	1.93	187.9	121.6	13.9	0.92	4.88	1417900
丽水市	Lishui City	52.4	34	1.82	120.7	39.6	9.8	0.14	1.04	18200
安徽省	**Anhui**									
合肥市	Hefei City	303.4	33639	33.47	172.1	15.2	47.2	11.17	19.28	215724
芜湖市	Wuhu City	133.7	54882	15.30	127.5	3.9	14.9	0.56	7.80	162472
蚌埠市	Bengbu City	261.2	28342	36.80	241.8	7.4	30.7	1.98	6.62	110000
淮南市	Huainan City	133.8	1700	1.44	78.1	3.3	8.6	4.77	6.21	70727
马鞍山市	Maanshan City	101.6	15768	10.24	67.9	2.9	7.7	4.06	1.70	106021
淮北市	Huaibei City	119.0	1578	0.56	48.1	10.2	8.5	1.04	5.03	27358
铜陵市	Tongling City	15.3	4289	1.89	10.5	0.5	1.7		0.83	22166
安庆市	Anqing City	252.2	106660	28.64	148.9	3.6	31.7	0.01	18.87	356058
黄山市	Huangshan City	34.2	438	4.14	39.7	5.5	8.9	0.45	2.20	15917
滁州市	Chuzhou City	415.1	10000	20.46	135.8	6.8	37.0	0.99	10.67	300627
阜阳市	Fuyang City	523.3	17214	7.76	476.6	8.1	59.7	0.37	13.73	92801
宿州市	Suzhou City	377.0	29999	23.12	275.0	177.8	48.3	1.53	24.37	39603
六安市	Liuan City	449.1	17649	17.26	132.1	6.5	51.5	2.50	10.84	280943
亳州市	Bozhou City	442.6	19135	5.22	265.6	4.5	30.1	1.42	6.35	48421
池州市	Chizhou City	65.8	31470	9.47	35.3	0.6	8.4		3.41	120887
宣城市	Xuancheng City	130.4	12426	11.93	72.5	4.5	20.9	0.06	5.07	105213
福建省	**Fujian**									
福州市	Fuzhou City	56.0		4.90	311.9	59.6	26.9	1.91	12.67	1962207
厦门市	Xiamen City	4.1		0.89	58.0	2.2	5.1	0.08	0.48	29610
莆田市	Putian City	28.5		4.63	110.7	21.1	13.2	1.51	4.49	747402
三明市	Sanming City	112.6	65	2.51	240.2	123.1	16.0	0.36	3.01	88124
泉州市	Quanzhou City	75.3		5.50	121.1	46.3	23.6	0.90	3.98	1015233
漳州市	Zhangzhou City	70.3		3.95	254.7	275.8	27.9	0.60	2.29	1544010
南平市	Nanping City	141.1	6	3.04	183.9	99.3	41.3	9.76	4.85	101175
龙岩市	Longyan City	106.0		2.09	186.8	40.2	44.7	0.02	3.76	66285
宁德市	Ningde City	65.6		0.55	118.7	41.2	9.1	0.25	1.68	732061

3-10 续表 4 continued

地 区	Region	粮食产量(万吨) Grain (10 000 tons)	棉花产量(吨) Cotton (ton)	油料产量(万吨) Oil-bearing (10 000 tons)	蔬菜产量(万吨) Vegetables (10 000 tons)	水果产量(万吨) Fruits (10 000 tons)	肉类产量(万吨) Meat (10 000 tons)	奶类产量(万吨) Milk (10 000 tons)	禽蛋产量(万吨) Poultry Eggs (10 000 tons)	水产品产量(吨) Aquatic Products (ton)
江西省	**Jiangxi**									
南昌市	Nanchang City		5076	12.57	115.1	12.8	36.0	5.78	16.65	369017
景德镇市	Jingdezhen City		1769	3.35	85.7	7.2	5.9	0.01	0.95	30602
萍乡市	Pingxiang City		17	3.47	58.4	7.5	14.3	0.72	0.87	36687
九江市	Jiujiang City		107611	20.91	87.6	25.1	20.6	0.04	6.49	397176
新余市	Xinyu City		8433	1.83	23.9	12.3	8.4	0.01	1.07	48100
鹰潭市	Yingtan City			2.18	19.8	10.3	12.4	0.03	2.08	47942
赣州市	Ganzhou City		12	10.43	249.0	193.8	65.1	4.00	6.06	275000
吉安市	Jian City		319	17.17	165.2	53.8	48.2	0.29	4.85	199785
宜春市	Yichun City		17860	20.28	139.4	45.0	61.2	0.15	7.47	328900
抚州市	Fuzhou City		3599	6.09	134.4	185.2	31.9	1.71	4.06	164800
上饶市	Shangrao City		7507	18.80	134.5	18.1	29.9	0.02	5.89	471998
山东省	**Shandong**									
济南市	Jinan City	286.0	27155	5.67	633.6	130.8	39.8	33.23	36.12	45169
青岛市	Qingdao City	342.1	4301	45.95	569.8	120.1	61.4	37.64	19.12	1126838
淄博市	Zibo City	169.6	8064	2.47	221.5	129.1	18.5	12.57	7.20	25792
枣庄市	Zaozhuang City	181.2	5394	9.30	441.5	45.3	26.5	4.71	11.49	88594
东营市	Dongying City	77.4	128647	0.32	146.9	21.0	26.8	18.78	12.84	500004
烟台市	Yantai City	250.0	304	46.26	195.7	536.3	49.4	21.49	25.61	1858679
潍坊市	Weifang City	510.6	49261	24.39	1153.0	289.6	142.4	31.08	26.24	532195
济宁市	Jining City	464.6	119582	17.35	652.8	137.9	83.4	14.12	60.17	391197
泰安市	Taian City	303.9	8333	23.22	775.5	65.8	44.7	55.14	19.82	86450
威海市	Weihai City	100.9		25.59	94.8	100.9	16.6	19.13	14.96	2343534
日照市	Rizhao City	113.2	1970	24.09	90.7	32.9	20.9	1.72	12.12	549240
莱芜市	Laiwu City	30.3	1323	1.72	99.0	9.3	6.6	0.21	3.09	3462
临沂市	Linyi City	473.5	12568	84.62	627.7	279.4	75.9	10.88	29.77	138704
德州市	Dezhou City	658.8	134539	2.05	491.3	73.5	68.9	19.34	43.27	93403
聊城市	Liaocheng City	515.9	56546	12.54	861.8	183.8	53.2	9.03	31.05	72718
滨州市	Binzhou City	295.0	111493	1.29	180.0	184.2	47.1	13.30	24.61	411675
菏泽市	Heze City	582.0	190148	24.13	695.7	313.4	63.1	6.75	40.40	118183
河南省	**Henan**									
郑州市	Zhengzhou City	169.5	2300	18.66	302.1	72.9	25.4	51.89	22.23	148826
开封市	Kaifeng City	267.1	35154	45.13	647.5	266.4	38.5	26.63	25.73	60046
洛阳市	Luoyang City	240.4	2030	13.69	243.0	94.0	25.8	43.06	14.75	47993
平顶山市	Pingdingshan City	202.9	1715	15.62	249.5	43.0	39.0	23.22	15.00	47078
安阳市	Anyang City	349.6	9527	24.44	567.7	148.7	22.8	8.66	29.44	17654
鹤壁市	Hebi City	116.3	344	5.14	52.8	6.6	25.1	10.15	15.50	11568
新乡市	Xinxiang City	402.0	9919	33.85	291.8	43.9	37.4	34.47	35.83	57080
焦作市	Jiaozuo City	204.8	2132	9.20	233.9	55.5	20.1	24.86	29.03	15370
濮阳市	Puyang City	260.1	3746	17.22	252.0	54.4	24.7	7.87	28.71	24396

3-10 续表 5 continued

地 区	Region	粮食产量（万吨）Grain (10 000 tons)	棉花产量（吨）Cotton (ton)	油料产量（万吨）Oil-bearing (10 000 tons)	蔬菜产量（万吨）Vegetables (10 000 tons)	水果产量（万吨）Fruits (10 000 tons)	肉类产量（万吨）Meat (10 000 tons)	奶类产量（万吨）Milk (10 000 tons)	禽蛋产量（万吨）Poultry Eggs (10 000 tons)	水产品产量（吨）Aquatic Products (ton)
许昌市	Xuchang City	283.1	5362	9.46	219.8	39.3	38.7	7.81	22.97	10067
漯河市	Luohe City	173.1	7956	4.02	196.1	56.6	29.1	14.53	12.79	9870
三门峡市	Sanmenxia City	66.0	1186	3.79	106.2	213.4	9.3	4.23	5.05	16479
南阳市	Nanyang City	611.8	44775	122.80	992.1	236.5	72.1	32.89	33.88	130520
商丘市	Shangqiu City	629.7	47212	41.22	936.0	500.8	54.4	30.30	28.58	81640
信阳市	Xinyang City	585.5	1742	65.72	321.4	103.8	63.7	0.21	25.34	216330
周口市	Zhoukou City	773.1	73049	36.54	894.2	436.1	71.5	12.38	25.42	61290
驻马店市	Zhumadian City	702.3	8842	102.73	430.2	157.5	83.2	7.21	33.12	115948
济源市	Jiyuan City	22.1	129	0.29	33.5	5.7	5.0	3.20	2.89	25325
湖北省	**Hubei**									
武汉市	Wuhan City	125.9	24557	18.02	661.6	62.3	32.5	6.69	20.57	470932
黄石市	Huangshi City	63.1	7346	8.50	63.4	4.0	13.6		3.92	192834
十堰市	Shiyan City	111.6	189	12.06	143.8	34.8	21.2	0.07	4.72	62922
宜昌市	Yichang City	160.4	34793	22.79	365.9	268.5	58.9	3.82	6.01	179517
襄阳市	Xiangyang City	501.1	41363	25.22	299.3	116.7	78.6	1.08	24.99	187533
鄂州市	Ezhou City	34.5	7350	5.96	94.7	17.2	11.0	0.04	5.09	396870
荆门市	Jingmen City	262.1	49240	35.95	190.3	65.1	40.8	0.04	14.34	464567
孝感市	Xiaogan City	219.9	44628	22.36	340.1	46.7	50.6	0.50	35.21	396233
荆州市	Jingzhou City	371.1	153596	57.55	246.9	103.2	48.5	0.01	17.64	1159726
黄冈市	Huanggang City	312.5	93290	52.68	267.8	22.2	56.8	13.91	55.34	454967
咸宁市	Xianning City	103.1	5210	9.48	220.4	29.0	25.3	4.55	2.80	215925
随州市	Suizhou City	155.0	18101	6.71	143.7	13.1	31.4	0.01	7.05	81081
恩施土家族苗族自治州	Enshi Tujia & Miao A.P	159.1	44	9.12	209.1	25.5	45.1	0.09	2.73	6799
仙桃市	Xiantao City	77.9	31013	12.15	35.7	11.1	10.3		4.24	309447
潜江市	Qianjiang City	69.4	53292	10.72	65.1	3.7	9.0		5.18	120641
天门市	Tianmen City	50.0	42954	11.05	54.6	8.6	10.7	0.05	3.05	106691
神农架林区	Shennongjia Forest District	2.1		0.06	3.8	0.0	0.4		0.03	217
湖南省	**Hunan**									
长沙市	Changsha City	247.9	1088	8.06	496.7	37.7	71.1	0.79	5.34	114084
株洲市	Zhuzhou City	180.7	2002	4.32	233.0	24.3	35.3	0.00	4.59	79023
湘潭市	Xiangtan City	148.7	214	1.77	161.0	6.3	41.5	0.32	3.26	76323
衡阳市	Hengyang City	329.7	25677	30.46	317.7	69.4	90.9	0.10	21.99	259956
邵阳市	Shaoyang City	318.6	347	13.43	191.2	69.1	76.4	4.03	1.75	96922
岳阳市	Yueyang City	315.1	62608	18.78	271.0	64.3	58.2	0.60	8.06	422643
常德市	Changde City	377.2	159913	53.02	187.0	86.5	62.8	1.84	35.28	401241
张家界市	Zhangjiajie City	61.0	1195	6.77	53.0	26.6	9.6		1.32	13500
益阳市	Yiyang City	241.8	69324	21.65	276.4	43.0	41.4		12.16	312157
郴州市	Chenzhou City	186.7	283	10.56	237.7	66.7	46.9	0.09	2.89	99028
永州市	Yongzhou City	317.2	3533	12.72	477.9	116.9	72.8	0.09	5.51	167102
怀化市	Huaihua City	182.3	1715	14.05	119.3	115.7	33.8	0.07	1.51	62108
娄底市	Loudi City	160.5	1263	3.80	98.3	16.8	38.3	0.09	2.56	76173
湘西土家族苗族自治州	West Hunan Tujia & Miao A.P	85.0	127	8.43	71.7	91.4	10.0		0.99	20562

3-10 续表 6 continued

地 区	Region	粮食产量(万吨) Grain (10 000 tons)	棉花产量(吨) Cotton (ton)	油料产量(万吨) Oil-bearing (10 000 tons)	蔬菜产量(万吨) Vegetables (10 000 tons)	水果产量(万吨) Fruits (10 000 tons)	肉类产量(万吨) Meat (10 000 tons)	奶类产量(万吨) Milk (10 000 tons)	禽蛋产量(万吨) Poultry Eggs (10 000 tons)	水产品产量(吨) Aquatic Products (ton)
广东省	**Guangdong**									
广州市	Guangzhou City	45.0		1.89	334.9	40.3	32.1	5.74	2.23	460238
韶关市	Shaoguan City	91.7		12.87	181.1	39.5	15.2	0.10	1.00	74723
深圳市	Shenzhen City	0.0			10.4	0.3	1.5	1.33		31928
珠海市	Zhuhai City	4.4		0.10	14.0	6.3	4.5		0.82	240000
汕头市	Shantou City	47.9		0.33	157.8	18.4	12.0	0.40	0.87	416883
佛山市	Foshan City	9.7		0.52	147.9	5.0	27.2	0.54	0.82	584428
江门市	Jiangmen City	96.9		2.92	124.4	24.0	29.2	0.11	3.09	712353
湛江市	Zhanjiang City	152.6		16.32	294.5	244.4	39.0	0.11	2.95	1163073
茂名市	Maoming City	151.9		12.74	242.4	261.4	64.4	0.06	4.80	840634
肇庆市	Zhaoqing City	115.1		7.11	214.0	118.9	43.5	0.90	2.48	361228
惠州市	Huizhou City	62.7		5.62	223.6	63.4	19.2	0.68	0.88	149357
梅州市	Meizhou City	125.9		3.67	195.1	116.8	28.0	0.31	2.49	99455
汕尾市	Shanwei City	48.5		2.77	100.5	24.2	10.7		1.57	584853
河源市	Heyuan City	93.4		6.94	56.1	29.4	11.9		0.59	40852
阳江市	Yangjiang City	72.9		5.35	91.9	57.0	18.3	0.21	0.76	1092451
清远市	Qingyuan City	81.1		9.72	227.1	67.4	23.4	1.91	1.01	108866
东莞市	Dongguan City	1.2		0.03	39.1	6.5	2.7		0.08	76707
中山市	ZhongShan City	7.7		0.04	50.1	16.0	4.3		0.70	354601
潮州市	Chaozhou City	29.0		0.43	43.6	15.5	7.7	0.01	0.39	198521
揭阳市	Jieyang City	87.9		2.28	189.8	53.2	18.3	0.59	2.89	151055
云浮市	Yunfu City	70.8		4.98	44.4	71.2	30.2	0.00	1.30	102201
广西壮族自治区	**Guangxi**									
南宁市	Nanning City	215.1	56	12.49	375.9	157.9	64.5	4.71	2.95	217438
柳州市	Liuzhou City	81.7	418	2.38	185.1	60.1	21.8	0.81	1.00	64076
桂林市	Guilin City	199.5	525	5.90	356.0	307.4	52.3	0.20	5.40	101559
梧州市	Wuzhou City	82.0		3.68	181.1	44.2	20.5	0.08	0.78	77679
北海市	Beihai City	38.0		3.81	72.5	9.7	12.8	0.16	1.72	980000
防城港市	Fangchenggang City	19.3		0.55	24.2	6.4	4.5	0.49	0.60	434874
钦州市	Qinzhou City	107.7	105	2.13	113.6	145.4	30.5	1.52	2.07	479885
贵港市	Guigang City	149.1	233	8.72	131.1	20.5	36.1	0.35	2.05	187100
玉林市	Yulin City	189.0	34	4.30	263.7	71.0	77.4	0.45	5.86	128029
百色市	Baise City	113.3		1.38	187.2	50.2	26.0	0.08	0.42	117600
贺州市	Hezhou City	71.8	98	2.74	137.3	50.0	16.2	0.02	0.67	64931
河池市	Hechi City	101.8	555	1.15	110.7	34.2	22.0	0.00	0.45	65000
来宾市	Laibin City	76.8	48	3.08	97.8	36.7	14.7	0.50	0.37	56026
崇左市	Chongzuo City	48.7	121	1.87	81.2	41.3	12.2	0.00	0.23	60468
海南省	**Hainan**									
海口市	Haikou City	18.5		0.64	53.0	28.9	11.0	0.13	0.63	53742
三亚市	Sanya City	6.8		0.10	45.3	32.9	2.6	0.10	0.20	80468
重庆市	**Chongqing**									
万州区	Wanzhou District	52.1		1.66	83.8	27.8	7.6	0.91	0.99	19983
涪陵区	Fuling District	43.8		0.57	177.2	11.2	7.1	0.03	1.06	19619
渝中区	Yuzhong District									
大渡口区	Dadukou District	0.0			6.4	0.1	0.1	0.05	0.02	460
江北区	Jiangbei District	0.5		0.00	0.9	0.2	0.2	1.81	0.05	421
沙坪坝区	Shapingba District	1.4		0.00	8.6	0.4	0.2	0.32	0.03	4474
九龙坡区	Jiulongpo District	2.7		0.08	11.9	1.4	0.6	0.04	0.12	4081

3-10 续表 7 continued

地　区	Region	粮食产量(万吨) Grain (10 000 tons)	棉花产量(吨) Cotton (ton)	油料产量(万吨) Oil-bearing (10 000 tons)	蔬菜产量(万吨) Vegetables (10 000 tons)	水果产量(万吨) Fruits (10 000 tons)	肉类产量(万吨) Meat (10 000 tons)	奶类产量(万吨) Milk (10 000 tons)	禽蛋产量(万吨) Poultry Eggs (10 000 tons)	水产品产量(吨) Aquatic Products (ton)
南岸区	Nanan District	1.2			4.1	0.5	0.1	0.04	0.04	3226
北碚区	Beibei District	6.0		0.12	41.6	1.8	1.0	0.51	0.28	5414
綦江区	Qijiang District	43.1		0.85	67.1	3.3	7.0	0.36	1.47	6986
大足区	Dazu District	43.1		3.65	29.9	4.4	6.1	0.04	1.03	14007
渝北区	Yubei District	20.5		0.27	31.4	11.3	3.7	0.71	0.68	5730
巴南区	Banan District	36.0		0.21	54.6	4.3	5.0	0.26	1.87	16753
黔江区	Qianjiang District	25.0		1.52	17.1	3.2	6.5	0.12	0.19	1401
长寿区	Changshou District	36.5		0.91	27.9	16.0	6.6	0.57	4.36	23887
江津区	Jiangjin District	65.8		1.19	71.5	20.0	9.5	0.09	2.31	16606
合川区	Hechuan District	71.2		1.88	61.0	8.9	9.2	0.27	2.11	29469
永川区	Yongchuan District	50.0		1.68	52.3	12.7	10.6	0.38	1.44	28838
南川区	Nanchuan District	33.0		1.93	33.3	5.7	6.5	0.24	0.77	8605
四川省	**Sichuan**									
成都市	Chengdu City			27.02	538.6	118.2				90200
自贡市	Zigong City			5.24	169.4	26.0				54890
攀枝花市	Panzhihua City			0.34	60.6	18.3				17000
泸州市	Luzhou City			4.26	184.9	14.7				65284
德阳市	Deyang City		187	19.02	197.3	24.9				50540
绵阳市	Mianyang City		654	33.25	200.8	38.7				93201
广元市	Guangyuan City			19.71	170.3	33.1				52000
遂宁市	Suining City		8847	14.89	97.0	9.6				40360
内江市	Neijiang City			9.95	209.0	35.0				82400
乐山市	Leshan City		3	7.22	109.3	16.0				70000
南充市	Nanchong City		1725	36.23	311.1	61.9				93800
眉山市	Meishan City		880	10.93	130.1	80.1				90610
宜宾市	Yibin City			9.11	222.8	50.0				77416
广安市	Guangan City			13.01	231.0	29.1				64200
达州市	Dazhou City			30.61	287.0	39.5				81931
雅安市	Yaan City			3.51	69.8	25.2				9600
巴中市	Bazhong City		8	13.22	104.7	5.9				56510
资阳市	Ziyang City		1010	23.03	173.2	73.4				75100
阿坝藏族羌族自治州	Aba Zang & Qiang A.P			0.51	51.3	9.5				120
甘孜藏族自治州	Ganzi Zang A.P			1.05	15.0	1.2				240
凉山彝族自治州	Liangshan Yi A.P			4.47	231.7	97.9				23700
贵州省	**Guizhou**									
贵阳市	Guiyang City	44.5		6.82	200.2	15.2	14.5	4.06	2.31	10647
六盘水市	Liupanshui City	75.3		1.04	49.7	3.7	11.3		0.59	1060
遵义市	Zunyi City	276.2	21	26.02	337.3	28.7	45.8	0.79	3.91	31446
安顺市	Anshun City	65.2		7.95	84.1	7.7	13.8	0.03	1.33	5552
毕节市	Bijie City	229.4		12.34	149.8	13.5	33.5		2.58	5029
铜仁市	Tongren City	121.4	3	12.22	123.5	16.9	23.2		2.08	17986
黔西南布依族苗族自治州	Southwest Guizhou Buyi & Miao A.P	87.8	1	3.95	117.9	10.4	15.6		1.90	30783
黔东南苗族侗族自治州	Southeast Guizhou Miao & Dong A.P	112.6	1032	7.60	133.9	29.0	17.8	0.09	1.07	17884
黔南布依族苗族自治州	South Guizhou Buyi & Miao A.P	121.1	143	9.43	179.3	22.6	19.5	0.30	1.00	14288

3-10 续表 8 continued

地　区	Region	粮食产量(万吨) Grain (10 000 tons)	棉花产量(吨) Cotton (ton)	油料产量(万吨) Oil-bearing (10 000 tons)	蔬菜产量(万吨) Vegetables (10 000 tons)	水果产量(万吨) Fruits (10 000 tons)	肉类产量(万吨) Meat (10 000 tons)	奶类产量(万吨) Milk (10 000 tons)	禽蛋产量(万吨) Poultry Eggs (10 000 tons)	水产品产量(吨) Aquatic Products (ton)
云南省	**Yunnan**									
昆明市	Kunming City	120.7		1.40	229.6	16.5	55.3	12.01	8.22	37100
曲靖市	Qujing City	305.0		20.50	208.1	21.0	167.1	2.20	5.48	106100
玉溪市	Yuxi City	59.1		4.00	173.6	41.0	31.8	0.70	9.67	155000
保山市	Baoshan City	133.7	63	6.60	53.1	9.3	42.3	0.98	1.39	308800
昭通市	Zhaotong City	203.2		4.15	113.6	27.0	47.9	0.06	2.20	20700
丽江市	Lijiang City	49.2	647	1.20	20.8	12.4	13.3	0.86	0.45	124200
普洱市	Puer City	108.8	9	1.90	37.2	29.1	17.5	0.02	0.70	100200
临沧市	Lincang City	93.8		2.32	45.6	38.5	25.8	0.03	0.63	50000
楚雄彝族自治州	Chuxiong Yi A.P	117.0		5.34	147.9	25.7	39.8	0.09	1.04	19300
红河哈尼族彝族自治州	Honghe Hani & Yi A.P	170.0	45	2.94	203.7	151.4	68.1	3.59	7.21	68100
文山壮族苗族自治州	Wenshan Zhuang & Miao A.P	149.2	8	6.00	71.8	32.3	53.7	0.04	2.04	66400
西双版纳傣族自治州	Xishuangbanna Dai A.P	45.2	0	0.24	13.8	80.3	3.5		0.25	342100
大理白族自治州	Dali Bai A.P	163.8		4.00	106.3	57.3	51.2	48.52	7.35	662900
德宏傣族景颇族自治州	Dehong Dai & Jingpo A.P	73.6		1.60	13.8	18.9	9.7	0.32	0.53	33600
怒江傈僳族自治州	Nujiang Lisu A.P	19.8		0.21	7.3	0.7	3.4	0.01	0.13	600
迪庆藏族自治州	Diqing Zang A.P	17.0		0.40	2.6	1.2	2.8	1.45	0.11	2700
西藏自治区	**Tibet A.R.**									
拉萨市	Lhasa City	17.4		1.32	22.9	0.0	3.1	3.28	0.06	0.02
昌都地区	Qamdu Prefecture	17.5		0.42	4.7	0.3	8.7	8.15	0.02	
山南地区	Lhokha Prefecture	14.7		1.28	3.1	0.1	2.4	4.68	0.23	
日喀则地区	Xigaze Prefecture	35.8		2.90	32.9	0.0	3.8	7.38	0.27	
那曲地区	Narqu Prefecture	1.2		0.01	0.2		8.2	5.16		
阿里地区	Ngri Prefecture	0.5		0.02	0.2	0.0	1.6	0.90		
林芝地区	Nyingchi Prefecture	7.8		0.35	1.6	0.5	1.1	2.14	0.10	0.03
其他	Others									
陕西省	**Shaanxi**									
西安市	Xi'an City	192.5	4721	1.02	277.8	93.2	15.2	66.64	13.00	14010
铜川市	Tongchuan City	24.4		1.00	14.4	67.1	1.6	2.81	1.61	1207
宝鸡市	Baoji City	153.6	103	2.20	120.1	122.8	17.4	62.09	7.28	7077
咸阳市	Xianyang City	200.2	192	4.67	368.3	546.3	20.5	74.60	10.73	8001
渭南市	Weinan City	224.3	59365	6.98	214.3	282.0	20.6	37.83	10.04	20004
延安市	Yan'an City	76.6	919	2.18	100.0	271.1	7.1	0.73	2.67	2908
汉中市	Hanzhong City	101.4	3	17.89	191.1	39.8	31.2	1.38	7.01	26240
榆林市	Yulin City	154.0	121	8.49	63.6	73.6	17.2	8.54	4.99	6491
安康市	Ankang City	85.2	36	13.46	121.1	19.5	26.1	0.01	3.55	35936
商洛市	Shangluo City	64.3	2	2.34	42.5	7.0	14.1	0.18	7.01	2136
杨凌示范区	Yangling Demonstration Zone	3.0		0.00	12.0	3.7	0.5	2.31	0.20	530
甘肃省	**Gansu**									
兰州市	Lanzhou City	44.2		2.56	229.3	13.6	3.2	6.68	1.94	1256
嘉峪关市	Jiayuguan City	1.0		0.04	17.6	0.5	0.3	0.64	0.07	175
金昌市	Jinchang City	33.8		2.32	59.8	0.7	1.2	1.62	0.23	484
白银市	Baiyin City	72.1	150	2.28	128.8	16.3	8.1	2.36	1.61	1825
天水市	Tianshui City	116.7		7.47	207.7	96.8	7.6	0.68	1.40	1201
武威市	Wuwei City	101.8	20664	9.59	201.1	14.9	13.1	0.90	1.42	345
张掖市	Zhangye City	123.6	5108	4.95	126.8	23.2	10.8	6.27	1.59	2541

3-10 续表 9 continued

地　区	Region	粮食产量(万吨) Grain (10 000 tons)	棉花产量(吨) Cotton (ton)	油料产量(万吨) Oil-bearing (10 000 tons)	蔬菜产量(万吨) Vegetables (10 000 tons)	水果产量(万吨) Fruits (10 000 tons)	肉类产量(万吨) Meat (10 000 tons)	奶类产量(万吨) Milk (10 000 tons)	禽蛋产量(万吨) Poultry Eggs (10 000 tons)	水产品产量(吨) Aquatic Products (ton)
平凉市	Pingliang City	104.1		7.24	115.0	92.6	8.0	1.75	0.97	1740
酒泉市	Jiuquan City	32.6	47966	0.97	151.4	19.8	6.9	3.35	1.04	2003
庆阳市	Qingyang City	155.8		13.17	79.7	52.1	6.3	1.10	0.91	837
定西市	Dingxi City	137.4		2.72	56.5	4.9	8.5	0.79	0.95	1658
陇南市	Longnan City	104.3	9	3.76	49.5		8.4	0.10	1.05	2377
临夏回族自治州	Linxia Hui A.P	70.0		5.88	31.3		5.2	2.30	0.60	2725
甘南藏族自治州	Gannan Zang A.P	8.6		1.90	1.6		6.3	8.63	0.12	36
青海省	**Qinghai**									
西宁市	Xining City	24.3		9.25	75.7	0.2	7.5	13.35	0.80	139
海东地区	Haidong Prefecture	54.2		13.57	73.5	0.8	8.7	3.54	1.13	528
海北藏族自治州	Haibei Zang A.P	4.9		4.64	0.6		4.3	4.22	0.04	19
黄南藏族自治州	Huangnan Zang AP	2.9		0.66	0.9	0.1	4.2	4.99		22
海南藏族自治州	Hainan Zang A.P	12.2		3.99	3.4	0.3	5.4	4.13	0.03	3397
果洛藏族自治州	Golog Zang A.P	0.1		0.01	0.0		2.6	3.27		
玉树藏族自治州	Yushu Zang A.P	1.6		0.05	0.2		3.7	7.33		
海西蒙古族藏族自治州	Haixi Mongolian & Zang A.P	9.1		1.13	4.3	0.0	2.8	1.35	0.01	415
宁夏回族自治区	**Ningxia**									
银川市	Yinchuan City	88.6		0.65	141.2	48.7	5.0	40.10	2.10	60323
石嘴山市	Shizuishan City	45.5		2.45	73.4	4.0	2.0	5.50	0.40	37500
吴忠市	Wuzhong City	93.9		4.78	56.9	56.7	7.4	52.70	1.50	14055
固原市	Guyuan City	80.3		6.68	137.5	9.5	7.1	0.20	0.30	220
中卫市	Zhongwei City	66.7		3.48	62.2	131.8	5.1	5.20	1.90	11440
新疆维吾尔自治区	**Xinjiang**									
乌鲁木齐市	Urumqi City	15.2	1701	0.92	59.3	1.3	6.1	6.45	1.22	7264
克拉玛依市	Karamay City	0.5	12360		2.0	1.7	1.1	0.80	0.08	623
吐鲁番地区	Turpan Prefecture	2.8	30268	0.09	26.1	111.4	4.1	2.30	0.24	400
哈密地区	Hami Prefecture	12.6	33300	0.18	12.8	28.1	5.3	5.72	0.33	1146
昌吉回族自治州	Changji Hui A.P	156.3	202645	7.92	226.2	57.1	53.0	84.23	8.65	17715
博尔塔拉蒙古自治州	Bortala Mongolian A.P	59.1	138028	1.41	3.8	1.1	2.2	1.85	1.25	1569
巴音郭楞蒙古自治州	Bayingolin Mongolian A.P	38.1	372084	0.64	260.6	65.4	8.4	7.18	1.88	11559
阿克苏地区	Aksu Prefecture	157.0	576730	1.13	106.5	189.9	19.3	10.22	4.38	13643
克孜勒苏柯尔克孜自治州	Kizilsu Kirgiz A.P	28.9	10230	0.12	3.9	23.1	3.8	2.51	0.13	300
喀什地区	Kashi Prefecture	267.9	369810	1.47	260.0	416.7	36.0	25.58	7.17	10069
和田地区	Hotan Prefecture	106.3	38541	1.06	39.3	50.4	9.7	3.72	1.64	2267
伊犁哈萨克自治州	Ili Kazak A.P	255.7	15587	10.62	75.6	36.4	25.5	68.29	7.65	13241
塔城地区	Tacheng Prefecture	208.6	250356	3.26	114.3	6.2	16.4	20.39	2.46	3069
阿勒泰地区	Altay Prefecture	35.0		16.67	5.5	9.8	7.7	22.49	0.38	7049
石河子市	Shihezi City									
阿拉尔市	Alar City									
图木舒克市	Tumxuk City									
五家渠市	Wujiaqu City									
北屯市	Beitun City									
铁门关市	Tiemenguan City									
生产建设兵团	Corps	203.9	1414420	13.57	460.2	223.3	32.5	53.69	6.00	35369

3-11 规模以上工业企业主要经济指标(2012年)

Main Indicators of Industrial Enterprises above Designated Size (2012)

地 区	Region	单位数 (个) Number of Industrial Enterprises (unit)	资产总计 (亿元) Total Assets (100 million yuan)	负债合计 (亿元) Total Liabilities (100 million yuan)	所有者权益 (亿元) Owners' Equity (100 million yuan)	主营业务收入 (亿元) Revenue from Principal Business (100 million yuan)	利润总额 (亿元) Total Profits (100 million yuan)	本年应交增值税 (亿元) Value-added Tax Payable (100 million yuan)
北京市	**Beijing**							
东城区	Dongcheng District	41	186.14	89.79	96.34	126.65	14.15	5.02
西城区	Xicheng District	67	11162.37	5429.02	5733.36	3117.64	364.60	67.43
朝阳区	Chaoyang District	336	2338.75	1070.69	1267.78	1312.57	69.12	35.41
丰台区	Fengtai District	220	666.64	385.40	281.24	466.56	28.56	12.07
石景山区	Shijingshan District	62	2370.10	1299.19	1070.83	657.43	90.75	17.74
海淀区	Haidian District	477	2785.73	1561.31	1223.93	1953.27	137.52	50.73
门头沟区	Mentougou District	47	152.68	52.77	99.91	103.04	20.30	8.49
房山区	Fangshan District	169	693.07	421.16	271.91	1041.31	-1.08	20.61
通州区	Tongzhou District	457	664.80	394.51	270.28	665.94	26.74	21.20
顺义区	Shunyi District	325	2086.07	1163.65	922.37	2327.05	191.84	67.35
昌平区	Changping District	303	1155.78	595.11	560.52	1182.87	53.27	23.20
大兴区	Daxing District	480	647.90	353.72	294.18	571.50	33.01	17.14
怀柔区	Huairou District	155	467.77	261.14	206.60	507.14	42.01	17.72
平谷区	Pinggu District	117	215.96	129.10	86.84	242.19	13.85	7.36
密云县	Miyun County	132	292.92	173.81	119.02	289.03	17.52	8.54
延庆县	Yanqing County	44	281.87	157.85	124.02	70.76	13.05	2.26
北京经济技术开发区	Beijing Economic-technological Development Zones	260	2444.60	1299.01	1145.53	2270.19	152.68	73.48
其他	Others							
天津市	**Tianjin**							
和平区	Heping District	8	294.39	178.24	116.15	59.54	1.97	1.79
河东区	Hedong District	35	254.41	138.72	115.69	99.94	2.25	3.70
河西区	Hexi District	62	730.51	594.16	136.36	622.68	28.69	32.55
南开区	Nankai District	85	190.11	76.93	113.18	203.34	15.20	6.63
河北区	Hebei District	44	607.08	343.02	264.06	393.62	9.48	15.97
红桥区	Hongqiao District	25	34.41	16.60	17.81	38.65	1.56	0.93
东丽区	Dongli District	338	1615.03	1127.41	487.62	1706.18	75.97	82.42
西青区	Xiqing District	628	1450.31	918.33	531.98	2123.53	160.97	81.11
津南区	Jinnan District	458	616.13	374.58	241.55	853.62	73.09	39.56
北辰区	Beichen District	681	1454.77	877.57	577.20	1582.21	145.35	59.28
武清区	Wuqing District	423	1229.27	391.89	837.38	1226.78	171.18	49.49
宝坻区	Baodi District	377	195.17	120.81	74.36	486.30	26.94	11.72
滨海新区	Binhai New Area	1540	12350.57	7812.11	4538.47	14578.63	1352.88	599.31
宁河县	Ninghe County	235	429.09	327.69	101.40	530.69	54.04	16.73
静海县	Jinghai County	533	857.99	601.27	256.72	1422.89	124.14	21.90
蓟县	Ji County	146	130.51	70.45	60.06	158.31	10.79	7.07
其他	Others							
河北省	**Hebei**							
石家庄市	Shijiazhuang City	2388	4027.73	2107.47	1890.82	7663.37	562.72	170.64
唐山市	Tangshan City	1311	9174.47	6010.21	3146.65	10376.69	589.16	316.38
秦皇岛市	Qinhuangdao City	406	1622.65	1140.91	481.37	1561.38	18.42	41.76
邯郸市	Handan City	972	4228.19	2531.22	1676.12	6077.12	202.63	149.38
邢台市	Xingtai City	986	1866.69	1012.66	847.43	2430.87	134.44	71.08
保定市	Baoding City	1613	3124.13	1838.48	1277.56	3880.41	255.07	105.76
张家口市	Zhangjiakou City	435	1663.53	1179.89	481.28	1088.96	74.14	40.79
承德市	Chengde City	461	1753.02	1209.57	540.54	1643.20	121.31	61.72
沧州市	Cangzhou City	1774	3136.38	1227.07	1889.75	4493.99	342.40	115.61
廊坊市	Langfang City	1073	2062.83	1206.45	851.98	3118.65	175.07	64.73
衡水市	Hengshui City	941	907.56	475.54	425.42	1309.20	84.10	28.03

3-11 续表 1 continued

地　区	Region	单位数 (个) Number of Industrial Enterprises (unit)	资产总计 (亿元) Total Assets (100 million yuan)	负债合计 (亿元) Total Liabilities (100 million yuan)	所有者权益 (亿元) Owners' Equity (100 million yuan)	主营业务收入 (亿元) Revenue from Principal Business (100 million yuan)	利润总额 (亿元) Total Profits (100 million yuan)	本年应交增值税 (亿元) Value-added Tax Payable (100 million yuan)
山西省	**Shanxi**							
太原市	Taiyuan City	458	3811.73	2639.66	1176.17	3374.36	103.26	74.82
大同市	Datong City	169	1642.31	1126.17	515.44	1617.44	28.92	67.39
阳泉市	Yangquan City	160	1216.06	771.10	444.11	816.55	27.81	43.67
长治市	Changzhi City	354	2885.77	2036.88	844.22	1853.87	155.26	90.32
晋城市	Jincheng City	241	2598.58	1585.23	1011.93	1332.10	179.51	84.47
朔州市	Shuozhou City	261	1894.34	1213.59	659.97	1164.60	177.17	105.07
晋中市	Jinzhong City	512	2132.63	1677.69	453.83	1347.34	56.62	68.92
运城市	Yuncheng City	462	1734.83	1201.69	531.27	1407.12	41.87	33.40
忻州市	Xinzhou City	330	1222.54	727.33	472.11	628.87	68.70	43.12
临汾市	Linfen City	374	2051.72	1556.42	490.84	1959.11	37.38	77.94
吕梁市	Luliang City	582	3593.98	2664.01	925.27	1815.57	118.72	115.13
其他	Others	2	557.59	439.62	117.97	802.01	15.69	25.26
内蒙古自治区	**Inner Mongolia**							
呼和浩特市	Hohhot City	273	1811.90	1210.61	597.16	1248.21	99.95	54.68
包头市	Baotou City	618	3629.69	2519.16	1108.67	3033.59	220.60	107.53
乌海市	Wuhai City	153	1126.72	821.19	304.23	664.82	53.40	33.38
赤峰市	Chifeng City	532	1231.27	683.38	543.05	1803.96	143.58	40.70
通辽市	Tongliao City	616	1230.51	544.02	673.64	2512.10	169.95	86.54
鄂尔多斯市	Erdos City	371	6298.58	3188.06	3088.02	4273.98	900.95	251.66
呼伦贝尔市	Hulunbuir City	394	1447.78	871.06	574.79	1046.56	88.92	45.46
巴彦淖尔市	Bayannur City	275	918.16	612.84	304.94	721.48	51.10	18.33
乌兰察布市	Ulanqab City	382	971.20	712.61	252.61	854.37	14.06	20.44
兴安盟	Xingan League	170	260.43	180.30	79.52	257.13	17.48	6.55
锡林郭勒盟	Xilingol League	348	1460.25	1019.99	436.80	824.01	114.14	45.62
阿拉善盟	Alxa League	110	583.61	437.04	146.67	425.04	22.36	23.13
辽宁省	**Liaoning**							
沈阳市	Shenyang City	4034	7420.34	4001.84	3383.12	12609.05	730.46	245.58
大连市	Dalian City	3142	8676.96	5314.86	3306.34	9924.26	514.06	349.82
鞍山市	Anshan City	1186	3343.59	1827.07	1511.22	3093.83	80.80	97.63
抚顺市	Fushun City	922	1324.96	735.08	589.49	2392.02	15.02	33.13
本溪市	Benxi City	564	1668.83	1149.61	513.16	2055.05	69.32	41.88
丹东市	Dandong City	821	708.33	443.06	257.53	1267.27	72.33	37.11
锦州市	Jinzhou City	815	1013.86	488.09	511.66	2392.22	169.35	60.99
营口市	Yingkou City	1447	1811.89	1035.29	770.02	2610.15	207.15	115.43
阜新市	Fuxin City	574	793.06	505.83	285.99	727.78	34.58	19.84
辽阳市	Liaoyang City	701	1504.61	784.53	717.29	2111.35	136.18	44.70
盘锦市	Panjin City	498	1853.08	1158.28	669.43	2442.96	151.59	64.89
铁岭市	Tieling City	1596	1891.22	755.76	1115.95	3463.84	210.46	101.56
朝阳市	Chaoyang City	720	947.82	620.39	323.82	1228.34	88.32	26.56
葫芦岛市	Huludao City	326	971.84	782.88	188.50	992.52	-49.97	25.78

3-11 续表 2 continued

地 区	Region	单位数 (个) Number of Industrial Enterprises (unit)	资产总计 (亿元) Total Assets (100 million yuan)	负债合计 (亿元) Total Liabilities (100 million yuan)	所有者权益 (亿元) Owners' Equity (100 million yuan)	主营业务收入 (亿元) Revenue from Principal Business (100 million yuan)	利润总额 (亿元) Total Profits (100 million yuan)	本年应交增值税 (亿元) Value-added Tax Payable (100 million yuan)
吉林省	**Jilin**							
长春市	Changchun City	1081	6034.65	3342.11	2657.94	8642.88	657.43	249.26
吉林市	Jilin City	1121	2446.84	1385.26	1049.47	3036.98	70.32	98.94
四平市	Siping City	502	690.45	351.18	334.97	1498.58	52.98	18.56
辽源市	Liaoyuan City	304	511.98	343.48	164.46	977.69	22.97	15.45
通化市	Tonghua City	532	910.56	480.06	426.25	1316.42	64.96	38.07
白山市	Baishan City	418	530.49	319.73	205.31	1098.84	34.55	23.12
松原市	Songyuan City	560	1568.29	655.46	911.49	1982.42	227.21	62.31
白城市	Baicheng City	304	393.45	218.34	173.62	440.78	16.31	6.88
延边朝鲜族自治州	Yanbian Korean A.P	457	686.79	385.92	297.29	821.11	62.12	27.46
黑龙江省	**Heilongjiang**							
哈尔滨市	Harbin City	1142	3250.97	2111.91	1135.85	2507.78	115.04	91.30
齐齐哈尔市	Qiqihar City	302	1206.02	725.45	480.44	888.00	51.54	32.06
鸡西市	Jixi City	122	480.03	363.51	116.05	342.67	6.32	20.78
鹤岗市	Hegang City	143	328.90	249.07	79.61	274.23	5.31	14.21
双鸭山市	Shuangyashan City	193	484.61	302.77	181.42	611.67	42.49	33.16
大庆市	Daqing City	413	3956.83	1447.21	2508.02	4307.89	975.63	321.54
伊春市	Yichun City	112	239.99	200.67	38.74	168.65	-3.43	4.45
佳木斯市	Jiamusi City	312	430.48	259.65	169.25	505.76	32.59	12.28
七台河市	Qitaihe City	114	476.54	337.71	138.44	300.89	-4.99	17.16
牡丹江市	Mudanjiang City	465	548.12	322.10	225.12	762.28	42.52	31.12
黑河市	Heihe City	85	173.91	119.36	54.33	100.42	8.53	4.65
绥化市	Suihua City	267	469.99	231.05	235.84	599.75	55.91	16.59
大兴安岭地区	Daxing'anling Prefecture	31	57.08	41.06	15.97	41.37	4.27	2.19
农垦总局	Agriculture Reclamation Bureau	209	644.17	538.29	105.44	759.74	9.58	7.60
其他	Others				140.24			
上海市	**Shanghai**							
黄浦区	Huangpu District	28	235.19	134.21	100.98	245.55	10.20	3.96
徐汇区	Xuhui District	164	502.75	245.19	257.50	692.22	54.83	11.46
长宁区	Changning District	43	111.01	42.88	67.96	67.86	7.27	2.43
静安区	Jingan District	7	38.20	8.78	29.42	16.34	3.00	0.85
普陀区	Putuo District	125	300.72	150.72	149.24	253.33	23.23	11.18
闸北区	Zhabei District	69	269.04	177.44	91.59	175.75	2.36	6.52
虹口区	Hongkou District	27	92.82	46.65	46.17	51.15	8.31	2.24
杨浦区	Yangpu District	93	1373.57	348.97	1024.57	995.32	175.44	117.60
闵行区	Minhang District	1169	3519.23	1987.39	1527.13	3805.29	231.91	112.66
宝山区	Baoshan District	558	2870.93	1214.84	1654.43	2842.49	196.58	37.03
嘉定区	Jiading District	1307	3059.51	1657.09	1399.74	4368.15	433.03	128.13
浦东新区	Pudong New District	1885	10058.00	4711.31	5328.67	10400.96	704.83	249.27
金山区	Jinshan District	723	1219.84	672.36	546.06	1721.57	15.41	22.39
松江区	Songjiang District	1372	2698.34	1576.26	1120.34	3583.87	113.71	43.38
青浦区	Qingpu District	938	1359.28	680.95	673.56	1486.93	81.51	41.55
奉贤区	Fengxian District	1087	1488.15	861.78	625.51	1545.90	53.05	31.95
崇明县	Chongming County	138	570.41	418.51	151.72	382.46	2.96	7.29
其他	Others	39	1393.91	837.20	556.21	1461.14	31.80	26.46

3-11 续表 3 continued

地　区	Region	单位数 (个) Number of Industrial Enterprises (unit)	资产总计 (亿元) Total Assets (100 million yuan)	负债合计 (亿元) Total Liabilities (100 million yuan)	所有者权益 (亿元) Owners' Equity (100 million yuan)	主营业务收入 (亿元) Revenue from Principal Business (100 million yuan)	利润总额 (亿元) Total Profits (100 million yuan)	本年应交增值税 (亿元) Value-added Tax Payable (100 million yuan)
江苏省	**Jiangsu**							
南京市	Nanjing City	2593	8539.68	4958.85	3580.83	11283.26	604.44	492.16
无锡市	Wuxi City	5248	13281.51	7817.20	5464.31	14191.69	878.69	333.52
徐州市	Xuzhou City	2859	4791.14	2598.36	2192.78	8837.26	743.38	405.47
常州市	Changzhou City	3869	6754.38	4120.79	2633.59	9097.95	443.77	256.59
苏州市	Suzhou City	10444	23331.48	13474.80	9856.69	28998.80	1252.70	486.44
南通市	Nantong City	4941	6247.99	3469.89	2778.10	9690.95	786.59	335.37
连云港市	Lianyungang City	1388	1927.74	1110.17	817.56	3346.45	273.20	122.41
淮安市	Huaian City	1941	1635.99	850.99	785.00	3953.91	209.13	89.66
盐城市	Yancheng City	2816	3094.87	1740.86	1354.01	5561.88	396.91	238.39
扬州市	Yangzhou City	2560	3639.70	1933.85	1705.85	7037.79	498.81	299.65
镇江市	Zhenjiang City	2446	4346.53	2479.41	1867.12	5975.34	363.11	182.47
泰州市	Taizhou City	2531	3846.99	2126.82	1720.17	6918.60	538.06	309.36
宿迁市	Suqian City	2236	1527.13	692.41	834.71	2213.14	250.83	77.58
浙江省	**Zhejiang**							
杭州市	Hangzhou City	5927	11983.52	7013.95	4950.89	12528.86	771.58	361.02
宁波市	Ningbo City	6804	10643.47	6601.71	4025.59	11795.98	553.21	300.78
温州市	Wenzhou City	4290	4485.61	2662.66	1819.16	4010.58	209.82	125.68
嘉兴市	Jiaxing City	4324	6297.58	3736.03	2552.76	5907.52	279.94	191.00
湖州市	Huzhou City	2428	2528.41	1488.08	1036.71	3365.13	168.41	85.70
绍兴市	Shaoxing City	3682	7450.37	4454.88	2995.89	8333.61	454.67	187.53
金华市	Jinhua City	3248	3833.33	2438.99	1388.31	3594.80	232.33	102.59
衢州市	Quzhou City	940	1304.70	782.48	520.87	1368.40	97.98	41.85
舟山市	Zhoushan City	383	1531.10	1099.75	431.35	1020.98	10.00	15.64
台州市	Taizhou City	3378	3585.48	2180.98	1401.87	3334.40	180.77	102.96
丽水市	Lishui City	1100	1168.47	708.50	459.22	1523.19	129.18	38.82
安徽省	**Anhui**							
合肥市	Hefei City	2296	4994.68	2979.18	1987.68	6911.14	495.33	243.94
芜湖市	Wuhu City	1792	3484.18	2038.89	1432.41	3901.24	204.24	147.36
蚌埠市	Bengbu City	685	845.78	480.11	361.86	1414.83	61.73	27.92
淮南市	Huainan City	465	1920.83	1332.26	587.89	1022.84	52.37	66.44
马鞍山市	Maanshan City	750	2015.94	1218.62	793.36	2216.16	108.27	56.69
淮北市	Huaibei City	657	1804.70	1110.25	681.80	1694.29	82.28	61.34
铜陵市	Tongling City	204	1350.91	942.12	407.91	2007.03	58.44	21.47
安庆市	Anqing City	1474	1177.30	598.16	565.31	2087.20	154.63	45.59
黄山市	Huangshan City	474	268.67	143.00	125.03	426.87	22.27	8.94
滁州市	Chuzhou City	1091	1156.68	643.78	505.80	1637.90	178.89	52.36
阜阳市	Fuyang City	836	718.61	391.20	323.64	1044.98	79.35	48.63
宿州市	Suzhou City	847	530.88	286.25	240.66	928.41	50.68	22.28
六安市	Liuan City	930	903.74	522.40	374.89	1331.22	117.39	32.04
亳州市	Bozhou City	581	396.44	229.94	163.41	590.47	66.01	22.82
池州市	Chizhou City	431	389.92	220.33	167.20	468.52	40.13	12.93
宣城市	Xuancheng City	1001	838.40	475.50	342.47	1221.98	98.26	38.86
福建省	**Fujian**							
福州市	Fuzhou City	2119	4068.32	2285.77	1746.22	5688.49	385.76	184.57
厦门市	Xiamen City	1658	3972.45	2129.81	1830.94	4549.75	247.30	78.41
莆田市	Putian City	942	1036.20	579.08	452.58	1648.25	123.27	40.60
三明市	Sanming City	1662	1210.05	696.13	513.91	2226.16	66.47	61.88
泉州市	Quanzhou City	4270	5738.85	2810.48	2874.89	8214.19	658.25	233.67
漳州市	Zhangzhou City	1692	1952.18	1059.44	882.45	2693.90	222.27	139.78
南平市	Nanping City	910	817.59	404.84	410.30	1096.89	60.76	30.00
龙岩市	Longyan City	965	1586.63	806.10	780.34	1352.50	133.65	47.44
宁德市	Ningde City	1115	1003.72	646.19	352.38	1736.71	125.53	53.25

3-11 续表 4 continued

地 区	Region	单位数 (个) Number of Industrial Enterprises (unit)	资产总计 (亿元) Total Assets (100 million yuan)	负债合计 (亿元) Total Liabilities (100 million yuan)	所有者权益 (亿元) Owners' Equity (100 million yuan)	主营业务收入 (亿元) Revenue from Principal Business (100 million yuan)	利润总额 (亿元) Total Profits (100 million yuan)	本年应交增值税 (亿元) Value-added Tax Payable (100 million yuan)
江西省	**Jiangxi**							
南昌市	Nanchang City	1016	2637.64	1464.46	1173.18	3855.03	204.91	103.37
景德镇市	Jingdezhen City	292	728.07	513.99	214.07	946.23	36.42	22.46
萍乡市	Pingxiang City	597	500.24	190.27	309.98	1340.63	154.75	52.93
九江市	Jiujiang City	846	1229.13	689.03	540.11	3006.90	154.38	63.42
新余市	Xinyu City	283	1190.01	787.37	402.64	1433.63	35.91	27.76
鹰潭市	Yingtan City	184	1387.18	731.75	655.43	2408.42	97.90	35.59
赣州市	Ganzhou City	890	1074.14	635.36	438.78	2092.58	99.06	67.34
吉安市	Jian City	668	590.23	228.60	361.64	2001.60	150.68	70.32
宜春市	Yichun City	770	997.24	552.98	444.25	2136.49	191.70	79.64
抚州市	Fuzhou City	669	342.06	187.71	154.35	1015.18	40.21	25.49
上饶市	Shangrao City	558	798.18	421.70	376.47	2007.93	109.20	67.71
山东省	**Shandong**							
济南市	Jinan City	1647	4351.02	2736.33	1614.69	4766.50	219.51	114.73
青岛市	Qingdao City	4817	7825.64	4595.04	3230.60	13827.12	742.40	441.95
淄博市	Zibo City	3177	5302.24	2863.72	2438.52	10206.05	763.51	363.16
枣庄市	Zaozhuang City	1430	1772.49	972.41	800.07	3144.25	185.28	121.28
东营市	Dongying City	860	6651.97	3265.64	3386.33	10284.45	1187.55	376.65
烟台市	Yantai City	2725	6545.36	3244.62	3300.73	12388.09	967.06	263.23
潍坊市	Weifang City	4160	6181.31	3601.45	2579.85	10542.05	571.68	213.09
济宁市	Jining City	1551	4869.06	2885.95	1983.11	4738.39	282.04	152.93
泰安市	Taian City	1788	3356.02	1986.88	1369.14	5536.97	405.21	187.33
威海市	Weihai City	1602	3203.81	1494.14	1709.67	5522.36	306.61	154.34
日照市	Rizhao City	557	2073.26	1404.38	668.88	2271.94	189.64	49.22
莱芜市	Laiwu City	382	992.52	651.02	341.50	1370.36	20.78	16.06
临沂市	Linyi City	3754	3400.50	1787.59	1612.91	7508.14	457.40	157.05
德州市	Dezhou City	3226	3151.93	1253.48	1898.45	6526.49	500.23	257.89
聊城市	Liaocheng City	2332	3179.68	1579.12	1600.56	6703.86	445.80	169.62
滨州市	Binzhou City	1122	4182.30	2619.43	1562.87	6133.65	297.29	123.28
菏泽市	Heze City	2491	2027.01	1032.55	994.46	4500.67	377.28	182.61
河南省	**Henan**							
郑州市	Zhengzhou City	2741	7036.68	3915.42	3097.93	9603.42	913.71	387.98
开封市	Kaifeng City	1150	1200.54	423.76	765.27	1657.98	174.15	45.56
洛阳市	Luoyang City	1684	3750.39	2127.57	1588.09	5384.81	221.14	100.91
平顶山市	Pingdingshan City	708	2059.88	1226.96	823.62	2207.48	129.40	81.37
安阳市	Anyang City	876	1752.92	1122.01	628.04	2762.73	156.77	74.38
鹤壁市	Hebi City	523	719.85	481.82	234.44	1337.75	65.93	28.49
新乡市	Xinxiang City	1154	2140.51	1114.42	1016.94	2979.44	175.89	51.23
焦作市	Jiaozuo City	1155	2086.17	974.80	1091.06	3699.55	275.61	111.16
濮阳市	Puyang City	795	1230.58	518.66	727.56	2167.51	182.15	52.97

地 区	Region	单位数 (个) Number of Industrial Enterprises (unit)	资产总计 (亿元) Total Assets (100 million yuan)	负债合计 (亿元) Total Liabilities (100 million yuan)	所有者权益 (亿元) Owners' Equity (100 million yuan)	主营业务收入 (亿元) Revenue from Principal Business (100 million yuan)	利润总额 (亿元) Total Profits (100 million yuan)	本年应交增值税 (亿元) Value-added Tax Payable (100 million yuan)
许昌市	Xuchang City	1280	2405.74	903.53	1491.13	3666.49	357.50	140.98
漯河市	Luohe City	563	1005.03	347.49	631.67	1901.23	228.67	37.90
三门峡市	Sanmenxia City	609	2092.68	1221.45	864.92	3153.79	258.54	43.75
南阳市	Nanyang City	1381	2133.82	1128.11	972.57	2893.05	208.05	92.06
商丘市	Shangqiu City	855	1273.93	678.50	589.39	2075.26	116.81	46.13
信阳市	Xinyang City	1037	719.49	321.26	388.14	1477.23	86.86	38.97
周口市	Zhoukou City	1097	1411.24	494.49	907.29	2352.66	262.74	49.06
驻马店市	Zhumadian City	1422	1145.07	486.69	639.52	1686.77	125.87	37.11
济源市	Jiyuan City	215	1010.29	600.66	396.71	1269.21	76.61	32.53
湖北省	**Hubei**							
武汉市	Wuhan City	2103	9539.98	6062.78	3464.41	9665.08	392.96	250.52
黄石市	Huangshi City	553	1571.88	1006.26	564.53	2094.00	62.23	40.96
十堰市	Shiyan City	617	2695.04	1508.33	1181.84	1346.99	180.66	51.52
宜昌市	Yichang City	1135	4264.82	2586.81	1672.89	3782.78	297.03	96.49
襄阳市	Xiangyang City	1398	2020.08	1113.26	891.97	3510.84	357.66	86.09
鄂州市	Ezhou City	462	534.32	316.34	215.73	1019.34	26.15	25.77
荆门市	Jingmen City	863	919.19	483.32	434.09	2146.15	107.96	43.72
孝感市	Xiaogan City	1035	1000.55	500.98	493.82	1803.56	103.57	37.19
荆州市	Jingzhou City	846	855.52	450.07	400.75	1405.01	75.65	29.26
黄冈市	Huanggang City	979	649.51	352.26	290.58	1093.14	70.33	33.27
咸宁市	Xianning City	724	574.19	291.93	279.16	1132.94	114.40	28.35
随州市	Suizhou City	570	385.34	176.70	202.79	880.20	101.59	32.13
恩施土家族苗族自治州	Enshi Tujia & Miao A.P	357	386.74	236.15	148.80	260.14	18.53	8.96
仙桃市	Xiantao City	331	322.09	145.98	173.25	803.55	69.63	31.59
潜江市	Qianjiang City	208	705.12	297.41	406.33	830.46	19.23	20.32
天门市	Tianmen City	252	416.10	200.67	211.41	541.10	47.06	21.35
神农架林区	Shennongjia Forest District	8	37.20	29.92	7.27	10.68	1.62	1.29
湖南省	**Hunan**							
长沙市	Changsha City	2281	4927.57	2791.69	2134.99	6268.14	520.88	191.86
株洲市	Zhuzhou City	1314	1614.69	850.96	763.73	2164.85	119.09	107.90
湘潭市	Xiangtan City	837	1496.86	1023.19	473.67	2280.22	71.35	66.45
衡阳市	Hengyang City	1171	1067.85	613.59	454.25	2696.46	160.22	102.02
邵阳市	Shaoyang City	784	530.37	239.44	290.79	1181.61	88.74	49.13
岳阳市	Yueyang City	1324	1679.66	838.18	841.48	4215.45	189.16	156.94
常德市	Changde City	862	1366.73	683.11	683.55	1824.92	176.28	112.78
张家界市	Zhangjiajie City	151	94.35	55.02	39.33	107.98	2.68	4.26
益阳市	Yiyang City	827	640.43	371.42	268.95	1293.57	71.07	54.46
郴州市	Chenzhou City	1080	1208.31	529.34	678.86	2449.30	186.52	176.92
永州市	Yongzhou City	673	469.76	223.91	245.85	678.97	36.71	27.88
怀化市	Huaihua City	580	576.22	382.23	193.99	791.41	43.29	25.30
娄底市	Loudi City	665	1398.47	676.17	722.25	1456.87	86.12	60.24
湘西土家族苗族自治州	West Hunan Tujia & Miao A.P	251	231.44	130.24	101.19	285.54	30.29	18.85

3-11 续表 6 continued

地　区	Region	单位数 (个) Number of Industrial Enterprises (unit)	资产总计 (亿元) Total Assets (100 million yuan)	负债合计 (亿元) Total Liabilities (100 million yuan)	所有者权益 (亿元) Owners' Equity (100 million yuan)	主营业务收入 (亿元) Revenue from Principal Business (100 million yuan)	利润总额 (亿元) Total Profits (100 million yuan)	本年应交增值税 (亿元) Value-added Tax Payable (100 million yuan)
广东省	**Guangdong**							
广州市	Guangzhou City	4373	12156.23	6445.46	5696.68	14595.82	825.60	440.24
韶关市	Shaoguan City	482	1044.31	685.72	357.28	937.67	31.32	41.11
深圳市	Shenzhen City	5835	18458.35	11380.03	7052.90	20990.98	1135.83	636.76
珠海市	Zhuhai City	927	3532.79	2144.37	1385.72	3467.34	164.38	70.43
汕头市	Shantou City	1880	1773.70	744.97	1025.21	2072.74	164.88	53.33
佛山市	Foshan City	5950	8814.87	5354.35	3345.60	13980.37	1140.50	360.34
江门市	Jiangmen City	1851	2320.45	1382.25	933.89	2464.21	127.96	76.34
湛江市	Zhanjiang City	695	1469.32	1151.62	310.73	1618.78	111.56	79.29
茂名市	Maoming City	675	697.88	344.27	347.73	1778.35	98.56	104.93
肇庆市	Zhaoqing City	1046	1448.22	691.13	748.62	2745.09	192.20	90.72
惠州市	Huizhou City	1430	3530.70	2153.47	1375.36	5503.05	219.32	268.72
梅州市	Meizhou City	326	573.34	293.85	277.01	484.77	29.94	26.86
汕尾市	Shanwei City	257	598.62	279.93	318.15	739.78	31.52	11.15
河源市	Heyuan City	383	648.20	362.44	282.65	928.70	58.07	30.33
阳江市	Yangjiang City	527	632.96	393.59	237.09	1178.48	137.15	46.33
清远市	Qingyuan City	497	1105.71	602.66	500.48	1299.99	74.89	35.46
东莞市	Dongguan City	4526	7206.02	4189.56	3004.35	9612.66	291.67	196.92
中山市	ZhongShan City	3192	3192.02	1866.89	1318.37	5203.63	283.77	169.68
潮州市	Chaozhou City	768	576.64	262.55	313.01	883.82	78.86	34.78
揭阳市	Jieyang City	1731	1109.86	527.49	578.50	2782.95	227.19	75.16
云浮市	Yunfu City	460	453.66	251.90	200.87	552.55	39.74	17.47
广西壮族自治区	**Guangxi**							
南宁市	Nanning City	940	1581.00	931.60	640.39	2023.57	176.02	71.92
柳州市	Liuzhou City	786	2408.08	1570.17	826.87	3318.01	130.35	81.93
桂林市	Guilin City	634	982.05	573.61	398.30	1496.15	177.28	57.45
梧州市	Wuzhou City	398	626.11	358.22	263.03	1301.49	73.77	69.56
北海市	Beihai City	175	480.00	266.64	207.40	957.49	86.07	54.58
防城港市	Fangchenggang City	153	559.25	378.40	179.33	687.51	45.14	11.31
钦州市	Qinzhou City	251	730.67	422.45	308.21	1049.78	-6.96	18.08
贵港市	Guigang City	367	532.56	280.84	249.74	672.00	61.12	17.21
玉林市	Yulin City	614	659.28	391.20	262.01	986.51	69.59	30.12
百色市	Baise City	217	1000.12	718.92	280.32	724.51	19.79	38.05
贺州市	Hezhou City	166	152.95	133.54	100.00	281.01	27.89	12.31
河池市	Hechi City	221	786.44	611.39	174.46	322.10	24.99	16.18
来宾市	Laibin City	190	532.22	405.83	125.09	516.62	3.60	15.75
崇左市	Chongzuo City	136	384.00	227.09	154.95	411.34	55.67	19.90
海南省	**Hainan**							
海口市	Haikou City	154	653.52	312.76	340.11	505.80	39.99	18.91
三亚市	Sanya City	29	81.12	50.62	30.50	54.90	2.58	2.55
重庆市	**Chongqing**							
万州区	Wanzhou District	173	366.98	209.61	157.15	497.50	32.10	16.75
涪陵区	Fuling District	146	666.84	440.28	226.27	842.36	52.09	59.56
渝中区	Yuzhong District	6	36.75	21.71	15.04	21.39	1.06	0.81
大渡口区	Dadukou District	63	197.81	119.97	77.83	147.83	6.05	4.38
江北区	Jiangbei District	102	559.93	342.27	214.12	545.21	32.87	11.37
沙坪坝区	Shapingba District	251	758.12	597.05	160.50	1352.20	25.03	19.32
九龙坡区	Jiulongpo District	327	861.21	454.26	405.98	981.68	27.09	17.63

3-11 续表 7 continued

地　区	Region	单位数 (个) Number of Industrial Enterprises (unit)	资产总计 (亿元) Total Assets (100 million yuan)	负债合计 (亿元) Total Liabilities (100 million yuan)	所有者权益 (亿元) Owners' Equity (100 million yuan)	主营业务收入 (亿元) Revenue from Principal Business (100 million yuan)	利润总额 (亿元) Total Profits (100 million yuan)	本年应交增值税 (亿元) Value-added Tax Payable (100 million yuan)
南岸区	Nanan District	211	458.58	276.04	181.09	730.79	39.31	21.91
北碚区	Beibei District	232	492.14	291.33	198.58	564.52	29.24	18.27
綦江区	Qijiang District	209	340.11	193.25	145.45	301.85	8.00	13.29
大足区	Dazu District	234	137.03	76.83	59.53	257.55	16.67	11.58
渝北区	Yubei District	313	1512.72	1003.90	507.17	1844.10	95.29	56.57
巴南区	Banan District	176	434.22	270.51	163.00	458.75	15.24	8.84
黔江区	Qianjiang District	53	130.77	68.12	62.01	143.19	12.87	8.82
长寿区	Changshou District	131	903.85	627.51	275.89	555.05	1.07	8.61
江津区	Jiangjin District	262	693.49	456.02	236.63	713.40	63.12	22.10
合川区	Hechuan District	238	342.45	237.36	102.91	293.04	20.28	11.51
永川区	Yongchuan District	275	305.24	143.96	159.56	498.28	26.78	13.59
南川区	Nanchuan District	55	163.36	125.72	37.57	116.89	3.70	2.97
四川省	**Sichuan**							
成都市	Chengdu City	3192	10255.39	6088.08	4115.84	9341.43	643.67	406.86
自贡市	Zigong City	510	910.50	575.23	332.59	1323.18	81.37	58.35
攀枝花市	Panzhihua City	338	2594.04	2057.29	535.17	1356.70	38.59	44.57
泸州市	Luzhou City	583	917.75	533.19	377.12	1140.27	140.15	53.13
德阳市	Deyang City	1141	2220.11	1529.29	683.54	2128.80	154.85	69.75
绵阳市	Mianyang City	824	1863.31	1173.28	681.41	1811.13	106.51	87.18
广元市	Guangyuan City	382	366.28	215.66	143.67	566.69	33.92	14.30
遂宁市	Suining City	430	509.24	194.05	313.62	1040.53	81.81	46.77
内江市	Neijiang City	491	830.92	403.83	418.68	1434.36	78.29	68.55
乐山市	Leshan City	649	1592.99	1057.36	525.14	1346.71	88.17	49.81
南充市	Nanchong City	516	1028.00	461.28	553.12	1551.26	132.37	60.76
眉山市	Meishan City	578	685.34	396.49	284.22	833.87	67.49	36.68
宜宾市	Yibin City	564	1828.50	975.74	854.28	1846.21	240.62	77.76
广安市	Guangan City	429	451.61	271.45	174.38	972.47	52.39	26.06
达州市	Dazhou City	487	853.28	602.85	246.98	1005.78	77.29	22.06
雅安市	Yaan City	326	881.52	616.54	258.97	375.27	36.36	22.75
巴中市	Bazhong City	152	94.95	51.08	43.43	306.31	7.32	6.24
资阳市	Ziyang City	615	704.17	332.51	364.26	1740.55	159.02	65.39
阿坝藏族羌族自治州	Aba Zang & Qiang A.P	93	517.15	382.84	122.60	135.44	12.25	8.60
甘孜藏族自治州	Ganzi Zang A.P	41	303.68	211.85	91.84	59.53	12.53	7.32
凉山彝族自治州	Liangshan Yi A.P	378	954.15	591.59	350.31	1110.66	88.81	50.94
贵州省	**Guizhou**							
贵阳市	Guiyang City	435	2863.18	2021.81	839.51	2116.89	151.63	97.64
六盘水市	Liupanshui City	246	1392.42	894.48	494.15	830.80	94.21	36.63
遵义市	Zunyi City	486	1355.58	593.21	753.98	999.70	245.03	73.31
安顺市	Anshun City	216	393.05	260.02	132.04	273.05	12.76	10.27
毕节市	Bijie City	335	712.99	530.46	177.29	478.52	38.92	31.50
铜仁市	Tongren City	257	159.89	104.32	54.57	190.45	5.01	6.41
黔西南布依族苗族自治州	Southwest Guizhou Buyi & Miao A.P	271	581.81	411.27	167.74	347.87	41.42	20.37
黔东南苗族侗族自治州	Southeast Guizhou Miao & Dong A.P	222	327.35	261.79	64.44	312.43	15.23	12.55
黔南布依族苗族自治州	South Guizhou Buyi & Miao A.P	284	516.02	310.77	202.82	416.83	22.81	11.95

3-11　续表 8　continued

地　区	Region	单位数 (个) Number of Industrial Enterprises (unit)	资产总计 (亿元) Total Assets (100 million yuan)	负债合计 (亿元) Total Liabilities (100 million yuan)	所有者权益 (亿元) Owners' Equity (100 million yuan)	主营业务收入 (亿元) Revenue from Principal Business (100 million yuan)	利润总额 (亿元) Total Profits (100 million yuan)	本年应交增值税 (亿元) Value-added Tax Payable (100 million yuan)
云南省	**Yunnan**							
昆明市	Kunming City	878	3582.86	2143.38	1439.49	3133.30	168.46	122.56
曲靖市	Qujing City	508	1953.85	1341.61	591.92	1407.37	64.41	67.18
玉溪市	Yuxi City	302	1225.04	536.38	688.66	1146.41	90.86	77.68
保山市	Baoshan City	121	431.64	298.91	132.73	188.60	16.39	11.02
昭通市	Zhaotong City	203	702.24	450.53	251.71	306.98	15.96	24.82
丽江市	Lijiang City	77	323.08	239.79	83.29	121.12	15.30	10.32
普洱市	Puer City	119	541.47	423.92	122.48	154.03	12.21	9.86
临沧市	Lincang City	84	569.95	416.08	153.87	144.60	16.94	9.25
楚雄彝族自治州	Chuxiong Yi A.P	181	484.20	261.70	222.50	391.29	19.49	21.07
红河哈尼族彝族自治州	Honghe Hani & Yi A.P	226	1169.31	752.84	416.47	944.41	39.60	51.60
文山壮族苗族自治州	Wenshan Zhuang & Miao A.P	132	460.11	281.72	178.38	265.18	46.21	20.20
西双版纳傣族自治州	Xishuangbanna Dai A.P	51	202.81	130.51	72.30	66.78	10.02	3.94
大理白族自治州	Dali Bai A.P	209	817.56	530.93	286.63	509.04	60.70	23.35
德宏傣族景颇族自治州	Dehong Dai & Jingpo A.P	83	260.29	185.60	74.63	105.15	9.64	7.32
怒江傈僳族自治州	Nujiang Lisu A.P	20	84.98	52.98	3.20	27.20	0.04	1.90
迪庆藏族自治州	Diqing Zang A.P	20	88.08	67.18	20.90	30.69	0.29	1.77
西藏自治区	**Tibet A.R.**							
拉萨市	Lhasa City	45	380.10	118.93	260.99	66.98	5.03	4.81
昌都地区	Qamdu Prefecture	4	47.28	27.69	19.59	2.82	-0.14	0.31
山南地区	Lhokha Prefecture	5	40.87	12.63	28.14	10.43	3.19	1.23
日喀则地区	Xigaze Prefecture	6	16.50	1.97	14.49	6.92	3.01	0.79
那曲地区	Narqu Prefecture							
阿里地区	Ngri Prefecture	2	5.61	0.33	5.27	0.53	-0.34	0.01
林芝地区	Nyingchi Prefecture	2	16.50	1.83	14.67	4.20	2.14	0.54
其他	Others							
陕西省	**Shaanxi**							
西安市	Xi'an City	966	4649.37	2764.13	1871.60	3644.89	165.08	112.65
铜川市	Tongchuan City	144	450.35	289.66	159.36	477.95	26.58	19.40
宝鸡市	Baoji City	443	1617.74	970.98	644.86	1692.71	132.46	61.55
咸阳市	Xianyang City	639	1817.42	996.88	817.46	2161.29	236.64	95.81
渭南市	Weinan City	411	1838.88	1195.26	634.47	1558.53	63.71	50.66
延安市	Yan'an City	113	2875.11	1627.55	1244.01	1808.64	350.17	159.23
汉中市	Hanzhong City	324	809.99	570.16	238.07	746.54	20.20	20.95
榆林市	Yulin City	665	3218.71	1487.21	1720.06	1987.99	511.01	190.30
安康市	Ankang City	363	304.87	169.52	133.29	452.12	58.88	26.81
商洛市	Shangluo City	150	345.86	244.43	100.66	327.39	9.72	15.23
杨凌示范区	Yangling Demonstration Zone	61	71.27	38.16	32.95	66.70	3.62	4.20
甘肃省	**Gansu**							
兰州市	Lanzhou City	378	2260.38	1448.56	809.29	2079.25	-22.67	66.50
嘉峪关市	Jiayuguan City	39	1330.27	901.39	428.83	1096.22	13.88	15.49
金昌市	Jinchang City	56	1282.64	747.83	534.71	1719.58	19.91	19.80
白银市	Baiyin City	164	873.40	560.76	307.51	692.15	21.03	20.20
天水市	Tianshui City	134	252.90	154.16	95.02	156.39	3.63	4.39
武威市	Wuwei City	146	246.24	134.88	110.26	211.33	5.12	3.32
张掖市	Zhangye City	158	238.31	147.85	89.18	152.05	9.48	5.47

3-11 续表 9 continued

地　区	Region	单位数 (个) Number of Industrial Enterprises (unit)	资产总计 (亿元) Total Assets (100 million yuan)	负债合计 (亿元) Total Liabilities (100 million yuan)	所有者权益 (亿元) Owners' Equity (100 million yuan)	主营业务收入 (亿元) Revenue from Principal Business (100 million yuan)	利润总额 (亿元) Total Profits (100 million yuan)	本年应交增值税 (亿元) Value-added Tax Payable (100 million yuan)
平凉市	Pingliang City	112	377.40	260.05	116.29	207.31	10.10	15.40
酒泉市	Jiuquan City	241	1117.79	707.43	406.81	527.10	17.05	11.84
庆阳市	Qingyang City	84	614.98	296.16	318.32	696.52	180.64	41.70
定西市	Dingxi City	80	131.23	84.81	46.27	79.03	2.24	1.22
陇南市	Longnan City	74	224.78	128.58	94.90	76.15	10.87	5.00
临夏回族自治州	Linxia Hui A.P	46	113.19	72.13	41.04	64.75	6.59	2.57
甘南藏族自治州	Gannan Zang A.P	23	82.51	57.36	25.14	29.45	7.36	1.50
青海省	**Qinghai**							
西宁市	Xining City	199	2002.19	1397.32	603.93	1098.79	17.31	33.66
海东地区	Haidong Prefecture	81	233.11	137.93	94.32	152.00	9.24	5.45
海北藏族自治州	Haibei Zang A.P	35	96.72	68.82	27.40	73.51	1.83	3.82
黄南藏族自治州	Huangnan Zang AP	5	35.52	27.95	7.56	5.71	0.97	0.35
海南藏族自治州	Hainan Zang A.P	13	34.12	23.70	10.42	14.78	1.43	0.42
果洛藏族自治州	Golog Zang A.P	1	16.32	5.86	10.46	14.35	7.22	1.94
玉树藏族自治州	Yushu Zang A.P							
海西蒙古族藏族自治州	Haixi Mongolian & Zang A.P	89	1623.95	995.01	627.60	530.23	130.90	42.31
宁夏回族自治区	**Ningxia**							
银川市	Yinchuan City	326	2533.77	1646.60	882.79	1615.65	89.33	53.14
石嘴山市	Shizuishan City	232	682.67	452.74	227.48	545.79	10.62	14.64
吴忠市	Wuzhong City	190	669.86	466.09	201.73	439.92	4.64	15.52
固原市	Guyuan City	25	52.66	30.80	20.72	25.89	2.81	1.59
中卫市	Zhongwei City	91	587.57	440.07	146.65	290.42	1.79	6.28
新疆维吾尔自治区	**Xinjiang**							
乌鲁木齐市	Urumqi City	370	3241.83	1807.93	1431.88	2164.70	175.25	67.79
克拉玛依市	Karamay City	66	1817.19	743.99	1072.82	1763.38	226.21	93.13
吐鲁番地区	Turpan Prefecture	84	497.85	270.56	225.81	266.02	33.06	12.99
哈密地区	Hami Prefecture	97	493.00	335.48	157.37	182.47	14.96	9.35
昌吉回族自治州	Changji Hui A.P	324	1235.57	788.01	446.31	572.28	52.78	20.03
博尔塔拉蒙古自治州	Bortala Mongolian A.P	43	82.97	65.63	17.35	46.24	1.16	1.59
巴音郭楞蒙古自治州	Bayingolin Mongolian A.P	140	1294.35	723.02	569.78	844.88	248.31	54.75
阿克苏地区	Aksu Prefecture	171	666.18	404.16	261.31	445.68	34.58	15.30
克孜勒苏柯尔克孜自治州	Kizilsu Kirgiz A.P	22	64.58	43.11	21.47	21.58	0.96	1.35
喀什地区	Kashi Prefecture	87	167.16	120.10	46.51	104.38	4.15	3.94
和田地区	Hotan Prefecture	18	51.81	28.93	22.58	19.00	0.28	0.94
伊犁哈萨克自治州	Ili Kazak A.P	215	729.52	457.16	271.64	351.30	26.64	15.46
塔城地区	Tacheng Prefecture	98	233.69	156.75	76.34	127.00	6.63	3.82
阿勒泰地区	Altay Prefecture	63	194.53	111.76	82.35	106.53	26.69	9.45
石河子市	Shihezi City	87	584.52	358.42	225.39	327.95	18.34	11.00
阿拉尔市	Alar City	31	55.00	41.20	13.70	20.37	2.13	0.19
图木舒克市	Tumxuk City	9	29.39	24.32	5.07	11.39	0.88	0.34
五家渠市	Wujiaqu City	34	230.02	192.05	37.93	135.52	15.65	6.46
北屯市	Beitun City							
铁门关市	Tiemenguan City							
生产建设兵团	Corps							

3-12 建筑业情况(2012年)
Construction (2012)

地　区	Region	建筑业企业单位数(个) Number of Construction Enterprises (unit)	建筑业企业从业人员(万人) Employment of Construction Enterprises (10 000 persons)	建筑业企业总产值(亿元) Gross Output Value of Construction (100 million yuan)	房屋建筑施工面积(万平方米) Floor Space of Buildings Under Construction (10 000 sq.m)	房屋建筑竣工面积(万平方米) Floor Space of Buildings Completed in Construction (10 000 sq.m)
北京市	**Beijing**					
东城区	Dongcheng District	167	2.70	445.9	2116.5	347.3
西城区	Xicheng District	323	4.00	560.0	3284.2	799.3
朝阳区	Chaoyang District	704	7.30	879.2	5135.4	1199.0
丰台区	Fengtai District	303	6.70	819.7	5123.5	906.2
石景山区	Shijingshan District	82	2.30	358.5	3673.8	657.1
海淀区	Haidian District	562	8.20	1337.0	9973.2	2017.9
门头沟区	Mentougou District	74	0.50	71.7	179.8	20.6
房山区	Fangshan District	126	2.50	294.0	2470.1	313.3
通州区	Tongzhou District	225	2.90	478.2	4189.7	787.1
顺义区	Shunyi District	179	4.20	220.8	1347.2	290.2
昌平区	Changping District	154	1.20	260.7	749.8	107.0
大兴区	Daxing District	352	2.50	284.7	1525.9	460.0
怀柔区	Huairou District	80	0.90	84.9	68.6	10.0
平谷区	Pinggu District	113	1.10	83.1	514.7	99.2
密云县	Miyun County	56	0.90	96.4	442.6	193.4
延庆县	Yanqing County	48	0.20	50.3	319.4	60.4
北京经济技术开发区	Beijing Economic-technological Development Zones	24	1.10	263.2	546.0	145.8
其他	Others					
天津市	**Tianjin**					
和平区	Heping District	80	2.00	120.5	922.6	152.2
河东区	Hedong District	108	4.00	207.0	428.5	168.0
河西区	Hexi District	137	3.45	149.2	231.4	45.9
南开区	Nankai District	116	4.27	143.7	143.8	9.0
河北区	Hebei District	62	1.03	89.0	335.0	86.8
红桥区	Hongqiao District	42	0.25	8.7	7.8	5.9
东丽区	Dongli District	106	2.38	124.2	711.5	389.6
西青区	Xiqing District	99	2.78	87.6	360.7	249.0
津南区	Jinnan District	131	6.91	506.9	878.3	436.0
北辰区	Beichen District	59	0.58	18.0	31.1	16.9
武清区	Wuqing District	117	2.92	123.6	450.2	209.1
宝坻区	Baodi District	43	2.94	89.2	487.0	366.3
滨海新区	Binhai New Area	537	18.47	1625.3	7642.2	1015.9
宁河县	Ninghe County	29	0.45	15.5	21.6	5.9
静海县	Jinghai County	52	1.31	54.7	256.5	110.2
蓟县	Ji County	56	0.94	44.5	199.7	79.0
其他	Others					
河北省	**Hebei**					
石家庄市	Shijiazhuang City	272	13.54	921.3	6046.9	1619.7
唐山市	Tangshan City	324	16.16	608.7	4641.6	1362.4
秦皇岛市	Qinhuangdao City	218	5.23	205.2	1654.6	454.9
邯郸市	Handan City	306	15.74	422.3	3581.1	1359.2
邢台市	Xingtai City	168	5.92	137.7	1104.6	529.4
保定市	Baoding City	291	32.95	1055.4	7828.1	3058.8
张家口市	Zhangjiakou City	155	4.40	247.9	1790.4	962.3
承德市	Chengde City	199	4.70	167.1	980.8	429.0
沧州市	Cangzhou City	213	12.42	307.8	2291.8	1035.5
廊坊市	Langfang City	218	18.82	690.8	4382.1	1125.9
衡水市	Hengshui City	135	5.10	100.8	968.4	482.9

地 区	Region	建筑业企业单位数(个) Number of Construction Enterprises (unit)	建筑业企业从业人员(万人) Employment of Construction Enterprises (10 000 persons)	建筑业企业总产值(亿元) Gross Output Value of Construction (100 million yuan)	房屋建筑施工面积(万平方米) Floor Space of Buildings Under Construction (10 000 sq.m)	房屋建筑竣工面积(万平方米) Floor Space of Buildings Completed in Construction (10 000 sq.m)
山西省	**Shanxi**					
太原市	Taiyuan City	840	30.99	1601.4	5901.0	1270.7
大同市	Datong City	171	3.67	127.1	721.4	227.6
阳泉市	Yangquan City	69	4.59	145.1	587.3	154.5
长治市	Changzhi City	142	2.31	118.0	788.2	317.9
晋城市	Jincheng City	77	2.61	57.4	288.2	118.6
朔州市	Shuozhou City	104	3.06	58.0	142.8	93.1
晋中市	Jinzhong City	145	4.46	154.9	484.8	187.6
运城市	Yuncheng City	131	4.84	127.3	844.7	286.6
忻州市	Xinzhou City	109	2.89	55.6	286.2	181.6
临汾市	Linfen City	133	4.86	164.5	606.0	197.0
吕梁市	Luliang City	95	1.98	58.9	340.4	126.7
其他	Others					
内蒙古自治区	**Inner Mongolia**					
呼和浩特市	Hohhot City	191	6.36	245.5	1742.2	526.1
包头市	Baotou City	101	6.25	235.5	1883.0	552.1
乌海市	Wuhai City	37	1.59	60.0	389.7	179.8
赤峰市	Chifeng City	120	6.14	159.2	2924.4	699.7
通辽市	Tongliao City	51	2.31	64.1	395.5	257.4
鄂尔多斯市	Erdos City	160	7.21	434.6	1140.6	490.1
呼伦贝尔市	Hulunbuir City	74	2.28	84.1	497.2	306.7
巴彦淖尔市	Bayannur City	53	1.62	54.5	597.7	198.5
乌兰察布市	Ulanqab City	41	1.60	41.8	485.8	177.3
兴安盟	Xingan League	29	0.60	30.4	293.4	141.0
锡林郭勒盟	Xilingol League	36	0.54	21.2	170.3	108.0
阿拉善盟	Alxa League	24	0.38	10.1	31.0	22.2
辽宁省	**Liaoning**					
沈阳市	Shenyang City	1885	55.77	1715.5	10485.0	2349.2
大连市	Dalian City	1669	59.00	2030.4	12246.5	5287.9
鞍山市	Anshan City	419	14.93	551.3	3414.2	1243.7
抚顺市	Fushun City	228	11.98	370.9	1372.0	911.4
本溪市	Benxi City	235	9.55	286.3	982.0	634.0
丹东市	Dandong City	224	10.38	303.2	956.2	626.2
锦州市	Jinzhou City	241	12.32	277.1	1679.4	1005.3
营口市	Yingkou City	218	9.38	307.9	1720.4	841.5
阜新市	Fuxin City	218	6.27	217.3	1039.7	552.3
辽阳市	Liaoyang City	274	7.90	260.9	865.1	535.5
盘锦市	Panjin City	200	8.29	299.7	903.0	535.5
铁岭市	Tieling City	111	11.40	286.0	1382.1	1087.5
朝阳市	Chaoyang City	213	21.01	324.2	1852.8	1089.7
葫芦岛市	Huludao City	293	12.30	312.5	1142.5	766.6

3-12 续表 2 continued

地　区	Region	建筑业企业单位数（个）Number of Construction Enterprises (unit)	建筑业企业从业人员（万人）Employment of Construction Enterprises (10 000 persons)	建筑业企业总产值（亿元）Gross Output Value of Construction (100 million yuan)	房屋建筑施工面积（万平方米）Floor Space of Buildings Under Construction (10 000 sq.m)	房屋建筑竣工面积（万平方米）Floor Space of Buildings Completed in Construction (10 000 sq.m)
吉林省	**Jilin**					
长春市	Changchun City	985	26.08	913.8	5209.8	2140.0
吉林市	Jilin City	292	5.89	287.1	1323.8	809.0
四平市	Siping City	92	3.54	79.1	454.9	381.3
辽源市	Liaoyuan City	85	5.88	84.0	714.5	239.6
通化市	Tonghua City	117	2.88	184.9	1063.2	578.8
白山市	Baishan City	94	2.03	75.1	463.4	283.7
松原市	Songyuan City	139	4.48	256.3	1061.1	1022.8
白城市	Baicheng City	46	0.95	28.3	165.8	123.1
延边朝鲜族自治州	Yanbian Korean A.P	167	2.08	88.2	865.0	455.8
黑龙江省	**Heilongjiang**					
哈尔滨市	Harbin City	910	23.26	1499.0	4824.8	1759.8
齐齐哈尔市	Qiqihar City	126	2.42	77.9	336.3	246.6
鸡西市	Jixi City	93	1.96	53.1	207.8	118.3
鹤岗市	Hegang City	75	1.50	32.3	326.9	136.4
双鸭山市	Shuangyashan City	59	1.47	26.0	177.0	117.7
大庆市	Daqing City	236	5.97	255.5	286.8	182.6
伊春市	Yichun City	53	1.14	22.9	169.7	144.6
佳木斯市	Jiamusi City	75	3.55	95.8	499.2	393.6
七台河市	Qitaihe City	40	0.64	16.6	104.6	54.7
牡丹江市	Mudanjiang City	160	2.86	146.9	798.3	435.3
黑河市	Heihe City	61	1.33	52.9	228.7	198.3
绥化市	Suihua City	123	2.55	75.8	465.1	454.2
大兴安岭地区	Daxing'anling Prefecture	27	0.44	19.3	138.2	98.8
农垦总局	Agriculture Reclamation Bureau					
其他	Others					
上海市	**Shanghai**					
黄浦区	Huangpu District	190	2.37	225.4	429.9	82.6
徐汇区	Xuhui District	220	5.97	403.9	703.6	144.5
长宁区	Changning District	162	4.07	208.9	2148.8	484.6
静安区	Jingan District	82	1.66	40.8	830.4	15.2
普陀区	Putuo District	256	5.83	325.7	2484.2	620.7
闸北区	Zhabei District	103	3.79	383.2	853.5	245.4
虹口区	Hongkou District	172	3.67	364.3	2166.7	494.8
杨浦区	Yangpu District	253	5.43	263.2	960.7	278.2
闵行区	Minhang District	164	5.71	246.1	2048.1	555.2
宝山区	Baoshan District	223	6.68	596.8	2145.3	592.7
嘉定区	Jiading District	170	2.96	107.1	745.5	303.2
浦东新区	Pudong New District	616	25.64	1197.1	9778.3	1613.7
金山区	Jinshan District	115	2.70	89.6	261.5	95.2
松江区	Songjiang District	131	3.90	134.8	976.2	436.7
青浦区	Qingpu District	74	2.53	86.1	572.3	145.4
奉贤区	Fengxian District	202	3.87	130.7	650.0	274.8
崇明县	Chongming County	46	1.30	39.9	206.6	93.4
其他	Others					

3-12 续表 3 continued

地 区	Region	建筑业企业单位数(个) Number of Construction Enterprises (unit)	建筑业企业从业人员(万人) Employment of Construction Enterprises (10 000 persons)	建筑业企业总产值(亿元) Gross Output Value of Construction (100 million yuan)	房屋建筑施工面积(万平方米) Floor Space of Buildings Under Construction (10 000 sq.m)	房屋建筑竣工面积(万平方米) Floor Space of Buildings Completed in Construction (10 000 sq.m)
江苏省	**Jiangsu**					
南京市	Nanjing City	1605	77.39	2645.7	16622.6	5065.7
无锡市	Wuxi City	574	25.48	570.7	4430.6	1852.8
徐州市	Xuzhou City	390	46.70	881.7	7702.9	3247.3
常州市	Changzhou City	594	43.41	1050.2	8765.1	3067.9
苏州市	Suzhou City	1476	54.79	1745.0	11013.8	4067.1
南通市	Nantong City	946	157.27	4423.8	54420.5	16294.8
连云港市	Lianyungang City	231	24.60	431.5	3451.1	1584.5
淮安市	Huaian City	579	48.33	839.0	8054.1	3316.2
盐城市	Yancheng City	709	51.43	945.4	8942.5	3979.2
扬州市	Yangzhou City	763	79.14	2241.8	17651.7	7507.0
镇江市	Zhenjiang City	381	14.66	370.9	1904.8	772.9
泰州市	Taizhou City	673	79.76	1751.2	18977.1	8317.7
宿迁市	Suqian City	333	37.24	526.7	4842.4	2168.6
浙江省	**Zhejiang**					
杭州市	Hangzhou City	1430	100.29	3307.6	26362.7	8388.4
宁波市	Ningbo City	922	95.59	2509.1	22343.2	6056.6
温州市	Wenzhou City	617	46.26	964.7	10095.2	2207.2
嘉兴市	Jiaxing City	308	27.48	844.3	7957.9	2976.7
湖州市	Huzhou City	205	16.33	464.9	3666.3	1611.9
绍兴市	Shaoxing City	620	171.37	4847.7	47377.7	18047.2
金华市	Jinhua City	666	91.62	2321.3	29175.4	8723.3
衢州市	Quzhou City	212	14.49	300.1	2616.7	1305.8
舟山市	Zhoushan City	122	6.41	163.6	1582.3	396.1
台州市	Taizhou City	411	63.28	1448.1	14619.4	5191.9
丽水市	Lishui City	213	7.80	161.2	1172.4	562.7
安徽省	**Anhui**					
合肥市	Hefei City	835	72.34	2145.3	16050.7	5470.2
芜湖市	Wuhu City	200	10.68	343.7	2361.1	1021.5
蚌埠市	Bengbu City	144	6.70	243.6	2290.0	565.1
淮南市	Huainan City	68	2.56	71.4	405.0	141.8
马鞍山市	Maanshan City	153	8.41	264.4	1959.8	780.1
淮北市	Huaibei City	54	4.48	83.4	297.2	156.1
铜陵市	Tongling City	91	4.21	86.0	761.1	290.9
安庆市	Anqing City	243	11.73	150.3	1772.8	1047.4
黄山市	Huangshan City	82	3.94	64.9	676.6	316.9
滁州市	Chuzhou City	134	8.36	154.2	1341.1	725.0
阜阳市	Fuyang City	126	5.61	117.6	1175.9	435.3
宿州市	Suzhou City	127	8.08	141.5	699.4	412.8
六安市	Liuan City	143	11.19	155.1	1526.7	1000.7
亳州市	Bozhou City	41	1.66	26.8	236.1	176.4
池州市	Chizhou City	94	3.93	73.2	747.0	376.4
宣城市	Xuancheng City	127	5.01	108.9	1035.1	429.5
福建省	**Fujian**					
福州市	Fuzhou City	884	76.76	1663.5	16121.1	4044.1
厦门市	Xiamen City	509	60.74	802.9	5322.9	1226.6
莆田市	Putian City	172	12.80	248.0	3007.5	803.2
三明市	Sanming City	178	11.14	306.1	2936.1	1082.2
泉州市	Quanzhou City	497	39.20	793.5	6899.7	2332.1
漳州市	Zhangzhou City	185	12.05	253.8	2101.7	952.6
南平市	Nanping City	188	4.74	85.8	789.8	246.8
龙岩市	Longyan City	219	24.75	414.2	3201.3	1252.3
宁德市	Ningde City	127	7.48	145.5	1441.7	403.9

3-12 续表 4 continued

地 区	Region	建筑业企业单位数（个）Number of Construction Enterprises (unit)	建筑业企业从业人员（万人）Employment of Construction Enterprises (10 000 persons)	建筑业企业总产值（亿元）Gross Output Value of Construction (100 million yuan)	房屋建筑施工面积（万平方米）Floor Space of Buildings Under Construction (10 000 sq.m)	房屋建筑竣工面积（万平方米）Floor Space of Buildings Completed in Construction (10 000 sq.m)
江西省	**Jiangxi**					
南昌市	Nanchang City	481	42.20	1334.0	8274.9	3284.5
景德镇市	Jingdezhen City	42	2.19	32.8	555.1	136.6
萍乡市	Pingxiang City	78	3.62	70.9	335.7	202.5
九江市	Jiujiang City	164	9.77	266.9	1615.8	1013.3
新余市	Xinyu City	69	2.97	103.2	624.9	330.3
鹰潭市	Yingtan City	42	4.85	140.4	752.5	304.3
赣州市	Ganzhou City	203	5.93	157.8	960.9	616.0
吉安市	Jian City	131	6.14	131.7	1255.6	821.7
宜春市	Yichun City	180	6.87	135.3	1379.3	998.0
抚州市	Fuzhou City	84	9.19	140.7	1269.1	813.1
上饶市	Shangrao City	158	13.78	280.1	1865.7	1628.6
山东省	**Shandong**					
济南市	Jinan City	468	35.36	1207.5	6556.1	1637.7
青岛市	Qingdao City	596	20.47	1013.1	8281.6	2027.4
淄博市	Zibo City	418	33.67	757.0	6273.6	2641.1
枣庄市	Zaozhuang City	222	15.77	224.8	2125.8	860.5
东营市	Dongying City	211	9.82	297.3	849.0	467.6
烟台市	Yantai City	817	20.97	566.3	3970.0	1730.6
潍坊市	Weifang City	500	22.62	580.8	6332.2	2417.5
济宁市	Jining City	361	16.04	427.6	3448.1	1381.5
泰安市	Taian City	337	27.79	613.3	3595.7	2209.0
威海市	Weihai City	445	8.65	215.3	2469.6	929.8
日照市	Rizhao City	209	7.49	191.1	1191.2	517.0
莱芜市	Laiwu City	135	4.77	71.4	1091.7	354.1
临沂市	Linyi City	356	24.95	418.7	4488.7	1618.5
德州市	Dezhou City	181	7.20	198.9	1552.6	662.5
聊城市	Liaocheng City	207	5.56	151.7	1987.4	682.2
滨州市	Binzhou City	213	6.09	172.0	1247.4	630.6
菏泽市	Heze City	171	10.07	174.5	1441.4	768.2
河南省	**Henan**					
郑州市	Zhengzhou City	1413	47.48	1817.0	12001.6	3667.8
开封市	Kaifeng City	229	8.46	164.0	1356.8	539.3
洛阳市	Luoyang City	411	28.29	1214.4	6385.5	1602.2
平顶山市	Pingdingshan City	188	6.15	121.6	1051.4	360.0
安阳市	Anyang City	202	25.23	410.8	3838.5	2097.8
鹤壁市	Hebi City	58	2.43	42.4	450.4	173.3
新乡市	Xinxiang City	351	21.38	344.6	2077.1	1220.7
焦作市	Jiaozuo City	178	4.83	108.1	895.0	380.2
濮阳市	Puyang City	196	8.87	192.4	800.4	540.5

3-12 续表 5 continued

地 区	Region	建筑业企业单位数（个）Number of Construction Enterprises (unit)	建筑业企业从业人员（万人）Employment of Construction Enterprises (10 000 persons)	建筑业企业总产值（亿元）Gross Output Value of Construction (100 million yuan)	房屋建筑施工面积（万平方米）Floor Space of Buildings Under Construction (10 000 sq.m)	房屋建筑竣工面积（万平方米）Floor Space of Buildings Completed in Construction (10 000 sq.m)
许昌市	Xuchang City	117	6.31	106.1	827.4	449.7
漯河市	Luohe City	89	3.29	42.9	475.7	252.3
三门峡市	Sanmenxia City	130	4.58	112.6	404.8	200.8
南阳市	Nanyang City	331	12.35	260.5	1379.9	715.7
商丘市	Shangqiu City	166	9.34	229.0	1508.7	1038.5
信阳市	Xinyang City	200	13.63	278.2	1780.1	1234.4
周口市	Zhoukou City	183	10.31	250.7	1470.5	945.6
驻马店市	Zhumadian City	219	12.82	284.8	1327.7	803.8
济源市	Jiyuan City	77	1.37	29.0	296.9	175.1
湖北省	**Hubei**					
武汉市	Wuhan City	1169	70.90	4040.6	20900.1	9223.5
黄石市	Huangshi City	117	6.67	210.0	1509.7	904.2
十堰市	Shiyan City	156	6.01	222.6	835.4	411.4
宜昌市	Yichang City	224	12.30	690.4	1699.4	885.9
襄阳市	Xiangyang City	307	13.78	493.7	2727.2	1422.1
鄂州市	Ezhou City	77	3.73	77.7	621.6	395.6
荆门市	Jingmen City	109	3.94	67.8	639.8	330.3
孝感市	Xiaogan City	130	13.62	240.3	2468.3	1596.4
荆州市	Jingzhou City	179	4.01	156.0	1249.3	740.6
黄冈市	Huanggang City	202	18.24	489.0	3526.9	2730.9
咸宁市	Xianning City	94	3.67	80.2	703.5	464.6
随州市	Suizhou City	78	3.29	49.7	576.0	335.6
恩施土家族苗族自治州	Enshi Tujia & Miao A.P	99	2.73	66.6	589.2	260.4
仙桃市	Xiantao City	32	1.04	20.9	184.6	134.1
潜江市	Qianjiang City	44	2.74	96.2	612.9	388.2
天门市	Tianmen City	25	1.45	33.1	231.6	138.1
神农架林区	Shennongjia Forest District	14	0.22	5.7	36.6	33.3
湖南省	**Hunan**					
长沙市	Changsha City	555	25.07	2329.9	19728.7	5005.6
株洲市	Zhuzhou City	172	12.09	332.2	1927.7	1007.6
湘潭市	Xiangtan City	116	10.68	202.1	1755.0	696.1
衡阳市	Hengyang City	170	13.61	309.1	2581.2	1249.0
邵阳市	Shaoyang City	111	8.37	182.6	2064.3	889.4
岳阳市	Yueyang City	209	10.12	237.3	1151.6	880.1
常德市	Changde City	119	9.65	175.2	1520.2	641.9
张家界市	Zhangjiajie City	29	1.30	28.7	346.4	121.5
益阳市	Yiyang City	100	4.68	109.5	922.9	520.2
郴州市	Chenzhou City	100	5.82	131.6	1208.8	675.1
永州市	Yongzhou City	90	5.73	113.4	1292.7	846.4
怀化市	Huaihua City	90	3.85	93.5	776.2	348.8
娄底市	Loudi City	109	6.57	137.8	903.4	427.0
湘西土家族苗族自治州	West Hunan Tujia & Miao A.P	51	1.29	25.2	233.0	90.1

3-12 续表 6 continued

地　区	Region	建筑业企业单位数（个）Number of Construction Enterprises (unit)	建筑业企业从业人员（万人）Employment of Construction Enterprises (10 000 persons)	建筑业企业总产值（亿元）Gross Output Value of Construction (100 million yuan)	房屋建筑施工面积（万平方米）Floor Space of Buildings Under Construction (10 000 sq.m)	房屋建筑竣工面积（万平方米）Floor Space of Buildings Completed in Construction (10 000 sq.m)
广东省	**Guangdong**					
广州市	Guangzhou City	786	40.25	1763.2	9119.7	2859.3
韶关市	Shaoguan City	99	7.10	166.1	1031.8	821.2
深圳市	Shenzhen City	822	52.26	2103.0	9731.9	1743.8
珠海市	Zhuhai City	170	3.46	184.5	1004.8	336.9
汕头市	Shantou City	191	13.02	292.4	3016.6	851.1
佛山市	Foshan City	443	11.66	338.5	3240.4	1059.7
江门市	Jiangmen City	158	7.26	173.3	1713.2	324.5
湛江市	Zhanjiang City	122	9.79	248.7	2971.0	270.8
茂名市	Maoming City	118	10.00	271.7	2840.6	1243.5
肇庆市	Zhaoqing City	101	3.05	103.7	760.6	288.4
惠州市	Huizhou City	112	3.34	93.7	1073.0	555.1
梅州市	Meizhou City	155	7.01	169.7	1299.4	164.7
汕尾市	Shanwei City	37	0.78	11.5	127.5	367.4
河源市	Heyuan City	102	1.69	33.9	247.4	475.2
阳江市	Yangjiang City	123	5.23	81.6	820.9	798.7
清远市	Qingyuan City	69	2.48	64.8	645.8	276.9
东莞市	Dongguan City	473	6.35	157.6	777.6	93.7
中山市	ZhongShan City	315	5.06	160.1	757.3	389.0
潮州市	Chaozhou City	80	1.45	30.8	531.1	110.2
揭阳市	Jieyang City	117	5.42	91.4	526.2	342.1
云浮市	Yunfu City	44	1.65	24.1	194.9	113.0
广西壮族自治区	**Guangxi**					
南宁市	Nanning City	476	20.30	719.2	4605.1	1113.1
柳州市	Liuzhou City	90	12.87	378.5	4130.9	228.2
桂林市	Guilin City	157	5.80	197.6	1654.0	445.0
梧州市	Wuzhou City	46	1.53	23.0	839.3	87.0
北海市	Beihai City	44	1.41	45.2	301.1	182.3
防城港市	Fangchenggang City	52	2.28	71.7	344.1	234.1
钦州市	Qinzhou City	52	6.65	126.9	933.4	470.1
贵港市	Guigang City	48	1.39	40.2	363.8	242.0
玉林市	Yulin City	69	5.34	128.4	1294.1	719.4
百色市	Baise City	71	1.23	23.9	197.2	131.4
贺州市	Hezhou City	34	0.39	10.5	92.0	54.8
河池市	Hechi City	45	1.60	41.4	314.1	45.3
来宾市	Laibin City	37	1.53	44.7	667.3	89.0
崇左市	Chongzuo City	42	0.69	17.2	75.1	58.3
海南省	**Hainan**					
海口市	Haikou City	81	4.32	211.0	1942.4	585.1
三亚市	Sanya City	19		3.3	75.0	57.0
重庆市	**Chongqing**					
万州区	Wanzhou District	150	11.95	355.3	1572.4	959.2
涪陵区	Fuling District	71	2.34	37.7	261.2	134.0
渝中区	Yuzhong District	157	5.22	282.1	2030.2	742.4
大渡口区	Dadukou District	73	1.51	59.8	236.6	78.9
江北区	Jiangbei District	122	3.22	152.5	1219.6	405.9
沙坪坝区	Shapingba District	155	6.34	187.3	1345.8	321.0
九龙坡区	Jiulongpo District	219	6.73	305.6	3049.2	1004.2

3-12 续表 7 continued

地区	Region	建筑业企业单位数（个）Number of Construction Enterprises (unit)	建筑业企业从业人员（万人）Employment of Construction Enterprises (10 000 persons)	建筑业企业总产值（亿元）Gross Output Value of Construction (100 million yuan)	房屋建筑施工面积（万平方米）Floor Space of Buildings Under Construction (10 000 sq.m)	房屋建筑竣工面积（万平方米）Floor Space of Buildings Completed in Construction (10 000 sq.m)
南岸区	Nanan District	99	3.35	157.9	1203.1	429.0
北碚区	Beibei District	69	6.15	121.1	1029.7	396.0
綦江区	Qijiang District	81	4.27	119.8	649.6	309.1
大足区	Dazu District	40	0.87	15.2	89.5	36.3
渝北区	Yubei District	329	13.56	619.5	2360.1	732.0
巴南区	Banan District	106	7.39	139.5	1145.4	571.8
黔江区	Qianjiang District	34	1.21	31.9	226.4	136.8
长寿区	Changshou District	35	2.26	57.3	541.6	250.5
江津区	Jiangjin District	131	10.97	266.8	1623.4	1027.7
合川区	Hechuan District	44	3.23	59.4	699.8	280.0
永川区	Yongchuan District	90	6.07	83.4	1120.2	378.2
南川区	Nanchuan District	72	3.89	81.9	675.0	299.7
四川省	**Sichuan**					
成都市	Chengdu City	1551	81.32	3328.3	17266.4	5192.9
自贡市	Zigong City	146	7.71	124.2	1033.5	466.3
攀枝花市	Panzhihua City	84	3.33	164.5	466.3	95.9
泸州市	Luzhou City	186	16.26	293.8	2544.4	1337.9
德阳市	Deyang City	244	10.34	213.7	1886.0	644.3
绵阳市	Mianyang City	268	11.75	227.6	1947.9	691.9
广元市	Guangyuan City	184	4.39	76.5	513.8	224.1
遂宁市	Suining City	156	8.46	130.5	1025.6	592.6
内江市	Neijiang City	126	7.73	125.6	933.3	416.1
乐山市	Leshan City	156	5.36	106.6	751.2	393.4
南充市	Nanchong City	250	14.76	355.8	2539.0	1651.0
眉山市	Meishan City	126	7.20	123.2	945.0	529.5
宜宾市	Yibin City	218	8.73	145.8	1075.2	619.9
广安市	Guangan City	113	10.83	225.4	1054.3	553.2
达州市	Dazhou City	124	10.24	200.0	1855.0	831.4
雅安市	Yaan City	49	1.17	15.9	138.8	81.6
巴中市	Bazhong City	98	7.31	238.5	1318.7	746.0
资阳市	Ziyang City	118	7.17	130.1	955.6	522.7
阿坝藏族羌族自治州	Aba Zang & Qiang A.P	28	0.78	7.6	52.2	31.5
甘孜藏族自治州	Ganzi Zang A.P	22	0.29	4.0	28.6	9.5
凉山彝族自治州	Liangshan Yi A.P	36	1.45	55.1	220.1	136.4
贵州省	**Guizhou**					
贵阳市	Guiyang City	278	23.75	789.5	5644.0	1028.0
六盘水市	Liupanshui City	26	1.20	26.4	115.0	48.0
遵义市	Zunyi City	95	3.79	95.6	1004.0	330.0
安顺市	Anshun City	23	0.75	9.1	129.0	41.0
毕节市	Bijie City	50	0.86	10.9	83.0	58.0
铜仁市	Tongren City	38	1.12	14.0	215.0	80.0
黔西南布依族苗族自治州	Southwest Guizhou Buyi & Miao A.P	30	0.93	17.7	121.0	84.0
黔东南苗族侗族自治州	Southeast Guizhou Miao & Dong A.P	48	1.52	24.0	252.0	91.0
黔南布依族苗族自治州	South Guizhou Buyi & Miao A.P	40	0.63	52.6	691.0	103.0

3-12 续表 8 continued

地 区	Region	建筑业企业单位数(个) Number of Construction Enterprises (unit)	建筑业企业从业人员(万人) Employment of Construction Enterprises (10 000 persons)	建筑业企业总产值(亿元) Gross Output Value of Construction (100 million yuan)	房屋建筑施工面积(万平方米) Floor Space of Buildings Under Construction (10 000 sq.m)	房屋建筑竣工面积(万平方米) Floor Space of Buildings Completed in Construction (10 000 sq.m)
云南省	**Yunnan**					
昆明市	Kunming City	1107	56.95	1507.0	7896.3	2552.0
曲靖市	Qujing City	206	7.49	173.2	1056.1	710.0
玉溪市	Yuxi City	160	3.30	71.2	661.9	336.4
保山市	Baoshan City	58	4.60	61.5	287.8	188.5
昭通市	Zhaotong City	75	1.96	46.6	325.1	264.5
丽江市	Lijiang City	60	1.09	33.8	192.0	149.0
普洱市	Puer City	89	2.50	63.3	311.0	168.0
临沧市	Lincang City	48	1.57	48.5	292.8	192.0
楚雄彝族自治州	Chuxiong Yi A.P	135	3.06	74.8	431.1	306.6
红河哈尼族彝族自治州	Honghe Hani & Yi A.P	120	3.36	112.9	745.3	427.7
文山壮族苗族自治州	Wenshan Zhuang & Miao A.P	49	1.25	35.4	306.2	194.2
西双版纳傣族自治州	Xishuangbanna Dai A.P	30	0.95	13.8	114.1	55.4
大理白族自治州	Dali Bai A.P	135	4.05	91.6	476.4	225.2
德宏傣族景颇族自治州	Dehong Dai & Jingpo A.P	35	1.39	32.1	145.6	72.7
怒江傈僳族自治州	Nujiang Lisu A.P	14	0.34	7.5	62.4	3.2
迪庆藏族自治州	Diqing Zang A.P	19	0.59	12.4	70.5	40.1
西藏自治区	**Tibet A.R.**					
拉萨市	Lhasa City	88	2.16	67.0	119.9	80.7
昌都地区	Qamdu Prefecture	5	0.04	0.7	2.2	1.7
山南地区	Lhokha Prefecture	30	0.43	6.4	23.4	15.9
日喀则地区	Xigaze Prefecture	22	0.31	7.9	32.6	20.7
那曲地区	Narqu Prefecture	2	0.01	0.5		
阿里地区	Ngri Prefecture	7	0.17	2.3	8.2	7.8
林芝地区	Nyingchi Prefecture	21	0.17	1.6	12.4	11.5
其他	Others					
陕西省	**Shaanxi**					
西安市	Xi'an City	390	39.12	1874.2	7531.1	1985.3
铜川市	Tongchuan City	29	0.67	29.7	326.6	63.4
宝鸡市	Baoji City	119	5.50	277.7	1757.0	583.7
咸阳市	Xianyang City	84	9.50	457.4	2310.6	838.9
渭南市	Weinan City	88	5.16	328.6	1396.7	472.5
延安市	Yan'an City	111	2.37	84.1	503.4	118.5
汉中市	Hanzhong City	105	4.33	87.7	991.2	337.0
榆林市	Yulin City	248	4.41	156.6	931.6	423.0
安康市	Ankang City	78	2.86	55.3	599.7	211.3
商洛市	Shangluo City	54	3.60	112.6	588.4	315.8
杨凌示范区	Yangling Demonstration Zone	19	1.59	65.5	129.4	37.2
甘肃省	**Gansu**					
兰州市	Lanzhou City	464	15.29	571.5	3283.2	843.6
嘉峪关市	Jiayuguan City	24	0.84	30.6	127.8	84.5
金昌市	Jinchang City	36	4.58	102.9	451.0	180.8
白银市	Baiyin City	72	3.42	63.2	338.1	159.1
天水市	Tianshui City	90	3.16	62.8	555.1	208.4
武威市	Wuwei City	47	4.15	75.5	492.9	287.9
张掖市	Zhangye City	89	2.29	45.3	418.9	185.6

3-12 续表 9 continued

地 区	Region	建筑业企业单位数(个) Number of Construction Enterprises (unit)	建筑业企业从业人员(万人) Employment of Construction Enterprises (10 000 persons)	建筑业企业总产值(亿元) Gross Output Value of Construction (100 million yuan)	房屋建筑施工面积(万平方米) Floor Space of Buildings Under Construction (10 000 sq.m)	房屋建筑竣工面积(万平方米) Floor Space of Buildings Completed in Construction (10 000 sq.m)
平凉市	Pingliang City	49	6.23	84.7	495.3	272.8
酒泉市	Jiuquan City	68	2.50	113.1	512.8	411.6
庆阳市	Qingyang City	69	3.69	79.1	358.0	190.2
定西市	Dingxi City	61	4.60	74.0	603.7	206.7
陇南市	Longnan City	74	1.71	22.3	147.5	45.0
临夏回族自治州	Linxia Hui A.P	43	3.20	40.5	331.4	158.1
甘南藏族自治州	Gannan Zang A.P	29	0.60	6.9	63.9	23.4
青海省	**Qinghai**					
西宁市	Xining City	312	9.15	266.6	540.1	186.3
海东地区	Haidong Prefecture	46	1.08	24.6	96.9	71.6
海北藏族自治州	Haibei Zang A.P	10	0.35	3.6	20.6	18.6
黄南藏族自治州	Huangnan Zang AP	11	0.31	4.5	31.4	11.2
海南藏族自治州	Hainan Zang A.P	12	0.37	7.4	35.6	31.7
果洛藏族自治州	Golog Zang A.P	5	0.03	1.6	6.2	6.0
玉树藏族自治州	Yushu Zang A.P	4	0.01	0.2	0.1	0.1
海西蒙古族藏族自治州	Haixi Mongolian & Zang A.P	33	0.54	17.2	32.9	18.5
宁夏回族自治区	**Ningxia**					
银川市	Yinchuan City	331	5.43	282.9	2385.3	948.8
石嘴山市	Shizuishan City	47	0.75	49.8	400.2	165.5
吴忠市	Wuzhong City	73	1.29	67.9	481.9	238.5
固原市	Guyuan City	42	0.65	31.0	143.0	89.1
中卫市	Zhongwei City	48	0.90	35.3	326.5	86.2
新疆维吾尔自治区	**Xinjiang**					
乌鲁木齐市	Urumqi City	435	24.59	607.0	3144.6	946.0
克拉玛依市	Karamay City	61	3.06	119.0	329.5	87.6
吐鲁番地区	Turpan Prefecture	18	0.56	16.7	97.8	45.5
哈密地区	Hami Prefecture	43	0.36	35.1	281.4	115.7
昌吉回族自治州	Changji Hui A.P	84	3.26	95.7	786.5	419.7
博尔塔拉蒙古自治州	Bortala Mongolian A.P	21	1.01	29.5	205.5	149.4
巴音郭楞蒙古自治州	Bayingolin Mongolian A.P	59	5.92	155.5	1359.4	597.1
阿克苏地区	Aksu Prefecture	70	3.49	93.2	816.0	390.6
克孜勒苏柯尔克孜自治州	Kizilsu Kirgiz A.P	16	0.35	21.9	145.2	81.4
喀什地区	Kashi Prefecture	51	3.34	70.0	936.1	419.8
和田地区	Hotan Prefecture	22	1.47	31.3	347.1	154.4
伊犁哈萨克自治州	Ili Kazak A.P	63	4.06	120.8	743.9	352.1
塔城地区	Tacheng Prefecture	28	2.54	58.6	502.4	274.8
阿勒泰地区	Altay Prefecture	28	1.24	37.4	331.5	139.5
石河子市	Shihezi City	28	6.93	93.4	648.8	215.8
阿拉尔市	Alar City	7	0.65	22.9	163.1	69.4
图木舒克市	Tumxuk City	5	0.53	13.7	105.9	55.3
五家渠市	Wujiaqu City	6	0.45	11.3	81.7	40.0
北屯市	Beitun City					
铁门关市	Tiemenguan City					
生产建设兵团	Corps					

3-13 交通运输业情况(2012年)
Transport (2012)

地　区	Region	公路里程(公里) Length of Highways (km)	#等级公路 Expressway and Class I to IV Highways	民用汽车拥有量(辆) Number of Civil Vehicles Owned (unit)	#私人汽车 Private Vehicles
北京市	**Beijing**				
东城区	Dongcheng District	1.3	1.3	382619	279976
西城区	Xicheng District	10.0	10.0	439557	352614
朝阳区	Chaoyang District	167.7	167.7	917555	771852
丰台区	Fengtai District	124.6	124.6	587624	517691
石景山区	Shijingshan District	7.5	7.5	140758	117819
海淀区	Haidian District	108.9	108.9	822444	703015
门头沟区	Mentougou District	999.5	999.5	62621	44444
房山区	Fangshan District	2759.2	2566.8	199798	165047
通州区	Tongzhou District	2410.2	2410.2	246194	192640
顺义区	Shunyi District	2866.4	2866.4	200228	162735
昌平区	Changping District	1997.2	1997.2	341149	293316
大兴区	Daxing District	2757.0	2757.0	312241	244596
怀柔区	Huairou District	1601.4	1601.2	85316	59266
平谷区	Pinggu District	1636.7	1636.7	89177	62404
密云县	Miyun County	2111.0	2111.0	77395	64913
延庆县	Yanqing County	1933.2	1933.2	52733	42458
北京经济技术开发区	Beijing Economic-technological Development Zones				
其他	Others				
天津市	**Tianjin**				
和平区	Heping District				
河东区	Hedong District				
河西区	Hexi District				
南开区	Nankai District				
河北区	Hebei District				
红桥区	Hongqiao District				
东丽区	Dongli District				
西青区	Xiqing District				
津南区	Jinnan District				
北辰区	Beichen District				
武清区	Wuqing District				
宝坻区	Baodi District				
滨海新区	Binhai New Area				
宁河县	Ninghe County				
静海县	Jinghai County				
蓟县	Ji County				
其他	Others				
河北省	**Hebei**				
石家庄市	Shijiazhuang City	16281.7	15137.4	1274760	1069201
唐山市	Tangshan City	14532.9	14532.9	1138232	1015275
秦皇岛市	Qinhuangdao City	8774.5	8774.5	404354	350979
邯郸市	Handan City	14710.6	14264.8	780270	636805
邢台市	Xingtai City	15639.1	14236.8	562087	480957
保定市	Baoding City	19007.8	18793.6	1179570	1085043
张家口市	Zhangjiakou City	19606.2	17614.6	419012	366767
承德市	Chengde City	19369.2	18248.7	278015	231305
沧州市	Cangzhou City	14303.5	13778.5	872577	744932
廊坊市	Langfang City	9492.9	9492.9	698126	599758
衡水市	Hengshui City	11326.4	10564.5	402985	361031

地　区	Region	公路里程（公里） Length of Highways (km)	#等级公路 Expressway and Class I to IV Highways	民用汽车拥有量（辆） Number of Civil Vehicles Owned (unit)	#私人汽车 Private Vehicles
山西省	**Shanxi**				
太原市	Taiyuan City	7009.5	6881.9	787599	648485
大同市	Datong City	12515.1	12431.8	286037	244980
阳泉市	Yangquan City	5599.7	5599.7	147873	112952
长治市	Changzhi City	11183.9	10643.6	288313	233195
晋城市	Jincheng City	8757.1	8518.9	220568	176693
朔州市	Shuozhou City	10056.6	9945.2	102524	82774
晋中市	Jinzhong City	15330.6	15249.3	347905	296953
运城市	Yuncheng City	15509.1	15483.4	350515	288241
忻州市	Xinzhou City	17280.4	16660.6	198804	159181
临汾市	Linfen City	17816.3	17137.2	320557	274403
吕梁市	Luliang City	16712.7	15690.8	221806	186638
其他	Others				
内蒙古自治区	**Inner Mongolia**				
呼和浩特市	Hohhot City	6723.0	6364.0	500322	422106
包头市	Baotou City	6862.0	5780.0	416335	344142
乌海市	Wuhai City	890.0	880.0	154650	138172
赤峰市	Chifeng City	23825.0	22915.0	279684	247040
通辽市	Tongliao City	18140.0	16683.0	288760	233801
鄂尔多斯市	Erdos City	17822.0	16315.0	440561	395386
呼伦贝尔市	Hulunbuir City	20788.0	19533.0	162342	122484
巴彦淖尔市	Bayannur City	20068.0	15223.0	147361	132566
乌兰察布市	Ulanqab City	12682.0	12657.0	131407	123653
兴安盟	Xingan League	9949.0	9645.0	130430	113012
锡林郭勒盟	Xilingol League	17896.0	17207.0	125501	106242
阿拉善盟	Alxa League	8118.0	7844.0	69700	55513
辽宁省	**Liaoning**				
沈阳市	Shenyang City	11909.4	10473.5	1129026	812027
大连市	Dalian City	11760.4	8963.5	942603	722605
鞍山市	Anshan City	7271.0	7193.5	327400	230157
抚顺市	Fushun City	6023.7	4903.3	187746	140958
本溪市	Benxi City	4076.4	3451.4	104860	69041
丹东市	Dandong City	7593.4	5987.2	159525	118052
锦州市	Jinzhou City	7219.2	7219.2	274709	209989
营口市	Yingkou City	4099.1	3369.6	230031	164975
阜新市	Fuxin City	6317.1	6317.1	166943	141126
辽阳市	Liaoyang City	3352.9	3352.9	159465	112456
盘锦市	Panjin City	3392.2	3313.7	192898	148959
铁岭市	Tieling City	10673.9	9853.1	161663	126134
朝阳市	Chaoyang City	14069.9	8108.1	276495	212019
葫芦岛市	Huludao City	6920.0	6642.8	183081	131934

3-13 续表 2 continued

地 区	Region	公路里程(公里) Length of Highways (km)	#等级公路 Expressway and Class I to IV Highways	民用汽车拥有量(辆) Number of Civil Vehicles Owned (unit)	#私人汽车 Private Vehicles
吉林省	**Jilin**				
长春市	Changchun City	21665.8	19759.3	877243	706208
吉林市	Jilin City	14673.6	14370.1	344650	285923
四平市	Siping City	8896.3	8208.2	224817	192456
辽源市	Liaoyuan City	4236.9	4236.9	74298	60469
通化市	Tonghua City	6515.0	6515.0	130927	105529
白山市	Baishan City	6531.6	6499.1	74969	57768
松原市	Songyuan City	11944.9	8464.3	233765	204714
白城市	Baicheng City	9798.2	9040.4	132111	113120
延边朝鲜族自治州	Yanbian Korean A.P	8945.3	8320.9	153471	123387
黑龙江省	**Heilongjiang**				
哈尔滨市	Harbin City	20426.6	17686.2	892839	700260
齐齐哈尔市	Qiqihar City	19919.0	17624.4	198432	
鸡西市	Jixi City	5705.0	4898.6	142901	125302
鹤岗市	Hegang City	2496.2	2082.3	56108	45230
双鸭山市	Shuangyashan City	3674.2	3250.2	109457	97229
大庆市	Daqing City	8026.5	6273.8	412594	314410
伊春市	Yichun City	2301.0	2238.5	48624	32309
佳木斯市	Jiamusi City	9301.7	6944.4		
七台河市	Qitaihe City	1770.5	1490.0	53876	40540
牡丹江市	Mudanjiang City	7921.8	7404.1	211110	182177
黑河市	Heihe City	9118.6	7420.4		
绥化市	Suihua City	18547.6	15866.9	40191	19772
大兴安岭地区	Daxing'anling Prefecture	6512.7	6389.9	28823	22683
农垦总局	Agriculture Reclamation Bureau	25111.9	11500.1		
其他	Others	18229.6	14106.9		
上海市	**Shanghai**				
黄浦区	Huangpu District				
徐汇区	Xuhui District				
长宁区	Changning District				
静安区	Jingan District				
普陀区	Putuo District				
闸北区	Zhabei District				
虹口区	Hongkou District				
杨浦区	Yangpu District				
闵行区	Minhang District				
宝山区	Baoshan District				
嘉定区	Jiading District				
浦东新区	Pudong New District				
金山区	Jinshan District				
松江区	Songjiang District				
青浦区	Qingpu District				
奉贤区	Fengxian District				
崇明县	Chongming County				
其他	Others				

3-13 续表 3 continued

地　区	Region	公路里程(公里) Length of Highways (km)	#等级公路 Expressway and Class I to IV Highways	民用汽车拥有量(辆) Number of Civil Vehicles Owned (unit)	#私人汽车 Private Vehicles
江苏省	**Jiangsu**				
南京市	Nanjing City	11028.9	10054.4	1177453	963645
无锡市	Wuxi City	7638.0	7638.0	1009793	764492
徐州市	Xuzhou City	16278.3	15135.1	605772	517040
常州市	Changzhou City	8677.2	8624.9	659320	523417
苏州市	Suzhou City	12477.0	12477.0	1791048	1447145
南通市	Nantong City	17914.5	17763.3	682196	571391
连云港市	Lianyungang City	11506.0	11415.0	272789	223427
淮安市	Huaian City	12801.0	11899.0	252994	200917
盐城市	Yancheng City	18807.0	16760.7	404328	333321
扬州市	Yangzhou City	10319.9	9050.2	347045	281691
镇江市	Zhenjiang City	7068.5	7068.5	287919	231258
泰州市	Taizhou City	9003.9	8997.1	340829	274197
宿迁市	Suqian City	10597.0	9216.4	276439	240741
浙江省	**Zhejiang**				
杭州市	Hangzhou City	15746.9	14938.6	1761001	1408653
宁波市	Ningbo City	10660.8	10102.0	1232485	895247
温州市	Wenzhou City	14122.0	13798.1	1096379	964222
嘉兴市	Jiaxing City	7863.2	7730.4	574269	451331
湖州市	Huzhou City	8110.9	7406.4	338897	294027
绍兴市	Shaoxing City	9587.2	9078.2	627394	518814
金华市	Jinhua City	11861.7	11852.7	849496	759193
衢州市	Quzhou City	7822.9	7699.3	177318	150522
舟山市	Zhoushan City	1801.7	1701.5	85518	60677
台州市	Taizhou City	11688.1	11453.4	793273	691389
丽水市	Lishui City	14284.8	14263.1	195806	168436
安徽省	**Anhui**				
合肥市	Hefei City	16907.0	15301.0	665553	486532
芜湖市	Wuhu City	9534.0	9136.0	242475	189723
蚌埠市	Bengbu City	6520.0	6071.0	136161	85168
淮南市	Huainan City	4200.0	4036.0	118885	76930
马鞍山市	Maanshan City	6958.0	6712.0	122878	88884
淮北市	Huaibei City	3621.0	3621.0	121237	99755
铜陵市	Tongling City	1555.0	1529.0	58244	41856
安庆市	Anqing City	15024.0	14970.0	211146	183314
黄山市	Huangshan City	5645.0	5617.0	114868	64052
滁州市	Chuzhou City	17238.0	17238.0	159610	116800
阜阳市	Fuyang City	11384.0	10986.0	376374	278965
宿州市	Suzhou City	12612.0	11916.0	204771	163726
六安市	Liuan City	24306.0	23944.0	268503	209937
亳州市	Bozhou City	10843.0	10452.0	260552	213955
池州市	Chizhou City	6833.0	6102.0	62923	50519
宣城市	Xuancheng City	11978.0	11797.0	148790	116373
福建省	**Fujian**				
福州市	Fuzhou City	10625.0	9269.0	626234	497158
厦门市	Xiamen City	1924.0	1780.0	563612	437989
莆田市	Putian City	6066.0	3910.0	129678	107678
三明市	Sanming City	14250.0	11095.0	135807	108559
泉州市	Quanzhou City	14700.0	9543.0	674210	590710
漳州市	Zhangzhou City	10263.0	8167.0	245134	201055
南平市	Nanping City	14132.0	12483.0	124380	96833
龙岩市	Longyan City	12620.0	11011.0	233793	198762
宁德市	Ningde City	10081.0	9245.0	109979	89174

3-13 续表 4 continued

地　区	Region	公路里程（公里） Length of Highways (km)	#等级公路 Expressway and Class I to IV Highways	民用汽车拥有量（辆） Number of Civil Vehicles Owned (unit)	#私人汽车 Private Vehicles
江西省	**Jiangxi**				
南昌市	Nanchang City	10853.0	9103.0	476780	326173
景德镇市	Jingdezhen City	4595.0	3950.0	102620	84886
萍乡市	Pingxiang City	6817.0	5354.0	91222	66613
九江市	Jiujiang City	18970.0	13724.0	235308	173601
新余市	Xinyu City	4317.0	3370.0	83009	55280
鹰潭市	Yingtan City	4015.0	3095.0	58435	39877
赣州市	Ganzhou City	28160.0	22426.0	306323	263903
吉安市	Jian City	21717.0	19756.0	154060	116337
宜春市	Yichun City	17761.0	13510.0	236925	180288
抚州市	Fuzhou City	13949.0	11538.0	141881	88024
上饶市	Shangrao City	19441.0	14506.0	214547	166965
山东省	**Shandong**				
济南市	Jinan City	12296.8	12187.8	1056559	907299
青岛市	Qingdao City	16221.0	16210.3	1330886	1057712
淄博市	Zibo City	10600.8	10134.6	587053	506304
枣庄市	Zaozhuang City	7533.7	7401.8	370235	324630
东营市	Dongying City	8482.5	8482.5	439915	373384
烟台市	Yantai City	15934.2	15934.2	966258	836576
潍坊市	Weifang City	24456.1	24456.1	1427576	1302215
济宁市	Jining City	17439.8	17223.7	635499	544438
泰安市	Taian City	14208.0	13915.5	392816	346086
威海市	Weihai City	6899.0	6899.0	431004	370555
日照市	Rizhao City	7501.1	7501.1	296355	254932
莱芜市	Laiwu City	3892.7	3876.1	149441	132673
临沂市	Linyi City	24112.1	24086.9	1045195	935753
德州市	Dezhou City	21435.7	21435.7	539941	477519
聊城市	Liaocheng City	16581.5	16524.2	534507	472559
滨州市	Binzhou City	15619.2	15396.0	477596	424681
菏泽市	Heze City	21371.8	21371.8	481272	414613
河南省	**Henan**				
郑州市	Zhengzhou City	12695.2	11407.0	1427306	1203452
开封市	Kaifeng City	8838.5	6952.1	253582	217847
洛阳市	Luoyang City	18331.0	13399.9	514154	413741
平顶山市	Pingdingshan City	13467.0	12679.2	300813	243652
安阳市	Anyang City	11807.7	9907.7	376126	318833
鹤壁市	Hebi City	4459.9	4255.4	108018	91801
新乡市	Xinxiang City	13060.7	10426.2	406789	346722
焦作市	Jiaozuo City	7365.5	6241.2	263922	204676
濮阳市	Puyang City	6452.2	5950.1	322531	279251

3-13 续表 5 continued

地 区	Region	公路里程(公里) Length of Highways (km)	#等级公路 Expressway and Class I to IV Highways	民用汽车拥有量(辆) Number of Civil Vehicles Owned (unit)	#私人汽车 Private Vehicles
许昌市	Xuchang City	9286.8	7011.2	296478	226269
漯河市	Luohe City	5249.9	4138.5	135348	107143
三门峡市	Sanmenxia City	9511.9	7353.9	177538	147736
南阳市	Nanyang City	38001.9	28527.0	402753	346647
商丘市	Shangqiu City	23051.6	16062.5	440736	335870
信阳市	Xinyang City	24691.4	18253.9	234379	191112
周口市	Zhoukou City	21828.0	16538.0	415742	323795
驻马店市	Zhumadian City	19265.4	13342.5	267541	228259
济源市	Jiyuan City	2284.7	1959.3	82889	69931
湖北省	**Hubei**				
武汉市	Wuhan City	13337.0	13013.5	1104988	810468
黄石市	Huangshi City	5394.3	5394.3	103000	79365
十堰市	Shiyan City	22036.0	20677.0	164374	141846
宜昌市	Yichang City	26443.0	21411.0	264000	210636
襄阳市	Xiangyang City	25972.0	24324.0	293759	220712
鄂州市	Ezhou City	3099.0	2603.0	93024	61253
荆门市	Jingmen City	11559.0	10939.0	136789	111975
孝感市	Xiaogan City	12902.7	12902.7	116263	93657
荆州市	Jingzhou City	19658.0	18807.0	174000	147201
黄冈市	Huanggang City	24879.7	22847.8	153288	130785
咸宁市	Xianning City	13547.5	11569.3	100361	84019
随州市	Suizhou City	7245.0	7245.0	82620	72070
恩施土家族苗族自治州	Enshi Tujia & Miao A.P	18725.0	18717.6	139210	129200
仙桃市	Xiantao City	4051.0	2732.0	29514	29514
潜江市	Qianjiang City	2579.6	1351.8	41000	33563
天门市	Tianmen City	3608.8	3406.2	31300	27000
神农架林区	Shennongjia Forest District	715.0	687.0	5232	4018
湖南省	**Hunan**				
长沙市	Changsha City	15709.5	13043.4	1408329	856813
株洲市	Zhuzhou City	13563.4	13273.3	625507	182596
湘潭市	Xiangtan City	7799.0	4884.2	469824	134120
衡阳市	Hengyang City	20754.8	16258.8	664766	188372
邵阳市	Shaoyang City	21704.7	16907.6	617038	184522
岳阳市	Yueyang City	20184.7	19569.0	555163	171946
常德市	Changde City	22179.7	22086.6	796085	164183
张家界市	Zhangjiajie City	8771.9	6463.9	210229	46522
益阳市	Yiyang City	15825.5	14924.9	511376	142065
郴州市	Chenzhou City	17398.8	15917.5	600411	180268
永州市	Yongzhou City	22959.5	20467.0	548016	133159
怀化市	Huaihua City	20192.2	18487.6	573966	113966
娄底市	Loudi City	14619.2	11847.7	610788	153318
湘西土家族苗族自治州	West Hunan Tujia & Miao A.P	12388.3	9506.3	205285	61415

3-13 续表 6 continued

地 区	Region	公路里程（公里） Length of Highways (km)	#等级公路 Expressway and Class I to IV Highways	民用汽车拥有量（辆） Number of Civil Vehicles Owned (unit)	#私人汽车 Private Vehicles
广东省	**Guangdong**				
广州市	Guangzhou City	8997.1	7857.3	2041592	1646931
韶关市	Shaoguan City	14767.4	14308.6	135754	112962
深圳市	Shenzhen City	1659.1	1659.1	2213975	1780799
珠海市	Zhuhai City	1448.4	1422.7	273365	216136
汕头市	Shantou City	3802.3	3790.8	359868	312733
佛山市	Foshan City	5206.6	5206.6	1197638	1066317
江门市	Jiangmen City	10008.3	8138.6	361205	302712
湛江市	Zhanjiang City	21489.4	14525.1	214356	177198
茂名市	Maoming City	15637.6	14777.4	228248	196724
肇庆市	Zhaoqing City	12611.1	12546.3	199243	168052
惠州市	Huizhou City	10933.4	10340.8	357655	305145
梅州市	Meizhou City	15882.2	13646.3	156700	134919
汕尾市	Shanwei City	4863.6	4585.9	42553	32060
河源市	Heyuan City	15250.7	14497.8	108258	89251
阳江市	Yangjiang City	7465.2	6367.3	128012	112901
清远市	Qingyuan City	18238.5	18085.4	187704	159871
东莞市	Dongguan City	4968.6	4860.8	1207044	1016060
中山市	ZhongShan City	2756.9	2712.4	482647	421890
潮州市	Chaozhou City	5048.1	4968.5	145528	129227
揭阳市	Jieyang City	6353.1	6217.5	191602	169678
云浮市	Yunfu City	7556.0	6688.5	105940	91439
广西壮族自治区	**Guangxi**				
南宁市	Nanning City	11816.7	10664.9	638629	476696
柳州市	Liuzhou City	8017.9	6191.9	299475	236929
桂林市	Guilin City	11423.0	8630.0	260919	208368
梧州市	Wuzhou City	6656.7	5709.7	555325	70793
北海市	Beihai City	2486.0	2486.0	100712	83900
防城港市	Fangchenggang City	2710.0	1995.9	60662	48375
钦州市	Qinzhou City	5949.5	5361.2	625126	598066
贵港市	Guigang City	6352.1	4956.8	115525	97607
玉林市	Yulin City	9990.6	7842.2	210262	176223
百色市	Baise City	14723.0	12677.0	123308	97459
贺州市	Hezhou City	4530.3	4316.2	69467	56892
河池市	Hechi City	12004.6	10322.2	108426	89225
来宾市	Laibin City	6169.6	4825.4	67368	55212
崇左市	Chongzuo City	6811.1	6167.1	63430	45940
海南省	**Hainan**				
海口市	Haikou City	3078.3	3056.3	331266	270815
三亚市	Sanya City	1650.0	1581.8	78644	63023
重庆市	**Chongqing**				
万州区	Wanzhou District	5833.0	4008.4		
涪陵区	Fuling District	4551.7	3513.6		
渝中区	Yuzhong District				
大渡口区	Dadukou District	199.0	189.7		
江北区	Jiangbei District	465.1	465.1		
沙坪坝区	Shapingba District	1097.5	816.8		
九龙坡区	Jiulongpo District	915.5	837.4		

地 区	Region	公路里程（公里）Length of Highways (km)	#等级公路 Expressway and Class I to IV Highways	民用汽车拥有量（辆）Number of Civil Vehicles Owned (unit)	#私人汽车 Private Vehicles
南岸区	Nanan District	647.7	620.6		
北碚区	Beibei District	1182.2	934.6		
綦江区	Qijiang District	4808.2	3790.7		
大足区	Dazu District	2372.3	871.1		
渝北区	Yubei District	2469.8	1964.6		
巴南区	Banan District	2685.2	1759.7		
黔江区	Qianjiang District	2493.1	2122.0		
长寿区	Changshou District	3194.9	3026.7		
江津区	Jiangjin District	4137.2	2801.3		
合川区	Hechuan District	3446.2	3000.9		
永川区	Yongchuan District	2800.9	2258.0		
南川区	Nanchuan District	3089.8	2245.7		
四川省	**Sichuan**				
成都市	Chengdu City	22213.8	20268.5	2225100	1925500
自贡市	Zigong City	6320.9	4870.5	100965	80325
攀枝花市	Panzhihua City	4663.1	3032.3	103955	80443
泸州市	Luzhou City	13097.8	8123.6	143735	100238
德阳市	Deyang City	8073.9	7251.8	247867	195830
绵阳市	Mianyang City	19446.1	12493.9	292909	257929
广元市	Guangyuan City	17205.7	11246.1	110419	92938
遂宁市	Suining City	8713.1	7560.0	97701	83733
内江市	Neijiang City	10020.2	6320.6	99676	79501
乐山市	Leshan City	9281.3	8053.7	156829	139390
南充市	Nanchong City	20564.4	17105.2	202663	151984
眉山市	Meishan City	7358.7	5583.5	146309	122221
宜宾市	Yibin City	18031.6	14746.1	150929	109727
广安市	Guangan City	9776.9	8388.3	86509	65990
达州市	Dazhou City	19310.9	16474.6	133556	89124
雅安市	Yaan City	6126.8	5510.0	93000	74000
巴中市	Bazhong City	16070.2	15308.5	68984	53118
资阳市	Ziyang City	14555.4	10933.5	102203	87920
阿坝藏族羌族自治州	Aba Zang & Qiang A.P	12863.6	12017.8	93537	77643
甘孜藏族自治州	Ganzi Zang A.P	27140.7	22565.6	24817	9509
凉山彝族自治州	Liangshan Yi A.P	22664.5	16438.9		
贵州省	**Guizhou**				
贵阳市	Guiyang City	9386.2	8461.0	554962	463523
六盘水市	Liupanshui City	12061.6	8825.5	158617	137273
遵义市	Zunyi City	24714.3	12024.5	274036	207848
安顺市	Anshun City	9668.4	3928.7	92210	76187
毕节市	Bijie City	27908.0	15053.1	126847	102321
铜仁市	Tongren City	22176.6	8650.0	86362	67906
黔西南布依族苗族自治州	Southwest Guizhou Buyi & Miao A.P	15373.4	10394.3	110331	86904
黔东南苗族侗族自治州	Southeast Guizhou Miao & Dong A.P	27324.2	9734.0	121054	99324
黔南布依族苗族自治州	South Guizhou Buyi & Miao A.P	15929.0	9505.8	115397	97132

3-13 续表 8 continued

地 区	Region	公路里程 (公里) Length of Highways (km)	#等级公路 Expressway and Class I to IV Highways	民用汽车拥有量 (辆) Number of Civil Vehicles Owned (unit)	#私人汽车 Private Vehicles
云南省	**Yunnan**				
昆明市	Kunming City	17447.0	13639.8	1689623	1513557
曲靖市	Qujing City	27726.0	18355.1	358331	314100
玉溪市	Yuxi City	16594.0	16120.0	241312	187746
保山市	Baoshan City	12631.0	9603.0	110356	98324
昭通市	Zhaotong City	15277.0	11235.0	139737	121126
丽江市	Lijiang City	6768.0	5935.0	86611	73385
普洱市	Puer City	19507.0	12907.0	139427	117956
临沧市	Lincang City	14637.0	11668.0	63184	51623
楚雄彝族自治州	Chuxiong Yi A.P	17461.0	10826.0	474176	98841
红河哈尼族彝族自治州	Honghe Hani & Yi A.P	20922.0	17860.0	258279	191146
文山壮族苗族自治州	Wenshan Zhuang & Miao A.P	14687.0	12504.0	125400	88621
西双版纳傣族自治州	Xishuangbanna Dai A.P	6359.0	4738.0	100923	88181
大理白族自治州	Dali Bai A.P	17819.0	12327.0	201940	171744
德宏傣族景颇族自治州	Dehong Dai & Jingpo A.P	7504.0	5517.0	92900	82300
怒江傈僳族自治州	Nujiang Lisu A.P	4595.0	3417.0	21500	15649
迪庆藏族自治州	Diqing Zang A.P	5419.0	4577.0	51018	41553
西藏自治区	**Tibet A.R.**				
拉萨市	Lhasa City			134561	102618
昌都地区	Qamdu Prefecture			17384	10725
山南地区	Lhokha Prefecture			18838	14046
日喀则地区	Xigaze Prefecture			30574	22026
那曲地区	Narqu Prefecture			32118	14692
阿里地区	Ngri Prefecture			9835	4301
林芝地区	Nyingchi Prefecture			22702	15994
其他	Others			7767	3926
陕西省	**Shaanxi**				
西安市	Xi'an City	13127.1	12587.3	1380125	1174425
铜川市	Tongchuan City	3706.6	3248.3	56114	41521
宝鸡市	Baoji City	15002.8	14506.7	170043	127477
咸阳市	Xianyang City	15402.8	13546.8	217558	173279
渭南市	Weinan City	18072.8	15066.0	361235	277933
延安市	Yan'an City	16755.9	15949.9	215297	176661
汉中市	Hanzhong City	17935.3	15598.3	131267	107585
榆林市	Yulin City	25868.8	25065.5	448015	385680
安康市	Ankang City	22181.5	18417.4	84763	67123
商洛市	Shangluo City	12987.9	11944.3	60107	49911
杨凌示范区	Yangling Demonstration Zone	369.7	359.6	40531	33695
甘肃省	**Gansu**				
兰州市	Lanzhou City	7713.6	5360.8	358963	206900
嘉峪关市	Jiayuguan City	688.6	658.9	30700	24700
金昌市	Jinchang City	2518.4	2508.8	40100	32800
白银市	Baiyin City	11223.4	6945.6	128600	92500
天水市	Tianshui City	10347.4	9216.8	105700	88066
武威市	Wuwei City	10447.0	7132.9	84800	72000
张掖市	Zhangye City	10830.2	8558.9	80000	67000

3-13 续表 9 continued

地 区	Region	公路里程（公里） Length of Highways (km)	#等级公路 Expressway and Class I to IV Highways	民用汽车拥有量（辆） Number of Civil Vehicles Owned (unit)	#私人汽车 Private Vehicles
平凉市	Pingliang City	9987.1	6749.5	99800	73300
酒泉市	Jiuquan City	15458.1	14441.9	94000	78000
庆阳市	Qingyang City	12484.9	6603.9	127000	100600
定西市	Dingxi City	10273.7	8071.7	115600	87900
陇南市	Longnan City	15400.1	13891.9	74800	61600
临夏回族自治州	Linxia Hui A.P	6404.8	5872.6	102600	83100
甘南藏族自治州	Gannan Zang A.P	7423.3	5357.5	36500	29600
青海省	**Qinghai**				
西宁市	Xining City	4320.0	3460.0		
海东地区	Haidong Prefecture	7918.0	6613.0		
海北藏族自治州	Haibei Zang A.P	5718.0	4970.0		
黄南藏族自治州	Huangnan Zang AP	3871.0	2928.0		
海南藏族自治州	Hainan Zang A.P	7597.0	5287.0		
果洛藏族自治州	Golog Zang A.P	8508.0	7174.0		
玉树藏族自治州	Yushu Zang A.P	14539.0	10677.0		
海西蒙古族藏族自治州	Haixi Mongolian & Zang A.P	13516.0	10951.0		
宁夏回族自治区	**Ningxia**				
银川市	Yinchuan City	4153.1	4105.7	370040	307035
石嘴山市	Shizuishan City	2541.0	2541.0	80900	66398
吴忠市	Wuzhong City	8044.1	7587.0	109705	89736
固原市	Guyuan City	7338.2	5748.7	97284	74335
中卫市	Zhongwei City	6502.8	6312.5	67994	56620
新疆维吾尔自治区	**Xinjiang**				
乌鲁木齐市	Urumqi City	3482.3	2935.4		
克拉玛依市	Karamay City	1002.9	998.5		
吐鲁番地区	Turpan Prefecture	4511.5	4227.5		
哈密地区	Hami Prefecture	9297.5	5637.2		
昌吉回族自治州	Changji Hui A.P	16935.9	12514.6		
博尔塔拉蒙古自治州	Bortala Mongolian A.P	5202.0	3397.7		
巴音郭楞蒙古自治州	Bayingolin Mongolian A.P	16328.5	12587.3		
阿克苏地区	Aksu Prefecture	16834.7	12687.1		
克孜勒苏柯尔克孜自治州	Kizilsu Kirgiz A.P	5443.2	4161.4		
喀什地区	Kashi Prefecture	24233.0	15886.3		
和田地区	Hotan Prefecture	19010.7	11555.4		
伊犁哈萨克自治州	Ili Kazak A.P	17681.2	12833.5		
塔城地区	Tacheng Prefecture	10276.0	8482.2		
阿勒泰地区	Altay Prefecture	11886.5	8569.5		
石河子市	Shihezi City	3704.0	2307.7		
阿拉尔市	Alar City	79.3	79.3		
图木舒克市	Tumxuk City				
五家渠市	Wujiaqu City				
北屯市	Beitun City				
铁门关市	Tiemenguan City				
生产建设兵团	Corps				

3-14 邮电业情况(2012年)
Postal and Telecommunication Services (2012)

地　区	Region	邮政业务总量(亿元) Business Volume of Postal Services (100 million yuan)	电信业务总量(亿元) Business Volume of Telecommunication Services (100 million yuan)	固定电话用户(万户) Number of Fixed Telephone Subscribers at Year-end (10 000 subscribers)	移动电话用户(万户) Number of Mobile Telephone Subscribers at Year-end (10 000 subscribers)	互联网宽带接入用户数(万户) Broadband Subscribers of Internet (10 000 subscribers)
北京市	**Beijing**					
东城区	Dongcheng District					
西城区	Xicheng District					
朝阳区	Chaoyang District					
丰台区	Fengtai District					
石景山区	Shijingshan District					
海淀区	Haidian District					
门头沟区	Mentougou District					
房山区	Fangshan District					
通州区	Tongzhou District					
顺义区	Shunyi District					
昌平区	Changping District					
大兴区	Daxing District					
怀柔区	Huairou District					
平谷区	Pinggu District					
密云县	Miyun County					
延庆县	Yanqing County					
北京经济技术开发区	Beijing Economic-technological Development Zones					
其他	Others					
天津市	**Tianjin**					
和平区	Heping District					
河东区	Hedong District					
河西区	Hexi District					
南开区	Nankai District					
河北区	Hebei District					
红桥区	Hongqiao District					
东丽区	Dongli District					
西青区	Xiqing District					
津南区	Jinnan District					
北辰区	Beichen District					
武清区	Wuqing District					
宝坻区	Baodi District					
滨海新区	Binhai New Area					
宁河县	Ninghe County					
静海县	Jinghai County					
蓟县	Ji County					
其他	Others					
河北省	**Hebei**					
石家庄市	Shijiazhuang City	14.95	95.90	181.10	894.80	185.82
唐山市	Tangshan City	5.35	72.02	163.60	668.00	122.90
秦皇岛市	Qinhuangdao City	2.32	29.69	73.90	293.20	56.24
邯郸市	Handan City	5.41	54.01	95.90	620.70	92.45
邢台市	Xingtai City	3.20	39.22	93.40	404.10	71.13
保定市	Baoding City	9.33	75.57	172.80	789.50	141.35
张家口市	Zhangjiakou City	2.18	29.72	65.60	301.10	48.60
承德市	Chengde City	2.07	24.14	42.40	239.30	40.64
沧州市	Cangzhou City	5.62	46.88	126.00	541.40	73.77
廊坊市	Langfang City	6.83	45.04	107.90	455.10	77.10
衡水市	Hengshui City	2.34	25.83	85.00	305.90	53.91

3-14 续表 1 continued

地 区	Region	邮政业务总量(亿元) Business Volume of Postal Services (100 million yuan)	电信业务总量(亿元) Business Volume of Telecommunication Services (100 million yuan)	固定电话用户(万户) Number of Fixed Telephone Subscribers at Year-end (10 000 subscribers)	移动电话用户(万户) Number of Mobile Telephone Subscribers at Year-end (10 000 subscribers)	互联网宽带接入用户数(万户) Broadband Subscribers of Internet (10 000 subscribers)
山西省	**Shanxi**					
太原市	Taiyuan City	5.11	74.18	148.92	581.00	134.93
大同市	Datong City	2.25	26.98	54.11	263.22	44.10
阳泉市	Yangquan City	1.19	13.42	31.41	126.06	27.00
长治市	Changzhi City	1.69	23.69	63.26	240.07	45.17
晋城市	Jincheng City	1.22	17.22	45.73	169.66	31.83
朔州市	Shuozhou City	0.99	13.40	27.29	119.47	19.60
晋中市	Jinzhong City	1.96	27.29	69.79	240.82	42.82
运城市	Yuncheng City	2.37	31.23	81.70	306.39	59.80
忻州市	Xinzhou City	2.07	21.39	45.32	198.36	33.60
临汾市	Linfen City	2.42	32.31	63.53	288.05	53.08
吕梁市	Luliang City	2.06	27.59	54.17	231.46	32.70
其他	Others					
内蒙古自治区	**Inner Mongolia**					
呼和浩特市	Hohhot City	1.67	41.97	79.40	370.60	42.40
包头市	Baotou City	1.26	28.60	45.40	358.30	23.32
乌海市	Wuhai City	0.49	7.48	15.54	112.38	9.46
赤峰市	Chifeng City	1.64	24.88	49.45	338.42	29.17
通辽市	Tongliao City	0.67	18.29	27.30	349.06	24.46
鄂尔多斯市	Erdos City	0.80	23.74	24.14	301.24	13.07
呼伦贝尔市	Hulunbuir City	1.16	19.68	40.79	312.95	34.02
巴彦淖尔市	Bayannur City	0.75	5.05	23.50	242.00	16.50
乌兰察布市	Ulanqab City	0.81	16.70	23.50	159.60	15.60
兴安盟	Xingan League	0.60	9.33	13.17	176.84	11.78
锡林郭勒盟	Xilingol League	0.56	13.23	12.50	135.20	11.10
阿拉善盟	Alxa League	0.21	3.86	5.04	47.59	4.65
辽宁省	**Liaoning**					
沈阳市	Shenyang City	11.93	114.47	276.46	945.46	139.58
大连市	Dalian City	10.08	96.02	256.40	840.31	141.61
鞍山市	Anshan City	2.94	36.41	101.89	342.60	62.48
抚顺市	Fushun City	1.54	20.25	63.67	192.13	35.46
本溪市	Benxi City	1.26	15.52	41.78	141.67	29.96
丹东市	Dandong City	2.06	21.53	83.53	198.87	35.94
锦州市	Jinzhou City	1.76	30.58	87.65	270.55	49.96
营口市	Yingkou City	1.43	23.51	59.99	225.11	37.13
阜新市	Fuxin City	0.74	17.54	49.00	166.97	29.56
辽阳市	Liaoyang City	1.69	17.51	49.06	167.49	29.35
盘锦市	Panjin City	2.10	16.36	33.56	148.35	21.18
铁岭市	Tieling City	1.64	19.68	53.68	205.27	29.16
朝阳市	Chaoyang City	1.87	20.28	70.73	232.89	34.11
葫芦岛市	Huludao City	1.86	20.43	57.65	213.63	32.45

3-14 续表 2 continued

地 区	Region	邮政业务总量(亿元) Business Volume of Postal Services (100 million yuan)	电信业务总量(亿元) Business Volume of Tele-communication Services (100 million yuan)	固定电话用户(万户) Number of Fixed Telephone Subscribers at Year-end (10 000 subscribers)	移动电话用户(万户) Number of Mobile Telephone Subscribers at Year-end (10 000 subscribers)	互联网宽带接入用户数(万户) Broadband Subscribers of Internet (10 000 subscribers)
吉林省	**Jilin**					
长春市	Changchun City	6.02	67.89	182.40	780.30	116.80
吉林市	Jilin City	3.12	26.25	91.10	336.80	62.10
四平市	Siping City	2.23	15.69	50.40	249.90	32.60
辽源市	Liaoyuan City	0.96	6.39	24.70	98.40	14.00
通化市	Tonghua City	2.14	11.95	51.80	161.90	29.80
白山市	Baishan City	1.56	6.70	37.40	97.40	18.10
松原市	Songyuan City	1.60	12.79	37.50	210.00	22.60
白城市	Baicheng City	1.40	9.18	38.20	149.50	22.90
延边朝鲜族自治州	Yanbian Korean A.P	3.25	14.83	67.10	172.70	43.00
黑龙江省	**Heilongjiang**					
哈尔滨市	Harbin City	7.54	104.22	260.92	845.65	155.98
齐齐哈尔市	Qiqihar City	2.61	29.51	86.50	286.66	46.30
鸡西市	Jixi City	2.28	12.85	37.10	134.05	19.56
鹤岗市	Hegang City	0.96	8.58	18.40	90.83	11.91
双鸭山市	Shuangyashan City	1.18	10.60	26.77	108.25	17.61
大庆市	Daqing City	2.79	29.14	41.36	243.22	25.50
伊春市	Yichun City	1.02	8.90	27.16	75.21	15.51
佳木斯市	Jiamusi City	1.91	20.86	57.30	193.29	30.91
七台河市	Qitaihe City	0.45	7.00	16.72	64.10	11.06
牡丹江市	Mudanjiang City	2.78	21.95	64.59	191.63	38.46
黑河市	Heihe City	1.19	11.36	33.60	106.82	17.87
绥化市	Suihua City	2.23	27.26	92.76	291.05	37.57
大兴安岭地区	Daxing'anling Prefecture	0.75	4.31	12.87	33.13	7.60
农垦总局	Agriculture Reclamation Bureau					
其他	Others					
上海市	**Shanghai**					
黄浦区	Huangpu District					
徐汇区	Xuhui District					
长宁区	Changning District					
静安区	Jingan District					
普陀区	Putuo District					
闸北区	Zhabei District					
虹口区	Hongkou District					
杨浦区	Yangpu District					
闵行区	Minhang District					
宝山区	Baoshan District					
嘉定区	Jiading District					
浦东新区	Pudong New District					
金山区	Jinshan District					
松江区	Songjiang District					
青浦区	Qingpu District					
奉贤区	Fengxian District					
崇明县	Chongming County					
其他	Others					

3-14 续表 3 continued

地 区	Region	邮政业务总量(亿元) Business Volume of Postal Services (100 million yuan)	电信业务总量(亿元) Business Volume of Telecommunication Services (100 million yuan)	固定电话用户(万户) Number of Fixed Telephone Subscribers at Year-end (10 000 subscribers)	移动电话用户(万户) Number of Mobile Telephone Subscribers at Year-end (10 000 subscribers)	互联网宽带接入用户数(万户) Broadband Subscribers of Internet (10 000 subscribers)
江苏省	**Jiangsu**					
南京市	Nanjing City	8.88	120.28	309.35	926.93	205.32
无锡市	Wuxi City	6.61	94.18	240.85	767.22	140.66
徐州市	Xuzhou City	6.01	56.37	175.29	655.11	95.82
常州市	Changzhou City	5.28	59.20	162.05	520.34	101.33
苏州市	Suzhou City	50.56	187.35	376.79	1394.42	252.25
南通市	Nantong City	8.84	62.81	255.67	599.83	116.39
连云港市	Lianyungang City	2.31	31.00	109.80	316.34	58.96
淮安市	Huaian City	2.68	24.07	99.57	351.07	47.76
盐城市	Yancheng City	5.67	48.06	173.95	516.25	82.53
扬州市	Yangzhou City	5.50	40.42	145.76	419.08	74.18
镇江市	Zhenjiang City	3.03	28.70	110.61	299.63	59.77
泰州市	Taizhou City	4.30	35.45	142.25	373.56	70.59
宿迁市	Suqian City	2.42	21.46	85.29	329.60	45.13
浙江省	**Zhejiang**					
杭州市	Hangzhou City	11.61	159.73	346.22	1438.67	275.91
宁波市	Ningbo City	8.61	116.04	308.00	1088.00	231.18
温州市	Wenzhou City	6.49	119.88	254.47	1110.40	201.65
嘉兴市	Jiaxing City	3.63	78.92	155.89	544.82	112.37
湖州市	Huzhou City	2.53	31.23	101.70	324.26	60.06
绍兴市	Shaoxing City	4.21	53.89	195.06	663.83	125.75
金华市	Jinhua City	7.76	70.60	167.15	950.31	131.92
衢州市	Quzhou City	1.16	14.50	52.09	208.20	35.81
舟山市	Zhoushan City	1.25	15.16	53.43	154.29	30.53
台州市	Taizhou City	4.68	71.65	165.07	782.99	126.54
丽水市	Lishui City	1.79	17.89	49.07	280.57	37.74
安徽省	**Anhui**					
合肥市	Hefei City	5.93	76.38	187.09	629.37	94.05
芜湖市	Wuhu City	2.11	27.04	80.83	250.21	44.81
蚌埠市	Bengbu City	1.43	19.82	54.12	192.42	29.00
淮南市	Huainan City	1.33	16.47	44.09	156.26	26.40
马鞍山市	Maanshan City	1.33	16.84	58.46	165.30	29.96
淮北市	Huaibei City	0.99	13.69	35.11	134.88	20.97
铜陵市	Tongling City	0.65	6.90	21.82	61.12	13.86
安庆市	Anqing City	3.90	26.06	107.70	280.73	41.76
黄山市	Huangshan City	0.89	9.49	40.00	91.52	16.55
滁州市	Chuzhou City	1.37	23.40	69.37	246.41	32.81
阜阳市	Fuyang City	3.88	35.69	92.37	361.53	36.52
宿州市	Suzhou City	2.50	25.69	71.57	279.44	29.09
六安市	Liuan City	2.24	24.31	78.58	272.38	28.12
亳州市	Bozhou City	2.15	21.16	52.86	226.23	22.86
池州市	Chizhou City	1.05	9.30	31.84	90.78	14.36
宣城市	Xuancheng City	1.20	16.47	56.16	171.25	25.90
福建省	**Fujian**					
福州市	Fuzhou City	17.90	116.05	207.19	861.46	772.15
厦门市	Xiamen City	16.45	81.61	146.89	554.17	518.90
莆田市	Putian City	6.69	36.26	65.22	271.71	229.54
三明市	Sanming City	3.01	28.95	53.92	219.78	176.95
泉州市	Quanzhou City	20.99	111.05	232.35	957.89	832.00
漳州市	Zhangzhou City	4.22	48.01	97.84	425.42	340.06
南平市	Nanping City	3.53	28.96	56.65	238.34	181.54
龙岩市	Longyan City	3.05	29.70	52.90	254.26	188.40
宁德市	Ningde City	2.85	35.61	58.03	260.93	202.54

3-14 续表 4 continued

地区	Region	邮政业务总量(亿元) Business Volume of Postal Services (100 million yuan)	电信业务总量(亿元) Business Volume of Telecommunication Services (100 million yuan)	固定电话用户(万户) Number of Fixed Telephone Subscribers at Year-end (10 000 subscribers)	移动电话用户(万户) Number of Mobile Telephone Subscribers at Year-end (10 000 subscribers)	互联网宽带接入用户数(万户) Broadband Subscribers of Internet (10 000 subscribers)
江西省	**Jiangxi**					
南昌市	Nanchang City	6.70	53.66	139.66	447.77	74.89
景德镇市	Jingdezhen City	5.73	11.43	25.78	100.49	20.61
萍乡市	Pingxiang City	0.90	12.40	27.72	116.42	18.13
九江市	Jiujiang City	2.27	30.27	85.00	274.53	42.50
新余市	Xinyu City	0.84	9.41	19.09	84.34	14.45
鹰潭市	Yingtan City	0.72	7.11	16.28	64.97	11.52
赣州市	Ganzhou City	4.66	47.60	105.05	471.54	56.91
吉安市	Jian City	3.04	25.07	57.02	239.75	30.53
宜春市	Yichun City	2.43	29.54	61.63	291.98	31.50
抚州市	Fuzhou City	1.84	18.43	31.05	179.76	23.65
上饶市	Shangrao City		32.12	75.88	301.88	33.98
山东省	**Shandong**					
济南市	Jinan City	4.97	89.42	193.58	820.28	166.80
青岛市	Qingdao City	6.02	110.87	253.48	918.75	203.38
淄博市	Zibo City	2.42	41.80	101.62	404.27	79.40
枣庄市	Zaozhuang City	1.24	27.63	89.60	347.61	53.27
东营市	Dongying City	1.25	25.28	174.50	601.42	121.92
烟台市	Yantai City	4.48	67.94	175.65	707.15	116.43
潍坊市	Weifang City	3.93	75.27	112.86	517.82	78.32
济宁市	Jining City	3.52	51.73	90.87	354.44	65.06
泰安市	Taian City	2.75	36.48	142.14	699.54	103.55
威海市	Weihai City	2.68	30.89	74.89	462.83	57.62
日照市	Rizhao City	1.16	20.94	79.94	274.36	49.65
莱芜市	Laiwu City	0.78	8.45	55.41	256.98	47.46
临沂市	Linyi City	1.71	68.44	78.66	271.53	60.06
德州市	Dezhou City	3.59	33.02	69.97	275.23	44.55
聊城市	Liaocheng City	3.41	34.62	49.60	207.10	38.77
滨州市	Binzhou City	3.67	27.46	24.38	95.05	18.53
菏泽市	Heze City	3.95	44.52	90.99	374.54	59.35
河南省	**Henan**					
郑州市	Zhengzhou City	6.26	120.43	246.60	982.40	917.00
开封市	Kaifeng City	2.12	25.85	55.90	246.50	226.00
洛阳市	Luoyang City	3.17	51.24	125.60	465.60	402.00
平顶山市	Pingdingshan City	2.26	30.15	55.90	294.10	256.00
安阳市	Anyang City	2.90	36.00	85.90	342.00	308.00
鹤壁市	Hebi City	0.46	10.40	29.00	101.00	94.00
新乡市	Xinxiang City	3.68	42.21	116.20	384.40	367.00
焦作市	Jiaozuo City	1.81	26.47	56.00	246.80	227.00
濮阳市	Puyang City	1.57	22.58	36.70	222.70	192.00

3-14 续表 5 continued

地 区	Region	邮政业务总量(亿元) Business Volume of Postal Services (100 million yuan)	电信业务总量(亿元) Business Volume of Tele-communication Services (100 million yuan)	固定电话用户(万户) Number of Fixed Telephone Subscribers at Year-end (10 000 subscribers)	移动电话用户(万户) Number of Mobile Telephone Subscribers at Year-end (10 000 subscribers)	互联网宽带接入用户数(万户) Broadband Subscribers of Internet (10 000 subscribers)
许昌市	Xuchang City	1.87	26.58	54.70	265.90	236.00
漯河市	Luohe City	1.19	16.12	28.70	143.40	128.00
三门峡市	Sanmenxia City	1.25	15.47	30.50	150.00	130.00
南阳市	Nanyang City	4.86	43.66	94.20	479.10	388.00
商丘市	Shangqiu City	4.44	39.07	76.20	404.10	333.00
信阳市	Xinyang City	2.93	30.47	68.00	295.80	258.00
周口市	Zhoukou City	4.12	37.90	63.40	387.50	320.00
驻马店市	Zhumadian City	4.19	31.11	51.90	323.70	271.00
济源市	Jiyuan City	0.42	4.99	13.50	52.70	45.00
湖北省	**Hubei**					
武汉市	Wuhan City	7.85	160.02	295.00	1593.00	312.00
黄石市	Huangshi City	1.90	16.40	46.90	215.00	32.90
十堰市	Shiyan City	1.83	14.62	51.60	246.79	50.54
宜昌市	Yichang City	2.35	25.73	77.04	322.70	52.46
襄阳市	Xiangyang City	2.79	30.40	75.60	350.17	57.06
鄂州市	Ezhou City	0.72	6.38	16.12	81.84	14.07
荆门市	Jingmen City	1.56	14.80	40.24	186.69	35.99
孝感市	Xiaogan City	3.06	19.03	55.05	311.81	29.69
荆州市	Jingzhou City	3.74	28.97	72.70	372.80	50.42
黄冈市	Huanggang City	2.53	23.94	93.60	320.41	46.30
咸宁市	Xianning City	1.24	14.20	42.52	190.82	30.90
随州市	Suizhou City	1.59	9.23	33.51	157.25	21.63
恩施土家族苗族自治州	Enshi Tujia & Miao A.P	1.87	17.56	37.60	359.30	26.40
仙桃市	Xiantao City	1.05	1.68	17.91	65.38	10.80
潜江市	Qianjiang City	0.54	1.36	10.63	10.53	7.78
天门市	Tianmen City	0.88	1.82	14.47	53.47	8.94
神农架林区	Shennongjia Forest District	0.05	0.51	1.33	5.84	0.77
湖南省	**Hunan**					
长沙市	Changsha City	13.64	108.07	213.15	971.75	133.83
株洲市	Zhuzhou City	3.03	30.64	75.13	295.15	52.82
湘潭市	Xiangtan City	2.44	24.00	48.31	230.85	34.92
衡阳市	Hengyang City	3.97	34.75	93.53	360.93	54.41
邵阳市	Shaoyang City	4.01	29.65	76.11	288.76	42.10
岳阳市	Yueyang City	2.77	33.53	78.18	355.65	48.53
常德市	Changde City	2.96	34.59	68.77	310.82	48.96
张家界市	Zhangjiajie City	0.90	11.27	19.10	90.90	16.88
益阳市	Yiyang City	2.64	23.86	47.78	231.67	28.99
郴州市	Chenzhou City	4.40	26.55	61.94	307.18	37.84
永州市	Yongzhou City	2.41	22.04	42.34	213.86	33.03
怀化市	Huaihua City	2.32	25.55	55.21	257.87	32.64
娄底市	Loudi City	1.68	23.67	49.21	236.81	34.61
湘西土家族苗族自治州	West Hunan Tujia & Miao A.P	1.53	14.15	25.10	109.78	20.06

3-14 续表 6 continued

地 区	Region	邮政业务总量(亿元) Business Volume of Postal Services (100 million yuan)	电信业务总量(亿元) Business Volume of Telecommunication Services (100 million yuan)	固定电话用户(万户) Number of Fixed Telephone Subscribers at Year-end (10 000 subscribers)	移动电话用户(万户) Number of Mobile Telephone Subscribers at Year-end (10 000 subscribers)	互联网宽带接入用户数(万户) Broadband Subscribers of Internet (10 000 subscribers)
广东省	**Guangdong**					
广州市	Guangzhou City	137.81	358.07	590.73	2367.39	563.00
韶关市	Shaoguan City	2.47	23.13	60.10	189.41	38.11
深圳市	Shenzhen City	116.25	347.70	570.38	2464.43	304.35
珠海市	Zhuhai City	5.63	43.48	82.94	290.75	
汕头市	Shantou City	6.54	62.28	137.92	500.75	78.75
佛山市	Foshan City	15.83	132.94	278.25	1050.68	218.69
江门市	Jiangmen City	5.49	51.15	132.69	392.09	317.21
湛江市	Zhanjiang City	4.77	63.95	77.37	388.13	57.50
茂名市	Maoming City	3.39	45.11	83.47	275.81	38.57
肇庆市	Zhaoqing City	2.67	34.81	78.39	264.64	
惠州市	Huizhou City	6.27	73.78	129.24	477.04	104.18
梅州市	Meizhou City	3.16	40.01	71.21	220.21	34.65
汕尾市	Shanwei City	1.07	19.66	43.40	152.97	17.92
河源市	Heyuan City	1.62	22.14	52.74	140.04	24.92
阳江市	Yangjiang City	2.12	23.13	49.39	157.35	27.11
清远市	Qingyuan City	2.09	31.42	55.94	240.84	36.40
东莞市	Dongguan City	62.14	188.33	316.74	1718.58	209.59
中山市	ZhongShan City	10.08	70.14	115.93	547.55	87.08
潮州市	Chaozhou City	1.92	22.77	70.20	206.55	34.96
揭阳市	Jieyang City	2.25	39.04	95.67	301.29	46.15
云浮市	Yunfu City	1.63	18.71	43.12	121.48	70.05
广西壮族自治区	**Guangxi**					
南宁市	Nanning City	4.79	89.77	95.34	729.38	504.85
柳州市	Liuzhou City	1.70	27.15	57.09	284.99	58.85
桂林市	Guilin City	2.17	36.05	71.79	328.35	60.60
梧州市	Wuzhou City	1.26	17.10	45.10	146.98	109.52
北海市	Beihai City	0.70	14.45	22.47	20.03	17.98
防城港市	Fangchenggang City	0.47	9.42	13.97	77.52	12.14
钦州市	Qinzhou City	1.18	14.51	36.90	126.45	20.33
贵港市	Guigang City	1.79	18.48	49.04	183.94	26.52
玉林市	Yulin City	2.15	29.49	65.57	351.11	32.86
百色市	Baise City	1.20	16.99	39.07	184.24	27.36
贺州市	Hezhou City	0.63	10.19	15.59	138.47	17.55
河池市	Hechi City	1.33	19.35	33.65	232.33	45.80
来宾市	Laibin City	0.68	12.34	15.81	159.15	15.52
崇左市	Chongzuo City	0.95	14.56	18.30	126.79	13.48
海南省	**Hainan**					
海口市	Haikou City	1.73	46.28	82.61	368.01	48.57
三亚市	Sanya City	0.58	13.15	23.61	102.72	12.27
重庆市	**Chongqing**					
万州区	Wanzhou District					
涪陵区	Fuling District					
渝中区	Yuzhong District					
大渡口区	Dadukou District					
江北区	Jiangbei District					
沙坪坝区	Shapingba District					
九龙坡区	Jiulongpo District					

3-14 续表 7 continued

地　区	Region	邮政业务总　量(亿元) Business Volume of Postal Services (100 million yuan)	电信业务总　量(亿元) Business Volume of Tele-communication Services (100 million yuan)	固定电话用　户(万户) Number of Fixed Telephone Subscribers at Year-end (10 000 subscribers)	移动电话用　户(万户) Number of Mobile Telephone Subscribers at Year-end (10 000 subscribers)	互联网宽带接入用户数(万户) Broadband Subscribers of Internet (10 000 subscribers)
南岸区	Nanan District					
北碚区	Beibei District					
綦江区	Qijiang District					
大足区	Dazu District					
渝北区	Yubei District					
巴南区	Banan District					
黔江区	Qianjiang District					
长寿区	Changshou District					
江津区	Jiangjin District					
合川区	Hechuan District					
永川区	Yongchuan District					
南川区	Nanchuan District					
四川省	**Sichuan**					
成都市	Chengdu City	10.92	167.97	375.20	2136.10	255.00
自贡市	Zigong City	1.90	12.94	45.36	193.47	27.11
攀枝花市	Panzhihua City	0.82	10.04	32.76	132.61	28.26
泸州市	Luzhou City	2.87	21.98	55.32	317.16	36.30
德阳市	Deyang City	2.33	20.30	51.48	331.45	43.03
绵阳市	Mianyang City	3.12	29.10	74.89	439.62	53.54
广元市	Guangyuan City	1.51	14.25	40.42	214.09	23.86
遂宁市	Suining City	1.69	149.31	35.50	189.94	23.67
内江市	Neijiang City	1.61	13.61	50.55	218.29	22.55
乐山市	Leshan City	1.70	19.38	66.99	289.09	37.73
南充市	Nanchong City	4.08	24.92	70.52	371.69	40.34
眉山市	Meishan City	1.61	13.39	42.46	220.22	25.83
宜宾市	Yibin City	2.05	22.04	60.83	337.78	37.30
广安市	Guangan City	2.08	3.44	34.43	206.58	21.18
达州市	Dazhou City	3.34	21.12	63.17	322.32	37.13
雅安市	Yaan City	0.59	8.81	37.31	144.32	24.08
巴中市	Bazhong City	1.76	14.50	33.10	185.70	14.10
资阳市	Ziyang City	3.06	13.08	39.23	229.03	21.12
阿坝藏族羌族自治州	Aba Zang & Qiang A.P	0.38	5.96	11.30	73.37	7.49
甘孜藏族自治州	Ganzi Zang A.P	0.69	6.16	8.95	54.89	6.09
凉山彝族自治州	Liangshan Yi A.P	1.29	17.43	39.10	287.51	24.00
贵州省	**Guizhou**					
贵阳市	Guiyang City	3.28	62.77	101.97	640.85	80.77
六盘水市	Liupanshui City	0.93	18.39	28.11	211.13	15.13
遵义市	Zunyi City	3.27	43.65	75.91	449.28	44.94
安顺市	Anshun City	0.75	14.18	21.13	142.58	11.38
毕节市	Bijie City	1.34	28.45	35.39	295.59	20.58
铜仁市	Tongren City	1.41	17.02	25.33	171.04	14.28
黔西南布依族苗族自治州	Southwest Guizhou Buyi & Miao A.P	0.93	15.66	19.50	179.47	13.58
黔东南苗族侗族自治州	Southeast Guizhou Miao & Dong A.P	1.80	24.14	39.61	223.74	24.45
黔南布依族苗族自治州	South Guizhou Buyi & Miao A.P	1.82	19.85	33.05	201.31	18.82

3-14 续表 8 continued

地 区	Region	邮政业务总量(亿元) Business Volume of Postal Services (100 million yuan)	电信业务总量(亿元) Business Volume of Telecommunication Services (100 million yuan)	固定电话用户(万户) Number of Fixed Telephone Subscribers at Year-end (10 000 subscribers)	移动电话用户(万户) Number of Mobile Telephone Subscribers at Year-end (10 000 subscribers)	互联网宽带接入用户数(万户) Broadband Subscribers of Internet (10 000 subscribers)
云南省	**Yunnan**					
昆明市	Kunming City	3.91	87.94	174.30	801.57	141.26
曲靖市	Qujing City	0.97	65.00	34.85	399.00	30.93
玉溪市	Yuxi City	0.06	24.46	22.20	195.70	26.10
保山市	Baoshan City	0.02	13.04	17.26	173.09	13.49
昭通市	Zhaotong City	0.02	15.87	25.12	274.38	17.24
丽江市	Lijiang City	0.10	7.20	15.85	81.89	
普洱市	Puer City	0.02	3.47	32.17	201.01	15.64
临沧市	Lincang City	0.02	1.94	18.70	162.86	11.10
楚雄彝族自治州	Chuxiong Yi A.P	0.03	13.15	22.11	138.97	24.53
红河哈尼族彝族自治州	Honghe Hani & Yi A.P	0.08	16.31	41.67	267.42	36.73
文山壮族苗族自治州	Wenshan Zhuang & Miao A.P	0.02	4.50	31.10	244.10	13.00
西双版纳傣族自治州	Xishuangbanna Dai A.P	0.06	10.32	19.65	85.73	15.10
大理白族自治州	Dali Bai A.P	0.10	55.35	40.08	258.46	76.39
德宏傣族景颇族自治州	Dehong Dai & Jingpo A.P	0.03	9.34	17.71	138.68	11.19
怒江傈僳族自治州	Nujiang Lisu A.P		2.75	4.37	2.74	4.80
迪庆藏族自治州	Diqing Zang A.P	0.01	28.60	3.81	36.50	2.47
西藏自治区	**Tibet A.R.**					
拉萨市	Lhasa City	0.49	12.42	20.30	93.56	
昌都地区	Qamdu Prefecture	0.16	0.70	2.80	26.80	
山南地区	Lhokha Prefecture	0.22	2.52	3.85	19.94	
日喀则地区	Xigaze Prefecture	0.18	7.02	6.90	45.20	
那曲地区	Narqu Prefecture	0.12	0.81	2.40	24.50	
阿里地区	Ngri Prefecture	0.06	1.25	1.03	5.90	
林芝地区	Nyingchi Prefecture	0.20	8.26	3.21	19.59	
其他	Others					
陕西省	**Shaanxi**					
西安市	Xi'an City	14.40	152.95	313.82	1322.50	189.39
铜川市	Tongchuan City	0.76	6.47	13.62	56.01	7.28
宝鸡市	Baoji City	2.45	24.81	70.96	242.34	34.45
咸阳市	Xianyang City	2.78	30.28	63.73	334.48	42.41
渭南市	Weinan City	2.56	32.49	85.83	314.95	50.58
延安市	Yan'an City	1.03	22.09	38.59	216.46	20.87
汉中市	Hanzhong City	3.22	19.83	57.08	199.94	29.64
榆林市	Yulin City	1.47	40.35	58.27	319.51	28.61
安康市	Ankang City	1.50	15.15	39.09	152.17	22.80
商洛市	Shangluo City	1.18	9.77	31.08	106.41	13.55
杨凌示范区	Yangling Demonstration Zone					
甘肃省	**Gansu**					
兰州市	Lanzhou City	1.76	51.59	108.41	391.60	53.62
嘉峪关市	Jiayuguan City	0.23	4.13	10.17	33.43	6.36
金昌市	Jinchang City	0.21	4.39	10.34	41.49	5.97
白银市	Baiyin City	0.45	10.67	23.97	106.67	10.55
天水市	Tianshui City	1.05	15.90	38.07	168.11	12.85
武威市	Wuwei City	0.55	10.01	25.44	108.61	9.56
张掖市	Zhangye City	0.48	9.26	29.25	94.17	12.11

3-14 续表 9 continued

地 区	Region	邮政业务总量(亿元) Business Volume of Postal Services (100 million yuan)	电信业务总量(亿元) Business Volume of Telecommunication Services (100 million yuan)	固定电话用户(万户) Number of Fixed Telephone Subscribers at Year-end (10 000 subscribers)	移动电话用户(万户) Number of Mobile Telephone Subscribers at Year-end (10 000 subscribers)	互联网宽带接入用户数(万户) Broadband Subscribers of Internet (10 000 subscribers)
平凉市	Pingliang City	0.46	10.91	21.17	116.65	9.12
酒泉市	Jiuquan City	0.51	10.30	20.93	100.48	9.88
庆阳市	Qingyang City	0.84	14.92	26.01	152.24	10.56
定西市	Dingxi City	0.52	12.04	21.18	149.92	7.66
陇南市	Longnan City	0.67	11.90	17.89	145.28	7.51
临夏回族自治州	Linxia Hui A.P	0.30	9.04	17.45	108.14	5.02
甘南藏族自治州	Gannan Zang A.P	0.15	4.90	7.47	46.76	2.53
青海省	**Qinghai**					
西宁市	Xining City	1.40		62.95	231.70	30.30
海东地区	Haidong Prefecture	0.29		15.19	106.71	5.69
海北藏族自治州	Haibei Zang A.P	0.08		3.15	27.45	1.74
黄南藏族自治州	Huangnan Zang AP	0.06		2.06	21.58	1.26
海南藏族自治州	Hainan Zang A.P	0.10		4.42	42.80	2.38
果洛藏族自治州	Golog Zang A.P	0.05		1.66	16.15	0.85
玉树藏族自治州	Yushu Zang A.P	0.09		1.23	29.61	0.96
海西蒙古族藏族自治州	Haixi Mongolian & Zang A.P	0.43		11.85	61.23	6.74
宁夏回族自治区	**Ningxia**					
银川市	Yinchuan City	1.35	28.75	52.01	310.24	33.95
石嘴山市	Shizuishan City	0.39	7.93	15.02	91.49	16.87
吴忠市	Wuzhong City	0.34	10.53	11.36	103.40	9.01
固原市	Guyuan City	0.34	6.75	11.04	77.51	3.82
中卫市	Zhongwei City	0.23	7.02	11.55	77.06	7.81
新疆维吾尔自治区	**Xinjiang**					
乌鲁木齐市	Urumqi City	4.53	55.50	144.60	447.50	74.89
克拉玛依市	Karamay City	0.49	5.75	10.10	53.25	7.21
吐鲁番地区	Turpan Prefecture	0.63	4.92	17.20	62.60	5.64
哈密地区	Hami Prefecture	0.69	6.30	18.76	74.76	10.31
昌吉回族自治州	Changji Hui A.P	1.83	14.73	42.30	168.43	21.12
博尔塔拉蒙古自治州	Bortala Mongolian A.P	0.44	4.02	13.70	51.69	7.26
巴音郭楞蒙古自治州	Bayingolin Mongolian A.P	1.75	14.81	39.20	148.10	21.35
阿克苏地区	Aksu Prefecture	1.42	16.81	38.00	176.15	18.61
克孜勒苏柯尔克孜自治州	Kizilsu Kirgiz A.P	0.98	2.69	7.02	36.70	2.87
喀什地区	Kashi Prefecture	1.03	18.16	41.50	205.60	15.52
和田地区	Hotan Prefecture	0.48	8.10	15.87	121.80	5.97
伊犁哈萨克自治州	Ili Kazak A.P	1.82	20.31	58.93	238.20	27.93
塔城地区	Tacheng Prefecture	0.91	5.09	21.80	65.83	12.25
阿勒泰地区	Altay Prefecture	0.34	5.60	21.05	63.57	10.10
石河子市	Shihezi City	0.83	7.51	27.84	94.30	14.00
阿拉尔市	Alar City					
图木舒克市	Tumxuk City					
五家渠市	Wujiaqu City					
北屯市	Beitun City					
铁门关市	Tiemenguan City					
生产建设兵团	Corps					

3-15 社会消费品零售总额和批发零售业、住宿餐饮业情况(2012年)

Total Retail Sale of Consumer Goods and Condition of Wholesale and Retail Trade (2012)

地 区	Region	社会消费品零售总额(亿元) Total Retail Sales of Consumer Goods (100 million yuan)	批发和零售业 Wholesale and Retail Trades			住宿和餐饮业 Hotels and Catering Services		
			法人企业数(个) Number of Corporation Enterprises (unit)	年末从业人数(人) Engaged Persons at Year-end (person)	商品销售额(亿元) Total Sales of Commodities (100 million yuan)	法人企业数(个) Number of Corporation Enterprises (unit)	年末从业人数(人) Engaged Persons at Year-end (person)	营业额(亿元) Business Revenue (100 million yuan)
北京市	**Beijing**							
东城区	Dongcheng District	794.64	667	89010	7077.80	390	85623	224.60
西城区	Xicheng District	764.34	790	79615	6356.50	435	48842	112.10
朝阳区	Chaoyang District	1829.54	2187	234131	16226.40	822	94835	232.40
丰台区	Fengtai District	826.80	589	54207	2533.80	230	20500	40.60
石景山区	Shijingshan District	184.54	194	26609	1050.70	48	5485	7.80
海淀区	Haidian District	1504.76	2031	123057	13170.00	702	82402	176.10
门头沟区	Mentougou District	43.71	117	3074	120.70	35	3572	5.70
房山区	Fangshan District	182.53	324	11430	895.20	61	4743	7.30
通州区	Tongzhou District	239.28	176	19383	643.60	42	3659	4.90
顺义区	Shunyi District	254.14	186	18745	727.60	77	15887	30.10
昌平区	Changping District	280.44	225	12883	979.60	98	12872	24.30
大兴区	Daxing District	200.90	261	16927	573.70	59	13763	20.90
怀柔区	Huairou District	89.84	50	2881	96.20	55	4623	6.60
平谷区	Pinggu District	66.94	59	2647	147.90	27	2395	3.10
密云县	Miyun County	105.56	82	4504	149.00	34	3858	5.90
延庆县	Yanqing County	83.00	34	2254	28.50	29	2474	3.30
北京经济技术开发区	Beijing Economic-technological Development Zones	251.86	136	18586	1605.60	27	9071	16.60
其他	Others							
天津市	**Tianjin**							
和平区	Heping District	352.87	255	27083	2041.89	75	7215	12.05
河东区	Hedong District	299.70	179	10968	971.13	39	4062	6.67
河西区	Hexi District	391.28	232	16478	1871.13	73	13097	19.86
南开区	Nankai District	531.18	185	23691	5066.30	50	29507	43.88
河北区	Hebei District	174.86	176	5593	394.43	43	4702	7.90
红桥区	Hongqiao District	137.63	42	3209	38.20	16	1688	2.65
东丽区	Dongli District	149.53	293	16095	1759.73	22	1623	2.37
西青区	Xiqing District	161.46	230	8855	776.70	28	3204	6.86
津南区	Jinnan District	152.79	278	5982	751.20	38	2563	5.21
北辰区	Beichen District	160.84	576	12714	1356.90	22	2928	4.26
武清区	Wuqing District	142.66	181	12328	722.45	20	2529	3.61
宝坻区	Baodi District	129.87	184	4315	126.12	13	1782	3.07
滨海新区	Binhai New Area	1108.12	1682	71915	13340.47	148	16727	29.45
宁河县	Ninghe County	71.68	41	1189	131.10	8	942	1.77
静海县	Jinghai County	76.52	255	5185	680.49	14	1907	2.55
蓟县	Ji County	121.18	102	3141	101.75	18	2428	2.85
其他	Others	106.00	1	22	0.31			
河北省	**Hebei**							
石家庄市	Shijiazhuang City	1915.76	342	53169	1864.77	113	20008	27.71
唐山市	Tangshan City	1535.02	424	71712	2238.87	104	15950	20.11
秦皇岛市	Qinhuangdao City	453.81	206	15792	793.38	88	9392	11.77
邯郸市	Handan City	973.68	465	32431	1151.71	107	10628	15.49
邢台市	Xingtai City	624.05	276	20872	357.06	71	6677	6.51
保定市	Baoding City	1174.32	424	42881	968.19	132	14423	15.80
张家口市	Zhangjiakou City	439.60	198	16209	334.46	93	9976	9.22
承德市	Chengde City	349.72	179	16783	261.89	67	5994	7.73
沧州市	Cangzhou City	787.97	343	41285	579.42	60	7168	7.95
廊坊市	Langfang City	568.08	187	15448	355.88	62	10050	12.20
衡水市	Hengshui City	432.03	171	11719	240.45	40	3592	3.95

3-15 续表 1 continued

地 区	Region	社会消费品零售总额(亿元) Total Retail Sales of Consumer Goods (100 million yuan)	批发和零售业 Wholesale and Retail Trades			住宿和餐饮业 Hotels and Catering Services		
			法人企业数(个) Number of Corporation Enterprises (unit)	年末从业人数(人) Engaged Persons at Year-end (person)	商品销售额(亿元) Total Sales of Commodities (100 million yuan)	法人企业数(个) Number of Corporation Enterprises (unit)	年末从业人数(人) Engaged Persons at Year-end (person)	营业额(亿元) Business Revenue (100 million yuan)
山西省	**Shanxi**							
太原市	Taiyuan City	1139.16	580	63019	4021.92	245	45117	66.92
大同市	Datong City	427.96	220	25733	1050.12	103	18728	18.87
阳泉市	Yangquan City	225.58	110	10519	732.78	46	5155	5.07
长治市	Changzhi City	386.19	401	23287	1613.45	108	10794	11.62
晋城市	Jincheng City	268.64	271	25072	526.05	69	8852	8.51
朔州市	Shuozhou City	201.18	174	18743	473.32	59	6484	8.66
晋中市	Jinzhong City	387.27	257	21354	760.43	71	7800	7.52
运城市	Yuncheng City	493.85	285	15422	292.77	66	6163	7.25
忻州市	Xinzhou City	232.88	222	12781	372.69	71	6842	7.07
临汾市	Linfen City	431.70	232	16526	532.40	76	8601	7.41
吕梁市	Luliang City	312.43	151	15792	490.93	59	7317	7.68
其他	Others							
内蒙古自治区	**Inner Mongolia**							
呼和浩特市	Hohhot City	1022.30	381	41886	923.69	191	28270	44.90
包头市	Baotou City	975.10	281	25901	972.66	107	17436	29.86
乌海市	Wuhai City	100.90	98	3918	117.10	18	3315	6.55
赤峰市	Chifeng City	469.20	149	21906	270.86	84	8325	8.57
通辽市	Tongliao City	330.50	201	9980	322.00	30	3920	4.42
鄂尔多斯市	Erdos City	507.20	156	13386	804.99	104	12003	14.83
呼伦贝尔市	Hulunbuir City	405.50	216	14646	270.34	77	8686	13.51
巴彦淖尔市	Bayannur City	173.00	43	6756	110.01	14	2085	1.98
乌兰察布市	Ulanqab City	216.40	30	8707	96.92	32	4550	3.87
兴安盟	Xingan League	155.60	39	3311	65.24	20	1374	1.52
锡林郭勒盟	Xilingol League	166.20	57	5917	115.74	49	5013	5.68
阿拉善盟	Alxa League	51.20	16	1775	63.86	17	1665	2.03
辽宁省	**Liaoning**							
沈阳市	Shenyang City	2802.20	1948	114292	8150.95	276	34283	102.69
大连市	Dalian City	2224.05	1643	79576	3646.08	329	35795	70.90
鞍山市	Anshan City	703.68	674	19430	1097.53	175	8377	19.94
抚顺市	Fushun City	455.24	223	12020	368.28	44	2467	4.57
本溪市	Benxi City	261.16	174	11608	150.16	39	2168	3.17
丹东市	Dandong City	375.90	203	7476	203.87	93	4674	10.49
锦州市	Jinzhou City	434.46	224	14660	331.84	63	3956	6.90
营口市	Yingkou City	341.41	302	16573	280.70	72	7028	12.97
阜新市	Fuxin City	202.64	143	7454	267.36	22	1449	1.67
辽阳市	Liaoyang City	283.82	139	4874	213.18	33	2410	4.18
盘锦市	Panjin City	252.03	159	11401	370.66	35	2751	5.30
铁岭市	Tieling City	307.94	148	9280	252.81	21	1924	4.19
朝阳市	Chaoyang City	294.40	189	14348	230.39	31	2108	3.51
葫芦岛市	Huludao City	317.65	107	10851	170.39	38	2706	4.48

3-15 续表 2 continued

地 区	Region	社会消费品零售总额（亿元）Total Retail Sales of Consumer Goods (100 million yuan)	批发和零售业 Wholesale and Retail Trades			住宿和餐饮业 Hotels and Catering Services		
			法人企业数（个）Number of Corporation Enterprises (unit)	年末从业人数（人）Engaged Persons at Year-end (person)	商品销售额（亿元）Total Sales of Commodities (100 million yuan)	法人企业数（个）Number of Corporation Enterprises (unit)	年末从业人数（人）Engaged Persons at Year-end (person)	营业额（亿元）Business Revenue (100 million yuan)
吉林省	**Jilin**							
长春市	Changchun City	1739.64	338	43245	1452.17	106	15268	28.63
吉林市	Jilin City	935.64	312	15938	768.02	72	5729	9.29
四平市	Siping City	394.79	141	20650	245.57	23	1335	3.86
辽源市	Liaoyuan City	147.23	75	5256	82.21	15	930	1.06
通化市	Tonghua City	339.37	209	9541	250.78	32	1953	4.32
白山市	Baishan City	190.28	30	3284	58.63	19	1465	1.45
松原市	Songyuan City	453.08	59	6826	166.22	21	1807	2.18
白城市	Baicheng City	221.45	36	3553	101.68	8	873	0.74
延边朝鲜族自治州	Yanbian Korean A.P	351.45	146	10011	197.13	64	4502	6.89
黑龙江省	**Heilongjiang**							
哈尔滨市	Harbin City	2394.60	799	54716	1770.18	247	21731	39.95
齐齐哈尔市	Qiqihar City	480.17	96	5167	184.05	33	2046	2.74
鸡西市	Jixi City	162.27	81	5285	120.67	14	599	0.58
鹤岗市	Hegang City	97.12	80	8943	52.25	12	930	0.88
双鸭山市	Shuangyashan City	88.52	51	5410	49.65	13	894	0.79
大庆市	Daqing City	803.10	297	21745	1512.16	34	3206	4.75
伊春市	Yichun City	76.52	28	1439	37.56	26	1706	2.16
佳木斯市	Jiamusi City	284.43	54	10710	106.38	21	1802	2.14
七台河市	Qitaihe City	74.20	18	1357	40.66	8	339	0.66
牡丹江市	Mudanjiang City	363.40	249	14702	488.73	45	7119	5.86
黑河市	Heihe City	73.48	41	2396	55.07	10	1268	1.37
绥化市	Suihua City	353.09	88	10903	146.89	9	651	0.66
大兴安岭地区	Daxing'anling Prefecture	45.93	21	1580	133.15	7	858	0.84
农垦总局	Agriculture Reclamation Bureau	158.47	26	3959	268.00	9	1421	3.57
其他	Others							
上海市	**Shanghai**							
黄浦区	Huangpu District	684.07	643	85074	5094.76	259	39652	108.21
徐汇区	Xuhui District	435.40	718	86936	2734.82	243	89964	173.91
长宁区	Changning District	254.37	551	46171	6856.45	182	20939	54.16
静安区	Jingan District	233.76	267	37909	2772.20	89	11240	29.97
普陀区	Putuo District	482.04	528	86818	4147.82	113	8425	17.24
闸北区	Zhabei District	240.32	277	21820	1308.85	58	5726	11.91
虹口区	Hongkou District	252.11	297	20471	1253.08	92	10310	20.00
杨浦区	Yangpu District	311.20	293	22553	1117.76	91	7880	16.44
闵行区	Minhang District	1349.73	475	61241	1554.86	167	20692	44.76
宝山区	Baoshan District	460.31	483	24106	1748.61	101	7046	14.91
嘉定区	Jiading District	566.59	188	20801	2860.29	62	5065	12.20
浦东新区	Pudong New District	430.01	1367	142740	14924.90	335	35040	86.50
金山区	Jinshan District	288.47	68	2448	237.32	36	4081	5.51
松江区	Songjiang District	383.52	210	20766	518.62	74	8051	15.45
青浦区	Qingpu District	357.80	103	10081	163.67	60	4001	7.45
奉贤区	Fengxian District	335.34	151	6794	402.89	43	5554	8.77
崇明县	Chongming County	64.73	43	1639	54.60	22	1485	2.66
其他	Others							

3-15 续表 3 continued

地　区	Region	社会消费品零售总额（亿元）Total Retail Sales of Consumer Goods (100 million yuan)	批发和零售业 Wholesale and Retail Trades			住宿和餐饮业 Hotels and Catering Services		
			法人企业数（个）Number of Corporation Enterprises (unit)	年末从业人数（人）Engaged Persons at Year-end (person)	商品销售额（亿元）Total Sales of Commodities (100 million yuan)	法人企业数（个）Number of Corporation Enterprises (unit)	年末从业人数（人）Engaged Persons at Year-end (person)	营业额（亿元）Business Revenue (100 million yuan)
江苏省	**Jiangsu**							
南京市	Nanjing City	3103.82	1767	240285	9835.90	639	102824	181.90
无锡市	Wuxi City	2443.24	1550	88854	6160.90	282	49291	78.40
徐州市	Xuzhou City	1312.50	1479	68350	1743.30	223	14371	32.20
常州市	Changzhou City	1413.33	1126	51297	1981.80	147	35118	53.20
苏州市	Suzhou City	3240.97	3204	181862	9613.80	466	76648	137.00
南通市	Nantong City	1719.27	1029	61125	1812.30	131	13195	21.30
连云港市	Lianyungang City	575.49	393	20251	631.70	101	7547	10.90
淮安市	Huaian City	633.24	634	21919	413.00	136	10084	14.10
盐城市	Yancheng City	1023.20	780	31790	713.60	136	11993	19.20
扬州市	Yangzhou City	973.97	468	27371	692.40	164	15794	24.60
镇江市	Zhenjiang City	766.46	409	25931	758.50	121	12183	22.50
泰州市	Taizhou City	737.57	460	27758	1012.00	113	11931	18.80
宿迁市	Suqian City	388.23	312	15701	423.70	88	6425	8.10
浙江省	**Zhejiang**							
杭州市	Hangzhou City	2944.63	3420	226014	13240.57	834	111990	248.54
宁波市	Ningbo City	2329.26	2521	135000	8087.66	456	54314	88.20
温州市	Wenzhou City	1929.29	1976	62106	2464.68	264	29812	61.47
嘉兴市	Jiaxing City	1083.74	1238	44114	1722.02	174	18198	31.41
湖州市	Huzhou City	703.87	436	16437	1297.79	92	11075	20.73
绍兴市	Shaoxing City	1158.66	1003	43180	1654.42	153	19676	41.80
金华市	Jinhua City	1260.41	734	35600	1141.46	162	17512	30.65
衢州市	Quzhou City	396.36	272	12600	418.24	41	3865	5.93
舟山市	Zhoushan City	290.54	259	10600	809.55	107	8948	17.07
台州市	Taizhou City	1304.30	705	36070	1321.37	132	17533	27.60
丽水市	Lishui City	371.09	252	14176	454.87	69	5944	7.80
安徽省	**Anhui**							
合肥市	Hefei City	1293.62	815	100508	3622.73	332	42435	60.95
芜湖市	Wuhu City	490.20	424	23582	662.54	109	13304	13.94
蚌埠市	Bengbu City	371.51	221	12826	247.03	62	3474	4.97
淮南市	Huainan City	256.47	153	12103	219.18	45	3954	4.66
马鞍山市	Maanshan City	262.94	181	14461	301.71	68	7020	7.19
淮北市	Huaibei City	171.67	113	9521	132.67	11	1384	1.72
铜陵市	Tongling City	137.24	115	5687	141.04	71	4648	5.38
安庆市	Anqing City	460.56	310	19641	235.21	110	8913	12.14
黄山市	Huangshan City	172.08	147	6135	105.73	98	10594	12.81
滁州市	Chuzhou City	296.81	317	19668	264.51	84	5571	6.64
阜阳市	Fuyang City	446.04	270	24696	626.09	67	4375	4.81
宿州市	Suzhou City	266.04	201	12884	354.10	41	3102	3.36
六安市	Liuan City	382.66	197	19879	335.81	62	5262	6.13
亳州市	Bozhou City	303.69	206	14235	201.44	35	3312	2.79
池州市	Chizhou City	124.29	136	5635	85.21	51	4577	5.30
宣城市	Xuancheng City	265.84	226	12943	203.35	76	5566	8.00
福建省	**Fujian**							
福州市	Fuzhou City	2319.82	1173	95460	3703.04	394	55756	114.90
厦门市	Xiamen City	881.91	1373	83356	5910.74	276	42854	81.77
莆田市	Putian City	394.79	416	16020	513.98	56	6545	7.38
三明市	Sanming City	341.48	434	18755	504.66	84	5737	9.22
泉州市	Quanzhou City	1706.64	1512	63525	1706.84	251	28412	37.07
漳州市	Zhangzhou City	661.08	475	24515	502.32	94	7901	10.57
南平市	Nanping City	357.30	197	11515	258.15	84	7896	10.29
龙岩市	Longyan City	432.28	431	21623	476.05	87	7091	8.19
宁德市	Ningde City	322.42	243	11421	210.07	75	6592	9.89

3-15 续表 4 continued

地 区	Region	社会消费品零售总额(亿元) Total Retail Sales of Consumer Goods (100 million yuan)	批发和零售业 Wholesale and Retail Trades			住宿和餐饮业 Hotels and Catering Services		
			法人企业数(个) Number of Corporation Enterprises (unit)	年末从业人数(人) Engaged Persons at Year-end (person)	商品销售额(亿元) Total Sales of Commodities (100 million yuan)	法人企业数(个) Number of Corporation Enterprises (unit)	年末从业人数(人) Engaged Persons at Year-end (person)	营业额(亿元) Business Revenue (100 million yuan)
江西省	**Jiangxi**							
南昌市	Nanchang City	1122.40	473	53214	1549.31	165	23911	34.00
景德镇市	Jingdezhen City	188.81	65	4576	69.33	34	3025	3.51
萍乡市	Pingxiang City	210.82	61	4791	70.05	21	1826	2.46
九江市	Jiujiang City	384.66	112	12750	190.67	58	7394	8.32
新余市	Xinyu City	154.79	47	3583	78.27	28	4276	7.10
鹰潭市	Yingtan City	118.66	35	2113	56.19	19	2363	2.12
赣州市	Ganzhou City	495.00	153	13041	225.07	69	7106	7.78
吉安市	Jian City	264.46	124	11770	131.75	59	4035	3.99
宜春市	Yichun City	356.21	135	18103	272.96	41	5502	4.99
抚州市	Fuzhou City	302.25	111	9379	112.27	29	3132	2.69
上饶市	Shangrao City	429.18	182	12996	183.18	92	8628	12.54
山东省	**Shandong**							
济南市	Jinan City	2420.25	1669	119772	3393.95	381	46826	65.42
青岛市	Qingdao City	2635.62	1498	103306	4619.06	362	43310	99.67
淄博市	Zibo City	1363.64	713	53191	1558.87	241	15264	31.76
枣庄市	Zaozhuang City	568.24	429	23334	442.72	111	7494	9.30
东营市	Dongying City	522.99	400	35974	830.87	67	12894	23.64
烟台市	Yantai City	1901.35	1200	71966	2085.85	368	26784	68.22
潍坊市	Weifang City	1613.56	1229	81084	2117.82	240	20964	28.77
济宁市	Jining City	1351.25	1069	66224	1481.45	258	18028	26.48
泰安市	Taian City	939.86	1029	48083	1539.41	242	14749	45.55
威海市	Weihai City	953.87	397	30609	749.20	185	13779	33.05
日照市	Rizhao City	428.89	179	16558	694.44	65	5855	7.66
莱芜市	Laiwu City	228.05	267	12556	324.55	41	2878	2.58
临沂市	Linyi City	1579.87	963	67624	1640.18	148	13759	22.68
德州市	Dezhou City	886.79	616	36999	621.04	116	10560	25.10
聊城市	Liaocheng City	751.38	603	31503	753.97	96	9328	11.54
滨州市	Binzhou City	602.27	429	27155	556.32	84	7181	8.88
菏泽市	Heze City	904.07	954	44069	957.19	183	10039	29.97
河南省	**Henan**							
郑州市	Zhengzhou City	2322.71	1855	101224	3247.48	1048	69649	125.81
开封市	Kaifeng City	510.33	440	23191	243.29	270	10542	26.87
洛阳市	Luoyang City	1114.78	792	44936	844.70	516	26163	34.40
平顶山市	Pingdingshan City	478.39	595	28397	617.03	451	18591	30.30
安阳市	Anyang City	472.07	353	18732	388.61	166	8957	12.83
鹤壁市	Hebi City	127.37	161	8548	88.86	112	4336	5.46
新乡市	Xinxiang City	548.07	473	26838	441.37	247	12077	17.59
焦作市	Jiaozuo City	439.41	341	18738	264.94	184	9617	16.95
濮阳市	Puyang City	321.23	469	15858	259.77	179	4529	15.64

3-15 续表 5 continued

地 区	Region	社会消费品零售总额 (亿元) Total Retail Sales of Consumer Goods (100 million yuan)	批发和零售业 Wholesale and Retail Trades 法人企业数 (个) Number of Corporation Enterprises (unit)	年末从业人数 (人) Engaged Persons at Year-end (person)	商品销售额 (亿元) Total Sales of Commodities (100 million yuan)	住宿和餐饮业 Hotels and Catering Services 法人企业数 (个) Number of Corporation Enterprises (unit)	年末从业人数 (人) Engaged Persons at Year-end (person)	营业额 (亿元) Business Revenue (100 million yuan)
许昌市	Xuchang City	488.85	454	20062	358.09	259	10948	22.09
漯河市	Luohe City	299.21	211	11584	206.71	150	5368	11.89
三门峡市	Sanmenxia City	277.08	238	10589	223.38	111	7383	8.06
南阳市	Nanyang City	1092.08	815	49796	579.33	520	21540	37.46
商丘市	Shangqiu City	554.65	299	22899	556.33	146	6270	10.08
信阳市	Xinyang City	605.80	391	31384	254.40	332	12101	28.92
周口市	Zhoukou City	673.15	358	34160	292.06	313	10552	23.83
驻马店市	Zhumadian City	518.13	628	32039	328.18	248	11127	23.65
济源市	Jiyuan City	95.40	73	4681	84.67	23	1704	2.29
湖北省	**Hubei**							
武汉市	Wuhan City	3432.43	1694	201748	8826.32	761	89912	155.26
黄石市	Huangshi City	411.50	218	11927	242.68	68	5114	6.58
十堰市	Shiyan City	426.80	258	20005	314.44	81	8206	8.63
宜昌市	Yichang City	739.10	631	29363	574.00	174	12987	19.80
襄阳市	Xiangyang City	800.14	502	28843	506.79	156	9828	20.78
鄂州市	Ezhou City	181.27	37	3433	57.04	20	2164	3.14
荆门市	Jingmen City	347.05	254	16828	247.47	76	6178	22.69
孝感市	Xiaogan City	531.80	219	15205	249.83	80	7162	9.33
荆州市	Jingzhou City	650.54	311	14503	226.50	87	5014	6.17
黄冈市	Huanggang City	551.00	262	16958	277.05	59	5762	5.35
咸宁市	Xianning City	281.68	238	10512	239.60	73	6371	14.70
随州市	Suizhou City	273.64	140	9802	216.69	65	4399	10.39
恩施土家族苗族自治州	Enshi Tujia & Miao A.P	182.84	238	14084	153.60	97	5611	7.37
仙桃市	Xiantao City	176.90	83	12867	60.27	19	1969	2.23
潜江市	Qianjiang City	115.40	42	4243	45.20	25	1400	1.58
天门市	Tianmen City	176.90	33	1803	72.78	6	549	3.72
神农架林区	Shennongjia Forest District	5.78	7	180	2.59	6	686	0.37
湖南省	**Hunan**							
长沙市	Changsha City	2521.71	1246	159588	2934.27	306	59800	266.97
株洲市	Zhuzhou City	579.90	379	25921	381.27	100	10756	70.60
湘潭市	Xiangtan City	349.14	199	18904	197.81	51	6680	56.83
衡阳市	Hengyang City	642.62	486	36826	336.88	99	13392	70.71
邵阳市	Shaoyang City	378.86	211	19098	185.75	54	6409	45.48
岳阳市	Yueyang City	687.40	393	27470	400.67	93	8200	101.83
常德市	Changde City	638.77	304	26574	199.63	79	10024	74.88
张家界市	Zhangjiajie City	112.71	87	11178	53.24	50	5453	18.67
益阳市	Yiyang City	353.77	271	16096	161.18	94	5959	42.76
郴州市	Chenzhou City	554.58	419	25393	406.77	82	7118	116.37
永州市	Yongzhou City	329.34	202	17195	201.57	46	5478	35.52
怀化市	Huaihua City	316.73	134	13900	135.76	39	4299	39.79
娄底市	Loudi City	297.75	255	15704	224.90	33	4423	34.88
湘西土家族苗族自治州	West Hunan Tujia & Miao A.P	158.62	81	7833	96.28	26	2486	21.42

3-15 续表 6 continued

地 区	Region	社会消费品零售总额（亿元）Total Retail Sales of Consumer Goods (100 million yuan)	批发和零售业 Wholesale and Retail Trades			住宿和餐饮业 Hotels and Catering Services		
			法人企业数（个）Number of Corporation Enterprises (unit)	年末从业人数（人）Engaged Persons at Year-end (person)	商品销售额（亿元）Total Sales of Commodities (100 million yuan)	法人企业数（个）Number of Corporation Enterprises (unit)	年末从业人数（人）Engaged Persons at Year-end (person)	营业额（亿元）Business Revenue (100 million yuan)
广东省	**Guangdong**							
广州市	Guangzhou City	5977.27	4393	373933	31800.33	1291	198459	442.15
韶关市	Shaoguan City	409.59	148	9800	604.51	134	11217	14.41
深圳市	Shenzhen City	4008.78	1899	324370	14657.78	706	147419	387.90
珠海市	Zhuhai City	635.20	662	33199	2080.12	174	21674	36.51
汕头市	Shantou City	1029.82	522	18370	1853.37	140	11355	21.61
佛山市	Foshan City	2019.50	1287	66603	6083.83	327	37762	66.46
江门市	Jiangmen City	807.21	404	21770	1370.90	135	19842	31.18
湛江市	Zhanjiang City	861.33	329	18125	1528.96	81	16222	28.67
茂名市	Maoming City	902.20	510	20111	1607.61	67	7718	15.27
肇庆市	Zhaoqing City	433.39	201	15015	763.27	92	10865	23.83
惠州市	Huizhou City	754.15	318	28872	1251.78	169	22766	37.01
梅州市	Meizhou City	403.50	125	11256	626.67	58	6169	12.04
汕尾市	Shanwei City	424.32	59	5087	553.18	33	3976	5.44
河源市	Heyuan City	209.37	88	5410	278.72	61	7381	8.92
阳江市	Yangjiang City	467.01	99	7009	710.52	73	9220	20.21
清远市	Qingyuan City	459.63	166	7461	594.60	74	12061	16.42
东莞市	Dongguan City	1354.58	962	81198	2522.89	341	68648	96.04
中山市	ZhongShan City	809.33	770	45227	2117.53	248	29532	43.39
潮州市	Chaozhou City	317.04	137	5181	639.26	54	3174	6.63
揭阳市	Jieyang City	521.05	907	26449	1081.70	107	6268	18.76
云浮市	Yunfu City	180.31	161	10595	313.24	36	3849	8.67
广西壮族自治区	**Guangxi**							
南宁市	Nanning City	1255.59	687	61595	2019.30	263	33799	44.29
柳州市	Liuzhou City	661.84	428	24455	1706.50	67	7971	87.08
桂林市	Guilin City	536.35	198	17238	245.60	154	16077	19.40
梧州市	Wuzhou City	257.21	74	4163	89.24	24	1866	2.13
北海市	Beihai City	146.51	37	6545	98.55	44	3954	4.55
防城港市	Fangchenggang City	71.30	66	2372	81.01	15	1069	0.99
钦州市	Qinzhou City	237.56	122	5805	206.64	35	3204	3.44
贵港市	Guigang City	284.05	76	4953	93.89	38	2814	2.45
玉林市	Yulin City	422.83	195	15274	224.40	51	5260	5.03
百色市	Baise City	156.67	98	7159	106.10	55	4406	3.87
贺州市	Hezhou City	106.39	50	3658	71.28	10	1216	0.74
河池市	Hechi City	176.98	81	5811	98.50	29	2628	2.60
来宾市	Laibin City	109.53	43	2459	59.79	15	1976	1.55
崇左市	Chongzuo City	84.37	57	2693	60.22	22	2191	2.30
海南省	**Hainan**							
海口市	Haikou City	436.26	336	30365	1463.77	145	18369	26.51
三亚市	Sanya City	104.80	40	3991	184.08	107	33438	68.40
重庆市	**Chongqing**							
万州区	Wanzhou District	189.19	169	8690	315.77	29	3830	9.22
涪陵区	Fuling District	153.88	117	12343	174.10	42	3905	5.17
渝中区	Yuzhong District	485.10	232	71673	1428.56	65	23186	35.34
大渡口区	Dadukou District	36.10	23	1037	33.56	9	358	0.38
江北区	Jiangbei District	340.70	238	30762	1983.55	75	11494	19.92
沙坪坝区	Shapingba District	280.89	205	7747	436.32	67	4316	5.42
九龙坡区	Jiulongpo District	372.15	342	16948	889.57	78	14251	21.56

3-15 续表 7 continued

地区	Region	社会消费品零售总额(亿元) Total Retail Sales of Consumer Goods (100 million yuan)	批发和零售业 Wholesale and Retail Trades 法人企业数(个) Number of Corporation Enterprises (unit)	年末从业人数(人) Engaged Persons at Year-end (person)	商品销售额(亿元) Total Sales of Commodities (100 million yuan)	住宿和餐饮业 Hotels and Catering Services 法人企业数(个) Number of Corporation Enterprises (unit)	年末从业人数(人) Engaged Persons at Year-end (person)	营业额(亿元) Business Revenue (100 million yuan)
南岸区	Nanan District	308.85	164	12734	448.29	58	5667	10.20
北碚区	Beibei District	121.48	71	4764	191.37	26	4704	15.76
綦江区	Qijiang District	99.65	84	3438	56.04	26	1152	1.65
大足区	Dazu District	69.09	68	1813	46.18	31	2122	2.79
渝北区	Yubei District	340.30	172	18450	624.30	71	12247	20.68
巴南区	Banan District	163.77	110	5007	320.21	12	1294	1.45
黔江区	Qianjiang District	51.78	76	5662	79.22	24	1391	2.06
长寿区	Changshou District	78.98	53	1997	120.81	9	992	1.74
江津区	Jiangjin District	150.75	103	6700	114.19	32	1856	3.14
合川区	Hechuan District	144.59	134	4322	110.84	39	2645	10.99
永川区	Yongchuan District	162.26	156	6446	178.38	41	2852	6.71
南川区	Nanchuan District	69.55	32	2350	28.85	24	2048	3.19
四川省	**Sichuan**							
成都市	Chengdu City	3329.22	1480	171879	5965.26	1054	107633	194.92
自贡市	Zigong City	341.67	193	10175	198.26	49	6741	8.37
攀枝花市	Panzhihua City	198.06	156	7908	202.09	59	4219	4.86
泸州市	Luzhou City	364.72	361	17359	290.90	65	3809	5.07
德阳市	Deyang City	413.77	237	12945	303.10	84	8467	9.72
绵阳市	Mianyang City	579.51	225	16819	541.95	119	11822	52.86
广元市	Guangyuan City	201.60	153	6830	114.19	59	3667	4.12
遂宁市	Suining City	280.54	148	9590	144.45	44	3610	4.13
内江市	Neijiang City	280.52	161	12045	161.12	55	3786	4.73
乐山市	Leshan City	374.99	168	10966	183.18	58	4830	6.53
南充市	Nanchong City	468.01	317	14735	194.50	107	8980	12.81
眉山市	Meishan City	256.00	119	5982	145.33	36	3612	5.59
宜宾市	Yibin City	435.27	283	11820	264.85	54	4041	7.54
广安市	Guangan City	282.98	260	7732	160.20	35	2786	3.37
达州市	Dazhou City	430.28	212	18415	216.54	57	4985	6.21
雅安市	Yaan City	139.41	56	3343	45.44	32	2171	2.72
巴中市	Bazhong City	160.89	89	5826	76.48	25	2250	4.31
资阳市	Ziyang City	293.54	159	11233	122.63	41	19528	36.73
阿坝藏族羌族自治州	Aba Zang & Qiang A.P	45.86	35	2246	28.21	76	6182	10.55
甘孜藏族自治州	Ganzi Zang A.P	51.42	21	1349	39.08	21	1459	1.91
凉山彝族自治州	Liangshan Yi A.P	340.35	143	12014	299.32	78	4987	8.74
贵州省	**Guizhou**							
贵阳市	Guiyang City	683.19	383	43164	1215.17	175	24074	30.68
六盘水市	Liupanshui City	182.82	156	7296	218.39	32	2738	2.53
遵义市	Zunyi City	409.87	197	17208	623.25	84	5489	5.43
安顺市	Anshun City	97.53	45	3835	91.48	25	1679	1.38
毕节市	Bijie City	174.42	99	11429	162.68	32	3863	3.17
铜仁市	Tongren City	103.90	94	5761	86.59	45	3433	3.26
黔西南布依族苗族自治州	Southwest Guizhou Buyi & Miao A.P	121.79	112	7413	192.18	15	1979	2.00
黔东南苗族侗族自治州	Southeast Guizhou Miao & Dong A.P	168.87	93	6234	104.64	46	3287	3.19
黔南布依族苗族自治州	South Guizhou Buyi & Miao A.P	136.09	101	3897	112.42	47	2844	3.27

3-15 续表 8 continued

地区	Region	社会消费品零售总额(亿元) Total Retail Sales of Consumer Goods (100 million yuan)	批发和零售业 Wholesale and Retail Trades			住宿和餐饮业 Hotels and Catering Services		
			法人企业数(个) Number of Corporation Enterprises (unit)	年末从业人数(人) Engaged Persons at Year-end (person)	商品销售额(亿元) Total Sales of Commodities (100 million yuan)	法人企业数(个) Number of Corporation Enterprises (unit)	年末从业人数(人) Engaged Persons at Year-end (person)	营业额(亿元) Business Revenue (100 million yuan)
云南省	**Yunnan**							
昆明市	Kunming City	1493.80	824	83223	4233.42	330	44082	70.70
曲靖市	Qujing City	331.69	239	21981	467.57	70	7072	11.90
玉溪市	Yuxi City	198.64	188	18300	335.70	39	3690	4.08
保山市	Baoshan City	119.69	116	9100	115.24	24	2790	26.00
昭通市	Zhaotong City	149.61	105	7740	162.43	14	4010	0.50
丽江市	Lijiang City	65.69	79	5609	90.30	60	6277	9.10
普洱市	Puer City	102.17	88	7640	128.21	20	2039	23.90
临沧市	Lincang City	101.97	62	5411	89.98	13	871	11.19
楚雄彝族自治州	Chuxiong Yi A.P	184.70	159	8737	175.80	40	2351	2.61
红河哈尼族彝族自治州	Honghe Hani & Yi A.P	217.31	172	12394	261.42	48	5256	5.83
文山壮族苗族自治州	Wenshan Zhuang & Miao A.P	204.81	130	2667	90.09	22	973	1.80
西双版纳傣族自治州	Xishuangbanna Dai A.P	71.21	102	6433	231.13	30	3665	4.42
大理白族自治州	Dali Bai A.P	204.58	146	11369	242.47	32	3254	3.03
德宏傣族景颇族自治州	Dehong Dai & Jingpo A.P	78.34	170	4443	135.94	16	2743	1.80
怒江傈僳族自治州	Nujiang Lisu A.P	20.64	13	1087	25.47	6	365	0.65
迪庆藏族自治州	Diqing Zang A.P	30.02	23	2232	31.90	22	1354	1.70
西藏自治区	**Tibet A.R.**							
拉萨市	Lhasa City	124.55	48	5169	90.64	27	3342	4.40
昌都地区	Qamdu Prefecture	22.20	2	193	7.26	7	367	0.36
山南地区	Lhokha Prefecture	25.50	7	419	8.71	8	752	0.81
日喀则地区	Xigaze Prefecture	46.23	12	967	14.51	6	374	0.31
那曲地区	Narqu Prefecture	11.94	3	339	7.00	3	265	0.26
阿里地区	Ngri Prefecture	6.01	5	185	5.64	2	127	0.12
林芝地区	Nyingchi Prefecture	18.21	4	233	7.32	16	1000	1.03
其他	Others							
陕西省	**Shaanxi**							
西安市	Xi'an City	2263.86	575	119338	3610.28	505	86639	130.13
铜川市	Tongchuan City	63.86	69	4992	49.44	38	2729	3.05
宝鸡市	Baoji City	412.83	196	18259	514.14	131	10130	12.10
咸阳市	Xianyang City	401.08	257	18338	613.95	177	13373	17.61
渭南市	Weinan City	326.32	287	22166	238.40	146	12807	21.54
延安市	Yan'an City	151.74	117	9049	131.92	77	7446	6.58
汉中市	Hanzhong City	216.05	197	12021	177.45	97	8018	8.09
榆林市	Yulin City	279.22	363	21835	1189.10	142	15298	18.67
安康市	Ankang City	151.49	190	8524	120.26	98	6884	8.22
商洛市	Shangluo City	107.28	60	3500	48.69	37	4045	3.37
杨凌示范区	Yangling Demonstration Zone	10.03	14	540	3.80	9	1061	1.01
甘肃省	**Gansu**							
兰州市	Lanzhou City	745.82	352	34427	2157.81	192	20527	29.12
嘉峪关市	Jiayuguan City	34.61	47	2341	107.47	15	1452	1.72
金昌市	Jinchang City	50.54	43	1905	42.35	12	1281	1.48
白银市	Baiyin City	120.09	70	4185	82.31	22	1722	2.41
天水市	Tianshui City	178.00	140	11539	144.15	62	4489	7.21
武威市	Wuwei City	104.72	44	2374	47.43	25	1465	1.17
张掖市	Zhangye City	93.17	67	3248	71.81	22	1127	1.20

3-15 续表 9 continued

地 区	Region	社会消费品零售总额（亿元）Total Retail Sales of Consumer Goods (100 million yuan)	批发和零售业 Wholesale and Retail Trades			住宿和餐饮业 Hotels and Catering Services		
			法人企业数（个）Number of Corporation Enterprises (unit)	年末从业人数（人）Engaged Persons at Year-end (person)	商品销售额（亿元）Total Sales of Commodities (100 million yuan)	法人企业数（个）Number of Corporation Enterprises (unit)	年末从业人数（人）Engaged Persons at Year-end (person)	营业额（亿元）Business Revenue (100 million yuan)
平凉市	Pingliang City	121.21	45	3377	60.27	22	2415	2.91
酒泉市	Jiuquan City	123.99	119	5299	238.11	47	3578	5.44
庆阳市	Qingyang City	129.84	59	5973	75.70	49	3556	6.29
定西市	Dingxi City	73.34	39	2494	68.52	25	2368	2.09
陇南市	Longnan City	57.01	28	3216	52.11	19	1455	1.30
临夏回族自治州	Linxia Hui A.P	47.54	27	2058	26.14	14	1467	1.52
甘南藏族自治州	Gannan Zang A.P	26.62	8	628	15.88	12	593	0.60
青海省	**Qinghai**							
西宁市	Xining City	317.46	162	19944	516.45	48	7639	8.52
海东地区	Haidong Prefecture	55.17	5	737	19.36	6	659	0.57
海北藏族自治州	Haibei Zang A.P	13.10	1	88	19.60	4	349	0.55
黄南藏族自治州	Huangnan Zang AP	5.85	2	267	1.13			
海南藏族自治州	Hainan Zang A.P	17.09	3	137	2.93	4	202	0.22
果洛藏族自治州	Golog Zang A.P	3.64	1	101	1.06			
玉树藏族自治州	Yushu Zang A.P	4.07	1	97	3.00			
海西蒙古族藏族自治州	Haixi Mongolian & Zang A.P	59.63	39	2135	84.93	22	1690	1.77
宁夏回族自治区	**Ningxia**							
银川市	Yinchuan City	316.02	281	24329	824.28	89	11444	14.34
石嘴山市	Shizuishan City	77.14	40	3187	70.61	20	1650	1.51
吴忠市	Wuzhong City	68.42	47	2990	61.46	17	2155	2.18
固原市	Guyuan City	43.26	19	1365	26.64	13	1596	1.58
中卫市	Zhongwei City	43.99	45	4093	68.23	30	2742	2.05
新疆维吾尔自治区	**Xinjiang**							
乌鲁木齐市	Urumqi City	739.69	479	50654	3341.24	87	16306	41.59
克拉玛依市	Karamay City	48.00	63	4602	134.84	8	1195	3.05
吐鲁番地区	Turpan Prefecture	29.40	14	1413	41.96	7	482	0.57
哈密地区	Hami Prefecture	55.45	75	3645	119.20	11	1611	2.05
昌吉回族自治州	Changji Hui A.P	155.72	65	4433	126.43	8	592	1.54
博尔塔拉蒙古自治州	Bortala Mongolian A.P	24.71	17	1053	109.49	3	326	0.39
巴音郭楞蒙古自治州	Bayingolin Mongolian A.P	78.56	97	7007	185.92	36	3273	4.33
阿克苏地区	Aksu Prefecture	85.62	141	8208	235.12	18	1149	1.79
克孜勒苏柯尔克孜自治州	Kizilsu Kirgiz A.P	11.68	11	624	4.72	2	193	0.20
喀什地区	Kashi Prefecture	110.47	73	7144	178.10	16	1596	1.55
和田地区	Hotan Prefecture	25.63	11	1242	24.86	7	346	0.29
伊犁哈萨克自治州	Ili Kazak A.P	136.31	143	6260	337.24	46	3778	4.64
塔城地区	Tacheng Prefecture	52.52	32	1791	73.43	9	617	0.73
阿勒泰地区	Altay Prefecture	43.22	18	1109	32.30	16	1098	1.95
石河子市	Shihezi City							
阿拉尔市	Alar City							
图木舒克市	Tumxuk City							
五家渠市	Wujiaqu City							
北屯市	Beitun City							
铁门关市	Tiemenguan City							
生产建设兵团	Corps	296.23	149	11988	739.99	35	2945	6.24

3-16 货物进出口总额和利用外资(2012年)

Total Value of Imports & Exports and Foreign Capital (2012)

地　区	Region	货物进出口总额(万美元) Total Value of Imports & Exports (USD 10 000)	进口额 Imports	出口额 Exports	外商直接投资实际使用额(万美元) Total Amount of Foreign Direct Investment Actually Utilized (USD 10 000)
北京市	**Beijing**				
东城区	Dongcheng District	1707460.8	1337626.8	369834.0	63634.0
西城区	Xicheng District	12286106.4	10805166.0	1480940.4	60648.0
朝阳区	Chaoyang District	17664690.5	15878402.9	1786287.6	320073.0
丰台区	Fengtai District	1362957.1	1176623.4	186333.7	16632.0
石景山区	Shijingshan District	62625.4	28685.1	33940.3	7809.0
海淀区	Haidian District	4130498.8	3201408.5	929090.3	150164.0
门头沟区	Mentougou District	47357.5	20991.1	26366.4	4485.0
房山区	Fangshan District	69606.1	39100.0	30506.0	7998.0
通州区	Tongzhou District	208324.3	88043.9	120280.4	10376.0
顺义区	Shunyi District	1023909.4	875186.7	148722.7	42053.0
昌平区	Changping District	259973.5	129884.2	130089.3	9288.0
大兴区	Daxing District	1697441.8	1096624.0	600817.8	82031.0
怀柔区	Huairou District	74394.3	40777.1	33617.2	20659.0
平谷区	Pinggu District	83683.0	66654.1	17028.9	7197.0
密云县	Miyun County	94902.6	56275.7	38626.9	587.0
延庆县	Yanqing County	25157.3	2686.8	22470.5	526.0
北京经济技术开发区	Beijing Economic-technological Development Zones				
其他	Others	11646.6	3386.6	8259.9	
天津市	**Tianjin**				
和平区	Heping District	504174.0	341845.0	162329.0	55438.0
河东区	Hedong District	87288.0	51263.0	36025.0	10468.0
河西区	Hexi District	235640.0	103694.0	131946.0	20555.0
南开区	Nankai District	105362.0	34837.0	70525.0	3954.0
河北区	Hebei District	73886.0	33330.0	40556.0	18469.0
红桥区	Hongqiao District	7550.0	4395.0	3155.0	1502.0
东丽区	Dongli District	442312.0	190117.0	252195.0	66211.0
西青区	Xiqing District	528218.0	308476.0	219742.0	85078.0
津南区	Jinnan District	301074.0	168143.0	132931.0	46121.0
北辰区	Beichen District	423511.0	137984.0	285527.0	83761.0
武清区	Wuqing District	329355.0	98048.0	231307.0	56355.0
宝坻区	Baodi District	57454.0	9458.0	47996.0	18727.0
滨海新区	Binhai New Area	8123767.0	5037383.0	3086384.0	984140.0
宁河县	Ninghe County	59908.0	37661.0	22247.0	21065.0
静海县	Jinghai County	275353.0	173890.0	101463.0	18283.0
蓟县	Ji County	7428.0	326.0	7102.0	11506.0
其他	Others				
河北省	**Hebei**				
石家庄市	Shijiazhuang City	1294931.4	561150.0	733781.4	84811.0
唐山市	Tangshan City	1048246.5	616421.5	431825.0	121384.0
秦皇岛市	Qinhuangdao City	441195.9	192426.2	248769.7	62795.0
邯郸市	Handan City	372250.3	225465.5	146784.8	78288.0
邢台市	Xingtai City	175187.2	68162.3	107024.9	35582.0
保定市	Baoding City	609140.5	131857.2	477283.3	54749.0
张家口市	Zhangjiakou City	38363.0	6593.0	31770.0	24621.0
承德市	Chengde City	15241.5	1184.7	14056.7	12020.0
沧州市	Cangzhou City	233351.3	23553.4	209797.9	35435.0
廊坊市	Langfang City	502742.4	214404.5	288337.9	52809.0
衡水市	Hengshui City	324139.7	53186.7	270953.0	17992.0

3-16 续表 1 continued

地 区	Region	货物进出口总额(万美元) Total Value of Imports & Exports (USD 10 000)	进口额 Imports	出口额 Exports	外商直接投资实际使用额(万美元) Total Amount of Foreign Direct Investment Actually Utilized (USD 10 000)
山西省	**Shanxi**				
太原市	Taiyuan City	847422.0	423210.0	424212.0	78232.4
大同市	Datong City	50395.0	26994.0	23401.0	21015.0
阳泉市	Yangquan City	24350.0	8740.0	15610.0	23576.0
长治市	Changzhi City	114890.0	27254.0	87636.0	27928.7
晋城市	Jincheng City	123497.0	98954.0	24543.0	25775.2
朔州市	Shuozhou City	25687.0	24142.0	1545.0	13400.0
晋中市	Jinzhong City	49466.0	24536.0	24930.0	12003.5
运城市	Yuncheng City	106405.0	67558.0	38847.0	896.9
忻州市	Xinzhou City	21800.0	73.0	21727.0	1963.3
临汾市	Linfen City	82554.0	54829.0	27725.0	13611.0
吕梁市	Luliang City	57859.0	46415.0	11444.0	31977.4
其他	Others				
内蒙古自治区	**Inner Mongolia**				
呼和浩特市	Hohhot City	170128.0	86836.0	83292.0	1908.0
包头市	Baotou City	209982.0	93624.0	116358.0	136500.0
乌海市	Wuhai City	4618.0	4454.0	164.0	
赤峰市	Chifeng City	77531.0	64800.0	12731.0	979.8
通辽市	Tongliao City	10384.0	3096.0	7288.0	6598.0
鄂尔多斯市	Erdos City	42260.0	19357.0	22903.0	152000.0
呼伦贝尔市	Hulunbuir City	219128.0	191434.0	27694.0	10752.0
巴彦淖尔市	Bayannur City	127131.0	102491.0	24640.0	6400.0
乌兰察布市	Ulanqab City	5174.0	876.0	4298.0	17141.0
兴安盟	Xingan League	761.0	16.0	745.0	
锡林郭勒盟	Xilingol League	197485.0	106356.0	91129.0	42.5
阿拉善盟	Alxa League	61085.0	55282.0	5803.0	729.0
辽宁省	**Liaoning**				
沈阳市	Shenyang City	1274827.5	678313.2	596514.3	580435.0
大连市	Dalian City	6411342.3	2943100.4	3468242.0	1235033.0
鞍山市	Anshan City	410935.9	173491.0	237444.8	127520.0
抚顺市	Fushun City	96795.1	26908.8	69886.4	12635.0
本溪市	Benxi City	412091.8	168556.5	243535.3	46140.0
丹东市	Dandong City	459727.3	172230.3	287497.0	120100.0
锦州市	Jinzhou City	303617.4	127653.1	175964.3	100409.0
营口市	Yingkou City	549196.7	161020.6	388176.2	121330.0
阜新市	Fuxin City	28400.5	9539.4	18861.1	18295.0
辽阳市	Liaoyang City	91217.5	31362.8	59854.7	45093.0
盘锦市	Panjin City	111118.5	40567.7	70550.8	161004.0
铁岭市	Tieling City	51913.4	8504.1	43409.2	40217.0
朝阳市	Chaoyang City	62476.6	22667.3	39809.3	18103.0
葫芦岛市	Huludao City	135444.5	40171.9	95272.6	53001.0

3-16 续表 2 continued

地 区	Region	货物进出口总额（万美元）Total Value of Imports & Exports (USD 10 000)	进口额 Imports	出口额 Exports	外商直接投资实际使用额（万美元）Total Amount of Foreign Direct Investment Actually Utilized (USD 10 000)
吉林省	**Jilin**				
长春市	Changchun City	1968931.0	1677794.0	291137.0	85141.0
吉林市	Jilin City	114954.0	65821.0	49133.0	17834.0
四平市	Siping City	32941.0	26081.0	6860.0	8049.0
辽源市	Liaoyuan City	17092.0	10045.0	7047.0	13210.0
通化市	Tonghua City	52688.0	33225.0	19463.0	6742.0
白山市	Baishan City	33435.0	8372.0	25063.0	8373.0
松原市	Songyuan City	13274.0	492.0	12782.0	8750.0
白城市	Baicheng City	17789.0	2388.0	15401.0	3920.0
延边朝鲜族自治州	Yanbian Korean A.P	206067.0	34684.0	171383.0	12846.0
黑龙江省	**Heilongjiang**				
哈尔滨市	Harbin City	462857.0	307797.0	155061.0	190002.0
齐齐哈尔市	Qiqihar City	82056.0	18510.0	63546.0	34832.0
鸡西市	Jixi City	107953.0	13097.0	94857.0	10100.0
鹤岗市	Hegang City	12962.0	63.0	12899.0	5201.0
双鸭山市	Shuangyashan City	120164.0	16324.0	103841.0	3939.0
大庆市	Daqing City	280881.0	241919.0	38962.0	50307.0
伊春市	Yichun City	34805.0	23054.0	11752.0	5676.0
佳木斯市	Jiamusi City	310790.0	159177.0	151612.0	18228.0
七台河市	Qitaihe City	10006.0	2019.0	7987.0	2826.0
牡丹江市	Mudanjiang City	1266209.0	774036.0	492173.0	37595.0
黑河市	Heihe City	380644.0	128320.0	252324.0	13843.0
绥化市	Suihua City	16288.0	4422.0	11866.0	15101.0
大兴安岭地区	Daxing'anling Prefecture	180639.0	180174.0	466.0	2346.0
农垦总局	Agriculture Reclamation Bureau				
其他	Others	515891.0	469622.0	46269.0	
上海市	**Shanghai**				
黄浦区	Huangpu District				
徐汇区	Xuhui District				
长宁区	Changning District				
静安区	Jingan District				
普陀区	Putuo District				
闸北区	Zhabei District				
虹口区	Hongkou District				
杨浦区	Yangpu District				
闵行区	Minhang District				
宝山区	Baoshan District				
嘉定区	Jiading District				
浦东新区	Pudong New District				
金山区	Jinshan District				
松江区	Songjiang District				
青浦区	Qingpu District				
奉贤区	Fengxian District				
崇明县	Chongming County				
其他	Others				

3-16 续表 3 continued

地 区	Region	货物进出口总额（万美元）Total Value of Imports & Exports (USD 10 000)	进口额 Imports	出口额 Exports	外商直接投资实际使用额（万美元）Total Amount of Foreign Direct Investment Actually Utilized (USD 10 000)
江苏省	**Jiangsu**				
南京市	Nanjing City	5523472.8	2333378.4	3190094.4	413031.0
无锡市	Wuxi City	7077249.6	2945952.9	4131296.7	400953.0
徐州市	Xuzhou City	832682.4	203913.8	628768.6	170021.0
常州市	Changzhou City	2902762.5	906807.5	1995955.0	336073.0
苏州市	Suzhou City	30569197.1	13100328.4	17468868.7	916490.0
南通市	Nantong City	2630088.7	751455.3	1878633.4	220542.0
连云港市	Lianyungang City	800157.6	440072.0	360085.6	73354.0
淮安市	Huaian City	423757.4	87336.7	336420.7	212094.0
盐城市	Yancheng City	575363.9	228880.9	346483.0	211103.0
扬州市	Yangzhou City	1017271.2	200085.3	817185.9	213808.0
镇江市	Zhenjiang City	1141311.0	367580.1	773730.9	221410.0
泰州市	Taizhou City	1036700.6	342193.3	694507.3	145018.0
宿迁市	Suqian City	279284.5	47525.3	231759.2	45194.0
浙江省	**Zhejiang**				
杭州市	Hangzhou City	6168324.0	2042169.0	4126155.0	496061.0
宁波市	Ningbo City	9657269.0	3512743.0	6144526.0	285252.0
温州市	Wenzhou City	2043792.0	274191.0	1769601.0	39836.0
嘉兴市	Jiaxing City	2874358.0	914098.0	1960260.0	178159.0
湖州市	Huzhou City	873662.0	134022.0	739640.0	102599.0
绍兴市	Shaoxing City	3209794.0	654105.0	2555689.0	95400.0
金华市	Jinhua City	2273891.0	142576.0	2131315.0	28314.0
衢州市	Quzhou City	301818.8	115891.2	185927.6	5067.0
舟山市	Zhoushan City	1535605.0	613157.0	922448.0	18339.0
台州市	Taizhou City	2062194.0	338312.0	1723882.0	47520.0
丽水市	Lishui City	222935.0	25347.6	197587.5	10386.0
安徽省	**Anhui**				
合肥市	Hefei City	1764175.0	401393.0	1362782.0	160110.0
芜湖市	Wuhu City	462439.0	125413.0	337026.0	131655.0
蚌埠市	Bengbu City	122794.0	22632.0	100162.0	73250.0
淮南市	Huainan City	34883.0	10431.0	24452.0	18924.0
马鞍山市	Maanshan City	365213.0	245166.0	120047.0	127912.0
淮北市	Huaibei City	34854.0	4042.0	30812.0	37786.0
铜陵市	Tongling City	357036.0	321698.0	35338.0	33368.0
安庆市	Anqing City	123899.0	23379.0	100520.0	32667.0
黄山市	Huangshan City	70119.0	7434.0	62685.0	21933.0
滁州市	Chuzhou City	153247.0	37202.0	116045.0	51910.0
阜阳市	Fuyang City	109718.0	20153.0	89565.0	10512.0
宿州市	Suzhou City	40604.0	4226.0	36378.0	37049.0
六安市	Liuan City	73689.0	2601.0	71088.0	26030.0
亳州市	Bozhou City	49906.0	3678.0	46228.0	36063.0
池州市	Chizhou City	34468.0	12595.0	21873.0	21017.0
宣城市	Xuancheng City	135483.0	15256.0	120227.0	43625.0
福建省	**Fujian**				
福州市	Fuzhou City	3105087.0	992104.0	2112982.0	133877.0
厦门市	Xiamen City	7449656.0	2909673.0	4539982.0	177453.0
莆田市	Putian City	442147.0	147356.0	294791.0	25559.0
三明市	Sanming City	318738.0	18133.0	300604.0	10300.0
泉州市	Quanzhou City	2508724.0	1271251.0	1237473.0	131960.0
漳州市	Zhangzhou City	983086.0	284053.0	699034.0	89025.0
南平市	Nanping City	191484.0	22883.0	168601.0	8733.0
龙岩市	Longyan City	349870.0	139033.0	210837.0	19908.0
宁德市	Ningde City	245004.0	26049.0	218954.0	12007.0

地 区	Region	货物进出口总额(万美元) Total Value of Imports & Exports (USD 10 000)	进口额 Imports	出口额 Exports	外商直接投资实际使用额(万美元) Total Amount of Foreign Direct Investment Actually Utilized (USD 10 000)
江西省	**Jiangxi**				
南昌市	Nanchang City	828936.0	182369.0	646567.0	190259.0
景德镇市	Jingdezhen City	127572.0	6306.0	121266.0	11762.0
萍乡市	Pingxiang City	111134.0	1073.0	110061.0	21236.0
九江市	Jiujiang City	452123.0	99551.0	352572.0	98826.0
新余市	Xinyu City	244821.0	102802.0	142019.0	54503.0
鹰潭市	Yingtan City	433180.0	352275.0	80905.0	16855.0
赣州市	Ganzhou City	329238.0	44952.0	284286.0	97684.0
吉安市	Jian City	273158.0	15964.0	257194.0	56498.0
宜春市	Yichun City	165235.0	15994.0	149241.0	47667.0
抚州市	Fuzhou City	105490.0	927.0	104563.0	19625.0
上饶市	Shangrao City	270495.0	7890.0	262605.0	67516.0
山东省	**Shandong**				
济南市	Jinan City	912660.0	341237.0	571423.0	122016.0
青岛市	Qingdao City	7320217.0	3241127.0	4079090.0	460027.0
淄博市	Zibo City	953277.0	421339.0	531938.0	50025.0
枣庄市	Zaozhuang City	113128.0	19205.0	93923.0	14241.0
东营市	Dongying City	1230087.0	731888.0	498199.0	16232.0
烟台市	Yantai City	4780236.0	1944322.0	2835914.0	141037.0
潍坊市	Weifang City	1497185.0	400365.0	1096820.0	76812.0
济宁市	Jining City	511560.0	191947.0	319613.0	77008.0
泰安市	Taian City	216058.0	93837.0	122221.0	16982.0
威海市	Weihai City	1712604.0	646678.0	1065926.0	80013.0
日照市	Rizhao City	2529334.0	2141712.0	387622.0	42122.0
莱芜市	Laiwu City	212578.0	139196.0	73382.0	12006.0
临沂市	Linyi City	788720.0	398994.0	389726.0	23531.0
德州市	Dezhou City	271785.0	85025.0	186760.0	21093.0
聊城市	Liaocheng City	559232.0	374313.0	184919.0	11521.0
滨州市	Binzhou City	627772.0	344896.0	282876.0	54093.0
菏泽市	Heze City	318053.0	165234.0	152819.0	16505.0
河南省	**Henan**				
郑州市	Zhengzhou City	3585835.4	1556788.4	2029047.1	342898.0
开封市	Kaifeng City	40247.8	11589.7	28658.1	36320.0
洛阳市	Luoyang City	157664.4	38774.4	118890.0	199251.0
平顶山市	Pingdingshan City	40701.9	12278.6	28423.3	37358.0
安阳市	Anyang City	125580.2	77162.2	48418.0	31573.0
鹤壁市	Hebi City	18724.1	2272.8	16451.3	44009.0
新乡市	Xinxiang City	105178.8	26459.1	78719.7	63600.0
焦作市	Jiaozuo City	222298.3	71064.2	151234.0	59528.0
濮阳市	Puyang City	61862.1	7202.8	54659.2	32001.0

3-16 续表 5 continued

地　区	Region	货物进出口总额（万美元） Total Value of Imports & Exports (USD 10 000)	进口额 Imports	出口额 Exports	外商直接投资实际使用额（万美元） Total Amount of Foreign Direct Investment Actually Utilized (USD 10 000)
许昌市	Xuchang City	207650.7	47673.1	159977.6	43977.0
漯河市	Luohe City	41232.1	15847.9	25384.2	62066.0
三门峡市	Sanmenxia City	23061.6	3693.7	19367.9	74672.0
南阳市	Nanyang City	131406.5	49572.4	81834.2	41702.0
商丘市	Shangqiu City	21536.0	4918.8	16617.2	24596.0
信阳市	Xinyang City	69311.9	43662.7	25649.2	34961.0
周口市	Zhoukou City	56051.9	18524.1	37527.9	36341.0
驻马店市	Zhumadian City	27209.7	5579.8	21629.9	27020.0
济源市	Jiyuan City	239474.1	214174.8	25299.4	19904.0
湖北省	**Hubei**				
武汉市	Wuhan City	2035353.0	960577.0	1074776.0	444400.0
黄石市	Huangshi City	207126.0	96774.0	110352.0	42276.0
十堰市	Shiyan City	44234.0	5587.0	38647.0	13161.0
宜昌市	Yichang City	218954.0	52647.0	166307.0	22876.0
襄阳市	Xiangyang City	125797.0	19267.0	106530.0	42122.0
鄂州市	Ezhou City	42423.0	26685.0	15738.0	16450.0
荆门市	Jingmen City	64093.0	17516.0	46577.0	21656.0
孝感市	Xiaogan City	78065.0	14436.0	63628.6	23773.0
荆州市	Jingzhou City	114937.0	22718.0	92219.0	9020.0
黄冈市	Huanggang City	42873.0	7998.0	34875.0	3568.0
咸宁市	Xianning City	29684.5	6450.3	23234.2	21144.0
随州市	Suizhou City	82071.0	12475.0	69596.0	7215.0
恩施土家族苗族自治州	Enshi Tujia & Miao A.P	30322.3	347.4	29974.9	2124.0
仙桃市	Xiantao City	45467.0	9827.0	35640.0	6884.0
潜江市	Qianjiang City	35790.9	2278.2	33512.7	4118.0
天门市	Tianmen City	5295.0	264.0	5031.0	4031.0
神农架林区	Shennongjia Forest District	2241.0		2241.0	
湖南省	**Hunan**				
长沙市	Changsha City	869251.8	351870.0	517381.8	297666.0
株洲市	Zhuzhou City	214929.1	31486.9	183442.2	58227.0
湘潭市	Xiangtan City	206080.8	121241.8	84839.0	58561.0
衡阳市	Hengyang City	201645.1	70810.1	130835.1	60381.0
邵阳市	Shaoyang City	47273.6	5987.6	41286.0	11414.0
岳阳市	Yueyang City	58118.8	37195.1	20923.6	22690.0
常德市	Changde City	60174.7	28090.0	32084.7	41038.0
张家界市	Zhangjiajie City	3864.8	267.4	3597.4	5313.0
益阳市	Yiyang City	35332.0	3355.1	31976.9	14315.0
郴州市	Chenzhou City	277761.1	135098.6	142662.5	75042.0
永州市	Yongzhou City	28972.6	2727.1	26245.4	54220.0
怀化市	Huaihua City	7095.2	5626.6	1468.7	8179.0
娄底市	Loudi City	168515.9	140066.1	28449.8	19800.0
湘西土家族苗族自治州	West Hunan Tujia & Miao A.P	15066.2	294.5	14771.6	1188.0

3-16 续表 6 continued

地 区	Region	货物进出口总额（万美元）Total Value of Imports & Exports (USD 10 000)	进口额 Imports	出口额 Exports	外商直接投资实际使用额（万美元）Total Amount of Foreign Direct Investment Actually Utilized (USD 10 000)
广东省	**Guangdong**				
广州市	Guangzhou City	11716670.2	5825216.2	5891454.0	457489.0
韶关市	Shaoguan City	204353.8	117321.7	87032.1	17169.0
深圳市	Shenzhen City	46680285.9	19544713.8	27135572.1	522940.0
珠海市	Zhuhai City	4568039.7	2404386.8	2163652.9	144677.0
汕头市	Shantou City	880242.2	263898.3	616343.9	13051.0
佛山市	Foshan City	6105804.0	2090825.5	4014978.5	234983.0
江门市	Jiangmen City	1877199.6	580181.7	1297017.9	86982.0
湛江市	Zhanjiang City	470011.5	249124.7	220886.7	8726.0
茂名市	Maoming City	104064.2	41127.4	62936.7	8004.0
肇庆市	Zhaoqing City	635171.7	257072.8	378099.0	115159.0
惠州市	Huizhou City	4949407.5	2028973.1	2920434.4	172787.0
梅州市	Meizhou City	150306.3	23338.6	126967.7	11877.0
汕尾市	Shanwei City	284237.8	137375.7	146862.1	34517.0
河源市	Heyuan City	292551.6	97288.3	195263.3	19710.0
阳江市	Yangjiang City	222317.7	25900.9	196416.8	15303.0
清远市	Qingyuan City	453707.0	215505.3	238201.7	30296.0
东莞市	Dongguan City	14451707.6	5946427.8	8505279.8	336938.0
中山市	ZhongShan City	3352253.0	887832.8	2464420.2	80394.0
潮州市	Chaozhou City	423109.0	153504.9	269604.1	14208.0
揭阳市	Jieyang City	427521.7	46510.4	381011.3	19166.0
云浮市	Yunfu City	145689.1	52271.2	93417.9	10535.0
广西壮族自治区	**Guangxi**				
南宁市	Nanning City	414678.0	162944.0	251734.0	15802.0
柳州市	Liuzhou City	311234.0	220556.0	90678.0	4099.0
桂林市	Guilin City	97487.0	18629.0	78858.0	4178.0
梧州市	Wuzhou City	121038.0	76912.0	44127.0	7310.0
北海市	Beihai City	207820.0	89438.0	118382.0	5224.0
防城港市	Fangchenggang City	489826.0	407022.0	82804.0	1849.0
钦州市	Qinzhou City	376656.0	276466.0	100190.0	15840.0
贵港市	Guigang City	23144.0	12535.0	10609.0	1692.0
玉林市	Yulin City	58807.0	22964.0	35843.0	1879.0
百色市	Baise City	50866.0	21580.0	29286.0	1007.0
贺州市	Hezhou City	15589.0	6528.0	9061.0	9000.0
河池市	Hechi City	52444.0	44332.0	8112.0	946.0
来宾市	Laibin City	14321.0	7756.0	6565.0	2418.0
崇左市	Chongzuo City	713458.0	32865.0	680593.0	3609.0
海南省	**Hainan**				
海口市	Haikou City	421480.0	241718.0	179762.0	45257.0
三亚市	Sanya City	15313.0	11214.0	4099.0	23578.0
重庆市	**Chongqing**				
万州区	Wanzhou District	36057.0	11022.0	25035.0	16933.0
涪陵区	Fuling District	129652.0	58718.0	70934.0	13476.0
渝中区	Yuzhong District	134477.0	92909.0	41568.0	92780.0
大渡口区	Dadukou District	27631.0	4804.0	22827.0	40013.0
江北区	Jiangbei District	1253777.0	119697.0	1134080.0	64632.0
沙坪坝区	Shapingba District	1897681.0	609722.0	1287959.0	136671.0
九龙坡区	Jiulongpo District	321744.0	29465.0	292279.0	56843.0

3-16 续表 7 continued

地 区	Region	货物进出口总 额(万美元) Total Value of Imports & Exports (USD 10 000)	进口额 Imports	出口额 Exports	外商直接投资实际使用额(万美元) Total Amount of Foreign Direct Investment Actually Utilized (USD 10 000)
南岸区	Nanan District	97155.0	9273.0	87882.0	38606.0
北碚区	Beibei District	45749.0	1619.0	44130.0	44731.0
綦江区	Qijiang District	14631.0	547.0	14084.0	55.0
大足区	Dazu District	10725.0	62.0	10663.0	3433.0
渝北区	Yubei District	861177.0	390457.0	470720.0	88632.0
巴南区	Banan District	135123.0	24897.0	110226.0	39696.0
黔江区	Qianjiang District	13850.0	201.0	13649.0	3016.0
长寿区	Changshou District	79923.0	61129.0	18794.0	48170.0
江津区	Jiangjin District	69269.0	12755.0	56514.0	27011.0
合川区	Hechuan District	28627.0	2937.0	25690.0	20238.0
永川区	Yongchuan District	19897.0	15809.0	4088.0	16837.0
南川区	Nanchuan District	18585.0	5446.0	13139.0	16484.0
四川省	**Sichuan**				
成都市	Chengdu City	4754212.0	1717763.0	3036449.0	832088.0
自贡市	Zigong City	87038.0	35303.0	51735.0	2011.0
攀枝花市	Panzhihua City	26343.0	4336.0	22007.0	10380.0
泸州市	Luzhou City	18598.0	2803.0	15795.0	5153.0
德阳市	Deyang City	308340.0	125927.0	182413.0	19346.0
绵阳市	Mianyang City	221316.0	83984.0	137332.0	21020.0
广元市	Guangyuan City	33844.0	6578.0	27266.0	3708.0
遂宁市	Suining City	46150.0	8139.0	38011.0	5047.0
内江市	Neijiang City	31349.0	4348.0	27001.0	11238.0
乐山市	Leshan City	94533.0	28661.0	65872.0	10651.0
南充市	Nanchong City	41787.0	1989.0	39798.0	5538.0
眉山市	Meishan City	19458.0	3819.0	15639.0	20102.0
宜宾市	Yibin City	77694.0	23532.0	54162.0	4536.0
广安市	Guangan City	75377.0	5132.0	70245.0	3967.0
达州市	Dazhou City	18323.0	8899.0	9424.0	5308.0
雅安市	Yaan City	4269.0	482.0	3787.0	4098.0
巴中市	Bazhong City	12475.0		12475.0	1634.0
资阳市	Ziyang City	30554.0	3555.0	26999.0	5500.0
阿坝藏族羌族自治州	Aba Zang & Qiang A.P	3233.0	1114.0	2119.0	956.0
甘孜藏族自治州	Ganzi Zang A.P	911.0		911.0	3005.0
凉山彝族自治州	Liangshan Yi A.P	6734.0	27.0	6708.0	4814.0
贵州省	**Guizhou**				
贵阳市	Guiyang City	505360.0	83966.0	421394.0	37736.0
六盘水市	Liupanshui City	74859.0	74822.0	37.0	1590.0
遵义市	Zunyi City	14051.0	1568.0	12483.0	3278.0
安顺市	Anshun City	2674.0	601.0	2073.0	737.0
毕节市	Bijie City	33784.0	33.0	33751.0	1920.0
铜仁市	Tongren City	979.0	231.0	748.0	649.0
黔西南布依族苗族自治州	Southwest Guizhou Buyi & Miao A.P	1531.0	236.0	1295.0	523.0
黔东南苗族侗族自治州	Southeast Guizhou Miao & Dong A.P	21834.0	6.0	21828.0	622.0
黔南布依族苗族自治州	South Guizhou Buyi & Miao A.P	8084.0	6470.0	1614.0	2061.0

3-16 续表 8 continued

地 区	Region	货物进出口总额（万美元）Total Value of Imports & Exports (USD 10 000)	进口额 Imports	出口额 Exports	外商直接投资实际使用额（万美元）Total Amount of Foreign Direct Investment Actually Utilized (USD 10 000)
云南省	**Yunnan**				
昆明市	Kunming City	1440967.0	872382.0	568585.0	158800.0
曲靖市	Qujing City	28502.0	5133.0	23369.0	3956.0
玉溪市	Yuxi City	53295.0	3223.0	50072.0	4587.0
保山市	Baoshan City	14590.0	6799.0	7791.0	7300.0
昭通市	Zhaotong City	259.7	44.0	213.9	800.0
丽江市	Lijiang City	8477.0	12.0	8465.0	2870.8
普洱市	Puer City	27144.0	13080.0	14064.0	4980.0
临沧市	Lincang City	17117.0	9617.0	7500.0	4105.0
楚雄彝族自治州	Chuxiong Yi A.P	20076.0	2042.0	18034.0	3598.0
红河哈尼族彝族自治州	Honghe Hani & Yi A.P	365063.0	218591.0	146472.0	2871.0
文山壮族苗族自治州	Wenshan Zhuang & Miao A.P	20984.0	20125.0	859.0	946.0
西双版纳傣族自治州	Xishuangbanna Dai A.P	140271.0	43800.0	96471.0	1425.0
大理白族自治州	Dali Bai A.P	23371.0	6785.0	16586.0	4000.0
德宏傣族景颇族自治州	Dehong Dai & Jingpo A.P	159543.0	31973.0	127590.0	8895.0
怒江傈僳族自治州	Nujiang Lisu A.P	1541.0	1478.0	63.0	100.6
迪庆藏族自治州	Diqing Zang A.P	1437.0	447.0	990.0	5794.0
西藏自治区	**Tibet A.R.**				
拉萨市	Lhasa City	332959.0	6846.0	326113.0	
昌都地区	Qamdu Prefecture	146.0		146.0	
山南地区	Lhokha Prefecture	207.0		207.0	
日喀则地区	Xigaze Prefecture	8982.0	1.0	8981.0	
那曲地区	Narqu Prefecture	7.0	7.0		
阿里地区	Ngri Prefecture	90.0	41.0	49.0	
林芝地区	Nyingchi Prefecture	6.0		6.0	
其他	Others				
陕西省	**Shaanxi**				
西安市	Xi'an City	1301432.6	571567.9	729864.7	247856.0
铜川市	Tongchuan City	1241.6	257.1	984.5	3000.0
宝鸡市	Baoji City	74527.0	19291.7	55235.3	6015.0
咸阳市	Xianyang City	43298.9	5939.9	37359.0	7080.0
渭南市	Weinan City	23329.3	8894.9	14434.4	6183.0
延安市	Yan'an City	6622.6		6622.6	2000.0
汉中市	Hanzhong City	5426.0	170.3	5255.7	3014.0
榆林市	Yulin City	4619.0	478.4	4140.6	3000.0
安康市	Ankang City	2384.4		2384.4	3000.0
商洛市	Shangluo City	7728.3	7082.8	645.5	8461.0
杨凌示范区	Yangling Demonstration Zone	9265.2	984.5	8280.7	4000.0
甘肃省	**Gansu**				
兰州市	Lanzhou City	339666.7	70506.9	269159.9	751.0
嘉峪关市	Jiayuguan City	85160.5	81793.3	3367.2	
金昌市	Jinchang City	343720.0	339463.5	4256.5	400.0
白银市	Baiyin City	52792.0	29995.3	22796.7	1189.0
天水市	Tianshui City	30929.7	8644.8	22284.8	129.0
武威市	Wuwei City	1854.9		1854.9	484.0
张掖市	Zhangye City	1812.6	97.3	1715.3	

3-16 续表 9 continued

地　区	Region	货物进出口总额（万美元）Total Value of Imports & Exports (USD 10 000)	进口额 Imports	出口额 Exports	外商直接投资实际使用额（万美元）Total Amount of Foreign Direct Investment Actually Utilized (USD 10 000)
平凉市	Pingliang City	1838.4	17.9	1820.5	
酒泉市	Jiuquan City	7277.8	469.3	6808.5	3115.0
庆阳市	Qingyang City	7325.9		7325.9	
定西市	Dingxi City	2064.4	1511.9	552.5	42.0
陇南市	Longnan City	568.2	64.9	503.3	
临夏回族自治州	Linxia Hui A.P	1829.9		1829.9	
甘南藏族自治州	Gannan Zang A.P	13098.9	9.4	13089.4	
青海省	**Qinghai**				
西宁市	Xining City	93417.0	27203.0	66214.0	17410.7
海东地区	Haidong Prefecture	7804.0	1755.0	6049.0	
海北藏族自治州	Haibei Zang A.P	604.0	561.0	43.0	473.2
黄南藏族自治州	Huangnan Zang AP				
海南藏族自治州	Hainan Zang A.P	387.0		387.0	159.0
果洛藏族自治州	Golog Zang A.P				
玉树藏族自治州	Yushu Zang A.P				
海西蒙古族藏族自治州	Haixi Mongolian & Zang A.P	13804.0	13513.0	291.0	2535.1
宁夏回族自治区	**Ningxia**				
银川市	Yinchuan City	138632.0	28880.0	109752.0	6880.0
石嘴山市	Shizuishan City	50004.0	9260.0	40744.0	
吴忠市	Wuzhong City	21420.0	11776.0	9644.0	
固原市	Guyuan City	20.0		20.0	
中卫市	Zhongwei City	11591.0	7635.0	3956.0	
新疆维吾尔自治区	**Xinjiang**				
乌鲁木齐市	Urumqi City	1039689.0	233291.0	806398.0	17572.0
克拉玛依市	Karamay City	23896.0	9750.0	14146.0	1720.0
吐鲁番地区	Turpan Prefecture	3459.0	1187.0	2272.0	300.0
哈密地区	Hami Prefecture	2624.0	941.0	1683.0	2333.0
昌吉回族自治州	Changji Hui A.P	210932.0	11678.0	199254.0	4174.0
博尔塔拉蒙古自治州	Bortala Mongolian A.P	245749.0	111144.0	134605.0	
巴音郭楞蒙古自治州	Bayingolin Mongolian A.P	16687.0	3339.0	13348.0	2858.0
阿克苏地区	Aksu Prefecture	55347.0	1774.0	53573.0	2922.0
克孜勒苏柯尔克孜自治州	Kizilsu Kirgiz A.P	26066.0	3346.0	22720.0	11.0
喀什地区	Kashi Prefecture	108297.0	939.0	107358.0	680.0
和田地区	Hotan Prefecture	729.0	39.0	690.0	
伊犁哈萨克自治州	Ili Kazak A.P	571024.0	195133.0	375891.0	1873.0
塔城地区	Tacheng Prefecture	44822.0	5494.0	39328.0	675.0
阿勒泰地区	Altay Prefecture	90912.0	283.0	90629.0	1271.0
石河子市	Shihezi City	76842.0	4051.0	72791.0	4406.0
阿拉尔市	Alar City				
图木舒克市	Tumxuk City				
五家渠市	Wujiaqu City				
北屯市	Beitun City				
铁门关市	Tiemenguan City				
生产建设兵团	Corps				

3-17 旅游业情况(2012年)
Tourism (2012)

地 区	Region	接待入境旅游者人数(万人次) Number of Overseas Visitor Arrivals (10 000 person-times)	#外国人 Foreigners	国际旅游外汇收入(万美元) Foreign Exchange Earnings from International Tourism (USD 10 000)	国内旅游人数(万人次) Number of Domestic Visitors (10 000 person-times)	国内旅游收入(亿元) Earnings from Domestic Tourism (100 million yuan)	星级饭店数(个) Number of Star-rated Hotels (unit)
北京市	**Beijing**						
东城区	Dongcheng District	126.86	112.13				72
西城区	Xicheng District	37.14	32.60				82
朝阳区	Chaoyang District	215.27	189.92				114
丰台区	Fengtai District	10.48	9.60				38
石景山区	Shijingshan District	11.29	9.88				6
海淀区	Haidian District	51.12	36.61				89
门头沟区	Mentougou District	0.05	0.05				15
房山区	Fangshan District	0.07	0.07				41
通州区	Tongzhou District	2.64	2.54				7
顺义区	Shunyi District	24.24	22.78				19
昌平区	Changping District	4.62	3.90				44
大兴区	Daxing District	15.44	13.37				12
怀柔区	Huairou District	0.16	0.07				27
平谷区	Pinggu District	0.22	0.22				10
密云县	Miyun County	0.47	0.28				17
延庆县	Yanqing County	0.76	0.38				19
北京经济技术开发区	Beijing Economic-technological Development Zones						
其他	Others						
天津市	**Tianjin**						
和平区	Heping District						
河东区	Hedong District						
河西区	Hexi District						
南开区	Nankai District						
河北区	Hebei District						
红桥区	Hongqiao District						
东丽区	Dongli District						
西青区	Xiqing District						
津南区	Jinnan District						
北辰区	Beichen District						
武清区	Wuqing District						
宝坻区	Baodi District						
滨海新区	Binhai New Area						
宁河县	Ninghe County						
静海县	Jinghai County						
蓟县	Ji County						
其他	Others						
河北省	**Hebei**						
石家庄市	Shijiazhuang City	15.79	13.02	6163.8	4185.2	264.7	63
唐山市	Tangshan City	8.20	6.62	4134.4	2454.4	167.9	58
秦皇岛市	Qinhuangdao City	28.64	26.85	19453.5	2313.0	201.6	58
邯郸市	Handan City	3.80	2.65	1386.5	2300.0	135.0	29
邢台市	Xingtai City	2.29	1.77	754.5	1054.0	66.4	24
保定市	Baoding City	12.83	9.12	4331.6	3989.5	245.8	57
张家口市	Zhangjiakou City	8.33	6.46	2068.4	2009.7	134.2	43
承德市	Chengde City	33.94	27.80	11780.1	1976.1	153.5	38
沧州市	Cangzhou City	2.72	1.84	851.6	1210.1	97.1	37
廊坊市	Langfang City	11.68	9.57	3206.0	835.4	54.6	43
衡水市	Hengshui City	1.11	1.02	363.5	583.9	33.2	17

3-17 续表 1 continued

地 区	Region	接待入境旅游者人数（万人次）Number of Overseas Visitor Arrivals (10 000 person-times)	#外国人 Foreigners	国际旅游外汇收入（万美元）Foreign Exchange Earnings from International Tourism (USD 10 000)	国内旅游人数（万人次）Number of Domestic Visitors (10 000 person-times)	国内旅游收入（亿元）Earnings from Domestic Tourism (100 million yuan)	星级饭店数（个）Number of Star-rated Hotels (unit)
山西省	**Shanxi**						
太原市	Taiyuan City	42.25	29.71	24413.0	2941.6	339.7	79
大同市	Datong City	27.75	22.80	10224.3	1890.3	156.2	21
阳泉市	Yangquan City	3.75	3.60	1009.7	1178.9	94.9	11
长治市	Changzhi City	12.46	7.46	3042.6	1640.1	164.5	14
晋城市	Jincheng City	9.57	6.84	4564.0	1686.9	149.9	26
朔州市	Shuozhou City	6.25	5.10	2211.1	675.0	63.4	7
晋中市	Jinzhong City	30.53	19.10	10216.5	2450.1	209.6	33
运城市	Yuncheng City	15.91	3.40	4035.4	2378.9	163.4	43
忻州市	Xinzhou City	20.88	12.60	7475.6	1518.3	157.9	36
临汾市	Linfen City	14.54	4.83	3100.0	1739.8	158.0	43
吕梁市	Luliang City	5.29	5.08	1731.7	1334.0	108.9	14
其他	Others						
内蒙古自治区	**Inner Mongolia**						
呼和浩特市	Hohhot City	11.01	8.65	9280.0	1028.9	245.4	33
包头市	Baotou City	2.65	2.32	1475.0	769.3	153.6	36
乌海市	Wuhai City	0.05	0.04	26.0	129.6	16.6	11
赤峰市	Chifeng City	3.78	2.43	2110.0	508.2	88.2	36
通辽市	Tongliao City	2.23	2.04	1244.0	305.2	48.7	30
鄂尔多斯市	Erdos City	3.43	3.12	1912.0	589.5	124.2	31
呼伦贝尔市	Hulunbuir City	58.84	57.22	35474.0	946.3	191.7	39
巴彦淖尔市	Bayannur City	5.60	5.59	3124.0	137.8	17.0	29
乌兰察布市	Ulanqab City	2.56	1.19	1427.0	275.4	25.1	15
兴安盟	Xingan League	0.11	0.07	61.0	158.4	19.3	21
锡林郭勒盟	Xilingol League	68.33	68.32	20739.0	913.4	131.1	22
阿拉善盟	Alxa League	0.58	0.46	324.0	125.4	19.8	17
辽宁省	**Liaoning**						
沈阳市	Shenyang City	75.00	58.70	63195.3	6872.0	688.2	98
大连市	Dalian City	128.42	112.52	87349.0	4686.7	711.4	161
鞍山市	Anshan City	38.33	32.53	27400.1	2922.7	279.0	25
抚顺市	Fushun City	16.97	10.46	12981.9	2638.2	269.3	19
本溪市	Benxi City	57.86	49.17	48877.9	2878.6	237.1	25
丹东市	Dandong City	49.17	48.65	26642.2	2990.1	320.2	42
锦州市	Jinzhou City	30.86	25.58	18505.9	1925.6	161.6	23
营口市	Yingkou City	19.80	17.83	7186.6	1445.7	167.7	24
阜新市	Fuxin City	2.72	1.53	1152.9	857.0	55.9	11
辽阳市	Liaoyang City	3.85	3.69	1896.4	2157.4	190.4	12
盘锦市	Panjin City	31.42	14.60	13327.5	2214.1	200.4	11
铁岭市	Tieling City	6.61	3.45	4013.6	1336.0	112.5	23
朝阳市	Chaoyang City	1.91	1.53	1180.8	1395.2	144.3	12
葫芦岛市	Huludao City	10.22	8.33	4634.5	1962.1	204.1	26

3-17 续表 2 continued

地 区	Region	接待入境旅游者人数(万人次) Number of Overseas Visitor Arrivals (10 000 person-times)	#外国人 Foreigners	国际旅游外汇收入(万美元) Foreign Exchange Earnings from International Tourism (USD 10 000)	国内旅游人数(万人次) Number of Domestic Visitors (10 000 person-times)	国内旅游收入(亿元) Earnings from Domestic Tourism (100 million yuan)	星级饭店数(个) Number of Star-rated Hotels (unit)
吉林省	**Jilin**						
长春市	Changchun City	35.66	28.70	22379.1	3620.2	534.2	60
吉林市	Jilin City	9.04	4.83	3053.1	2389.7	271.1	25
四平市	Siping City	0.27	0.27	84.5	168.7	19.7	3
辽源市	Liaoyuan City	0.04	0.04	13.4	137.7	16.1	3
通化市	Tonghua City	11.56	11.38	2464.9	546.9	60.2	33
白山市	Baishan City	4.03	2.50	1581.7	483.5	49.4	31
松原市	Songyuan City	2.18	1.06	1028.5	343.1	45.2	14
白城市	Baicheng City	1.34	0.70	266.3	203.2	24.5	7
延边朝鲜族自治州	Yanbian Korean A.P	54.16	51.43	18605.6	961.3	126.5	38
黑龙江省	**Heilongjiang**						
哈尔滨市	Harbin City	24.11	18.38	11333.0	5052.0	554.0	112
齐齐哈尔市	Qiqihar City	4.63	3.77	1363.0	2595.3	104.0	17
鸡西市	Jixi City	3.95	3.85	1501.0	602.1	27.2	8
鹤岗市	Hegang City	3.65	3.65	1036.7	318.3	32.2	11
双鸭山市	Shuangyashan City	7.50	7.50	3025.0	359.0	6.4	5
大庆市	Daqing City	2.36	1.60	473.0	1003.0	45.7	12
伊春市	Yichun City	0.79	0.07		543.0	43.6	17
佳木斯市	Jiamusi City	8.00	8.00	1440.0	287.0	12.4	9
七台河市	Qitaihe City	0.33	0.18	2900.0	46.1	10.4	2
牡丹江市	Mudanjiang City	97.39	95.19	38956.0	1102.8	45.2	27
黑河市	Heihe City	77.00	77.00		376.7	22.6	8
绥化市	Suihua City	0.02	0.01	8.0	217.9	6.4	7
大兴安岭地区	Daxing'anling Prefecture	0.50	0.30	106.0	351.6	33.0	7
农垦总局	Agriculture Reclamation Bureau						
其他	Others						
上海市	**Shanghai**						
黄浦区	Huangpu District						40
徐汇区	Xuhui District						26
长宁区	Changning District						24
静安区	Jingan District						20
普陀区	Putuo District						6
闸北区	Zhabei District						15
虹口区	Hongkou District						16
杨浦区	Yangpu District						10
闵行区	Minhang District						8
宝山区	Baoshan District						6
嘉定区	Jiading District						11
浦东新区	Pudong New District						46
金山区	Jinshan District						12
松江区	Songjiang District						8
青浦区	Qingpu District						16
奉贤区	Fengxian District						7
崇明县	Chongming County						7
其他	Others						

3-17 续表 3 continued

地 区	Region	接待入境旅游者人数(万人次) Number of Overseas Visitor Arrivals (10 000 person-times)	#外国人 Foreigners	国际旅游外汇收入(万美元) Foreign Exchange Earnings from International Tourism (USD 10 000)	国内旅游人数(万人次) Number of Domestic Visitors (10 000 person-times)	国内旅游收入(亿元) Earnings from Domestic Tourism (100 million yuan)	星级饭店数(个) Number of Star-rated Hotels (unit)
江苏省	**Jiangsu**						
南京市	Nanjing City	162.71	107.73	136216.0	7950.5	1169.0	114
无锡市	Wuxi City	98.19	71.08	68138.0	6365.3	974.9	65
徐州市	Xuzhou City	19.95	15.13	21045.0	2752.6	311.8	81
常州市	Changzhou City	45.57	39.87	47439.0	3958.3	482.0	65
苏州市	Suzhou City	249.22	179.54	164723.0	8624.4	1254.4	150
南通市	Nantong City	44.08	39.12	42995.0	2407.5	299.3	96
连云港市	Lianyungang City	14.47	11.70	14434.0	1894.3	221.6	59
淮安市	Huaian City	3.47	1.98	3056.0	1610.7	172.6	38
盐城市	Yancheng City	8.01	4.11	6477.0	1536.8	142.8	58
扬州市	Yangzhou City	66.02	47.17	55921.0	3572.5	392.5	60
镇江市	Zhenjiang City	66.31	49.21	55819.0	3502.9	410.1	51
泰州市	Taizhou City	10.13	5.90	10855.0	1457.0	160.9	29
宿迁市	Suqian City	3.41	2.69	2854.0	804.8	63.9	24
浙江省	**Zhejiang**						
杭州市	Hangzhou City	331.12	229.88	220165.0	8236.9	1253.2	217
宁波市	Ningbo City	116.21	63.10	73428.0	5748.3	816.4	162
温州市	Wenzhou City	57.54	44.05	31887.0	4886.6	464.2	103
嘉兴市	Jiaxing City	78.17	50.13	27658.0	4101.0	401.6	56
湖州市	Huzhou City	47.30	25.80	17323.0	4190.9	312.9	46
绍兴市	Shaoxing City	68.68	41.69	24128.0	4865.9	491.1	92
金华市	Jinhua City	77.70	61.94	42451.0	4105.1	372.8	72
衢州市	Quzhou City	13.57	6.02	6659.0	2516.7	145.5	36
舟山市	Zhoushan City	31.05	18.59	15865.0	2740.0	256.7	51
台州市	Taizhou City	24.00	10.90	8726.0	4468.9	406.7	54
丽水市	Lishui City	20.59	18.41	46884.0	3561.4	176.2	56
安徽省	**Anhui**						
合肥市	Hefei City	37.50	27.93	23457.1	4933.1	577.5	82
芜湖市	Wuhu City	20.91	11.12	10573.0	2014.7	217.9	30
蚌埠市	Bengbu City	3.53	0.71	1608.1	1758.3	98.7	21
淮南市	Huainan City	2.54	0.96	1356.4	1038.4	57.1	29
马鞍山市	Maanshan City	8.27		13461.5	1552.2	105.3	21
淮北市	Huaibei City	1.95	0.52	933.5	722.8	43.2	4
铜陵市	Tongling City	2.70	2.34	924.9	716.9	46.4	18
安庆市	Anqing City	7.96		6894.4	2974.1	256.0	47
黄山市	Huangshan City	160.27	92.82	53658.2	4034.1	395.0	71
滁州市	Chuzhou City	9.00	7.97	3548.5	1094.2	81.3	20
阜阳市	Fuyang City	1.39	0.28	677.2	1070.9	66.1	12
宿州市	Suzhou City	2.07		901.4	975.4	57.6	5
六安市	Liuan City	6.31	0.92	3784.2	1390.9	94.6	40
亳州市	Bozhou City	2.42	1.12	791.2	934.8	64.3	11
池州市	Chizhou City	58.46	40.00	31899.2	2689.9	261.9	32
宣城市	Xuancheng City	6.18	3.71	1798.0	1328.4	98.6	37
福建省	**Fujian**						
福州市	Fuzhou City	85.61	47.73	110909.6	3107.4	292.1	64
厦门市	Xiamen City	212.42	76.11	157727.9	2979.1	411.5	77
莆田市	Putian City	24.60	3.09	19242.3	1112.3	79.2	13
三明市	Sanming City	4.87	2.13	4095.1	1257.4	78.5	39
泉州市	Quanzhou City	95.14	15.95	90445.6	2170.0	263.6	98
漳州市	Zhangzhou City	33.07	7.76	22878.2	1347.6	128.7	32
南平市	Nanping City	30.52	11.61	12948.0	1808.8	217.2	43
龙岩市	Longyan City	5.95	1.89	3568.1	1478.5	107.1	31
宁德市	Ningde City	1.50	0.74	752.7	949.0	72.1	27

3-17 续表 4 continued

地 区	Region	接待入境旅游者人数（万人次）Number of Overseas Visitor Arrivals (10 000 person-times)	#外国人 Foreigners	国际旅游外汇收入（万美元）Foreign Exchange Earnings from International Tourism (USD 10 000)	国内旅游人数（万人次）Number of Domestic Visitors (10 000 person-times)	国内旅游收入（亿元）Earnings from Domestic Tourism (100 million yuan)	星级饭店数（个）Number of Star-rated Hotels (unit)
江西省	**Jiangxi**						
南昌市	Nanchang City	18.45	8.49	5432.0	2609.0	197.0	56
景德镇市	Jingdezhen City	25.48	8.68	7820.0	1982.0	124.0	28
萍乡市	Pingxiang City	7.48	2.80	2356.0	1401.0	80.0	11
九江市	Jiujiang City	29.91	10.47	9988.0	3018.0	213.0	80
新余市	Xinyu City	1.99	0.50	540.0	679.0	47.0	9
鹰潭市	Yingtan City	6.85	2.24	1552.0	1101.0	75.0	16
赣州市	Ganzhou City	15.22	4.99	4675.0	2182.0	162.0	56
吉安市	Jian City	19.01	1.90	5719.0	2496.0	165.0	55
宜春市	Yichun City	7.15	3.69	2310.0	1377.0	77.0	40
抚州市	Fuzhou City	6.81	2.04	2309.0	1016.0	68.0	25
上饶市	Shangrao City	17.83	1.60	5763.0	2486.0	164.0	51
山东省	**Shandong**						
济南市	Jinan City	31.59	20.56	16034.3	4636.3	451.7	86
青岛市	Qingdao City	127.01	87.78	82459.5	5590.5	755.5	156
淄博市	Zibo City	23.22	13.95	12800.7	3496.6	302.9	35
枣庄市	Zaozhuang City	4.11	2.54	1078.2	1357.1	95.1	19
东营市	Dongying City	5.33	3.86	5082.4	938.1	67.4	29
烟台市	Yantai City	53.02	41.69	48146.4	4450.0	445.1	118
潍坊市	Weifang City	34.81	28.41	25258.5	4221.2	368.6	79
济宁市	Jining City	37.36	24.20	18412.8	4201.0	330.6	61
泰安市	Taian City	40.57	23.13	25745.4	4316.5	371.3	52
威海市	Weihai City	45.66	42.85	25282.6	2669.1	281.3	88
日照市	Rizhao City	29.26	27.71	13583.1	2795.3	174.7	34
莱芜市	Laiwu City	0.77	0.61	610.7	725.4	33.7	13
临沂市	Linyi City	18.89	10.65	11325.2	4256.7	351.7	54
德州市	Dezhou City	6.81	4.14	2195.0	1633.3	85.5	25
聊城市	Liaocheng City	5.54	4.68	2703.0	1357.2	85.3	27
滨州市	Binzhou City	4.58	4.44	1345.0	995.8	69.6	21
菏泽市	Heze City	1.41	1.03	302.5	1099.0	65.2	16
河南省	**Henan**						
郑州市	Zhengzhou City	42.22	23.45	15800.0	8672.7	942.0	106
开封市	Kaifeng City	25.56	13.14	6083.7	3142.1	237.7	23
洛阳市	Luoyang City	61.28	46.35	17949.7	5469.6	591.9	63
平顶山市	Pingdingshan City	2.43	1.33	700.0	1261.0	108.1	35
安阳市	Anyang City	6.97	6.72	1829.8	1995.3	167.4	19
鹤壁市	Hebi City	0.75	0.13	229.0	615.4	38.6	13
新乡市	Xinxiang City	3.62	3.06	1090.0	2031.6	126.1	19
焦作市	Jiaozuo City	29.31	17.38	10900.0	2578.9	192.9	33
濮阳市	Puyang City	1.64	1.48	115.0	1150.2	85.4	13

3-17 续表 5 continued

地 区	Region	接待入境旅游者人数（万人次） Number of Overseas Visitor Arrivals (10 000 person-times)	#外国人 Foreigners	国际旅游外汇收入（万美元） Foreign Exchange Earnings from International Tourism (USD 10 000)	国内旅游人数（万人次） Number of Domestic Visitors (10 000 person-times)	国内旅游收入（亿元） Earnings from Domestic Tourism (100 million yuan)	星级饭店数（个） Number of Star-rated Hotels (unit)
许昌市	Xuchang City	1.24	0.65	198.3	885.2	48.3	20
漯河市	Luohe City	0.87	0.46	210.3	594.7	35.5	10
三门峡市	Sanmenxia City	5.26	1.24	1262.6	2028.3	121.2	25
南阳市	Nanyang City	1.60	0.20	745.0	1781.8	134.3	83
商丘市	Shangqiu City	1.18	0.16	240.0	1152.6	68.3	14
信阳市	Xinyang City	1.15	0.30	184.6	1807.0	99.6	32
周口市	Zhoukou City	2.57	1.17	775.1	1019.5	65.6	28
驻马店市	Zhumadian City	1.96	0.85	2600.0	1199.6	70.3	26
济源市	Jiyuan City	1.16	0.66	228.2	581.5	25.9	4
湖北省	**Hubei**						
武汉市	Wuhan City	150.89	114.17	85208.9	14067.7	1342.2	97
黄石市	Huangshi City	1.80	1.80	600.0	1069.2	54.9	22
十堰市	Shiyan City	16.75	1.30	5649.0	2316.6	157.6	74
宜昌市	Yichang City	32.90	26.52	7053.9	2606.4	195.9	58
襄阳市	Xiangyang City	4.85	3.10	2947.1	2348.8	148.9	31
鄂州市	Ezhou City	0.42	0.03	201.6	395.4	33.6	11
荆门市	Jingmen City	2.29	1.85	577.8	1501.8	75.0	42
孝感市	Xiaogan City	2.36	1.88	1014.7	1182.6	69.9	35
荆州市	Jingzhou City	5.50	3.89	1627.9	1570.5	91.0	40
黄冈市	Huanggang City	2.04	1.10	396.0	1362.0	75.0	37
咸宁市	Xianning City	1.27	0.92	485.2	2101.5	107.7	55
随州市	Suizhou City	12.13	0.47	1652.0	1202.9	72.9	16
恩施土家族苗族自治州	Enshi Tujia & Miao A.P	35.73	35.25	4646.7	2162.9	116.3	52
仙桃市	Xiantao City	1.56	0.72	886.7	166.3	12.2	19
潜江市	Qianjiang City	0.14	0.12		51.4	3.6	3
天门市	Tianmen City	62.57	0.13	39.7	62.4	3.8	3
神农架林区	Shennongjia Forest District	9.27	4.00	2769.2	408.0	12.3	15
湖南省	**Hunan**						
长沙市	Changsha City	65.36	28.79	27634.2	5610.3	513.4	80
株洲市	Zhuzhou City	10.74	4.30	3735.9	2229.8	137.8	39
湘潭市	Xiangtan City	7.62	3.68	1924.7	2223.3	139.0	21
衡阳市	Hengyang City	12.96	1.08	2728.6	2673.9	153.7	33
邵阳市	Shaoyang City	3.96	0.93	948.6	959.3	70.3	46
岳阳市	Yueyang City	20.97	15.29	6813.9	2766.8	170.9	41
常德市	Changde City	14.34	3.90	4744.4	2026.3	134.9	49
张家界市	Zhangjiajie City	40.93	18.16	28855.1	1380.2	153.5	43
益阳市	Yiyang City	7.85	4.01	2630.5	1695.8	109.6	34
郴州市	Chenzhou City	23.76	3.74	8892.0	2691.6	165.6	31
永州市	Yongzhou City	3.10	0.85	722.3	1517.1	102.0	25
怀化市	Huaihua City	3.47	0.77	654.5	2000.6	126.3	45
娄底市	Loudi City	6.89	4.10	2025.7	1212.6	89.0	30
湘西土家族苗族自治州	West Hunan Tujia & Miao A.P	2.59	1.05	525.9	1294.2	109.5	61

3-17 续表 6 continued

地 区	Region	接待入境旅游者人数（万人次） Number of Overseas Visitor Arrivals (10 000 person-times)	#外国人 Foreigners	国际旅游外汇收入（万美元） Foreign Exchange Earnings from International Tourism (USD 10 000)	国内旅游人数（万人次） Number of Domestic Visitors (10 000 person-times)	国内旅游收入（亿元） Earnings from Domestic Tourism (100 million yuan)	星级饭店数（个） Number of Star-rated Hotels (unit)
广东省	**Guangdong**						
广州市	Guangzhou City	792.21	290.32	514457.8	4017.4	1586.1	226
韶关市	Shaoguan City	8.79	0.20	3110.0	991.9	153.9	56
深圳市	Shenzhen City	1206.45	169.10	432882.1	2941.3	566.5	134
珠海市	Zhuhai City	297.58	53.83	95044.6	1298.8	175.8	83
汕头市	Shantou City	14.78	9.32	5174.7	1026.2	120.6	38
佛山市	Foshan City	133.21	35.29	120983.5	912.0	289.3	92
江门市	Jiangmen City	165.09	25.25	69917.2	1119.6	141.1	31
湛江市	Zhanjiang City	17.95	8.82	4816.1	1247.3	124.1	37
茂名市	Maoming City	2.50	0.30	1314.6	398.5	92.3	11
肇庆市	Zhaoqing City	171.68	16.79	48689.2	1220.5	148.7	26
惠州市	Huizhou City	190.59	44.62	67785.7	1122.3	141.3	63
梅州市	Meizhou City	12.77	1.72	4086.4	956.8	147.5	31
汕尾市	Shanwei City	4.37	0.02	1418.5	518.4	71.6	13
河源市	Heyuan City	5.78	5.77	926.2	777.5	131.8	23
阳江市	Yangjiang City	5.70	0.62	2225.8	572.4	85.1	29
清远市	Qingyuan City	38.58	0.07	14417.1	806.9	169.6	35
东莞市	Dongguan City	303.34	134.81	126924.5	1432.1	226.2	89
中山市	ZhongShan City	55.86	11.58	21978.6	744.4	166.8	33
潮州市	Chaozhou City	54.14	4.92	21302.6	437.5	61.3	13
揭阳市	Jieyang City	8.17	0.60	1768.2	535.5	85.1	13
云浮市	Yunfu City	11.13	0.85	3033.3	834.5	123.0	16
广西壮族自治区	**Guangxi**						
南宁市	Nanning City	30.07	20.99	10705.5	5122.1	397.1	68
柳州市	Liuzhou City	13.77	8.70	4760.5	1904.1	150.7	39
桂林市	Guilin City	182.41	109.30	73440.2	3110.3	230.5	70
梧州市	Wuzhou City	15.28	1.21	4230.4	976.0	81.3	22
北海市	Beihai City	9.88	5.32	3429.1	1311.2	110.2	35
防城港市	Fangchenggang City	12.75	12.22	3576.7	806.5	50.4	24
钦州市	Qinzhou City	4.16		1332.5	692.7	51.0	26
贵港市	Guigang City	6.81	1.20	2179.1	918.8	65.7	22
玉林市	Yulin City	5.79	1.65	2304.1	1023.3	88.2	14
百色市	Baise City	5.15	2.17	1935.0	1356.3	95.1	24
贺州市	Hezhou City	26.73	6.96	7630.0	785.1	67.8	20
河池市	Hechi City	5.35	1.55	2001.5	1063.1	89.0	46
来宾市	Laibin City	1.45	0.60	650.0	753.4	41.5	17
崇左市	Chongzuo City	30.66	19.75	9761.4	954.8	60.6	29
海南省	**Hainan**						
海口市	Haikou City	17.97	8.26	4474.0	934.9	101.6	50
三亚市	Sanya City	46.30	35.33	26565.3	1054.1	175.5	53
重庆市	**Chongqing**						
万州区	Wanzhou District						14
涪陵区	Fuling District						7
渝中区	Yuzhong District						30
大渡口区	Dadukou District						2
江北区	Jiangbei District						8
沙坪坝区	Shapingba District						8
九龙坡区	Jiulongpo District						15

3-17 续表 7 continued

地区	Region	接待入境旅游者人数（万人次）Number of Overseas Visitor Arrivals (10 000 person-times)	#外国人 Foreigners	国际旅游外汇收入（万美元）Foreign Exchange Earnings from International Tourism (USD 10 000)	国内旅游人数（万人次）Number of Domestic Visitors (10 000 person-times)	国内旅游收入（亿元）Earnings from Domestic Tourism (100 million yuan)	星级饭店数（个）Number of Star-rated Hotels (unit)
南岸区	Nanan District						11
北碚区	Beibei District						9
綦江区	Qijiang District						10
大足区	Dazu District						6
渝北区	Yubei District						20
巴南区	Banan District						7
黔江区	Qianjiang District						6
长寿区	Changshou District						5
江津区	Jiangjin District						8
合川区	Hechuan District						3
永川区	Yongchuan District						9
南川区	Nanchuan District						17
四川省	**Sichuan**						
成都市	Chengdu City	158.19	117.06	62916.2	12088.3	1010.7	138
自贡市	Zigong City	0.39	0.32	169.1	1539.8	135.6	9
攀枝花市	Panzhihua City	0.16	0.04	51.1	852.5	66.8	17
泸州市	Luzhou City	0.50	0.36	135.8	1533.6	106.0	26
德阳市	Deyang City	1.08	0.36	809.2	1106.7	67.0	9
绵阳市	Mianyang City	2.07	1.08	570.9	1919.5	136.8	33
广元市	Guangyuan City	0.28	0.05	60.1	1918.0	82.9	16
遂宁市	Suining City	2.42	0.43	478.2	1703.0	130.9	24
内江市	Neijiang City	0.16	0.02	45.1	1378.0	86.2	9
乐山市	Leshan City	27.23	6.65	5750.9	2655.6	266.5	34
南充市	Nanchong City	1.46	0.96	473.7	1826.5	155.0	26
眉山市	Meishan City	0.31		96.0	1560.0	110.2	9
宜宾市	Yibin City	0.61	0.22	175.3	2111.8	165.9	26
广安市	Guangan City	0.48	0.12	143.9	1550.2	103.5	20
达州市	Dazhou City	0.38		119.8	1107.9	61.7	16
雅安市	Yaan City	0.77		245.8	1194.5	79.2	21
巴中市	Bazhong City	0.04	0.01	10.8	714.6	43.7	12
资阳市	Ziyang City	2.89	2.39	650.1	1409.4	114.2	13
阿坝藏族羌族自治州	Aba Zang & Qiang A.P	21.57	13.07	4951.8	2081.8	177.9	21
甘孜藏族自治州	Ganzi Zang A.P	5.66		1720.6	515.2	35.0	13
凉山彝族自治州	Liangshan Yi A.P	0.70		240.3	2684.9	94.2	21
贵州省	**Guizhou**						
贵阳市	Guiyang City	11.62	5.67	4240.6	6332.6	600.0	77
六盘水市	Liupanshui City	0.11	0.10	28.2	376.4	32.9	13
遵义市	Zunyi City	1.40	0.32	439.6	3040.5	279.7	41
安顺市	Anshun City	17.73	4.90	3153.3	2226.2	193.0	25
毕节市	Bijie City	2.08	0.96	405.8	1872.9	162.7	34
铜仁市	Tongren City	5.31	1.17	1333.8	1844.7	118.7	29
黔西南布依族苗族自治州	Southwest Guizhou Buyi & Miao A.P	7.57	0.48	1550.3	843.0	67.0	17
黔东南苗族侗族自治州	Southeast Guizhou Miao & Dong A.P	20.39	15.35	4578.0	2369.1	195.6	48
黔南布依族苗族自治州	South Guizhou Buyi & Miao A.P	4.29	1.47	1164.1	2650.1	219.2	84

3-17 续表 8 continued

地 区	Region	接待入境旅游者人数(万人次) Number of Overseas Visitor Arrivals (10 000 person-times)	#外国人 Foreigners	国际旅游外汇收入(万美元) Foreign Exchange Earnings from International Tourism (USD 10 000)	国内旅游人数(万人次) Number of Domestic Visitors (10 000 person-times)	国内旅游收入(亿元) Earnings from Domestic Tourism (100 million yuan)	星级饭店数(个) Number of Star-rated Hotels (unit)
云南省	**Yunnan**						
昆明市	Kunming City	113.74	87.34	33836.0	4580.5	405.3	78
曲靖市	Qujing City	1.90	0.72	696.7	870.6	63.7	34
玉溪市	Yuxi City	0.40	0.34	109.5	1461.3	70.6	39
保山市	Baoshan City	12.16	11.41	2963.0	793.2	49.0	34
昭通市	Zhaotong City	0.10	0.04	27.7	1014.6	41.0	20
丽江市	Lijiang City	84.70	61.06	28900.0	1514.4	193.0	187
普洱市	Puer City	4.48	4.33	1269.0	819.0	49.8	85
临沧市	Lincang City	5.54	5.52	2075.6	358.1	21.5	21
楚雄彝族自治州	Chuxiong Yi A.P	2.80	1.92	758.4	1343.3	49.2	35
红河哈尼族彝族自治州	Honghe Hani & Yi A.P	17.09	15.48	7573.8	1469.5	93.3	50
文山壮族苗族自治州	Wenshan Zhuang & Miao A.P	3.22	2.67	846.0	607.4	54.1	15
西双版纳傣族自治州	Xishuangbanna Dai A.P	37.42	36.10	12459.0	1158.5	130.2	35
大理白族自治州	Dali Bai A.P	56.23	31.24	21475.2	1791.1	182.0	86
德宏傣族景颇族自治州	Dehong Dai & Jingpo A.P	15.18	15.15	4500.0	642.1	72.4	48
怒江傈僳族自治州	Nujiang Lisu A.P	9.37	1.79	912.0	189.4	11.0	10
迪庆藏族自治州	Diqing Zang A.P	101.50	54.67	51221.3	945.0	95.9	16
西藏自治区	**Tibet A.R.**						
拉萨市	Lhasa City						
昌都地区	Qamdu Prefecture						
山南地区	Lhokha Prefecture						
日喀则地区	Xigaze Prefecture						
那曲地区	Narqu Prefecture						
阿里地区	Ngri Prefecture						
林芝地区	Nyingchi Prefecture						
其他	Others						
陕西省	**Shaanxi**						
西安市	Xi'an City	115.35	101.40	74862.0	7863.0	594.5	116
铜川市	Tongchuan City	2.60	1.63	390.0	677.4	30.6	13
宝鸡市	Baoji City	25.30	12.57	7320.0	2737.0	171.4	36
咸阳市	Xianyang City	32.70	22.42	2370.0	3167.3	155.7	25
渭南市	Weinan City	19.62	4.72	5604.4	2492.5	152.0	33
延安市	Yan'an City	12.71		975.4	2177.3	117.4	42
汉中市	Hanzhong City	2.31	1.51	998.0	1903.0	81.5	29
榆林市	Yulin City	0.20	0.19	16.3	1170.0	58.5	32
安康市	Ankang City	2.00	0.08	400.0	1834.8	76.1	25
商洛市	Shangluo City	1.41	0.69	144.9	2288.3	102.5	19
杨凌示范区	Yangling Demonstration Zone	2.39	2.33	670.0	304.0	5.7	6
甘肃省	**Gansu**						
兰州市	Lanzhou City	2.24	1.27	529.3	1802.4	139.4	51
嘉峪关市	Jiayuguan City	0.76	0.64	146.6	276.4	16.8	19
金昌市	Jinchang City	0.05	0.03	9.2	131.9	6.8	5
白银市	Baiyin City	0.01	0.01	2.5	370.0	19.9	11
天水市	Tianshui City	0.23	0.08	50.4	1037.9	58.2	34
武威市	Wuwei City	0.55	0.19	107.4	376.0	18.1	12
张掖市	Zhangye City	0.55	0.24	106.1	492.0	26.1	25

3-17 续表 9 continued

地 区	Region	接待入境旅游者人数(万人次) Number of Overseas Visitor Arrivals (10 000 person-times)	#外国人 Foreigners	国际旅游外汇收入(万美元) Foreign Exchange Earnings from International Tourism (USD 10 000)	国内旅游人数(万人次) Number of Domestic Visitors (10 000 person-times)	国内旅游收入(亿元) Earnings from Domestic Tourism (100 million yuan)	星级饭店数(个) Number of Star-rated Hotels (unit)
平凉市	Pingliang City	0.12	0.06	22.9	678.0	34.7	22
酒泉市	Jiuquan City	5.19	3.89	1156.3	800.3	70.1	62
庆阳市	Qingyang City	0.01	0.00	1.6	290.0	12.8	12
定西市	Dingxi City	0.04	0.02	6.9	364.2	14.9	22
陇南市	Longnan City	0.00	0.00	0.6	470.2	21.3	21
临夏回族自治州	Linxia Hui A.P	0.08	0.04	16.0	440.7	17.8	14
甘南藏族自治州	Gannan Zang A.P	0.38	0.23	79.3	294.3	12.6	38
青海省	**Qinghai**						
西宁市	Xining City	3.34	3.04	2175.6	1124.3	73.7	51
海东地区	Haidong Prefecture	0.64	0.24	41.2	580.0	12.7	17
海北藏族自治州	Haibei Zang A.P	0.08		36.0	335.0	5.1	12
黄南藏族自治州	Huangnan Zang AP	0.50	0.45	211.3	241.9	5.5	2
海南藏族自治州	Hainan Zang A.P				228.7	5.5	14
果洛藏族自治州	Golog Zang A.P				18.1	1.0	2
玉树藏族自治州	Yushu Zang A.P				15.2	0.8	8
海西蒙古族藏族自治州	Haixi Mongolian & Zang A.P	0.30	0.11	134.0	382.0	13.8	28
宁夏回族自治区	**Ningxia**						
银川市	Yinchuan City	1.39	1.39	405.0	530.8	58.5	42
石嘴山市	Shizuishan City	0.08		22.7	208.4	11.3	9
吴忠市	Wuzhong City	0.10	0.08	45.0	185.9	10.8	12
固原市	Guyuan City	0.09	0.07	15.2	193.9	8.1	6
中卫市	Zhongwei City	0.24	0.24	57.0	220.0	14.4	13
新疆维吾尔自治区	**Xinjiang**						
乌鲁木齐市	Urumqi City	36.43	34.15	19855.0	1363.8	219.9	83
克拉玛依市	Karamay City	0.33	0.31	125.0	111.7	15.0	16
吐鲁番地区	Turpan Prefecture	5.46	4.97	3455.0	407.1	37.5	27
哈密地区	Hami Prefecture	2.86	2.60	1210.0	182.3	20.7	17
昌吉回族自治州	Changji Hui A.P	1.68	1.56	528.0	318.3	21.8	33
博尔塔拉蒙古自治州	Bortala Mongolian A.P	5.08	4.62	910.0	72.1	5.1	13
巴音郭楞蒙古自治州	Bayingolin Mongolian A.P	2.11	2.01	1268.0	432.5	30.8	42
阿克苏地区	Aksu Prefecture	0.71	0.60	400.0	189.3	14.0	37
克孜勒苏柯尔克孜自治州	Kizilsu Kirgiz A.P	1.72	1.45	801.0	38.2	2.1	4
喀什地区	Kashi Prefecture	4.59	4.18	3155.0	319.9	36.1	36
和田地区	Hotan Prefecture	1.73	1.50	910.0	86.7	10.9	19
伊犁哈萨克自治州	Ili Kazak A.P	73.87	66.26	19688.0	452.0	42.9	60
塔城地区	Tacheng Prefecture	3.24	3.02	674.0	103.3	12.0	14
阿勒泰地区	Altay Prefecture	9.86	8.97	2018.0	441.1	53.3	56
石河子市	Shihezi City	0.14	0.13	60.0	192.7	19.7	15
阿拉尔市	Alar City						
图木舒克市	Tumxuk City						
五家渠市	Wujiaqu City						
北屯市	Beitun City						
铁门关市	Tiemenguan City						
生产建设兵团	Corps						

3-18 金融机构本外币和人民币存款(2012年)
Deposits of Financial Institutions (2012)

地区	Region	金融机构本外币存款(亿元) Balance of Savings Deposit in Standard and Foreign Currencies in Financial Institutions (100 million yuan)	金融机构人民币存款(亿元) Total Deposits (100 million yuan)	#单位存款 Corporation Deposits	#个人存款 Personal Deposits	#储蓄存款 Savings Deposit
北京市	**Beijing**					
东城区	Dongcheng District		8748.72	5902.40	2133.05	2072.90
西城区	Xicheng District		26219.97	16736.79	5395.21	3162.88
朝阳区	Chaoyang District		12163.45	6987.59	4598.04	4463.18
丰台区	Fengtai District		4528.92	2158.77	2198.31	2150.90
石景山区	Shijingshan District		1150.15	615.74	529.64	523.76
海淀区	Haidian District		16372.87	11258.28	4629.96	4464.84
门头沟区	Mentougou District		358.30	166.49	190.76	189.73
房山区	Fangshan District		971.21	438.74	531.90	525.49
通州区	Tongzhou District		1336.22	549.66	783.74	777.83
顺义区	Shunyi District		1418.78	769.90	643.75	629.63
昌平区	Changping District		1384.89	541.28	837.68	826.89
大兴区	Daxing District		1921.65	1000.64	907.57	896.38
怀柔区	Huairou District		387.09	181.59	203.77	203.00
平谷区	Pinggu District		339.42	153.08	185.79	184.22
密云县	Miyun County		363.89	152.29	210.75	209.08
延庆县	Yanqing County		210.48	86.38	123.88	123.84
北京经济技术开发区	Beijing Economic-technological Development Zones					
其他	Others					
天津市	**Tianjin**					
和平区	Heping District	2371.12	2275.36	1677.40	499.86	475.52
河东区	Hedong District	929.08	920.82	403.00	518.89	508.28
河西区	Hexi District	3528.37	3451.67	2374.03	849.25	811.13
南开区	Nankai District	1732.46	1680.20	931.28	775.33	742.88
河北区	Hebei District	819.65	809.96	339.74	501.75	491.96
红桥区	Hongqiao District	435.81	422.28	147.18	294.29	289.29
东丽区	Dongli District	694.85	671.31	357.90	328.60	323.99
西青区	Xiqing District	678.30	670.16	294.52	361.81	355.81
津南区	Jinnan District	512.94	511.54	233.48	260.54	258.47
北辰区	Beichen District	562.14	552.95	278.63	285.91	281.58
武清区	Wuqing District	539.03	532.52	205.48	337.11	335.28
宝坻区	Baodi District	293.86	292.15	92.65	205.48	203.83
滨海新区	Binhai New Area	3939.69	3763.70	2637.84	1180.99	1153.50
宁河县	Ninghe County	178.69	178.38	44.89	134.55	134.02
静海县	Jinghai County	395.98	394.59	140.78	248.03	245.86
蓟县	Ji County	340.58	340.06	96.78	250.78	249.83
其他	Others	2341.00	2208.00	1335.00	213.00	194.00
河北省	**Hebei**					
石家庄市	Shijiazhuang City	7706.38	7640.75	3570.82	3803.04	3735.50
唐山市	Tangshan City	5464.03	5437.46	2004.11	3305.07	3265.88
秦皇岛市	Qinhuangdao City	1926.50	1878.54	686.48	1161.89	1150.19
邯郸市	Handan City	2938.18	2924.49	1052.73	1803.73	1790.81
邢台市	Xingtai City	2059.38	2053.80	559.03	1458.64	1454.71
保定市	Baoding City	3774.91	3759.89	1015.87	2664.47	2657.01
张家口市	Zhangjiakou City	1677.62	1673.87	521.44	1127.87	1119.75
承德市	Chengde City	1361.15	1359.12	436.26	892.56	888.22
沧州市	Cangzhou City	2699.35	2689.90	757.95	1857.42	1845.65
廊坊市	Langfang City	2712.39	2676.39	1004.60	1587.58	1581.55
衡水市	Hengshui City	1577.49	1571.05	354.07	1165.00	1160.39

3-18 续表 1 continued

地　区	Region	金融机构本外币存款(亿元) Balance of Savings Deposit in Standard and Foreign Currencies in Financial Institutions (100 million yuan)	金融机构人民币存款(亿元) Total Deposits (100 million yuan)	#单位存款 Corporation Deposits	#个人存款 Personal Deposits	#储蓄存款 Savings Deposit
山西省	**Shanxi**					
太原市	Taiyuan City	8976.90	8902.46	5335.81	3095.89	3021.50
大同市	Datong City	2017.92	2013.93	673.57	1224.25	1220.11
阳泉市	Yangquan City	1098.37	1096.00	473.34	605.39	600.83
长治市	Changzhi City	1724.05	1720.03	657.43	979.78	979.18
晋城市	Jincheng City	1729.58	1719.16	867.75	760.03	755.54
朔州市	Shuozhou City	1052.10	1050.88	406.80	596.29	593.31
晋中市	Jinzhong City	1681.80	1679.46	523.88	1086.52	1085.11
运城市	Yuncheng City	1320.56	1318.37	378.10	878.57	878.16
忻州市	Xinzhou City	1311.32	1309.73	389.41	877.52	877.22
临汾市	Linfen City	1656.88	1654.42	511.82	1069.99	1066.59
吕梁市	Luliang City	1587.46	1586.20	567.20	922.00	919.50
其他	Others					
内蒙古自治区	**Inner Mongolia**					
呼和浩特市	Hohhot City	3841.36	3711.00	2088.48	1265.27	1243.27
包头市	Baotou City	2088.50	2079.79	895.64	1049.95	1035.02
乌海市	Wuhai City	560.44	559.95	279.60	260.17	257.28
赤峰市	Chifeng City	1160.46	1158.62	364.50	768.28	767.02
通辽市	Tongliao City	628.81	627.82	226.25	365.47	364.77
鄂尔多斯市	Erdos City	2194.92	2190.28	1118.79	1041.40	1029.80
呼伦贝尔市	Hulunbuir City	998.80	995.83	338.75	596.13	594.67
巴彦淖尔市	Bayannur City	602.48	601.63	216.82	352.57	350.74
乌兰察布市	Ulanqab City	599.91	597.62	176.50	410.80	409.47
兴安盟	Xingan League	320.17	319.72	121.29	175.67	175.11
锡林郭勒盟	Xilingol League	466.12	465.07	174.48	271.09	270.26
阿拉善盟	Alxa League	217.01	210.37	104.89	99.60	99.57
辽宁省	**Liaoning**					
沈阳市	Shenyang City	10441.55	10275.35			4370.79
大连市	Dalian City	10767.78	10322.34			4237.23
鞍山市	Anshan City	2269.43	2257.72			1445.20
抚顺市	Fushun City	1161.70	1147.13			819.73
本溪市	Benxi City	944.40	933.71			597.31
丹东市	Dandong City	1244.84	1231.75			899.66
锦州市	Jinzhou City	1295.58	1288.46			908.05
营口市	Yingkou City	1294.25	1280.43			809.57
阜新市	Fuxin City	686.13	683.41			444.37
辽阳市	Liaoyang City	1155.05	1142.98			682.22
盘锦市	Panjin City	1107.91	1090.39			680.28
铁岭市	Tieling City	836.48	829.48			623.78
朝阳市	Chaoyang City	1024.16	1020.04			734.98
葫芦岛市	Huludao City	1074.20	1064.15			714.20

3-18 续表 2 continued

地 区	Region	金融机构本外币存款(亿元) Balance of Savings Deposit in Standard and Foreign Currencies in Financial Institutions (100 million yuan)	金融机构人民币存款(亿元) Total Deposits (100 million yuan)	#单位存款 Corporation Deposits	#个人存款 Personal Deposits	#储蓄存款 Savings Deposit
吉林省	**Jilin**					
长春市	Changchun City	7688.60	7609.41	3696.98	3123.97	3049.15
吉林市	Jilin City	1971.19	1955.38	604.10	1298.09	1273.55
四平市	Siping City	820.89	817.49	185.00	622.94	619.58
辽源市	Liaoyuan City	372.38	370.18	87.31	280.36	279.21
通化市	Tonghua City	803.32	799.94	231.47	557.59	554.37
白山市	Baishan City	523.72	522.46	159.43	356.57	353.82
松原市	Songyuan City	726.71	718.90	226.66	467.00	465.17
白城市	Baicheng City	462.74	462.17	149.52	300.09	298.32
延边朝鲜族自治州	Yanbian Korean A.P	1103.08	1081.42	308.73	747.28	736.65
黑龙江省	**Heilongjiang**					
哈尔滨市	Harbin City	7513.17	7360.33	3707.69	3381.20	3320.67
齐齐哈尔市	Qiqihar City	1158.05	1151.72	338.55	779.10	778.12
鸡西市	Jixi City	738.85	737.39	218.00	501.52	499.87
鹤岗市	Hegang City	425.28	424.11	118.89	300.34	299.54
双鸭山市	Shuangyashan City	534.30	533.65	163.36	364.31	363.88
大庆市	Daqing City	1993.85	1970.56	775.03	1168.95	1147.55
伊春市	Yichun City	453.80	453.05	134.45	309.84	309.75
佳木斯市	Jiamusi City	807.96	805.86	241.79	545.48	545.21
七台河市	Qitaihe City	338.86	338.20	98.88	223.12	220.64
牡丹江市	Mudanjiang City	1056.56	1034.21	259.95	749.97	748.65
黑河市	Heihe City	501.81	500.83	157.11	336.58	335.80
绥化市	Suihua City	764.92	763.89	176.61	558.29	557.21
大兴安岭地区	Daxing'anling Prefecture	253.29	252.79	101.19	142.44	142.30
农垦总局	Agriculture Reclamation Bureau					
其他	Others					
上海市	**Shanghai**					
黄浦区	Huangpu District					
徐汇区	Xuhui District					
长宁区	Changning District					
静安区	Jingan District					
普陀区	Putuo District					
闸北区	Zhabei District					
虹口区	Hongkou District					
杨浦区	Yangpu District					
闵行区	Minhang District					
宝山区	Baoshan District					
嘉定区	Jiading District					
浦东新区	Pudong New District					
金山区	Jinshan District					
松江区	Songjiang District					
青浦区	Qingpu District					
奉贤区	Fengxian District					
崇明县	Chongming County					
其他	Others					

3-18 续表 3 continued

地　区	Region	金融机构本外币存款(亿元) Balance of Savings Deposit in Standard and Foreign Currencies in Financial Institutions (100 million yuan)	金融机构人民币存款(亿元) Total Deposits (100 million yuan)	#单位存款 Corporation Deposits	#个人存款 Personal Deposits	#储蓄存款 Savings Deposit
江苏省	**Jiangsu**					
南京市	Nanjing City	16540.43	16131.41	10686.83	4583.88	4465.37
无锡市	Wuxi City	10740.38	10293.40	6231.27	3810.49	3731.83
徐州市	Xuzhou City	3403.00	3364.47	1494.56	1806.87	1794.72
常州市	Changzhou City	5789.88	5604.90	2931.00	2529.86	2473.27
苏州市	Suzhou City	18796.06	17663.50	10758.48	5972.01	5787.75
南通市	Nantong City	6478.01	6297.19	2517.71	3617.97	3588.06
连云港市	Lianyungang City	1538.04	1503.66	726.36	728.89	723.59
淮安市	Huaian City	1521.41	1502.79	672.47	810.64	806.86
盐城市	Yancheng City	2716.87	2699.33	1124.92	1528.06	1519.33
扬州市	Yangzhou City	3365.22	3310.84	1542.87	1715.38	1697.51
镇江市	Zhenjiang City	2903.48	2850.51	1461.92	1317.18	1301.36
泰州市	Taizhou City	3076.17	3032.63	1417.27	1562.50	1546.53
宿迁市	Suqian City	1240.04	1226.87	586.97	624.80	621.02
浙江省	**Zhejiang**					
杭州市	Hangzhou City	20148.77	19599.85	12182.93	6202.28	6022.08
宁波市	Ningbo City	11980.50	11602.32	6623.47	4289.89	4175.96
温州市	Wenzhou City	7744.94	7425.62	3289.74	3723.47	3616.96
嘉兴市	Jiaxing City	4597.34	4453.07	2137.65	2170.00	2144.49
湖州市	Huzhou City	2285.66	2233.34	1081.20	1090.86	1078.46
绍兴市	Shaoxing City	5923.60	5845.95	3108.21	2543.95	2492.09
金华市	Jinhua City	5324.39	5270.71	2433.54	2695.03	2668.17
衢州市	Quzhou City	1299.52	1289.22	634.09	609.47	606.38
舟山市	Zhoushan City	1389.97	1350.10	743.94	508.50	503.69
台州市	Taizhou City	4509.17	4457.36	1899.03	2392.51	2371.99
丽水市	Lishui City	1475.23	1358.74	177.80	726.54	726.54
安徽省	**Anhui**					
合肥市	Hefei City	7043.15	6913.84	4320.67	2125.19	2076.60
芜湖市	Wuhu City	1876.26	1855.96	953.67	877.14	869.05
蚌埠市	Bengbu City	979.55	975.86	392.95	546.70	532.99
淮南市	Huainan City	1115.79	1114.31	513.82	580.89	572.94
马鞍山市	Maanshan City	1269.19	1249.93	585.77	647.40	637.58
淮北市	Huaibei City	788.70	787.71	346.85	430.37	425.37
铜陵市	Tongling City	570.81	566.03	287.47	265.68	264.45
安庆市	Anqing City	1703.37	1699.57	585.39	1074.26	1069.21
黄山市	Huangshan City	660.50	658.97	265.82	380.31	376.78
滁州市	Chuzhou City	1117.02	1111.58	447.84	604.89	600.12
阜阳市	Fuyang City	1491.41	1489.56	411.55	1059.11	1054.39
宿州市	Suzhou City	1017.93	1014.77	293.82	669.80	665.76
六安市	Liuan City	1278.02	1276.67	500.43	725.43	723.94
亳州市	Bozhou City	813.49	813.10	235.69	557.20	554.73
池州市	Chizhou City	518.95	518.15	193.63	315.36	314.47
宣城市	Xuancheng City	812.81	808.81	321.64	469.37	466.39
福建省	**Fujian**					
福州市	Fuzhou City	7909.63	7707.28	4066.96	3010.06	2939.46
厦门市	Xiamen City	5472.00	5151.40	3197.43	1749.85	1708.09
莆田市	Putian City	1078.78	1062.99	365.76	657.00	654.81
三明市	Sanming City	1077.57	1068.65	495.38	538.52	537.53
泉州市	Quanzhou City	4687.97	4510.73	1916.68	2427.92	2375.79
漳州市	Zhangzhou City	1525.74	1500.53	650.57	817.88	814.84
南平市	Nanping City	999.56	991.61	402.15	540.14	539.37
龙岩市	Longyan City	1103.19	1093.96	526.69	528.48	524.97
宁德市	Ningde City	917.11	910.54	395.03	408.68	408.18

地　区	Region	金融机构本外币存款(亿元) Balance of Savings Deposit in Standard and Foreign Currencies in Financial Institutions (100 million yuan)	金融机构人民币存款(亿元) Total Deposits (100 million yuan)	#单位存款 Corporation Deposits	#个人存款 Personal Deposits	#储蓄存款 Savings Deposit
江西省	**Jiangxi**					
南昌市	Nanchang City	5768.99	5723.14	1888.74	1853.57	1853.57
景德镇市	Jingdezhen City	583.90	582.32	212.65	350.08	345.16
萍乡市	Pingxiang City	542.91	541.07	203.60	320.35	318.38
九江市	Jiujiang City	1502.47	1494.69	627.48	826.58	822.11
新余市	Xinyu City	603.54	591.65	269.88	310.64	306.40
鹰潭市	Yingtan City	458.52	425.43	174.75	230.67	228.95
赣州市	Ganzhou City	2277.56	2268.74	892.64	1332.23	1327.76
吉安市	Jian City	1289.19	1285.13	423.62	827.25	825.96
宜春市	Yichun City	1453.99	1450.93	522.39	902.64	899.53
抚州市	Fuzhou City	939.59	937.62	291.37	637.84	636.33
上饶市	Shangrao City	1408.66	1405.51	438.91	908.77	906.59
山东省	**Shandong**					
济南市	Jinan City	9893.83	9798.50	6392.05	2960.86	2888.74
青岛市	Qingdao City	9818.33	9434.89	5097.90	3825.94	3757.60
淄博市	Zibo City	3191.43	3164.90	1376.75	1711.87	1690.22
枣庄市	Zaozhuang City	1146.72	1142.36	431.44	697.86	693.48
东营市	Dongying City	2394.02	2348.94	1328.82	946.98	941.29
烟台市	Yantai City	5286.02	5054.35	2048.56	2815.40	2767.33
潍坊市	Weifang City	4437.81	4367.27	1802.55	2467.25	2450.37
济宁市	Jining City	3191.75	3146.15	1338.36	1742.68	1730.65
泰安市	Taian City	1947.98	1934.24	680.41	1190.56	1185.88
威海市	Weihai City	2060.63	1982.16	713.71	1218.88	1205.74
日照市	Rizhao City	1469.14	1442.48	697.02	660.76	658.65
莱芜市	Laiwu City	725.40	719.24	316.93	379.60	377.90
临沂市	Linyi City	3043.48	3029.17	994.62	1951.71	1941.66
德州市	Dezhou City	1646.85	1636.49	484.72	1111.85	1107.54
聊城市	Liaocheng City	1687.69	1673.72	602.46	1021.56	1018.54
滨州市	Binzhou City	1697.66	1683.78	941.16	713.20	709.22
菏泽市	Heze City	1607.77	1602.95	353.57	1220.42	1218.47
河南省	**Henan**					
郑州市	Zhengzhou City	10448.29	10448.29	6057.86	3955.48	3845.46
开封市	Kaifeng City	961.23	961.23	276.00	659.53	658.31
洛阳市	Luoyang City	2902.47	2902.47	1298.04	1484.52	1465.16
平顶山市	Pingdingshan City	1457.38	1457.38	481.18	918.80	914.37
安阳市	Anyang City	1352.98	1352.98	430.60	896.89	892.16
鹤壁市	Hebi City	366.65	366.65	139.94	220.46	220.37
新乡市	Xinxiang City	1476.61	1476.61	486.46	931.22	928.51
焦作市	Jiaozuo City	1012.64	1012.64	339.78	645.73	638.08
濮阳市	Puyang City	836.89	836.89	209.61	593.09	592.52

3-18 续表 5 continued

地 区	Region	金融机构本外币存款(亿元) Balance of Savings Deposit in Standard and Foreign Currencies in Financial Institutions (100 million yuan)	金融机构人民币存款(亿元) Total Deposits (100 million yuan)	#单位存款 Corporation Deposits	#个人存款 Personal Deposits	#储蓄存款 Savings Deposit
许昌市	Xuchang City	1188.22	1188.22	416.29	746.62	743.29
漯河市	Luohe City	593.75	593.75	201.69	367.83	367.37
三门峡市	Sanmenxia City	825.07	825.07	314.18	496.69	492.12
南阳市	Nanyang City	2104.68	2104.68	675.91	1371.21	1366.92
商丘市	Shangqiu City	1353.83	1353.83	328.74	970.61	968.91
信阳市	Xinyang City	1536.44	1536.44	405.38	1105.89	1104.25
周口市	Zhoukou City	1403.50	1403.50	257.79	1115.65	1112.87
驻马店市	Zhumadian City	1429.50	1429.50	366.87	1021.26	1020.39
济源市	Jiyuan City	222.63	222.63	87.18	134.83	134.58
湖北省	**Hubei**					
武汉市	Wuhan City	13131.59	12929.26	7584.67	4683.37	4622.96
黄石市	Huangshi City	1012.44	995.12	452.38	518.41	512.98
十堰市	Shiyan City	1219.84	1217.35	471.34	686.91	684.00
宜昌市	Yichang City	2014.64	2005.49	916.58	1033.11	1030.00
襄阳市	Xiangyang City	1815.12	1810.76	634.23	1113.72	1111.60
鄂州市	Ezhou City	347.42	345.00	145.98	197.59	197.37
荆门市	Jingmen City	934.94	933.06	265.08	619.93	618.00
孝感市	Xiaogan City	1182.71	1180.13	354.36	794.13	792.23
荆州市	Jingzhou City	1463.00	1458.94	412.93	1006.62	1005.00
黄冈市	Huanggang City	1434.43	1432.87	375.55	993.58	992.91
咸宁市	Xianning City	644.85	643.51	241.96	383.43	381.00
随州市	Suizhou City	606.92	605.70	163.56	421.46	421.36
恩施土家族苗族自治州	Enshi Tujia & Miao A.P	680.82	680.52	246.21	384.13	383.00
仙桃市	Xiantao City	326.52	325.25	68.83	231.55	231.00
潜江市	Qianjiang City	323.87	323.87	85.73	220.53	219.00
天门市	Tianmen City	294.35	294.12	53.42	235.51	233.00
神农架林区	Shennongjia Forest District	36.80	36.80	20.30	13.20	13.00
湖南省	**Hunan**					
长沙市	Changsha City	8800.66	8730.49	5139.53	2981.31	2950.53
株洲市	Zhuzhou City	1588.84	1581.95	598.77	948.31	942.53
湘潭市	Xiangtan City	1127.72	1123.60	397.86	706.94	706.05
衡阳市	Hengyang City	1793.89	1786.64	454.96	1314.50	1311.98
邵阳市	Shaoyang City	1320.00	1317.51	309.98	954.35	954.87
岳阳市	Yueyang City	1136.09	1133.17	348.60	745.63	746.31
常德市	Changde City	1392.22	1390.15	410.39	940.15	939.32
张家界市	Zhangjiajie City	343.77	343.40	104.15	226.02	225.89
益阳市	Yiyang City	875.07	873.67	223.87	613.02	613.43
郴州市	Chenzhou City	1314.37	1309.85	399.87	880.80	879.03
永州市	Yongzhou City	1000.23	997.34	229.00	749.43	748.43
怀化市	Huaihua City	979.73	978.46	265.77	692.21	692.24
娄底市	Loudi City	907.03	903.17	323.30	559.39	558.47
湘西土家族苗族自治州	West Hunan Tujia & Miao A.P	545.69	544.97	173.48	345.52	345.25

地 区	Region	金融机构本外币存款（亿元）Balance of Savings Deposit in Standard and Foreign Currencies in Financial Institutions (100 million yuan)	金融机构人民币存款（亿元）Total Deposits (100 million yuan)	#单位存款 Corporation Deposits	#个人存款 Personal Deposits	#储蓄存款 Savings Deposit
广东省	**Guangdong**					
广州市	Guangzhou City	30186.57	29006.99	14904.81	11589.97	11310.69
韶关市	Shaoguan City	1117.81	1107.61	364.38	702.00	698.58
深圳市	Shenzhen City	29662.40	27378.63	15858.30	8917.95	8661.04
珠海市	Zhuhai City	3449.70	3115.51	1740.10	1274.55	1216.75
汕头市	Shantou City	2285.36	2214.80	583.85	1580.20	1534.46
佛山市	Foshan City	10167.55	9784.25	4073.31	5247.22	5164.86
江门市	Jiangmen City	2905.50	2803.61	858.11	1874.06	1853.10
湛江市	Zhanjiang City	1902.35	1888.09	592.71	1251.05	1246.23
茂名市	Maoming City	1332.42	1328.37	305.55	994.00	984.04
肇庆市	Zhaoqing City	1355.59	1324.64	417.79	861.25	854.43
惠州市	Huizhou City	2696.97	2507.55	1052.55	1367.52	1351.44
梅州市	Meizhou City	1063.83	1059.31	277.60	760.31	757.67
汕尾市	Shanwei City	422.71	416.27	104.32	298.66	296.29
河源市	Heyuan City	638.58	634.62	198.96	417.24	415.52
阳江市	Yangjiang City	729.35	725.28	193.70	498.95	494.59
清远市	Qingyuan City	1215.34	1199.39	398.78	745.89	741.99
东莞市	Dongguan City	7691.24	7430.46	3000.89	4275.75	4204.20
中山市	ZhongShan City	3469.71	3224.40	1288.77	1841.79	1753.58
潮州市	Chaozhou City	836.51	830.00	192.53	596.79	585.92
揭阳市	Jieyang City	1311.12	1298.50	282.35	958.48	947.98
云浮市	Yunfu City	658.93	656.31	174.24	463.17	460.39
广西壮族自治区	**Guangxi**					
南宁市	Nanning City	5685.13	5627.18	3415.46	1918.80	1863.80
柳州市	Liuzhou City	1923.32	1916.05	991.61	891.83	871.87
桂林市	Guilin City	1829.93	1817.69	687.84	1104.19	1088.54
梧州市	Wuzhou City	667.15	665.00	242.63	415.25	412.42
北海市	Beihai City	593.47	568.45	189.49	359.20	354.62
防城港市	Fangchenggang City	396.24	385.76	168.24	214.99	213.36
钦州市	Qinzhou City	622.72	616.41	233.99	368.50	366.88
贵港市	Guigang City	706.11	703.86	195.53	500.81	499.44
玉林市	Yulin City	1042.79	1038.66	268.04	760.04	757.28
百色市	Baise City	676.76	676.04	279.89	381.35	379.89
贺州市	Hezhou City	349.87	348.76	122.49	215.29	215.03
河池市	Hechi City	628.38	627.02	231.08	388.47	386.81
来宾市	Laibin City	407.39	407.06	180.10	226.96	220.31
崇左市	Chongzuo City	437.38	437.41	160.97	269.12	268.20
海南省	**Hainan**					
海口市	Haikou City	2637.70	2582.97	1491.00	978.15	952.15
三亚市	Sanya City	676.41	670.91	353.53	298.56	291.69
重庆市	**Chongqing**					
万州区	Wanzhou District		622.47	191.04	425.27	422.64
涪陵区	Fuling District		455.89	184.96	260.95	259.26
渝中区	Yuzhong District		4192.78	3254.16	656.79	627.23
大渡口区	Dadukou District		304.65	154.15	148.41	144.14
江北区	Jiangbei District		1948.95	1433.62	473.42	465.46
沙坪坝区	Shapingba District		1005.83	491.50	504.42	493.81
九龙坡区	Jiulongpo District		1239.81	621.97	595.74	582.08

3-18 续表 7 continued

地 区	Region	金融机构本外币存款(亿元) Balance of Savings Deposit in Standard and Foreign Currencies in Financial Institutions (100 million yuan)	金融机构人民币存款(亿元) Total Deposits (100 million yuan)	#单位存款 Corporation Deposits	#个人存款 Personal Deposits	#储蓄存款 Savings Deposit
南岸区	Nanan District		805.31	390.88	403.78	394.79
北碚区	Beibei District		407.30	145.41	259.47	255.70
綦江区	Qijiang District		302.87	85.64	214.58	213.76
大足区	Dazu District		181.04	46.33	131.98	131.84
渝北区	Yubei District		2222.95	1479.28	672.76	659.67
巴南区	Banan District		420.52	143.63	273.45	271.08
黔江区	Qianjiang District		138.50	58.26	78.97	78.57
长寿区	Changshou District		312.64	93.02	219.30	217.95
江津区	Jiangjin District		415.90	97.91	314.60	313.12
合川区	Hechuan District		386.96	75.92	308.30	307.19
永川区	Yongchuan District		347.40	96.24	247.68	246.37
南川区	Nanchuan District		156.91	45.41	109.72	109.26
四川省	**Sichuan**					
成都市	Chengdu City	20724.47	20354.17	11654.73	7157.04	7060.03
自贡市	Zigong City	823.48	821.51	253.68	543.29	541.12
攀枝花市	Panzhihua City	766.76	765.69	387.28	368.02	358.99
泸州市	Luzhou City	1213.84	1212.63	435.84	758.32	757.31
德阳市	Deyang City	1691.13	1663.30	695.50	931.33	928.66
绵阳市	Mianyang City	2138.22	2126.34	959.14	1125.95	1122.03
广元市	Guangyuan City	833.68	833.32	315.17	474.09	472.90
遂宁市	Suining City	746.46	744.67	221.94	508.68	507.74
内江市	Neijiang City	889.77	888.65	219.87	641.20	638.58
乐山市	Leshan City	1266.89	1264.58	473.09	773.08	771.21
南充市	Nanchong City	1671.29	1668.78	514.15	1122.38	1121.19
眉山市	Meishan City	932.78	931.07	245.28	649.59	649.22
宜宾市	Yibin City	1466.40	1464.38	713.30	674.28	672.74
广安市	Guangan City	937.33	937.31	241.48	682.02	681.68
达州市	Dazhou City	1318.01	1317.17	325.65	952.50	951.17
雅安市	Yaan City	592.92	592.57	245.04	310.31	309.82
巴中市	Bazhong City	568.82	568.61	151.11	404.08	403.89
资阳市	Ziyang City	929.78	925.73	222.84	691.67	690.79
阿坝藏族羌族自治州	Aba Zang & Qiang A.P	424.55	424.51	210.21	132.92	132.82
甘孜藏族自治州	Ganzi Zang A.P	375.56	374.86	231.16	117.74	117.71
凉山彝族自治州	Liangshan Yi A.P	1078.41	1078.02	455.83	528.48	528.07
贵州省	**Guizhou**					
贵阳市	Guiyang City	4416.00	4394.37	2581.40	1526.71	1498.20
六盘水市	Liupanshui City	676.68	676.21	345.38	324.41	321.46
遵义市	Zunyi City	1713.76	1712.22	723.48	936.49	931.95
安顺市	Anshun City	484.28	483.14	214.82	247.30	246.39
毕节市	Bijie City	736.21	736.03	299.24	416.21	415.85
铜仁市	Tongren City	536.33	536.21	193.02	332.81	332.46
黔西南布依族苗族自治州	Southwest Guizhou Buyi & Miao A.P	557.84	557.03	261.08	268.13	266.07
黔东南苗族侗族自治州	Southeast Guizhou Miao & Dong A.P	682.45	682.45	231.35	433.13	432.76
黔南布依族苗族自治州	South Guizhou Buyi & Miao A.P	627.76	627.07	236.54	362.20	360.56

3-18 续表 8 continued

地　区	Region	金融机构本外币存款(亿元) Balance of Savings Deposit in Standard and Foreign Currencies in Financial Institutions (100 million yuan)	金融机构人民币存款(亿元) Total Deposits (100 million yuan)	#单位存款 Corporation Deposits	#个人存款 Personal Deposits	#储蓄存款 Savings Deposit
云南省	**Yunnan**					
昆明市	Kunming City	8921.02	8839.46	5358.42	3044.90	2967.02
曲靖市	Qujing City	1405.50	1404.22	682.43	696.26	687.96
玉溪市	Yuxi City	1004.08	1001.71	481.00	504.60	499.60
保山市	Baoshan City	483.89	483.20	185.53	286.53	
昭通市	Zhaotong City	768.58	768.42	353.66	368.62	367.65
丽江市	Lijiang City	417.81	417.81	195.01	217.92	216.69
普洱市	Puer City	493.43	492.86	219.94	259.68	258.85
临沧市	Lincang City	347.31	347.06	156.05	183.92	183.16
楚雄彝族自治州	Chuxiong Yi A.P	587.55	587.18	248.17	326.55	325.66
红河哈尼族彝族自治州	Honghe Hani & Yi A.P	1160.76	1159.40			
文山壮族苗族自治州	Wenshan Zhuang & Miao A.P		570.73	253.89	309.95	309.21
西双版纳傣族自治州	Xishuangbanna Dai A.P	362.42	361.40	138.28	212.73	212.40
大理白族自治州	Dali Bai A.P	870.75	869.79	377.96	461.20	459.30
德宏傣族景颇族自治州	Dehong Dai & Jingpo A.P	384.87	382.83	124.83	241.44	238.48
怒江傈僳族自治州	Nujiang Lisu A.P	108.14	108.14			48.13
迪庆藏族自治州	Diqing Zang A.P	173.76	172.16	114.59	54.71	54.61
西藏自治区	**Tibet A.R.**					
拉萨市	Lhasa City	1308.00	1304.00	973.00	224.00	224.00
昌都地区	Qamdu Prefecture	134.00	134.00	91.00	31.00	31.00
山南地区	Lhokha Prefecture	120.00	120.00	78.00	36.00	36.00
日喀则地区	Xigaze Prefecture	176.00	176.00	123.00	44.00	44.00
那曲地区	Narqu Prefecture	118.00	118.00	85.00	22.00	22.00
阿里地区	Ngri Prefecture	56.00	56.00	40.00	12.00	12.00
林芝地区	Nyingchi Prefecture	142.00	142.00	85.00	35.00	35.00
其他	Others					
陕西省	**Shaanxi**					
西安市	Xi'an City	12285.96	12125.53	6927.84	4919.99	4787.03
铜川市	Tongchuan City	352.49	350.87	128.47	218.66	216.93
宝鸡市	Baoji City	1460.62	1450.84	521.39	917.40	910.64
咸阳市	Xianyang City	1570.48	1570.48	551.19	988.54	981.58
渭南市	Weinan City	1349.34	1347.73	445.65	881.52	876.43
延安市	Yan'an City	987.77	987.21	463.02	502.79	501.54
汉中市	Hanzhong City	1074.21	1072.86	353.00	709.45	707.72
榆林市	Yulin City	2254.82	2252.82	1237.11	957.83	954.63
安康市	Ankang City	673.89	673.09	232.11	426.08	421.29
商洛市	Shangluo City	519.30	518.65	159.39	348.58	348.39
杨凌示范区	Yangling Demonstration Zone	115.10	114.51	50.55	61.68	61.66
甘肃省	**Gansu**					
兰州市	Lanzhou City	4657.54	4589.26	2636.51	1771.21	1743.18
嘉峪关市	Jiayuguan City	261.72	251.71	150.67	97.33	96.18
金昌市	Jinchang City	223.45	215.26	78.40	135.39	134.59
白银市	Baiyin City	467.00	466.45	200.59	261.49	260.15
天水市	Tianshui City	656.70	655.22	197.32	443.49	440.55
武威市	Wuwei City	486.98	486.92	150.07	325.56	324.75
张掖市	Zhangye City	373.31	373.06	128.99	236.13	234.92

3-18 续表 9 continued

地　区	Region	金融机构本外币存款(亿元) Balance of Savings Deposit in Standard and Foreign Currencies in Financial Institutions (100 million yuan)	金融机构人民币存款(亿元) Total Deposits (100 million yuan)	#单位存款 Corporation Deposits	#个人存款 Personal Deposits	#储蓄存款 Savings Deposit
平凉市	Pingliang City	472.72	472.31	157.45	296.60	295.57
酒泉市	Jiuquan City	656.83	652.08	279.10	367.17	365.05
庆阳市	Qingyang City	506.49	506.07	148.89	341.15	340.59
定西市	Dingxi City	410.06	409.95	141.92	263.99	263.55
陇南市	Longnan City	477.08	476.73	200.73	268.15	267.63
临夏回族自治州	Linxia Hui A.P	286.86	285.73	86.67	192.12	191.57
甘南藏族自治州	Gannan Zang A.P	192.94	192.67	95.52	91.90	91.79
青海省	**Qinghai**					
西宁市	Xining City		2364.86	1302.01	827.15	823.15
海东地区	Haidong Prefecture		295.86	133.06	158.29	158.23
海北藏族自治州	Haibei Zang A.P		91.79	59.30	30.60	30.55
黄南藏族自治州	Huangnan Zang AP		69.96	45.59	23.25	23.25
海南藏族自治州	Hainan Zang A.P		121.35	75.77	44.73	44.73
果洛藏族自治州	Golog Zang A.P		60.24	36.87	16.55	16.55
玉树藏族自治州	Yushu Zang A.P		174.98	133.08	35.38	35.38
海西蒙古族藏族自治州	Haixi Mongolian & Zang A.P		349.37	200.13	143.51	143.45
宁夏回族自治区	**Ningxia**					
银川市	Yinchuan City	2118.33	2108.28	1117.79	909.55	901.47
石嘴山市	Shizuishan City	488.70	487.77	189.20	284.12	283.77
吴忠市	Wuzhong City	373.19	372.60	142.53	215.97	215.83
固原市	Guyuan City	229.50	229.39	91.52	122.26	122.21
中卫市	Zhongwei City	297.45	297.36	131.35	156.15	156.15
新疆维吾尔自治区	**Xinjiang**					
乌鲁木齐市	Urumqi City	4846.48	4819.11	2781.46	1735.90	1716.00
克拉玛依市	Karamay City	983.98	936.72	700.14	231.78	231.33
吐鲁番地区	Turpan Prefecture	179.36	178.91	67.94	106.09	106.01
哈密地区	Hami Prefecture	373.22	372.52	168.20	200.43	200.01
昌吉回族自治州	Changji Hui A.P	793.18	788.15	358.62	412.08	411.57
博尔塔拉蒙古自治州	Bortala Mongolian A.P	226.10	225.85	111.25	109.45	109.33
巴音郭楞蒙古自治州	Bayingolin Mongolian A.P	791.21	789.43	338.03	436.28	436.00
阿克苏地区	Aksu Prefecture	837.58	837.58	370.07	449.64	448.82
克孜勒苏柯尔克孜自治州	Kizilsu Kirgiz A.P	112.69	112.66	65.99	45.51	45.50
喀什地区	Kashi Prefecture	854.83	854.06	463.99	383.72	383.44
和田地区	Hotan Prefecture	331.79	331.79	195.86	130.78	130.66
伊犁哈萨克自治州	Ili Kazak A.P	875.30	874.84	410.30	446.23	445.81
塔城地区	Tacheng Prefecture	382.82	380.85	144.05	219.42	219.20
阿勒泰地区	Altay Prefecture	280.02	280.02	146.24	122.87	122.75
石河子市	Shihezi City	413.65	413.65	135.38	275.64	275.35
阿拉尔市	Alar City					
图木舒克市	Tumxuk City					
五家渠市	Wujiaqu City					
北屯市	Beitun City					
铁门关市	Tiemenguan City					
生产建设兵团	Corps					

3-19 金融机构本外币和人民币贷款(2012年)
Loans of Financial Institutions (2012)

地　区	Region	金融机构本外币贷款(亿元) Balance of Loan in Standard and Foreign Currencies in Financial Institutions (100 million yuan)	金融机构人民币贷款(亿元) Total Loans (100 million yuan)	境内贷款 Domestic Loans	#短期贷款 Short-term Loans	#中长期贷款 Medium & Long-term Loans	境外贷款 Overseas Loans
北京市	**Beijing**						
东城区	Dongcheng District		4239.81	4234.47	1353.07	2740.16	5.34
西城区	Xicheng District		14597.31	14590.87	4321.32	9551.09	6.44
朝阳区	Chaoyang District		5590.88	5579.08	1641.08	3875.38	11.79
丰台区	Fengtai District		2025.70	2024.61	625.93	1392.23	1.08
石景山区	Shijingshan District		366.78	366.47	118.59	245.42	0.31
海淀区	Haidian District		4663.75	4659.73	1898.18	2720.86	4.02
门头沟区	Mentougou District		80.82	80.81	11.06	69.50	0.00
房山区	Fangshan District		245.19	245.17	52.36	192.48	0.02
通州区	Tongzhou District		395.31	395.19	60.16	322.77	0.12
顺义区	Shunyi District		684.10	683.06	255.34	400.82	1.04
昌平区	Changping District		337.66	336.82	39.64	296.50	0.84
大兴区	Daxing District		925.42	925.00	145.50	770.91	0.41
怀柔区	Huairou District		95.35	95.30	25.19	66.71	0.05
平谷区	Pinggu District		120.22	120.07	30.34	89.47	0.14
密云县	Miyun County		106.52	106.51	40.12	64.93	0.01
延庆县	Yanqing County		43.18	43.18	10.91	30.18	
北京经济技术开发区	Beijing Economic-technological Development Zones						
其他	Others						
天津市	**Tianjin**						
和平区	Heping District	2077.82	1863.63	1862.45	482.98	1371.02	1.19
河东区	Hedong District	916.65	911.10	910.55	257.46	650.82	0.55
河西区	Hexi District	2313.01	2229.83	2228.89	742.69	1272.25	0.94
南开区	Nankai District	882.14	853.71	853.14	294.43	556.26	0.57
河北区	Hebei District	535.58	521.94	521.39	156.61	361.26	0.55
红桥区	Hongqiao District	481.58	461.40	461.38	153.92	188.28	0.02
东丽区	Dongli District	471.11	462.64	462.63	180.49	268.16	0.01
西青区	Xiqing District	458.24	448.41	448.18	99.22	339.64	0.23
津南区	Jinnan District	233.71	233.21	233.10	65.85	165.58	0.11
北辰区	Beichen District	335.28	315.59	315.59	146.14	157.78	0.00
武清区	Wuqing District	237.56	237.45	237.43	58.74	176.91	0.02
宝坻区	Baodi District	103.62	103.58	103.58	31.81	70.84	0.01
滨海新区	Binhai New Area	3672.28	3462.16	3461.54	1072.17	2315.41	0.61
宁河县	Ninghe County	61.08	60.90	60.90	31.76	27.45	
静海县	Jinghai County	153.02	152.95	152.95	84.37	66.66	
蓟县	Ji County	152.15	152.15	152.13	30.11	121.96	0.02
其他	Others	5312.00	4921.00	4921.00	753.00	2196.00	1.00
河北省	**Hebei**						
石家庄市	Shijiazhuang City	4052.82	3995.07	3995.02	1602.40	2218.92	0.04
唐山市	Tangshan City	3589.30	3527.21	3527.21	1616.78	1788.42	0.00
秦皇岛市	Qinhuangdao City	1245.08	1180.28	1180.22	463.35	699.69	0.06
邯郸市	Handan City	1874.02	1841.16	1841.16	1093.93	673.69	0.00
邢台市	Xingtai City	1168.37	1164.04	1164.04	545.96	533.31	0.00
保定市	Baoding City	1589.73	1585.01	1585.00	589.21	961.49	0.02
张家口市	Zhangjiakou City	1193.20	1192.90	1192.86	421.98	745.85	0.04
承德市	Chengde City	971.27	971.24	971.23	432.77	524.81	0.01
沧州市	Cangzhou City	1269.42	1264.75	1264.74	648.45	573.82	0.01
廊坊市	Langfang City	1875.28	1811.59	1811.19	779.52	1019.66	0.40
衡水市	Hengshui City	709.29	706.11	706.11	507.46	184.32	

3-19 续表 1 continued

地 区	Region	金融机构本外币贷款(亿元) Balance of Loan in Standard and Foreign Currencies in Financial Institutions (100 million yuan)	金融机构人民币贷款(亿元) Total Loans (100 million yuan)	境内贷款 Domestic Loans	#短期贷款 Short-term Loans	#中长期贷款 Medium & Long-term Loans	境外贷款 Overseas Loans
山西省	**Shanxi**						
太原市	Taiyuan City	6452.21	6376.21	6376.10	2025.26	4044.32	0.11
大同市	Datong City	770.58	770.52	770.52	237.40	458.82	
阳泉市	Yangquan City	530.30	530.17	530.17	254.39	254.35	
长治市	Changzhi City	841.48	839.64	839.63	365.28	397.60	0.01
晋城市	Jincheng City	776.95	768.98	768.98	350.88	402.66	
朔州市	Shuozhou City	381.33	375.04	375.04	172.99	167.73	
晋中市	Jinzhong City	753.60	753.59	753.59	426.81	293.56	
运城市	Yuncheng City	713.40	708.74	708.74	395.36	253.08	
忻州市	Xinzhou City	479.82	479.76	479.76	221.95	254.97	
临汾市	Linfen City	749.57	746.60	746.60	355.13	310.56	
吕梁市	Luliang City	762.07	756.96	756.95	390.60	307.90	0.01
其他	Others						
内蒙古自治区	**Inner Mongolia**						
呼和浩特市	Hohhot City	3793.46	2355.59		778.29	1536.07	
包头市	Baotou City	1426.52	1419.86	1419.86	623.81	747.89	
乌海市	Wuhai City	381.19	381.19		180.45	170.47	
赤峰市	Chifeng City	718.57	711.75	711.75	318.94	387.63	
通辽市	Tongliao City	610.57	610.26	610.26	295.23	310.73	
鄂尔多斯市	Erdos City	2218.11	2218.09	2218.09	1018.36	1190.65	
呼伦贝尔市	Hulunbuir City	554.24	550.85	550.84	272.12	277.55	0.01
巴彦淖尔市	Bayannur City	483.89	483.80	483.80	306.69	176.33	
乌兰察布市	Ulanqab City	344.86	344.46	344.46	147.75	195.54	
兴安盟	Xingan League	191.82	191.77	191.77	92.17	98.86	
锡林郭勒盟	Xilingol League	457.53	454.32	454.32	142.35	311.16	
阿拉善盟	Alxa League	265.51	210.64	264.35	134.22	72.78	
辽宁省	**Liaoning**						
沈阳市	Shenyang City	8070.65	7852.71	7990.19	2148.45	5590.03	80.46
大连市	Dalian City	9111.72	8127.38	9023.84	3231.70	5584.13	87.88
鞍山市	Anshan City	1389.87	1308.34	1341.18	640.45	648.62	48.69
抚顺市	Fushun City	507.95	501.25	507.95	247.38	226.57	0.00
本溪市	Benxi City	716.64	613.14	716.64	470.74	218.87	0.00
丹东市	Dandong City	681.99	669.99	681.83	328.44	317.49	0.16
锦州市	Jinzhou City	843.10	829.18	843.10	286.62	530.32	
营口市	Yingkou City	1149.46	1128.95	1149.46	538.62	549.76	0.01
阜新市	Fuxin City	529.90	529.29	529.90	231.04	289.42	
辽阳市	Liaoyang City	764.34	698.74	764.34	470.05	253.19	
盘锦市	Panjin City	675.76	619.19	675.76	375.13	284.90	0.00
铁岭市	Tieling City	613.56	613.44	613.56	303.95	294.53	
朝阳市	Chaoyang City	615.14	607.83	615.14	247.78	339.34	0.00
葫芦岛市	Huludao City	636.37	630.79	636.37	299.02	288.38	0.00

3-19 续表 2 continued

地　区	Region	金融机构本外币贷款（亿元）Balance of Loan in Standard and Foreign Currencies in Financial Institutions (100 million yuan)	金融机构人民币贷款（亿元）Total Loans (100 million yuan)	境内贷款 Domestic Loans	#短期贷款 Short-term Loans	#中长期贷款 Medium & Long-term Loans	境外贷款 Overseas Loans
吉林省	**Jilin**						
长春市	Changchun City	6349.95	6245.33	6244.85	1586.13	4391.23	0.48
吉林市	Jilin City	1079.31	1071.48	1071.48	557.45	461.40	
四平市	Siping City	536.08	529.61	529.58	276.50	225.62	0.03
辽源市	Liaoyuan City	270.30	270.23	270.23	168.19	89.99	
通化市	Tonghua City	479.66	477.85	477.85	269.26	193.68	
白山市	Baishan City	330.00	329.90	329.90	142.51	171.91	
松原市	Songyuan City	439.70	439.70	439.69	232.42	206.73	
白城市	Baicheng City	354.15	354.15	354.15	196.16	154.96	
延边朝鲜族自治州	Yanbian Korean A.P	491.10	490.50	490.49	222.17	264.32	0.01
黑龙江省	**Heilongjiang**						
哈尔滨市	Harbin City	5880.39	5557.99	5557.81	1663.64	3632.65	0.18
齐齐哈尔市	Qiqihar City	760.66	759.73	759.73	453.78	287.96	0.00
鸡西市	Jixi City	308.18	308.18	308.18	161.23	134.59	
鹤岗市	Hegang City	277.28	277.28	277.28	159.55	100.80	0.00
双鸭山市	Shuangyashan City	386.12	386.06	386.06	208.04	168.99	
大庆市	Daqing City	685.23	671.75	671.75	304.84	348.73	0.00
伊春市	Yichun City	124.50	124.49	124.49	49.59	58.77	
佳木斯市	Jiamusi City	537.76	537.27	537.27	353.59	175.07	
七台河市	Qitaihe City	175.91	175.91	175.91	73.79	87.04	
牡丹江市	Mudanjiang City	425.88	410.69	410.69	216.93	191.37	
黑河市	Heihe City	234.40	233.70	233.70	139.33	84.78	
绥化市	Suihua City	404.61	404.61	404.61	244.67	139.69	
大兴安岭地区	Daxing'anling Prefecture	59.02	59.02	59.02	28.09	30.82	0.00
农垦总局	Agriculture Reclamation Bureau						
其他	Others						
上海市	**Shanghai**						
黄浦区	Huangpu District						
徐汇区	Xuhui District						
长宁区	Changning District						
静安区	Jingan District						
普陀区	Putuo District						
闸北区	Zhabei District						
虹口区	Hongkou District						
杨浦区	Yangpu District						
闵行区	Minhang District						
宝山区	Baoshan District						
嘉定区	Jiading District						
浦东新区	Pudong New District						
金山区	Jinshan District						
松江区	Songjiang District						
青浦区	Qingpu District						
奉贤区	Fengxian District						
崇明县	Chongming County						
其他	Others						

3-19 续表 3 continued

地 区	Region	金融机构本外币贷款(亿元) Balance of Loan in Standard and Foreign Currencies in Financial Institutions (100 million yuan)	金融机构人民币贷款(亿元) Total Loans (100 million yuan)	境内贷款 Domestic Loans	#短期贷款 Short-term Loans	#中长期贷款 Medium & Long-term Loans	境外贷款 Overseas Loans
江苏省	**Jiangsu**						
南京市	Nanjing City	13079.32	12314.41	12310.15	4288.05	7528.05	4.26
无锡市	Wuxi City	8024.00	7467.03	7465.00	3866.03	3238.80	2.03
徐州市	Xuzhou City	2059.26	2047.23	2047.11	1165.90	783.25	0.12
常州市	Changzhou City	4018.21	3832.80	3832.18	2095.36	1618.67	0.61
苏州市	Suzhou City	14877.84	13626.86	13585.90	5716.80	7503.97	40.95
南通市	Nantong City	4001.62	3832.14	3831.57	2140.56	1592.57	0.57
连云港市	Lianyungang City	1285.20	1196.58	1196.41	603.01	566.16	0.17
淮安市	Huaian City	1190.46	1173.18	1173.11	535.48	589.41	0.07
盐城市	Yancheng City	1856.11	1831.44	1831.39	946.57	759.12	0.06
扬州市	Yangzhou City	2042.98	2006.50	2005.94	1065.82	865.61	0.56
镇江市	Zhenjiang City	2128.23	2073.29	2072.56	1209.43	818.55	0.73
泰州市	Taizhou City	2080.66	2007.97	2007.88	1157.10	758.76	0.09
宿迁市	Suqian City	1008.93	1002.86	1002.62	541.87	439.94	0.24
浙江省	**Zhejiang**						
杭州市	Hangzhou City	18090.90	17215.83	17208.27	8239.02	8036.87	7.56
宁波市	Ningbo City	11961.02	11300.32	11299.51	6215.96	4696.47	0.81
温州市	Wenzhou City	7013.00	6839.37	6836.80	5544.89	1156.82	2.58
嘉兴市	Jiaxing City	3670.52	3419.53	3418.72	1950.99	1410.22	0.81
湖州市	Huzhou City	1912.40	1852.28	1852.02	1144.39	664.54	0.26
绍兴市	Shaoxing City	5129.15	4934.17	4934.08	3775.62	1105.97	0.09
金华市	Jinhua City	4346.85	4234.33	4233.93	3370.72	812.66	0.40
衢州市	Quzhou City	1078.53	1064.37	1064.34	674.48	376.05	0.04
舟山市	Zhoushan City	1295.83	1237.42	1237.36	675.48	559.77	0.06
台州市	Taizhou City	3893.16	3783.97	3783.91	2587.37	1125.83	0.06
丽水市	Lishui City	1117.86	1101.04	1097.27	685.50	402.46	3.77
安徽省	**Anhui**						
合肥市	Hefei City	6431.93	6136.03	6135.43	1521.96	4370.36	0.60
芜湖市	Wuhu City	1725.94	1694.78	1694.69	649.91	908.79	0.09
蚌埠市	Bengbu City	636.66	631.74	631.70	287.69	310.40	0.04
淮南市	Huainan City	786.98	781.81	781.81	297.10	431.71	
马鞍山市	Maanshan City	877.14	857.18	857.17	366.84	390.94	0.01
淮北市	Huaibei City	509.58	508.63	508.63	185.04	279.97	0.00
铜陵市	Tongling City	600.50	514.80	514.79	243.76	244.45	
安庆市	Anqing City	860.20	852.62	852.61	483.54	352.60	0.01
黄山市	Huangshan City	417.46	416.83	416.80	167.61	225.10	0.03
滁州市	Chuzhou City	715.36	708.16	708.16	369.86	316.08	
阜阳市	Fuyang City	643.60	640.65	640.65	298.86	312.39	0.00
宿州市	Suzhou City	463.95	463.32	463.32	226.98	220.84	23.00
六安市	Liuan City	687.82	686.00	686.00	317.54	335.41	
亳州市	Bozhou City	427.71	427.18	427.18	224.60	185.96	
池州市	Chizhou City	371.97	368.89	368.89	137.43	226.53	
宣城市	Xuancheng City	594.78	592.65	592.65	248.45	319.50	0.00
福建省	**Fujian**						
福州市	Fuzhou City	7054.33	6711.77	6696.90	2176.55	4426.75	14.87
厦门市	Xiamen City	5107.37	4555.93	4525.47	1656.31	2609.87	30.46
莆田市	Putian City	912.99	888.30	887.73	518.53	367.12	0.57
三明市	Sanming City	991.33	985.04	985.00	487.60	486.64	0.03
泉州市	Quanzhou City	3724.22	3527.68	3510.49	2145.92	1330.96	17.19
漳州市	Zhangzhou City	1212.63	1148.23	1147.96	617.30	520.32	0.27
南平市	Nanping City	799.92	796.68	796.33	419.64	372.86	0.35
龙岩市	Longyan City	1056.41	1038.97	1038.64	476.29	556.37	0.33
宁德市	Ningde City	1016.81	1006.84	1006.82	551.32	451.60	0.02

3-19 续表 4 continued

地　区	Region	金融机构本外币贷款（亿元）Balance of Loan in Standard and Foreign Currencies in Financial Institutions (100 million yuan)	金融机构人民币贷款（亿元）Total Loans (100 million yuan)	境内贷款 Domestic Loans	#短期贷款 Short-term Loans	#中长期贷款 Medium & Long-term Loans	境外贷款 Overseas Loans
江西省	**Jiangxi**						
南昌市	Nanchang City	4800.67	4728.01	4725.56	1762.21	2869.10	2.45
景德镇市	Jingdezhen City	308.12	307.53	307.51	92.01	18.94	0.02
萍乡市	Pingxiang City	318.67	313.48	313.47	168.02	125.04	0.00
九江市	Jiujiang City	941.88	925.16	925.10	400.87	509.01	0.07
新余市	Xinyu City	493.75	480.24	480.22	228.08	221.94	0.02
鹰潭市	Yingtan City	297.71	270.16	270.16	114.94	141.64	
赣州市	Ganzhou City	1297.15	1283.18	1283.16	600.62	669.12	0.03
吉安市	Jian City	570.35	567.52	567.52	206.90	352.81	0.00
宜春市	Yichun City	734.26	733.39	733.37	394.46	332.25	0.03
抚州市	Fuzhou City	475.30	474.74	474.74	192.59	276.52	0.00
上饶市	Shangrao City	828.80	827.81	827.75	376.41	442.47	0.06
山东省	**Shandong**						
济南市	Jinan City	8632.76	7406.22	7167.85	2755.99	3948.66	238.37
青岛市	Qingdao City	8632.84	7946.55	7942.84	3288.64	4266.34	3.71
淄博市	Zibo City	2162.57	2109.76	2109.75	1366.87	644.40	0.01
枣庄市	Zaozhuang City	916.49	914.85	914.85	407.63	461.42	0.00
东营市	Dongying City	1805.98	1748.43	1748.43	1262.69	446.88	
烟台市	Yantai City	3560.15	3327.52	3326.70	1775.28	1283.00	0.82
潍坊市	Weifang City	3531.88	3398.51	3398.38	2016.35	1269.19	0.13
济宁市	Jining City	1986.71	1923.88	1923.88	1152.25	645.07	0.00
泰安市	Taian City	1240.08	1219.64	1219.62	647.01	485.03	0.03
威海市	Weihai City	1376.10	1329.76	1329.12	566.19	674.46	0.64
日照市	Rizhao City	1303.68	1113.89	1113.85	709.48	353.01	0.04
莱芜市	Laiwu City	567.52	548.07	548.07	395.01	115.71	
临沂市	Linyi City	2150.16	2109.83	2109.82	1314.38	646.04	0.02
德州市	Dezhou City	1119.35	1112.30	1112.29	716.41	362.52	0.01
聊城市	Liaocheng City	1289.20	1244.21	1244.20	890.82	318.07	0.01
滨州市	Binzhou City	1495.13	1453.14	1453.14	1053.49	379.30	
菏泽市	Heze City	1062.34	1047.96	1047.96	597.61	371.93	0.01
河南省	**Henan**						
郑州市	Zhengzhou City	6794.13	6794.13	6794.13	2765.86	3805.85	
开封市	Kaifeng City	554.32	554.32	554.32	233.87	285.96	
洛阳市	Luoyang City	1645.34	1645.34	1645.34	930.99	576.24	
平顶山市	Pingdingshan City	934.97	934.97	934.97	464.61	443.16	
安阳市	Anyang City	687.29	687.29	687.29	437.06	205.67	
鹤壁市	Hebi City	336.56	336.56	336.56	186.12	139.55	
新乡市	Xinxiang City	868.48	868.48	868.48	495.45	357.26	
焦作市	Jiaozuo City	672.19	672.19	672.19	386.92	244.30	
濮阳市	Puyang City	304.09	304.09	304.09	178.28	118.87	

3-19 续表 5 continued

地区	Region	金融机构本外币贷款(亿元) Balance of Loan in Standard and Foreign Currencies in Financial Institutions (100 million yuan)	金融机构人民币贷款(亿元) Total Loans (100 million yuan)	境内贷款 Domestic Loans	#短期贷款 Short-term Loans	#中长期贷款 Medium & Long-term Loans	境外贷款 Overseas Loans
许昌市	Xuchang City	850.76	850.76	850.76	587.69	230.32	
漯河市	Luohe City	310.92	310.92	310.92	196.38	112.62	
三门峡市	Sanmenxia City	467.35	467.35	467.35	282.92	164.46	
南阳市	Nanyang City	1113.34	1113.34	1113.34	730.84	326.90	
商丘市	Shangqiu City	700.94	700.94	700.94	403.97	281.86	
信阳市	Xinyang City	740.80	740.80	740.80	445.06	277.49	
周口市	Zhoukou City	638.45	638.45	638.45	428.77	208.03	
驻马店市	Zhumadian City	643.87	643.87	643.87	402.38	238.11	
济源市	Jiyuan City	175.26	175.26	175.26	119.37	54.34	
湖北省	**Hubei**						
武汉市	Wuhan City	11575.84	10627.60	10624.39	2902.03	7360.28	3.21
黄石市	Huangshi City	659.37	625.34	625.32	323.74	273.51	0.02
十堰市	Shiyan City	591.14	589.71	589.70	159.85	402.88	0.01
宜昌市	Yichang City	1459.85	1445.59	1445.47	592.48	834.05	0.12
襄阳市	Xiangyang City	999.26	994.41	994.40	492.28	495.06	0.01
鄂州市	Ezhou City	225.31	210.67	210.66	107.62	93.62	0.01
荆门市	Jingmen City	437.98	437.34	437.33	207.50	228.91	
孝感市	Xiaogan City	554.73	552.76	552.74	246.93	300.07	0.01
荆州市	Jingzhou City	648.76	646.42	646.41	323.57	305.81	0.01
黄冈市	Huanggang City	554.77	553.82	553.82	217.63	327.48	2.00
咸宁市	Xianning City	357.74	357.71	357.70	103.88	246.54	0.01
随州市	Suizhou City	261.20	258.53	258.52	141.60	114.36	0.01
恩施土家族苗族自治州	Enshi Tujia & Miao A.P	371.01	370.91	370.99	91.37	279.30	0.02
仙桃市	Xiantao City	118.65	118.60	118.60	54.68	60.22	0.00
潜江市	Qianjiang City	101.35	101.35	101.00	56.27	43.64	
天门市	Tianmen City	97.36	97.36	97.36	56.17	40.48	
神农架林区	Shennongjia Forest District	7.90	7.90	7.90	1.10	6.80	
湖南省	**Hunan**						
长沙市	Changsha City	8518.93	8267.15	8479.45	1846.26	6286.70	39.48
株洲市	Zhuzhou City	812.39	806.72	812.30	305.89	482.92	0.09
湘潭市	Xiangtan City	827.34	814.00	827.34	421.61	361.35	0.00
衡阳市	Hengyang City	697.75	695.73	697.67	273.82	381.13	0.08
邵阳市	Shaoyang City	525.85	523.17	525.80	220.97	299.10	0.05
岳阳市	Yueyang City	586.67	580.28	586.63	250.68	324.62	0.04
常德市	Changde City	641.20	640.50	641.14	254.56	381.75	0.06
张家界市	Zhangjiajie City	246.85	246.77	246.81	45.69	200.92	0.04
益阳市	Yiyang City	424.45	423.72	424.43	186.36	231.60	0.02
郴州市	Chenzhou City	568.19	560.40	568.11	227.23	328.48	0.07
永州市	Yongzhou City	463.02	462.77	462.99	125.40	336.03	0.02
怀化市	Huaihua City	522.76	521.85	522.75	123.62	396.65	0.01
娄底市	Loudi City	550.03	530.35	549.97	219.62	269.05	0.06
湘西土家族苗族自治州	West Hunan Tujia & Miao A.P	222.95	222.90	222.94	86.63	135.80	0.01

3-19 续表 6 continued

地区	Region	金融机构本外币贷款(亿元) Balance of Loan in Standard and Foreign Currencies in Financial Institutions (100 million yuan)	金融机构人民币贷款(亿元) Total Loans (100 million yuan)	境内贷款 Domestic Loans	#短期贷款 Short-term Loans	#中长期贷款 Medium & Long-term Loans	境外贷款 Overseas Loans
广东省	**Guangdong**						
广州市	Guangzhou City	19936.52	18023.02	17956.78	4716.62	12714.31	66.25
韶关市	Shaoguan City	497.90	466.93	466.42	106.21	353.37	0.51
深圳市	Shenzhen City	21808.34	18020.11	17783.89	4409.78	12135.75	236.22
珠海市	Zhuhai City	1920.30	1750.51	1727.70	467.85	1179.67	22.81
汕头市	Shantou City	811.95	786.88	785.63	328.84	429.53	1.25
佛山市	Foshan City	6391.47	6127.76	6108.62	2539.28	3257.00	19.13
江门市	Jiangmen City	1467.17	1331.19	1318.82	515.86	768.81	12.37
湛江市	Zhanjiang City	1067.54	1045.56	1045.41	523.98	488.78	0.15
茂名市	Maoming City	540.64	539.42	539.19	154.72	370.71	0.23
肇庆市	Zhaoqing City	893.63	876.27	873.93	144.66	707.64	2.34
惠州市	Huizhou City	1735.12	1501.02	1490.92	247.97	1200.10	10.11
梅州市	Meizhou City	454.04	452.17	451.72	108.62	339.47	0.45
汕尾市	Shanwei City	190.83	188.08	187.09	49.17	137.29	0.98
河源市	Heyuan City	472.89	468.21	467.47	78.06	387.52	0.74
阳江市	Yangjiang City	445.73	430.34	429.72	82.54	345.43	0.61
清远市	Qingyuan City	725.87	708.17	706.37	133.66	571.76	1.80
东莞市	Dongguan City	4446.82	4195.61	4153.08	1756.72	2236.35	42.52
中山市	ZhongShan City	1969.07	1786.77	1772.71	701.08	1056.42	14.06
潮州市	Chaozhou City	290.20	270.95	270.93	131.99	129.31	0.02
揭阳市	Jieyang City	615.58	608.60	608.32	418.97	186.81	0.28
云浮市	Yunfu City	395.46	389.71	388.88	129.27	258.80	0.82
广西壮族自治区	**Guangxi**						
南宁市	Nanning City	5832.16	5501.28	5499.62	1144.52	4254.27	1.66
柳州市	Liuzhou City	1405.15	1364.81	1364.70	563.21	758.27	0.11
桂林市	Guilin City	1053.15	1048.98	1048.81	300.88	740.45	0.17
梧州市	Wuzhou City	463.28	461.25	461.08	169.42	291.30	0.17
北海市	Beihai City	319.32	302.63	302.50	73.63	227.76	0.13
防城港市	Fangchenggang City	288.32	275.07	274.92	50.57	222.62	0.15
钦州市	Qinzhou City	447.34	436.01	435.89	140.77	293.33	0.12
贵港市	Guigang City	411.90	411.61	411.59	143.04	264.79	0.01
玉林市	Yulin City	550.38	547.58	547.55	194.97	347.99	0.03
百色市	Baise City	515.91	515.91	515.89	133.30	375.50	
贺州市	Hezhou City		204.69	204.67	88.30	114.88	0.02
河池市	Hechi City	364.23	359.06	359.05	104.18	254.53	
来宾市	Laibin City	259.91	258.18	258.17	89.02	166.11	0.01
崇左市	Chongzuo City	239.78	239.60	239.57	93.01	145.90	0.03
海南省	**Hainan**						
海口市	Haikou City	2924.43	2425.78	2420.84	346.42	2015.03	4.94
三亚市	Sanya City	305.11	304.89	304.47	13.75	290.62	0.42
重庆市	**Chongqing**						
万州区	Wanzhou District		303.43	303.42	91.06	200.91	0.01
涪陵区	Fuling District		336.46	336.46	95.50	232.49	0.00
渝中区	Yuzhong District		3287.09	3285.12	903.65	2196.11	1.97
大渡口区	Dadukou District		309.37	309.36	100.03	202.38	0.01
江北区	Jiangbei District		3201.80	3201.00	423.07	2511.73	0.81
沙坪坝区	Shapingba District		676.04	675.83	179.81	481.82	0.21
九龙坡区	Jiulongpo District		1020.39	1019.94	304.05	704.43	0.45

地 区	Region	金融机构本外币贷款(亿元) Balance of Loan in Standard and Foreign Currencies in Financial Institutions (100 million yuan)	金融机构人民币贷款(亿元) Total Loans (100 million yuan)	境内贷款 Domestic Loans	#短期贷款 Short-term Loans	#中长期贷款 Medium & Long-term Loans	境外贷款 Overseas Loans
南岸区	Nanan District		626.19	625.90	150.10	471.95	0.29
北碚区	Beibei District		295.34	295.33	101.41	190.84	0.02
綦江区	Qijiang District		203.04	203.04	44.75	152.78	0.00
大足区	Dazu District		101.19	101.19	21.13	79.20	
渝北区	Yubei District		1899.82	1899.18	600.47	1265.89	0.64
巴南区	Banan District		362.57	362.52	65.51	293.29	0.06
黔江区	Qianjiang District		93.03	93.03	28.36	64.09	0.00
长寿区	Changshou District		191.75	191.73	32.50	157.65	0.02
江津区	Jiangjin District		219.93	219.93	56.03	158.70	0.00
合川区	Hechuan District		212.05	212.05	38.22	173.14	0.00
永川区	Yongchuan District		236.56	236.54	57.25	173.51	0.02
南川区	Nanchuan District		126.72	126.72	22.28	103.55	0.00
四川省	**Sichuan**						
成都市	Chengdu City	16147.82	15630.39	15625.30	4272.03	11088.88	5.10
自贡市	Zigong City	374.25	371.19	371.19	190.42	169.35	
攀枝花市	Panzhihua City	533.92	532.19	532.19	243.84	264.75	0.00
泸州市	Luzhou City	629.66	629.59	629.59	204.78	423.40	0.00
德阳市	Deyang City	862.14	849.28	849.27	454.77	383.13	0.00
绵阳市	Mianyang City	1118.33	1086.78	1086.77	450.03	616.12	0.01
广元市	Guangyuan City	331.85	331.81	331.81	106.93	222.00	
遂宁市	Suining City	401.05	399.87	399.87	154.14	245.66	0.00
内江市	Neijiang City	407.04	406.08	406.08	177.53	219.26	0.00
乐山市	Leshan City	809.27	807.45	807.44	294.53	486.69	0.01
南充市	Nanchong City	654.22	653.62	653.61	200.05	453.07	0.01
眉山市	Meishan City	427.95	427.63	427.62	143.79	282.91	0.00
宜宾市	Yibin City	628.44	625.43	625.40	247.64	371.30	0.04
广安市	Guangan City	341.39	341.19	341.19	89.64	250.98	
达州市	Dazhou City	531.99	531.89	531.89	128.67	393.00	
雅安市	Yaan City	330.72	330.68	330.68	75.24	250.93	
巴中市	Bazhong City	203.60	203.60	203.60	56.06	147.42	
资阳市	Ziyang City	416.24	414.77	414.77	169.25	244.93	
阿坝藏族羌族自治州	Aba Zang & Qiang A.P	165.89	165.89	165.89	31.54	134.32	
甘孜藏族自治州	Ganzi Zang A.P	149.80	149.80	149.80	11.60	138.21	
凉山彝族自治州	Liangshan Yi A.P	500.02	499.90	499.90	141.16	351.60	0.00
贵州省	**Guizhou**						
贵阳市	Guiyang City	3521.32	3479.47	3479.12	889.61	2493.18	0.35
六盘水市	Liupanshui City	516.48	508.38	508.37	134.64	365.59	0.01
遵义市	Zunyi City	927.63	927.63	927.62	189.19	730.38	0.01
安顺市	Anshun City	350.23	350.23	350.20	117.50	227.99	
毕节市	Bijie City	433.45	433.45	433.43	94.49	336.80	0.02
铜仁市	Tongren City	381.35	381.35	381.34	58.49	322.09	0.01
黔西南布依族苗族自治州	Southwest Guizhou Buyi & Miao A.P	336.46	336.45	336.44	85.87	250.07	0.01
黔东南苗族侗族自治州	Southeast Guizhou Miao & Dong A.P	427.47	427.47	427.46	59.20	366.14	0.02
黔南布依族苗族自治州	South Guizhou Buyi & Miao A.P	380.31	380.31	380.14	71.38	307.97	0.17

3-19 续表 8 continued

地区	Region	金融机构本外币贷款(亿元) Balance of Loan in Standard and Foreign Currencies in Financial Institutions (100 million yuan)	金融机构人民币贷款(亿元) Total Loans (100 million yuan)	境内贷款 Domestic Loans	#短期贷款 Short-term Loans	#中长期贷款 Medium & Long-term Loans	境外贷款 Overseas Loans
云南省	**Yunnan**						
昆明市	Kunming City	8484.30	8165.49	8113.12	2093.98	5835.01	52.37
曲靖市	Qujing City	860.90	860.27	860.25	353.32	479.97	0.02
玉溪市	Yuxi City	631.93	631.92	631.92	291.62	334.08	
保山市	Baoshan City	312.24		312.22	91.17	220.82	0.02
昭通市	Zhaotong City	420.66	420.66	420.66	113.39	302.58	
丽江市	Lijiang City	305.97	302.97	302.97	64.57	231.82	
普洱市	Puer City	326.41	326.41	326.41	103.25	220.11	
临沧市	Lincang City	269.00	269.00	269.00	76.55	192.44	
楚雄彝族自治州	Chuxiong Yi A.P	351.05	351.05	351.05	107.75	240.69	
红河哈尼族彝族自治州	Honghe Hani & Yi A.P	660.42	660.42	660.38	213.36	440.60	0.04
文山壮族苗族自治州	Wenshan Zhuang & Miao A.P		354.09	354.08	78.53	273.37	0.01
西双版纳傣族自治州	Xishuangbanna Dai A.P	193.09	193.07	193.06	35.09	157.81	0.01
大理白族自治州	Dali Bai A.P	553.44	553.42	553.42	203.07	345.58	0.02
德宏傣族景颇族自治州	Dehong Dai & Jingpo A.P	238.48	238.23	238.23	76.70	161.33	0.01
怒江傈僳族自治州	Nujiang Lisu A.P	70.16	70.16	70.16	27.53	41.57	
迪庆藏族自治州	Diqing Zang A.P	127.08	127.08	127.08	18.46	108.61	
西藏自治区	**Tibet A.R.**						
拉萨市	Lhasa City	454.00	454.00	454.00	88.00	294.00	28.00
昌都地区	Qamdu Prefecture	40.00	40.00	40.00	6.00	34.00	
山南地区	Lhokha Prefecture	39.00	39.00	39.00	5.00	33.00	
日喀则地区	Xigaze Prefecture	78.00	78.00	78.00	14.00	63.00	
那曲地区	Narqu Prefecture	26.00	26.00	26.00	7.00	19.00	
阿里地区	Ngri Prefecture	4.00	4.00	4.00	1.00	4.00	
林芝地区	Nyingchi Prefecture	23.00	23.00	23.00	6.00	17.00	
其他	Others						
陕西省	**Shaanxi**						
西安市	Xi'an City	8808.04	8635.22	8634.77	1917.51	6378.88	0.45
铜川市	Tongchuan City	99.76	99.73	99.73	39.79	57.14	
宝鸡市	Baoji City	639.91	633.10	633.10	246.56	362.90	0.00
咸阳市	Xianyang City	646.04	646.04	646.04	193.20	422.81	0.01
渭南市	Weinan City	623.83	622.52	622.52	263.48	301.50	0.00
延安市	Yan'an City	476.87	476.84	476.84	188.08	283.28	
汉中市	Hanzhong City	402.53	402.44	402.44	98.51	282.43	
榆林市	Yulin City	1548.11	1548.08	1548.07	831.47	700.51	0.02
安康市	Ankang City	308.99	308.97	308.97	79.62	229.12	0.00
商洛市	Shangluo City	222.59	222.12	222.12	64.75	151.53	0.00
杨凌示范区	Yangling Demonstration Zone	36.10	36.00	36.00	7.50	28.49	
甘肃省	**Gansu**						
兰州市	Lanzhou City	3975.95	3672.85	3672.85	983.50	2308.83	0.01
嘉峪关市	Jiayuguan City	297.70	274.47	274.47	208.35	57.80	
金昌市	Jinchang City	169.12	143.55	143.55	88.60	51.00	
白银市	Baiyin City	293.91	279.01	279.01	162.93	108.52	
天水市	Tianshui City	330.05	329.67	329.67	87.34	240.37	
武威市	Wuwei City	272.03	272.03	272.03	98.07	170.47	
张掖市	Zhangye City	220.23	220.23	220.23	92.03	126.72	

3-19 续表 9 continued

地区	Region	金融机构本外币贷款(亿元) Balance of Loan in Standard and Foreign Currencies in Financial Institutions (100 million yuan)	金融机构人民币贷款(亿元) Total Loans (100 million yuan)	境内贷款 Domestic Loans	#短期贷款 Short-term Loans	#中长期贷款 Medium & Long-term Loans	境外贷款 Overseas Loans
平凉市	Pingliang City	260.61	260.61	260.61	79.12	180.10	
酒泉市	Jiuquan City	377.00	377.00	377.00	150.79	222.58	
庆阳市	Qingyang City	243.67	243.67	243.66	72.32	171.29	0.01
定西市	Dingxi City	239.45	239.44	239.44	104.36	133.64	
陇南市	Longnan City	243.76	243.76	243.76	64.07	179.65	
临夏回族自治州	Linxia Hui A.P	164.96	164.96	164.96	79.18	85.48	
甘南藏族自治州	Gannan Zang A.P	108.16	108.16	108.16	20.88	87.28	
青海省	**Qinghai**						
西宁市	Xining City		2257.50	2257.49	495.63	1629.63	0.01
海东地区	Haidong Prefecture		114.54	114.54	35.74	72.20	
海北藏族自治州	Haibei Zang A.P		25.48	25.48	9.68	15.10	
黄南藏族自治州	Huangnan Zang AP		21.35	21.35	5.48	15.27	
海南藏族自治州	Hainan Zang A.P		35.03	35.03	17.55	17.34	
果洛藏族自治州	Golog Zang A.P		8.17	8.17	2.14	5.04	
玉树藏族自治州	Yushu Zang A.P		7.87	7.87	2.34	5.53	
海西蒙古族藏族自治州	Haixi Mongolian & Zang A.P		321.74	321.74	81.39	230.41	
宁夏回族自治区	**Ningxia**						
银川市	Yinchuan City	2313.87	2282.97	2282.95	685.01	1527.99	0.02
石嘴山市	Shizuishan City	362.94	362.87	362.87	233.37	107.66	
吴忠市	Wuzhong City	316.06	314.49	314.49	169.31	142.65	
固原市	Guyuan City	127.67	127.67	127.67	51.74	70.79	
中卫市	Zhongwei City	251.59	251.59	251.59	142.24	100.33	
新疆维吾尔自治区	**Xinjiang**						
乌鲁木齐市	Urumqi City	3276.27	3245.33	3245.33	943.65	1866.87	0.09
克拉玛依市	Karamay City	150.32	142.39	142.39	73.74	68.18	
吐鲁番地区	Turpan Prefecture	93.84	93.84	93.84	36.24	52.47	
哈密地区	Hami Prefecture	192.09	191.83	191.83	56.17	131.69	
昌吉回族自治州	Changji Hui A.P	542.76	540.81	540.81	267.84	257.11	
博尔塔拉蒙古自治州	Bortala Mongolian A.P	114.76	113.15	113.15	73.61	36.46	
巴音郭楞蒙古自治州	Bayingolin Mongolian A.P	448.53	446.56	446.56	240.78	192.51	
阿克苏地区	Aksu Prefecture	448.50	448.50	448.50	245.05	199.54	
克孜勒苏柯尔克孜自治州	Kizilsu Kirgiz A.P	36.09	36.09	36.09	18.75	17.16	
喀什地区	Kashi Prefecture	312.07	312.07	312.07	135.59	171.96	0.00
和田地区	Hotan Prefecture	79.48	79.48	79.48	34.17	45.30	
伊犁哈萨克自治州	Ili Kazak A.P	441.27	440.90	440.90	214.49	214.91	0.00
塔城地区	Tacheng Prefecture	199.77	197.68	197.68	126.02	66.81	
阿勒泰地区	Altay Prefecture	118.07	118.07	118.06	51.02	66.46	0.01
石河子市	Shihezi City	249.21	249.21	249.11	164.66	77.82	0.10
阿拉尔市	Alar City						
图木舒克市	Tumxuk City						
五家渠市	Wujiaqu City						
北屯市	Beitun City						
铁门关市	Tiemenguan City						
生产建设兵团	Corps						

3-20 幼儿园和小学情况(2012年)
Kindergartens and Primary Schools (2012)

地区	Region	幼儿园数 (所) Number of Kinder-gartens (unit)	在园儿童数 (万人) Children Enrollment (10 000 persons)	普通小学学校数 (所) Number of Primary Schools (unit)	普通小学专任教师数 (人) Full-time Teachers of Primary School (person)	普通小学招生数 (万人) New Enrollment by Primary School (10 000 persons)	普通小学在校学生数 (万人) Total Enrollment by Primary School (10 000 persons)	普通小学毕业生数 (万人) Graduates from Primary School (10 000 persons)
北京市	**Beijing**							
东城区	Dongcheng District	50	1.21	63	3455	0.82	4.67	0.80
西城区	Xicheng District	67	1.65	72	3823	1.11	5.56	0.87
朝阳区	Chaoyang District	183	5.62	128	6553	2.14	9.85	1.32
丰台区	Fengtai District	127	4.03	87	3902	1.22	6.59	1.03
石景山区	Shijingshan District	44	1.24	31	1386	0.42	2.14	0.35
海淀区	Haidian District	153	5.51	107	6644	2.51	13.15	2.09
门头沟区	Mentougou District	16	0.55	35	1203	0.19	1.11	0.20
房山区	Fangshan District	102	2.60	108	2925	0.84	4.20	0.68
通州区	Tongzhou District	79	1.65	81	3081	1.19	5.42	0.71
顺义区	Shunyi District	59	1.52	39	2262	0.69	3.59	0.52
昌平区	Changping District	93	1.99	99	2844	1.04	5.07	0.56
大兴区	Daxing District	60	2.17	88	3012	0.83	4.24	0.64
怀柔区	Huairou District	70	0.95	25	1195	0.30	1.55	0.26
平谷区	Pinggu District	54	0.78	44	1735	0.30	1.55	0.29
密云县	Miyun County	62	1.04	40	1510	0.37	1.97	0.36
延庆县	Yanqing County	47	0.67	34	1253	0.20	1.19	0.26
北京经济技术开发区	Beijing Economic-technological Development Zones							
其他	Others							
天津市	**Tianjin**							
和平区	Heping District	22	0.54	22	1916	0.42	2.36	0.41
河东区	Hedong District	48	0.92	22	1797	0.40	2.08	0.35
河西区	Hexi District	39	1.29	33	2063	0.57	3.10	0.47
南开区	Nankai District	44	1.20	31	2124	0.56	2.82	0.44
河北区	Hebei District	28	0.89	24	1639	0.40	2.06	0.33
红桥区	Hongqiao District	17	0.61	23	1682	0.25	1.33	0.22
东丽区	Dongli District	87	0.88	40	1842	0.44	2.33	0.35
西青区	Xiqing District	68	1.02	32	1828	0.47	2.59	0.42
津南区	Jinnan District	185	1.44	34	1732	0.53	2.70	0.43
北辰区	Beichen District	101	1.63	37	1651	0.55	2.87	0.53
武清区	Wuqing District	178	2.40	107	3691	1.04	5.98	0.99
宝坻区	Baodi District	104	1.08	69	2523	0.73	3.40	0.51
滨海新区	Binhai New Area	97	2.35	86	5535	1.48	7.29	1.23
宁河县	Ninghe County	36	0.84	59	1785	0.50	2.46	0.40
静海县	Jinghai County	212	2.93	99	2909	1.00	5.40	0.81
蓟县	Ji County	191	2.77	122	2886	0.88	4.32	0.73
其他	Others	4	0.07	3	166	0.02	0.14	0.03
河北省	**Hebei**							
石家庄市	Shijiazhuang City	875	23.03	1546	41627	12.63	71.42	10.50
唐山市	Tangshan City	835	20.48	1159	28648	8.93	48.19	7.20
秦皇岛市	Qinhuangdao City	214	7.04	444	13502	3.56	18.26	2.80
邯郸市	Handan City	1689	30.74	2058	44432	18.48	98.39	12.55
邢台市	Xingtai City	928	19.70	1384	33586	11.01	62.44	9.19
保定市	Baoding City	1823	32.38	2137	44309	17.41	89.10	12.50
张家口市	Zhangjiakou City	398	9.36	537	18579	5.20	29.33	4.66
承德市	Chengde City	946	10.69	574	15365	4.77	24.97	3.47
沧州市	Cangzhou City	623	23.12	1348	35309	11.19	54.70	7.54
廊坊市	Langfang City	327	12.04	797	21445	6.76	33.17	4.41
衡水市	Hengshui City	669	7.67	914	20160	6.36	32.26	4.79

3-20 续表 1 continued

地　区	Region	幼儿园数（所）Number of Kinder-gartens (unit)	在园儿童数（万人）Children Enrollment (10 000 persons)	普通小学学校数（所）Number of Primary Schools (unit)	普通小学专任教师数（人）Full-time Teachers of Primary School (person)	普通小学招生数（万人）New Enrollment by Primary School (10 000 persons)	普通小学在校学生数（万人）Total Enrollment by Primary School (10 000 persons)	普通小学毕业生数（万人）Graduates from Primary School (10 000 persons)
山西省	**Shanxi**							
太原市	Taiyuan City	671	11.06	581	15946	4.44	25.89	4.75
大同市	Datong City	423	7.43	756	16585	3.90	24.38	5.49
阳泉市	Yangquan City	304	3.38	335	5569	1.51	8.48	1.51
长治市	Changzhi City	629	8.53	1158	15550	4.11	23.07	4.64
晋城市	Jincheng City	521	5.25	713	10512	2.31	15.05	3.21
朔州市	Shuozhou City	219	3.94	354	9795	2.50	17.33	3.29
晋中市	Jinzhong City	524	10.41	718	14415	4.22	23.04	4.15
运城市	Yuncheng City	727	13.89	1078	25016	5.54	36.05	8.06
忻州市	Xinzhou City	329	7.55	1652	15989	4.07	23.49	6.44
临汾市	Linfen City	558	8.07	1296	21132	5.60	31.03	6.32
吕梁市	Luliang City	584	11.97	1401	20414	5.85	33.94	6.85
其他	Others							
内蒙古自治区	**Inner Mongolia**							
呼和浩特市	Hohhot City	225	4.70	268	9912	2.80	17.32	2.90
包头市	Baotou City	197	3.84	162	8720	2.18	13.54	2.58
乌海市	Wuhai City	44	1.21	29	2344	0.55	3.06	0.57
赤峰市	Chifeng City	646	10.01	599	22985	4.55	26.75	4.67
通辽市	Tongliao City	352	6.11	541	17626	3.59	20.60	3.55
鄂尔多斯市	Erdos City	256	7.36	122	7038	1.93	10.75	1.76
呼伦贝尔市	Hulunbuir City	304	4.50	167	12903	1.95	10.93	1.98
巴彦淖尔市	Bayannur City	113	3.58	107	7180	1.28	7.96	1.63
乌兰察布市	Ulanqab City	61	1.85	207	9333	1.66	9.97	1.72
兴安盟	Xingan League	312	3.29	140	8849	1.60	8.34	1.35
锡林郭勒盟	Xilingol League	56	2.01	85	4884	1.02	6.02	1.04
阿拉善盟	Alxa League	19	0.62	16	1124	0.21	1.27	0.25
辽宁省	**Liaoning**							
沈阳市	Shenyang City	959	14.31	325	21963	6.01	34.37	5.73
大连市	Dalian City	1254	13.25	629	17745	4.66	28.28	5.07
鞍山市	Anshan City	953	7.27	586	11829	2.93	17.80	3.07
抚顺市	Fushun City	385	3.29	147	7123	1.32	8.18	1.43
本溪市	Benxi City	265	2.58	65	5159	1.01	6.08	1.14
丹东市	Dandong City	334	4.04	456	8300	1.78	12.15	2.12
锦州市	Jinzhou City	675	6.39	390	10469	2.38	15.60	2.72
营口市	Yingkou City	433	4.60	174	7550	2.14	12.44	2.29
阜新市	Fuxin City	408	3.62	100	7681	1.57	9.41	1.63
辽阳市	Liaoyang City	588	3.63	225	5480	1.46	9.23	1.81
盘锦市	Panjin City	383	2.76	47	5051	1.22	7.01	1.31
铁岭市	Tieling City	867	6.44	361	10828	2.42	14.93	2.55
朝阳市	Chaoyang City	688	7.92	699	14630	3.56	20.61	3.45
葫芦岛市	Huludao City	475	5.85	575	10825	2.86	16.89	2.82

3-20 续表 2 continued

地 区	Region	幼儿园数 (所) Number of Kinder-gartens (unit)	在园儿童数 (万人) Children Enrollment (10 000 persons)	普通小学学校数 (所) Number of Primary Schools (unit)	普通小学专任教师数 (人) Full-time Teachers of Primary School (person)	普通小学招生数 (万人) New Enrollment by Primary School (10 000 persons)	普通小学在校学生数 (万人) Total Enrollment by Primary School (10 000 persons)	普通小学毕业生数 (万人) Graduates from Primary School (10 000 persons)
吉林省	**Jilin**							
长春市	Changchun City	692	11.03	1350	29128	7.01	40.26	6.50
吉林市	Jilin City	689	8.67	666	16335	3.44	21.97	3.70
四平市	Siping City	486	5.00	911	13413	3.64	19.39	2.87
辽源市	Liaoyuan City	180	1.98	344	5564	0.92	5.71	0.95
通化市	Tonghua City	334	3.63	285	8231	1.82	12.86	2.11
白山市	Baishan City	242	1.75	204	4635	0.98	5.78	0.97
松原市	Songyuan City	276	3.91	722	13563	2.97	16.32	2.77
白城市	Baicheng City	291	3.33	513	9429	1.85	11.03	1.73
延边朝鲜族自治州	Yanbian Korean A.P	301	3.98	191	7737	1.59	9.05	1.46
黑龙江省	**Heilongjiang**							
哈尔滨市	Harbin City	1284	15.67	1246	33753	8.04	45.62	8.44
齐齐哈尔市	Qiqihar City	801	10.13	928	15331	4.21	24.87	4.16
鸡西市	Jixi City	221	2.60	83	4828	1.48	8.36	1.89
鹤岗市	Hegang City	151	1.47	93	3314	0.85	4.83	0.91
双鸭山市	Shuangyashan City	150	2.28	130	4857	1.32	7.99	1.49
大庆市	Daqing City	352	4.62	436	10557	3.00	15.02	2.85
伊春市	Yichun City	105	1.17	69	4270	0.70	4.63	0.91
佳木斯市	Jiamusi City	256	4.70	273	11251	2.89	18.71	3.12
七台河市	Qitaihe City	133	1.51	60	2450	0.81	3.94	0.86
牡丹江市	Mudanjiang City	379	3.34	286	9541	2.20	13.47	2.40
黑河市	Heihe City	293	2.69	134	5926	1.92	10.82	2.02
绥化市	Suihua City	601	7.08	1040	20852	5.19	26.65	5.24
大兴安岭地区	Daxing'anling Prefecture	70	0.62	56	1862	0.27	1.88	0.37
农垦总局	Agriculture Reclamation Bureau							
其他	Others							
上海市	**Shanghai**							
黄浦区	Huangpu District	49	1.22	30	1664	0.40	1.79	0.35
徐汇区	Xuhui District	85	2.13	43	2232	0.69	3.15	0.61
长宁区	Changning District	41	1.30	24	1456	0.41	1.87	0.36
静安区	Jingan District	21	0.57	12	717	0.19	0.91	0.18
普陀区	Putuo District	80	2.70	26	2093	0.67	2.91	0.56
闸北区	Zhabei District	54	1.53	34	1547	0.48	2.15	0.41
虹口区	Hongkou District	52	1.35	34	1806	0.46	2.13	0.40
杨浦区	Yangpu District	84	2.21	44	2265	0.59	2.72	0.54
闵行区	Minhang District	149	5.85	62	4562	1.90	8.13	1.30
宝山区	Baoshan District	150	4.77	73	4124	1.47	6.33	1.12
嘉定区	Jiading District	61	2.66	39	2504	1.10	4.90	0.71
浦东新区	Pudong New District	261	10.33	165	10755	4.27	18.31	3.12
金山区	Jinshan District	33	1.50	31	1850	0.59	2.85	0.50
松江区	Songjiang District	95	3.59	33	3125	1.34	6.04	0.88
青浦区	Qingpu District	71	2.48	45	2888	1.12	4.89	0.70
奉贤区	Fengxian District	76	2.75	34	2544	1.11	5.05	0.85
崇明县	Chongming County	39	1.12	32	1934	0.44	1.91	0.36
其他	Others							

3-20 续表 3 continued

地 区	Region	幼儿园数 (所) Number of Kinder-gartens (unit)	在 园 儿童数 (万人) Children Enrollment (10 000 persons)	普通小学 学校数 (所) Number of Primary Schools (unit)	普通小学 专任教师数 (人) Full-time Teachers of Primary School (person)	普通小学 招生数 (万人) New Enrollment by Primary School (10 000 persons)	普通小学 在校学生数 (万人) Total Enrollment by Primary School (10 000 persons)	普通小学 毕业生数 (万人) Graduates from Primary School (10 000 persons)
江苏省	**Jiangsu**							
南京市	Nanjing City	783	17.06	345	20235	5.46	30.72	4.86
无锡市	Wuxi City	245	14.43	192	18214	5.44	31.94	5.00
徐州市	Xuzhou City	544	35.35	860	35419	14.21	62.85	8.49
常州市	Changzhou City	232	10.79	187	12257	4.11	23.43	3.61
苏州市	Suzhou City	465	22.97	305	25656	8.28	44.04	6.08
南通市	Nantong City	380	14.65	334	19546	5.27	31.76	5.41
连云港市	Lianyungang City	283	17.63	435	21035	6.64	35.00	5.21
淮安市	Huaian City	234	17.35	279	18674	6.06	31.19	4.80
盐城市	Yancheng City	285	24.38	397	24169	7.71	38.37	5.72
扬州市	Yangzhou City	285	9.89	215	13513	3.56	22.44	3.85
镇江市	Zhenjiang City	190	6.70	122	8778	2.28	13.19	2.12
泰州市	Taizhou City	209	10.67	137	14650	3.50	22.20	3.76
宿迁市	Suqian City	257	18.57	320	20434	6.96	35.64	5.59
浙江省	**Zhejiang**							
杭州市	Hangzhou City	914	28.34	415	27777	8.37	47.26	7.45
宁波市	Ningbo City	1208	27.57	476	23139	8.59	47.88	7.32
温州市	Wenzhou City	1554	33.22	615	32687	10.88	60.25	8.81
嘉兴市	Jiaxing City	301	10.68	192	11129	3.76	23.10	3.97
湖州市	Huzhou City	180	7.47	136	8533	2.59	15.69	2.71
绍兴市	Shaoxing City	673	13.45	405	15278	4.84	30.24	5.09
金华市	Jinhua City	1581	23.79	445	17406	7.11	39.64	5.74
衢州市	Quzhou City	812	7.77	210	8116	2.35	14.56	2.49
舟山市	Zhoushan City	115	2.59	61	3248	0.79	4.66	0.78
台州市	Taizhou City	1434	25.19	502	20116	8.50	47.32	6.82
丽水市	Lishui City	801	8.55	241	9779	2.93	16.12	2.66
安徽省	**Anhui**							
合肥市	Hefei City	698	20.54	964	23670	6.96	40.67	7.45
芜湖市	Wuhu City	409	8.23	523	11473	3.05	19.27	3.51
蚌埠市	Bengbu City	258	9.75	830	12637	3.92	22.89	4.38
淮南市	Huainan City	160	6.19	425	9446	2.35	13.79	2.43
马鞍山市	Maanshan City	219	4.78	312	8083	1.79	12.73	2.46
淮北市	Huaibei City	172	6.12	368	8814	2.27	14.59	2.86
铜陵市	Tongling City	68	1.42	88	2899	0.60	3.82	0.73
安庆市	Anqing City	282	11.22	1447	18578	5.35	33.18	6.27
黄山市	Huangshan City	147	3.52	159	5400	1.05	6.61	1.17
滁州市	Chuzhou City	376	9.59	544	15792	4.07	25.01	4.93
阜阳市	Fuyang City	523	20.07	2188	36337	12.13	70.29	11.34
宿州市	Suzhou City	413	15.46	1067	23448	6.86	35.62	6.69
六安市	Liuan City	602	14.48	1655	20944	7.06	38.71	6.78
亳州市	Bozhou City	286	16.53	1359	23803	8.19	45.18	7.09
池州市	Chizhou City	124	3.28	377	5836	1.62	9.22	1.64
宣城市	Xuancheng City	455	6.68	241	9532	2.12	13.10	2.36
福建省	**Fujian**							
福州市	Fuzhou City	1260	25.97	1008	26557	8.93	47.87	7.17
厦门市	Xiamen City	612	11.42	287	9877	4.42	22.35	3.04
莆田市	Putian City	233	9.77	509	14715	3.58	21.29	3.49
三明市	Sanming City	530	9.18	244	12504	2.84	15.94	2.69
泉州市	Quanzhou City	1224	32.08	1381	30027	11.60	59.20	8.28
漳州市	Zhangzhou City	1844	18.14	981	19997	5.97	33.37	6.12
南平市	Nanping City	618	10.87	353	14142	3.14	18.10	2.96
龙岩市	Longyan City	472	11.64	368	12048	2.95	16.62	2.64
宁德市	Ningde City	390	10.92	283	14074	3.31	17.99	2.76

3-20 续表 4 continued

地 区	Region	幼儿园数 (所) Number of Kinder-gartens (unit)	在园儿童数 (万人) Children Enrollment (10 000 persons)	普通小学学校数 (所) Number of Primary Schools (unit)	普通小学专任教师数 (人) Full-time Teachers of Primary School (person)	普通小学招生数 (万人) New Enrollment by Primary School (10 000 persons)	普通小学在校学生数 (万人) Total Enrollment by Primary School (10 000 persons)	普通小学毕业生数 (万人) Graduates from Primary School (10 000 persons)
江西省	**Jiangxi**							
南昌市	Nanchang City	752	12.53	981	21177	7.70	41.63	7.26
景德镇市	Jingdezhen City	551	4.88	478	6847	2.68	14.70	2.33
萍乡市	Pingxiang City	502	7.50	399	7625	2.75	15.26	2.28
九江市	Jiujiang City	855	13.37	1188	21114	8.50	44.48	6.51
新余市	Xinyu City	255	4.49	200	5210	1.84	9.91	1.44
鹰潭市	Yingtan City	111	2.95	344	5382	2.11	11.54	1.80
赣州市	Ganzhou City	2853	34.14	2294	41115	16.69	92.83	14.55
吉安市	Jian City	1502	17.53	1021	19042	8.24	40.35	5.63
宜春市	Yichun City	1204	20.95	1153	24187	9.23	49.12	7.62
抚州市	Fuzhou City	389	10.03	1157	19721	7.24	41.38	6.27
上饶市	Shangrao City	1586	23.73	1958	34050	13.07	72.95	11.33
山东省	**Shandong**							
济南市	Jinan City	1354	5.86	613	24678	6.61	39.04	6.54
青岛市	Qingdao City	2475	7.20	840	31697	8.27	48.50	7.76
淄博市	Zibo City	812	2.95	339	15280	4.07	22.05	4.76
枣庄市	Zaozhuang City	637	5.53	562	17751	5.14	26.29	4.27
东营市	Dongying City	420	2.14	145	7851	2.32	13.43	2.44
烟台市	Yantai City	1165	4.19	406	19138	5.01	25.53	5.57
潍坊市	Weifang City	1724	8.02	946	36850	10.81	55.01	9.15
济宁市	Jining City	1697	12.08	1185	32685	10.51	56.55	9.79
泰安市	Taian City	1051	5.69	611	20514	4.84	35.12	6.45
威海市	Weihai City	293	1.60	107	6978	2.04	9.85	2.01
日照市	Rizhao City	668	2.96	397	11369	3.01	19.13	3.28
莱芜市	Laiwu City	373	0.99	155	5222	1.12	6.30	1.40
临沂市	Linyi City	2347	19.09	1600	41535	12.50	74.73	11.91
德州市	Dezhou City	637	7.91	975	27458	6.87	43.96	6.81
聊城市	Liaocheng City	320	9.16	782	23187	7.95	41.19	6.99
滨州市	Binzhou City	486	4.47	365	15923	4.14	25.46	4.43
菏泽市	Heze City	1071	12.79	1545	44446	14.35	85.52	12.58
河南省	**Henan**							
郑州市	Zhengzhou City	1197	31.01	1010	34933	12.92	67.30	9.74
开封市	Kaifeng City	690	15.87	1406	23424	9.84	52.93	7.43
洛阳市	Luoyang City	576	16.23	2068	29822	11.13	61.59	10.35
平顶山市	Pingdingshan City	991	18.36	1482	25049	10.36	47.75	6.15
安阳市	Anyang City	910	17.23	1401	25343	10.52	55.00	7.91
鹤壁市	Hebi City	352	6.21	417	7990	2.97	18.61	3.12
新乡市	Xinxiang City	2023	25.60	1604	25498	11.70	66.22	8.61
焦作市	Jiaozuo City	537	8.08	613	15349	4.58	28.85	5.52
濮阳市	Puyang City	375	12.08	1191	20270	8.56	49.60	7.80

3-20 续表 5 continued

地 区	Region	幼儿园数 (所) Number of Kinder-gartens (unit)	在园儿童数 (万人) Children Enrollment (10 000 persons)	普通小学学校数 (所) Number of Primary Schools (unit)	普通小学专任教师数 (人) Full-time Teachers of Primary School (person)	普通小学招生数 (万人) New Enrollment by Primary School (10 000 persons)	普通小学在校学生数 (万人) Total Enrollment by Primary School (10 000 persons)	普通小学毕业生数 (万人) Graduates from Primary School (10 000 persons)
许昌市	Xuchang City	968	16.65	1017	23535	6.78	42.93	6.55
漯河市	Luohe City	311	7.18	525	11559	3.97	22.38	3.58
三门峡市	Sanmenxia City	316	6.79	438	10681	2.82	16.84	3.21
南阳市	Nanyang City	1062	39.47	3716	50970	25.19	126.33	16.63
商丘市	Shangqiu City	597	24.06	2469	50765	17.87	97.40	18.35
信阳市	Xinyang City	497	20.25	2321	43008	14.82	89.37	14.35
周口市	Zhoukou City	782	27.87	3928	54198	20.45	134.44	24.19
驻马店市	Zhumadian City	573	23.94	1740	41783	15.62	96.58	16.05
济源市	Jiyuan City	155	2.87	106	2679	0.87	5.08	0.89
湖北省	**Hubei**							
武汉市	Wuhan City	888	20.34	598	26630	7.41	41.28	6.70
黄石市	Huangshi City	237	6.93	488	9566	4.82	21.38	2.91
十堰市	Shiyan City	292	9.11	613	12876	4.27	20.72	3.34
宜昌市	Yichang City	383	7.85	282	11003	2.57	15.69	2.76
襄阳市	Xiangyang City	540	13.42	564	19946	6.35	31.73	4.72
鄂州市	Ezhou City	65	1.10	191	5101	1.27	6.92	1.27
荆门市	Jingmen City	207	5.90	251	9557	1.98	12.61	2.13
孝感市	Xiaogan City	438	12.16	595	16702	4.60	24.39	5.10
荆州市	Jingzhou City	439	13.08	458	13420	6.13	32.52	4.95
黄冈市	Huanggang City	637	15.51	995	22586	8.63	42.91	7.04
咸宁市	Xianning City	378	8.99	475	10288	4.71	22.14	3.17
随州市	Suizhou City	173	5.23	189	6968	2.36	11.90	1.98
恩施土家族苗族自治州	Enshi Tujia & Miao A.P	360	8.68	627	12861	4.49	23.52	3.77
仙桃市	Xiantao City	204	3.69	110	4126	1.45	6.71	0.89
潜江市	Qianjiang City	81	2.32	90	3237	0.95	5.17	0.94
天门市	Tianmen City	25	1.12	131	2906	1.42	6.83	0.96
神农架林区	Shennongjia Forest District	6	0.10	21	347	0.05	0.31	0.05
湖南省	**Hunan**							
长沙市	Changsha City	1325	20.51	939	21345	7.89	43.95	6.99
株洲市	Zhuzhou City	870	12.12	404	12051	4.14	22.18	3.53
湘潭市	Xiangtan City	402	5.19	451	8421	2.58	14.73	2.81
衡阳市	Hengyang City	999	19.07	1664	28034	10.59	60.36	10.05
邵阳市	Shaoyang City	1092	17.59	1310	25121	11.86	62.16	9.30
岳阳市	Yueyang City	1053	14.70	894	18930	5.99	34.54	5.80
常德市	Changde City	879	12.55	652	17132	4.87	26.60	4.55
张家界市	Zhangjiajie City	307	4.98	152	5683	1.87	10.55	1.64
益阳市	Yiyang City	529	9.10	480	16715	4.63	24.51	4.15
郴州市	Chenzhou City	739	13.60	955	20920	8.40	44.17	6.48
永州市	Yongzhou City	1457	18.77	464	24622	9.58	46.86	7.56
怀化市	Huaihua City	566	12.39	626	20130	6.00	31.43	5.02
娄底市	Loudi City	400	8.18	840	15466	6.00	30.42	5.29
湘西土家族苗族自治州	West Hunan Tujia & Miao A.P	412	7.69	334	12289	3.68	21.32	3.83

3-20 续表 6 continued

地 区	Region	幼儿园数 (所) Number of Kinder-gartens (unit)	在园儿童数 (万人) Children Enrollment (10 000 persons)	普通小学学校数 (所) Number of Primary Schools (unit)	普通小学专任教师数 (人) Full-time Teachers of Primary School (person)	普通小学招生数 (万人) New Enrollment by Primary School (10 000 persons)	普通小学在校学生数 (万人) Total Enrollment by Primary School (10 000 persons)	普通小学毕业生数 (万人) Graduates from Primary School (10 000 persons)
广东省	**Guangdong**							
广州市	Guangzhou City	1601	38.34	941	38257	15.11	82.26	13.85
韶关市	Shaoguan City	412	10.13	187	11461	3.71	20.57	3.50
深圳市	Shenzhen City	1186	31.69	333	21222	13.73	68.31	9.94
珠海市	Zhuhai City	232	5.04	114	5255	2.45	12.85	2.25
汕头市	Shantou City	830	15.53	777	22064	8.42	49.53	10.73
佛山市	Foshan City	793	22.25	411	19316	8.17	45.28	7.41
江门市	Jiangmen City	470	12.21	321	14506	5.07	29.13	5.21
湛江市	Zhanjiang City	847	22.72	1563	34640	9.53	62.41	15.31
茂名市	Maoming City	889	25.47	1731	32583	9.55	59.80	11.89
肇庆市	Zhaoqing City	488	12.83	293	16822	5.56	33.46	6.65
惠州市	Huizhou City	436	14.47	472	17506	8.72	42.11	6.44
梅州市	Meizhou City	417	11.69	782	18975	5.35	29.12	5.24
汕尾市	Shanwei City	144	5.67	759	13808	4.90	29.79	7.03
河源市	Heyuan City	395	10.90	1092	14865	4.87	24.75	4.24
阳江市	Yangjiang City	312	8.38	171	11066	3.35	17.68	2.93
清远市	Qingyuan City	432	11.97	402	14348	4.78	26.20	4.66
东莞市	Dongguan City	791	25.57	322	17659	12.33	60.81	8.77
中山市	ZhongShan City	454	11.12	207	9044	4.56	24.61	3.96
潮州市	Chaozhou City	644	7.93	656	9862	3.16	18.38	3.67
揭阳市	Jieyang City	672	18.00	1306	26494	8.64	52.87	12.89
云浮市	Yunfu City	266	8.77	556	11293	3.34	18.31	3.39
广西壮族自治区	**Guangxi**							
南宁市	Nanning City	1200	21.68	1479	28487	9.54	53.44	8.78
柳州市	Liuzhou City	581	10.73	907	14094	4.84	26.90	4.06
桂林市	Guilin City	664	15.18	1168	18958	5.86	30.38	4.47
梧州市	Wuzhou City	330	10.00	899	14079	4.90	29.28	5.02
北海市	Beihai City	213	5.62	395	7160	2.79	15.76	2.26
防城港市	Fangchenggang City	100	2.45	264	4363	1.59	8.70	1.36
钦州市	Qinzhou City	236	14.18	1072	16004	5.73	36.32	6.01
贵港市	Guigang City	612	16.57	1136	20653	7.75	46.51	8.48
玉林市	Yulin City	882	18.44	1472	28195	10.46	62.08	10.34
百色市	Baise City	971	13.85	1307	16678	5.92	32.88	4.88
贺州市	Hezhou City	263	6.20	690	9508	3.12	17.77	3.04
河池市	Hechi City	508	14.17	1391	18991	5.48	32.99	4.74
来宾市	Laibin City	539	6.39	650	10004	3.20	17.43	2.73
崇左市	Chongzuo City	455	7.63	705	9977	3.10	16.05	2.16
海南省	**Hainan**							
海口市	Haikou City	492	8.43	228	7979	2.53	16.67	2.67
三亚市	Sanya City	60	1.95	136	3592	0.83	6.13	0.94
重庆市	**Chongqing**							
万州区	Wanzhou District	189	3.60	158	4848	1.39	8.36	1.86
涪陵区	Fuling District	158	3.56	107	3859	1.39	5.96	0.97
渝中区	Yuzhong District	62	1.21	32	2156	0.47	3.19	0.59
大渡口区	Dadukou District	48	0.76	20	906	0.29	1.68	0.28
江北区	Jiangbei District	111	1.89	37	1785	0.47	2.80	0.52
沙坪坝区	Shapingba District	195	2.63	55	2569	0.82	4.64	0.79
九龙坡区	Jiulongpo District	193	3.51	43	3089	0.96	5.40	0.89

3-20 续表 7 continued

地　区	Region	幼儿园数 (所) Number of Kinder-gartens (unit)	在　园儿童数 (万人) Children Enrollment (10 000 persons)	普通小学学校数 (所) Number of Primary Schools (unit)	普通小学专任教师数 (人) Full-time Teachers of Primary School (person)	普通小学招生数 (万人) New Enrollment by Primary School (10 000 persons)	普通小学在校学生数 (万人) Total Enrollment by Primary School (10 000 persons)	普通小学毕业生数 (万人) Graduates from Primary School (10 000 persons)
南岸区	Nanan District	108	2.08	36	1948	0.67	3.76	0.65
北碚区	Beibei District	55	1.23	59	2045	0.41	2.52	0.45
綦江区	Qijiang District	98	2.76	78	4091	0.99	5.98	1.11
大足区	Dazu District	305	3.28	183	3224	1.38	5.70	0.80
渝北区	Yubei District	221	3.70	93	4108	1.21	6.44	1.02
巴南区	Banan District	109	2.12	53	2634	0.72	4.06	0.68
黔江区	Qianjiang District	31	1.34	122	2601	0.71	4.43	0.77
长寿区	Changshou District	88	1.82	35	2856	0.77	4.23	0.76
江津区	Jiangjin District	360	4.08	168	4245	1.42	7.53	1.34
合川区	Hechuan District	251	3.41	126	3605	1.25	6.37	1.11
永川区	Yongchuan District	121	4.08	210	3589	1.46	7.04	0.99
南川区	Nanchuan District	94	2.25	61	2432	0.79	3.73	0.63
四川省	**Sichuan**							
成都市	Chengdu City	1848	38.45	510	38571	12.08	68.33	12.67
自贡市	Zigong City	351	6.63	406	8345	3.32	17.14	2.86
攀枝花市	Panzhihua City	188	3.12	63	5081	1.25	8.48	1.69
泸州市	Luzhou City	555	14.65	296	16160	7.79	39.55	6.21
德阳市	Deyang City	242	8.62	227	10895	2.82	16.31	3.27
绵阳市	Mianyang City	546	12.23	438	16923	4.03	23.16	4.96
广元市	Guangyuan City	271	6.73	250	13348	2.70	16.17	3.32
遂宁市	Suining City	338	8.47	218	11674	3.01	18.23	3.83
内江市	Neijiang City	510	10.15	311	12878	4.62	23.43	3.91
乐山市	Leshan City	440	7.60	433	11660	3.07	16.66	2.95
南充市	Nanchong City	623	16.63	256	24747	8.43	49.34	8.68
眉山市	Meishan City	446	7.85	196	9920	2.55	14.79	3.00
宜宾市	Yibin City	860	12.41	1308	19229	6.58	36.47	6.14
广安市	Guangan City	721	9.73	242	13220	4.85	28.65	5.66
达州市	Dazhou City	688	17.96	328	23327	8.50	49.85	8.90
雅安市	Yaan City	245	4.09	257	6377	1.79	9.37	1.49
巴中市	Bazhong City	198	7.79	217	13317	4.02	25.64	5.73
资阳市	Ziyang City	1046	12.72	259	13005	5.40	26.73	4.20
阿坝藏族羌族自治州	Aba Zang & Qiang A.P	64	1.36	286	6204	1.37	7.50	1.24
甘孜藏族自治州	Ganzi Zang A.P	332	1.62	588	6784	1.92	10.71	1.39
凉山彝族自治州	Liangshan Yi A.P	282	10.46	1497	23234	10.85	54.26	8.06
贵州省	**Guizhou**							
贵阳市	Guiyang City	444	10.04	671	17291	5.64	32.23	6.19
六盘水市	Liupanshui City	223	6.16	753	13949	4.05	28.79	7.14
遵义市	Zunyi City	711	17.40	1868	32488	8.92	57.58	12.15
安顺市	Anshun City	259	6.87	904	13484	4.00	24.35	4.67
毕节市	Bijie City	234	19.87	2453	41918	14.46	95.87	18.50
铜仁市	Tongren City	392	11.38	1453	22648	6.18	40.20	7.92
黔西南布依族苗族自治州	Southwest Guizhou Buyi & Miao A.P	209	7.78	1076	17930	5.72	35.14	6.38
黔东南苗族侗族自治州	Southeast Guizhou Miao & Dong A.P	396	10.19	1231	20520	5.58	36.05	6.96
黔南布依族苗族自治州	South Guizhou Buyi & Miao A.P	291	8.55	1120	17755	4.55	29.87	6.10

3-20 续表 8 continued

地 区	Region	幼儿园数 (所) Number of Kinder-gartens (unit)	在园儿童数 (万人) Children Enrollment (10 000 persons)	普通小学学校数 (所) Number of Primary Schools (unit)	普通小学专任教师数 (人) Full-time Teachers of Primary School (person)	普通小学招生数 (万人) New Enrollment by Primary School (10 000 persons)	普通小学在校学生数 (万人) Total Enrollment by Primary School (10 000 persons)	普通小学毕业生数 (万人) Graduates from Primary School (10 000 persons)
云南省	**Yunnan**							
昆明市	Kunming City	1127	19.15	989	26300	8.12	45.46	8.34
曲靖市	Qujing City	969	18.04	1700	31770	9.29	61.40	10.60
玉溪市	Yuxi City	238	5.86	558	11292	3.00	18.00	3.00
保山市	Baoshan City	175	6.59	966	11612	3.03	20.25	3.74
昭通市	Zhaotong City	100	8.96	1945	30593	29.62	62.13	12.37
丽江市	Lijiang City	172	2.61	488	6829	1.40	9.62	1.62
普洱市	Puer City	111	4.28	645	11724	2.92	17.73	3.05
临沧市	Lincang City	72	4.64	1096	13130	2.96	19.35	3.42
楚雄彝族自治州	Chuxiong Yi A.P	255	5.11	839	12709	2.79	19.25	3.44
红河哈尼族彝族自治州	Honghe Hani & Yi A.P	397	12.07	1166	23372	6.29	39.75	6.80
文山壮族苗族自治州	Wenshan Zhuang & Miao A.P	271	8.22	1496	23218	5.41	34.54	6.08
西双版纳傣族自治州	Xishuangbanna Dai A.P	51	2.71	157	4880	1.59	8.88	1.42
大理白族自治州	Dali Bai A.P	663	9.07	1010	13521	4.08	27.95	4.87
德宏傣族景颇族自治州	Dehong Dai & Jingpo A.P	104	2.41	255	6603	1.72	10.45	1.76
怒江傈僳族自治州	Nujiang Lisu A.P	25	0.33	133	3372	0.77	4.89	0.80
迪庆藏族自治州	Diqing Zang A.P	8	0.37	85	2215	0.46	2.90	0.45
西藏自治区	**Tibet A.R.**							
拉萨市	Lhasa City	96	1.94	88	3500	0.91	5.05	0.76
昌都地区	Qamdu Prefecture	164	0.42	198	3701	1.12	6.51	1.11
山南地区	Lhokha Prefecture	101	0.73	97	2202	0.42	2.72	0.50
日喀则地区	Xigaze Prefecture	38	1.19	224	4313	1.21	6.62	1.04
那曲地区	Narqu Prefecture	45	0.82	149	2913	1.01	5.38	0.86
阿里地区	Ngri Prefecture	12	0.12	36	723	0.18	1.06	0.16
林芝地区	Nyingchi Prefecture	24	0.48	65	1501	0.31	1.86	0.32
其他	Others							
陕西省	**Shaanxi**							
西安市	Xi'an City	1239	27.08	1322	28146	8.88	50.85	8.88
铜川市	Tongchuan City	67	1.53	139	3775	0.67	4.05	0.90
宝鸡市	Baoji City	337	9.22	757	14216	3.24	20.40	4.16
咸阳市	Xianyang City	682	15.90	1314	25137	5.62	35.57	6.82
渭南市	Weinan City	1037	16.16	1175	20544	4.92	27.65	6.14
延安市	Yan'an City	467	10.45	325	12210	2.72	17.30	2.85
汉中市	Hanzhong City	750	9.68	769	13948	3.21	21.22	4.13
榆林市	Yulin City	542	12.72	549	16488	4.24	21.77	3.94
安康市	Ankang City	308	7.09	773	11899	1.75	18.15	3.57
商洛市	Shangluo City	332	6.91	843	9568	2.43	16.36	3.22
杨凌示范区	Yangling Demonstration Zone	23	0.73	28	720	0.21	1.30	0.23
甘肃省	**Gansu**							
兰州市	Lanzhou City	324	6.08	622	14381	3.43	20.38	3.74
嘉峪关市	Jiayuguan City	56	0.75	18	890	0.27	1.63	0.30
金昌市	Jinchang City	66	1.27	69	1984	0.53	3.23	0.62
白银市	Baiyin City	140	2.98	650	10986	1.85	12.91	2.74
天水市	Tianshui City	206	4.05	1673	19095	4.85	33.91	6.32
武威市	Wuwei City	166	4.13	612	10734	2.01	13.82	2.71
张掖市	Zhangye City	436	3.31	445	5890	1.36	8.13	1.70

3-20 续表 9 continued

地　区	Region	幼儿园数 (所) Number of Kinder-gartens (unit)	在　园儿童数 (万人) Children Enrollment (10 000 persons)	普通小学学校数 (所) Number of Primary Schools (unit)	普通小学专任教师数 (人) Full-time Teachers of Primary School (person)	普通小学招生数 (万人) New Enrollment by Primary School (10 000 persons)	普通小学在校学生数 (万人) Total Enrollment by Primary School (10 000 persons)	普通小学毕业生数 (万人) Graduates from Primary School (10 000 persons)
平凉市	Pingliang City	203	4.07	1136	12219	2.78	17.31	3.66
酒泉市	Jiuquan City	268	2.92	233	4830	1.18	7.76	1.48
庆阳市	Qingyang City	397	6.12	1251	14289	3.31	17.37	3.43
定西市	Dingxi City	131	4.52	1246	15031	3.15	19.92	4.35
陇南市	Longnan City	118	4.62	1111	13510	4.15	21.42	4.13
临夏回族自治州	Linxia Hui A.P	117	2.34	853	10327	3.80	20.28	3.31
甘南藏族自治州	Gannan Zang A.P	84	0.86	417	6069	1.45	8.28	1.41
青海省	**Qinghai**							
西宁市	Xining City	331	6.49	265	7590	2.44	15.59	2.63
海东地区	Haidong Prefecture	257	4.03	622	7613	2.25	13.10	2.08
海北藏族自治州	Haibei Zang A.P	156	0.76	99	1397	0.41	2.71	0.46
黄南藏族自治州	Huangnan Zang AP	74	0.62	142	1636	0.44	2.79	0.53
海南藏族自治州	Hainan Zang A.P	252	1.68	54	2563	0.78	4.51	0.73
果洛藏族自治州	Golog Zang A.P	6	0.32	53	1042	0.31	2.07	0.32
玉树藏族自治州	Yushu Zang A.P	26	0.21	131	2102	1.00	5.09	0.69
海西蒙古族藏族自治州	Haixi Mongolian & Zang A.P	41	1.22	59	2160	0.67	4.01	0.65
宁夏回族自治区	**Ningxia**							
银川市	Yinchuan City	197	5.07	213	7737	2.59	15.06	2.56
石嘴山市	Shizuishan City	89	1.97	87	3440	0.93	5.61	1.00
吴忠市	Wuzhong City	93	3.72	343	7685	2.56	14.07	2.33
固原市	Guyuan City	97	2.42	876	9164	2.36	14.71	2.60
中卫市	Zhongwei City	51	2.84	377	6359	2.04	12.37	2.28
新疆维吾尔自治区	**Xinjiang**							
乌鲁木齐市	Urumqi City	280	6.14	142	9742	3.28	18.43	3.05
克拉玛依市	Karamay City	38	1.02	29	1857	0.37	2.26	0.41
吐鲁番地区	Turpan Prefecture	92	2.07	83	4366	0.93	5.08	0.84
哈密地区	Hami Prefecture	74	1.59	60	3020	0.53	3.23	0.58
昌吉回族自治州	Changji Hui A.P	154	3.06	101	7287	1.30	7.90	1.48
博尔塔拉蒙古自治州	Bortala Mongolian A.P	51	1.27	28	3190	0.48	2.72	0.43
巴音郭楞蒙古自治州	Bayingolin Mongolian A.P	117	4.32	93	8468	1.96	9.66	1.50
阿克苏地区	Aksu Prefecture	377	7.54	584	13383	3.90	21.51	3.58
克孜勒苏柯尔克孜自治州	Kizilsu Kirgiz A.P	115	2.36	174	5602	0.99	5.64	0.75
喀什地区	Kashi Prefecture	923	13.07	976	25049	6.96	41.11	6.63
和田地区	Hotan Prefecture	432	6.77	666	11176	3.18	18.83	3.43
伊犁哈萨克自治州	Ili Kazak A.P	507	8.77	358	17858	4.04	21.87	3.43
塔城地区	Tacheng Prefecture	163	2.97	103	6731	1.18	6.96	1.24
阿勒泰地区	Altay Prefecture	127	2.14	72	4928	0.85	4.68	0.70
石河子市	Shihezi City	52	0.85	6	629	0.19	1.21	0.24
阿拉尔市	Alar City				34	0.01	0.03	
图木舒克市	Tumxuk City							
五家渠市	Wujiaqu City							
北屯市	Beitun City							
铁门关市	Tiemenguan City							
生产建设兵团	Corps	208	5.49	60	12810	3.01	18.97	3.81

3-21 普通中学情况(2012年)
Secondary Education (2012)

地　区	Region	普通中学学校数 (所) Number of Secondary Schools (unit)	普通中学专任教师数 (人) Full-time Teachers of Secondary School (person)	普通中学招生数 (万人) New Enrollment by Secondary School (10 000 persons)	普通中学在校学生数 (万人) Total Enrollment by Secondary School (10 000 persons)	普通中学毕业生数 (万人) Graduates from Secondary School (10 000 persons)
北京市	**Beijing**					
东城区	Dongcheng District	43	4536	1.45	4.31	1.35
西城区	Xicheng District	51	5909	1.79	5.28	1.76
朝阳区	Chaoyang District	80	7244	2.06	5.49	1.40
丰台区	Fengtai District	44	3606	0.97	2.86	0.89
石景山区	Shijingshan District	25	1796	0.53	1.47	0.43
海淀区	Haidian District	75	9216	3.66	10.35	3.03
门头沟区	Mentougou District	17	893	0.25	0.73	0.24
房山区	Fangshan District	47	3401	0.94	2.89	0.90
通州区	Tongzhou District	40	3387	0.99	2.88	0.81
顺义区	Shunyi District	38	3312	0.97	2.91	0.93
昌平区	Changping District	44	3416	0.90	2.46	0.64
大兴区	Daxing District	41	3744	0.87	2.75	0.77
怀柔区	Huairou District	22	1689	0.41	1.22	0.41
平谷区	Pinggu District	20	1798	0.43	1.40	0.56
密云县	Miyun County	23	1876	0.54	1.72	0.60
延庆县	Yanqing County	20	1556	0.40	1.19	0.42
北京经济技术开发区	Beijing Economic-technological Development Zones					
其他	Others					
天津市	**Tianjin**					
和平区	Heping District	21	2230	0.76	2.37	0.84
河东区	Hedong District	19	1997	0.65	1.90	0.67
河西区	Hexi District	26	2471	0.82	2.57	0.85
南开区	Nankai District	27	2700	0.86	2.55	0.83
河北区	Hebei District	23	1930	0.68	2.10	0.72
红桥区	Hongqiao District	15	1630	0.40	1.23	0.44
东丽区	Dongli District	20	1357	0.52	1.53	0.49
西青区	Xiqing District	13	1289	0.57	1.58	0.48
津南区	Jinnan District	16	1290	0.62	1.80	0.60
北辰区	Beichen District	20	1325	0.53	1.49	0.48
武清区	Wuqing District	50	4055	1.71	4.82	1.50
宝坻区	Baodi District	40	3793	1.00	3.62	1.36
滨海新区	Binhai New Area	83	5847	1.88	5.99	1.77
宁河县	Ninghe County	30	2194	0.63	1.92	0.70
静海县	Jinghai County	50	2884	1.16	3.57	1.24
蓟县	Ji County	64	4352	1.36	4.59	1.61
其他	Others	2	151	0.05	0.14	0.05
河北省	**Hebei**					
石家庄市	Shijiazhuang City	413	35584	16.08	47.83	16.92
唐山市	Tangshan City	334	29376	11.33	33.41	11.09
秦皇岛市	Qinhuangdao City	165	12147	4.43	12.90	4.26
邯郸市	Handan City	395	33912	17.34	47.60	15.19
邢台市	Xingtai City	275	23770	12.19	34.58	11.08
保定市	Baoding City	442	34979	17.48	48.77	16.13
张家口市	Zhangjiakou City	174	15177	6.87	20.84	7.19
承德市	Chengde City	122	11553	5.54	16.58	6.07
沧州市	Cangzhou City	319	22464	10.22	29.28	9.80
廊坊市	Langfang City	175	15246	6.98	20.75	7.11
衡水市	Hengshui City	186	16510	7.73	22.50	7.84

3-21 续表 1 continued

地　区	Region	普通中学学校数（所）Number of Secondary Schools (unit)	普通中学专任教师数（人）Full-time Teachers of Secondary School (person)	普通中学招生数（万人）New Enrollment by Secondary School (10 000 persons)	普通中学在校学生数（万人）Total Enrollment by Secondary School (10 000 persons)	普通中学毕业生数（万人）Graduates from Secondary School (10 000 persons)
山西省	**Shanxi**					
太原市	Taiyuan City	229	17845	7.45	23.09	8.28
大同市	Datong City	234	15795	6.61	20.45	7.81
阳泉市	Yangquan City	87	5953	2.50	8.17	3.05
长治市	Changzhi City	225	15555	7.13	22.12	8.03
晋城市	Jincheng City	159	10928	5.43	16.92	6.09
朔州市	Shuozhou City	100	10411	5.34	16.44	5.05
晋中市	Jinzhong City	225	15248	5.54	17.21	6.64
运城市	Yuncheng City	353	27952	11.73	36.88	14.04
忻州市	Xinzhou City	311	15127	5.95	19.06	7.83
临汾市	Linfen City	295	21967	8.91	27.43	9.61
吕梁市	Luliang City	316	19538	8.91	27.98	9.96
其他	Others					
内蒙古自治区	**Inner Mongolia**					
呼和浩特市	Hohhot City	114	9160	5.21	15.52	5.00
包头市	Baotou City	98	9592	4.39	13.05	4.37
乌海市	Wuhai City	23	2268	0.89	2.71	0.94
赤峰市	Chifeng City	161	18423	8.56	25.54	9.21
通辽市	Tongliao City	140	12067	5.72	16.51	5.37
鄂尔多斯市	Erdos City	64	7409	2.86	8.70	2.87
呼伦贝尔市	Hulunbuir City	173	11638	3.38	10.62	3.74
巴彦淖尔市	Bayannur City	52	5426	2.88	8.69	2.78
乌兰察布市	Ulanqab City	71	6664	3.11	10.11	3.38
兴安盟	Xingan League	83	6617	2.32	7.10	2.33
锡林郭勒盟	Xilingol League	39	3933	1.69	4.95	1.67
阿拉善盟	Alxa League	17	1186	0.40	1.16	0.39
辽宁省	**Liaoning**					
沈阳市	Shenyang City	322	24015	9.44	28.16	9.85
大连市	Dalian City	284	21763	8.36	25.50	8.85
鞍山市	Anshan City	163	11770	4.73	14.43	5.29
抚顺市	Fushun City	119	7492	2.48	7.69	3.00
本溪市	Benxi City	66	5408	1.86	5.85	2.30
丹东市	Dandong City	127	8038	3.63	11.24	4.11
锦州市	Jinzhou City	140	9454	4.31	13.33	4.67
营口市	Yingkou City	98	8133	3.26	9.90	3.37
阜新市	Fuxin City	112	6863	2.72	8.58	3.10
辽阳市	Liaoyang City	82	5828	2.82	8.19	2.77
盘锦市	Panjin City	76	5573	2.28	7.32	2.33
铁岭市	Tieling City	131	10101	3.98	12.24	4.52
朝阳市	Chaoyang City	169	13899	5.65	17.75	6.30
葫芦岛市	Huludao City	135	10022	4.27	12.88	4.41

3-21 续表 2 continued

地 区	Region	普通中学学校数 (所) Number of Secondary Schools (unit)	普通中学专任教师数 (人) Full-time Teachers of Secondary School (person)	普通中学招生数 (万人) New Enrollment by Secondary School (10 000 persons)	普通中学在校学生数 (万人) Total Enrollment by Secondary School (10 000 persons)	普通中学毕业生数 (万人) Graduates from Secondary School (10 000 persons)
吉林省	**Jilin**					
长春市	Changchun City	330	28791	11.11	34.23	12.42
吉林市	Jilin City	190	15999	6.41	19.58	6.66
四平市	Siping City	189	11509	4.61	13.89	4.74
辽源市	Liaoyuan City	67	4365	1.64	4.91	1.74
通化市	Tonghua City	138	9735	3.72	10.76	3.65
白山市	Baishan City	110	7037	1.75	5.45	2.01
松原市	Songyuan City	141	9885	4.04	11.67	4.25
白城市	Baicheng City	124	8013	2.77	8.55	2.92
延边朝鲜族自治州	Yanbian Korean A.P	159	10133	2.51	7.92	2.78
黑龙江省	**Heilongjiang**					
哈尔滨市	Harbin City	541	39630	13.05	42.37	13.60
齐齐哈尔市	Qiqihar City	264	18242	6.65	20.75	7.59
鸡西市	Jixi City	118	9846	2.95	10.66	3.34
鹤岗市	Hegang City	62	5409	1.81	6.08	2.10
双鸭山市	Shuangyashan City	98	6877	2.51	7.96	2.65
大庆市	Daqing City	154	14512	4.95	17.60	5.24
伊春市	Yichun City	61	5568	1.67	5.40	1.95
佳木斯市	Jiamusi City	142	11758	4.66	14.16	5.82
七台河市	Qitaihe City	51	4085	1.31	4.63	1.41
牡丹江市	Mudanjiang City	135	10034	4.05	11.98	4.12
黑河市	Heihe City	101	8492	2.89	9.40	3.08
绥化市	Suihua City	283	21015	7.58	28.61	8.34
大兴安岭地区	Daxing'anling Prefecture	36	2598	0.67	2.13	0.84
农垦总局	Agriculture Reclamation Bureau					
其他	Others					
上海市	**Shanghai**					
黄浦区	Huangpu District	36	2453	0.70	2.48	0.68
徐汇区	Xuhui District	38	3401	1.03	3.67	0.99
长宁区	Changning District	27	1831	0.54	1.93	0.51
静安区	Jingan District	15	1121	0.34	1.23	0.32
普陀区	Putuo District	49	2740	0.80	2.85	0.74
闸北区	Zhabei District	36	2203	0.67	2.46	0.68
虹口区	Hongkou District	41	2515	0.67	2.47	0.70
杨浦区	Yangpu District	53	3185	0.91	3.35	0.92
闵行区	Minhang District	63	4141	1.39	4.52	1.03
宝山区	Baoshan District	56	3485	1.22	4.15	0.97
嘉定区	Jiading District	36	2140	0.82	2.61	0.56
浦东新区	Pudong New District	149	11329	4.10	13.98	3.45
金山区	Jinshan District	29	2144	0.68	2.35	0.64
松江区	Songjiang District	33	2448	0.89	3.25	0.76
青浦区	Qingpu District	24	2120	0.72	2.56	0.60
奉贤区	Fengxian District	38	2255	0.99	3.11	0.68
崇明县	Chongming County	37	2279	0.53	2.07	0.68
其他	Others					

3-21 续表 3 continued

地 区	Region	普通中学学校数（所）Number of Secondary Schools (unit)	普通中学专任教师数（人）Full-time Teachers of Secondary School (person)	普通中学招生数（万人）New Enrollment by Secondary School (10 000 persons)	普通中学在校学生数（万人）Total Enrollment by Secondary School (10 000 persons)	普通中学毕业生数（万人）Graduates from Secondary School (10 000 persons)
江苏省	**Jiangsu**					
南京市	Nanjing City	220	22245	7.64	23.07	8.21
无锡市	Wuxi City	169	19394	7.10	21.05	7.08
徐州市	Xuzhou City	321	37179	13.38	42.61	17.13
常州市	Changzhou City	162	13944	5.57	16.91	5.90
苏州市	Suzhou City	262	25916	9.03	26.18	8.69
南通市	Nantong City	224	25542	8.67	27.96	11.05
连云港市	Lianyungang City	179	21021	8.40	26.85	9.90
淮安市	Huaian City	173	19738	7.60	24.21	9.63
盐城市	Yancheng City	277	27988	9.32	29.99	11.05
扬州市	Yangzhou City	170	16725	6.38	19.79	7.35
镇江市	Zhenjiang City	111	10036	3.31	10.46	4.04
泰州市	Taizhou City	202	19658	6.14	19.62	7.52
宿迁市	Suqian City	190	20068	9.19	29.19	12.14
浙江省	**Zhejiang**					
杭州市	Hangzhou City	314	27061	11.12	33.14	11.41
宁波市	Ningbo City	299	23021	9.87	29.52	9.92
温州市	Wenzhou City	477	31712	12.38	37.92	13.03
嘉兴市	Jiaxing City	156	14126	5.95	18.34	6.20
湖州市	Huzhou City	125	10945	4.28	13.14	4.68
绍兴市	Shaoxing City	186	18476	8.54	25.83	8.88
金华市	Jinhua City	236	18570	8.30	24.42	8.30
衢州市	Quzhou City	94	8380	3.91	11.57	3.99
舟山市	Zhoushan City	50	3723	1.15	3.54	1.27
台州市	Taizhou City	274	21452	9.48	28.11	9.15
丽水市	Lishui City	95	8272	3.87	11.37	4.01
安徽省	**Anhui**					
合肥市	Hefei City	363	28331	12.68	39.47	14.33
芜湖市	Wuhu City	211	13081	5.31	17.34	6.97
蚌埠市	Bengbu City	167	11468	6.06	18.37	6.27
淮南市	Huainan City	132	8964	3.91	11.84	4.77
马鞍山市	Maanshan City	102	8278	3.97	12.32	4.48
淮北市	Huaibei City	137	9108	4.71	13.51	5.01
铜陵市	Tongling City	45	3230	1.19	3.85	1.38
安庆市	Anqing City	369	21796	10.93	36.83	14.84
黄山市	Huangshan City	115	5095	2.03	6.25	2.26
滁州市	Chuzhou City	287	16269	7.64	23.39	8.48
阜阳市	Fuyang City	462	26422	15.42	44.76	16.41
宿州市	Suzhou City	263	21182	10.61	30.24	11.90
六安市	Liuan City	412	24157	11.83	36.13	13.11
亳州市	Bozhou City	297	16252	9.90	26.68	10.19
池州市	Chizhou City	109	6225	2.88	9.26	3.41
宣城市	Xuancheng City	164	10577	3.82	12.05	4.42
福建省	**Fujian**					
福州市	Fuzhou City	344	25971	10.81	32.76	11.24
厦门市	Xiamen City	95	9097	4.48	12.54	3.92
莆田市	Putian City	143	13904	5.64	18.06	6.89
三明市	Sanming City	151	11574	4.42	13.22	4.76
泉州市	Quanzhou City	331	30519	12.17	36.42	12.31
漳州市	Zhangzhou City	207	19470	8.87	25.97	8.23
南平市	Nanping City	164	11791	4.76	14.41	5.06
龙岩市	Longyan City	169	13229	4.41	13.31	4.91
宁德市	Ningde City	179	13132	4.49	14.39	5.71

3-21 续表 4 continued

地区	Region	普通中学学校数 (所) Number of Secondary Schools (unit)	普通中学专任教师数 (人) Full-time Teachers of Secondary School (person)	普通中学招生数 (万人) New Enrollment by Secondary School (10 000 persons)	普通中学在校学生数 (万人) Total Enrollment by Secondary School (10 000 persons)	普通中学毕业生数 (万人) Graduates from Secondary School (10 000 persons)
江西省	**Jiangxi**					
南昌市	Nanchang City	265	18327	10.54	30.83	9.90
景德镇市	Jingdezhen City	98	6948	3.27	9.66	2.88
萍乡市	Pingxiang City	110	7693	3.51	10.58	3.42
九江市	Jiujiang City	298	17770	9.80	29.04	9.59
新余市	Xinyu City	36	4417	2.26	6.36	1.91
鹰潭市	Yingtan City	74	4624	2.52	6.82	2.35
赣州市	Ganzhou City	449	32148	20.46	56.35	16.87
吉安市	Jian City	305	18530	8.96	26.29	8.77
宜春市	Yichun City	239	19051	10.87	31.02	10.13
抚州市	Fuzhou City	209	14799	9.13	26.51	8.53
上饶市	Shangrao City	459	26696	15.10	44.76	14.12
山东省	**Shandong**					
济南市	Jinan City	206	22280	10.34	30.92	9.60
青岛市	Qingdao City	292	31952	11.91	36.96	12.14
淄博市	Zibo City	193	20774	8.03	29.13	8.15
枣庄市	Zaozhuang City	132	14135	6.77	20.77	7.24
东营市	Dongying City	91	10453	4.01	12.55	3.83
烟台市	Yantai City	270	30480	9.01	33.60	10.03
潍坊市	Weifang City	342	39906	15.75	47.38	16.03
济宁市	Jining City	283	29651	13.59	40.64	13.05
泰安市	Taian City	174	20047	9.42	26.94	6.86
威海市	Weihai City	111	12777	3.33	12.64	3.83
日照市	Rizhao City	109	11842	4.85	14.48	4.73
莱芜市	Laiwu City	55	6385	2.53	9.29	2.30
临沂市	Linyi City	351	39641	17.23	52.35	17.97
德州市	Dezhou City	196	19676	9.71	27.22	8.00
聊城市	Liaocheng City	198	20128	9.26	26.47	8.91
滨州市	Binzhou City	160	15583	6.76	19.82	6.10
菏泽市	Heze City	359	31109	17.38	51.49	14.43
河南省	**Henan**					
郑州市	Zhengzhou City	368	30946	15.82	45.17	14.26
开封市	Kaifeng City	278	17921	10.45	29.61	9.07
洛阳市	Luoyang City	456	27018	14.04	40.12	13.52
平顶山市	Pingdingshan City	257	17616	8.54	24.19	8.06
安阳市	Anyang City	297	19696	9.92	28.41	8.69
鹤壁市	Hebi City	89	6206	4.06	11.23	3.33
新乡市	Xinxiang City	388	23392	12.28	35.61	11.12
焦作市	Jiaozuo City	220	14624	7.69	22.47	7.36
濮阳市	Puyang City	207	17029	9.29	28.57	9.37

3-21 续表 5 continued

地 区	Region	普通中学学校数 (所) Number of Secondary Schools (unit)	普通中学专任教师数 (人) Full-time Teachers of Secondary School (person)	普通中学招生数 (万人) New Enrollment by Secondary School (10 000 persons)	普通中学在校学生数 (万人) Total Enrollment by Secondary School (10 000 persons)	普通中学毕业生数 (万人) Graduates from Secondary School (10 000 persons)
许昌市	Xuchang City	239	18014	9.21	25.15	9.87
漯河市	Luohe City	109	9430	4.98	14.78	5.05
三门峡市	Sanmenxia City	130	10467	4.30	13.17	4.79
南阳市	Nanyang City	504	36200	21.35	59.14	18.24
商丘市	Shangqiu City	433	33150	21.23	61.92	23.21
信阳市	Xinyang City	380	35863	20.02	59.85	19.28
周口市	Zhoukou City	608	38851	29.49	84.19	28.04
驻马店市	Zhumadian City	335	30384	20.64	58.69	19.26
济源市	Jiyuan City	38	2953	1.42	4.16	1.31
湖北省	**Hubei**					
武汉市	Wuhan City	374	32094	10.36	32.99	12.23
黄石市	Huangshi City	142	10356	4.65	14.52	5.78
十堰市	Shiyan City	180	14207	4.80	14.88	6.16
宜昌市	Yichang City	170	13217	4.81	15.07	5.39
襄阳市	Xiangyang City	235	19862	8.04	24.63	9.50
鄂州市	Ezhou City	52	4198	1.74	5.38	1.89
荆门市	Jingmen City	122	12549	3.62	11.66	4.38
孝感市	Xiaogan City	176	13302	3.97	25.20	7.09
荆州市	Jingzhou City	257	22306	8.70	27.78	11.48
黄冈市	Huanggang City	321	25457	11.38	37.46	14.08
咸宁市	Xianning City	146	10800	4.45	13.95	6.16
随州市	Suizhou City	103	10417	2.91	9.69	3.35
恩施土家族苗族自治州	Enshi Tujia & Miao A.P	160	11896	6.00	18.17	6.06
仙桃市	Xiantao City	45	5867	2.13	6.69	2.99
潜江市	Qianjiang City	44	4100	1.57	4.79	1.73
天门市	Tianmen City	47	4864	1.97	6.14	2.95
神农架林区	Shennongjia Forest District	5	304	0.11	0.29	0.10
湖南省	**Hunan**					
长沙市	Changsha City	284	22480	12.13	34.38	10.03
株洲市	Zhuzhou City	191	12998	5.31	15.12	4.59
湘潭市	Xiangtan City	181	9702	4.39	12.96	4.61
衡阳市	Hengyang City	419	25025	14.00	38.72	11.62
邵阳市	Shaoyang City	461	23092	13.33	36.82	11.49
岳阳市	Yueyang City	306	20393	8.69	25.02	8.36
常德市	Changde City	296	21575	7.72	23.46	8.15
张家界市	Zhangjiajie City	101	5316	2.52	7.21	2.25
益阳市	Yiyang City	229	17615	6.27	18.20	5.78
郴州市	Chenzhou City	283	15467	7.93	21.08	6.42
永州市	Yongzhou City	319	20995	9.28	25.82	9.07
怀化市	Huaihua City	351	16966	7.00	19.36	5.92
娄底市	Loudi City	283	16039	7.54	21.13	6.88
湘西土家族苗族自治州	West Hunan Tujia & Miao A.P	181	10614	5.16	14.47	4.70

3-21 续表 6 continued

地　区	Region	普通中学学校数 (所) Number of Secondary Schools (unit)	普通中学专任教师数 (人) Full-time Teachers of Secondary School (person)	普通中学招生数 (万人) New Enrollment by Secondary School (10 000 persons)	普通中学在校学生数 (万人) Total Enrollment by Secondary School (10 000 persons)	普通中学毕业生数 (万人) Graduates from Secondary School (10 000 persons)
广东省	**Guangdong**					
广州市	Guangzhou City	478	46457	18.43	55.07	18.17
韶关市	Shaoguan City	155	14844	5.69	17.79	6.71
深圳市	Shenzhen City	302	38081	12.80	35.96	10.54
珠海市	Zhuhai City	63	6851	3.20	9.50	3.14
汕头市	Shantou City	265	26731	15.49	46.18	16.81
佛山市	Foshan City	189	22813	10.73	31.86	10.39
江门市	Jiangmen City	183	18452	7.97	24.19	8.24
湛江市	Zhanjiang City	333	33673	21.74	68.11	23.05
茂名市	Maoming City	282	36864	19.30	60.93	21.97
肇庆市	Zhaoqing City	170	21848	9.60	30.25	10.80
惠州市	Huizhou City	214	22181	9.80	29.66	9.99
梅州市	Meizhou City	236	23743	9.68	32.71	12.32
汕尾市	Shanwei City	172	16298	9.95	30.19	9.85
河源市	Heyuan City	186	16557	6.73	21.33	7.64
阳江市	Yangjiang City	108	12223	5.15	17.16	6.44
清远市	Qingyuan City	177	19248	7.36	23.75	8.78
东莞市	Dongguan City	203	23578	9.63	26.79	7.94
中山市	ZhongShan City	101	12928	5.30	15.69	4.75
潮州市	Chaozhou City	125	11550	6.54	20.39	6.87
揭阳市	Jieyang City	278	29848	17.13	52.98	19.46
云浮市	Yunfu City	106	11888	5.36	17.91	6.96
广西壮族自治区	**Guangxi**					
南宁市	Nanning City	338	22665	12.88	37.60	12.14
柳州市	Liuzhou City	168	11502	5.93	16.95	5.24
桂林市	Guilin City	220	15624	6.82	19.88	6.65
梧州市	Wuzhou City	134	10743	6.75	19.29	6.44
北海市	Beihai City	86	6038	2.21	6.57	2.42
防城港市	Fangchenggang City	44	2694	1.60	4.68	1.52
钦州市	Qinzhou City	121	10556	7.64	20.57	5.85
贵港市	Guigang City	232	17639	12.31	36.13	11.10
玉林市	Yulin City	288	21742	14.00	39.68	12.19
百色市	Baise City	197	10678	6.69	18.98	6.11
贺州市	Hezhou City	107	7100	4.26	12.30	4.09
河池市	Hechi City	196	11526	6.94	20.31	6.84
来宾市	Laibin City	85	7541	4.14	12.12	4.17
崇左市	Chongzuo City	94	5987	3.01	8.03	2.32
海南省	**Hainan**					
海口市	Haikou City	96	9992	3.93	12.32	4.22
三亚市	Sanya City	42	2527	0.48	1.32	0.37
重庆市	**Chongqing**					
万州区	Wanzhou District	59	5706	3.46	10.29	3.42
涪陵区	Fuling District	55	4163	1.93	6.02	2.22
渝中区	Yuzhong District	14	2480	0.81	2.55	0.82
大渡口区	Dadukou District	7	1017	0.51	1.54	0.50
江北区	Jiangbei District	18	2370	1.32	3.78	1.13
沙坪坝区	Shapingba District	32	3825	1.46	4.49	1.55
九龙坡区	Jiulongpo District	33	4178	1.83	5.30	1.68

3-21 续表 7 continued

地　区	Region	普通中学学校数 (所) Number of Secondary Schools (unit)	普通中学专任教师数 (人) Full-time Teachers of Secondary School (person)	普通中学招生数 (万人) New Enrollment by Secondary School (10 000 persons)	普通中学在校学生数 (万人) Total Enrollment by Secondary School (10 000 persons)	普通中学毕业生数 (万人) Graduates from Secondary School (10 000 persons)
南岸区	Nanan District	23	2336	1.29	3.68	1.06
北碚区	Beibei District	22	2223	1.04	3.28	1.16
綦江区	Qijiang District	69	4496	1.87	6.12	2.20
大足区	Dazu District	31	3813	1.48	4.70	1.78
渝北区	Yubei District	42	4027	1.89	5.59	1.64
巴南区	Banan District	38	2785	1.27	3.84	1.36
黔江区	Qianjiang District	22	2573	1.32	4.17	1.42
长寿区	Changshou District	29	3123	1.27	4.00	1.56
江津区	Jiangjin District	50	4234	2.14	6.45	2.18
合川区	Hechuan District	37	4036	1.98	6.53	2.42
永川区	Yongchuan District	41	3638	1.57	4.80	1.65
南川区	Nanchuan District	36	2049	1.03	3.42	1.19
四川省	**Sichuan**					
成都市	Chengdu City	494	45044	20.56	61.41	20.29
自贡市	Zigong City	134	7891	4.40	13.30	4.45
攀枝花市	Panzhihua City	60	5020	2.35	7.10	2.23
泸州市	Luzhou City	218	14698	8.66	26.48	8.91
德阳市	Deyang City	154	11229	5.13	15.61	5.65
绵阳市	Mianyang City	236	19165	9.13	27.58	9.85
广元市	Guangyuan City	183	11571	5.66	18.26	6.56
遂宁市	Suining City	167	12898	6.00	18.22	6.52
内江市	Neijiang City	188	11600	5.87	17.58	6.30
乐山市	Leshan City	216	10655	4.76	14.68	5.17
南充市	Nanchong City	512	27353	14.57	43.88	15.16
眉山市	Meishan City	233	10582	4.83	15.18	6.02
宜宾市	Yibin City	304	18158	9.24	27.62	9.44
广安市	Guangan City	275	14710	8.81	26.78	9.15
达州市	Dazhou City	380	19868	11.79	35.57	12.54
雅安市	Yaan City	72	4660	2.24	6.92	2.53
巴中市	Bazhong City	197	11743	8.32	25.26	8.83
资阳市	Ziyang City	311	13596	6.28	19.13	6.71
阿坝藏族羌族自治州	Aba Zang & Qiang A.P	57	3836	1.66	4.94	1.71
甘孜藏族自治州	Ganzi Zang A.P	46	3009	1.54	4.99	1.46
凉山彝族自治州	Liangshan Yi A.P	206	13080	9.23	25.34	7.70
贵州省	**Guizhou**					
贵阳市	Guiyang City	315	16373	9.14	26.29	8.07
六盘水市	Liupanshui City	221	11874	8.98	25.82	7.70
遵义市	Zunyi City	471	29517	18.60	52.82	15.84
安顺市	Anshun City	148	8931	5.81	15.98	5.08
毕节市	Bijie City	485	28197	23.99	60.34	16.07
铜仁市	Tongren City	256	17174	10.91	30.35	9.38
黔西南布依族苗族自治州	Southwest Guizhou Buyi & Miao A.P	249	13207	8.50	22.90	7.26
黔东南苗族侗族自治州	Southeast Guizhou Miao & Dong A.P	274	16513	10.32	27.92	8.34
黔南布依族苗族自治州	South Guizhou Buyi & Miao A.P	242	14539	8.75	24.96	8.18

3-21 续表 8 continued

地 区	Region	普通中学学校数 (所) Number of Secondary Schools (unit)	普通中学专任教师数 (人) Full-time Teachers of Second-ary School (person)	普通中学招生数 (万人) New Enrollment by Second-ary School (10 000 persons)	普通中学在校学生数 (万人) Total Enrollment by Second-ary School (10 000 persons)	普通中学毕业生数 (万人) Graduates from Secondary School (10 000 persons)
云南省	**Yunnan**					
昆明市	Kunming City	268	21100	11.19	31.38	9.76
曲靖市	Qujing City	240	23981	14.64	43.55	14.90
玉溪市	Yuxi City	115	8953	5.00	13.00	4.22
保山市	Baoshan City	123	9991	5.40	15.55	5.28
昭通市	Zhaotong City	218	18724	14.04	36.09	11.43
丽江市	Lijiang City	76	6702	2.45	6.95	2.16
普洱市	Puer City	133	7587	4.00	11.23	3.68
临沧市	Lincang City	118	7943	4.32	12.52	3.85
楚雄彝族自治州	Chuxiong Yi A.P	135	9701	4.95	14.19	4.54
红河哈尼族彝族自治州	Honghe Hani & Yi A.P	201	15563	8.37	24.79	8.12
文山壮族苗族自治州	Wenshan Zhuang & Miao A.P	149	14257	7.35	21.29	6.62
西双版纳傣族自治州	Xishuangbanna Dai A.P	52	3256	1.78	5.19	1.60
大理白族自治州	Dali Bai A.P	203	12745	6.63	18.98	6.06
德宏傣族景颇族自治州	Dehong Dai & Jingpo A.P	62	4366	1.68	6.15	1.68
怒江傈僳族自治州	Nujiang Lisu A.P	29	2227	1.01	2.72	0.92
迪庆藏族自治州	Diqing Zang A.P	10	1437	0.67	2.21	0.71
西藏自治区	**Tibet A.R.**					
拉萨市	Lhasa City	26	3050	1.38	3.98	1.27
昌都地区	Qamdu Prefecture	18	1974	1.21	3.49	1.27
山南地区	Lhokha Prefecture	17	1696	0.69	2.08	0.68
日喀则地区	Xigaze Prefecture	29	3304	1.38	4.13	1.39
那曲地区	Narqu Prefecture	15	1399	0.86	2.40	0.84
阿里地区	Ngri Prefecture	7	326	0.15	0.45	0.16
林芝地区	Nyingchi Prefecture	10	891	0.43	1.28	0.38
其他	Others					
陕西省	**Shaanxi**					
西安市	Xi'an City	419	31526	14.98	45.33	15.64
铜川市	Tongchuan City	55	3914	1.42	4.65	1.99
宝鸡市	Baoji City	217	17576	6.71	21.37	8.54
咸阳市	Xianyang City	308	25172	11.87	36.07	13.06
渭南市	Weinan City	368	27084	10.08	32.05	12.51
延安市	Yan'an City	129	10279	4.88	14.41	5.61
汉中市	Hanzhong City	207	14246	6.60	20.17	6.71
榆林市	Yulin City	217	16271	6.36	19.50	8.16
安康市	Ankang City	196	11081	4.88	15.97	5.79
商洛市	Shangluo City	172	11002	4.88	14.91	5.35
杨凌示范区	Yangling Demonstration Zone	7	671	0.36	1.27	0.51
甘肃省	**Gansu**					
兰州市	Lanzhou City	232	13748	6.23	18.42	6.37
嘉峪关市	Jiayuguan City	11	999	0.50	1.47	0.46
金昌市	Jinchang City	22	2094	1.01	3.15	1.15
白银市	Baiyin City	154	11348	4.91	16.11	6.29
天水市	Tianshui City	270	15801	8.31	25.76	8.19
武威市	Wuwei City	142	9329	4.51	14.27	5.27
张掖市	Zhangye City	95	5842	2.68	8.35	2.99

3-21 续表 9 continued

地　　区	Region	普通中学学校数（所）Number of Secondary Schools (unit)	普通中学专任教师数（人）Full-time Teachers of Secondary School (person)	普通中学招生数（万人）New Enrollment by Secondary School (10 000 persons)	普通中学在校学生数（万人）Total Enrollment by Secondary School (10 000 persons)	普通中学毕业生数（万人）Graduates from Secondary School (10 000 persons)
平凉市	Pingliang City	167	11008	5.49	16.61	6.19
酒泉市	Jiuquan City	67	4567	2.28	6.80	2.30
庆阳市	Qingyang City	190	12116	5.42	16.95	6.24
定西市	Dingxi City	299	15314	7.05	21.98	8.56
陇南市	Longnan City	233	11140	5.62	16.46	5.85
临夏回族自治州	Linxia Hui A.P	102	8034	4.25	12.60	4.01
甘南藏族自治州	Gannan Zang A.P	49	3504	1.95	5.57	1.75
青海省	**Qinghai**					
西宁市	Xining City	136	9331	4.20	11.80	3.77
海东地区	Haidong Prefecture	111	6460	2.95	8.59	3.03
海北藏族自治州	Haibei Zang A.P	12	1138	0.61	1.70	0.51
黄南藏族自治州	Huangnan Zang AP	20	818	0.54	1.54	0.58
海南藏族自治州	Hainan Zang A.P	19	1652	0.92	2.65	0.94
果洛藏族自治州	Golog Zang A.P	9	406	0.31	0.96	0.26
玉树藏族自治州	Yushu Zang A.P	12	686	0.64	1.56	0.52
海西蒙古族藏族自治州	Haixi Mongolian & Zang A.P	51	2035	0.99	2.67	0.83
宁夏回族自治区	**Ningxia**					
银川市	Yinchuan City	68	7821	4.40	12.61	4.75
石嘴山市	Shizuishan City	43	3620	1.57	4.61	1.92
吴忠市	Wuzhong City	62	5889	3.30	9.36	3.87
固原市	Guyuan City	72	6856	3.63	10.71	4.80
中卫市	Zhongwei City	69	4939	2.57	7.75	3.57
新疆维吾尔自治区	**Xinjiang**					
乌鲁木齐市	Urumqi City	134	10408	5.23	15.10	4.71
克拉玛依市	Karamay City	17	2340	0.83	2.50	0.79
吐鲁番地区	Turpan Prefecture	49	3293	1.07	3.20	1.09
哈密地区	Hami Prefecture	45	2713	1.10	3.24	1.04
昌吉回族自治州	Changji Hui A.P	48	6349	2.67	8.22	2.67
博尔塔拉蒙古自治州	Bortala Mongolian A.P	31	2378	0.73	2.20	0.75
巴音郭楞蒙古自治州	Bayingolin Mongolian A.P	61	6324	2.43	7.07	2.24
阿克苏地区	Aksu Prefecture	139	11401	5.00	14.02	4.33
克孜勒苏柯尔克孜自治州	Kizilsu Kirgiz A.P	36	3922	1.11	3.44	1.12
喀什地区	Kashi Prefecture	211	21852	8.42	24.90	8.30
和田地区	Hotan Prefecture	148	9883	3.69	11.25	3.84
伊犁哈萨克自治州	Ili Kazak A.P	183	12553	5.29	15.15	4.81
塔城地区	Tacheng Prefecture	77	5576	2.04	6.08	2.08
阿勒泰地区	Altay Prefecture	63	3767	1.07	3.12	1.09
石河子市	Shihezi City	13	1143	0.67	1.97	0.61
阿拉尔市	Alar City	1	18		0.01	0.01
图木舒克市	Tumxuk City					
五家渠市	Wujiaqu City					
北屯市	Beitun City					
铁门关市	Tiemenguan City					
生产建设兵团	Corps	241	14379	5.63	16.91	5.96

3-22 普通高等教育情况和公共图书馆数(2012年)

Higher Education and Library (2012)

地 区	Region	普通高等学校数 (所) Number of Regular Institutions of Higher Education (unit)	普通高等学校专任教师数 (人) Full-time Teachers of Regular Institutions of Higher Education (person)	普通高等学校招生数(万人) New Enrollment by Regular Institutions of Higher Education (10 000 persons)	普通高等学校在校学生数 (万人) Total Enrollment by Regular Institutions of Higher Education (10 000 persons)	普通高等学校毕业生数 (万人) Graduates from Regular Institutions of Higher Education (10 000 persons)	公共图书馆 (个) Number of Public Library (unit)
北京市	**Beijing**						
东城区	Dongcheng District						2
西城区	Xicheng District						3
朝阳区	Chaoyang District						3
丰台区	Fengtai District						2
石景山区	Shijingshan District						2
海淀区	Haidian District						2
门头沟区	Mentougou District						1
房山区	Fangshan District						2
通州区	Tongzhou District						1
顺义区	Shunyi District						1
昌平区	Changping District						1
大兴区	Daxing District						1
怀柔区	Huairou District						1
平谷区	Pinggu District						1
密云县	Miyun County						1
延庆县	Yanqing County						1
北京经济技术开发区	Beijing Economic-technological Development Zones						
其他	Others						
天津市	**Tianjin**						
和平区	Heping District	1	952	0.13	0.55	0.11	2
河东区	Hedong District	4	2515	1.00	3.66	0.95	2
河西区	Hexi District	7	4505	2.09	7.03	1.79	2
南开区	Nankai District	5	6558	1.63	6.37	1.36	2
河北区	Hebei District	3	696	0.41	1.14	0.26	2
红桥区	Hongqiao District	2	628	0.47	1.36	0.40	2
东丽区	Dongli District	3	1504	0.81	2.57	0.54	1
西青区	Xiqing District	9	4652	2.35	8.27	1.87	2
津南区	Jinnan District	5	2076	1.44	4.39	1.05	1
北辰区	Beichen District	4	2034	1.23	3.99	1.06	1
武清区	Wuqing District	1	167	0.13	0.39	0.07	1
宝坻区	Baodi District	2	552	0.42	1.39	0.29	1
滨海新区	Binhai New Area	7	2339	1.51	4.74	1.24	6
宁河县	Ninghe County						1
静海县	Jinghai County	2	751	0.46	1.46	0.32	2
蓟县	Ji County						1
其他	Others						2
河北省	**Hebei**						
石家庄市	Shijiazhuang City	42	23384	11.78	39.55	10.80	27
唐山市	Tangshan City	9	5926	3.13	12.55	2.82	13
秦皇岛市	Qinhuangdao City	7	6258	4.89	15.56	3.80	6
邯郸市	Handan City	5	3326	1.71	6.17	1.72	20
邢台市	Xingtai City	4	2084	1.50	4.95	1.57	20
保定市	Baoding City	14	9427	4.75	14.21	4.27	23
张家口市	Zhangjiakou City	5	2661	1.38	4.55	1.31	15
承德市	Chengde City	5	2450	1.25	4.13	1.14	11
沧州市	Cangzhou City	7	2658	1.43	5.13	1.39	15
廊坊市	Langfang City	12	6213	2.03	10.51	2.04	10
衡水市	Hengshui City	2	869	1.62	1.62	0.58	12

3-22 续表 1 continued

地 区	Region	普通高等学校数 (所) Number of Regular Institutions of Higher Education (unit)	普通高等学校专任教师数 (人) Full-time Teachers of Regular Institutions of Higher Education (person)	普通高等学校招生数(万人) New Enrollment by Regular Institutions of Higher Education (10 000 persons)	普通高等学校在校学生数 (万人) Total Enrollment by Regular Institutions of Higher Education (10 000 persons)	普通高等学校毕业生数 (万人) Graduates from Regular Institutions of Higher Education (10 000 persons)	公共图书馆 (个) Number of Public Library (unit)
山西省	**Shanxi**						
太原市	Taiyuan City	38	21784	11.29	35.88	9.60	12
大同市	Datong City	2	2374	1.16	4.04	0.99	13
阳泉市	Yangquan City	2	543	0.34	0.96	0.24	5
长治市	Changzhi City	5	2172	1.03	3.24	0.84	14
晋城市	Jincheng City	1	406	0.23	0.59	0.12	6
朔州市	Shuozhou City	1	130	0.11	0.26	0.09	7
晋中市	Jinzhong City	5	3350	2.02	6.23	1.44	11
运城市	Yuncheng City	6	2181	1.55	4.07	0.79	13
忻州市	Xinzhou City	2	1412	0.87	2.45	0.59	14
临汾市	Linfen City	4	2933	1.37	4.14	1.17	17
吕梁市	Luliang City	1	839	0.85	1.87	0.39	14
其他	Others						
内蒙古自治区	**Inner Mongolia**						
呼和浩特市	Hohhot City	23	12416	6.25	22.72	6.01	10
包头市	Baotou City	5	4543	2.01	6.86	1.81	10
乌海市	Wuhai City	1	220	0.08	0.31	0.13	3
赤峰市	Chifeng City	4	1737	0.55	1.79	0.47	14
通辽市	Tongliao City	3	1781	0.73	2.68	0.67	9
鄂尔多斯市	Erdos City	1	184	0.04	0.18	0.05	9
呼伦贝尔市	Hulunbuir City	3	1134	0.37	1.28	0.31	14
巴彦淖尔市	Bayannur City	2	579	0.25	0.76	0.24	8
乌兰察布市	Ulanqab City	3	981	0.49	1.57	0.45	12
兴安盟	Xingan League	1	424	0.09	0.32	0.14	7
锡林郭勒盟	Xilingol League	1	502	0.23	0.66	0.22	13
阿拉善盟	Alxa League	1	153	0.01	0.01		4
辽宁省	**Liaoning**						
沈阳市	Shenyang City	43	24888	10.86	36.93	9.40	21
大连市	Dalian City	29	17515	7.42	26.37	6.35	14
鞍山市	Anshan City	3	1975	0.96	3.76	0.93	9
抚顺市	Fushun City	6	2268	1.19	4.31	1.08	7
本溪市	Benxi City	2	781	0.41	1.23	0.30	7
丹东市	Dandong City	3	1512	0.88	2.56	0.73	8
锦州市	Jinzhou City	9	4624	2.41	7.91	2.07	9
营口市	Yingkou City	2	691	0.46	1.17	0.33	8
阜新市	Fuxin City	2	2089	0.95	3.25	0.89	8
辽阳市	Liaoyang City	4	1215	0.58	1.94	0.60	9
盘锦市	Panjin City	2	587	0.23	0.57	0.16	5
铁岭市	Tieling City	4	1039	0.54	1.39	0.27	9
朝阳市	Chaoyang City	1	478	0.18	0.45	0.11	8
葫芦岛市	Huludao City	2	840	0.50	1.57	0.37	7

3-22 续表 2 continued

地　区	Region	普通高等学校数 (所) Number of Regular Institutions of Higher Education (unit)	普通高等学校专任教师数 (人) Full-time Teachers of Regular Institutions of Higher Education (person)	普通高等学校招生数(万人) New Enrollment by Regular Institutions of Higher Education (10 000 persons)	普通高等学校在校学生数 (万人) Total Enrollment by Regular Institutions of Higher Education (10 000 persons)	普通高等学校毕业生数 (万人) Graduates from Regular Institutions of Higher Education (10 000 persons)	公共图书馆 (个) Number of Public Library (unit)
吉林省	**Jilin**						
长春市	Changchun City	37	24644	11.08	38.76	9.65	13
吉林市	Jilin City	8	5232	2.81	9.63	2.51	10
四平市	Siping City	4	2109	1.03	3.51	0.92	5
辽源市	Liaoyuan City	1	323	0.20	0.56	0.19	3
通化市	Tonghua City	1	687	0.34	1.19	0.28	8
白山市	Baishan City	1	258	0.03	0.12	0.07	6
松原市	Songyuan City	1	366	0.10	0.35	0.09	5
白城市	Baicheng City	3	1108	0.56	1.91	0.51	6
延边朝鲜族自治州	Yanbian Korean A.P	2	2295	0.48	1.87	0.43	10
黑龙江省	**Heilongjiang**						
哈尔滨市	Harbin City	49	31509	13.82	48.22	13.29	18
齐齐哈尔市	Qiqihar City	6	3262	1.50	4.94	1.42	12
鸡西市	Jixi City	1	525	0.28	0.91	0.36	4
鹤岗市	Hegang City	1	221	0.05	0.14	0.10	3
双鸭山市	Shuangyashan City	1	158	0.04	0.14	0.07	5
大庆市	Daqing City	5	3102	1.47	5.19	1.58	6
伊春市	Yichun City	1	216	0.04	0.11	0.07	18
佳木斯市	Jiamusi City	4	2141	0.87	3.02	0.91	7
七台河市	Qitaihe City	1	120	0.01	0.05	0.06	2
牡丹江市	Mudanjiang City	7	2976	1.47	5.13	1.70	8
黑河市	Heihe City	1	485	0.24	0.88	0.23	6
绥化市	Suihua City	1	483	0.29	1.05	0.26	11
大兴安岭地区	Daxing'anling Prefecture	1	250	0.08	0.25	0.12	6
农垦总局	Agriculture Reclamation Bureau						
其他	Others						1
上海市	**Shanghai**						
黄浦区	Huangpu District						2
徐汇区	Xuhui District						2
长宁区	Changning District						2
静安区	Jingan District						2
普陀区	Putuo District						2
闸北区	Zhabei District						2
虹口区	Hongkou District						1
杨浦区	Yangpu District						1
闵行区	Minhang District						1
宝山区	Baoshan District						1
嘉定区	Jiading District						1
浦东新区	Pudong New District						3
金山区	Jinshan District						1
松江区	Songjiang District						1
青浦区	Qingpu District						1
奉贤区	Fengxian District						1
崇明县	Chongming County						1
其他	Others						

3-22 续表 3 continued

地 区	Region	普通高等学校数 (所) Number of Regular Institutions of Higher Education (unit)	普通高等学校专任教师数 (人) Full-time Teachers of Regular Institutions of Higher Education (person)	普通高等学校招生数(万人) New Enrollment by Regular Institutions of Higher Education (10 000 persons)	普通高等学校在校学生数 (万人) Total Enrollment by Regular Institutions of Higher Education (10 000 persons)	普通高等学校毕业生数 (万人) Graduates from Regular Institutions of Higher Education (10 000 persons)	公共图书馆 (个) Number of Public Library (unit)
江苏省	**Jiangsu**						
南京市	Nanjing City	43	51817	15.98	71.12	20.69	17
无锡市	Wuxi City	12	5774	3.28	10.38	3.10	10
徐州市	Xuzhou City	9	7418	3.36	12.30	3.19	8
常州市	Changzhou City	9	4916	3.13	10.42	2.91	4
苏州市	Suzhou City	20	10392	5.52	18.11	4.65	12
南通市	Nantong City	6	3993	2.23	7.37	2.07	9
连云港市	Lianyungang City	3	1780	0.93	3.38	0.97	7
淮安市	Huaian City	6	3410	1.86	6.71	1.88	8
盐城市	Yancheng City	5	2897	1.85	5.46	1.54	9
扬州市	Yangzhou City	5	4532	2.03	7.88	2.28	7
镇江市	Zhenjiang City	5	5081	1.96	7.40	1.94	8
泰州市	Taizhou City	3	2710	1.33	4.85	1.41	6
宿迁市	Suqian City	2	883	0.44	1.71	0.40	7
浙江省	**Zhejiang**						
杭州市	Hangzhou City	38	26689	12.13	45.92	10.75	15
宁波市	Ningbo City	14	7374	4.40	14.54	3.82	12
温州市	Wenzhou City	7	4847	2.32	7.65	2.09	13
嘉兴市	Jiaxing City	6	3210	1.89	6.08	1.03	6
湖州市	Huzhou City	3	1912	0.79	2.62	0.68	5
绍兴市	Shaoxing City	7	2874	1.96	5.98	1.55	6
金华市	Jinhua City	7	3941	2.65	7.88	2.33	10
衢州市	Quzhou City	2	517	0.43	1.17	0.34	7
舟山市	Zhoushan City	3	1001	0.73	2.30	0.70	4
台州市	Taizhou City	4	1616	0.96	3.11	0.91	10
丽水市	Lishui City	3	1152	1.19	3.81	1.06	9
安徽省	**Anhui**						
合肥市	Hefei City	50	23305	13.24	42.51	11.37	9
芜湖市	Wuhu City	9	8670	3.48	12.07	3.26	6
蚌埠市	Bengbu City	5	2675	1.67	6.25	1.47	4
淮南市	Huainan City	5	3099	1.81	6.43	1.71	4
马鞍山市	Maanshan City	4	2750	1.38	4.83	1.12	10
淮北市	Huaibei City	3	1816	0.95	3.43	0.90	5
铜陵市	Tongling City	3	1167	0.91	3.03	0.70	4
安庆市	Anqing City	5	2195	1.21	4.00	1.03	10
黄山市	Huangshan City	2	853	0.48	1.73	0.38	8
滁州市	Chuzhou City	4	2037	1.31	4.42	1.10	8
阜阳市	Fuyang City	4	1367	0.97	3.63	0.89	7
宿州市	Suzhou City	2	794	0.55	2.20	0.61	5
六安市	Liuan City	5	1661	1.17	3.93	0.98	6
亳州市	Bozhou City	2	659	0.34	1.10	0.31	4
池州市	Chizhou City	3	1142	0.67	2.15	0.55	4
宣城市	Xuancheng City	1	354	0.15	0.58	0.16	8
福建省	**Fujian**						
福州市	Fuzhou City	36	19063	9.30	30.54	8.15	14
厦门市	Xiamen City	17	8399	3.96	12.87	3.42	10
莆田市	Putian City	2	918	0.53	1.74	0.48	3
三明市	Sanming City	3	1042	0.76	2.27	0.62	12
泉州市	Quanzhou City	17	6351	3.40	11.76	3.56	10
漳州市	Zhangzhou City	7	3404	1.92	6.25	1.70	10
南平市	Nanping City	4	1085	0.70	2.31	0.72	10
龙岩市	Longyan City	2	972	0.48	1.56	0.42	7
宁德市	Ningde City	2	506	0.31	0.85	0.21	10

3-22 续表 4 continued

地　区	Region	普通高等学校数 (所) Number of Regular Institutions of Higher Education (unit)	普通高等学校专任教师数 (人) Full-time Teachers of Regular Institutions of Higher Education (person)	普通高等学校招生数(万人) New Enrollment by Regular Institutions of Higher Education (10 000 persons)	普通高等学校在校学生数 (万人) Total Enrollment by Regular Institutions of Higher Education (10 000 persons)	普通高等学校毕业生数 (万人) Graduates from Regular Institutions of Higher Education (10 000 persons)	公共图书馆 (个) Number of Public Library (unit)
江西省	**Jiangxi**						
南昌市	Nanchang City	50	28894	15.04	50.92	13.67	10
景德镇市	Jingdezhen City	5	2042	0.81	2.93	0.86	5
萍乡市	Pingxiang City	3	1093	0.29	1.13	0.54	6
九江市	Jiujiang City	7	5037	2.39	7.84	2.27	15
新余市	Xinyu City	5	1955	1.01	2.99	0.80	3
鹰潭市	Yingtan City	1	287	0.14	0.51	0.11	4
赣州市	Ganzhou City	7	4800	2.32	8.22	2.06	19
吉安市	Jian City	1	979	0.47	1.83	0.47	15
宜春市	Yichun City	3	1866	0.87	2.88	0.82	11
抚州市	Fuzhou City	4	2360	1.02	3.69	1.03	12
上饶市	Shangrao City	2	892	0.68	2.17	0.57	13
山东省	**Shandong**						
济南市	Jinan City	70	32253	15.66	50.47	14.82	11
青岛市	Qingdao City	22	18183	8.80	29.66	7.98	13
淄博市	Zibo City	8	5367	2.72	9.20	3.17	9
枣庄市	Zaozhuang City	3	1382	0.60	2.14	0.63	7
东营市	Dongying City	4	1370	0.86	2.66	0.92	6
烟台市	Yantai City	10	8039	4.52	15.65	4.35	13
潍坊市	Weifang City	13	7165	3.88	12.01	3.79	12
济宁市	Jining City	7	4843	2.65	8.52	2.11	11
泰安市	Taian City	8	5383	2.85	10.10	2.58	7
威海市	Weihai City	7	3148	1.67	6.06	1.76	4
日照市	Rizhao City	7	2805	1.98	6.41	1.67	4
莱芜市	Laiwu City	2	630	0.18	0.58	0.35	2
临沂市	Linyi City	3	2976	1.97	6.13	1.73	13
德州市	Dezhou City	4	2532	1.21	3.95	1.21	12
聊城市	Liaocheng City	3	2053	1.96	4.61	1.45	8
滨州市	Binzhou City	3	2672	1.34	4.60	1.39	8
菏泽市	Heze City	3	1622	1.03	3.20	1.01	9
河南省	**Henan**						
郑州市	Zhengzhou City	52	35680	22.60	68.43	19.30	13
开封市	Kaifeng City	5	4831	2.65	8.44	2.15	6
洛阳市	Luoyang City	5	5083	2.73	8.84	2.32	16
平顶山市	Pingdingshan City	4	2959	1.94	6.15	1.95	9
安阳市	Anyang City	6	3420	1.85	5.68	1.32	7
鹤壁市	Hebi City	2	691	0.38	1.05	0.34	4
新乡市	Xinxiang City	10	8020	4.29	14.09	3.02	11
焦作市	Jiaozuo City	5	4604	2.56	7.86	2.01	7
濮阳市	Puyang City	1	679	0.35	1.16	0.40	7

3-22 续表 5 continued

地 区	Region	普通高等学校数 (所) Number of Regular Institutions of Higher Education (unit)	普通高等学校专任教师数 (人) Full-time Teachers of Regular Institutions of Higher Education (person)	普通高等学校招生数(万人) New Enrollment by Regular Institutions of Higher Education (10 000 persons)	普通高等学校在校学生数 (万人) Total Enrollment by Regular Institutions of Higher Education (10 000 persons)	普通高等学校毕业生数 (万人) Graduates from Regular Institutions of Higher Education (10 000 persons)	公共图书馆 (个) Number of Public Library (unit)
许昌市	Xuchang City	4	1999	1.12	3.46	1.11	7
漯河市	Luohe City	3	1735	0.83	2.83	0.84	5
三门峡市	Sanmenxia City	1	855	0.47	1.43	0.56	7
南阳市	Nanyang City	5	3752	2.29	6.72	2.11	13
商丘市	Shangqiu City	6	4436	2.40	7.68	2.53	9
信阳市	Xinyang City	5	3301	1.62	5.52	1.52	11
周口市	Zhoukou City	3	2160	0.82	3.47	1.16	11
驻马店市	Zhumadian City	2	1151	0.61	2.01	0.55	10
济源市	Jiyuan City	1	626	0.31	1.09	0.35	1
湖北省	**Hubei**						
武汉市	Wuhan City	79	55915	27.31	94.70	24.07	17
黄石市	Huangshi City	3	2168	1.13	3.93	1.04	3
十堰市	Shiyan City	7	2650	1.36	4.67	1.21	8
宜昌市	Yichang City	5	3510	1.75	5.66	1.37	14
襄阳市	Xiangyang City	5	2538	1.99	6.19	1.44	9
鄂州市	Ezhou City	1	556	0.46	1.26	0.34	4
荆门市	Jingmen City	1	1303	0.74	2.12	0.59	6
孝感市	Xiaogan City	2	1615	0.95	3.67	0.76	8
荆州市	Jingzhou City	8	4653	3.36	11.36	3.07	8
黄冈市	Huanggang City	4	2648	1.51	4.77	1.30	12
咸宁市	Xianning City	2	1925	0.96	3.96	1.20	7
随州市	Suizhou City	1	440	0.23	0.67	0.30	4
恩施土家族苗族自治州	Enshi Tujia & Miao A.P	2	1346	0.84	2.48	0.77	9
仙桃市	Xiantao City	1	398	0.40	0.80	0.30	1
潜江市	Qianjiang City	1	313	0.12	0.35	1.00	1
天门市	Tianmen City	1	177	0.03	0.04		1
神农架林区	Shennongjia Forest District						1
湖南省	**Hunan**						
长沙市	Changsha City	50	31187	15.76	52.28	15.10	12
株洲市	Zhuzhou City	9	3909	2.30	7.29	2.08	6
湘潭市	Xiangtan City	10	6716	3.45	11.86	2.96	6
衡阳市	Hengyang City	8	5578	2.95	9.99	2.74	14
邵阳市	Shaoyang City	3	1493	0.77	2.76	0.74	14
岳阳市	Yueyang City	4	2130	1.34	3.95	1.12	11
常德市	Changde City	4	2062	1.21	3.91	1.05	9
张家界市	Zhangjiajie City	1	722	0.36	1.21	0.41	4
益阳市	Yiyang City	4	1742	0.83	2.85	0.90	7
郴州市	Chenzhou City	2	1168	0.61	2.09	0.55	11
永州市	Yongzhou City	3	1603	0.71	2.50	0.71	12
怀化市	Huaihua City	3	1407	0.76	2.67	0.85	15
娄底市	Loudi City	3	1437	0.68	2.44	0.73	6
湘西土家族苗族自治州	West Hunan Tujia & Miao A.P	2	1387	0.73	2.24	0.60	9

3-22 续表 6 continued

地 区	Region	普通高等学校数（所）Number of Regular Institutions of Higher Education (unit)	普通高等学校专任教师数（人）Full-time Teachers of Regular Institutions of Higher Education (person)	普通高等学校招生数(万人) New Enrollment by Regular Institutions of Higher Education (10 000 persons)	普通高等学校在校学生数（万人）Total Enrollment by Regular Institutions of Higher Education (10 000 persons)	普通高等学校毕业生数（万人）Graduates from Regular Institutions of Higher Education (10 000 persons)	公共图书馆（个）Number of Public Library (unit)
广东省	**Guangdong**						
广州市	Guangzhou City	80	53706	28.95	93.92	23.69	14
韶关市	Shaoguan City	2	1801	1.06	3.34	0.89	9
深圳市	Shenzhen City	10	3889	2.58	7.56	1.83	11
珠海市	Zhuhai City	10	5792	3.81	12.32	2.73	3
汕头市	Shantou City	1	726	0.26	0.94	0.25	8
佛山市	Foshan City	3	1690	1.33	4.58	1.15	6
江门市	Jiangmen City	3	1406	1.27	3.07	0.74	7
湛江市	Zhanjiang City	3	3227	1.91	7.40	1.78	8
茂名市	Maoming City	2	1273	0.90	3.02	0.78	5
肇庆市	Zhaoqing City	5	2503	2.64	6.37	1.91	9
惠州市	Huizhou City	3	1329	0.80	2.43	0.56	5
梅州市	Meizhou City	1	1138	0.64	2.21	0.61	10
汕尾市	Shanwei City	1	300	0.23	0.45	0.17	4
河源市	Heyuan City	1	491	0.45	1.23	0.40	7
阳江市	Yangjiang City	1	320	0.27	0.72	0.16	4
清远市	Qingyuan City	1	464	0.48	1.08	0.27	9
东莞市	Dongguan City	6	2729	2.05	5.24	1.26	1
中山市	ZhongShan City	5	2406	1.15	3.63	1.07	1
潮州市	Chaozhou City	1	1180	0.47	1.77	0.46	4
揭阳市	Jieyang City	2	536	1.00	1.05	0.25	6
云浮市	Yunfu City	1	426	0.24	0.69	0.27	5
广西壮族自治区	**Guangxi**						
南宁市	Nanning City	31	16743	10.00	30.40	7.67	16
柳州市	Liuzhou City	7	3213	2.12	6.84	1.66	11
桂林市	Guilin City	9	6351	5.27	15.31	3.81	13
梧州市	Wuzhou City	3	761	0.43	1.87	0.40	5
北海市	Beihai City	4	1141	0.69	2.43	0.99	3
防城港市	Fangchenggang City	1	40	0.18	0.18		4
钦州市	Qinzhou City	2	921	0.56	1.30	0.35	5
贵港市	Guigang City	1	207	0.10	0.17	0.07	6
玉林市	Yulin City	1	831	0.41	1.54	0.37	6
百色市	Baise City						
贺州市	Hezhou City	1	553	0.19	0.97	0.18	4
河池市	Hechi City	2	638	0.37	1.23	0.34	11
来宾市	Laibin City	1	346	0.20	0.59	0.19	6
崇左市	Chongzuo City	5	1382	1.18	3.07	0.73	7
海南省	**Hainan**						
海口市	Haikou City	11	5788	3.57	11.55	2.79	3
三亚市	Sanya City	5	2054	1.29	4.42	0.95	1
重庆市	**Chongqing**						
万州区	Wanzhou District	5	2525		4.23		1
涪陵区	Fuling District	2	1171		2.37		2
渝中区	Yuzhong District	1	981		2.08		2
大渡口区	Dadukou District						1
江北区	Jiangbei District	2	506		1.01		1
沙坪坝区	Shapingba District	14	11201		18.19		2
九龙坡区	Jiulongpo District	4	892		1.99		1

3-22 续表 7 continued

地区	Region	普通高等学校数 (所) Number of Regular Institutions of Higher Education (unit)	普通高等学校专任教师数 (人) Full-time Teachers of Regular Institutions of Higher Education (person)	普通高等学校招生数(万人) New Enrollment by Regular Institutions of Higher Education (10 000 persons)	普通高等学校在校学生数 (万人) Total Enrollment by Regular Institutions of Higher Education (10 000 persons)	普通高等学校毕业生数 (万人) Graduates from Regular Institutions of Higher Education (10 000 persons)	公共图书馆 (个) Number of Public Library (unit)
南岸区	Nanan District	5	4817		8.09		1
北碚区	Beibei District	2	2783		4.06		1
綦江区	Qijiang District						1
大足区	Dazu District						1
渝北区	Yubei District	3	1285		2.57		1
巴南区	Banan District	2	1699		2.97		1
黔江区	Qianjiang District	2	223		0.25		1
长寿区	Changshou District						1
江津区	Jiangjin District	4	1115		1.84		1
合川区	Hechuan District	5	2924		5.82		1
永川区	Yongchuan District	7	3081		5.97		1
南川区	Nanchuan District						1
四川省	**Sichuan**						
成都市	Chengdu City	52	43227	20.85	68.63	16.25	22
自贡市	Zigong City	2	1598	0.91	3.06	0.81	7
攀枝花市	Panzhihua City	2	1179	0.64	2.16	0.54	6
泸州市	Luzhou City	5	2218	1.30	4.12	0.99	8
德阳市	Deyang City	5	2911	1.96	5.47	1.34	6
绵阳市	Mianyang City	9	6116	3.37	10.23	2.02	9
广元市	Guangyuan City	2	415	0.32	0.59	0.13	8
遂宁市	Suining City	1	597	0.47	1.24	0.28	6
内江市	Neijiang City	2	1279	0.67	2.22	0.56	4
乐山市	Leshan City	3	2387	1.39	4.27	1.01	11
南充市	Nanchong City	4	3377	1.94	6.23	1.40	8
眉山市	Meishan City	2	1169	0.63	2.06	0.39	7
宜宾市	Yibin City	2	1280	0.72	2.35	0.59	10
广安市	Guangan City	1	297	0.25	0.67	0.14	6
达州市	Dazhou City	2	1113	0.65	1.98	0.53	7
雅安市	Yaan City	2	2433	1.14	4.12	0.94	9
巴中市	Bazhong City						5
资阳市	Ziyang City						5
阿坝藏族羌族自治州	Aba Zang & Qiang A.P	1	429	0.28	0.74	0.23	13
甘孜藏族自治州	Ganzi Zang A.P	1	376	0.24	0.76	0.15	17
凉山彝族自治州	Liangshan Yi A.P	1	736	0.42	1.46	0.37	14
贵州省	**Guizhou**						
贵阳市	Guiyang City	29	13583	10.43	30.72	6.93	8
六盘水市	Liupanshui City	2	595	0.33	0.93	0.17	5
遵义市	Zunyi City	6	2717	1.73	5.32	1.21	14
安顺市	Anshun City	4	810	0.55	1.55	0.41	6
毕节市	Bijie City	2	810	0.49	1.72	0.36	9
铜仁市	Tongren City	2	969	0.66	1.71	0.36	11
黔西南布依族苗族自治州	Southwest Guizhou Buyi & Miao A.P	2	739	0.41	1.14	0.42	9
黔东南苗族侗族自治州	Southeast Guizhou Miao & Dong A.P	3	1686	1.12	2.89	0.78	17
黔南布依族苗族自治州	South Guizhou Buyi & Miao A.P	4	1255	0.82	2.31	0.61	13

3-22 续表 8 continued

地 区	Region	普通高等学校数 (所) Number of Regular Institutions of Higher Education (unit)	普通高等学校专任教师数 (人) Full-time Teachers of Regular Institutions of Higher Education (person)	普通高等学校招生数(万人) New Enrollment by Regular Institutions of Higher Education (10 000 persons)	普通高等学校在校学生数 (万人) Total Enrollment by Regular Institutions of Higher Education (10 000 persons)	普通高等学校毕业生数 (万人) Graduates from Regular Institutions of Higher Education (10 000 persons)	公共图书馆 (个) Number of Public Library (unit)
云南省	**Yunnan**						
昆明市	Kunming City	41	22772	10.26	36.10	8.09	17
曲靖市	Qujing City	3	1138	0.80	2.62	0.60	11
玉溪市	Yuxi City	2	982	0.37	1.35	0.33	10
保山市	Baoshan City	2	550	0.33	1.01	0.27	7
昭通市	Zhaotong City	1	378	0.22	0.71	0.23	12
丽江市	Lijiang City	2					6
普洱市	Puer City	2	473	0.27	0.85	0.29	11
临沧市	Lincang City	1	362	0.18	0.57	0.19	9
楚雄彝族自治州	Chuxiong Yi A.P	2	703	0.37	1.40	0.34	11
红河哈尼族彝族自治州	Honghe Hani & Yi A.P	3	911	0.43	1.48	0.32	15
文山壮族苗族自治州	Wenshan Zhuang & Miao A.P	2	544	0.30	1.04	0.18	9
西双版纳傣族自治州	Xishuangbanna Dai A.P	1	173	0.09	0.29	0.10	4
大理白族自治州	Dali Bai A.P	1	969	0.42	1.71	0.37	13
德宏傣族景颇族自治州	Dehong Dai & Jingpo A.P	2	442	0.31	1.00	0.24	7
怒江傈僳族自治州	Nujiang Lisu A.P						5
迪庆藏族自治州	Diqing Zang A.P						4
西藏自治区	**Tibet A.R.**						
拉萨市	Lhasa City	5	1760	0.74	2.46	0.61	
昌都地区	Qamdu Prefecture						
山南地区	Lhokha Prefecture						
日喀则地区	Xigaze Prefecture						
那曲地区	Narqu Prefecture						
阿里地区	Ngri Prefecture						
林芝地区	Nyingchi Prefecture						
其他	Others	1	609	0.27	0.89	0.25	
陕西省	**Shaanxi**						
西安市	Xi'an City	51					14
铜川市	Tongchuan City	1					5
宝鸡市	Baoji City	2					13
咸阳市	Xianyang City	9					12
渭南市	Weinan City	3					11
延安市	Yan'an City	2					13
汉中市	Hanzhong City	3					11
榆林市	Yulin City	2					12
安康市	Ankang City	2					11
商洛市	Shangluo City	2					8
杨凌示范区	Yangling Demonstration Zone	2					1
甘肃省	**Gansu**						
兰州市	Lanzhou City	25	17236	8.76	30.66	7.27	8
嘉峪关市	Jiayuguan City	1	203	0.13	0.34	0.08	2
金昌市	Jinchang City	1	79	0.09	0.17		4
白银市	Baiyin City	1	161	0.09	0.19	0.03	6
天水市	Tianshui City	4	1681	1.18	3.52	0.92	8
武威市	Wuwei City	2	713	0.66	1.56	0.37	5
张掖市	Zhangye City	2	834	0.59	1.90	0.47	7

3-22 续表 9 continued

地 区	Region	普通高等学校数 (所) Number of Regular Institutions of Higher Education (unit)	普通高等学校专任教师数 (人) Full-time Teachers of Regular Institutions of Higher Education (person)	普通高等学校招生数(万人) New Enrollment by Regular Institutions of Higher Education (10 000 persons)	普通高等学校在校学生数 (万人) Total Enrollment by Regular Institutions of Higher Education (10 000 persons)	普通高等学校毕业生数 (万人) Graduates from Regular Institutions of Higher Education (10 000 persons)	公共图书馆 (个) Number of Public Library (unit)
平凉市	Pingliang City	1	316	0.23	0.68	0.20	8
酒泉市	Jiuquan City	1	320	0.25	0.70	0.19	8
庆阳市	Qingyang City	1	612	0.46	1.43	0.29	9
定西市	Dingxi City	1	305	0.20	0.52	0.14	8
陇南市	Longnan City	1	316	0.19	0.53	0.16	10
临夏回族自治州	Linxia Hui A.P						9
甘南藏族自治州	Gannan Zang A.P	1	456	0.29	0.91	0.18	9
青海省	**Qinghai**						
西宁市	Xining City	9	3717	2.08	6.19	1.64	6
海东地区	Haidong Prefecture						6
海北藏族自治州	Haibei Zang A.P						5
黄南藏族自治州	Huangnan Zang AP						5
海南藏族自治州	Hainan Zang A.P						6
果洛藏族自治州	Golog Zang A.P						7
玉树藏族自治州	Yushu Zang A.P						7
海西蒙古族藏族自治州	Haixi Mongolian & Zang A.P						7
宁夏回族自治区	**Ningxia**						
银川市	Yinchuan City	13	5771	2.62	8.24	1.73	7
石嘴山市	Shizuishan City	1	332	0.19	0.55	0.11	4
吴忠市	Wuzhong City	1	203	0.11	0.24	0.06	5
固原市	Guyuan City	1	394	0.20	0.61	0.17	6
中卫市	Zhongwei City						3
新疆维吾尔自治区	**Xinjiang**						
乌鲁木齐市	Urumqi City	18	10268	4.61	15.87	3.74	6
克拉玛依市	Karamay City	1	282	0.15	0.42	0.11	4
吐鲁番地区	Turpan Prefecture						4
哈密地区	Hami Prefecture						4
昌吉回族自治州	Changji Hui A.P	3	1155	0.72	2.19	0.59	8
博尔塔拉蒙古自治州	Bortala Mongolian A.P						4
巴音郭楞蒙古自治州	Bayingolin Mongolian A.P	1	510	0.16	0.44	0.10	10
阿克苏地区	Aksu Prefecture	1	337	0.10	0.29	0.09	10
克孜勒苏柯尔克孜自治州	Kizilsu Kirgiz A.P						5
喀什地区	Kashi Prefecture	1	720	0.26	1.16	0.26	13
和田地区	Hotan Prefecture	2	365	0.17	0.55	0.16	9
伊犁哈萨克自治州	Ili Kazak A.P	3	1089	0.44	1.45	0.34	11
塔城地区	Tacheng Prefecture						8
阿勒泰地区	Altay Prefecture						8
石河子市	Shihezi City	1	305	0.21	0.61	0.18	1
阿拉尔市	Alar City						
图木舒克市	Tumxuk City						
五家渠市	Wujiaqu City						
北屯市	Beitun City						
铁门关市	Tiemenguan City						
生产建设兵团	Corps	3	2539	0.97	3.91	0.89	

3-23 卫生机构、床位数和人员数(2012年)
Number of Units and Beds and Employed Persons in Health Institutions (2012)

地 区	Region	卫生机构数(个) Number of Health Care Institutions (unit)	#医院 Hospitals	卫生机构床位数(张) Number of Beds in Health Care Institutions (bed)	#医院 Hospitals	卫生机构人员数(人) Employed Persons in Health Care Institutions (person)	#卫生技术人员 Medical and Technical Personnel	#执业(助理)医师 Licensed (Assistant) Doctors	#注册护师、护士 Registered Nurse
北京市	**Beijing**								
东城区	Dongcheng District	537	61	10440	10329	31034	23719	8993	9228
西城区	Xicheng District	607	46	14151	14096	39617	31634	10942	13521
朝阳区	Chaoyang District	1239	140	17493	16968	50431	39199	15279	16564
丰台区	Fengtai District	516	64	8275	8038	19527	15305	5720	6439
石景山区	Shijingshan District	197	21	3647	3163	7538	6041	2345	2641
海淀区	Haidian District	986	70	10304	9201	33722	26611	9891	11178
门头沟区	Mentougou District	261	13	2705	2281	4297	3163	1110	1350
房山区	Fangshan District	1009	31	6034	5371	11347	8023	3025	3097
通州区	Tongzhou District	604	12	3170	2362	9101	6852	2688	2523
顺义区	Shunyi District	606	12	3202	2430	7584	5955	2535	2008
昌平区	Changping District	843	58	9085	8593	12647	9418	3701	3730
大兴区	Daxing District	715	30	5468	4772	11012	8531	3236	3334
怀柔区	Huairou District	479	12	1584	1336	3865	3053	1268	1026
平谷区	Pinggu District	431	6	2043	1718	4550	3498	1397	1251
密云县	Miyun County	662	13	1535	1147	4464	3308	1447	962
延庆县	Yanqing County	267	4	1031	805	2460	1946	825	682
北京经济技术开发区	Beijing Economic-technological Development Zones								
其他	Others								
天津市	**Tianjin**								
和平区	Heping District	122	23	6226	6056	13821	9728	3413	3845
河东区	Hedong District	212	42	3370	2259	6915	5040	2038	1729
河西区	Hexi District	259	38	8350	7990	13282	9952	3572	4154
南开区	Nankai District	209	33	5684	4969	11859	8341	3096	3074
河北区	Hebei District	194	30	3963	3601	7306	5796	2194	2243
红桥区	Hongqiao District	115	17	3243	2738	5622	4561	1711	1651
东丽区	Dongli District	147	6	1194	1114	2359	1789	721	570
西青区	Xiqing District	199	18	2026	1706	2113	1364	641	401
津南区	Jinnan District	246	16	1949	1810	4515	3092	1310	1041
北辰区	Beichen District	178	6	1294	1151	3335	2558	1076	734
武清区	Wuqing District	538	9	3547	2410	5915	4392	2266	1409
宝坻区	Baodi District	320	6	1913	915	2851	2249	1012	754
滨海新区	Binhai New Area	581	46	6362	5621	13998	11261	4426	4238
宁河县	Ninghe County	180	3	1237	730	2488	1613	675	473
静海县	Jinghai County	403	3	1552	966	3413	2100	1045	492
蓟县	Ji County	648	8	1599	762	4558	3086	1514	829
其他	Others								
河北省	**Hebei**								
石家庄市	Shijiazhuang City	6451	174	44896	34525	73013	54191	25448	18551
唐山市	Tangshan City	8904	157	36702	28198	59027	41166	17858	16311
秦皇岛市	Qinhuangdao City	3541	66	15632	10568	22026	16376	7188	6341
邯郸市	Handan City	8519	168	35613	24577	52999	32831	14800	10265
邢台市	Xingtai City	9274	124	24637	17625	40564	26452	12905	7130
保定市	Baoding City	11726	134	37037	24470	66146	43752	19683	13494
张家口市	Zhangjiakou City	5611	67	17835	12005	25925	16407	6663	5110
承德市	Chengde City	3787	48	16057	10581	23136	16594	7473	4829
沧州市	Cangzhou City	9952	119	26169	19872	47404	31363	14552	10169
廊坊市	Langfang City	5643	94	16244	11703	29344	19966	8645	5752
衡水市	Hengshui City	5675	97	13908	9760	25344	15956	7844	4034

3-23 续表 1 continued

地 区	Region	卫生机构数（个）Number of Health Care Institutions (unit)	#医院 Hospitals	卫生机构床位数（张）Number of Beds in Health Care Institutions (bed)	#医院 Hospitals	卫生机构人员数（人）Employed Persons in Health Care Institutions (person)	#卫生技术人员 Medical and Technical Personnel	#执业（助理）医师 Licensed (Assistant) Doctors	#注册护师、护士 Registered Nurse
山西省	**Shanxi**								
太原市	Taiyuan City	2518	188	33763	30627	55808	45074	18036	19402
大同市	Datong City	1257	109	15559	11344	25691	19164	8651	6668
阳泉市	Yangquan City	454	46	7584	5646	12410	9048	3835	3581
长治市	Changzhi City	919	96	14488	7626	25110	17065	7261	6378
晋城市	Jincheng City	762	70	8881	5889	17875	12380	5637	3975
朔州市	Shuozhou City	365	62	6649	4462	9500	6299	3004	1744
晋中市	Jinzhong City	1037	92	12833	8643	22483	15697	6654	5466
运城市	Yuncheng City	1864	223	25652	16838	36187	25160	11728	7518
忻州市	Xinzhou City	824	93	12177	7236	22462	14198	6503	4176
临汾市	Linfen City	1153	170	17245	12052	30662	21542	9438	7117
吕梁市	Luliang City	755	66	10463	6236	21278	13974	6572	4312
其他	Others								
内蒙古自治区	**Inner Mongolia**								
呼和浩特市	Hohhot City	1831	67	13225	10880	23970	17975	7403	7019
包头市	Baotou City	1622	50	15124	13161	22176	18063	7473	7091
乌海市	Wuhai City	341	17	3556	2630	4771	4060	1584	1411
赤峰市	Chifeng City	4419	69	20784	14697	32461	23715	10070	7401
通辽市	Tongliao City	4501	46	10973	7516	20769	13846	6154	4259
鄂尔多斯市	Erdos City	1514	35	8248	6167	12238	10326	4529	3149
呼伦贝尔市	Hulunbuir City	1968	97	13263	10607	22809	18015	7421	6474
巴彦淖尔市	Bayannur City	1592	37	8504	5136	12605	10076	4276	3240
乌兰察布市	Ulanqab City	2096	34	6264	4031	11307	7855	3818	2072
兴安盟	Xingan League	1604	26	6441	4477	11046	8371	3313	2482
锡林郭勒盟	Xilingol League	1244	26	3299	2151	7556	5877	2646	1682
阿拉善盟	Alxa League	314	15	1107	791	2167	1697	841	494
辽宁省	**Liaoning**								
沈阳市	Shenyang City	4568	191	50913	46239	73250	57958	22690	24418
大连市	Dalian City	3839	112	36177	30757	54460	42703	17223	18576
鞍山市	Anshan City	3484	78	21526	15652	27524	20103	8070	7913
抚顺市	Fushun City	1489	49	12703	8857	16062	12533	5144	5208
本溪市	Benxi City	626	27	10033	8995	13452	10376	3766	4582
丹东市	Dandong City	1444	43	14490	10588	17859	12797	5511	4947
锦州市	Jinzhou City	2522	33	12176	10221	16849	11911	5112	3803
营口市	Yingkou City	2661	61	14034	9056	16104	11429	4782	4444
阜新市	Fuxin City	1335	42	8764	7331	14649	10558	3980	4359
辽阳市	Liaoyang City	1991	52	11373	9225	12826	9450	3972	3590
盘锦市	Panjin City	1124	36	6864	5056	10289	7777	3325	2911
铁岭市	Tieling City	3109	25	9668	6529	18355	12644	5778	4249
朝阳市	Chaoyang City	4502	55	13280	9230	21204	14825	6794	4642
葫芦岛市	Huludao City	3083	55	12370	7051	16152	11074	4610	3994

3-23 续表 2 continued

地 区	Region	卫生机构数(个) Number of Health Care Institutions (unit)	#医院 Hospitals	卫生机构床位数(张) Number of Beds in Health Care Institutions (bed)	#医院 Hospitals	卫生机构人员数(人) Employed Persons in Health Care Institutions (person)	#卫生技术人员 Medical and Technical Personnel	#执业(助理)医师 Licensed (Assistant) Doctors	#注册护师、护士 Registered Nurse
吉林省	**Jilin**								
长春市	Changchun City	4090	167	42283	37144	59158	42934	18505	15795
吉林市	Jilin City	3435	134	22571	17897	33824	25232	10496	9563
四平市	Siping City	2095	56	14089	10114	23097	15672	6459	5259
辽源市	Liaoyuan City	784	17	5616	4204	8848	6667	2484	2569
通化市	Tonghua City	1875	38	10895	7519	15418	11718	5433	3719
白山市	Baishan City	1141	33	7710	5120	10264	8050	3369	2789
松原市	Songyuan City	2616	28	7463	5735	16188	11078	4631	3239
白城市	Baicheng City	1554	34	7049	4480	12372	8801	4317	2711
延边朝鲜族自治州	Yanbian Korean A.P	2139	67	10426	8316	17349	13988	5772	5316
黑龙江省	**Heilongjiang**								
哈尔滨市	Harbin City	1556	438	56298	46296	71100	57695	20860	22103
齐齐哈尔市	Qiqihar City	892	252	22360	16986	27339	22097	8718	7874
鸡西市	Jixi City	539	128	10302	7890	12736	10746	3723	4156
鹤岗市	Hegang City	537	72	7089	6380	9351	7364	2746	2818
双鸭山市	Shuangyashan City	603	98	7856	5906	10193	8431	2976	3225
大庆市	Daqing City	832	162	14567	12355	23160	18841	8536	6269
伊春市	Yichun City	714	55	6043	4948	8700	7078	2671	2363
佳木斯市	Jiamusi City	731	168	12355	9361	17707	14140	5307	5002
七台河市	Qitaihe City	257	50	3915	3122	5020	4099	1559	1516
牡丹江市	Mudanjiang City	819	144	14185	11930	21741	18689	6369	6349
黑河市	Heihe City	450	140	7292	6181	10345	8532	3450	2914
绥化市	Suihua City	640	225	13551	7701	19619	15987	6638	4000
大兴安岭地区	Daxing'anling Prefecture	266	62	2529	2045	4255	3469	1329	1258
农垦总局	Agriculture Reclamation Bureau								
其他	Others								
上海市	**Shanghai**								
黄浦区	Huangpu District	228	22	10458	9887	19922	16367	5840	7274
徐汇区	Xuhui District	293	23	13446	12237	22961	18226	6196	8156
长宁区	Changning District	231	28	4914	3996	10960	8332	3077	3611
静安区	Jingan District	129	16	5886	5148	11161	8883	3163	3957
普陀区	Putuo District	155	9	5440	4278	8146	6878	2612	2943
闸北区	Zhabei District	130	20	5315	4997	7801	6291	2274	2730
虹口区	Hongkou District	155	23	6655	6400	10128	8220	3129	3556
杨浦区	Yangpu District	167	20	7453	6943	10441	8755	3138	4090
闵行区	Minhang District	284	21	6993	4806	12588	8934	3466	3806
宝山区	Baoshan District	268	18	5232	4749	8828	7323	2813	3136
嘉定区	Jiading District	221	17	3545	2348	6500	5379	2175	2252
浦东新区	Pudong New District	606	46	15508	11899	25688	20927	8017	8711
金山区	Jinshan District	111	10	4001	3444	5646	4542	1628	2032
松江区	Songjiang District	164	13	4230	2179	6914	5380	2216	2144
青浦区	Qingpu District	125	12	2607	2046	4788	3884	1448	1652
奉贤区	Fengxian District	81	11	4835	2655	5159	4228	1643	1692
崇明县	Chongming County	117	8	3094	1959	4473	3599	1383	1487
其他	Others								

3-23 续表 3 continued

地区	Region	卫生机构数(个) Number of Health Care Institutions (unit)	#医院 Hospitals	卫生机构床位数(张) Number of Beds in Health Care Institutions (bed)	#医院 Hospitals	卫生机构人员数(人) Employed Persons in Health Care Institutions (person)	#卫生技术人员 Medical and Technical Personnel	#执业(助理)医师 Licensed (Assistant) Doctors	#注册护师、护士 Registered Nurse
江苏省	**Jiangsu**								
南京市	Nanjing City	2305	174	37775	32244	66295	53967	19101	22953
无锡市	Wuxi City	1951	113	30453	25582	42812	35105	13092	14873
徐州市	Xuzhou City	4327	114	38489	27091	58496	39703	14457	16073
常州市	Changzhou City	1128	44	20497	14124	30771	25274	10094	10192
苏州市	Suzhou City	2992	163	46070	38954	70456	57168	23194	21943
南通市	Nantong City	3254	200	31495	23750	45516	34749	14835	12800
连云港市	Lianyungang City	2619	65	16504	11597	27680	19040	7333	7861
淮安市	Huaian City	2175	52	20266	13337	31917	23468	9604	9556
盐城市	Yancheng City	3088	138	26598	19220	41379	29749	13945	9587
扬州市	Yangzhou City	1903	59	17704	12786	27618	21087	8818	8240
镇江市	Zhenjiang City	906	39	12574	9526	20459	16402	6881	6609
泰州市	Taizhou City	2017	47	18361	11490	28460	21053	9461	7174
宿迁市	Suqian City	2389	218	16349	16187	28375	19306	7145	7406
浙江省	**Zhejiang**								
杭州市	Hangzhou City	3017	198	49471	44019	86402	71618	27369	28382
宁波市	Ningbo City	4035	108	28290	24296	58863	49188	19055	18280
温州市	Wenzhou City	5255	109	26159	23171	57211	45184	19537	16197
嘉兴市	Jiaxing City	1343	45	17992	14038	29090	25286	8458	10010
湖州市	Huzhou City	1349	39	11265	8593	20571	17738	6262	6148
绍兴市	Shaoxing City	2635	40	18796	14522	29778	25722	10638	9504
金华市	Jinhua City	3991	79	20229	16891	36783	30062	12483	10123
衢州市	Quzhou City	2119	42	8893	7216	14817	11534	6386	4741
舟山市	Zhoushan City	618	19	4562	4156	8608	7047	2703	2450
台州市	Taizhou City	3101	68	18729	16388	39103	31643	12944	10873
丽水市	Lishui City	1734	33	8881	7842	16565	13717	5490	4974
安徽省	**Anhui**								
合肥市	Hefei City	2100	135	37188	30594	51829	40363	15303	18161
芜湖市	Wuhu City	1383	75	14598	11652	21857	16908	6754	7186
蚌埠市	Bengbu City	1374	78	14958	12166	20340	14453	5249	6487
淮南市	Huainan City	1159	59	12589	9219	16449	12332	4805	5317
马鞍山市	Maanshan City	860	49	6713	5273	13047	10047	3639	4297
淮北市	Huaibei City	681	76	10279	7598	13457	10043	3942	4374
铜陵市	Tongling City	297	17	4671	3886	5868	4855	1913	2046
安庆市	Anqing City	2363	58	17379	12165	27946	19435	7737	7000
黄山市	Huangshan City	1045	29	5701	4105	8898	7195	2622	3026
滁州市	Chuzhou City	1536	67	13558	9134	19899	13520	5321	5239
阜阳市	Fuyang City	2440	86	24870	15657	38726	24085	9513	8509
宿州市	Suzhou City	1774	62	16600	10320	26599	17359	7175	6450
六安市	Liuan City	2515	34	16235	8663	25710	16429	7053	5773
亳州市	Bozhou City	1532	37	12564	7085	21452	12002	4080	4469
池州市	Chizhou City	994	29	5052	3722	8805	6400	2565	2459
宣城市	Xuancheng City	1225	39	9328	6578	13854	10746	4338	4249
福建省	**Fujian**								
福州市	Fuzhou City	2057	108	29494	23417	53184	44034	16626	18132
厦门市	Xiamen City	936	38	12299	10938	26306	21218	8495	8908
莆田市	Putian City	327	38	9949	7406	13460	11345	4046	4674
三明市	Sanming City	811	40	11809	8351	15090	13201	4534	5530
泉州市	Quanzhou City	1040	114	24208	15888	31681	27032	10378	10655
漳州市	Zhangzhou City	843	66	14453	10532	18625	15767	5862	6196
南平市	Nanping City	450	44	12532	9041	15282	13096	4671	5407
龙岩市	Longyan City	551	35	13580	8690	16563	14418	4609	6402
宁德市	Ningde City	569	36	10848	7942	14726	12421	4228	4955

3-23 续表 4 continued

地 区	Region	卫生机构数(个) Number of Health Care Institutions (unit)	#医院 Hospitals	卫生机构床位数(张) Number of Beds in Health Care Institutions (bed)	#医院 Hospitals	卫生机构人员数(人) Employed Persons in Health Care Institutions (person)	#卫生技术人员 Medical and Technical Personnel	#执业(助理)医师 Licensed (Assistant) Doctors	#注册护师、护士 Registered Nurse
江西省	**Jiangxi**								
南昌市	Nanchang City	695	179	23403	21514	40600	30198	11084	13123
景德镇市	Jingdezhen City	341	70	6231	5638	9815	7096	2583	2977
萍乡市	Pingxiang City	358	81	8798	7962	14762	10659	3837	4464
九江市	Jiujiang City	773	261	18966	15424	29664	20633	7972	8239
新余市	Xinyu City	235	48	4953	4380	7717	5916	2260	2565
鹰潭市	Yingtan City	372	60	3832	3629	6214	4806	2265	1579
赣州市	Ganzhou City	1420	378	27532	25100	39595	27707	9414	10753
吉安市	Jian City	639	277	15376	14265	23644	16321	6336	6102
宜春市	Yichun City	817	218	18962	16669	31213	20197	7326	8065
抚州市	Fuzhou City	440	210	8604	8257	18594	11827	4582	4597
上饶市	Shangrao City	1047	352	21003	19517	38042	24437	9509	9598
山东省	**Shandong**								
济南市	Jinan City	4562	142	38834	32000	60421	44276	19451	16126
青岛市	Qingdao City	7337	179	47255	33494	71802	55126	22176	21978
淄博市	Zibo City	4948	125	24988	18193	38271	28905	11892	10789
枣庄市	Zaozhuang City	2208	67	14732	10839	23656	16796	6978	6627
东营市	Dongying City	1697	73	11478	9301	17887	13995	5395	5738
烟台市	Yantai City	5156	142	43815	27753	56857	45417	17445	13699
潍坊市	Weifang City	6794	121	50816	32840	85877	67891	24726	25414
济宁市	Jining City	6631	134	44949	31013	68567	46482	15138	16820
泰安市	Taian City	3887	92	25866	18315	42684	28991	10405	11089
威海市	Weihai City	2252	28	17457	11389	22286	17353	6427	7101
日照市	Rizhao City	2130	25	11367	7233	18874	13517	5184	4430
莱芜市	Laiwu City	1245	24	6151	4676	10061	6733	2960	2502
临沂市	Linyi City	6674	110	43353	24462	64066	39512	13933	14830
德州市	Dezhou City	3440	51	19703	12386	34375	22247	8676	7176
聊城市	Liaocheng City	4960	60	21364	15579	34606	22763	8379	8355
滨州市	Binzhou City	2082	84	23389	15857	33595	25720	8218	7779
菏泽市	Heze City	2837	92	28251	16677	54983	34358	13082	11268
河南省	**Henan**								
郑州市	Zhengzhou City	3808	178	59664	50645	83518	65413	23390	29972
开封市	Kaifeng City	2868	67	20121	14712	33535	22134	8688	8354
洛阳市	Luoyang City	3916	111	31683	23672	48408	33579	13652	13258
平顶山市	Pingdingshan City	4039	81	22352	16056	36603	24822	9498	8972
安阳市	Anyang City	5351	70	22254	15680	35482	21998	10228	7031
鹤壁市	Hebi City	1492	34	6525	5147	11576	7585	3217	2728
新乡市	Xinxiang City	4778	98	26940	18515	44642	29280	11207	11080
焦作市	Jiaozuo City	2740	59	16811	11208	25552	17478	7479	6200
濮阳市	Puyang City	4138	55	14558	9255	26937	16380	6078	5807

3-23 续表 5 continued

地 区	Region	卫生机构数(个) Number of Health Care Institutions (unit)	#医院 Hospitals	卫生机构床位数(张) Number of Beds in Health Care Institutions (bed)	#医院 Hospitals	卫生机构人员数(人) Employed Persons in Health Care Institutions (person)	#卫生技术人员 Medical and Technical Personnel	#执业(助理)医师 Licensed (Assistant) Doctors	#注册护师、护士 Registered Nurse
许昌市	Xuchang City	4401	90	16930	12557	32325	20162	8678	6669
漯河市	Luohe City	1772	48	11250	7743	18580	12066	4184	4381
三门峡市	Sanmenxia City	1952	48	11363	8236	16885	12096	4559	4183
南阳市	Nanyang City	6215	80	35370	23531	58696	36810	13286	13102
商丘市	Shangqiu City	6711	40	24763	14098	48242	29235	10986	8669
信阳市	Xinyang City	3748	59	17753	10202	33911	19014	7366	6100
周口市	Zhoukou City	7564	105	27985	16305	53106	31782	12911	9551
驻马店市	Zhumadian City	3158	52	24793	14944	40430	25990	11100	8832
济源市	Jiyuan City	571	9	2753	2034	4591	2996	1191	1143
湖北省	**Hubei**								
武汉市	Wuhan City	2857	256	57820	48123	83500	66191	25406	28505
黄石市	Huangshi City	332	74	11130	9580	17622	13969	4321	6121
十堰市	Shiyan City	2728	42	20267	13446	27928	21633	7747	8880
宜昌市	Yichang City	3003	30	19852	6386	31460	24025	8794	10241
襄阳市	Xiangyang City	3267	71	23499	15740	34711	30292	9900	10264
鄂州市	Ezhou City	450	16	3780	2592	5965	4818	1908	1935
荆门市	Jingmen City	685	38	11924	10881	16039	13631	4931	5670
孝感市	Xiaogan City	420	27	14446	12897	24701	16847	6643	5971
荆州市	Jingzhou City	3244	46	20569	13563	34078	24501	9154	9076
黄冈市	Huanggang City	4272	46	20814	10682	34744	24873	9557	8625
咸宁市	Xianning City	1252	26	10656	6681	16780	12705	5482	4755
随州市	Suizhou City	1413	25	6349	4500	11637	7676	3711	3191
恩施土家族苗族自治州	Enshi Tujia & Miao A.P	3028	26	15527	9371	20040	14804	5402	6275
仙桃市	Xiantao City	88	17	3236	2007	5833	3347	1102	1342
潜江市	Qianjiang City	98	15	1901	3074	5095	3965	2051	1300
天门市	Tianmen City	37	15	4361	2520	3952	4593	2185	1413
神农架林区	Shennongjia Forest District	22	11	247	200	347	274	113	76
湖南省	**Hunan**								
长沙市	Changsha City	2902	254	51285	46382	67531	55783	20107	24947
株洲市	Zhuzhou City	1212	174	18533	17336	23486	19856	7584	8247
湘潭市	Xiangtan City	933	104	13018	12085	17282	14489	5767	5743
衡阳市	Hengyang City	568	256	27436	25555	33920	27213	10441	9332
邵阳市	Shaoyang City	756	266	24104	23167	27241	22426	8238	8367
岳阳市	Yueyang City	1205	205	23915	16384	24047	19732	7509	7034
常德市	Changde City	1404	281	22624	20466	27205	22377	9282	8325
张家界市	Zhangjiajie City	323	112	6411	5838	7315	6081	2380	2158
益阳市	Yiyang City	820	124	15284	12756	18758	15801	6319	5541
郴州市	Chenzhou City	996	334	20905	20103	24712	21011	7526	8788
永州市	Yongzhou City	896	270	19523	18655	22340	18790	6977	7087
怀化市	Huaihua City	1126	361	26433	25595	24709	20844	7662	7943
娄底市	Loudi City	401	109	12443	11376	16079	13555	5616	4765
湘西土家族苗族自治州	West Hunan Tujia & Miao A.P	683	242	12505	12079	13834	11707	4160	4326

3-23 续表 6 continued

地　区	Region	卫生机构数(个) Number of Health Care Institutions (unit)	#医院 Hospitals	卫生机构床位数(张) Number of Beds in Health Care Institutions (bed)	#医院 Hospitals	卫生机构人员数(人) Employed Persons in Health Care Institutions (person)	#卫生技术人员 Medical and Technical Personnel	#执业(助理)医师 Licensed (Assistant) Doctors	#注册护师、护士 Registered Nurse
广东省	**Guangdong**								
广州市	Guangzhou City	2415	224	70649	62194	129509	106250	37101	44670
韶关市	Shaoguan City	733	59	13510	9841	19577	16183	6058	6391
深圳市	Shenzhen City	2623	121	28065	26214	76822	62079	23973	25931
珠海市	Zhuhai City	482	35	7439	6103	14923	12615	4733	5187
汕头市	Shantou City	521	35	13527	10899	21985	18123	7894	6160
佛山市	Foshan City	1039	83	25686	22140	45457	37472	13171	15590
江门市	Jiangmen City	727	36	15627	10974	24314	20577	7409	8159
湛江市	Zhanjiang City	1051	74	24212	15742	33057	26608	9587	10221
茂名市	Maoming City	439	48	19748	11785	26941	22600	9624	7482
肇庆市	Zhaoqing City	726	47	11869	8603	20883	16544	5176	1482
惠州市	Huizhou City	984	61	17231	11056	27743	23161	8564	9445
梅州市	Meizhou City	1203	30	12660	7752	20498	17401	7399	5534
汕尾市	Shanwei City	310	25	6766	4359	11049	8762	4345	2138
河源市	Heyuan City	289	24	9228	4015	13252	11264	4042	3973
阳江市	Yangjiang City	396	37	8442	5863	12200	9896	3381	3404
清远市	Qingyuan City	693	40	11823	6838	18569	15998	6381	5815
东莞市	Dongguan City	1016	96	24617	24042	46276	37520	12849	16914
中山市	ZhongShan City	482	48	11336	11213	20244	17012	5635	7507
潮州市	Chaozhou City	759	21	5602	3417	9151	7193	3636	1935
揭阳市	Jieyang City	278	24	10812	6107	17207	14316	7941	3944
云浮市	Yunfu City	304	17	6425	3716	10516	8714	3208	2996
广西壮族自治区	**Guangxi**								
南宁市	Nanning City	2404	77	31945	24081	54399	44891	16253	18384
柳州市	Liuzhou City	2201	65	17644	13323	30784	24201	8265	10408
桂林市	Guilin City	5372	53	16705	10819	34334	24779	9337	9720
梧州市	Wuzhou City	1667	31	10205	400	19225	13156	4536	5386
北海市	Beihai City	449	49	6204	6149	10546	7872	3026	3020
防城港市	Fangchenggang City	299	10	2811	1835	5808	4259	1094	1367
钦州市	Qinzhou City	442	84	11512	8105	16668	11578	3695	4019
贵港市	Guigang City	4415	106	10815	10364	22173	14794	5352	5143
玉林市	Yulin City	3124	43	16776	9397	29016	20307	7319	7261
百色市	Baise City	2473	33	12889	7482	20863	14907	4818	5666
贺州市	Hezhou City	1433	18	5455	2909	11150	7860	2578	2849
河池市	Hechi City	2175	187	11848	11174	18671	15254	5308	5199
来宾市	Laibin City	122	18	7901	3847	11824	8717	3043	3029
崇左市	Chongzuo City	779	19	5534	4054	10002	7210	2944	3446
海南省	**Hainan**								
海口市	Haikou City	836	38	11121	9217	22085	17501	5912	8238
三亚市	Sanya City	407	16	2582	2244	5324	4150	1254	1627
重庆市	**Chongqing**								
万州区	Wanzhou District	1215	69	8241			8837	3644	3491
涪陵区	Fuling District	595	59	4877			4885	2085	1729
渝中区	Yuzhong District	359	22	9423			12871	4449	6285
大渡口区	Dadukou District	196	17	1440			1660	732	646
江北区	Jiangbei District	340	27	5156			5102	2097	2001
沙坪坝区	Shapingba District	350	37	4686			5898	2259	2507
九龙坡区	Jiulongpo District	585	58	7048			7778	3002	3232

3-23 续表 7 continued

地区	Region	卫生机构数(个) Number of Health Care Institutions (unit)	#医院 Hospitals	卫生机构床位数(张) Number of Beds in Health Care Institutions (bed)	#医院 Hospitals	卫生机构人员数(人) Employed Persons in Health Care Institutions (person)	#卫生技术人员 Medical and Technical Personnel	#执业(助理)医师 Licensed (Assistant) Doctors	#注册护师、护士 Registered Nurse
南岸区	Nanan District	319	29	2882			4139	1653	1701
北碚区	Beibei District	427	34	3669			4441	1850	1595
綦江区	Qijiang District	600	54	5153			4751	1500	2000
大足区	Dazu District	415	44	1771			2321	743	591
渝北区	Yubei District	490	44	4130			4745	1845	1802
巴南区	Banan District	611	30	4293			4240	1628	1810
黔江区	Qianjiang District	235	31	2890			2362	810	1041
长寿区	Changshou District	512	46	3462			3057	1144	1221
江津区	Jiangjin District	773	36	5704			4150	1826	1278
合川区	Hechuan District	545	41	3928			4295	1619	1416
永川区	Yongchuan District	517	30	5420			4455	1655	1798
南川区	Nanchuan District	307	41	2567			2047	749	823
四川省	**Sichuan**								
成都市	Chengdu City	7605	439	92062	72629	143410	110795	42804	45088
自贡市	Zigong City	2377	59	14304	10229	19114	13962	5805	5519
攀枝花市	Panzhihua City	1024	28	8578	7084	11283	8789	3660	3523
泸州市	Luzhou City	4351	75	20451	11978	25008	16990	7311	6085
德阳市	Deyang City	2765	72	16895	10682	23187	17117	7505	5990
绵阳市	Mianyang City	4325	78	25913	15885	32803	24242	10172	8629
广元市	Guangyuan City	3313	46	14292	8839	18689	12811	5426	4213
遂宁市	Suining City	3750	54	13421	9105	18452	13077	5902	4469
内江市	Neijiang City	3119	50	17153	11231	21431	15153	6698	5212
乐山市	Leshan City	3062	88	15807	10514	21295	15884	7148	5807
南充市	Nanchong City	8400	91	24522	14567	36264	22595	10423	6743
眉山市	Meishan City	1919	45	12429	6779	17866	12670	5458	4494
宜宾市	Yibin City	4180	73	21070	14190	26230	17998	7269	6642
广安市	Guangan City	3362	40	11033	6562	16394	10389	4423	3302
达州市	Dazhou City	4172	55	20277	10184	29878	18431	7701	6007
雅安市	Yaan City	1369	36	8649	6680	10086	7647	3510	2730
巴中市	Bazhong City	3086	38	12160	5899	18289	11777	6208	3206
资阳市	Ziyang City	4829	46	18423	10054	23050	15349	6649	4867
阿坝藏族羌族自治州	Aba Zang & Qiang A.P	1570	29	3700	2350	6306	3991	1697	1043
甘孜藏族自治州	Ganzi Zang A.P	2701	40	3681	2256	8151	4849	1671	1145
凉山彝族自治州	Liangshan Yi A.P	5277	60	15302	9636	22680	14485	5938	5097
贵州省	**Guizhou**								
贵阳市	Guiyang City	2922	148	23627	20433	39029	30383	11820	13079
六盘水市	Liupanshui City	1476	71	11802	8531	15285	10246	3954	3978
遵义市	Zunyi City	4653	76	22827	15109	33647	23188	8507	8844
安顺市	Anshun City	2003	55	7441	5573	10762	7119	2686	2683
毕节市	Bijie City	4662	153	22306	13770	26614	15480	5561	5362
铜仁市	Tongren City	3291	78	13542	9300	17391	10243	3912	3164
黔西南布依族苗族自治州	Southwest Guizhou Buyi & Miao A.P	1916	53	8769	5498	12955	8513	3094	3067
黔东南苗族侗族自治州	Southeast Guizhou Miao & Dong A.P	3894	76	14930	10022	20467	13249	4894	4611
黔南布依族苗族自治州	South Guizhou Buyi & Miao A.P	2562	62	11298	8266	15992	11402	4800	3863

3-23 续表 8 continued

地区	Region	卫生机构数(个) Number of Health Care Institutions (unit)	#医院 Hospitals	卫生机构床位数(张) Number of Beds in Health Care Institutions (bed)	#医院 Hospitals	卫生机构人员数(人) Employed Persons in Health Care Institutions (person)	#卫生技术人员 Medical and Technical Personnel	#执业(助理)医师 Licensed (Assistant) Doctors	#注册护师、护士 Registered Nurse
云南省	**Yunnan**								
昆明市	Kunming City	3163	236	44507	35878	59859	46647	19920	17989
曲靖市	Qujing City	635	86	23518	17016	16466	14091	6198	4907
玉溪市	Yuxi City	65	65	10776	8671	14036	10153	4403	3714
保山市	Baoshan City	366	30	8982	5825	7369	5610	2316	2639
昭通市	Zhaotong City	231	207	15524	15206	15319	9907	3804	3151
丽江市	Lijiang City	81	21	3837	2800	2892	2892	1044	1182
普洱市	Puer City	410	29	7966	5766	11428	7912	3065	2716
临沧市	Lincang City	1278	31	7317	5054	8040	5107	2334	1467
楚雄彝族自治州	Chuxiong Yi A.P	611	64	12442	9335	14608	10583	4202	3840
红河哈尼族彝族自治州	Honghe Hani & Yi A.P	995	104	20951	16049	22081	16104	11059	6764
文山壮族苗族自治州	Wenshan Zhuang & Miao A.P	370	30	10620	7013	13173	8848	3147	3139
西双版纳傣族自治州	Xishuangbanna Dai A.P	782	29	5593	4094	7780	6807	2223	2457
大理白族自治州	Dali Bai A.P	696	80	14786	10740	14786	10095	4618	3683
德宏傣族景颇族自治州	Dehong Dai & Jingpo A.P	650	30	6065	3102	6507	4971	1896	1641
怒江傈僳族自治州	Nujiang Lisu A.P	53	12	1757	965	2323	1949	1193	695
迪庆藏族自治州	Diqing Zang A.P	268	8	984	617	2130	1515	568	388
西藏自治区	**Tibet A.R.**								
拉萨市	Lhasa City	267	15	2325	2043	4647	3549	1541	1121
昌都地区	Qamdu Prefecture	242	16	1571	1005	1748	1439	536	177
山南地区	Lhokha Prefecture	174	13	1041	690	1560	1344	715	214
日喀则地区	Xigaze Prefecture	323	22	2384	1371	2704	2241	850	357
那曲地区	Narqu Prefecture	194	21	1281	651	1511	1235	459	190
阿里地区	Ngri Prefecture	74	8	638	380	613	558	219	76
林芝地区	Nyingchi Prefecture	129	9	894	513	1113	947	498	143
其他	Others								
陕西省	**Shaanxi**								
西安市	Xi'an City	5578	276	44239	39213	86096	66899	23051	27837
铜川市	Tongchuan City	1001	35	4621	3705	7989	6401	2155	2515
宝鸡市	Baoji City	2816	85	18498	12371	26646	19583	6911	6796
咸阳市	Xianyang City	4656	129	21517	16003	40061	31914	8566	11202
渭南市	Weinan City	3882	81	18147	11479	31309	21270	5980	6792
延安市	Yan'an City	3447	57	10119	7573	18061	12171	3989	4384
汉中市	Hanzhong City	3897	61	16332	11725	24662	17619	5901	5786
榆林市	Yulin City	4993	92	15762	11814	26409	17791	5230	6918
安康市	Ankang City	3172	39	9968	6562	16098	11754	4088	3747
商洛市	Shangluo City	2662	24	9060	5508	15176	9879	3278	2972
杨凌示范区	Yangling Demonstration Zone	166	9	967	936	1400	1023	335	441
甘肃省	**Gansu**								
兰州市	Lanzhou City	2339	98	27545	18782	34581	27914	11303	10956
嘉峪关市	Jiayuguan City	123	5	1478	1304	2774	2271	828	1032
金昌市	Jinchang City	550	13	2151	1936	3949	3293	1308	1170
白银市	Baiyin City	1127	30	6620	4674	9066	6891	2468	2636
天水市	Tianshui City	3497	34	11777	7996	15694	10163	3827	3167
武威市	Wuwei City	1766	16	6752	4379	9834	7175	2817	2588
张掖市	Zhangye City	1391	31	6676	4379	8424	6060	2343	1994

3-23 续表 9 continued

地 区	Region	卫生机构数(个) Number of Health Care Institutions (unit)	#医院 Hospitals	卫生机构床位数(张) Number of Beds in Health Care Institutions (bed)	#医院 Hospitals	卫生机构人员数(人) Employed Persons in Health Care Institutions (person)	#卫生技术人员 Medical and Technical Personnel	#执业(助理)医师 Licensed (Assistant) Doctors	#注册护师、护士 Registered Nurse
平凉市	Pingliang City	2680	28	8845	6324	12031	8902	3081	2869
酒泉市	Jiuquan City	905	33	5278	3924	6988	5610	2208	2065
庆阳市	Qingyang City	1842	24	7811	4951	10944	7599	3108	2370
定西市	Dingxi City	2433	27	10827	7307	11717	8436	3487	2482
陇南市	Longnan City	4991	25	6962	4267	13720	8486	2790	1709
临夏回族自治州	Linxia Hui A.P	1816	19	7135	4578	7911	5512	2181	1390
甘南藏族自治州	Gannan Zang A.P	798	19	2122	1503	4661	3595	1553	784
青海省	**Qinghai**								
西宁市	Xining City	590	51	13921	12583	19267	15971	5782	6434
海东地区	Haidong Prefecture	387	19	3893	2393	4758	4102	1599	1134
海北藏族自治州	Haibei Zang A.P	93	10	1250	974	1359	1216	493	347
黄南藏族自治州	Huangnan Zang AP	65	8	954	682	1114	1012	406	244
海南藏族自治州	Hainan Zang A.P	136	12	2398	1466	2088	1827	777	487
果洛藏族自治州	Golog Zang A.P	89	11	596	388	925	829	316	288
玉树藏族自治州	Yushu Zang A.P	112	13	1013	765	1123	921	428	233
海西蒙古族藏族自治州	Haixi Mongolian & Zang A.P	158	19	1993	1438	2647	2280	998	764
宁夏回族自治区	**Ningxia**								
银川市	Yinchuan City	903	53	12001	10917	19822	15952	5829	6506
石嘴山市	Shizuishan City	571	28	4037	3616	6560	5400	1879	2072
吴忠市	Wuzhong City	825	29	4177	3373	7212	5397	2004	1767
固原市	Guyuan City	1233	20	4073	3362	5649	3827	1913	983
中卫市	Zhongwei City	604	11	3105	2241	4806	3689	1386	1176
新疆维吾尔自治区	**Xinjiang**								
乌鲁木齐市	Urumqi City	1777	153	26518	23497	41796	32720	12520	13911
克拉玛依市	Karamay City	94	5	1648	1639	3612	2937	1136	1194
吐鲁番地区	Turpan Prefecture	369	17	2405	1520	3868	3054	1224	1161
哈密地区	Hami Prefecture	477	27	3462	2940	5252	4491	1784	1815
昌吉回族自治州	Changji Hui A.P	1441	67	9930	8324	13305	10919	4106	4247
博尔塔拉蒙古自治州	Bortala Mongolian A.P	662	28	2762	2321	4433	3526	1399	1295
巴音郭楞蒙古自治州	Bayingolin Mongolian A.P	1271	68	8271	6570	11188	9422	3510	3595
阿克苏地区	Aksu Prefecture	1522	59	12210	9328	12501	9137	3155	3481
克孜勒苏柯尔克孜自治州	Kizilsu Kirgiz A.P	305	9	3207	2136	3923	3125	1129	1066
喀什地区	Kashi Prefecture	3475	134	18514	12746	22100	16139	5157	5410
和田地区	Hotan Prefecture	1785	65	11776	7457	12383	7173	2366	2214
伊犁哈萨克自治州	Ili Kazak A.P	2118	96	15434	11220	19970	15928	6087	5968
塔城地区	Tacheng Prefecture	1228	39	4897	3859	7923	6016	2244	2260
阿勒泰地区	Altay Prefecture	763	22	3392	2581	5262	4130	1759	1541
石河子市	Shihezi City	746	30	5539	5359	7260	6070	2318	2430
阿拉尔市	Alar City	191	10	556	556	876	678	210	313
图木舒克市	Tumxuk City	2	1	153	153	153	139	41	67
五家渠市	Wujiaqu City	94	6	868	868	1280	1087	395	481
北屯市	Beitun City								
铁门关市	Tiemenguan City								
生产建设兵团	Corps								

Chapter 4

第四章

县级统计资料

Statistics of County

4-1 县级单位主要统计指标(2012年)

地区名称	Region	行政区域土地面积(平方公里) Land Area (sq.m)	年末总人口(万人) Total Population (year-end) (10 000 persons)	乡村人口(万人) Rural Population (10 000 persons)	年末单位从业人员数(人) Employed Persons (year-end) (person)	乡村从业人员数(人) Rural Laborers (person)	第一产业增加值(万元) Value-added of Primary Industry (10 000 yuan)
河北省	**Hebei Province**						
井陉县	Jingxing County	1381	33.0	28.7	27108	148408	110061
正定县	Zhengding County	468	48.2	39.2	30295	223520	285489
栾城县	Luancheng County	320	33.2	30.3	23837	166803	294840
行唐县	Xingtang County	1025	45.6	38.1	14253	186938	214719
灵寿县	Lingshou County	1066	33.9	27.5	15050	137399	140819
高邑县	Gaoyi County	222	19.3	16.8	9678	97067	104272
深泽县	Shenze County	296	25.9	22.7	6980	128112	136692
赞皇县	Zanhuang County	1210	26.6	21.7	15408	126268	134560
无极县	Wuji County	524	52.1	45.0	15118	248724	232952
平山县	Pingshan County	2648	49.1	42.6	19111	235682	180502
元氏县	Yuanshi County	675	43.1	39.1	18672	242122	215048
赵县	Zhao County	674	59.6	49.6	14823	288713	323912
辛集市	Xinji City	951	63.1	55.1	29566	301538	448819
藁城市	Gaocheng City	836	80.7	73.3	35947	393153	628469
晋州市	Jinzhou City	619	54.8	47.6	19022	259869	267291
新乐市	Xinle City	524	50.4	42.0	18349	224214	258943
鹿泉市	Luquan City	603	39.7	34.6	35386	169732	209756
滦县	Luan County	1027	55.7	50.3	47367	283978	374683
滦南县	Luannan County	1482	57.1	52.9	31338	287795	754496
乐亭县	Laoting County	1417	49.3	43.1	26809	262405	713622
迁西县	Qianxi County	1439	38.9	34.4	44789	186629	220496
玉田县	Yutian County	1165	68.4	57.3	35098	331491	574663
遵化市	Zunhua City	1509	74.0	66.6	38265	330319	383944
迁安市	Qian'an City	1208	73.6	52.8	83384	292862	381716
青龙满族自治县	Qinglong Man A.C.	3510	55.7	50.0	15582	281521	218925
昌黎县	Changli County	1212	56.2	46.2	22562	268011	636621
抚宁县	Funing County	1619	49.6	41.4	37987	222734	424287
卢龙县	Lulong County	961	42.3	37.7	16609	224074	254457
邯郸县	Handan County	440	38.5	31.6	15189	157544	127693
临漳县	Linzhang County	744	70.6	60.8	16061	377002	273139
成安县	Cheng'an County	482	43.8	34.9	12725	194006	240724
大名县	Daming County	1053	90.0	68.9	21283	358623	309703
涉县	She County	1509	41.0	36.1	37839	190302	96311
磁县	Ci County	1015	64.7	56.3	29869	285166	202956
肥乡县	Feixiang County	503	38.1	33.7	12098	186067	207674
永年县	Yongnian County	898	105.3	82.0	31457	436785	763606
邱县	Qiu County	449	24.7	20.3	10488	106792	150868
鸡泽县	Jize County	336	30.4	28.6	8435	124635	173147
广平县	Guangping County	320	28.9	24.7	14261	136157	125089
馆陶县	Guantao County	456	34.6	27.7	16038	148131	219969
魏县	Wei County	864	97.6	86.1	19408	362576	236007
曲周县	Quzhou County	677	46.9	42.4	15689	220054	254979
武安市	Wu'an City	1806	80.0	69.4	47734	368587	182449

Main Indicators of Regions at County Level (2012)

第二产业增加值(万元) Value-added of Secondary Industry (10 000 yuan)	公共财政预算收入(万元) Public Budgetary Revenue (10 000 yuan)	公共财政预算支出(万元) Public Budgetary Expenditure (10 000 yuan)	居民储蓄存款余额(万元) Balance of Savings Deposit of Households (10 000 yuan)	粮食总产量(吨) Total Grain Yield (ton)	固定资产投资(不含农户)(万元) Investment in Fixed Assets (Excluding Rural Households) (10 000 yuan)	固定电话用户(户) Number of Fixed Telephone Subscribers (subscriber)	普通中学在校学生数(人) Enrollment of Regular Secondary Schools (person)	小学在校学生数(人) Enrollment of Primary Schools (person)	医院、卫生院床位数(床) Number of Beds of Hospitals and Health Centers (bed)
656131	48889	104130	817042		1607518	39212	17392	20906	1052
1024405	81036	159227	1765025		1504949	70125	52924	33350	1613
884090	57985	114520	756934		1221569	42556	12877	20968	1739
594150	19789	120061	699885		956414	28000	21147	42796	1124
452941	20025	111733	621350		661124	19204	16944	29833	823
370698	20456	73260	399471		428990	20968	9177	14306	478
474255	24421	79297	643797		447820	23576	10306	12249	680
495808	19257	102247	379686		852522	12501	7273	27309	788
761123	29429	102845	956281		758628	56084	11304	35205	968
1421604	95602	212192	963966		1253611	26134	21048	32283	1273
824366	37811	124806	697945		1219273	34629	24084	38466	1213
1109242	30009	140668	744525		896820	24832	35207	39466	1585
2199553	84901	180846	1993059		1690483	83326	34035	39514	1599
3178946	145523	244332	1492950		2182417	83669	31271	46643	1903
1092930	55344	146054	1305811		1501439	60593	20456	31671	972
886723	40088	116061	798884		1307589	40303	27248	40327	1692
1717572	109058	179053	1288824		2086598	57466	18512	27255	1256
2186110	122767	207990	1303199		1864849	158023	27612	37643	1680
1143063	89880	201926	1170374		1430675	50010	29576	36472	1822
1037805	81295	227126	1376807		913946	59556	22676	27488	1370
2492109	103690	211791	1484172		1350215	72300	20769	31361	1470
1483130	83742	206447	1786709		1689899	126288	28261	46321	2461
2782179	144156	270309	2506184		1793928	140000	27480	59969	2300
5972803	390400	532668	3747301		3758336	134616	35618	49369	3294
559830	73481	226186	781601		741166	55651	10915	35482	1546
691922	69157	181483	1411718		807692	92373	23914	32449	2123
558864	54034	151429	1337435		683301	84657	20549	28450	1340
326252	34413	157005	839701		478008	64999	21784	25333	1101
953379	63070	150923	589820		1461288	61776	17231	42183	1261
378052	18604	135902	446404		895799	32146	22994	70324	973
634481	31578	125448	292311		962329	20151	18644	51993	840
485333	20140	180870	658862		1054501	69986	33713	106543	2032
1691396	128759	190340	720891		1802881	136122	20652	31677	1543
1143815	160833	276289	735856		1478646	60156	26127	60990	1720
321530	24086	110454	298066		655833	20644	16128	43697	1020
1076700	106427	244043	1227989		1551812	68200	56014	98911	2184
264180	12675	82616	246572		428364	13278	10485	30556	640
382008	13893	84171	267528		758617	36382	12212	40249	618
387849	17383	88460	255793		711345	10512	10353	28891	735
407301	22732	108083	247753		756847	24350	16401	48482	1157
402605	39455	181406	572964		1128922	116385	33657	64710	2075
519523	22077	114591	438961		830267	21213	25277	64080	936
3883623	313608	482737	2658089		2129451	135005	46803	74815	2465

4-1 续表 1

地区名称	Region	行政区域土地面积(平方公里) Land Area (sq.m)	年末总人口(万人) Total Population (year-end) (10 000 persons)	乡村人口(万人) Rural Population (10 000 persons)	年末单位从业人员数(人) Employed Persons (year-end) (person)	乡村从业人员数(人) Rural Laborers (person)	第一产业增加值(万元) Value-added of Primary Industry (10 000 yuan)
邢台县	Xingtai County	1848	34.0	32.1	23930	165229	100398
临城县	Lincheng County	797	21.3	18.2	7140	86437	78194
内丘县	Neiqiu County	788	28.0	23.9	18809	119969	82925
柏乡县	Baixiang County	268	20.0	17.8	7737	86695	69460
隆尧县	Longyao County	749	53.2	49.0	17555	224357	207493
任县	Ren County	431	36.0	31.2	13214	152217	97830
南和县	Nanhe County	405	36.2	33.5	11417	163700	132543
宁晋县	Ningjin County	1032	76.1	66.7	40714	338812	279734
巨鹿县	Julu County	631	40.5	37.6	12734	195125	117817
新河县	Xinhe County	366	17.4	15.5	6503	71437	52820
广宗县	Guangzong County	504	31.6	28.5	6816	143329	128637
平乡县	Pingxiang County	406	33.7	28.8	12047	138487	93351
威县	Wei County	994	60.7	54.8	14469	280476	222756
清河县	Qinghe County	500	41.3	35.4	19391	154636	85652
临西县	Linxi County	542	38.0	29.1	11429	145761	114419
南宫市	Nangong City	861	48.0	43.5	20648	205803	147395
沙河市	Shahe City	859	42.3	35.8	28366	159375	60605
满城县	Mancheng County	630	39.6	33.5	25893	184232	170809
清苑县	Qingyuan County	867	66.8	60.0	33931	344156	267632
涞水县	Laishui County	1658	35.3	31.8	18181	181568	103146
阜平县	Fuping County	2495	22.4	19.1	10354	86950	66681
徐水县	Xushui County	723	59.7	54.0	35939	297106	252184
定兴县	Dingxing County	714	58.9	54.0	36792	322972	259955
唐县	Tang County	1417	59.0	52.4	58601	264586	154579
高阳县	Gaoyang County	495	34.3	29.5	23060	173649	89146
容城县	Rongcheng County	314	27.0	22.2	14423	128195	98041
涞源县	Laiyuan County	2448	28.3	23.8	13090	125198	37766
望都县	Wangdu County	370	27.0	22.8	15192	127787	155129
安新县	Anxin County	724	44.9	42.2	14546	246305	92037
易县	Yi County	2534	57.4	51.3	36154	260582	218046
曲阳县	Quyang County	1084	62.1	53.9	29079	263172	102104
蠡县	Li County	652	53.5	48.1	18304	268224	137211
顺平县	Shunping County	708	31.6	28.3	12430	156824	139687
博野县	Boye County	331	27.1	19.1	8868	148771	111581
雄县	Xiong County	524	38.4	32.1	12680	196691	101615
涿州市	Zhuozhou City	742	65.0	43.9	118289	249560	198966
定州市	Dingzhou City	1274	122.1	107.2	76492	636096	659814
安国市	Anguo City	486	41.3	33.8	15477	208257	207096
高碑店市	Gaobeidian City	618	56.6	41.9	39315	235142	143681
宣化县	Xuanhua County	2057	28.5	26.8	15156	151107	198413
张北县	Zhangbei County	3863	36.5	27.1	16726	179762	186908
康保县	Kangbao County	3365	27.9	24.9	13243	133400	170293
沽源县	Guyuan County	3388	22.4	19.9	8996	132845	133501
尚义县	Shangyi County	2601	19.4	16.1	11732	90410	85233
蔚县	Yu County	3198	49.8	46.0	35376	194412	139505

continued

第二产业增加值（万元）Value-added of Secondary Industry (10 000 yuan)	公共财政预算收入（万元）Public Budgetary Revenue (10 000 yuan)	公共财政预算支出（万元）Public Budgetary Expenditure (10 000 yuan)	居民储蓄存款余额（万元）Balance of Savings Deposit of Households (10 000 yuan)	粮食总产量（吨）Total Grain Yield (ton)	固定资产投资（不含农户）（万元）Investment in Fixed Assets (Excluding Rural Households) (10 000 yuan)	固定电话用户（户）Number of Fixed Telephone Subscribers (subscriber)	普通中学在校学生数（人）Enrollment of Regular Secondary Schools (person)	小学在校学生数（人）Enrollment of Primary Schools (person)	医院、卫生院床位数（床）Number of Beds of Hospitals and Health Centers (bed)
936520	53952	127201	854949		604730	40519	13813	20481	1552
393856	22093	86694	469614		369397	25838	13314	19771	668
534588	32473	85638	623743		685496	47500	17279	23082	971
121764	9003	60260	235780		186631	17332	8197	17026	392
365628	28957	106749	648188		518705	64836	13267	40508	1149
128804	20008	94486	353416		321126	31500	14369	32068	814
113289	21872	91458	416295		355512	28851	14446	31910	588
868006	57437	164081	1144836		1391909	110415	22430	45331	1276
203519	19923	108155	555970		516231	69188	23904	27504	1176
100760	8108	65725	325107		204477	29430	5210	10549	567
127502	6432	71916	221453		353021	10820	8349	29035	633
150002	19430	100621	498006		378671	29218	14089	35813	971
146169	19590	121240	562800		377607	20806	23251	49301	1950
615108	36062	122558	836682		833183	46639	13931	31850	1150
204630	18898	98054	376966		408528	28899	14780	37452	1055
384409	23276	122763	804873		689217	51098	20862	31857	884
1372191	89003	178361	1314597		1360375	128807	30807	42215	1115
432519	25755	103353	884760		389105	49962	10253	34107	1396
509810	27265	142874	935728		734162	59497	14121	47051	876
108112	25063	151373	594468		596057	46340	16820	19498	722
64089	16238	83458	444544		322527	25011	12369	18756	465
759658	66367	158143	1143538		853571	75203	27812	37920	1267
368579	25698	123052	780120		693075	59601	25601	36631	880
273846	18706	130031	973985		439974	53378	26326	48071	1556
673875	39594	102065	808933		535485	55468	12867	29070	896
310742	25784	73565	572906		353853	32045	9156	18392	921
366559	69343	183292	502731		429157	26524	11625	22930	727
197938	20504	75365	530443		343091	33741	10552	17330	723
433852	22587	101607	720011		492568	57322	13400	31429	717
331747	30167	163969	869217		734200	65358	27379	46536	1630
229679	22696	130089	730081		162150	57691	18509	64748	1718
441633	24028	127300	997174		305203	61223	18121	40314	765
183120	15666	83290	463802		536072	29280	10627	23595	912
157444	12880	65197	380154		270033	25368	8619	16467	619
496982	30021	83557	662092		483207	58079	11945	34381	780
793359	154407	198929	1996317		1523373	123815	22633	36350	2275
1217262	133480	300513	2062764		1494706	626650	60940	103564	2115
450296	30200	102089	904472		878777	63350	16431	28360	832
722651	61521	139412	1821998		668984	82479	20162	33224	1300
275189	31701	109750	612382		657898	116684	9198	16384	958
314969	48968	178307	409705		1193094	23371	21715	20011	1396
100079	12524	108233	184842		469585	10276	7573	11480	405
94282	17354	108353	184665		439605	12500	7372	10066	542
119417	9800	94715	181070		377685	13000	6959	9595	593
395497	46482	170225	981794		564844	40207	18099	40760	917

4-1 续表 2

地区名称	Region	行政区域土地面积(平方公里) Land Area (sq.m)	年末总人口(万人) Total Population (year-end) (10 000 persons)	乡村人口(万人) Rural Population (10 000 persons)	年末单位从业人员数(人) Employed Persons (year-end) (person)	乡村从业人员数(人) Rural Laborers (person)	第一产业增加值(万元) Value-added of Primary Industry (10 000 yuan)
阳原县	Yangyuan County	1849	27.9	23.9	13788	118178	101829
怀安县	Huaian County	1706	24.7	21.7	13783	128060	106504
万全县	Wanquan County	1162	22.9	19.4	12840	102434	111891
怀来县	Huailai County	1801	35.7	28.0	21717	167394	154075
涿鹿县	Zhuolu County	2802	35.2	28.5	22127	159351	233926
赤城县	Chicheng County	5287	29.8	26.9	14505	116632	175958
崇礼县	Chongli County	2324	12.5	10.3	11278	60693	71916
承德县	Chengde County	3648	42.1	38.2	18747	212781	213508
兴隆县	Xinglong County	3123	32.8	29.0	17651	153594	160693
平泉县	Pingquan County	3294	47.7	41.4	25903	215881	340266
滦平县	Luanping County	2993	32.1	27.2	14746	150072	200114
隆化县	Longhua County	5473	44.3	37.9	17965	226402	240643
丰宁满族自治县	Fengning Man A.C.	8765	40.2	33.9	24675	181210	192122
宽城满族自治县	Kuancheng Man A.C.	1936	25.2	21.5	14703	107484	150158
围场满族蒙古族自治县	Weichang Man & Mongolia A.C.	9220	53.6	46.5	20858	239326	318544
沧县	Cang County	1520	70.0	66.5	25488	378234	269362
青县	Qing County	968	41.9	33.7	20478	202773	418493
东光县	Dongguang County	711	37.3	32.7	18069	161525	236205
海兴县	Haixing County	919	23.7	18.7	13133	103123	62654
盐山县	Yanshan County	795	46.5	40.3	19971	215598	137978
肃宁县	Suning County	516	35.1	31.0	15464	196632	225169
南皮县	Nanpi County	790	38.5	32.0	14459	179790	185067
吴桥县	Wuqiao County	583	28.7	23.5	13773	146853	257338
献县	Xian County	1173	62.3	53.7	17620	275112	282878
孟村回族自治县	Mengcun Hui A.C.	387	22.1	18.0	12077	90037	71402
泊头市	Botou City	1007	61.2	49.5	28578	269114	201682
任丘市	Renqiu City	1012	85.3	60.1	94236	293276	185065
黄骅市	Huanghua City	1545	46.5	38.4	33272	182863	257919
河间市	Hejian City	1333	83.0	71.2	27648	409137	229196
固安县	Gu'an County	697	45.0	36.2	19840	181957	283941
永清县	Yongqing County	774	39.5	32.6	18401	179849	314998
香河县	Xianghe County	458	33.1	28.0	24438	137016	202028
大城县	Dacheng County	910	49.8	42.2	21732	208990	153797
文安县	Wen'an County	1038	50.6	42.9	19903	221285	140851
大厂回族自治县	Dachang Hui A.C.	176	12.4	9.5	15410	44206	111366
霸州市	Bazhou City	801	63.1	49.5	36461	260784	186674
三河市	Sanhe City	634	58.0	34.9	76058	169614	353217
枣强县	Zaoqiang County	905	40.2	33.9	17410	171083	182043
武邑县	Wuyi County	832	32.9	29.8	21727	148828	215934
武强县	Wuqiang County	443	21.9	19.5	13023	100899	105994
饶阳县	Raoyang County	572	29.0	25.5	13449	153223	153305
安平县	Anping County	496	33.1	28.4	19202	147715	128863
故城县	Gucheng County	941	51.5	43.0	26150	212384	262046
景县	Jing County	1188	54.3	45.9	19496	225579	228980
阜城县	Fucheng County	695	35.3	33.5	12401	175745	137774
冀州市	Jizhou City	877	34.6	29.9	20278	148949	137162
深州市	Shenzhou City	1245	57.1	53.2	27689	286050	310569

continued

第二产业增加值（万元） Value-added of Secondary Industry (10 000 yuan)	公共财政预算收入（万元） Public Budgetary Revenue (10 000 yuan)	公共财政预算支出（万元） Public Budgetary Expenditure (10 000 yuan)	居民储蓄存款余额（万元） Balance of Savings Deposit of Households (10 000 yuan)	粮食总产量（吨） Total Grain Yield (ton)	固定资产投资（不含农户）（万元） Investment in Fixed Assets (Excluding Rural Households) (10 000 yuan)	固定电话用户（户） Number of Fixed Telephone Subscribers (subscriber)	普通中学在校学生数（人） Enrollment of Regular Secondary Schools (person)	小学在校学生数（人） Enrollment of Primary Schools (person)	医院、卫生院床位数（床） Number of Beds of Hospitals and Health Centers (bed)
116798	22342	106548	421183		285025	28000	9110	22256	626
177487	25168	99416	400719		640501	12000	7099	14127	478
185958	27200	96423	377428		568796	19870	7938	14909	751
348755	91974	158742	881347		713568	43000	17431	22458	1214
196078	33521	147922	602357		748106	49700	15627	21308	947
319639	52838	146422	484579		521115	20818	9739	17936	768
191003	30386	86065	204765		465459	8300	3759	7220	340
547994	64370	175473	736654		1047650	30929	15563	24235	1505
432720	37822	168258	687783		923418	31830	11035	22980	1329
547821	71540	215254	908388		1132535	35739	24056	32276	1411
702082	57647	174949	583010		1064491	28900	14960	21324	1010
499942	49410	193728	628682		844715	35482	17441	31097	1096
347781	40216	208199	594132		1032315	25466	20769	23942	1372
1429676	65721	175820	803291		1097563	27258	8773	18475	1198
232727	28421	204142	600526		670000	41000	24730	37994	1571
926669	61799	147233	1007741		1348264	183698	28083	47783	1286
600093	45771	132325	948492		1043197	75020	19271	28622	975
444602	39448	124634	829558		735105	48796	10585	24132	1089
134970	21715	83075	282722		272667	21940	7501	16997	494
735934	39813	137079	526158		1044594	67260	13369	35471	1115
490954	74154	132033	848615		1059638	47931	11502	24715	920
290738	35889	121868	576549		762931	39308	14361	27816	1228
103594	22921	93948	561581		566780	59331	10966	17160	988
735873	38547	144338	922701		1125283	74892	26334	50325	1438
454998	25970	85434	342484		593807	43018	8868	17640	459
837772	56500	151634	1387069		1120552	80439	22424	45403	984
3801552	196335	249505	2932914		1247993	217057	30353	66929	3189
1010481	94534	220858	1354722		1452861	119138	23285	35193	2561
984231	77294	199191	1823264		1138652	101284	24181	62234	1569
382820	120654	207652	1000034		936369	71861	15515	26544	687
289151	51130	147538	607557		809004	55417	20205	25832	664
674003	145000	200978	1537799		1012878	88798	15063	20536	1387
590349	39387	135444	1174717		920096	91161	23008	43438	1190
973637	60247	168552	1308659		1493406	103586	20146	50859	1327
386704	56279	102989	499171		709145	31565	5814	6401	401
2181434	167891	255493	2045981		1629585	132529	32078	57025	1834
2508343	432480	505252	2731629		2836515	156523	32405	43331	3801
411275	25883	120252	1182285		555891	71842	16915	31037	703
348818	23538	100708	630048		360222	39433	26773	25647	701
231945	13938	81827	425515		152171	29491	9051	14774	502
178037	12489	83389	523274		276260	37378	7787	13735	1046
480072	30009	103821	880423		390490	68393	9398	22504	1019
309434	27492	126000	844733		664503	72513	23740	42723	1470
703229	32372	133328	1291090		917145	76117	22812	41766	1285
299560	13581	88516	685773		270526	42712	15760	30005	649
437424	33777	134347	1039387		605351	73991	23865	22837	965
609080	28515	136650	944620		774781	65877	18891	31070	1186

4-1 续表 3

地区名称	Region	行政区域土地面积(平方公里) Land Area (sq.m)	年末总人口(万人) Total Population (year-end) (10 000 persons)	乡村人口(万人) Rural Population (10 000 persons)	年末单位从业人员数(人) Employed Persons (year-end) (person)	乡村从业人员数(人) Rural Laborers (person)	第一产业增加值(万元) Value-added of Primary Industry (10 000 yuan)
山西省	**Shanxi Province**						
清徐县	Qingxu County	609	32.1	25.3	20034	116427	136007
阳曲县	Yangqu County	2059	15.0	11.5	8517	58812	43138
娄烦县	Loufan County	1276	12.6	10.7	5682	49432	12887
古交市	Gujiao City	1584	22.1	10.6	16401	36289	17501
阳高县	Yanggao County	1678	29.0	24.5	8798	93546	93970
天镇县	Tianzhen County	1635	21.7	18.2	6394	69303	51625
广灵县	Guangling County	1284	18.4	15.3	8200	56175	46346
灵丘县	Lingqiu County	2730	24.5	20.7	11951	92929	30000
浑源县	Hunyuan County	1966	35.9	29.9	12950	134238	91329
左云县	Zuoyun County	1314	14.9	10.8	18399	45037	23221
大同县	Datong County	1478	19.1	15.2	10845	57700	62533
平定县	Pingding County	1361	31.6	26.3	20292	126948	33225
盂县	Yu County	2523	30.3	25.2	30165	115172	34937
长治县	Changzhi County	483	34.4	30.3	23237	156726	56515
襄垣县	Xiangyuan County	1160	26.4	18.8	72240	83128	58376
屯留县	Tunliu County	1142	26.8	22.7	24053	107304	60825
平顺县	Pingshun County	1550	15.5	13.5	8703	67608	27621
黎城县	Licheng County	1101	16.8	13.8	8355	67825	29717
壶关县	Huguan County	990	29.6	26.9	16645	141239	38844
长子县	Zhangzi County	1029	36.2	31.8	24849	160366	98418
武乡县	Wuxiang County	1610	21.0	17.6	14433	76980	29606
沁县	Qin County	1297	17.6	13.8	6603	56237	37968
沁源县	Qinyuan County	2550	15.7	13.7	23251	55841	23558
潞城市	Lucheng City	630	22.7	17.9	27359	84686	37609
沁水县	Qinshui County	2658	20.5	17.0	26587	88900	47789
阳城县	Yangcheng County	1917	38.4	31.0	34996	165108	80452
陵川县	Lingchuan County	1751	25.5	23.0	12711	115960	41115
泽州县	Zezhou County	2023	49.6	45.0	30565	218565	113791
高平市	Gaoping City	946	48.0	40.4	41506	206976	122637
山阴县	Shanyin City	1651	23.7	16.3	25594	60248	120885
应县	Ying County	1708	30.9	27.3	13287	113510	108218
右玉县	Youyu County	1967	11.4	9.3	10712	41624	36213
怀仁县	Huairen County	1287	28.9	18.8	42222	86572	74332
榆社县	Yushe County	1700	14.3	11.7	12343	53188	30382
左权县	Zuoquan County	2020	16.4	13.6	17433	62269	27861
和顺县	Heshun County	2250	14.1	11.0	17181	55441	28948
昔阳县	Xiyang County	1946	23.5	19.7	20527	98622	35653
寿阳县	Shouyang County	2110	21.2	17.3	34820	84831	96232
太谷县	Taigu County	1050	29.0	22.1	18582	106969	129068
祁县	Qi County	854	27.2	20.9	17297	102863	120788
平遥县	Pingyao County	1260	51.7	43.3	19298	196667	129808

continued

第二产业增加值 (万元) Value-added of Secondary Industry (10 000 yuan)	公共财政预算收入 (万元) Public Budgetary Revenue (10 000 yuan)	公共财政预算支出 (万元) Public Budgetary Expenditure (10 000 yuan)	居民储蓄存款余额 (万元) Balance of Savings Deposit of Households (10 000 yuan)	粮食总产量 (吨) Total Grain Yield (ton)	固定资产投资 (不含农户) (万元) Investment in Fixed Assets (Excluding Rural Households) (10 000 yuan)	固定电话用户 (户) Number of Fixed Telephone Subscribers (subscriber)	普通中学在校学生数 (人) Enrollment of Regular Secondary Schools (person)	小学在校学生数 (人) Enrollment of Primary Schools (person)	医院、卫生院床位数 (床) Number of Beds of Hospitals and Health Centers (bed)
738933	100162	202112	982196	121487	851799	53939	23447	22814	648
193066	34502	93314	308384	66067	254501	19648	7895	8159	990
73897	53264	110958	232772	14876	87705	18688	6862	8735	347
161425	76413	139004	1055182	11365	543044	43821	15083	20460	1344
44059	8662	110923	361139	255895	392935	39029	11593	19604	750
46166	5508	109888	325130	160621	315521	25064	13745	13471	477
61395	6197	95867	279790	141519	304648	15976	14103	16216	589
189598	21471	98681	489996	76661	492732	49560	11434	19130	855
126347	24722	123590	433426	155160	467577	31430	17044	22829	817
159313	34484	85236	242041	35344	984107	18680	11581	17246	361
48588	13873	84272	267003	82662	496950	9128	13708	15173	298
401320	54905	146332	905696	122019	891025	64683	20839	23054	712
955270	92834	164351	1331162	134317	900045	47337	13443	18403	1152
1344877	200308	246414	702213	145140	834196	42942	21112	22411	593
1835129	171121	185605	1105020	176001	1050479	37722	8456	17185	1077
904662	54565	107714	383104	269374	764527	31300	16261	17831	637
101942	7204	81788	190876	55630	205132	15899	13689	8664	410
157102	15955	71543	325006	84757	299137	23457	10154	13321	561
229085	20273	117757	399837	118678	291940	30898	17784	17453	589
670231	87506	157461	571056	251645	660785	39627	19878	19144	822
464225	50410	101838	330648	131052	396007	23808	9673	13932	326
22957	6132	85802	237720	172132	292548	23167	14063	12748	441
860273	117604	157624	288870	76162	583277	25428	12891	10382	578
734798	35635	73966	498126	128314	810581	39933	12941	16538	618
1247113	90532	140540	472906	136866	968038	42406	14112	11966	632
1021122	88005	173032	936303	185841	908764	66749	31929	23162	1532
108043	15167	110452	400186	128022	228419	45286	15926	17056	575
1547666	124862	202164	876451	269949	1270980	75337	27381	27867	1381
1713361	119094	206771	1468808	249192	1047032	79324	35696	30758	1067
871223	106135	182480	941111	262810	950941	38499	16319	18091	625
190741	14771	140057	396449	268234	359007	31333	24314	24515	1005
224114	35239	103690	261289	33322	587567	12627	5536	7257	342
1047881	85357	163815	974306	167968	869061	50033	55602	49656	889
119484	14239	71590	212241	61547	75049	17325	5589	10159	262
178395	43488	95908	481306	53401	579462	30396	7703	11778	422
262183	53152	100886	423909	63607	450006	24332	5551	8551	496
311360	41656	96855	638957	180868	596043	48015	11702	13448	782
763715	98523	146190	660356	332763	789016	40619	12412	11787	837
183449	34246	110534	880737	216165	350212	58426	30380	20608	1860
164442	23083	102789	671993	232107	330370	51235	14909	19814	596
397963	54453	159473	851925	264865	510457	80532	26510	38652	1396

4-1 续表 4

地区名称	Region	行政区域土地面积（平方公里）Land Area (sq.m)	年末总人口（万人）Total Population (year-end) (10 000 persons)	乡村人口（万人）Rural Population (10 000 persons)	年末单位从业人员数（人）Employed Persons (year-end) (person)	乡村从业人员数（人）Rural Laborers (person)	第一产业增加值（万元）Value-added of Primary Industry (10 000 yuan)
灵石县	Lingshi County	1202	26.0	18.4	25172	88292	34532
介休市	Jiexiu City	744	41.3	28.5	58712	140778	48241
临猗县	Linyi County	1339	57.9	49.8	28301	248745	394377
万荣县	Wanrong County	1082	44.4	40.8	14023	178358	152908
闻喜县	Wenxi County	1167	40.7	34.3	17606	171178	87378
稷山县	Jishan County	686	35.1	31.5	12582	161403	105454
新绛县	Xinjiang County	593	33.3	28.2	13376	150717	146335
绛县	Jiang County	994	28.5	23.3	16516	140887	76077
垣曲县	Yuanqu County	1620	23.4	16.3	23339	77922	36049
夏县	Xia County	1351	36.6	32.2	12042	184886	157603
平陆县	Pinglu County	1174	24.9	21.4	13033	114886	78283
芮城县	Ruicheng County	1179	39.7	35.0	19500	191730	202868
永济市	Yongji City	1221	44.0	35.2	29569	201426	187656
河津市	Hejin City	593	40.1	30.1	44241	135186	74061
定襄县	Dingxiang County	865	22.3	17.9	10036	91319	35602
五台县	Wutai County	2865	32.0	27.2	17992	103561	46200
代县	Dai County	1729	21.7	17.0	9356	81135	27447
繁峙县	Fanshi County	2367	27.9	24.7	14102	84437	34063
宁武县	Ningwu County	1967	16.2	11.4	20667	45653	12398
静乐县	Jingle County	2058	15.8	14.1	12881	58148	24045
神池县	Shenchi County	1472	10.7	8.6	6814	28810	47741
五寨县	Wuzhai County	1391	11.6	9.3	6333	38354	35699
岢岚县	Kelan County	1984	8.8	6.6	5169	32589	26965
河曲县	Hequ County	1317	14.8	11.8	12947	45258	29556
保德县	Baode County	998	16.2	14.6	16278	64911	32036
偏关县	Pianguan County	1685	10.2	9.6	9188	39683	40801
原平市	Yuanping City	2571	49.3	35.2	39326	153952	115265
曲沃县	Quwo County	437	23.3	19.4	10690	107006	111214
翼城县	Yicheng County	1149	30.9	26.7	16215	114563	72795
襄汾县	Xiangfen County	1028	48.6	44.2	16584	226478	121155
洪洞县	Hongtong County	1494	74.5	66.4	43773	339050	105377
古县	Gu County	1191	9.1	7.4	8523	23518	21606
安泽县	Anze County	1959	8.1	6.6	8672	23598	35584
浮山县	Fushan County	938	12.8	11.1	8959	39895	35692
吉县	Ji County	1780	10.6	9.5	7689	36138	45858
乡宁县	Xiangning County	2025	23.6	20.6	21591	87245	24220
大宁县	Daning County	963	6.6	5.6	5437	24876	13329
隰县	Xi County	1413	10.7	8.8	8057	36868	24848
永和县	Yonghe County	1213	6.5	5.0	3931	17521	22803
蒲县	Pu County	1509	10.8	8.8	11993	42576	14493
汾西县	Fenxi County	875	14.5	12.9	8160	60226	22190
侯马市	Houma City	221	23.8	11.2	31295	55102	30248
霍州市	Huozhou City	764	30.1	20.4	49221	91750	33586
文水县	Wenshui County	1064	44.7	39.4	15550	197054	96663
交城县	Jiaocheng County	1827	23.0	18.7	24325	90277	27102

continued

第二产业增加值（万元） Value-added of Secondary Industry (10 000 yuan)	公共财政预算收入（万元） Public Budgetary Revenue (10 000 yuan)	公共财政预算支出（万元） Public Budgetary Expenditure (10 000 yuan)	居民储蓄存款余额（万元） Balance of Savings Deposit of Households (10 000 yuan)	粮食总产量（吨） Total Grain Yield (ton)	固定资产投资（不含农户）（万元） Investment in Fixed Assets (Excluding Rural Households) (10 000 yuan)	固定电话用户（户） Number of Fixed Telephone Subscribers (subscriber)	普通中学在校学生数（人） Enrollment of Regular Secondary Schools (person)	小学在校学生数（人） Enrollment of Primary Schools (person)	医院、卫生院床位数（床） Number of Beds of Hospitals and Health Centers (bed)
1231562	138283	170526	1251358	56458	1016290	49179	8947	21922	1038
1006293	122919	178832	1512566	145586	758290	95294	21453	32845	1520
343423	18606	161516	658135	336726	603271	89665	40273	30995	2380
196609	9408	126647	277041	178421	432610	60880	15147	26327	1690
515681	21925	130722	734772	292673	732119	75428	30835	30142	1806
289539	14879	111942	420318	256308	433753	36558	23162	24734	2136
325799	18176	118015	448873	243955	470067	21136	29818	27741	1275
257420	7410	103521	372763	167935	533000	34500	15176	20270	1189
179724	12136	102610	434775	92613	301446	39842	16152	18023	1408
93492	8105	118782	355491	273281	342394	31000	18089	27058	1014
111582	10634	109732	390731	113134	340802	30079	14870	14352	891
229420	17558	144550	367253	342024	402926	33500	10544	21575	1270
718112	28190	136747	658025	471496	632651	78285	15813	26573	1875
1222736	62632	140073	1059843	186057	976512	56700	33554	33218	1890
243833	17711	94898	509000	172833	224997	49563	11614	16522	536
100900	22901	140122	719274	125592	260229	46100	18440	27484	627
360953	39270	111206	808534	86802	210464	34785	13422	19043	550
415981	28553	120655	575155	78781	469201	31700	17322	25234	900
269208	50097	110948	588856	22165	407988	17650	5191	11252	368
111206	17575	93614	195151	39327	381891	16281	8844	9618	497
19827	16241	82536	209000	138115	194966	59700	4579	6764	605
32393	17809	82697	305885	181805	158850	5100	5806	7021	392
39484	11743	86029	188203	46642	244871	9007	4999	5709	451
410419	54691	109122	541841	60837	600468	24375	9647	11465	475
561080	60736	118480	411835	46682	589214	16783	9396	12189	678
84562	16773	80294	259000	50080	130073	15203	7924	8071	305
553297	87988	190502	1289385	361579	1146229	64947	25706	31901	986
674937	25319	98930	417979	188575	423866	35697	13134	12267	895
495658	54725	131524	636564	206783	406024	49240	20685	20530	1095
849902	70001	173611	850700	442881	618613	52060	28301	29512	984
1193583	94635	256094	1099721	409424	1014008	80942	44862	55352	1398
528719	56282	86745	201890	59031	280236	11030	4856	6972	273
417805	48562	79450	153209	108717	308203	13935	4827	5650	295
280988	19809	67392	198200	101961	224646	8957	5977	7160	289
99646	10528	71267	128421	49872	166116	8215	5856	9061	320
617061	155529	195794	593532	85166	382002	18883	14527	19779	744
5109	2802	60135	67139	38023	59694	4529	2522	3875	218
19417	6435	76736	150915	84417	114923	10006	5772	9686	299
5534	2350	52304	57485	52687	65183	3715	2729	3831	220
325910	75965	114077	243104	65144	250022	11360	4630	8909	381
66114	11517	67730	135607	60201	150885	10185	8514	10918	348
420454	39414	105755	965348	83344	404073	67817	11952	15175	1402
644704	72108	131659	810021	71770	891003	51241	18049	23853	1258
339859	21852	140439	679976	259986	143453	3200	35031	43313	793
607345	55609	116492	580821	47609	303591	6600	18991	20709	665

地区名称	Region	行政区域土地面积(平方公里) Land Area (sq.m)	年末总人口(万人) Total Population (year-end) (10 000 persons)	乡村人口(万人) Rural Population (10 000 persons)	年末单位从业人员数(人) Employed Persons (year-end) (person)	乡村从业人员数(人) Rural Laborers (person)	第一产业增加值(万元) Value-added of Primary Industry (10 000 yuan)
兴县	Xing County	3166	31.9	26.0	19688	115863	38040
临县	Lin County	2977	65.0	59.0	22106	232891	88071
柳林县	Liulin County	1287	34.2	28.3	58483	109654	20996
石楼县	Shilou County	1743	12.4	9.6	5984	36422	23068
岚县	Lan County	1509	19.3	16.1	9603	68259	26671
方山县	Fangshan County	1434	15.4	12.6	13200	53736	13358
中阳县	Zhongyang County	1441	15.5	11.4	22130	44023	11173
交口县	Jiaokou County	1258	12.4	9.6	10752	43068	15246
孝义市	Xiaoyi City	946	49.0	32.1	65759	143779	124774
汾阳市	Fenyang City	1175	42.3	33.4	36894	160194	84482
内蒙古自治区	**Inner Mongolia A.R.**						
土默特左旗	Tumotezuo Banner	2779	36.0	29.8	17843	158331	376107
托克托县	Tuoketuo County	1313	20.8	15.1	21273	86603	200875
和林格尔县	Helinggeer County	3401	19.8	15.1	21629	82322	221062
清水河县	Qingshuihe County	2859	14.3	8.7	8902	48166	64972
武川县	Wuchuan County	4885	17.4	12.8	9567	72707	82820
土默特右旗	Tumoteyou Banner	2368	36.9	16.4	20428	118817	359570
固阳县	Guyang County	5025	21.3	12.0	10323	73383	124510
达尔罕茂明安联合旗	Daerhanmaoming'anlianhe Banner	17410	11.5	5.5	5766	33169	134746
阿鲁科尔沁旗	Alukeerqin Banner	14555	30.0	25.7	19857	154583	156708
巴林左旗	Balinzuo Banner	6459	35.6	30.3	22718	142713	187696
巴林右旗	Balinyou Banner	9837	18.5	12.9	18910	51113	96775
林西县	Linxi County	3933	24.0	15.7	20826	96437	106507
克什克腾旗	Keshiketeng Banner	20673	25.2	19.8	13341	89022	153037
翁牛特旗	Wengniute Banner	11882	48.6	43.1	24192	213714	348802
喀喇沁旗	Kelaqin Banner	3050	35.0	30.7	17260	152833	109936
宁城县	Ningcheng County	4305	60.8	52.7	25995	272051	295473
敖汉旗	Aohan Banner	8294	60.2	53.1	21877	307533	347945
科尔沁左翼中旗	Keerqinzuoyizhong Banner	9569	53.5	46.4	27314	233893	356153
科尔沁左翼后旗	Keerqinzuoyihou Banner	11481	40.4	35.0	24335	139171	278810
开鲁县	Kailu County	4488	39.8	19.6	22330	170747	446145
库伦旗	Kulun Banner	4714	18.0	14.3	11180	76362	162463
奈曼旗	Naiman Banner	8120	44.5	38.7	20226	233497	256111
扎鲁特旗	Zhalute Banner	17193	30.6	23.7	23948	120891	278164
霍林郭勒市	Huolinguole City	585	8.1	1.0	30849	6942	26776
达拉特旗	Dalate Banner	8241	35.8	14.3	21933	93895	287351
准格尔旗	Zhungeer Banner	7551	30.9	10.3	40893	79624	88105
鄂托克前旗	Etuokeqian Banner	12221	7.6	3.5	5323	23167	102700
鄂托克旗	Etuoke Banner	20367	9.7	3.8	26632	25657	67390
杭锦旗	Hangjin Banner	18814	14.2	6.9	11155	57921	154001
乌审旗	Wushen Banner	11674	10.9	5.0	9320	39565	115716
伊金霍洛旗	Yijinhuoluo Banner	5487	16.8	7.2	40600	49489	71442
阿荣旗	Arong Banner	12063	33.0	22.9	23341	111674	431983
莫力达瓦达斡尔族自治旗	Molidawa Daur A.B.	10356	32.8	27.9	21083	114804	424992

continued

第二产业增加值（万元） Value-added of Secondary Industry (10 000 yuan)	公共财政预算收入（万元） Public Budgetary Revenue (10 000 yuan)	公共财政预算支出（万元） Public Budgetary Expenditure (10 000 yuan)	居民储蓄存款余额（万元） Balance of Savings Deposit of Households (10 000 yuan)	粮食总产量（吨） Total Grain Yield (ton)	固定资产投资（不含农户）（万元） Investment in Fixed Assets (Excluding Rural Households) (10 000 yuan)	固定电话用户（户） Number of Fixed Telephone Subscribers (subscriber)	普通中学在校学生数（人） Enrollment of Regular Secondary Schools (person)	小学在校学生数（人） Enrollment of Primary Schools (person)	医院、卫生院床位数（床） Number of Beds of Hospitals and Health Centers (bed)
598890	73274	174211	309216	96697	363545	13579	16487	28044	630
192000	59321	223150	393240	125988	306224	52382	28264	35175	1086
2469157	253529	315326	696038	44115	929911	99630	26787	31305	815
17808	6623	86901	126189	44640	71613	8224	7673	10376	292
77185	73675	136317	254970	76509	605347	21877	9412	13315	466
189022	30398	88290	152385	38421	121314	16000	9580	15850	476
524669	65577	114244	468293	21577	282511	30834	11270	12277	436
326902	56528	104009	453280	30611	243020	14285	7338	12156	378
2605904	248180	320045	2319688	136391	2212497	91123	41691	40482	2092
676346	73458	159285	1041511	238062	457550	74496	31038	39055	1210
971331	96208	228657	423262	450088	671552	24100	12054	15161	489
1797554	101441	168249	324810	241218	571792	36000	11294	12613	479
1041041	100613	201948	275228	161775	897508	26000	9437	8093	242
282985	26419	110893	196912	72205	253000	8979	6656	5815	262
353820	31895	124102	214739	171404	450300	23612	7066	6888	282
1627792	151929	232927	533927	700659	2469638	10920	9852	13140	548
731678	99972	144849	199406	106895	1196384	5858	5565	5405	369
1210677	118119	206645	168170	89199	1840508	5500	2654	4051	388
458298	24603	232078	224782	501000	633842	25376	15490	17980	1222
521904	35911	223366	344203	400000	1100245	25419	19942	21072	1018
346453	27273	190823	198183	152000	680919	16000	9802	11003	539
271675	24224	188699	288692	230035	568814	14085	13453	15564	1075
845950	78612	212243	267566	170500	1230745	21346	11468	11921	1257
540866	29228	294561	393895	715000	980800	38780	21783	25295	977
357701	35556	188666	415178	300500	712924	27000	17074	18587	792
647180	45404	281800	859720	737500	1061342	55000	27631	31651	2623
666638	36826	314643	561113	784000	864041	142300	33011	34168	1471
619420	23661	270536	167385	1625000	932187	20620	14398	28169	695
701313	5375	227101	190050	910000	865327	32822	15183	23547	652
942374	61057	199253	281526	940000	777780	47120	21165	27172	836
319046	20768	121428	108814	500500	517918	34786	6580	11340	428
746822	39593	224000	276432	560000	911500	28090	22646	27111	775
1007538	72850	226456	231396	510000	1456006	23888	13248	18265	833
2216777	184630	246602	306427	11184	1506215	6756	6323	7271	768
2873902	212231	420975	782707	565000	1902895	21880	15620	18984	1270
6401510	913269	694534	1927529	85000	4881024	75891	16594	21962	1590
527164	115508	216766	159356	113000	1967876	8817	3263	4338	335
3029803	223888	269202	489231	107200	2601030	17038	5489	8604	922
261103	76421	253702	242345	369000	1243841	9267	5265	5519	395
2409886	157471	231557	277512	120400	3003623	8456	4614	6660	445
3988164	809617	740234	1486766	87000	3405905	12900	6225	9536	640
567340	40349	181184	234300	1500500	916970	23496	10084	15097	726
223456	21768	204298	215226	1552500	360362	22869	10490	16250	870

4-1 续表 6

地区名称	Region	行政区域土地面积(平方公里) Land Area (sq.m)	年末总人口(万人) Total Population (year-end) (10 000 persons)	乡村人口(万人) Rural Population (10 000 persons)	年末单位从业人员数(人) Employed Persons (year-end) (person)	乡村从业人员数(人) Rural Laborers (person)	第一产业增加值(万元) Value-added of Primary Industry (10 000 yuan)
鄂伦春自治旗	Elunchun Banner	54658	26.5	6.2	18140	37754	206768
鄂温克族自治旗	Ewenkezu Banner	19111	14.3	2.9	31138	18205	73254
陈巴尔虎旗	Chenbaerhu Banner	18634	5.9	1.4	15022	6892	89211
新巴尔虎左旗	Xinbaerhuzuo Banner	22000	4.2	1.9	5100	11752	64843
新巴尔虎右旗	Xinbaerhuyou Banner	24839	3.5	1.7	7760	10645	42096
满洲里市	Manzhouli City	732	17.0		30841		33592
牙克石市	Yakeshi City	27590	35.4	0.4	32180	3027	341761
扎兰屯市	Zhalantun City	16800	42.1	29.1	34433	267711	385217
额尔古纳市	Eerguna City	28958	8.4	0.2	16234	1184	132777
根河市	Genhe City	20012	15.5		12720		97180
五原县	Wuyuan County	2493	29.5	20.1	10457	115897	264061
磴口县	Dengkou County	4167	12.3	5.4	11627	33756	84469
乌拉特前旗	Wulateqian Banner	7476	34.3	20.9	20322	106528	287285
乌拉特中旗	Wulatezhong Banner	23096	14.7	9.1	9805	49240	149855
乌拉特后旗	Wulatehou Banner	24925	6.6	2.5	14540	19800	32662
杭锦后旗	Hangjinhou Banner	1752	32.7	20.0	16345	109217	298860
卓资县	Zhuozi County	3119	21.5	9.1	7970	60189	82200
化德县	Huade County	2527	17.7	7.2	6717	38334	69100
商都县	Shangdu County	4304	34.3	12.3	9160	81214	126000
兴和县	Xinghe County	3519	33.1	27.9	10022	122561	98700
凉城县	Liangcheng County	3451	24.6	20.1	11486	110409	158941
察哈尔右翼前旗	Chahaeryouyiqian Banner	2734	23.3	18.3	7164	86058	127800
察哈尔右翼中旗	Chahaeryouyizhong Banner	4200	23.3	20.0	6622	90837	115000
察哈尔右翼后旗	Chahaeryouyihou Banner	2441	21.8	18.0	9829	54125	99000
四子王旗	Siziwang Banner	24016	21.4	17.0	6973	91107	135000
丰镇市	Fengzhen City	2704	33.9	23.2	15055	81466	152000
乌兰浩特市	Wulanhaote City	2728	32.1	8.2	43239	46505	100052
阿尔山市	Aershan City	7409	4.9	1.0	6727	3989	25490
科尔沁右翼前旗	Keerqinyouyiqian Banner	17428	33.8	31.0	19200	120100	321397
科尔沁右翼中旗	Keerqinyouyizhong Banner	15613	25.9	18.8	17895	107466	163072
扎赉特旗	Zhalaite Banner	11187	39.9	32.2	20619	167502	329457
突泉县	Tuquan County	4800	31.4	24.4	13664	148419	206339
二连浩特市	Erlianhaote City	4013	2.7	0.1	7873	1127	4598
锡林浩特市	Xilinhaote City	14780	17.8	0.8	57520	5948	102019
阿巴嘎旗	Abaga Banner	27474	4.5	1.7	3754	12293	60018
苏尼特左旗	Sunitezuo Banner	34251	3.4	1.9	3694	13606	44022
苏尼特右旗	Suniteyou Banner	22455	6.9	3.4	8276	18257	40872
东乌珠穆沁旗	Dongwuzhumuqin Banner	45575	7.9	3.9	12296	36721	157735
西乌珠穆沁旗	Xiwuzhumuqin Banner	22459	7.9	3.7	8035	22814	110169
太仆寺旗	Taibusi Banner	3426	21.1	17.2	6801	75913	99135
镶黄旗	Xianghuang Banner	5137	3.1	1.7	3581	13476	28534
正镶白旗	Zhengxiangbai Banner	6253	7.4	5.3	4151	27028	40024
正蓝旗	Zhenglan Banner	10206	8.2	5.3	8361	32791	55578
多伦县	Duolun County	3864	10.9	6.9	6138	39683	73063
阿拉善左旗	Alashanzuo Banner	80412	14.3	4.7	39557	35503	71900
阿拉善右旗	Alashanyou Banner	73443	2.5	0.9	4461	4773	21000
额济纳旗	Ejina Banner	114606	1.8		4375	4171	14800

continued

第二产业增加值(万元) Value-added of Secondary Industry (10 000 yuan)	公共财政预算收入(万元) Public Budgetary Revenue (10 000 yuan)	公共财政预算支出(万元) Public Budgetary Expenditure (10 000 yuan)	居民储蓄存款余额(万元) Balance of Savings Deposit of Households (10 000 yuan)	粮食总产量(吨) Total Grain Yield (ton)	固定资产投资(不含农户)(万元) Investment in Fixed Assets (Excluding Rural Households) (10 000 yuan)	固定电话用户(户) Number of Fixed Telephone Subscribers (subscriber)	普通中学在校学生数(人) Enrollment of Regular Secondary Schools (person)	小学在校学生数(人) Enrollment of Primary Schools (person)	医院、卫生院床位数(床) Number of Beds of Hospitals and Health Centers (bed)
67552	14656	191354	398268	501000	165287	14112	10043	9539	759
642311	60709	153260	347335	30255	500089	50943	4582	5327	852
535069	38813	100978	104145	103866	410786	10890	1399	2367	222
165660	14259	83388	46051	44086	329721	5772	704	1791	141
530079	60785	122468	63144	3350	243684	5640	770	1628	181
488334	116771	335433	1017184	960	1101585	44485	11552	8856	760
915060	66115	212376	886831	520500	160111	48000	14987	9489	3019
770214	35054	248220	545786	1028000	1268920	32107	13522	17208	1705
105141	19726	110153	212526	301000	204518	18190	3538	3762	471
98634	6603	119029	393166	5455	150805	17354	4536	3464	553
467936	32414	181413	371943	368500	950588	40410	14888	13043	1038
342768	15987	98500	196029	116300	280099	12307	4483	4407	447
640132	76671	220312	535254	385220	1030135	23600	15080	13969	1263
795380	69415	208001	235995	176550	1250876	14200	3655	4566	402
544029	55862	125079	103201	29300	856789	5798	2008	2831	264
752862	41711	205696	403501	359010	913276	53100	12885	10769	978
296935	22765	142584	224700	58170	370196	10125	7277	6145	257
236191	14609	128578	176200	49257	381618	7948	5720	5856	331
240401	12138	174849	250100	78271	301621	13280	8945	10130	482
269886	25626	215710	322200	85749	532925	9400	5715	9180	424
404534	32778	143383	271300	225005	160345	9620	8896	7404	394
467306	25667	173806	235200	70629	600335	9746	6988	6581	307
159498	9373	136947	158500	64302	288609	16783	6466	4858	318
445553	21472	150387	199300	78762	500796	8075	4995	7208	343
185808	13332	191788	213600	98474	204776	8016	10223	7634	549
792084	38892	181267	418600	66299	465987	14200	8680	11358	478
625600	54243	210225	874669	225007	918608	49856	25344	19562	2291
34021	7825	112967	95125	55016	337628	4624	995	1499	255
245369	22071	236500	42500	1004974	887966	24556	10525	14055	1145
173077	17050	193056	136859	515003	770242	9116	7015	15350	1092
179756	11447	240324	228970	1065000	581036	17279	11370	18468	932
247636	6537	191698	210559	540000	639895	25190	11784	14427	726
251219	36210	119714	306967	871	390398	13510	3492	5577	315
1263113	160114	238173	958380	33040	1213150	51353	20514	16947	1027
360587	22052	68709	89259		404635	4531	768	2072	203
242602	18037	72588	67214		272544	2935	1208	1904	119
303824	17936	126853	162447	442	392137	5000	2281	4173	161
925600	100163	180558	221976	67452	783343	7200	3847	6320	326
798900	130249	140583	164990	83	914632	1985	2850	4539	240
153000	7789	118719	220212	135782	280144	15024	5847	5796	254
303749	23156	64931	54400	2140	128276	1914	1089	1559	146
112344	5849	78034	72863	7740	141465	3300	1080	2501	161
358473	37673	100543	146347	37743	429775	7394	1250	3143	221
492370	32302	96514	163518	41207	478585	5415	4809	5708	264
3103141	238747	359671	819829	161728	1956130	30095	9574	10465	833
269400	14612	78923	93824	15299	143154	3819	1201	1101	102
281850	43228	86156	102647	1983	246496	5236	855	1168	173

4-1 续表 7

地区名称	Region	行政区域土地面积(平方公里) Land Area (sq.m)	年末总人口(万人) Total Population (year-end) (10 000 persons)	乡村人口(万人) Rural Population (10 000 persons)	年末单位从业人员数(人) Employed Persons (year-end) (person)	乡村从业人员数(人) Rural Laborers (person)	第一产业增加值(万元) Value-added of Primary Industry (10 000 yuan)
辽宁省	**Liaoning Province**						
辽中县	Liaozhong County	1470	47.3	39.1	14354	215426	711960
康平县	Kangping County	2175	35.1	28.0	14417	121228	337470
法库县	Faku County	2281	44.6	39.2	24097	228853	433000
新民市	Xinmin City	3297	69.4	58.1	24097	265865	745555
长海县	Changhai County	119	7.3	4.2	8319	22277	504796
瓦房店市	Wafangdian City	3794	100.2	72.9	61248	366554	940154
普兰店市	Pulandian City	2896	93.1	57.9	62056	281220	967893
庄河市	Zhuanghe City	4086	90.5	70.9	45320	370836	1149566
台安县	Tai'an County	1394	37.7	32.9	34351	202169	420134
岫岩满族自治县	Xiuyan Man A.C	4502	51.6	42.5	31187	219960	290088
海城市	Haicheng City	2570	109.1	86.1	72172	408440	439108
抚顺县	Fushun County	1754	11.6	11.3	9346	78284	155449
新宾满族自治县	Xinbin Man A.C	4287	30.1	24.7	13530	138912	236640
清原满族自治县	Qingyuan Man A.C	3921	33.5	25.7	26956	150069	237120
本溪满族自治县	Benxi Man A.C	3343	29.1	19.0	14260	99267	203372
桓仁满族自治县	Huanren Man A.C	3547	29.9	21.4	20971	117653	242608
宽甸满族自治县	Kuandian Man A.C	6115	43.3	34.4	22421	186994	273631
东港市	Donggang City	2399	60.7	49.2	44122	265819	691485
凤城市	Fengcheng City	5515	57.8	41.8	34144	233062	289492
黑山县	Heishan County	2487	62.0	48.9	43201	276649	488232
义县	Yi County	2476	43.3	36.6	12478	182697	209133
凌海市	Linghai City	2585	52.7	44.7	31526	244357	498460
北镇市	Beizhen City	1694	52.1	43.9	13989	220319	459735
盖州市	Gaizhou City	2946	71.9	61.9	22011	333262	352928
大石桥市	Dashiqiao City	1598	71.7	55.9	46799	294700	421677
阜新蒙古族自治县	Fuxin Mengolian A.C	6218	72.4	68.7	27064	394429	650078
彰武县	Zhangwu County	3623	41.3	35.3	16674	202653	543623
辽阳县	Liaoyang County	2485	56.6	42.7	20434	208063	229784
灯塔市	Dengta City	1170	44.5	37.3	16489	202271	258909
大洼县	Dawa County	1628	40.2	32.2	179853	187869	606642
盘山县	Panshan County	2036	29.9	28.1	63830	162473	441749
铁岭县	Tieling County	2249	38.7	37.0	21810	186449	340915
西丰县	Xifeng County	2685	34.4	27.8	15110	124268	235146
昌图县	Changtu County	4317	102.8	79.8	38034	382930	760968
调兵山市	Tiaobingshan City	262	23.9	6.6	61205	34065	73293
开原市	Kaiyuan City	2838	53.3	43.4	23751	222787	447244
朝阳县	Zhaoyang County	3762	57.4	56.5	34872	331324	360086
建平县	Jianping County	4868	58.0	48.0	23953	259960	350021
喀喇沁左翼蒙古族自治县	Kezuo Mengolian A.C	2238	42.4	37.5	26058	216752	329119
北票市	Beipiao City	4469	58.1	39.4	32293	214253	433220
凌源市	Lingyuan City	3278	66.0	53.0	52077	282203	397853
绥中县	Suizhong County	2763	64.2	55.2	22763	285278	373729
建昌县	Jianchang County	3195	62.5	55.0	19319	283842	152625
兴城市	Xingcheng City	2116	54.8	41.4	27846	203399	183782

continued

第二产业增加值(万元) Value-added of Secondary Industry (10 000 yuan)	公共财政预算收入(万元) Public Budgetary Revenue (10 000 yuan)	公共财政预算支出(万元) Public Budgetary Expenditure (10 000 yuan)	居民储蓄存款余额(万元) Balance of Savings Deposit of Households (10 000 yuan)	粮食总产量(吨) Total Grain Yield (ton)	固定资产投资(不含农户)(万元) Investment in Fixed Assets (Excluding Rural Households) (10 000 yuan)	固定电话用户(户) Number of Fixed Telephone Subscribers (subscriber)	普通中学在校学生数(人) Enrollment of Regular Secondary Schools (person)	小学在校学生数(人) Enrollment of Primary Schools (person)	医院、卫生院床位数(床) Number of Beds of Hospitals and Health Centers (bed)
2007779	245074	326124	950279		3438500	135000	11885	24210	1587
985176	140017	241721	441917		1817090	66710	9598	16875	959
1683832	240104	345950	577093		2487416	73000	18846	23513	393
2347441	254000	371284	1086437		3437841	152500	20351	36668	1760
78169	42009	67794	307442		339640	23000	3722	4040	252
6262866	641174	762440	3515824		6202060	460000	34354	35814	5103
4324593	419964	486885	2538136		4729438	225008	34443	35150	3300
4473355	482357	581231	2579513		2642503	230928	33923	33647	2745
1307884	100098	126473	565756		909292	85403	11768	20469	1300
1167596	105226	231717	1092529		738010	114704	13921	29939	1368
3922349	360018	494536	3605000		5103524	291783	50213	72133	3283
432545	83266	137058	242654		303074	46800	2528	4359	429
528952	102029	214183	598837		850698	70199	8057	15433	767
770807	134689	241180	607064		1059235	74588	7612	14186	1046
979102	185001	280875	741034		1200786	78211	12924	13849	1162
776824	140012	251807	310966		856494	56414	7442	12714	960
1024170	177966	314274	934983		1362275	136178	18430	24244	1881
2275791	300006	411512	1959955		1474342	173027	19684	33129	2423
2425371	277588	407872	1460291		1379634	150000	25184	30176	1938
518582	120000	260817	954842		792417	209015	19242	30594	1793
653662	116889	222419	595813		811902	85686	15740	20555	1089
1462651	215050	329222	970007		931317	98600	23123	32752	1210
485158	121000	238043	972045		842646	110258	22693	27234	1391
1061060	210617	304289	1155898		1634032		21921	39464	1709
3149336	401981	387672	1894741		1610776	207007	31381	39345	3293
497692	105731	310735	797326		790511	181400	21869	38939	
274159	83159	212592	509582		877615	105376	15874	22937	1093
1747752	177177	262586	1091097		1136051	140902	15274	24922	1680
1498654	253103	256718	1191326		1162339	189036	15640	23385	831
1795253	356980	489924	811559		5190280	101400	22591	23898	1349
860369	207483	315909	700811		1707939	75846	24598		412
1899969	205559	211545	962669		2382130	44000	11898	15631	663
267526	67418	162319	415272		347440	57202	11434	14653	1037
1143268	100277	389900	956756		1150823	158347	25164	51414	2986
1088367	149566	154563	967815		907851	27628	5556	9960	983
2274534	353168	468327	968245		2407054	127002	14856	28148	1282
607714	120820	254404	270754		797538	88500	24363	37271	1050
1064087	226003	370702	1244302		1288326	140010	29436	33019	1867
523853	76318	219758	642739		813784	81000	13413	23731	1120
1202428	200100	376364	989634		1411111	112000	26864	27517	2871
813570	130144	288485	1281321		792652	140185	36705	47098	3416
600642	154107	325800	1260494		852748	119231	30186	38868	1145
260978	57088	209399	647254		545044	97900	28681	39489	1476
599936	117541	250300	1192908		1018185	113748	16880	33110	1455

地区名称	Region	行政区域土地面积（平方公里）Land Area (sq.m)	年末总人口（万人）Total Population (year-end) (10 000 persons)	乡村人口（万人）Rural Population (10 000 persons)	年末单位从业人员数（人）Employed Persons (year-end) (person)	乡村从业人员数（人）Rural Laborers (person)	第一产业增加值（万元）Value-added of Primary Industry (10 000 yuan)
吉林省	**Jilin Province**						
农安县	Nong'an County	5415	110.4	101.5	36352	526211	887927
九台市	Jiutai City	3375	70.0	65.5	42381	335772	375945
榆树市	Yushu City	4712	130.8	113.1	36260	547047	962246
德惠市	Dehui City	3435	82.7	81.0	38137	369965	654241
永吉县	Yongji County	2625	39.4	30.7	14277	160128	225851
蛟河市	Jiaohe City	6364	44.8	27.9	24769	161530	343377
桦甸市	Huadian City	6625	45.0	22.1	36984	120440	411931
舒兰市	Shulan City	4557	65.6	44.5	32006	208891	521761
磐石市	Panshi City	3867	53.6	33.2	31777	179130	451245
梨树县	Lishu County	3273	79.2	55.8	30707	246956	926615
伊通满族自治县	Yitong Man A.C.	2524	47.2	38.3	22154	178681	397169
公主岭市	Gongzhuling City	4028	108.2	70.8	37941	352135	974432
双辽市	Shuangliao City	3121	41.4	26.8	22250	146668	377263
东丰县	Dongfeng County	2522	39.9	30.4	15641	178894	288832
东辽县	Dongliao County	2184	34.8	26.8	13972	123865	204168
通化县	Tonghua County	3726	24.3	16.2	21885	88587	85011
辉南县	Huinan County	2272	35.3	21.9	21182	126096	175000
柳河县	Liuhe County	3346	37.3	26.0	22264	134880	181303
梅河口市	Meihekou City	2174	61.7	36.5	45176	175606	249000
集安市	Ji'an City	3342	21.8	16.1	19635	80913	85000
抚松县	Fusong County	6530	28.7	10.3	30194	53549	209546
靖宇县	Jingyu County	3094	14.7	6.9	13979	35062	61291
长白朝鲜族自治县	Changbai Korean A.C.	2498	8.5	3.2	11524	17625	52595
临江市	Linjiang City	3008	16.7	6.3	18919	42589	70264
前郭尔罗斯蒙古族自治县	Qianguoerluosi Mengolian A.C.	6979	59.4	44.3	46842	199185	745026
长岭县	Changling County	5728	63.9	52.7	28696	239842	662687
乾安县	Qian'an County	3617	30.9	20.8	16466	117722	211000
扶余县	Fuyu County	4654	76.5	64.5	19346	287932	765000
镇赉县	Zhenlai County	4717	28.5	18.0	25534	103584	249829
通榆县	Tongyu County	8496	36.6	24.4	24859	131903	208451
洮南市	Taonan City	5031	43.4	28.7	31626	140027	258786
大安市	Da'an City	4879	40.9	28.0	26037	126449	176891
延吉市	Yanji City	1748	52.4	7.0	80778	37032	52293
图们市	Tumen City	1142	12.3	2.2	12039	14090	16694
敦化市	Dunhua City	11957	46.4	21.3	53602	119770	279131
珲春市	Hunchun City	5161	22.1	8.0	33371	46974	52200
龙井市	Longjing City	2208	17.3	6.5	12430	36877	44332
和龙市	Helong City	5069	18.5	7.5	20992	42792	56589
汪清县	Wangqing County	8997	23.5	10.5	25850	60861	105185
安图县	Antu County	7444	20.9	9.3	27070	46914	71015

continued

第二产业增加值（万元）Value-added of Secondary Industry (10 000 yuan)	公共财政预算收入（万元）Public Budgetary Revenue (10 000 yuan)	公共财政预算支出（万元）Public Budgetary Expenditure (10 000 yuan)	居民储蓄存款余额（万元）Balance of Savings Deposit of Households (10 000 yuan)	粮食总产量（吨）Total Grain Yield (ton)	固定资产投资（不含农户）（万元）Investment in Fixed Assets (Excluding Rural Households) (10 000 yuan)	固定电话用户（户）Number of Fixed Telephone Subscribers (subscriber)	普通中学在校学生数（人）Enrollment of Regular Secondary Schools (person)	小学在校学生数（人）Enrollment of Primary Schools (person)	医院、卫生院床位数（床）Number of Beds of Hospitals and Health Centers (bed)
935885	123768	367430	1296227	3120651	1657208	120224	50061	54707	2822
1712315	151235	381888	1304575	902500	1680827	188144	31722	40370	3007
873814	100206	405150	1091232	3205389	1588256	114365	55857	75633	1761
1352892	117731	342647	1339522	1252087	1688590	131564	43505	60711	1234
501642	66015	190230	515138	509000	758576	48030	9142	19191	989
993940	63384	204559	518745	552000	1104611	143452	20711	22484	1425
1596640	128331	288974	726318	601000	1206848	74459	28899	34048	2598
573899	55058	256273	732221	870000	1075222	86053	24478	34984	2039
1391648	109117	261304	640549	634000	1206828	117006	25998	27757	1932
1121283	64305	284273	715706	2126587	533362	81500	23318	41039	1542
383182	45520	200720	519779	1002500	379239	44196	20472	27771	1467
1299261	146916	415926	1243058	3120130	1305715	235628	42219	61687	2982
964713	47326	201957	357522	1105461	676331	48620	15417	25104	1271
752671	40233	180000	568275	752500	887593	69481	17650	20980	2212
754732	40109	180168	415131	500000	842215	27059	13677	17558	1024
620601	87201	210188	493952	140500	1170840	52147	6979	13679	1496
344100	65981	211555	588561	517000	1067911	45504	16105	19605	1392
387859	75824	246099	529592	520483	642317	56575	15754	17401	1498
1209622	156292	352243	1203746	532500	1490173	92520	33737	41018	2132
339055	73687	210811	502792	62000	1040744	45632	10827	13370	840
787561	102158	273804	666719	74000	1170808	47013	14968	17336	1991
339818	37234	140206	216203	50586	486558	22352	5002	7471	545
152874	29419	136650	231982	20131	404989	25232	4718	3511	307
440872	54335	181758	386654	43000	552628	28000	7098	6930	1004
2466139	113396	279791	1020799	2077500	1354124	235500	21103	34083	2400
1010107	34996	221583	394183	1785032	1012923	83596	23875	35901	1206
1172654	73028	188322	320317	719500	713834	32951	10825	14004	1200
1275866	36024	190912	514077	2100500	622281	70779	19466	38802	973
529653	48068	232473	337699	832500	555568	33273	14297	18977	786
383547	46270	232864	263922	475000	701989	32910	15437	21361	1071
462145	41234	243601	371326	752500	906037	30432	15473	22644	1878
675698	77295	275776	521529	700000	779598	62800	14486	18138	1500
1484956	201770	362705	3012988	84000	1648126	235819	24341	26897	3556
232061	25579	117960	372936	38500	180685	27072	1489	2847	456
756690	105607	343035	1165548	470000	1074248	106431	17157	21759	2247
898209	107899	258819	734779	102500	1011848	81004	11479	10094	508
166336	27329	171479	443782	132500	323384	45316	3494	4404	535
333624	35845	168241	372700	105000	397693	28614	4705	5409	795
289899	48339	216934	524417	180000	543589	45000	4769	8594	960
230274	37504	160563	508363	101000	472494	40425	6250	8090	883

4-1 续表 9

地区名称	Region	行政区域土地面积（平方公里）Land Area (sq.m)	年末总人口（万人）Total Population (year-end) (10 000 persons)	乡村人口（万人）Rural Population (10 000 persons)	年末单位从业人员数（人）Employed Persons (year-end) (person)	乡村从业人员数（人）Rural Laborers (person)	第一产业增加值（万元）Value-added of Primary Industry (10 000 yuan)
黑龙江省	**Heilongjiang Province**						
依兰县	Yilan County	4616	40.6	23.0	33269	138255	354850
方正县	Fangzheng County	2969	23.1	12.7	22838	71207	155574
宾县	Bin County	3845	62.8	45.3	29657	244310	386417
巴彦县	Bayan County	3137	70.7	58.7	29873	295725	629857
木兰县	Mulan County	3600	27.4	22.3	17604	118581	189209
通河县	Tonghe County	5676	25.5	13.2	21000	67438	171484
延寿县	Yanshou County	3149	27.0	17.8	32183	89967	141630
双城市	Shuangcheng City	3112	82.2	63.6	25606	313526	1095297
尚志市	Shangzhi City	8891	61.9	34.3	35258	159680	441740
五常市	Wuchang City	7512	100.7	71.0	44011	339820	803007
龙江县	Longjiang County	5887	60.2	43.9	18164	235866	397567
依安县	Yi'an County	3678	49.4	39.0	13022	214618	279212
泰来县	Tailai County	3922	31.9	22.9	12179	123398	167991
甘南县	Gannan County	4792	33.1	27.0	10397	158149	189420
富裕县	Fuyu County	4060	29.2	19.2	14251	100256	229876
克山县	Keshan County	3320	47.0	39.7	13926	196387	214141
克东县	Kedong County	2083	29.6	20.0	10522	116422	117918
拜泉县	Baiquan County	3599	58.3	48.4	12018	257057	310982
讷河市	Nehe City	6648	73.0	49.3	20628	256172	371690
鸡东县	Jidong County	3243	27.8	20.6	16801	120937	245020
虎林市	Hulin City	9334	15.8	9.3	22635	48631	305547
密山市	Mishan City	7731	33.5	21.4	18098	109141	298683
萝北县	Luobei County	2167	8.6	4.7	8701	29906	88676
绥滨县	Suibin County	3344	13.4	10.6	7999	55920	111646
集贤县	Jixian County	2258	28.7	19.8	27138	107518	285382
友谊县	Youyi County	1647	2.9		7646		8856
宝清县	Baoqing County	10001	30.8	19.6	20456	107864	442610
饶河县	Raohe County	6765	8.0	4.4	7897	28655	102856
肇州县	Zhaozhou County	2445	46.6	30.7	29242	182208	353433
肇源县	Zhaoyuan County	4120	47.6	38.2	16779	197537	393484
林甸县	Lindian County	3493	26.9	18.8	12648	108695	171040
杜尔伯特蒙古族自治县	Duerbote Mengolian A.C.	6054	25.2	17.0	11723	98746	232855
嘉荫县	Jiayin County	6739	6.4	4.6	32638	25813	134108
铁力市	Tieli City	6730	38.2	9.2	39270	47813	306195
桦南县	Huanan County	4415	44.9	31.7	31749	169768	361916
桦川县	Huachuan County	2268	22.9	16.6	10119	76578	101834
汤原县	Tangyuan County	3420	26.5	15.7	15443	85543	299984
抚远县	Fuyuan County	6263	12.7	8.7	6706	48852	176267
同江市	Tongjiang City	6300	11.3	7.2	8249	38891	185252
富锦市	Fujin City	8227	39.4	24.5	21005	159233	520273

continued

第二产业增加值(万元) Value-added of Secondary Industry (10 000 yuan)	公共财政预算收入(万元) Public Budgetary Revenue (10 000 yuan)	公共财政预算支出(万元) Public Budgetary Expenditure (10 000 yuan)	居民储蓄存款余额(万元) Balance of Savings Deposit of Households (10 000 yuan)	粮食总产量(吨) Total Grain Yield (ton)	固定资产投资(不含农户)(万元) Investment in Fixed Assets (Excluding Rural Households) (10 000 yuan)	固定电话用户(户) Number of Fixed Telephone Subscribers (subscriber)	普通中学在校学生数(人) Enrollment of Regular Secondary Schools (person)	小学在校学生数(人) Enrollment of Primary Schools (person)	医院、卫生院床位数(床) Number of Beds of Hospitals and Health Centers (bed)
353960	64419	202748	400523		894857	63552	12412	25442	799
146707	29198	122942	488840		430816	32000	8140	13222	882
881961	76983	250119	572055		1242890	56000	20193	28492	1289
231842	38245	232856	560757		900266	98960	29147	39517	1086
113672	30593	147164	214608		336191	22000	11852	13706	750
119788	28995	153989	295929		473853	36166	18927	24573	823
135127	31291	146887	262736		309495	44681	7541	15198	622
1021036	100369	287938	864906		1564663	96177	29911	44625	1460
837486	55968	211378	905169		1270666	82450	29566	29926	2050
813221	68998	298476	989926		1000865	134800	22380	45379	1858
227339	29925	222083	342863		323569	42050	22269	32610	1608
140251	19869	74939	326617		114547	18865	11281	19162	746
109647	17200	137696	201709		407943	44168	13574	12853	670
50616	18799	173447	335614		255765	28648	8018	19019	710
195273	31621	189253	302059		351110	47908	10912	14474	1472
145241	11282	170967	419850		293200	54670	15572	18914	909
111520	14381	142254	219406		336211	15102	11188	15334	500
187483	16453	78253	336104		231264	43273	14785	19330	739
339597	26951	270188	548316		394310	61040	24381	31426	803
492460	35366	71176	443591		290050	58154	20420	13123	872
115830	29492	180077	806964		281652	46000	10289	7766	1029
332133	34279	195577	892799		388318	58834	20515	19753	1030
87585	35375	115971	462251		217399	9780	4667	5675	344
21042	11173	45114	213127		127610	13146	4960	9433	348
602739	38500	147286	474956		826129	44253	9768	18741	1043
44300	14802	65907	355049		138576	16337	2645	3578	1159
630890	51158	133211	550515		971574	62331	16248	14102	989
17712	11559	106949	217495		361900	18802	3847	7303	244
1035409	71968	118553	390926		720187	57970	22260	19264	883
709958	62305	109958	437651		920135	53460	22049	21619	927
282198	35710	70780	297813		472386	20996	10525	15109	512
576178	42100	96295	289058		645380	53831	12695	14917	419
32064	8886	87429	145682		179797	26917	3175	4767	272
169943	17120	150967	716128		578040	70890	16612	17461	1335
261841	30334	203059	416460		680000	39000	24117	32964	1121
79347	16629	149733	174355		297730	31734	12414	13409	420
210205	16466	147362	269223		397647	24778	11678	17253	810
29484	18899	145238	170305		153024	13725	6251	11246	79
81358	21856	170879	182614		456963	19725	5593	11178	445
391098	47989	262391	466010		668096	68300	21318	36756	877

4-1 续表 10

地区名称	Region	行政区域土地面积(平方公里) Land Area (sq.m)	年末总人口(万人) Total Population (year-end) (10 000 persons)	乡村人口(万人) Rural Population (10 000 persons)	年末单位从业人员数(人) Employed Persons (year-end) (person)	乡村从业人员数(人) Rural Laborers (person)	第一产业增加值(万元) Value-added of Primary Industry (10 000 yuan)
勃利县	Boli County	2305	31.8	21.4	19454	87314	138787
东宁县	Dongning County	7139	21.0	11.0	20181	61348	329438
林口县	Linkou County	6688	37.1	24.1	19137	147206	321986
绥芬河市	Suifenhe City	422	6.8	0.9	11346	5609	6341
海林市	Hailin City	8711	40.0	13.0	35566	78347	311253
宁安市	Ning'an City	7891	43.5	29.5	30491	179381	456140
穆棱市	Muling City	6212	29.1	12.6	25873	92732	260690
嫩江县	Nenjiang County	15109	50.0	23.8	20816	99729	503480
逊克县	Xunke County	17344	8.3	6.0	6123	35442	105265
孙吴县	Sunwu County	4319	10.5	5.6	7371	30670	42777
北安市	Beian City	7194	39.4	13.0	25739	78895	184433
五大连池市	Wudalianchi City	9874	36.3	17.3	27065	87422	263592
望奎县	Wangkui County	2314	47.3	35.8	20451	179320	318450
兰西县	Lanxi County	2499	49.5	40.4	16366	183625	228891
青冈县	Qinggang County	2684	50.0	36.8	17215	170676	211876
庆安县	Qing'an County	5469	41.3	30.3	17530	164123	267890
明水县	Mingshui County	2308	37.0	20.0	20750	192360	174927
绥棱县	Suiling County	4238	33.1	18.6	37425	84134	309323
安达市	Anda City	3586	48.9	25.9	24632	152728	607279
肇东市	Zhaodong City	3905	94.1	61.3	45127	322778	924381
海伦市	Hailun City	4667	84.0	65.1	31609	367634	581417
呼玛县	Huma County	14335	5.3	2.4	8363	12523	91836
塔河县	Tahe County	14059	9.7	0.8	15271	4611	117799
漠河县	Mohe County	18428	8.6	0.6	20739	2986	137071
江苏省	**Jiangsu Province**						
溧水县	Lishui County	1064	41.9	31.6	57154	181400	293300
高淳县	Gaochun County	790	43.3	36.1	70451	226300	302900
江阴市	Jiangyin City	987	121.3	62.9	176982	392800	476900
宜兴市	Yixing City	1997	107.7	64.0	124776	356800	476800
丰县	Feng County City	1446	116.6	95.2	43475	519800	463900
沛县	Pei County	1349	128.7	91.2	45656	485800	679100
睢宁县	Suining County	1767	137.4	105.2	47136	585100	571800
新沂市	Xinyi City	1571	107.2	83.2	57996	427700	479100
邳州市	Pizhou City	2088	179.9	133.9	64777	669000	793200
溧阳市	Liyang City	1535	79.0	60.8	65174	319900	390200
金坛市	Jintan City	976	55.3	36.3	61283	203300	276400
常熟市	Changshu City	1276	106.8	58.6	125086	397400	370200
张家港市	Zhangjiagang City	990	91.0	58.4	148523	316100	275300
昆山市	Kunshan City	932	73.8	36.0	197472	212100	244600
太仓市	Taicang City	823	47.3	24.7	122189	161600	336090
海安县	Haian County	1108	93.9	71.1	76021	381600	476897
如东县	Rudong County	1733	104.6	86.3	69855	474800	565628
启东市	Qidong City	1208	112.4	90.8	72541	518700	614819

continued

第二产业增加值(万元) Value-added of Secondary Industry (10 000 yuan)	公共财政预算收入(万元) Public Budgetary Revenue (10 000 yuan)	公共财政预算支出(万元) Public Budgetary Expenditure (10 000 yuan)	居民储蓄存款余额(万元) Balance of Savings Deposit of Households (10 000 yuan)	粮食总产量(吨) Total Grain Yield (ton)	固定资产投资(不含农户)(万元) Investment in Fixed Assets (Excluding Rural Households) (10 000 yuan)	固定电话用户(户) Number of Fixed Telephone Subscribers (subscriber)	普通中学在校学生数(人) Enrollment of Regular Secondary Schools (person)	小学在校学生数(人) Enrollment of Primary Schools (person)	医院、卫生院床位数(床) Number of Beds of Hospitals and Health Centers (bed)
325072	28698	157148	446044		298051	68410	6662	13091	620
395861	75007	197981	708006		670687	34678	9561	12142	610
246467	47317	167311	437426		360241	54788	11539	15520	1053
159890	90168	196592	781272		853294	31796	6405	7290	625
780817	72277	201709	723311		1281480	99583	10307	11732	1375
573747	62828	217913	679477		1150851	69529	20997	22033	1040
848412	75577	209971	447818		1040372	71502	10811	15074	778
229963	64035	235283	542076		801204	51133	14531	25465	817
25386	12300	102140	180923		93683	17561	4326	6015	229
12633	6110	38288	156280		66018	14950	5502	7677	264
139939	40080	239706	774437		440814	45109	14598	20616	2153
51779	14279	187773	510730		290347	30267	11047	15619	1457
156589	29609	93397	342763		576339	48805	15213	21674	1185
81894	13859	197230	321693		285741	46600	23554	22179	741
147730	10026	187690	296926		291284	38363	21614	18613	1186
168761	23125	184737	390298		370748	125678	19360	24678	796
165547	15588	170263	223531		167798	35832	13325	18561	674
133251	13596	149672	362756		168216	30761	20191	17881	744
1672403	147730	327189	653488		1300545	47601	18540	23388	1380
1927378	165005	415176	896518		1358972	130972	41866	38556	1798
233295	25288	265052	565121		235320	131980	43773	39447	1246
38497	8496	84214	119598		121304	5700	2651	3217	252
41369	10296	45301	222879		68075	31960	2142	3382	450
115574	30095	86928	226684		237345	17062	4291	1146	380
2221100	291998	349708	1112000	244611	3501127	106803	16387	18825	1230
1933100	220018	317323	1005800	187016	3020085	98141	16054	18357	1632
14439100	1671918	1540005	7924871	203459	8342829	502334	56911	88877	6616
5812200	783811	825222	6486394	487207	4805602	374993	45164	61720	3852
1038200	249166	472552	1292601	528855	1273340	100803	58006	68118	3283
2038100	389620	618053	1918117	611684	2923210	146045	52467	77006	3786
1323400	255645	486170	1525560	916192	1532206	155666	74189	78548	2732
1494400	328492	528311	1240984	656944	2706367	132020	38487	74390	2339
2236400	421211	682153	1677574	827654	3938766	154129	79428	141799	3873
3065800	404988	458353	3325363	545243	3732437	235000	31971	37429	2404
1978000	231104	317181	2295867	282617	2199295	200600	21585	24731	1862
9969500	1281504	1282681	9071807	322235	6021202	427553	41172	67606	6205
11755100	1496131	1429162	7467598	280511	6910683	367859	36140	58908	6013
16312500	2202750	1951473	7871314	124223	7676225	527229	33440	63670	4762
5203600	901516	861596	3771664	214783	4599342	205801	19155	30234	3035
2463012	375279	552958	4266525	632927	3226554	330910	32263	35576	3791
2430255	321681	544423	3487182	918911	3107935	304291	34519	31579	2832
3060885	522149	595882	4817066	263854	3595336	365231	35531	38157	3301

4-1 续表 11

地区名称	Region	行政区域土地面积(平方公里) Land Area (sq.m)	年末总人口(万人) Total Population (year-end) (10 000 persons)	乡村人口(万人) Rural Population (10 000 persons)	年末单位从业人员数(人) Employed Persons (year-end) (person)	乡村从业人员数(人) Rural Laborers (person)	第一产业增加值(万元) Value-added of Primary Industry (10 000 yuan)
如皋市	Rugao City	1492	142.5	120.0	65074	607000	527722
海门市	Haimen City	939	100.0	79.3	68821	496700	464998
赣榆县	Ganyu County	1514	115.6	88.7	40194	425900	504600
东海县	Donghai County	2037	118.0	93.2	39801	451600	510200
灌云县	Guanyun County	1840	102.0	81.0	33224	375200	503400
灌南县	Guannan County	1025	78.7	61.0	35709	320500	393900
涟水县	Lianshui County	1676	111.4	95.9	48207	504400	450100
洪泽县	Hongze County	1394	38.6	28.5	37297	175500	251700
盱眙县	Xuyi County	2497	78.3	55.7	31967	318900	404900
金湖县	Jinhu County	1394	35.7	25.6	28953	134400	229400
响水县	Xiangshui County	1461	61.5	46.1	33378	212300	355840
滨海县	Binhai County	1915	120.1	93.5	39591	449600	497010
阜宁县	Funing County	1439	110.9	78.5	52103	372000	463404
射阳县	Sheyang County	2855	96.7	74.3	57486	349100	695917
建湖县	Jianhu County	1160	80.4	57.8	55859	302400	421300
东台市	Dongtai City	3221	113.6	90.7	70007	488100	783298
大丰市	Dafeng City	3059	72.5	53.6	65485	313400	633400
宝应县	Baoying County	1462	90.3	70.9	67649	417000	554300
仪征市	Yizheng City	857	56.2	39.4	59625	228200	193000
高邮市	Gaoyou City	1922	81.7	65.8	55983	358500	559600
丹阳市	Danyang City	1047	81.2	60.1	88472	361000	447913
扬中市	Yangzhong City	331	28.1	23.4	46012	128400	115000
句容市	Jurong City	1387	58.8	44.9	69243	250900	317100
兴化市	Xinghua City	2395	157.3	116.4	57718	609400	815400
靖江市	Jingjiang City	656	66.7	48.6	69784	267800	188800
泰兴市	Taixing City	1170	119.8	105.2	75553	563900	428000
姜堰市	Jiangyan City	928	79.3	61.0	55638	344600	316800
沭阳县	Shuyang County	2298	186.8	156.8	65315	837700	717600
泗阳县	Siyang County	1418	103.6	82.5	39402	395800	462068
泗洪县	Sihong County	2731	105.5	76.8	46384	386900	491700
浙江省	**Zhejiang Province**						
桐庐县	Tonglu County	1780	40.4	32.4	49746	208200	197441
淳安县	Chun'an County	4427	45.6	36.9	38777	242100	270778
建德市	Jiande City	2364	50.9	39.7	48052	233000	258136
富阳市	Fuyang City	1808	65.6	53.4	128223	335700	359913
临安市	Lin'an City	3124	52.6	46.1	95183	282200	336497
象山县	Xiangshan County	1382	54.0	39.9	313822	252400	537669
宁海县	Ninghai County	1843	61.6	50.9	70739	323600	364069
余姚市	Yuyao City	1501	83.5	70.8	152279	433200	434637
慈溪市	Cixi City	1361	104.2	119.8	159237	778800	465351
奉化市	Fenghua City	1268	48.4	38.9	58439	268000	276749
洞头县	Dongtou County	100	13.1	8.4	7846	54300	38102
永嘉县	Yongjia County	2674	96.3	77.4	106309	486200	98425

continued

第二产业增加值(万元) Value-added of Secondary Industry (10 000 yuan)	公共财政预算收入(万元) Public Budgetary Revenue (10 000 yuan)	公共财政预算支出(万元) Public Budgetary Expenditure (10 000 yuan)	居民储蓄存款余额(万元) Balance of Savings Deposit of Households (10 000 yuan)	粮食总产量(吨) Total Grain Yield (ton)	固定资产投资(不含农户)(万元) Investment in Fixed Assets (Excluding Rural Households) (10 000 yuan)	固定电话用户(户) Number of Fixed Telephone Subscribers (subscriber)	普通中学在校学生数(人) Enrollment of Regular Secondary Schools (person)	小学在校学生数(人) Enrollment of Primary Schools (person)	医院、卫生院床位数(床) Number of Beds of Hospitals and Health Centers (bed)
3184929	536012	710821	4360984	740174	3298620	371430	53179	62308	4586
3775976	516092	559553	4818357	184305	3708633	344077	39987	44411	3173
1660700	292104	536889	1213896	564656	2023134	209409	66089	80061	2668
1273700	274607	480020	1218301	1143265	1893483	187230	58667	86741	2465
1022300	258598	410191	871626	804907	1644649	134014	55448	64857	2332
1052800	255941	418773	620623	629042	1630370	109642	38712	55620	2355
936600	216161	436561	1044678	908387	1393053	136638	51574	75218	3094
668900	171008	284305	486983	420551	923370	62520	14975	18777	1154
965000	231523	402616	899553	971997	1733345	103866	35866	43901	2544
584200	153541	253333	766948	506668	853654	66124	13089	14562	863
898500	197301	358616	577564	531656	1419922	84991	21478	38328	1576
1178900	249441	480926	971375	911558	1873151	168649	37032	60481	2428
1316100	254766	465544	1357041	922548	1630038	153649	36769	49748	2610
1293800	208036	438319	1321664	1079258	1683130	170679	34998	45303	2555
1543500	329366	532899	1618917	691855	1777482	129897	28489	38691	2301
2318900	436725	627508	3242038	911333	2784149	253198	40169	37361	3967
1738200	400066	554150	1980996	776434	2165584	184759	27797	28496	2360
1518500	207118	370411	1718810	911261	1976892	177870	36638	41967	1700
2128600	246578	264386	1942330	337056	2474524	156702	22488	24442	1713
1560500	217246	369829	2034064	860371	2342916	184283	34601	31622	1903
4477600	500876	543083	3723500	504804	2805264	286718	35894	45756	2511
2026900	225741	253612	1985973	107825	1470328	131752	10375	13745	820
1778900	250158	358564	1761669	347652	1743864	169646	19715	22801	1465
2225000	294622	586835	2754756	1393109	1893020	249936	46185	54103	3896
3358800	440139	477737	3146481	335342	2833805	191115	25929	32374	3079
2911500	326121	505795	2945372	694268	2610963	263581	54057	54847	3196
2108000	235406	349522	2542255	547777	2156160	173241	35335	34989	2590
2204900	487877	782009	1839553	1318441	2581605	229922	102997	109985	4844
1379700	217642	419990	1117529	605858	1844637	188839	50535	70189	2928
1111400	197594	444240	1092583	1027936	1606482	154549	54727	77976	3227
1528754	195063	274813	1387042		1412038	125518	17800	22500	1213
681005	112098	270033	974568		969471	98738	19900	17900	1094
1373300	160046	252535	1482534		961590	116636	23800	21400	1721
3223002	420063	479593	2907916		2343812	185946	35100	43700	1530
2184269	236616	362896	1799811		1379851	168646	22400	28400	1837
1583874	272793	458059	1419111		1375848	206100	22404	34214	1504
1948447	298439	417143	1609323		1437003	154200	27955	46412	1576
4223347	616855	678191	5072632		3615419	389700	42431	67648	2508
5600405	813852	866031	7527775		4432783	509000	53551	90003	2483
1303059	243728	389930	1989054		1281439	206000	22012	32884	2106
186776	33926	131756	168219		474046	27246	4183	5610	172
1594945	184454	347358	2393367		1763513	198728	45772	64367	1309

4-1 续表 12

地区名称	Region	行政区域土地面积（平方公里）Land Area (sq.m)	年末总人口（万人）Total Population (year-end) (10 000 persons)	乡村人口（万人）Rural Population (10 000 persons)	年末单位从业人员数（人）Employed Persons (year-end) (person)	乡村从业人员数（人）Rural Laborers (person)	第一产业增加值（万元）Value-added of Primary Industry (10 000 yuan)
平阳县	Pingyang County	1051	87.3	68.1	79865	418200	134083
苍南县	Cangnan County	1272	130.0	100.8	96147	622400	260866
文成县	Wencheng County	1293	39.1	24.7	17934	155100	58411
泰顺县	Taishun County	1762	36.1	29.5	54144	177500	55750
瑞安市	Ruian City	1271	121.6	115.2	106500	661500	188009
乐清市	Leqing City	1174	127.2	124.2	218267	711800	196886
嘉善县	Jiashan County	507	38.6	34.9	108979	214900	236795
海盐县	Haiyan County	508	37.6	35.2	63918	219200	210114
海宁市	Haining City	668	66.6	52.9	125373	315800	252980
平湖市	Pinghu City	537	48.9	34.5	130828	217500	178672
桐乡市	Tongxiang City	727	68.0	56.5	109497	348100	318862
德清县	Deqing County	938	43.3	35.3	98478	213700	213002
长兴县	Changxing County	1431	62.6	52.8	80228	313100	304807
安吉县	Anji County	1886	46.0	38.8	53868	242300	253434
绍兴县	Shaoxing County	1177	72.7	84.8	329598	523800	356485
新昌县	Xinchang County	1213	43.9	32.3	58186	213200	197146
诸暨市	Zhuji City	2311	107.4	95.8	315700	598900	466940
上虞市	Shangyu City	1403	77.8	64.6	215846	378500	392446
嵊州市	Shengzhou City	1790	73.5	62.8	55761	399800	352886
武义县	Wuyi County	1568	33.9	28.7	20917	191600	144443
浦江县	Pujiang County	918	39.1	43.0	26405	253200	91011
磐安县	Pan'an County	1195	21.0	18.3	33646	116400	95989
兰溪市	Lanxi City	1312	66.6	54.1	61991	335900	222826
义乌市	Yiwu City	1105	75.3	120.7	114791	783100	214114
东阳市	Dongyang City	1747	82.8	72.9	380036	527400	179820
永康市	Yongkang City	1048	58.0	62.8	50556	364900	87597
常山县	Changshan County	1097	33.6	26.8	16678	172500	75651
开化县	Kaihua County	2231	35.5	29.9	12768	194700	114899
龙游县	Longyou County	1143	40.4	32.8	33248	207600	130416
江山市	Jiangshan City	2019	60.3	47.8	28559	303800	198772
岱山县	Daishan County	324	19.0	14.3	21500	85000	235238
嵊泗县	Shengsi County	97	7.9	4.5	11500	27100	160774
玉环县	Yuhuan County	378	42.6	61.2	110263	431900	253094
三门县	Sanmen County	1072	43.5	34.5	35888	219900	210039
天台县	Tiantai County	1426	59.2	45.8	52822	294900	116873
仙居县	Xianju County	1992	50.3	42.0	47917	260500	131128
温岭市	Wenling City	836	120.6	112.1	109165	662200	535290
临海市	Linhai City	2171	117.9	89.5	160058	579600	359878
青田县	Qingtian County	2493	52.1	29.1	26580	169900	67805
缙云县	Jinyun County	1494	45.9	39.1	20100	233900	86714
遂昌县	Suichang County	2539	23.2	19.1	19600	118600	93428
松阳县	Songyang County	1406	23.9	19.8	10852	129400	114639
云和县	Yunhe County	984	11.4	9.9	13200	59000	39647
庆元县	Qingyuan County	1898	20.6	11.7	9600	71500	65808
景宁畲族自治县	Jingning She A.C.	1949	17.3	9.8	10916	59900	58454
龙泉市	Longquan City	3059	28.9	20.8	20100	129600	114876

continued

第二产业增加值（万元） Value-added of Secondary Industry (10 000 yuan)	公共财政预算收入（万元） Public Budgetary Revenue (10 000 yuan)	公共财政预算支出（万元） Public Budgetary Expenditure (10 000 yuan)	居民储蓄存款余额（万元） Balance of Savings Deposit of Households (10 000 yuan)	粮食总产量（吨） Total Grain Yield (ton)	固定资产投资（不含农户）（万元） Investment in Fixed Assets (Excluding Rural Households) (10 000 yuan)	固定电话用　户（户） Number of Fixed Telephone Subscribers (subscriber)	普通中学在校学生数（人） Enrollment of Regular Secondary Schools (person)	小学在校学生数（人） Enrollment of Primary Schools (person)	医院、卫生院床位数（床） Number of Beds of Hospitals and Health Centers (bed)
1285873	171174	275092	1982186		1814082	175716	38402	54831	1665
1540191	193273	380704	2501396		2204748	279813	63824	86041	2300
186859	49267	213884	1058584		383768	53975	9695	14994	519
194353	49193	202590	524015		372838	42451	15679	19180	528
2763596	406484	466178	5472136		3164109	408348	56228	102119	3215
3489699	457238	464758	5043816		3620007	400325	61471	100607	2861
1989909	273084	279908	2278705		2102828	180938	20303	26014	1515
1770746	223273	234559	1973426		1993859	157781	19769	23048	1225
3396264	442890	433163	4278027		3036723	301096	31826	44207	2866
2623718	380180	374403	2725591		2289107	206848	24639	28289	1689
2772659	417644	412294	4018713		2552250	261279	36232	51101	2861
1752979	271938	297910	1935660		1737521	162677	23419	25356	1793
1995704	355087	388625	1817795		2488125	180624	33254	37116	2399
1190191	210821	292238	1440498		1108268	167500	24835	25733	1499
5893289	704424	626082	5895929		4281112	418190	46676	60880	3347
1485941	200008	248890	1428037		962610	143315	20555	27303	1881
4599358	526188	556945	4789547		4110993	434101	81086	75331	3935
3214694	391888	399217	3793616		2965372	304673	39503	46036	2468
1859096	197498	268498	2329153		1391712	249212	33183	39076	2106
915504	124297	204610	1257026		810572	93498	14119	27208	1053
996061	115353	167966	1508710		652471	121079	19410	35726	1808
316583	45345	140826	487369		347088	36915	9654	12779	578
1326360	161533	267404	1484347		1062804	141215	30660	33981	1359
3332977	574188	545403	10531390		2935885	477448	46970	84223	3145
1865011	301057	392421	3167673		1548984	234609	41082	66714	3072
2452908	301229	323717	3675799		1391081	210672	29498	61596	2020
525132	57160	173567	568957		813272	56800	12723	18300	708
407596	45735	194013	623813		540307	56100	13945	18800	873
955163	80506	204601	928465		1057561	97500	18413	21400	1209
1221021	111408	243000	1371286		1074381	105200	28346	36700	1383
933546	97712	251024	704856		765213	81115	5500	7300	478
102758	48629	142702	290794		332867	32580	2500	2800	326
2249488	251128	296662	2034624		914223	202870	18100	47400	1102
548143	106818	206448	811128		1326271	84458	16250	27600	769
644333	110722	221533	1129866		888285	108728	30500	36600	1338
554171	79028	184085	1112016		964641	83597	25800	40000	1032
3244831	388678	486941	5366521		2359129	343060	52400	98700	4135
1974469	286066	417067	2859216		1733894	227364	56954	85900	3449
925492	105442	244214	2894204		661161	83238	19068	29546	636
926747	74401	177253	993125		740592	82618	22380	28710	1464
352260	46747	152610	471079		323721	41233	9176	12615	577
303150	33046	148274	445464		335524	36215	10107	13340	577
237087	28696	104122	295778		270526	21921	4920	7584	348
199867	21511	130442	286034		280334	24778	8077	10893	462
130442	40850	174292	229148		260926	19914	5423	8806	339
405948	46409	151276	592632		530520	43406	11960	17848	785

4-1 续表 13

地区名称	Region	行政区域土地面积(平方公里) Land Area (sq.m)	年末总人口(万人) Total Population (year-end) (10 000 persons)	乡村人口(万人) Rural Population (10 000 persons)	年末单位从业人员数(人) Employed Persons (year-end) (person)	乡村从业人员数(人) Rural Laborers (person)	第一产业增加值(万元) Value-added of Primary Industry (10 000 yuan)
安徽省	**Anhui Province**						
长丰县	Changfeng County	1841	77.3	66.5	47958	385202	511411
肥东县	Feidong County	2206	108.7	95.1	38706	593249	540701
肥西县	Feixi County	2082	90.8	81.9	64576	510720	505942
庐江县	Lujiang County	2344	119.1	108.2	51861	548764	368359
巢湖市	Chaohu City	2046	88.9	66.0	44966	377076	244070
芜湖县	Wuhu County	650	34.7	30.0	10104	170738	161828
繁昌县	Fanchang County	585	27.8	21.2	17734	126506	75012
南陵县	Nanling County	1264	55.3	49.4	23937	304352	252907
无为县	Wuwei County	2433	142.3	95.9	43256	638057	519080
怀远县	Huaiyuan County	2384	137.9	120.7	31990	702264	590197
五河县	Wuhe County	1595	73.5	67.3	17101	405978	460684
固镇县	Guzhen County	1360	63.4	56.5	17262	337380	400923
凤台县	Fengtai County	894	64.1	51.7	63704	308804	261550
当涂县	Dangtu County	1002	47.3	37.8	13774	208206	235835
含山县	Hanshan County	1037	44.4	36.0	12666	220529	178875
和县	He County	1319	54.5	43.3	23841	254253	199923
濉溪县	Suixi County	1982	107.3	93.8	28567	474142	355224
铜陵县	Tongling County	823	29.4	23.0	16235	150321	87506
怀宁县	Huaining County	1276	69.8	63.7	18213	347102	195136
枞阳县	Zongyang County	1792	97.3	84.5	21515	528468	287815
潜山县	Qianshan County	1686	58.8	53.4	15486	272686	195410
太湖县	Taihu County	2040	57.1	51.4	20193	274684	191774
宿松县	Susong County	2394	84.1	73.5	27888	382649	360181
望江县	Wangjiang County	1357	63.5	58.5	15698	335197	228823
岳西县	Yuexi County	2372	40.7	40.4	14196	214663	132341
桐城市	Tongcheng City	1546	75.9	65.6	25785	386820	241717
歙县	She County	2236	47.9	43.8	15387	277660	153991
休宁县	Xiuning County	2125	27.5	25.0	10546	151805	110790
黟县	Yi County	847	9.5	7.7	5510	51861	32657
祁门县	Qimen County	2257	18.6	14.8	8144	97857	53929
来安县	Laian County	1481	50.0	40.2	15683	252288	188396
全椒县	Quanjiao County	1568	46.5	33.5	20093	186905	218143
定远县	Dingyuan County	3002	97.9	86.6	23077	484910	464240
凤阳县	Fengyang County	1950	76.6	67.6	17646	382945	314854
天长市	Tianchang City	1751	63.5	54.6	20777	330778	276463
明光市	Mingguang City	2350	63.6	54.7	20373	305117	288488
临泉县	Linquan County	1818	225.2	201.2	32934	1080926	565804
太和县	Taihe County	1820	175.4	152.7	31657	864550	408556
阜南县	Funan County	1768	172.1	155.8	26664	860858	406259
颍上县	Yingshang County	1859	174.8	147.0	35718	813158	404428

continued

第二产业增加值(万元) Value-added of Secondary Industry (10 000 yuan)	公共财政预算收入(万元) Public Budgetary Revenue (10 000 yuan)	公共财政预算支出(万元) Public Budgetary Expenditure (10 000 yuan)	居民储蓄存款余额(万元) Balance of Savings Deposit of Households (10 000 yuan)	粮食总产量(吨) Total Grain Yield (ton)	固定资产投资(不含农户)(万元) Investment in Fixed Assets (Excluding Rural Households) (10 000 yuan)	固定电话用户(户) Number of Fixed Telephone Subscribers (subscriber)	普通中学在校学生数(人) Enrollment of Regular Secondary Schools (person)	小学在校学生数(人) Enrollment of Primary Schools (person)	医院、卫生院床位数(床) Number of Beds of Hospitals and Health Centers (bed)
1580457	176931	336370	687213	561634	2584058	110206	34321	36279	1705
2296576	196668	402248	1249207	646197	3165823	126000	81313	56534	2240
2715940	242873	417966	1231439	536078	2718315	130176	37601	40362	2334
695824	124313	364488	1512797	792504	1058466	148380	56463	55371	2390
1190892	149059	301182	1684895	303979	991120	224316	44529	40725	3440
1034780	168285	273500	646297	203958	1695286	60110	18626	18631	560
1249569	184485	272806	805089	85606	1548132	55594	13892	13966	573
873449	115704	227139	797574	362773	1304282	67103	25286	28563	703
1783141	141080	402988	1700645	501289	1836199	177551	66211	68504	2382
874712	113086	371228	943492	1120772	1239830	117100	68858	96017	3227
473431	80203	249877	666983	715205	1019642	74048	37529	46248	1578
452693	66811	215348	620251	500157	802610	48412	32817	31817	1728
1479607	196578	320842	959878	545229	982343	84591	33612	44290	1130
1518525	267126	410316	1198413	377865	2498710	173961	24419	21965	1075
457692	75346	187282	652142	231278	502264	58000	25541	25420	887
529381	78440	215541	1002476	298249	864498	84320	27641	33552	1071
932194	118457	357535	1407106	926102	1551625	156835	70608	76193	1927
735376	114685	201819	658955	82242	1083041	47537	12378	13140	527
1013260	114421	252338	1369482	335217	802581	91538	41423	32361	1764
1011263	79047	273372	1444953	500398	1171486	118259	53280	48895	1702
634837	48043	227027	791696	235112	491300	105138	38652	35193	1177
387890	28416	204953	534337	197435	524174	78473	33506	26650	885
571788	44644	256800	871363	354816	688067	76654	48286	53094	1571
386673	32343	195625	771497	360844	521848	75881	36206	38780	907
371301	24254	185091	399261	89018	487564	55000	19201	19088	1232
1318239	126284	287500	1563367	323569	1458609	151203	47360	37766	1778
550546	78504	211288	927253	80546	717492	89309	18733	19581	1006
243348	51273	148943	504135	97658	530859	54293	10366	10727	543
101133	22301	78944	216910	27001	217009	21765	3039	3841	222
187420	39419	113656	408367	45197	399153	40463	8087	8795	859
525815	92086	221328	606956	424015	911509	76727	22972	22435	1232
425278	92498	234230	709340	414788	825942	75396	24546	20568	1049
361237	79563	307559	758042	1037421	938036	100602	50941	57982	2314
504299	112070	306671	690430	667825	971568	92804	37998	47613	1541
1408550	175095	373638	945276	645895	1730245	107561	33237	34738	2562
318372	65363	232976	623230	505734	638629	89355	32131	36144	1138
234781	44801	423857	1737710	1019924	402971	163200	100543	144534	2623
564424	69222	373747	1787460	913612	423634	129807	71178	131029	4040
362217	34571	350972	1288974	841279	458667	50950	72096	126033	3004
881769	129839	409174	1303681	1002715	787409	67200	57215	98940	2686

地区名称	Region	行政区域土地面积(平方公里) Land Area (sq.m)	年末总人口(万人) Total Population (year-end) (10 000 persons)	乡村人口(万人) Rural Population (10 000 persons)	年末单位从业人员数(人) Employed Persons (year-end) (person)	乡村从业人员数(人) Rural Laborers (person)	第一产业增加值(万元) Value-added of Primary Industry (10 000 yuan)
界首市	Jieshou City	667	78.8	66.7	25317	386612	206495
砀山县	Dangshan County	1193	100.5	85.8	29088	527610	355171
萧县	Xiao County	1885	142.9	123.2	32033	615465	481040
灵璧县	Lingbi County	2054	125.8	109.6	27789	626218	482964
泗县	Si County	1787	94.4	81.8	24079	466311	448116
寿县	Shou County	2948	137.7	130.0	31506	754000	384021
霍邱县	Huoqiu County	3487	166.6	155.7	31907	858379	420908
舒城县	Shucheng County	2100	99.6	87.9	27625	498801	275492
金寨县	Jinzhai County	3814	66.9	58.1	21886	294135	160494
霍山县	Huoshan County	2043	36.4	32.7	60981	172595	110189
涡阳县	Guoyang County	2107	154.6	132.0	39029	728722	410713
蒙城县	Mengcheng County	2091	134.3	111.0	38790	619571	444085
利辛县	Lixin County	1950	158.0	136.0	34515	732941	439844
东至县	Dongzhi County	3256	54.9	50.2	13845	324140	238172
石台县	Shitai County	1413	10.9	9.5	5763	57061	33340
青阳县	Qingyang County	1101	27.3	23.4	12409	132572	87182
郎溪县	Langxi County	1105	34.4	27.4	14788	161071	127053
广德县	Guangde County	2165	51.6	47.4	12616	289523	168588
泾县	Jing County	2055	35.5	30.0	15200	183943	149453
绩溪县	Jixi County	1116	17.7	14.2	7389	84579	89351
旌德县	Jingde County	905	15.0	12.4	8721	73714	60095
宁国市	Ningguo City	2487	38.8	31.4	29045	191008	185719
福建省	**Fujian Province**						
闽侯县	Minhou County	2130	64.8	57.2	99715	286398	303629
连江县	Lianjiang County	1186	64.1	56.9	45954	295708	936921
罗源县	Luoyuan County	1187	25.8	23.0	18625	103288	251364
闽清县	Minqing County	1467	31.6	27.0	23891	124560	196012
永泰县	Yongtai County	2243	36.6	33.7	13389	186318	325931
平潭县	Pingtan County	393	41.3	36.6	22082	186624	331656
福清市	Fuqing City	1518	129.4	114.9	209797	545762	820180
长乐市	Changle City	672	69.4	62.7	89034	282633	376367
仙游县	Xianyou County	1835	109.9	98.1	51262	500200	258376
明溪县	Mingxi County	1709	11.7	9.4	6922	53866	123294
清流县	Qingliu County	1858	14.7	12.6	13451	59423	127826
宁化县	Ninghua County	2407	36.0	31.4	97647	154147	223419
大田县	Datian County	2233	36.9	33.2	20747	159477	228379
尤溪县	Youxi County	3463	42.5	38.4	17679	191340	392164
沙县	Sha County	1815	25.6	20.3	21688	94352	222788
将乐县	Jiangle County	2246	17.7	15.1	10716	91747	139545
泰宁县	Taining County	1539	13.2	11.5	7530	57452	128468
建宁县	Jianning County	1716	15.1	12.9	16644	58217	146372
永安市	Yongan City	2932	33.0	19.3	46422	110401	245885
惠安县	Huian County	672	97.3	89.3	303800	480953	267737

continued

第二产业增加值（万元）Value-added of Secondary Industry (10 000 yuan)	公共财政预算收入（万元）Public Budgetary Revenue (10 000 yuan)	公共财政预算支出（万元）Public Budgetary Expenditure (10 000 yuan)	居民储蓄存款余额（万元）Balance of Savings Deposit of Households (10 000 yuan)	粮食总产量（吨）Total Grain Yield (ton)	固定资产投资（不含农户）（万元）Investment in Fixed Assets (Excluding Rural Households) (10 000 yuan)	固定电话用　户（户）Number of Fixed Telephone Subscribers (subscriber)	普通中学在校学生数（人）Enrollment of Regular Secondary Schools (person)	小学在校学生数（人）Enrollment of Primary Schools (person)	医院、卫生院床位数（床）Number of Beds of Hospitals and Health Centers (bed)
551196	65423	220847	878786	391985	329492	43000	30289	43424	1873
503045	45736	243560	988360	263330	386531	70002	51215	50707	2693
647542	69978	351213	1227832	660944	676426	86685	66291	80561	2141
356358	44170	295698	966184	874073	336455	92688	50739	69688	2587
455525	47794	257504	656377	745597	336642	104910	47211	55672	2038
295014	45917	365292	961853	1334833	670351	100754	52285	65562	1760
988222	132269	471098	1129916	1409690	810974	170000	63889	102490	3732
587685	63368	274163	1222681	377044	531956	89322	45872	42057	1980
365380	38196	271539	613821	146743	648358	89450	38392	42558	1105
819639	77498	201739	548198	105100	791581	96232	19103	15658	1288
799160	92668	370417	1316261	1189200	1004005	122329	56588	103127	2797
657265	95196	351166	1095316	1154845	789234	141122	70580	100836	3149
364486	66528	407963	1200165	1058110	635479	101659	58776	125988	1855
460662	79717	79717	823751	214860	566947	76284	31251	33494	1212
73676	12907	76396	194262	16941	45554	25358	5443	4906	292
324418	83809	162217	594435	125828	309737	58667	15682	14777	859
536026	91693	187392	430927	267983	1271181	55916	16053	18778	945
722822	132877	266017	730441	188548	1152549	83002	14916	27534	1267
284038	65616	176088	636551	144781	548621	78106	11993	14035	1106
233749	60515	128261	383752	59485	662199	39453	5635	6682	499
132305	36412	96123	255887	60223	139053	35650	3832	5302	361
1188756	178634	280875	718946	79143	1457639	106528	17134	17268	1613
2051100	385271	411688	1152248	66765	3769381	87550	26813	45217	980
1040100	207185	291281	1375613	50126	2580244	107601	23903	34827	824
999800	94816	142080	338757	36262	883870	30030	11143	12285	710
607700	48732	118587	571882	63130	306343	45797	13760	20074	1509
362800	35614	115235	453675	109457	323114	49208	10088	17352	835
461400	104152	461233	588237	20781	2909004	100400	25694	27500	925
3062800	390257	480520	4487666	116145	4607638	356425	72017	100800	3015
2876000	234240	297714	2306090	87080	2141650	149983	26083	44852	1742
961356	112861	256003	1471355	130621	1497781	137000	60404	67966	2347
191645	18426	71521	234397	92200	393811	21659	3344	5771	421
287456	24198	47231	197068	88750	506631	24135	7317	8219	654
335881	37700	126400	400690	195497	810895	40545	15852	16547	786
658486	67006	133248	395372	116271	1210673	54676	16627	21407	1240
603751	59156	149038	553271	171730	1036870	63680	19921	19787	1233
757921	80026	132254	605600	88697	1205885	54197	12262	19711	925
406728	47550	97873	312719	78330	590498	30138	7958	9614	651
276051	23083	77978	227478	65040	487303	23325	4108	7143	599
293401	19255	71164	200485	102911	490516	25380	6754	8004	492
1415162	142728	192851	778709	97348	1523161	79009	17522	20343	1576
3488950	245194	342942	1973470	110438	3107094	208662	41768	61322	2803

地区名称	Region	行政区域土地面积(平方公里) Land Area (sq.m)	年末总人口(万人) Total Population (year-end) (10 000 persons)	乡村人口(万人) Rural Population (10 000 persons)	年末单位从业人员数(人) Employed Persons (year-end) (person)	乡村从业人员数(人) Rural Laborers (person)	第一产业增加值(万元) Value-added of Primary Industry (10 000 yuan)
安溪县	Anxi County	3057	112.2	111.0	111641	536575	309682
永春县	Yongchun County	1457	56.9	45.1	67775	219186	194922
德化县	Dehua County	2232	32.0	27.9	34552	158552	91271
石狮市	Shishi City	160	31.8	24.7	148713	134908	182372
晋江市	Jinjiang City	642	107.4	115.0	569446	696108	182046
南安市	Nan'an City	1985	151.7	113.7	114141	760591	224912
云霄县	Yunxiao County	1051	44.1	35.1	28414	171588	227613
漳浦县	Zhangpu County	2146	86.6	79.6	59217	451759	535046
诏安县	Zhaoan County	1294	61.1	56.6	37721	328853	340702
长泰县	Changtai County	900	19.8	16.0	36569	92641	148654
东山县	Dongshan County	248	20.9	14.0	19168	80568	270333
南靖县	Nanjing County	1962	35.4	31.1	22626	153514	396112
平和县	Pinghe County	2310	58.4	54.3	21710	272362	461914
华安县	Huaan County	1278	16.4	13.3	16881	72710	165602
龙海市	Longhai City	1315	83.1	71.1	76744	397400	539516
顺昌县	Shunchang County	1980	23.8	18.1	19394	103253	171716
浦城县	Pucheng County	3376	42.8	35.9	18411	177306	237747
光泽县	Guangze County	2240	16.0	13.3	22167	68137	232924
松溪县	Songxi County	1040	16.5	14.6	8751	75660	101555
政和县	Zhenghe County	1735	22.9	19.8	10667	102767	109534
邵武市	Shaowu City	2859	30.5	20.8	33499	107003	265727
武夷山市	Wuyishan City	2814	23.1	17.5	24681	102462	206858
建瓯市	Jian'ou City	4233	54.0	45.8	24617	231554	425097
建阳市	Jianyang City	3378	34.5	27.5	20931	141093	281563
长汀县	Changting County	3099	51.0	39.0	52174	214208	237296
永定县	Yongding County	2224	48.7	45.8	26837	255187	235367
上杭县	Shanghang County	2859	49.7	45.8	40628	259988	255833
武平县	Wuping County	2638	37.5	35.0	25813	173887	240242
连城县	Liancheng County	2576	33.3	29.6	18091	154984	223946
漳平市	Zhangping City	2976	28.4	22.9	31883	126552	196748
霞浦县	Xiapu County	1678	53.5	43.7	19039	220018	395098
古田县	Gutian County	2403	42.6	38.4	17619	207662	311333
屏南县	Pingnan County	1445	18.7	16.7	9021	82237	108092
寿宁县	Shouning County	1424	26.7	24.3	10221	116312	127610
周宁县	Zhouning County	1047	20.4	18.1	7635	79511	70371
柘荣县	Zherong County	544	10.5	7.8	7205	36540	72803
福安市	Fuan City	1880	65.1	45.3	28928	170706	344014
福鼎市	Fuding City	1526	58.4	48.0	24134	262629	304923
江西省	**Jiangxi Province**						
南昌县	Nanchang County	1684	100.9	78.8	148360	396500	425577
新建县	Xinjian County	2338	68.7	55.3	36740	280146	401246
安义县	Anyi County	665	29.0	21.2	12942	98747	88903
进贤县	Jinxian County	1955	84.1	71.4	43428	373186	423699

continued

第二产业增加值（万元） Value-added of Secondary Industry (10 000 yuan)	公共财政预算收入（万元） Public Budgetary Revenue (10 000 yuan)	公共财政预算支出（万元） Public Budgetary Expenditure (10 000 yuan)	居民储蓄存款余额（万元） Balance of Savings Deposit of Households (10 000 yuan)	粮食总产量（吨） Total Grain Yield (ton)	固定资产投资（不含农户）（万元） Investment in Fixed Assets (Excluding Rural Households) (10 000 yuan)	固定电话用户（户） Number of Fixed Telephone Subscribers (subscriber)	普通中学在校学生数（人） Enrollment of Regular Secondary Schools (person)	小学在校学生数（人） Enrollment of Primary Schools (person)	医院、卫生院床位数（床） Number of Beds of Hospitals and Health Centers (bed)
1939897	161107	313228	1434514	108592	1393160	187112	47049	75358	2127
1288376	100500	177783	912906	129255	543979	97289	24248	30583	1162
785869	75643	143700	524938	86946	538458	60018	15258	19224	754
2940677	306932	373885	3166489	9602	2284850	247315	22358	48567	1466
8150504	812123	815191	5771294	54563	5048463	580397	75141	164002	3958
4183554	343789	463130	3897815	190477	2759554	348068	64030	97372	4660
458932	38385	122302	514158	97799	732533	68562	23363	31646	1090
810567	140901	291075	754945	198013	1674600	135617	39750	52139	1755
544920	44072	138908	478390	111239	734314	125000	29345	37554	1165
759553	85623	144124	421908	36076	1529485	47200	9337	12826	633
515408	83008	176292	367371	6699	867559	47962	10602	12298	442
706539	62601	140611	444464	46721	1045376	68937	17136	18892	684
334868	48139	150109	620556	77746	711460	80523	30147	48982	1563
365577	41265	84197	205180	16244	745855	29643	5531	9223	443
2697244	352123	463450	1626136	106532	2980298	186228	47108	54586	1779
250276	29000	84300	393967	74257	262700	44774	13016	11510	714
309285	39124	125657	593955	246770	830398	61341	17844	25258	1308
181032	24778	72719	238226	78782	282549	91341	7922	10523	512
111660	17927	63081	210400	64851	170032	21808	6704	8076	512
121948	19475	81392	212565	82364	198309	35108	10463	12109	665
712067	81599	145334	677009	202539	1251552	64038	15411	16900	1336
348642	75768	132798	589609	131107	1422855	56921	10823	14735	707
493356	52089	159502	630428	221270	1053248	63300	22440	30919	1644
522981	71672	135954	576428	219540	954010	69114	16913	20336	1490
606742	55820	180746	508415	206759	940397	60634	26372	28492	1693
853650	102467	206056	596546	134112	901998	65388	19800	25053	1313
1068250	135868	184158	719843	184157	1172293	80925	22559	21990	1514
457343	50779	144682	380367	213134	985040	54293	15374	17995	1306
509226	34823	145485	304414	165231	953110	41054	13951	14928	1117
652364	69103	139734	422449	81127	1017804	41023	11088	15484	875
419261	59717	169338	379157	83467	554325	87227	20109	26064	1377
417948	50750	136559	573455	143266	281376	65900	15088	18348	1168
187515	22436	68260	167577	60900	193349	25877	6554	7923	543
213011	21855	91571	210496	62301	262123	19703	11417	13862	577
170927	20594	69458	124628	38361	158927	24512	8356	8431	495
202356	17058	59054	106320	34347	218440	16000	5238	5540	448
1604327	158350	261282	890087	98650	1003998	106900	31291	41758	1678
1194394	137565	234373	772192	82305	1062036	129557	26769	30650	1504
2856969	353669	550454	1715510	1013620	4048158	130000	55127	77053	1458
1245996	152344	303934	1168544	622080	1844668	99896	47088	62929	1565
373927	50466	117640	549350	188060	541602	44516	13919	20937	602
1290144	94874	229775	1194024	495540	727366	76838	47864	73051	1757

4-1 续表 16

地区名称	Region	行政区域土地面积(平方公里) Land Area (sq.m)	年末总人口(万人) Total Population (year-end) (10 000 persons)	乡村人口(万人) Rural Population (10 000 persons)	年末单位从业人员数(人) Employed Persons (year-end) (person)	乡村从业人员数(人) Rural Laborers (person)	第一产业增加值(万元) Value-added of Primary Industry (10 000 yuan)
浮梁县	Fuliang County	2851	28.8	22.2	26631	123419	138836
乐平市	Leping City	1974	90.9	70.4	47717	375882	292930
莲花县	Lianhua County	1062	26.9	22.9	12178	109216	71222
上栗县	Shangli County	725	48.9	46.7	12874	247515	133160
芦溪县	Luxi County	968	29.8	24.8	8117	124347	131144
九江县	Jiujiang County	917	33.0	27.0	22042	137034	103458
武宁县	Wuning County	3507	39.0	31.0	14937	173462	114903
修水县	Xiushui County	4503	85.0	74.0	31574	357960	143773
永修县	Yongxiu County	2035	39.0	29.0	28061	147926	120931
德安县	Dean County	863	17.0	12.0	18214	58873	45607
星子县	Xingzi County	719	27.0	22.0	14817	108267	53000
都昌县	Duchang County	1988	83.0	70.0	38636	343210	156011
湖口县	Hukou County	669	30.0	22.0	22864	109965	89182
彭泽县	Pengze County	1542	38.0	32.0	19850	174628	141450
瑞昌市	Ruichang City	1423	46.0	35.0	51465	163693	114875
共青城市	Gongqingcheng City	308	7.0	5.0	18288	24267	19488
分宜县	Fenyi County	1389	33.2	23.6	27901	127763	149016
余江县	Yujiang County	937	38.5	29.5	20432	151627	232626
贵溪市	Guixi City	2493	62.2	44.7	40528	222733	152587
赣县	Gan County	2993	62.5	52.4	29859	265896	186825
信丰县	Xinfeng County	2878	75.0	59.9	36034	306735	228895
大余县	Dayu County	1368	30.8	21.8	16498	110836	103725
上犹县	Shangyou County	1544	31.2	27.1	12894	144584	84695
崇义县	Chongyi County	2197	21.1	17.1	15651	84034	78811
安远县	Anyuan County	2375	38.3	31.2	16370	157510	124514
龙南县	Longnan County	1641	32.1	26.3	32974	143012	100238
定南县	Dingnan County	1317	21.3	17.1	15950	88851	78150
全南县	Quannan County	1521	19.2	13.8	15389	72239	66000
宁都县	Ningdu County	4053	79.1	70.5	23694	365630	245395
于都县	Yudu County	2893	104.7	81.5	35738	383187	198827
兴国县	Xingguo County	3215	80.2	65.5	28743	337587	248045
会昌县	Huichang County	2722	51.2	44.7	17785	236942	142681
寻乌县	Xunwu County	2311	31.6	27.6	11961	142858	109727
石城县	Shicheng County	1582	31.9	27.0	10621	130637	104366
瑞金市	Ruijin City	2448	68.3	53.7	23428	263398	148290
南康市	Nankang City	1740	82.9	71.2	30142	368978	208840
吉安县	Ji'an County	2117	48.8	38.5	16610	193970	214475
吉水县	Jishui County	2509	52.6	40.9	21996	211742	186925
峡江县	Xiajiang County	1287	17.8	13.4	9896	65045	103063
新干县	Xin'gan County	1252	32.8	25.8	13537	134652	161510
永丰县	Yongfeng County	2680	45.4	35.8	23887	173574	165049
泰和县	Taihe County	2666	56.0	44.6	18048	217555	218681
遂川县	Suichuan County	3102	57.8	49.7	16572	266668	133303
万安县	Wan'an County	2047	30.6	26.2	14307	131938	103934

continued

第二产业增加值（万元）Value-added of Secondary Industry (10 000 yuan)	公共财政预算收入（万元）Public Budgetary Revenue (10 000 yuan)	公共财政预算支出（万元）Public Budgetary Expenditure (10 000 yuan)	居民储蓄存款余额（万元）Balance of Savings Deposit of Households (10 000 yuan)	粮食总产量（吨）Total Grain Yield (ton)	固定资产投资（不含农户）（万元）Investment in Fixed Assets (Excluding Rural Households) (10 000 yuan)	固定电话用户（户）Number of Fixed Telephone Subscribers (subscriber)	普通中学在校学生数（人）Enrollment of Regular Secondary Schools (person)	小学在校学生数（人）Enrollment of Primary Schools (person)	医院、卫生院床位数（床）Number of Beds of Hospitals and Health Centers (bed)
413094	72523	164617	359977	164340	388469	66453	12888	18563	640
1248915	200498	357020	1162600	403950	2748499	76726	48440	83757	1879
168852	40840	125265	368283	131960	397329	29035	14258	22443	467
892051	108992	210739	224119	152534	1480605	31416	29774	41829	1458
617178	72289	150780		145286	1044194	23997	16424	27735	882
442553	76594	150000	460232	64547	727406	41415	19766	27505	781
397411	73802	161228	513339	150537	791381	62075	13319	26085	640
491808	96337	288643	689548	218690	819453	103320	38868	81279	1208
600568	87648	197793	550597	231420	1207067	55321	20210	31536	798
439810	63275	119393	361351	47705	601895	20680	9155	14974	589
233356	53977	106639	319981	77866	427290	42839	15740	26807	670
314147	59330	238370	753512	388640	486600	94667	62202	87022	1816
650673	105226	178513	427781	110966	1224380	37276	18065	24944	705
292765	62125	160419	473341	102429	721785	51636	22258	30825	557
765039	121332	213901	589853	88170	1251346	39525	22013	35015	1805
485445	61778	117030	175699	20389	900987	15000	4734	8294	342
893994	196862	272136	547768	140750	1112874	34145	14273	25343	954
331825	98854	193222	482224	232500	269653	40080	21900	35331	724
2043416	244570	351590	846335	358190	2293426	74943	28582	49372	1338
596279	70100	235588	789349	200668	849293	46616	34254	65667	1483
479510	67001	220018	847108	262190	841973	63028	37919	70058	1463
373149	44984	132983	446012	88317	641896	34488	14639	26507	1115
158504	32754	139396	371529	93371	284001	30422	16391	28516	631
313658	43551	114599	331498	45490	229283	23333	10186	15674	516
98896	27682	154745	338423	103929	92879	30820	26081	34434	977
505997	65208	160006	486448	64305	882257	38724	16068	24056	639
194487	39404	124520	343267	59843	337350	29669	12025	22322	939
206603	30001	105800	248566	69635	192415	24288	7356	17477	575
402914	50461	274106	966686	387460	372600	49913	41064	89418	1496
621703	72593	306679	1055691	253811	840242	79783	84593	117046	2292
470866	51861	274182	745077	279420	548304	67177	50630	96555	1424
250562	53623	194855	474573	162391	246277	40740	40649	52389	1555
131272	29623	142298	312378	106773	197682	33384	20594	27481	622
92592	29557	135657	328477	94371	143073	25300	18253	31193	1051
315503	73208	252598	756550	191430	372818	59674	41946	63081	1452
639860	109528	300009	1281110	236374	804125	90336	52357	86265	2338
587827	122664	245692	781495	424620	808691	27816	25671	37603	1055
391500	66501	187361	698593	550150	582896	37735	25554	45559	1297
237286	49737	116618	315800	228300	440869	21090	10092	18046	359
408542	81073	187111	627438	335780	678083	14867	19089	28545	976
472313	71498	184505	584847	338550	906615	38488	25310	35562	933
548800	82693	206104	895612	504380	791526	44427	25013	43308	1989
378096	66217	191605	521446	250500	556548	48185	29026	49593	1601
220217	48204	149512	444072	261320	378243	57088	17127	22313	796

4-1 续表 17

地区名称	Region	行政区域土地面积(平方公里) Land Area (sq.m)	年末总人口(万人) Total Population (year-end) (10 000 persons)	乡村人口(万人) Rural Population (10 000 persons)	年末单位从业人员数(人) Employed Persons (year-end) (person)	乡村从业人员数(人) Rural Laborers (person)	第一产业增加值(万元) Value-added of Primary Industry (10 000 yuan)
安福县	Anfu County	2796	40.1	30.4	14339	155955	180702
永新县	Yongxin County	2200	51.7	42.9	14675	215383	140840
井冈山市	Jinggangshan City	1276	16.4	11.2	20029	60726	42330
奉新县	Fengxin County	1642	32.5	23.6	26787	124077	145200
万载县	Wanzai County	1720	53.1	46.1	33185	231957	120690
上高县	Shanggao County	1350	36.5	26.8	56122	132462	168973
宜丰县	Yifeng County	1935	29.1	20.6	20554	98340	168873
靖安县	Jing'an County	1378	14.9	10.2	13846	52193	51659
铜鼓县	Tonggu County	1548	13.9	10.3	8290	50617	47514
丰城市	Fengcheng City	2845	139.4	107.1	58345	490647	523380
樟树市	Zhangshu City	1290	59.6	42.9	36363	217008	264428
高安市	Gao'an City	2439	84.9	63.7	50877	333353	287459
南城县	Nancheng County	1698	32.7	25.1	14089	118832	137894
黎川县	Lichuan County	1729	25.3	19.9	13585	98880	84779
南丰县	Nanfeng County	1909	30.2	23.9	19737	123615	233847
崇仁县	Chongren County	1520	36.5	28.7	13421	140136	193589
乐安县	Le'an County	2412	36.9	29.3	15453	145885	80569
宜黄县	Yihuang County	1944	23.2	19.6	9353	97459	72163
金溪县	Jinxi County	1358	31.1	24.9	17104	126902	95630
资溪县	Zixi County	1251	11.4	8.4	9986	40210	30839
东乡县	Dongxiang County	1264	46.9	34.5	29799	174298	165545
广昌县	Guangchang County	1612	24.5	20.2	28925	102360	75076
上饶县	Shangrao County	2246	80.4	70.7	28400	338864	139570
广丰县	Guangfeng County	1378	92.1	71.3	57253	392140	182051
玉山县	Yushan County	1728	60.1	48.3	21929	216667	128503
铅山县	Yanshan County	2178	46.5	38.5	14701	186698	137166
横峰县	Hengfeng County	655	21.9	18.0	8615	87655	56441
弋阳县	Yiyang County	1592	40.7	32.7	14501	162686	110856
余干县	Yugan County	2371	105.7	88.9	32625	418198	323119
鄱阳县	Poyang County	4215	159.2	144.6	74864	724701	302135
万年县	Wannian County	1140	41.3	33.5	15416	173796	116612
婺源县	Wuyuan County	2948	36.5	30.7	19358	156230	92027
德兴市	Dexing City	2082	32.9	23.0	25400	122220	88586
山东省	**Shandong Province**						
平阴县	Pingyin County	827	37.1	29.1	46623	159375	259058
济阳县	Jiyang County	1076	55.7	48.8	49077	281530	436351
商河县	Shanghe County	1162	62.5	52.2	32556	280663	384539
章丘市	Zhangqiu City	1855	101.8	81.5	143035	481750	683925
胶州市	Jiaozhou City	1324	80.9	63.0	178930	361050	476822
即墨市	Jimo City	1780	113.4	97.6	170298	558564	568004
平度市	Pingdu City	3167	137.8	122.8	78911	714139	890462
莱西市	Laixi City	1568	73.5	63.6	117175	367906	525000
桓台县	Huantai County	509	49.9	42.8	88903	237384	175948

continued

第二产业增加值(万元) Value-added of Secondary Industry (10 000 yuan)	公共财政预算收入(万元) Public Budgetary Revenue (10 000 yuan)	公共财政预算支出(万元) Public Budgetary Expenditure (10 000 yuan)	居民储蓄存款余额(万元) Balance of Savings Deposit of Households (10 000 yuan)	粮食总产量(吨) Total Grain Yield (ton)	固定资产投资(不含农户)(万元) Investment in Fixed Assets (Excluding Rural Households) (10 000 yuan)	固定电话用户(户) Number of Fixed Telephone Subscribers (subscriber)	普通中学在校学生数(人) Enrollment of Regular Secondary Schools (person)	小学在校学生数(人) Enrollment of Primary Schools (person)	医院、卫生院床位数(床) Number of Beds of Hospitals and Health Centers (bed)
495399	99345	213909	648123	324030	486155	33102	17272	25798	1114
294486	47249	175001	686818	279610	563645	43218	29545	39695	1114
164126	53958	139617	315316	76510	345164	46570	8249	12754	485
534077	95311	186006	503671	301340	699389	36270	14609	27661	687
491392	85121	200335	588453	255940	363023	46400	30209	61621	1725
553558	100046	191659	702759	286090	913376	21376	19439	25903	1189
398800	62537	158182	539459	247800	491767	28464	14810	22247	1002
151728	41651	97965	271338	91461	65501	16000	5906	9690	418
112135	40768	106054	163905	43684	142860	8465	5455	11167	321
1667734	292915	513083	1905189	1014850	1867625	101425	65279	127618	3537
1390126	186536	312800	1198368	542370	1668010	74418	27243	43218	1963
785618	150738	292106	1350847	719360	1196191	90934	48441	61931	2293
384411	80732	161100	465460	272180	863950	26354	19824	33902	537
240670	59989	142260	325333	146871	489758	31482	17740	23514	427
261731	64725	149088	393136	221150	497781	23000	15347	28411	709
378096	63236	158909	492346	268770	763310	37190	24180	35280	500
162311	38464	143201	513188	250440	267672	19207	16377	43754	892
237594	48022	110037	291826	168480	382292	10021	9982	16706	470
261429	55229	125607	387389	301010	345674	12844	15202	24975	622
111139	42914	89890	222404	38657	223044	13549	8437	9618	192
601680	111735	217496	629656	259470	1119881	32380	25259	41176	901
164242	46051	124036	329174	125318	329456	20267	13369	23564	298
986253	86423	224477	784656	169000	1175202	50660	53221	82917	1684
1116373	177089	315796	713964	181501	1312204	90771	56991	76260	784
465827	92255	210423	735565	208490	658300	81000	33082	57027	1607
360421	75037	163912	596427	167377	816952	33480	15263	39436	1089
404492	72673	149485	304960	77272	442097	23471	10527	21500	483
305123	61551	161453	485714	205550	487319	32715	21602	36996	662
361795	70149	232751	968696	716180	801000	91897	84793	113409	1069
478561	77090	416531	1186744	1012080	1059876	111039	97740	165097	2700
469425	72968	184116	513383	224080	640279	41727	22460	48789	1067
246572	67437	152628	559084	105283	506969	56096	19866	36512	947
742477	174044	251266	617473	101097	700432	48417	15176	30219	870
907377	80045	173779	688367	213866	1097036	91605	18839	20035	1545
1021151	100230	189917	704955	530795	1090498	93710	31321	34047	1239
504346	52978	174488	616460	750509	496368	71511	28500	40100	1215
4091778	398608	505082	2481007	688706	2581651	208100	57706	64820	4687
4188500	450617	513198	2494076	442100	3371086	126000	42531	59213	3248
4176500	506206	614223	3231706	507306	3793265	214209	35323	77420	4532
3534500	358383	522086	2794887	1520767	4279357	235491	66862	78847	4101
2594300	289816	388983	1701672	628299	3719868	110100	39352	35843	3495
2701113	250344	296522	1396899	408447	2336409	92847	36514	25753	2850

地区名称	Region	行政区域土地面积（平方公里）Land Area (sq.m)	年末总人口（万人）Total Population (year-end) (10 000 persons)	乡村人口（万人）Rural Population (10 000 persons)	年末单位从业人员数（人）Employed Persons (year-end) (person)	乡村从业人员数（人）Rural Laborers (person)	第一产业增加值（万元）Value-added of Primary Industry (10 000 yuan)
高青县	Gaoqing County	831	36.6	31.1	140875	183713	210877
沂源县	Yiyuan County	1636	56.3	48.5	73791	350028	248937
滕州市	Tengzhou City	1496	169.0	127.0	300435	745308	651357
垦利县	Kenli County	2231	22.0	18.0	37361	90147	166021
利津县	Lijin County	1666	30.0	26.0	31545	147493	251612
广饶县	Guangrao County	1166	50.1	43.5	72158	274618	368230
长岛县	Changdao County	56	4.3	2.7	5324	13227	364797
龙口市	Longkou City	901	63.5	49.1	98734	270957	292007
莱阳市	Laiyang City	1732	86.8	75.1	84641	421876	370217
莱州市	Laizhou City	1878	85.6	68.2	78129	378437	586033
蓬莱市	Penglai City	1129	45.0	38.0	90213	200370	250561
招远市	Zhaoyuan City	1432	56.8	44.9	86051	215296	314828
栖霞市	Qixia City	2016	62.2	54.6	41613	301948	410346
海阳市	Haiyang City	1909	66.0	58.6	38847	356797	511844
临朐县	Linqu County	1831	87.8	77.7	44918	421679	296007
昌乐县	Changle County	1101	61.0	52.5	46845	271400	303158
青州市	Qingzhou City	1569	91.9	60.3	77581	370878	419765
诸城市	Zhucheng City	2151	108.8	89.4	79522	459876	525864
寿光市	Shouguang City	1990	105.1	88.9	97326	422831	784958
安丘市	Anqiu City	1712	94.9	80.9	114926	428927	410052
高密市	Gaomi City	1527	87.6	78.5	67757	419555	451799
昌邑市	Changyi City	1628	58.3	49.9	39516	267882	312913
微山县	Weishan County	1790	72.0	63.0	52441	368156	334368
鱼台县	Yutai County	654	47.1	40.4	41766	231089	286480
金乡县	Jinxiang County	872	64.1	57.2	32022	351512	411900
嘉祥县	Jiaxiang County	966	87.4	74.7	40789	464041	272500
汶上县	Wenshang County	876	77.9	72.0	34841	425069	324202
泗水县	Sishui County	1118	62.0	56.0	23383	309507	299800
梁山县	Liangshan County	960	79.3	68.7	31175	393684	377119
曲阜市	Qufu City	815	63.9	52.9	63183	288788	278768
兖州市	Yanzhou City	664	63.7	46.3	62528	263337	394983
邹城市	Zoucheng City	1616	115.8	84.0	177441	456586	434822
宁阳县	Ningyang County	1125	81.8	67.2	75267	373016	448446
东平县	Dongping County	1340	79.4	69.9	39575	386434	349989
新泰市	Xintai City	1933	140.3	103.7	194899	636828	520000
肥城市	Feicheng City	1277	98.4	71.5	149930	390051	437560
文登市	Wendeng City	1829	63.6	47.1	104218	274326	499987
荣成市	Rongcheng City	1526	67.0	44.1	149389	230086	702221
乳山市	Rushan City	1654	56.7	47.2	56633	266201	312087
五莲县	Wulian County	1496	51.4	42.9	35844	263052	171290
莒县	Ju County	1952	113.8	96.1	51645	599490	375416
沂南县	Yi'nan County	1719	91.1	81.9	35718	506979	300425
郯城县	Tancheng County	1195	94.1	83.7	30578	510529	235176
沂水县	Yishui County	2414	113.9	99.0	62776	566925	303603

continued

第二产业增加值(万元) Value-added of Secondary Industry (10 000 yuan)	公共财政预算收入(万元) Public Budgetary Revenue (10 000 yuan)	公共财政预算支出(万元) Public Budgetary Expenditure (10 000 yuan)	居民储蓄存款余额(万元) Balance of Savings Deposit of Households (10 000 yuan)	粮食总产量(吨) Total Grain Yield (ton)	固定资产投资(不含农户)(万元) Investment in Fixed Assets (Excluding Rural Households) (10 000 yuan)	固定电话用户(户) Number of Fixed Telephone Subscribers (subscriber)	普通中学在校学生数(人) Enrollment of Regular Secondary Schools (person)	小学在校学生数(人) Enrollment of Primary Schools (person)	医院、卫生院床位数(床) Number of Beds of Hospitals and Health Centers (bed)
779981	89079	164013	557669	508713	601510	64396	23711	18930	1092
1016376	141345	225686	875067	63162	718641	73860	38411	26486	1770
4534500	543700	658215	2621274	818644	3196786	216200	88027	89642	5076
1919647	145696	222758	988922	70470	1478000	23088	15465	13878	888
1116473	74638	182805	452726	109956	1483609	16617	10793	17249	898
4290114	272059	377623	1428241	503011	4111320	114988	29566	32594	2891
54000	8058	47414	219818	444	40610	16749	2354	1269	234
5248181	585686	632145	3388770	121077	4031112	165000	37092	28923	5559
1496087	80337	180708	1923829	510844	1046919	129824	44500	33500	4757
3237031	360007	454732	3419753	647849	2488683	230811	43621	34460	6779
2390454	236098	301643	1846973	135953	2585067	145806	23206	16739	3735
3191565	338100	413150	2188854	317314	1771696	118149	32056	22710	3846
916105	63222	166148	1330385	216603	869087	98829	26713	18779	1625
1270853	175116	261078	1645491	345009	2681256	112232	31542	22635	4117
867253	71578	206027	1609297	328523	1285136	129000	36901	43201	3547
1088235	152690	217768	1171647	282233	1783179	79000	36806	35488	3032
2389413	271057	321627	3020240	424755	3126269	162202	52061	52997	6593
3444190	472730	552804	2510966	828386	3566417	196646	60545	76771	6355
3126767	550006	637474	3259638	639020	1592937	175000	66619	66722	6905
1052746	100089	247728	1742806	453574	602429	102612	45436	54490	3988
2612789	281720	360222	1734381	876502	2981344	145916	48371	60684	4400
1757755	186618	251506	1971337	465557	2135387	125222	34147	33182	2215
1524700	205096	277196	898315	335308	1425508	71010	24677	34733	2291
520400	65776	141581	586100	280305	616240	72810	24651	29297	1184
443100	70066	185728	1095100	46185	866200	73300	12187	25465	1688
1074400	100200	202625	1289017	552638	1231000	29480	24124	71729	2041
1026700	90006	192572	1063100	524833	1242694	78348	18838	42690	1282
536000	50438	166327	716900	237659	798800	83003	12035	36744	2324
1016000	65097	178335	1200835	543326	1222878	107132	22311	44662	1556
1179100	162396	254676	1189100	565335	1430538	56541	11977	30213	1799
2991700	300800	355082	1873010	447022	1780532	39500	27830	40225	3385
4033000	414840	486170	2526615	594908	2557445	178200	54990	67963	5326
1312400	90400	229950	1068789	627077	1760000	97715	32228	47925	3490
1337000	75936	205055	1062913	669740	1663231	77080	31980	44925	2201
4238000	383732	558689	2558498	498191	4087265	165447	91636	64116	5935
3481000	318667	441899	2023820	614942	3427040	266024	54142	67678	4346
3744270	325084	472679	2448277	381751	3497725	400296	27450	19664	4260
4200341	426588	744236	3074906	276670	2920268	200163	34701	25707	5356
2011965	200018	296650	1780426	288549	1250346	153000	21377	13506	2462
1010510	55921	165517	999611	224332	869313	132413	29110	28185	1088
1190600	70058	263760	1590789	487103	1360523	76385	46602	72036	2771
732200	80016	233122	1278284	412444	1199949	72453	41829	52794	2535
1007400	63917	217429	1178935	761342	1092001	79478	41611	51092	1801
1322000	137197	300825	1829431	449954	1453394	113158	48680	57626	5856

地区名称	Region	行政区域土地面积（平方公里）Land Area (sq.m)	年末总人口（万人）Total Population (year-end) (10 000 persons)	乡村人口（万人）Rural Population (10 000 persons)	年末单位从业人员数（人）Employed Persons (year-end) (person)	乡村从业人员数（人）Rural Laborers (person)	第一产业增加值（万元）Value-added of Primary Industry (10 000 yuan)
苍山县	Cangshan County	1724	130.3	113.6	34763	670292	453600
费县	Fei County	1660	83.1	73.6	35130	447047	280992
平邑县	Pingyi County	1823	102.4	89.4	93684	545725	313518
莒南县	Ju'nan County	1751	101.6	91.7	41220	539867	328490
蒙阴县	Mengyin County	1602	55.1	42.1	26771	265847	254027
临沭县	Linshu County	1010	63.6	54.3	40879	329102	169772
陵县	Ling County	1213	59.5	48.4	31264	248424	276136
宁津县	Ningjin County	833	47.3	41.8	18175	242366	211259
庆云县	Qingyun County	502	31.6	28.8	26797	127960	98836
临邑县	Linyi County	1016	54.2	44.2	28947	250931	266925
齐河县	Qihe County	1411	62.8	50.8	53370	296293	303482
平原县	Pingyuan County	1047	46.7	37.4	27481	205588	236078
夏津县	Xiajin County	882	52.7	46.7	18535	258638	200894
武城县	Wucheng County	748	39.2	33.8	31712	181006	178904
乐陵市	Yueling City	1172	69.9	58.8	26146	292415	272228
禹城市	Yucheng City	990	52.7	42.6	38508	235585	280961
阳谷县	Yanggu County	1066	79.5	70.7	32576	408878	345500
莘县	Shen County	1416	100.7	92.2	34375	559377	403268
茌平县	Chiping County	1003	54.2	45.4	53089	275011	397162
东阿县	Dong'e County	729	40.0	34.4	27381	214871	159070
冠县	Guan County	1161	80.0	70.1	31995	427547	360100
高唐县	Gaotang County	949	49.3	37.0	52622	207949	299200
临清市	Linqing City	950	75.8	60.4	42394	364720	200459
惠民县	Huimin County	1363	64.1	55.4	25544	339368	283917
阳信县	Yangxin County	798	45.2	40.2	18329	209223	205690
无棣县	Wudi County	2090	46.0	37.3	34065	245182	344253
沾化县	Zhanhua County	2218	39.1	34.9	23947	208686	323519
博兴县	Boxing County	900	48.9	41.4	36569	222581	201739
邹平县	Zouping County	1250	73.0	62.2	178884	385805	336789
曹县	Cao County	1974	158.6	130.4	37960	702389	332910
单县	Shan County	1670	120.9	108.5	38334	550325	342641
成武县	Chengwu County	998	70.1	56.9	27634	283172	213034
巨野县	Juye County	1308	101.4	84.2	33352	461646	254049
郓城县	Yuncheng County	1643	122.1	99.0	49696	523222	329110
鄄城县	Juancheng County	1032	86.2	72.5	28122	402406	223896
定陶县	Dingtao County	846	66.9	54.9	26319	311485	211939
东明县	Dongming County	1370	80.7	66.5	41595	291260	215689
河南省	**Henan Province**						
中牟县	Zhongmou County	1417	78.8	65.1	74621	405648	488360
巩义市	Gongyi City	1043	81.3	63.3	64113	330651	101528
荥阳市	Xingyang City	943	66.4	49.7	65676	314726	246066
新密市	Xinmi City	1001	80.0	60.1	71282	333815	155800
新郑市	Xinzheng City	887	64.9	46.7	76313	294501	199846

continued

第二产业增加值(万元) Value-added of Secondary Industry (10 000 yuan)	公共财政预算收入(万元) Public Budgetary Revenue (10 000 yuan)	公共财政预算支出(万元) Public Budgetary Expenditure (10 000 yuan)	居民储蓄存款余额(万元) Balance of Savings Deposit of Households (10 000 yuan)	粮食总产量(吨) Total Grain Yield (ton)	固定资产投资(不含农户)(万元) Investment in Fixed Assets (Excluding Rural Households) (10 000 yuan)	固定电话用户(户) Number of Fixed Telephone Subscribers (subscriber)	普通中学在校学生数(人) Enrollment of Regular Secondary Schools (person)	小学在校学生数(人) Enrollment of Primary Schools (person)	医院、卫生院床位数(床) Number of Beds of Hospitals and Health Centers (bed)
882500	80689	264518	1305337	671483	1170297	96645	50654	133377	3440
975500	84086	223631	1221823	315418	1041536	97322	36543	48016	2245
929600	72581	251950	1120057	363733	1076647	98241	53939	58308	2946
972100	101018	263868	1483641	508620	1957144	93565	51294	53528	2849
598000	54190	165094	821870	189732	897793	63073	28839	30783	1698
862200	72305	187627	915246	314353	1148338	69760	36094	45143	1606
965700	67593	176020	809687	1004320	1208126	70948	26442	39403	1790
911600	45000	145841	1005709	500167	1116787	57600	20826	36524	1142
587400	37107	116106	431208	225913	683300	45936	14205	26305	1600
1100100	80821	178770	883456	756144	1225418	62513	22386	36782	1972
1547600	143682	258113	927469	1032305	1133000	53383	28773	39818	1495
884500	44129	147872	835185	750162	977000	86500	21557	34551	1300
828611	51507	158495	726127	210537	726878	58100	22052	50174	1168
847000	48084	136969	725067	400071	1075107	56524	13914	28459	835
994600	49008	190717	882372	752317	1209300	41280	30738	54440	2023
1091400	100344	207639	757926	750658	1263800	92000	25750	36858	1600
1275200	60718	199371	1305323	672657	1314790	101400	34666	47376	1613
1159100	50250	231796	1140249	752328	1283012	63250	34666	72405	2578
2283300	188081	271957	906545	641199	1795945	73438	21862	37262	1688
829430	50188	130213	686651	491302	766474	67324	16240	20996	1244
1071700	54246	213654	870066	672851	1260321	41163	18123	51874	1979
1947000	91222	190897	678009	501947	1791353	52143	18923	31628	1496
1772841	106406	196923	1399150	555974	1750687	143531	28742	59825	2641
618406	60249	200830	681615	573440	1129820	58914	27914	40341	3713
506277	50757	145912	454374	457375	1109216	58979	23409	30107	814
1201974	126525	212380	626703	260402	2197410	56685	21507	28714	1962
569746	84208	170077	419059	140973	1198072	41420	16964	22483	2080
1407186	208856	275039	1295322	442133	1649703	85696	29451	35156	3267
4405394	513343	529585	1560027	764458	2177625	148923	43394	50773	4574
1184003	153573	361718	1450489	1055455	819515	94772	82264	145448	4090
1086358	144084	318009	1302291	670767	687145	72026	73126	99948	3375
673893	73687	184902	775403	446005	498494	49379	37084	67703	1721
1035510	160989	295306	1293848	404545	820648	53603	53006	80531	1901
1279888	172288	300343	1704271	1004379	770810	101478	62030	116076	3411
605228	62178	205928	1010808	510343	448934	47494	48760	81642	1989
519931	61104	174606	751175	506207	497270	37304	28865	52097	1408
1230255	132909	250899	935055	543191	840018	39582	38755	87045	1633
3422531	271777	440419	1135408	358311	3068500	88925	37717	76726	2093
3736918	260515	390589	1693508	157272	3047400	142895	39818	50576	2508
3188829	165023	274842	1217438	332819	3046900	110111	30168	39347	1671
3484293	244227	367013	2003311	207059	3069700	173251	45192	69371	3441
3659830	269588	375621	1280660	290485	2702900	111251	40780	51861	2024

4-1 续表 20

地区名称	Region	行政区域土地面积(平方公里) Land Area (sq.m)	年末总人口(万人) Total Population (year-end) (10 000 persons)	乡村人口(万人) Rural Population (10 000 persons)	年末单位从业人员数(人) Employed Persons (year-end) (person)	乡村从业人员数(人) Rural Laborers (person)	第一产业增加值(万元) Value-added of Primary Industry (10 000 yuan)
登封市	Dengfeng City	1217	69.7	57.4	78201	342700	121207
杞县	Qi County	1248	120.8	98.8	56598	595245	722972
通许县	Tongxu County	767	67.8	54.8	35682	331682	432407
尉氏县	Weishi County	1307	99.9	77.6	67739	498533	473464
开封县	Kaifeng County	1290	78.1	67.6	41639	437494	470140
兰考县	Lankao County	1116	91.0	67.6	27767	448887	321370
孟津县	Mengjin County	759	45.5	39.0	31941	215420	221042
新安县	Xin'an County	1164	52.5	44.1	33590	291103	197080
栾川县	Luanchuan County	2477	34.3	29.8	29218	185453	135459
嵩县	Song County	3009	59.1	50.3	20703	318023	284549
汝阳县	Ruyang County	1332	47.3	40.4	19169	258651	133251
宜阳县	Yiyang County	1651	69.5	59.0	25067	370738	288422
洛宁县	Luoning County	2306	50.1	42.1	22357	279302	286770
伊川县	Yichuan County	1238	76.0	70.2	31415	428769	289149
偃师市	Yanshi City	949	88.2	66.6	33623	410761	265853
宝丰县	Baofeng County	722	52.0	43.0	27080	280284	163114
叶县	Ye County	1387	89.0	78.8	31496	515145	365406
鲁山县	Lushan County	2409	92.7	76.7	29985	475006	200484
郏县	Jia County	737	62.0	53.8	19881	356146	204905
舞钢市	Wugang City	641	33.6	25.8	36706	164835	101858
汝州市	Ruzhou City	957	105.6	85.4	56658	518755	350564
安阳县	Anyang County	1193	103.8	86.3	66233	560039	317437
汤阴县	Tangyin County	637	50.0	39.1	34981	251199	218445
滑县	Hua County	1781	142.8	116.3	51608	680726	590508
内黄县	Neihuang County	1145	77.8	67.8	35247	465476	456393
林州市	Linzhou City	2062	107.7	86.8	115846	537917	210245
浚县	Xun County	922	72.6	59.8	23030	359350	291117
淇县	Qi County	581	28.9	23.5	25640	145274	179690
新乡县	Xinxiang County	375	35.0	31.8	33037	189914	119311
获嘉县	Huojia County	470	43.3	34.8	35957	233476	144679
原阳县	Yuanyang County	1323	75.8	55.4	29438	343993	243597
延津县	Yanjin County	886	50.0	42.1	25881	241461	227606
封丘县	Fengqiu County	1220	80.1	69.3	26553	360765	340365
长垣县	Changyuan County	1051	93.3	66.5	33399	407499	284329
卫辉市	Weihui City	859	52.4	38.5	36161	219818	206074
辉县市	Huixian City	2007	84.0	70.0	55735	359644	353011
修武县	Xiuwu County	678	28.0	23.3	23796	129181	122773
博爱县	Bo'ai County	492	38.3	38.0	19866	200932	157223
武陟县	Wuzhi County	860	71.2	62.3	47162	354197	292036
温县	Wen County	481	46.6	40.2	27587	237722	191441
沁阳市	Qinyang City	624	49.0	40.0	27201	247865	165988
孟州市	Mengzhou City	542	38.0	32.3	41669	199425	175116
清丰县	Qingfeng County	878	74.2	62.2	27076	390364	362146
南乐县	Nanle County	621	56.2	46.6	19037	284284	272103

continued

第二产业增加值(万元) Value-added of Secondary Industry (10 000 yuan)	公共财政预算收入(万元) Public Budgetary Revenue (10 000 yuan)	公共财政预算支出(万元) Public Budgetary Expenditure (10 000 yuan)	居民储蓄存款余额(万元) Balance of Savings Deposit of Households (10 000 yuan)	粮食总产量(吨) Total Grain Yield (ton)	固定资产投资(不含农户)(万元) Investment in Fixed Assets (Excluding Rural Households) (10 000 yuan)	固定电话用户(户) Number of Fixed Telephone Subscribers (subscriber)	普通中学在校学生数(人) Enrollment of Regular Secondary Schools (person)	小学在校学生数(人) Enrollment of Primary Schools (person)	医院、卫生院床位数(床) Number of Beds of Hospitals and Health Centers (bed)
3120991	239554	353746	1534519	178352	2576200	69215	35153	62124	2524
741801	49880	250823	720682	618154	1088500	60610	60017	127809	2240
666170	29536	150760	500611	362445	874000	34255	36781	77879	1818
1397257	71712	235259	712086	533013	1382900	60616	48371	86357	1864
618317	44866	180039	471561	553386	1098900	57549	44018	80181	1056
799494	67046	250809	732386	504939	805700	71773	53620	86810	3603
1116599	80905	167278	655014	232304	1543738	61871	24250	31437	1705
2553613	133379	229353	686692	220807	2627160	24483	35139	48239	1415
1164561	141689	195159	664497	67808	1284200	23520	18824	25989	1245
633319	55598	198269	530901	217792	1289800	41250	30751	59022	1638
670266	46323	161376	437089	178186	908207	51822	27780	55433	1573
892149	61818	210198	535276	374714	1652336	31801	42364	62082	1715
659106	56317	182474	400266	263564	1258046	36800	25294	46410	1510
1916106	107958	242268	745161	370594	2457749	84981	43090	86723	2250
2704919	127613	264623	1345933	369521	2508095	72786	47741	64373	1993
1526170	92410	194371	728287	223653	1756700	37195	23768	47181	1780
993601	57526	208369	773546	608351	1648900	40498	36618	67318	1792
478664	57063	241466	944469	208139	950800	51136	40397	85606	2118
730051	64567	190336	602349	320843	1159600	47367	27840	58555	1830
573733	86448	154451	654883	148348	1112300	59509	16253	27697	1315
1846442	136862	302994	1083208	457933	1612100	63158	42386	104502	3860
2258140	113989	266801	1421103	692189	2790255	122311	48119	97647	2264
774372	53345	153702	481716	414010	567300	49703	24073	54441	1271
655383	48537	349519	1161210	1377526	854100	139715	60740	125713	2886
521722	33982	181214	543342	462234	652800	70051	35216	67429	1843
2725671	114217	279171	2117890	362410	3024439	108234	51648	92434	3411
653420	32653	191226	496150	706785	709600	88739	48873	81977	1648
1152488	41700	136781	426628	294582	883700	48688	16899	41297	1335
1455839	62991	128730	819895	262814	951078	92383	19486	33699	1112
470726	28136	120880	484367	318335	441094	102523	24018	45526	1344
454985	34678	177800	509797	710288	791455	119224	39912	75561	1818
482763	40659	157871	389566	422228	584573	94071	32008	58386	1477
399807	25002	195025	641030	611034	837039	175623	44021	91415	2458
1039608	80049	261842	1480695	600717	1627184	189941	60574	94931	2870
466562	55003	170328	1170401	357325	685142	96616	28794	93359	3565
2001141	192056	296876	1479233	558073	2063264	185259	42868	81008	2234
578412	66861	132155	420610	241050	862605	39636	17624	21973	797
1313637	56278	128167	572926	234580	1114470	54731	24033	34277	1622
1436827	72066	177088	750050	546253	1727109	71060	45877	62640	2006
1362589	44202	132682	537760	303035	1132110	61256	27561	35428	1725
2158408	112600	205851	785016	338040	2202897	77412	31567	39652	1123
1781977	81588	161928	561901	306265	1718128	56850	18407	23222	875
777102	28291	188008	563262	549233	1343700	37782	36973	81839	1154
594658	19648	147034	412582	450841	941800	31391	28966	65086	1260

4-1 续表 21

地区名称	Region	行政区域土地面积(平方公里) Land Area (sq.m)	年末总人口(万人) Total Population (year-end) (10 000 persons)	乡村人口(万人) Rural Population (10 000 persons)	年末单位从业人员数(人) Employed Persons (year-end) (person)	乡村从业人员数(人) Rural Laborers (person)	第一产业增加值(万元) Value-added of Primary Industry (10 000 yuan)
范县	Fan County	590	59.3	43.4	19471	275716	142327
台前县	Taiqian County	393	41.0	35.0	12765	219999	85052
濮阳县	Puyang County	1445	121.1	93.9	39959	593242	358515
许昌县	Xuchang County	1001	88.5	56.0	44760	356944	374553
鄢陵县	Yanling County	872	67.4	48.3	32313	297216	505840
襄城县	Xiangcheng County	920	84.7	66.5	34310	502450	347169
禹州市	Yuzhou City	1461	126.5	91.7	65302	621491	298726
长葛市	Changge City	650	67.0	53.8	48777	348578	234069
舞阳县	Wuyang County	776	60.9	53.4	35911	320471	199297
临颍县	Linying County	821	74.4	66.4	47425	406111	300829
渑池县	Mianchi County	1421	34.3	27.8	23900	168233	170754
陕县	Shan County	1763	34.3	29.3	20887	166034	168067
卢氏县	Lushi County	4004	36.2	33.2	17561	180092	143090
义马市	Yima City	112	16.5	4.6	73785	24005	8158
灵宝市	Lingbao City	3011	73.9	63.8	48027	374262	384145
南召县	Nanzhao County	2933	65.4	53.3	27962	322099	149934
方城县	Fangcheng County	2542	113.1	97.2	39964	637357	321918
西峡县	Xixia County	3447	48.4	38.0	60912	270322	231854
镇平县	Zhenping County	1490	107.7	87.9	57939	476525	254630
内乡县	Neixiang County	2301	71.6	54.2	35446	307528	293018
淅川县	Xichuan County	2818	73.6	56.3	51091	314366	292440
社旗县	Sheqi County	1152	76.7	63.5	36309	403844	291908
唐河县	Tanghe County	2497	142.6	119.0	51369	637635	594495
新野县	Xinye County	1056	85.1	70.3	47754	436420	369906
桐柏县	Tongbai County	1915	50.3	36.6	25729	212877	171930
邓州市	Dengzhou City	2360	174.8	152.8	65786	883608	847682
民权县	Minquan County	1238	97.6	75.8	34299	447550	367012
睢县	Sui County	920	88.9	71.1	42000	474807	385220
宁陵县	Ningling County	797	68.2	59.0	32151	331872	198395
柘城县	Zhecheng County	1042	102.7	77.7	31267	440112	400001
虞城县	Yucheng County	1544	123.4	100.3	34885	627431	427350
夏邑县	Xiayi County	1486	120.6	107.5	31454	590900	427130
永城市	Yongcheng City	2021	151.6	131.4	95216	799348	546903
罗山县	Luoshan County	2081	77.3	66.0	37060	377900	352872
光山县	Guangshan County	1855	91.7	69.7	36596	414973	378167
新县	Xin County	1559	37.3	29.2	24951	181085	190773
商城县	Shangcheng County	2117	77.7	65.6	34458	352771	334048
固始县	Gushi County	2999	169.3	149.5	63463	866131	734430
潢川县	Huangchuan County	1635	84.0	69.3	45690	431599	496097
淮滨县	Huaibin County	1209	75.0	61.9	46283	382174	297630
息县	Xi County	1899	106.3	90.3	36911	499495	407691
扶沟县	Fugou County	1173	77.6	66.0	29424	373046	336159
西华县	Xihua County	1194	97.3	84.0	31811	507142	460425
商水县	Shangshui County	1314	126.4	105.9	41548	654569	546032

continued

第二产业增加值（万元）Value-added of Secondary Industry (10 000 yuan)	公共财政预算收入（万元）Public Budgetary Revenue (10 000 yuan)	公共财政预算支出（万元）Public Budgetary Expenditure (10 000 yuan)	居民储蓄存款余额（万元）Balance of Savings Deposit of Households (10 000 yuan)	粮食总产量（吨）Total Grain Yield (ton)	固定资产投资（不含农户）（万元）Investment in Fixed Assets (Excluding Rural Households) (10 000 yuan)	固定电话用户（户）Number of Fixed Telephone Subscribers (subscriber)	普通中学在校学生数（人）Enrollment of Regular Secondary Schools (person)	小学在校学生数（人）Enrollment of Primary Schools (person)	医院、卫生院床位数（床）Number of Beds of Hospitals and Health Centers (bed)
646202	24791	159803	539333	351435	927300	31031	38751	67009	1338
426529	13832	136867	397397	185672	427300	33939	33521	56117	649
1612502	58744	293240	966521	908051	1805600	56363	52695	140993	2267
1194184	65036	213900	927914	670252	1475200	55585	38337	65257	1116
1037420	56009	205086	733160	537508	1350700	90339	39696	65988	2039
1713751	86026	202426	943138	549075	1385500	35800	42065	76157	2009
2816947	243369	397088	1460260	539670	2972400	102068	64509	115707	3052
2853594	130026	258510	1080915	541709	2024900	78617	35229	67728	2020
743519	42078	163326	574652	517421	1017900	25705	23350	35481	1381
1610717	51336	203480	703666	518640	1197600	41342	42681	72430	1594
1343001	143618	206159	588980	183537	1808300	32490	19938	31542	1198
677284	93196	164635	513114	112585	1717000	29999	19295	26050	1094
244334	42519	156770	478943	110782	636200	35738	22508	19736	1123
1418589	91219	116904	483379	7185	1281500	22881	6696	10700	1393
3228555	130188	254600	1433429	227180	2127800	77073	41855	53711	2029
693216	33978	191127	520284	190703	847100	88500	31073	71598	1442
606796	52101	291666	733270	587661	1048500	145411	47604	126996	2646
1137984	76639	196706	655716	103408	1751500	54000	28749	52387	2078
1004287	51816	246266	1104517	506055	1511800	127000	40841	100727	1959
569122	40007	193165	658948	306347	1153100	60400	33984	66634	1434
910166	135387	323750	825140	254578	1510000	25000	40371	77304	1395
454102	30021	200196	496523	515793	761300	68752	33441	77617	1110
985373	58199	321467	1129996	1161743	1260200	228500	55186	121139	2109
1133874	39766	191699	798846	512101	1403700	112413	43182	87708	1572
833317	47068	178680	527771	229108	978500	23482	26331	56952	1077
1254034	74418	406550	1375398	1088750	1697700	161536	100220	212290	4940
484421	35866	277266	724800	653684	1047198	57298	55678	78443	2801
430436	28026	224616	782816	610934	996400	44056	58464	80175	2042
329530	21692	181922	496933	442647	637299	50463	37857	66626	1340
431503	33166	281626	831086	658565	959798	45366	77265	100770	3231
672873	42779	283988	905998	897569	1050971	55945	82383	148112	2176
560618	33638	290599	1140078	986891	1077967	73221	92292	136728	2208
2241990	236099	416544	1737528	1173641	1688912	99760	92503	178210	4696
416046	30675	221908	1006827	721445	1228976	39780	52375	74369	1439
469039	34185	242120	1021284	594593	1196518	39266	64453	102599	1543
330470	19019	148600	508961	117704	812343	21593	23796	36634	479
447768	28162	226000	872380	361852	943529	44909	73474	99998	1314
715457	62420	431332	1699303	1213855	1498047	72937	107960	153827	2287
569471	36745	235137	902846	676712	1201635	52342	58680	96187	1308
404258	22951	223229	681095	565481	796107	32068	67707	94471	1626
541487	26812	254032	1028727	943647	1195010	29579	63790	113658	1143
593919	34715	206518	876792	548087	895800	36521	51074	78701	1445
585300	33989	240568	847690	663659	872300	59130	66230	100585	2388
533418	38488	319314	987564	1035183	865400	50796	95929	168655	2480

地区名称	Region	行政区域土地面积(平方公里) Land Area (sq.m)	年末总人口(万人) Total Population (year-end) (10 000 persons)	乡村人口(万人) Rural Population (10 000 persons)	年末单位从业人员数(人) Employed Persons (year-end) (person)	乡村从业人员数(人) Rural Laborers (person)	第一产业增加值(万元) Value-added of Primary Industry (10 000 yuan)
沈丘县	Shenqiu County	1081	134.7	115.1	41623	688768	381840
郸城县	Dancheng County	1471	157.9	120.0	63325	768574	461564
淮阳县	Huaiyang County	1468	148.7	128.1	36696	680538	583882
太康县	Taikang County	1360	156.8	121.3	36100	756011	491546
鹿邑县	Luyi County	1248	133.4	108.7	35051	672226	465819
项城市	Xiangcheng City	1083	137.6	110.3	44482	595601	370537
西平县	Xiping County	1090	87.9	77.2	49980	555992	420434
上蔡县	Shangcai County	1529	143.5	129.5	43222	799143	352131
平舆县	Pingyu County	1282	99.1	86.7	37824	588650	350165
正阳县	Zhengyang County	1903	81.5	67.7	29812	518029	448795
确山县	Queshan County	1711	53.6	37.8	27960	255402	276690
泌阳县	Miyang County	2356	90.6	75.2	37996	505787	459529
汝南县	Runan County	1504	84.1	70.2	32286	470353	411023
遂平县	Suiping County	1063	55.5	47.2	37950	310000	279706
新蔡县	Xincai County	1447	111.2	100.9	27162	651400	452442
湖北省	**Hubei Province**						
阳新县	Yangxin County	2783	102.1	77.3	65283	414800	429200
大冶市	Daye City	1566	95.1	68.5	86280	369634	392940
郧县	Yun County	3863	61.8	50.1	31765	317555	208959
郧西县	Yunxi County	3509	51.2	42.6	22600	240996	172570
竹山县	Zhushan County	3586	47.2	42.2	28129	217122	201521
竹溪县	Zhuxi County	3310	37.5	31.7	26589	163340	176585
房县	Fang County	5110	48.4	40.6	22028	237050	206817
丹江口市	Danjiangkou City	3121	46.0	29.4	44130	184973	207962
远安县	Yuanan County	1752	19.4	15.4	97200	96641	158260
兴山县	Xingshan County	2327	17.5	12.8	19277	81340	97820
秭归县	Zigui County	2427	38.1	31.6	35350	201240	185707
长阳土家族自治县	Changyang Tujia A.C.	3430	40.6	30.1	182769	223631	296142
五峰土家族自治县	Wufeng Tujia A.C.	2072	20.3	18.6	15996	104348	162311
宜都市	Yidu City	1357	39.7	28.9	80910	179416	351254
当阳市	Dangyang City	2159	48.6	34.5	40927	197200	623078
枝江市	Zhijiang City	1310	49.3	35.5	113000	214972	610400
南漳县	Nanzhang County	3859	58.7	41.1	31409	242670	386056
谷城县	Gucheng County	2553	59.3	31.7	255500	215100	295951
保康县	Baokang County	3225	27.9	22.5	62624	148703	175266
老河口市	Laohekou City	1032	53.3	29.2	43846	204830	368501
枣阳市	Zaoyang City	3277	112.1	72.6	55313	429947	819463
宜城市	Yicheng City	2115	56.9	42.9	37394	240633	433396
京山县	Jingshan County	3520	64.9	44.2	32717	241500	486000
沙洋县	Shayang County	2044	62.2	47.2	27870	294743	489402
钟祥市	Zhongxiang City	4488	106.1	70.4	482820	383591	465000
孝昌县	Xiaochang County	1217	66.2	58.4	401053	294501	260323
大悟县	Dawu County	1985	64.6	54.7	52371	323934	275601

continued

第二产业增加值(万元) Value-added of Secondary Industry (10 000 yuan)	公共财政预算收入(万元) Public Budgetary Revenue (10 000 yuan)	公共财政预算支出(万元) Public Budgetary Expenditure (10 000 yuan)	居民储蓄存款余额(万元) Balance of Savings Deposit of Households (10 000 yuan)	粮食总产量(吨) Total Grain Yield (ton)	固定资产投资(不含农户)(万元) Investment in Fixed Assets (Excluding Rural Households) (10 000 yuan)	固定电话用户(户) Number of Fixed Telephone Subscribers (subscriber)	普通中学在校学生数(人) Enrollment of Regular Secondary Schools (person)	小学在校学生数(人) Enrollment of Primary Schools (person)	医院、卫生院床位数(床) Number of Beds of Hospitals and Health Centers (bed)
776846	55540	320188	1163702	825276	1021500	67070	95056	127849	2530
934119	50689	343193	1063576	843223	874900	96023	103645	177371	2344
665922	40138	354710	1118392	889987	895300	91240	101421	1600272	2548
630953	50109	359360	1204201	1125570	770000	61126	85651	167606	3268
935471	60136	327866	1022342	905563	873900	92076	105436	154939	3274
1105552	52201	291355	1277816	790638	846100	121020	96442	137144	2689
547348	41202	219040	936337	888296	678000	52000	62272	74908	2135
585723	33256	314096	1332610	989437	656000	34969	87153	160861	2598
592018	43849	243196	1008112	734328	770900	10200	70236	117122	3188
362000	28239	247766	861325	799833	644600	69531	52949	89967	1709
472146	35890	175948	718054	526211	692300	36900	32858	62216	1683
580872	41500	258000	736453	569966	738500	63200	61414	100593	2212
441988	31721	213360	833585	718556	701200	81000	52599	90264	1846
584521	37899	165779	680653	590086	805500	104974	34664	48540	1948
483833	33026	294412	927048	784601	684700	41000	78602	127987	1827
549800	69366	311887	895652	347509	1418365	86859	45476	113076	2659
2711350	280089	415636	1311991	272297	2913400	139922	45607	67015	2446
236039	65435	276260	609854	199037	824031	31892	24668	26376	570
129100	20610	117200	568188	182054	418208	53940	11350	24317	1807
245148	32966	206999	468607	232087	721402	25067	15450	23580	1774
191325	26800	196390		237701	465151	25804	17083	24764	1180
160460	33250	216600	526480	143283	782702	43174	24027	30168	1669
668549	275883	379843	1027390	116537	970683	71750	15290	23565	2488
873200	70016	148499	426474	100752	596633	25169	6233	6888	788
374018	43318	142337	284637	58169	160357	12365	6975	5967	707
296900	47208	187598	496838	86703	50061	39120	12620	13668	961
257739	43496	185835	537848	102190	409781	23530	18292	15980	1342
120123	17518	153775	252097	80543	225698	17000	6698	6548	578
2127400	202622	313749	817969	110319	1787510	39445	16363	13020	1647
1620449	150218	315758	1105453	511316	2065937	61905	16873	18249	1410
1709000	145332	280735	1034883	331507	1909205	70341	17908	15687	1981
569067	55763	241415	760840	448801	1174080	28028	10238	22714	1970
1215376	85240	246868	989050	276920	1258505	51170	20801	29684	1940
320600	56102	88686	338000	130308	681259	37433	7621	11294	1069
1099869	115033	274000	800188	369500	1169870	31812	19473	29639	1995
1815115	149360	419360	1517777	1361000	1910667	97115	43175	59206	3011
1099137	106705	305695	834000	694000	1263800	49000	22315	25045	1375
1310200	84118	260803	1211426	702519	1882726	77816	22028	22418	2400
780000	41954	207666	874074	800506	870573	57460	15621	18252	1183
1594500	110866	406247	1917614	855213	1706760	86970	41506	48692	3024
261600	55218	157792	654054	264386	536241	60245	27418	34201	1091
266300	54356	122330	726267	281806	1010364	115210	45175	43036	1400

4-1 续表 23

地区名称	Region	行政区域土地面积（平方公里）Land Area (sq.m)	年末总人口（万人）Total Population (year-end) (10 000 persons)	乡村人口（万人）Rural Population (10 000 persons)	年末单位从业人员数（人）Employed Persons (year-end) (person)	乡村从业人员数（人）Rural Laborers (person)	第一产业增加值（万元）Value-added of Primary Industry (10 000 yuan)
云梦县	Yunmeng County	604	57.5	46.1	51594	315380	285613
应城市	Yingcheng City	1103	66.6	46.5	77798	339146	360085
安陆市	Anlu City	1355	63.3	48.0	59841	281733	304818
汉川市	Hanchuan City	1659	110.9	83.5	161770	475860	492139
公安县	Gongan County	2257	105.9	74.7	46595	413644	506762
监利县	Jianli County	3460	156.3	108.4	58775	558738	746014
江陵县	Jiangling County	1048	41.5	28.1	37841	149105	178109
石首市	Shishou City	1427	64.5	47.1	42841	245834	275070
洪湖市	Honghu City	2519	94.1	65.0	38791	368118	463009
松滋市	Songzi City	2177	85.3	65.8	46161	364135	323553
团风县	Tuanfeng County	833	38.0	29.0	15296	181675	134729
红安县	Hongan County	1796	65.0	54.0	221000	380602	240783
罗田县	Luotian County	2129	59.9	49.8	30715	354531	211906
英山县	Yingshan County	1449	40.1	33.0	24579	205267	276700
浠水县	Xishui County	1949	103.0	83.0	49088	547451	427700
蕲春县	Qichun County	2398	101.1	80.1	47120	472013	353275
黄梅县	Huangmei County	1701	101.9	75.0	51900	472244	358000
麻城市	Macheng City	3747	117.0	93.0	98050	564725	531645
武穴市	Wuxue City	1246	80.1	63.3	44864	301100	456435
嘉鱼县	Jiayu County	1020	37.0	27.7	26947	139045	329500
通城县	Tongcheng County	1172	50.4	40.1	23214	196400	190200
崇阳县	Chongyang County	1968	48.6	38.1	22870	187174	207000
通山县	Tongshan County	2680	47.7	37.0	26400	193268	119686
赤壁市	Chibi City	1723	52.6	35.1	56380	162614	330700
随县	Sui County	5673	97.3	77.5	88050	418198	532200
广水市	Guangshui City	2647	94.8	80.5	47938	442500	417929
恩施市	Enshi City	3972	80.9	62.6	58731	327900	227548
利川市	Lichuan City	4607	91.6	82.3	34119	433500	267202
建始县	Jianshi County	2666	51.3	45.1	29311	247900	159310
巴东县	Badong County	3354	49.6	42.1	36810	244500	149098
宣恩县	Xuanen County	2737	36.1	31.8	8385	178252	125325
咸丰县	Xianfeng County	2550	38.8	33.6	10189	185800	133314
来凤县	Laifeng County	1342	32.8	27.1	10358	176361	101563
鹤峰县	Hefeng County	2868	22.3	19.7	7456	119200	85730
湖南省	**Hunan Province**						
长沙县	Changsha County	1997	81.6	80.3	172219	477900	590544
宁乡县	Ningxiang County	2912	138.9	121.8	65857	770400	848464
浏阳市	Liuyang City	4998	141.6	128.9	151623	750500	716403
株洲县	Zhuzhou County	1053	34.6	29.8	27975	177000	155417
攸县	You County	2649	79.9	71.1	29125	428000	387671
茶陵县	Chaling County	2507	61.1	53.2	24293	299000	261253
炎陵县	Yanling County	2031	19.9	16.0	12283	99000	65094
醴陵市	Liling City	2157	104.6	89.3	71634	513100	383626

continued

第二产业增加值（万元） Value-added of Secondary Industry (10 000 yuan)	公共财政预算收入（万元） Public Budgetary Revenue (10 000 yuan)	公共财政预算支出（万元） Public Budgetary Expenditure (10 000 yuan)	居民储蓄存款余额（万元） Balance of Savings Deposit of Households (10 000 yuan)	粮食总产量（吨） Total Grain Yield (ton)	固定资产投资（不含农户）（万元） Investment in Fixed Assets (Excluding Rural Households) (10 000 yuan)	固定电话用户（户） Number of Fixed Telephone Subscribers (subscriber)	普通中学在校学生数（人） Enrollment of Regular Secondary Schools (person)	小学在校学生数（人） Enrollment of Primary Schools (person)	医院、卫生院床位数（床） Number of Beds of Hospitals and Health Centers (bed)
781930	70175	146762	874697	215900	1217010	60008	22654	26810	2249
968100	95118	233389	1087327	353123	1323758	62595	24300	28546	1895
495300	56004	215540	996012	333231	867304	82000	24649	28016	1382
1714647	113141	234410	1268680	534046	1758402	102691	33873	42859	2206
661021	61726	112178	1401486	608918	1237365	86370	45595	42610	2531
536100	28159	355730	1320777	1361207	965234	78000	74500	127800	2205
154800	15023	94150	478518	257401	303600	35805	17379	20182	1055
463577	36920	187860	953378	208890	912627	42484	40554	28671	1517
485646	41978	177737	952953	670035	815179	93704	34876	39513	1931
708679	63980	265733	1313473	327103	1277500	91848	32292	30858	1878
313028	30757	154648	393996	124500	456018	31315	15095	19547	1085
453668	56068	276531	694246	223610	885600	78000	47761	33775	1961
336535	35752	223035	778321	248800	841020	61671	34830	36038	1633
157400	22001	125968	596121	130600	480040	57615	20832	25308	1070
545000	51606	284407	1278122	500400	897328	107913	57388	61141	2853
578500	70408	124202	1382088	500800	1347513	108464	47130	58432	2461
542000	64709	199355	1281217	480000	1006000	110149	52646	66887	3261
776450	75481	378460	1274991	538000	1677900	105521	50711	53523	3286
873500	84039	263186	1056275	303900	1304114	94824	35330	51661	1957
819900	56863	175316	416457	178244	1163698	45074	14337	16004	1015
371100	36325	166815	555923	183899	726772	66763	20487	36966	1490
262400	31211	187369	557533	194529	733394	60310	12818	34813	1595
229000	35560	174495	469508	82470	845000	57023	17854	50042	1356
1213100	108000	259168	759796	207638	1796605	60412	15752	36274	1703
588300	23022	239871	908427	890200	1408003	95000	25883	40236	1629
909100	64331	271546	1386627	405817	1598885	104297	35805	46621	2378
473954	115178	319793	1115671	223002	635567	64046	43883	46353	4407
188200	65700	298466	746342	360100	487688	28632	41402	59321	2855
160300	34166	205858	361214	226400	452610	21612	19706	27147	2526
265902	45134	234840	433189	218400	438254	27787	20180	27197	1880
107992	18130	150282	255543	124500	224129	25734	14137	20919	1245
143405	25088	186990	345768	229000	285951	37000	15641	24364	1478
113964	20089	157745	316643	121600	212908	22287	9662	20008	1320
140955	16600	135992	244951	87600	231995	34100	8838	10023	876
6375254	535004	788551	2433250	570464	3362352	145837	39685	59151	3310
5017349	244886	481217	1866172	852480	4923422	107000	68853	80715	4351
5753749	247313	460549	2141509	551362	4359867	151600	58819	90978	6225
418321	50704	140879	539557	227577	477772	41157	11824	12436	1032
1386817	153334	280303	954158	460060	1561083	115675	31908	42124	1992
475639	62019	194697	824141	315719	650837	48324	20548	33906	1449
220832	40290	103822	327443	93098	583495	21570	6682	10838	545
2586580	260257	422135	1286539	505695	1912485	175248	33705	53992	2797

4-1 续表 24

地区名称	Region	行政区域土地面积(平方公里) Land Area (sq.m)	年末总人口(万人) Total Population (year-end) (10 000 persons)	乡村人口(万人) Rural Population (10 000 persons)	年末单位从业人员数(人) Employed Persons (year-end) (person)	乡村从业人员数(人) Rural Laborers (person)	第一产业增加值(万元) Value-added of Primary Industry (10 000 yuan)
湘潭县	Xiangtan County	2140	99.0	88.8	48189	551900	472647
湘乡市	Xiangxiang City	1967	92.0	78.9	53705	492000	424034
韶山市	Shaoshan City	247	12.0	10.5	6482	62000	43004
衡阳县	Hengyang County	2559	122.3	90.7	61920	500200	558747
衡南县	Hengnan County	2633	111.7	104.8	60968	503600	531057
衡山县	Hengshan County	935	44.5	41.0	22622	261900	227042
衡东县	Hengdong County	1927	74.7	57.4	27645	284500	332363
祁东县	Qidong County	1871	107.1	95.2	36045	529200	492678
耒阳市	Leiyang City	2656	143.1	111.2	62221	553700	508940
常宁市	Changning City	2064	97.1	79.3	46113	415100	386484
邵东县	Shaodong County	1778	129.1	108.3	39809	537000	404316
新邵县	Xinshao County	1763	81.1	75.4	24192	472400	236357
邵阳县	Shaoyang County	1997	104.4	92.8	29829	564200	264185
隆回县	Longhui County	2871	120.9	106.4	27593	599400	307442
洞口县	Dongkou County	2180	85.8	79.2	29063	494200	406677
绥宁县	Suining County	2927	38.1	30.8	16983	203900	146053
新宁县	Xinning County	2751	62.4	55.8	24642	342800	188801
城步苗族自治县	Chengbu Miao A.C.	2647	27.6	23.1	13682	120600	92383
武冈市	Wugang City	1549	82.8	71.9	28522	402500	359817
岳阳县	Yueyang County	2716	73.5	56.9	27164	293300	391455
华容县	Huarong County	1449	73.4	64.9	34270	359200	478074
湘阴县	Xiangyin County	1542	76.6	67.6	50007	357400	399902
平江县	Pingjiang County	4125	108.1	103.1	43775	512800	338038
汨罗市	Miluo City	1562	76.8	66.0	87267	303300	387572
临湘市	Linxiang City	1754	53.3	47.4	25805	212500	229136
安乡县	Anxiang County	1087	59.0	49.6	32688	270500	295924
汉寿县	Hanshou County	2089	86.0	76.7	36677	412200	367944
澧县	Li County	2075	93.2	81.5	37441	426800	470387
临澧县	Linli County	1204	45.5	45.2	17161	272200	216128
桃源县	Taoyuan County	4458	98.0	89.0	40667	479900	567151
石门县	Shimen County	3970	67.2	59.4	31246	329600	325312
津市市	Jinshi City	557	25.8	13.1	23277	82100	158973
慈利县	Cili County	3480	70.5	59.7	25639	334800	199153
桑植县	Sangzhi County	3474	47.0	43.3	17785	234500	75490
南县	Nan County	1406	80.8	69.2	32575	362400	499078
桃江县	Taojiang County	2063	88.5	74.6	31296	411400	298502
安化县	Anhua County	4945	102.4	86.9	35409	441400	316375
沅江市	Yuanjiang County	2020	75.3	59.2	35316	335200	424459
桂阳县	Guiyang County	2958	87.1	78.0	37476	447900	336868
宜章县	Yizhang County	2118	62.2	54.1	23827	291000	162822
永兴县	Yongxing County	1979	66.7	49.7	26298	313800	207696
嘉禾县	Jiahe County	699	40.7	37.0	17403	206800	133326
临武县	Linwu County	1375	38.0	33.2	16495	191400	100961
汝城县	Rucheng County	2400	39.7	35.7	12278	205100	86828

continued

第二产业增加值(万元) Value-added of Secondary Industry (10 000 yuan)	公共财政预算收入(万元) Public Budgetary Revenue (10 000 yuan)	公共财政预算支出(万元) Public Budgetary Expenditure (10 000 yuan)	居民储蓄存款余额(万元) Balance of Savings Deposit of Households (10 000 yuan)	粮食总产量(吨) Total Grain Yield (ton)	固定资产投资(不含农户)(万元) Investment in Fixed Assets (Excluding Rural Households) (10 000 yuan)	固定电话用户(户) Number of Fixed Telephone Subscribers (subscriber)	普通中学在校学生数(人) Enrollment of Regular Secondary Schools (person)	小学在校学生数(人) Enrollment of Primary Schools (person)	医院、卫生院床位数(床) Number of Beds of Hospitals and Health Centers (bed)
1149517	123656	305006	1551600	727455	1012100	221001	54439	46556	2022
1209588	97559	294285	1329829	526447	981900	80210	39612	47743	2451
290415	25864	68365	262636	68269	450000	28436	3201	5910	488
899892	59766	277885	1467968	624625	1114455	83151	64674	88917	2632
1045562	80491	289442	328890	606861	953135	98076	57519	76933	2173
337969	45146	139373	594457	208542	487114	64597	20909	28997	966
726695	54225	193743	866100	398101	666504	185300	36120	48983	1859
699417	46391	241315	1363345	455140	687573	64809	51474	80694	2055
1315445	153518	381900	1539335	502621	1868712	120502	56350	112202	2531
908462	76986	263158	1086035	402852	791998	108926	44485	81831	3605
1126722	77160	275697	1618353	450067	1221394	118401	59009	99082	3080
336455	38419	222916	734416	305297	831377	38119	39034	68131	2319
336640	37642	278080	834571	454104	723728	44786	43525	71417	2294
306590	42506	274161	1192538	454263	872387	134862	54211	95163	2726
339214	37496	220952	948958	436920	870321	65627	43194	69845	1620
267361	22240	144250	430712	142483	360564	30000	14261	26200	802
163432	39067	183061	612627	298539	597882	44700	22005	41633	1565
90593	16073	119159	258062	76425	192233	13001	7869	18751	582
193266	48685	234596	861800	458966	737330	56600	43683	70758	2250
954580	33043	197165	494660	512670	1508382	57010	30051	40218	1616
1087892	36584	193392	811635	545991	1429167	171055	26933	31601	1500
1291019	52053	231878	546611	587898	1471427	41080	30752	44878	1550
774738	46162	282696	871842	425505	1062659	153378	43548	73943	2205
1837693	106855	244646	474928	491713	1582838	88850	30662	40221	965
900897	31920	160899	585049	317519	1085215	47750	23831	36202	1289
322360	24364	177951	551724	310719	354100	67000	17819	19584	1931
546159	38613	206237	797900	632632	866500	58000	33029	42097	2560
808841	70961	245947	1348700	506445	1606600	96100	33938	38975	2038
406079	33686	153871	56410	332028	778121	59000	18943	23286	1440
718174	71008	262514	1194801	776609	865600	132456	36630	44429	2070
701265	54833	217877	833441	261090	1053100	74700	26104	29245	2502
420887	37331	114845	458174	140425	477700	24790	7592	8723	848
400630	49977	230615	811692	299102	449813	81300	27020	34918	2179
134710	24806	185610	392001	143369	308132	35500	18993	31278	1999
499482	30000	198707	892173	582295	336746	56029	29444	35487	1877
728292	41737	227677	865741	364409	874302	53300	33234	48047	2504
550986	45672	270300	1096726	242151	683168	77800	32830	54175	2718
733651	50945	238120	776335	470200	1048604	49548	27932	34220	1856
1221754	130924	272748	966477	283387	1571214	56900	33568	69344	2237
613256	75040	214257	793880	241358	999247	42100	25843	63564	2280
1375430	129450	247598	709760	234664	1345631	44359	19765	52440	1969
498643	45368	133153	549306	131318	486429	25126	19497	36054	719
409871	47892	143519	598398	125072	573434	24704	13238	41913	959
144652	34300	149266	477763	195259	381660	41000	14478	33101	1130

4-1 续表 25

地区名称	Region	行政区域土地面积(平方公里) Land Area (sq.m)	年末总人口(万人) Total Population (year-end) (10 000 persons)	乡村人口(万人) Rural Population (10 000 persons)	年末单位从业人员数(人) Employed Persons (year-end) (person)	乡村从业人员数(人) Rural Laborers (person)	第一产业增加值(万元) Value-added of Primary Industry (10 000 yuan)
桂东县	Guidong County	1452	21.1	21.9	9426	119700	36317
安仁县	Anren County	1462	43.3	40.9	14816	265400	142055
资兴市	Zixing City	2747	37.6	25.7	49575	184900	174921
祁阳县	Qiyang County	2538	106.0	93.1	56927	495200	366668
东安县	Dongan County	2211	62.3	55.5	26729	278100	271555
双牌县	Shuangpai County	1739	19.1	14.9	11432	68000	110729
道县	Dao County	2441	74.9	63.6	24128	344300	309829
江永县	Jiangyong County	1633	27.1	25.6	12599	132800	159795
宁远县	Ningyuan County	2489	84.5	63.5	27877	401300	238273
蓝山县	Lanshan County	1807	39.4	33.2	22169	201500	125120
新田县	Xintian County	1022	42.4	37.5	15534	217100	141881
江华瑶族自治县	Jianghua Yao A.C.	3216	50.0	44.8	17322	272700	188022
中方县	Zhongfang County	1479	28.4	25.6	17249	156000	95438
沅陵县	yuanling County	5828	65.9	58.7	27226	339600	152902
辰溪县	Chenxi County	1977	52.7	44.9	28731	225000	124608
溆浦县	Xupu County	3440	90.5	83.5	33808	552200	239948
会同县	Huitong County	2259	36.0	36.0	13646	212400	98904
麻阳苗族自治县	Mayang Miao A.C.	1568	39.6	35.6	15454	185500	118901
新晃侗族自治县	Xinhuang Dong A.C.	1508	27.1	23.3	10308	128000	54753
芷江侗族自治县	Zhijiang Dong A.C.	2099	37.9	35.2	15549	197000	162721
靖州苗族侗族自治县	Jingzhou Miao & Dong A.C.	2211	27.0	22.5	14606	112200	107162
通道侗族自治县	Tongdao Dong A.C.	2239	23.8	20.1	10193	109800	58261
洪江市	Hongjiang City	2289	43.7	39.0	28760	231800	149805
双峰县	Shuangfeng County	1715	95.5	88.6	35770	488500	507684
新化县	Xinhua County	3642	140.5	126.9	44044	677900	431210
冷水江市	Lengshuijiang City	439	37.0	19.8	64524	101800	78346
涟源市	Lianyuan City	1912	117.5	105.8	40837	612900	385011
吉首市	Jishou City	1058	29.6	18.2	51023	97000	51074
泸溪县	Luxi County	1566	31.1	27.8	10388	149700	61424
凤凰县	Fenghuang County	1745	40.8	35.9	13133	195400	71946
花垣县	Huayuan County	1109	30.9	25.6	14789	149800	51090
保靖县	Baojing County	1754	30.7	26.9	10266	145600	66948
古丈县	Guzhang County	1297	14.4	12.5	6221	74600	32015
永顺县	Yongshun County	3810	53.6	47.4	16586	259400	121553
龙山县	Longshan County	3131	58.6	51.1	18722	266700	137640
广东省	**Guangdong Province**						
增城市	Zengcheng City	1616	84.8	87.1	157763	520695	490556
从化市	Conghua City	1975	59.6	49.0	75988	266613	209917
始兴县	Shixing County	2174	24.8	20.0	109592	119286	140380
仁化县	Renhua County	2223	23.3	17.9	18327	99816	150470
翁源县	Wengyuan County	2175	40.0	34.4	22509	152311	172219
乳源瑶族自治县	Ruyuan Yao A.C.	2299	21.7	16.5	23806	85970	59144
新丰县	Xinfeng County	2012	25.8	19.7	17888	94782	89730

continued

第二产业增加值（万元）Value-added of Secondary Industry (10 000 yuan)	公共财政预算收入（万元）Public Budgetary Revenue (10 000 yuan)	公共财政预算支出（万元）Public Budgetary Expenditure (10 000 yuan)	居民储蓄存款余额（万元）Balance of Savings Deposit of Households (10 000 yuan)	粮食总产量（吨）Total Grain Yield (ton)	固定资产投资（不含农户）（万元）Investment in Fixed Assets (Excluding Rural Households) (10 000 yuan)	固定电话用户（户）Number of Fixed Telephone Subscribers (subscriber)	普通中学在校学生数（人）Enrollment of Regular Secondary Schools (person)	小学在校学生数（人）Enrollment of Primary Schools (person)	医院、卫生院床位数（床）Number of Beds of Hospitals and Health Centers (bed)
62037	11119	88000	220010	63654	251286	24895	7091	13437	567
171798	22057	145467	459891	285446	638609	31200	17505	33171	970
1560932	155596	267895	787317	125904	1489097	53810	14760	22316	1159
688334	49951	271046	1443233	650856	1443884	31855	45318	75936	2799
469990	43407	172065	654930	391918	915795	37272	20661	39419	1305
169234	22637	88196	191796	73246	357200	11226	6890	11339	408
318565	46166	201350	724498	390610	792195	28300	31430	65790	1588
118958	18723	100909	319816	122408	394252	14986	11093	21936	720
324493	51424	223437	735142	303225	771653	37440	32471	68336	1753
270432	29668	119459	423597	127022	398668	23053	16299	32448	1144
136050	25031	128018	385161	162938	340192	15018	15970	32138	1264
191911	30970	165140	458644	216567	463146	38673	20644	37494	1663
443271	34883	104800	129629	113962	759462	18000	8563	12709	662
952605	67740	220256	562700	221141	546681	56089	21278	33935	2501
355041	46049	172417	499000	184625	581845	30000	14591	26706	2170
388401	45786	245198	867549	347275	611220	110800	29166	53793	2106
116900	29500	130668	461498	119368	261743	31060	13337	20603	1194
171542	21586	146100	345600	109262	270312	36500	15207	24173	975
198571	17011	106926	237312	78741	207579	23790	8781	15938	1350
311125	35696	146996	430606	210924	280217	41250	14726	23693	935
189050	23751	112899	359285	124632	203138	33825	11446	16978	1054
97968	16559	104647	257800	81072	152545	21669	7776	15913	882
277649	62395	206775	596602	178560	651554	53085	18837	23614	1161
627377	47059	265750	1145500	541214	790489	80493	41575	57966	1862
506269	57647	359953	1107480	473091	672531	107531	57670	96224	1542
1506226	105416	210533	680530	45060	974676	48116	20113	29639	1413
894094	70745	329856	805973	469636	925531	88350	53597	71232	2260
332575	47022	173824	958617	49100	523500	77400	21941	25454	3790
298688	18425	133765	294679	75883	177200	22600	17160	21683	664
81261	40651	176363	400873	126078	255000	30600	17690	33379	1212
391828	33178	150370	366984	89934	220000	25600	14031	23831	1240
210278	19259	137912	225000	88504	100545	18600	11831	19249	927
41665	10840	95960	156382	36160	102170	11104	6288	8718	392
108634	22066	202173	451694	204802	246408	36000	24854	38686	1801
116133	21853	205235	555698	179458	281003	37813	30946	42189	1505
5140523	529310	673379	4985528	156809	2289628	316838	65307	70583	3001
1126353	261777	396412	1624146	119428	473791	120000	41047	37410	2270
200740	25025	87546	455074	88479	333583	24295	13553	14903	557
329973	45348	98900	423963	106157	328619	36700	12156	13700	636
205846	26880	107867	592080	108013	316244	52200	20445	23205	887
240371	35988	103339	293792	59530	367338	26200	10617	13973	470
193900	23020	81605	325900	57797	285869	35600	14471	15662	690

4-1 续表 26

地区名称	Region	行政区域土地面积（平方公里） Land Area (sq.m)	年末总人口（万人） Total Population (year-end) (10 000 persons)	乡村人口（万人） Rural Population (10 000 persons)	年末单位从业人员数（人） Employed Persons (year-end) (person)	乡村从业人员数（人） Rural Laborers (person)	第一产业增加值（万元） Value-added of Primary Industry (10 000 yuan)
乐昌市	Lechang City	2421	51.0	29.0	27330	185835	183267
南雄市	Nanxiong City	2326	47.5	39.0	30443	156347	218758
南澳县	Nan'ao County	112	7.4	5.7	5120	24260	34799
台山市	Taishan City	3285	98.3	84.7	56258	513390	473990
开平市	Kaiping City	1659	68.3	61.0	91299	349369	247637
鹤山市	Heshan City	1083	36.4	22.7	39141	214144	157784
恩平市	Enping City	1698	50.0	33.0	29533	187701	174357
遂溪县	Suixi County	2132	105.0	92.6	40532	458851	234026
徐闻县	Xuwen County	1862	73.1	61.0	39906	320548	574481
廉江市	Lianjiang City	2840	171.3	134.8	61795	704920	793850
雷州市	Leizhou City	3662	168.7	156.9	58111	718808	836687
吴川市	Wuchuan City	876	111.1	86.0	50679	545004	793850
电白县	Dianbai County	1873	147.1	119.1	72773	557751	717652
高州市	Gaozhou City	3276	169.2	120.3	75886	573291	894756
化州市	Huazhou City	2354	162.0	113.8	61469	527807	701963
信宜市	Xinyi City	3081	136.3	90.2	41593	478731	728542
广宁县	Guangning County	2458	57.0	45.4	19069	211148	244357
怀集县	Huaiji County	3573	106.1	66.0	28234	380535	513462
封开县	Fengkai County	2723	50.6	45.9	23951	231114	307126
德庆县	Deqing County	2257	38.4	30.9	22875	158431	215095
高要市	Gaoyao City	2186	78.7	67.2	22746	426591	601720
四会市	Sihui City	1262	49.6	31.1	97233	217996	404262
博罗县	Boluo County	2858	84.3	60.2	139982	526610	396679
惠东县	Huidong County	3527	88.2	54.5	66082	378092	344415
龙门县	Longmen County	2267	35.0	23.4	23244	158855	175540
梅县	Mei County	2755	63.0	42.5	29015	224537	373134
大埔县	Dapu County	2468	54.9	43.0	16177	203517	156099
丰顺县	Fengshun County	2710	70.2	45.3	25953	270118	192290
五华县	Wuhua County	3226	133.5	92.8	31007	480683	260303
平远县	Pingyuan County	1381	26.2	12.6	23648	108499	103914
蕉岭县	Jiaoling County	957	23.0	16.8	15335	85551	98611
兴宁市	Xingning City	2104	118.4	94.5	45482	459488	339018
海丰县	Haifeng County	1750	81.5	68.3	41119	402398	310951
陆河县	Luhe County	986	34.6	24.4	12660	132515	88689
陆丰市	Lufeng City	1541	180.9	113.0	51661	643184	428477
紫金县	Zijin County	3621	82.7	67.7	26472	345430	193883
龙川县	Longchuan County	3080	98.8	84.9	41480	357230	213120
连平县	Lianping County	2276	40.0	33.2	18763	204089	79569
和平县	Heping County	2310	52.9	45.7	17407	252785	122110
东源县	Dongyuan County	4070	54.9	52.0	29148	269913	132132
阳西县	Yangxi County	1451	51.4	41.7	264268	200854	447509
阳东县	Yangdong County	1703	48.5	46.3	30043	262203	359266
阳春市	Yangchun City	4054	114.9	88.7	56298	511706	589683
佛冈县	Fogang County	1295	32.1	18.7	25902	156908	83469

continued

第二产业增加值（万元）Value-added of Secondary Industry (10 000 yuan)	公共财政预算收入（万元）Public Budgetary Revenue (10 000 yuan)	公共财政预算支出（万元）Public Budgetary Expenditure (10 000 yuan)	居民储蓄存款余额（万元）Balance of Savings Deposit of Households (10 000 yuan)	粮食总产量（吨）Total Grain Yield (ton)	固定资产投资（不含农户）（万元）Investment in Fixed Assets (Excluding Rural Households) (10 000 yuan)	固定电话用户（户）Number of Fixed Telephone Subscribers (subscriber)	普通中学在校学生数（人）Enrollment of Regular Secondary Schools (person)	小学在校学生数（人）Enrollment of Primary Schools (person)	医院、卫生院床位数（床）Number of Beds of Hospitals and Health Centers (bed)
283822	44560	148384	768300	124863	656399	59600	24638	32879	2223
291354	40018	146838	599343	228566	658795	50720	26229	28079	1122
51081	12980	95349	147643	4300	60075	18342	4131	2816	143
1834412	176125	302317	3029720	357217	1650055	230415	46198	47822	2570
1368003	164891	255379	2950681	229510	1178024	184778	57960	55002	1860
1116605	159483	182198	1784018	85054	972637	150000	24360	30413	935
470784	70528	166956	1230078	132601	617252	130337	27863	29694	898
649700	52230	225853	1090936	249286	92152	55694	84923	68983	2253
161798	34792	163750	868818	139504	354994	48500	53197	56100	2088
971686	67338	289688	1629117	437688	772437	121574	132675	134939	3653
290191	53210	272855	1260824	352664	241332	89554	153473	140737	4584
641205	46188	210251	1232148	170297	501723	134916	97450	90358	1804
1169507	101450	305069	1698694	266132	457710	145000	118066	116953	2558
1264788	93071	342569	2174022	394450	645291	186326	135252	121323	5128
1067557	80746	286401	1514658	341526	608756	106255	133803	143792	2654
1068446	62600	261857	1494262	330307	267532	137800	128123	110522	2750
299883	58367	141999	597132	152748	95936	81098	25826	29289	760
448330	90078	231596	657413	265359	474617	80234	87060	103911	1715
302894	56307	136356	521052	206170	552810	46000	39881	40670	882
335296	64427	153867	542452	125821	282081	50000	26872	28327	801
1667208	192203	281964	1496271	233324	1550368	104118	50876	43624	1533
2414121	269036	357147	1651638	123052	2487223	109825	34984	39672	1230
2117496	220340	358257	2373075	165261	988863	185300	60756	91003	2880
1599511	172029	343287	1841372	203133	1004234	230086	68362	93575	1996
386064	60638	163313	500981	100260	314834	57000	18346	21543	899
611250	116805	236824	1296737	206729	478756	84000	31675	29114	1026
196675	41033	150695	578992	99014	271845	58583	25448	26425	710
316385	34817	173501	759853	124998	196931	85000	38994	36899	1146
204686	26702	289443	1034677	320253	233525	91131	66650	97104	1993
303490	34119	105981	372048	89425	142928	39200	14852	11986	635
211739	35152	96176	406399	66045	101524	38353	11325	10333	473
395368	44962	278187	1401693	337304	208447	153984	62306	55543	2033
893816	113459	197107	1079933	183285	1690303	112800	69793	65240	2444
103294	26438	104388	276146	62866	110329	42400	31877	25141	573
786590	121358	317116	845301	210915	997529	206898	153484	167596	2548
327890	36618	227364	580505	231815	152898	130604	50928	55581	1435
559134	36250	238369	908605	286122	347692	127996	59812	68731	1996
608252	45525	151429	417724	104862	109492	50299	21429	23824	850
251068	26328	154860	431072	135721	92942	58258	24690	29968	877
409867	47406	191835	437300	173916	185261	54128	28542	42166	815
432035	39106	150200	609403	149301	387353	59000	20928	30463	1061
1090356	85301	167725	756952	158725	1865902	83061	30457	30252	1083
1203971	83542	273662	1434807	307322	853836	157003	62232	63338	2790
351313	80413	141875	563976	61697	237576	54328	19711	20428	727

4-1 续表 27

地区名称	Region	行政区域土地面积(平方公里) Land Area (sq.m)	年末总人口(万人) Total Population (year-end) (10 000 persons)	乡村人口(万人) Rural Population (10 000 persons)	年末单位从业人员数(人) Employed Persons (year-end) (person)	乡村从业人员数(人) Rural Laborers (person)	第一产业增加值(万元) Value-added of Primary Industry (10 000 yuan)
阳山县	Yangshan County	3330	53.2	48.5	16732	255110	218612
连山壮族瑶族自治县	Lianshan Zhuang & Yao A.C.	1265	11.7	9.5	6171	50924	57300
连南瑶族自治县	Liannan Yao A.C.	1241	16.1	14.2	8623	78362	44035
清新县	Qingxin County	2318	67.2	59.5	55623	325999	267316
英德市	Yingde City	5634	108.7	89.3	48410	484903	414026
连州市	Lianzhou City	2668	51.2	43.0	17398	194244	238396
潮安县	Chaoan County	1261	126.2	105.4	43180	524673	173727
饶平县	Raoping County	1694	103.4	89.8	30393	435177	309750
揭东县	Jiedong County	850	131.4	121.7	49532	606094	368244
揭西县	Jiexi County	1365	98.0	73.4	31312	428314	272738
惠来县	Huilai County	1253	135.0	122.7	38478	463654	428683
普宁市	Puning City	1635	238.4	192.4	58150	800314	303756
新兴县	Xinxing County	1521	47.8	39.5	41195	266197	450956
郁南县	Yu'nan County	1966	51.8	45.0	25869	223134	228353
云安县	Yun'an County	1203	33.6	27.8	11453	187642	150625
罗定市	Luoding City	2327	123.2	77.9	50189	645234	320428
广西壮族自治区	**Guangxi Zhuang A.R.**						
武鸣县	Wuming County	3389	69.2	57.3	39050	367100	603583
隆安县	Longan County	2306	40.5	36.0	17049	224500	199881
马山县	Mashan County	2341	55.3	51.0	14151	305300	135964
上林县	Shanglin County	1871	48.9	41.7	25121	189200	166752
宾阳县	Binyang County	2298	103.9	88.6	44345	513800	375979
横县	Heng County	3448	121.2	107.0	48621	629000	569227
柳江县	Liujiang County	2537	55.1	48.6	31855	264700	326322
柳城县	Liucheng County	2114	41.2	31.8	17881	205300	321697
鹿寨县	Luzhai County	2975	40.6	32.6	25918	203000	258458
融安县	Rongan County	2898	32.1	27.1	13605	164700	142125
融水苗族自治县	Rongshui Miao A.C.	4638	50.1	44.0	16996	237900	143845
三江侗族自治县	Sanjiang Dong A.C.	2417	38.3	35.4	10334	172100	133010
阳朔县	Yangshuo County	1436	31.8	27.3	26215	161400	180504
临桂县	Lingui County	2247	49.2	42.1	30505	230400	317533
灵川县	Lingchuan County	2302	38.1	30.9	17770	168100	272893
全州县	Quanzhou County	3979	82.9	68.5	20710	363900	381371
兴安县	Xing'an County	2333	38.2	31.3	16221	169000	256504
永福县	Yongfu County	2795	28.5	24.0	14501	122200	189960
灌阳县	Guanyang County	1835	29.0	24.3	7982	131400	142201
龙胜各族自治县	Longsheng A.C.	2451	17.8	15.3	13531	78800	84294
资源县	Ziyuan County	1941	17.5	15.3	6731	81400	82332
平乐县	Pingle County	1893	44.8	37.2	12863	220000	296264
荔蒲县	Lipu County	1760	38.5	32.2	13551	194600	225921
恭城瑶族自治县	Gongcheng Yao A.C.	2139	30.1	24.9	12529	131800	198294
苍梧县	Cangwu County	3475	60.8	56.5	25913	353000	201434
藤县	Teng County	3946	103.6	92.5	25013	508500	384268

continued

第二产业增加值(万元) Value-added of Secondary Industry (10 000 yuan)	公共财政预算收入(万元) Public Budgetary Revenue (10 000 yuan)	公共财政预算支出(万元) Public Budgetary Expenditure (10 000 yuan)	居民储蓄存款余额(万元) Balance of Savings Deposit of Households (10 000 yuan)	粮食总产量(吨) Total Grain Yield (ton)	固定资产投资(不含农户)(万元) Investment in Fixed Assets (Excluding Rural Households) (10 000 yuan)	固定电话用户(户) Number of Fixed Telephone Subscribers (subscriber)	普通中学在校学生数(人) Enrollment of Regular Secondary Schools (person)	小学在校学生数(人) Enrollment of Primary Schools (person)	医院、卫生院床位数(床) Number of Beds of Hospitals and Health Centers (bed)
150919	42203	135288	536716	111173	104490	46067	27463	21868	1336
89718	11288	50061	132108	42053	63669	20668	4416	6064	336
105764	14837	77730	181321	36710	53535	14509	9618	11367	263
669656	110027	252071	916207	136584	355515	80256	41850	49831	1110
600336	153975	358958	1522660	221686	1036711	96216	65312	66022	2493
263417	55614	179578	744412	126385	175431	53689	18754	24292	1443
2667162	124424	301335	2286030	133657	1001169	228979	99583	96749	1874
754399	40473	239225	1080129	150967	230899	171000	68247	60789	856
2104412	103201	253483	1550382	260098	868053	223000	94025	69073	2495
852444	33385	198685	1268038	179567	363112	121344	76219	64639	1114
947908	44005	233808	809555	208848	1554807	111509	83144	120780	1126
2692089	152332	386197	3305185	218168	802622	321051	212944	203069	3090
749757	88211	177381	994318	146247	868062	105026	32536	29485	1231
255184	39253	132777	664208	147135	338781	44000	26768	27108	801
329733	33083	92958	280960	97883	873111	25510	15955	16667	215
449719	66626	265394	1268947	259512	768299	185901	82351	84754	2694
1194474	64684	203655	878422	352669	2380208	90328	28265	34260	2013
162922	26395	143797	378986	148823	755464	23285	14981	27248	1406
121846	24524	167546	319860	168134	398818	52775	23020	36658	1068
97553	23830	162770	387719	167923	427586	26864	21992	26986	931
529109	90351	275363	925511	356548	1593442	68852	58403	67323	2417
1079757	89328	268537	1142878	410781	1957977	80264	52217	72198	1990
809324	58297	160709	717099	168696	1610670	215183	19408	33693	1056
365359	33099	138078	402864	153116	774300	21172	13326	20555	989
527784	42999	159605	619864	166905	1267983	32012	11485	22549	1343
217946	18691	135446	315121	99338	652344	39848	12944	18899	1087
286259	28658	184128	437676	116222	509528	15636	21544	38431	1113
115114	17949	145018	270063	64508	467253	15206	14979	30302	690
265376	46511	155443	473745	117278	862342	30500	10942	16323	466
1014547	125961	226165	666936	256133	2227462	30966	19758	28092	680
511033	86259	178358	758867	177954	1300590	25420	13034	23868	1058
538966	43769	216403	894658	413460	1098623	43830	28217	47806	1393
714563	80605	192787	674816	220306	1412172	27253	11577	16873	931
496612	31997	120729	325219	144877	736739	21906	9375	15037	723
263769	18181	132703	349827	150193	436496	20900	9576	13735	796
208444	22753	116446	232221	63947	307608	10969	6187	9068	385
166383	12274	102665	234725	54923	385877	13165	6254	10423	398
298945	24713	146405	436305	159632	604734	34132	14921	24830	1027
456140	42257	150316	522893	121910	738685	48778	14521	19792	977
318048	30150	123191	309552	79146	602856	27600	12378	17045	578
1009047	87315	228625	610105	200533	1563253	47085	38732	60748	992
945742	100654	294898	769805	284318	1487276	68539	58151	96589	1699

4-1 续表 28

地区名称	Region	行政区域土地面积(平方公里) Land Area (sq.m)	年末总人口(万人) Total Population (year-end) (10 000 persons)	乡村人口(万人) Rural Population (10 000 persons)	年末单位从业人员数(人) Employed Persons (year-end) (person)	乡村从业人员数(人) Rural Laborers (person)	第一产业增加值(万元) Value-added of Primary Industry (10 000 yuan)
蒙山县	Mengshan County	1282	21.7	19.0	10432	115100	93883
岑溪市	Cenxi City	2770	91.9	77.2	25663	431300	288657
合浦县	Hepu County	2762	105.6	63.7	46376	348900	641470
上思县	Shangsi County	2814	23.6	19.1	19385	105800	185070
东兴市	Dongxing City	589	13.5	9.3	10293	53500	107318
灵山县	Lingshan County	3558	158.5	142.2	35183	857600	495916
浦北县	Pubei County	2526	91.7	80.1	33181	444100	317418
平南县	Pingnan County	2984	146.7	128.8	45791	622400	429462
桂平市	Guiping City	4071	191.8	168.3	42553	838500	492426
容县	Rong County	2255	83.1	71.8	71392	405200	289385
陆川县	Luchuan County	1554	106.8	81.4	39868	479800	288203
博白县	Bobai County	3830	179.4	148.0	39868	901100	681051
兴业县	Xingye County	1468	75.4	63.9	16851	363100	335829
北流市	Beiliu City	2452	142.7	116.2	71392	631200	369207
田阳县	Tianyang County	2373	34.8	29.9	13281	193600	196032
田东县	Tiandong County	2811	42.6	33.5	17884	240300	215118
平果县	Pingguo County	2457	50.5	37.0	22060	238700	126037
德保县	Debao County	2575	36.6	29.6	14886	169800	86440
靖西县	Jingxi County	3326	65.5	57.1	21362	322200	128465
那坡县	Napo County	2223	21.3	18.7	7344	116000	56974
凌云县	Lingyun County	2048	21.9	17.7	6517	95000	57910
乐业县	Leye County	2633	17.2	15.4	7006	78900	50251
田林县	Tianlin County	5524	25.5	23.0	9869	138000	104510
西林县	Xilin County	2997	15.6	13.1	6344	76500	63190
隆林各族自治县	Longlin A.C.	3518	42.2	33.1	10533	195200	84058
昭平县	Zhaoping County	3224	43.7	38.2	16943	189300	154821
钟山县	Zhongshan County	1472	51.4	38.9	14190	215900	132419
富川瑶族自治县	Fuchuan Yao A.C.	1540	32.2	28.0	13770	158500	156303
南丹县	Nandan County	3905	30.9	23.0	18609	159700	98439
天峨县	Tiane County	3184	17.2	14.8	8441	72800	61569
凤山县	Fengshan County	1730	21.5	18.7	10542	92300	48206
东兰县	Donglan County	2437	30.2	28.1	9103	144000	56338
罗城仫佬族自治县	Luocheng Mulam A.C.	2651	37.8	32.2	13898	191300	131691
环江毛南族自治县	Huanjiang Maonan A.C.	4553	37.6	32.1	15490	171900	148925
巴马瑶族自治县	Bama Yao A.C.	1976	28.3	25.1		128000	85349
都安瑶族自治县	Du'an Yao A.C.	4088	71.1	66.0	17330	348600	116116
大化瑶族自治县	Dahua Yao A.C.	2750	46.2	37.0	13341	222500	75102
宜州市	Yizhou City	3857	66.3	53.7	27276	327000	339955
忻城县	Xincheng County	2522	41.5	38.5	13593	240600	163671
象州县	Xiangzhou County	1918	35.9	31.8	12732	194400	255779
武宣县	Wuxuan County	1704	43.7	38.7	16356	228200	228997
金秀瑶族自治县	Jinxiu Yao A.C.	2469	15.4	13.2	10728	75600	70287
合山市	Heshan City	366	14.0	8.4	15036	50100	34212
扶绥县	Fusui County	2841	45.3	35.2	23084	218700	365253
宁明县	Ningming County	3704	43.6	38.1	16725	228600	258693
龙州县	Longzhou County	2311	26.5	23.2	23727	149800	196014
大新县	Daxin County	2748	37.4	33.7	20282	228000	195403
天等县	Tiandeng County	2165	45.3	37.3	12770	262500	118873
凭祥市	Pingxiang City	645	11.2	8.1	10095	52800	43440

continued

第二产业增加值(万元) Value-added of Secondary Industry (10 000 yuan)	公共财政预算收入(万元) Public Budgetary Revenue (10 000 yuan)	公共财政预算支出(万元) Public Budgetary Expenditure (10 000 yuan)	居民储蓄存款余额(万元) Balance of Savings Deposit of Households (10 000 yuan)	粮食总产量(吨) Total Grain Yield (ton)	固定资产投资(不含农户)(万元) Investment in Fixed Assets (Excluding Rural Households) (10 000 yuan)	固定电话用户(户) Number of Fixed Telephone Subscribers (subscriber)	普通中学在校学生数(人) Enrollment of Regular Secondary Schools (person)	小学在校学生数(人) Enrollment of Primary Schools (person)	医院、卫生院床位数(床) Number of Beds of Hospitals and Health Centers (bed)
293207	28713	104485	219719	62421	417191	19000	10743	14685	829
1301224	102407	300052	876677	218600	1789801	83015	57676	82152	1743
497220	47153	278188	1219222	324637	1457252	94823	56544	92863	3120
281737	32611	123376	214853	43972	630954	22572	10828	22308	540
254012	79154	144390	716182	25240	947728	51654	8040	17346	348
500607	46159	321745	1066132	387532	1200402		82690	153371	3820
507089	31808	213217	671622	240728	778828	67403	46451	77466	1883
583103	53180	324599	1208454	363319	1078084	129922	94784	128033	3156
1091634	54236	374573	1610951	553396	1281004	132970	125290	176746	3073
602105	59057	207482	989351	245513	1097087	90000	46489	67704	1645
866334	65936	255119	846141	280740	1267989	81000	57245	92629	1858
845791	74336	387980	1253289	491907	1599389	93000	111788	166554	3008
391139	49882	188192	521864	229339	914538	57000	28407	55612	1069
1095284	88183	318775	1465919	372775	1580418	144000	86325	136408	2718
304280	50589	167878	353571	110802	1075333	69773	11966	19959	881
665485	74975	211106	447119	117769	1587776	40463	16744	31973	1382
779636	126808	225178	553821	112292	1630643	32000	23607	34055	1338
316201	45645	174558	230645	102662	642132	30854	12999	24219	757
700357	79779	268566	388633	207450	1265944	44040	26488	45251	1326
28678	8334	132152	134731	61297	274622	15657	7333	15961	485
80060	8694	121065	132142	48171	247130	14343	12887	21217	483
41333	9802	100145	104789	51697	264934	10265	9942	19297	291
72815	18056	129996	187848	94264	361908	23594	11056	26825	627
27868	7561	115418	94873	55563	184816	15650	8006	18216	475
210128	18481	157867	242299	90355	255393	8140	19983	42640	891
186435	16106	148501	292770	133965	775391	31049	19050	32023	832
285230	19860	140719	385849	141888	892948	27467	23021	31055	1100
192371	22584	143751	326645	128152	868659	17210	17436	20064	672
396381	35293	142498	416791	85476	208456	15250	14739	28472	797
233730	11164	98516	159925	64722	118186	11500	9867	19836	358
43287	6703	122512	124419	41405	81848	8140	11536	18732	486
46728	5435	137335	177591	55504	116226	17600	13286	24633	678
93281	11125	144390	338075	110165	119255	13049	14575	22272	740
65890	13312	154452	304439	120279	117254	11179	15745	24308	721
82147	12030	119010	178028	57938	122669	9259	14682	26698	541
67685	16990	227570	331340	121944	261910	25327	36010	59037	1264
172594	15735	168032	237389	72481	126021	40600	21192	39548	886
230805	39253	181699	722908	221762	405527	60204	30908	42662	2445
170760	22100	152415	232420	102588	385099	18319	14007	22559	848
427961	34332	138687	344970	184419	566281	31417	14309	21289	928
409495	38416	140863	373429	124470	528082	43500	20109	30043	1546
69851	12642	93582	155721	45478	152349	18538	5544	9463	561
178296	21970	105085	177602	27298	350322	15265	4142	7169	522
389597	71231	197245	479238	62867	1001489	30000	16295	30721	1094
350413	48356	190226	365031	69452	602282	27056	12639	32092	833
243222	36430	151875	307347	47756	545445	21473	8545	15217	861
443007	62370	181951	344570	114094	692075	25545	11477	20003	733
160395	25262	154709	299442	134605	443007	19602	13906	29138	895
114718	57530	121289	422718	16652	668054	15544	4162	9059	236

4-1 续表 29

地区名称	Region	行政区域土地面积(平方公里) Land Area (sq.m)	年末总人口(万人) Total Population (year-end) (10 000 persons)	乡村人口(万人) Rural Population (10 000 persons)	年末单位从业人员数(人) Employed Persons (year-end) (person)	乡村从业人员数(人) Rural Laborers (person)	第一产业增加值(万元) Value-added of Primary Industry (10 000 yuan)
海南省	**Hainan Province**						
五指山市	Wuzhishan City	1129	11.0	5.0	10232	33921	48932
琼海市	Qionghai City	1710	50.0	37.0	52628	193807	604754
儋州市	Danzhou City	3394	98.0	64.0	40688	323529	899806
文昌市	Wenchang City	2485	59.0	47.0	27302	279451	622657
万宁市	Wanning City	1884	62.0	44.0	90114	214265	408925
东方市	Dongfang City	2256	48.0	36.0	24802	183749	304312
定安县	Ding'an County	1196	34.0	27.0	15858	128266	228677
屯昌县	Tunchang County	1232	31.0	20.0	32257	100896	221357
澄迈县	Chengmai County	2076	57.0	43.0	120363	249144	554732
临高县	Lingao County	1317	51.0	38.0	16401	224930	739145
白沙黎族自治县	Baisha Li A.C.	2117	20.0	11.0	25164	66386	185895
昌江黎族自治县	Changjiang Li A.C.	1620	26.0	17.0	20243	89438	194398
乐东黎族自治县	Ledong Li A.C.	2766	54.0	45.0	80428	247858	446721
陵水黎族自治县	Lingshui Li A.C.	1128	38.0	29.0	16387	166033	302743
保亭黎族苗族自治县	Baoting Li & Miao A.C.	1161	17.0	9.0	10526	49191	145837
琼中黎族苗族自治县	Qiongzhong Li & Miao A.C.	2706	23.0	10.0	13307	54881	147873
重庆市	**Chongqing City**						
潼南县	Tongnan County	1583	95.7	81.6	22510	485190	376891
铜梁县	Tongliang County	1341	83.8	62.9	32027	409170	293542
荣昌县	Rongchang County	1075	83.8	61.5	40677	417879	357139
璧山县	Bishan County	915	63.5	46.0	249815	331166	166138
梁平县	Liangping County	1890	92.4	83.3	60655	495226	283174
城口县	Chengkou County	3289	25.0	22.0	14582	109459	57508
丰都县	Fengdu County	2904	83.6	65.9	36907	371804	227424
垫江县	Dianjiang County	1518	96.7	74.7	59839	504472	282349
武隆县	Wulong County	2901	41.3	37.5	24903	231485	150559
忠县	Zhong County	2187	100.7	77.6	23180	428453	281417
开县	Kai County	3963	165.5	141.9	82812	788085	420925
云阳县	Yunyang County	3636	134.5	101.0	33451	510102	320347
奉节县	Fengjie County	4087	106.7	90.9	32579	442401	292180
巫山县	Wushan County	2958	64.0	53.0	22138	299427	156929
巫溪县	Wuxi County	4030	54.2	41.1	30878	281693	121033
石柱土家族自治县	Shizhu Tujia A.C.	3001	54.7	42.1	26917	271105	181850
秀山土家族苗族自治县	Xiushan Tujia & Miao A.C.	2450	65.5	43.5	19469	344347	153224
酉阳土家族苗族自治县	Youyang Tujia & Miao A.C.	5173	84.0	73.0	29065	452416	192761
彭水苗族土家族自治县	Pengshui Miao & Tujia A.C.	3903	69.1	57.8	23770	349913	177746

continued

第二产业增加值(万元) Value-added of Secondary Industry (10 000 yuan)	公共财政预算收入(万元) Public Budgetary Revenue (10 000 yuan)	公共财政预算支出(万元) Public Budgetary Expenditure (10 000 yuan)	居民储蓄存款余额(万元) Balance of Savings Deposit of Households (10 000 yuan)	粮食总产量(吨) Total Grain Yield (ton)	固定资产投资(不含农户)(万元) Investment in Fixed Assets (Excluding Rural Households) (10 000 yuan)	固定电话用户(户) Number of Fixed Telephone Subscribers (subscriber)	普通中学在校学生数(人) Enrollment of Regular Secondary Schools (person)	小学在校学生数(人) Enrollment of Primary Schools (person)	医院、卫生院床位数(床) Number of Beds of Hospitals and Health Centers (bed)
29391	30701	113936	223975	25202	127762	17689	8961	8527	860
249575	153406	321762	1228841	144038	157003	105982	31925	38138	1422
256525	93070	446742	1040153	202179	750396	95340	70467	80837	2462
381629	104467	353169	1268600	179376	1421116	128978	31523	39672	953
361523	91577	289490	838109	103980	896752	72112	18127	41884	1314
584452	83115	315797	448923	132244	603067	43021	31782	43678	1118
94827	44604	201912	361360	111686	301600	36125	12292	22904	497
57644	31680	192903	324001	92227	277407	30435	14304	22655	852
750819	157343	366628	634453	201490	1808942	32366	22997	50365	1192
90344	41268	231741	363860	131536	340837	33007	19785	41246	877
47308	18585	173705	229294	37913	125168	16325	9658	16385	546
466325	86275	240160	350242	55947	808062	30450	10018	19492	729
78728	58688	332670	531170	150235	218092	33656	32905	45200	933
176458	205682	367515	485793	94772	1301848	26000	18261	26429	610
34258	32936	145250	286533	31236	163835	18218	8211	11809	351
38024	22402	169472	297516	48380	185563	18879	8538	14488	832
676268	100970	344556	1279614	373079	1251000	65389	42903	56245	1703
1316974	175527	346555	1704000	346970	2646726	104500	46309	40496	2833
1377947	153560	375302	1267819	300075	2107646	98421	41652	48838	2759
1715095	326148	459073	1732744	173080	3335362	95800	28283	31658	2168
794624	110731	354547	1559395	381515	931468	75313	44980	52433	2459
237852	20540	244620	295306	97143	487724	21504	12233	19125	772
479422	85221	353918	1316059	337033	2201665	94716	45258	63081	2347
893388	103801	318998	1355635	386153	652012	87398	52033	75800	2667
375598	86876	302412	633670	167136	1212158	52692	20974	25674	1282
710875	95570	383312	1739111	407749	1454594	107080	50435	56591	2580
1059927	117092	697251	2299938	590754	1768628	170000	91031	112046	4381
467126	80003	454058	1565058	420937	1391069	106555	88558	71845	3148
509702	109642	433201	979755	431052	1643413	87400	63165	69504	2769
245352	102322	304693	632753	225024	588689	52259	36818	44894	1334
196017	47529	286560	542140	201042	993102	75100	27279	33012	1101
424062	71426	316135	790500	255018	1292899	40800	32769	40332	1874
517541	100782	425994	571151	305207	913501	41903	35221	41448	1578
402384	86489	407399	749837	367060	1005594	45000	54791	63996	1870
352369	75517	325455	671625	299937	882783	51600	44530	57294	1627

地区名称	Region	行政区域土地面积(平方公里) Land Area (sq.m)	年末总人口(万人) Total Population (year-end) (10 000 persons)	乡村人口(万人) Rural Population (10 000 persons)	年末单位从业人员数(人) Employed Persons (year-end) (person)	乡村从业人员数(人) Rural Laborers (person)	第一产业增加值(万元) Value-added of Primary Industry (10 000 yuan)
四川省	**Sichuan Province**						
金堂县	Jintang County	1156	89.0	74.5	40631	435034	372578
双流县	Shuangliu County	1032	96.0	71.6	101157	448532	334725
郫县	Pi County	438	51.9	44.5	62978	255022	191987
大邑县	Dayi County	1284	51.2	44.3	38410	265599	269094
蒲江县	Pujiang County	580	26.4	22.7	16114	131479	153140
新津县	Xinjin County	330	30.8	24.2	43066	159963	143201
都江堰市	Dujiangyan City	1208	61.4	41.2	122602	256066	221593
彭州市	Pengzhou City	1421	80.3	54.2	94504	300544	395047
邛崃市	Qionglai City	1384	65.6	57.6	39121	330240	285010
崇州市	Chongzhou City	1090	66.6	58.1	29883	368888	275723
荣县	Rong County	1605	69.6	58.0	13094	317888	339169
富顺县	Fushun County	1342	108.4	91.4	35732	552326	342959
米易县	Miyi County	2110	21.9	19.4	9193	107375	96083
盐边县	Yanbian County	3275	21.0	18.7	9858	105336	76722
泸县	Lu County	1530	108.7	98.1	35553	627804	386409
合江县	Hejiang County	2415	90.5	77.9	35776	467509	290006
叙永县	Xuyong County	2974	72.1	62.1	19180	365933	175273
古蔺县	Guli County	3185	85.2	72.8	27647	444085	175163
中江县	Zhongjiang County	2200	143.1	124.7	22608	819299	696727
罗江县	Luojiang County	448	25.0	20.3	8953	130250	167467
广汉市	Guanghan City	548	60.6	47.4	26754	285110	314957
什邡市	Shifang City	820	43.8	34.0	39818	219458	213710
绵竹市	Mianzhu City	1246	50.7	40.0	36542	249615	210994
三台县	Santai County	2659	147.3	130.2	41636	791244	584179
盐亭县	Yanting County	1645	59.9	52.4	11466	283283	292013
安县	An County	1181	44.3	38.1	16394	243467	223688
梓潼县	Zitong County	1444	38.6	32.6	13636	157947	210487
北川羌族自治县	Beichuan Qiang A.C.	3083	24.1	18.7	11498	116558	80074
平武县	Pingwu County	5946	18.4	16.3	7081	92892	62462
江油市	Jiangyou City	2720	88.7	63.9	46076	392683	337935
旺苍县	Wangcang County	2986	45.8	36.7	16972	205357	136243
青川县	Qingchuan County	3212	24.2	20.0	8899	104111	60629
剑阁县	Jian'ge County	3202	69.1	59.3	16328	321162	220875
苍溪县	Cangxi County	2330	79.0	64.4	19945	360658	253224
蓬溪县	Pengxi County	1251	71.1	57.7	43813	305338	311728
射洪县	Shehong County	1496	100.5	75.6	50550	445422	402380
大英县	Daying County	703	54.5	44.4	13161	236358	210743
威远县	Weiyuan County	1289	74.8	56.1	39309	303580	330610
资中县	Zizhong County	1735	130.8	113.4	37839	571391	538244
隆昌县	Longchang County	794	78.7	63.3	61459	373066	253507
犍为县	Jianwei County	1371	56.9	44.3	27303	232431	193192
井研县	Jingyan County	840	41.6	34.9	15240	210283	174526

continued

第二产业增加值（万元）Value-added of Secondary Industry (10 000 yuan)	公共财政预算收入（万元）Public Budgetary Revenue (10 000 yuan)	公共财政预算支出（万元）Public Budgetary Expenditure (10 000 yuan)	居民储蓄存款余额（万元）Balance of Savings Deposit of Households (10 000 yuan)	粮食总产量（吨）Total Grain Yield (ton)	固定资产投资（不含农户）（万元）Investment in Fixed Assets (Excluding Rural Households) (10 000 yuan)	固定电话用户（户）Number of Fixed Telephone Subscribers (subscriber)	普通中学在校学生数（人）Enrollment of Regular Secondary Schools (person)	小学在校学生数（人）Enrollment of Primary Schools (person)	医院、卫生院床位数（床）Number of Beds of Hospitals and Health Centers (bed)
937101	115689	243312	1365711		2035855	98000	38180	46863	3167
3581724	598958	624936	5386556		6528809	251500	57846	56624	4420
1965906	303641	310525	2532515		2835074	167655	34436	35995	3238
558657	85795	168744	1249290		1498923	61466	21662	19703	3074
388597	37878	83445	648590		851036	99535	7520	9126	1271
979466	133665	196989	1080898		1867553	45469	15959	13539	1882
761711	175282	262466	2422185		1780403	108777	30144	26619	4990
1090812	130592	246766	2129377		1958063	81200	33021	30440	4139
690219	86322	196060	1393398		1779554	50500	31014	22694	2692
784405	90358	181599	1888835		1534964	95000	24857	25382	3804
749280	46006	226006	1023635		648518	81291	26443	27339	2342
902434	52507	258668	1413598		744731	89170	50778	67886	2368
629687	76768	158108	390908		798373	32241	12806	16879	750
812019	73626	151890	261735		518449	19891	11990	17309	794
1157509	74536	284308	1384991		1144207	77329	61644	76323	2982
555534	53545	259002	1141452		988957	73488	40435	73634	3886
360892	34198	234480	498857		356582	58079	36255	64025	1872
657124	132378	327072	434688		726457	54993	48776	72581	1854
953245	50959	357248	1589000		825934	67556	54135	63819	3233
406553	22439	100918	418200		825200	22491	9102	8945	798
1536181	114700	222100	1946000		1185092	109922	22556	23531	2429
1200673	123038	191868	1154222		867277	63643	16963	15090	2472
1057732	122175	251628	1120306		1145188	58547	17624	17549	2898
723189	55224	347071	1611417		680399	89987	58308	53612	4529
300244	18315	189668	703136		457565	27299	19049	19485	1586
426788	40011	153291	704336		732787	41982	18104	19400	1443
308264	17404	125170	454628		485746	33994	12843	12547	1041
133281	26108	201701	444506		282375	18228	10413	10133	1024
152741	21617	110384	242063		429163	13133	7406	7726	548
1221332	117049	288780	1858137		1250236	130832	36311	32754	5837
346792	27968	202402	595296		467197	51453	24972	26324	1549
98125	11815	132877	269784		271387	16594	15551	14222	594
248228	30392	224180	733430		481349	51346	31284	24600	1839
333599	28709	294880	1051449		863424	92370	50993	46919	2228
368479	22828	230988	794550		754596	43427	32470	32939	1730
1404513	66367	286769	1397254		1095600	96363	44834	43904	2699
586056	31262	182239	630239		998759	36575	25859	26590	979
1738592	72483	130156	1110962		975130	94712	32274	34649	2964
991986	53371	147418	1542630		860145	91483	50285	68671	3380
1123338	44774	110640	1189375		715490	107764	31717	42900	2562
597730	37249	179146	769698		429290	64410	21930	23079	1422
326990	20336	129725	624319		235030	49957	14027	16966	965

地区名称	Region	行政区域土地面积(平方公里) Land Area (sq.m)	年末总人口(万人) Total Population (year-end) (10 000 persons)	乡村人口(万人) Rural Population (10 000 persons)	年末单位从业人员数(人) Employed Persons (year-end) (person)	乡村从业人员数(人) Rural Laborers (person)	第一产业增加值(万元) Value-added of Primary Industry (10 000 yuan)
夹江县	Jiajiang County	745	35.2	29.7	19636	187714	160910
沐川县	Muchuan County	1405	25.8	22.2	10186	142295	104678
峨边彝族自治县	Ebian Yi A.C.	2382	15.1	12.6	13035	76781	38290
马边彝族自治县	Mabian Yi A.C.	2293	21.3	19.3	7671	96568	64544
峨眉山市	Emeishan City	1181	43.4	29.6	41742	174475	146210
南部县	Nanbu County	2230	131.6	112.2	59845	735028	450443
营山县	Yingshan County	1635	95.2	82.3	25148	402829	310371
蓬安县	Peng'an County	1331	71.3	58.0	21318	293788	307639
仪陇县	Yilong County	1773	112.6	101.3	22198	540130	427407
西充县	Xichong County	1107	65.9	54.7	19751	332189	225358
阆中市	Langzhong City	1875	87.6	63.0	23276	360578	342838
仁寿县	Renshou County	2608	159.6	146.7	49285	759291	593569
彭山县	Pengshan County	467	33.3	25.1	28807	160425	111765
洪雅县	Hongya County	1897	35.0	31.0	12900	182427	129018
丹棱县	Danling County	450	16.3	13.4	5846	77212	82416
青神县	Qingshen County	387	19.7	16.8	6483	112185	72139
宜宾县	Yibin County	3018	102.6	88.8	60225	488949	353621
江安县	Jiang'an County	912	55.7	51.7	21079	313560	190132
长宁县	Changning County	980	45.8	37.8	24824	237131	194657
高县	Gao County	1321	53.4	47.5	12212	297831	174372
珙县	Gong County	1146	42.7	32.5	29551	219952	132958
筠连县	Junlian County	1256	42.8	36.2	15189	192001	140000
兴文县	Xingwen County	1380	47.4	42.2	23760	264109	149355
屏山县	Pingshan County	1418	31.0	26.7	9253	168930	110627
岳池县	Yuechi County	1479	118.7	105.6	26019	550923	336105
武胜县	Wusheng County	956	84.6	73.2	13532	382291	314539
邻水县	Linshui County	1909	103.3	78.2	18552	427265	321060
华蓥市	Huaying City	464	36.2	25.9	16959	141629	99012
达县	Da County	2689	137.5	124.0	48476	675443	468990
宣汉县	Xuanhan County	4271	132.8	109.8	40235	514167	477213
开江县	Kaijiang County	1031	60.8	50.1	19348	272963	254834
大竹县	Dazhu County	2077	112.1	93.2	33969	472011	457032
渠县	Qu County	2017	148.4	122.4	41848	558986	488708
万源市	Wanyuan City	4051	60.3	56.0	15749	265017	236492
荥经县	Yingjing County	1777	15.2	12.7	12294	70534	55565
汉源县	Hanyuan County	2215	33.0	30.0	10014	177893	101695
石棉县	Shimian County	2679	12.4	9.0	9971	48561	45216
天全县	Tianquan County	2391	15.5	13.4	9420	75125	55793
芦山县	Lushan County	1190	12.1	11.3	5116	60078	43911
宝兴县	Baoxing County	3114	5.9	5.1	5400	28374	27720
通江县	Tongjiang County	4120	77.3	66.9	37637	340405	198417
南江县	Nanjiang County	3388	68.7	57.5	37636	295266	181693
平昌县	Pingchang County	2225	105.4	85.6	34234	440375	240719
安岳县	Anyue County	2690	161.7	138.4	41465	794146	730581

continued

第二产业增加值 (万元) Value-added of Secondary Industry (10 000 yuan)	公共财政预算收入 (万元) Public Budgetary Revenue (10 000 yuan)	公共财政预算支出 (万元) Public Budgetary Expenditure (10 000 yuan)	居民储蓄存款余额 (万元) Balance of Savings Deposit of Households (10 000 yuan)	粮食总产量 (吨) Total Grain Yield (ton)	固定资产投资 (不含农户) (万元) Investment in Fixed Assets (Excluding Rural Households) (10 000 yuan)	固定电话用户 (户) Number of Fixed Telephone Subscribers (subscriber)	普通中学在校学生数 (人) Enrollment of Regular Secondary Schools (person)	小学在校学生数 (人) Enrollment of Primary Schools (person)	医院、卫生院床位数 (床) Number of Beds of Hospitals and Health Centers (bed)
569242	43466	120693	854421		556966	77482	12377	12865	1221
243563	15331	92731	258480		241736	23698	10683	14805	477
175192	28929	87086	196416		159423	13143	5813	10068	304
116100	27575	101161	174386		224604	13383	7969	22084	552
981743	124600	201395	1284498		734494	117511	19239	17659	1927
1196887	57083	367015	1406692		1450251	88972	78886	91515	2164
535078	27849	296198	1193423		387861	70874	50350	64116	3064
524113	27075	234345	912715		698115	44101	34365	40760	1965
454779	35509	335908	1134496		734101	68704	64285	83706	3001
309200	27291	234536	741026		492085	52524	36501	37080	1501
688688	53846	312657	1340721		1283850	105434	39982	35207	2804
1380785	106360	446100	2195427		1541616	118997	73612	76732	4008
574393	74056	157285	764053		1135071	49184	11255	12078	925
474409	52569	147041	670622		600066	40224	13979	13038	1068
201984	17033	89806	311980		329962	24940	5679	5649	436
298270	22494	91970	383597		340102	31993	7323	6228	634
846354	60168	279788	1077125		1362854	72354	49643	64398	2492
560590	39398	167961	559267		808436	36678	24296	31547	1216
483615	30121	158145	408873		655870	37686	19683	28210	1615
563395	33939	155050	458123		672838	40333	22528	31718	1451
657066	44604	141703	432909		610794	48626	18212	29772	1761
731405	49126	153598	303727		378621	32080	22937	36444	1048
305532	39327	166518	331924		451088	38857	27047	42250	1310
116132	24873	108077	357790		511181	20084	13688	20308	545
652984	52073	289437	1512084		808101	61824	55376	73155	2276
722081	50577	245083	1165085		757980	49521	45740	50253	2107
717450	48863	282899	1052180		1001881	69637	62592	65535	2336
663249	32029	156669	730745		783556	42158	20164	22886	1164
1090577	72934	362197	1105898		1490775	120475	58986	96184	3129
1058737	81118	403456	1338433		1366442	89756	66833	99548	3110
416401	32155	194018	693898		626779	45579	34366	47820	1142
1166735	78860	330678	1582884		1448239	89656	50871	75056	2949
813213	53765	400668	1659471		1392984	100644	75420	101469	3700
557767	27533	252478	574789		737981	52068	32561	36884	1508
317773	20363	73436	328982		294808	17567	4475	10437	662
273282	57117	135224	493770		359808	31165	14879	18668	924
407997	42554	100955	273428		462144	20193	6018	9699	1101
237651	12718	71747	251644		318314	16493	7832	9341	1079
156481	8007	67990	186759		267279	17404	6023	8035	387
141799	12249	57229	108538		269696	7560	2694	3735	173
325184	21799	329900	702318		825002	64000	53929	56810	1608
440788	40049	342315	849086		1174302	71165	46830	54290	1756
462376	36688	385601	825400		1067155	50089	58176	63880	2207
931157	78707	392551	1777975		1126426	86601	55262	92221	5041

4-1 续表 32

地区名称	Region	行政区域土地面积(平方公里) Land Area (sq.m)	年末总人口(万人) Total Population (year-end) (10 000 persons)	乡村人口(万人) Rural Population (10 000 persons)	年末单位从业人员数(人) Employed Persons (year-end) (person)	乡村从业人员数(人) Rural Laborers (person)	第一产业增加值(万元) Value-added of Primary Industry (10 000 yuan)
乐至县	Lezhi County	1424	86.2	69.9	19532	384574	356333
简阳市	Jianyang City	2215	148.1	126.7	49579	607418	612498
汶川县	Wenchuan County	4083	10.1	6.5	14531	36708	22900
理县	Li County	4318	4.6	3.6	4165	25252	14482
茂县	Mao County	4075	11.2	9.7	6539	55743	35269
松潘县	Songpan County	8486	7.6	6.2	4753	35393	24577
九寨沟县	Jiuzhaigou County	5286	6.7	5.3	7615	29937	15511
金川县	Jinchuan County	5524	7.4	6.4	3848	34068	19953
小金县	Xiaojin County	5571	8.1	7.2	4857	43343	20672
黑水县	Heishui County	4154	6.2	5.2	3866	30877	15971
马尔康县	Maerkang County	6639	5.6	3.4	11906	18855	17649
壤塘县	Rangtang County	6836	4.2	3.6	2785	21969	19291
阿坝县	Aba County	10435	7.6	6.4	3896	28789	26872
若尔盖县	Ruoergai County	10437	7.7	6.4	4311	42606	54615
红原县	Hongyuan County	8398	4.5	3.5	3188	19753	27978
康定县	Kangding County	11591	11.2	7.0	4805	43342	37781
泸定县	Luding County	2165	8.7	6.7	4606	31267	24768
丹巴县	Danba County	4506	6.1	5.1	3983	34669	27774
九龙县	Jiulong County	6767	6.6	5.5	4380	33644	20652
雅江县	Yajiang County	7570	5.0	4.3	3136	24475	20445
道孚县	Daofu County	7022	5.6	4.7	3572	26861	18160
炉霍县	Luhuo County	4477	4.7	4.0	2941	23329	19133
甘孜县	Ganzi County	6859	6.8	5.7	3299	34578	32592
新龙县	Xinlong County	9252	5.1	4.4	3017	19248	25220
德格县	Dege County	11433	8.5	7.9	3079	48452	25753
白玉县	Baiyu County	10258	5.4	4.9	3043	29837	24509
石渠县	Shiqu County	22364	11.0	8.7	3475	35841	34168
色达县	Seda County	8725	5.1	4.0	2208	27417	22749
理塘县	Litang County	14004	6.7	5.9	3403	34794	28586
巴塘县	Batang County	7666	5.2	4.5	3991	29225	21518
乡城县	Xiangcheng County	4943	3.0	2.4	2664	14375	17347
稻城县	Daocheng County	7087	3.2	2.8	2724	14750	14889
得荣县	Derong County	2912	2.6	2.3	2174	13937	14841
西昌市	Xichang City	2657	63.5	44.4	82001	257186	344442
木里藏族自治县	Muli Zang A.C.	13222	13.8	12.4	6775	78418	46179
盐源县	Yanyuan County	8412	38.6	33.5	15541	209683	140576
德昌县	Dechang County	2230	20.9	18.5	8200	99891	133262
会理县	Huili County	4537	46.2	41.2	28286	259233	324792
会东县	Huidong County	3225	41.7	38.3	14797	226644	315784
宁南县	Ningnan County	1672	19.0	17.2	10131	105015	115370
普格县	Puge County	1905	18.4	14.2	6408	80331	65778
布拖县	Butuo County	1685	18.2	16.8	4251	91198	55816
金阳县	Jinyang County	1587	19.3	18.0	5286	84877	58570
昭觉县	Zhaojue County	2702	30.1	23.2	7009	141106	77854

continued

第二产业增加值（万元）Value-added of Secondary Industry (10 000 yuan)	公共财政预算收入（万元）Public Budgetary Revenue (10 000 yuan)	公共财政预算支出（万元）Public Budgetary Expenditure (10 000 yuan)	居民储蓄存款余额（万元）Balance of Savings Deposit of Households (10 000 yuan)	粮食总产量（吨）Total Grain Yield (ton)	固定资产投资（不含农户）（万元）Investment in Fixed Assets (Excluding Rural Households) (10 000 yuan)	固定电话用户（户）Number of Fixed Telephone Subscribers (subscriber)	普通中学在校学生数（人）Enrollment of Regular Secondary Schools (person)	小学在校学生数（人）Enrollment of Primary Schools (person)	医院、卫生院床位数（床）Number of Beds of Hospitals and Health Centers (bed)
700094	52251	242869	1084706		1043454	44879	28236	36906	1973
1779060	124590	405800	2200088		1830332	123741	66014	79530	4980
326277	33809	158928	235082		450503	11571	6984	4657	441
106778	10051	59107	68390		239750	6207	1790	2506	167
167131	17510	105174	174418		375732	12299	6347	8115	413
39953	10600	77816	100805		359957	10578	3482	5294	223
55914	15971	75489	143433		240735	23247	4326	5249	308
26833	3567	90562	76032		261256	5740	3319	4144	253
32529	4736	66291	99386		151186	6007	4685	5314	362
106745	8949	72641	72354		287305	5070	2274	5433	220
25044	10056	100965	160879		204447	15213	4049	3960	456
10623	1351	101551	30515		110256	2471	1573	4239	125
12618	2247	102072	59586		127513	5156	2140	10431	204
20674	3645	110685	66316		150883	5429	5945	10225	193
21762	2283	78165	41052		126560	3970	2467	5428	164
187203	35875	110484	354589		1189563	30195	8203	10178	942
85056	15057	85448	182600		259428	12145	6003	7236	269
40691	13148	69026	82265		220053	3876	3324	5735	204
177353	26800	77334	57020		169462	5493	4144	8293	187
20191	10509	74588	41546		246227	3293	2272	6032	127
5926	5125	75826	30235		30850	2877	1325	5221	164
4203	2016	71486	31797		27611	2897	1771	5455	196
6046	3060	93921	52923		162947	3534	3819	6921	212
7068	3104	63680	21449		48542	1864	1791	4598	117
7766	2070	84869	26373		50334	2247	3258	7940	129
59212	10059	73186	29722		58272	2514	1385	4720	212
5565	2126	122523	28381		118120	1395	2203	8126	137
4511	2086	90270	58189		39438	3108	2080	4117	142
11396	4749	99788	46849		55240	3376	1652	7354	142
35133	5565	68032	51920		136061	3500	2915	5641	166
22010	5605	51637	28396		174066	2555	1290	3762	123
10178	3417	72226	28569		185910	2811	1267	3241	114
12404	3000	50895	24566		60132	1827	1190	2520	98
1691091	234545	414076	1484099		2600731		55956	68272	4520
115330	35818	136179	101079		620324		5823	14912	367
470742	70061	218296	198022		331509		25804	41830	759
243700	43686	124378	267097		411062		12263	20783	989
1165253	148065	281765	596013		653413		27056	34102	1302
557782	81466	202521	283185		374253		22996	40456	980
166700	34338	124823	153998		370286		10396	17339	642
65755	12740	93944	86332		80102		5721	26223	394
118904	10438	93856	83110		110003		4005	22422	330
134011	17464	101313	74751		142339		5375	23868	556
47577	10319	129966	106741		130391		10523	35854	492

地区名称	Region	行政区域土地面积(平方公里) Land Area (sq.m)	年末总人口(万人) Total Population (year-end) (10 000 persons)	乡村人口(万人) Rural Population (10 000 persons)	年末单位从业人员数(人) Employed Persons (year-end) (person)	乡村从业人员数(人) Rural Laborers (person)	第一产业增加值(万元) Value-added of Primary Industry (10 000 yuan)
喜德县	Xide County	2202	21.8	16.0	5846	92676	53020
冕宁县	Mianning County	4422	38.6	34.5	11497	213236	157475
越西县	Yuexi County	2258	33.6	27.3	6735	158565	94022
甘洛县	Ganluo County	2153	22.0	19.0	11134	103260	50475
美姑县	Meigu County	2515	25.5	21.8	5467	111075	66141
雷波县	Leibo County	2840	26.1	24.0	9091	148744	88413
贵州省	**Guizhou Province**						
开阳县	Kaiyang County	2026	43.8	33.8	40012	191947	157408
息烽县	Xifeng County	1037	25.7	19.8	19696	128584	82520
修文县	Xiuwen County	1072	30.6	27.0	16606	162884	102680
清镇市	Qingzhen City	1492	49.8	40.1	39795	268753	129130
水城县	Shuicheng County	3589	83.9	76.9	29513	395417	125829
盘县	Pan County	4056	118.9	105.9	82261	606260	193244
遵义县	Zunyi County	4094	121.1	117.1	42498	737654	335618
桐梓县	Tongzi County	3208	71.5	65.1	13572	386784	150307
绥阳县	Suiyang County	2566	54.6	50.3	11511	316605	167852
正安县	Zheng'an County	2595	63.9	56.3	13126	387138	131586
道真仡佬族苗族自治县	Daozhen Gelao & Miao A.C.	2156	34.1	31.5	10243	186633	89893
务川仡佬族苗族自治县	Wuchuan Gelao & Miao A.C.	2777	45.0	42.7	10847	264740	97960
凤冈县	Fenggang County	1885	43.2	40.0	9694	257456	110283
湄潭县	Meitan County	1866	49.3	45.1	16774	243496	120712
余庆县	Yuqing County	1622	29.9	28.0	9417	175376	97847
习水县	Xishui County	3128	71.8	65.4	23487	366889	133288
赤水市	Chishui City	1852	30.9	23.6	26794	145558	83411
仁怀市	Renhuai City	1788	67.9	58.7	301780	337545	138832
平坝县	Pingba County	999	35.6	30.4	18327	201069	73483
普定县	Puding County	1102	47.8	34.0	13542	251852	76635
镇宁布依族苗族自治县	Zhenning Bouyei & Miao A.C.	1717	38.7	35.6	13913	202367	60364
关岭布依族苗族自治县	Guanling Bouyei & Miao A.C.	1468	37.6	34.6	10340	195129	80731
紫云苗族布依族自治县	Ziyun Miao & Bouyei A.C.	2284	37.1	36.0	8722	227863	92205
大方县	Dafang County	3503	110.4	85.2	27245	677721	170401
黔西县	Qianxi County	2381	94.8	79.9	29391	498874	139602
金沙县	Jinsha County	2528	65.7	47.5	32815	291661	130139
织金县	Zhijin County	2868	113.2	87.1	25705	536881	155928
纳雍县	Nayong County	2452	97.9	81.4	26312	504150	121527
威宁彝族回族苗族自治县	Weining Yi, Hui & Miao A.C.	6299	143.8	129.2	33150	790664	283807
赫章县	Hezhang County	3250	79.1	71.5	24806	385072	162839
江口县	Jiangkou County	1877	24.1	21.2	8334	114510	69115
玉屏侗族自治县	Yuping Dong A.C.	524	15.4	12.7	6794	84902	48760
石阡县	Shiqian County	2173	41.3	39.0	13427	240756	119548
思南县	Sinan County	2231	67.1	64.2	18965	397373	194741
印江土家族苗族自治县	Yinjiang Tujia & Miao A.C.	1961	43.8	40.9	13554	245035	155001
德江县	Dejiang County	2072	52.6	41.8	18235	250786	173905

continued

第二产业增加值（万元）Value-added of Secondary Industry (10 000 yuan)	公共财政预算收入（万元）Public Budgetary Revenue (10 000 yuan)	公共财政预算支出（万元）Public Budgetary Expenditure (10 000 yuan)	居民储蓄存款余额（万元）Balance of Savings Deposit of Households (10 000 yuan)	粮食总产量（吨）Total Grain Yield (ton)	固定资产投资（不含农户）（万元）Investment in Fixed Assets (Excluding Rural Households) (10 000 yuan)	固定电话用户（户）Number of Fixed Telephone Subscribers (subscriber)	普通中学在校学生数（人）Enrollment of Regular Secondary Schools (person)	小学在校学生数（人）Enrollment of Primary Schools (person)	医院、卫生院床位数（床）Number of Beds of Hospitals and Health Centers (bed)
72212	9420	116508	85280		57556		8625	29245	365
427512	50066	165292	330331		393575		22263	40185	1004
139957	21802	139419	187523		201400		10182	41292	690
149491	22022	109039	130437		172705		9414	25605	518
53445	12971	106995	80787		120649		6703	29123	405
259188	35635	136538	184745		850128		10312	31044	479
598207	128024	233821	364314	99580	1647352	59618	30008	28140	1366
497087	60009	155579	259384	67034	1339006	34946	15214	15992	765
317944	54229	138327	253513	78685	1350200	30600	11548	16222	703
701554	99495	202634	550418	88167	2388735	24100	24960	33788	1429
704181	162768	351423		216166	1719371	28737	42910	74662	850
2210342	410554	647041	1131448	312751	3109227	98321	99438	79888	3229
920582	136196	369874	1088941	563557	2044554	67486	56334	70966	2103
289472	57105	205826	520658	231606	465008	39619	41747	51870	1368
129494	36657	154262	420039	234457	490432	40900	28885	43150	1020
66029	30412	190514	411013	212219	439272	38787	35411	38594	983
42569	19313	140890	353926	133093	260845	21274	15712	26406	996
46359	29304	152038	306541	163758	305613	22948	26102	37979	1042
64518	22745	145961	313015	157974	171640	33512	34275	31938	1096
112550	37641	180141	506719	194264	599800	39355	35051	34959	1163
99993	27648	125144	307712	149859	414016	19173	21957	23873	1031
318784	60125	236724	495278	246402	1133518	40228	37434	53801	2094
224615	35966	149400	480356	120814	697023	40713	10181	18698	904
2228481	231827	327603	960878	214229	1097642	58360	43544	58138	1273
358021	51292	192046	403111	101826	365812	36380	21501	32728	964
237890	42428	168992	200424	104394	397170	22987	22123	44991	896
138910	33355	182022	193671	94700	125560	17070	10763	30100	670
111124	21200	144924	187654	98521	181595	16410	18175	30201	876
44939	21200	156895	158626	97052	154625	5300	20524	32058	1218
460622	116051	374033	516443	257111	1050000	39646	68780	100777	2140
467100	100247	289115	410603	273389	1318300	49332	57447	71291	2543
779307	219553	364160	531626	229875	1727607	41872	39833	61727	2600
371239	128366	368800	476300	302248	1791862	224612	70174	112393	1223
594146	115676	273444	351156	228725	1043452	31334	58722	110587	1886
273838	77628	450994	377446	396321	1414300	39016	119967	221311	2104
143588	38605	262808	331033	191766	362735	25000	63401	101639	2169
66055	15931	122006	197157	71023	565810	22352	14767	17519	360
214735	23183	106808	185792	36012	656700	13854	8965	11384	504
47969	23618	175293	257113	115356	376447	34186	25580	35341	900
144259	31802	237603	457716	200468	1078219	52251	57758	61239	1276
82381	21692	181470	319930	127602	562165	18241	19822	38132	922
97360	33667	204815	284810	139486	275583	38266	29207	56650	1560

4-1 续表 34

地区名称	Region	行政区域土地面积(平方公里) Land Area (sq.m)	年末总人口(万人) Total Population (year-end) (10 000 persons)	乡村人口(万人) Rural Population (10 000 persons)	年末单位从业人员数(人) Employed Persons (year-end) (person)	乡村从业人员数(人) Rural Laborers (person)	第一产业增加值(万元) Value-added of Primary Industry (10 000 yuan)
沿河土家族自治县	Yanhe Tujia A.C.	2469	66.2	61.0	14115	325526	164693
松桃苗族自治县	Songtao Miao A.C.	2859	70.7	67.3	22581	419742	183635
兴义市	Xingyi City	2908	83.0	69.0	169035	412795	205940
兴仁县	Xingren County	1778	53.6	42.4	15592	297501	101092
普安县	Puan County	1429	33.7	32.3	10917	172006	60130
晴隆县	Qinglong County	1331	33.7	29.3	9401	175713	55190
贞丰县	Zhenfeng County	1512	41.4	38.2	14566	228121	90420
望谟县	Wangmo County	3005	32.1	30.5	9105	166168	68241
册亨县	Ceheng County	2598	23.8	22.8	7375	135081	58554
安龙县	Anlong County	2237	46.6	41.5	21000	308643	113271
凯里市	Kaili City	1306	50.0	31.4	67649	178441	85575
黄平县	Huangping County	1668	38.0	37.4	9123	223922	80138
施秉县	Shibing County	1531	16.8	10.4	6297	61636	48894
三穗县	Sansui County	1036	22.2	19.8	7233	125140	39863
镇远县	Zhenyuan County	1878	26.0	18.0	11167	121632	84927
岑巩县	Cengong County	1487	22.8	21.2	9016	126492	49031
天柱县	Tianzhu County	2201	40.5	35.9	9836	223550	89363
锦屏县	Jinping County	1597	22.7	21.1	8370	124469	36938
剑河县	Jianhe County	2176	26.0	23.9	8126	144866	59109
台江县	Taijiang County	1108	16.1	15.5	6763	94840	36150
黎平县	Liping County	4441	53.1	46.5	17190	291201	86594
榕江县	Rongjiang County	3296	35.6	33.5	10501	209223	101230
从江县	Congjiang County	3244	34.7	32.0	9498	185149	88167
雷山县	Leishan County	1204	15.3	15.1	8596	94738	36023
麻江县	Majiang County	1226	21.7	20.1	7726	125910	49889
丹寨县	Danzhai County	938	16.9	15.2	6580	96090	38358
都匀市	Duyun City	2274	48.0	32.5	47021	197254	79682
福泉市	Fuquan City	1688	32.9	25.6	20548	147623	75785
荔波县	Libo County	2432	17.6	16.1	8217	100471	41468
贵定县	Guiding County	1627	29.2	26.5	10833	167795	60838
瓮安县	Weng'an County	1974	46.6	46.1	17381	301349	112101
独山县	Dushan County	2442	34.8	32.2	12700	205058	83840
平塘县	Pingtang County	2825	32.3	30.8	9256	195843	76150
罗甸县	Luodian County	3013	34.2	31.4	13143	175236	78526
长顺县	Changshun County	1543	25.9	24.5	7315	136330	56911
龙里县	Longli County	1521	22.4	19.0	9940	113850	51275
惠水县	Huishui County	2470	45.3	41.5	14088	267980	103593
三都水族自治县	Sandu Shui A.C.	2400	36.1	34.5	9898	195987	66866
云南省	**Yunnan Province**						
晋宁县	Jinning County	1337	27.9	23.4	33761	149009	162546
富民县	Fumin County	993	15.0	12.4	29049	84395	81020
宜良县	Yiliang County	1913	45.3	37.5	35673	235740	371000
石林彝族自治县	Shilin Yi A.C.	1680	24.4	20.9	20613	134508	145618

continued

第二产业增加值（万元） Value-added of Secondary Industry (10 000 yuan)	公共财政预算收入（万元） Public Budgetary Revenue (10 000 yuan)	公共财政预算支出（万元） Public Budgetary Expenditure (10 000 yuan)	居民储蓄存款余额（万元） Balance of Savings Deposit of Households (10 000 yuan)	粮食总产量（吨） Total Grain Yield (ton)	固定资产投资（不含农户）（万元） Investment in Fixed Assets (Excluding Rural Households) (10 000 yuan)	固定电话用户（户） Number of Fixed Telephone Subscribers (subscriber)	普通中学在校学生数（人） Enrollment of Regular Secondary Schools (person)	小学在校学生数（人） Enrollment of Primary Schools (person)	医院、卫生院床位数（床） Number of Beds of Hospitals and Health Centers (bed)
88148	45768	236936	341215	170614	785720	35066	42546	80842	789
200550	44423	264269	406467	226243	677288	27124	42439	60327	1768
803965	245701	410313	1222912	207744	1709920	68680	70840	76871	4602
238572	106180	246783	278290	152929	699956	13566	28703	59933	900
146457	47802	137941	197557	64684	295463	9580	20771	35611	589
115971	31428	149268	166403	73169	327885	9832	19412	35104	371
287172	74250	186755	262759	103850	458000	20585	23011	48284	725
20037	15523	187597	114193	74079	174562	21654	18583	37965	340
24304	16494	122095	111324	48800	160927	5637	14980	21950	389
189751	44119	165649	329316	153173	410588	24900	23107	37056	812
428070	244842	297752	1253430	85643	1722260	82490	41663	48914	3326
30524	23132	134983	249022	89850	255653	19100	22669	31889	509
52402	24755	95547	140126	54651	200329	13442	10326	14563	369
62256	19009	103438	181116	49805	241356	29201	11223	15996	805
177471	32359	121531	192241	76315	312994	29132	14650	21092	654
78685	20150	110769	175122	58917	143396	17256	5849	19243	680
165798	39959	122466	384602	108737	450743	31255	22191	22114	640
76180	19336	115486	218198	53579	165452	18803	15426	14244	759
40008	21179	120158	188097	60601	205313	10715	13755	20719	801
36425	14234	90172	121393	40534	245596	16862	9656	14243	376
116619	27449	187209	365176	122466	523029	30000	30770	34617	1644
78335	26810	145654	237752	76567	398864	10021	19767	30402	562
86124	24471	162083	169531	100969	329552	15500	15318	49646	1599
33627	15135	96251	118911	44444	122100	13525	10955	12157	471
79012	18563	108761	170612	61342	259124	30148	9773	15063	641
42628	17645	132212	134234	41780	255829	21060	9600	14377	580
446609	130391	245665	988033	99635	740249	82291	30318	29467	2445
404238	92300	175500	343154	107451	671691	29000	19793	19368	1086
91008	18881	103810	175992	45412	226653	16283	11573	13190	480
196001	33200	124043	253561	78106	331410	23124	15018	20939	603
257715	73512	188085	432841	167800	712732	25000	30992	30451	1230
134007	27033	148861	291609	108194	248389	19000	22868	18475	749
51903	21813	140552	163213	105981	281874	9569	19752	25814	420
132647	19135	153681	163988	101642	285508	14500	19981	31417	679
79305	22455	59500	15980	97524	309802	18370	12300	19786	583
311434	42792	125461	241244	72007	381520	14455	12326	17530	382
162828	36444	160109	233594	137549	541042	22541	28875	38374	757
35860	17250	143422	185564	89742	240548	15364	20826	38489	487
460373	110059	203423	616500	53177	861000	31000	14185	21150	834
208802	34345	84013	300000	64701	245400	10723	5292	11962	619
371743	56017	173604	813200	174639	590294	27468	22361	32725	1718
186881	61538	135189	396900	138504	778900	11197	14452	21585	907

地区名称	Region	行政区域土地面积(平方公里) Land Area (sq.m)	年末总人口(万人) Total Population (year-end) (10 000 persons)	乡村人口(万人) Rural Population (10 000 persons)	年末单位从业人员数(人) Employed Persons (year-end) (person)	乡村从业人员数(人) Rural Laborers (person)	第一产业增加值(万元) Value-added of Primary Industry (10 000 yuan)
嵩明县	Songming County	831	29.8	34.0	32997	153588	121949
禄劝彝族苗族自治县	Luquan Yi & Miao A.C.	4235	47.4	44.3	15027	262009	160021
寻甸回族彝族自治县	Xundian Hui & Yi A.C.	3588	54.4	50.3	22680	301209	165365
安宁市	Anning City	1302	26.8	12.4	91277	80643	104854
马龙县	Malong County	1614	20.6	17.8	14010	110189	70320
陆良县	Luliang County	1990	67.2	56.0	36893	308512	433024
师宗县	Shizong County	2783	42.1	38.0	25098	241511	303449
罗平县	Luoping County	3018	61.1	53.6	23618	299778	313491
富源县	Fuyuan County	3251	79.5	71.0	61874	364191	274989
会泽县	Huize County	5884	101.9	83.1	34494	568091	331757
沾益县	Zhanyi County	2801	42.8	34.2	33280	213818	300170
宣威市	Xuanwei City	6053	150.9	134.4	548049	789728	441661
江川县	Jiangchuan County	850	27.6	25.2	14771	160459	123990
澄江县	Chengjiang County	773	14.2	14.5	11532	93834	80467
通海县	Tonghai County	721	28.3	24.9	23666	157007	121481
华宁县	Huaning County	1313	21.1	18.7	11875	118032	129163
易门县	Yimen County	1571	16.7	14.2	15353	86392	84484
峨山彝族自治县	Eshan Yi A.C.	1972	15.2	12.6	16226	82566	72415
新平彝族傣族自治县	Xinping Yi & Dai A.C.	4223	27.4	25.1	24034	158956	116186
元江哈尼族彝族傣族自治县	Yuanjiang Hani, Yi & Dai A.C.	2858	20.6	18.3	15386	113417	128770
施甸县	Shidian County	2009	34.2	32.5	11789	194353	122077
腾冲县	Tengchong County	5845	66.3	61.9	41569	356278	252101
龙陵县	Longling County	2884	29.1	25.5	16101	154713	143196
昌宁县	Changning County	3888	34.9	32.2	19551	202666	231772
鲁甸县	Ludian County	1487	43.5	39.0	19394	204842	88524
巧家县	Qiaojia County	3245	58.8	51.1	15548	313212	160877
盐津县	Yanjin County	2092	38.7	36.3	13185	178071	71098
大关县	Daguan County	1692	28.3	25.1	8767	128022	52955
永善县	Yongshan County	2789	46.3	40.7	14314	216323	104235
绥江县	Suijiang County	777	16.7	13.6	8134	66583	32910
镇雄县	Zhenxiong County	3696	154.1	142.1	46352	684937	191624
彝良县	Yiliang County	2799	59.0	56.5	17915	321656	157799
威信县	Weixin County	1400	42.2	37.2	14153	189637	52370
水富县	Shuifu County	440	10.3	6.8	14132	36898	17683
玉龙纳西族自治县	Yulong Naxi A.C.	6393	21.8	20.3	13897	124648	85260
永胜县	Yongsheng County	5099	39.3	36.9	16065	224087	124978
华坪县	Huaping County	2266	15.9	12.7	20059	68954	51183
宁蒗彝族自治县	Ninglang Yi A.C.	6206	26.9	23.7	13522	132089	60704
宁洱哈尼族彝族自治县	Ning'er Hani & Yi A.C.	3670	19.4	15.7	11258	89506	84625
墨江哈尼族自治县	Mojiang Hani A.C.	5459	37.1	30.2	11813	172161	103429
景东彝族自治县	Jingdong Yi A.C.	4532	36.5	33.4	19529	196877	185943
景谷傣族彝族自治县	Jinggu Dai & Yi A.C.	7777	31.7	30.7	17180	177522	232390
镇沅彝族哈尼族拉祜族自治县	Zhenyuan Yi, Hani & Lahu A.C.	4223	21.3	19.7	10500	115750	133100
江城哈尼族彝族自治县	Jiangcheng Hani & Yi A.C.	3476	11.4	10.2	10154	65678	75931

continued

第二产业增加值（万元）Value-added of Secondary Industry (10 000 yuan)	公共财政预算收入（万元）Public Budgetary Revenue (10 000 yuan)	公共财政预算支出（万元）Public Budgetary Expenditure (10 000 yuan)	居民储蓄存款余额（万元）Balance of Savings Deposit of Households (10 000 yuan)	粮食总产量（吨）Total Grain Yield (ton)	固定资产投资（不含农户）（万元）Investment in Fixed Assets (Excluding Rural Households) (10 000 yuan)	固定电话用　户（户）Number of Fixed Telephone Subscribers (subscriber)	普通中学在校学生数（人）Enrollment of Regular Secondary Schools (person)	小学在校学生数（人）Enrollment of Primary Schools (person)	医院、卫生院床位数（床）Number of Beds of Hospitals and Health Centers (bed)
354207	73868	174993	488400	139600	935600	14237	18246	24104	1364
146753	48688	185106	345800	210067	646428	10600	17433	34370	1837
185692	59251	195662	416300	235071	604223	12500	36973	41094	2119
1275044	240296	278813	1182700	49236	1450400	48126	11991	26740	2683
154176	35225	115000	206900	100859	304013	8456	16110	19551	699
543430	54167	213755	565700	342488	589216	25000	46182	59092	1744
280031	44025	179550	365200	204974	496548	13500	27907	42703	917
458692	50819	224825	434800	340026	428995	25646	37499	64278	1910
814984	124506	322349	682400	358009	1023415	24368	59661	87770	1615
698189	80019	356050	511100	453403	677734	42110	55421	94405	2267
687787	69696	169307	391600	305957	985941	8986	28619	40525	900
961634	125000	493085	1164000	737645	1459979	41368	108667	138793	4852
148148	35400	115310	464600	39577	255419	16417	18782	22073	686
232345	38785	91688	315800	38756	290970	11043	9537	13949	403
271158	35420	118277	661300	35091	185284	29808	13320	25263	1199
161542	25107	96872	277800	58659	123210	12306	11973	17343	672
208700	33353	109583	283600	57779	169227	14062	9481	13107	956
206791	35592	94692	265500	62628	255161	14646	10027	11873	682
546970	83180	194475	342300	137195	364193	14141	10741	21732	817
113746	25526	107499	219100	87866	173849	12744	12363	16828	493
85372	22856	169721	250700	155842	115775	13980	18668	24630	464
370603	121002	359393	1009900	392747	1021181	35000	44691	58803	2119
174529	26720	156006	283100	138687	315840	7105	16254	23542	580
210241	52110	215207	251000	188870	188196	19487	21134	27357	1026
200116	22566	202710	162580	161716	330203	12316	26197	50334	920
128257	17153	206725	262976	232660	250887	15148	25598	56603	1126
156064	13809	143999	220070	153672	288277	17396	23773	38814	906
63688	8713	130932	154377	100620	143338	13255	11483	30961	618
164859	22446	167138	415809	173770	109436	19118	25586	46804	1485
74078	22000	97302	255304	44850	288976	11568	9124	12635	327
394494	50979	462196	516914	453708	512866	34240	105461	181946	2446
197836	22049	322516	258967	193560	340558	16142	35631	64329	1120
136098	19518	149288	239814	183177	338682	19828	20987	42188	1062
262495	21645	67890	228508	25590	125208	32572	9650	9223	529
94138	45122	168021	186900	115077	512479	18416	12202	12703	583
198994	28662	182506	447400	174348	222927	20675	19734	27689	809
237211	52474	136656	415400	73036	253084	15226	7745	12261	671
71834	18711	217555	165400	81329	331357	11311	16727	28580	653
118278	23626	107179	219600	82845	247486	26572	7750	11068	690
128736	27247	144999	232800	142459	396312	41387	13379	20678	891
119099	30466	160687	257800	167410	110887	26446	15916	25958	920
250679	42778	149130	250900	170103	271760	32455	12247	22984	735
68266	22600	124305	186600	104611	90132	15192	8644	12986	355
80892	10898	89366	96700	41814	161705	13693	5100	9362	265

地区名称	Region	行政区域土地面积(平方公里) Land Area (sq.m)	年末总人口(万人) Total Population (year-end) (10 000 persons)	乡村人口(万人) Rural Population (10 000 persons)	年末单位从业人员数(人) Employed Persons (year-end) (person)	乡村从业人员数(人) Rural Laborers (person)	第一产业增加值(万元) Value-added of Primary Industry (10 000 yuan)
孟连傣族拉祜族佤族自治县	Menglian Dai, Lahu & Va A.C.	1957	12.8	11.9	8373	70327	72742
澜沧拉祜族自治县	Lancang Lahu A.C.	8807	49.7	40.8	13181	261850	132098
西盟佤族自治县	Ximeng Va A.C.	1391	9.5	7.6	8596	42402	19669
凤庆县	Fengqing County	3451	43.9	42.0	12664	234554	251294
云县	Yun County	3760	44.7	39.1	21488	234010	212261
永德县	Yongde County	3296	35.2	31.4	17662	192649	114878
镇康县	Zhenkang County	2642	17.8	15.5	9551	88019	62098
双江拉祜族佤族布朗族傣族自治县	Shuangjiang Lahu, Va & Blang A.C.	2292	17.2	15.1	8428	80689	74074
耿马傣族佤族自治县	Gengma Dai & Va A.C.	3937	28.7	22.9	14938	147897	206000
沧源佤族自治县	Cangyuan Va A.C.	2539	17.2	14.3	12294	82381	65424
楚雄市	Chuxiong City	4512	51.3	36.6	62154	228453	221000
双柏县	Shuangbai County	4045	15.4	14.1	9479	87860	83532
牟定县	Mouding County	1464	20.3	18.9	9495	116805	93305
南华县	Nanhua County	2343	24.0	21.7	12331	130562	114370
姚安县	Yaoan County	1803	20.8	19.3	8393	121207	112000
大姚县	Dayao County	4146	28.2	25.6	17853	158818	133406
永仁县	Yongren County	2189	10.6	9.2	7116	56813	68000
元谋县	Yuanmou County	1803	21.4	19.1	12094	121581	118000
武定县	Wuding County	3322	27.4	25.0	13019	156026	127000
禄丰县	Lufeng County	3631	42.4	34.9	28156	205999	233000
个旧市	Gejiu City	1587	39.3	18.3	82544	117479	94848
开远市	Kaiyuan City	1950	28.1	11.2	36758	111647	137000
蒙自市	Mengzi County	2228	38.2	28.5	53465	182490	179010
屏边苗族自治县	Pingbian Miao A.C.	1960	15.6	12.9	7523	73748	46661
建水县	Jianshui County	3759	53.0	46.0	25949	275907	214143
石屏县	Shiping County	3037	31.0	28.3	20905	176226	167450
弥勒县	Mile County	4004	52.8	45.6	35028	279228	202289
泸西县	Luxi County	1674	41.9	34.4	21153	206048	121390
元阳县	Yuanyang County	2212	43.5	39.3	9277	218516	100155
红河县	Honghe County	2029	32.7	29.4	8298	156362	83035
金平苗族瑶族傣族自治县	Jinping Miao, Yao & Dai A.C.	3677	38.5	33.2	10703	189420	77183
绿春县	Luchun County	3097	23.3	21.6	8191	126172	56624
河口瑶族自治县	Hekou Yao A.C.	1332	9.1	4.8	10493	28898	74700
文山市	Wenshan City	2977	48.9	37.3	56728	216581	149922
砚山县	Yanshan County	3822	49.2	44.2	21905	253878	147190
西畴县	Xichou County	1506	25.8	23.7	7664	140869	70556
麻栗坡县	Malipo County	2334	29.0	25.8	13883	165120	91561
马关县	Maguan County	2676	37.3	33.4	13874	200844	132000
丘北县	Qiubei County	4997	52.7	45.1	13320	247417	169592
广南县	Guangnan County	7810	85.4	76.7	20173	437761	247083
富宁县	Funing County	5352	43.8	38.6	12921	240307	142940
景洪市	Jinghong City	6959	40.9	24.4	44300	156155	292981
勐海县	Menghai County	5511	32.3	26.8	16344	169840	147760
勐腊县	Mengla County	7081	22.9	14.7	12696	87317	227814

continued

第二产业增加值(万元) Value-added of Secondary Industry (10 000 yuan)	公共财政预算收入(万元) Public Budgetary Revenue (10 000 yuan)	公共财政预算支出(万元) Public Budgetary Expenditure (10 000 yuan)	居民储蓄存款余额(万元) Balance of Savings Deposit of Households (10 000 yuan)	粮食总产量(吨) Total Grain Yield (ton)	固定资产投资(不含农户)(万元) Investment in Fixed Assets (Excluding Rural Households) (10 000 yuan)	固定电话用户(户) Number of Fixed Telephone Subscribers (subscriber)	普通中学在校学生数(人) Enrollment of Regular Secondary Schools (person)	小学在校学生数(人) Enrollment of Primary Schools (person)	医院、卫生院床位数(床) Number of Beds of Hospitals and Health Centers (bed)
31554	9181	94963	241100	57636	43185	22752	6265	11255	239
141045	36359	253322	277900	223654	656259	33451	18957	31753	900
12568	4508	75038	48800	40110	42524	9247	5001	7458	193
341486	44605	205088	234000	166324	415000	26263	20779	29719	831
337618	40603	196260	280400	192947	466900	26075	20139	34524	1125
137579	24423	190667	182800	168670	416400	18181	18116	30495	427
150030	26701	143481	150100	78116	297500	18593	9733	16917	693
100016	16200	140074	131000	65788	203000	15492	9155	12834	464
180322	28040	199106	256800	105570	396000	22053	16230	28546	880
97711	17211	144888	122100	70783	278000	12272	9422	13960	658
1281042	139306	286300	1159400	196800	1188806	95306	36184	42689	4557
49500	14171	98040	145200	77800	160935	8305	6746	10883	430
105973	18327	103766	191300	98000	259894	9459	9010	12598	698
98617	24929	127308	210100	114600	222108	12563	12757	19678	777
87962	14211	106028	199700	93400	152469	11018	10580	12462	689
145566	28000	142241	249400	135837	306191	16059	14704	17214	809
42870	16284	81926	108300	57300	183018	7203	5209	7061	429
82145	16193	113497	211300	82400	161652	15364	10580	15229	896
111013	36823	154899	254700	116497	266599	16539	13558	20445	1176
434815	56056	184337	527100	197400	574535	34678	22599	34278	1501
1136757	88858	258242	1257400	72992	720360		13384	34687	3085
629849	84165	176893	730200	119467	722050	48000	12251	26194	4519
529692	106363	223746	878600	158488	722110	47078	21721	33751	2012
62918	7362	93305	110700	72014	145000	5600	6890	10100	333
353924	73497	204889	870100	208482	754000		30650	41547	1901
107204	27069	135019	431500	122359	282000	25010	16059	24765	1459
1521006	95021	207093	662500	230684	751500		30534	43690	2161
216415	50704	176207	484900	180065	446629	15300	26763	39552	920
75288	16110	144358	193900	166831	195000	8500	22250	39613	552
42764	8278	143928	123000	110650	165800	11857	18698	35649	612
126082	22021	155193	182600	135607	221000	6816	20111	36844	575
71198	11740	136827	97800	96233	172000	4520	12820	22399	712
58018	14359	84530	213800	26172	171000		5080	8726	769
698953	107000	220856	1096521	177662	689558	56000	32678	46208	2235
344435	40237	195890	360441	243952	432546	35962	29435	46697	1174
23857	7818	110979	162628	104449	106091	13200	14042	21618	466
158806	27033	148226	235184	113546	200800	5626	15905	23087	905
217253	43077	167660	352434	164885	176672	23815	15843	28669	795
90596	29069	189328	242007	220247	315723	36900	26720	62810	860
155964	24000	259592	393715	320026	293598	47500	46781	82068	1697
173782	28680	200555	253941	146733	286010	26091	25131	44530	549
407981	101823	328363	1316300	113801	1150493	92400	25782	39596	3423
199243	25062	164643	310000	260115	161708	49100	13438	23338	926
105657	29082	160021	497700	78144	290235	55000	12664	25879	1248

地区名称	Region	行政区域土地面积(平方公里) Land Area (sq.m)	年末总人口(万人) Total Population (year-end) (10 000 persons)	乡村人口(万人) Rural Population (10 000 persons)	年末单位从业人员数(人) Employed Persons (year-end) (person)	乡村从业人员数(人) Rural Laborers (person)	第一产业增加值(万元) Value-added of Primary Industry (10 000 yuan)
大理市	Dali City	1815	61.0	26.1	115802	149425	194557
漾濞彝族自治县	Yangbi Yi A.C.	1957	10.6	7.0	5548	51102	44810
祥云县	Xiangyun County	2425	47.4	44.9	29263	346275	239963
宾川县	Binchuan County	2627	35.8	31.0	13575	188624	309973
弥渡县	Midu County	1523	32.9	27.7	11549	174227	99022
南涧彝族自治县	Nanjian Yi A.C.	1732	22.7	17.3	9174	129103	95470
巍山彝族回族自治县	Weishan Yi & Hui A.C.	2200	31.7	28.3	12016	176251	130240
永平县	Yongping County	2884	18.4	13.0	8275	84008	102696
云龙县	Yunlong County	4401	20.7	19.7	8140	104301	85282
洱源县	Eryuan County	2614	29.2	22.7	11592	153202	134645
剑川县	Jianchuan County	2270	18.0	14.5	8995	77069	45487
鹤庆县	Heqing County	2395	27.6	25.6	13243	147051	86099
瑞丽市	Ruili City	1020	12.9	10.2	26591	64406	77525
芒市	Mang City	2987	37.2	31.7	44970	187479	170170
梁河县	Lianghe County	1159	16.8	15.6	8582	88229	47500
盈江县	Yingjiang County	4429	29.2	26.3	21105	154907	170432
陇川县	Longchuan County	1931	18.5	16.3	14023	100926	110924
泸水县	Lushui County	2938	17.7	14.1	19318	84710	37994
福贡县	Fugong County	2756	10.3	9.0	3695	50556	15291
贡山独龙族怒族自治县	Gongshan Drung & Nu A.C.	4506	3.6	2.9	3586	17235	13750
兰坪白族普米族自治县	Lanping Bai & Pumi A.C.	4372	21.3	18.4	13331		46777
香格里拉县	Shangri-La County	11419	14.6	11.9	19227	67664	38146
德钦县	Deqin County	7290	6.0	5.2	5423	29132	13431
维西傈僳族自治县	Weixi Lisu A.C.	4477	15.4	14.3	8483	85613	39302
西藏自治区	**Tibet A.R.**						
林周县	Lhünzhub County	4512	6.1	5.8	958	31367	18044
当雄县	Damxung County	10234	5.3	4.6	1871	19390	18578
尼木县	Nyêmo County	3266	3.4	3.0	1217	18202	7488
曲水县	Qüxü County	1624	3.5	3.2	1538	20735	11260
堆龙德庆县	Doilungdêqên County	2704	7.3	4.3	8876	25715	13403
达孜县	Dagzê County	1373	3.0	2.6	1798	15591	11013
墨竹工卡县	Maizhokunggar County	5492	5.0	4.7	1357	20121	19546
昌都县	Qamdo County	10794	12.2	7.6	3417	36143	24810
江达县	Jomda County	13164	8.0	7.6	3515	44046	21215
贡觉县	Konjo County	6323	4.1	3.9	1134	17692	8197
类乌齐县	Riwoqê County	6355	5.0	4.7	1732	17535	14023
丁青县	Dêngqên County	12408	7.6	7.3	1876	30522	22751
察雅县	Chagyab County	8251	5.7	5.4	1683	24396	12937
八宿县	Baxoi County	12336	4.4	4.1	1701	19658	10017
左贡县	Zogang County	11837	4.6	4.4	7492	21866	14326
芒康县	Markam County	11576	8.5	8.1	3506	50670	20894
洛隆县	Lhorong County	8048	4.9	4.7	1215	15538	14363
边坝县	Banbar County	8774	3.8	3.5	1519	19235	12553

continued

第二产业增加值(万元) Value-added of Secondary Industry (10 000 yuan)	公共财政预算收入(万元) Public Budgetary Revenue (10 000 yuan)	公共财政预算支出(万元) Public Budgetary Expenditure (10 000 yuan)	居民储蓄存款余额(万元) Balance of Savings Deposit of Households (10 000 yuan)	粮食总产量(吨) Total Grain Yield (ton)	固定资产投资(不含农户)(万元) Investment in Fixed Assets (Excluding Rural Households) (10 000 yuan)	固定电话用户(户) Number of Fixed Telephone Subscribers (subscriber)	普通中学在校学生数(人) Enrollment of Regular Secondary Schools (person)	小学在校学生数(人) Enrollment of Primary Schools (person)	医院、卫生院床位数(床) Number of Beds of Hospitals and Health Centers (bed)
1283017	215186	350008	1990100	174000	1659139	154066	38759	47142	5941
72755	11922	74009	88700	63124	106084	8500	4661	7697	401
501125	54076	215075	503300	194352	272534	66060	30703	39303	1596
184977	28152	153237	343500	139140	392466	22708	15960	27106	1150
114104	22666	147066	269400	172112	140341	18640	16323	24375	794
128441	26450	111077	150200	111077	74179	14000	11678	18992	479
125131	25849	138105	223600	151230	123530	15741	17355	26067	744
77446	19975	100701	143400	96720	117545	17075	8171	14386	626
217671	20703	123111	155100	125459	434995	10098	9642	15002	510
130858	19518	127006	230900	182120	202175	21260	13898	23586	566
99928	17728	102066	175100	83826	108880	14001	11559	14558	446
250374	32248	135021	319600	144575	434047	13759	10166	22512	685
77493	69524	158570	1073300	93141	444436	62368	8628	16233	879
204139	56613	282386	671300	223905	590078	49781	21750	32182	1865
38645	12513	88899	148200	64807	89924	10110	7542	12064	491
277412	49480	180735	344000	207835	349006	34492	13656	28117	802
81738	17038	110104	177600	145849	105900	20362	9938	15907	719
94016	17177	127142	208700	65482	217600	46506	5807	16233	1025
24239	4731	82542	44600	34505	85024	2450	5215	10301	285
19173	3826	64855	32300	11202	68902	1537	1555	2999	190
162594	33568	138749	195700	87111	264814	12150	10500	19343	645
296896	34950	268892	368700	71851	782000	25810	5335	12416	141
77446	12808	123832	59000	27710	331053	3876	2115	4005	216
87476	18579	164994	118300	71082	440360	4050	6318	12063	257
24300	5861	49572	12907	62053	43256		2100	4658	71
27000	12206	47495	10675		78000	780	2083	4929	80
15000	2459	27671		12531	35000	3071	2009	2624	52
40200	5434	38754	14882	25092	5900	8353	1673	2693	68
99300	22304	76631		24732	34660	11884	1512	3922	56
34400	5512	38891		24080	66000	4500	1181	2241	45
87700	14258	56463		23524	123328	450	2044	4234	82
101450	5250	60013	8392	18589	182040	2393	2036	8497	192
59302	3678	48510	6	12900	238077	3207	3902	7405	92
9248	1462	37647	968	12581	29392	2773	2110	3936	111
14382	1869	35984	12736	7942	30477	3455	2172	5360	99
14038	3737	47022	8703	23785	66557	2380	3673	7869	122
30062	1525	43164	9384	13279	44747	952	3082	5959	152
10266	1788	39004	5715	10830	48436	1862	2019	4605	57
12560	1649	36199	4055	16805	23868	5814	1907	4825	87
42963	3142	50788	12537	26018	153337	6600	3959	7955	143
19132	1814	38566	6808	21255	41508	2959	2228	4877	87
10297	1250	31567	3393	10570	17578	2423	1959	3521	84

4-1 续表 38

地区名称	Region	行政区域土地面积(平方公里) Land Area (sq.m)	年末总人口(万人) Total Population (year-end) (10 000 persons)	乡村人口(万人) Rural Population (10 000 persons)	年末单位从业人员数(人) Employed Persons (year-end) (person)	乡村从业人员数(人) Rural Laborers (person)	第一产业增加值(万元) Value-added of Primary Industry (10 000 yuan)
乃东县	Nêdong County	2211	6.2	3.7	1900	20620	8582
扎囊县	Chanang County	2157	4.0	3.6	1364	15893	5000
贡嘎县	Konggar County	2386	5.0	4.6	1786	23610	5142
桑日县	Sangri County	2635	1.7	1.6	950	7291	3308
琼结县	Qonggyai County	1030	1.9	1.8	1347	8835	2121
曲松县	Qusum County	2070	1.8	1.5	864	7277	2512
措美县	Comai County	4178	1.5	1.3	837	6852	2106
洛扎县	Lhozhag County	5031	2.0	1.8	989	9240	3753
加查县	Gyaca County	7982	2.2	1.9	1101	8371	5066
隆子县	Lhünzê County	4385	3.6	3.2	1464	17491	4301
错那县	Cona County	9894	1.7	1.4	895	7423	1905
浪卡子县	Nagarzê County	34979	3.8	3.5	1380	19836	3786
日喀则市	Xigazê Shi County	3654	11.3	6.9	4053	42536	38606
南木林县	Namling County	8113	8.4	7.9	1888	42284	26618
江孜县	Gyangzê County	3859	6.8	6.0	3330	31907	25457
定日县	Tingri County	13858	5.4	5.0	1592	29625	15088
萨迦县	Sa'gya County	7510	5.1	4.7	1463	24845	14125
拉孜县	Lhazê County	4505	5.5	5.2	1816	29364	18081
昂仁县	Ngamring County	20105	5.4	5.2	1658	24051	13966
谢通门县	Xaitongmoin County	13960	4.8	4.4	2039	24369	15029
白朗县	Bainang County	2759	4.7	4.5	1288	25252	18249
仁布县	Rinbung County	2124	3.3	3.2	1220	17348	6725
康马县	Kangmar County	6165	2.2	2.0	1571	10049	6948
定结县	Dinggyê County	5816	2.2	1.8	1433	11636	5395
仲巴县	Zhongba County	43594	2.3	2.0	1360	11292	15462
亚东县	Yadong County	4306	1.3	1.1	1052	6520	4495
吉隆县	Gyirong County	9009	1.5	1.4	1030	6706	4904
聂拉木县	Nyalam County	7903	1.9	1.6	1107	8559	7289
萨嘎县	Saga County	12411	1.5	1.3	869	6360	4778
岗巴县	Kamba County	4198	1.1	1.0	1083	5773	2842
那曲县	Nagqu County	16195	8.1	7.5		40957	18991
嘉黎县	Lhari County	13056	3.4	3.2	1993	13812	12045
比如县	Biru County	11680	6.0	6.0	1813	23877	20304
聂荣县	Nyainrong County	9017	3.6	3.3	1340	16338	7016
安多县	Amdo County	43411	4.1	3.7	1847	16924	7414
申扎县	Xainza County	25546	1.9	1.8		8719	4307
索县	Sog County	5744	4.8	4.5	17666	17666	9776
班戈县	BangoinCounty	2838	3.7	3.7	19116	19719	8405
巴青县	Baqên County	10326	5.6	4.8	1267	19024	14730
尼玛县	NyimaCounty	72499	3.0	2.8	1065	14582	9699
普兰县	Burang County	13179	1.0	0.8	739	4312	3281
札达县	Zanda County	24601	0.7	0.5	941	2934	2097
噶尔县	Gar County	10083	2.0	0.6	3741	4012	3780
日土县	Rutog County	77096	1.0	0.8	1025	4938	5636

continued

第二产业增加值(万元) Value-added of Secondary Industry (10 000 yuan)	公共财政预算收入(万元) Public Budgetary Revenue (10 000 yuan)	公共财政预算支出(万元) Public Budgetary Expenditure (10 000 yuan)	居民储蓄存款余额(万元) Balance of Savings Deposit of Households (10 000 yuan)	粮食总产量(吨) Total Grain Yield (ton)	固定资产投资(不含农户)(万元) Investment in Fixed Assets (Excluding Rural Households) (10 000 yuan)	固定电话用户(户) Number of Fixed Telephone Subscribers (subscriber)	普通中学在校学生数(人) Enrollment of Regular Secondary Schools (person)	小学在校学生数(人) Enrollment of Primary Schools (person)	医院、卫生院床位数(床) Number of Beds of Hospitals and Health Centers (bed)
64104	5279	35816	40579	21310	60725		1038	2230	99
13985	1154	28524	13900	21277	37031	617	1662	2763	54
25354	5440	37659	23302	29049	78438	910	2592	3873	102
57191	5275	31134		7991	60792	1800	807	1400	45
9826	1000	18995	8509	11109	29376	700	637	1229	31
27650	2712	21807	8972	7179	28063	1504	767	1327	46
6836	828	18201	8350	3200	12010	807	663	1105	29
10970	1008	23551	12656	9578	33407	480	700	1689	82
51357	5539	28960	26296	7750	176124	875	887	2020	78
39519	3686	36747	17385	16952	27875	5100	1484	2824	85
15065	1000	23717	13556	4179	42845	2600	586	990	52
14742	1583	30904	4145	7519	21000	2146	1919	3797	45
181440	7505	66766	48460	72054	7250	24000	3884	6981	87
10566	1056	41535	9967	20796	23000	5370	4764	6841	165
20349	1882	46914	29644	61187	36374	6800	4880	5508	195
11799	2711	41275	4000	26325	42490	1482	2467	5647	161
11835	1019	29650	6227	26358	35900	1813	1905	4353	61
10128	1000	35565	10308	36540	24451	5573	2560	4968	162
13917	1022	36747	6817	18189	44515	3867	2177	5757	170
31603	6830	44711	1840	14825	21990	2998	2007	3997	195
13472	907	30414	8374	41358	7690	3607	1672	3824	71
9314	1682	27555	3652	8497	10863	5000	1080	2790	45
4655	456	23187	8339	9477	8387	2873	743	2193	78
6210	469	25773	5424	6081	5585	1605	854	2022	62
8421	1864	34442	18043		2191	1000	1313	2588	195
12156	3501	31805	17348	1231	23320	1815	399	948	51
11496	712	23397		4551	13285	263	899	1902	67
7527	1270	25692	2895	6153	2589	3952	898	1906	80
4500	490	22222	5947	1308	2084	912	885	1546	68
4794	501	20791	4916	3203	12983	582	396	1017	43
21402	2435	45555			3244		2400	9900	83
15737	2907	31717	8067	979	36745	1157	1328	3720	95
12964	744	38926	17956	3290	33236	2492	2370	5875	84
8798	572	26268	5750		23461	667	1960	4300	91
11151	1744	28782	5000		6592	1230	2428	4584	102
4608	669	20106	5979		9109	687	1204	2136	60
10050	1136	33519	8200	6449	34105	1076	1800	5100	50
1354	841	26499			22229		1687	4069	40
8624	593	29080	7326	104	16227	3500	1347	4190	77
8370	902	23682	9771	174	19331		1508	3541	117
3592	1052	20432	6266	2634	11860	760	430	861	35
3936	646	20786	5855	819	17775	824	292	655	29
5145	3047	23205	17015	707	147937	371	924	1575	236
3171	1140	21122	9357	965	10492	300	391	1211	51

4-1 续表 39

地区名称	Region	行政区域土地面积(平方公里) Land Area (sq.m)	年末总人口(万人) Total Population (year-end) (10 000 persons)	乡村人口(万人) Rural Population (10 000 persons)	年末单位从业人员数(人) Employed Persons (year-end) (person)	乡村从业人员数(人) Rural Laborers (person)	第一产业增加值(万元) Value-added of Primary Industry (10 000 yuan)
革吉县	Gê'gyai County	46117	1.6	1.5	727	13168	7503
改则县	Gêrzê County	135025	2.3	2.1	1168	11625	14994
措勤县	Coqên County	22980	1.5	1.3	701	6615	5887
林芝县	Nyingchi County	8536	5.7	1.7	12058	7116	10562
工布江达县	Gongbo' gyamda County	12960	3.1	2.8	1980	14354	13494
米林县	Mainling County	9507	2.3	1.7	2072	8006	10799
墨脱县	Mêdog County	31395	1.2	1.0	1265	4916	2275
波密县	Bomê County	16768	3.3	2.6	2017	11965	17221
察隅县	Zayü County	31305	2.8	2.5	2185	11705	9350
朗县	Nang County	4200	2.0	1.4	1536	7823	6799
陕西省	**Shaanxi Province**						
蓝田县	Lantian County	1969	65.0	58.0	21936	334373	244500
周至县	Zhouzhi County	2949	67.0	60.0	20772	346603	253940
户县	Hu County	1282	60.0	48.0	35402	284676	253700
高陵县	Gaoling County	294	31.0	18.0	32062	89749	203300
宜君县	Yijun County	1531	9.0	5.0	6517	43702	52817
凤翔县	Fengxiang County	1179	52.0	45.0	20527	253032	209002
岐山县	Qishan County	856	47.0	38.0	25913	184250	205104
扶风县	Fufeng County	705	44.0	39.0	21288	207778	176378
眉县	Mei County	863	32.0	26.0	18423	132766	151823
陇县	Long County	2277	27.0	21.0	10582	131914	162519
千阳县	Qianyang County	996	13.0	11.0	10243	55444	88356
麟游县	Linyou County	1704	9.0	7.0	7958	33818	62375
凤县	Feng County	3187	10.0	7.0	12100	53972	56348
太白县	Taibai County	2698	5.0	3.0	8773	25568	46102
三原县	Sanyuan County	577	42.0	32.0	21573	195174	261160
泾阳县	Jingyang County	792	53.0	43.0	20047	210787	386382
乾县	Qian County	1003	60.0	48.0	22711	242643	254753
礼泉县	Liquan County	1011	50.0	43.0	22148	247315	426842
永寿县	Yongshou County	889	21.0	18.0	12256	73880	123842
彬县	Bin County	1181	36.0	29.0	27057	143432	144544
长武县	Changwu County	567	19.0	16.0	13220	78972	126011
旬邑县	Xunyi County	1811	29.0	23.0	19904	110929	232570
淳化县	Chunhua County	982	20.0	17.0	12249	104431	217400
武功县	Wugong County	398	46.0	33.0	30091	172254	185150
兴平市	Xingping City	508	61.0	37.0	41560	202048	209999
华县	Hua County	1139	35.0	26.0	25840	143520	79438
潼关县	Tongguan County	526	17.0	12.0	15454	73397	29940
大荔县	Dali County	1776	73.0	58.0	24811	366183	266338
合阳县	Heyang County	1437	45.0	38.0	30606	215773	151269
澄城县	Chengcheng County	1121	40.0	30.0	30777	199744	175310
蒲城县	Pucheng County	1584	79.0	59.0	31332	325270	213420
白水县	Baishui County	960	30.0	22.0	15572	110527	181008

continued

第二产业增加值(万元) Value-added of Secondary Industry (10 000 yuan)	公共财政预算收入(万元) Public Budgetary Revenue (10 000 yuan)	公共财政预算支出(万元) Public Budgetary Expenditure (10 000 yuan)	居民储蓄存款余额(万元) Balance of Savings Deposit of Households (10 000 yuan)	粮食总产量(吨) Total Grain Yield (ton)	固定资产投资(不含农户)(万元) Investment in Fixed Assets (Excluding Rural Households) (10 000 yuan)	固定电话用户(户) Number of Fixed Telephone Subscribers (subscriber)	普通中学在校学生数(人) Enrollment of Regular Secondary Schools (person)	小学在校学生数(人) Enrollment of Primary Schools (person)	医院、卫生院床位数(床) Number of Beds of Hospitals and Health Centers (bed)
3244	1527	23802			25318	1240	630	1515	53
3974	1007	26954	7174		14640	1693	1082	3041	93
2876	775	21123			15443	470	800	1763	90
135881	7930	36807	65000	11787	350307	6315	6595	4064	248
23292	37580	118200	16412	6629	56869	7284	967	2951	53
29220	4343	32961	37431	9806	71737	1823	874	2989	80
13097	8073	36979	5968	4975	40231	1130	734	1087	117
33405	4898	34582	34000	17297	54958	1542	1463	3431	130
16829	2171	34144	19817	18625	67385	1710	1580	2741	90
9376	1005	23131	3154	6091	16910	2494	618	1350	86
352100	26721	169720	703364	289759	770858	49922	37088	35010	1182
210700	21001	252265	710802	243158	618134	55948	40449	36191	1235
756600	55773	213234	1227961	313700	1032834	98300	35574	32320	1910
1841400	95341	162754	855320	200246	2023579	56763	12439	13958	1115
110200	14418	82938	102005	97446	157459	12493	3139	4450	309
909503	34760	159456	707170	270408	1288659	55400	29450	22971	1283
816435	23086	141263	988144	275099	921486	58600	25397	21771	1784
392380	20063	153399	735176	280526	799000	45000	24717	23873	1442
432137	20022	141403	533922	134187	1042800	45720	17875	15986	1168
149110	19163	124368	363148	110803	641552	25000	16018	16760	1125
116488	7132	77806	198300	61280	446789	9150	6153	7704	490
310560	12960	72355	113518	63284	659295	29593	5535	5794	596
857947	38095	91572	215941	28714	1010810	23410	4883	5083	531
61700	6326	59973	95593	7331	167120	4610	3408	3537	353
625730	30201	158501	671758	206504	772224	37800	29653	21605	1342
440150	25339	159800	622047	257271	822207	33341	32154	26763	1574
465400	18622	172992	582734	268199	802900	38000	51069	49775	1368
360980	21565	168364	576816	128485	848554	67960	40733	39484	1115
127570	10538	101489	213531	84735	374526	7653	12808	13650	515
1033510	86362	209539	638919	129983	1071036	21946	22376	26246	1512
249630	23554	90846	283417	62665	641658	16230	9756	9389	622
543570	27596	132368	362568	126735	477695	12261	17907	16084	771
128190	8001	107593	195944	124294	231771	12925	12074	21658	557
317100	10927	141676	573713	210562	350200	67284	31269	36203	1472
790750	36600	177113	979507	222957	1251912	60147	37687	37131	1518
863270	39306	195794	573793	119562	998743	79900	12896	14330	1351
181530	19230	100518	293995	46481	317032	22115	10485	8856	545
293470	13311	213522	646300	290151	577220	88612	34119	34874	1866
184900	17908	169800	513400	220180	565700	54100	30331	26581	1078
394930	28869	166968	712159	177655	905132	56878	26790	18406	1270
676350	45500	237162	996093	360256	1311893	166470	44463	39161	1700
183520	17700	140294	400000	117880	380276	32000	19142	14208	522

4-1 续表 40

地区名称	Region	行政区域土地面积(平方公里) Land Area (sq.m)	年末总人口(万人) Total Population (year-end) (10 000 persons)	乡村人口(万人) Rural Population (10 000 persons)	年末单位从业人员数(人) Employed Persons (year-end) (person)	乡村从业人员数(人) Rural Laborers (person)	第一产业增加值(万元) Value-added of Primary Industry (10 000 yuan)
富平县	Fuping County	1242	80.0	68.0	30498	356046	230181
韩城市	Hancheng City	1621	40.0	25.0	49395	122256	129383
华阴市	Huayin City	817	26.0	19.0	21900	97931	50360
延长县	Yanchang County	2368	16.0	11.0	9342	47091	73084
延川县	Yanchuan County	1984	20.0	14.0	9807	58769	47951
子长县	Zichang County	2396	28.0	20.0	15784	76259	66050
安塞县	Ansai County	2949	19.0	15.0	13154	63595	64749
志丹县	Zhidan County	3794	16.0	11.0	16137	52603	44490
吴起县	Wuqi County	3789	14.0	11.0	16612	52866	42944
甘泉县	Ganquan County	2272	9.0	5.0	9524	26966	36319
富县	Fu County	4180	16.0	12.0	11776	62978	103689
洛川县	Luochuan County	1792	22.0	17.0	16678	95684	191341
宜川县	Yichuan County	2934	12.0	9.0	6935	42227	93491
黄龙县	Huanglong County	2746	5.0	3.0	5538	14914	37205
黄陵县	Huangling County	2287	13.0	8.0	24224	39122	62257
南郑县	Nanzheng County	2824	56.0	47.0	25018	254292	185892
城固县	Chenggu County	2265	54.0	43.0	30004	200126	360177
洋县	Yang County	3206	45.0	37.0	20722	172058	191251
西乡县	Xixiang County	3265	42.0	34.0	14910	179221	152579
勉县	Mian County	2382	43.0	32.0	32140	187563	169529
宁强县	Ningqiang County	3260	33.0	29.0	17204	155982	152006
略阳县	Lueyang County	2831	20.0	14.0	20486	75359	74647
镇巴县	Zhenba County	3414	29.0	24.0	11546	104563	129472
留坝县	Liuba County	1854	4.0	4.0	4073	19255	24832
佛坪县	Foping County	1279	3.0	3.0	2961	10018	9868
神木县	Shenmu County	7635	45.0	29.0	63304	140350	106316
府谷县	Fugu County	3229	26.0	17.0	17262	94116	52134
横山县	Hengshan County	4282	37.0	32.0	16736	149799	121600
靖边县	Jingbian County	5088	35.0	25.0	26562	154034	166500
定边县	Dingbian County	6920	34.0	27.0	21706	160384	143396
绥德县	Suide County	1853	37.0	30.0	19490	168400	90860
米脂县	Mizhi County	1212	23.0	19.0	10860	87643	52844
佳县	Jia County	2029	26.0	23.0	9978	174566	89100
吴堡县	Wubao County	418	8.0	7.0	7467	26600	22083
清涧县	Qingjian County	1881	22.0	19.0	14331	86315	114101
子洲县	Zizhou County	2040	32.0	29.0	10301	152432	88166
汉阴县	Hanyin County	1365	31.0	26.0	10685	159474	98234
石泉县	Shiquan County	1516	18.0	15.0	9700	86660	56071
宁陕县	Ningshan County	3667	7.0	6.0	5569	32789	35313
紫阳县	Ziyang County	2240	34.0	28.0	11462	163486	100901
岚皋县	Langao County	1957	17.0	15.0	8010	83213	52235
平利县	Pingli County	2648	24.0	19.0	9789	95958	84331
镇坪县	Zhenping County	1502	6.0	5.0	3712	26291	25484
旬阳县	Xunyang County	3541	46.0	37.0	19566	197698	104974

continued

第二产业增加值（万元）Value-added of Secondary Industry (10 000 yuan)	公共财政预算收入（万元）Public Budgetary Revenue (10 000 yuan)	公共财政预算支出（万元）Public Budgetary Expenditure (10 000 yuan)	居民储蓄存款余额（万元）Balance of Savings Deposit of Households (10 000 yuan)	粮食总产量（吨）Total Grain Yield (ton)	固定资产投资（不含农户）（万元）Investment in Fixed Assets (Excluding Rural Households) (10 000 yuan)	固定电话用户（户）Number of Fixed Telephone Subscribers (subscriber)	普通中学在校学生数（人）Enrollment of Regular Secondary Schools (person)	小学在校学生数（人）Enrollment of Primary Schools (person)	医院、卫生院床位数（床）Number of Beds of Hospitals and Health Centers (bed)
454500	28693	251983	815275	380052	681463	93720	23106	39187	2200
1781740	153156	211518	1241053	83268	1436492	85573	23105	22365	1558
389380	28844	123223	488887	80480	676336	39889	5224	12497	1143
158700	30543	103868	201344	38374	344507	15829	5244	7426	321
648000	20224	131695	244246	43263	167027	21392	8470	12328	329
522300	64380	158537	271340	77259	764434	30571	15071	19842	651
869000	107262	173037	223385	68568	829918	18241	9532	13918	466
1547600	200275	235356	317212	55146	1292650	16748	7024	12315	480
1821000	263388	283187	322658	58662	1400536	18551	8959	11491	335
104500	34607	76656	123681	41577	106647	12167	4205	5977	249
89300	22508	100397	212737	37304	300393	18326	8239	11379	524
1794100	21031	127912	363415	94413	493777	24925	16287	16428	550
11200	8258	100650	171169	37083	123603	14585	8753	6101	346
8900	2410	73906	80642	77375	61109	8058	2572	2496	159
825700	94946	150580	425573	46616	823193	21486	8785	8520	720
642530	44944	218682	809056	147416	383500	47596	30053	29787	965
445820	16519	182600	890155	139827	661480	48271	26964	30732	1494
316940	17798	169489	670082	155658	529700	58500	20230	25144	1430
159860	16006	164500	560557	98264	339454	54321	12710	23918	1397
549510	25574	164777	807673	132994	568411	80000	24610	20068	1543
147760	11701	157816	398476	82208	371317	34800	20855	20461	1261
329440	18091	120616	350870	46939	283208	30746	7459	8952	749
113770	8085	129086	246001	86517	238370	38913	14560	17781	766
22580	2886	53101	61245	11748	45336	7988	2554	2044	230
15420	1759	46501	45789	8550	57355	4039	1520	1707	175
7616490	535610	678458	2983787	121133	2978168	76645	23147	30312	1186
3960500	274226	290961	1666200	68411	3266662	44005	7571	16985	1280
617600	37381	198881	240795	152742	1462859	25429	16703	18350	891
2594800	152115	282473	453900	229713	1927676	45200	22567	28952	1256
2408500	160039	277248	560976	282210	867889	36025	20703	18986	1171
93500	6198	192100	303147	87932	298915	38905	20684	17151	2262
129700	4876	140089	188981	83438	189084	30110	9251	8124	588
97300	7625	157239	92695	70730	271893	30450	11352	13493	449
58100	2441	83721	65618	17754	98081	13460	5102	4740	423
77200	4149	145274	114538	71759	206312	16850	4112	6472	622
158904	4550	158170	51421	110985	131450	19528	12476	13609	553
244250	14469	135000	361348	100027	292934	28503	14798	20694	789
267270	9378	121498	278965	66459	294630	26225	9198	10111	534
106400	5307	68973	108384	19848	142303	10535	3794	3610	275
220830	18409	155396	297249	106868	317747	25576	15382	20972	619
127910	7628	98712	137000	64013	186763	18354	7440	9433	587
235450	9299	122745	266034	73628	263193	26761	11632	12331	560
55310	4380	58781	60752	27180	84989	8655	3708	3997	218
466140	39292	212079	563868	120091	560247	42590	28554	22287	1265

4-1 续表 41

地区名称	Region	行政区域土地面积(平方公里) Land Area (sq.m)	年末总人口(万人) Total Population (year-end) (10 000 persons)	乡村人口(万人) Rural Population (10 000 persons)	年末单位从业人员数(人) Employed Persons (year-end) (person)	乡村从业人员数(人) Rural Laborers (person)	第一产业增加值(万元) Value-added of Primary Industry (10 000 yuan)
白河县	Baihe County	1453	21.0	18.0	8550	109993	59980
洛南县	Luonan County	2830	46.0	34.0	20083	157174	172150
丹凤县	Danfeng County	2438	31.0	25.0	11337	121473	103381
商南县	Shangnan County	2307	24.0	19.0	13000	106405	111230
山阳县	Shanyang County	3535	47.0	40.0	23134	159979	128900
镇安县	Zhen'an County	3487	30.0	24.0	17703	121862	105658
柞水县	Zhashui County	2277	17.0	13.0	78625	63800	52765
甘肃省	**Gansu Province**						
永登县	Yongdeng County	6090	53.0	45.9	23687	253600	104196
皋兰县	Gaolan County	2556	18.4	15.4	10386	90930	58300
榆中县	Yuzhong County	3302	43.8	38.0	21603	202600	123050
永昌县	Yongchang County	5877	23.7	19.1	21016	111385	106118
靖远县	Jingyuan County	5809	47.0	43.8	16048	224089	178803
会宁县	Huining County	6439	56.4	54.5	18668	293441	138381
景泰县	Jingtai County	5483	24.1	19.2	14304	107283	93874
清水县	Qingshui County	2012	32.3	29.8	10870	151363	89663
秦安县	Qin'an County	1602	61.3	57.2	14925	296078	150248
甘谷县	Gangu County	1573	63.4	56.5	20038	302931	126733
武山县	Wushan County	2011	47.5	42.5	12782	232723	148805
张家川回族自治县	Zhangjiachuan Hui A.C.	1312	33.3	31.1	10787	185900	49265
民勤县	Minqing County	15907	27.5	23.8	10824	118200	194932
古浪县	Gulang County	5130	39.8	35.7	13954	201542	107846
天祝藏族自治县	Tianzhu Tibetan A.C.	7147	21.5	17.1	10081	95842	47635
肃南裕固族自治县	Su'nan Yugur A.C.	23887	3.8	2.5	6487	13577	32508
民乐县	Minle County	3687	24.6	21.8	12523	128444	113912
临泽县	Linze County	2729	15.1	12.2	9639	71876	121019
高台县	Gaotai County	4426	15.8	13.0	9725	80782	141122
山丹县	Shandan County	5402	20.1	15.2	29432	88000	78433
泾川县	Jingchuan County	1409	35.5	31.9	13128	172529	141681
灵台县	Lingtai County	2038	23.2	21.4	8979	113200	97444
崇信县	Chongxin County	850	9.9	8.3	15126	51095	50223
华亭县	Huating County	1182	18.9	13.5	35749	69234	58891
庄浪县	Zhuanglang County	1553	44.4	41.3	17088	221400	98266
静宁县	Jingning County	2194	48.2	44.9	23028	225900	117373
金塔县	Jinta County	18798	14.9	11.2	10061	62858	157509
瓜州县	Guazhou County	24130	14.7	10.7	8522	60100	82362
肃北蒙古族自治县	Subei Mengolian A.C.	66748	1.5	0.6	3066	4100	3971
阿克塞哈萨克族自治县	Akesai Kazak A.C.	31241	1.0	0.3	2210	1788	4382
玉门市	Yumen City	13496	16.2	10.1	30233	58996	79092
敦煌市	Dunhuang City	31200	18.8	9.9	13799	54900	133029
庆城县	Qingcheng City	2692	28.9	24.2	9567	126860	77090
环县	Huan County	9236	35.2	32.6	13445	170800	88486
华池县	Huachi County	3791	13.4	11.5	7623	64782	43748

continued

第二产业增加值（万元）Value-added of Secondary Industry (10 000 yuan)	公共财政预算收入（万元）Public Budgetary Revenue (10 000 yuan)	公共财政预算支出（万元）Public Budgetary Expenditure (10 000 yuan)	居民储蓄存款余额（万元）Balance of Savings Deposit of Households (10 000 yuan)	粮食总产量（吨）Total Grain Yield (ton)	固定资产投资（不含农户）（万元）Investment in Fixed Assets (Excluding Rural Households) (10 000 yuan)	固定电话用户（户）Number of Fixed Telephone Subscribers (subscriber)	普通中学在校学生数（人）Enrollment of Regular Secondary Schools (person)	小学在校学生数（人）Enrollment of Primary Schools (person)	医院、卫生院床位数（床）Number of Beds of Hospitals and Health Centers (bed)
183240	9725	126000	224073	56326	222827	22645	12798	11445	534
326700	35388	206015	582196	163415	580022	53000	25506	27822	984
233200	22376	156801	395186	65152	469000	38000	14042	18864	881
203000	26371	151406	307012	61733	436761	23925	14879	15681	743
301300	25116	197743	522736	110726	475030	48398	26440	32539	1477
296300	18900	165662	334390	92502	445779	22679	20553	17736	1000
315900	21616	120330	229186	41842	424735	22500	8339	11689	455
453707	23614	148336	661600	198400	2807181	39391	24540	22328	900
223599	19754	98611	389634	50000	252959	13000	13310	8958	320
445019	28364	161863	707660	164300	666427	22215	25347	23818	1004
252780	21952	123683	445148	282032	444098	21738	16858	15933	826
155941	56108	242166	340076	187000	352074	38048	43127	30545	943
147958	9344	243849	391665	330000	285321	38000	54979	46174	1440
243762	16214	100422	288240	147000	537626	20400	19316	16385	756
61834	9906	149620	218430	171275	418036	19568	14712	29465	754
102186	11794	189549	502989	206994	340658	61752	39100	61300	876
152938	20790	196273	473905	182561	631454	118405	54584	78043	1078
93230	9185	165678	321035	130801	535940	47346	30196	45385	1034
49977	8521	155806	211556	114386	338222	27397	26040	36177	1200
170509	18383	191816	558869	126403	1127250	15286	24414	14731	754
141005	12851	221038	324283	186244	654110	35000	22063	52336	848
233113	23233	229588	254190	39279	722010	35873	13654	12372	674
161058	23899	112443	68924	24827	403210	5578	1478	2101	404
117122	16816	125485	222355	257123	270654	67387	21172	21774	1177
134263	11060	91890	255136	151426	250540	23642	10890	7673	795
141800	12249	106734	269397	158705	220080	34896	12045	7849	765
124731	13600	114655	297038	169542	246096	32400	10472	11863	909
129630	10719	129507	420651	161308	446621	25970	20378	22256	1173
61100	8251	149371	262636	183700	283926	16800	15417	13521	698
224776	26833	91318	148637	61106	382042	7228	6778	6067	306
585520	69247	136527	431788	90239	958500	17780	11340	14331	825
71955	7504	185523	335181	151027	314289	16700	38043	36713	1198
104635	8531	206202	334462	181089	474477	41720	40201	37568	1512
205096	9908	92899	280861	70088	647073	17979	7902	12136	498
343877	25820	116279	283703	25992	2235805	22600	10824	11418	452
325789	28531	66565	33599	4209	434338	3239	643	717	115
73713	6185	43588	30796	1194	181145	2100	540	767	82
856890	27452	138154	432882	51563	1712542	18027	8357	10977	893
253836	26734	120392	1020292	4881	929919	40237	9903	11681	625
602562	32061	147841	497744	149989	660850	66157	14850	17600	600
341142	34588	231291	411200	410989	854738	10895	25600	26400	509
658022	20700	125185	159973	123329	725835	4000	9252	8737	573

4-1 续表 42

地区名称	Region	行政区域土地面积(平方公里) Land Area (sq.m)	年末总人口(万人) Total Population (year-end) (10 000 persons)	乡村人口(万人) Rural Population (10 000 persons)	年末单位从业人员数(人) Employed Persons (year-end) (person)	乡村从业人员数(人) Rural Laborers (person)	第一产业增加值(万元) Value-added of Primary Industry (10 000 yuan)
合水县	Heshui County	2942	17.4	15.3	6778	81400	63641
正宁县	Zhengning County	1320	24.0	21.6	19545	118785	76662
宁县	Ning County	2653	54.9	50.6	22977	261800	132005
镇原县	Zhenyuan County	3500	52.3	48.0	14053	211176	139582
通渭县	Tongwei County	2913	43.1	40.3	17762	227135	88333
陇西县	Longxi County	2409	50.5	43.9	21317	235029	130879
渭源县	Weiyuan County	2066	34.5	32.2	9495	170316	91825
临洮县	LingTao County	2851	53.4	49.3	19461	262774	125073
漳县	Zhang County	2164	20.8	18.7	6214	93500	52770
岷县	Min County	3500	47.6	44.4	11285	226800	89616
成县	Cheng County	1677	26.5	21.9	17283	115100	77783
文县	Wen County	4994	24.1	21.4	16720	117500	43859
宕昌县	Tanchang County	3331	31.5	28.3	9924	160400	40862
康县	Kang County	2985	19.8	17.3	6871	102100	36239
西和县	Xihe County	1856	43.3	38.7	15089	201687	55920
礼县	Li County	4300	52.6	47.4	15318	246800	81475
徽县	Hui County	2722	22.0	18.4	9363	102200	102853
两当县	Liangdang County	1374	5.0	3.7	4167	21900	17719
临夏市	Linxia City	89	24.3	9.0	31298	46200	32226
临夏县	Linxia County	1213	39.0	35.8	10782	185521	59150
康乐县	Kangle County	1083	26.8	24.6	9070	127316	44327
永靖县	Yongjing County	1894	20.6	16.2	14567	86974	50386
广河县	Guanghe County	538	24.9	21.0	7332	109809	27278
和政县	Hezheng County	960	21.0	15.6	6861	101309	34303
东乡族自治县	Dongxiang A.C.	1512	32.4	28.1	10033	135277	40584
积石山保安族东乡族撒拉族自治县	Jishishan Bonan, Dongxiang & Salar A.C.	910	26.0	23.6	8673	124000	28887
合作市	Hezuo County	2291	9.2	3.5	15689	20841	15883
临潭县	Lintan County	1558	15.8	13.4	7791	75948	26561
卓尼县	Zhuoni County	5420	11.0	9.1	9116	50611	30376
舟曲县	Zhouqu County	3010	14.1	12.5	8648	69797	30653
迭部县	Diebu County	5108	5.9	4.1	7736	21600	18504
玛曲县	Maqu County	10191	5.3	3.9	5127	20200	36942
碌曲县	Luqu County	5299	3.5	2.8	3905	15786	21682
夏河县	Xiahe County	6274	8.9	6.9	4913	38000	34339
青海省	**Qinghai Province**						
大通回族土族自治县	Datong Hui & Tu A.C.	3090	45.6	36.3	41970	212079	111847
湟中县	Huangzhong County	2700	47.6	43.0	28576	259172	133206
湟源县	Huangyuan County	1509	13.5	10.9	9964	58430	39169
平安县	Ping'an County	769	12.6	8.4	11169	46945	33891
民和回族土族自治县	Minhe Hui & Tu A.C.	1891	42.9	36.9	14097	177051	81417
乐都县	Ledu County	3050	28.9	23.8	13170	129146	94222
互助土族自治县	Huzhu Tu A.C.	3324	39.2	33.9	18430	177168	147873
化隆回族自治县	Hualong Hui A.C.	2740	29.2	20.6	6594	115331	50522

continued

第二产业增加值（万元）Value-added of Secondary Industry (10 000 yuan)	公共财政预算收入（万元）Public Budgetary Revenue (10 000 yuan)	公共财政预算支出（万元）Public Budgetary Expenditure (10 000 yuan)	居民储蓄存款余额（万元）Balance of Savings Deposit of Households (10 000 yuan)	粮食总产量（吨）Total Grain Yield (ton)	固定资产投资（不含农户）（万元）Investment in Fixed Assets (Excluding Rural Households) (10 000 yuan)	固定电话用户（户）Number of Fixed Telephone Subscribers (subscriber)	普通中学在校学生数（人）Enrollment of Regular Secondary Schools (person)	小学在校学生数（人）Enrollment of Primary Schools (person)	医院、卫生院床位数（床）Number of Beds of Hospitals and Health Centers (bed)
250346	13066	122280	201630	105636	681466	12600	10999	11888	468
20109	10270	105586	299996	90137	909000	21000	14041	13334	543
175895	18400	189000	509200	244667	1311800	61143	30200	32437	853
150220	22152	193392	428228	300028	625782	25800	36767	35422	959
31362	7457	185036	211326	370340	327637	24805	38641	31270	1125
177988	25892	214500	524405	170065	840555	41500	46378	32818	1995
24204	10098	156615	219240	130015	382078	5856	23178	23986	1386
149650	21516	195606	603916	211030	732370	21700	14560	30178	1944
26964	7101	98500	126294	62304	293086	14358	9716	23529	396
60586	15682	252687	292132	78780	484924	27931	27516	40584	958
163232	28452	120504	405175	144744	380222	37600	13109	20659	903
63582	15407	114625	230798	68328	600700	33100	11183	15801	698
41715	10229	146030	198595	82701	285366	13210	12719	30257	839
39183	9033	100122	157033	67030	434066	26839	8931	12400	664
57400	12316	155251	345617	171097	493000	20397	21056	57668	653
62633	13004	205105	363013	146063	395973	30117	26244	59234	583
140465	23290	108654	279830	160085	315001	18300	9156	13688	531
6474	2884	56223	68165	35187	140280	12300	2513	2531	266
85010	22909	172280	48969	22896	390232	45635	20853	20373	1849
34657	7531	189567	197567	145050	190250	38198	20053	27872	1072
16922	4178	126678	147974	97520	140968	5880	14339	27062	527
208848	22368	147851	309901	110030	450971	29690	14117	15348	700
38197	6271	120348	128138	96908	262909	12000	13432	29938	485
21912	7708	121765	132657	59364	249549	38200	10557	18302	713
25243	5519	197341	65000	79125	175524	2580	17646	31977	415
11401	6639	142518	108660	89250	160698	19868	13839	32806	301
58061	10971	91797	235200	8904	346860	21230	8885	8751	645
19837	3669	123790	131700	13283	160549	8700	8326	19215	400
31172	5687	125069	85225	12265	145129	11015	9017	11109	246
22018	10575	161517	208406	31478	483960	30525	11275	18436	374
25549	6057	97716	88294	8009	206803	2998	4017	5854	204
45373	13943	95001	25690		83173	2236	1983	6352	218
27218	5505	69461	34584	2850	79953	3084	1747	4344	195
31049	5137	119862	80798	9659	248478	11430	5132	8877	405
765164	43363	293348	499415	83438	406362	42605	25578	37111	1479
1107310	11316	253205	336112	129644	1440423	33865	24211	34711	839
94380	10400	146787	169620	23255	174268	21315	7512	9254	526
204481	10424	133132	334816	47260	463267	8855	9236	5968	390
278391	23082	281836	271508	219242	363651	22979	29796	40215	1140
250218	17849	221977	366207	55447	407383	35852	17752	18347	1530
307711	21302	286337	325811	116407	368442	29155	22270	28634	751
250175	8214	169896	160425	71498	56780	14621	8042	34120	396

4-1 续表 43

地区名称	Region	行政区域土地面积(平方公里) Land Area (sq.m)	年末总人口(万人) Total Population (year-end) (10 000 persons)	乡村人口(万人) Rural Population (10 000 persons)	年末单位从业人员数(人) Employed Persons (year-end) (person)	乡村从业人员数(人) Rural Laborers (person)	第一产业增加值(万元) Value-added of Primary Industry (10 000 yuan)
循化撒拉族自治县	Xunhua Salar A.C.	1818	15.1	12.4	6257	61883	35021
门源回族自治县	Menyuan Hui A.C.	6902	15.8	13.3	8379	74223	58863
祁连县	Qilian County	14681	5.1	3.9	3979	20770	35366
海晏县	Haiyan County	4443	3.6	2.2	12603	13425	13445
刚察县	Gangcha County	8138	4.5	3.0	3012	12135	32166
同仁县	Tongren County	3275	9.4	6.1	9205	35480	35717
尖扎县	Jianzha County	2174	5.9	4.4	5006	21799	17518
泽库县	Zeku County	6773	7.2	6.6	2177	29522	60815
河南蒙古族自治县	Henan Mengolian A.C.	6700	3.8	3.2	2571	16271	54265
共和县	Gonghe County	17209	13.5	9.0	13061	46715	60508
同德县	Tongde County	5001	5.9	5.0	3897	26194	52213
贵德县	Guide County	3504	10.8	8.7	3960	42509	22649
兴海县	Xinghai County	12182	7.7	5.9	3935	26024	53656
贵南县	Guinan County	6650	7.9	5.9	5579	26296	58277
玛沁县	Maqin County	13500	4.8	3.1	6971	15709	16393
班玛县	Banma County	6139	2.8	2.2	1559	9757	8417
甘德县	Gande County	7046	3.5	2.9	1289	14072	7137
达日县	Dari County	14485	3.8	2.5	1325	11055	7005
久治县	Jiuzhi County	8708	2.5	2.2	1316	9794	8635
玛多县	Maduo County	24494	1.4	1.1	1237	6130	4739
玉树县	Yushu County	15400	10.6	8.5	7623	42386	43806
杂多县	Zaduo County	35500	5.8	5.2	1700	30526	62041
称多县	Chengduo County	14744	6.1	4.8	2467	18703	21038
治多县	Zhiduo County	80600	3.6	2.8	2107	15374	34920
囊谦县	Nangqian County	12741	10.0	9.6	2349	33978	39365
曲麻莱县	Qumalai County	47516	3.1	2.6	1646	12295	29566
格尔木市	Geermu City	119174	13.0	5.0	32846	25160	25284
德令哈市	Delingha City	27765	7.5	3.7	16239	18067	28770
乌兰县	Wulan County	12200	3.7	2.4	3815	14479	20663
都兰县	Dulan County	45264	7.3	5.7	4077	32263	72020
天峻县	Tianjun County	25500	2.2	1.5	4094	8091	25943
宁夏回族自治区	**Ningxia Hui A.R.**						
永宁县	Yongning County	1179	22.3	14.6	19590	90482	120003
贺兰县	Helan County	1599	20.7	14.1	19527	79786	131524
灵武市	Lingwu City	4539	23.9	15.9	19693	86856	88019
平罗县	Pingluo County	2086	30.3	17.7	18977	116725	162360
盐池县	Yanchi County	8861	16.9	10.4	7975	61613	52065
同心县	Tongxin County	4486	39.1	35.3	10915	134504	90951
青铜峡市	Qingtongxia City	2525	27.7	18.5	28496	100287	141354
西吉县	Xiji County	3135	51.1	40.8	13592	196108	106234
隆德县	Longde County	992	18.2	15.4	7043	70961	39540
泾源县	Jingyuan County	1431	12.6	11.5	4796	44240	24454
彭阳县	Pengyang County	2529	26.2	22.0	10908	115897	99440
中宁县	Zhongning County	4327	33.6	27.3	16102	156952	145395
海原县	Haiyuan County	6472	46.0	36.9	11588	199471	90625

continued

第二产业增加值(万元) Value-added of Secondary Industry (10 000 yuan)	公共财政预算收入(万元) Public Budgetary Revenue (10 000 yuan)	公共财政预算支出(万元) Public Budgetary Expenditure (10 000 yuan)	居民储蓄存款余额(万元) Balance of Savings Deposit of Households (10 000 yuan)	粮食总产量(吨) Total Grain Yield (ton)	固定资产投资(不含农户)(万元) Investment in Fixed Assets (Excluding Rural Households) (10 000 yuan)	固定电话用户(户) Number of Fixed Telephone Subscribers (subscriber)	普通中学在校学生数(人) Enrollment of Regular Secondary Schools (person)	小学在校学生数(人) Enrollment of Primary Schools (person)	医院、卫生院床位数(床) Number of Beds of Hospitals and Health Centers (bed)
65414	5110	135154	161303	32405	88872	12429	6950	14575	348
114498	9221	161230	117915	40372	153808	8593	9357	14829	241
80386	7371	95465	66025	2714	115706	5569	3132	4393	158
279132	20508	177838	84495	4332	169642	6470	3126	3790	285
109209	11901	110954	37044	1252	108867	2938	1401	4106	164
27338	3392	116218	109631	15151	88931		6872	10126	58
158974	5861	96550	72214	14207	92469		3562	5010	265
14754	1367	97464	22997	13	38894	1008	3234	8919	126
17032	1542	92215	27613		57960	1500	1701	3827	162
170072	10497	161507	184033	29691	188111	12165	9835	12012	851
19442	2827	102250	25334	10790	38042	2216	3120	8093	210
217002	10885	133491	106697	26064	135842	8629	7424	9041	690
93910	7697	107318	56100	10154	85191	3165	2342	8183	243
26301	2956	116990	48173	45783	47723	2611	3753	7812	390
119800	3999	87862	89671	57	161971	6600	1975	6327	75
7106	977	57683	15781	1262	34341	1300	1266	3013	52
6269	874	65177	13353		37054	800	1084	3647	80
7088	996	67036	20571		34281	1200	1343	3123	91
5936	875	56785	17125		30120	1200	1150	2925	80
4098	872	57124	8952		41093	900	923	1463	49
62039	6554	91354	231646	4290	1343358	2510	3104	14544	58
7934	710	74762	34343		37333	1590	1795	7081	125
59605	992	70915	26898	2993	67976	1620	2231	6869	165
9539	1839	64095	19449		45288	1687	1029	5002	120
9938	1535	101895	25047	8583	14197	1980	1988	10485	180
8540	782	68031	16403		12949	800	1177	4480	96
2267626	148437	288627	861842	10857	1780624	63100	11291	19261	1040
260376	20931	156589	275409	21157	662026	19807	3359	6133	399
287005	11474	98663	64709	12312	173194	6393	2154	2409	180
83925	13520	136892	74633	46960	141983	7645	2628	6306	289
669706	58260	125402	48800		130614	2712	1251	2342	107
544283	91101	206078	587604	248061	1052734	28800	14267	21146	358
492967	112730	225419	599389	246254	1032052	24992	12757	18042	343
2140840	172667	342965	753549	167375	3186717	68420	14893	19145	661
659176	76568	227143	638864	365926	977680	56581	10926	21797	807
228665	57956	209130	270656	88964	663240	17110	7222	13569	589
141671	17014	300557	203455	277812	384892	23193	27110	41252	768
787781	79102	259627	644000	279980	792822	45000	15904	21507	960
80383	9505	316371	225880	273174	252765	23674	29414	51135	718
38888	6378	174467	174110	95100	207187	7975	17905	15323	419
29167	4597	117078	95558	29810	175440	4807	6169	12098	240
99480	20269	228598	147764	220419	308487	22000	21156	21231	643
570884	65420	312803	635235	298462	1080929	25070	17872	36381	874
59296	8581	323743	176140	217926	331908	20372	26052	55331	950

4-1 续表 44

地区名称	Region	行政区域土地面积(平方公里) Land Area (sq.m)	年末总人口(万人) Total Population (year-end) (10 000 persons)	乡村人口(万人) Rural Population (10 000 persons)	年末单位从业人员数(人) Employed Persons (year-end) (person)	乡村从业人员数(人) Rural Laborers (person)	第一产业增加值(万元) Value-added of Primary Industry (10 000 yuan)
新疆维吾尔自治区	**Xinjiang Uygur A.R.**						
乌鲁木齐县	Wulumuqi County	4141	6.0	4.0	3174	22376	53306
吐鲁番市	Tulufan City	13589	28.0	19.0	29878	106315	143780
鄯善县	Shanshan County	39548	23.0	17.0	31460	98334	123380
托克逊县	Tuokexun County	16561	12.0	9.0	27461	56630	72500
哈密市	Hami City	85587	47.0	15.0	74540	67150	206609
巴里坤哈萨克自治县	Balikun Hasak A.C.	36901	10.0	6.0	10033	33211	85133
伊吾县	Yiwu County	19519	2.0	2.0	3228	9542	39411
昌吉市	Changji City	8215	37.0	12.0	68397	66420	331988
阜康市	Fukang City	8529	17.0	7.0	23038	38768	223475
呼图壁县	Hutubi County	9721	22.0	8.0	71418	45217	405211
玛纳斯县	Manasi County	11067	18.0	10.0	14809	52772	578916
奇台县	Qitai County	19300	24.0	15.0	13454	83514	368810
吉木萨尔县	Jimusaer County	8144	14.0	9.0	8303	56972	149957
木垒哈萨克自治县	Mulei Hasak A.C.	22171	9.0	7.0	5585	42531	102929
博乐市	Bole City	7956	27.0	9.0	17160	46798	164867
精河县	Jinghe County	11187	14.0	7.0	16368	31092	204842
温泉县	Wenquan County	5886	8.0	4.0	9418	22795	70297
库尔勒市	Kuerle City	7267	55.0	8.0	91242	39709	353995
轮台县	Luntai County	14182	12.0	7.0	7045	33624	162341
尉犁县	Weili County	59700	11.0	5.0	6256	21036	215081
若羌县	Ruoqiang County	202298	3.0	2.0	5636	16724	159077
且末县	Qiemo County	138645	10.0	4.0	5241	17915	80667
焉耆回族自治县	Yanqi Hui A.C.	2571	16.0	8.0	8206	41562	122779
和静县	Hejing County	34975	20.0	8.0	20475	46532	180312
和硕县	Heshuo County	12753	8.0	4.0	6751	17105	139628
博湖县	Bohu County	3581	6.0	3.0	5415	17740	79302
阿克苏市	Akesu City	13564	50.0	16.0	50228	68190	166189
温宿县	Wensu County	14336	25.0	18.0	25320	97581	157096
库车县	Kuche County	14603	48.0	31.0	31631	173564	176366
沙雅县	Shaya County	31955	26.0	21.0	13214	98384	126287
新和县	Xinhe County	5818	17.0	13.0	9604	67973	99606
拜城县	Baicheng County	19100	23.0	17.0	19297	74509	85345
乌什县	Wushi County	8889	22.0	17.0	8773	112500	66945
阿瓦提县	Awati County	13018	25.0	18.0	11164	84658	139401
柯坪县	Keping County	8912	5.0	4.0	4366	17491	18046
阿图什市	Atushi City	16151	25.0	18.0	20693	81889	44560
阿克陶县	Aketao County	24176	20.0	18.0	10242	73391	43177
阿合奇县	Aheqi County	12737	4.0	3.0	8090	8018	8102
乌恰县	Wuqia County	22000	6.0	4.0	7201	14750	8681
喀什市	Kashgar [Kaxgar] City	555	55.0	18.0	67367	66050	52000

continued

第二产业增加值（万元）Value-added of Secondary Industry (10 000 yuan)	公共财政预算收入（万元）Public Budgetary Revenue (10 000 yuan)	公共财政预算支出（万元）Public Budgetary Expenditure (10 000 yuan)	居民储蓄存款余额（万元）Balance of Savings Deposit of Households (10 000 yuan)	粮食总产量（吨）Total Grain Yield (ton)	固定资产投资（不含农户）（万元）Investment in Fixed Assets (Excluding Rural Households) (10 000 yuan)	固定电话用　户（户）Number of Fixed Telephone Subscribers (subscriber)	普通中学在校学生数（人）Enrollment of Regular Secondary Schools (person)	小学在校学生数（人）Enrollment of Primary Schools (person)	医院、卫生院床位数（床）Number of Beds of Hospitals and Health Centers (bed)
44395	36843	76186	116687		191847	2360	1092	2203	78
241673	49222	156270	447194		325683	75384	14440	21940	1012
1070307	100028	203595	452538		988142	59783	11651	19904	876
263700	49370	135015	160412		102792	26977	5871	8947	418
1026957	222574	311838	1800296		1717919	152208	32597	32058	3024
180929	28388	125521	108325		400146	12203	3320	4811	275
130834	24315	79214	49286		549882	7387	1052	1483	205
1302587	205355	311473	1553857		1024302	225355	34538	27888	4500
743827	110723	193288	495778		1021500	40000	8189	8129	550
367087	53359	130456	500301		472946	28730	9359	11055	919
578390	54634	142355	437751		304440	33461	7381	8901	597
282008	58501	185744	414147		1079000	48616	12930	11652	886
214214	64925	141005	237075		1789355	21000	6344	6715	512
34865	19250	110106	107369		16709	16690	3432	4683	366
178763	53848	155704	544270		594408		10715	13583	1108
98837	19464	106617	264435		296189		6404	9254	478
31461	6468	83794	82604		132325		1727	3663	251
4692684	261012	368606	2522416		2903793	181782	24653	43141	3344
144110	70065	129126	267245		309981	31029	5546	10441	719
92097	17554	98729	209414		114774	23980	3921	5702	301
398971	66489	109488	111601		439139	7907	1225	2308	218
34133	23484	100447	81161		158478	12973	3543	4611	539
132856	21532	105593	245412		171490	35980	6241	8944	674
290431	68700	210973	273946		632957	25500	7280	10711	596
32696	10644	83727	126550		104958	15000	3092	4304	217
33743	9839	73939	102373		54451	16060	2182	3219	249
380195	126066	231077	1560648		953166	140259	27322	45680	3455
90700	31018	176041	289443		267621	25556	11976	18845	756
755459	280650	372756	656884		907506	62462	30424	42259	1913
89307	100959	183832	277190		270597	15220	11521	24469	718
52974	41729	129837	163632		201004	12429	6922	17154	685
210029	89751	187880	273677		950004	19321	13280	18238	865
22619	10151	135916	119996		132316	12442	11359	20639	556
53508	12417	154910	241757		139969	20451	12778	22427	625
14000	4073	72985	32440		55654	4210	2860	5040	180
65594	20013	171621	287552		190742	57173	18590	25087	1764
55554	19672	198412	91634		208601	9400	12650	21784	781
15863	6613	92392	31000		74457	6700	1732	4669	220
42035	17727	124773	44752		141524	6016	2004	4827	385
455086	131406	410178	1219653		926807	158000	38987	55551	4801

地区名称	Region	行政区域土地面积(平方公里) Land Area (sq.m)	年末总人口(万人) Total Population (year-end) (10 000 persons)	乡村人口(万人) Rural Population (10 000 persons)	年末单位从业人员数(人) Employed Persons (year-end) (person)	乡村从业人员数(人) Rural Laborers (person)	第一产业增加值(万元) Value-added of Primary Industry (10 000 yuan)
疏附县	Shufu County	3126	34.0	28.0	11296	96500	185372
疏勒县	Shule County	2398	35.0	29.0	13200	218212	165188
英吉沙县	Yengisar County	3425	28.0	25.0	9782	116285	94784
泽普县	Zepu [Poskam] County	988	21.0	12.0	8005	36785	102098
莎车县	Shache [Yarkant] County	8957	80.0	66.0	26012	246813	306161
叶城县	Yecheng [Kagilik] County	28928	47.0	32.0	21274	193626	267116
麦盖提县	Makit County	15200	26.0	17.0	9659	57082	109058
岳普湖县	Yopurga County	3023	16.0	12.0	6257	53138	70353
伽师县	Jiashi [Payzawat] County	6528	40.0	36.0	12020	137988	195000
巴楚县	Bachu [Maralbexi] County	21700	34.0	27.0	14508	131632	170388
塔什库尔干塔吉克自治县	Taxkorgan Tajik Autonomous County	25000	4.0	3.0	2982	10595	10447
和田市	Hotan City	510	33.0	19.0	19676	61385	35984
和田县	Hotan County	41080	28.0	27.0	10042	95740	77576
墨玉县	Moyu [Karakax] County	25624	54.0	48.0	14279	158538	109736
皮山县	Pishan [Guma] County	39464	27.0	19.0	8960	74533	79802
洛浦县	Lop County	14287	25.0	22.0	9189	97877	59301
策勒县	Qira County	31592	16.0	13.0	8229	60410	41934
于田县	Yutian [Keriya] County	39500	26.0	22.0	9650	101913	55214
民丰县	Minfeng [Niya] County	57575	4.0	3.0	3279	7936	12420
伊宁市	Yining [Gulja]City	676	52.0	15.0	70314	73643	63567
奎屯市	Kuytun City	1110	16.0		17172	936	57238
伊宁县	Yining [Gulja]County	4682	43.0	34.0	24475	169979	211759
察布查尔锡伯自治县	Qapqal Xibe Autonomous County	4472	19.0	13.0	10487	64250	157752
霍城县	Huocheng [korgas]County	5430	41.0	21.0	12913	123630	250206
巩留县	Gongliu [Tokkuzlara]County	4327	20.0	12.0	9060	43229	105469
新源县	Xinyuan [kunes]County	6814	32.0	21.0	22188	85526	208466
昭苏县	Zhaosu [mongolkure]County	11128	19.0	11.0	10165	44031	135005
特克斯县	Tekes County	7764	17.0	11.0	9066	57728	76736
尼勒克县	Nilka County	10130	19.0	13.0	11573	55315	102597
塔城市	Tacheng [Qoqek] City	4353	17.0	7.0	24983	42717	108247
乌苏市	Usu City	13729	23.0	12.0	29890	63585	251335
额敏县	Emin [Dorbiljin] County	9532	22.0	8.0	23968	48298	133983
沙湾县	Shawan County	13110	22.0	17.0	16272	92452	345136
托里县	Toli County	19670	10.0	6.0	8967	32220	42799
裕民县	Yumin [Qagantokay] County	6220	5.0	3.0	1984	20556	36744
和布克赛尔蒙古自治县	Hoboksar Mongol Autonomous County	33460	5.0	2.0	11425	15594	30908
阿勒泰市	Altay City	11481	20.0	10.0	33134	49795	71260
布尔津县	Burqin County	10357	7.0	5.0	11176	23858	29231
富蕴县	Fuyun [Koktokay] County	32186	10.0	6.0	22498	32750	61502
福海县	Fuhai [Burultokay] County	33251	7.0	4.0	7168	21406	66669
哈巴河县	Habahe [Kaba] County	8186	8.0	7.0	6569	18400	27395
青河县	Qinghe [Qinggil] County	15743	6.0	4.0	6569	18400	27395
吉木乃县	Jeminay County	7146	4.0	3.0	5831	13464	12671

continued

第二产业增加值(万元) Value-added of Secondary Industry (10 000 yuan)	公共财政预算收入(万元) Public Budgetary Revenue (10 000 yuan)	公共财政预算支出(万元) Public Budgetary Expenditure (10 000 yuan)	居民储蓄存款余额(万元) Balance of Savings Deposit of Households (10 000 yuan)	粮食总产量(吨) Total Grain Yield (ton)	固定资产投资(不含农户)(万元) Investment in Fixed Assets (Excluding Rural Households) (10 000 yuan)	固定电话用户(户) Number of Fixed Telephone Subscribers (subscriber)	普通中学在校学生数(人) Enrollment of Regular Secondary Schools (person)	小学在校学生数(人) Enrollment of Primary Schools (person)	医院、卫生院床位数(床) Number of Beds of Hospitals and Health Centers (bed)
47100	25632	122435	314835		347705	22000	21914	32487	874
246490	28006	176544	12324		780096	15400	20861	35158	365
52869	12550	179983	100481		317402	13920	13331	26491	726
74400	20503	163919	280818		254800	18500	13500	17859	786
83887	43384	444960	476835		309117	42892	39930	78559	3300
100639	31049	312851	317896		415150	13008	31608	57911	1957
37485	15030	123942	173050		160585	11973	12547	20563	705
71146	10073	133870	96313		218232	11520	7937	12294	735
141517	30710	249802	147838		340876	8588	24928	38372	1130
82000	22858	103753	326097		31195	27020	14135	30965	635
33463	10150	95039	14122		183000	1029	2270	4348	206
126200	38113	201614	657917		396796	71608	18490	29963	3697
41538	12166	172567	11624		210856		15843	30012	1121
21840	15001	279574	161564		245108	15620	30068	55542	2444
23951	10423	167506	110479		116825	15200	14542	22570	894
26641	7565	161094	130542		135616	6000	10146	20041	8121
14346	6282	125306	63519		112967	4800	4825	12635	758
14689	8369	190148	94051		165015	16318	13378	19991	2033
13455	6592	69768	32557		53285	4120	2037	2881	276
363570	172123	326906	1472897		1583255	94382	36253	47711	3445
565341	133614	190875	834664		786109	66398	18889	12643	2465
169983	38764	202435	215291		688476	32500	22174	37759	1300
76855	26000	150828	163800		628801	30768	8849	12574	644
163856	45001	188656	360670		479873	50843	15303	24132	1057
105579	14400	148600	121800		151446	35000	9731	16400	590
331048	51228	192487	316400		384315	45000	19031	26257	1014
53901	10017	127879	113874		229268	23000	9502	13046	483
24330	13099	142895	94601		140309	20262	7935	15593	571
187067	36137	146444	141488		281844	18755	8233	15223	697
164147	29407	150396	376500		149708	43000	9928	10087	949
771165	80073	199352	591887		509366	39330	15879	15698	1261
196984	24372	154839	220369		291073	44324	8863	11813	490
271042	50117	162837	429370		444927	37351	15408	14644	772
242450	25453	126817	89445		206684	7500	4465	8798	247
28079	4738	87044	90891		29470	15000	3341	3699	180
176198	100035	158361	111445		488982	12659	3211	3859	445
90685	33717	182813	432695		322358	89612	10813	11184	1464
53000	19180	96992	105141		228176	12128	3421	4984	287
355480	88577	192049	143380		441597	29017	4897	8855	400
27404	21489	110450	144324		155254	19807	3324	4930	307
272503	13700	121464	58775		202268	10991	1897	5388	230
30355	13700	121464	58775		202268	10991	1897	5388	230
19292	4102	86778	53615		121113	9500	1788	2881	110